# GRÈCE,

### Par M. POUQUEVILLE,

MEMBRE DE L'INSTITUT,
(ACADÉMIE DES INSCRIPTIONS ET BELLES-LETTRES),
ANCIEN CONSUL GÉNÉRAL DE FRANCE
AU LEVANT.

## PARIS,
FIRMIN DIDOT FRÈRES, ÉDITEURS,
IMPRIMEURS-LIBRAIRES DE L'INSTITUT DE FRANCE,
RUE JACOB, N° 24.

M DCCC XXXV.

# L'UNIVERS.

## HISTOIRE ET DESCRIPTION

DE TOUS LES PEUPLES.

## GRÈCE,

Par M. POUQUEVILLE,

MEMBRE DE L'INSTITUT.

TYPOGRAPHIE DE FIRMIN DIDOT FRÈRES,
RUE JACOB, N° 24.

TYPOGRAPHIE DE FIRMIN DIDOT FRÈRES,
RUE JACOB, N° 24.

# L'UNIVERS.

## HISTOIRE ET DESCRIPTION
### DE TOUS LES PEUPLES.

## GRÈCE,

Par M. POUQUEVILLE,

MEMBRE DE L'INSTITUT.

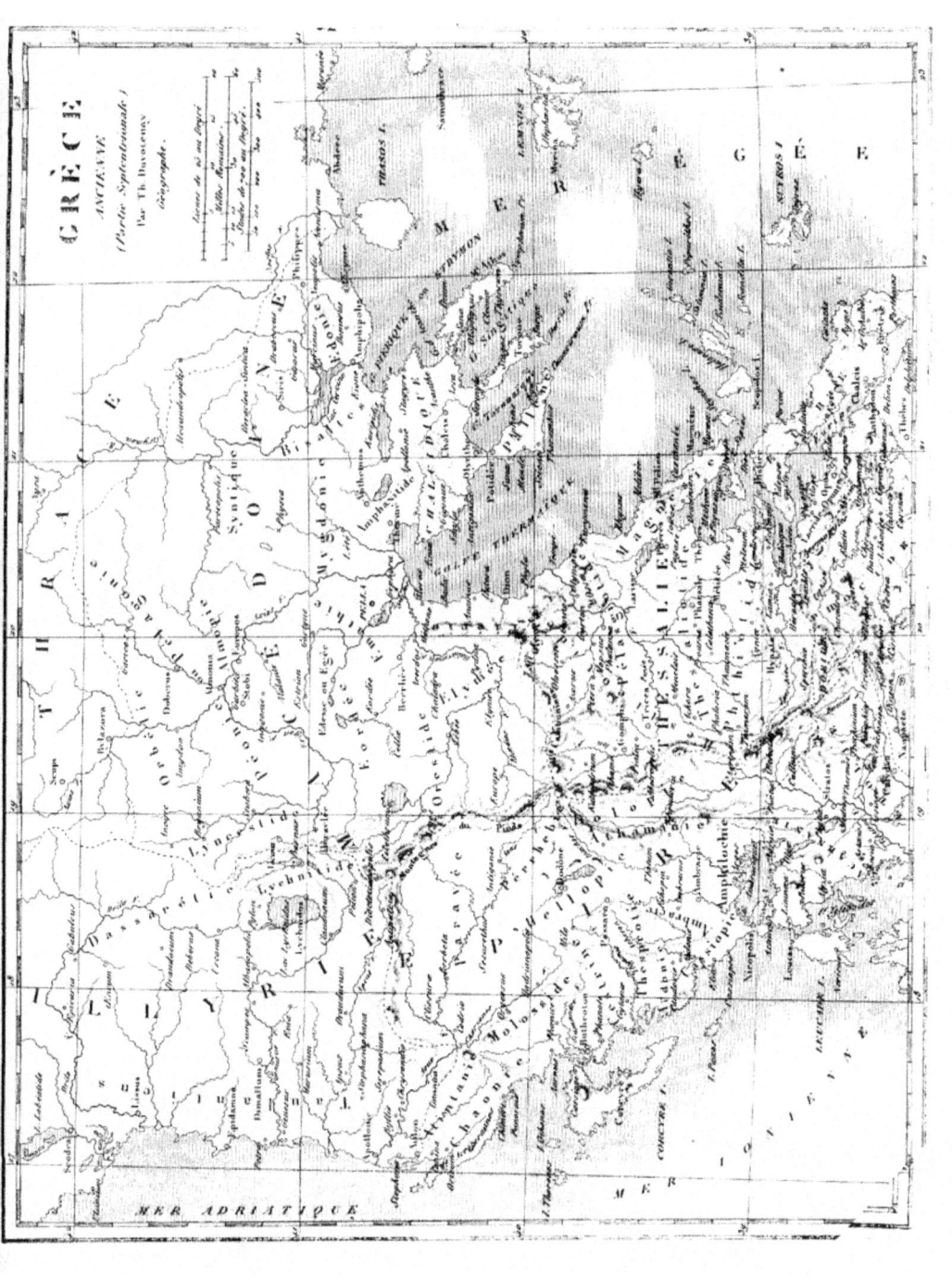

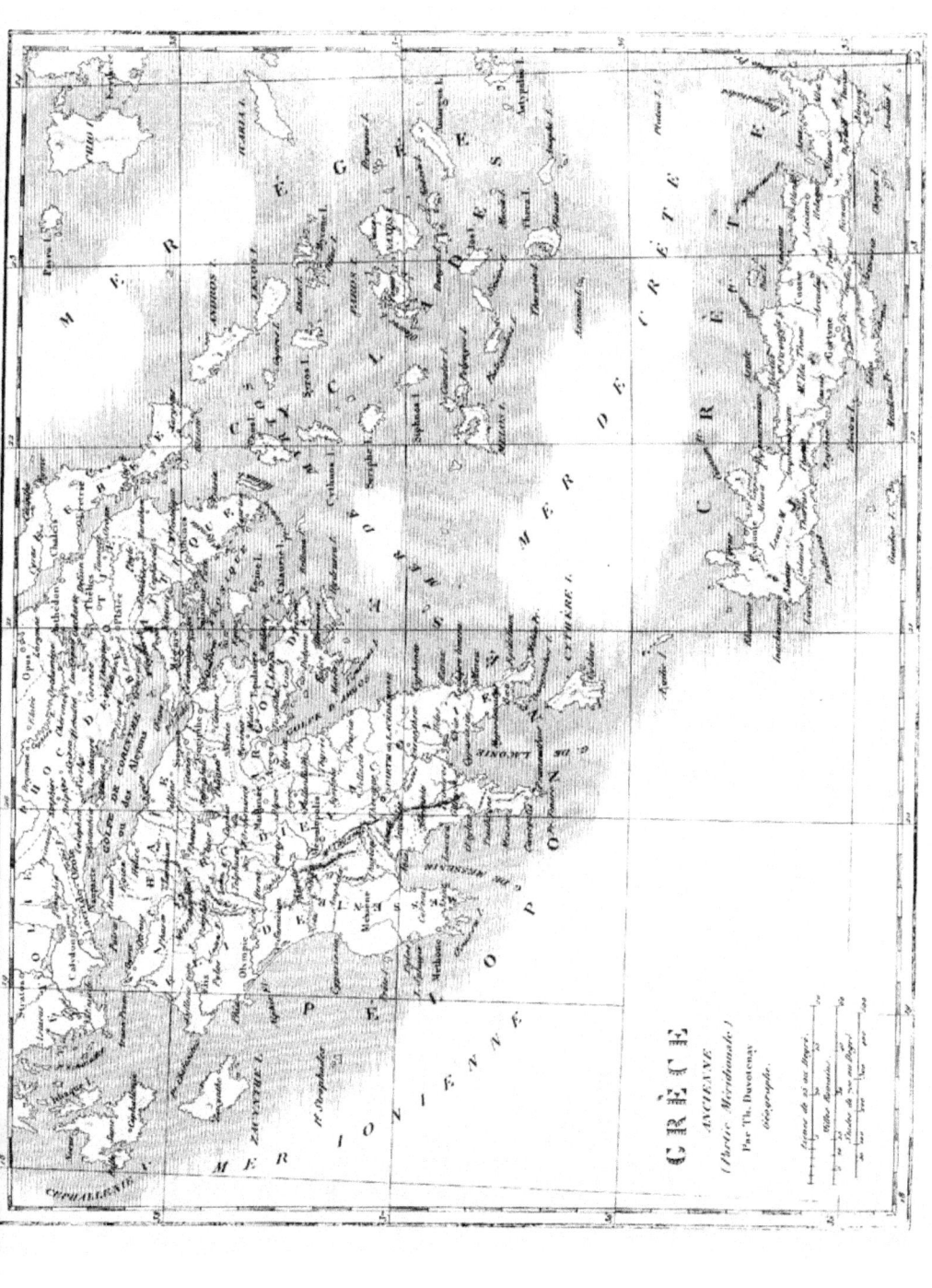

# L'UNIVERS,

ou

# HISTOIRE ET DESCRIPTION

DE TOUS LES PEUPLES,

DE LEURS RELIGIONS, MŒURS, COUTUMES, ETC.

## GRÈCE,

PAR M. POUQUEVILLE,

MEMBRE DE L'INSTITUT.

Avant de commencer l'histoire abrégée de la Grèce, il nous semble indispensable de faire connaître la position topographique, l'étendue et les limites de ce pays qui brilla d'un si vif éclat sur la terre.

« Les nations disparaissent, les villes et leurs ruines sont effacées par le temps. La nature ayant ses crises et l'homme ses passions, tout serait bientôt bouleversé et méconnaissable, sans les fleuves et les montagnes, si merveilleusement distribués à la surface de la terre, par celui qui en établit les fondements et en régla les proportions. » C'est à ces démarcations invariables que nous nous attacherons, afin de tracer sommairement notre topographie hellénique ou grecque.

On commettrait une étrange erreur de comprendre sous le nom de Grèce tous les pays qui furent occupés par les descendants de Hellen, et par les nombreuses colonies qu'ils envoyèrent dans les différentes contrées de l'ancien continent.

Le prolongement des Alpes Carniques, dont le Pinde et le Parnasse sont une des principales branches, sépare, au septentrion, l'Illyrie et la Macédoine de la Grèce proprement dite, qui est bornée par la mer Égée au midi; à l'orient et à l'occident par la mer Ionienne, que Strabon surnomme mer de Sicile. Sa plus grande dimension du nord au midi est de 92 lieues de 25 au degré, son diamètre moyen E. et O. de 58 lieues, et sa surface de 5139 lieues carrées.

Placée entre le 36 et le 41° degré de latitude septentrionale, la Hellade, arrosée par une multitude de rivières, est dotée d'un sol propre à toutes les espèces de cultures que l'homme peut exploiter; on cessera donc de s'étonner si les peuples qui habitèrent un pays aussi favorisé de la nature, ont pu s'élever au degré de splendeur qu'ils atteignirent.

Indépendamment de ces bienfaits, la Grèce reçut du Créateur des dons peut-être plus précieux que la bonté de son territoire. Placée au centre de l'ancien continent, baignée de trois côtés par la mer, bordée de rivages découpés par des golfes profonds, abondants en havres abrités, elle semblait destinée à devenir le point central du commerce général de l'Asie, de l'Afrique et de l'Europe.

Dès que la géographie eut adopté un mode régulier de description, on divisa cet heureux pays en Grèce septentrionale, Grèce moyenne ou Hellade, Grèce méridionale ou presqu'île du Péloponèse, et en îles de la mer Égée.

### GRÈCE SEPTENTRIONALE.

Les fleuves principaux de la Grèce septentrionale, dont les sources se trouvent dans le Pinde ou dans ses étages, servent à faire reconnaître l'Épire, la Thessalie et les contrées qui s'étendent à l'orient jusqu'au golfe Thermaïque et aux Thermopyles. Le plus éloigné de ces fleuves est l'Aoüs, qui coule des faîtes culminants du Pinde pour tomber dans l'Adriatique, à peu de distance d'Apollonie; le Pénée, dont les eaux se rendent dans la mer Égée; le faux Simoïs, qu'on voit s'épancher en face de Corcyre, ainsi que la Thyamis et l'Acheron, fleuves issus de la Chaonie et de la Thesprotie; l'Arachtos et l'Inachos, que reçoit le golfe ambracique; l'Acheloüs et l'Évenus, qui se déchargent, l'un en face d'Ithaque, l'autre vis-à-vis du promontoire Araxe: le Pindos, rivière de la Doride, tombe à l'entrée de la mer des Alcyons ou golfe de Corinthe, et le Sperchios thessalien se rend au golfe Pélasgique.

La Grèce septentrionale se composait de l'Épire et de la Thessalie.

L'Épire comptait quatorze cantons, savoir: 1° la Hellopie, la Molosside et la Thymphéide, 2° la Perrhébie, 3° l'Atintanie, 4° la Dolopie, 5° l'Athamanie, 6° la Paravée ou Parorée, 7° la Dryopie, 8° la Chaonie, 9° la Thesprotie et la Cestrine, 10° l'Aïdonie ou Celtique, 11° la Selléide, 12° la Cassiopie, 13° l'Ambracie, 14° l'Amphilochie.

La Thessalie, plus considérable que l'Épire, s'appela d'abord Pandore, Pyrrhea, Pélasgiotide, Éolide, Xeinie, lorsque Thessalos, chef d'une horde de Thesprotiens Épirotes, y fonda une colonie, soixante ans après la prise de Troie. Elle fut alors nommée Thessalie. Ses subdivisions connues à cette époque étaient: la Phthiotide, pays aimé d'Apollon, lorsqu'il gardait les troupeaux chez Admète; la Magnésie, séjour des Centaures; l'Hestiéotide, la Thessaliotide et la Pélasgiotide. Les montagnes les plus remarquables sont l'Olympe (*), l'Ossa, le Pélion, l'OEta et le Pinde, qui la sépare de l'Épire; son fleuve (car elle n'en a qu'un seul), le Pénée, qui cumule les eaux de l'Ananios, de l'Ion, de l'Apidanos et d'une foule de rivières.

### GRÈCE MOYENNE.

La Grèce moyenne, ou Hellade du milieu, était divisée en neuf contrées.

L'*Attique*, région maritime dont Athènes était la capitale, avait des districts ou dêmes tels qu'Éleusis, Marathon, Décélie, etc., dans sa dépendance. Ses fleuves, si on peut donner ce nom à deux faibles ruisseaux, étaient le Céphise et l'Illissos; ses montagnes, l'Hymette, célèbre par ses abeilles, et le Pentélique, par ses carrières de marbre: les ports les plus renommés étaient le Pirée, Phalère et Munychie.

La *Mégaride*, placée aux confins de la Corinthie, était le plus petit des

---

(*) L'Olympe, dont notre planche première offre une vue exacte, ne s'annonce pas à l'entrée du Tempé par les pentes brusques et les cascades retentissantes qui caractérisent les Alpes. Environné des plus douces couleurs, il élève majestueusement ses croupes arrondies au milieu d'un effet suave de lumière, en laissant apercevoir à travers ses coupoles, au lieu des glaciers éternels du Mont-Blanc, des traces de verdure qui appellent les pasteurs dans ses retraites délicieuses, que l'été embellit de fleurs alpines. Ses sommets ne sont couverts, pendant neuf mois, que de neiges temporaires. Xénagoras, cité par Plutarque, estimait la hauteur du mont Olympe à dix stades un plèthre moins quatre pieds (960 toises). Bernoulli l'a trouvée de 1017 toises, ce qui n'est pas la moitié de la hauteur du Mont-Blanc. (POUQUEVILLE, *Voyage de la Grèce*, liv. IX, chap. v, pages 360, 361, t. III, 2ᵉ édit.)

cantons de la Hellade; Mégare, sa capitale, était unie par de longs murs au faubourg de Nisée son port, situé à l'entrée du détroit de Salamine.

La *Béotie*, contrée montueuse et marécageuse, compte parmi ses principales montagnes, l'Hélicon, séjour des muses, et le Cithéron, qui la sépare de l'Attique : ses principales rivières sont : l'Asope, l'Isménos et le Céphise, qui forme le lac Copaïs, dont les eaux se rendent dans l'Euripe, ou canal de l'île d'Eubée, par des conduits souterrains. Riche d'un grand nombre de villes, les principales étaient: Thèbes, Platée, Tanagre, Thespis, Chéronée, Leuctres, Orchomènes, noms célèbres dans l'histoire.

La *Phocide*, arrosée par le Céphise, qu'on vient de nommer, est célèbre par le Parnasse (*), qui dépend de la chaîne du Pinde, et par l'Hélicon, qui la sépare de l'Attique. Delphes, séjour de l'oracle d'Apollon, Lébadée, Elatée, étaient ses villes les plus renommées, et le port de Cirrha son principal débouché commercial.

Deux cantons connus sous le nom de *Locrides*: l'un à l'orient, surnommé Opuntien ou Epicnémidien, rendu à jamais célèbre par le défilé des Thermopyles, avait pour ville principale Opus; le second, qui était la Locride Ozole, comptait au nombre de ses places principales, Naupacte, port de mer, et Amphise, bâtie dans l'intérieur des terres. Ce dernier canton renfermait la Tétrapole Dorique, située dans les escarpements du mont Oëta, où elle se trouvait isolée et à peine aperçue, par sa position topographique : elle fut

(*) Le Parnasse s'étend au septentrion depuis Delphes jusqu'au mont OEta. Le nom de Lycouria, qu'il conserve encore au-dessus de Delphes, rappelle le souvenir de Lycorée, ville située près de la zone des neiges qui couvrent ses faites pendant neuf mois de l'année. La vue du Parnasse que nous donnons est prise des environs de Crissa; elle est exacte. Le village qu'on y aperçoit est situé sur l'emplacement de Delphes, dont les ruines existent encore. Les Turcs l'habitaient quand ce dessin a été fait.

le berceau des populations doriennes, qui jouèrent un si grand rôle dans la Grèce.

A l'occident et au nord des contrées qu'on vient d'énumérer, se trouvaient, en remontant vers l'Épire, les deux *Étolies*, arrosées par l'Événus et par l'Acheloüs : elles avaient pour villes principales, Calydon, patrie de Méléagre; Thermos, où se tenait le *Panetolicum*, ou assemblée des états de l'Étolie : le lac Trichonion, les monts Aracynthe et Amphryse étaient compris dans leur territoire.

L'Acheloüs séparait de l'Étolie proprement dite, l'*Acarnanie*, qui avait pour capitale Stratos, et pour limites le golfe Ambracique.

GRÈCE MÉRIDIONALE.

La Grèce méridionale comprenait le Péloponèse (aujourd'hui la Morée), qui formait huit provinces que nous nous contenterons de nommer : c'étaient l'Arcadie, la Laconie, la Messénie, l'Élide, l'Argolide, l'Achaïe, la Sicyonie et la Corinthie. Telle était la Grèce continentale, à laquelle il faut ajouter les îles qui en dépendaient, et qui étaient régies par des gouvernements distincts.

ILES.

Près de la côte de l'Épire, de l'Acarnanie, de l'Étolie et du Péloponèse, on trouve Corcyre avec son archipel composé de cinq îles : Leucade, qu'un canal, ouvrage des Corinthiens, sépare de l'Acarnanie, dont elle formait autrefois un promontoire; Ithaque et Céphallénie avec plusieurs îlots situés en face de l'Étolie; Zacynthe (Zante), placée près du Péloponèse; et Cythère, qui semble avoir été détachée du territoire de la Laconie.

Au midi, et sur la côte occidentale du golfe Saronique, on trouve les îles d'Hydrussa, Tiparénos, Calaurie, Égine et Salamine.

Vis-à-vis de la Béotie, dont elle est séparée par un détroit nommé Euripe, se déploie l'île d'Eubée. Près de la Thessalie, on voit les îles de Scyathos, Halonèse, Péparéthos; plus avant dans le nord, Thasos, Samothrace, Lemnos et Imbros.

Les groupes d'îles répandues dans la mer Égée sont désignés sous les noms de Cyclades et de Sporades. Les plus considérables sont : Andros, Délos, Paros, Naxos et Mélos ; quant aux Sporades, nous nous contenterons de citer la Crète, Rhodes et Cypre.

#### ÉPOQUE MYTHOLOGIQUE ET HÉROÏQUE.

L'Asie était depuis long-temps civilisée, lorsque l'Europe existait encore dans l'état sauvage. Quelques Phéniciens abordent à la plage d'Argos ; ils y fondent moins une colonie qu'un comptoir commercial. Les habitants du pays se réunissent autour d'eux ; ils s'empressent de profiter de leurs connaissances ; ils apprennent d'eux les arts les plus utiles, et surtout celui de l'agriculture. Leur population s'accroît au moyen de ce bienfait, et ils se trouvent bientôt en état d'envoyer eux-mêmes des colonies sur les côtes de l'Attique, de la Thessalie, de la Thrace, et dans presque toutes les îles de la Méditerranée. Ils portent ensuite la première étincelle de la civilisation dans l'Italie : dès lors la face de l'Europe change.

Les notions un peu circonstanciées que nous possédons relativement aux premiers habitants de la Grèce sont vagues ; et cependant on a plus lieu de s'étonner de ce qu'on sait à cet égard, que de regretter les documents qui ne nous sont point parvenus. En effet, la mythologie nous laisse entrevoir la méchanceté des hommes soumis à des dieux corrompus ; des vices infâmes et un système épouvantable de violence et de tyrannie, tel que, malgré toute la circonspection d'un écrivain, il lui deviendrait difficile de traiter un pareil sujet.

Si on juge par induction de l'état ancien de la Grèce, on ne peut mettre en doute qu'elle ne fût déjà très-peuplée lorsque les premières colonies étrangères vinrent s'y fixer, puisque six ou sept générations après, elles formèrent des établissements dans l'Asie-Mineure, dans la Thessalie, dans la Béotie et dans l'Attique. Il résulterait de là que les premiers chefs venus de l'Orient, ayant trouvé une population nombreuse, ne firent que la rassembler pour propager la civilisation par le commerce : tel fut le passage de ce qu'on appelle l'état sauvage à l'état de barbarie.

#### PÉLASGES ET TELCHINES.

Les *Pélasges*, dont on ignore l'origine, mais qui paraissent s'être propagés au loin dans l'Europe et dans l'Asie, regardaient Inachus et Phoronée comme leurs chefs. Ils s'établirent dans le Péloponèse, où leur arrivée est fixée au XVIII$^e$ siècle avant notre ère, temps où l'on aperçoit dans ce pays quelques traces d'un ordre social antérieur à leur époque.

Cette civilisation était due aux *Telchines*, originaires de l'île de Crète, île dont le premier nom connu avait été Telchinia : elle fut une des principales stations des Phéniciens, lorsqu'ils s'adonnèrent au commerce maritime. Phoronée fit la guerre à ces Telchines, issus des Phéniciens, qu'on croit être des Arabes qui avaient eu des rapports d'origine avec les Indiens.

Les Pélasges, après avoir expulsé les Telchines, qui étaient probablement une colonie de marchands, ne tardèrent pas à s'agrandir en s'emparant des états d'Argos et de Sicyone. Bientôt après ils s'étendirent du côté de l'Attique et dans la Thessalie, sous la conduite de leurs chefs Achéos, Pthios et Pélasgos, formant des comptoirs de commerce, autour desquels se réunirent quelques familles qui se multiplièrent successivement, au point de former des villes.

Ces étrangers apprenaient aux indigènes à cultiver la terre et à tirer parti de leurs denrées, qu'ils échangeaient contre les productions qu'un peuple industrieux et navigateur peut offrir à celui qui ne l'est pas. Enfin ce fut à ces conquérants pacifiques que les Grecs durent la connaissance des lettres pélasgiques, qu'ils reçurent, dit-on, long-temps avant l'arrivée de la colonie de Cadmus dans la Béotie.

### RELIGION.

Si on passe maintenant à l'examen de la religion, on trouvera beaucoup de rapports entre celle des Phéniciens et des Pélasges. Les habitants du Péloponèse, à l'arrivée des premières colonies étrangères, avaient quelques idées religieuses; ils reconnaissaient deux divinités principales, qui étaient Uranos, ou le ciel, et Ghé, ou la terre. Platon prétend qu'ils rendaient aussi un culte au soleil, à la lune et aux astres.

Inachus, arrivé dans la Grèce vingt-deux générations avant le siége de Troie, eut pour successeur Phoronée, son fils, que quelques auteurs regardent comme le véritable fondateur du royaume d'Argos. Ce prince eut deux enfants, Apis, qui lui succéda, et Niobé, qui eut un fils nommé Argos ou Pelasgos, auquel on donnait pour père Jupiter : c'était toujours à quelque dieu qu'on rattachait l'origine d'un fils issu du sang des rois, quand on ne pouvait prouver sa légitimité. Il paraît que Phoronée fut célèbre, car son nom passa à tous ses successeurs jusqu'à Danaüs.

Les Phéniciens avaient apporté quelque civilisation chez les habitants du Péloponèse; mais occupés presque uniquement du commerce, ils faisaient peu de cas des arts d'agrément et des sciences de pure spéculation. Il n'en était pas ainsi de Danaüs, sorti de l'Égypte, ou il y avait d'autres hommes que des cultivateurs et des marchands.

L'histoire ancienne de l'Égypte est trop peu connue pour affirmer en quelle qualité Danaüs y habitait. Apollodore serait porté à croire qu'il régna dans cette partie de la Libye qu'on appelle la Cyrénaïque. Chassé de ce pays par son frère Égyptos, il se serait d'abord réfugié dans l'île de Rhodes avec ses cinquante filles, qui étaient probablement des odalisques comme celles des harems de l'Orient. Il s'embarqua de là pour Argos, où il aborda. Le trône étant venu à vaquer, il y monta en qualité de descendant d'Io, fille aînée d'Iasos, ou plutôt au moyen des richesses qu'il avait apportées avec lui, et qu'il sut employer à se faire des partisans.

Danaüs fit quelques changements à la religion des Pélasges, en abolissant les sacrifices humains, qui cessèrent à cette époque dans l'Argolide. Cécrops, son contemporain, venu de l'Égypte avec lui, poussant plus loin l'humanité, défendit de sacrifier aux dieux aucun animal vivant : exemple qui ne fut pas suivi par les Pélasges de l'Arcadie.

On attribue aux filles de Danaüs l'institution des Thesmophories, ou fêtes de l'agriculture, qui furent adaptées au culte de Cérès, divinité que les Pélasges connaissaient déjà par ses bienfaits. Quant au mariage des Danaïdes, le silence d'Homère nous porte à croire que c'est une fable assez moderne.

C'est à la date de dix-sept générations avant le siége de Troie qu'on voit Lycaon fonder le royaume d'Arcadie : il était compatriote et contemporain de Cécrops.

Danaüs eut pour successeur Lyncée, fils d'Égyptos, son frère. On ignore son histoire, ainsi que celle d'Abas, son fils et son successeur, qui épousa Ocalie, fille de Mantinée, l'un des enfants de Lycaon.

A cette époque Nauplios, fils de Neptune et d'Amymone, réunit les matelots égyptiens et phéniciens qui avaient suivi son grand-père, dans l'endroit où se trouve le port principal de l'Argolide; il y bâtit Nauplie, dont le nom s'est conservé jusqu'à nos jours. Palamède, fils du second Nauplios, bâtit l'Acropole, maintenant appelée Palamide.

### PROMÉTHÉE.

*Prométhée*, père de Deucalion, était frère d'Atlas, roi d'Arcadie, dénomination qui s'étendait quelquefois à l'Élide. Ce prince passa du Péloponèse dans l'Étolie, où il fonda un état qui fut le berceau des Hellènes et des Doriens. Le déluge de Deucalion se rapporte au règne de Nyctimos, son fils, huit générations ou 264 ans avant le siége de Troie; il y avait alors 198 ans ou six générations que les Pélasges étaient établis dans la Thessalie.

Prométhée se vantait d'avoir introduit le culte d'un troisième Jupiter à Olympie, où il existait déjà un temple de *Kronos* (*le Temps*). Les Éléens prétendaient que Jupiter y avait lutté contre son père, pour savoir à qui resterait l'empire du monde, et qu'il en sortit victorieux. Telle fut l'origine de jeux qu'Iphitos renouvela dans la suite des temps.

On attribuait à Prométhée une autre innovation dans le culte. Au lieu d'holocaustes, il ordonna qu'on ne brûlerait plus sur les autels des dieux que les os des victimes, et il permit de manger les chairs. Enfin il apprit aux hommes l'art de connaître l'avenir par l'inspection des entrailles des victimes.

#### DEUCALION.

*Deucalion* laissa deux fils, Hellen et Amphictyon, et une fille nommée Protogénie. Les deux fils ayant partagé le domaine de leur père, Amphictyon eut le littoral depuis les Thermopyles, où finissait la Thessalie, jusqu'à la Béotie, qui lui appartenait en grande partie, et Hellen obtint les montagnes, ou Haute-Thessalie, car la plaine était encore couverte par les eaux.

*Hellen* eut, dit-on, trois fils, Éolos, Doros et Xuthos. Il est difficile de déterminer la position de l'Éolide, mais il est probable que ce fut le pays situé aux environs du golfe Pagasétique, dont la ville principale était Iolcos. On en attribuait la fondation à Créthée, père d'Éson, dont le fils, Jason, devint le chef de l'expédition des Argonautes.

*Doros*, second fils de Hellen, succéda à son père dans l'Hestéotide, d'où il fut chassé par les Perrhèbes. Alors quelques-unes des tribus dont il était le roi, conduites par Macednos, se répandirent dans la Macédoine, où elles portèrent, suivant toute apparence, l'idiome qu'on y parlait encore au siècle d'Alexandre-le-Grand : quelques autres Doriens passèrent dans l'île de Crète. Ceux-ci, rappelés par l'amour de leur patrie primitive, revinrent s'établir dans la Tétrapole Dorique, où ils restèrent jusqu'à leur expédition dans le Péloponèse, sous la conduite des Héraclides.

*Xuthos*, forcé par ses frères de s'expatrier, s'étant réfugié à Athènes, épousa Creüse, fille d'Érechthée, dont il eut deux fils, Ion et Achéos. Ion, chassé bientôt après avec sa tribu, vint s'établir dans l'Égialée, qui fut appelée Ionie, et dans la suite Achaïe : de là ils s'étendirent dans l'Argolide et dans la Laconie, où ils demeurèrent jusqu'au temps de l'invasion des Doriens.

AMPHICTYON.—La postérité d'*Amphictyon* est moins connue que celle de Hellen; il eut, à ce qu'on dit, un fils appelé Physcos, qui engendra Locros, d'où vient le nom de Locride, donné au pays soumis à son autorité.

ATLANTIDES. — Nous avons précédemment parlé d'Atlas, frère de Prométhée, qui eut sept filles, appelées les *Atlantides*. L'une d'elles, Maïa, donna le jour à Mercure, c'est-à-dire qu'elle établit à Cyllène le culte de ce dieu.

*Halcyone*, la seconde des Atlantides, eut de Neptune un fils qui régna dans la Béotie. Il paraît qu'on fit sous son règne quelques tentatives pour introduire dans cette contrée le culte d'Apollon et de Diane, mais il s'y opposa.

*Electre*, sœur d'Halcyone, eut de Jupiter deux fils, Dardanos et Iasion. Quelques auteurs disent qu'Énomaos, roi de Pise, avait pour mère *Stérope*, l'une des Atlantides. Enfin c'est dans cette race, et dans celles que nous avons fait connaître sommairement, qu'on doit rechercher les origines des familles qui figureront avec plus ou moins d'authenticité dans la période suivante de l'histoire grecque.

#### ÉPOQUE HÉROÏQUE ET HISTORIQUE.

Tandis que la mythologie s'emparait des annales primitives de la Grèce, l'histoire inscrivait dans ses fastes le souvenir de quatre établissements successifs formés par des étrangers dans le pays qu'ils étaient destinés à civiliser.

On a dit précédemment que depuis le milieu du XVIᵉ siècle à 1450 avant notre ère, une multitude d'Égyptiens, de Phéniciens et de Phrygiens étaient venus s'établir sur les côtes de la Grèce. Des causes particulières avaient motivé leurs émigrations, qui furent presque simultanées : c'étaient, en général, des collisions entre les branches collatérales des dynasties de l'Orient; tantôt des ambitieux déçus dans leurs espérances, ou d'illustres proscrits qui cherchaient à se dérober à la tyrannie victorieuse dont ils avaient inutilement essayé de s'affranchir.

COLONIES ÉTRANGÈRES. — Les historiens s'accordent à dire que les principales colonies étrangères, conduites par les Égyptiens Cécrops et Danaüs, s'établirent l'une dans l'Attique, l'autre dans l'Argolide; que le Phénicien Cadmus fonda Thèbes en Béotie, où il épousa Harmonie, fille de Mars. D'un autre côté, le Phrygien Pélops, qui changea le nom d'Apia en celui de Péloponèse, conquit cette presqu'île par ses alliances avec Danaüs et Tyndare, roi de Lacédémone, de façon que leurs dynasties acquirent, dans la suite des temps, une prépondérance suprême dans la personne d'Agamemnon. Ainsi Thèbes, Athènes, Argos, Sparte, doivent être considérées comme devant leur origine à quatre princes étrangers, dont les exploits, la gloire et les hautes infortunes ont été immortalisés par les plus nobles génies de la Grèce.

USAGE DES MÉTAUX. — Les pays que ces dynasties avaient été forcées d'abandonner n'étaient peut-être pas arrivés à un haut degré de maturité sous le rapport de la législation civile et morale; mais les arts de l'agriculture et quelques parties de la science y avaient fait assez de progrès pour apprendre aux Grecs la connaissance des métaux. Ainsi, Cécrops leur montra l'usage du fer, qu'on ne trouve nulle part à l'état métallique; il réunit en même temps les chasseurs et les nomades ou pasteurs en villages, et il en fit des cultivateurs. Le blé, le vin, l'huile, furent la récompense de leurs utiles travaux; et ces productions, acquises par des fatigues communes, furent regardées, ainsi que les terres mêmes, comme une propriété publique.

PROPRIÉTÉS. — L'idée d'un droit exclusif et permanent sur une portion de terrain fut un des pas les plus importants que Cécrops fit faire aux Hellènes vers l'ordre social. Dicté par un esprit d'amélioration, on dut s'occuper à réprimer l'injustice de l'homme, qui ne veut pas acquérir par le travail ce qu'il peut ravir par la force brutale, en s'adonnant au brigandage. Alors l'influence de la religion vint au secours de l'agriculture, et les instituteurs de la morale publique mirent les biens de la terre sous la protection des dieux, en attendant celle des lois.

AUTORITÉ ROYALE. — Les premiers législateurs, qui avaient sagement adopté l'idiome des habitants de la Grèce, avaient eu l'attention de modifier l'autorité royale, qui fut toujours en Égypte et dans l'Orient celle d'un rigoureux despotisme. On remarque effectivement, jusqu'à l'époque du siége de Troie, que la puissance souveraine n'était mise en usage que pour le maintien de la discipline militaire en cas de danger public et pendant la guerre. Les Grecs étaient libres sous le sceptre des rois, qu'Homère surnomme les *pasteurs des peuples*; et ce fut quand les Hellènes devinrent riches qu'ils se trouvèrent préparés à la servitude.

NAVIGATION, COMMERCE. — On croit communément que les Phéniciens furent les premiers maîtres des Grecs dans l'art de la navigation. Mais il suffit de jeter les yeux sur la carte de la Hellade pour juger que ses habitants étaient naturellement appelés au commerce maritime; et si les Phéniciens entrèrent pour quelque chose dans cette combinaison, ce ne fut que pour en hâter le développement, dont le retard tenait à des causes locales.

Plusieurs circonstances avaient contribué à prolonger l'enfance des Grecs en détournant leur attention du commerce et des arts. La surface de leur pays hérissé de montagnes isolait tellement les habitants, qu'on ne pouvait voyager au-delà d'un territoire limité sans être exposé aux insultes de quelque chef d'une peuplade. Ces injures excitaient des ressentiments, on se faisait mutuellement des outrages ; chaque ville était en guerre avec ses voisins, et on vivait dans un état habituel d'anarchie.

D'un autre côté, la mer était couverte de pirates. Les Phéniciens, les Cariens et les insulaires de la mer Égée ne regardaient plus la navigation comme un lien propre à unir les peuples par le commerce, mais comme un moyen de s'enrichir par le pillage. Ainsi le métier infâme de plagiaires devint une profession qui, loin d'être regardée comme déshonorante, donnait beaucoup de gloire et de réputation à ceux qui l'exerçaient avec intelligence et courage. Enfin la frontière septentrionale de la Hellade était continuellement menacée par les Thraces, par les Amazones et par une foule de sauvages sortis des régions boréales.

### AMPHICTYONIE.

Les dangers auxquels on se trouvait exposé du côté de la Thessalie donnèrent lieu à une institution politique qui eut une influence marquée sur la grandeur future de la Grèce. Nous voulons parler de la ligue amphictyonique.

Elle fut d'abord composée des princes de la Thessalie, qui formèrent une confédération pour leur défense mutuelle contre les Barbares. Ils s'assemblaient chaque année, au printemps et en automne, aux Thermopyles, canton qui était alors gouverné par Amphictyon. Les avantages que les alliés retirèrent de ce congrès firent que les nations de la moyenne Grèce et de la Grèce méridionale ne tardèrent pas a y accéder, ainsi que Acrisios d'Argos et les autres princes du Péloponèse.

Pendant près d'un siècle, les Amphictyons se contentèrent de défendre leur territoire ; mais l'activité impatiente de ceux qui en composaient le conseil ne put se borner à une guerre défensive. Les succès qu'ils avaient obtenus les décidèrent à diriger leurs armes contre les Barbares en général : cette résolution donna lieu à l'expédition des Argonautes.

Comme l'accroissement de la population avait imprimé une activité prodigieuse dans la Hellade, on sentit de bonne heure l'importance du commerce du Pont-Euxin et de la Propontide. Les Grecs y avaient établi des colonies, qui, devenues bientôt trop puissantes, profitèrent de la faiblesse du royaume d'Argos, pour secouer son joug et inquiéter le commerce des Grecs d'Europe.

### EXPÉDITION DES ARGONAUTES.

Dès que le congrès eut annoncé le projet de venger les insultes faites par les colonies et par les Barbares, on vit paraître tout ce que la Hellade comptait de héros, au nombre de quarante-trois, qui commandaient probablement autant de vaisseaux. Le lieu du rendez-vous était Iolcos, sur le golfe Pagasétique. Là parurent aux premiers rangs Phrixos, constructeur du vaisseau amiral Argos, qui portait cinquante paires de rames : Minerve en avait dirigé l'architecture. Tiphys, fils d'Haginos, fut le pilote de cette nef, Orphée, né à OEagre, le prophète ou chantre divin, et Esculape, engendré par Apollon, le médecin. On nommait ensuite Hercule ; Zétès et Calaïs, issus de Borée ; Castor et Pollux, dont le sang de Jupiter coulait dans les veines ; Thésée et une foule de chefs, dont les généreux enfants se distinguèrent au siége de Troie, dans le cours de la génération suivante.

Les desseins des Argonautes étaient voilés sous la phrase allégorique de *conquête de la toison d'or*, emblème du commerce. Ils se bornèrent à l'enlèvement de la fille du roi de Colchos, la célèbre Médée, qui épousa Jason, chef des Argonautes, et à quelques pillages sans résultats utiles à l'état. Au total, il paraît que l'expédition ne réussit pas au gré des Hellènes.

Hercule, que les Argonautes avaient abandonné dans le cours de leur navigation, ou plutôt qui s'était détaché de leur flotte, dirigea à ses propres risques une expédition contre les Amazones, qui fut plutôt un coup de main qu'une guerre en règle. Il tua ensuite plusieurs tyrans établis sur les côtes de la Thrace, qui pillaient les vaisseaux, dont ils massacraient les équipages. De ce nombre fut Diomède; et ce fut dans ses états qu'Hercule, le destructeur des monstres, bâtit la ville d'Abdère.

De retour dans le Péloponèse, Hercule attaqua et prit Pylos : Nestor qui était enfant échappa au carnage. Hercule avait voulu faire reconnaître les droits de sa famille, et il obtint le même avantage contre Lacédémone. Ce fut après ces deux entreprises qu'Hercule porta ses armes hors du Péloponèse. Nous abandonnons aux mythologues le récit des exploits qu'on lui attribue, exploits aussi atroces par l'effusion du sang que par le récit des incestes dont il se souilla avant d'être reçu dans l'Olympe.

#### SANGLIER DE CALYDON.

Malgré les fictions qui défigurent l'histoire des Argonautes, on voit, à partir de cette époque, les Grecs former de vastes projets et marcher rapidement vers la civilisation. Quelques chefs principaux, qui avaient pris part à l'expédition de Colchos pour la toison d'or, tels que Castor et Pollux, Thésée, Jason, se réunirent plus tard à l'occasion de la chasse du sanglier de Calydon, à laquelle ils furent invités par Méléagre. Ils y signalèrent leur valeur, mais pour l'ennoblir, il fallait que son éclat fût utile au public.

#### EXPÉDITION CONTRE THÈBES.

L'expédition contre Thèbes, qui suivit la chasse du sanglier de Calydon, n'avait rien de national. Elle réunit cependant une foule de chefs illustres, sous la conduite d'Adraste. Nous n'entrerons pas dans les détails presque fabuleux de cette guerre impie, où les deux freres Étéocle et Polynice, qui prétendaient au trône, s'égorgèrent mutuellement, et où tous les chefs périrent, à l'exception d'Adraste, qui échappa, grace à la vitesse de son cheval Arion, que Cérès, transformée en Furie, avait conçu de Neptune.

Les mœurs de ce temps étaient atroces; on voit Créon, parvenu au trône de Thèbes, laisser les corps des Argiens sans sépulture, et la pieuse Antigone, fille d'OEdipe, qui avait rendu les honneurs suprêmes à Polynice, condamnée par Créon à être renfermée vivante dans le même tombeau que son frère. Cependant le tyran ayant osé se rendre à Athènes, dut se réfugier auprès de l'autel de la Pitié, et là, en posture de suppliant, il se vit dans la nécessité de conjurer Thésée d'aller rendre les derniers devoirs aux morts restés sur le champ de bataille. Évadné, fille d'Iphis et femme de Capanée, offrit dans cette circonstance un de ces spectacles qu'on retrouve encore au Malabar, en montant sur le bûcher de son époux, où elle fut brûlée avec son cadavre.

Dix ans après cet événement, les Épigones, c'est-à-dire les enfants des héros qui étaient morts devant Thèbes, entreprirent une nouvelle expédition contre cette ville, où régnait alors Tirésias, afin de venger leurs pères. La ville fut prise, pillée, ses murs renversés, et les vainqueurs envoyèrent à Delphes une partie du butin, avec Manto, fille du roi; car ils avaient promis à Apollon, s'ils s'emparaient de Thèbes, de lui consacrer ce qu'il y aurait de plus précieux.

La fin de cette guerre offre dans ses résultats un côté moral; le respect dû aux morts. Mais les Grecs étaient sans lien politique et réduits aux règlements de Cécrops, qui ne concernaient que leur administration religieuse et municipale : il fallait autre chose pour fonder un état social.

#### THÉSÉE.

On s'adressa aux Crétois, régis par

les meilleures lois qu'on eût encore mises en pratique. Elles avaient été recueillies par le vieux Minos, qui les avait empruntées aux sages de l'Égypte. Roi législateur, après avoir purgé la mer des pirates qui l'infestaient, il avait donné au peuple qu'il gouvernait un code qu'il prétendit être émané des dieux, et qu'il avait, par leur commandement, gravé sur des tables de bronze.

L'ordre admirable de cette législation avait frappé Thésée. Il se rendit en Crète sous le règne du second Minos, car le père tenait l'urne fatale aux enfers, depuis qu'il avait cessé d'exister parmi les hommes. Son fils avait continué à nettoyer l'archipel des Cariens, des Lyciens et des Phrygiens, qui n'osaient plus y exercer leurs brigandages. Il avait en même temps réprimé l'ambition des Athéniens, en leur imposant un tribut annuel de sept jeunes garçons et d'autant de jeunes filles, non pour les livrer à la voracité du Minotaure, mais pour en faire des esclaves, qui étaient alors une monnaie de compte. On tremblait chaque année à l'apparition du vaisseau crétois, lorsque Thésée s'offrit généreusement en sacrifice pour le salut de la patrie.

La réputation du héros était parvenue à la cour de Minos, qui respectait ses nobles qualités, et ce respect se changea en admiration, lorsqu'il vit le prince devenu volontairement son captif. Minos le traita avec la bonté affectueuse de l'antique hospitalité : il lui donna en mariage sa fille Ariane, et déclara les Athéniens libres désormais d'une contribution aussi cruelle qu'ignominieuse.

C'est au retour de Thésée dans l'Attique qu'il faut attribuer le spectacle enchanteur de la plus paisible des révolutions. Les lois et les coutumes de la Crète y furent à peine introduites, que la terre de Cécrops offrit un aspect plus régulier que tout ce qu'on pouvait voir dans aucune autre partie de la Hellade. En mémoire de la réunion de tous les peuples de l'Attique, il rétablit les Panathénées, fêtes instituées dès une haute antiquité, sous la protection de Minerve. Différentes familles réunies sous un même gouvernement, toutes égales entre elles, mais servies par des esclaves, mangeaient à des tables publiques, tandis que leurs femmes et leurs enfans, comme on l'a vu de nos jours au Paraguay, subsistaient des fruits d'un travail commun : le peuple entier reconnaissait la prérogative d'un roi héréditaire protégé des dieux.

Thésée avait opéré méthodiquement cette métamorphose politique, qui passa des dèmes ou districts de l'Attique dans presque toutes les parties de la Grèce. Elle y fut reçue d'autant mieux que l'autorité royale puisait son principe dans l'élément démocratique. Ainsi, avant la guerre de Troie, tous les états de la Hellade avaient embrassé un système uniforme de gouvernement en conciliant l'esprit indépendant de l'Européen, né pour la liberté, avec le caractère superstitieux de l'Égyptien et l'esprit servile de l'Asiatique.

Cette forme de gouvernement, qu'on croirait impossible à établir, procura bientôt les moyens d'exécuter les plus vastes entreprises : la royauté devenue héréditaire, en s'occupant sans relâche à adoucir les mœurs, contribua à opérer cette étonnante harmonie. Sans cela, comment expliquer la réunion de plus de cent mille guerriers, pour concourir pendant dix ans au siége mémorable de Troie ?

### GUERRE DE TROIE.

Avant d'examiner succinctement les causes et les vicissitudes du siége de Troie, il nous semble indispensable de jeter un coup d'œil sur les forces des Grecs qui allaient se heurter avec tant d'acharnement contre le royaume de Priam.

Troie fut primitivement une de ces colonies grecques que les Argonautes ne purent ramener à l'obéissance d'Argos, sa métropole. Une haine héréditaire, qui avait peut-être son principe dans cette espèce de scission, existait depuis long-temps entre les ancêtres d'Agamemnon et ceux de Priam.

Sans nous arrêter aux fables qu'on

a débitées sur Atrée et Thyeste, nous dirons qu'Agamemnon, leur neveu, devint roi de Mycènes après la mort d'Eurysthée. Il épousa ensuite Clytemnestre, l'une des filles de Tyndare, roi de Sparte, qui avait donné en mariage à Ménélas, frère d'Agamemnon, Hélène, sœur de Clytemnestre.

Hélène avait en partage le don de la beauté, don funeste, lorsqu'il n'est pas accompagné des charmes de la pudeur. Ses attraits avaient, dit-on, fait palpiter le cœur de Thésée, qui la ravit lorsqu'elle se promenait entourée de ses compagnes, sur les bords de l'Eurotas aux beaux roseaux. Rendue à sa famille, non aussi pure que Diane, déesse du Ménale, sa beauté s'accrut avec l'âge heureux qui embellit la beauté de la femme, en développant ses formes. Des adorateurs sans nombre affluaient au palais de son père. Tyndare, pour prévenir la violence de quelque nouveau ravisseur, obligeait tous les prétendants à faire le serment solennel d'assurer la possession d'Hélène à celui qui serait l'objet de son choix. Ménélas obtint la préférence sur ses rivaux, les filles de Sparte chantèrent l'épithalame, et par son hymen avec l'héritière de Tyndare, il succéda de droit à la couronne de Lacédémone.

Ménélas jouissait depuis peu d'années du bonheur d'être l'époux d'Hélène, quand Pâris, fils de Priam, roi de Troie, arriva dans le Péloponèse. Il était dans l'éclat de la jeunesse, lorsqu'il débarqua sur les côtes de la Laconie. Bien accueilli par Castor et Pollux, il se rendit sous leurs auspices à la cour de Sparte, où il réclama les droits de l'hospitalité.

Vénus, à qui Pâris décerna le prix de la beauté, lui avait départi le don de séduire les femmes et de triompher de leur faiblesse. Ses brillantes qualités, la douceur des chants de l'Ionie, et plus encore les fatigues qu'il avait endurées pour l'amour d'Hélène, séduisirent le cœur inconstant d'une femme légère. Éprise de la passion la plus vive pour le fils de Priam, profitant de l'absence de son époux qui s'était rendu en Crète, elle abandonne son pays, oublie ses devoirs, et, transportée avec ses trésors dans les murs de Troie, elle défie le ressentiment des Grecs et la vengeance des dieux protecteurs de l'hyménée.

C'était dans une semblable conjoncture que Ménélas avait le droit de réclamer l'assistance de ses anciens rivaux. Sa demande, qui intéressait l'honneur national, fut appuyée par Agamemnon, et les états généraux de la Grèce s'étant rassemblés à Égion, ville littorale de la mer des Alcyons, la guerre contre Troie fut résolue.

On décida, malgré l'injure flagrante, qu'on tenterait au préalable les voies de la conciliation en envoyant des ambassadeurs à Troie, pour réclamer Hélène et demander satisfaction d'un rapt qui blessait les lois les plus sacrées de l'hospitalité.

Ménélas, comme partie offensée, et le sage Ulysse, furent chargés de cette négociation. Ils se rendirent à la cour de Priam, où ils furent non-seulement éconduits sur toutes leurs demandes, mais exposés aux plus grands dangers, auxquels ils n'échappèrent que par la protection d'Anténor, l'un des principaux Troyens chez qui ils étaient logés.

Au retour de ces députés, la guerre contre Troie fut dénoncée authentiquement. Alors Agamemnon et Ménélas s'occupèrent de réunir les éléments d'une expédition destinée à armer la Grèce occidentale contre l'Asie, qui devait plus tard exercer de sanglantes représailles contre la Hellade.

Dans cette pensée, Agamemnon et Ménélas envoyèrent des députés à tous les princes de la Grèce, pour les engager par l'appât du butin à se réunir à eux, en désignant le port d'Aulis, dans la Béotie, comme le rendez-vous des vaisseaux destinés à transporter l'armée.

On dit que les préparatifs de cette grande entreprise nécessitèrent dix ans de soins et de travaux; mais il est probable qu'elle eut lieu quatre années après l'enlèvement d'Hélène.

## AGAMEMNON ÉLU GÉNÉRALISSIME.

### CATALOGUE DE L'ARMÉE GRECQUE.

Agamemnon fut nommé généralissime de l'armée : il dut cette dignité à sa qualité de successeur de Persée et de roi de l'Argolide, qui était la métropole de la Grèce. Il avait sous ses ordres immédiats les troupes de Mycènes, Corinthe, Cléones, Aréthyrée, Sicyone, Pellène, Égion, Hélice, qu'un tremblement de terre engloutit plus tard dans la mer, et de toute l'Égialée : il possédait 100 vaisseaux (*).

(*) L'antiquité nous a transmis les images des principaux héros qui se signalèrent au siége de Troie. Quoiqu'il soit difficile d'affirmer que les figures représentées sur notre planche n° 9 reproduisent exactement leurs traits, il n'est pas moins certain que, dès une haute antiquité, elles offraient le type de ces héros conformément aux traditions et à l'idée qu'on s'en formait d'après les poëmes homériques. Toutes sont copiées d'après les monuments les plus authentiques. Le célèbre Heyne a décrit les sept premières : les deux dernières l'ont été par Millin. Voici leur opinion :

La première représente Diomède d'après le buste du musée Clémentin. L'expression du courage viril, de la force corporelle, une mine ouverte, hardie, ingénue, caractérisent cette belle tête. Le front osseux indique la vigueur et la fermeté dans le péril; sur les lèvres est le mépris et la bravade.

Le n° 2, Ulysse, d'après le buste en marbre de milord Bristol. Le bonnet de navigateur le distingue; il est orné de fleurs, de feuillages, de génies ailés, au bas est une bordure sinueuse imitant les vagues. L'œil pénétrant, scrutateur, plein d'intelligence et de réflexion, indique un esprit méditatif et clairvoyant. On voit sur cette physionomie le discernement qui inspire de sages conseils; la vigilance et la précaution, unies à la fermeté, à la vigueur et à une inébranlable égalité d'ame, caractères principaux de ce héros : c'est l'Ulysse au cœur noble, à l'ame généreuse, et non l'Ulysse astucieux.

Le n° 3, Nestor, d'après un ouvrage antique qui se trouve à Nola. Cette tête, pleine de noblesse, et où l'intelligence paraît réunie au courage, semble un peu jeune à Heyne pour représenter Nestor, ainsi que le croit Tischbein ; comparée à celle de Diomède, elle forme le contraste de la sagesse avec le courage.

Le n° 4, Achille, d'après trois statues semblables. Cette tête d'un adolescent porte une gravité virile dans le regard et une réflexion profonde ; on y sent un je ne sais quoi de rêveur et de mélancolique.

Le n° 5, Agamemnon, d'après un buste en marbre plus grand que nature. Cette tête est connue à Rome sous le nom de Pirrhus. Tischbein y croit voir plutôt celle d'Agamemnon, à cause de sa ressemblance avec celle de Ménélas, et d'après d'autres rapports indiqués par Homère. La barbe est très-touffue, et la chevelure hérissée, pareille à la crinière d'un lion, indices de la force et du courage. L'œil est celui d'un aigle. Le regard est perçant, ambitieux ; les muscles de la figure sont empreints d'une vigoureuse fierté. Sur le front on lit l'orgueil, la colère, l'ambition.

Le n° 6, Ménélas, d'après le buste en marbre du musée Clémentin. Cette tête est entièrement semblable à celle du groupe antique que l'on voit à Florence, et qui représente Ménélas protégeant le corps de Patrocle; aussi Heyne n'a-t-il aucun doute à ce sujet.

Le n° 7, Paris. Il est reconnaissable par sa beauté, ses cheveux bouclés, son bonnet phrygien : elle est dessinée d'après la statue du musée Clémentin.

Les n°ˢ 8 et 9, Machaon et Podalire, d'après un camée antique. L'artiste a représenté deux hommes dans la force de l'âge: l'un a la tête couverte d'un casque, l'autre d'une espèce de bandeau, comme on en remarque à quelques têtes d'Esculape. Cette espèce de bandeau paraît avoir été plus particulièrement consacré aux médecins. D'après ces indications, Millin reconnaît dans ces deux têtes Machaon et Podalire, les deux médecins de l'armée grecque au siége de Troie.

Diomède, fils de Tydée, Sthénélos, fils de Capanée, et Euryalos, fils de Mécistée, commandaient les troupes des parties orientales et méridionales de l'Argolide, c'est-à-dire celles d'Argos, Tirynthe, Trézène, Epidaure, Hermione, Asiné et Égine. Ces trois chefs possédaient 80 vaisseaux.

Ménélas avait sous ses ordres toutes

les troupes de la Laconie et 60 vaisseaux.

Nestor commandait les contingents de la plus grande partie de la Messénie et des états de Boros, son petit-neveu, trop jeune pour prendre rang dans l'armée; il avait 90 vaisseaux.

Podalire et Machaon, fils d'Esculape, avaient sous leurs drapeaux les guerriers de Tricca (auj. Tricara dans le mont Cyllène), Ithome et OEcalie; ils avaient 40 vaisseaux.

Les Arcadiens avaient pour chef Agapénor. Comme ils ne se livraient point à la navigation, Agamemnon leur prêta 60 vaisseaux sur lesquels ils s'embarquèrent.

Les Éléens étaient commandés par Polyxène; ils avaient 40 vaisseaux.

Ménesthée était le général des Athéniens : il avait enlevé le trône de Thésée à ses enfants : il comptait 50 vaisseaux dans la flotte.

Les Béotiens avaient cinq capitaines : Pénélée, Léitos, Klonios, Protohoénor et Arcésilaos, qui descendaient tous de Béotos, fils d'Amphictyon; ils avaient 50 vaisseaux.

Ascalaphe et Ialménos commandaient les troupes d'Orchomène et d'Asplédon; ils avaient 30 vaisseaux.

Les Thébains, chassés de leur pays par les Pélasges, s'étaient à cette époque retirés à Arné en Thessalie, aussi ne figurent-ils pas dans le catalogue d'Homère.

Les troupes de la Phocide, aux ordres de Schédios et d'Épistrophos, avaient 40 vaisseaux.

Thoas commandait les Étoliens et les Calydoniens; il comptait 40 vaisseaux dans son escadre.

Ajax, fils d'Oilée, réunissait sous ses drapeaux les Locriens, Opuntiens et Épicnemidiens; il avait 40 vaisseaux.

Les peuples de la Thessalie, nommés Myrmidons, Hellènes et Achéens, étaient commandés par Achille, qui avait 50 vaisseaux.

Protésilas et Podarcès étaient à la tête des troupes de Phylacé et des villes voisines; ils avaient 40 vaisseaux.

Eumèle, fils d'Admète et d'Alceste, qui avait sous ses ordres les troupes de Phéres et celles d'Iolcos, n'avait que 11 vaisseaux. Son royaume, saccagé par Pélée, père d'Achille, et par les Dioscures, était considérablement déchu de sa splendeur.

Les guerriers de Méthone, Thaumacie, Mélibée et Olyzon, qui formaient un état voisin d'Iolcos, étaient commandés par Philoctète et Médon; ils avaient 7 vaisseaux.

Eurypyle, frère d'Amyntor, conduisait les troupes d'Orménion; il avait 40 vaisseaux.

Les Lapithes avaient 40 vaisseaux.

Gouneos, qui commandait les Perrhèbes et les Enianes, montait 22 vaisseaux.

Les Magnètes, qui habitaient les côtes de la Thessalie, depuis l'embouchure du Pénée jusqu'au mont Pélion, étaient commandés par Prothoos; ils avaient 40 vaisseaux.

Ulysse, fils de Laerte et d'Anticlée, avait sous ses ordres les troupes d'Ithaque, de Céphallénie, de Zacynthe, de plusieurs îles et du continent; il n'avait que 12 vaisseaux.

Mégès commandait les guerriers de Dulichium et des autres îles Échinades; il avait 40 vaisseaux.

Éléphénor, roi des Abantes, guidait les soldats de l'île d'Eubée, dont les villes principales étaient Chalcis, Érétrie, Histiée, Cérinthe, Dios, Carystos et Styra ou Scyra; il avait 40 vaisseaux.

Ajax, fils de Télamon, dont on a déjà parlé, amena de Salamine 12 vaisseaux; il avait avec lui son frère Teucer.

Les Crétois étaient commandés par Idoménée et Mériones, son neveu; ils avaient 80 vaisseaux.

Les Doriens de Lyndos, Ialysos et Camiros, qui formaient trois colonies dans l'île de Rhodes, envoyèrent 9 vaisseaux.

Symé, petite île voisine du continent de l'Asie-Mineure, qui avait été peuplée par quelques-uns des Pélasges venus de la Thessalie avec Triopas, envoya 3 vaisseaux, commandés par Nirée, le plus beau des Grecs après Achille.

Cos, Nisyre, Carpathos, Casos et quelques autres îles voisines expédièrent 30 vaisseaux.

La confédération se composait en tout de 1186 vaisseaux. Ceux des Béotiens portaient chacun 120 hommes; il n'y en avait que 50 sur ceux de Philoctète, ce qui ferait, terme moyen, 85. En multipliant ce nombre par celui des vaisseaux, on trouvera que l'armée était de 100,810 hommes, et à peu de chose près aussi considérable que celle des Grecs au temps de la guerre Médique, lorsqu'il s'agissait de défendre leur existence politique contre Xerxès.

Il est vrai que dans cette dernière circonstance quelques peuples du Péloponèse ne voulurent pas prendre les armes contre le roi de Perse. Mais, d'un autre côté, il faut considérer que la guerre de Troie étant une expédition lointaine, on avait dû laisser dans chaque état des forces suffisantes pour le défendre, et nous verrons que les Doriens ayant profité de ces circonstances pour attaquer le Péloponèse, en furent repoussés avec vigueur. D'après cela, on peut conjecturer que la Hellade était à peu près aussi peuplée alors que lorsqu'elle lutta contre toutes les forces du roi de Perse, époque où elle était au plus haut point de splendeur.

### ARMÉE DES TROYENS.

Le royaume de Priam, contre lequel cette expédition devait se diriger, occupait la rive asiatique de l'Hellespont, une partie du littoral de la Propontide, et quelques plages de la mer Égée, de façon que sa plus grande étendue était de 66 lieues, sur une profondeur peu considérable dans l'intérieur des terres. Religion, mœurs, langage, armes, stratégie, tout était semblable chez les Troyens et les Hellènes. Les premiers étaient une race presque homogène de nations rassemblées par Dardanus, l'ancêtre au cinquième degré de Priam.

Comme les Grecs avaient employé plusieurs années à faire leurs préparatifs, les Troyens s'étaient préparés à une défense opiniâtre; ils avaient obtenu des secours de presque toutes les nations grecques du continent asiatique, et même de quelques îles. Voici l'énumération de leurs forces.

Hector, fils de Priam et d'Hécube, était le généralissime de l'armée troyenne; il avait sous son commandement plusieurs de ses frères, dont les plus connus étaient Pâris, Déiphobe, Hélénos, célèbre devin, Polytos, Lycaon et Troïlos.

Les Dardaniens, peuple voisin de Troie, et probablement soumis au même souverain, étaient commandés par Énée, fils d'Anchise et de Vénus, par Archiloque et Acamas fils d'Anténor, un des principaux Troyens.

Pandaros, fils de Lycaon, avait réuni sous son drapeau les Troyens qui habitaient Zélée et les environs du mont Ida: il était habile par son adresse à tirer de l'arc.

Adraste et Amphios, fils de Mérops, devin célèbre, réunissaient les troupes d'Adrastée, Apésos, Pityée et du mont Térée. Tous ces guerriers étaient Troyens, et originaires, les uns de l'île de Crète, d'où Teucer les avait amenés, les autres de l'Arcadie, d'où ils étaient venus avec Dardanus.

Asios, fils d'Hyrtacos, conduisait les troupes de Sestos, Abydos, Percote, Praction et Arisbé.

Les Pélasges de Larisse, place voisine de Cumes, étaient commandés par Hippothoos et Pyléos: ils descendaient d'une colonie que Xanthos avait amenée dans l'Asie, deux siècles environ avant le déluge de Deucalion.

Acamas et Pyroos étaient les chefs des Thraces qui habitaient les rives européennes de l'Hellespont: Pyroos venait d'Énos.

Les Ciconiens, peuple de Thrace qui habitait dans l'intérieur des terres, avaient pour général Euphémos.

Pyrechmes commandait les Péoniens, habitants du pays qui prit dans la suite le nom de Macédoine.

Les Paphlagoniens étaient aux ordres de Pylémènés.

Les Halizons qui, suivant Homère, venaient d'Alyba, pays très-éloigné où il y avait des mines d'argent, s'étaient donné pour capitaines Hodios et Épistrophos.

Les Mysiens, non pas ceux qui avaient Télèphe pour roi, mais une autre portion de ce peuple, étaient rangés sous les drapeaux de Chronis et d'Eunomos : ce dernier était un devin renommé.

Les Phrygiens de l'Ascanie avaient Phorcys et Ascagne pour chefs.

Les Méoniens, plus connus dans la suite sous le nom de Lydiens, étaient guidés par Mesthlès et Antiphos.

Les Cariens, qui habitaient Milet et les bords du Méandre, marchaient sous les étendards de Nastès et d'Amphimachos.

Les Lyciens étaient commandés par Sarpédon.

Il est probable que toutes ces nations étaient grecques, autrement Homère en aurait fait l'observation, puisqu'il a soin de remarquer, au sujet des Cariens, qu'ils parlaient un langage barbare. Ce fut dans la dixième année du siége que Memnon, fils de l'Aurore, vint au secours des Troyens avec dix mille Perses et autant d'Éthiopiens orientaux.

### PREMIÈRE EXPÉDITION CONTRE TROIE.

La flotte commandée par Agamemnon se trouvant réunie au port d'Aulis, on partit et on gagna les côtes de l'Asie ; mais par une erreur étrange, au lieu de se trouver dans la Troade, on avait atterré sur les plages de la Mysie, qui avait pour roi Télèphe, descendant d'Hercule. Les Grecs se croyant en pays ennemi, commencèrent à se livrer au pillage. A cette nouvelle, le roi de Mysie réunit quelques soldats, fond sur les Grecs dispersés, en tue un grand nombre, et est lui-même blessé par Achille. On reconnaît l'erreur commune ; une trêve est conclue pour enterrer les morts, et comme la saison était avancée, les Grecs n'eurent d'autre parti à prendre que de retourner dans leur pays pour se réunir de nouveau à Aulis au printemps prochain.

### SECONDE EXPÉDITION.

Les Grecs, constants dans leur haine, se rassemblèrent à Aulis pour une seconde expédition. Ce fut alors que, Agamemnon ayant tué une biche consacrée à Diane, dut, par l'ordre de Chalcas, offrir en sacrifice sa fille Iphigénie, afin d'obtenir des vents favorables à l'armée. On sait quel fut le résultat de cet événement, qui prouve que les sacrifices humains, usités chez les anciens Pélasges, et abolis presque partout où le culte des Égyptiens avait pénétré, n'étaient pas entièrement oubliés, et ne le furent même que long-temps après la bataille de Salamine.

Les vents ayant changé, on appareilla sous les auspices des dieux. L'entreprise d'Agamemnon aurait dû être combinée de façon que la prise de Troie eût été le résultat immédiat du débarquement ; sans cela les chances de la guerre devenaient contraires. Il avait pu réunir une armée, mais il n'avait ni magasins de vivres, ni machines pour ébranler les murs de Troie, ouvrage de Neptune et d'Apollon ; on dut donc se contenter de former le blocus d'une ville de premier ordre.

Les Grecs, à peine établis dans un camp retranché, formé en partie de leurs vaisseaux mis à sec, s'y virent assiégés par la famine. Obligés de recourir pour se procurer des vivres à des fourrages, souvent éloignés, les tristes ressources qu'ils se procuraient ne tardèrent pas à être épuisées.

Alors les héros de Mars s'occupèrent, dans l'intervalle des combats, à cultiver les terres de la Chersonèse de Thrace. D'autres, remontant sur les vaisseaux qui les avaient apportés, ravagèrent les côtes de l'Hellespont, restées sans défense, pillant amis et ennemis, et enlevant quelquefois des populations entières. Ils échangeaient les esclaves qu'ils faisaient dans ces courses contre des objets de première nécessité, et surtout pour se procurer du vin, que les armateurs étrangers leur apportaient.

Ce fut dans quelque-une de ces excursions que Briséis aux *beaux bras*, fille du prêtre d'Apollon, tomba au pouvoir d'Achille, près duquel elle resta jusqu'au temps où Atride Agamemnon l'arracha des bras de son ravisseur.

On était dans la neuvième année du siége, lorsque la peste, envoyée dans l'armée des Grecs par Apollon, indigné de l'outrage fait au père de Briséis, ministre de ses autels, releva le courage des Troyens. Achille, irrité contre les Atrides, vivait retiré sous sa tente dans l'intimité de Patrocle, son favori, et du divin Automédon, qui, tour à tour chantre et cuisinier, rôtissait les viandes destinées à la table du fils de Thétis et de Pélée, et charmait ses ennuis par les sons de sa lyre. Alors les fils de Priam, qui avaient conservé leurs communications libres avec le mont Ida, sortirent de leurs remparts, devant lesquels ils auraient dû laisser l'ennemi se consumer. Ce fut dans un des combats qui se donnaient à la vue des deux armées que Patrocle tomba sous les coups d'Hector.

Cet événement tragique ayant rendu Achille à l'armée grecque, la prise de Troie suivit de près le trépas d'Hector, le plus vaillant des fils de Priam. Cette ville, soit qu'elle ait été prise par ruse ou par force, fut renversée de fond en comble par les Hellènes, 1185 ans avant l'ère chrétienne. La majesté des dieux et des héros qui l'habitèrent et la défendirent ne put l'empêcher de succomber; la grandeur de son nom ne lui fit jamais recouvrer son existence, malgré les projets successifs de César, d'Auguste et de Constantin d'y fixer le siége de l'empire romain; et depuis plus de 30 siècles, on ne montre au voyageur que des tombeaux héroïques et *les campagnes où Troie exista* (*).

(*) (Pl. 3). Les voyages et les recherches de MM. Le Chevalier et Choiseul-Gouffier ont fixé la position de Troie sur la colline qui domine le village de Bounar-Bachi. Le Simoïs qui contourne cette colline, les sources du Scamandre, près de Bounar-Bachi, les tumulus ou tombeaux que l'on voit dans la

Hélène, encore belle quoiqu'elle eût quitté Sparte depuis 14 ans, avait été rendue à Ménélas. Les Grecs, chargés d'un riche butin, avaient vengé l'injure nationale; mais les calamités de l'expédition prouvèrent combien la guerre la plus heureuse est toujours funeste aux états. Les quatre cinquièmes de l'armée et des chefs avaient succombé pendant la durée du siége. Ceux qui s'embarquèrent précipitamment avec les trésors des vaincus, périrent la plupart dans de tristes naufrages : plus heureux peut-être que les héros échappés aux dangers de la mer, qui ne revirent leur pays natal que pour y trouver le deuil, la désolation ou la mort.

Quatre-vingts ans après la chute de Troie, sa plage maritime fut occupée par quelques colonies grecques, et l'intérieur du pays soumis à la domination des Lydiens. Ces peuples ont disparu, et on ne désigne plus au navigateur qui prolonge les côtes de la Troade, que les tombeaux d'Achille et d'Ajax, morts loin de leur douce patrie (*).

plaine, où ils occupent les positions indiquées par Homère, enfin la découverte faite en 1816 par M. A. Firmin Didot de constructions du genre cyclopéen à l'endroit désigné comme étant le Pergama, ou citadelle de Troie, ont consacré cette position comme offrant les plus grandes probabilités.

La vue inédite de cette plaine célèbre montre dans le fond la colline sur laquelle s'élevait Troie, et où se trouve le tombeau d'Hector. Entre cette colline et le mont Ida coule le Simoïs, fleuve sinueux. Sur le devant, on aperçoit le village de Bounar-Bachi et son minaret : c'est là que l'on présume que se trouvaient les portes Scées : au-dessous de ce village on voit un massif d'arbres qui ombragent les sources du Scamandre.

(*) (Pl. 4). La position du tombeau d'Achille au cap Sigée a été, de tout temps, conforme à la description d'Homère. Cicéron rapporte que lorsque Alexandre-le-Grand fut arrivé au cap Sigée sur la tombe d'Achille, il s'écria : « Jeune héros fortuné ! qui as trouvé un Ho- « mère pour t'immortaliser ! » Alexandre, après avoir célébré des cérémonies funèbres autour de cette tombe, en fit plusieurs fois le tour en courant pour honorer la

MŒURS, COUTUMES, USAGES, ARTS
DES SIÈCLES HÉROÏQUES.

Dans l'âge héroïque, l'union du sceptre et de l'autorité religieuse placée entre les mains des rois, les constituait les gardiens du peuple et les représentants des dieux, dont ils prétendaient tenir leur puissance. La même voix qui appelait la nation aux armes, décidait les contestations domestiques, et adressait des actions de graces aux immortels.

Alors on reconnut, en les pratiquant, l'utilité des vérités morales qui portent l'homme au bien; on proposa pour motif et pour récompense à la vertu, moins la satisfaction de l'ame que la faveur des dieux, l'estime publique et les regards de la postérité. La raison ne se repliait pas sur elle-même pour sonder la nature des devoirs; on savait seulement qu'il est avantageux de *rendre à chacun ce qui lui appartient*. Et d'après cette révélation du cœur, les ames honnêtes s'abandonnaient à la vertu, sans s'apercevoir des sacrifices qu'elle exige.

mémoire d'Achille, tandis que, par son ordre, Éphestion rendait les mêmes honneurs au tombeau de Patrocle, placé à peu de distance. Caracalla, jeté par une tempête au cap Sigée, voulut, pour imiter Achille, célébrer les funérailles de Festus, l'un de ses favoris, qu'il fit, dit-on, empoisonner pour se procurer l'occasion de lui élever un bûcher, de lui immoler des milliers de victimes; mais lorsqu'à l'imitation d'Achille, il voulut se couper la chevelure, son armée se prit à rire en voyant ses ridicules efforts pour trouver quelques cheveux sur sa tête chauve.

A la gauche de la planche 4, le cap Sigée est indiqué par cinq moulins qui le signalent au navigateur. Au bas est un tumulus entouré d'arbres que l'on croit être le tombeau d'Achille. Sur le devant de la planche, à droite, s'élève un grand tumulus, qui est regardé comme le tombeau d'Ajax, que Pline place à 30 stades du cap Sigée. Près de cet endroit sont d'autres tumulus qu'on désigne comme ceux de Patrocle et d'Antiloque, conformément aux indications données par Homère.

Le courage était placé au premier rang des qualités du citoyen. L'hospitalité était due aux pauvres et aux étrangers, parce qu'ils étaient les protégés de Jupiter. La soumission des citoyens envers le prince était subordonnée au devoir qui lui était imposé de veiller à la conservation de leurs droits. L'autorité redoutable de la religion commandait le respect de la jeunesse pour les vieillards; elle présidait aux lois sacrées de la vérité, de la justice, et les moindres actions de la vie privée étaient consacrées par la piété.

La religion se montrait partout chez les Grecs. Entreprenaient-ils un voyage, ils offraient de la myrrhe à Neptune et aux nuages; des parfums au soleil et à la mer. Ils faisaient trois repas par jour, et chacun d'eux était précédé d'une offrande et d'une libation en l'honneur des immortels. Les étiquettes de la politesse et les différents actes de la vie n'étaient point décidés par un vain caprice, mais fixés par une sanction divine, dont la violation était promptement suivie des signes évidents de la colère céleste.

*Tous les hommes*, dit Homère, *ont besoin de dieux*. Fondé sur cet axiome mal énoncé, l'édifice de la superstition, élevé par les passions des Grecs, s'empara de leur esprit au sortir de la barbarie. Dépourvus d'instruction, ils se trouvaient disposés à admirer et à croire tout ce qui frappe l'imagination. Ils virent la présence de la divinité dans les phénomènes célestes regardés comme des pronostics, dans les songes considérés comme des révélations. L'ombre et le silence d'une forêt remplissaient-ils leur ame d'une terreur religieuse, un oracle résidait sous des chênes fatidiques, et chaque soupirail d'où sortait quelque vapeur enivrante, chaque antre eut sa pythie ou son hiérophante, et le peuple soumit sa raison aux facultés puissantes de la crédulité, toujours prête à crier au prodige.

Homère ne chante que les divinités de l'Olympe; mais Hésiode, dans sa Théogonie, fait monter à trente mille

2° *Livraison*. (GRÈCE.)

le nombre de ses dieux et de ses déesses. Chaque vertu avait son protecteur; chaque qualité de la vie humaine, chaque passion avait son patron : les bois, les bocages, les montagnes, les fleuves étaient peuplés de pans, d'égipans, de satyres, de dryades, d'oréades, de nymphes, de naïades et de néréides.

Telle était l'influence céleste qui réagissait sur l'état politique, civil et domestique des Grecs.

On prétend que les droits civils se fondent sur la propriété. Cette maxime, susceptible de controverse, puisqu'elle ne tient aucun compte des capacités, n'avait pas été soupçonnée dans la haute antiquité; et on a vu que, malgré leurs rois *pasteurs des peuples*, les gouvernements héroïques méritaient plutôt le nom de républiques que celui de monarchies; car il n'y avait d'autre distinction que celle qui reposait sur les qualités personnelles.

Cet usage, convenable à des sociétés barbares, avait élevé un chef à la tête de chaque peuplade. La nécessité d'employer ses conseils et sa valeur qui rendaient son mérite plus éclatant que celui des simples guerriers, faisait que ses services étaient distingués et récompensés par une riche portion de terrain séparée du domaine public. Ces terres n'étaient jamais cultivées par les compatriotes du roi, quelque humble que fût leur condition, mais par des prisonniers de guerre. Telle fut l'origine de l'esclavage dans la Hellade, et la source des richesses qui valurent à Agamemnon le commandement général de la confédération des Grecs.

Dans leur haute position, si on l'examine telle qu'elle est décrite dans l'*Iliade* et dans l'*Odyssée*, on verra que le pouvoir des rois était très-limité. A l'armée, la volonté d'Agamemnon était subordonnée à la décision des chefs, qui le traitaient parfois avec assez peu d'égards. Enfin il y avait une assemblée générale supérieure au conseil des princes, comme cela se fit pour résoudre la question de savoir si on devait retourner en Grèce ou continuer le siége de Troie.

Dans chaque royaume, la décision d'une espèce de sénat l'emportait sur la volonté du prince, et la majesté du peuple confirmait ou rejetait ses décisions. Ainsi, on voit dans l'Odyssée Télémaque menacer d'en appeler à l'assemblée publique, de l'injustice des prétendants qui formaient l'aristocratie ithacienne. Si on parcourt ensuite les différents étages de la société, on trouvera la même distribution du pouvoir dans chaque village, qui offrait en abrégé la représentation du royaume, tandis que le royaume présentait le tableau général de la société.

L'état ainsi constitué garantissait à chaque individu sa sûreté. Les meubles, dit Plutarque dans la vie de Thésée, étaient partagés à la mort d'un particulier, par portions égales, entre ses descendants. S'il n'y avait pas d'enfants, les plus proches parents du côté paternel héritaient du mobilier. Homère ne dit rien de la succession aux propriétés immobilières; on sait seulement que plus tard les causes relatives aux biens-fonds furent décidées par des juges qui étaient à la nomination des rois.

La poursuite des meurtriers appartenait aux parents de la victime, qui pouvaient accepter un dédommagement pour la perte que la famille avait éprouvée : idée brute et contraire à l'ordre social, qui s'est perpétuée dans l'Orient. Au reste, on ignorait les cruautés légales du *secret* et des *tortures : on adoucit même certaines peines*, dit Thucydide, *mais les crimes pour cela n'étaient pas moins fréquents*. Presque tous les fameux héros de la Grèce s'étaient rendus coupables de quelques meurtres qui les avaient forcés de quitter leur pays; mais ils étaient accueillis partout, plutôt comme des infortunés que comme des criminels : cependant, pour se réconcilier avec la société et avec la morale, quiconque avait versé le sang humain, même sur le champ de bataille, était soumis à la sévérité des expiations.

On remarque dans l'histoire des siècles héroïques les plus touchantes peintures de l'affection paternelle et de la piété filiale. Les sentiments de famille inspirés par la nature, confirmés par l'éducation, étaient fortifiés par les principes de la religion. Leur énergie ainsi triplée devenait si puissante, que le sacrifice d'Alceste se dévouant pour son époux est traité de fable par les hommes de notre âge, pour qui les plus nobles sentiments sont taxés de folie. Mais, à côté de ces vertus, les poésies d'Homère nous apprennent que les guerres se faisaient avec inhumanité. Achille se vante d'avoir ruiné douze villes à lui seul. Les hommes étaient massacrés, les femmes et les enfants faits esclaves; celles qui plaisaient aux vainqueurs partageaient leur couche. On voit aux funérailles de Patrocle des prisonniers égorgés de sang-froid en son honneur et jetés sur le bûcher avec ses chevaux qu'on avait immolés.

Nul châtiment n'égalait la privation des droits de citoyen, qu'on infligeait à un Grec. Il semblait dévoué aux furies quand on lui ôtait la protection des lois, et il se trouvait malheureux lorsqu'on lui souhaitait seulement d'être privé du bonheur domestique.

Le mariage était la source de ce bonheur. Son institution était attribuée, d'après une tradition antique, à la *bonté* des dieux. On célébrait l'union conjugale avec la pompe des fêtes religieuses. Un cortège rempli d'allégresse, portant des flambeaux comme dans les mystères, marchait en triomphe aux chants d'hymen, et l'eau lustrale qu'on répandait sur les époux était puisée dans des fontaines visitées par les génies qui président à la fécondité.

Les secondes noces n'étaient point absolument interdites, mais les liens du mariage étaient si puissants, que la mort même semblait ne pouvoir les rompre. Pénélope gémissait d'être forcée d'oublier Ulysse; et celui qui contractait un nouvel hymen dégradait son caractère dans l'opinion publique : l'adultère était cité avec la même horreur que le meurtre.

L'occupation des femmes, qui vivaient habituellement séparées des hommes, se composait des travaux intérieurs et de sollicitudes maternelles. Filer la laine des brebis, tramer un tissu, broder, veiller aux soins et à l'éducation de leurs enfants, telles étaient leurs occupations. Thétis avait ainsi élevé Achille, et tous les héros de la Grèce le furent de la même manière. Dans la suite, les femmes furent traitées avec dédain.

Un petit nombre de femmes se consacraient à la divinité : elles se montraient dans les fêtes publiques. Ce n'était pas toujours sans inconvénient : ainsi la belle Polymèle, dansant dans un *chœur de Diane*, excita la passion de Mercure; mais *son honneur fut aussitôt réhabilité par un homme puissant qui offrit de l'épouser.* La faiblesse de Polymèle fut attribuée à une théophanie ou manifestation divine; cette excuse était préférable au châtiment que les Romains infligeaient aux vestales. Bossuet a dit que les anciens élevèrent des autels à l'amour, mais jamais à *l'amour conjugal;* c'est que le foyer paternel était son temple. L'égalité entre les sexes, formée par la nature, cimentée par la raison et confirmée par les préceptes de la religion, produisait ces scènes homériques qui peignent un bonheur si complet, qu'il ne lui manque que d'être éternel.

L'affection et la tendresse des époux se communiquaient aux enfants. Tandis que le père retrouvait dans sa fille les charmes de sa compagne, celle-ci se plaisait à reconnaître dans ses fils les traits de l'auteur de leur existence : de là venait ce respect filial pour les parents, qui approchait d'un culte presque divin.

Les héros les plus fougueux, habitués dès le berceau à l'obéissance paternelle, se soumettaient aux moindres représentations du chef que les dieux leur avaient donné, et confiaient leurs plus chers intérêts à l'expérience et à la bonté de ceux de qui ils tenaient le jour.

Parmi les frères, on se croyait en toute occasion obligé de céder à l'aîné, car il était reconnu que les Euménides poursuivaient de leurs sombres fureurs la violation des droits sacrés d'aînesse et de supériorité d'années. Il n'y avait point de punition pour les parricides, parce que ce crime semblait impossible. Au reste, les lois étaient fort simples et en petit nombre, parce qu'il fallait moins statuer sur l'injustice que sur l'insulte, et plutôt réprimer les passions dans leur fougue que poursuivre les vices dans leurs détours.

Les occupations des Grecs, dans les siècles héroïques, étaient sanctifiées par une *intelligence* surnaturelle. La guerre était leur principale étude. Ils ignoraient ce qu'on appelle stratégie : agissant par masses, ils s'élançaient impétueusement sur les ennemis. Chaque guerrier attaché à un antagoniste, se trouvait obligé de se battre comme si le gain de la bataille eût dépendu de sa valeur, et un combat n'était en quelque sorte qu'une scène de duels. Alors, les plus violentes passions excitaient des animosités, chacun connaissait son ennemi, et une victoire était souvent souillée par ces froides cruautés dont Achille offrit l'exemple, en sacrifiant les Troyens prisonniers de guerre sur le tombeau de Patrocle.

Cependant l'usage des armes empoisonnées était défendu. Ilos refuse à Ulysse des flèches trempées dans des sucs mortels, parce qu'il respectait les dieux. Ces mêmes dieux avaient pour agréable que la vie des prisonniers fût épargnée, lorsqu'ils promettaient une rançon suffisante : enfin les traités politiques n'étaient soumis à d'autres garanties qu'à la bonne foi des parties contractantes.

Les biens principaux consistaient en esclaves, troupeaux, chevaux, armes; l'or et l'argent faisaient également partie des richesses; ils servaient aux échanges, mais les métaux n'étaient pas monnayés.

Les arts de la paix se réduisaient pour les Grecs à leur procurer les choses nécessaires aux besoins de la vie, qui ne consistaient pas dans des objets de luxe et d'agrément. Les meubles étaient grossiers, la charrue était à peine ébauchée. Au temps d'Hésiode, on se servait de ciseaux pour tondre les brebis, au lieu d'attendre, comme anciennement, la saison où ces animaux perdaient leur laine, pour la recueillir.

Les héros faisaient eux-mêmes leur cuisine. On voit dans l'Iliade Achille préparer le repas qu'il veut offrir aux ambassadeurs d'Agamemnon. Ulysse dans l'Odyssée sculptait son lit. Nausicaé, fille du roi des Phéaciens (Corfou), interrompt son père au milieu d'un conseil où il délibère avec les chefs, pour lui demander la permission d'aller au fleuve avec ses compagnes laver les hardes de la famille.

L'orge, qui était le principal produit de l'agriculture, fournissait la nourriture aux hommes. Il subissait différentes préparations, avant d'être écrasé entre deux pierres et réduit en farine dont on faisait des gâteaux.

On cultivait l'olivier, mais on ignora long-temps que l'huile pouvait être employée à l'éclairage pendant la nuit. Jusqu'alors on s'était servi de feux de bois sec, et les torches dont parle Homère étaient des branches du pin résineux appelé *dadi*, dont les paysans de la Grèce font encore usage.

La tissanderie, que les anciens entendaient à merveille, s'exécutait debout, ainsi que les autres professions mécaniques. La hache, l'herminette, le vilebrequin, le rabot, le niveau, sont les seuls outils cités par Homère, qui a vraisemblablement oublié de nommer la scie, l'équerre et le compas dont on attribue l'invention à Dédale : l'art de tailler et de polir le marbre n'était pas connu.

Homère ne dit rien des ordres d'architecture; des piliers faisaient les seuls ornements des édifices qu'il décrit. Le palais d'Alcinoüs brillait d'or, d'argent, d'airain; on y trouvait de l'ambre. Les toits des maisons étaient plats, et les demeures des grands environnées de murailles, comme on les voit maintenant dans l'Épire. L'architecture pélasgique qu'on trouve dans les constructions de Tirynthe, de Mycènes, de la citadelle Larissa d'Argos, et de l'édifice que l'on croit avoir été

# GRÈCE.

la trésorerie d'Atrée, nous donne une idée des monuments publics de cette époque (*).

(*) Mycènes et Tirynthe (voy. planch. 5 et 6), fondées dans le 15ᵉ siècle avant J.-C., furent détruites par les Argiens, presque aussitôt après l'invasion des Perses, 466 ans avant J.-C. Les murailles de Mycènes, qui existent encore en grande partie, sont d'une construction différente de celles de Tirynthe, en ce que celles de Mycènes sont formées de polygones irréguliers, taillés et ajustés avec art; tandis que les murs de Tirynthe consistent en pierres colossales superposées les unes aux autres, toutes brutes, ou à peine dégrossies. Homère vante la force de murs, que les tragiques grecs attribuent aux Cyclopes. Mycènes fut prise par famine, dit Pausanias, les Argiens étant incapables de détruire ses murs, en raison de leur force extraordinaire, attendu qu'ils étaient, ainsi que ceux de Tirynthe, l'œuvre des Cyclopes.

L'un des monuments les plus remarquables de Mycènes est la trésorerie ou tombeau d'Atrée (voy. planches 7 et 8), dont parle aussi Pausanias. « Parmi les ruines de Mycènes sont les chambres souterraines d'Atrée et de ses fils; c'est dans ces trésoreries que leurs richesses étaient déposées. On voit aussi le sépulcre d'Atrée et de tous ceux qu'Égiste immola avec Agamemnon. »

L'entrée de cette trésorerie est au bas de la colline sur laquelle s'élevait la ville, que domine la citadelle, et que défendait une triple enceinte de remparts. Près de cette entrée on voyait dernièrement une colonne renversée et couverte d'ornements en zigzag d'un dessin fort curieux. Sur l'architrave de cette porte, des trous assez profonds indiquent que de forts clous de bronze y fixaient quelque ornement. Dans tout l'intérieur du monument, on voit encore de semblables clous, placés à d'égales distances, probablement destinés à fixer tout autour des plaques de bronze. L'entrée de cette trésorerie, qui a 18 pieds de profondeur, est couverte par deux énormes pierres, dont l'une a 26 pieds de long, 16 de large et 4 de hauteur. L'intérieur (voy. planche 8), qui forme une sorte de cône, a 47 pieds de diamètre et 50 de haut. Une porte, de même forme que celle d'entrée, mais plus petite, conduit dans une autre pièce moins grande.

On a découvert dernièrement à Mycènes d'autres édifices de même forme, mais plus petits. On en trouve de semblables dans les anciennes villes de la Sicile, particulièrement sur l'emplacement de Macara.

La musique faisait les délices des Grecs; elle n'était pas d'un genre savant, et par cela même, elle était plus

De la trésorerie d'Atrée on aperçoit la grande porte de la citadelle, l'un des monuments les plus importants de l'antiquité, puisque c'est le seul fragment qui existe de la sculpture des temps héroïques. Pausanias en parle ainsi : « Quelques parties des murailles qui entourent Mycènes existent encore, aussi bien que la porte où sont les lions, qui, dit-on, sont l'œuvre des Cyclopes, par qui furent bâtis les murs de Tirynthe, pour Prœtus. Cette porte est placée à l'extrémité d'une avenue d'environ 50 pieds, qui fait partie des fortifications, et qui est construite en blocs de pierre carrés, superposés en remparts parallèles, tandis que le reste de Mycènes est construit avec des pierres dont les polygones sont irréguliers. La pierre qui forme l'architrave de la porte est d'un seul morceau, de 15 pieds de long et de 4 pieds de haut. La pierre triangulaire sur laquelle les lions sont sculptés a 11 pieds de long, 9 pieds et demi de haut et 2 pieds d'épaisseur. On voit encore les trous des pivots sur lesquels tournait la porte. Ces lions, ou plutôt ces lionnes, n'ont pas la queue semblable aux animaux de leur espèce; circonstance qui se retrouve également sur des sculptures, à Persépolis, représentant des animaux pareils à ceux de Mycènes. Les monuments de Persépolis offrent aussi des piliers surmontés de boules, ayant beaucoup d'analogie avec le pilier surmonté de quatre boules que l'on voit entre les deux lions. Dans la religion des Perses, ces boules représentaient, dit-on, le soleil; et il paraît que les Cyclopes venaient de la Syrie. Du reste, on rencontre souvent sur les monuments de l'Égypte des piliers avec des globes. »

De la porte des lions on domine la plaine et le golfe d'Argos. Sur notre planche, à droite, on aperçoit l'entrée de la trésorerie d'Atrée, et plus haut, sur les collines qui dominent la mer, s'élève la citadelle Larissa, qui protège la ville d'Argos.

Les ruines de Tirynthe (voy. planche 5), qui fut quelque temps la résidence d'Hercule, nous offrent le modèle le plus complet de l'architecture militaire des temps héroïques. Ce sont d'énormes pierres superposées les unes aux autres, et qui ne sont

propre à émouvoir les sens. Les effets qu'on lui attribue sont étonnants, sans être incroyables, parce qu'elle dut être une imitation des tons et des accents simples et pathétiques d'un langage expressif et harmonieux.

Dans l'âge héroïque, les événements destinés à être conservés par la tradition, étaient mis sous la sauvegarde des *nombres harmonieux*. Les offices religieux étaient psalmodiés, et les différents cantiques appropriés aux solennités. La poésie, accompagnée de la musique et de la danse,

pas équarries. Les vides que laisse entre elles l'irrégularité de leurs formes sont remplis avec des pierres de moindre grosseur. La muraille a souvent 25 pieds d'épaisseur.

La principale entrée qui conduit aux galeries dont nous donnons la vue, planche 8, est près d'une tour de 20 pieds carrés et de 43 pieds de haut. Cette entrée est formée de grands blocs de pierres; l'architrave a plus de 10 pieds de long. Au sud de cette porte, sont les restes des galeries, qui, dans l'état actuel, ont 12 pieds de haut. Les espèces de portes ou fenêtres en ogive qu'on y remarque donnent lieu de croire que ces corridors, qui entouraient probablement la forteresse, communiquaient avec d'autres constructions qui ont disparu. On pense que c'était là que se retirait la garnison.

Pausanias dit que les murs de Tirynthe existaient encore de son temps, qu'ils étaient construits en pierres brutes, telles qu'une seule aurait pu être traînée difficilement par un attelage de mulets.

La rudesse et la sévérité de ces constructions contrastent avec la légèreté de ce peuple et sa propension à rire: les Tirynthiens s'étaient fait une telle habitude de plaisanter de tout, qu'ils ne pouvaient plus traiter sérieusement les affaires les plus importantes. Fatigués de leur légèreté, les Tirynthiens recoururent à l'oracle de Delphes. Il les assura qu'ils guériraient, s'ils pouvaient sacrifier, sans rire, un taureau à Neptune. Assemblés sur le rivage, ils avaient éloigné les enfants, et comme on voulait en chasser un qui s'était glissé dans la foule : « Eh quoi ! craignez-vous que j'avale votre taureau ? » cria-t-il. A ces mots, les Tyrinthiens éclatèrent de rire et se reconnurent incorrigibles.

est appelée par Homère l'*ornement des fêtes.*

Chaque profession, même la plus humble, était encouragée par une chanson particulière, et les actions les plus ordinaires de la vie étaient relevées et embellies par les charmes combinés de la musique et de la poésie.

Linus, et Mélampe qui régna dans Argos, sont les deux poètes lyriques qu'on place à la tête des hymnographes, ou compositeurs de cantiques. Amphion, si célèbre par ses chants, fut roi de Thèbes. Chiron, appelé par sa naissance au premier rang des princes de Thessalie, préférant au trône l'art de la poésie accompagnée de la lyre, se retira dans une caverne, que l'éclat de ses talents rendit bientôt la plus célèbre école de l'antiquité.

La musique était alors tellement en honneur, qu'elle élevait les hommes aux premiers degrés de la société. Ce fut en s'adonnant au culte des muses qu'Anthès de Béotie, Olen de Lycie, Olympe de Phrygie, Orphée, Musée et plusieurs autres eurent en partage l'immortalité : la croyance des anciens les plaçait dans les régions célestes au nombre des dieux.

Les hommes qui honoraient ainsi la musique n'avaient ni le loisir, ni l'inclination convenable pour se livrer aux sciences spéculatives. Ils ne connaissaient de l'arithmétique que les calculs qui convenaient au cercle étroit de leurs affaires.

L'astronomie des Grecs consistait à observer les constellations les plus apparentes pour se diriger dans leur cabotage, qui avait presque toujours lieu en vue de terre. Les principales étoiles dont Homère fait mention, sont la grande et la petite Ourse, les Pléiades, les Hyades, Orion et peut-être Syrius.

Les amusements publics étaient ceux d'une grande famille. Réunis avec leurs égaux, les jeunes Grecs célébraient des solennités religieuses ou des jeux funèbres. Alors on se disputait le prix de la course, on s'exerçait à lutter, à manier le ceste, à lancer le disque ou palet; et ces sortes d'amusements, en occupant l'attention publique, servaient à développer les forces du corps.

Les vieillards, dont la sagesse suppléait à l'expérience lente des siècles, présidaient à ces jeux, écoutaient les orateurs, car la parole était puissante dans des états fondés sur la liberté. Ulysse et le fils de Télamon, Ajax, nous en ont laissé de mémorables exemples. Cependant on ne connaissait pas l'étude; mais les Grecs en étaient dédommagés par les affections sociales et par le charme de ces conversations qui se rapportaient à leur douce patrie, et à leur commerce prétendu avec les dieux. Les devins ou prophètes (car les oracles étaient peu connus dans la Grèce avant le siège de Troie) avaient le plus grand crédit sur le peuple, et ils en usèrent en général pour l'élever à cette hauteur de caractère qu'on admirera dans tous les siècles.

### PÉRIODE DE L'HISTOIRE GRECQUE
#### DU XIIᵉ AU Vᵉ SIÈCLE.

Il n'y a aucune partie des annales de la Grèce sur laquelle on ait aussi peu de renseignements que pour cette longue période qui s'étend du douzième au cinquième siècle avant notre ère : les principaux événements de ces temps ne sont connus que d'une manière générale.

La Grèce avait triomphé des Troyens, sans pouvoir s'applaudir de ses succès. Les calamités de la guerre, les désastres causés par les naufrages et par divers accidents de mer, la discorde des nations et leur anarchie, la ruine de la confédération générale des Hellènes, furent les tristes résultats du grand événement dont on vient de parler.

A peine Agamemnon eut touché le sol natal et revu le bois sacré d'Inachus, qu'il périt assassiné par les conseils d'une épouse adultère. Oreste, son fils, pour éviter un sort pareil, dut se réfugier à Athènes, d'où il ne revint qu'au bout de huit ans d'exil, pour tirer vengeance d'Égisthe et de Clytemnestre : mais son royaume ne recouvra jamais sa prééminence et sa splendeur première.

Les aventures d'Ulysse sont trop connues pour qu'il en soit ici question. Enfin, si on énumérait les haines qui troublèrent plus ou moins toutes les contrées de la Grèce, on ne verrait qu'un horrible tableau de fraudes et de cruautés ; et cette répétition de crimes fatiguerait l'attention du lecteur. Nous nous contenterons de dire, à ce sujet, que ces agitations eurent pour résultat d'affaiblir considérablement la Hellade.

On peut considérer la période dans laquelle nous entrons sous trois points de vue particuliers : 1° Les migrations des différentes tribus grecques dans les limites étroites de la Hellade. 2° Les établissements de plusieurs colonies dans quelques parties éloignées de l'Europe, de l'Asie et de l'Afrique. 3° L'abolition de la monarchie dans la Grèce, à l'exception de l'Épire.

---

Les temps qui suivirent immédiatement la guerre de Troie furent extrêmement agités par plusieurs dissentions dans les familles souveraines de la Grèce, et particulièrement dans celle de Pélops. Mais de plus grands troubles s'élevèrent bientôt, suscités par les tribus sauvages du Nord, et principalement par celles des Doriens, qui, après s'être alliés avec les Étoliens, s'emparèrent du Péloponèse, sous la conduite des Héraclides ou descendants d'Hercule, qui avaient été chassés d'Argos. La Grèce en fut ébranlée pendant un siècle presque entier, et ces invasions, en faisant changer de demeures à la plupart des tribus helléniques, eurent les suites les plus importantes et les plus durables.

Il faut consulter Homère pour connaître dans leur origine la cause première des migrations qui suivirent la guerre de Troie. Jusqu'alors, la terre avait été considérée comme un domaine public. Ni le rang, ni le sexe ne dispensaient des travaux, qui cessent d'être vils dès qu'ils sont communs à toutes les conditions. Mais comme la propriété n'était pas garantie par les lois, il en résultait, surtout pour la partie septentrionale de la Grèce, que les Doriens étaient toujours prêts à changer de situation. Étaient-ils inquiétés, avaient-ils une perspective avantageuse, ils abandonnaient leur station, avec le projet d'acquérir de gré ou de force un établissement plus convenable à leurs intérêts.

Guidée par des motifs de cette espèce, une peuplade de Béotiens tenta de s'établir dans la riche vallée d'Arné, nom sous lequel on désignait la Thessalie. Elle partit en corps de nation ; mais les indigènes de cette contrée s'étant armés repoussèrent les agresseurs, qui durent rentrer dans le pays d'où ils étaient sortis : ces choses se passèrent, au rapport de Thucydide, soixante ans après la guerre de Troie. Vingt ans plus tard, une migration plus considérable changea totalement la face du Péloponèse, et donna par la suite des colonies à la côte occidentale de l'Asie.

Les familles rivales de Persée et de Pélops se disputaient depuis long-temps la presqu'île ; enfin la fortune des Pélopides l'avait emporté. Mais comme dans leur restauration, les vainqueurs furent plus portés à persécuter leurs ennemis qu'à leur pardonner, les Héraclides, qu'ils avaient forcés de s'expatrier, ne s'occupèrent qu'à combiner les moyens de reconquérir leur patrie.

Hyllos, adopté par Eupalios, roi de la Doride, retrouva un trône à la mort de son généreux bienfaiteur. Mais les vallées étroites du mont OEta et les plateaux du Parnasse ne pouvaient consoler des hommes établis en vue du Péloponèse, de la perte d'un territoire beaucoup plus fertile et d'un climat plus tempéré. Long-temps les regrets qu'ils exprimaient avaient été comprimés par la grandeur croissante des Pélopides et par l'influence glorieuse d'Agamemnon. Après la mort de ce prince, ils avaient tenté sans succès, à deux reprises différentes, de franchir l'isthme de Corinthe pour rétablir leur domination dans l'Argolide et dans la Laconie.

Les choses restèrent sur un pied hostile, jusqu'au temps où les petits-fils de Hyllos, Téménos et Cresphonte, aidés d'Aristodème leur frère, descendants d'Hercule au cinquième degré, se trouvèrent en mesure de faire valoir leurs prétentions sur les provinces du Péloponèse qu'ils revendiquaient. Ils avaient compris la difficulté de pénétrer par terre dans la presqu'île ; ils s'arrêtèrent au projet d'entreprendre une expédition maritime, qui les porterait immédiatement dans les possessions d'Hercule.

Naupacte, située à l'entrée du golfe des Alcyons, devint pour les Doriens l'arsenal où ils construisirent les bâtiments de transport qui devaient servir à leur entreprise. Ils reçurent dans leur alliance le roi des Étoliens belliqueux, Oxylos, qui se prétendait issu d'Hercule ; et tous les habitants du Pindoros (qu'il ne faut pas confondre avec le Pinde de l'Épire), ayant répondu à l'appel de leurs chefs, quittèrent les retraites sauvages où ils se trouvaient depuis si long-temps relégués.

Leur politique avait su se ménager un parti puissant dans la Laconie. Avant d'appareiller, on décida d'envoyer un corps de troupes légères vers l'isthme, ce qui obligea l'ennemi de diviser ses forces, et opéra une diversion favorable.

Sur ces entrefaites, la flotte, poussée par un vent propice, cinglait vers la côte orientale du Péloponèse. Les Héraclides, secondés par la fortune, débarquent sans obstacle et occupent la Laconie, qui leur est livrée : Argos, Corinthe, la Messénie et une partie de l'Élide reconnaissent leur autorité. La révolution fut complète ; il y eut peu de sang répandu : le vainqueur devait être généreux, mais il en fut autrement. Une partie du peuple qui tenait aux Pélopides dut s'expatrier, l'autre subit le joug humiliant de l'esclavage : telle fut l'origine des Hilotes.

Les Héraclides, maîtres du pays qu'ils regrettaient depuis six générations d'hommes, en firent alors le partage. L'Argolide échut à Téménos; Cresphonte obtint la Messénie ; et comme Aristodème vint à mourir, la Laconie fut réservée à ses deux fils jumeaux Eurysthène et Proclès, qui étaient encore enfants : Corinthe fut dévolue à leur parent Alétès et l'Élide concédée à l'Étolien Oxylos.

Il convient de dire que, dans ces conquêtes, la majeure partie des terres comprises dans les seigneuries de ces rois furent partagées entre les guerriers doriens et étoliens. Ils avaient conquis pour eux et non pour leurs chefs : maîtres des plus opulentes contrées du Péloponèse, ils ne voulurent plus retourner dans les montagnes où ils menaient une vie misérable.

Le petit-fils d'Agamemnon Tisamène, roi d'Argos et de Lacédémone, Mélanthos, descendant de Nestor, roi de Messénie, qui s'étaient portés du côté de l'isthme aux premières alarmes causées par l'expédition des Doriens, au lieu de marcher à l'ennemi, conçurent un projet différent. La révolution qui venait de s'opérer était l'ouvrage d'un parti formidable. Rois détrônés, comme ils n'avaient pas dégénéré de la gloire de leurs ancêtres, ils ne pouvaient consentir à devenir les sujets de quelques usurpateurs heureux. Émigrer, c'était en quelque sorte renoncer au trône, auquel ils ne pouvaient remonter qu'en mendiant criminellement le secours de l'étranger.

Dans cette alternative, Tisamène résolut de tourner ses armes contre les Ioniens, qui habitaient les bords du golfe de Corinthe. Il y eut un combat dans lequel il périt; mais ses compatriotes, demeurés victorieux malgré ce malheur, s'emparèrent du pays des Ioniens, qui devint à jamais illustre sous le nom d'Achaïe.

Mélanthos, plus heureux que Tisamène, ayant débouché du côté de l'Attique, attaqua la Béotie. Vainqueur de Thymètes, descendant de Thésée, dans un combat singulier, le sceptre qui passa dans ses mains fut le prix de sa valeur personnelle. Ce qui restait des Péloponésiens émigrés se rangèrent les uns sous le commandement de Penthilos, frère de Tisamène, réfugié dans l'Eubée, tandis que d'autres suivirent les drapeaux de Clions et de Malaos, descendants d'Agamemnon.

Ces derniers, joints à une foule de proscrits, au lieu de songer à rentrer dans le Péloponèse, à la faveur d'une guerre civile, prenant conseil de leur esprit entreprenant, s'acheminèrent vers l'Hellespont, qu'ils traversèrent, et quatre-vingt-huit ans après la prise de Troie, ils s'établirent sur les côtes de l'ancien royaume de Priam. Ils étendirent ensuite leurs colonies depuis Cyzique jusqu'à l'embouchure de l'Hermos, et cette contrée délicieuse, en y comprenant l'isle de Lesbos, reçut le nom d'Éolide ou Éolie, en souvenir de la branche hellénique dont ses habitants descendaient.

Quoique l'effet de ces migrations dût être de retarder la civilisation nationale, elles devinrent le principe de l'ordre public qui s'établit dans la Grèce. Les tribus qui avaient envahi une partie du Péloponèse restèrent d'abord sous la domination de leurs princes. Cette forme de gouvernement dura plus ou moins long-temps dans les différents états, où chaque canton et chaque ville, à mesure qu'ils avançaient dans l'ordre social, formèrent presque autant d'états libres.

Malgré ce morcellement, il subsista toujours entre les Grecs un lien naturel de parenté. Les Arcadiens, les Béotiens et les habitants des autres cantons de la Hellade, ne parlaient jamais d'eux-mêmes que comme d'un seul peuple. En effet, quoiqu'ils ne fussent unis par aucun lien politique, il y eut toujours un esprit national, entretenu par certaines fêtes publiques, auxquelles les Grecs seuls pouvaient prendre part et où la nation se montrait dans tout son éclat.

Codrus. — Cependant l'agitation régnait dans la Hellade, et sous le règne de Codrus, fils de Mélanthos, les Doriens, qui menaçaient l'Attique, s'étant emparés d'une partie de la Mégaride, ne se trouvaient plus qu'à quelques lieues de distance d'Athènes. Un oracle leur avait promis la victoire, s'ils respectaient la personne du roi. Dans cette conjoncture, Codrus, informé de ce qui se passait, résolut de se dévouer au salut de la patrie. Déguisé en habit de soldat, il marcha vers le camp des Doriens, où il reçut la mort de la main d'un soldat, et son corps ayant été reconnu, les Péloponésiens renoncèrent à leur entreprise.

### ABOLITION DE LA ROYAUTÉ.
#### 1092—1068 avant J.-C.

Les Athéniens, frappés de ce trait de grandeur, abolirent le titre de roi : ils dirent que Codrus l'avait élevé si haut, qu'il serait désormais impossible d'y atteindre; en conséquence, ils reconnurent Jupiter pour leur souverain : et ayant placé Médon, fils de Codrus, à côté du trône, ils le nommèrent Archonte ou chef perpétuel, à la condition de rendre compte de son administration au peuple. ( 1068 ans avant J.-C.)

Les frères de ce prince s'étaient opposés à son élection; mais quand ils la virent confirmée par l'oracle, plutôt que d'entretenir dans leur patrie des divisions intestines, ils allèrent au loin chercher d'autres destinées.

L'Attique et les pays circonvoisins étaient alors surchargés d'habitants : les conquêtes des Héraclides y avaient fait refluer la nation entière des Ioniens, qui occupaient auparavant douze villes dans le Péloponèse. Ces étrangers, onéreux aux lieux qui leur servaient d'asile et trop voisins de ceux qu'ils avaient quittés, soupiraient après un changement qui leur fît oublier leurs infortunes. Les fils de Codrus leur indiquèrent au-delà des mers les riches campagnes qui terminent l'Asie, à l'opposite de l'Europe, dont une partie était déjà occupée par les Éoliens, que les Héraclides avaient chassés du Péloponèse. On applaudit à ce projet, et quelques aventuriers de la Phocide et de la Béotie s'étant joints aux mécontents, on fit voile pour aller chercher une nouvelle patrie.

Arrivés sur le continent asiatique, les nobles enfants de la Hellade expulsèrent sans peine une race mêlée de Lydiens, de Cariens, d'anciens Pélasges ; et la nouvelle colonie se trouva bientôt maîtresse d'autant de villes qu'elle en possédait dans le Péloponèse.

### APERÇU SUR LES COLONIES GRECQUES.

Aucun peuple de l'ancien continent n'envoya au dehors autant de colonies que les Grecs, et elles devinrent si importantes, qu'on ne peut embrasser dans son ensemble l'histoire ancienne de la Hellade sans en avoir connaissance. C'est à elles, en effet, que se rattachent en grande partie la civilisation de leurs métropoles et les premières relations commerciales des hommes, depuis l'expédition des Argonautes.

Les colonies des Grecs dont il est ici question sont celles qui furent fondées par les Hellènes, depuis l'invasion dorienne jusqu'à l'époque de la domination macédonienne. A la vérité, on ne saurait douter que des colonies pélasges et grecques ne soient passées en Italie dès une haute antiquité; mais parmi ces premiers établissements, les uns ne nous sont qu'imparfaitement connus, et les autres finirent par cesser d'être grecs.

Dans les accès de leur vanité nationale, les Grecs se glorifiaient d'avoir fondé la civilisation du monde. Cette prétention semblait justifiée par l'extension de leurs colonies à l'orient et à l'occident de la Grèce, sur les côtes de la mer Noire, de la Propontide, de l'Asie-Mineure, de la Thrace, de la Macédoine, de l'Afrique, de la Basse-Italie, des îles principales de la mer Égée, de la Sardaigne, de la Corse, et jusque dans les Gaules.

Les colonies grecques furent instituées, en partie dans des vues politiques, et en partie pour donner de l'étendue et de l'activité au commerce. On range dans la première catégorie celles que la mère-patrie établit immédiatement elle-même ; et dans la seconde, celles qui furent fondées directement par quelques-unes des colonies que le commerce avait élevées à un haut degré de prospérité.

Les rapports entre les colonies et la

métropole étaient déterminés par les motifs de leur expatriation. Quand un de ces établissements était l'œuvre des citoyens que le mécontentement ou la violence forçaient à sortir de leur pays, son indépendance se trouvait naturellement décidée. Lorsqu'au contraire l'état envoyait à l'étranger une exubérance de sa population, la colonie qui en résultait était dans une dépendance mitigée de la métropole et presque toujours de courte durée.

COLONIES ASIATIQUES. — Les plus anciennes colonies étaient celles de la côte occidentale de l'Asie-Mineure, qui s'étend depuis l'Hellespont jusqu'aux confins de la Cilicie. Là s'étaient fixés, depuis la guerre de Troie, les Éoliens, les Ioniens et les Doriens, et ce fut chez eux que se développèrent, au sein de l'opulence, les premiers germes de la poésie épique et lyrique.

IONIENS. — Les colonies ioniennes, qui remontaient à l'année 1124, furent conduites en Asie par les Pélopides. Oreste, Penthilos, son fils, accompagnés d'Archélaos, son petit-fils, et de Graïos, son arrière-petit-fils, s'avancèrent insensiblement dans l'intérieur des terres jusqu'à l'Hellespont, renforcés de leurs compatriotes qui venaient successivement les rejoindre. Ils occupèrent ainsi une partie des côtes de la Mysie, de la Carie, ainsi que les îles de Lesbos, de Ténédos et le groupe d'écueils qu'on appelle Hécatonèses, aujourd'hui Spalmadores.

ÉOLIENS. — Les Éoliens, maîtres de cette contrée, bâtirent douze villes; les principales étaient Cymé et Smyrne, qui fit dans la suite partie de l'Ionie. Leurs principaux établissements étaient cependant dans l'île de Lesbos, où ils fondèrent cinq villes, dont la principale et la plus importante fut Mytilène.

Chaque cité était indépendante et régie par une constitution particulière. Tout ce qu'on sait de leurs affaires intérieures, c'est qu'elles subirent beaucoup de révolutions, qu'on essaya souvent de réprimer en choisissant des magistrats revêtus de pouvoirs illimités pour un temps, et quelquefois pour leur vie; on les nommait Asymnètes : un des plus renommés fut Pittacos, contemporain d'Alcée et de Sapho.

Les colonies ioniennes étaient postérieures à celles des Éoliens; cependant elles furent, comme celles-ci, la conséquence de l'invasion des Doriens dans la Hellade méridionale; elles fondèrent douze villes : c'étaient sur le continent, en allant du nord au midi, Phocée, Érythrée, Clazomènes, Téos, Lébédos, Colophon, Éphèse, Priène, Myonte, Milet, ainsi que les capitales des îles de Samos et de Chios.

Milet, dont la plus grande prospérité est comprise entre les années 700 et 500, fut, après Tyr et Carthage, la première ville commerçante du monde. Ses comptoirs s'étendaient jusqu'aux Palus-Méotides par la mer Noire, dont ils couvraient les rivages; car elle en avait fondé jusqu'à trois cents. Par leur moyen, elle avait attiré tout le commerce du nord, en blé, en poissons secs, en pelleteries et en esclaves : son négoce par terre suivait la route militaire que les Perses avaient tracée jusque dans l'intérieur de l'Asie.

Milet avait quatre ports, et sa puissance navale était si considérable qu'elle équipa souvent des flottes de 80 et de 100 vaisseaux de guerre : nous aurons lieu de parler des autres villes ioniennes à l'époque du règne de Crésus.

DORIENS. — Les colonies doriennes s'établirent plus tard que les autres sur la côte méridionale de la Carie, ainsi que dans les îles de Cos et de Rhodes. Il paraît que les Doriens se fixèrent de proche en proche dans les îles de l'Archipel, jusqu'aux côtes de l'Asie, où ils bâtirent les deux villes de Cnide et d'Halicarnasse; ils fondèrent successivement Ialyssos, Camire et Lyndos dans l'île de Rhodes, et Cos dans l'île du même nom.

COLONIES DU PONT-EUXIN. — Les colonies grecques de la mer Noire, situées sur son bord méridional, étaient : Héraclée, en Bithynie; Sinope, dans la Paphlagonie; Amise, dans la province de Pont, dont Trapezos (Trébizonde) fut une colonie; les villes de

Phasis et de Dioscurias, Phanagorie, Panticapée. Sur la côte septentrionale, dans l'intérieur des Palus-Méotides, on comptait Tanaïs, située à l'embouchure du fleuve qui porte ce nom; Olbia, à l'entrée du Borysthène. Les colonies de la plage occidentale, telles qu'Apollonie, Tonos, Salmydissos, n'eurent que peu d'éclat.

Les côtes de la Thrace et de la Macédoine étaient pareillement couvertes de colonies grecques.

Celles qui étaient sorties d'Athènes et de Corinthe possédaient Sestos, Cardia, Égos Potamos, Maronée; Abdère avait été fondée par les habitants de Téos. Amphipolis, Chalcis, Olynthe et Potidée, sur la côte de Macédoine, étaient des villes beaucoup plus considérables.

COLONIES DANS L'ITALIE. — Les colonies helléniques établies à l'occident de la Grèce, dans cette partie de l'Italie appelée la Grande-Grèce, furent Tarente, Héraclée et Brundusium, dont les habitants étaient d'extraction dorienne. Les établissements d'origine achéenne étaient Sybaris et Crotone, ainsi que leurs sous-colonies Laos, Caulaunia et Pandosie. Thurium, qui remplaça Sybaris, Rhégium, Élée, Cumes et Naples étaient d'origine ionienne; et on peut considérer comme Éoliens, les Locriens Épizéphyriens, qui étaient une colonie des Locriens Ozoles, peuple voisin de l'Étolie Épictète.

COLONIES EN SICILE. — Les colonies grecques dans la Sicile étaient en partie doriennes et en partie ioniennes. Les premières eurent pour villes Messana (Messine) et Tyndaris, dont les habitants venaient de la Messénie; Syracuse, colonie de Corinthe, fonda Acra, Casmène et Camarine; Hybla et Tapsos étaient des établissements des Mégariens; Ségeste, fondée par des Thessaliens; Héraclée Minoa, par des Crétois; Géla, par des Rhodiens, qui bâtirent Agrigente; Lipara, dans la petite île de ce nom, dut son existence aux habitants de Cnide.

Parmi les villes d'origine ionienne de la Sicile, on comptait Naxos, qui bâtit ensuite Léontium; Catane et Tauroménium, colonies de Chalcis; Zancle, surnommée Messana, qui fonda Himère et Mylé.

Dans les autres îles et sur les côtes de la Méditerranée, on citait comme colonies ou villes fondées par les Grecs: Caralis et Olbia, en Sardaigne; dans Cyrnos (la Corse), Alaria, dont les habitants passèrent dans la suite à Rhégium et à Marseille, qu'ils fondèrent en 536 : Antipolis (Antibes) et Nice durent leur origine aux Hellènes des colonies de l'Asie-Mineure.

Sur les côtes d'Espagne, on remarquait Sagonte, colonie de l'île de Zante.

Sur la côte d'Afrique, la riche et brillante Cyrène avait été fondée, d'après l'ordre de l'oracle de Delphes, par les habitants de Théra.

ORACLES.

Ce fut, comme on vient de le voir, aux invasions des Doriens dans le Péloponèse, et à l'abolition de la royauté à Athènes, que la Hellade dut l'origine de ses colonies; elles s'étendirent, augmentées par d'autres émigrés, qui fuyaient une patrie dans laquelle ils ne pouvaient plus vivre.

L'Attique opprimée, disait-on, par ses rois, le fut bien davantage par ses archontes et par ses magistrats populaires, parce que toute espèce de démocratie est essentiellement despotique. Le pays, déjà trop divisé sous le gouvernement royal, fut encore subdivisé par la nouvelle administration; de manière que le corps social touchait à une dissolution complète, sans l'influence du conseil amphictyonique, qui sut s'emparer à propos de l'oracle d'Apollon.

L'amphictyonie, fondée pour prévenir les invasions des Barbares dans les parties septentrionales de la Hellade, se trouva beaucoup plus utile pour opérer une sorte de rapprochement entre ses différents états. Ce n'était plus les envoyés des trois tribus établies dans le Pindoros qui la composaient, mais diverses communautés de la Grèce méridionale. Elles députaient à ce congrés des représentants, dont le nombre fut de cent à cent vingt-quatre amphictyons.

Delphes, située à peu près au centre des états de la Grèce, avait été destinée pour tenir l'assemblée du printemps; et celle d'automne continua, comme dans l'origine, à se réunir aux Thermopyles. Avant d'entrer dans aucune délibération, chaque député faisait serment : « De ne jamais détruire aucune « ville amphictyonique; de ne point « intercepter le cours des rivières; et « de punir, autant qu'il serait en son « pouvoir, ceux qui se rendraient cou- « pables de pareils attentats. »

Les amphictyons n'avaient aucune autorité coercitive; mais ils acquirent une puissante considération dès qu'ils se furent déclarés *tuteurs* et *protecteurs* de l'oracle d'Apollon, dont le crédit augmentait à mesure que la civilisation faisait des progrès.

Strabon et Pausanias nous apprennent que, dans les siècles héroïques, les oracles avaient peu d'influence, parce que les rois prétendaient être les médiateurs directs entre le peuple et les dieux. Mais quand le pouvoir royal s'affaiblit ou cessa d'exister, la confiance dans les oracles augmenta, et l'influence des ministres, qui interprétaient leurs réponses, devint capable de renverser tout autre principe d'autorité.

Le musicien Alcinoüs, chantant aux banquets d'Agamemnon, qui l'écoutait avec délices, rappelle l'oracle émané de Phœbus Apollon établi dans l'opulente Pytho, et nous donne ainsi le nom primitif de Delphes. Lorsque les dieux régnaient dans la Grèce, la terre y rendait des oracles par la voix de Daphné, l'une des nymphes du Parnasse. Ce souvenir était consigné dans des cantiques attribués à Eumolpe. Neptune y prophétisa ensuite par l'organe de Pyrcon; et Thémis, qui lui succéda, en concéda la propriété au fils de Jupiter et de Latone : ainsi Apollon ne fut que la troisième divinité qui régna sur le Parnasse.

La croupe de cette montagne, sur laquelle Delphes fut bâtie (*) (voyez *planche* 12), formait un amphithéâtre élevé dans les airs, où l'on n'arrivait du côté de l'occident que par une voie taillée dans le roc, pareille aux degrés d'un trône. Un soupirail, d'où sortaient des vapeurs enivrantes, fut l'endroit où était placé le siège de la prêtresse d'Apollon; inspirée et hors d'elle-même, elle rendait, en vers ambigus, des oracles qui firent dire plus d'une fois que le dieu de la lyre était un mauvais poète.

Ces réponses étaient, à la vérité, rédigées par des prophètes attachés au temple de Delphes; ils étaient chargés de psalmodier les offices, ce qui n'exigeait ni verve, ni inspiration. Ils nageaient, dit Lucien, dans l'abondance des biens du monde, sans avoir besoin de *labourer* et *d'ensemencer les terres*. Indépendamment des hécatombes parfaites dont ils s'engraissaient, ils jouissaient du fruit des dîmes établies sur vingt-deux cantons qui dépendaient de Delphes.

Les prêtres, dépositaires des connaissances historiques, racontaient comment la montagne poétique avait emprunté son nom de Parnassos, fils de Cléopompe et de la nymphe Cléo-

(*) En sortant de Crissa pour monter à Delphes, on a sur la gauche le Parnasse, et à droite le mont Cirphis. On suit un chemin taillé en galeries spacieuses, que le temps a dégradées et rendues d'un accès difficile. Aux flancs du rocher qui borde la route sur la gauche, on remarque des grottes sépulcrales dont l'ouverture est sculptée en arcade; quelques-unes de ces chambres contiennent jusqu'à trois sarcophages placés dans une cavité arrondie, et un bloc de pierre isolé forme à lui seul un tombeau monolithe. On trouve près de Delphes la fontaine Castalie, qui donne naissance au Pléisthos, dont on aperçoit le cours au bas des rochers. Aux lieux où fut la ville, on rencontre des marbres, des pans de murs, des décrets, des consécrations gravés sur les rochers. L'emplacement du gymnase, la cella du temple d'Apollon, les roches Phédriades qui dominent Delphes, terminent la perspective. (*Voy. de la Grèce*, POUQUEVILLE, t. IV. liv. XI, c. 1, 2ᵉ édit.).

dore; de quelle manière il fonda une ville, qui fut submergée dans le déluge de Deucalion; ils désignaient l'endroit où l'arche qui renfermait ce patriarche mythologique s'arrêta lorsque les eaux rentrèrent dans le vaste sein des mers.

Au siècle d'Homère, la magnificence du temple de Delphes était devenue proverbiale. Il y eut plus tard des finances si considérables, qu'on en estimait la valeur à la moitié des revenus de Xerxès; et quand les Phocidiens en enlevèrent vingt-quatre millions de notre monnaie, le trésor sacré fut loin d'être épuisé.

Les Delphiens, à qui le territoire sanctifié par Apollon appartenait, dirigeaient, sans le secours des amphictyons, les cérémonies religieuses, et réglaient les rites de la prophétie. Ils déterminaient dans quel temps et à quelle occasion la pythie devait monter sur le trépied pour se mettre en rapport avec l'esprit fatidique qui l'inspirait. Dès qu'elle s'écriait : *Le dieu! voici le dieu!* ils recueillaient ses paroles les plus incohérentes; ils interprétaient ses hurlements frénétiques, auxquels ils donnaient un sens et une harmonie qu'ils appelaient *oracle d'Apollon*.

La pythie, admise et renvoyée à volonté, n'était qu'un instrument passif entre les mains des prêtres, qui furent regardés, non comme les serviteurs d'Apollon, mais comme sa propre famille. Leur nombre ne fut jamais déterminé, parce que les principaux habitants de Delphes étaient admis dans les cérémonies de son temple, où le peuple était continuellement occupé soit dans les chœurs ou danses, soit aux processions et à concourir aux pompes, qui ne faisaient qu'une fête perpétuelle de tous les jours de l'année.

### RÉTABLISSEMENT
#### DES JEUX OLYMPIQUES DANS L'ÉLIDE.
##### 926 à 776 avant Jésus-Christ.

Delphes, au plus haut point de son importance théocratique, sanctionna, vers l'année 880, deux institutions qui furent suivies de résultats extraordinaires; nous voulons parler du rétablissement des jeux olympiques dans l'Élide et de la restauration de la royauté à Sparte.

C'était une tradition générale, qu'avant la conquête du Péloponèse par les Doriens, les bords de l'Alphée avaient été consacrés à Jupiter. Les jeux athlétiques y avaient été célébrés en champ clos, à plusieurs reprises, sur un terrain voisin de Pise. Les Doriens avaient eu l'intention de donner une consécration authentique à ces solennités, mais leurs guerres contre les Athéniens, les discordes publiques et privées, leur firent oublier les honneurs réservés aux immortels.

Au milieu des calamités qui affligèrent le Péloponèse, Iphitos, fils d'Oxylos, à qui l'Élide était tombée en partage, s'étant adressé à l'oracle de Delphes pour savoir si on devait rétablir l'institution de Corébos, les ministres d'Apollon répondirent : « Que les fêtes « d'Olympie devaient être renouvelées, « qu'il y aurait franchise et sûreté pour « les habitants de tous les pays qui « voudraient s'y présenter. »

Le rétablissement des fêtes olympiques ayant donc été promulgué dans les contrées les plus éloignées où il se trouvait des Grecs, les enfants de cette grande famille, qui vivaient depuis plusieurs siècles sur des terres étrangères, se revirent et se rappelèrent leur commune origine. De retour dans leurs colonies, ils parlèrent des solennités d'Olympie; et leur célébration périodique, en opérant un rapprochement national, donna lieu, plusieurs fois, à des conférences et à des ambassades, suivies de traités de commerce et d'alliances.

### RESTAURATION DE LA ROYAUTÉ.
#### ÉPOQUE DE LYCURGUE.

Les Achéens restés dans la Laconie avaient été, comme on l'a dit précédemment, réduits en esclavage sous le nom d'Hilotes, tandis que les Lacédémoniens, ou habitants de la Laconie, furent seulement déclarés sujets de Sparte, obligés à payer l'impôt et au service militaire. Tel fut le résultat des guerres d'Agis, fils d'Eurystène, et de ses successeurs.

L'histoire des deux siècles suivants ne présente qu'un tableau de guerres continuelles des Spartiates contre les Argiens, de troubles intérieurs et de la décadence du pouvoir royal, jusqu'à ce que Lycurgue, vers l'an 880, donna à Sparte une constitution, à laquelle elle fut principalement redevable de l'éclat dont elle jouit pendant huit siècles.

Lycurgue, fils de Proclès, regardé comme le dixième descendant d'Hercule, allait succéder à son frère aîné, Polydecte, lorsque sa veuve se déclara enceinte. Dans cette circonstance, Lycurgue ayant fait connaître l'état de la reine, déclara qu'il se contenterait du titre de régent dans le cas où il naîtrait un héritier du sang de son frère.

Une pareille conduite était d'autant plus admirable, que la reine avait fait prévenir Lycurgue, qu'elle consentait, s'il voulait l'épouser, à prévenir la naissance du rejeton posthume de Polydecte. Averti par cette déclaration des desseins d'une mère dénaturée, Lycurgue temporisa, et chargea quelques personnes de confiance de surveiller la reine, avec ordre si elle accouchait d'un enfant mâle de le lui apporter aussitôt.

Ces sages mesures furent couronnées d'un succès complet. Lycurgue soupait un jour avec les principaux magistrats de la république, lorsqu'on lui présenta le nouveau-né, qu'il reçut dans ses bras, en disant : « Spartiates, « le fils de Polydecte, votre roi, vient « de naître. » On se félicita mutuellement, et l'enfant reçut le nom de Chérélaos, *la joie du peuple*.

L'éclat de cette action ne put cependant mettre Lycurgue à l'abri des intrigues de la reine, qu'il avait dédaignée. Mais au lieu d'élever dans l'état une lutte funeste, le régent voulut conjurer, par son absence, l'orage qui menaçait la patrie. Il résolut de voyager; et cette détermination, propre aux hommes d'une trempe forte, lui fournit l'occasion de léguer au monde le plus beau don que nous possédions, en recueillant et transmettant à la postérité les poésies d'Homère, qui étaient à peine connues dans la Hellade.

POÉSIES D'HOMÈRE. — On fait remonter la naissance d'Homère à neuf cents ans environ avant l'ère chrétienne, trois siècles après la prise de Troie. Des rhapsodes, ou chanteurs, qui parcouraient le pays, le front ceint de lauriers et avec des palmes à la main, répandirent dans l'Ionie, où il était né, ses vers immortels. Les poésies d'Homère ne formaient point de corps d'ouvrage. Chacun choisissait la partie qui lui plaisait : l'un chantait les *Exploits de Diomède*; un autre les *Adieux d'Andromaque*, ou *la Mort de Patrocle et d'Hector*. Lycurgue réunit les chants épars de l'*Iliade* et de l'*Odyssée*; il les copia, et le génie du poète éveilla le génie du législateur qui avait visité la Crète et l'Égypte.

Lycurgue, après dix ans d'absence, trouva Sparte livrée à la plus affreuse anarchie, et les citoyens empressés de recourir à sa sagesse pour les protéger. Mais le désordre social était tel que ni le sang des rois dont il descendait, ni l'enthousiasme causé par les chants d'Homère que le poète Thalès, qu'il avait amené de Crète, récitait avec feu, ne pouvaient suffire pour établir sa législation. Il se rendit en conséquence à Delphes, accompagné des vingt-huit chefs des tribus du peuple, pour consulter Apollon.

Il monte au temple, tenant en main le rameau des suppliants. « La pythie qu'il « interroge lui répond dans les termes « les plus respectueux... Elle hésite si « elle l'appellera un dieu ou un homme... « Elle se décide brusquement; elle le « reconnaît pour un dieu; elle ap- « prouve l'esprit de ses institutions; « elle déclare que leur exécution ren- « dra la république de Sparte heureuse « et immortelle. » Fort de cette autorité, Lycurgue marcha au but qu'il s'était proposé lorsqu'il avait consulté les sages de la Crète et de l'Égypte.

Le but principal de Lycurgue fut de donner à sa patrie des lois capables de la garantir des malheurs qui avaient affligé la Grèce après le renversement des dynasties d'Argos, d'Athènes et de Thèbes. Frappé des institutions homériques et de celles de Minos surtout, qu'il avait étudiées avant de passer en Asie, il se décida à imiter la beauté simple de ces grands modèles, en évitant les écueils sur lesquels le régime héroïque avait fait naufrage.

LÉGISLATION DE LYCURGUE.—Une partie des institutions attribuées à Lycurgue avaient été puisées dans celles des Doriens tombées en désuétude, auxquelles il rendit force de loi. Il publia des sentences, ou *rhetrai*, qu'il avait soin de faire sanctionner par l'oracle de Delphes. Il prétendait, comme Moïse, faire des Spartiates une race d'hommes à part. Aussi ses lois ont-elles plus égard à la vie privée et physique des individus qu'à la constitution de l'état, à laquelle il changea peu de chose.

Lycurgue laissa subsister les rapports entre les Spartiates comme peuple dominateur, et les Lacédémoniens comme sujets. Les rois des deux maisons régnantes conservèrent leurs prérogatives de chefs militaires dans la guerre, et de premiers magistrats pendant la paix. D'un autre côté, on lui attribue l'institution d'un sénat composé de vingt-huit membres, qui ne devaient pas être âgés de moins de soixante ans : le peuple les nommait à vie, et ils devaient assister les rois de leurs conseils dans les affaires publiques. Quant au collège des cinq éphores qui étaient renouvelés chaque année, on ignore s'il fut établi par Lycurgue ou postérieurement à ce législateur : il devint le tribunal suprême de l'état. Il y avait ensuite les assemblées du peuple, d'après sa division en tribus et en cantons, auxquelles les seuls Spartiates pouvaient assister : c'était là qu'on admettait ou qu'on rejetait les propositions des rois et du sénat.

Les éphores avaient la faculté de contrôler l'administration du sénat et de maintenir l'esprit de la constitution. Eux seuls pouvaient convoquer, provoquer et dissoudre les grandes et les petites assemblées du peuple : l'une se composait de neuf mille Spartiates, et l'autre de trente mille Lacédémoniens. La réunion de ces comices armés montrait au peuple les forces nécessaires pour exécuter ce qui était légal, et pour s'opposer aux ordres arbitraires du sénat.

Dans ses décrets sur la vie privée, Lycurgue se proposa de faire des Spartiates des citoyens égaux par les propriétés, par la manière de vivre, dont chacun aurait la conviction qu'il appartenait à l'état, et qu'il lui devait une entière et aveugle obéissance. Il s'ensuivit le partage des terres, par lequel 9000 portions furent adjugées aux Spartiates, et 30,000 aux Lacédémoniens. Ces lots étaient transmissibles par donation ou par héritage même aux filles, à défaut de lignée masculine, mais on ne pouvait jamais les vendre. Chacune de ces parts était supposée produire 82 médimnes d'orge, avec une récolte proportionnée de fruits, de vin et d'huile.

Les sénateurs, contents de leurs prérogatives, n'ambitionnaient aucune prééminence de fortune. C'était chose impossible. La monnaie était de fer *cassant*, ce qui empêchait de thésauriser, et s'opposait aux goûts pernicieux et déréglés. Comme il n'y avait rien à gagner dans un pareil pays, on ne vit pendant long-temps à Sparte, ni empiriques, ni diseurs de bonne aventure, ni sophistes, ni avocats.

Le luxe était banni des tables au moyen de repas communs, qui avaient lieu d'après la division des citoyens des deux sexes en catégories. Des règlements spécifiaient les mets qu'on devait servir aux Spartiates. Ces mets se composaient de pain, de vin, de fromage, de figues. Si on y servait quelques pièces de gibier, ou des viandes provenant des sacrifices, on les abandonnait aux jeunes gens ; malgré cela, leur pitance était mince, car ils recouraient souvent au larcin pour subsister. Les hommes âgés se nourrissaient de bouillies et du brouet noir, qui n'était pas agréable au goût. Le poisson et tout ce qui pouvait exciter l'appétit était prohibé. Il était défendu de boire autrement que pour apaiser sa soif. Un vieillard qui se tenait à l'entrée du réfectoire, prescrivait la discrétion en disant à chaque convive en lui montrant la porte : *Rien ne sort d'ici*, on mangeait armé.

Le repas fini, chacun devait se retirer chez soi, sans se faire précéder d'un flambeau, afin de s'accoutumer à marcher dans les ténèbres : les rois n'étaient pas exempts de cette discipline.

Les enfants nés avec des difformités et les monstres étaient exposés dans un lieu escarpé du Taygète, où ils étaient abandonnés ; usage barbare qui s'est conservé de nos jours parmi les Monténégrins de l'Illyrie. Le maillot et les bandages étaient inconnus à Sparte.

Lycurgue avait établi des lois somptuaires sur les maisons. C'étaient de simples abris : voilà tout ce qu'on sait ; car on ne pouvait construire les portes, les meubles et les intérieurs qu'avec deux instruments, la scie et la hache.

L'instruction publique commençait à l'âge de sept ans pour les jeunes Spartiates, qui appartenaient dès lors à la patrie. On les divisait en *agèles* ou classes présidées par des hommes sages et d'un âge mûr, à qui les élèves devaient autant d'obéissance qu'aux auteurs de leurs jours : ils en avaient soin comme de leurs propres enfants. Les jeunes gens cédaient en tout temps le pas à leurs instituteurs, ils se levaient à leur aspect. S'ils recevaient quelque punition et qu'ils en portassent plainte à leurs parents, il eût été honteux à ceux-ci de ne pas les châtier. Obéir, travailler, souffrir, c'était préparer les enfants à la guerre et à la victoire. La tête rasée jusqu'à la peau, marchant nu-pieds, peu vêtus, ils combattaient entre eux dépouillés de tout vêtement.

Sparte possédait un temple de Diane taurique, où l'on faisait chaque année un sacrifice sanglant, sans immoler aucune victime. Les jeunes Spartiates en fournissaient l'offrande : rassemblés sous les yeux de leurs parents devant l'autel de Diane, ils étaient frappés de verges qui faisaient jaillir le sang, sans leur arracher aucun cri, sans que leurs traits s'altérassent ; et plusieurs succombaient sans proférer une plainte.

L'instruction était peu répandue dans la Laconie. Cependant les jeunes gens apprenaient la musique et le dessin. On leur enseignait à lire et à parler leur langue avec grace et pureté, et à savoir accommoder l'expression à la pensée.

Tout était commun entre les Spartiates. Il était enjoint par la loi et regardé comme honorable de se prêter mutuellement les ânes, les chevaux, les instruments d'agriculture et de chasse ; de ne connaître d'autre distinction que celle du mérite personnel ; d'honorer la tempérance et de dédaigner toute acquisition, excepté celle de l'estime publique.

Les règlements relatifs aux familles tendaient au but politique de procurer aux individus des deux sexes un corps sain et vigoureux, même aux dépens de la morale.

Les esclaves ou Hilotes, considérés comme serfs destinés à la culture des terres, étaient en même temps une propriété de l'état, qui avait le droit de les employer à la défense de la république quand il le jugeait à propos.

Les lois qu'on vient de rappeler sommairement étaient en petit nombre et conçues en peu de mots. Elles furent mises en vers, probablement aussi grossiers que les rimes du Décalogue, afin de rester dans la mémoire du peuple comme des préceptes divins. On défendit sévèrement à tous les citoyens qui eurent, au temps des Machabées, des traités politiques avec les Juifs, toute liaison avec les étrangers. Enfin Lycurgue, qui avait aidé Iphytos à rétablir les jeux olympiques, institua sur les bords de l'Eurotas des fêtes semblables, où les seuls habitants de la Laconie étaient admis : les dieux de Sparte, comme ceux d'Israël, étaient des dieux jaloux.

En temps de paix, les Spartiates s'assemblaient pour converser et pour s'exercer à la gymnastique. Quelquefois ils s'amusaient à des cérémonies religieuses et à des pompes militaires ; une revue ou une procession les satisfaisaient également.

3ᵉ *Livraison.* (GRÈCE.)

L'agriculture et les arts mécaniques étaient abandonnés aux mains des Hilotes. La science de la guerre et de l'administration était recommandée par les lois de Lycurgue, comme le seul objet digne d'occuper des hommes libres.

Le courage, première qualité du soldat, était exalté par des motifs capables d'agir le plus puissamment sur l'esprit : la lâcheté était regardée et punie comme un crime.

Les Spartiates conservèrent pendant long-temps l'usage des armes des siècles héroïques; ils diminuèrent cependant la longueur de l'épée à deux tranchants, qui était pointue et pesante, comme celle de nos anciens preux.

Leurs troupes étaient divisées en régiments de cinq cent douze hommes; les régiments en quatre compagnies, et chaque compagnie en plusieurs sections qui avaient leurs officiers particuliers. L'armée était suivie d'une multitude d'artisans et d'esclaves qui portaient les bagages et pourvoyaient à ses besoins, tandis qu'un cortége nombreux de prêtres et de poètes animait leur valeur.

Un corps de cavalerie éclairait la marche des Spartiates. Ils campaient en cercle, en établissant des postes avancés et des vedettes : soir et matin ils allaient à la manœuvre, et il n'y avait pas d'appel, parce qu'il n'y eut jamais de déserteurs.

Xénophon, qui avait combattu pour et contre les Spartiates, décrit avec quelle précision ils agissaient dans tous les sens, comment ils convertissaient la colonne de marche en ordre de bataille, et par quelles évolutions rapides ils présentaient le front de ligne à un choc imprévu.

Quand les Spartiates étaient décidés à livrer bataille, le roi, qui se levait habituellement avant l'aurore, afin d'être le premier à offrir des sacrifices aux dieux, communiquait son *ordre du jour*. Les soldats prenaient un air extraordinaire d'allégresse. Ils déployaient dans leur habillement et dans leur parure toute la magnificence possible. Ils peignaient leur longue chevelure, qu'ils tressaient artistement; leurs hoquetons, couleur de pourpre, et leurs armures d'airain produisaient un effet merveilleux.

Lorsqu'ils approchaient de l'ennemi, le roi offrait un sacrifice, et la musique, composée de flûtes pareilles à nos fifres, se faisait entendre. Alors les guerriers de la Laconie, Spartiates et Lacédémoniens, marchaient d'un pas lent et ferme, avec une contenance enjouée, quoique superbe et altière. Avant, pendant et après la bataille, leurs manœuvres étaient dirigées avec tant d'ordre et de célérité, dit Xénophon, « qu'en comparaison des Spar« tiates, tous les autres peuples lui « paraissaient des enfants dans l'art « de la guerre. »

L'état pouvant s'épuiser par les guerres, Lycurgue avait songé à la reproduction de l'espèce humaine. Dans son système, le mariage était expressément recommandé, et les célibataires, exclus des assemblées, étaient voués au mépris public, bafoués et quelquefois exposés à des traitements sévères.

L'éducation des femmes n'avait point échappé au législateur. Les filles de Sparte étaient dès leur enfance formées à une éducation propre à donner des citoyens robustes à l'état. Elles participaient aux exercices gymnastiques des jeunes gens, elles s'exerçaient à la lutte, à lancer le disque, les traits, et elles se baignaient en public dans les eaux glaciales de l'Eurotas. Aux époques des fêtes, elles dansaient nues en présence des jeunes gens, des rois, du sénat et du public, qui accourait à ces solennités, sans que les mœurs en souffrissent. Leur nourriture était frugale; une robe simple et d'un tissu léger les couvrait jusqu'aux genoux, et elles montraient plus que de l'assurance dans leur démarche. Les vêtements des femmes mariées descendaient jusqu'aux talons, et elles ne sortaient en public qu'avec un maintien décent et pudique.

Les Spartiates qui enlevaient les filles qu'on leur avait promises, les épousaient sans dot. Ils ne voyaient leurs femmes que furtivement et retournaient, avant l'aurore, avec leurs camarades, se mêler à leurs exercices et à leurs conversations. L'épouse aimait à son tour le mystère de l'union conjugale, et les mariages n'en étaient que plus féconds. Il n'y avait pas de loi contre l'adultère, on n'en entendit presque jamais parler à Sparte.

Le roi Anaxandride offre le seul exemple d'une polygamie simultanée. Un homme impuissant recourait à quelque ami pour se procurer des enfants.

Les femmes, condamnées partout ailleurs à végéter dans des occupations sédentaires qui affaiblissent l'esprit et le corps, devinrent, par les institutions de Lycurgue, dignes d'élever des Spartiates.

A des époques déterminées, les magistrats, qui prenaient note de la conduite des adolescents, les examinaient soigneusement. Ils encourageaient ceux qui avaient persévéré dans la règle, et ils infligeaient aux indociles des châtiments corporels qu'ils enduraient avec une patience pleine de courage.

On leur inculquait dans l'éducation morale les maximes de l'honneur par le précepte, et le précepte était renforcé par l'exemple.

Parvenus à l'âge viril, les éphores choisissaient entre les élèves de la patrie trois jeunes gens d'un mérite supérieur. Chacun de ces élus désignait une centaine de ses compagnons, qui étaient appelés à l'honorable distinction de servir dans la cavalerie, en motivant publiquement les raisons de la préférence et de l'exclusion qu'ils avaient exercées.

Telles furent les institutions de Lycurgue, qui élevèrent ses concitoyens dans la sphère la plus élevée à laquelle la nature humaine puisse aspirer. Quant à ce sage modérateur, l'histoire ne rapporte plus, à son sujet, qu'une circonstance qui ait quelque authenticité. Témoin des effets de l'ordre politique qu'il avait organisé, il annonça qu'il n'avait plus à proposer qu'un règlement, sur lequel il croyait devoir consulter l'oracle de Delphes.

Il engagea, par serment, ses compatriotes à ne faire, jusqu'à son retour, aucun changement à la législation qu'il leur avait donnée. Il se rendit ensuite auprès de l'oracle d'Apollon, qui déclara, par l'organe de la pythie, « Que « les Spartiates seraient heureux aussi « long-temps qu'ils respecteraient les « lois de Lycurgue. » Pour lui, il ne pensa jamais à retourner dans sa patrie, persuadé que la durée du gouvernement qu'il avait établi serait mieux assurée par la sainteté d'un serment que par sa présence.

Lycurgue avait formé Sparte pour la défense et non pour la conquête. Il était interdit à ses guerriers de poursuivre un ennemi qui fuyait, et de faire souvent la guerre à un même peuple, dans la crainte de l'aguerrir. Mais comment modérer une république de soldats que l'ennui seul devait exciter à entreprendre des guerres, puisque les occupations domestiques et l'agriculture, les seuls moyens capables de les distraire, étaient confiées aux esclaves?

L'inquiétude d'hommes actifs ne tarda pas à se manifester dans l'état, vis-à-vis des villes de la Laconie. Sparte contenait à elle seule près du quart de la population de la république. Le nombre de ses habitants s'était accru après la destruction d'Hélos, d'Amyclée, de Géronthres et de plusieurs autres places. L'Hécatompolis, ou région aux cent villes (on appelait ainsi la Laconie dans l'antiquité), n'en possédait plus que trente dès le siècle de Lycurgue.

L'administration était concentrée dans la métropole; toutes les matières importantes y étaient décidées. Les éphores ne convoquaient que rarement les grandes et les petites assemblées des citoyens; les Spartiates, au lieu de demeurer les égaux des Lacédémoniens, en devinrent les maîtres et les tyrans.

L'abus du pouvoir fomenta par degrés l'abus de la cupidité, de façon qu'au commencement de la guerre médique, les lots de terre, qui étaient primitivement de neuf mille, se trouvaient réduits à mille. Les magistrats qui avaient accumulé les propriétés étaient devenus tellement durs et exigeants, que, suivant l'expression de Xénophon, ils *auraient voulu dévorer tout crus* ceux qu'ils avaient dépouillés. Ces vexations étaient l'ouvrage de trente-neuf mille Spartiates libres, qui opprimaient cent cinquante-six mille Lacédémoniens, en foulant aux pieds plus de cent quatre-vingt-quinze mille esclaves ou Hilotes.

L'esprit militaire introduit chez les Spartiates avait, bientôt après la mort de Lycurgue, entraîné le peuple dans des guerres contre les Argiens, les Arcadiens et les Messéniens. Elles paraissaient avoir pour cause principale une ancienne haine entre les tribus doriennes, née de l'inégalité du partage des terres fait entre elles à l'époque de l'invasion du Péloponèse. Mais ces guerres furent évidemment entretenues par l'ambition des rois, qui savaient diriger à leur gré un peuple superstitieux, au moyen des oracles et des interprétations qu'ils leur donnaient. De 873 à 743, les Spartiates eurent quelques démêlés peu importants avec Tégée et Argos.

### PREMIÈRE GUERRE DE MESSÉNIE.
#### 742 à 722 avant J.-C.

La Laconie et la Messénie, gouvernées par des princes de la race d'Hercule et habitées par des Doriens, semblaient destinées à subsister dans une fraternité inviolable. Cette harmonie fut d'abord altérée par l'abolition de la royauté dans la Hellade, qui fit que la capitale de chaque petite principauté commença à s'arroger une autorité illimitée sur les villes inférieures. Ainsi, Sparte avait étendu sa domination sur Gérennée, Thurion et Sellasie. Son aristocratie avait fait rendre une loi par laquelle les habitants d'Hélos, réduits en esclavage, ne devaient pas être vendus dans les pays étrangers, parce qu'ils pourraient se flatter d'y recouvrer la liberté.

745—743 AVANT J.-C. — Le même esprit de tyrannie s'était emparé des Messéniens. Les habitants de la capitale n'étaient occupés qu'à attaquer, conquérir et réduire en esclavage plusieurs villes moins importantes que leur métropole. Bientôt ils se trouvèrent en face des Spartiates, et des hostilités, ou plutôt des brigandages, ne tardèrent pas à troubler la paix des deux états.

Un ancien temple de Diane, placé sur les confins de la Laconie et de la Messénie, bâti à frais communs, était destiné à recevoir annuellement une troupe choisie, composée de vierges du Taygète, et de jeunes Messéniens : la rencontre était délicate. Dans une de ces solennités, les Messéniens, enflammés par la beauté des Lacédémoniennes, dont ils essayèrent vainement de séduire l'inflexible vertu, eurent recours à la violence pour en triompher ; triomphe funeste aux vainqueurs, à la patrie et aux victimes de leur passion brutale, qui se donnèrent volontairement la mort, parce qu'elles ne voulurent pas survivre à la perte de leur honneur.

Dès ce moment il y eut représailles sur représailles ; et le refus des Spartiates de soumettre les différends des deux états au conseil révéré des amphictyons, annonça une conflagration politique.

Les Spartiates, sans déclarer ouvertement la guerre, pénètrent en Messénie. A la faveur de la nuit, ils escaladent les murs d'Amphéia, font main basse sur les habitants endormis, dont un petit nombre se sauve pour aller répandre dans la Messénie la triste nouvelle de leur désastre imprévu.

Euphaès, roi de Messénie, qui avait succédé au trône de son père Antiochos, informé de ce qui venait d'arriver, convoque aussitôt une assemblée générale du peuple dans les champs du Stényclaros. Il déplore le malheur des Amphéiens ; il relève le courage des Messéniens consternés. Il leur dit que, « moins exercés au métier des armes « que leurs belliqueux adversaires, ils « acquerraient de l'habileté en prenant « des mesures énergiques pour la dé- « fense de la patrie ; que les dieux, « vengeurs de la perfidie, les feraient

« triompher de la violence et de l'am-
« bition des Spartiates ! »

L'injure était récente. Le discours d'Euphaès est reçu avec un applaudissement général. On s'empresse, suivant son avis, d'abandonner la plaine; on se renferme dans les places les mieux fortifiées par l'art et la nature; on se retranche sur les plateaux des montagnes où l'on peut subsister, et on s'exerce aux armes que les dieux donnèrent aux hommes pour défendre et conserver leur liberté.

Quatre ans s'étaient écoulés depuis la prise d'Amphéia, lorsque les Messéniens résolurent de marcher à l'ennemi. Durant cet intervalle, les Spartiates avaient périodiquement ravagé la fertile vallée du Pamisos, détruisant les moissons, enlevant les bergers et les laboureurs qu'ils pouvaient surprendre. Dans leurs ravages, ils se gardaient d'incendier les habitations; ils épargnaient les arbres, et ménageaient, autant que possible, une contrée qu'ils regardaient, par anticipation, comme leur propriété.

Les Messéniens, à mesure qu'ils se disciplinaient, non contents de défendre leurs positions, s'étaient aguerris en envoyant des partis ravager les côtes maritimes de la Laconie. Ils avaient obtenu des avantages, lorsqu'Euphaès se détermina à entrer en campagne avec l'élite des Messéniens. L'armée qu'il commandait venait de s'approcher du grand défilé du Taygète, lorsqu'elle fut aperçue par la garnison ennemie d'Amphéia, qui poussa le cri d'alarme.

Les Spartiates, ravis de voir se présenter d'elle-même l'occasion si long-temps désirée de terminer une guerre jusqu'alors sans résultats décisifs, courent aux armes. Ils réunissent leurs différents corps, ils improvisent l'attaque; une clameur immense retentit dans les airs en invoquant les Dioscures. Les Messéniens y répondent par le cri de Jupiter Ithoméen !...

Les deux armées s'avançaient, avec une célérité égale aux transports de leurs ressentiments, dans la plaine qu'on croit être celle de l'ancienne Thalamæ. Elles mesuraient de l'œil la distance; mais le ruisseau qui les séparait, se trouvant alors débordé, empêcha une action générale. La cavalerie seule, qui se montait à cinq cents chevaux de chaque côté, escarmoucha, tandis que les fantassins exhalaient leur fureur en provocations et en menaces. Les Messéniens profitèrent de la nuit pour se retrancher dans leur camp, et l'ennemi, les voyant hors d'insulte, rentra dans la Laconie.

La conduite pusillanime des Spartiates dans cette occasion transporte le sénat d'une profonde indignation. Il jure par l'Eurotas de venger l'affront que Sparte vient de recevoir. Il accuse la jeunesse de ne plus respecter la sainteté du serment qu'elle avait fait de ne poser les armes qu'après avoir subjugué les Messéniens. Une seconde campagne est décrétée.

A l'approche de l'automne, tous les Spartiates en état de porter les armes se trouvèrent prêts à marcher, au nombre de vingt mille hommes. Cette armée puissante était augmentée d'Asiniens, de Dryopiens, qui fuyaient la tyrannie d'Argos, et de nombreux archers crétois. La conduite de toutes ces troupes avait été confiée aux rois Théopompe et Polydore, qui instituèrent, dit-on, l'ordre des éphores, et à la valeur d'Euryléon, issu du sang royal de Cadmus.

Les Messéniens étaient inférieurs en nombre et en discipline aux Spartiates, qu'ils égalaient en courage. Euphaès conduisait l'aile gauche de leur armée, qui faisait face à Théopompe; Pytharatos commandait la droite, opposée à Polydore, et Cléonis le centre, qui devait combattre contre Euryléon.

Avant de donner le signal du combat, Théopompe, avec une éloquence laconique, rappela aux Spartiates « leur serment et la gloire que leurs « ancêtres avaient acquise, en s'em- « parant du territoire de leurs voi- « sins. »

Euphaès animait ses soldats par des motifs plus généreux et plus puissants. Il leur représentait « les malheurs « d'Amphéia, et un pareil sort réservé

« à la Messénie tout entière, à moins
« que leur bravoure, par un noble ef-
« fort, ne l'emportât sur le nombre
« et la discipline des Spartiates. »

Les Messéniens, venus à portée de se faire entendre, reprochaient aux Spartiates leur avidité; le mépris pour le sang dorien qui coulait dans les veines des deux nations; le dédain sacrilége pour leurs dieux communs et pour le nom révéré du grand Hercule, fondateur des deux royaumes. De ces reproches on en vint à la violence des armes. Quelques Messéniens, sortis de leurs rangs, voulurent porter les premiers coups à la phalange ennemie, rangée en bataille; mais à l'ardeur généreuse de ces champions les Spartiates n'opposaient que l'intrépidité constante d'une valeur disciplinée.

La bataille, qui devint générale, montra l'exaltation de la fureur portée à un tel point, qu'aucun soldat des deux armées ne tenta de fléchir la cruauté du vainqueur. Les rois eux-mêmes vinrent dans la chaleur de l'action à s'attaquer en combat singulier. Théopompe défia le premier Euphaès, qui s'écria : « Voilà Polynice qui tua « de sa main un frère, dont il reçut « au même instant le coup mortel. »

A ces mots, les troupes se raniment; les corps d'élite, qui veillaient particulièrement à la garde des princes, se serrent autour d'eux. On se heurte; les soldats de Théopompe sont rompus, il est forcé de céder et de battre en retraite. Dans le même temps, l'aile droite des Messéniens, qui avait perdu son chef Pytharatos, succombait sous les efforts de Polydore et de ses Spartiates. Enfin, la nuit ayant arrêté un combat funeste aux deux partis, on convint d'une trêve pour ensevelir les morts, ce qui était l'aveu tacite d'une défaite mutuelle.

SIÉGE D'ITHÔME. — Cependant les résultats de cette bataille n'étaient pas comparables des deux côtés. Les Messéniens, moins nombreux que leurs adversaires, ne pouvaient pas se recruter avec la même facilité. Une grande partie de leurs esclaves était passée à l'ennemi et une maladie contagieuse ne tarda pas à les réduire aux dernières extrémités. Au milieu de ces désastres, les Spartiates continuaient leurs dévastations, et Euphaès fut obligé de se retirer dans les escarpements du mont Ithôme, aujourd'hui Vourcano. La ville d'Ithôme, fortifiée par la nature, était environnée d'un rempart qui défiait toutes les machines de guerre connues à cette époque (*). (Voy. pl. 14.)

Renfermés dans Ithôme, les Messéniens ne tardèrent pas à éprouver la famine, qui augmenta les ravages de la peste parmi des hommes entassés dans une étroite enceinte. Témoin de tant de maux, Euphaès envoya un député à Delphes, afin de savoir par quel sacrifice les Messéniens pourraient apaiser la colère des dieux irrités. A son retour à Ithôme, il déclara la triste réponse d'Apollon : *L'oracle demande le sang innocent d'une vierge issue de nos rois.*

Cette horrible sentence est reçue avec soumission : le sort tombe sur la fille de Lyciscos, qui est désignée au couteau sacré. Son père gémit. Il en appelle au devin Éphébolos, qu'il avait peut-être séduit. Celui-ci déclare que la princesse est un enfant supposé par l'épouse de Lyciscos pour cacher sa stérilité. On s'agite, et, profitant du trouble, le père de la victime s'enfuit avec elle et se réfugie chez les implacables ennemis de sa patrie.

Dès que l'évasion de Lyciscos et de sa fille fut connue, les Messéniens furent plongés dans une consternation profonde. Il serait difficile de dire quelles en auraient été les conséquences, si Aristodème, descendant d'une branche collatérale d'Hercule, n'eût volontairement offert une autre victime pour le salut public, en dévouant sa

(*) Cette planche offre les ruines des murs et des tours qui enfermaient la ville de Messène et le mont Ithôme, au sommet duquel on aperçoit le couvent de Vourcano, construit sur l'emplacement du temple de Jupiter Ithoméen, dans l'enceinte de la forteresse d'Hira. A droite est le mont Évan; et dans le fond on aperçoit les cimes du Taygète.

fille à la mort. On applaudissait à son généreux patriotisme, lorsqu'un Messénien s'écria que la victime qu'on voulait offrir en holocauste aux dieux lui était promise en mariage ; qu'il n'appartenait qu'à elle, d'après cet engagement sacré, de disposer de son sort : il ajouta qu'elle n'était plus libre, puisqu'elle portait un fruit de leur union anticipée.

Aristodème, frémissant de colère, se précipite sur sa fille, à laquelle il plonge un poignard dans la poitrine... Puis, ouvrant le sein de la victime, il interroge ses flancs en présence de l'assemblée émue, à laquelle il demande justice de l'imposteur qui avait calomnié la vertu de la vierge sans tache.

On croyait les dieux apaisés, lorsque le devin Éphébolos déclare qu'ils demandaient une autre victime, parce qu'Aristodème avait immolé sa fille, non pour obéir à l'oracle, mais pour satisfaire l'impétueuse colère de son ame. Le jeune amant allait être traîné à l'autel, si le roi Euphaès n'eût interposé son autorité pour réprimer le fanatisme d'un prêtre et la férocité de la multitude. « Apollon, s'écria-t-il, a « demandé le sang d'une vierge royale ; « elle a été sacrifiée ! La pythie n'a pas « dit par quelle main elle devait être « immolée. »

Les Messéniens, rassurés par cette interprétation de l'oracle, jurèrent de mourir avec la patrie, et ils justifièrent cette résolution par les exploits d'une valeur héroïque qui se soutint pendant le cours de plusieurs années. Ils trouvèrent, dans leur détresse, des alliés chez les Arcadiens et chez les Argiens. Avec le secours de ces hommes généreux, ils reprirent l'offensive, et Euphaès, leur roi, ayant été tué dans un combat contre les Spartiates, Aristodème fut porté au trône par les suffrages unanimes du peuple.

ARISTODÈME ROI DES MESSÉNIENS. Sous quels auspices arrivait-il au pouvoir, qu'il conserva pendant cinq ans ! Vainqueur des Spartiates au début de son règne, il mit leur république au bord d'un abîme. Les dieux indigènes semblaient s'être retirés de la Laconie.

Enfin, ranimés par l'oracle de Delphes qui leur promit la destruction d'Ithôme, les Spartiates se remirent en campagne.

La fortune sembla, dès ce moment, s'être rangée de leur côté pour ne plus les abandonner. Les Spartiates obtenaient des avantages signalés dans presque toutes les rencontres, tandis que les Messéniens, harassés par un ennemi infatigable, étaient, indépendamment des maux de la guerre, tourmentés par les terreurs secrètes de la superstition. Des songes, des visions, confirmaient dans l'esprit du peuple la triste prédiction du dieu ou plutôt des prêtres de Delphes, lorsque Aristodème, désespérant du salut de la patrie, se perça de son épée sur le tombeau de sa fille.

Les chefs messéniens les plus célèbres avaient cessé d'exister. Ithôme, privée de son dernier appui, après un nouveau siége de cinq mois, fut forcée de céder aux effets irrésistibles de la famine. Ceux de ses habitants qui avaient des droits à l'hospitalité de leurs voisins, se retirèrent à Sicyone, à Argos et dans l'Arcadie. Les familles sacrées qui étaient attachées au culte de Cérès, allèrent chercher un asile parmi les prêtres vénérables d'Éleusis, tandis que le peuple se dispersa dans les montagnes, où il usa de divers moyens pour se dérober à la poursuite des Spartiates.

ÉTAT DE LA LACONIE
APRÈS LA PREMIÈRE GUERRE DE MESSÉNIE.
744 à 686 avant J.-C.

Pendant la seconde période de leur première guerre contre les Messéniens, les Spartiates avaient fait serment de ne retourner dans leurs foyers qu'après avoir subjugué leurs ennemis. Comme la guerre se prolongeait, le sénat, frappé des progrès de la dépopulation qui menaçait la république, rappela de l'armée les jeunes gens que l'âge militaire requis par la loi n'obligeait pas au service. Ils obéirent ; et, en vertu d'un autre décret, on leur enjoignit de fréquenter les femmes mariées des guerriers absents, afin de réparer les pertes que la population éprouvait.

Les enfants nés de ce commerce légal, mais illégitime, furent désignés sous le nom de Parthéniens. Ils n'avaient droit à aucun héritage, et cette classe, composée de bâtards, devint, en grandissant, hostile à la république. Traités avec le mépris le plus hautain par les Spartiates, les Parthéniens enduraient patiemment la pauvreté, mais ils ne pouvaient supporter les affronts qu'on leur faisait subir, et, ayant uni leurs ressentiments aux ressentiments des Hilotes, ils résolurent de renverser leurs oppresseurs.

La conspiration était flagrante; le jour où elle devait éclater approchait. Le signal auquel les Parthéniens et les Hilotes, armés de poignards, devaient fondre sur les Spartiates, était convenu. On touchait au dénoûment de la sanglante tragédie, lorsque le président de l'assemblée de la noblesse ordonna au céryce ou crieur public d'annoncer à haute voix que personne n'eût à *jeter son bonnet en l'air :* il fit entendre aux conjurés par ce moyen que leur complot était découvert, et qu'on était en mesure de le réprimer.

On ignore quel châtiment fut infligé aux Hilotes. Quant aux Parthéniens, ils furent traités avec une modération suggérée plutôt par la crainte que par l'humanité des Spartiates. On leur permit de s'expatrier, et on leur fournit les moyens de s'établir, sous la conduite de Phalante, dans les délicieuses contrées qui bordent le golfe de Tarente, où ils fondèrent une colonie et une ville de ce nom.

SECONDE GUERRE DE MESSÉNIE. 682.

Les Spartiates, délivrés du danger de la conspiration formidable des Parthéniens et des Hilotes, jouirent d'un calme apparent qui dura plus de trente ans.

Cependant les Messéniens, qu'ils accablaient d'outrages, ne pouvaient se consoler de leur humiliation. Par une inconséquence qu'on ne saurait expliquer, leurs superbes dominateurs leur avaient permis de rebâtir leurs villes, de s'assembler sur les places publiques, de se communiquer leurs griefs et leurs plaintes. On conspirait publiquement : partout la jeunesse brûlait de reprendre les armes, et les plus déterminés jetèrent les yeux sur Aristomène, qui descendait de l'ancienne race des rois de Messénie.

*Aristomène.* — Ce chef illustre avait, dès son aurore, montré sur son front, dans ses paroles et dans ses actions, les traits et le caractère d'une grande ame : entouré d'une jeunesse impatiente dont tour à tour il enflammait ou tempérait le courage, il interrogea les peuples voisins, et, ayant appris que ceux d'Argos et de l'Arcadie étaient disposés à lui fournir des secours, il souleva la Messénie, qui fit entendre les cris de l'oppression et de la liberté.

Le premier combat se donna au village de Darac, le succès en fut douteux. Aristomène y déploya une valeur si brillante, qu'il acquit dès lors une gloire immortelle. Il fut salué roi sur le champ de bataille, mais il refusa un honneur auquel il avait des droits par sa naissance et encore plus par ses vertus, et se contenta du titre de général, qui convenait mieux à sa situation.

Placé à la tête des troupes, il voulut effrayer les Spartiates par un coup d'éclat, et déposer dans le sein de leur capitale un gage de la haine qu'il leur avait vouée dès son enfance. Il se rend à Sparte, il pénètre furtivement dans le temple de Minerve et suspend au mur un bouclier sur lequel étaient écrits ces mots : « C'est des dépouil- « les des Lacédémoniens qu'Aristo- « mène a consacré ce monument à la « déesse. »

Cette action hardie ne tarda pas à être surpassée par l'intrépidité de Panormos et de Gonnippos, compagnons d'Aristomène. Informés que les Lacédémoniens célébraient la fête de Castor et de Pollux, les deux héros d'Andanie, montés sur de superbes coursiers, la lance en main et un manteau de pourpre flottant sur les épaules, se présentent au milieu de l'assemblée, où l'on chômait les Dioscures. La foule superstitieuse, prise de vin, croit voir apparaître les fils de Léda. On se presse, on accourt pour leur rendre honneur. Baissant leurs lances, les deux Messéniens piquent leurs chevaux, et, après avoir tué ou renversé une foule de Lacédémoniens, se retirent triomphants vers Andanie, où ils sont reçus aux acclamations de leurs compatriotes.

*Tyrtée.* — Dans cette occurrence, les Spartiates alarmés eurent recours à l'oracle d'Apollon, qui leur enjoignit de demander un général aux Athéniens. La réponse était humiliante pour l'orgueil spartiate, qui dut cependant céder. Malgré la rivalité nationale, Athènes se hâta d'envoyer à Lacédémone Tyrtée, militaire très-peu distingué, mais plus connu comme poète. Quoique cette dernière qualité ne fût guère appréciée des Spartiates, ils accueillirent Tyrtée comme l'envoyé des dieux.

Appelé au secours d'un peuple guerrier qui le mit au nombre de ses citoyens, Tyrtée, inspiré par le génie de la guerre, s'abandonna tout entier à sa haute destinée. Ses chants inspiraient le mépris des dangers et de la mort; il les fit entendre, et les Lacédémoniens volèrent aux combats.

Les guerriers d'Aristomène, à son exemple, s'élancent de leur côté comme des lions ardents; mais leurs efforts se brisent contre cette masse immobile et hérissée de fer, où les passions les plus violentes se sont enflammées et d'où les traits de la mort s'échappent sans interruption. Couverts de sang et de blessures, ils désespéraient de vaincre, lorsque l'intrépide Messénien, se multipliant dans lui-même et dans ses soldats, fait plier Anaxandre, dont les redoutables bataillons prennent la fuite.

Sparte ne pouvait supporter la honte de sa défaite : elle dit à ses guerriers : *Vengez-moi;* à ses esclaves : *Protégez-moi;* à un esclave plus vil que les Hilotes, et dont la tête était ornée du diadème : *Trahis tes alliés :* cet esclave couronné était Aristocrate, roi d'Arcadie, qui avait joint ses troupes à celles des Messéniens.

Les Spartiates, ranimés par les chants de Tyrtée, et par les prophéties du devin Hécatée; et les Messéniens, soutenus par les divinations de Théoclès, avaient de nouveau réuni leurs soldats. Les deux armées s'approchaient comme deux orages qui vont se disputer l'empire des airs. A l'aspect de leurs vainqueurs, les Spartiates cherchent vainement au fond de leur cœur un reste de courage, ils n'y retrouvent que l'amour sordide de la vie.

Tyrtée paraît, il semble tenir dans ses mains le salut de la patrie. Il chante un héros qui vient de repousser l'ennemi, le mélange confus de cris de joie et d'attendrissement qui honorent son triomphe, le respect qu'inspire à jamais sa présence, le repos honorable dont il jouit dans sa vieillesse.

Changeant le mode dorique de sa lyre, Tyrtée représente le sort plus touchant encore d'un jeune guerrier mourant au champ d'honneur, les cérémonies augustes qui accompagnent ses funérailles, les regrets et les gémissements d'un peuple entier à l'aspect de son cercueil, les vieillards, les femmes, les enfants qui pleurent et se roulent autour de son tombeau, les honneurs immortels attachés à sa mémoire.

Tant d'objets et de sentiments divers, retracés avec une verve rapide, embrasent les soldats d'une ardeur jusqu'alors inconnue. Ils s'attachent au bras leurs noms et ceux de leurs familles pour être reconnus parmi les morts; trop heureux s'ils obtiennent les honneurs de la sépulture, et si on dit un jour en les nommant : « Voilà « les tombeaux de ceux qui sont morts « pour la patrie. »

*Trahison du roi Aristocrate.* — Tandis que Tyrtée excitait l'enthousiasme dans l'armée lacédémonienne, Aristocrate, roi des Arcadiens, consommait sa perfidie dans l'armée messénienne. Des rumeurs sinistres, semées par son ordre, avaient découragé ses soldats : le signal de la bataille devint le signal de leur fuite. Aristocrate les conduit lui-même dans la route de l'infamie, et cette route, il la trace à travers les bataillons d'Aristomène, au moment fatal où ils avaient à soutenir l'effort des Spartiates : dans un clin d'œil une grande partie des guerriers de la Messénie fut égorgée.

Tel on a vu de nos jours Napoléon trahi aux plaines de Leipsick, tel on vit alors Aristomène abandonné par les Arcadiens. Privé d'Androclès, de Phintas, de Phanas qui tombent à ses côtés entourés de leurs plus vaillants soldats, il ne réussit à se dégager que pour se retirer sur le mont Hira. Ce fut sur ses hauteurs que les soldats échappés au carnage et les citoyens jaloux de se dérober à la servitude parvinrent à se réfugier.

Les vainqueurs formèrent une enceinte au pied de la montagne. Ils voyaient avec effroi les Messéniens au-dessus de leurs têtes, comme les pâles matelots, lorsqu'ils aperçoivent à l'horizon ces sombres nuées qui portent les tempêtes dans leur sein.

SIÉGE D'HIRA. Alors commença ce siége moins célèbre, quoique aussi digne d'être célébré, que celui de Troie; alors se reproduisirent ou se réalisèrent tous les exploits des anciens héros; les rigueurs des saisons, onze fois renouvelées, ne purent jamais lasser la féroce obstination des assiégeants, ni la fermeté inébranlable des assiégés.

Aristomène avait formé un corps de trois cents Messéniens d'une valeur éprouvée, qui l'accompagnaient dans les courses qu'il poussait quelquefois jusqu'aux environs de Sparte. A la prise de Caria, il avait pris des filles des principaux habitants de Lacédémone qui dansaient dans les chœurs de Diane, il les sauva de la brutalité du soldat et les rendit à leurs parents.

Il ne fut pas aussi heureux à Égile, où les matrones de Sparte célébraient une fête de Cérès, dans un temple qui était depuis long-temps en grande vénération. Ces femmes, élevées dans les exercices de la gymnastique, sortent brusquement de l'enceinte sacrée, armées de couteaux, de haches, de torches enflammées et des instruments propres aux sacrifices, fondent sur les Messéniens qu'elles mettent en fuite. Aristomène est fait prisonnier, et il allait périr, sans l'intercession d'Archidamée, prêtresse de Cérès, qui connaissait depuis long-temps le héros messénien.

Conduit à Sparte avec plusieurs de ses compagnons d'armes, il est condamné à mort..... On lui permet de conserver son bouclier, et il tombe, privé de sentiment, au fond de la Céada, gouffre destiné à recevoir dans son cloaque les plus grands criminels qu'on y précipitait; les prisonniers messéniens venaient d'y être ensevelis. L'humidité du lieu le tira de sa léthargie ! « Quel réveil pour Aristomène ! L'aspect du Tartare lui aurait inspiré moins d'horreur. Il se trouve sur un tas de morts et de mourants. Il reconnaît ses compagnons aux cris déchirants de ceux qui respiraient encore. « Je les appelais, dit-il (*),
« nous pleurions ensemble; ma pré-
« sence semblait adoucir leurs peines.
« Blessés, mourant de faim, nos
« yeux devenus arides cessèrent de
« verser des pleurs. Mes amis expi-
« raient autour de moi ! A leurs voix
« affaiblies, je comptais les mo-
« ments qui leur restaient à vivre ; je
« voyais froidement celui qui termi-
« nait leurs maux. J'entendis enfin le
« dernier soupir du dernier de mes
« soldats : et le silence du tombeau
« régna dans l'abîme.

« Le soleil avait trois fois recom-
« mencé sa carrière, depuis que je
« n'étais plus compté parmi les vi-
« vants. Immobile, étendu sur la terre
« humide, enveloppé de mon man-
« teau, j'attendais cette mort qui
« mettait ses faveurs à si haut prix,
« lorsqu'un léger bruit vint frapper

(*) Barthélemy, *Voyage du jeune Anacharsis.*

« mon oreille. C'était un animal sau-
« vage qui s'était introduit dans le
« souterrain, il venait dévorer les ca-
« davres de ceux qu'on y précipitait.
« Je le saisis, je me traînai après lui ;
« j'entrevis la lumière, et, continuant
« à m'ouvrir un passage, je sortis de
« la région des ténèbres. Je trouvai
« les Messéniens occupés à pleurer ma
« perte. A mon aspect, le mont Hira
« tressaillit de cris d'allégresse, et,
« au récit de mes souffrances, des cris
« d'indignation éclatèrent.
« La vengeance la suivit de près :
« elle fut cruelle comme celle des
« dieux. »

PRISE D'HIRA. Aristomène, qui avait conservé son bouclier, le frappe de son glaive, donne le signal des combats. Suivi d'une troupe choisie, il marche aux Corinthiens, qui venaient au secours des Spartiates. Il se glisse dans leur camp à la faveur des ténèbres, et tous passent des bras du sommeil dans ceux de la mort : faisant, dit Pausanias, plus qu'il ne semble possible à aucun homme. Il immola à Jupiter Messénien une hécatombe pour avoir tué cent ennemis de sa main : c'était la troisième fois qu'il présentait au même dieu cette offrande barbare.

Vains hommages, offrandes inutiles ! Le devin Théoclès avertit Aristomène que l'heure suprême d'Hira, annoncée par l'oracle de Delphes, s'avance, et qu'on touche au dénoûment de tant d'agitations meurtrières, par une catastrophe sanglante.

Un berger, autrefois esclave d'Empéramos, général des Lacédémoniens, conduisait habituellement son troupeau sur les bords de la Néda, qui coule des hauteurs d'Hira dans le golfe Cyparisien. Il aimait une Messénienne, qui le recevait chaque fois que son mari était de faction. Une nuit, pendant un orage affreux, l'époux revient chez lui et dit à sa femme que la tempête et l'obscurité mettant la place à l'abri d'une surprise, les postes sont abandonnés, et qu'Aristomène lui-même est retenu au lit par une blessure. Le berger, qui entend ce récit, quitte l'endroit où il se tenait caché, et court rapporter au général lacédémonien ce qui se passait.

Accablé de fatigue, Aristomène s'était abandonné à un sommeil pénible. Il reposait, lorsqu'il crut voir le génie de la Messénie vêtu de longs habits de deuil, et entendre ces mots : « Tu dors, Aristomène, et des échelles « menaçantes s'élèvent dans les airs ! « A l'appui de ces frêles machines, le « génie de Lacédémone l'emporte sur « toi ! »

A ces accents, Aristomène s'éveille ; l'âme oppressée, l'esprit égaré, il saisit ses armes en poussant un cri. Son fils se présente. — Où sont les ennemis ? — Dans Hira ! Étonnés de leur audace, ils n'osent avancer. — Suivez-moi. Nous trouverons Théoclès, l'interprète des dieux, le vaillant Manticlès son fils. Courez, répandez l'alarme ; annoncez aux Messéniens qu'au lever du soleil ils verront leurs généraux au milieu des ennemis.

Illusion trompeuse ! les jours d'Hira étaient accomplis : les maisons, les temples, les rues, étaient inondés de sang, et la ville tout entière retentissait de cris épouvantables. Les habitants, qui ne pouvaient plus entendre la voix d'Aristomène, n'écoutaient que leur fureur. Les femmes, qui animaient les soldats au combat, se précipitent au milieu des Spartiates, et tombent en expirant sur les corps de leurs ennemis, de leurs époux et de leurs enfants.

Au retour de la lumière, on se barricade, chaque maison devient une forteresse ; et on se défendait depuis trois jours, lorsque le devin Théoclès s'écria : « C'en est fait de la Messé- « nie, les dieux ont résolu sa perte. « Fuis, trop généreux Aristomène, « sauve tes malheureux amis ; c'est à « Théoclès de s'ensevelir sous les rui- « nes de la patrie, destinée à renaître « et à briller d'une gloire nouvelle ! » Il dit, et, se jetant dans la mêlée, il meurt libre et couvert de gloire (671 ans avant J.-C.).

Aristomène, pour obéir aux ordres divins de Théoclès, après avoir réuni les femmes et les enfants, qu'il fait entourer de soldats, se met à leur tête. Les Spartiates étonnés ouvrent leurs rangs, et laissent ce qui restait de la population et des défenseurs d'Hira arriver paisiblement sur les terres des Arcadiens, qu'ils rencontrèrent au pied du mont Lycée, avec des vivres et tout ce qui était nécessaire à leur triste situation. Parvenu en pays ami, Aristomène conçoit le projet de se porter rapidement sur Sparte, qu'il pouvait surprendre, pendant que les Lacédémoniens s'enrichissaient des dépouilles d'Hira. Il lui restait cinq cents hommes déterminés. Trois cents Arcadiens voulurent partager la gloire de cette entreprise audacieuse. Mais la perfidie d'Aristocrate fit échouer ce noble dessein. Les Arcadiens, instruits de ce forfait, se saisissent du traître. Amené devant l'assemblée du peuple, il y fut convaincu et condamné. Ses sujets devinrent ses bourreaux, et son corps fut transporté dans une terre étrangère : un poteau, dressé près de sa tombe, attesta pendant long-temps son infamie et son supplice. La dignité royale fut abolie dans sa personne.

Les Arcadiens offrirent des terres aux Messéniens, qui refusèrent de les accepter, dans la crainte de perdre leur nom et le souvenir de leurs maux. Ils voulurent s'embarquer, sous la conduite du fils d'Aristomène, et ils firent voile, du port de Cyllène, pour la Sicile, où ils fondèrent la ville de Messine : ils s'y établirent comme dans un campement, jusqu'au jour de la vengeance. Quant au héros messénien, qui cherchait partout des ennemis aux Spartiates, il mourut, dit-on, à Rhodes ou à Sardes.

ÉTAT DE LA HELLADE MÉRIDIONALE,
668 ans avant J.-C.

Après la conquête de la Messénie, les *Spartiates* se trouvèrent maîtres des deux cinquièmes du Péloponèse. Le reste de la presqu'île était inégalement partagé entre les Corinthiens, les Sicyoniens, les Achéens, les Éléens, les Argiens et les Arcadiens, qui offraient une variété prodigieuse de coutumes et de lois.

L'*Arcadie*, habitée par une race de pâtres qui se disaient indigènes, et *nés avant que la lune marquât son cours dans le ciel*, avait été gouvernée par des rois, depuis Arcas jusqu'à Aristocrate II, qui fut lapidé par le peuple. Elle fut ensuite divisée en autant de petits états qu'il s'y trouvait de villes avec leur territoire. La constitution fut démocratique, comme on devait l'attendre d'un peuple pasteur. Il y eut des administrateurs (*démiourges*) et un sénat; mais il ne paraît pas que ses cantons isolés aient jamais été unis par une confédération générale.

Avant l'invasion des Doriens, *Corinthe* était soumise à des rois de la maison de Sisyphe, et Homère vante cette ville pour ses richesses. Les Doriens en chassèrent les anciens habitants, et Alétès, de la race d'Hercule, y régna vers 1089; ses successeurs en occupèrent le trône jusqu'à la cinquième génération. Mais, après la mort du dernier roi Télessos, l'an 777, la famille des Bacchiades (branche collatérale d'Hercule) s'empara de l'autorité et introduisit une sorte d'oligarchie. On choisissait annuellement dans leur famille un prytane, jusqu'en 657, que Cypsélos se rendit maître de l'autorité souveraine. Il eut pour successeur, en 627, son fils Périandre, qui se rendit également odieux par son avarice et par sa cruauté. A ce prince, mort en 587, succéda Psammétique, son neveu, qui régna jusque vers l'an 584, temps où les Corinthiens s'affranchirent du pouvoir absolu.

Le régime républicain de Corinthe était un système mixte d'assemblée populaire et d'un sénat aristocratique composé de négociants, issus des Bacchiades, qui étaient des armateurs, devenus puissants par le commerce. Corinthe, séparée des deux mers par l'isthme, que Pindare compare à un pont destiné à lier le midi et le nord de la Grèce, avait deux ports sur les rives opposées de ce prolongement de la terre ferme : son acropole était inexpugnable. (Voy. pl. 15.)

Les vaisseaux marchands d'Italie, de Sicile, et ceux des Carthaginois, abordaient au port du Léché, situé sur le golfe des Alcyons, ou ils en partaient pour se rendre aux lieux qu'on vient d'indiquer. Les navigateurs des îles de la mer Égée, des côtes de l'Asie-Mineure, de la Phénicie et de l'Orient, venaient mouiller au port de Cenchrée, sur le golfe de Saros. Toutes les marchandises étaient transportées à Corinthe, d'où on les embarquait sur d'autres bâtiments ; mais dans la suite, on inventa des machines pour traîner les navires tout chargés d'une mer à l'autre.

Corinthe, qui était le comptoir principal, et surtout le lieu de transit du commerce de l'Orient et de l'Occident, recevait en entrepôt le papier et les voiles de vaisseaux des manufactures d'Égypte, l'ivoire de la Libye, les cuirs de Cyrène, l'encens d'Arabie, les dattes de la Phénicie, les tapis de Carthage, le blé et les fromages de Syracuse, des poires et des pommes de l'Eubée, des esclaves de la Phrygie et de la Thessalie. Tout affluait dans ses marchés ; et, aux approches des panégyries ou fêtes publiques, le concours des étrangers et des marchands était tel, que l'or semblait avoir perdu sa valeur pour satisfaire au luxe et aux plaisirs.

Indépendamment de son commerce, Corinthe était florissante par l'industrie et le goût qu'elle avait pour les produits des arts ; elle s'attribuait l'avantage d'avoir inventé la roue du potier, et d'avoir, la première, fabriqué en laine les couvertures de lit, recherchées des étrangers. Dépourvue d'artistes, elle avait rassemblé les tableaux et les statues des plus grands maîtres de l'école de Sicyone. Ses fondeurs en bronze, habiles à combiner les métaux, fabriquaient des cuirasses, des casques, des vases, moins estimés pour la matière que pour la ciselure et les ornements dont ils étaient enrichis.

Le royaume de *Sicyone* passait pour le plus ancien de la Grèce ; mais les listes des rois et des prêtres auxquels il fut soumis n'ont aucun fondement certain dans l'histoire. Cette petite contrée, qui fut d'abord habitée par des Ioniens, faisait partie du royaume d'Agamemnon à l'époque du siège de Troie. Lorsque les Doriens envahirent le Péloponèse, Phalcès, fils de Temenos, s'en empara. La royauté ayant été abolie à Sicyone, à une époque inconnue, son gouvernement dégénéra en une anarchie effrénée, qui conduisit à l'usurpation d'un seul Orthagoras, dont la dynastie se succéda jusqu'à Clisthène, depuis l'an 700 jusqu'à 600 avant notre ère. Après avoir recouvré leur liberté, les Sicyoniens éprouvèrent encore de fréquentes révolutions. Enfin la période brillante de leur existence politique tombe au temps où cet état s'unit à la ligue achéenne.

L'*Argolide*, avant l'invasion des Doriens, était partagée en plusieurs royaumes, tels que ceux d'Argos, de Mycènes et de Tirynthe. Tout ce qu'on sait de sa constitution intérieure après l'abolition de la royauté, c'est qu'à Argos il y avait un sénat, un corps de 80 citoyens, et des magistrats, nommés *Artynes*, qui étaient à la tête des citoyens. Mais à Épidaure, il y avait un corps de 180 citoyens qui choisissaient dans leur sein les membres du sénat. L'Argolide avait autant d'états indépendants qu'elle comptait de villes.

L'*Achaïe*, dont on a parlé précédemment, se partagea, après l'abolition du pouvoir monarchique, en douze petites républiques, composées chacune de sept à huit dèmes ou cantons. Toutes avaient des constitutions démocratiques, et étaient unies entre elles par une ligue fondée sur la plus parfaite égalité.

L'*Élide*, après l'abolition de la royauté en 780, fut gouvernée par des Hellanodices, ou juges, qui présidaient à l'administration publique et aux jeux olympiques. Il y en eut d'abord deux, et ensuite dix, c'est-à-dire un par tribu ; en sorte que le nombre varia suivant les changements politiques. Les Eléens eurent aussi un sénat, composé de 90 membres, dont les fonctions étaient à vie.

GRÈCE DU MILIEU, ou HELLAS<br>De 600 à 500 avant J.-C.

La *Mégaride*, soumise à l'Attique et à Corinthe, sut, après plusieurs guerres, rompre ses liens, reconquérir ses droits et les défendre. Vers l'an 600, Théagènes, beau-père de l'Athénien Cylon, s'était rendu maître du gouvernement; on le bannit, et on rétablit la constitution républicaine; mais elle dégénéra bientôt en ochlocratie, ou domination purement populaire. Cependant il paraît qu'avant la guerre médique elle était revenue à un gouvernement bien ordonné, quoiqu'on n'ait d'ailleurs aucune connaissance de son régime intérieur.

La *Béotie*, où l'abolition du gouvernement monarchique remonte à l'année 1126, se partagea en autant de petits états qu'il y avait de villes, dont les plus considérables étaient Thèbes, Platée, Thespie, Tanagre et Chéronée, qui avaient chacune son territoire et son régime particulier. Thèbes acquit, dans la suite, une prééminence qui devint une domination absolue, quoique contestée par plusieurs villes, et surtout par Platée.

Les affaires de la Béotie étaient dirigées par quatre conseils, qui choisissaient onze béotarques, ou magistrats suprêmes, auxquels le commandement des armées était dévolu.

La *Phocide* était originairement gouvernée par des rois, dont l'autorité cessa vers le temps de l'invasion des Doriens. On ne connaît point la constitution républicaine qui fut substituée à leur autorité; et il paraît que la contrée tout entière ne forma qu'un seul état. Cependant Crissa, et Cyrrha, son port principal, semblent avoir composé un canton séparé vers 600, comme on le dira ci-après, en parlant de la guerre qui fut déclarée aux Crisséens par le conseil des amphictyons.

La *Locride* eut des rois, mais on ignore comment et dans quel temps cette contrée adopta le gouvernement républicain; ce qui est positif, c'est que les trois tribus locriennes restèrent toujours séparées par la forme de leur constitution politique; cependant Amphisse paraît avoir été la capitale des Locrides.

L'*Étolie*. Ses habitants, qui demeurèrent les plus barbares et les plus grossiers de toutes les populations helléniques, n'étaient, comme ils le sont encore aujourd'hui, qu'une peuplade de voleurs, qui exerçaient leurs brigandages sur terre et sur mer. Les noms de leurs anciens héros, tels que Étolos, Pénée, Méléagre, Diomède, furent, à la vérité, célèbres; mais on voit les Étoliens presque effacés de l'histoire de la Grèce lorsqu'elle devint florissante, et ils ne reparaissent en scène que dans la période des guerres de Rome contre les rois de Macédoine : leur constitution politique est inconnue.

L'*Acarnanie* prenait son nom du héros Acarnan : il paraît qu'une partie de son territoire dépendait du royaume d'Ulysse au temps de la guerre de Troie. On ne sait quand ni comment le gouvernement républicain s'introduisit dans l'Acarnanie, ni quelle en était la constitution. Stratos fut sa capitale; et dix-neuf villes, qui avaient chacune un régime particulier, s'unissaient d'intérêts quand les circonstances l'exigeaient : d'où il résulta une ligue stable et permanente.

L'*Épire* était habitée par plusieurs peuplades, les unes grecques, les autres étrangères ou scythiques. La plus puissante était celle des Molosses, gouvernée par des princes de la maison des Arsacides, successeurs de Pyrrhus, fils d'Achille. Cette dynastie grecque fut la seule dans laquelle la dignité royale se conserva long-temps. Au moyen de son alliance avec les rois de Macédoine, elle s'empara de toute l'Épire, où naquit Pyrrhus II, qui osa lutter contre la fortune de Rome.

La *Thessalie* contenait à l'époque de la guerre de Troie dix petits royaumes. Tout ce qu'on peut savoir de positif, après cette époque, sur son histoire, c'est que les villes de Thessalie, si elles eurent une liberté politique, ne surent pas la conserver long-temps ; car, dans les deux villes les plus considérables, Phérès et Larisse, des chefs puissants étaient parvenus à s'emparer de l'autorité suprême, et ils paraissent s'y être maintenus sans interruption. Dès avant le commencement de la guerre médique, la famille des Aleuades, qui prétendait descendre d'Hercule, régnait à Larisse, et Hérodote les désigne sous le nom de rois de Thessalie, qui se maintinrent jusqu'au règne de Philippe, père d'Alexandre-le-Grand.

PREMIÈRE
GUERRE SACRÉE CONTRE LES CRISSÉENS.
Avant J. C. 754 a 684.

La république de Crissa, située au pied du Mont-Parnasse, semblait être la partie de la Grèce la plus favorablement dotée de la Grèce. (Voy. *planche* 2) (*). Riche d'un territoire peu étendu, mais tellement fertile qu'on lui avait donné le nom d'*heureuse*, elle joignait aux dons d'une nature libérale les bienfaits d'un commerce sans rivaux. Il était entretenu par le concours des vaisseaux de la mer Égée, de l'Orient, de l'Italie, de la Sicile et des contrées les plus éloignées de la Méditerranée, chargés de nombreuses théories qui se rendaient aux autels d'Apollon Delphien. Tous ces vaisseaux abordaient aux ports des Crisséens, qu'ils enrichissaient par le mouvement que le commerce répand toujours dans sa sphère bienfaisante ; mais ces avantages, au lieu de les satisfaire, ne servirent qu'à augmenter leur insatiable cupidité.

Non contents de prendre part aux hécatombes parfaites qu'on offrait au dieu de Delphes, les Crisséens établirent des péages sur les pèlerins qui venaient visiter une ville devenue le séjour du luxe et des plaisirs, bien plus encore que le sanctuaire de la piété. Les marchands ne tardèrent pas

(*) Crissa occupait l'emplacement d'où est prise cette vue du Mont-Parnasse.

à éprouver les vexations qu'on faisait subir aux pèlerins, et tous, soit Grecs, soit Barbares, réclamèrent les franchises décrétées par le conseil des amphictyons, auxquels ils adressèrent leurs plaintes.

La question était importante. Les théories devenaient chaque année moins nombreuses, l'oracle voyait diminuer ses revenus, les douanes de Cyrrha étaient en déficit. Les Crisséens, aveuglés par l'envie qu'ils portaient à leurs voisins, au lieu de consulter leurs véritables intérêts, se décidèrent à mettre Delphes au pillage ; et ce projet fut exécuté aussitôt qu'il eut été conçu.

Le sanctuaire d'Apollon jouissait d'une si haute réputation de sainteté que sa garde n'était confiée qu'au respect général des peuples : on n'y trouva aucune résistance. Les Crisséens entrent dans le temple, ils s'emparent des offrandes que la piété des nations y avait accumulées depuis plusieurs siècles. Ils pénètrent dans le bois sacré, ils massacrent ceux qu'ils rencontrent ; la jeunesse des deux sexes éprouve la licence brutale qui outrage la pudeur et la nature. En vain les amphictyons, revêtus de leurs ornements, portant dans les mains les symboles de leurs fonctions pacifiques, veulent interposer leur autorité sacrée, ils sont outragés, battus, foulés aux pieds ; et telle fut leur frayeur, qu'ils balancèrent long-temps avant de fulminer le décret d'*excommunication* contre les sacriléges.

Il est question dans cette circonstance de Solon, député d'Athènes au conseil amphictyonique : il détermina ses collègues à venger la majesté de la religion, la violation des lois et des droits de l'humanité. Mais on hésitait, lorsque l'oracle consulté prononça qu'il fallait « déclarer la
« guerre aux Crisséens, les poursui-
« vre à outrance, démolir leurs vil-
« les, désoler leur pays, et, après l'a-
« voir consacré à Apollon, à Diane,
« à Latone et à Minerve, le vouer
« à une éternelle stérilité. »

Après avoir lancé cet anathème,

qu'ils rendirent public, les amphictyons se séparèrent pour aller proclamer la guerre sacrée dans leurs républiques. Mais les Grecs étaient travaillés par trop de dissensions domestiques pour songer à réhabiliter la gloire outragée d'Apollon.

Cependant Euryloque, prince thessalien, s'étant mis à la tête de quelques aventuriers, ravagea la plaine de Crissa. Au retour de la belle saison, il revenait aux mêmes lieux, et ce ne fut que dans la neuvième année de la guerre qu'il parvint à établir la circonvallation de la ville sacrilége.

Alors une peste meurtrière frappa l'armée des assiégeants, et les amphictyons s'étant adressés à l'oracle d'Apollon, le dieu les exhorta à tirer de l'île de Cos le *faon* avec *l'or* : c'était Nébros (le faon), fils de Chrysos (l'or), descendant d'Esculape et l'un des aïeux d'Hippocrate, qui rendit la santé à l'armée. Il indiqua en même temps aux chefs l'horrible moyen de s'emparer de Crissa.

L'histoire aurait dû cacher à la postérité ce stratagème ou plutôt ce forfait, qu'on attribua dans la suite au dieu de Delphes. « Ce fut, d'après le conseil de Nébros, d'empoisonner un « conduit qui portait l'eau à Crissa, » au lieu d'en détourner le cours. La ville ne tarda pas, par cet affreux moyen, à succomber, ainsi que ses habitants; et lorsqu'on pénétra dans son enceinte, on n'y trouva que des cadavres hideux.

Cependant il restait à soumettre une partie de la population sacrilége qui s'était réfugiée dans les murs de Cyrrha, dès le commencement de la guerre. L'oracle de Delphes fut encore une fois consulté sur le moyen de la réduire. Sa réponse, exprimée en termes ambigus, parut impraticable. « Vous ne « renverserez pas les tours élevées de « Cyrrha, tant que les flots écumeux « d'Amphitrite aux yeux bleus ne « battront point les plages sonores du « territoire sacré! » Comment en effet conduire la mer à la distance de quelques milles, par-dessus des rochers et des montagnes, de manière que les flots pussent se briser contre les escarpements du Parnasse?

Solon, qui opinait dans le conseil amphictyonique, résolut seul ce qui semblait une énigme. Sa sagesse supérieure le porta à démontrer l'impiété qu'il y aurait à supposer que le dieu demandait une chose impossible, pour terminer une guerre qu'il avait sanctionnée du poids auguste de son autorité. Rien de plus simple, dit-il, que son oracle, puisqu'il ne s'agissait que de consacrer à Apollon l'espace de terrain qui s'étendait depuis Delphes jusqu'à la mer des Alcyons, où Cyrrha se trouvait bâtie.

Les amphictyons confirmèrent la proposition de Solon par un suffrage unanime, chacun restant étonné de n'avoir pas songé à un expédient qui s'offrait naturellement à la pensée. On rendit sur-le-champ un décret qui déclarait le territoire des Cyrrhéens propriété d'Apollon; et la ville qu'ils occupaient, attaquée avec fureur par les assiégeants, ne tarda pas à tomber sous leurs coups. Les sacriléges, dévoués aux *dieux infernaux*, furent passés au fil de l'épée, leurs femmes et leurs enfants traînés en esclavage, et leurs dépouilles distribuées aux vainqueurs dans les jeux pythiques, qui furent célébrés avec une magnificence extraordinaire.

### HISTOIRE DES ATHÉNIENS.

#### 630 à 490 avant J.-C.

C'est environ cent cinquante ans après la première olympiade que commence, à proprement parler, l'histoire des Athéniens, qui renferme environ deux cent vingt ans, si on la conduit jusqu'à la prise d'Athènes. On y voit à des intervalles distincts les commencements, les progrès et la décadence de leur empire. Nous nommerons la première de ces phases, siècle de Solon ou des lois; la seconde, siècle de Thémistocle et d'Aristide : c'est celui de la gloire; la troisième sera le siècle de Périclès : c'est celui du luxe et des arts.

## SIÈCLE DE SOLON.

La période des archontes décennaux qui se succédèrent de 752 à 682, n'offre aucun événement remarquable : ils descendaient de la famille de Codrus.

**LES NEUF ARCHONTES ANNUELS JUSQU'A SOLON, DE 682 A 592.**—On ne connaît pas les motifs du changement qui abrégea le temps de la magistrature des archontes, et porta à neuf le nombre de leurs membres. Il convient, pour éclairer la marche de l'histoire, de remonter aux causes des événements dont on va parler.

Dans une recherche de cette importance, la science du gouvernement et de la législation tient la première place ; et malgré la distance des temps, le lecteur appréciera l'influence des lois d'Athènes, incorporées dans la jurisprudence romaine, vers le milieu du V° siècle avant notre ère, et qui servirent, après un intervalle d'environ seize cents ans, à introduire la justice et la civilisation dans l'Europe.

La forme du gouvernement établi par Thésée avait éprouvé des altérations sensibles : le peuple avait encore le droit de s'assembler ; mais c'était entre les mains des riches, qui l'opprimaient, que résidait le souverain pouvoir.

Les magistrats, suivant Démosthène, pillaient le trésor et les temples ; le riche tyrannisait le pauvre ; le pauvre alarmait continuellement la sûreté du riche. La rapacité des créanciers ne connaissait aucunes bornes. Ils contraignaient les débiteurs insolvables à cultiver les terres qu'ils possédaient, à faire le service des animaux domestiques, à livrer leurs fils et leurs filles pour les exporter et les vendre à l'étranger. La population réduite à l'indigence, tirant son courage de son désespoir, avait pris la résolution de suivre un chef guerrier, pour attaquer et massacrer ses oppresseurs, établir une répartition égale des terres, et instituer une nouvelle forme de gouvernement.

L'origine des calamités sociales dérivait d'une aristocratie oppressive, dont les membres étaient pris dans les familles nobles.

Un très-petit nombre d'ordonnances, connues sous le nom de *lois royales*, ne suffisaient pas, depuis que les connaissances ayant augmenté, de nouvelles sources d'industrie, de besoins et de vices, s'étaient répandues dans la société. La licence restait sans punition, on n'infligeait que des peines arbitraires ; la vie et la fortune des particuliers étaient confiées à des magistrats qui, n'ayant aucune règle fixe, n'étaient que trop disposés à écouter leurs préventions ou leurs intérêts.

**DRACON, VERS 622 AV. J.-C.**—Dans cette confusion, Dracon fut choisi pour organiser la législation dans son ensemble. Il rédigea un code de lois et de morale. Il prit le citoyen au moment de sa naissance, prescrivit la manière de le nourrir et de l'élever, le suivit dans les différentes époques de la vie. Il se flattait de pouvoir former des hommes libres et des citoyens vertueux, mais il ne fit que des mécontents ; et ses règlements sanguinaires excitèrent tant de murmures, qu'il fut obligé de se retirer dans l'île d'Égine, où il mourut.

**CYLON, 598 AVANT J.-C.** — Comme Dracon n'avait pas touché à la forme du gouvernement, les divisions intestines augmentèrent rapidement. Un des principaux citoyens, nommé Cylon, forma le projet de s'emparer de l'autorité : on l'assiégea dans la citadelle, et se voyant sans vivres, il évita par la fuite le supplice qu'on lui destinait. Ses complices se réfugièrent dans le temple de Minerve ; ils furent tirés de cet asile et massacrés aussitôt ; quelques-uns même de ces infortunés furent égorgés sur l'autel des redoutables Euménides.

L'indignation fut générale, et toute la ville restait dans l'attente des maux que méditait la vengeance céleste, lorsqu'on reçut la nouvelle de la prise du port Nisée et de l'île de Salamine, dont les Mégariens s'étaient emparés.

**PESTE.** — A cette triste nouvelle succéda bientôt une maladie épidémique

4° *Livraison.* (GRÈCE.)

La multitude, saisie de terreurs paniques, était livrée à l'illusion de mille spectres effrayants. Les devins, les oracles consultés déclarèrent qu'Athènes, souillée par la profanation des lieux saints, devait être purifiée par les cérémonies de l'expiation.

ÉPIMÉNIDE, 593 AVANT J.-C. — On fit venir de Crète, Épiménide, renommé par son commerce avec les dieux, et qui lisait dans l'avenir. On racontait que, jeune encore, il avait été saisi d'un sommeil profond, qui dura quarante ans. Il était parvenu à une telle réputation de sagesse, que, dans les calamités publiques, les peuples mendiaient auprès de lui le bonheur d'être purifiés, suivant les rites que ses mains, disait-on, rendaient plus agréables à la divinité.

Athènes le reçut avec les transports de l'espérance et de la crainte. Il ordonna de construire de nouveaux temples et de nouveaux autels, d'immoler des victimes qu'il avait choisies, et d'accompagner les sacrifices de certains cantiques composés pour les expiations. Comme, en parlant, il paraissait agité d'une fureur divine, tout était entraîné par son éloquence impétueuse, et on peut le regarder comme un des législateurs moraux d'Athènes.

La confiance qu'il avait inspirée, et le temps qu'il fallut pour exécuter ses ordres, calmèrent insensiblement les esprits; les fantômes disparurent: Épiménide partit couvert de gloire, honoré des regrets d'un peuple entier: il refusa des présents considérables, et ne demanda pour lui qu'un rameau de l'olivier consacré à Minerve, et pour Cnosse, sa patrie, l'amitié des Athéniens.

Peu de temps après son départ, les factions se réveillèrent avec une nouvelle fureur; et leurs excès furent portés si loin, qu'on se vit bientôt réduit à cette extrémité où il ne reste d'autre alternative à un état que de périr ou de s'abandonner au génie d'un grand homme.

SOLON, 594 AVANT J.-C. Solon fut, d'une voix unanime, élevé à la dignité de premier magistrat, de législateur et d'arbitre souverain: il prit le titre d'archonte.

Cet homme, digne non seulement de la reconnaissance d'Athènes, mais de l'humanité tout entière, fut celui qui sauva sa patrie de l'anarchie, en jetant les bases de sa prospérité future. On a déjà prononcé le nom de Solon, lorsqu'il était député d'Athènes dans le conseil des amphictyons; et ce qu'il fit alors annonçait ce qu'on devait attendre de la maturité de ses jugements.

Solon descendait des anciens rois d'Athènes. Il s'appliqua dans sa jeunesse au commerce, et, après y avoir gagné assez de bien pour se mettre à l'abri du besoin et des offres généreuses de ses amis, il ne voyagea plus que pour augmenter ses connaissances. Dans ce but, il fréquenta Thalès de Milet, Pittacos de Mitylène, Bias de Priène, Cléobule de Lindos, Myson de Chen, et Chilon de Sparte. Il cultivait la poésie, qui fit ses délices jusqu'à son extrême vieillesse: enfin son caractère doux et facile semblait ne le destiner qu'à mener une vie paisible dans le sein des arts et des plaisirs honnêtes: les dieux en décidèrent autrement.

Les pauvres, résolus à tout entreprendre pour sortir de leur position, demandaient le partage des terres, précédé de l'abolition des dettes. Les riches s'opposaient à des prétentions qui les auraient confondus avec la multitude et qui ne pouvaient manquer de bouleverser l'état. Dans cette extrémité, Solon abolit les dettes des particuliers, annula tous les actes qui engageaient la liberté des citoyens, fixa le taux de l'intérêt à douze pour cent, et refusa la répartition des terres.

Les riches et les pauvres crurent avoir tout perdu, parce qu'ils n'avaient pas tout obtenu: mais quand les premiers furent rassurés sur la possession des biens qu'ils avaient reçus de leurs pères; quand les seconds, délivrés de la crainte de l'esclavage, virent leurs faibles héritages affranchis de toute servitude, l'industrie renaître, la confiance se rétablir, et revenir tant de citoyens que la dureté de leurs créanciers avait forcés de s'expatrier, alors le peuple, frappé de la sagesse de son législateur, ajouta de nouveaux pouvoirs à ceux dont il l'avait déjà revêtu.

Solon en profita pour réviser les lois de Dracon, dont les Athéniens demandaient l'abolition. Celles qui concernaient l'homicide furent conservées en entier, et les autres modifiées ou abolies.

Enhardi par le succès, Solon voulut abolir l'aristocratie, sans tomber dans une pure démocratie. Il s'occupa en conséquence de trois objets essentiels : de l'assemblée de la nation, du choix des magistrats, et des tribunaux de justice.

Solon posa en principe que : « le « petit nombre n'était pas fait pour « commander, et le plus grand pour « obéir; mais que c'était au peuple, « réuni en convention nationale, à « décider les alternatives de la paix « ou de la guerre ; à statuer sur les « alliances, sur les lois, sur l'impôt, « sur la responsabilité des ministres « chargés de l'autorité exécutive, et « sur tous les grands intérêts de l'é- « tat. Tous les citoyens devaient être « de pur sang athénien, en ligne di- « recte du côté paternel et maternel, « et l'assemblée n'était regardée « comme complète que lorsqu'elle se « composait de six mille votants. »

Ce nombre et l'impétuosité d'une pareille multitude furent tempérés par deux forts contre-poids, le sénat et l'aréopage, dont les membres ne pouvaient être choisis que dans certaines classes de citoyens.

Solon divisa les Athéniens en quatre catégories, conformément au produit de leurs immeubles. La première comprenait les *pentacosimedimnes*, ou citoyens dont les terres rapportaient annuellement cinq cents mesures de denrées sèches ou liquides, blé et huile, dont le revenu peut être comparé à quinze mille francs de notre monnaie. La seconde série était composée des *chevaliers*, qui jouissaient de onze mille francs de revenu ; la troisième, de *zeugites*, dont les biens de même nature produisaient un revenu de cinq mille cinq cents francs ; et la quatrième, de *thètes* ou non propriétaires, et par conséquent la plus nombreuse. Ces derniers furent éloignés des emplois, qu'ils respectèrent d'autant plus qu'ils ne pouvaient y arriver : s'ils y étaient parvenus en effet, qu'aurait-on pu en espérer ?

Tous les citoyens avaient le droit de suffrage dans les assemblées publiques et dans les cours de justice ; mais les trois premières classes avaient le privilège exclusif de siéger dans le sénat, dans l'aréopage, ou d'occuper tout autre office de magistrature, sans prétendre à aucun émolument pour des charges qu'ils se faisaient un devoir religieux de remplir avec la plus grande exactitude.

Le sénat, composé de quatre cents membres (il fut, quatre-vingt-six ans après son institution, augmenté de cent sénateurs par Clisthène), jouissait de la faculté de convoquer l'assemblée nationale, d'examiner et de rejeter préliminairement toutes les matières avant qu'elles fussent soumises à la sanction du peuple, et de rendre des ordonnances qui avaient force de loi pendant le cours d'une année, sans avoir besoin du consentement de la nation.

Outre cette autorité, le sénat pouvait seul faire construire des vaisseaux, équiper des flottes, lever des armées, saisir et renfermer les criminels d'état, examiner et punir plusieurs délits qui n'étaient point expressément prévus par une loi positive.

Le président du sénat, qui s'assemblait tous les jours, excepté pendant les fêtes, avait la garde des archives et du trésor public.

Ce contre-poids aristocratique fut encore augmenté par l'autorité de l'aréopage et des archontes.

Ces derniers magistrats étaient au nombre de neuf. Le premier, désigné sous le titre d'éponyme, donnait son nom à l'année, et présidait aux cours de justice civile, composées de citoyens choisis au sort, qui siégeaient comme juges ; mais il n'appartenait qu'à l'archonte et à ses assesseurs de prendre une connaissance provisoire des affaires, de prescrire la forme de la procédure, de distribuer le ballottage, de recevoir et de déclarer le rapport et la sentence de la cour.

L'archonte-roi, qui était le second en dignité, présidait aux causes relatives à la religion, branche importante et dangereuse de la législation athénienne.

Le troisième archonte, réuni aux généraux, était à la tête du comité de la guerre, sous le nom de polémarque : les six autres, appelés thesmothètes, dirigeaient les six cours de justice où les causes criminelles étaient examinées et jugées. Ces magistrats étaient annuels, et comptables, envers les quatre tribus du peuple, de leur administration publique.

D'après le plan de Solon, l'aréopage, qui n'avait été qu'un instrument dans les mains de l'aristocratie, devint l'appui de la constitution. Composé des magistrats sortant de charge, il restait le tribunal suprême dans les causes capitales et il le devenait en même temps pour l'inspection des mœurs. Au reste, si ce mélange d'aristocratie et de démocratie prouve dans le législateur une profonde connaissance de ce qui constitue l'essence du gouvernement républicain, les efforts de Solon, pour remettre les rênes de l'état dans les mains des citoyens les plus éclairés et les mieux façonnés au maniement des affaires, lui font encore plus d'honneur. Il en est de même de ses lois concernant la vie privée : il n'y avait pas, comme Lycurgue, subordonné la morale à la politique, mais au contraire la politique à la morale.

Les lois de Solon ne devaient conserver leur force que pendant un siècle. Après que les sénateurs, les archontes, le peuple se furent engagés, par serment, à les maintenir, on les inscrivit sur des cyrbes, ou rouleaux de bois, qu'on plaça dans la citadelle. Ils s'élevaient du sol jusqu'à une certaine hauteur, et, tournant au moindre effort sur eux-mêmes, ces cyrbes présentaient successivement le code entier des lois aux yeux des lecteurs.

Quand on les eut méditées à loisir, Solon fut assiégé d'une foule d'importuns qui l'accablaient de questions, de conseils, de louanges ou de reproches. Il les écouta avec douceur, mais il comprit bientôt que le temps seul pouvait consolider son ouvrage : il partit, après avoir demandé la permission de s'absenter pendant dix ans et engagé les Athéniens, par un serment solennel, à ne point toucher à ses lois jusqu'à son retour.

Arrivé en Égypte, il fréquenta les prêtres, qui croyaient posséder les annales du monde. En Crète, il eut l'honneur d'instruire, dans l'art de régner, le souverain d'un petit canton, et de donner son nom à une ville dont il fit le bonheur.

A son retour, il trouva les Athéniens prêts à retomber dans l'anarchie. Sa législation n'avait pu faire cesser les divisions intérieures : elle eut cela de commun avec toutes les réformes politiques. Il se crut d'abord puissamment secondé par Pisistrate, qui se trouvait à la tête de la faction populaire; mais il ne tarda pas à s'apercevoir que ce profond politique cachait, sous un faux-semblant d'égalité, une ambition démesurée.

PISISTRATE, 561 AVANT J.-C. — Jamais homme ne réunit plus de qualités pour captiver les esprits : une naissance illustre, des richesses considérables, une valeur brillante et souvent éprouvée, une figure imposante, une éloquence persuasive à laquelle le son de la voix prêtait de nouveaux charmes, un esprit enrichi des agréments que la nature donne, et des connaissances que l'étude procure ; jamais homme d'ailleurs ne fut plus maître de ses passions, et ne sut mieux faire valoir les vertus qu'il possédait en effet, et celles dont il n'avait que les apparences.

Avec de si grands avantages, Pisistrate, doué de douceur et d'une grande flexibilité de caractère, était accessible aux moindres citoyens : il

# GRÈCE.

leur prodiguait les consolations et les secours qui tarissent la source des maux, ou qui en corrigent l'amertume.

Solon, attentif à ses démarches, pénétra ses intentions; mais tandis qu'il s'occupait à en prévenir les suites, Pisistrate parut dans la place publique couvert de blessures qu'il s'était faites, implorant la protection de ce peuple qu'il avait si souvent protégé lui-même. On convoque l'assemblée : il accuse le sénat et les chefs des autres factions d'avoir attenté à ses jours; et montrant ses plaies encore sanglantes : « Voilà, « s'écrie-t-il, citoyens, le prix de « mon amour pour la démocratie, et « du zèle avec lequel j'ai défendu vos « droits. »

A ces mots, des cris menaçants éclatent de toutes parts : les principaux citoyens étonnés gardent le silence ou prennent la fuite. Solon, indigné de leur lâcheté et de l'aveuglement du peuple, tâche vainement de ranimer le courage des uns, de dissiper l'illusion des autres; sa voix, que les années ont affaiblie, est facilement étouffée par les clameurs qu'excitent la pitié, la fureur et la crainte. L'assemblée se termine par accorder à Pisistrate un corps de satellites, chargés d'accompagner ses pas et de veiller à sa conservation. Dès ce moment, tous ses projets furent remplis : il employa ces forces à occuper la citadelle; et après avoir désarmé la multitude, il se revêtit de l'autorité suprême.

Solon ne survécut pas long-temps à l'asservissement de sa patrie. Il s'était opposé autant qu'il l'avait pu aux entreprises de Pisistrate. On l'avait vu, les armes à la main, se rendre à la place publique et chercher à soulever le peuple; mais son exemple et ses discours ne faisaient plus aucune impression : ses amis seuls, effrayés de son courage, lui représentaient que le tyran avait résolu sa perte : « Et après tout, ajoutaient-« ils, qui peut vous inspirer une telle « fermeté?... — Ma vieillesse, répon-« dit-il. »

MORT DE PISISTRATE, 528 AVANT J.-C. — Trente-trois années s'écoulèrent depuis la révolution jusqu'à la mort de Pisistrate; mais il ne fut à la tête des affaires que pendant dix-sept ans. Accablé par l'influence de ses adversaires, deux fois obligé de quitter l'Attique, deux fois il reprit son autorité, et avant de mourir, il eut la satisfaction de l'affermir dans sa famille.

Ses jours furent marqués par des bienfaits et par des vertus. Ses lois, en bannissant l'oisiveté, encouragèrent l'agriculture et l'industrie. Il ranima la valeur des troupes, en assignant aux soldats invalides une subsistance assurée pour le reste de leurs jours. Aux champs, dans la place publique, dans ses jardins ouverts à tout le monde, il paraissait comme un père au milieu de ses enfants, toujours prêt à écouter les plaintes des malheureux, faisant des remises aux uns, des avances aux autres, et des offres à tous.

En même temps, dans la vue de concilier son goût pour la magnificence avec la nécessité d'occuper un peuple indocile et désœuvré, il embellissait Athènes de temples, de gymnases, de fontaines; et comme il ne craignait pas le progrès des lumières, il publia une nouvelle édition des poésies d'Homère; enfin il forma pour le public une bibliothèque composée des meilleurs livres qu'on connaissait alors.

Son ame élevée ne conçut jamais l'idée de se venger des insultes qu'il pouvait facilement punir. Sa fille assistait à une cérémonie religieuse, un jeune homme qui l'aimait éperdument courut l'embrasser, et quelque temps après entreprit de l'enlever. Pisistrate répondit à sa famille, qui l'engageait à sévir : « Si nous haïs-« sons ceux qui nous aiment, que « ferons-nous à ceux qui nous haïs-« sent ? » Et sans différer davantage, il choisit ce jeune homme pour son gendre.

Des gens ivres insultèrent publiquement sa femme : le lendemain ils vinrent, fondant en larmes, solliciter un pardon qu'ils n'osaient espérer. « Vous vous trompez, leur dit Pisis- « trate, ma femme ne sortit point « hier de la journée. »

Enfin, quelques-uns de ses amis, résolus de se soustraire à sa domination, se retirèrent dans une place forte. Il les suivit aussitôt avec des esclaves qui portaient son bagage; et comme ces fugitifs lui demandèrent quel était son dessein : « Il faut, « leur dit-il, que vous me persuadiez « de rester avec vous, ou que je vous « persuade de revenir avec moi. »

Ces actes de modération, multipliés pendant sa vie et rehaussés par l'éclat de son administration, adoucissaient insensiblement l'humeur intraitable des Athéniens, et faisaient que plusieurs d'entre eux préféraient une servitude si douce à leur ancienne et tumultueuse liberté.

HIPPIAS ET HIPPARQUE SUCCÈDENT A PISISTRATE, 528-514 AVANT J.-C. — Les fils de Pisistrate lui succédèrent : avec moins de talent, ils gouvernèrent avec la même sagesse. Hipparque aimait les lettres. Anacréon et Simonide, attirés auprès de lui, en reçurent l'accueil le plus flatteur : mais, ainsi que son frère Hippias, il était adonné aux plaisirs, et il en fut la première victime.

Deux jeunes Athéniens, Harmodios et Aristogiton, liés entre eux de l'amitié la plus tendre, ayant essuyé de la part d'Hipparque un affront qu'il était impossible d'oublier, conjurèrent sa perte et celle de son frère. Quelques-uns de leurs amis entrèrent dans ce complot, et l'exécution en fut remise à la solennité des Panathénées, ou fêtes de Minerve, pendant lesquelles le port d'armes était permis aux Athéniens.

Dans cette vue, Harmodios et Aristogiton, qui avaient caché leurs poignards sous des branches de myrte, se rendent aux lieux où les princes mettaient en ordre une théorie ou procession qu'ils devaient conduire au temple de Minerve. Ils arrivent, ils voient un des conjurés s'entretenir familièrement avec Hippias, ils se croient trahis. Résolus de vendre chèrement leur vie, ils s'écartent et rencontrent Hipparque, auquel ils plongent leurs poignards dans le sein. Harmodios tombe aussitôt sous les coups redoublés des satellites du prince. Aristogiton, qu'on saisit, est appliqué à la question : il accuse les plus fidèles partisans d'Hippias, qui les fait aussitôt mettre à mort. « As-tu d'autres « scélérats à dénoncer? s'écrie le tyran « transporté de fureur. — Il ne reste « plus que toi, répond l'Athénien : « je meurs et j'emporte en mourant « la satisfaction de t'avoir privé de « tes meilleurs amis. »

Dès lors Hippias ne se signala plus que par des injustices, et trois ans après il fut chassé d'Athènes.

ARCHONTAT DE CLISTHÈNE, 510 AVANT J.-C. — Clisthène, chef des Alcméonides, famille puissante d'Athènes, de tout temps ennemie des Pisistratides, qui l'avaient exilée en Macédoine, songea à renverser Hippias. Clisthène, aidé d'une foule de mécontents qui l'avaient suivi, ayant obtenu le secours des Spartiates, par le moyen de la pythie de Delphes, qu'il avait mise dans ses intérêts, marcha contre Hippias et le força d'abdiquer la tyrannie, sans pouvoir lui ôter l'espérance de la reconquérir un jour.

Les Athéniens n'eurent pas plus tôt reconquis leur liberté, qu'ils rendirent les plus grands honneurs à Harmodios et à Aristogiton. On leur éleva des statues sur la place publique et les poètes éternisèrent leur mémoire.

Clisthène, qui avait renversé le dernier des Pisistratides, eut encore à lutter pendant quelques années contre une faction puissante. Mais ayant enfin obtenu le crédit que ses talents méritaient, il crut raffermir, en formant dix tribus au lieu de quatre, la constitution que Solon avait établie et que les Pisistratides ne songèrent jamais à détruire.

Alors la démocratie, pareille au débordement d'un fleuve, n'eut plus de limites. Le peuple ne voulut désormais obéir qu'à des démagogues qui l'égarèrent, et il recula si loin les bornes de son autorité, que, cessant de les apercevoir lui-même, il crut qu'elles avaient cessé d'exister.

#### GLOIRE D'ATHÈNES.
##### SIÈCLE DE THÉMISTOCLE ET D'ARISTIDE.

Les guerres commencent en général par l'ambition des princes, et finissent par le malheur des peuples. Cette vérité devrait servir de règle aux historiens, pour mettre au rang des cannibales ces héros trop vantés qui ne sont connus que pour avoir ensanglanté et ravagé la terre. Au contraire, l'exemple d'une nation qui préfère la mort à l'esclavage, est trop grand et trop instructif, pour n'être pas offert comme modèle aux peuples de tous les âges, en leur rappelant que le glaive a été donné aux hommes pour défendre la liberté, la patrie et les lois contre l'étranger.

#### CAUSES PREMIÈRES DE LA GUERRE MÉDIQUE.

COLONIES GRECQUES DE L'ASIE-MINEURE. — Les Grecs n'oublièrent jamais leur commune origine. Les colonies qu'ils avaient fondées dans l'Orient plus de sept siècles avant notre ère, l'emportaient sur leurs métropoles d'Europe en splendeur et en prospérité. Milet, Colophon, Phocée, Éphèse, Smyrne, avaient perfectionné les arts d'utilité et d'agrément, qu'ils avaient trouvés en usage chez les Phrygiens et les Lydiens. Leur poésie surpassait tout ce que l'antiquité offrait de plus sublime, car les sons de la harpe de David ne s'étaient pas encore fait entendre au-delà des plages de Tyr et de Sidon. Les Grecs de la douce Ionie excellaient à mouler l'argile, à jeter le bronze en fonte, à sculpter en marbre les premières statues qui parurent dans les temples des dieux, ennoblis par l'architecture de leurs artistes. Plus tard, elle donna naissance à l'histoire et à la philosophie qui se répandit dans la Hellade, en Italie et dans la Sicile.

Le bonheur des colonies qu'on vient de citer était menacé par des voisins qui tendaient à subjuguer l'Asie-Mineure : c'étaient les Lydiens. Ils habitaient cette belle contrée qui s'étend depuis le fleuve Halys jusqu'à la mer Égée, et du pont Euxin à la Méditerranée. Le Pactole y roulait avec son onde des sables mêlés d'or, et le Caystre ses eaux limpides, couvertes de cygnes, qui ont fourni une des plus belles comparaisons de l'Iliade au divin Homère, né sur les bords du Mélès.

L'Ionie, l'Éolie et la Doride possédaient sur les mêmes rivages une lisière de terrain de dix-sept cents stades (64 lieues) en longueur, sur quatre cent soixante (17 lieues $\frac{1}{3}$) de largeur, non compris Rhodes, Cos, Samos, Chios et Lesbos, qui faisaient partie des colonies helléniques.

LYDIENS. 718 — 607 AVANT J.-C. Les limites de cet ouvrage ne permettent pas de faire en détail mention des Alyatides, ni des descendants d'Hercule, jusqu'à Candaule et à Gygès. Ardys, héritier de ce prince, après s'être emparé de Colophon et de Priène, envahit le territoire des Milésiens. Sadyates son fils, héritier de sa haine contre les colonies grecques, fut son successeur : Alyates continua les projets de ses devanciers.

ALYATES, 607 AVANT J.-C. — Ce prince, qualifié d'*heureux*, ravageait périodiquement le territoire de Milet. Il en était à sa douzième incursion annuelle, lorsque le feu qu'il avait fait mettre aux moissons atteignit le temple de Minerve Assésienne, qui fut entièrement dévoré par les flammes. Alyates, entouré, comme tous les princes asiatiques, de joueurs de harpes et de hautbois, de chœurs d'hommes et de femmes, étourdi par le tumulte des réjouissances et par l'appareil du triomphe, ne tarda pas à sortir de son enivrement.

A peine de retour à Sardes, une main invisible semble l'avoir frappé. Il comprend, à l'inutilité des soins qu'on lui prodigue, qu'il est mortel, et que Minerve châtie son impiété. Il prie, il conjure la divinité de l'épargner, et il se hâte d'envoyer une députation solennelle à Delphes. Arrivée au sanctuaire de l'oracle, Apollon refuse d'entendre le suppliant, si, avant tout, il ne réédifie le temple de la déesse, fille de Jupiter, maître de l'Olympe.

Cette condition nécessitait une trêve avec Thrasybule, qui était alors tyran ou roi de Milet. Les ambassadeurs d'Alyates envoyés pour la négocier, qui croyaient voir cette ville dans la détresse, la trouvèrent parfaitement approvisionnée, grace à un stratagème de Thrasybule, qui avait fait transporter sur la place publique les approvisionnements renfermés dans les magasins; ils décidèrent leur maître à convertir la trêve en un traité honorable avec les Milésiens. Alyates ordonna ensuite d'élever deux temples à Minerve, et vécut, dit-on, cinquante-deux ans après avoir accompli cet acte expiatoire.

RÈGNE DE CRÉSUS, 562 AVANT J.-C. La splendeur de Crésus, successeur d'Alyates, fut celle d'un météore passager qui, après avoir brillé un instant, disparaît pour jamais. Il fut le plus grand conquérant des rois de la Lydie, en même temps que le dernier roi de cette contrée, et le dernier souverain de sa dynastie. Il attaqua, sous différents prétextes injustes, les villes grecques, déchirées par des dissensions civiles. Toute la péninsule, à l'exception de la Lycie et de la Cilicie, fut soumise à sa volonté : il vit ainsi à ses pieds trois nations originaires de la Grèce et onze d'extraction barbare.

Enivré de tant de prospérités, Crésus s'occupait de créer une marine, dans le dessein d'étendre ses conquêtes, lorsqu'il fut détourné de ce projet par Bias de Priène, d'autres disent par Pittacos de Mytilène, qui se trouvait à sa cour. Le roi lui ayant demandé ce qu'il y avait de nouveau en Grèce, le philosophe lui répondit « que les « Hellènes des îles réunissaient une « cavalerie nombreuse pour envahir « la Lydie ! — Plût aux dieux , s'écria « Crésus, que les Grecs, inhabiles dans « l'art équestre, vinssent attaquer la « cavalerie lydienne ! la guerre serait « bientôt terminée. — C'est, repartit « Bias, comme si les Lydiens, inexpé-
« rimentés dans la marine, attaquaient « les Grecs par mer. » Le roi, éclairé par cette réponse, se détermina à jouir paisiblement de la grandeur à laquelle il était parvenu.

COUR DE CRÉSUS. La cour de Crésus était la plus brillante et la plus magnifique de son siècle. Les Grecs, soumis à sa puissance, n'avaient perdu que le droit de se nuire entre eux. Ils vivaient sous le despotisme d'un monarque faible et vain, mais libéral et magnifique, qui était prévenu en leur faveur. Ils reconnaissaient son droit de conquérant par un léger tribut, mais ils étaient régis par leurs lois, ils conservaient leur nationalité et les formes de leur administration publique. Le roi, qui parlait leur langue, admirait leurs poètes, leurs artistes : l'Ionie enfin ne fut jamais plus heureuse que sous le règne de ce maître indulgent.

SOLON A LA COUR DE CRÉSUS. Ce fut alors que fleurirent Thalès de Milet, Bias de Priène, Cléobule de Lindos, et un grand nombre de sages nés pour le bonheur des hommes : Ésope et Solon vécurent dans l'intimité de Crésus.

Il avait reçu ce dernier dans sa familiarité, sans lui faire aucune question. Content de lui montrer ses trésors et la magnificence de son palais, il complimentait le philosophe sur son goût pour les voyages, lorsqu'il se décida à l'interroger...... « Existe-t-il, « Solon, un homme plus heureux que « moi ? — Tellos d'Athènes. » Crésus, qui confondait le bonheur avec les richesses, repartit : « Pourquoi cette « préférence donnée à Tellos ? — Tel-« los, répliqua Solon, n'était pas illus-« tre par des trésors. Simple citoyen « d'Athènes, il descendait de parents « qui méritaient les premiers hon-« neurs de la république. Heureux « dans ses enfants, il eut le bonheur « de mourir en combattant pour la « patrie , après avoir décidé la victoire « en sa faveur. Les Athéniens l'ense-« velirent au lieu même où il était « tombé, et lui rendirent les honneurs « que la reconnaissance publique ré-

« serve au mérite le plus éclatant. »

Cette réponse ne devait pas encourager Crésus à demander à Solon, qui, après Tellos, il croyait le plus heureux ; cependant il le fit : l'Athénien répliqua avec franchise : « Les frères Cléobis et « Biton de la ville d'Argos, qui furent « couronnés plusieurs fois aux jeux « olympiques. Cydippe leur mère, prê- « tresse de Junon, n'ayant pas de « bœufs pour la conduire à l'autel « dans une cérémonie qu'on célébrait, « ils s'attachèrent à son char et la traî- « nèrent l'espace de 40 stades (2 lieues « moins un quart) jusqu'au lieu où le « temple était placé. Cydippe arriva « au milieu des cris et des applaudis- « sements ; et, dans les transports de « sa joie, elle supplia la déesse d'ac- « corder à ses fils le plus grand des « bonheurs. Ses vœux furent exaucés ; « un doux sommeil les saisit dans le « temple même, et les fit passer tran- « quillement de la vie à la mort ; « comme si les dieux n'avaient pas de « plus grand bien à nous accorder que « d'abréger nos jours. »

« Et le bonheur d'un roi, dit vivement « Crésus, est donc si peu de chose, ô « Grec, que tu lui préfères la condition « obscure d'un citoyen d'Athènes ou « d'Argos. » La réponse de Solon ne démentit pas la réputation de sagesse qu'il s'était faite. « La vie de l'homme, « dit-il, est ordinairement composée « de soixante-dix ans, qui font vingt- « cinq mille sept cent vingt jours, « et les événements d'un jour ne res- « semblent pas à ceux d'un autre. Ce- « lui qui a joui sans interruption d'un « bonheur constant, peut être appelé « fortuné, mais il ne peut, avant sa « mort, prétendre au titre d'heureux. »

CRÉSUS SE PRÉPARE A LA GUERRE CONTRE LES PERSES. — Crésus, jusqu'alors fortuné, avait entrevu le terme possible de ses prospérités, qui semblaient menacées par les Perses, peuple de la Haute-Asie. Cyrus se montrait à leur tête ; il fallait s'opposer à ce torrent qui s'était déjà débordé jusqu'aux mers de la Grèce.

ORACLE D'APOLLON. — Avant d'exécuter cette résolution, Crésus voulut connaître la volonté des dieux. Il recourut aux oracles de Branchis en Ionie, à celui d'Hammon en Libye, et à celui de Delphes, qui était le plus accrédité. Dans le but de se rendre favorables Apollon, ses prêtres et la pythie, le roi offrit un sacrifice de trente hécatombes parfaites. Il orna en même temps le temple du fils de Latone d'offrandes les plus précieuses : c'étaient des vases d'argent richement ciselés, des aiguières d'acier émaillées, un lion d'or du poids de huit talents, et une figure de femme du même métal, haute de trois coudées.

L'oracle, pour reconnaître ces présents magnifiques, répondit aux envoyés de Crésus, en les chargeant d'annoncer à leur maître « la vic- « toire, un règne heureux, une lon- « gue vie ; en lui conseillant de faire « alliance avec les plus puissants états « de la Grèce. »

AMBASSADES DE CRÉSUS, 558 ANS AVANT J.-C. — Crésus, informé de cette réponse, se hâta d'envoyer des plénipotentiaires aux Spartiates et aux Athéniens, qui avaient alors la prééminence dans la Hellade : ils firent d'abord voile vers la Laconie. Admis en présence des rois, du sénat et de l'assemblée générale du peuple, ils exposèrent en ces termes l'objet de leur mission : « Spartiates, nous sommes envoyés « vers vous par Crésus, roi des Ly- « diens et de plusieurs autres nations, « à qui l'oracle d'Apollon a prescrit de « rechercher l'alliance du plus puis- « sant peuple de la Grèce. Ce prince, « fort de l'autorité du dieu de Del- « phes, réclame en son nom votre « alliance. »

La proposition d'un roi conquérant fut adoptée sans délai. Les Spartiates joignirent aux obligations d'une ligue offensive et défensive les nœuds plus respectés encore d'une sainte hospitalité. Ils n'avaient point oublié qu'ayant envoyé chercher de l'or à Sardes pour fondre une statue d'Apollon, Crésus leur en avait fourni gratuitement. Ils chargèrent à leur tour ses ambassadeurs de lui remettre un navire en airain, orné de bas-reliefs, du port de douze cents amphores.

Tout prospérait à Crésus, qui, indépendamment de son alliance avec les Spartiates, était lié par d'autres traités avec Amadis, roi d'Égypte, et Labynétos, roi de Babylone. Rempli de l'idée de sa fortune, il voulut attaquer les Perses avant d'avoir réuni les forces de ses alliés.

PREMIÈRE CAMPAGNE. — La Cappadoce, qui formait la frontière des états de la Lydie, fut le premier théâtre des dévastations plutôt que des exploits de Crésus, car il ne trouva que peu de résistance dans cette province et dans les ports du Pont-Euxin. Encouragé par ce succès, il était résolu, si Cyrus faisait quelque mouvement, d'aller à sa rencontre jusqu'aux montagnes de la Perse : il n'eut pas cet embarras.

CYRUS MONTÉ AU TRÔNE, 560. — MORT 529 AVANT J.-C. — Cyrus, informé de ce qui était arrivé, avait pris la résolution de venger les malheurs de la Cappadoce. Aimé des princes ses tributaires, ils s'étaient empressés de renforcer son armée, dont le but était de protéger les peuples tout en soutenant la dignité du trône : la rapidité de ses mouvements fut telle, qu'il arriva des bords de la mer Caspienne à ceux du Pont-Euxin avant que Crésus eût achevé les préparatifs pour la campagne qu'il méditait contre la Perse : les deux rois se trouvèrent en présence dans les plaines de Ptérie.

Une bataille générale, où le succès fut balancé, modifia l'opinion de Crésus à l'égard des Perses, qu'il cessa de mépriser, et il se détermina à retourner à Sardes. Il comptait y passer l'hiver au sein des plaisirs, et rentrer en campagne au printemps avec des forces suffisantes pour accabler ses ennemis : dans son aveuglement, il licencia les mercenaires qu'il tenait à son service.

Cyrus, informé de ce qui se passait, crut devoir profiter de la sécurité présomptueuse de son ennemi :
il fit tant de diligence qu'il apporta lui-même les premières nouvelles de son apparition dans les plaines sardes.

BATAILLE DE THYMBRÉE, 544 AVANT J.-C. — Crésus, dont un danger aussi imprévu aurait pu ébranler la fermeté, ne manqua pas à ce qu'il devait à sa réputation. Malgré l'éloignement des mercenaires qu'il avait congédiés, son peuple, accoutumé à la victoire, soutenu par l'honneur national, résolut de faire les plus grands efforts pour réprimer l'audace téméraire des étrangers : comme les Lydiens avaient une cavalerie formidable, ils comptèrent sur elle pour écraser l'infanterie persane.

Cyrus, par le conseil d'un Mède, opposa des chameaux montés d'hommes armés à la cavalerie lydienne, dont les chevaux, dès qu'ils les eurent sentis, prirent la fuite. Crésus, témoin de ce désordre imprévu, désespérait de sa fortune, lorsque les Lydiens reparurent à pied pour attaquer l'ennemi. Leur courage méritait un meilleur sort, car ils furent battus par l'expérience de l'infanterie persane, et obligés de se réfugier dans l'enceinte de Sardes, que Cyrus investit.

PRISE DE SARDES, 544 AVANT J.-C. — Cette ville, regardée comme inexpugnable, était approvisionnée pour plusieurs années ; mais la fortune avait abandonné Crésus. Avant que l'Égypte, Sparte et Babylone, pussent le secourir, la superbe Sardes, surprise sans coup férir, fut livrée à la fureur d'un vainqueur barbare. Crésus, échappé au massacre, fut pris et traîné devant l'implacable Cyrus, qui condamna ce prince infortuné à être brûlé vif avec tous les officiers de sa maison. Il voulut même présider à son supplice, afin, disait-il, de voir si Crésus, qui avait enrichi les temples des dieux par ses libéralités, serait secouru par les protecteurs célestes qu'il avait tant de fois invoqués.

Crésus touchait à son heure suprême, lorsqu'il laissa échapper, avec un grand cri, le nom de Solon. Cyrus lui ayant fait demander quel nom il invoquait. « Celui dont les paroles devraient toujours être gravées dans la mémoire des rois. » Pressé de s'expliquer, Crésus rapporta l'entretien qu'il avait eu avec le philosophe athénien, dont la maxime était : *Qu'on ne pouvait appeler un homme heureux qu'après sa mort.*

Cyrus ordonne à ces mots de suspendre le supplice : et l'on dit qu'Apollon envoya une pluie abondante qui éteignit les flammes du bûcher. Ainsi, la fortune n'avait pas entièrement abandonné Crésus... Il obtint de son vainqueur d'envoyer ses chaînes au dieu de Delphes, dont les oracles mensongers l'avaient encouragé à entreprendre la guerre contre les Perses. « Voyez, faisait-il dire à « la pythie, les trophées que vous « nous aviez promis ; voyez les mo- « numents de la véracité et de l'in- « faillibilité du dieu qui vous in- « spire. »

La pythie, ayant écouté les reproches du roi de Lydie avec un sourire dédaigneux, répondit, en affectant une gravité imposante : « Les dieux sont « soumis au Destin, ils ont retardé la « chute du roi de Lydie. Crésus a ex- « pié le régicide de son ancêtre Gygès, « qui, chargé de veiller sur les jours « de Candaule, le dernier prince de « la race d'Hercule, se laissa séduire « par la femme impie de ce monar- « que, qu'il assassina, dont il souilla « la couche et usurpa le trône. » La pythie entreprit ensuite d'expliquer le double sens de ses réponses, et Crésus, ayant entendu avec résignation le rapport de ses envoyés, reconnut la justesse de l'oracle d'Apollon, qui conserva et accrut encore le lustre de son antique réputation.

ALARMES DES COLONIES GRECQUES DE L'ASIE-MINEURE, 547 AVANT J.-C. — Les succès de Cyrus avaient répandu l'alarme dans les colonies grecques de l'Ionie, qui avaient refusé de partager la gloire de ses armes. Dès qu'elles le virent maître de Sardes, elles envoyèrent des ambassadeurs chargés de lui demander son alliance, ou pour le prier, s'il la refusait, de leur accorder sa protection, aux mêmes conditions qu'elles avaient obtenues de Crésus.

Cyrus leur répondit, suivant l'usage oriental, par l'apologue suivant, qu'Hérodote nous a conservé. « Un « joueur de flûte, voyant une quan- « tité de poissons dans la mer, com- « mença à jouer afin de les attirer « sur le sable de la plage ; mais comme « ils faisaient peu d'attention à sa « musique, il se servit d'un filet qui « lui réussit beaucoup mieux. Les « poissons étant pris, sautaient dans « le filet ; alors il leur dit : Il est « inutile de danser maintenant, puis- « que le musicien a cessé de jouer. »

Les Grecs comprirent par cette allégorie que s'ils échappaient à l'esclavage, ils ne le devraient pas à la générosité de Cyrus. Alors les habitants de l'Ionie, résolus, s'ils devaient subir un joug étranger, de ne pas succomber sans gloire, convoquèrent une assemblée générale dans le bocage Panionien, pour aviser au salut de la patrie.

Ce lieu qui, avec le promontoire de Mycale, était consacré à Neptune, formait le centre de la côte ionienne. Au nord s'étendait la baie spacieuse d'Éphèse, au-delà de laquelle la presqu'île de Clazomène s'avance à la distance de cent milles dans la mer Égée.

Au midi, le territoire de Milet occupait un rivage sinueux de soixante-deux milles d'étendue. Mais les Milésiens n'envoyèrent point de députés au Panionion, car, ayant été les confédérés et non les sujets de Crésus, ils étaient admis de plein droit à l'alliance des Perses, sur le pied d'égalité et d'indépendance.

L'intérêt des Ioniens se trouvant compromis de la sorte, fut soutenu par toutes les petites communautés grecques de l'Asie avec une ardeur extraordinaire. On vit accourir au Panionion les députés de Myos et de Priène, villes situées, ainsi que Milet, sur la côte de la Carye ; ceux d'Éphèse, de Colophon, de Lébédos, de Téos, de Clazomène, d'Érythrée, de Phocée, de Smyrne, appartenant à la partie maritime de la Lydie ; ainsi que ceux des îles de Chios et de Samos, qui complétaient le nombre entier des colonies ioniennes.

Les Éoliens inquiets, voulant parer aux mêmes dangers, s'assemblèrent à Cymé, qui était leur ancienne capitale. Les villes autonomes de leur confédération, qui étaient Larisse, Néontichos, Ténos, Cylla, Notion, Egynesse, Myrine et Greneia, y furent représentées par autant de députations.

Il paraîtra sans doute extraordinaire que les Doriens, et notamment ceux de la presqu'île de Carye, qui devaient redouter le despotisme des Perses, ne se soient pas réunis aux autres colonies grecques pour la défense de leurs libertés communes. Pour expliquer ce défaut d'unanimité, il convient de dire que des six républiques doriennes qui s'assemblaient annuellement à Triopion pour célébrer la fête d'Apollon, quatre pouvaient braver la puissance de Cyrus : c'étaient Cos, Lindos, Jalissos et Camiros. Cnide espérait jouir des mêmes avantages que ces villes tenaient de la nature de leur position. Quant à Halicarnasse, qui était le sixième état dorien, il avait été récemment exclu des fêtes triopiennes. Cette disgrâce était la suite de l'avarice d'Agasiclès, citoyen de cette ville, qui, ayant été vainqueur aux jeux triopiens, avait emporté le trépied qu'on lui décerna comme prix, au lieu de le consacrer dans le temple d'Apollon.

AMBASSADES DE COLONIES IONIENNES. — Les Grecs, assemblés au cap Mycale et à Cymé, résolurent unanimement d'envoyer des ambassades dans la Hellade pour faire connaître les dangers auxquels les colonies ioniennes et éoliennes étaient exposées, et pour demander un prompt et puissant secours.

Il semblait que les députés devaient se rendre d'abord dans l'Attique, qui était le berceau de leurs colonies ; mais Athènes était alors gouvernée par le tyran Pisistrate, qu'on supposait peu disposé à prendre les armes contre un autre tyran ; on se dirigea donc vers la Laconie.

Sparte avait peu de sympathie avec les Grecs asiatiques, et leurs députés y furent accueillis froidement. Mais comme, en pareille occasion, on devait prendre l'avis du peuple, l'assemblée générale des Lacédémoniens fut convoquée.

Pythermos de Phocée y parut vêtu de pourpre, en signe de la considération dont il jouissait dans l'Ionie. Il parla au nom des colonies ; mais les beautés du dialecte ionien ne purent émouvoir les Spartiates. Accoutumés à n'oublier que les bienfaits, les Lacédémoniens se rappelaient les anciennes haines entre les Doriens et les Ioniens, et ils refusèrent d'envoyer des secours pour s'opposer aux entreprises de Cyrus.

Néanmoins dans leur prudence cauteleuse, les Spartiates firent partir quelques émissaires chargés d'observer les événements qui allaient se passer. Lacrynes, qui était un de ces agents secrets, se rendit, à la faveur de cette mission particulière, jusqu'à Sardes. Il avait ordre de déclarer confidentiellement à Cyrus que, « s'il commettait des hostilités con- « tre quelques villes grecques, Sparte « se verrait dans la nécessité de ré- « primer son agression. »

Étonné d'une pareille déclaration, le grand roi s'étant informé du nombre d'hommes que les Spartiates pouvaient mettre sous les armes, répondit à Lacrynes « qu'il ne craindrait « jamais des hommes qui avaient au « milieu de leur ville une *Agora* ou « place publique sur laquelle on dé- « libérait, et qu'il espérait donner « aux Lacédémoniens des raisons de « se plaindre de lui plus directes que « celles des préparatifs qu'il faisait « contre les Grecs d'Asie. »

Harpagos fut chargé par Cyrus de réduire les principales villes grecques de l'Asie-Mineure : ce qu'il fit en massacrant les habitants, ou en les réduisant en esclavage : tel était alors l'horrible droit de la guerre.

La première place contre laquelle le satrape dirigea ses efforts fut la noble Phocée, métropole de Marseille, qui était la ville la plus septentrionale de l'Ionie. Ses citoyens, sommés de se rendre, demandèrent un seul jour de trève. Il est probable qu'ils avaient pris d'avance leur parti et les moyens de l'exécuter. Pendant ce court délai, leurs vaisseaux se trouvèrent en état d'appareiller, leurs richesses furent portées à bord, leurs familles embarquées, et la population entière flottait sur l'onde, lorsque les Perses se présentèrent pour occuper Phocée (*).

L'escadre, consistant en plus de deux cents voiles, sans savoir où diriger sa course, porta le cap vers l'île de Chios. Arrivée à son atterrage, les Phocéens demandent qu'on leur accorde les îles OEnusses pour s'y fixer; mais les Chiotes, jaloux de l'industrie des exilés, rejettent leur demande. Alors ils prennent la résolution de se rendre dans l'île de Cyrnos (la Corse), où une colonie de leurs compatriotes s'était établie depuis vingt ans. On remit à la voile; et comme la flotte côtoyait pendant la nuit la rive solitaire de Phocée, quelques hommes entreprenants abordèrent au port, surprirent la garnison persane qui était endormie, et la passèrent au fil de l'épée.

Après avoir terminé cet acte mémorable de vengeance, on s'engagea, par des serments mutuels, à ne retourner à Phocée que lorsqu'un boulet de fer rougi à blanc, qu'on jeta à la mer, en sortirait pour s'éteindre. Cependant, tel est l'attrait puissant du sol natal, que plus de la moitié de

(*) Il existe près l'une de l'autre deux Phocées, l'une nommée *Phokia-Nea*, l'autre, *Phokia-Palæa*. On croit que Phokia-Nea, dont nous donnons la vue, fut construite sur les ruines de l'antique Phocée. L'autre Phocée, fondée sous le Bas-Empire, n'a pris son nom de Phokia-Palæa que par opposition à la nouvelle ville de Phokia-Nea, construite sur l'emplacement de l'antique métropole de Marseille.

l'armée navale revint au port et se soumit au joug qu'on voulut lui imposer, tandis que la plus brave partie des Phocéens alla s'établir dans l'île de Cyrnos.

Les habitants de Téos suivirent l'exemple de Phocée : ils abandonnèrent une ville dans laquelle ils ne pouvaient plus être libres, pour se réfugier à Abdère, place située sur la côte de Thrace, qui était une ancienne colonie de Clazomène. Quant à Clazomène, place continentale, ses habitants se réfugièrent sur huit petites îles voisines de la terre ferme, où ils bâtirent une ville nouvelle. Les Cnidiens essayèrent de couper par un fossé la langue de terre qui les joignait au continent; mais le temps et des circonstances superstitieuses ne leur permirent pas d'exécuter ce projet. Ainsi Cnide et toutes les autres cités de la côte asiatique, à l'exception de Milet, furent subjuguées par les Perses dans une seule campagne.

Tandis que ces désastres s'accomplissaient, Cyrus parcourait en vainqueur les contrées qui s'étendent depuis la Méditerranée jusqu'au Tigre et à l'Euphrate. Babylone, capitale de l'Assyrie, après deux ans de siége (529 avant J.-C.), dut céder aux efforts de sa puissance. Ses habitants désarmés furent inhumainement massacrés, leur roi Balthazar et ses infames courtisans punis, et la plus grande ville du monde soumise à l'empire des Mèdes.

CAMBYSE, 528 AVANT J.-C. — Cambyse, qui succéda à Cyrus, s'empara de Tyr, de Cypre et de l'Égypte, où il trouva des colonies grecques qui y étaient établies depuis trois siècles. Les outrages et les cruautés de ce conquérant faisaient trembler les peuples à son approche, et les Grecs établis dans la Cyrénaïque s'empressèrent de se reconnaître ses tributaires. La mort vint heureusement arrêter le cours de tant de cruautés, et Darius Hystaspes, surnommé le Fripier de l'Empire, monta au trône de Perse, dans la 64ᵉ olympiade, 521 ans avant l'ère vulgaire.

### DARIUS HYSTASPES.

#### 521 ans avant Jésus-Christ.

Darius illustra son règne par des établissements utiles, et le ternit par des conquêtes. Il soumit presque autant de nations que Cyrus, et la flatterie qui serpente autour des trônes, lui persuada qu'un mot de sa part devait forcer l'hommage des nations. Aussi capable de former des projets gigantesques que de les exécuter, son ambition était sans limites. Il voyait un horizon politique au-delà des bornes de la Grèce, qu'il voulait soumettre à son autorité suprême.

ÉTENDUE DE SES ÉTATS. — L'empire du roi des rois, homme mortel comme le plus abject de ses esclaves, s'étendait vingt-un mille cent soixante-quatre stades (800 de nos lieues) d'Orient en Occident, sur sept mille neuf cent trente-six (300 lieues) du midi au nord; il contenait en superficie cent quinze millions six cent dix-huit mille stades carrés (165,200 lieues carrées), tandis que la surface de la Grèce, n'ayant au plus qu'un million trois cent soixante mille stades carrés (1952 lieues), n'était que la quinzième partie de la Perse.

REVENUS. — Au temps dont nous parlons, les revenus de la Perse se montaient annuellement à quatorze mille cinq cent soixante talents euboïques, somme équivalente à 75 millions de francs de ce temps, qui excéderait maintenant huit cents millions, vu la différence de la valeur actuelle de l'or et de l'argent comparée avec ce qu'elle était chez les anciens : sur cette somme, les colonies grecques figuraient pour un trente-sixième (environ 90 millions de notre monnaie) dans le total de l'impôt.

Un revenu aussi considérable n'était point destiné à faire face aux dépenses courantes : réduits en lingots, l'or et l'argent étaient réservés pour les dépenses extraordinaires.

Les provinces, ou satrapies, étaient chargées de l'entretien de la maison du roi et de la subsistance des armées : les unes fournissaient du blé, les autres des chevaux; l'Arménie seule envoyait tous les ans vingt mille poulains à Suze. On tirait des autres satrapies, des troupeaux, de la laine, de l'ébène, des dents d'éléphants, et différentes sortes de productions.

ARMÉE. — Des troupes réparties dans les provinces les retenaient dans l'obéissance, ou les garantissaient d'une invasion : enfin, un corps de dix mille hommes, qualifiés d'Immortels, parce qu'ils étaient toujours tenus au complet, formait la garde impériale du grand roi.

Jusqu'au règne de Darius, les Perses n'avaient point eu d'intérêt à démêler avec les peuples du continent de la Grèce. On connaissait à peine à la cour de Suze les noms de Sparte et d'Athènes, lorsque le grand roi résolut d'asservir ces régions éloignées, parce qu'il ne considérait pas sa puissance complète tant qu'il restait un peuple libre sur la terre.

Dans cette idée, Darius crut devoir diriger ses premiers efforts contre les nations scythiques qui campaient avec leurs troupeaux entre l'Ister (le Danube) et le Tanaïs (le Don), le long des côtes du Pont-Euxin.

EXPÉDITION DE DARIUS CONTRE LES SCYTHES. L'an 508 avant notre ère, Darius vint, à la tête de sept cent mille soldats, offrir la servitude à des peuples qui, pour ruiner son armée, n'eurent qu'à l'attirer dans des pays incultes et déserts. Il s'y engagea témérairement; mais voyant son armée s'affaiblir par les maladies, par le défaut de subsistances, et par la difficulté des marches, Darius dut se résoudre à regagner le pont qu'il avait laissé sur l'Ister.

Miltiade avait proposé de le couper, et de laisser à la merci des Scythes le roi des rois, qui n'aurait jamais revu la Perse; mais Histiée, tyran de Milet, s'opposa à cette résolution, et Darius fut sauvé ainsi que son armée.

Les alarmes qui s'étaient propagées dans la Hellade, redoublèrent lorsque Darius laissa dans la Thrace une armée de quatre-vingt mille hommes qui soumit ce royaume, obligea le roi de

Macédoine à lui faire hommage de sa couronne, et força Miltiade, roi de Cardie, ville située à la pointe de la Chersonèse de Thrace, à se retirer à Athènes, où, vingt-trois ans plus tard, il signala son amour pour la liberté, dans la mémorable bataille de Marathon.

INSURRECTION DES COLONIES IONIENNES. Le tyran de Milet, qui avait sauvé Darius, devint l'objet de ses faveurs les plus signalées. Il était son familier, l'ame de ses conseils, et il l'avait suivi à Suze, en laissant le gouvernement de Milet à son neveu Aristagoras. Celui-ci ne tarda pas à encourir la disgrace d'Artaphernes, frère du grand roi.

La chose était de la dernière gravité; Aristagoras se trouvait compromis au point de ne pouvoir sortir d'embarras que par une révolte ouverte, lorsqu'il reçut de son oncle un message qui l'invitait à prendre ce parti. Histiée avait calculé qu'il serait chargé, en sa qualité de lieutenant de Darius, de réprimer la rébellion qu'il conseillait, et qu'il pourrait ainsi briser les chaînes qu'il s'était données.

Aristagoras, confirmé dans sa résolution par son oncle, renonce tout-à-coup au pouvoir qu'il tenait de Darius, proclame la liberté. A ce cri, la jeunesse de l'Ionie tout entière se range sous ses drapeaux. On parcourt la côte d'Asie, en abolissant l'autorité des rois, et l'indépendance nationale est solennellement déclarée, malgré la certitude d'avoir bientôt contre soi toutes les forces de l'empire persan.

MISSION D'ARISTAGORAS DANS LA HELLADE. Dans cette occurrence, les Ioniens devaient recourir à leurs compatriotes d'Europe, et Aristagoras fut chargé de l'importante mission de se rendre dans la Hellade. Les Perses ne cachaient plus leur dessein d'asservir la Grèce. Après l'expédition contre les Scythes, ils s'étaient emparés de Lemnos et d'Imbros: ils avaient fait une tentative contre Naxos, et menacé l'île d'Eubée, voisine de l'Attique.

Aristagoras fort de ces considérations puissantes, s'il eût su les faire valoir, étant arrivé à Sparte, s'adressa à Cléomènes, qui avait le titre de roi par l'estime publique, titre plus glorieux que celui du hasard de la naissance. Admis au conseil des princes de l'état, au lieu de présenter la question sous le point de vue d'un intérêt général, il dit « que les Perses, qui n'é-
« taient plus les soldats de Cyrus,
« possédaient d'immenses richesses,
« sans avoir le talent d'en jouir, ni la
« valeur nécessaire pour les défen-
« dre. » Il peignit avec les couleurs les plus animées l'enthousiasme des Ioniens pour la liberté, dit peu de chose des guerres nationales dans lesquelles les Spartiates avaient obtenu l'avantage; et revenant à son projet, il s'écria: « Le chemin pour aller à
« Suze est non seulement sûr, mais
« agréable! » Pour prouver ce qu'il avançait, il montra au roi de Sparte une planche d'airain sur laquelle étaient gravées toutes les contrées, les mers et les rivières du continent, qu'il énuméra dans le plus grand détail, en indiquant la route depuis Lacédémone jusqu'à Suze.

Cléomènes ayant patiemment écouté la description du Milésien, lui répondit: « Dans trois jours, je déciderai
« sur la nature de votre demande. »
Aristagoras ne manqua pas à l'audience que lui avait indiquée le roi de Sparte, qui lui demanda dans combien de jours on pouvait arriver à Suze. — Il répondit inconsidérément, dit Hérodote, « qu'en faisant dix-huit
« milles par jour, on pourrait attein-
« dre cette ville au bout de trois mois. »
A ces mots, Cléomènes s'écria, transporté de colère: « Étranger milésien,
« il faut que tu sois hors de Sparte
« dans trois jours, car tu as fait une
« proposition dangereuse et inconsi-
« dérée, en voulant engager les La-
« cédémoniens dans une expédition qui
« les retiendrait trois mois et plus au-
« delà des mers. »

Après cette sévère réponse, le roi quitta Aristagoras, qui, pour marquer sa douleur et son repentir, se vêtit d'une robe de suppliant, et chercha un refuge dans la propre maison de Cléomènes : mais ce fut en vain qu'il essaya l'intrigue et la corruption, il ne put réussir dans la négociation dont il était chargé.

AN 578 AVANT J.-C. — Aristagoras, renvoyé de Sparte, eut recours aux Athéniens : comme puissance maritime ils avaient conservé des rapports plus particuliers que les Lacédémoniens avec les colonies grecques. Ils possédaient une flotte nombreuse, et la république se trouvait alors dans des dispositions favorables aux Ioniens.

ATHÉNIENS FAVORABLES AUX COLONIES IONIENNES. Fiers de la liberté qu'ils avaient reconquise, après avoir éprouvé le poids d'une longue tyrannie, les Athéniens se plaignaient, depuis long-temps, de la protection que les Perses accordaient au fils de Pisistrate, Hippias, qu'ils avaient banni. Artaphernes, satrape de Lydie, avait envenimé leurs haines, en déclarant hautement que l'unique moyen de pourvoir à leur sûreté était de rappeler Hippias. On savait d'ailleurs que ce prince, depuis son arrivée à la cour de Suze, entretenait dans l'esprit de Darius les préventions qu'on ne cessait de lui inspirer contre les peuples de la Grèce, et contre les Athéniens en particulier.

Le danger de la restauration des Pisistratides détermina les Athéniens à secourir les colonies ioniennes. L'assemblée décréta sur-le-champ qu'on enverrait aux Milésiens vingt vaisseaux, qui furent renforcés de cinq autres, fournis par Eréthrye, ville d'Eubée. Cette flotte vogua vers l'Asie-Mineure, tandis qu'une armée de terre, aux ordres de Charopinos, fut dirigée contre Sardes, bâtie sur les bords du Pactole.

INCENDIE DE SARDES.

Le gouverneur du grand roi, qui commandait cette ville, pris au dépourvu, n'eut que le temps de se retirer dans la citadelle, tandis que les Grecs, maîtres de la place, s'abandonnaient au pillage. Au milieu de la confusion, un soldat, furieux d'avoir manqué sa proie, met le feu à la maison d'un Lydien. Les flammes se communiquent de cette maison à d'autres, et Sardes n'offre bientôt qu'un vaste incendie.

Les Perses qui n'avaient pu gagner la citadelle s'étaient retirés sur la place publique pour éviter l'action du feu : ils s'aperçoivent que leurs forces sont plus que suffisantes pour résister à l'ennemi : ils chargent les Grecs, qui sont repoussés, forcés de prendre la fuite, d'abandonner leur butin et de se réfugier avec peine à Éphèse, d'où bientôt ils retournèrent dans la Grèce.

En apprenant l'incendie de Sardes, Darius jura de tirer une vengeance éclatante des Athéniens, et il chargea un de ses officiers de lui rappeler tous les jours l'outrage qu'il en avait reçu ; mais il fallait auparavant terminer la guerre que les Lydiens lui avaient suscitée. L'Ionie, au bout de deux ans, rentra sous son obéissance, à l'exception de Milet.

On pourrait s'attendre, dans cette occasion, à retrouver Aristagoras ; mais avant que cette ville fût attaquée, il avait cessé d'exister. Le perfide, qui n'était dominé que par des vues ambitieuses, voyant Cymé et Clazomène tombées au pouvoir des Perses, n'avait plus songé qu'à sa sûreté personnelle. Réfugié dans un coin obscur de la Thrace, où il voulait fonder un établissement, il y fut tué par les naturels du pays, qui vengèrent ainsi la cause de la Grèce et de la Perse. Histiée, oncle d'Aristagoras, méritait un sort pareil. Chargé d'une commission de Darius son bienfaiteur, Artaphernes découvrit sa perfidie ; mais il ne put le saisir. Repoussé par les Milésiens, qui se souvenaient de sa tyrannie et de la lâche conduite de son neveu, ils lui fermèrent les portes de leur ville. Il se présenta également sans succès devant Chios. Enfin les Lesbiens lui ayant prêté huit vaisseaux destinés à croiser dans le Pont-Euxin, il fut pris par les Perses et conduit à Sardes, où il subit le supplice de la croix.

## GRÈCE.

SIÉGE ET PRISE DE MILET. 494 ANS AVANT J.-C. — Cependant la flotte et l'armée de terre du grand roi environnaient les murs et le port de Milet. On ignore quel était le nombre des troupes, mais Hérodote nous a transmis le compte des vaisseaux, qu'il porte à six cents, indépendamment de la marine de Cypre, qui était entrée au service de Darius.

En présence d'un appareil aussi formidable, les Milésiens, réunis en conseil panionien, sous la présidence de Pythagoras, résolurent de défendre leurs murailles jusqu'à la dernière extrémité. Leur flotte, mouillée à la petite île de Ladé, était chargée, tandis qu'on défendrait la place, de livrer bataille à l'ennemi : elle était composée de trois cent cinquante-trois vaisseaux, dont chacun était monté par environ deux cents hommes d'équipage. La victoire leur était assurée, à moins de quelque désunion : c'était l'opinion des Perses, qui désespéraient de l'emporter sur les Grecs à force ouverte.

Dans cette persuasion, les Barbares, ayant réuni les tyrans chassés de leurs royaumes par Aristagoras, dirent à ces princes bannis, que l'occasion était venue de montrer leur attachement au service du grand roi. Dans cette intention, ils devaient promettre à leurs anciens sujets, s'ils consentaient à se soumettre, qu'ils recouvreraient et conserveraient leurs maisons, leurs temples, et seraient traités avec douceur : dans le cas contraire, on les menaçait de la servitude la plus dure, de voir leurs fils faits eunuques, et leurs filles vendues pour être transportées dans la Bactriane, qui était la Sibérie de la Perse.

Ces menaces ne produisirent pas un effet immédiat. On tint même un conseil sur les moyens propres, non à apaiser la colère du grand roi, mais à résister à ses armées.

Chaque individu ayant la liberté de proposer son opinion, celle de Denys le Phocéen reçut l'approbation de toute l'assemblée : « Nous devons, « dit-il, venger notre liberté ou su« bir la punition réservée aux escla« ves fugitifs : les fatigues de quel« ques jours seront compensées par « une vie glorieuse et fortunée. Met« tez-vous sous ma conduite, et je « réponds sur ma tête, à moins que « les dieux ne se déclarent contre « nous, que l'ennemi sera honteuse« ment défait. »

Les Grecs ayant consenti à se soumettre à la discipline de Denys, il distribua la flotte en trois escadres, que le prudent Phocéen commença à exercer aux manœuvres. Il voulait que les matelots s'accoutumassent à la rame qui, dans les temps anciens, était, avec l'adresse des pilotes, le principal moyen de succès dans les combats de mer.

Les équipages obéirent avec joie pendant sept jours; mais les maladies, jointes à la chaleur de la saison, ralentirent bientôt le zèle des marins. Les Grecs, qui redoutaient jusqu'à l'ombre d'une autorité absolue, se plaignirent, d'abord par des murmures sourds et ensuite par des clameurs licencieuses, des fatigues que leur faisait éprouver un *insolent Phocéen*. Bientôt ils se mutinèrent, descendirent sur le rivage de l'île de Ladé, y dressèrent un camp, et assis à l'ombre de leurs tentes, ils dédaignèrent toute espèce d'exercices.

Les Samiens, redoutant et prévoyant la suite de ces désordres, acceptèrent les propositions qui leur étaient faites au nom des Perses. Les Lesbiens suivirent leur exemple, et la défection eut lieu au moment où les Barbares présentaient la bataille.

Dans cet instant solennel, les transfuges hissèrent leurs voiles pour passer du côté de l'ennemi : onze capitaines samiens, qu'une semblable trahison pénétrait d'horreur, méprisèrent le signal de leurs amiraux. Mais de tous les Ioniens, ce furent les Chiotes qui acquirent le plus de gloire dans cette triste et mémorable journée : malgré l'infériorité de leurs forces, ils firent payer cher aux Perses la victoire qu'ils remportèrent.

5ᵉ *Livraison.* (GRÈCE.)

Cet événement fut suivi de la prise de Milet, qui se rendit la sixième année après le commencement de l'insurrection des colonies grecques de l'Asie-Mineure.

Les Barbares exécutèrent à la rigueur les menaces qu'ils avaient faites aux Grecs. Ceux qui se dérobèrent à leur vengeance s'embarquèrent, soit pour la Hellade, soit pour l'Italie ou pour les colonies d'Afrique : les plus entreprenants s'adonnèrent à la piraterie. Parmi ces derniers, l'histoire a conservé le souvenir de Denys le Phocéen ; il désola le commerce des Toscans, et surtout celui des Carthaginois, qui étaient regardés comme les alliés du grand roi.

La flotte persane, qui passa l'hiver à Milet, conquit au printemps suivant les îles de Lesbos et de Ténédos. Ainsi pour la troisième fois, les Grecs d'Asie furent subjugués : ils l'avaient été d'abord par les Lydiens, et deux fois par les Perses.

### GUERRE MÉDIQUE.
#### 493 ans avant Jésus-Christ.

EXPÉDITION DE MARDONIOS. — « La tragédie mémorable, pour nous servir de l'expression de Plutarque, « qui finit par l'opprobre éternel du « nom persan, allait commencer. »

Mardonios, gendre de Darius, après avoir achevé de pacifier l'Ionie, se rendit en Macédoine ; et là, soit qu'il prévînt l'ordre de son maître, ou qu'il se bornât à le suivre, il fit embarquer les troupes qu'il commandait. Sa flotte soumit d'abord l'île de Thasos, dont les mines d'or rapportaient un revenu annuel de trois cents talents..... Le prétexte de son entreprise était de punir les Athéniens et les Érythréens ; son véritable but de rendre la Hellade tributaire : mais une violente tempête ayant brisé une partie de ses vaisseaux contre les rochers du mont Athos, il reprit le chemin de la Macédoine, et bientôt après celui de Suze.

EXPÉDITION DE DATIS ET D'AR- TAPHERNES. 490 AVANT J.-C. — Ce désastre n'était pas capable de détourner l'orage qui menaçait la Grèce. Mardonios avait échappé au châtiment qui suit ordinairement les revers dans les gouvernements despotiques ; mais son commandement fut donné à Datis, Mède d'origine, et à Artaphernes, fils du dernier gouverneur de Sardes. Darius mit sous les ordres de ces deux généraux une armée de cinq cent mille hommes, et une flotte de six cents voiles.

Les deux satrapes avaient pour instructions d'étendre leurs conquêtes du côté de l'Europe, de soumettre les républiques de la Grèce, de châtier d'une manière exemplaire les Érythréens et les Athéniens qui avaient contribué à incendier la ville de Sardes. Darius, certain du succès, ordonna en même temps à ses satrapes de se munir de chaînes pour attacher les prisonniers : présomption impie d'un mortel qui se croyait supérieur à la fortune!

Cependant, avant d'en venir à une rupture ouverte, Darius envoya partout des hérauts pour demander en son nom la *terre* et *l'eau* : c'était la formule que les Perses employaient pour exiger l'hommage des nations. La majeure partie des îles et des peuples du continent se soumirent sans hésitation à ses ordres. Les Athéniens et les Lacédémoniens refusèrent non seulement d'accéder à cette sommation, mais, par une violation manifeste du droit des gens, ces derniers jetèrent dans une fosse profonde les ambassadeurs du grand roi. Les Athéniens condamnèrent à mort l'interprète qui avait, disaient-ils, souillé la langue grecque, en traduisant le commandement d'un roi barbare.

Datis, qui était général en chef de l'armée persane, pour éviter le désastre arrivé à Mardonios, se détermina à avancer par une ligne oblique à travers les Cyclades, et vint fondre sur l'île d'Eubée avec une flotte de six cents vaisseaux. Après une suite de combats qui durèrent pendant six jours, le nombre des Barbares, aidés de deux traîtres, l'emporta sur la valeur obstinée des Érythréens : leur ville fut prise et détruite de fond en comble.

BATAILLE DE MARATHON. 29 SEPTEMBRE 490 AVANT J.-C. — Jusque-là tout avait réussi aux Barbares ; mais il restait à tirer une vengeance terrible des Athéniens. Pour atteindre ce but, Datis avait adopté les plus sages mesures. C'était de distribuer dans les îles soumises à l'autorité du roi des rois, la plus grande partie de son armée, et de transporter sur les côtes de l'Asie une foule de valets qui l'embarrassaient. Alors, avec cent mille fantassins d'élite, et un nombre proportionné de cavalerie, il débarqua sur la plage de Marathon : son armée y établit ses positions, d'après les indications d'Hippias, ancien roi d'Athènes, qui connaissait parfaitement les localités.

Athènes était plongée dans la consternation. Elle avait blessé profondément l'orgueil de Darius, et, en ajoutant l'outrage à l'injure, elle ne lui avait laissé que le choix de la vengeance ou du pardon ; on n'avait nul secours à attendre des Phocidiens, des Thébains et de leurs voisins septentrionaux. Une armée fut levée, et on nomma dix généraux pris dans les dix tribus de l'Attique. Les Spartiates promettaient des soldats ; mais une ancienne superstition les empêchait d'entrer en campagne avant la pleine lune. Athènes était abandonnée à ses forces seules lorsqu'on vit arriver un corps d'élite de mille Platéens, qui venaient s'immoler pour le salut de la Grèce.

MILTIADE, ARISTIDE ET THÉMISTOCLE. — Datis présentait d'une main aux Grecs les fers dont il devait les enchaîner, de l'autre, Hippias, dont les sollicitations et les intrigues avaient amené les Perses ou Mèdes dans les champs de Marathon. Trois hommes, destinés à donner un nouvel essor aux Grecs, se mirent à la tête d'un peuple décidé à périr les armes à la main pour la défense de la patrie : c'étaient Miltiade, Aristide et Thémistocle.

L'exemple et les discours de ces trois illustres citoyens achevèrent d'enflammer les esprits. On fit des levées qui fournirent dix mille hommes libres et autant d'esclaves armés. On aurait pu en réunir un plus grand nombre, mais, par le conseil de Miltiade, on avait eu soin de laisser des garnisons à Athènes et dans quelques autres places de l'Attique.

Les Grecs, commandés par dix généraux, étaient peu nombreux, mais c'étaient des hommes choisis. Accoutumés aux exercices de la gymnastique, leurs manœuvres continuelles les avaient endurcis aux fatigues : ils étaient rompus à la discipline et familiarisés avec les évolutions savantes qui décident souvent du sort des batailles. Le mot de liberté électrisait les Athéniens, que la présence d'Hippias transportait de fureur.

Les différentes nations réunies sous le commandement de Datis ne manquaient pas d'un extérieur martial et elles n'étaient même pas dépourvues de valeur. Cependant cette armée, comparée à la tenue des bataillons grecs, ne pouvait être regardée que comme une multitude confuse. Les soldats perses n'avaient pour armes offensives que des dards et des flèches ; leurs armes défensives consistaient en boucliers d'osier ou de jonc qu'ils portaient au bras gauche, et en cuirasses composées de lames de métal, travaillées en forme d'écailles, qui étaient loin de valoir les corselets solides, les cuissarts et les boucliers d'airain massif des Athéniens.

L'infériorité des Perses, sous le rapport de l'armure, était beaucoup plus marquée par le défaut d'ardeur qui était indispensable pour animer le soldat obligé de se battre corps à corps contre un ennemi. Pour les Barbares, le nom de *patrie* était un non sens, et n'existait même pas dans leur langue. Cependant, loin de les mépriser et d'avoir trop de confiance dans ses soldats, Miltiade ne négligea rien pour s'assurer la victoire.

A peine les Grecs furent-ils arrivés en présence des Perses, que Miltiade proposa de les attaquer. Aristide et quelques-uns des autres chefs étaient du même avis : les autres, effrayés de l'extrême disproportion des deux armées, voulaient qu'on attendît les secours des Lacédémoniens.

Les avis étant partagés, il restait à prendre celui du polémarque ou chef de la milice. Miltiade s'adressa à lui; et avec l'ardeur d'une ame fortement pénétrée : « Athènes, lui dit-il, est sur « le point d'éprouver la plus grande « des vicissitudes. Elle va devenir la « première puissance de la Grèce ou « le théâtre des fureurs d'Hippias; « c'est de vous seul, Callimaque, qu'elle « attend sa destinée. Si nous laissons « refroidir l'ardeur des troupes, elles « se courberont honteusement sous « le joug des Perses; si nous les menons au combat, nous aurons pour « nous les dieux et la victoire : un « mot de votre bouche va précipiter « la patrie dans la servitude ou lui « conserver sa liberté. »

Callimaque donna son suffrage, et la bataille fut résolue. Pour en assurer le succès, Aristide et les autres généraux, à son exemple, cédèrent à Miltiade l'honneur du commandement, qu'ils avaient chacun à leur tour : mais pour les mettre eux-mêmes à l'abri de tout reproche, il attendit le jour qui le plaçait de droit à la tête de l'armée.

Ce jour arrivé, Miltiade rangea ses troupes au pied d'une colline, dans un lieu parsemé d'arbres, qui devaient arrêter la cavalerie persane. Les Platéens furent placés à l'aile gauche; Callimaque commandait la droite ; Aristide et Thémistocle étaient au corps de bataille, et Miltiade partout. Un intervalle de huit stades (760 toises environ) séparait l'armée grecque de celle des Perses.

Au premier signal, les Grecs franchirent en courant cet espace. Les Perses, étonnés d'un genre d'attaque si nouveau, restèrent un moment immobiles; mais bientôt ils opposèrent à la fureur impétueuse une fureur plus tranquille et non moins redoutable. Les cavaliers perses avec leurs cimeterres et les Scythes, armés de haches, enfoncèrent le centre des Athéniens. Pendant ce temps, les deux ailes de l'armée grecque commençaient à fixer la victoire. La droite dispersait les ennemis dans la plaine ; la gauche les repliait vers un marais qui offrait l'aspect d'une prairie, et dans lequel ils s'engagèrent et restèrent ensevelis. Toutes deux volent au secours d'Aristide et de Thémistocle, près de succomber sous les meilleures troupes que Datis avait placées au corps de bataille. Elles sont repoussées, la déroute devient générale, et les Perses ne trouvent de refuge que sur leur flotte qui s'était rapprochée du rivage.

L'armée persane perdit environ six mille quatre cents hommes ; celle des Athéniens quatre-vingt-douze héros : car il n'y en eut pas un qui, dans cette bataille, ne méritât ce titre. Miltiade y fut blessé; Hippias y périt, ainsi que Stésilée et Callimaque, deux des généraux d'Athènes.

Le combat finissait à peine ; un soldat, excédé de fatigue, forme le projet de porter la première nouvelle d'un si grand succès aux magistrats d'Athènes, et, sans quitter ses armes, il court, vole, arrive, annonce la victoire et tombe mort à leurs pieds.

Cependant la victoire allait devenir funeste aux Grecs sans l'activité de Miltiade. Datis, en se retirant, avait conçu l'espoir de surprendre Athènes qu'il croyait sans défense; et déjà sa flotte doublait le cap Sunion. Miltiade n'en fut pas plus tôt instruit, qu'il se mit en marche et déconcerta les projets de l'ennemi qu'il obligea de se retirer sur les côtes de l'Asie.

Le lendemain de la bataille, on vit arriver deux mille Spartiates : ils avaient fait en trois jours et trois nuits douze cents stades de chemin ( 46 lieues $\frac{1}{2}$ ). Quoique instruits de la fuite des Perses, ils continuèrent leur route jusqu'à Marathon. Ils y virent les tentes des Barbares encore dressées, la plaine jonchée de morts et couverte de riches dépouilles; ils y trouvèrent Aristide qui veillait avec sa tribu à la conservation des prisonniers et du butin, et ne se retirèrent qu'après avoir donné de justes éloges aux vainqueurs (*).

Darius n'apprit qu'avec indignation la défaite de son armée. On tremblait sur le sort des Érythréens que Datis amenait à ses pieds. Cependant, dès qu'il les vit, la pitié étouffa dans son cœur ses ressentiments : il leur distribua des terres à quelque distance de Suze; et pour se venger des Grecs d'une manière noble et digne de lui, il ordonna de nouvelles levées de troupes, et fit des préparatifs immenses pour une troisième expédition.

CONDAMNATION ET MORT DE MILTIADE, 489 ANS AVANT J.-C. — Les Athéniens eux-mêmes ne tardèrent pas à venger le grand roi ; ils avaient élevé Miltiade si haut, qu'ils commencèrent à le craindre. Il était du sang des rois de Thrace, redouté des chefs des nations étrangères, adoré du peuple ; il était temps de veiller sur ses vertus ainsi que sur sa gloire. Le mauvais succès d'une entreprise contre l'île de Paros fit que Xantippos,

(*) La plaine de Marathon, resserrée entre le mont Pentélique et la mer, peut avoir deux lieues et demie de long sur trois quarts de lieue de largeur moyenne ; sur le rivage, qui se courbe en forme de croissant, paraissent des dunes, là sont des bas-fonds ; et, parmi ces bas-fonds, un marais couvert de roseaux, inondé en hiver, mais offrant en été l'aspect d'une prairie couronnée par un tertre que l'on prendrait au loin pour une île. Ce tertre, de 70 pieds de circonférence et de 30 pieds de haut, est le tombeau commun élevé par Miltiade aux Athéniens qui succombèrent sous les coups des Perses dans la bataille de Marathon. Il était couronné de cippes que l'on a retrouvés de nos jours. C'étaient de petites colonnes de terre cuite, d'environ un pied de haut, avec une inscription qui indiquait la place et le nom de chaque guerrier. On a fouillé la surface de ce tertre, et on y a trouvé des fragments de poterie et des balles de plomb de forme amygdaloïde, que les anciens lançaient avec des frondes. A une petite distance du tertre, on voit encore les ruines d'un piédestal carré, en marbre blanc, qui portait peut-être le trophée élevé par Miltiade sur le champ de bataille.

père de Périclès, se porta son accusateur, comme s'étant laissé corrompre par les Perses. On oublia ses services, et il fut condamné à être précipité dans la fosse où l'on faisait périr les malfaiteurs. Le magistrat s'étant opposé à l'exécution de cet infame décret, la peine de Miltiade fut commuée en une amende de cinquante talents (270,000 fr.). Comme il n'était pas en état de payer, on vit le vainqueur de Darius expirer dans les fers par suite des blessures qu'il avait reçues au service de l'état.

EXIL D'ARISTIDE. — Cet exemple d'injustice et d'ingratitude ne fut pas capable d'arrêter l'ambition des rivaux de celui qui venait de périr dans l'abjection d'un cachot. Thémistocle, tourmenté jour et nuit par le souvenir des trophées de Miltiade, ne cessait de flatter, par ses décrets, l'orgueil d'un peuple enivré de gloire et de prospérité. Aristide ne s'occupait, de son côté, qu'à maintenir les lois et les mœurs qui avaient préparé la victoire. Tous deux, opposés dans leurs principes, remplissaient tellement la place publique de leurs divisions, qu'un jour Aristide, après avoir, contre toute raison, remporté un avantage sur son adversaire, ne put s'empêcher de dire que c'en était fait de la patrie si on ne les jetait lui et Thémistocle dans la *fosse profonde* (Barathron) où l'on précipitait les criminels.

Comme Aristide se portait souvent pour arbitre dans les différends des particuliers, le bruit de son équité faisait déserter les tribunaux. Alors la faction de Thémistocle l'accusa de se créer une royauté, d'autant plus dangereuse qu'elle était fondée sur l'amour du peuple, et il conclut à l'exil.

Les tribus s'étant assemblées pour prononcer sur l'accusation, Aristide assista au jugement. Un citoyen obscur, assis auprès de lui, le pria d'inscrire le nom de l'accusé, contre lequel il votait, sur une petite coquille qu'il lui présenta. « Vous a-t-il fait
« quelque tort ? lui demanda Aristide.
« — Non, répondit l'inconnu ; mais je
« suis ennuyé de l'entendre partout

« surnommer le juste. » Aristide écrivit son nom, fut condamné au bannissement, et sortit d'Athènes en faisant des vœux pour sa patrie.

### AVÉNEMENT DE XERXÈS AU TRONE.
#### 485 ans avant J.-C.

L'exil d'Aristide suivit de près la mort de Darius. Son fils, Xerxès, fut l'héritier de son trône, sans l'être d'aucune de ses grandes qualités. Élevé dans l'orgueil de la puissance suprême, juste et bienfaisant par saillies, cruel par faiblesse, également incapable de supporter les succès et les revers, on ne distingua constamment dans son caractère qu'une extrême violence et une excessive pusillanimité.

Après avoir puni les Égyptiens d'une révolte dans laquelle ils s'étaient engagés, il aurait peut-être joui tranquillement des fruits de sa vengeance, sans un de ces lâches courtisans qui sacrifient sans remords des milliers d'hommes à leur intérêt personnel. Mardonios voulait un commandement dans l'armée, et venger la honte de son expédition par l'asservissement de la Grèce. Il persuada facilement à Xerxès de réunir la Hellade et l'Europe entière à l'empire des Perses : la guerre fut résolue, et toute l'Asie fut ébranlée.

### PRÉLUDES DE LA TROISIÈME EXPÉDITION DES MÈDES CONTRE LA GRÈCE.

Tandis que ces choses se passaient à la cour du grand roi, Thémistocle, débarrassé d'Aristide, gouvernait Athènes sans contradiction : armée, marine, finances, tout était à sa discrétion. Égine, île habitée de temps immémorial par des pirates et des marchands, bravait la marine athénienne ; elle était entrée dans l'alliance des Perses, et Thémistocle n'eut pas de peine à soulever contre elle la haine nationale.

On retirait des mines d'argent du Laurium un revenu qui était employé à soulager les besoins particuliers des citoyens, ou à faire face aux dépenses des fêtes publiques : on persuada au peuple d'appliquer cet argent à la construction des vaisseaux destinés à attaquer Égine. On eut bientôt équipé, par ce moyen, cent galères, avec lesquelles les forces navales d'Égine furent détruites. Ce succès anima tellement les Athéniens, qu'ils aspirèrent à l'empire exclusif de la mer, et ils l'obtinrent après avoir vaincu la marine de Corcyre.

Athènes, dans l'ivresse de ses succès, semblait avoir fixé l'inconstance de la fortune. Le peuple s'imaginait que les derniers revers éprouvés par les Perses leur ôteraient l'idée d'entreprendre une troisième expédition. Thémistocle au contraire regardait la victoire de Marathon comme le prélude de nouveaux combats. Pénétré du sentiment de cet avenir, il exhortait ses concitoyens à augmenter leurs forces navales, qui se montaient à deux cents galères, lorsque le bruit de la marche des armées du grand roi retentit dans la Hellade.

### DÉVOUEMENT DE DEUX SPARTIATES.

Tandis que Xerxès était le plus occupé de ses préparatifs de guerre, on vit paraître à Suze deux Spartiates qui demandèrent à être admis à son audience : elle leur fut accordée, sans qu'on pût les décider à se prosterner devant lui, comme le faisaient les Orientaux. « Roi des Mèdes, dirent-« ils, après l'avoir salué, les Spar-« tiates mirent à mort, il y a quel-« ques années, les ambassadeurs de « Darius ; ils doivent une satisfaction « à la Perse, nous venons vous offrir « nos têtes. » Ces deux Spartiates, nommés Sperthias et Bulis, apprenant que les dieux, irrités du meurtre des ambassadeurs des Perses, rejetaient les sacrifices des Lacédémoniens, s'étaient dévoués de leur propre volonté pour le salut de leur patrie.

Xerxès, étonné de leur fermeté, ne les étonna pas moins par sa réponse : « Allez dire à Sparte que si elle a été « capable de violer le droit des gens, « je ne le suis pas d'imiter son exem-« ple, et que je n'expierai point, en « vous ôtant la vie, le sacrilége dont « elle s'est souillée. » Les Spartiates

# GRÈCE.

ayant entendu cette réponse, retournèrent chez eux, persuadés qu'ils avaient rempli leur devoir et apaisé les dieux.

Quelque temps après, Xerxès étant à Sardes, on découvrit trois espions athéniens qui s'étaient glissés dans son armée. Le roi, loin de les punir, leur permit de prendre à loisir un état exact de ses forces : il se flattait qu'à leur retour, les Hellènes, informés de sa puissance, ne tarderaient pas à se ranger sous son autorité.

Dans cette pensée, Xerxès, qui n'avait rien à démêler avec les Spartiates, persuadé seulement que leur coopération pourrait entraver son entreprise contre Athènes, leur envoya des ambassadeurs chargés de les engager « à met-« tre bas les armes. » Les Spartiates répondirent « qu'il pouvait venir les « prendre. » Les députés leur offrirent alors « des terres, s'ils voulaient s'u-« nir au grand roi. » Ils leur firent observer « que la coutume de leur ré-« publique était de conquérir des terres « par la valeur, et non de les acquérir « par la trahison. »

Sur ces entrefaites, les émissaires d'Athènes, de retour de Sardes, avaient rendu compte à leurs concitoyens de l'état des préparatifs du grand roi. Mais leur récit ne servit qu'à confirmer les Athéniens et les Spartiates, auxquels on communiqua leur rapport, dans la résolution de former une ligue générale de tous les états de la Grèce : on convoqua dans cette intention une diète générale à l'isthme de Corinthe.

L'oracle de Delphes, sans cesse interrogé et sans cesse accablé d'offrandes, cherchait à concilier l'honneur de son ministère avec les vues intéressées des prêtres et de ceux qui le consultaient ; il exhortait tantôt les Grecs à rester tranquilles, tantôt il augmentait les alarmes publiques par les malheurs qu'il annonçait ; et l'incertitude qu'il laissait dans les esprits était portée au comble par l'ambiguité de ses réponses. Cependant les grands événements de la guerre étaient au moment de s'accomplir.

ENTRÉE DE XERXÈS EN CAMPAGNE,
480 ANS AVANT J.-C. — Au printemps de la quatrième année de la soixante-quatorzième olympiade, Xerxès se rendit sur les bords de l'Hellespont avec la plus puissante armée qui ait jamais désolé la terre. Il voulut contempler l'éclat de sa puissance ; et d'un trône élevé sur lequel il était monté, il vit la mer couverte de ses vaisseaux et la campagne de ses soldats. Deux ponts de bateaux affermis sur leurs ancres réunissaient les rivages opposés de l'Asie et de l'Europe ; mais une tempête ne tarda pas à les briser.

Cet événement aurait dû avertir le roi des rois qu'il existait quelque chose de supérieur à sa puissance. Loin de là, il ordonne de trancher la tête aux ingénieurs, qui étaient des Phéniciens et des Égyptiens. Dans sa démence, il commande de traiter la mer en esclave révoltée ; il charge ses stupides esclaves de la frapper de coups de fouet, de la marquer d'un fer chaud, et de la charger de chaînes qu'on jette dans son sein.

Il fallut, après cet acte de folie, recourir aux moyens ordinaires, qui étaient des vaisseaux : ses troupes employèrent sept jours et sept nuits à traverser l'Hellespont, qui n'a que sept stades dans cet endroit, et ses bagages un mois entier. De là Xerxès, prenant sa route par la Thrace et côtoyant la mer, arriva dans la plaine de Doriscos, qui est arrosée par l'Hèbre, où il passa la revue de son armée.

ARMÉE DE XERXÈS.

Le dénombrement qu'il en fit prouva qu'elle se composait de dix-sept cent mille hommes de pied et de quatre-vingt mille chevaux : vingt mille Arabes ou Libyens conduisaient les chameaux et les chariots. Xerxès, monté sur un char magnifique, en parcourut les rangs ; il passa ensuite sur sa flotte, qui s'était approchée du rivage. Elle était forte de douze cent sept galères à trois rangs de rames : chacune avait une chiourme de deux cents hommes, et toutes ensemble portaient deux cent quarante-un mille quatre cents officiers et matelots : les bâtiments de charge, au nombre de trois mille, pouvaient avoir de leur côté deux cent quarante mille hommes d'équipage.

Telles étaient les forces de terre et de mer que le grand roi avait amenées de l'Asie ; elles furent bientôt augmentées de trois cent mille combattants tirés de la Thrace, de la Macédoine, de la Péonie et de plusieurs autres royaumes tributaires de la Perse.

Les îles conquises par les Perses et celles qui avaient accordé la *terre* et l'*eau* à leur maître fournirent de leur côté plus de cent vingt galères, montées par vingt-quatre mille matelots. Si on joint à cette foule de soldats un nombre presque égal de gens nécessaires ou inutiles qui marchaient à la suite de l'armée, on trouvera que cinq millions de bras avaient été arrachés à leur pays, pour aller détruire des nations entières.

Parmi tant de milliers d'hommes, aucun n'était comparable à Xerxès pour la force, la majesté de la taille et la beauté, que la nature lui avait départies. Cependant, au milieu de tant de splendeurs, le roi des rois se trouva malheureux. Monté sur une éminence, d'où il planait sur son camp et sur sa flotte, il s'affligea en pensant que dans cent ans il ne resterait pas un seul individu de toute cette armée ; et il ne put retenir ses larmes.

Les réflexions d'Artabane, son parent et son conseiller, n'étaient pas de nature à calmer la mélancolie de Xerxès. Ce respectable vieillard, dont la sagesse avait souvent modéré la fougue du roi, lui dit : « Dans l'es-
« pace de temps accordé aux humains
« pour exister sur la terre, est-il
« un seul de ceux que vous voyez,
« est-il un seul homme dans l'univers,
« qui n'ait désiré plus souvent de
« mourir que de vivre? Le tumulte
« des passions trouble les plus beaux
« de nos jours ; les maladies et les
« infirmités accompagnent la vieillesse,
« et la mort qu'on redoute est l'asile
« sûr et tranquille des malheureux
« mortels. »

Au lieu de dire : *Retournons à Suze,*
Xerxès chercha à dissiper les tristes réflexions qui le poursuivaient par des distractions et des plaisirs que ses courtisans savaient varier au-delà de ses désirs.

Dans les intervalles de ses amusements, il aimait quelquefois à s'entretenir avec Demarate, roi de Sparte, banni de son pays, qui s'était réfugié à la cour de Suze.

« Pensez-vous, lui dit un jour
« Xerxès, que les Grecs osent me ré-
« sister? » Demarate ayant obtenu la permission de dire la vérité : « Les
« Grecs, répondit-il, sont à craindre,
« parce qu'ils sont pauvres et vertueux.
« Sans faire l'éloge de chacun d'eux,
« je ne vous parlerai que des Lacé-
« démoniens : l'idée de l'esclavage les
« révoltera. Quand toute la Grèce se
« soumettrait à vos armes, ils n'en
« seraient que plus ardents à défendre
« leur liberté. Ne vous informez pas
« du nombre de leurs troupes : ne
« fussent-ils que mille, fussent-ils
« moins encore, ils se présenteront
« au combat. — Quelle puissance peut
« les contraindre à braver le danger,
« eux qui ne sont exposés ni aux me-
« naces, ni aux coups, comme mes sol-
« dats ? — La loi, répliqua Demarate,
« cette loi qui a plus de pouvoir sur
« eux que vous n'en avez sur vos su-
« jets ; cette loi qui leur dit : Voilà
« vos ennemis, il ne s'agit pas de les
« compter, il faut vaincre ou mourir. »

Cet entretien amusa plutôt Xerxès qu'il ne l'instruisit. Ses espérances augmentaient. Chaque jour, des courriers lui annonçaient la soumission de quelque nation grecque. Les habitants des montagnes de la Doride, plusieurs tribus de la Thessalie, celles qui habitaient le Pinde, l'Olympe, l'Ossa et le Pélion, vinrent lui offrir *l'eau* et *la terre*. Mais ce qui le charma surtout fut de voir les Thébains et les Béotiens, excepté les citoyens de Thespie et de Platée, lui envoyer séparément des députés pour solliciter sa protection tutélaire.

Préparatifs des Grecs. Cependant le congrès des Grecs se réunissait à l'isthme de Corinthe, pour délibérer sur les intérêts communs de la patrie. Il était composé des représentants des différents états du Péloponèse et des républiques de la Hellade. On suspendit d'un accord unanime les récriminations publiques; on amnistia les fugitifs, et les oracles furent consultés. On décréta d'envoyer des ambassadeurs, pour demander des secours aux îles de Crète, de Cypre, de Corcyre, ainsi qu'aux colonies helléniques de Sicile et d'Italie.

Avant de connaître la volonté des dieux, il arriva des députés de plusieurs tribus de la Thessalie qui étaient restées fidèles à la patrie. C'étaient les habitants de la vallée du Tempé, défilé qui offre un passage commode entre la Macédoine et la Thessalie : ils demandaient un nombre suffisant de troupes, afin de garder la position importante du Tempé.

Leur demande fut acceptée, on prépara des vaisseaux à l'isthme, et un corps de dix mille hommes fut embarqué sous le commandement du Spartiate Évenète et de Thémistocle, avec ordre de rester à la garde du Tempé.

Il y avait peu de jours que ce corps d'armée était arrivé à sa destination, lorsque Alexandre, fils d'Amyntas, roi de Macédoine, qui était tributaire des Perses, fit avertir Thémistocle de quitter sa position, à moins qu'il ne voulût être écrasé *sous les pieds* de la cavalerie persane. Il est probable que ce danger n'aurait pas changé sa résolution; mais il apprit qu'il y avait du côté de Gonnos un autre défilé qui donnait entrée dans la vallée du Pénée. L'armée grecque remonta donc sur ses vaisseaux; et les Thessaliens, abandonnés de leurs alliés, furent obligés de se soumettre aux Barbares.

Les Grecs, qui continuaient à siéger à l'isthme, avaient été informés que Gelon, roi de Sicile, ne pouvait leur fournir aucun secours, à cause d'une invasion formidable dont il était menacé par les Carthaginois, devenus les alliés des Perses. Enfin la pythie n'avait donné d'autre espérance aux Spartiates qu'en leur déclarant qu'il fallait *la mort volontaire d'un roi de la dynastie d'Hercule* pour sauver la Grèce, et en prescrivant aux Athéniens *de se retirer dans des murs de bois.*

Thémistocle trouva ses concitoyens divisés sur le sens de l'oracle qui les concernait; il l'expliqua en disant : « qu'ils devaient abandonner Athènes « pour se retirer sur leurs vaisseaux. » Il appuya cette opinion de toute la force de son éloquence contre les menées du démagogue Épicides, qu'il ne réduisit au silence qu'en le corrompant à prix d'argent : l'évacuation d'Athènes fut décrétée dans l'assemblée du peuple.

On prépara aussitôt les galères athéniennes, qui, réunies aux forces navales de l'Eubée, d'Égine, de Corinthe et des puissances maritimes du Péloponèse, formèrent une flotte de trois cents voiles. Les Athéniens, qui avaient armé cent vingt-sept vaisseaux, prétendaient avoir plus de droit au commandement que les Lacédémoniens, qui n'en fournissaient que dix. Mais voyant que les alliés menaçaient de se retirer s'ils n'obéissaient pas à un Spartiate, ils se désistèrent de leur prétention. Eurybiade fut élu général; il eut sous ses ordres Thémistocle et les chefs des autres nations.

La flotte grecque ayant complété son armement vint se réunir sur la côte septentrionale de l'île d'Eubée, auprès du cap Artémision, où elle laissa tomber l'ancre.

Les Grecs avaient calculé qu'ils pouvaient opposer aux Perses un corps de soixante mille hommes libres; et comme ils ne connaissaient qu'un seul passage par où l'ennemi pouvait arriver de la Thessalie dans l'Attique, ils crurent qu'un corps de huit mille hommes suffirait pour défendre ce point, resserré entre les montagnes et la mer. Ce défilé étroit s'appelait le Pas des Thermopyles, à cause des sources chaudes qu'on y trouve; il était regardé comme la porte de la Grèce. (Voy. *pl.* 18.) Les Phocidiens l'avaient autrefois fortifié par un mur qu'on releva à la hâte.

On avait résolu, dans la diète de

l'isthme, qu'un corps de troupes sous la conduite de Léonidas, roi de Sparte, occuperait le défilé des Thermopyles, et que l'armée navale des Grecs attendrait aux atterrages voisins celle des Perses, qui était mouillée au cap Artémision.

DÉPART DE LÉONIDAS POUR LES THERMOPYLES. — Léonidas, informé du choix de la diète et de la réponse de l'oracle d'Apollon, prévit sa destinée, et s'y soumit avec la grandeur d'âme d'un héros désigné par les dieux pour sauver sa patrie : il ne prit avec lui que trois cents Spartiates, qui l'égalaient en courage. Les éphores lui ayant représenté qu'un si petit nombre de soldats ne pouvait lui suffire : « Ils sont bien peu, répondit-il, mais « ils ne sont que trop pour l'objet « qu'ils se proposent. — Et quel est « donc cet objet ? demandèrent les « éphores. — Notre devoir, répliqua-« t-il, est de défendre le passage, « notre résolution d'y périr : trois cents « victimes suffisent à l'honneur de « Sparte; elle serait perdue sans res-« source si elle me confiait tous ses « guerriers, car je ne présume pas « qu'un seul d'entre eux osât prendre « la fuite. »

Quelques jours après, on vit à Lacédémone un spectacle qu'on ne peut se rappeler sans émotion. Les compagnons de Léonidas honorèrent d'avance son trépas et le leur par un combat funèbre, auquel leurs pères, leurs mères et leurs femmes assistèrent. Cette cérémonie achevée, ils sortirent de la ville, suivis de leurs familles et de leurs amis, dont ils reçurent les adieux éternels.

Léonidas pressa sa marche; il voulait, par son exemple, retenir dans le devoir plusieurs villes prêtes à se déclarer pour les Perses. Il passa par les terres des Thébains, dont la foi était suspecte, et qui lui donnèrent néanmoins quatre cents hommes, avec lesquels il alla camper aux Thermopyles.

Bientôt arrivèrent successivement mille soldats de Tégée et de Mantinée, cent vingt d'Orchomène, mille des autres villes d'Arcadie, quatre cents de Corinthe, deux cents de Phlionte, quatre-vingts de Mycènes, sept cents de Thespie, mille de la Phocide. La petite nation des Locriens se rendit au camp avec toutes ses forces.

Cette avant-garde, qui montait à sept mille hommes environ, devait être suivie de l'armée des Grecs. Les Lacédémoniens étaient retenus chez eux pour une fête; les autres alliés se préparaient aux jeux olympiques : les uns et les autres croyaient que Xerxès était encore loin des Thermopyles.

MARCHE DE L'ARMÉE DE XERXÈS. — L'armée des Perses, partie de Doriscos, s'avançait en trois vastes colonnes, pareilles à des trombes de terre qui ne laissent après elles que des traces de dévastation. L'une suivait le rivage de la mer; les deux autres marchaient à de grandes distances dans l'intérieur du pays : les vivres amassés de longue main et ceux de la flotte fournissaient les approvisionnements de bouche, tandis que des prairies artificielles (car ce furent les Mèdes qui apportèrent alors en Europe le sainfoin et la luzerne) offraient des fourrages aux chevaux et aux bêtes de charge. La colonne de gauche mit à contribution les villes du littoral. Tout était dévoré par les Barbares et par le roi des rois, qui exigeait des festins tels, que Mégacréon félicitait les Abdéritains de ce que Xerxès ne faisait qu'un repas par jour; car s'ils avaient dû lui donner à *diner* et à *souper*, leur ville aurait été ruinée sans retour.

La flotte, commandée par Achémènes et par Arcabignes, fils de Darius, après avoir traversé la presqu'île du mont Athos au moyen d'un canal que, par ordre de Xerxès, on y fit creuser, et dont on voit encore les traces, vint mouiller à l'embouchure de l'Axios et du Lydias, qui se déchargent dans le golfe Thermaïque. Quittant ensuite ces parages, elle employa onze jours pour se rendre au cap Sépias.

Xerxès, qui séjourna pendant ce temps à Thermos (Thessalonique) et à Pella, avait fait camper son armée dans les riches vallées de l'Axios et du Lydias; il reprit ensuite son ordre de marche pour pénétrer dans le midi de la Hellade. La division qui suivit le littoral de la mer était commandée par Mardonios et Massistès. Serdis, général expérimenté, conduisait la colonne qui traversait la partie montueuse du pays; et le grand roi, accompagné de Smerdones et de Mégabyse, choisit le passage du milieu comme étant le plus commode et le plus sûr.

Pendant une marche de douze mois, Xerxès n'avait pas rencontré un seul ennemi. Toutes les provinces jusqu'au Trachis (défilé) de Thessalie reconnaissaient sa puissance, et la Grèce n'était plus qu'un point à conquérir. Cependant il n'apprit pas sans émotion que le roi de Sparte était campé aux Thermopyles pour lui en disputer le passage : ce fut alors qu'il demeura persuadé de ce que Demarate lui avait dit du caractère et des principes de ce peuple de héros.

TOPOGRAPHIE DES THERMOPYLES. — Ce défilé est le principal passage qui conduit de la Thessalie dans la Hellade méridionale. (Voy. pl. 18.)

En partant de la Phocide pour se rendre dans la Thessalie, dès qu'on avait quitté le pays des Locriens, on arrivait au bourg d'Alpenos, bâti au bord de la mer. A partir de cet endroit, le chemin n'offrait que la largeur nécessaire pour le passage d'un chariot. Il se prolongeait ensuite entre des marais formés par les eaux de la mer et par des rochers escarpés qui terminent les vastes contre-forts du mont OEta. (Aujourd'hui tout ce passage a presque partout six cents toises de large; mais comme il est marécageux, il serait encore très-facile à défendre.)

En sortant d'Alpenos, on trouvait à gauche un rocher en forme d'autel, consacré à Hercule Mélampyge, en mémoire de son ascension glorieuse dans l'Olympe; c'est là qu'aboutit un sentier qui conduit au haut de la montagne. Plus loin on traverse un courant d'eaux chaudes sortant des sources thermales qui ont fait donner le nom de *Thermopyles* à cet endroit.

Tout auprès était le bourg d'Anthela : on distinguait aux environs un monticule et un temple de Cérès, où les amphictyons tenaient tous les ans une de leurs assemblées.

Au sortir de cet espace, on arrivait à un chemin en forme de chaussée, de sept à huit pieds de large ; c'était là que les Phocidiens avaient autrefois bâti un mur pour arrêter les incursions des Thessaliens.

Au-delà on traversait le Phénix, faible ruisseau qui mêle ses eaux avec celles de l'Asope, et ensuite on rencontrait un dernier défilé d'un demi-pléthre de large ( 7 à 8 toises ).

La voie, qui s'élargissait à partir de cet endroit jusqu'à la Trachinie, présentait ensuite de grandes plaines arrosées par le Sperchios (aujourd'hui Hellada), fleuve qui descend de la région montueuse qui borne la Thessalie au midi.

Tout le détroit, depuis Alpenos jusqu'à celui qui est au-delà du Phénix, peut avoir quarante-huit stades de développement (environ deux lieues).

XERXÈS ARRIVE AUX THERMOPYLES.

Léonidas avait pourvu à la défense du sentier qui aboutissait au bourg d'Alpenos, en y envoyant mille Phocidiens, lorsqu'on vit l'armée de Xerxès couvrir la pente des montagnes d'une multitude de tentes. A cet aspect, les Grecs délibérèrent sur le parti qu'ils avaient à prendre. La plupart des chefs proposaient de se retirer à l'isthme ; mais Léonidas ayant rejeté cet avis, on se contenta de faire partir des courriers pour presser les secours des nations alliées.

COMBATS ENTRE LES GRECS ET LES PERSES. — Alors parut un cavalier perse, envoyé par Xerxès, pour reconnaître les ennemis. Le poste avancé des Grecs était, ce jour-là, composé des Spartiates : les uns s'exerçaient à la lutte, les autres peignaient leurs chevelures. Leur premier soin, à l'approche du combat, était de parer leurs têtes. Le cavalier eut le loisir d'en approcher, de les compter, de se retirer, sans qu'on daignât prendre garde à lui. Comme le mur lui dérobait la vue du reste de l'armée, il ne rendit compte à Xerxès que des trois cents Spartiates postés à l'entrée du défilé.

Le roi, étonné de la tranquillité des Lacédémoniens, attendit quelques jours pour leur laisser le temps de la réflexion. Le cinquième, il écrivit à Léonidas : « Si tu veux te soumettre, je te donnerai l'empire de la Grèce. » Léonidas répondit : « J'aime mieux « mourir pour ma patrie que de l'as-« servir. » Une seconde lettre de Xerxès ne contenait que ces mots : « Rends-« moi les armes. » Léonidas écrivit au-dessous : « Viens les prendre. »

Le roi, outré de colère, fait marcher les Mèdes et les Cissiens, avec ordre de prendre les Spartiates en vie et de les lui amener sur-le-champ. Quelques soldats courent à Léonidas et lui disent : « Les Perses sont près de « nous. » Il répond froidement : « Dites « plutôt que nous sommes près d'eux. »

Aussitôt il sort du retranchement avec l'élite de ses troupes et donne le signal du combat. Les Mèdes s'avancent avec fureur : leurs premiers rangs tombent percés de coups ; ceux qui les remplacent éprouvent le même sort. Les Grecs, pressés les uns contre les autres et couverts de leurs grands boucliers, présentent un front hérissé de piques, et vainement de nouvelles troupes se succèdent pour les rompre.

Après plusieurs attaques infructueuses, les Saces, armés de haches, ayant été repoussés, la troupe des Immortels, commandés par Hydarnès, s'avança, et l'action devint alors plus meurtrière. Cependant ils durent céder, et Xerxès, témoin de leur fuite, s'élança plusieurs fois de son trône, convaincu qu'il avait beaucoup d'hommes et peu de soldats dans son armée.

Le lendemain, le combat recommença, mais avec si peu de succès de la part des Perses, que Xerxès désespérait de forcer le passage, lorsqu'un habitant de ces cantons, nommé Épialtès, vint lui découvrir le sentier fatal par lequel on pouvait tourner la position des Grecs.

Xerxès, transporté de joie, détacha aussitôt Hydarnès avec le corps des Immortels. Épialtès leur sert de guide. Ils pénètrent à travers les bois de chênes dont les flancs de ces montagnes sont couverts, et parviennent vers les lieux où Léonidas avait placé un détachement de son armée.

Hydarnès le prit pour un corps de Spartiates ; mais, rassuré par Épialtès qui reconnut les Phocidiens, il se préparait au combat, lorsqu'il vit ces derniers, après une légère défense, se réfugier sur les hauteurs voisines.

Pendant la nuit, Léonidas avait été instruit du projet des Perses par des transfuges échappés du camp de Xerxès, et le lendemain, il le fut de leurs succès.

A cette terrible nouvelle, les chefs des Grecs s'assemblèrent : les uns étaient d'avis de s'éloigner des Thermopyles, les autres d'y rester. Depuis quelques jours, des présages confus annonçaient de la part des dieux quelques grandes calamités aux défenseurs des Thermopyles. Les entrailles des victimes, interrogées avec attention par le devin Magystias, annonçaient la mort des Spartiates.

Pénétré de ces idées surnaturelles, Léonidas conjura les Grecs de se conserver pour des temps plus heureux, et déclara que pour lui et ses compagnons, il ne leur était pas permis de quitter un poste que Sparte leur avait confié. Les Thespiens protestèrent qu'ils n'abandonneraient point Léonidas ; les quatre cents Thébains, de gré ou de force, prirent le même parti : le reste de l'armée eut le temps de sortir du défilé.

Cependant Léonidas se disposait à la plus hardie des entreprises : « Ce « n'est point ici, dit-il à ses compa-« gnons, que nous devons combattre : « il faut marcher à la tente de Xerxès, « l'immoler ou périr au milieu de son « camp. » Ses soldats ne lui répondent que par un cri de joie. Il leur fait prendre un repas frugal, en disant : « Nous en prendrons bientôt un autre « chez Pluton. » Toutes ses paroles laissaient une impression profonde dans les esprits.

Les trois cents Spartiates de Léonidas avaient été choisis parmi les hommes mariés qui avaient des enfants : il l'était lui-même. Près d'attaquer l'ennemi, il est ému sur le sort de deux Spartiates qui lui étaient unis par les liens du sang et de l'amitié : il donne au premier une lettre, au second une commission secrète pour les magistrats de Lacédémone. « Nous « ne sommes pas ici, lui dirent-ils, « pour porter des ordres, mais pour « combattre; » et sans attendre sa réponse, ils vont se placer dans les rangs qu'on leur avait assignés.

Au milieu de la nuit, les Grecs, Léonidas à leur tête, sortent du défilé, marchent à pas redoublés dans la plaine, renversent les postes avancés de l'ennemi et pénètrent dans le pavillon de Xerxès qui avait déjà pris la fuite: ils entrent dans les tentes voisines, se répandent dans le camp et se rassasient de carnage. La terreur qu'ils inspirent se reproduit à chaque pas, à chaque instant, avec des circonstances plus effrayantes.

Des bruits sourds, des cris affreux annoncent que les troupes d'Hydarnès sont détruites; que toute l'armée le sera bientôt par les forces réunies de la Grèce. Les plus courageux des Perses ne peuvent entendre la voix de leurs généraux; ne sachant où porter leurs pas, où diriger leurs coups, ils se jetaient au hasard dans la mêlée, et périssaient par les mains les uns des autres, lorsque les premiers rayons du soleil offrirent à leurs yeux le petit nombre des vainqueurs. Les Barbares se réunissent et attaquent aussitôt les Grecs: Léonidas tombe sous une grêle de traits. L'honneur d'enlever son corps engage un combat entre ses compagnons et les ennemis : deux frères de Xerxès, quantité de Perses et plusieurs Spartiates y perdirent la vie. A la fin, les Grecs, quoique affaiblis par leurs pertes, enlèvent leur général, repoussent quatre fois les Barbares dans leur retraite, et après avoir gagné le défilé, franchissent le retranchement et vont se placer sur la petite colline qui est près d'Anthela :

ils s'y défendirent encore quelques moments et contre les troupes qui les suivaient et contre celles qu'Hydarnès amenait de l'autre côté du défilé.

Avant que l'action fût terminée, on prétend que les Thébains se rendirent aux Perses. Les Thespiens partagèrent les exploits et la destinée des Spartiates; et cependant la gloire des Spartiates a presque éclipsé celle des Thespiens, qui ne s'élevèrent au-dessus des autres hommes que parce que les Spartiates s'étaient élevés au-dessus d'eux-mêmes.

Si on en croit le rapport unanime de quelques Thessaliens et de ceux qui survécurent au combat, le Spartiate Dionèces mérita le prix de la valeur. Quelqu'un lui ayant dit que les flèches des Perses étaient si nombreuses, qu'elles interceptaient la lumière du soleil : — « Eh bien, reprit-il, nous « combattrons à l'ombre ! » Ces paroles sont les dernières des Spartiates qui succombèrent en cet endroit, où on leur éleva une colonne portant leur nom, avec cette inscription : *Passant, va dire à Sparte que nous sommes morts ici pour obéir à ses saintes lois !*

Le dévouement de Léonidas et de ses compagnons produisit plus d'effet que la victoire la plus brillante : il apprit aux Grecs le secret de leurs forces, aux Perses celui de leur faiblesse, aux tyrans, que ce n'est pas le temps des révolutions qu'il faut choisir pour donner des fers à un peuple.

COMBATS DE MER DANS L'EURIPE. Tandis que Xerxès était aux Thermopyles, sa flotte éprouva les calamités prédites par le sage Artabane, qui lui avait parlé de deux ennemis redoutables, la terre et la mer.

La première escadre de l'armée persane était abritée par la côte de la Thessalie; les autres divisions, au nombre de sept, avaient jeté l'ancre, les proues tournées vers la pleine mer. Quand leurs amiraux adoptèrent cette disposition, l'onde était tranquille, le ciel clair, le temps calme; mais le matin du second jour de leur arrivée, la flotte fut assaillie d'une violente tempête excitée par l'aquilon, qui souffle dans ces parages avec une violence extraordinaire. La bourrasque, qui dura pendant trois jours, fit périr quatre cents galères et un grand nombre de bâtiments de transport.

Les Grecs, à la vue de ce désastre, sacrifièrent avec joie à Neptune libérateur; mais l'approche de ce qui restait de la flotte ennemie réprima bientôt leurs transports et fit cesser leurs fêtes religieuses. On était même disposé à sortir de l'Euripe, pour se réfugier à l'isthme de Corinthe; mais Thémistocle sut faire prévaloir le dessein qu'il avait pris d'attendre les Perses au mouillage où l'on se trouvait.

Les Barbares, revenus de la terreur causée par la tempête, songeaient à envelopper les Grecs dans le canal où ils étaient mouillés. Certains de la victoire, ils ne voulurent commencer l'attaque qu'après avoir détaché deux cents de leurs plus fins voiliers pour intercepter la fuite des Grecs.

Les Hellènes, informés de ce projet par Scyllias, un de leurs concitoyens, détachèrent quelques bateaux légers pour observer la marche des ennemis: ils revinrent le soir sans avoir aperçu aucun vaisseau; ce rapport détermina Thémistocle à risquer la bataille. Les Grecs, qui connaissaient leur supériorité dans la manœuvre, s'étant réunis au point du jour, se mirent en ligne, et présentèrent le combat aux Perses, qui l'acceptèrent.

Quoique resserrés dans un canal où ils étaient débordés par l'ennemi, les Grecs prirent rapidement trente vaisseaux perses et en coulèrent à fond un plus grand nombre. La nuit, qui mit fin au combat, survint accompagnée d'un orage mêlé de pluie et de tonnerre: les Grecs trouvèrent moyen de se réfugier au port d'Artémision, tandis que les bâtiments des Perses furent jetés à la côte de la Thessalie.

Dans cette circonstance, les Barbares éprouvèrent des pertes considérables: celles de l'escadre qu'ils avaient envoyée pour tourner l'île d'Eubée furent épouvantables. Ils devaient, suivant leurs instructions, s'élever en mer, afin de dérober la connaissance de leur marche aux Grecs, lorsqu'ils furent assaillis par un ouragan qui les fit tous périr misérablement. Le lendemain, l'escadre cilicienne fut complétement battue par les Grecs.

Les Perses essayèrent, le troisième jour, de prendre leur revanche; la bataille fut plus longue et plus douteuse que les précédentes. Plusieurs galères grecques furent détruites, et les Égyptiens, qui combattaient pour le grand roi, en prirent cinq; cependant la valeur des Athéniens l'emporta à la fin, et les Barbares se retirèrent.

Ces avantages meurtriers n'étaient pas décisifs, et on pensait à se rendre à l'isthme, lorsque Abronichos d'Athènes, chargé de croiser dans le golfe Maliaque avec une galère de trente rames, vint annoncer l'événement des Thermopyles, avec la nouvelle de la mort glorieuse de Léonidas: on convint de faire voile pour Salamine.

Dans sa retraite, Thémistocle visita les rivages où des sources d'eau pouvaient attirer les équipages des vaisseaux ennemis. Il y laissa des écrits adressés aux Ioniens qui se trouvaient dans l'armée de Xerxès: il leur rappelait qu'ils descendaient de ces Grecs contre lesquels ils portaient actuellement les armes. Son projet était de les engager à abandonner la cause du grand roi, ou du moins de les lui rendre suspects.

ENTRÉE DE XERXÈS DANS LA GRÈCE MÉRIDIONALE. — Xerxès, informé que la flotte grecque avait abandonné le mouillage d'Artémision, regarda cette retraite comme une victoire. Il ordonna aussitôt que son armée navale appareillât pour aller occuper les ports de l'Attique, tandis que, à la tête de ses soldats, il s'emparerait d'Athènes.

L'armée confédérée des Grecs était enfin arrivée à l'isthme de Corinthe, et ne songeait qu'à disputer l'entrée du Péloponèse. Ce projet déconcertait les vues des Athéniens, qui s'étaient flattés que la Béotie, et non l'Attique, deviendrait le théâtre de la guerre. Abandonnés de leurs alliés, ils se seraient peut-être abandonnés eux-mêmes : mais Thémistocle, qui prévoyait tout sans rien craindre, comme il prévenait tout sans rien hasarder, avait pris de si justes mesures, que cet événement ne servit qu'à prouver la bonté du système de défense qu'il avait conçu dès le commencement de la guerre médique.

DÉVASTATION DE LA PHOCIDE ET DE LA BÉOTIE. L'armée persane ayant pénétré dans la Phocide, se partagea en deux divisions, afin de subsister plus commodément et de détruire le plus complétement possible les possessions des Hellènes. Un de ces corps d'armée vint camper autour du lac Copaïs, où florissaient les villes de Charadra, Néon, Élatée et Abé. Cette dernière place était singulièrement respectée à cause d'un temple d'Apollon, mais rien ne fut sacré pour les Barbares: l'oracle, qui passait pour infaillible, fut renversé; hommes, femmes, enfants, devinrent les victimes de la fureur et de la brutalité des ennemis.

L'autre division de l'armée persane saccagea la Béotie et le pays qui s'étend jusqu'au Mont-Parnasse.

On tremblait pour Delphes. Ses richesses immenses étaient, dit-on, aussi exactement connues de Xerxès, que celles de son propre trésor. Alors on eut recours à l'oracle pour savoir si on les transporterait dans quelque contrée voisine. La pythie répondit « que les armes d'Apollon seraient « suffisantes pour la défense de son « temple. »

D'après cette réponse, les Delphiens ne songèrent plus qu'à mettre leur vie en sûreté, les uns, en se réfugiant dans l'Achaïe, et les autres en se dispersant dans les escarpements du Parnasse et du mont Lycorée.

On croit que la réponse de la pythie servit à donner le change au public, et que les trésors et les objets les plus précieux du temple d'Apollon furent secrètement envoyés au temple de Dodone en Épire. Par là s'expliquerait le peu d'insistance que les Perses mirent à s'emparer de Delphes, sans avoir besoin de recourir à un miracle, afin d'expliquer leur retraite.

ÉVACUATION ET INCENDIE D'ATHÈNES. — Tandis que ces choses se passaient, Thémistocle ne cessait de représenter aux Athéniens qu'il était temps de quitter des lieux que la colère céleste livrait à la fureur des Perses ; que la flotte leur offrait un asile assuré ; qu'ils trouveraient une nouvelle patrie partout où ils pourraient conserver leur liberté. Il appuyait ces remontrances par des oracles qu'il avait obtenus de la pythie ; et lorsque le peuple fut assemblé, un incident, adroitement ménagé, acheva de déterminer la multitude.

Les prêtres vinrent annoncer que le serpent sacré, qu'on nourrissait dans le temple de Minerve, venait de disparaître. « La déesse abandonne ce « séjour, s'écrièrent-ils ; que tardons- « nous à la suivre ? »

Aussitôt le peuple confirma le décret suivant, proposé par Thémistocle : « Qu'Athènes serait mise sous la « protection de Minerve ; que tous les « habitants en état de porter les armes « passeraient sur les vaisseaux ; que « chaque particulier pourvoirait à la sû- « reté de sa femme, de ses enfants et de « ses esclaves. » Le peuple était tellement animé, qu'au sortir de l'assemblée il lapida Cyrsilos et sa femme, parce que cet orateur avait proposé de se soumettre aux Perses.

L'exécution du décret qu'on venait de rendre offrit un spectacle déchirant. Les habitants de l'Attique, obligés de quitter les temples des dieux, leurs foyers, leurs campagnes et les tombeaux de leurs pères, faisaient retentir les plaines de leurs cris lugubres. « Et si y avoit ne sçay quoi de « pitoyable qui attendrissoit les cueurs, « quand on voyoit les bestes domesti- « ques et privées, qui couroient çà et « là avec hurlements et signifiance de « regret après leurs maîtres et ceulx « qui les avoient nourries. » A mesure qu'on arrivait au bord de la mer, les vieillards, les femmes et les enfants, étaient embarqués pour Égine, Trézène et Salamine, tandis que les hommes passaient sur la flotte, accablés d'une douleur qui n'attendait que le moment propice pour se venger.

Les Athéniens capables de porter les armes ou de manier la rame devinrent ainsi matelots ou soldats. Les vaisseaux qu'ils avaient équipés surpassaient en nombre ceux de leurs alliés, quoique la flotte grecque combinée eût été considérablement augmentée par les forces navales de l'Épire et de l'Acarnanie, qui s'étaient déclarées pour les Athéniens après les combats d'Artémision : tout l'armement grec montait en ce moment à trois cent quatre-vingts galères.

La flotte des Perses ou Mèdes, qui s'étaient emparés des ports de l'Attique, avait de son côté reçu de puissants renforts. On n'en connaît pas précisément l'importance, mais on présume qu'ils pouvaient compenser les pertes occasionées par les orages et par les combats, et compléter le nombre de douze cents voiles dont l'armée navale des Perses se composait à l'ouverture de la campagne.

La Béotie s'était soumise aux Barbares ; Platée et Thespie, qui furent détruites de fond en comble, avaient seules résisté à Xerxès, lorsqu'il entra dans Athènes. Il n'y trouva que quelques malheureux vieillards qui attendaient la mort, et un petit nombre de citoyens décidés, sur la foi de quelques oracles mal interprétés, à défendre l'acropole ou citadelle. Ils repoussèrent pendant plusieurs jours les attaques redoublées des Barbares ; mais à la fin, les uns se précipitèrent du haut des remparts, et les autres furent massacrés dans les temples où ils avaient vainement cherché un asile : on montre encore de nos jours l'endroit par lequel les Perses escaladèrent le rocher de l'acropole.

La ville fut livrée au pillage, et les flammes de l'incendie d'Athènes, qu'on apercevait de Phalère, excitèrent des transports de joie parmi les Mèdes. Il en était bien autrement chez les Grecs qui apercevaient de Salamine le reflet de l'embrasement de leur ville. Dans leur profond accablement, la plupart résolurent de se rapprocher de l'isthme de Corinthe, où l'armée de terre s'était retranchée : le départ fut fixé au lendemain.

BATAILLE NAVALE DE SALAMINE. 18-19 OCTOBRE. 480 ANS AVANT J.-C. — Pendant la nuit, Thémistocle se rendit auprès d'Eurybiade, généralissime de la flotte ; il lui représenta vivement que si, dans la consternation qui s'était emparée des soldats grecs, il les conduisait dans des lieux propres à favoriser la désertion, son autorité ne pouvant plus les retenir sur les vaisseaux, il se trouverait bientôt sans armée et la patrie sans défense.

Avant de faire cette démarche, et craignant qu'elle demeurât sans succès, Thémistocle avait envoyé vers le grand roi Siccinos, Perse d'origine, pour prévenir ce prince que Thémistocle, qui voulait mériter sa faveur, l'avertissait du dessein que les Grecs avaient de se retirer à l'isthme, et qu'il pouvait d'un seul coup se défaire de leur armée de mer.

Eurybiade, qui ignorait le stratagème de Thémistocle, frappé de son observation, appelle les généraux au conseil ; tous se soulèvent contre la proposition qu'il leur fait d'attendre l'ennemi dans le canal de Salamine. On crie, on s'emporte, on s'injurie, on se menace : Thémistocle repousse avec fureur ses adversaires, lorsque le général lacédémonien s'avance vers lui le bâton levé : il le regarde sans s'émouvoir et lui dit : « Frappe, mais « écoute. »

Ce calme étonne le Spartiate, fait régner le silence.

Thémistocle, reprenant sa supériorité, dit : « Ici, placés dans un canal
« étroit, nous opposerons un front
« égal à celui des Mèdes. Ailleurs, la
« flotte innombrable des Perses, ayant
« assez d'espace pour se déployer,
« nous enveloppera de tous côtés. En
« combattant aux atterrages de la di-
« vine Salamine, nous conserverons
« cette île où nous avons déposé nos
« femmes et nos enfants ; nous con-
« serverons l'île d'Égine et la ville de
« Mégare, dont les habitants sont

« entrés dans la confédération : si nous nous retirons à l'isthme, nous perdrons ces positions importantes, et vous aurez à vous reprocher, Eurybiade, d'avoir attiré les Barbares sur les côtes du Péloponèse. »

A ces mots, Adymante, chef des Corinthiens, qui était opposé au sentiment de Thémistocle, s'exhale en injures. « Est-ce à un homme, dit-il, qui n'a ni feu ni lieu qu'il appartient de donner des ordres à la Grèce? Que Thémistocle réserve ses conseils pour le temps où il pourra se flatter d'avoir une patrie. — Eh! quoi, s'écrie Thémistocle, on oserait, en présence des Grecs, nous faire un crime d'avoir abandonné un vil amas de pierres pour éviter l'esclavage. Malheureux Adymante! Athènes est détruite, mais les Athéniens existent; ils ont une patrie mille fois plus florissante que la vôtre. Ce sont deux cents vaisseaux qui leur appartiennent et que je commande; je les offre encore, mais ils resteront en ces lieux : si on refuse leur secours, tel Grec qui m'écoute apprendra bientôt que les Athéniens possèdent une ville plus opulente et des campagnes plus fertiles que celles qu'ils ont perdues. »

Et s'adressant à Eurybiade : « C'est à vous de choisir maintenant entre l'honneur d'avoir sauvé la Grèce et la honte d'avoir causé sa ruine. Je vous déclare qu'après votre départ, nous embarquerons nos femmes et nos enfants, et nous irons en Italie fonder une puissance qui nous fut autrefois annoncée par les oracles. Quand vous aurez perdu des alliés tels que les Athéniens, vous vous souviendrez peut-être des paroles de Thémistocle. »

On délibérait en même temps, mais avec plus de calme, au quartier impérial des Mèdes. Xerxès avait réuni un conseil de guerre pour consulter ceux de ses sujets ou de ses vassaux qui étaient les plus expérimentés dans la marine. Les rois tributaires de Cypre et de Sidon, les chefs des Égyptiens, des Cypriens et des Ciliciens, toujours prêts à flatter les passions de leur souverain, alléguèrent plusieurs raisons frivoles en faveur de son opinion, lorsque Artémise, reine d'Halicarnasse, qui avait suivi volontairement Xerxès et conservé le privilége de lui dire la vérité sans l'offenser, s'adressant à Mardonios, président du conseil, lui parla en ces termes:

« Rapportez, seigneur, à Xerxès ce que va dire Artémise. Le but principal de votre expédition n'est-il pas rempli? Vous êtes maître d'Athènes; vous le serez bientôt du reste de la Grèce. En tenant votre flotte dans l'inaction, celle de vos ennemis, qui n'a que pour quelques jours de vivres, se dispersera d'elle-même. Voulez-vous hâter ce moment? envoyez vos vaisseaux sur les côtes du Péloponèse; conduisez vos troupes de terre vers l'isthme de Corinthe, et vous verrez celles des Grecs courir au secours de leur patrie. Je crains une bataille, parce que, loin de procurer ces avantages, elle compromettrait vos deux armées; je la crains, parce que je connais la supériorité de la marine grecque. Vous êtes, seigneur, le meilleur des maîtres, mais vous avez de fort mauvais serviteurs. Et quelle confiance, après tout, pourrait vous inspirer cette foule d'Égyptiens, de Cypriens, de Ciliciens et de Pamphyliens, qui remplissent la plus grande partie de vos vaisseaux. »

Mardonios, ayant recueilli les voix, fit son rapport à Xerxès, qui, après avoir comblé d'éloges la reine d'Halicarnasse, tâcha de concilier l'avis de cette princesse avec celui du plus grand nombre, qui était le sien. Sa flotte eut l'ordre de se porter vers l'île de Salamine; il fit jeter quatre cents hommes sur la petite île de Psytalie; deux cents vaisseaux furent détachés pour empêcher les Grecs de sortir du canal où ils se trouvaient, et son armée de terre se mit en marche du côté de l'isthme de Corinthe.

Dans ce moment, Aristide, que Thémistocle avait quelque temps auparavant fait rappeler de l'exil, et qui avait eu connaissance de la manœuvre des

6ᵉ *Livraison.* (GRÈCE.)

Perses, en passant d'Égine à Salamine, se rendit au lieu où les chefs étaient réunis. Il fit appeler Thémistocle et lui dit : « Il est temps de renoncer à « nos vaines et puériles dissensions. « Un seul intérêt doit nous animer au- « jourd'hui, celui de sauver la patrie, « vous, en donnant des ordres, moi, en « les exécutant. Dites aux Grecs qu'il « n'est plus question de délibérer, et « que l'ennemi vient de s'emparer des « passages qui pouvaient favoriser leur « retraite. »

Thémistocle, touché du procédé d'A- ristide, lui découvrit le stratagème qu'il avait employé pour attirer les Perses dans le piége qu'il leur avait tendu, et le pria d'entrer au conseil. Le récit d'Aristide fut aussitôt con- firmé par le capitaine d'une galère de Ténédos, nommé Panetios, qui avait déserté le camp des Barbares, pour annoncer que les détroits étaient com- plétement fermés. Ainsi la *nécessité*, *le despit, portèrent les Grecs à es- sayer le hasard de la bataille*.

Thémistocle, suivant l'usage du gé- néral en chef, qui se levait avant l'aube pour invoquer les dieux, leur offrait un sacrifice sur la poupe de la galère amirale, lorsqu'on lui amena trois prisonniers « fort beaulx de visage « et richement parés de vestements « de joyaux d'or, lesquelz on disoit « estre enfants de Sandace, sœur du « roy, et d'un prince nommé Auta- « ractos. Dès que le devin Euphran- « tides les eut apperçus, ayant aussi « observé qu'il estoit à leur arrivée « sailly du sacrifice une grande et claire « flamme, et qu'au même instant, « quelqu'un des assistants à main « droite avoit éternué, il prit Thé- « mistocle par la main, et lui com- « manda de sacrifier tous ces trois pri- « sonniers au dieu Bacchus surnommé « *Omestes*, c'est-à-dire, *cruel* : pour « ce que en ce faisant, non seulement « les Grecs se sauveroient, mais rem- « porteroient la victoire : Thémistocle « dut consentir à cet holocauste abomi- « nable. » (Plut., trad. d'Amyot.)

Avant l'aurore, les vaisseaux grecs, au nombre de trois cent quatre-vingts, étaient rangés en ordre de bataille. Les Perses, dont la flotte montait à douze cent sept voiles, surpris de ce que les Grecs n'avaient pas essayé de prendre la fuite pendant la nuit, le furent encore davantage, quand ils aper- çurent leur disposition serrée et ré- gulière.

Les Grecs avaient commencé, au le- ver du soleil, leurs hymnes et leurs cantiques sacrés, lorsque mille et mille voix entonnèrent des chants de triom- phe accompagnés du son belliqueux des trompettes. Leur contenance annon- çait un courage et une intrépidité ex- traordinaires. Mais leur valeur était tempérée par la sagesse de l'amiral. Thémistocle avait ordonné de différer l'attaque jusqu'au moment où devait s'élever un vent réglé, non moins fa- vorable à la flotte grecque que dan- gereux pour les vaisseaux des Perses, qui présentaient des bords élevés à l'action des vagues et à l'attaque des assaillants.

Xerxès, voulant animer son armée par sa présence, vint se placer sur une hauteur appelée les *Cornes* ( aujour- d'hui mont Kératas, voy. *pl.* 19) (*), voisine du détroit, entouré de ses secrétaires qui devaient décrire toutes les circonstances du combat. Dès qu'il parut assis sur un trône d'or qu'il avait fait élever, la flotte se mit en mouvement et s'avança jusqu'au-delà de l'île de Psytalie, qu'on voit à l'o- rient de Salamine.

Le vent désiré par Thémistocle commençait à souffler, lorsqu'il fit signal à la ligne des Athéniens d'atta- quer celle des Phéniciens, tandis que les Péloponésiens s'avançaient contre la division de la flotte ennemie qui était rangée du côté du Pirée.

(*) C'est sur le cap du mont Corydalos qu'il dut s'installer, car le mont Kératas est trop éloigné. Il est possible que Xerxès se soit placé sur l'une des deux éminences que l'on aperçoit vers le fond de la planche 19, et qui peut-être portaient alors le nom *des Cornes*. C'est au pied de ces collines que l'on voit s'enfoncer le détroit de Salamine, dont cette bataille a rendu le nom si célèbre.

# GRÈCE.

Les Perses, se fiant sur leur nombre, sembaient assurés de la victoire. On distinguait sur le front de leur ligne principale une galère phénicienne d'une grandeur et d'une force extraordinaires, parée de toute la pompe navale.

Dans l'impatience d'engager le combat, elle devançait tous les autres bâtiments de son escadre, lorsqu'elle fut arrêtée par une galère athénienne qui était allée à sa rencontre : le premier choc endommagea la proue du bâtiment phénicien, le second l'ensevelit dans les flots.

Les Athéniens, encouragés par ce premier succès, s'avancent avec toutes leurs forces en s'animant au combat par ce chant guerrier qu'Eschyle nous a conservé : « Allons, enfants d'Athènes, « sauvons notre pays, défendons nos « femmes et nos enfants ! Délivrons « les temples de nos dieux, reconqué- « rons les tombeaux sacrés de nos « ancêtres ! La Grèce en ce jour ré- « clame le secours de votre valeur. »

Ces chants excitent des transports dans l'aile droite des Athéniens, qui était opposée à celle des Phéniciens, commandée par Ariabignès, un des frères de Xerxès. Thémistocle était présent en tous lieux et à tous les dangers, lorsqu'une galère athénienne fondit avec impétuosité sur l'amiral phénicien qui, s'étant élancé à l'abordage sur ce bâtiment, fut aussitôt percé de coups.

La mort d'Ariabignès répandit la consternation parmi les Phéniciens, et la multiplicité des chefs y jeta une confusion qui accéléra leur perte. Vainement les Cypriotes et les autres nations de l'Orient voulurent rétablir le combat, les Athéniens les resserrèrent dans un espace circonscrit, où ils se trouvèrent hors d'état d'agir, et, suivant l'expression d'Eschyle, *ils furent pris et détruits comme le poisson dans le filet.*

Victorieux de ce côté, Thémistocle s'empressa de voler au secours des Lacédémoniens et des autres alliés qui se défendaient contre les Ioniens.

« Pendant, dit Plutarque, que la « bataille étoit à ce point, on dit qu'il « apparut en l'air vers la ville d'É- « leusis une grande flamme, et que « l'on entendit une voix éclatante et « de grandes clameurs par toute la « plaine Thriasienne jusqu'à la mer, « comme s'il y eût eu une multitude « d'hommes qui eussent chanté en- « semble le sacré cantique de Iacchos; « et il sembloit que de la multitude de « ceux qui chantoient, il se levât pe- « tit à petit une nuée en l'air, qui, « partant de la terre, venoit fondre et « tomber sur les galères ennemies. Les « autres affirmoient avoir vu des figu- « res et des images d'hommes armés, « qui de l'île d'Égine tendoient les « mains au-devant des galères grec- « ques : et on pensoit que c'étoient les « Éacides, lesquelz on avoit invoqués « dans les prières solennelles avant la « bataille. » ( Trad. d'Amyot.)

Thémistocle s'étant dirigé du côté où les Ioniens combattaient avec acharnement, on prétend que plusieurs d'entre eux, qui avaient lu les pamphlets par lesquels il les exhortait à quitter le service des Barbares, passèrent du côté des Hellènes. Enfin, ce fut au moment de la défaite générale qu'Artémise, entourée d'ennemis, leur échappa par un stratagème dont ils furent dupes.

Elle avait brillé par sa vaillance : ce qui fit dire à Xerxès que dans cette journée « les hommes avaient com- « battu comme des femmes, et les « femmes comme des hommes. »

RETRAITE DES PERSES.

RETRAITE DE XERXÈS. — L'armée navale des Perses se retira au port Phalère : deux cents de leurs vaisseaux avaient péri; quantité d'autres étaient pris. Les Grecs n'avaient perdu que quarante galères.

Xerxès déplorait la perte de sa flotte, lorsqu'il vit les Grecs, dans l'enthousiasme de la victoire, tourner la proue de leurs vaisseaux vers l'île de Psytalie, y débarquer et tailler en pièces les soldats qu'il y avait fait passer. Transporté de fureur, il se précipite de son trône, déchire ses vêtements, et se livre au plus violent désespoir. Dans la nuit, un avis secret de Thémistocle apprend à Xerxès que les Grecs ont résolu d'aller incendier le pont qu'il avait fait construire sur l'Hellespont, et le roi des rois ne songe plus qu'à retourner en Asie.

Mardonios avait prévu cette résolution. Dans sa première entrevue avec Xerxès, il l'exhorta à ne pas trop s'affliger de la défaite de sa flotte, en lui représentant qu'il était venu pour combattre les Grecs, non pas avec des radeaux de bois, mais avec des soldats et des chevaux; qu'il était maître d'Athènes, le premier objet de son ambition; qu'il était temps que Sa Hautesse abandonnât les fatigues de la guerre pour se livrer aux soins du gouvernement de ses peuples; que lui, avec trois cent mille hommes choisis, se chargerait de poursuivre ses desseins et de ramener la victoire sous ses drapeaux.

Les courtisans confirmèrent par leurs suffrages l'avis de Mardonios; et Xerxès, tout en cédant aux suggestions de sa pusillanimité, sembla ne quitter la Hellade qu'à regret et par condescendance pour la pieuse sollicitude qu'il avait de ses sujets. Les débris de la flotte persane retournèrent dans les ports de l'Asie-Mineure. Mardonios distribua les trois cent mille hommes qu'on lui avait accordés en quartiers d'hiver.

ALLÉGRESSE, FÊTES, OFFRANDES RELIGIEUSES DES GRECS VICTORIEUX. — Tandis que Xerxès fugitif, qui ne trouva plus le pont, qu'une tempête avait brisé, traversait sur une barque le bras de mer de l'Hellespont pour se rendre en Phrygie, les Grecs victorieux envoyaient à Delphes les prémices des dépouilles qu'ils s'étaient partagées.

Les généraux se rendirent en même temps à l'isthme de Corinthe. Réunis autour de l'autel de Neptune, ils voulaient décerner des couronnes à ceux qui avaient le plus contribué à la victoire remportée sur les Barbares. Le jugement ne put être prononcé, chacun s'étant décerné le premier prix, en même temps que la plupart d'entre eux avaient accordé le second à Thémistocle.

Les présents que les Grecs consacrèrent aux dieux étaient magnifiques; les récompenses accordées à leurs généraux n'étaient au contraire que de simples marques d'estime publique : c'étaient des couronnes de laurier, de pin ou d'olivier. Ce qui fit dire à Tigrane, témoin d'une si auguste simplicité : « Grands dieux ! à quels hommes avons-nous affaire ! insensibles à l'intérêt, ils ne combattent que pour la gloire. »

Cette passion dominante pour la gloire qui survit au tombeau, détermina Thémistocle à se rendre à Sparte avec Eurybiade. Une couronne d'olivier fut la récompense de ces deux chefs. On combla Thémistocle d'éloges; à son départ on lui fit présent du plus beau char qu'on put trouver dans la ville; et, par une distinction aussi nouvelle qu'éclatante, trois cents jeunes cavaliers, tirés des premières familles de Sparte, eurent ordre de l'accompagner jusqu'aux frontières de la Laconie.

NÉGOCIATIONS DE MARDONIOS AVEC LES ATHÉNIENS. — Les Grecs auraient dû se préparer à de nouveaux combats aussitôt que Xerxès fut rentré en Asie, quoiqu'il passât son temps à bâtir des palais somptueux, qu'il avait soin de fortifier. Mais occupés à rendre les derniers devoirs à leurs guerriers morts dans les combats, à célébrer des fêtes nationales, à manifester, tant par leurs prières particulières que par la magnificence de leurs offrandes, la plus vive reconnaissance à leurs divinités particulières, ils ne songeaient qu'au présent.

Cependant Mardonios se disposait à réparer les affronts que Xerxès avait reçus : son armée s'augmentait, ou plutôt elle s'affaiblissait, par le concours d'une multitude indisciplinée; il consultait les oracles, lorsqu'il pensa à détacher les Athéniens de la ligue hellénique. Il fit en conséquence partir pour Athènes Alexandre, roi de Macédoine, qui était vassal de la Perse.

Ce prince, uni aux citoyens d'Athènes par les liens de l'hospitalité, ayant été admis dans l'assemblée du peuple en même temps que les ambassadeurs de Lacédémone chargés de rompre sa négociation, parla en cette manière : « Voici ce que Mardonios « m'a chargé de vous annoncer, ci-« toyens d'Athènes : « J'ai reçu un « ordre du roi conçu en ces termes : « Mardonios, exécutez mes volontés : « rendez à ce peuple ses terres ; don-« nez-lui-en d'autres, s'il en désire ; « conservez-lui ses lois, et rétablissez « les temples que j'ai brûlés. »

Alexandre, après avoir rapporté ces paroles, tâcha de convaincre les Athéniens qu'ils n'étaient pas en état de lutter contre la puissance des Perses, et les conjura de préférer à tout autre intérêt l'amitié de Xerxès.

« N'écoutez pas les perfides conseils « d'Alexandre, s'écrièrent les députés « de Sparte : c'est un tyran qui sert « un autre tyran. Il a, par un in-« digne artifice, altéré les instructions « de Mardonios. Les offres qu'il vous « fait de sa part sont trop séduisantes « pour n'être pas suspectes. Vous ne « pouvez les accepter sans fouler aux « pieds les lois de la justice et de « l'honneur. N'est-ce pas vous qui « avez allumé la guerre actuelle ? et « faudra-t-il que les Athéniens, qui « ont été dans tous les temps les plus « zélés défenseurs de la liberté, soient « les premiers auteurs de notre ser-« vitude ? Sparte, qui vous fait ces « représentations par notre bouche, « est touchée de l'état funeste où vous « réduisent vos maisons incendiées et « vos campagnes ravagées : elle vous « propose, en son nom et au nom de « ses alliés, de garder en dépôt, pen-« dant le reste de la guerre, vos fem-« mes, vos enfants et vos esclaves. »

Les ambassadeurs de Sparte et le roi Alexandre, qui s'étaient tenus éloignés pendant la délibération, ayant été rappelés dans le sein de l'assemblée, Aristide fit lire en leur présence le décret qui repoussait les propositions de Mardonios, et soudain élevant la voix : « Députés lacédémo-« niens, apprenez à Sparte que tout « l'or qui circule sur la terre, ou qui « est encore caché dans ses entrailles, « n'est rien à nos yeux au prix de la « liberté !... Et vous, Alexandre, en « lui montrant le soleil, dites à Mar-« donios : Tant que cet astre suivra « la route qui lui est prescrite, les « Athéniens poursuivront sur le roi « de Perse la vengeance qu'exigent « leurs campagnes désolées et leurs « temples réduits en cendres. »

Afin de rendre cet engagement encore plus solennel, Aristide fit aussitôt passer un décret en vertu duquel les ministres des dieux dévouaient aux divinités infernales tous ceux qui auraient des rapports avec les Perses, et qui se détacheraient de la confédération des Grecs.

SECONDE INVASION DE L'ATTIQUE PAR LES PERSES. — Mardonios, informé de la résolution des Athéniens, mit aussitôt en mouvement ses troupes, et entra dans l'Attique, dont les habitants s'étaient une seconde fois réfugiés à Salamine. Il informa Xerxès de son succès, dont il tâcha de profiter pour renouer ses négociations avec les Athéniens : il en reçut les mêmes réponses ; et Lycidas, qui avait proposé d'écouter les offres du général persan, fut lapidé avec sa femme et ses enfants.

Cependant les alliés, et les Spartiates surtout, qui avaient engagé les Athéniens à rejeter les offres de Mardonios, semblèrent oublier ceux qu'ils avaient compromis. Au lieu de voler au secours de l'Attique, ils demeurèrent au-delà de l'isthme, qu'ils avaient fortifié.

Les Athéniens envoyèrent alors des ambassadeurs à Lacédémone, où l'on célébrait des fêtes qui devaient durer plusieurs jours : ils firent entendre leurs plaintes. On différait d'y répondre, lorsqu'ils se présentèrent aux éphores, auxquels ils déclarèrent qu'Athènes, délaissée par les Lacédémoniens et par ses autres alliés, était résolue de tourner ses armes contre eux en faisant la paix avec les Perses.

Les éphores répondirent que la nuit

précédente ils avaient fait partir, sous le commandement de Pausanias, tuteur et parent de Pleistarque, fils de Léonidas, cinq mille Spartiates et trente-cinq mille Hilotes. Les Péloponésiens avaient de leur côté envoyé leur contingent, qui se montait à vingt mille hommes.

Cette armée, forte de soixante mille combattants, ayant traversé l'isthme, fut jointe par Aristide, qui commandait huit mille Athéniens et un nombre supérieur de soldats tirés de Mégare, de Thespie, de Platée, de Salamine, des îles d'Eubée et d'Égine, Une quantité proportionnée d'esclaves était attachée aux différentes divisions des troupes confédérées.

RETRAITE DE MARDONIOS. — Mardonios, informé secrètement de ce qui se passait par les Argiens, avait opéré sa retraite vers la Béotie. Cette province lui offrait de grandes plaines pour faire mouvoir sa cavalerie, un pays fertile, et en cas de revers, des villes pour retirer les débris de son armée. Il avait établi son camp le long du fleuve Asope, depuis Érythrée jusqu'aux confins du pays des Platéens.

JOURNAL DE LA BATAILLE DE PLATÉE. 19 SEPTEMBRE 479 ANS AVANT J.-C. — Au terme de leur marche, les Grecs vinrent camper en face des Perses, au pied et sur le penchant du mont Cithéron. Aristide commandait les Athéniens ; Pausanias toute l'armée. Dans un conseil composé des chefs, on dressa la formule d'un serment que les soldats se hâtèrent de prononcer. Le voici :

« Je ne préférerai point la vie à la
« liberté ; je n'abandonnerai mes chefs
« ni pendant leur vie, ni après leur
« mort ; je rendrai les honneurs de la
« sépulture à ceux des alliés qui mourront dans la bataille ; après la victoire,
« je ne renverserai jamais aucune des
« villes qui auront combattu pour la
« Grèce, et je décimerai toutes celles
« qui se seront jointes à l'ennemi : loin
« de rétablir les temples qu'il a brûlés
« ou détruits, je veux que leurs ruines subsistent, pour rappeler sans
« cesse à nos neveux la fureur impie
« des Barbares. »

Les deux armées restèrent onze jours dans leurs retranchements. Plusieurs incidents marquèrent la durée de ce temps.

De toutes les républiques situées au nord de la Grèce, celle des Phocidiens était la moins disposée à embrasser la cause des Mèdes. Mais, comme leur pays se trouvait occupé par Mardonios, ils se virent contraints de lui envoyer mille soldats, commandés par Harmocydes, qui avait beaucoup d'autorité parmi eux. Quelques jours après qu'ils eurent joint l'armée des Perses, Mardonios envoya ordre aux Phocidiens de camper dans la plaine, en un corps séparé.

Ils n'eurent pas plus tôt obéi à ce commandement, que toute la cavalerie persane se forma en ordre de bataille. Harmocydes cria aussitôt à ses compagnons : « Vous voyez ces hom-
« mes qui viennent avec une intention
« évidente de nous détruire : mou-
« rons en Grecs, et défendons-nous
« avec toute la fureur du désespoir,
« plutôt que de nous soumettre lâche-
« ment à une destinée déshonorante. »
En même temps ils présentent de tous côtés aux Barbares un cercle immobile hérissé de piques menaçantes.

Cette attitude frappa de terreur la multitude des cavaliers mèdes, qui se retirèrent dans leur camp. Mardonios se dépêcha d'envoyer un héraut chargé de dire aux Phocidiens que le courage qu'ils venaient de montrer démentait l'impression qu'on lui avait donnée de leur valeur, et que s'ils la déployaient en faveur des Perses, ils éprouveraient la générosité de Xerxès et la sienne.

Dans cette situation, de fréquentes escarmouches devaient nécessairement avoir lieu entre les deux armées. Trois mille soldats mégariens étaient campés du côté le plus exposé à la cavalerie de l'ennemi, dont les incursions les avaient tellement fatigués, qu'ils demandèrent à être relevés du poste qu'ils occupaient. Pausanias s'adressa successivement aux différents corps de l'armée, pour savoir si quelqu'un d'eux voulait remplacer les guerriers de Mégare. Les Athéniens seuls s'empressèrent d'offrir leurs services dans cette circonstance critique. A peine avaient-ils pris possession de ce poste important, que la cavalerie persane vint fondre sur eux; ils repoussèrent l'attaque avec vigueur, et Macistios, lieutenant général de Mardonios, fut tué dans l'action : son corps resta au pouvoir des Hellènes.

Malgré cet avantage, les Grecs, qui ne pouvaient s'approcher des rives de l'Asope sans être exposés aux flèches des ennemis, se virent obligés de changer de position. Ils entrèrent dans le pays des Platéens, et les Spartiates s'établirent auprès de la fontaine Gargaphie, qui pouvait fournir de l'eau à toute l'armée. Cet endroit était parsemé de plusieurs monticules agréables, orné d'un bosquet et d'un temple consacré au génie du lieu.

Dans la distribution des postes qu'occasiona ce mouvement de l'armée, il s'éleva une contestation assez vive entre les Athéniens et les Tégéates, qui prétendaient également commander l'aile gauche de l'armée. Les deux partis cédaient la droite aux Spartiates, comme étant la place d'honneur.

Aristide termina heureusement ce différent. « Nous ne sommes pas ici, « dit-il, pour contester avec nos alliés, « mais pour combattre nos ennemis. « Nous déclarons que ce n'est pas le « poste qui donne ou qui ôte la valeur: « c'est à vous, Spartiates, que nous « nous en rapportons. Quelque rang « que vous nous assigniez, nous l'é- « lèverons si haut, qu'il deviendra « peut-être le plus honorable de « tous? » Les Lacédémoniens opinèrent par acclamation en faveur des Athéniens.

Mardonios, informé du mouvement des Grecs qui remontaient la vallée de l'Asope, vint camper une seconde fois en face de l'ennemi. Son armée était composée de trois cent mille Asiatiques et d'environ cinquante mille Béotiens, Thessaliens et autres auxiliaires. Celle des Hellènes confédérés était d'environ cent dix mille, dont soixante-neuf mille cinq cents n'étaient armés qu'à la légère. On y comptait dix mille Spartiates et Lacédémoniens, huit mille Athéniens, cinq mille Corinthiens, trois mille Mégariens et plusieurs contingents fournis par divers cantons ou villes de la Hellade : il en venait chaque jour de nouveaux; les Éléens et les Mantinéens n'arrivèrent qu'après la bataille.

479 ANS AVANT J.-C. 17-19 SEPTEMBRE. — Les deux armées se trouvaient en présence depuis plusieurs jours, lorsqu'un détachement de cavalerie persane, ayant passé l'Asope pendant la nuit, s'empara d'un convoi venant du Péloponèse, qui descendait du mont Cithéron. Les Perses se rendirent maîtres de ce défilé, et les Grecs ne reçurent plus d'approvisionnements. Leur camp fut pendant deux jours souvent insulté par la cavalerie ennemie.

Le onzième jour depuis qu'on était en présence, Mardonios assembla son conseil de guerre. Artabaze, un des officiers supérieurs, proposa de se retirer sous les murs de Thèbes, sans courir les chances d'une bataille, et d'aviser ensuite aux moyens de corrompre à force d'argent les principaux citoyens des villes alliées. Il était prouvé qu'il y avait même parmi les Athéniens des chefs prêts à se vendre. Mardonios rejeta cette proposition avec mépris.

20-21 SEPTEMBRE. — La nuit du 19 au 20 septembre, un cavalier sorti du camp des Perses, s'étant avancé du côté des Athéniens, fit annoncer au général qu'il avait un secret important à lui révéler. Dès qu'Aristide se fut présenté, l'inconnu lui dit : « Mar- « donios fatigue inutilement les dieux « pour obtenir des auspices favorables. « Leur silence a fait jusqu'ici différer « le combat; mais les devins ne font « plus que d'inutiles efforts pour le « retarder. Il vous attaquera demain « au point du jour. J'espère qu'après « votre victoire, vous vous souvien- « drez que j'ai risqué ma vie pour « vous garantir d'une surprise : *je suis* « *Alexandre, roi de Macédoine.* » En achevant ces mots, il reprit à toute bride le chemin du camp des Barbares.

Aristide s'étant aussitôt rendu au quartier des Lacédémoniens, on y concerta les mesures propres à repousser l'ennemi.

21-22 SEPTEMBRE. — La journée suivante se passa en mouvements stratégiques. Le camp des Grecs fut levé pendant la nuit avec la confusion qu'on devait attendre de tant de nations indépendantes, refroidies par leur inaction, par leurs différentes retraites et par la pénurie des vivres. Quelques-unes se rendirent à l'endroit désigné par le généralissime; d'autres, égarées par leurs guides ou par une terreur panique, se réfugièrent auprès de la ville de Platée.

Mardonios avait été instruit de la retraite des Hellènes, et, ne doutant pas que la crainte n'eût précipité ce mouvement, il ordonna de les poursuivre. Il chargea cinquante mille de ses auxiliaires d'attaquer les Athéniens, et il se mit en personne à la tête de l'élite des Mèdes. Arrivés à portée des Hellènes, les Barbares poussent un cri immense et lancent une grêle de flèches, en chargeant l'ennemi. Les Lacédémoniens supportent avec une imperturbable fermeté le choc d'une masse dont la pesanteur et l'impulsion semblaient devoir les écraser. Couverts de leurs larges boucliers, ils reçoivent sans bouger les innombrables traits des Perses : ils offraient alors des sacrifices et ils attendaient que les dieux se fussent expliqués. On leur annonce que les victimes sont propices.... aussitôt ils fondent sur les Barbares.

Les Perses, renforcés par les Saces, nation scythique, présentent un front impénétrable. Mardonios, monté sur un cheval blanc d'une vigueur et d'une légèreté peu communes, se faisait distinguer sur tous les points de l'attaque par l'éclat de ses armes, et plus encore par sa valeur signalée. Suivi de mille cavaliers choisis parmi la noblesse persane, il rendait la victoire incertaine, lorsque, atteint d'un coup mortel par le Spartiate Alcimnestos, il tombe au milieu des braves qui sont immolés autour de son cadavre. Épouvantés à cette vue, les Perses prennent la fuite, et la déroute devient générale dans l'armée, dont les débris se réfugient dans le camp retranché que Mardonios avait fait élever au bord de l'Asope.

Dès le commencement de l'action, Artabaze, qui s'y était opposé dans le conseil, abandonna le champ de bataille avec quarante mille hommes. Fuyant à marches forcées, il arriva au bord de l'Hellespont avant la nouvelle de la défaite de Mardonios et repassa sur la côte d'Asie avec les troupes qu'il commandait.

Aristide, vainqueur des Barbares qu'il avait en tête, vint se rallier aux Lacédémoniens, pour attaquer de concert les retranchements élevés par les ennemis : ils les forcèrent, et de tant de milliers de Perses qui avaient envahi la Hellade, il en échappa à peine deux mille au fer vengeur des Grecs.

Le butin qu'on trouva dans le camp retranché des Mèdes était considérable. Xerxès, dans sa retraite précipitée, y avait déposé la majeure partie de ses richesses, après avoir distribué le surplus à ses favoris. Les tentes des nobles étaient abondamment fournies de meubles précieux; on y trouva des caisses remplies de monnaies d'argent frappées au coin des Perses, monnaies qui commencèrent et continuèrent pendant long-temps à avoir cours dans la Grèce.

Tout le butin étant rassemblé, on en consacra le dixième aux dieux; un autre dixième fut donné au général. On offrit des dons particuliers aux temples de Jupiter Olympien, de Neptune Isthmien, d'Apollon Delphien, et de Minerve, protectrice d'Athènes.

La victoire avait coûté peu de sang; mais on avait perdu les hommes les plus généreux de la Hellade. Dans ce nombre, on comptait quatre-vingt-onze Spartiates, cinquante-deux Athéniens et seize Tégéates.

Chaque nation éleva un tombeau à ses guerriers; et, dans une assemblée des chefs, Aristide fit passer le décret suivant : « Que tous les ans les « peuples de la Grèce enverraient des « députés à Platée, afin d'y renou- « veler, par des sacrifices augustes, « la mémoire de ceux qui avaient « perdu la vie dans le combat; que de « cinq ans en cinq ans on y célébre- « rait des jeux solennels, qui seraient « nommés les Fêtes de la liberté ; et « que les Platéens, n'ayant désormais « d'autres soins que d'adresser des « vœux aux immortels pour le salut « de la Grèce, seraient regardés comme « une nation inviolable et consacrée « à la Divinité. »

La bataille de Platée fut donnée le 3 du mois de boedromion, dans la seconde année de la soixante-quinzième olympiade ( 22 septembre 479 avant Jésus-Christ. ) (Voy. *pl.* 20 ) (\*).

(\*) Les tombeaux des guerriers morts à Platée étaient près des remparts, dit Strabon. Les Athéniens, les Lacédémoniens et les Platéens avaient des sépultures séparées. On éleva un tombeau commun pour les autres Grecs qui périrent dans cette bataille. Les tombes antiques que l'on voit encore maintenant en grand nombre dans la plaine de Platée, indiquent l'emplacement de cette ville. Ses remparts, larges de 8 pieds, encore assez bien conservés, et dont il reste même quelques tours carrées, forment un triangle de 3,000 mètres de tour. Au sud s'élève le mont Cythéron, qui borne un de ses côtés; il termine la vue que nous donnons de cette plaine célèbre, où chaque année on venait célébrer l'anniversaire des héros morts aux champs de Platée pour la liberté des Grecs.

Au point du jour, dit Plutarque, la procession partait précédée d'un trompette qui sonnait la charge, suivi de chars remplis de couronnes et de branches de myrte. On voyait ensuite un taureau noir accompagné de jeunes gens de condition libre, qui portaient des vases remplis de lait et de vin destinés aux libations, ainsi que des fioles d'huile et de parfums. Après eux, marchait l'archonte seul, suivi du reste des citoyens. Ce chef, qui, le reste de l'année, était vêtu d'habits blancs, auquel il n'était permis de toucher rien où il entrait du fer, paraissait ce jour-là en robe de pourpre, ceint d'un baudrier et armé d'une épée, tenant dans ses mains l'urne sacrée qu'il prenait dans le lieu où l'on dépose les actes civils.

Le même jour, la flotte des Grecs, commandée par Léotychidas, roi de Sparte, et par Xantippos, d'Athènes, remporta une victoire signalée sur les Perses auprès du promontoire de Mycale, en Ionie. Telle fut l'issue de la guerre de Xerxès, plus connue sous le nom de guerre médique; elle avait duré deux ans.

## PREMIERS RAPPORTS
### ENTRE LES GRECS ET LES CARTHAGINOIS.

Le commencement du V<sup>e</sup> siècle avant notre ère forme l'époque la plus glorieuse de la Grèce. L'orgueil du grand roi semblait ne lui laisser rien à craindre du côté de l'Asie : les établissement helléniques du côté de l'Hellespont et de l'Adriatique tenaient en respect les Barbares septentrionaux, et la colonie de Cyrène refoulait les Libyens dans leurs solitudes brûlantes. Le nord, le midi, l'orient reconnaissaient l'ascendant de la valeur et du génie des Grecs. Rome, à l'occident, n'était encore occupée qu'à disputer aux Volsques les misérables cabanes du Latium ; mais Carthage, fondée 890 ans avant notre ère par une colonie de Phéniciens, excitait les sollicitudes politiques des Hellènes.

Les Carthaginois avaient profité en silence de la fertilité de leur territoire, de la commodité de leurs ports, de l'esprit entreprenant de leurs marins, de la sagesse de leur gouvernement, qui fut telle, jusqu'au siècle d'Aristote, qu'aucun tyran n'opprima

Arrivé au tombeau, il puisait de l'eau dans une fontaine voisine, lavait les cippes ou colonnes sépulcrales, qu'il oignait et parfumait ensuite. Après avoir égorgé la victime, dont il faisait couler le sang dans une fosse, et tandis qu'on la mettait sur le bûcher, il invoquait Jupiter et le Mercure infernal, en appelant par leurs noms les braves morts pour la patrie, qu'il invitait à se rassasier du sang qu'on avait répandu. Remplissant ensuite une coupe de vin, il la répandait dans la fosse, tandis qu'on y versait les cruches de lait ; et il s'écriait : *A la mémoire des héros qui se sont immolés pour la liberté des Grecs.*

leur liberté, et qu'aucune sédition n'altéra leur tranquillité.

Vers le milieu du VI<sup>e</sup> siècle, les Carthaginois sortirent de leur tranquillité à l'occasion des Phocéens établis dans l'île de Cyrnos (la Corse). Le commerce est, de sa nature, intolérant. Les armateurs de Carthage et les Toscans, jaloux de la prospérité des colons ioniens, leur déclarèrent la guerre; et le plus ancien combat naval, historiquement connu, se donna dans les mers de la Sardaigne. Les Phocéens, avec soixante voiles de guerre, détruisirent quarante vaisseaux carthaginois, et mirent en déroute le surplus de la flotte ennemie.

Malgré ce succès, la colonie grecque de Cyrnos, entourée par les établissements des Carthaginois qui occupaient la Sardaigne, les rives septentrionales de la Sicile, Malte, les îles Baléares, comprenant qu'elle ne pourrait se soutenir, fit voile pour les plages de la Gaule, où elle fonda Marseille, 599 ans avant J.-C.

L'ambition commerciale de Carthage avait pour but particulier de paralyser les progrès de tout peuple qui pouvait contrarier ses intérêts, en lui disputant les moyens de s'élever par le commerce. Ainsi, vingt-huit ans avant la guerre médique, elle avait conclu avec Rome, débarrassée depuis peu des Tarquins, un traité par lequel la nouvelle république s'engageait à n'avoir aucuns rapports de négoce avec les établissements grecs.

Pendant une période de soixante ans, les colonies grecques établies dans la Basse-Italie étaient parvenues à un tel état de splendeur, qu'elles furent désignées sous le nom générique de Grande-Grèce. Aussi les Carthaginois, affligés d'une semblable prospérité, apprirent-ils avec des transports de joie les préparatifs de Xerxès contre la Hellade. Leur joie redoubla quand Xerxès, traitant d'égal à égal avec leur république, leur accorda des subsides pour concourir à la destruction complète des Hellènes.

Les Carthaginois, avant que Xerxès sortît de Suze, étaient parvenus, au bout de trois années de préparatifs, à réunir deux mille galères et trois mille bâtiments de charge, destinés à transporter dans la Grande-Grèce une armée de trois cent mille hommes. Une diversion aussi puissante devait concourir, avec l'expédition du grand roi, à l'extermination de la race hellénique, partout où elle existait.

En réfléchissant sur l'état actuel du royaume des Deux-Siciles, dont une poignée de Normands fit la conquête au moyen âge, on ne pourra entendre, sans un mélange de surprise et d'incrédulité, que, cinq siècles avant notre ère, cette contrée renfermait vingt républiques belliqueuses, dont plusieurs pouvaient mettre cent mille combattants en campagne. Ces merveilles cependant ont existé : elles furent l'ouvrage d'un peuple actif, qui eut pour législateur moral Pythagore.

PYTHAGORE.

Cicéron dit que la Grande-Grèce dut sa civilisation, ses institutions et ses arts à Pythagore, fils de Mnésarque, né à Samos, six siècles avant notre ère. Agé de dix-huit ans, il avait visité la Grèce et gagné le prix de la lutte aux jeux olympiques. Il était allé de là en Égypte, où il apprit à lire l'écriture symbolique des prêtres, qui l'initièrent à leurs mystères, après l'avoir soumis à la circoncision : ce qui a porté quelques écrivains à croire qu'il connut la loi de Moïse.

Au retour de ses voyages, Pythagore trouvant sa patrie courbée sous le joug de l'artificieux Polycrate, revint en Grèce; et après avoir, pour la seconde fois, assisté aux jeux olympiques, il se rendit à Sparte. Pendant le séjour qu'il y fit, il étudia la constitution de Lycurgue, fondée sur un grand système d'éducation, et il en déduisit le plan d'une législation qui, du sein de l'école où il l'enseignait à quelques adeptes, sortit et fut reçue avec enthousiasme par l'Italie et la Sicile.

Pythagore, âgé de quarante ans,

arriva à Crotone, précédé d'une réputation acquise aux jeux olympiques et dans ses voyages, où il avait fait connaissance avec plusieurs Grecs, qu'il avait rencontrés dans les temples et dans les gymnases, où les hommes de ce temps se réunissaient. Aussi se montra-t-il d'abord sur les places publiques, où il enleva tous les suffrages par son éloquence, par son adresse à lutter et ses succès dans les joutes, qui faisaient les délices des peuples de l'antiquité. Ses talents en musique et en médecine, ses connaissances en mathématiques et en physique, les arts et les sciences qu'on commençait à cultiver et qu'il encouragea, lui acquirent une considération générale.

Pythagore, qui avait observé les habitudes des nations, au lieu de blâmer la vie voluptueuse des habitants de la Grande-Grèce, s'attacha à les réformer par l'influence de la morale. Il fonda en conséquence une association, dans laquelle les Grecs et les Barbares étaient admis après avoir fait preuve d'intelligence et de bonnes dispositions : on s'y servait d'une écriture symbolique; et 550 ans avant Jésus-Christ, trois cents pythagoriciens se trouvèrent à la tête du gouvernement de la république de Crotone.

L'esprit d'association est une sorte d'instinct qui émane de la Divinité. Les disciples du maître (ils nommaient ainsi Pythagore), les profès, les initiés, ne tardèrent pas à étendre leur influence sur les états de Locres, de Rhégion, de Catane, d'où la doctrine passa dans les îles de la mer Égée. Alors parut une foule de pythagoriciens appelés à gouverner le monde par la parole, tandis qu'ils étaient eux-mêmes gouvernés par la sagesse et par la vertu.

POLITIQUE. — Pythagore prétendait que le bonheur des nations dépendait de ceux qui les gouvernent. Également ennemi de la turbulence démocratique et du pouvoir des tyrans, il leur préférait une aristocratie modérée : opinion qui fut celle de tous les grands hommes de l'antiquité. Il avait, en même temps, une aversion invincible pour le pouvoir arbitraire; de sorte que, pour prévenir l'oppression et la licence, il voulait opérer sa réforme par l'éducation, et conduire ainsi le peuple à l'état le plus parfait dont une société politique soit susceptible.

MORALE. — Il faudrait composer un traité de morale, et de la morale la plus sublime, pour expliquer le système d'éducation de Pythagore. Il prétendait que jamais les attraits du plaisir, l'activité et l'ambition n'occupent assez complétement l'esprit d'un satrape ou d'un démagogue, pour que son bonheur ou sa misère ne dépendent pas de ses réflexions sur le passé, de ses espérances ou de ses craintes de l'avenir.

EMPLOI DU TEMPS. Suivant la règle, dont personne ne pouvait s'écarter sans être exclu d'une société dont il se montrait indigne, on devait employer la majeure partie du jour en travaux appliqués au bien de la société. Les Pythagoriciens seuls se rendaient dès le matin aux temples, aux montagnes et dans les forêts les plus solitaires, où ils se livraient à la méditation. Ils se réunissaient ensuite pour converser : ils discutaient sur des sujets de philosophie ou de politique, pour se préparer aux agitations de la société et aux occupations de la vie active. Le soir, ils se permettaient l'usage modéré des végétaux et du vin; et leurs exercices se terminaient par un examen de conscience, qui était le grand précepte de l'école. Le silence était prescrit aux adeptes pendant plusieurs années. Quant aux préceptes politiques, il faudrait répéter, pour les faire connaître, ce qu'on a dit relativement aux lois de Lycurgue, dont ils n'étaient guère qu'une copie.

Après Pythagore, qui mourut dans une extrême vieillesse à Métaponte en Lucanie, ses disciples se répandirent particulièrement dans la Sicile, qui, à l'époque de l'invasion des Carthaginois, alliés de Xerxès, se trouvait gouvernée par des hommes pénétrés de l'esprit de leur illustre maître.

### INVASION DES CARTHAGINOIS.
#### 480 avant J.-C.

Gélon régnait depuis onze ans à Syracuse. Uni par les liens du sang avec Théron son frère, dont il avait épousé la fille, ils faisaient le bonheur de leurs sujets, lorsqu'on aperçut au nord de la Sicile le formidable armement de Carthage. Comment résister à une flotte de cinq mille vaisseaux? L'ennemi, commandé par Hamilcar, est en vue, il approche, il débarque sans obstacle dans la baie de Panorme (Palerme), où il se fortifie.

Théron prend les mesures convenables à sa situation, et appelle à son secours l'intrépide Gélon, qui part presque aussitôt à la tête de cinquante mille fantassins et de cinq mille cavaliers. Il s'avançait à marches forcées vers Himère, lorsqu'il tomba sur une division de l'armée carthaginoise, à laquelle il fit dix mille prisonniers. Mais la capture la plus importante fut celle d'un messager qui portait une lettre adressée à Hamilcar. Le gouverneur de Sélinonte, ville voisine d'Agrigente, l'informait de l'arrivée de la cavalerie qu'il lui avait promise, au temps prescrit par le traité qui unissait sa république à celle de Carthage.

Gélon conçut aussitôt un stratagème aussi téméraire qu'il devint décisif. Il commande à un corps d'élite d'avancer pendant la nuit vers le camp des Carthaginois, et de se présenter au point du jour à Hamilcar, comme étant ses alliés venus de Sélinonte; et quand, par cet artifice, ils seraient admis dans son camp, il leur prescrivit d'assassiner le général et de mettre le feu à la flotte carthaginoise.

Les Siciliens s'étant présentés à Hamilcar, qui sacrifiait dans ce moment des victimes humaines à Moloch, il est frappé d'un coup de poignard, et aussitôt ses vaisseaux sont embrasés. Des vedettes placées sur les hauteurs donnent avis de ce qui se passe à Gélon: il précipite sa marche, fond sur les Barbares, les accable et couvre la terre de cinquante mille morts ou mourants. Quelque temps après, ce qui restait de Carthaginois se rendit à discrétion, et, suivant l'expression d'un ancien historien, « l'Afrique sembla être captive en Sicile. » Ces prisonniers furent employés à embellir les villes de cette île, dont les ruines font encore l'admiration des voyageurs.

Dès que la nouvelle d'un désastre aussi complet fut connue à Carthage, le sénat envoya des ambassadeurs chargés de négocier la paix à tout prix. Gélon les reçut avec cette modération qui marquait la supériorité de son caractère. Il exigea que Carthage payât deux mille talents d'indemnité aux places qui avaient souffert de son invasion; qu'elle s'abstînt à l'avenir de l'usage abominable d'insulter les dieux en leur offrant des sacrifices humains; qu'on bâtît à ses frais deux temples, l'un à Carthage et l'autre à Syracuse, en mémoire de la guerre et de la paix qui venait de la terminer. La guerre avait duré pendant deux ans.

### GLOIRE D'ATHÈNES.
#### 480—431.

Les fastes de la Hellade ne fournissent aucune époque aussi brillante que celle du demi-siècle qui s'écoula depuis les batailles de Platée et de Mycale jusqu'à la guerre mémorable du Péloponèse.

Une seule république, l'un des seize états de la Grèce dont le territoire n'est qu'un point sur la carte du globe, Athènes, éleva dans ce court espace de temps l'édifice imposant d'un empire majestueux; elle établit et affermit son autorité dans une étendue de trois cents lieues sur la côte d'Asie, depuis Cypre jusqu'au Bosphore de Thrace; s'empara de quarante îles disséminées dans la mer Égée et des détroits qui joignent le Pont-Euxin à l'Archipel; remplit de ses colonies les rivages sinueux de la Thrace et de la Macédoine; donna des lois à la plupart des peuples limitrophes du Pont-Euxin jusqu'à la Chersonèse Taurique, en protégeant les établissements fondés par Miltiade et par les cités grecques de l'Asie, à différentes époques. (Voy. *planches* 21 et 22 ) (*).

Un honneur particulièrement réservé aux Athéniens, c'est que, pendant cette période, qui fut une suite rapide de victoires, ils cultivèrent avec le plus noble enthousiasme les arts utiles et agréables. Ce fut alors que la sculpture et la peinture s'élevèrent à toute la sublimité de l'art, et que la poésie, l'éloquence et la philosophie répandirent de si vives lumières, que le nom de Grec sembla s'être perdu dans celui d'Athénien. Essayons de faire connaître cette grande époque de l'histoire.

### RETOUR
#### DES HABITANTS DE L'ATTIQUE DANS LEUR PAYS.
#### 479 avant J.-C.

Le premier soin des Athéniens vainqueurs des Mèdes fut de ramener dans l'Attique, couverte de ruines, leurs familles, et d'y rapporter ce qu'ils avaient déposé de plus précieux dans les îles d'Égine et de Salamine. Avant de s'embarquer, ils célébrèrent à Salamine une fête dans laquelle on vit Sophocle, réuni à un chœur d'adolescents, danser autour des dépouilles des Barbares. Eschyle avait contribué par sa valeur personnelle aux victoires qui avaient procuré ces richesses; et le tendre Euripide, que sa mère allaitait, était né à Salamine, le jour même

(*) La planche 21 donne une vue d'Athènes prise de la colline du Musée. Au pied de l'acropole d'Athènes, où domine le Parthénon, sont les ruines du temple de Bacchus. A droite, dans le fond, on aperçoit les colonnes du temple de Jupiter Olympien, terminé par Hadrien.
La planche 22 donne une vue d'Athènes prise du Pnyx; on aperçoit sur le devant de la planche la célèbre tribune aux harangues, depuis peu dégagée du sol qui la recouvrait. Sur l'acropole, à côté du Parthénon, est une grande tour en marbre, construite par les Français, au XIII<sup>e</sup> siècle, de débris du temple de la *Victoire sans ailes*. Au pied de l'acropole, à gauche, on aperçoit le temple de Thésée, et à droite celui de Jupiter Olympien.

qui fut si glorieux pour la Grèce et si fatal à la Perse.

### RESTAURATION D'ATHÈNES.

Les peuples respiraient. Les Athéniens bâtissaient d'humbles demeures au milieu des décombres de leur ville deux fois incendiée. Mais ils relevaient avec plus de soin les murailles, malgré les plaintes des alliés, qui redoutaient leur gloire, et malgré les représentations des Lacédémoniens, dont l'avis était de démanteler les places situées en dehors du Péloponèse, afin que, disaient-ils, dans le cas d'une nouvelle invasion, elles ne servissent pas de refuge aux Perses.

Thémistocle reconnut aisément le soupçon et la haine cachés sous ce prétexte. Le sénat des cinq cents, chargé de donner audience aux envoyés de Sparte, porteurs de cette réclamation, déclara : qu'Athènes n'adopterait jamais aucune mesure contraire à l'intérêt général de la Grèce, et qu'elle enverrait une ambassade pour s'entendre à ce sujet avec le sénat de Lacédémone.

On ne tarda pas à faire partir Thémistocle comme négociateur. Il marcha à petites journées, et sut temporiser, ainsi qu'il en était convenu avec Aristide et Lysiclès, orateur du sénat.

Pendant ce temps, les murs d'Athènes s'élevaient avec une célérité incroyable. Esclaves, artisans, citoyens, magistrats, les pères vénérables de la patrie, les femmes, les enfants, contribuaient à ces utiles travaux. Pour y vaquer, on avait interrompu les solennités publiques, il n'y avait plus de distinction de jours; les nuits mêmes ne ralentissaient ni l'activité, ni l'ardeur des Athéniens.

Les ruines de la ville fournissaient en abondance des matériaux : on n'épargnait aucun édifice public ou particulier, sacré ou profane. La sculpture grossière des anciens temples, les tombeaux mutilés des ancêtres, tout était confondu dans la bâtisse, et, un siècle après, le singulier aspect des murailles composées de pierres informes, inégalement posées et de couleurs différentes. attestait la rapidité de cette construction.

Thémistocle éluda de se présenter devant le sénat de Lacédémone; mais des marchands qui avaient passé par Athènes donnèrent avis des travaux qu'on y exécutait. Cette révélation aurait déconcerté tout autre que le vainqueur de Salamine et d'Artémise.

Interpellé par les magistrats de Sparte, Thémistocle répondit qu'il était indigne de leur gravité de s'en rapporter à des hommes obscurs, et qu'ils devaient envoyer des commissaires afin de constater la vérité des faits. Cette proposition, accompagnée de présents distribués aux éphores, eut un plein succès : on fit partir pour Athènes une seconde ambassade, composée des citoyens les plus honorables.

Ces nouveaux députés ne furent pas plus tôt arrivés à leur destination, qu'on les retint comme garants du retour de Thémistocle et de ses collègues. Ce fut alors que ces derniers levèrent le masque; et Thémistocle, admis dans l'assemblée des Lacédémoniens, déclara : « Que ses compa-
« triotes n'avaient pas d'avis à pré-
« voir pour apprendre quelles mesures
« étaient plus honorables pour eux et
« plus avantageuses pour la cause
« commune; que c'était par ses con-
« seils qu'ils avaient mis Athènes
« en état de se défendre contre les
« Barbares et contre ses voisins ja-
« loux; que si Sparte conservait du
« ressentiment, sa colère serait tout
« à la fois injuste et impuissante,
« puisque ses propres citoyens reste-
« raient en otage à Athènes, jusqu'à
« ce que lui et ses collègues eussent
« été rendus sains et saufs dans leur
« pays. »

Les Spartiates, pris au dépourvu, dissimulèrent leur ressentiment, et permirent aux ambassadeurs athéniens de retourner chez eux; mais Thémistocle laissa à Sparte le levain de cette haine implacable qui ne tarda pas à le poursuivre.

LE PIRÉE FORTIFIÉ, 477 AVANT J.-C. — L'ancien port de Phalère était petit, étroit et mal abrité. Pour remédier à ces inconvénients, Thémistocle avait recommandé de fortifier le Pirée, composé de trois bassins naturels, qui devaient fournir une station plus sûre et plus commode pour la marine d'Athènes. Malgré une invasion des Barbares qu'on chassa de l'Attique, et malgré l'opposition des Spartiates, que Thémistocle eut l'adresse de contenir, les travaux furent poussés avec tant d'activité, qu'en moins d'une année le Pirée se trouva fortifié. Il devint une place de guerre qui fut jointe à Athènes au moyen des longs murs commencés par Cimon, et terminés vingt ans après par Périclès.

TRAHISON DE PAUSANIAS,
ROI DE SPARTE, 476 ANS AVANT JÉSUS-CHRIST.

Les confédérés ayant résolu de délivrer les villes grecques où les Perses avaient laissé des garnisons, mirent en mer une flotte nombreuse sous le commandement de Pausanias et d'Aristide. Leurs opérations se dirigèrent contre l'île de Cypre et la ville de Byzance, où ils firent un butin considérable et un grand nombre de prisonniers de la plus haute distinction. Ces succès achevèrent de perdre Pausanias, désormais incapable de soutenir le poids de sa gloire. Les riches dépouilles de Platée, dont on lui avait adjugé le dixième, et celles de Byzance, ne laissaient plus de terme à son ambition. Entouré de satellites étrangers, qui le rendaient inaccessible à ses compatriotes, il conçut le projet insensé de devenir souverain absolu de la Grèce par le secours de Xerxès.

Afin d'arriver à son but, Pausanias fit évader les prisonniers perses confiés à sa garde, avec un certain Gongylos, auquel il remit une lettre adressée au grand roi ; elle était conçue en ces termes : « Pausanias, chef de
« Sparte, désirant te complaire, te
« renvoie ces hommes qu'il a faits pri-
« sonniers de guerre. Je suis disposé,
« avec ton consentement, à épouser

« ta fille, et à te soumettre Sparte
« ainsi que le reste de la Grèce : je
« me crois capable d'exécuter ce pro-
« jet en m'entendant avec toi. Si
« quelqu'une de mes propositions te
« convient, envoie-moi, sur la côte,
« un homme affidé par qui nous cor-
« respondrons à l'avenir. »

Xerxès, charmé de cette ouverture, expédia aussitôt sur la côte Artabaze, fils de Pharnace, avec cette réponse adressée au roi de Sparte : « Ainsi
« parle le roi Xerxès à Pausanias : Au
« sujet des hommes que tu m'as en-
« voyés sains et saufs de Byzance,
« ce bienfait, à jamais ineffaçable,
« restera déposé pour toi dans notre
« maison; quant à tes propositions,
« je les agrée. Que ni le jour, ni la
« nuit ne t'arrêtent; ne diffère pas
« d'exécuter ce que tu me promets ;
« que la dépense en or et en argent
« n'y soit pas un obstacle, ni le nom-
« bre des troupes partout où leur pré-
« sence serait nécessaire; et te liant
« à Artabaze, homme probe, traite
« avec lui tes affaires et les miennes
« de la manière la plus utile pour
« tous les deux. » Cette lettre acheva d'aveugler Pausanias; il prit l'habit médique, et sa table ne fut plus servie qu'à la manière des Perses.

Tant d'insolence porta les Ioniens à se plaindre. Ils s'adressèrent d'abord à Aristide et à Cimon, fils de Miltiade, et ils saisirent la première occasion pour insulter la galère de Pausanias. Cette injure devint le signal d'une révolte sur la flotte, et les différentes escadres se rangèrent d'elles-mêmes sous le pavillon d'Athènes.

Informé de cet événement, le sénat de Lacédémone se hâta de rappeler Pausanias. Jeté en prison par ordre des éphores ( ils avaient ce privilége envers les rois), il échappa sans autre châtiment que d'être dégradé de son commandement et puni d'une forte amende. Il demeura cependant chargé d'administrer l'État à la place du jeune roi Pleistarque, fils de Léonidas : de façon qu'un prince emprisonné, destitué, pouvait porter le sceptre et être régent. Il voulut retourner en Orient comme simple volontaire; mais il ne tarda pas à être rappelé à Sparte, où il réussit à soulever les Hilotes et les Messéniens : enfin, convaincu d'une correspondance criminelle avec Artabaze, il se réfugia dans le temple de Minerve, dont les éphores firent murer la porte afin de l'y laisser mourir de faim.

## PERSÉCUTION ET MORT DE THÉMISTOCLE.
### 473 avant J.-C.

Aristide venait d'être mis à la tête des finances des confédérés, dont le dépôt fut placé dans l'île sacrée de Délos ; et chacun applaudissait à son intégrité éclairée. Thémistocle administrait les revenus intérieurs d'Athènes : par ses soins on bâtissait annuellement sur les chantiers du Pirée soixante galères, ce qui compensait, et au-delà, les pertes inévitables de la marine. Il triomphait de la méchanceté des démagogues, lorsque des délations, parties de Lacédémone, l'accusèrent de complicité avec Pausanias.

C'était contre le vainqueur de Salamine, le second fondateur d'Athènes, le créateur du Pirée, qu'étaient dirigés de semblables griefs. Tel est l'effet de l'envie dans les états démocratiques, que Thémistocle, poursuivi par la calomnie, fut condamné au bannissement par voie d'ostracisme, mesure qui n'exigeait point la preuve d'un corps de délit.

Les choses n'en restèrent pas à un décret transitoire; les Spartiates prétendirent que Thémistocle avait trempé dans la conspiration de Pausanias, et qu'étant coupable envers la confédération hellénique, il devait être jugé par le conseil amphictyonique et puni de mort, ou au moins d'un bannissement perpétuel.

Une prévoyance naturelle avait déterminé Thémistocle à se rendre à Argos, où il apprit son ostracisme et les nouvelles poursuites qu'on lui intentait. Ne se croyant pas en sûreté dans cette ville, ni dans le Péloponèse, il s'embarqua pour Corcyre, d'où il se réfugia en Épire auprès d'Admète, roi des Molosses. Poursuivi dans cet asile, deux marchands liguriens le conduisirent, par terre, de la Thesprotie jusqu'au golfe Thermaïque, d'où un vaisseau le transporta en Asie-Mineure.

Thémistocle ne tarda pas à se rendre à la cour d'Artaxerxès, qui venait de succéder à Xerxès : ce prince lui donna pour le *pain* les revenus de Magnésie, et ceux de Lampsaque pour le *vin*. C'était une compensation de ses propriétés confisquées, qui furent vendues cent talents, somme exorbitante, si on la compare au prix actuel de l'argent. On dit que, dans un moment de désespoir, Thémistocle termina ses jours par le poison, à l'âge de 65 ans.

Tandis que Pausanias et Thémistocle finissaient tragiquement leur carrière, Aristide, surnommé le Juste, mourait dans l'âge le plus avancé, universellement regretté de ses concitoyens, sans laisser de quoi payer ses funérailles. On assigna un don de 7,000 francs de notre monnaie à son fils, Lysimaque, pour achever son éducation ; ses filles furent nourries et dotées aux dépens du trésor public.

### RÈGNE D'ARTAXERXÈS LONGUE-MAIN,
473 — 425 avant J.-C.

Athènes existait dans un état perpétuel de guerre. Cette guerre avait deux objets : l'un, qu'on déclarait hautement, consistait à défendre la liberté des villes de l'Ionie ; l'autre, qu'on dissimulait, tendait à ravir cette même liberté aux états de la Hellade.

GÉNÉRALAT DE CIMON, 470 AVANT J.-C. — Cimon, qui parut à la tête des armées, fit briller les vertus de ses devanciers par des manières aimables, par la modération et l'équité, qui lui méritèrent un ascendant souverain sur les confédérés. Il conquit, avec leur secours, Éion, où il éprouva une résistance terrible de la part de Bogès, qui s'ensevelit avec la garnison persane sous les ruines de cette ville. Il s'empara ensuite d'Amphipolis.

Les Athéniens, qui avaient à cœur de mettre Cimon à même de moissonner de nouveaux lauriers, se hâtèrent de lui envoyer des renforts considérables, avec lesquels il passa en Asie. Il chassa en peu de mois les Perses des positions qu'ils occupaient dans la Carie et dans la Lycie : les habitants de Phaselis présentèrent seuls une résistance dont la persévérance de Cimon ne triompha qu'après de grands efforts.

PRÉPARATIFS D'ARTAXERXÈS. — Dès que ce prince fut solidement établi sur le trône de Xerxès, dont il était le troisième fils, il s'occupa de défendre ce qui lui restait de possessions dans l'Asie-Mineure. Il s'empara de Cypre ; il voulut ensuite couvrir la Pamphylie, en rassemblant sur les bords fertiles de l'Eurymédon une armée de terre considérable, protégée par une flotte de quatre cents vaisseaux ciliciens et pamphyliens réunis à l'embouchure de ce fleuve.

Cimon, informé des préparatifs du grand roi, dirigea sa flotte, qui n'était composée que de deux cent cinquante galères, vers les côtes de Cypre, où il aperçut l'armée navale des Barbares, forte de trois cents voiles de guerre. Dans le combat qu'il lui livra, l'avantage fut du côté des Athéniens, qui attaquèrent l'ennemi avec la supériorité de l'expérience : plusieurs navires persans furent coulés ; on en prit cent, et ceux qu'on trouva mouillés à l'embouchure de l'Eurymédon tombèrent au pouvoir du vainqueur, dont la flotte se trouva augmentée de plus de deux cents voiles. On fit, dans cette occasion, plus de vingt mille Barbares prisonniers de guerre.

Avant que les Perses, campés sur les bords de l'Eurymédon, connussent ce qui venait de se passer, Cimon résolut de les surprendre dans leurs quartiers. Le combat naval s'était donné aux atterrages de Cypre. Les prisonniers furent dépouillés de leur costume oriental. Les plus braves des Grecs ayant consenti à prendre l'habit médique, la tiare et le cimeterre, s'embarquèrent sur les vaisseaux persans qu'on avait capturés, et firent voile vers le fleuve Eurymédon avec un vent favorable. Les Barbares les accueillirent avec confiance; mais les Grecs n'eurent pas plus tôt été admis dans leurs palissades, qu'ils attaquèrent les Perses, qui, confondus et troublés, tombèrent sous les coups d'un ennemi inconnu.

Les riches dépouilles des Barbares devinrent la proie des Hellènes, qui retournèrent passer l'hiver dans leur pays. Le dixième du butin fut consacré à Apollon; une autre partie servit à donner un développement considérable aux fortifications d'Athènes; et Cimon consacra ce qui lui revenait, à l'utilité et à l'embellissement de la capitale de sa patrie.

Après ces mémorables victoires, les Grecs se trouvèrent à la tête de la confédération, à laquelle on persuada d'entretenir une flotte permanente. On décréta en conséquence un impôt volontaire, qui se monta d'abord à 2,400,000 francs de notre monnaie: il augmenta graduellement jusqu'au capital de cette première somme.

**EXPÉDITION EN ÉGYPTE.**
466 avant J.-C.

Les Athéniens étaient occupés des préparatifs d'une expédition contre l'île de Cypre, qu'ils voulaient délivrer du joug des Perses, lorsqu'ils apprirent la révolte des Égyptiens contre Artaxerxès. Inaros, chef libyen, s'était mis à la tête des insurgés; il avait déjà battu les troupes du grand roi, proclamé la liberté et l'indépendance du peuple, lorsqu'il envoya à Athènes une ambassade chargée de demander l'assistance de la république.

La négociation réussit, et les archontes ordonnèrent à la flotte, prête à sortir du Pirée, au lieu de se porter vers Cypre, de faire voile pour l'Égypte. A peine y était-elle arrivée, qu'une armée persane de trois cent mille hommes, commandée par Achemènes, parut sur les bords du Nil. On en vint bientôt à une bataille, dans laquelle les Égyptiens obtinrent la victoire, due à la valeur et à la discipline des Grecs. Les vaincus se réfugièrent dans les murs de Memphis, où ils restèrent assiégés jusqu'à l'arrivée de Mégabaze, satrape d'Artaxerxès.

Ce général interrompit le cours des longs succès des Grecs, qu'il ne tarda pas à bloquer dans l'île de Prosopis, située près de l'endroit où leur flotte était à l'ancre. En détournant le cours d'un des bras du Nil, Mégabaze fit échouer les galères ennemies. Cette opération consterna les Égyptiens, qui se soumirent, tandis que les Grecs, mettant le feu à leurs vaisseaux, s'exhortaient mutuellement à mourir avec honneur.

Mégabaze, informé de cette résolution, s'empressa d'offrir aux Grecs une capitulation digne de leur magnanimité; ils l'acceptèrent. Il protégea en conséquence leur retraite vers la Cyrénaïque; mais il ne put les défendre contre l'aridité du désert, et très peu d'entre eux eurent le bonheur de revoir les rivages de la Grèce. Soixante vaisseaux, envoyés par Athènes en Cypre, furent totalement détruits par les Phéniciens.

Ces catastrophes et les troubles qui agitèrent la Grèce pendant sept ans, ne lui permirent qu'au bout de ce temps de venger la gloire de son pavillon. On confia à Cimon une flotte de 200 voiles avec laquelle il battit celle des Barbares, força Mégabaze à se renfermer dans Salamine, ville capitale de Cypre, et contraignit Artaxerxès à demander la paix.

Les conditions en furent humiliantes pour le grand roi: il n'en aurait pas dicté d'autres à un peuple de brigands qui aurait infesté les frontières de son empire. Il reconnut l'indépendance des villes grecques de l'Ionie. Il consentit à ce que ses vaisseaux de guerre ne pourraient entrer dans les mers de la Grèce, ni ses troupes de terre approcher des plages de l'Asie-Mineure qu'à une distance de trois jours de marche. Les Athéniens jurèrent à ces conditions de respecter les états du successeur de Xerxès, qui, trente ans auparavant, avait incendié Athènes.

Cimon, qui venait de mettre le sceau à la gloire de la Grèce, finit ses jours en Cypre, et sa mort fut le terme des hautes prospérités d'Athènes.

### TROISIÈME GUERRE DE MESSÉNIE.
#### 469 — 459 avant J.-C.

L'an 469 avant notre ère, Sparte fut renversée par un tremblement de terre. Le Taygète, ébranlé jusque dans ses fondements, écrasa, par l'éboulement d'une partie de ses rochers, vingt mille Lacédémoniens, et des gouffres qui s'ouvrirent dans la campagne, engloutirent un grand nombre de citoyens qui fuyaient. La Laconie fut plongée dans la désolation ; mais, au milieu de cette grande calamité, il se trouva une classe d'hommes qui contempla les désastres publics avec une satisfaction secrète.

Les Hilotes et les Messéniens, toujours prêts à se révolter, résolurent de tenter la fortune ; et sans les sages dispositions du roi Archidamos, ils se seraient emparés de Sparte, mais ils ne réussirent qu'à se rendre maîtres d'Ithome. Ils se défendaient depuis trois ans dans cette forte position, quand les éphores, afin de les réduire, s'adressèrent aux Athéniens pour obtenir des ingénieurs. Leur demande fut accueillie ; mais comme le siège eut peu de succès, on crut à une connivence secrète entre les révoltés et les Athéniens, qui furent congédiés sous prétexte que leur assistance n'était plus nécessaire, tandis qu'on gardait les troupes des autres alliés.

Ithome résista pendant dix ans, et elle obtint de l'affaiblissement des Spartiates ce qu'elle aurait vainement sollicité de leur pitié : qu'il serait libre aux Messéniens et à un grand nombre d'Hilotes de sortir du Péloponèse avec leurs femmes, leurs enfants et leurs effets, sans être molestés en aucune manière. Ils furent accueillis par les Athéniens, qui les établirent à Naupacte, port que leurs armes venaient d'enlever aux Locriens Ozoles, peuple dont les mœurs sauvages et la rapacité déshonoraient leur extraction grecque.

### DESTRUCTION DE PISE.
#### 456 avant J.-C.

Les Pisans avaient constamment assisté les révoltés pendant la durée du siége d'Ithome, pour se venger de Sparte, qui avait fait prévaloir les prétentions d'Élis aux droits de surintendance qu'avait Pise dans les jeux olympiques. Les calamités des Spartiates enhardirent les Pisans à renouveler leurs prétentions. Mais leurs efforts, après l'éloignement des Messéniens et des Hilotes, devinrent aussi faibles que malheureux. Pise fut prise, saccagée, et si complétement démolie, qu'il n'en resta aucun vestige, et que depuis ce temps son nom est à peine connu.

### TEMPLE DE JUPITER OLYMPIEN.

Ce fut avec les dépouilles de Pise que les Éléens bâtirent le temple de Jupiter Olympien, dont Libon fut l'architecte, et qu'ils érigèrent cette statue, ouvrage de Phidias, qu'aucun siècle n'a pu égaler.

L'édifice monumental, dont il était réservé à la France de retrouver les débris, était d'ordre dorique, entouré d'une colonnade. (Voy. *planches* 23 et 24) (*). Il avait depuis ses fonde-

(*) L'un des résultats les plus importants de l'expédition scientifique des Français en Morée, est sans contredit la connaissance exacte que nous a donnée M. Blouet du célèbre temple de Jupiter Olympien, jusqu'alors enseveli par l'exhaussement du sol, résultat des alluvions annuelles de l'Alphée. Ce n'est plus aujourd'hui d'après des conjectures, mais d'après des réalités, que nous possédons la reconstruction de ce temple célèbre. Plusieurs des métopes décrites par Pausanias, et retrouvées par nos architectes, font maintenant l'ornement de notre musée. Elles représentent sept des douze travaux d'Hercule, tels que la victoire du lion de Némée, de l'hydre de Lerne, etc. Au-dessous d'un riche pavement romain en marbre blanc, albâtre oriental, cipolin,

ments jusqu'à la décoration 64 pieds de hauteur; sa largeur était de 90 et sa longueur de 217 : il était couvert de marbre pentélique taillé en forme de tuiles.

On avait placé à chaque extrémité des frontons un vase doré; au milieu, une victoire en or, et à ses pieds un bouclier sur lequel on voyait sculptée en relief une tête de Méduse. Pelops et OEnomaos étaient représentés sur le fronton antérieur prêts à commencer la course du char, en présence de la plus illustre assemblée, puisque Jupiter était au nombre des spectateurs. Vingt-et-un boucliers dorés décoraient l'architrave; le fronton postérieur était orné du combat des Lapithes et des Centaures; la principale entrée était décorée par la représentation des travaux d'Hercule, dont une partie a été retrouvée par les architectes français.

Après avoir passé les portes de brèche violette, etc., l'ancien pavé en mosaïque a été retrouvé. Le marbre noir qui, selon Pausanias, servait à supporter la statue du Jupiter Olympien, ce colosse chef-d'œuvre de Phidias, a également été retrouvé; quant à la statue elle-même, on ne pouvait en concevoir l'espérance, en effet, un colosse d'or, d'ivoire et de pierres précieuses, qui n'avait pas moins de 45 pieds de hauteur, ne pouvait échapper d'une part à la cupidité, de l'autre à la proscription générale des idoles lors de la chute du culte hellénique; trop d'intérêts et de passions conspiraient à l'envi pour détruire le Jupiter Olympien.

La planche 23 représente la façade du temple restauré d'après le plan et les débris des colonnes, des chapiteaux, des architraves, des triglyphes, etc., et d'après la description si détaillée et si exacte de Pausanias.

La planche 24 donne la coupe du temple, et indique la place où s'élevait le colosse. Quoique le temple fût en partie *hypètre*, c'est-à-dire découvert, la partie où s'élevait la statue était couverte, puisque Pausanias dit: « Cette statue était si grande, que, malgré la hauteur du temple, elle paraissait excéder les proportions. L'artiste l'avait faite assise, et cependant la tête touchait presque la couverture du temple; en sorte qu'elle semblait, si elle eût été debout, devoir enlever cette couverture. »

bronze, on apercevait Iphitos, couronné par son épouse Échérie : de là on s'avançait en traversant un superbe portique, jusqu'au chef-d'œuvre de Phidias. La statue de Jupiter en or et en ivoire, quoique assise, s'élevait jusqu'au plafond : de la main droite elle tenait une victoire également d'or et d'ivoire; de la gauche un sceptre enrichi de divers métaux et surmonté d'un aigle. La chaussure du dieu était d'or, ainsi que le manteau, sur lequel on avait gravé des animaux, des fleurs, et surtout des lis, symbole antique de la royauté.

Le trône portait sur quatre pieds et sur des colonnes intermédiaires de même hauteur. Les matières les plus précieuses, les arts les plus parfaits, avaient concouru à l'embellir de peintures et de sculptures.

Quatre de ces sculptures ou bas-reliefs étaient appliqués à la face antérieure du trône. Le plus élevé de ces bas-reliefs représentait quatre victoires dans l'attitude de danseuses; le second portait des sphinx qui enlevaient les enfants des Thébains; le troisième, Apollon et Diane, perçant de leurs traits les enfants de Niobé; le dernier, deux autres victoires.

Phidias avait profité des moindres espaces pour multiplier les ornements. Sur les quatre traverses qui liaient les pieds du trône, on comptait trente-sept figures, les unes représentant des lutteurs, les autres le combat d'Hercule contre les Amazones. Au-dessus de la tête de Jupiter, dans la partie supérieure du trône, on voyait les trois Grâces, qu'il eut d'Eurynome, et les trois Saisons, qu'il eut de Thémis.

L'expression sublime que l'artiste avait donnée à la tête de Jupiter offrait l'image de la Divinité avec tout l'éclat de la puissance, toute la profondeur de la sagesse, toute la douceur de la bonté. Phidias fût le premier qui atteignit, pour ainsi dire, la majesté divine, et sut ajouter un nouveau motif au respect des peuples, en leur rendant sensible ce qu'ils adoraient.

### SIÈCLE DE PÉRICLÈS.
#### 444—404 avant Jésus-Christ.

La période de 50 ans, depuis la retraite de Xerxès jusqu'à la guerre du Péloponèse, fut, comme on l'a vu précédemment, féconde en événements qui tendaient à établir la domination d'Athènes. Cependant, malgré cet accroissement de prospérités, il y avait un malaise politique qu'il est essentiel de connaître, afin d'apprécier les causes qui mirent Sparte aux prises avec Athènes, que le génie de Périclès enrichit du luxe des arts, en la précipitant dans l'abîme du malheur par ses conseils ambitieux.

#### ÉTAT POLITIQUE DE LA HELLADE.
##### 449—445 avant J.-C.

Avant Périclès, l'histoire des Hellènes ne se compose pas seulement de cette masse de désordres qui se présentent au premier aspect. Argos, le second état du Péloponèse, avait éprouvé des révolutions qui l'empêchèrent de s'opposer à l'agrandissement d'Athènes : elle n'avait pas voulu partager les dangers et la gloire de la guerre médique. Ce refus peu généreux lui aliéna l'esprit de toutes les villes de l'Argolide, qui se détachèrent de son alliance pour entrer dans la confédération que les Spartiates formèrent au commencement de la guerre du Péloponèse. Ce fut à cette occasion que les Argiens, ayant pris Mycènes d'assaut, en décimèrent les habitants et ruinèrent la ville, qu'ils laissèrent dans l'état où elle subsiste encore de nos jours.

Les causes qui humilièrent Argos, furent également funestes à Thèbes, rivale d'Athènes, qui avait favorisé les Perses. Cette lâche trahison avait excité l'indignation non seulement de Thespie et de Platée, mais d'Aulis, d'Anthemon, de Larymne, d'Ascrée, patrie d'Hésiode, de Coronée, voisine de l'Hélicon, de Lébadée, célèbre par l'antre de Trophonios ; de Délion et d'Alalcomène, consacrées à Minerve et à Apollon : ces villes, ainsi que Leuctres et Chéronée, rejetèrent successivement la souveraineté de Thèbes.

Elle cédait patiemment à l'orage, lorsque les Spartiates, après une expédition heureuse contre les Argiens et les Phocidiens, alliés d'Athènes, offrirent leur appui aux Thébains. Les éphores avaient compris que s'il était de leur politique qu'Argos perdît son influence dans le Péloponèse, il était au contraire de son intérêt que Thèbes, voisine et rivale d'Athènes, recouvrât son autorité sur la Béotie.

**BATAILLE DE TANAGRE**, 456 ANS AVANT J.-C. — Le traité allait être conclu entre Sparte et Thèbes, lorsque Athènes envoya contre Thèbes une armée de quinze mille hommes, commandés par Myronides, afin de protéger l'indépendance des Béotiens. Ce général gagna auprès de Tanagre une bataille que Diodore compare à celle de Marathon, et les Thébains ne recouvrèrent leur autorité dans la Béotie que quatre-vingts ans après cet événement, lorsqu'ils figurèrent avec éclat sous la conduite d'Épaminondas.

Après cette victoire, la politique ambitieuse de Périclès décida les Athéniens à mettre garnison dans plusieurs villes de la Béotie et à faire reconnaître leur supériorité aux républiques de Mégare et de Corinthe. L'année suivante, il se rendit en personne sur les côtes du Péloponèse, où il fit sentir aux Lacédémoniens l'imprudence qu'ils avaient commise en attaquant un état aussi capable de protéger ses alliés que de tirer vengeance de ses ennemis.

Cependant Athènes ne tarda pas à éprouver l'inconstance de la fortune. Une entreprise mal concertée contre Thèbes, dans laquelle un de ses généraux, Tolmidas, perdit son armée et la vie, força les Athéniens à accepter des conditions de paix, qui les obligèrent à évacuer les places de la Béotie, à se désister de leurs prétentions sur Corinthe et Mégare : à ces clauses, on leur rendit les prisonniers de l'armée de Tolmidas. Cet arrangement donna lieu à la trêve illusoire de trente ans, conclue dans la quatorzième année qui précéda la guerre du Péloponèse.

### PÉRICLÈS.

Il comprit de bonne heure que sa naissance et ses richesses l'appelaient au pouvoir et le rendaient suspect. Un autre motif augmentait ses alarmes : des vieillards qui avaient connu Pisistrate, croyaient le retrouver dans Périclès. C'était le tyran avec les mêmes traits, le même son de voix et le même talent de la parole. Il fallait se faire pardonner cette ressemblance et les inconvénients dont elle était accompagnée.

Xantippos, qui gagna la bataille de Mycale, était père de Périclès. Plutarque raconte qu'Agariste, sa mère, songea une nuit qu'elle avait enfanté un lion. Dès sa jeunesse, il montra le germe des plus beaux talents et l'amour inné de la gloire. Cependant il consacra ses premières années à l'étude de la philosophie, sans se mêler des affaires publiques, et ne paraissant ambitionner d'autre distinction que celle de la valeur.

Sa jeunesse avait été confiée à Damon, maître de rhétorique, avant de passer dans les écoles de Zénon et d'Anaxagore, où il acquit une élévation qui semblait porter son esprit aux plus hautes contemplations. On vit alors Périclès se retirer de la société, renoncer aux plaisirs, attirer l'attention publique par une démarche lente, un maintien décent, un extérieur modeste et des mœurs irréprochables. Il se rangea d'abord du côté du peuple, qu'il feignait de préférer aux riches et aux nobles, ce qui était contre son naturel.

Périclès, pour éviter une trop grande popularité, ne se présentait devant la multitude que par intervalles, en s'abstenant de parler sur toutes les matières. Il devait pourtant à la nature d'être le plus éloquent des hommes, et à l'étude d'être le premier des orateurs : qualité qui lui fit donner le surnom d'*Olympien*. En effet, ses discours étaient marqués d'une majesté imposante, et dans l'oraison funèbre qu'il prononça en l'honneur des guerriers morts devant Samos, lorsqu'il s'écria *qu'ils étaient immortels comme les dieux*, des ruisseaux de larmes coulèrent des yeux de tous les assistants.

Le fils de Xantippos connaissait trop bien les Athéniens pour ne pas fonder ses espérances sur le talent oratoire dont il était doué. Aussi, quand il devait prononcer quelques discours, priait-il les dieux de le modérer dans ses paroles, car il n'oubliait jamais qu'il allait parler à des hommes libres, à des Grecs, à des Athéniens. Ainsi, il s'éloignait le plus qu'il pouvait de la tribune, parce que toujours attentif à suivre avec lenteur le projet de son élévation, il craignait de porter l'admiration à cette hauteur d'où elle ne peut plus que descendre.

Périclès avait partagé la faveur du peuple avant de l'obtenir tout entière. Cimon, qui se trouvait à la tête des nobles et des riches, employait la fortune colossale qu'il avait acquise dans les guerres, à décorer Athènes et à soulager les malheureux. Son rival, parvenu à disposer du trésor de l'état et des alliés, remplit la ville de chefs-d'œuvre, assigna des pensions aux citoyens pauvres et leur distribua une partie des terres conquises, multiplia les fêtes, accorda des émoluments aux juges et une indemnité à ceux qui assistaient aux spectacles et à l'assemblée générale. Enfin, au moyen de ces largesses, Périclès fit bannir Cimon par voie d'ostracisme, et atténua l'autorité de l'aréopage, qui s'opposait avec énergie à la licence des mœurs et aux innovations.

Parvenu à ses fins, Périclès changea de système. Il avait subjugué le parti des eupatrides (les nobles) et des riches en flattant la multitude ; il prétendit dompter la multitude en réprimant ses caprices, et ce fut en la tenant occupée qu'il sut la maintenir. Ainsi, la jeunesse était soldée et employée au métier des armes, et les artisans aux travaux publics qu'il faisait exécuter.

Toute la population se trouva dans

l'aisance. On vit d'une part Périclès étendre, par des victoires éclatantes, le domaine de la république, et de l'autre, élever rapidement ces édifices qu'on admire encore aujourd'hui dans leurs ruines. Soldats, marins, magistrats, marchands, ouvriers, tous participaient au bien-être général. Les uns tiraient des carrières les marbres que les propriétaires leur vendaient; des manœuvres les taillaient, les sculpteurs les travaillaient et les statuaires les faisaient respirer sous leur ciseau. L'airain, l'or, l'ivoire, l'ébène, le cèdre, étaient façonnés par les artistes les plus habiles. Les charpentiers, dit Plutarque, les mouleurs, les fondeurs, les maçons, les tisserands, les charrons, les voituriers, les cordiers, carriers, selliers, bourreliers, pionniers pour aplanir les chemins, tout était en mouvement. Ainsi, le chef-d'œuvre de la politique de Périclès fut pendant long-temps d'avoir retenu les Athéniens dans la soumission, leurs alliés dans la dépendance et Lacédémone dans le respect. L'agriculture, qui fut toujours la principale occupation des habitants de l'Attique, reçut à cette époque son plus grand développement.

Cependant, un de ces hommes infames qu'on trouve dans les grandes phases de l'histoire, Éphialtès, sapait les institutions publiques en renversant l'autorité du sénat et de l'aréopage, attaqués déjà par Périclès, qui avait cependant reculé devant la majesté des lois de Solon.

Le meurtre d'Éphialtès, qu'on aurait dû livrer aux tribunaux, assura le système d'iniquité qu'il avait fait prévaloir. La plupart des délibérations commencèrent à être portées devant l'assemblée du peuple qui gouverna l'état.

Cependant Athènes s'embellissait à la faveur de la surintendance de Phidias, que Périclès avait chargé de la direction des travaux publics. Le temple de Thésée avait été jusqu'alors le seul monument architectural : il avait été construit par Cimon après la bataille de Salamine. (Voy. *planche* 25.)

Périclès réunit les premiers maîtres dans chaque partie des arts : ainsi, pour bâtir le Parthénon, Phidias choisit les architectes Ictinos et Callicratides (voy. *planche* 26); il confia le temple d'Eleusis à Coroebos, auquel succéda Métagène, du bourg de Xypète, en Laconie, et Cholarge termina cet édifice. Callicratides fut employé à diriger la construction des longs murs. Périclès donna lui-même le plan de l'Odéon, qui fut bâti d'après la forme du pavillon de Xerxès. Les propylées furent terminés dans l'espace de cinq ans par Mnésiclès. (Voy. *pl.* 27) (*).

(*) Les ruines des propylées sont aujourd'hui engagées dans les constructions d'une batterie turque; et il est assez difficile de reconnaître le plan de ce bel édifice qui avait coûté 2012 talents (10,864,800 fr.). Voici ce que dit Pausanias : « Il n'y a qu'un seul chemin pour entrer dans la citadelle; car, de tous côtés, elle est défendue par l'escarpement du roc et par de fortes murailles. Cette entrée unique est décorée par un vestibule magnifique, appelé les Propylées, dont les plafonds de marbre blanc surpassent, quant à la beauté de la matière et à la grandeur des blocs, tout ce que j'ai vu jusque-là. »

Le Parthénon qui, malgré son état de dégradation, fait encore l'admiration de tous les architectes, a 218 pieds de long, sur 98 et demi de large; 46 colonnes l'entourent, 8 de face, 17 de profil. La perfection de l'ensemble et des détails de ce temple, et de tous ceux de l'acropole d'Athènes, a fait dire avec raison à M. de Châteaubriand que si après avoir vu les monuments de Rome ceux de la France lui ont paru grossiers, les monuments de Rome lui semblent barbares à leur tour, depuis qu'il a vu ceux de la Grèce.

Au nord du Parthénon, et à 150 pieds de distance, on voit dans l'acropole un monument très-remarquable dont Pausanias n'indique pas l'époque de la construction. Ce sont trois temples réunis en un seul édifice (voy. planche 28) : celui de Minerve Poliade, d'Érechtée, et le Pandroseion. Dans le premier on conservait l'ancienne statue de la déesse; elle était en bois, et on la prétendait tombée du ciel. Dans le temple d'Érechtée était la source salée que Neptune fit jaillir d'un coup de son trident.

# GRÈCE.

Quant à la statue d'or de Minerve, Phidias se réserva la gloire de la créer tout entière de ses mains.

Cet artiste, tourné en ridicule, parce qu'il faisait, disait-on, servir aux plaisirs de Périclès les dames athéniennes qui fréquentaient son atelier, ne tarda pas à être chargé d'une accusation plus grave. Dénoncé pour avoir détourné une partie de l'or dont il devait enrichir la statue de Minerve, il s'en justifia pleinement à la confusion de ses délateurs, ce qui ne l'empêcha pas de mourir plus tard dans les fers.

C'était aux dépens du subside de guerre fourni par les alliés, dont Périclès avait fait transporter le dépôt de Delos à Athènes, qu'il opérait tant de merveilles. On s'en plaignait; mais ce qui devait l'inquiéter plus particulièrement, c'était l'accroissement du pouvoir de la multitude. Les Athéniens, pénétrés du sentiment de leurs forces, de ce sentiment qui, dans les rangs élevés, produit la hauteur et l'orgueil, dans le peuple l'insolence et la férocité, ne se bornaient plus à dominer la Grèce; ils méditaient, à les entendre, la conquête de l'Égypte, de Carthage, de la Sicile et de l'Étrurie.

En attendant, la persécution s'attachait au mérite et à la vertu. Anaxagore, le plus religieux des philosophes, fut traduit en justice pour crime d'impiété, et obligé de prendre la fuite. L'épouse, la tendre amie de Périclès, Aspasie, accusée d'avoir outragé la religion par ses discours, et les mœurs par sa conduite, plaida sa cause elle-même, et les larmes de Périclès la dérobèrent à peine à la sévérité des juges. Ces attaques n'étaient que le prélude de plus sérieuses, si le fils de Xantippos n'avait pas réussi à faire mettre au banc de l'ostracisme l'orateur Thucydide, et à détruire ainsi la faction ennemie. Dès lors toute la puissance d'Athènes passa aux mains de Périclès.

Dans la vue de se procurer de l'argent pour occuper les artistes et les ouvriers qu'il employait, Périclès proposa d'envoyer des ambassadeurs pour engager les Grecs, établis dans quelque lieu que ce fût, à envoyer des députés à un congrès général qui se réunirait à Athènes. Cette assemblée devait aviser aux moyens de rétablir les temples et les monuments que les Barbares avaient détruits pendant la guerre médique; de régler les sacrifices qu'on avait votés aux dieux immortels, et de décider ce qui concernait la marine, afin que chacun pût naviguer en *bonne paix*. Cette mesure, proposée avant la trêve de trente ans, n'obtint aucun succès, et Athènes apprit bientôt à connaître ses véritables ressources.

### PROSPÉRITÉ D'ATHÈNES.

La marine de la république dominait sur les côtes de la mer Égée et dans son archipel; ses armateurs s'étaient emparés du trafic des contrées le plus éloignées; les magasins du Pirée abondaient en bois, en métaux et en toutes sortes de matières propres aux arts utiles et agréables; les marchands importaient les objets de luxe en Italie, en Sicile, en Cypre,

---

Le Pandroseion renfermait l'olivier que l'on disait produit par Minerve, lors de sa dispute avec Neptune. C'est le seul temple ancien que nous connaissions, dans lequel l'entablement et le toit soient supportés par des caryatides. C'est probablement de ce monument que Vitruve fait mention, lorsqu'il dit qu'après la défaite des Perses et la destruction de la ville de Caria, les architectes placèrent de semblables figures de femmes dans les édifices publics, pour perpétuer l'ignominie de celles qui avaient abandonné la cause de la patrie et de la liberté. Ces temples avaient été rebâtis sur le terrain même qu'occupaient ceux que Xerxès avait brûlés. D'après une inscription récemment découverte, il paraîtrait que leur reconstruction fut commencée la 23ᵉ année de la guerre du Péloponèse, et par conséquent sous l'administration de Périclès. L'exécution des ornements d'architecture de ces temples est d'un fini admirable, particulièrement ceux de l'Érechtéion. Quoique de petite dimension, le Pandroseion produit un grand effet. Une des caryatides a été enlevée par lord Elgin, et transportée en Angleterre.

en Lydie, dans le Pont et dans le Péloponèse ; le miel de l'Hymette avait pris faveur dans le commerce ; l'huile s'était singulièrement améliorée par les encouragements de Périclès.

Le peuple d'Athènes, heureux dans la plupart de ses entreprises, semblait, douze ans avant la guerre du Péloponèse, n'avoir plus à recueillir que le fruit de ses dangers et de ses victoires.

Les spectacles dramatiques n'étaient plus représentés dans des édifices de bois sans sculpture, mais dans des salles en pierre ou en marbre, élevées à grands frais et embellies des ornements les plus précieux de l'art. On était frappé surtout de la proportion des monuments d'architecture et des édifices de décoration, de la quantité surprenante de temples, de statues, d'autels, de bains, de gymnases et de portiques qui décoraient la ville.

La pompe des solennités religieuses, qui étaient deux fois plus nombreuses à Athènes que dans aucune autre ville de la Grèce, la somptuosité des spectacles et des banquets qui suivaient toujours les sacrifices, et le luxe des particuliers, épuisèrent à la fin le trésor de l'état au détriment de sa gloire.

#### LUXE DES CITOYENS.
460 — 457.

Au lieu de pain, de légumes et de la frugalité recommandée par les lois de Solon, les Athéniens, vers la 80ᵉ olympiade, profitèrent de l'extension de leur commerce pour introduire dans la consommation publique ce qui pouvait flatter la sensualité. Les vins de Cypre, qu'on servait aux banquets, étaient rafraîchis dans la neige pendant l'été ; les fleurs les plus délicieuses ornaient en hiver les tables et la personne des citoyens opulents. Mais il ne leur suffisait pas d'être couronnés de violettes et de roses, il fallait que leur corps fût parfumé d'essences et d'odeurs suaves : des parasites, des danseurs, des bouffons, étaient le cortége ordinaire de tous les festins.

Chez les femmes, la passion pour les oiseaux distingués par leur voix ou par leur plumage était portée à un tel excès, qu'elle fut taxée de folie, sous le nom d'*ornithomanie*.

Les jeunes gens qui ne s'adonnaient pas à la chasse ou à l'équitation se corrompaient par le commerce des baladins, tandis que leur esprit se dégradait plus encore par la philosophie pernicieuse des sophistes. Enfin, les siècles de la décadence de la Grèce commencèrent pendant l'administration de Périclès. Les Grecs présentèrent dans la suite les contrastes les plus frappants de sagesse et de folie, de liberté et de tyrannie, de simplicité et de raffinement de plaisirs, d'austérité et de voluptés. On vit, pendant cette triste période, la philosophie sublime d'Anaxagore et de Socrate obscurcie par la doctrine sombre de quelques faux sages ; les sentences morales et pathétiques de Sophocle et d'Euripide parodiées par les bouffonneries d'Aristophane, et le génie du mal triompher de l'innocence et de la vertu.

#### PHILOSOPHIE.

C'est au commencement du VIᵉ siècle avant notre ère que la philosophie grecque manifesta son auguste mission dans le monde. On la vit, dans l'espace de cent cinquante ans, atteindre le plus haut degré auquel l'intelligence humaine puisse l'élever, pour tomber dans le plus grand discrédit où la corruption des mœurs et l'abus de la raison pussent la conduire.

ÉCOLE DES SEPT SAGES. Thalès de Milet, Pittacos de Mytilène, Bias de Priène, Cléobule de Lindos dans l'île de Rhodes, peuvent être considérés comme les fondateurs de la morale politique. Ce furent eux et quelques autres sages qui donnèrent non seulement des conseils à leurs compatriotes, mais dont les lumières réprimèrent la barbarie par des lois salutaires, perfectionnèrent les mœurs par des leçons de sagesse, et étendirent les connaissances au moyen de découvertes importantes.

Les fables d'Ésope paraissent avoir été le premier pas vers la morale. Les dieux étaient trop immoraux pour être proposés comme modèles au peuple. Aussi, dans les premiers âges de la Grèce, on racontait, dans les assemblées publiques, des apologues à des espèces d'enfants auxquels il n'était pas plus difficile de donner créance à des animaux doués de la parole, qu'à des divinités chimériques.

Poètes gnomiques. Le second pas vers la science de la morale, telle qu'on l'enseigne encore dans l'Orient, consistait en proverbes détachés. Chaque philosophe avait ses maximes favorites, qu'on gravait dans les temples et dans les lieux publics.

Thalès. 630 avant J.-C. — Thalès établit sa réputation sur une base plus étendue que celle des fables, des proverbes et des intérêts flottants des petites républiques de la Grèce. Il découvrit le premier plusieurs propositions élémentaires de géométrie : elles furent recueillies par Euclide, qui dirigea la sagacité de son esprit avec un égal succès vers l'astronomie. C'est à lui qu'on dut la découverte des équinoxes et des solstices, le calcul des éclipses, car la division de l'année en 365 jours était depuis long-temps connue des Égyptiens.

Thalès fonda l'école ionique, dans laquelle il eut pour successeurs Anaximandre et Anaximènes, qui furent remplacés par Anaxagore, maître de Périclès, et par Archélaos, dont Socrate fut l'élève.

Cinquante ans après Thalès, sa doctrine fut enseignée par Xénophane de Colophon, Leucippe et Parménide d'Élée, et Héraclite d'Éphèse. Ils s'accordaient à reconnaître dans la superstition des peuples une maladie de l'esprit, qui devait conduire à l'athéisme. Le système de Leucippe, combiné par Démocrite d'Abdère, le prouva ; car il devint celui d'Épicure, dont la philosophie, expliquée par Lucrèce, est le plus audacieux monument de littérature qui soit parvenu jusqu'à nous.

Anaxagore, vers 500 avant J.-C. Tandis que Démocrite détrônait les dieux de l'Olympe, Anaxagore de Clazomène révélait une doctrine nouvelle, en annonçant un esprit divin, existant et vivifié par lui-même, comme la cause et le moteur unique du monde matériel. Suivant lui, l'intelligence créatrice et souveraine était particulièrement distinguée de l'*ame du monde*, expression qu'il employait pour désigner les lois que l'Éternel a imprimées à ses ouvrages. Dieu n'animait pas la matière, il lui donnait l'impulsion ; il ne pouvait pas être renfermé dans les entraves d'une substance qui s'altère et change de modifications ; sa nature était pure, spirituelle et incapable d'être souillée par aucun mélange corporel.

Ce système, suivi de recherches sur les attributs de la Divinité, servait de prolégomènes aux devoirs de la morale, par laquelle Socrate et ses disciples auraient formé une révolution dans la Grèce, si les progrès de cette divine philosophie n'eussent pas été contrariés par les préjugés grossiers du vulgaire et par les subtilités des sophistes.

Sophistes. 440 avant J.-C. Alors parurent Hippias d'Élis, Protagoras d'Abdère, Prodicos de Céos, Gorgias de Léontion, et plusieurs autres sophistes. Les jeux olympiques et les panégyries ou fêtes publiques leur fournissaient l'occasion de déployer leurs talents devant une foule d'auditeurs. Ils fréquentaient Athènes et les grandes villes, où ils acquirent la faveur des riches et les applaudissements de la multitude.

Ils enseignaient, moyennant un certain salaire, toute espèce de sciences et d'arts. Leur langage était vif et harmonieux, leurs manières élégantes et leur vie splendide. Uniquement occupés de plaire, leurs dogmes sapaient les principes de la morale, en bravant les lois de la décence, de la tempérance, de la justice et des vertus qui sanctifient le foyer domestique.

Socrate. Les sophistes triomphaient ; mais leurs fraudes furent découvertes et leur caractère démasqué par Socrate. Le fils de Sophronisque était né à Athènes, quarante ans avant la guerre du Péloponèse, au mois de thargelion, 5 juin 469 avant J.-C. Le capital de son patrimoine, qui montait à peine à sept mille francs de notre monnaie, l'avait décidé à embrasser l'art de la statuaire, que le goût du siècle et la munificence de Périclès encourageaient ; mais il ne tarda pas à y renoncer, pour suivre les leçons de physique d'Archélaos et celles de géométrie de Théodore.

Initié à la philosophie, il reconnut avec Anaxagore une essence suprême dont la providence réglait les opérations de la nature et les événements de la vie humaine. Exact observateur de toutes les pratiques religieuses, on serait porté à croire qu'il n'avait pas échappé à l'influence de la superstition.

Il découvrit, dans les perfections de l'intelligence suprême, les lois générales par lesquelles une providence éternelle avait dispensé inégalement aux hommes le bien et le mal, les richesses et la misère. Il regardait ces conditions de la société comme la volonté d'un Dieu, à laquelle il était de notre devoir de nous soumettre. Les actions des hommes faisaient la matière de ses recherches, leur instruction en formait l'objet, et leur bonheur en était le but.

On le trouvait partout où ses leçons pouvaient être utiles. Le matin, il allait à l'académie, aux lycées et dans les gymnases ; il se rendait vers midi sur l'*Agora* ou place du marché ; le soir, il allait aux banquets de ses amis, ou aux promenades couvertes de platanes qui ombrageaient les bords de l'Illissos.

#### THÉATRE.

TRAGÉDIE. L'influence de la philosophie de Socrate devint plus active, lorsqu'elle eut été embrassée par les écrivains dramatiques. Le théâtre était regardé en Grèce comme une chose de la première importance ; il formait une partie essentielle du culte religieux : les dépenses qu'il occasionait excédaient celles de l'armée de terre et de la marine qu'on entretenait en temps de paix.

Ces spectacles furent portés à leur perfection, quand Euripide eut inventé le chœur. Le lieu de la scène était ordinairement le portique d'un temple, l'entrée d'un palais, ou la vaste étendue de la place du marché, *Agora*. Le chœur, qui ne quittait pas le théâtre, constituait l'unité d'action et de lieu : les danses et les chants qu'il exécutait dans les entr'actes exprimaient les sensations causées par l'action ; il marquait la liaison de l'acte précédent avec celui qui suivait, et, par ce moyen, toutes les parties formaient un ensemble.

Le principal avantage du chœur était de fournir au poëte un moyen d'agir par la puissance de l'imagination sur les spectateurs, en répandant l'instruction morale essayée par Eschyle et par Sophocle ; en exprimant tout ce qu'il y a de plus aimable et de plus touchant dans le cœur humain.

C'est une chose reconnue, qu'Euripide, quoique plus âgé de dix ans que Socrate, dut le caractère de ses ouvrages à la conversation et à l'amitié de ce sublime moraliste, que l'on vit bientôt attaqué par toutes les voix de la calomnie.

COMÉDIE LICENCIEUSE. Avant le commencement de la guerre du Péloponèse, Athènes nourrissait dans son sein une classe d'hommes ennemis déclarés non seulement de Socrate et de ses disciples, mais de tout ordre et de toute décence. On comprend qu'il est question d'Aristophane : mais avant de parler de la comédie licencieuse, il convient de montrer qu'elle prit son origine dans le drame antique.

La tragédie intitulée la *chanson du bouc*, et la comédie qu'on nommait la *chanson du village*, furent inventées au milieu des fêtes de la vendange. On les représentait sur des tréteaux ou sur des charrettes, lorsque le génie d'Eschyle s'empara du sujet du *bouc*, le convertit en un poëme dramatique régulier, auquel il donna un caractère nouveau, en mettant en scène des personnages, au lieu de donner, comme on le faisait, un simple récit.

Comme la tragédie fut inventée à

l'imitation de ce qu'il y avait de plus sérieux dans les dionysiaques, la comédie, qui la suivit de près, fut calquée sur ce qu'il y avait de plus frivole et de plus burlesque dans cette solennité. Dès lors la comédie tourna en ridicule les dieux, les lois, les mœurs, et souvent la vertu.

La comédie grecque surpassait tout en licence : le caractère d'Aristophane, de Mnésiloque, de Callias, d'Eupolis, de Cratinos, contribua sans doute à cette difformité morale. C'est en vain que quelques admirateurs de l'antiquité ont voulu pallier tant d'obscénités, rendues plus immondes par le costume des acteurs et par les chansons *phalliques* qu'on mettait dans leur bouche impure. Cette dégradation littéraire, sortie de l'école des sophistes, continua durant la guerre du Péloponèse et pendant la peste dont le ciel frappa l'Attique. Ce genre de spectacles était encouragé par Périclès, pour complaire à la *lie du peuple*.

#### MOEURS DES FEMMES GRECQUES.

Les Athéniennes de ces jours d'opprobre restèrent pures au milieu de la corruption. Confinées dans les appartements les plus retirés de leurs maisons, employées aux plus bas offices de leur intérieur, elles ne communiquaient au dehors que pour suivre des processions, pour accompagner des funérailles, ou pour assister à quelques cérémonies religieuses. Dans ces occasions mêmes, leur conduite était attentivement surveillée et souvent malicieusement interprétée. Leur éducation, au lieu de développer leur esprit, ne tendait qu'à le resserrer et à l'avilir, et les lois consacraient leur abaissement : leur principale vertu était la réserve, et leur point d'honneur, l'économie domestique.

COURTISANES. Sous le règne de Périclès, on vit s'introduire dans Athènes une classe de femmes qui, se dépouillant de leur modestie naturelle, et dédaignant les vertus forcées, vengèrent les droits de leur sexe avili. L'Asie avait produit ces courtisanes dangereuses, qui furent honorées à Corinthe du titre de prêtresses de la *Vénus terrestre*, à l'intercession desquelles on ne rougit pas d'attribuer le gain de la bataille de Marathon. Aspasie en forma une école. Ses adeptes servaient de modèles aux peintres et aux sculpteurs, de sources d'inspirations aux poètes, d'ornement dans les banquets, de cercles où la jeunesse affluait, et Athènes devint la première école du plaisir et du vice, comme elle l'était de la littérature et de la philosophie.

#### RUPTURE ENTRE CORINTHE ET CORCYRE.
436 — 432 avant J.-C.

La proposition de réunir les états de la Grèce à Athènes avait été regardée comme une insulte par les Spartiates. En apprenant cette nouvelle, Périclès s'écria « qu'il voyait « s'avancer du Péloponèse la guerre « à pas précipités. » Elle existait par le fait ; car depuis plusieurs années, les communications n'avaient plus lieu dans la Hellade sans l'intermédiaire d'un héraut ; les hostilités étaient fréquentes, et la discorde éclata à l'occasion d'une rupture entre Corinthe et Corcyre.

Les Corcyréens, orgueilleux de leurs richesses et de leur puissance navale, offensaient depuis long-temps Corinthe, leur ancienne métropole. Aux jeux olympiques, ils n'avaient pas voulu céder le pas aux Corinthiens ; ils avaient dédaigné de s'adresser à eux pour avoir un pontife et un chef chargé d'installer les colonies qu'ils formaient sur des côtes étrangères.

Corinthe dissimulait ses ressentiments, lorsque les habitants d'Épidamne (Durazzo), colonie de Corcyre, recoururent à la métropole primitive, pour lui demander des secours contre les Illyriens de la Taulantie. Les Corinthiens s'empressèrent aussitôt de leur envoyer des troupes pour les protéger, et surtout pour les détacher à jamais de la dépendance des Corcyréens.

Dès que ceux-ci furent informés de cet événement, ils mirent en mer une escadre de quarante galères, qui parut devant Épidamne, pour la sommer de se rendre à discrétion. Cette demande fut rejetée avec mépris. La guerre allait s'engager, et Corinthe, après avoir réuni une foule d'aventuriers militaires répandus de tout temps dans la Grèce, vint avec une flotte de 75 voiles jeter l'ancre dans le golfe Ambracique. A cette nouvelle, les impétueux Corcyréens se hâtèrent de venir au-devant de leurs ennemis, qu'ils battirent en s'emparant de cinquante vaisseaux. La prise d'Épidamne fut le résultat de ce combat, qui valut aux vainqueurs l'empire de la mer pendant les deux années suivantes.

Sur ces entrefaites, les Corcyréens, informés qu'un nouvel orage se formait contre eux, envoyèrent une ambassade solennelle à Athènes, et les Corinthiens en firent partir une autre pour la même destination. On discuta la question politique dans l'assemblée du peuple, et Périclès, afin de ne pas rompre ouvertement la paix, détermina ses compatriotes à conclure avec les Corcyréens un traité en vertu duquel les deux états s'engageaient à se secourir en cas d'invasion.

Dès que ce pacte fut ratifié, dix vaisseaux athéniens renforcèrent la flotte de Corcyre, afin de s'opposer à celle de Corinthe, qui était mouillée sur la côte de l'Épire. Les deux flottes se rencontrèrent près des petites îles Sybota. On se battit avec le plus grand acharnement : vingt galères de Corcyre, après avoir enfoncé l'aile gauche de l'ennemi, qu'elles poursuivirent jusqu'à la côte d'Épire, débarquèrent pour piller le camp des Corinthiens et causèrent la défaite de la flotte de Corcyre. Les vainqueurs voulaient poursuivre les Corcyréens, mais ils en furent empêchés par la petite escadre athénienne, qui s'était abstenue de prendre part au combat.

Les Corinthiens, qui venaient de se radouber sur la côte d'Épire (au port de Mourtoux), s'avançaient vers l'île de Corcyre, pour attaquer la flotte ennemie rangée en bataille près de la côte, lorsqu'ils aperçurent une flotte qui cinglait à pleines voiles de leur côté.

Les Corcyréens se repliaient vers leur ville ; mais leur joie ne tarda pas à éclater, lorsqu'ils reconnurent que c'étaient vingt galères athéniennes envoyées à leur secours. Dès le lendemain, ils voulurent attaquer les Corinthiens.

Ceux-ci, résolus d'éviter le combat, dépêchèrent une barque aux Athéniens, avec un héraut chargé de dire : « Guer-
« riers d'Athènes, vous agissez injus-
« tement en violant la paix. Sur quel
« prétexte empêchez-vous de tirer ven-
« geance d'un peuple ingrat? Si vous
« êtes déterminés à persister dans vos
« projets, saisissez les hommes qui
« vous portent ce message, et traitez-
« les en ennemis. »

A ces mots, les Corcyréens s'écrièrent : « Qu'on les saisisse et qu'on les tue. » Mais les Athéniens répondirent avec modération : « Guerriers de Corinthe,
« nous ne violons pas la paix. Nous
« sommes ici pour défendre nos alliés ;
« voguez vers tel port qui vous con-
« viendra, nous n'y mettrons aucun
« obstacle ; mais si vous vous proposez
« de descendre sur l'île de Corcyre, nous
« nous y opposerons. »

Les Corinthiens, prenant alors leur parti, firent voile pour Anactorion, où ils saisirent deux cents Corcyréens et huit cents esclaves. Ces prisonniers, joints à ceux qu'on avait faits dans le combat, montèrent à 1250. Leur capture eut, comme on le dira ailleurs, une influence funeste sur la destinée de Corcyre.

### RÉVOLTE DE POTIDÉE.
#### 432 avant J.-C.

Les Corinthiens, avertis que Périclès tirerait vengeance de leurs succès, excitèrent les colonies d'Athènes établies dans la Macédoine à se révolter. Ce projet fut éventé, et Anchestrate, gouverneur de Potidée, commençait à faire démolir les fortifications de cette ville, quand les habitants le prièrent de suspendre les travaux jusqu'au retour d'une députation qu'ils allaient envoyer à Athènes, pour dissiper les soupçons qu'on avait élevés contre leur fidélité.

La légation partit ; mais les habitants, qui étaient depuis long-temps en négociation avec les ennemis d'Athènes, profitant de l'éloignement de sa flotte, reçurent un secours de deux mille hommes, commandés par le Corinthien Aristée, général brave et entreprenant.

Les Athéniens, informés de la défection de Potidée, expédièrent aussitôt une flotte de quarante vaisseaux, avec des troupes de débarquement, sous les ordres de Callias qui, à son arrivée en Macédoine, trouva Anchestrate occupé au siége de Pydna. Il l'exhorta à réunir leurs forces, et à se porter contre la ville, qu'on devait attaquer par terre et par mer. Ce plan fut adopté ; mais au lieu d'attendre l'ennemi derrière ses remparts, la garnison de Potidée vint d'elle-même présenter le combat. Le courage fut égal de part et d'autre ; Callias périt dans le conflit, et Phormion qui lui succéda, arrivant avec de nouvelles troupes, après avoir désolé la Chalcidique et la Piérie, vint mettre le siége devant Potidée.

Délibération des Confédérés. — Sur ces entrefaites, les Corinthiens et leurs alliés du Péloponèse, unis aux députés de quelques états voisins, s'adressèrent au sénat de Sparte, dont la longanimité était l'ouvrage du roi Archidamos. Ils s'exhalaient en récriminations contre l'injustice et la cruauté d'Athènes. Les Mégariens se plaignaient d'avoir été exclus récemment des ports et des marchés de l'Attique, ce qui les privait de choses nécessaires à la vie ; les habitants d'Égine répandirent des larmes, en peignant la situation déplorable de leur patrie.

L'orateur de Corinthe s'étant levé, rappela les événements de Corcyre, le siége de Potidée, le système oppressif d'Athènes qui tendait à la destruction de la liberté dans la Grèce. « Déja,
« s'écria-t-il, les Athéniens ont sub-
« jugué la moitié de la Hellade, leur
« ambition menace l'autre moitié.
« Sortez de votre léthargie, citoyens,
« défendez vos alliés, envahissez l'Attique, soutenez la gloire du Péloponèse, dont le dépôt vous a été
« confié par vos aïeux et que vous devez
« transmettre à votre postérité. »

Quelques Athéniens qui se trouvaient à Sparte ayant témoigné le désir de plaider la cause de leur patrie, leur demande fut accueillie. Mais au lieu de s'exprimer avec l'indignation de l'innocence, ils parlèrent avec l'orgueil de la domination. Ils exaltèrent les mémorables exploits de leurs ancêtres en rabaissant ceux des Spartiates. Enfin, ils conclurent en déclarant que si on voulait s'opposer aux desseins d'Athènes, elle saurait soutenir ses droits et conserver son empire avec la même valeur qu'elle mit à le fonder.

Après ces discours, l'assemblée se sépara sans adopter aucune résolution. Mais le lendemain, l'opinion dominante fut que la paix était déja violée par l'arrogance et les usurpations d'Athènes, et qu'il ne convenait plus de différer les hostilités. Vainement le roi Archidamos persista à conseiller la paix et la modération ; vainement il demanda d'essayer la voie des négociations ; vainement il parla de la nécessité de se préparer à la guerre avant de la déclarer, les suffrages furent entraînés par Sthénélaïdas, l'un des éphores, qui termina les débats au milieu des acclamations du peuple. La guerre fut déclarée.

### GUERRE DU PÉLOPONÈSE.
#### 431 avant J.-C.

Sparte ayant déclaré la guerre, il se passa près d'une année avant qu'on eût réuni les moyens d'envahir l'Attique. On avait agi avec plus d'enthousiasme que de réflexion. Cependant la jeunesse du Péloponèse demandait à marcher, et la Grèce était dans l'attente des plus graves événements. On publiait des prédictions, des oracles ; on s'effrayait surtout d'un tremblement de terre éprouvé à Délos, ce qui, de mémoire d'homme, n'était pas arrivé.

La confédération de Sparte se composait de tous les états du Péloponèse situés en deçà de l'isthme, à l'exception des Argiens et des Achéens, restés neutres : ces derniers adhérèrent plus tard à la coalition. En dehors du Péloponèse, Lacédémone avait pour alliés les Mégariens, les Locriens, les Béotiens, les Phocidiens, les Ambraciotes, les Leucadiens et les Anactoriens. Ceux des états qui fournirent des vaisseaux furent les Corinthiens, les Mégariens, les Sicyoniens, les Pelléniens, les Éléens, les Ambraciotes et les Leucadiens. Les Béotiens, les Phocidiens, les Locriens, donnèrent de la cavalerie, les autres républiques de l'infanterie.

Athènes comptait au nombre de ses alliés les habitants de Chios, de Lesbos, de Platée, les Messéniens de Naupacte, une partie des Acarnaniens, les Corcyréens, les Zacynthiens, les peuples de la Carie maritime, les Doriens limitrophes de la Carie, l'Ionie, l'Hellespont, les villes de Thrace, toutes les îles situées au levant entre le Péloponèse, la Crète et les Cyclades, excepté Melos et Thera.

Les représentants des alliés de Lacédémone s'étant réunis dans la principale ville de la confédération, les Corinthiens, qui connaissaient la détresse de Potidée, insistèrent pour opérer une diversion du côté de l'Attique. Ils faisaient observer que l'armée des confédérés était forte de plus de soixante mille hommes; qu'elle surpassait de beaucoup celle des ennemis, sur qui elle avait des avantages bien plus importants que ceux du nombre, puisqu'elle était entièrement nationale, tandis que celle des Athéniens se composait de mercenaires. Si on avait besoin de subsides, nul doute que les alliés ne les donnassent avec plus d'empressement que des tributaires mécontents n'en paieraient à Athènes pour servir à river leurs chaînes. Si ces secours se trouvaient insuffisants, les temples de Delphes et d'Olympie renfermaient des trésors qui ne pourraient jamais être mieux employés qu'à défendre la cause sacrée de la justice et de la liberté.

#### AMBASSADE
#### DES PÉLOPONÉSIENS A ATHÈNES.

Les confédérés envoyèrent à Athènes diverses propositions d'accommodement, persuadés qu'elles seraient rejetées; mais au fond ils voulaient gagner du temps. A chaque mission, car il y en eut plusieurs, ils élevaient de nouvelles prétentions. Ils demandaient aux Athéniens de lever le siége de Potidée, la révocation du décret porté contre Mégare, d'évacuer Égine, enfin de déclarer l'indépendance de leurs colonies.

Ces propositions furent écoutées par les Athéniens avec une rage mêlée de terreur. La multitude, qui avait jusque-là admiré les grandes vues de Périclès, trembla au bord du précipice où il l'avait conduite. Le siége de Potidée continuait, on allait avoir sur les bras une ligue formidable; il fallait désormais échanger les fêtes et les plaisirs contre les fatigues et les dangers de la guerre. L'idole du peuple cessa d'être honorée : Périclès fut accusé d'avoir sacrifié l'intérêt de la patrie pour venger l'injure d'Aspasie, dont la famille avait été insultée par quelques jeunes débauchés de Mégare. Les démagogues Diopéite, Dracontide, l'attaquèrent, et les tribunaux retentirent d'accusations contre ses meilleurs amis.

Aspasie était le texte de la critique. Quoique supérieure en modestie à Phryné, à Thaïs, à Érigone, c'était toujours aux yeux des Athéniens l'aventurière de Milet, embarquée sur la flotte athénienne, qu'on avait vue débarquer au Pirée et recueillie par Périclès à cause de sa beauté. On ne lui reprochait pas autant d'entretenir dans sa maison une *cénobie* de filles de plaisir, car c'était alors la mode, que de corrompre les mœurs des Athéniennes. Enfin, on attaqua Périclès. On lui reprochait en outre d'avoir dissipé le trésor public; mais des faits authentiques confondirent cette calomnie, et ce triomphe mérité donna une force irrésistible au discours fatal qui décida irrévocablement la guerre du Péloponèse.

Discours de Périclès. — « Athé-
« niens, j'ai souvent déclaré qu'il ne
« fallait point déférer aux ordres in-

« justes de nos ennemis. C'est tou-
« jours mon sentiment, quoique con-
« vaincu des vicissitudes de la guerre
« et de la fortune. Le décret contre
« Mégare, que la première ambassade
« nous a sommés de révoquer, n'est
« pas la cause de cette haine qui a
« long-temps envié notre élévation
« et qui veut aujourd'hui notre ruine.
« Ce décret, dont on a parlé si légè-
« rement, maintient l'honneur de nos
« conseils et la stabilité de notre em-
« pire. En le révoquant par pusilla-
« nimité, nous ne ferions qu'enhardir
« des demandes auxquelles il faut ré-
« pondre, non par des ambassadeurs,
« mais par les armes.

« Athéniens, la prudence et l'abon-
« dance de l'argent donnent la supé-
« riorité dans la guerre. Le tribut
« annuel des alliés se monte à six
« cents talents, sans compter les au-
« tres revenus, et la citadelle con-
« tient six mille talents d'argent mon-
« nayé et environ cinq cents talents
« en or et en argent en barres. »

Périclès énuméra ensuite les ressources qu'on pourrait, en cas de détresse, retirer de l'or employé à la
statue de Minerve, il dit qu'on en déta-
cherait au besoin 40 talents, sans
compter les trésors des temples. Quant
aux troupes, il prouva que la république
avait treize milles hoplites (soldats
pesamment armés); seize mille soldats
répartis dans les forteresses et sur les
remparts, douze cents hommes de cavalerie, seize cents archers et trois
cents trirèmes en bon état.

« Si nous considérons, poursuivit-
« il, la situation de nos ennemis,
« elle est bien différente. Ils peuvent
« entrer dans l'Attique au nombre de
« soixante mille hommes, et même
« gagner une bataille, si notre courage
« en cherche mal à propos l'occasion ;
« mais, à moins que notre imprudence
« ne vienne à leur secours, tant que
« nous resterons enfermés dans nos
« murs, ils ne peuvent continuer la
« guerre avec succès. Oui, Athéniens,
« je crains moins l'ennemi que votre
« caractère indomptable. Au lieu de
« vous laisser aller à un vain désir de
« défendre vos jardins, vos maisons
« de plaisance, détruisez de vos mains
« ces possessions superflues. Le ra-
« vage de l'Attique est d'une faible
« conséquence pour des hommes qui
« reçoivent de tant de pays éloignés
« les choses nécessaires à la vie. Com-
« ment, au contraire, les ennemis
« pourront-ils réparer les désastres
« du Péloponèse? Comment pourront-
« ils les empêcher, tant que vous aurez
« l'empire de la mer? Si vous êtes
« pénétrés de ces vérités, si la raison,
« et non la passion, conduit cette
« guerre, à peine est-il au pouvoir de
« la fortune de vous ravir la vic-
« toire. »

Périclès conclut en proposant de
répondre aux Péloponésiens avec modération : « Nous ne prétendons pas
« exclure les Mégariens de nos ports
« et de nos marchés, pourvu que les
« Spartiates et leurs alliés abolissent
« leurs décrets de prohibition; nous
« consentons à rendre l'indépendance
« aux villes qui étaient libres avant
« le dernier traité de paix, pourvu que
« Sparte en fasse autant de son côté ;
« nous sommes prêts à soumettre nos
« différends à un tribunal équitable :
« si ces ouvertures pacifiques étaient
« rejetées, nous sommes résolus à ne
« pas commencer les hostilités, quoi-
« que prêts à les repousser avec notre
« vigueur accoutumée. » Des applaudissements se firent entendre, et les
ambassadeurs du Péloponèse s'étant
retirés avec cette réponse, les Spartiates ne balancèrent pas à la regarder
comme une déclaration de guerre.

### AFFAIRE DE PLATÉE.

Six mois après le combat de Potidée, les Thébains, alliés de Sparte,
entreprirent de détruire la magnanime
république de Platée, qui avait conservé une fidélité inviolable à Athènes
depuis la guerre médique. La discorde
régnait parmi les citoyens, et Nau-
clide, chef de la faction aristocratique,
s'engagea à ouvrir les portes de la ville
aux Thébains, à condition qu'ils le
mettraient en état de détruire la démocratie.

D'accord sur ce fait, trois cents Thébains, commandés par les béotarques Pythangelos et Diemporos, entrèrent vers le *premier sommeil* à Platée. Ayant fait halte sur la place publique, au lieu de tomber sur les habitants, ils furent d'avis de les amener à un arrangement, en les engageant à déposer les armes et à entrer dans leur alliance.

Les Platéens, effrayés de l'occupation de leur ville, prêtèrent l'oreille à ces propositions, d'autant plus volontiers que les Thébains ne commettaient aucune violence. On entra en pourparlers, et comme on s'aperçut avec une joie mêlée de honte que l'ennemi n'était pas aussi nombreux qu'on l'avait imaginé, les Platéens expédièrent un courrier à Athènes, et en attendant les secours qu'ils demandaient, ils résolurent de mettre tout en œuvre pour opérer leur délivrance.

Le reste de la nuit se passa en conséquence dans une opération aussi hardie qu'extraordinaire. Comme ils ne pouvaient s'assembler dehors, les citoyens percèrent les murs mitoyens de leurs maisons, afin de communiquer ensemble; ils formèrent en silence des barricades dans plusieurs rues. Aux premières clartés du jour, ils se trouvèrent prêts au combat. Ils s'élancent contre l'ennemi, excités par les cris des femmes et des enfants et favorisés par une pluie mêlée de tonnerre, qui augmenta l'horreur du combat. Repoussés à plusieurs reprises, les Platéens revenaient à la charge, lorsqu'un citoyen ayant fermé la porte par laquelle l'ennemi était entré dans la ville, on cria : *La retraite est coupée.*

A ces mots, les Thébains se dispersent, plusieurs sont égorgés dans les rues, d'autres se tuent en se précipitant du haut des remparts, et le plus grand nombre, qui s'étaient réfugiés dans une tour, allaient être brûlés vifs, quand les Platéens apprirent qu'un corps nombreux de Thébains s'avançait au secours de leurs compatriotes.

Leur marche avait été hâtée par le rapport d'un fuyard qui les prévint du mauvais succès de l'entreprise et de la catastrophe à laquelle il avait eu le bonheur d'échapper. La pluie de la nuit avait gonflé l'Asope; on perdit beaucoup de temps à le passer, et à peine étaient-ils entrés sur le territoire de Platée, qu'un autre Thébain leur annonça la mort ou la captivité de tous leurs compatriotes. Alors on s'arrêta pour délibérer si, au lieu de pousser en avant, il ne conviendrait pas mieux de se saisir des Platéens dispersés dans la campagne, afin de les garder comme ôtages.

Pendant qu'on hésitait, il survint un héraut de Platée qui enjoignit aux Thébains de se retirer, s'ils voulaient qu'on épargnât leurs compatriotes. Ils repassèrent aussitôt l'Asope, et les habitants des villages s'étant réfugiés à Platée, les malheureux prisonniers, au nombre de cent quatre-vingts, furent assassinés.

### PREMIÈRE ANNÉE
#### DE LA GUERRE DU PÉLOPONÈSE.

L'épée était tirée : quelques semaines après l'échec de Platée, le roi de Sparte, Archidamos, se trouva à la tête de soixante mille combattants, réunis à l'isthme de Corinthe. Après avoir représenté de nouveau aux généraux alliés l'importance de la guerre dans laquelle on allait s'engager, il leur demanda de faire une dernière tentative auprès des Athéniens. Il leur envoya le Spartiate Mélésippos, mais on refusa de l'entendre, et les archontes lui firent signifier d'être hors de la frontière avant le coucher du soleil, qu'on ne pourrait traiter par des ambassadeurs que si les Lacédémoniens consentaient à rentrer dans leur pays. On le fit accompagner, pour l'empêcher de communiquer avec personne : près de quitter ses conducteurs, il ne dit que ces paroles : « Ce jour « verra commencer pour les Grecs « de grands malheurs » et il continua sa route.

L'ATTIQUE RAVAGÉE. — Archidamos étant entré en campagne, perdit un temps considérable à assiéger OEnoé, qui était la plus forte place des Athéniens : ces délais sans résultats les mirent à même d'exécuter le plan proposé par Périclès. On vit, comme il le leur avait conseillé, les habitants de l'Attique détruire leurs métairies, leurs maisons de plaisance et les jardins delicieux qu'ils aimaient tant, transporter des champs dans la ville leurs femmes, leurs enfants, leur mobilier, et jusqu'à la charpente de leurs maisons. Après avoir envoyé dans l'Eubée et dans les îles adjacentes leurs troupeaux et leurs bêtes de somme, la population entière se retira dans la ville, qui était pourvue des choses nécessaires à la vie, mais non pas de logements suffisants pour un aussi grand nombre de citoyens, de serviteurs et d'esclaves.

Arrivés dans Athènes, où peu de citoyens de la campagne avaient des maisons ou des refuges chez quelques amis, la plupart s'établirent dans les endroits inhabités de la ville (à l'exception de l'Acropole), dans les temples dans les chapelles des héros, dans les tours des murailles, sur les places publiques; car ce fut plus tard qu'on se partagea l'espace compris entre les longs murs et le terrain qui borde le Pirée.

On était au fort de l'été et de la croissance des blés lorsque Archidamos leva le siége d'OEnoé: il vint camper dans la plaine de Thria, le plus bel ornement du territoire d'Athènes, qui fut complétement ravagée; de là il se rendit à Acharnes, bourg situé à deux lieues et demie d'Athènes: l'ennemi à soixante stades de la capitale ! on n'avait vu rien de semblable depuis la guerre médique. La jeunesse impétueuse demandait qu'on la menât au combat: les devins *chantaient* des oracles, que chacun interprétait suivant ses dispositions particulieres; des orateurs ambitieux s'emportaient contre les conseils timides du chef de l'état.

Périclès, persuadé de la justesse du plan qu'il avait conçu, ne convoqua pas d'assemblée, dans la crainte que le peuple ne l'entraînât dans quelque mesure intempestive; il veillait à la sûreté de la place et au maintien de la tranquillité : il ne cessait de faire sortir quelques détachements de cavalerie pour empêcher les coureurs ennemis de ravager les champs et les jardins voisins d'Athènes.

Tandis que ces choses se passaient, une flotte de cent cinquante voiles, sortie du Pirée, ravageait la côte voisine du Péloponèse. Une de ses escadres fit une descente sur le territoire des Locriens. Les habitants d'Egine, qui s'étaient révoltés, furent chassés de leur pays et remplacés par une colonie athénienne.

DISLOCATION DE L'ARMÉE CONFÉDÉRÉE. — Les Péloponésiens, convaincus que les Athéniens n'accepteraient pas une bataille, levèrent leur camp d'Acharnes : ils ravagèrent quelques dêmes situés entre les monts Parnès et Brilesos : tous eurs vivres étant épuisés, ils se retirèrent à travers la Béotie, sans suivre le chemin qu'ils avaient pris au printemps : et, de retour dans le Péloponèse, chacun rentra dans le pays d'où il était sorti.

Périclès, après la retraite des ennemis, partit vers le commencement de l'automne à la tête de vingt mille Athéniens pour ravager la Mégaride. Il ne fallait pas des forces aussi considérables pour priver les industrieux habitants de cette faible république d'une récolte achetée par de pénibles travaux dans leur petit et ingrat territoire. Les Athéniens n'y acquirent aucune gloire. La troisième escadre de leur flotte rentra presque en même temps au Pirée : elle avait attaqué, sans succès, Méthone, qui dut son salut à Brasidas, pillé les environs de Phia, en Élide, pris Solion et Astacos, villes de l'Acarnanie et ravagé Céphallénie.

L'hiver se passa, de part et d'autre, en solennités et en oraisons funèbres en l'honneur des braves morts aux champs de la gloire: à distribuer les prix décernés à la valeur: à confirmer des traités d'alliance, et à fortifier les places frontières.

II<sup>e</sup> ANNÉE DE LA GUERRE DU PÉLOPONÈSE.
430 avant J.-C.

PESTE D'ATHÈNES. — Le printemps

ramena dans l'Attique l'armée du Péloponèse, qui ne tarda pas à être suivie d'un fléau bien plus terrible que la guerre.

Une peste meurtrière, sortie de l'Éthiopie, avait infesté l'Egypte, d'où elle se propagea dans une partie considérable des états du grand roi : on disait qu'elle avait éclaté à Lemnos, lorsqu'elle se manifesta au Pirée. Quand les premiers accidents eurent lieu, les habitants prétendirent que l'ennemi avait empoisonné les puits; car dans les épidémies le soupçon égara toujours l'esprit de la multitude.

La maladie s'annonça sous diverses formes, suivant les différents tempéraments, mais ses caractères furent généralement les mêmes. « On était « subitement saisi, en pleine santé, « d'une violente chaleur de tête, ac- « compagnée de rougeur et d'inflam- « mation des yeux : le gosier et la « langue devenaient sanguinolents, et « l'haleine fétide. Cette première pé- « riode était accompagnée d'éternu- « ments, d'enrouements, et bientôt « l'inflammation descendait dans la « poitrine avec une toux violente. « Quand la douleur se fixait à la ré- « gion gastrique, elle était suivie de vo- « missements de bile et de hoquets qui « causaient de fortes convulsions. Le « corps n'était ni brûlant, ni froid, mais « rougeâtre, parsemé de pétéchies, « couvert de charbons et d'ulcères. »

Les pestiférés, continue, Thucydide, se plaignaient d'un feu qui leur brûlait les entrailles; ils ne pouvaient supporter les vêtements les plus légers, ni les draps qui les couvraient; ils voulaient être nus, et trouvaient un grand plaisir à se plonger dans l'eau froide : plusieurs de ceux qu'on ne gardait pas se précipitèrent dans les puits. Il était indifférent de boire peu ou beaucoup : une agitation et une insomnie continuelles accablaient les malades, dont la prostration morale attaquait souvent l'esprit ainsi que la mémoire. Si quelqu'un devait échapper à la mort, la gangrène, qui était un des symptômes favorables, se manifestait aux pieds et aux mains, qui tombaient en putréfaction : quelques-uns restaient privés des yeux; d'autres, aussitôt qu'ils entraient en convalescence, perdaient le souvenir de toutes choses, et ne se reconnaissaient plus eux-mêmes, ni leurs amis.

Tous les secours, divins et humains, furent inutilement employés pour arrêter la contagion; toute autre maladie se changeait en peste. Une quantité de malheureux périssaient en foule dans les temples en offrant aux dieux d'inutiles prières. Point de spectacle plus horrible que celui du voisinage des fontaines sacrées, où l'on voyait une multitude de morts et d'agonisants qui expiraient dans des tourments affreux.

L'excès du mal l'emporta à la fin; les hommes, ne sachant plus que devenir, les secours de la médecine furent dédaignés, et les cérémonies religieuses abandonnées. Chacun célébrait les funérailles des siens comme il le pouvait ; plusieurs manquant de tombeaux eurent recours à d'inconcevables sépultures : ceux qui arrivaient le plus vite aux bûchers dressés par d'autres, y plaçaient leurs morts et y mettaient le feu; d'autres, pendant qu'on brûlait un cadavre, jetaient par-dessus celui qu'ils avaient apporté et s'en allaient.

Alors, les Athéniens n'entrevirent plus d'avenir; persuadés que les dieux ne s'intéressaient à rien de ce qui se passait sur la terre, toutes les lois furent foulées aux pieds; on se livra publiquement aux plaisirs les plus obscènes : ceux qui ne possédaient rien s'adjugeaient l'héritage des riches; nul ne voulait se livrer au travail pour acquérir, parce qu'on ignorait si, avant de posséder, on ne serait pas mort. On ne regardait comme honnête que ce qui était profitable : la crainte des dieux n'était qu'une chimère. En voyant périr indistinctement les citoyens, on considéra du même œil le respect divin et l'impiété; on bravait la justice des tribunaux, persuadé qu'on n'existerait pas jusqu'à l'issue des procès, pour subir la peine de ses crimes ; chacun regardait comme bien plus immédiat l'arrêt du destin suspendu sur sa tête. Ainsi, Athènes éprouva les horreurs de la peste ; jointes à la fureur plus destructive des passions les plus effrénées, et présenta tout à la fois ce qu'il y a de plus affligeant dans l'infortune et de plus méprisable dans le vice.

DÉVASTATION DE L'ATTIQUE. — Pendant que la ville se débattait au milieu de tant de fléaux, les Péloponésiens désolaient les campagnes ; ils s'avancèrent dans la Paralie jusqu'au Laurion, où ils détruisirent les travaux entrepris pour l'exploitation des mines d'argent, et ils retrogradèrent vers Marathon.

MAGNANIMITÉ DE PÉRICLÈS. — Si le sentiment intime de la vertu n'était pas supérieur à tous les assauts de la fortune, la grande ame de Périclès se serait affaissée sous le poids de tant de maux. Mais son courage le soutint au milieu de ses afflictions domestiques ; il vit avec résignation le sort funeste de sa nombreuse et florissante famille, successivement moissonnée par la peste. Aux funérailles du dernier de ses enfants, il laissa, à la vérité, couler quelques larmes échappées à la tendresse paternelle ; mais, revenu de cette faiblesse momentanée, il dirigea bientôt toute son attention vers la défense de la république.

Une flotte de cent galères athéniennes et de cinquante tirées de Lesbos et de Chios l'attendait au Pirée, lorsqu'une éclipse de soleil épouvanta l'esprit superstitieux des matelots. Le pilote de la galère amirale montrait surtout le plus lâche abattement ; Périclès, lui jetant son manteau devant les yeux, lui demanda si l'obscurité le surprenait. « Non, répondit le pilote. — Il « en est de même d'une éclipse, ré- « pliqua le général, puisqu'elle n'est « occasionée que par l'interposition « d'un objet qui intercepte la lumière « du soleil. »

La flotte appareilla. Arrivés dans le golfe d'Argos, les Athéniens attaquèrent, sans succès, la ville sacrée d'Épidaure, dont ils ravagèrent le territoire, ainsi que les campagnes voisines de Trézène, d'Halia et d'Hermione. De là, s'étant embarqués, ils firent voile pour Prasiæ (aujourd'hui Prasto), ville de Laconie, qui fut prise et saccagée : et lorsque la flotte rentra au Pirée ; les Péloponésiens avaient évacué l'Attique, après y avoir séjourné quarante jours.

Une autre expédition des Athéniens en Macédoine échoua complétement. Agnon avait embarqué quatre mille hommes qui devaient coopérer avec Phormion au siége de Potidée. Il perdit. dans l'espace de six semaines, mille cinquante hommes par la peste, et il eut le malheur d'infecter l'armée de cette horrible contagion.

PÉRICLÈS ACCUSÉ. — Les Athéniens, au désespoir, demandaient la paix ; on envoya des ambassadeurs à Lacédémone, mais ils ne furent pas reçus. Les orateurs renouvelèrent alors leurs déclamations, et Périclès fut traduit en justice.

Pareil à l'astre du jour qui jette ses derniers rayons sur le monde qu'il va cesser d'éclairer, Périclès ne fut jamais plus sublime et plus brillant que dans la harangue à ses concitoyens, auxquels il parlait pour la dernière fois. « Athéniens, je m'attendais à votre co- « lère ; vos plaintes n'excitent point mon « ressentiment : se plaindre est le droit « des malheureux ; être haï tant qu'on « est au pouvoir, est le partage de « quiconque a voulu commander aux « autres : moi, je vous ai convoqués, « non pour me justifier, mais pour « vous adresser des reproches. »

Entrant ensuite dans le détail des affaires de la république, il mit sous les yeux de l'assemblée la gloire d'Athènes, les efforts qu'il avait faits pour la soutenir, les dangers qu'il avait prédits, jusqu'au moment où la peste, dont aucune prévision humaine ne pouvait garantir personne, avait éclaté sur Athènes ; il leur montra que les maux qu'on souffrait étaient passagers. Maîtres de la mer, quelle ville, malgré ses souffrances, pouvait être comparée à Athènes sous le rapport de sa puissance, de sa splendeur, de ses lois, de ses institutions ? « Mais s'il

8.

« faut, enfin, qu'elle périsse, puisque
« toute grandeur humaine doit finir,
« qu'au moins elle ne tombe pas par
« notre pusillanimité; cette chute ren-
« drait douteuse notre vertu première,
« et détruirait à jamais l'édifice qui
« fut l'ouvrage de plusieurs siècles.
« Quand nos murs et nos ports ne se-
« ront plus, quand notre marine aura
« perdu sa prépondérance, quand notre
« influence sera détruite au dehors, la
« gloire d'Athènes doit encore briller
« de l'éclat le plus pur. Voilà le trésor
« que je vous ai exhortés et que je vous
« exhorte encore à défendre, sans au-
« cun égard pour les clameurs de la
« paresse, les soupçons de la lâcheté
« et les persécutions de l'envie. » Fort
d'une conscience tranquille, l'orateur
dit au peuple qu'il croyait avoir autant de talent et d'habileté que personne pour gouverner la république;
qu'il était insensible aux conseils de
l'égoïsme, aux séductions de l'esprit
de parti et à la bassesse de l'avarice.

Après ce discours, Périclès fut condamné à une amende, les uns disent
de quinze talents (81,000 fr.), d'autres
de cinquante talents (270,000 fr.), et
cependant les Athéniens le choisirent
de nouveau pour leur général.

MORT DE PÉRICLÈS. — Le terme
des destinées humaines de Périclès
approchait; il fut, à son tour, attaqué
de la peste, dont la marche assez lente
lui permit de voir venir la mort.
Théophraste raconte qu'il montra à un
de ses amis, qui l'était venu visiter,
je ne sais quel amulette que les
femmes lui avaient attaché au cou,
lui donnant à entendre par là qu'il
était fort mal, puisqu'il endurait une
pareille extravagance.

Son lit de mort fut entouré de ses
amis et de ses nombreux admirateurs,
entièrement occupés à repasser, avec
complaisance, les exploits mémorables
de sa vie. Ils croyaient que son ago-
nie lui avait fait perdre tout sentiment, lorsqu'il leur dit : « Vous ou-
« bliez la seule bonne qualité de mon
« caractère, c'est qu'aucun Athénien
« n'a jamais été forcé, par un acte de
« mon administration, à prendre un
« habit de deuil. » Il expira, après
avoir administré l'état pendant quarante ans.

Périclès avait maîtrisé les Athéniens
avec franchise; mais il n'en fut pas de
même de ses successeurs, qui, pour
briguer les suffrages de la multitude,
commencèrent à gouverner d'après le
bon plaisir d'un peuple aussi inconstant que les flots de la mer.

Les Athéniens furent plongés dans
la stupeur à la mort de Périclès.
Quelque temps après, Aspasie épousa
un victimaire ou boucher d'Athènes :
Potidée se rendit par capitulation ;
Platée éprouva le même sort, après
cinq années d'une longue et vigoureuse
résistance.

### RÉVOLTE DE LESBOS.
#### 428 ans avant J.-C.

Le sage Pittacos, contemporain de
Solon, fut le premier législateur de
Lesbos; il avait donné à ses compatriotes un code de lois composé de six
cents vers qui réglaient leurs droits
politiques, leur conduite et leurs
mœurs. Les Lesbiens, délivrés du joug
des Perses, étaient entrés dans l'alliance d'Athènes ; mais, dégoûtés de
flatter ses démagogues, menacés de
voir démanteler Mytilène, et de perdre
leurs vaisseaux, qu'Athènes demandait, ils se préparèrent à secouer un
joug devenu intolérable. (Voy. *planch.*
29) (*).

L'année qui suivit l'invasion de la
peste dans Athènes, les Lesbiens ré-
parèrent les murs de Mytilène, forti-

---

(*) Le reste d'aqueduc que l'on voit sur
cette planche est presque le seul monument
antique qui subsiste dans l'île de Lesbos; il
est situé à près de deux lieues de Mytilène,
dans une belle vallée couverte de lauriers
roses et de myrtes. Cet aqueduc est construit
en marbre gris; il a près de cinquante pieds
d'élévation, quoique le premier rang soit
presque enterré dans le sol. Il avait trois
étages, dont le dernier est construit en briques. A travers ses arceaux on aperçoit un
joli village au milieu des oliviers; le fond
du tableau est terminé par la mer et par les
côtes de l'Asie-Mineure.

fièrent leurs ports, augmentèrent leur flotte, tirèrent des troupes et des approvisionnements des bords du Pont-Euxin. Dans la quatrième année de la guerre du Péloponèse, ces préparatifs furent révélés aux archontes, qui repoussèrent un avis que leur triste situation rendait alarmant, et ils se contentèrent d'envoyer des commissaires à Lesbos chargés de demander l'explication des bruits qui compromettaient la fidélité des habitants vis-à-vis de leur alliée.

Les délégués d'Athènes s'étant assurés des dispositions hostiles des Lesbiens, une flotte de quarante voiles rapides comme l'éclair sortit du Pirée : elle se flattait de surprendre les perfides pendant la célébration des fêtes d'Apollon; mais ce dessein avorta par la diligence d'un Mytilénien, qui arriva en moins de trois jours à Lesbos. On courut aux armes, et Clinias, amiral athénien, s'étant présenté, on convint d'une suspension d'armes, jusqu'au retour d'une ambassade chargée de donner pleine satisfaction aux archontes.

Cette démarche des Lesbiens n'était qu'une feinte : persuadés qu'ils n'avaient rien de favorable à espérer d'Athènes, ils envoyèrent secrètement des députés à Sparte, avec l'ordre de demander à être admis dans la confédération péloponèsienne. On les renvoya à l'assemblée générale, qui devait se tenir à Olympie; et dès que les jeux furent finis, ils repartirent porteurs d'un traité par lequel on leur promettait un secours prompt et efficace.

Les Athéniens, plus actifs que les Spartiates, les devancèrent : aidés de quelques renforts tirés de Lemnos et d'Imbros, Mytilene se trouva investie par terre et par mer vers la fin de l'automne. La flotte des confédérés ne put mettre en mer; et cent vaisseaux sortis du Pirée ayant paru sur les côtes du Péloponèse, les milices du pays, impatientes de retourner dans leurs foyers, se débandèrent pour aller faire leurs vendanges et ensemencer leurs terres. Saléthas, général spartiate qui parvint seul à entrer dans Mytilène, promit aux habitants des secours pour la campagne prochaine, au moyen d'une escadre qu'on leur enverrait et d'une diversion qu'on ferait dans l'Attique.

Prise de Lesbos, 427 avant J.-C. —La dernière partie de cette promesse fut exécutée, car le milieu de l'été était passé lorsque les Péloponésiens firent sortir une escadre forte de quarante voiles, sous la conduite d'Alcidas, homme totalement dépourvu de talents comme amiral. Il le prouva en courant sur les vaisseaux de commerce, où il fit un grand nombre de prisonniers qu'il égorgea de sang froid, et Mytilène se rendit avant qu'il eût essayé de la secourir.

Dans cette circonstance, Pachès protégea les Mytiléniens qui s'étaient rendus à discrétion. Leur sort fut remis à la décision des citoyens d'Athènes, qui les jugèrent à mort, et condamnèrent leurs femmes et leurs enfants à une servitude perpétuelle. Le décret passa le jour même qu'il fut proposé par le démagogue Cléon, et le soir on expédia une galère chargée de notifier à Pachès cette cruelle résolution.

La nuit amena la réflexion : l'assemblée du peuple s'étant réunie au lever du soleil, chacun rougit de la férocité qui avait dicté cet arrêt sanguinaire, et la loi atroce fut remise en délibération.

Une éloquence turbulente et impétueuse avait élevé Cléon, du rang obscur de corroyeur, à une grande autorité dans l'assemblée du peuple d'Athènes : ce démagogue, dont l'arrogante présomption contrastait avec la magnanimité éclairée de Périclès, persista à soutenir le décret qu'il avait fait porter contre les Mytiléniens.

Diodotos, qui joignait à la modération la connaissance du cœur humain et la science du gouvernement, répondit à la harangue sanguinaire de Cléon... Il avait plaidé, dans l'assemblée de la veille, la cause du malheur et de l'humanité. Loin de regarder l'innocence ou le crime des Lesbiens comme une chose indifférente, il en tira la conséquence que *la sévérité des lois ne peut jamais changer les mœurs d'un peuple*. « Tant que la nature « humaine sera la même, Athéniens, « la faiblesse sera soupçonneuse, la « nécessité audacieuse, la pauvreté « excitera l'injustice, le pouvoir con- « duira à la rapine, la misère à la « bassesse, et la prospérité à la pré- « somption. L'imagination se fami- « liarise avec les châtiments; et la « punition des Lesbiens aliénera l'af- « fection de vos alliés, provoquera le « ressentiment de la Grèce, excitera « l'indignation du genre humain, et « rendra la révolte plus fréquente et « plus dangereuse. »

La modération de Diodotos l'emporta; on fit partir en toute hâte une galère chargée de porter l'ordre de suspendre le premier décret : elle arriva lorsqu'on venait de lire aux Lesbiens leur arrêt de mort. Les apprêts se faisaient, quand les gémissements et les sanglots de tout un peuple se changèrent en cris d'allégresse.

Le châtiment des Lesbiens fut cependant sévère : plusieurs prisonniers qu'on avait conduits à Athènes subirent la peine de mort, ainsi que le Spartiate Saléthas, dont les larmes ne purent fléchir ses bourreaux. Les murs de Mytilène furent démolis, sa marine conduite au Pirée, son territoire divisé en 3000 lots, dont 300 furent consacrés aux dieux, et le surplus distribué par la voie du sort au peuple d'Athènes.

L'activité de Pachès, qui venait d'étouffer la révolte de Lesbos, fut suivie d'avantages qu'il remporta sur la flotte péloponésienne; mais à son retour à Athènes, il trouva le prix que devaient attendre les hommes d'un mérite supérieur d'un peuple frivole : on l'accusa d'inconduite; et, voyant qu'on allait le condamner, il fut saisi d'une telle indignation, qu'il se donna la mort en présence de ses juges.

### ANARCHIE DE CORCYRE.

Nous avons parlé, dans le cours de cette histoire, de douze cents prisonniers faits à Anactorion par les Corinthiens, qui appartenaient, la plupart, aux premières familles de Corcyre. Au lieu de trouver à Corinthe les rigueurs de la captivité, ils y avaient été accueillis avec tous les égards de l'hospitalité; on s'appliqua à gagner leur amitié, et on les mit en liberté. De retour à Corcyre, ils feignirent de s'occuper à réunir la somme de huit cents talents ( environ 4,000,000 de francs ) destinés à leur rançon, tandis qu'ils travaillaient secrètement à détacher Corcyre du parti athénien.

Le premier moyen qu'ils mirent en œuvre fut de calomnier les magistrats de la faction athénienne; alors le démagogue Peithias accusa cinq chefs du parti aristocratique d'avoir détruit une palissade qui entourait le bois sacré de Jupiter. Traduits en justice, ils furent condamnés à l'amende d'un statère ( environ 34 fr. ) pour chaque pièce qu'ils avaient enlevée. Vainement les accusés nièrent le fait; vainement ils se rendirent en suppliants au pied des autels, la sentence fut exécutée à la rigueur.

Alors le parti aristocratique, renforcé d'une foule de séditieux armés de poignards, se précipitent dans la salle du sénat, où ils assassinent Peithias avec soixante autres démagogues, et les débris de leur parti s'embarquèrent pour se réfugier à Athènes. En cet instant, un vaisseau corinthien entrait au port; informé de ce qui se passe, il anime le parti vainqueur : l'acharnement redouble, les rues de Corcyre sont inondées de sang; et c'est vers le déclin du jour que les citoyens, parvenus à s'emparer du port Hylléen, de la citadelle et des parties élevées de la ville, respirèrent en face du parti aristocratique, resté en possession de l'Agora, ou place du marché.

La guerre civile; l'incendie qui dévora Corcyre à plusieurs reprises; l'intervention de douze galères athéniennes, venues de Naupacte pour appuyer le parti démocratique avec cinq cents Messéniens pesamment armés; l'appui des Spartiates et de huit cents

Epirotes appelés par la faction aristocratique, ne purent décider la victoire en faveur d'aucun parti.

Au milieu de ce conflit, les escadres d'Athènes et de Lacédémone livrèrent un combat, dans lequel les Spartiates eurent l'avantage, dont ils ne profitèrent pas à cause de l'ineptie d'Alcidas. Cet amiral fut obligé de fuir à l'approche d'une seconde escadre athénienne, commandée par Eurymédon.

Le parti démocratique profita de la circonstance pour égorger, à son tour, ses antagonistes. Les temples des dieux furent violés; chaque maison vit couler le sang dans ses foyers. Pendant six jours entiers Eurymédon resta témoin de cette sanglante tragédie : elle se termina par la fuite de cinq cents partisans de l'aristocratie qui se réfugièrent en Épire, et la flotte athénienne se retira. Enfin, après une nouvelle réaction, des assassinats sans nombre et des massacres dans les prisons, les partis s'arrêtèrent, ivres de sang sans être rassasiés de carnage.

### CONTINUATION DE LA GUERRE DU PÉLOPONÈSE.
427, 426, 425 avant J.-C.

TREMBLEMENTS DE TERRE. — Pendant la durée des révoltes et des séditions qu'on vient de faire connaître, la peste disparut insensiblement. Les tremblements de terre, qui accompagnèrent la période décroissante de ce fléau meurtrier, répandirent la terreur dans l'Attique et dans la Béotie; mais ils furent beaucoup plus destructeurs dans les îles voisines du continent. Les commotions souterraines étaient accompagnées d'une violente agitation de la mer : le reflux des vagues engloutit Orobia, ville située sur la côte occidentale de l'Eubée; les petites îles d'Atalante et de Péparethos éprouvèrent de grands dommages; l'Etna vomit des torrents de lave enflammée qui détruisirent les riches campagnes de Catane.

EXPÉDITION DE DÉMOSTHÈNE EN ÉTOLIE. — La haine qui divisait Athènes et Sparte était si violente, qu'aucun événement n'était capable de les déterminer à un rapprochement. Démosthène, général habile, qui commandait les forces athéniennes a Naupacte, aidé des Messéniens, des Zacynthiens, des Céphalléniens et d'une partie des Acarnaniens, entreprit de réduire l'Étolie, Ambracie et Leucade.

Les Messéniens, à qui les Athéniens avaient concédé Naupacte, harcelés sans cesse par les naturels de l'Étolie Épictète, persuadèrent à Démosthène d'envahir cette contrée agreste. Il s'avança sans trop de difficultés jusqu'à Égition (aujourd'hui Cravari), qu'il força après une vigoureuse résistance. Vainqueur sur ce point, il poursuivit les Étoliens, qui s'enfuirent dans les escarpements du mont Corax, d'où ils faisaient pleuvoir, à chaque halte, une grêle de traits, et rouler des avalanches de pierres sur les troupes de Démosthène : elles se maintinrent cependant en bon ordre; mais lorsqu'il fallut songer à la retraite, comme on avait perdu les guides, l'armée disséminée ne put retrouver le chemin de la mer, et la déroute commença. Les soldats de Démosthène, harcelés par un ennemi qui combattait sur son terrain, tombaient dans des gouffres et au fond des torrents : un corps considérable, qui s'était égaré dans une forêt d'arbres résineux, auxquels les Étoliens mirent le feu, périt dans les flammes, et les débris de son armée regagnèrent Naupacte avec des fatigues extrêmes.

Ce désastre empêcha Démosthène de retourner à Athènes, jusqu'à ce que la fortune lui eût fourni l'occasion de rétablir l'honneur de ses armes.

Les Étoliens et les Ambraciens, qui avaient sollicité et obtenu des secours de Lacédémone et de Corinthe, ne tardèrent pas à lui en offrir l'occasion. Les premiers, remplis de présomption, ayant osé attaquer Naupacte, furent complétement battus. Libre de ce côté, Démosthène se porta contre les Ambraciens, dont il détruisit l'armée dans les défilés du mont Idoménée (aujourd'hui Macrin-Oros.)

Ces succès mirent Démosthène en état de reparaître avec honneur à Athènes, où il s'embarqua comme volontaire sur une flotte qui cinglait vers Corcyre. Les Messéniens qui s'étaient attachés à sa fortune avaient obtenu la permission de prendre passage avec lui pour faire quelque tentative sur la côte de Messénie, si l'occasion s'en présentait. La flotte voguait lentement le long de la côte méridionale du Péloponèse, les Messéniens contemplaient, avec une joie mêlée de douleur, les rivages toujours chéris de leur douce patrie. Ils nommaient Ithome, Pylos; et mille sentiments que le temps avait affaiblis reprirent une nouvelle énergie à l'aspect des lieux qui furent le berceau de leur nation. Ils firent part des sentiments qu'ils éprouvaient à Démosthène, qui les encouragea à prendre terre et à rebâtir Pylos, que les Spartiates avaient abandonnée. (Voy. pl. 30) (*).

RESTAURATION DE PYLOS. Démosthène proposa ce plan à Eurymédon et à Sophocle, qui le rejetèrent avec insolence : il n'eut pas plus de succès auprès des capitaines de la flotte. Il avait lui-même renoncé à ce projet, lorsqu'une tempête poussa la flotte athénienne vers le port de Pylos (auj. Navarin), où elle mouilla. Alors Démosthène renouvela ses instances avec plus de force. Les soldats, retenus par le mauvais temps, ennuyés de leur inaction, travaillèrent d'un commun accord avec les Messéniens à rétablir leur ville, et en six jours de temps elle se trouva complétement fortifiée. La flotte fit ensuite voile pour Corcyre, en laissant à Démosthène cinq vaisseaux pour garder sa nouvelle acquisition.

ALARMES DES SPARTIATES. — A la nouvelle du rétablissement de Py-

(*) La vue de Pylos, aujourd'hui *vieux Navarin* (palæo Avarino), est prise de l'île de Sphactérie. Cette forte position était jointe à la terre ferme par un isthme, qui est aujourd'hui recouverte par un marais sur lequel passent les monoxylon, ou barques faites d'un seul tronc d'arbre dont se servent les Grecs modernes.

los, les Spartiates épouvantés rappellent leurs troupes de l'Attique et de Corcyre; les citoyens courent aux armes et marchent vers la place dont ils avaient appris la restauration. Elle n'était éloignée que de seize lieues de Sparte...... Ils arrivent, et ils trouvent une forteresse qui nécessite l'emploi de tous leurs moyens pour s'en emparer. Elle est aussitôt investie et attaquée; Démosthène est aux prises avec le vaillant Brasidas, qui, pour pouvoir débarquer, ordonne à la flotte d'échouer et de briser les vaisseaux contre les rochers du rivage. Il tombe blessé en donnant l'exemple du courage, et perd son bouclier.

L'attaque de Pylos durait depuis trois jours, lorsque la flotte athénienne, instruite de la position critique de Démosthène, rentre au port. Les Lacédémoniens sont vaincus, leur flotte est dispersée, et quatre cent vingt Spartiates pesamment armés, avec un nombre supérieur d'Hilotes, restent bloqués dans l'île de Sphactérie. (Voy. pl. 31) (*).

CONSTERNATION DANS SPARTE. — Le mal parut sans remède, et ce corps de Spartiates était si important à l'état, qu'on reconnut la nécessité de demander une trève, jusqu'à ce qu'on eut envoyé des ambassadeurs à Athènes pour traiter de la paix générale. Les Athéniens se chargèrent de transporter les plénipotentiaires de Lacédémone sur une trirème qui devait les ramener au terme de leur négociation. On permit pendant ce temps aux Pé-

(*) Cette planche offre la vue du port et de la baie de Navarin, si célèbre de nos jours par la victoire navale qui arracha la Grèce au joug des Turcs. Sur le devant est la forteresse de Navarin, construite par les Français au commencement du treizième siècle. On croit que l'antique ville de Nestor se trouvait à la prise d'eau de l'aqueduc qui existe encore aujourd'hui, et dont on suit le contour sur notre planche. Dans le fond du port s'élèvent deux rochers qui semblent en fermer l'entrée. Sur celui de droite est Pylos: dont on aperçoit la forteresse (voy. Pl. 30); en face est l'île de Sphactérie, où les Spartiates furent bloqués.

loponésiens de fournir une certaine quantité de vivres à la garnison de Sphactérie, et les Spartiates consentirent à laisser dans le havre de Pylos leur flotte, composée de soixante vaisseaux, comme garantie de la sincérité de leurs intentions pacifiques.

Les Spartiates avaient toujours employé un laconisme orgueilleux dans leurs négociations, mais cette fois ils exposèrent dans le plus grand détail les avantages d'une réconciliation qui terminerait les calamités de la Grèce. Ils firent valoir les intérêts des deux républiques, les rivalités de gloire plutôt que de haine qui avaient prolongé la guerre, et ils conclurent en demandant une paix honorable.

Le mauvais génie d'Athènes, suscité par le caractère emporté de Cléon, fit proposer des conditions telles que les Spartiates ne purent les accepter. Ils virent qu'ils n'avaient rien à espérer de la modération de leurs ennemis; mais ils espéraient qu'on leur rendrait leur flotte. Les Athéniens la refusèrent sous divers prétextes, et chaque parti se prépara aux combats.

Le blocus de Sphactérie fut repris avec une nouvelle rigueur. Démosthène, se rappelant ce qui lui était arrivé dans l'Étolie, refusait d'attaquer une île escarpée et couverte de bois; de son côté, la garnison de Pylos était vivement pressée par les Spartiates, qui étaient tout à la fois assiégés et assiégeants.

CLÉON NOMMÉ GÉNÉRAL. — Dès que cette situation compliquée fut connue à Athènes, le peuple s'assembla tumultueusement. Le démagogue Cléon, qui s'était opposé à la paix, proposa d'envoyer à Pylos des commissaires chargés de faire une enquête. La populace lui cria de remplir lui-même cette mission; mais le fourbe craignit de devenir la dupe de son propre artifice. Alors il changea la question en disant que s'il avait l'honneur d'être général, il se rendrait à Sphactérie avec un corps d'infanterie légère, et s'emparerait de cette île au premier assaut.

Nicias, un des généraux d'Athènes présents à l'assemblée, sentant que le trait de Cléon était dirigé contre lui, déclara qu'il résignait le commandement. Alors le peuple cria a Cléon, « que puisque l'entreprise était aussi « facile qu'il le prétendait, elle n'en « convenait que mieux à ses talents « et qu'il devait s'en charger ! » Nicias ayant de nouveau renoncé au commandement, Cléon l'accepta, croyant que c'était une feinte; mais dès qu'il connut que la chose était sérieuse, il voulut s'en défendre en disant qu'il n'était pas général. Accablé de sarcasmes, le démagogue dut céder, mais son impudence ne l'abandonna pas. « Eh bien! s'écria-t-il en se levant au « milieu de l'assemblée, je réponds « dans vingt jours d'amener prison-« niers à Athènes les Spartiates qui se « trouvent à Sphactérie, ou de mou-« rir dans l'entreprise. » L'assemblée se mit a rire de cette forfanterie et les gens sages s'en réjouirent en pensant qu'on serait débarrassé de Cléon ou que les Lacédémoniens succomberaient.

### PRISE DE SPHACTÉRIE,
425 av. J.-C.

Cléon fut favorisé par un hasard inattendu; des soldats qui préparaient leurs aliments ayant mis le feu à la forêt de Sphactérie, l'incendie devint si violent qu'il menaçait d'embraser l'île entière. Ce fut après cet événement qu'on vit à découvert la position des Spartiates, et que Cléon arriva avec sa troupe armée à la légère.

On convint d'attaquer Sphactérie pendant la nuit. Les Athéniens, portés par soixante-dix vaisseaux, opérèrent leur descente au point du jour, au nombre de huit cents archers et d'une quantité égale de peltastes et de Messéniens, que Démosthène divisa en compagnies de deux cents hommes.

Épitadas, général des Lacédémoniens, chargea d'abord les hoplites athéniens qui restèrent immobiles, tandis que les troupes légères de Cléon harcelaient l'ennemi. Les Spartiates tinrent ferme de leur côté, quoique accablés d'une grêle de traits et de pierres; aveuglés par les cendres de la forêt qui continuait à brûler, ils ne pouvaient apercevoir l'ennemi. L'action devint terrible pour eux, car leurs casques ne les garantissaient pas contre les projectiles, et les cris des voltigeurs les empêchaient d'entendre les ordres d'Épitadas. Cependant serrés en un seul corps, ils parvinrent à regagner leur camp retranché.

Le combat se ranimait, lorsque le chef des Messéniens offrit aux généraux Démosthène et Cléon de prendre l'ennemi à dos, si on voulait lui donner une partie des archers et des troupes légères. Il réussit dans son projet, et les Spartiates commençaient à fléchir, quand les généraux athéniens leur firent offrir la vie sauve, à la condition de se rendre : la plupart déposèrent leurs boucliers en levant les mains au ciel pour montrer qu'ils se rendaient.

Le combat cessa; Cléon et Démosthène s'abouchèrent avec Styphon, fils de Pharax, car Épitadas avait été tué, et son successeur Hippagretas gisait inanimé parmi les morts. On lui accorda la permission d'envoyer un héraut aux Lacédémoniens campés près de la rade, pour leur demander ce qu'ils devaient faire. « Délibérez « vous-mêmes, et ne faites rien de dés-« honorant. » Ils livrèrent alors leurs armes et leurs personnes ; de quatre cent vingt hoplites qui se trouvaient sur l'île de Sphactérie, deux cent quatre-vingt-douze se rendirent prisonniers : il y avait parmi eux cent vingt Spartiates, les autres avaient succombé. La durée totale de leur résistance avait été de soixante-douze jours depuis le commencement du blocus. Quant à Cléon, sa promesse fut remplie, puisque, dans l'espace de vingt jours, il amena, comme il s'en était vanté, les Lacédémoniens prisonniers à Athènes.

Les Athéniens retirèrent leur flotte en laissant à Pylos une garnison, qui fut bientôt renforcée par un corps de Messéniens venus de Naupacte : ceux-ci ne tardèrent pas à faire des incursions dans le pays, et cette guerre de partisans prit un caractère sérieux par la révolte des Hilotes. Dans cet état malheureux, les éphores envoyèrent à Athènes des ambassadeurs chargés de négocier un traité de paix, mais ils furent renvoyés à l'instigation de Cléon.

CLÉON BAFOUÉ PAR ARISTOPHANE. — Au milieu de son triomphe, qui était celui d'un lâche notoirement connu, Aristophane immolait Cléon au ridicule sur le théâtre d'Athènes. Ce poëte, irrité de ce que le démagogue avait contesté la légitimité de sa naissance afin de l'éloigner des élections, l'attaqua publiquement dans sa comédie *des Chevaliers*; et comme il ne put trouver d'acteur pour jouer Cléon, ni de peintre pour dessiner son masque, il dut, à la première représentation, se charger du rôle principal et se peindre le visage.

COMÉDIE DES CHEVALIERS. — Le peuple d'Athènes est représenté, dans cette pièce burlesque, sous les traits d'un vieillard radoteur, capricieux et crédule, abusé par un esclave nouvellement entré à son service, qui tourmente ses anciens domestiques. Démosthène se plaint d'avoir apporté, de Pylos, un morceau friand pour ragoûter le palais du Géronte, mais il lui a été dérobé par Cléon. Il délibère avec Nicias sur le malheur de leur condition : pour mettre fin à leurs disgraces, il propose à son camarade, à l'exemple de Thémistocle, d'avaler le sang d'un taureau; Démosthène, plus courageux, est d'avis d'y substituer un verre de vin. Rencontrant Cléon endormi, ils profitent de cette occasion non-seulement pour dérober du vin, mais encore pour vider ses poches ; ils y trouvent de vieux oracles, qui annonçaient que le *Dragon* l'emporterait sur le *Vautour*. L'avarice et la rapacité de Cléon étaient figurées sous l'emblème du *vautour*, et le *dragon* représentait Agoracrite, fameux faiseur de boudins et de saucisses, emblèmes du serpent. Nicias et Démosthène le saluent comme le maître que les destins promettent à la république. Agoracrite répond qu'il n'entend rien aux affaires, qu'à peine il a appris à lire; ils lui répondent en citant l'oracle, et ils lui démontrent que son ignorance le rend digne de gouverner Athènes : cette charge n'exige aucun talent ; il faut seulement marcher l'égal de Cléon, qu'il surpasse par la force des poumons. Le peuple d'Athènes applaudit la hardiesse d'Aristophane, mais sans se corriger ; on était habitué à la guerre, et on se prépara à la continuer avec une énergie nouvelle.

Au commencement de la campagne, Nicias s'empara de l'île de Cythère. Démosthène et Hippocrate prirent le Nisée, qui est le port de Mégare, et ravagèrent plusieurs places maritimes de la côte orientale du Péloponèse. Les Athéniens, heureux sur ce point, éprouvèrent des revers du côté de la Béotie ; ils perdirent la bataille de Délion, dans laquelle ils eurent à regretter mille morts et leur général Hippocrate. Dans la huitième année de la guerre du Péloponèse, Olynthe se révolta : ce dernier événement fut le principe de la guerre de Macédoine, dont il sera question dans une autre partie de cette histoire.

#### EXPÉDITION DE BRASIDAS EN THRACE.
424 avant J.-C.

Sparte n'avait pas de finances ; mais le besoin s'en fit sentir à mesure qu'elle aspira à devenir puissance maritime, et qu'elle se livra à de grandes entreprises, au lieu de simples excursions auxquelles elle s'était jusqu'alors bornée.

Perdiccas, roi de Macédoine, avait fomenté et secondé l'insurrection des Chalcidéens, qui demandèrent des secours aux Lacédémoniens, en désignant Brasidas pour commander l'armée. On lui donna sept cents Hilotes et mille soldats péloponésiens : plusieurs Spartiates, qui l'admiraient, se réunirent sous ses drapeaux, et, vers le commencement de l'automne, il entra en campagne. Les Thermopyles, qu'il traversa dans sa marche, excitèrent l'enthousiasme des Spartiates : dès qu'il eut atteint la ville de Dion, il joignit ses troupes à l'armée de Perdiccas; mais il dut bientôt renoncer à l'alliance d'un barbare qui n'avait en vue que son intérêt particulier.

Brasidas, débarrassé du roi de Macédoine, se hâta de se réunir aux Chalcidéens, qui le reçurent avec des transports de joie. Dans la défection des villes de la Thrace, Acanthe et Stagyre étaient restées fidèles à Athènes : Brasidas parvint à les détacher de cette alliance. L'hiver suivant, il dirigea avec succès ses opérations contre les villes de l'intérieur et du littoral jusqu'à Amphipolis, qui se déclara en sa faveur.

La nouvelle des succès de Brasidas parvint à Athènes vers la fin de l'hiver. L'assemblée fut orageuse, et les Athéniens agissant avec l'iniquité qui accompagne ordinairement les mécontentements populaires, bannirent leurs généraux, au nombre desquels se trouvait Thucydide, historien d'une guerre dans laquelle il se comporta avec plus de sagesse que de bonheur. On envoya une nouvelle armée en Macédoine, et on nomma d'autres chefs pour s'opposer à Brasidas.

#### TRÈVE.
423 avant J.-C.

Athènes trouva dans la jalousie des magistrats de Sparte un moyen plus efficace que ses armes pour combattre Brasidas. L'orgueil de l'aristocratie était humilié de la gloire d'une expédition à laquelle elle n'avait aucune part : la délivrance des nobles faits prisonniers à Sphactérie excitait toute sa sollicitude; on convint, en conséquence, d'une trêve d'un an, qui commença pendant l'été de la neuvième année de la guerre du Péloponèse.

Brasidas, qui ne s'attendait pas à une pareille convention, venait de recevoir la soumission de Scioné et de Mende, places importantes situées dans la presqu'île de Pallène. La première se rendit avant qu'il connût la suspension d'armes ; mais il en était informé lorsqu'il reçut la capitulation de la dernière de ces villes.

### REPRISE DES HOSTILITÉS,
#### 422 avant J.-C.

Cléon, qui sentait toute sa nullité pendant la paix, ne parlait que de guerre. La gloire d'Athènes était le texte continuel de ses harangues ; il ne parlait que de la perfidie des Spartiates et de sa bravoure : les Athéniens se laissèrent entraîner par ce démagogue. Au printemps, il fit voile pour la côte de Macédoine avec une escadre de trente galères et un corps d'armée composé de douze cents citoyens pesamment armés, de trois cents chevaux et d'une division puissante d'auxiliaires armés à la légère. Il s'empara d'abord de Mende et de Torone, dont il traita les habitants avec cruauté ; il marcha ensuite vers Amphipolis, comptant sur le secours de Perdiccas, qui était brouillé avec Brasidas.

L'armée de Cléon, qui s'était arrêtée à Éion, se composait de la plus brillante jeunesse d'Athènes. Dédaignant le secours précaire d'un roi barbare, elle se plaignait des temporisations d'un chef indigne de commander des hommes de cœur. Le caractère du démagogue fougueux n'était pas propre à endurer de semblables plaintes, il se porta aussitôt contre Amphipolis.

Brasidas avait pris ses mesures ; et Cléaridas, qui commandait sous ses ordres, ayant fait une sortie au signal dont ils étaient convenus, l'ennemi fut déconcerté au premier choc. Les Athéniens prirent la fuite en abandonnant leurs boucliers : six cents archers furent les victimes de l'extravagance de Cléon, qui tomba sous les coups d'un soldat de Myrcine. Brasidas, mortellement blessé, fut transporté encore vivant à Amphipolis, où il jouit, avant d'expirer, d'une victoire qui n'avait coûté que sept hommes aux Spartiates.

### PAIX DE NICIAS,
#### 421 avant J.-C.

Les faibles restes de l'armée de Cléon étant de retour à Athènes, Nicias, qui partageait les sentiments de modération de Pleistonax, roi de Sparte, ouvrit des négociations pour terminer une guerre qui depuis trop long-temps affligeait la Grèce. On tint plusieurs conférences, pendant le cours de l'hiver et vers le commencement du printemps suivant ; on conclut un traité de paix et d'alliance pour cinquante ans.

### ALCIBIADE,
#### 420 avant Jésus-Christ.

Les Corinthiens, mécontents du traité que Sparte et Athènes venaient de signer, s'étant unis aux Argiens, formèrent une association composée des Mantinéens, des Éléens, des Mégaréens, des Thébains et du parti démocratique d'Athènes. Cette opposition fut appuyée par les talents d'un homme dont les historiens ont célébré et flétri la mémoire sans qu'on puisse les accuser de partialité ou d'injustice : nous voulons parler d'Alcibiade. Une origine illustre, des richesses considérables, la beauté, les graces les plus séduisantes, un esprit flexible et étendu, l'honneur d'appartenir à Périclès, tels furent les avantages qui éblouirent les Athéniens et dont il fut ébloui le premier.

La jeunesse d'Alcibiade fut confiée aux soins intéressés de précepteurs mercenaires ; et, dans un age où l'on a besoin de conseils, il eut une cour et des flatteurs : il étonna ses maîtres par sa docilité, et les Athéniens par la licence de sa conduite. Socrate, qui prévit que ce jeune homme serait le plus dangereux citoyen d'Athènes, s'il n'en devenait le plus utile, rechercha son amitié, l'obtint et ne la perdit jamais : il entreprit de modérer cette vanité, qui ne pouvait souffrir dans le monde ni supérieur, ni égal ; et tel était dans ces occasions le pouvoir de la vertu ou de la raison, que le disciple pleurait sur ses erreurs et se laissait humilier sans se plaindre.

A son entrée dans la carrière des honneurs, Alcibiade voulut paraître à la tribune avec les avantages de l'éloquence : un léger défaut de prononciation prêtait à ses paroles la naïveté de l'enfance ; et quoiqu'il hésitât parfois à trouver le mot propre à la chose, il fut regardé comme un des plus grands orateurs d'Athènes. Son courage avait été connu dès ses premières campagnes : sa douceur, son affabilité le rendaient le plus aimable des hommes ; mais il ne fallait pas chercher dans son ame l'élévation qu'inspire la vertu, on n'y trouvait que la hardiesse qui est donnée par l'instinct de la supériorité. Aucun obstacle, aucun malheur ne pouvait le surprendre, ni le décourager ; il semblait persuadé que si les esprits d'un certain ordre ne font pas tout ce qu'ils veulent, c'est qu'ils n'osent pas tout ce qu'ils peuvent.

Alcibiade employait dans les négociations la ruse et la perfidie ; et il se serait montré le plus vertueux des hommes s'il n'avait jamais eu l'exemple du vice ; mais le vice l'entraînait sans l'asservir.

Alcibiade, mêlé aux affaires publiques, déclamait sans cesse contre la paix, parce qu'elle était l'ouvrage d'un rival qu'il voulait perdre. Il haïssait les Spartiates parce qu'ils avaient témoigné les plus grands égards à Nicias, sans dissimuler le peu de considération qu'ils avaient pour lui : ils hésitaient sur la remise d'Amphipolis, et les Athéniens, sur celle de Pylos, qui étaient la conséquence et la sanction du dernier traité. Enfin, après beaucoup d'intrigues et de tergiversations, l'an 418 avant notre ère, la guerre fut au moment de recommencer.

### AGITATIONS POLITIQUES.

Les Spartiates avaient conféré le commandement de leur armée à Agis ; les Lacédémoniens en âge de servir s'étaient enrôlés ; on avait armé les Hilotes : les Thébains avaient fourni dix mille hommes de pied et mille cavaliers ; les Corinthiens deux mille hoplites ; les Mégaréens presque autant. Les villes de Pallène et de Sicyone avaient mis sur pied des forces considérables ; les Arcadiens du mont Cyllène, qui donne naissance au Styx, fleuve que la fabuleuse antiquité avait rendu formidable aux dieux. ( voy. *pl.* 22) (*), s'étaient joints à la ligue, dont le rendez-vous était à Phlionte, qui se leva en masse avec tous ses habitants.

Les Argiens, qui se trouvaient en première ligne, avaient pour auxiliaires les Éléens et les Mantinéens ; et quoique les Athéniens, qui avaient promis de les secourir, n'eussent pas expédié leur contingent, ils entrèrent en campagne et prirent Orchomène, ville d'Arcadie ; ils se dirigèrent de là contre Tégée, malgré l'opposition des Éléens, qui voulaient, avant tout, se venger des Lépréates.

Les Lacédémoniens, témoins de la complication d'une confédération si incohérente, accusèrent Agis, qu'ils prétendaient condamner à une forte amende ; il était même question de renverser sa dynastie. L'adresse et l'éloquence de ce prince calmèrent les clameurs de la multitude ; et comme la fureur des assemblées populaires se change facilement en pitié, il reconquit la faveur publique. Rétabli dans le commandement de l'armée, il marcha incontinent au secours de Tégée, dont il fit lever le siège. Les Spartiates s'avancèrent de suite, au son des fifres, du côté de Mantinée, ville éloignée de quatre lieues, où ils remportèrent une victoire importante sur leurs ennemis, qui perdirent onze cents hommes et les vainqueurs trois cents : cet événement eut lieu à la fin de l'hiver de la quatorzième année de la guerre du Péloponèse.

(*) La cascade du Styx, qui tombe du plateau le plus élevé du mont Cyllène en formant deux ruisseaux isolés, est appelée par les Grecs modernes *mavro nero* (eau noire). Tout ce que les anciens ont dit des qualités malfaisantes du Styx est répété encore aujourd'hui par les paysans. Le fleuve infernal, qui a son origine dans la région des nuages, est pour eux un objet de terreur, à cause de ses eaux, qui n'ont cependant rien de plus extraordinaire que celles de toutes les sources froides. La vallée qu'elles arrosent nourrit des troupeaux, produit du vin, et convient aux vignes, qui réussissent dans plusieurs de ses aspects méridionaux.

Pendant cette campagne, Scione, ville située dans la presqu'île de Pallène, subit le châtiment trop cruel de sa révolte; ses habitants furent passés au fil de l'épée par les Athéniens, et remplacés par une colonie de Platéens exilés; enfin la conquête de Mélos fut le dernier exploit d'un état que l'orgueil d'Alcibiade allait précipiter dans un abîme de malheurs.

### EXPÉDITION DE SICILE.
#### 415 avant J.-C.

Depuis long-temps les Athéniens méditaient la conquête de la Sicile; leur ambition, réprimée par Périclès, s'était ranimée à la voix d'Alcibiade. Toutes les nuits, des songes flatteurs retraçaient à l'esprit du fils de Clinias la gloire immortelle qui lui était réservée. La Sicile ne devait être, dans ses projets, que l'avant-scène du théâtre de ses exploits : après en avoir fait la conquête, il s'emparait de l'Afrique, de l'Italie et du Péloponèse. Tous les jours il entretenait de ses grands desseins une jeunesse ardente, à laquelle il montrait les richesses des nations vaincues employées à la splendeur et à la magnificence d'Athènes, qui était appelée à devenir la reine du monde.

On a dit, dans le cours de cette histoire, comment l'union des princes d'Agrigente et de Syracuse avait triomphé des forces de Carthage : la Sicile florissait sous l'administration de Gélon et de Théron; Hiéron, tyran, ou roi de Syracuse, avait corrigé ses mœurs par la fréquentation des philosophes grecs. Simonide, Eschyle, Bacchilide, Pindare, reçus à sa cour célébrèrent ce prince comme un modèle de sagesse et de vertu.

Ce règne glorieux fut suivi de la tyrannie sanguinaire de Thrasybule, que les Syracusains chassèrent de la Sicile. Afin de ne plus retomber sous l'autorité des despotes, ils changèrent la monarchie en une forme de gouvernement aussi dangereux que turbulent, la démocratie.

Les Siciliens conservaient les illusions d'un affranchissement qui était dans sa nouveauté. Léontion se glorifiait de l'éloquence de Gorgias, et Syracuse des talents oratoires d'Hermocrate. Le premier était connu à Athènes depuis la sixième année de la guerre du Péloponèse, où l'harmonie brillante de son élocution avait obtenu un succès éclatant. Hermocrate n'avait jamais eu en vue que l'intérêt de sa patrie, et, pour but, que d'empêcher la Sicile de devenir la proie d'une puissance étrangère.

Sur ces entrefaites, on vit débarquer au Pirée des députés d'Égeste, qui se disait opprimée par Sélinonte et par Syracuse; ils imploraient l'assistance d'Athènes, dont leur ville était l'alliée : ils annonçaient que Syracuse était au moment de contracter un traité offensif et défensif avec Sparte. On envoya aussitôt des commissaires en Sicile : ils firent à leur retour un rapport infidèle de l'état des choses. L'expédition fut résolue, et les généraux chargés de la commander furent Alcibiade, Nicias et Lamachos; enfin on se flattait tellement du succès, que le sénat d'Athènes régla d'avance le sort des différents peuples de la Sicile.

Malgré la loi qui défendait de revenir sur une décision décrétée par toutes les tribus de la république, Nicias représenta à l'assemblée que ses véritables ennemis étaient dans le Péloponèse; qu'ils n'attendaient que l'éloignement de l'armée pour fondre sur l'Attique; que les démêlés des villes de la Sicile n'avaient rien de commun avec les Athéniens. « Je vois « avec frayeur, s'écria-t-il, cette nom- « breuse jeunesse qui entoure Alci- « biade, et dont il dirige les suffrages : « respectables vieillards, je sollicite « les vôtres au nom de la patrie; et « vous, magistrats, appelez de nou- « veau le peuple au vote, et si les lois « vous le défendent, songez que la « première des lois est le salut de la « patrie. »

Alcibiade, appelé à la tribune, parla aux passions de la multitude en faisant retentir les expressions magiques de gloire et de victoire; puis élevant la voix, il dit : « Destiné à partager avec Nicias le commandement de l'armée, si ma jeunesse et mes folies vous inspirent quelques alarmes, rassurez-vous sur le bonheur qui a toujours couronné les entreprises de celui que vous m'avez donné pour collègue. »

Cette réponse enflamma la multitude d'une nouvelle ardeur : en vain Nicias objecta qu'il fallait, indépendamment de la flotte, une armée de terre; que l'entreprise exigerait des dépenses énormes. Une voix s'éleva du milieu de l'assemblée : « Nicias, il ne s'agit pas de ces détours; expliquez-vous nettement sur le nombre des soldats et des vaisseaux dont vous avez besoin. » Nicias ayant répondu qu'il en conférerait avec les autres généraux, l'assemblée leur donna plein pouvoir de disposer de toutes les ressources de la république. Au milieu de l'enthousiasme général, Socrate seul osa condamner ouvertement l'expédition de Sicile et prédire les calamités futures de la patrie.

PRÉJUGÉS POPULAIRES. — Les préparatifs de l'expédition étaient terminés, lorsque le temps de célébrer la fête d'Adonis arriva. Pendant cette lugubre cérémonie, les rues d'Athènes étaient remplies de gens vêtus de robes funèbres et de processions de femmes, marchant à pas lents, qui s'arrachaient les cheveux et se frappaient la poitrine, en pleurant la mort d'*Adonis, favori de Vénus*. On en tirait de sinistres présages.

ACCUSATION D'ALCIBIADE. — La veille du jour où la flotte devait appareiller, un autre événement plongea Athènes dans la consternation. Les Hermès, ou statues de Mercure, placés dans les rues furent renversés, mutilés ou brisés. Les ennemis d'Alcibiade, profitant de la légèreté de son caractère, l'accusèrent d'une pareille impiété; et Thessalos, fils indigne de Cimon, appuyé par quelques esclaves, se porta son accusateur. Il lui reprochait son peu de respect envers les déesses Cérès et Proserpine; d'avoir profané les mystères en prenant, sans être initié, le nom et les vêtements du grand-prêtre, ou hiérophante; appelant Polytion, chez qui cette scène sacrilège s'était passée, le Dadouche, ou porte-flambeau; Théodore le Ceryce, ou héraut, et ses autres compagnons de débauche les *frères sacrés* et les *saints ministres* des rites d'Éleusis.

Une dénonciation aussi grave répandit la terreur dans Athènes. Alcibiade, effrayé du soulèvement des esprits, court à l'assemblée, où il se défend avec son éloquence accoutumée. Les soldats et les matelots, dont l'avidité dévorait en idée les trésors de la Sicile, l'applaudissent; quelques-uns déclarent qu'ils ne s'embarqueront pas sans avoir Alcibiade à leur tête. Ses ennemis ayant fait ajourner le jugement définitif jusqu'à son retour de Sicile, l'obligèrent de partir chargé d'une accusation qui tenait le glaive des lois suspendu sur sa tête.

DÉPART DE LA FLOTTE. — Alcibiade ne prévoyait que trop les conséquences du procès intenté contre lui, mais le moment du départ était arrivé. L'armée se trouvait installée sur les vaisseaux, les provisions étaient embarquées, et la population tout entière d'Athènes était descendue au Pirée pour admirer le plus grand spectacle qu'on eût vu dans les ports de la Hellade. Au milieu de l'éclat de cette pompe militaire, les parents et les amis de ceux qui partaient ne purent retenir quelques larmes; ces expressions momentanées de douleur et les longs adieux qu'on s'adressait furent interrompus par le son de la trompette qui imposait silence.....
Les prières d'usage avant le départ ne se firent point sur chaque vaisseau, mais sur la flotte entière par la voix d'un héraut; les spectateurs y répondirent par d'immenses acclamations; on versa le vin dans les cratères, chefs et soldats firent les libations d'usage dans des coupes d'or et d'argent; on chanta en chœur le Pæan ou hymne de guerre; la flotte mit sous voile et sortit du port. Elle parut se disputer le prix d'une

joute jusqu'à la hauteur d'Égine, d'où elle eut une heureuse traversée pour arriver à Corcyre, qui était le rendez-vous de l'armée.

La flotte réunie dans ce port se trouva composée de 134 vaisseaux de guerre avec un nombre proportionné de bâtiments de transport : les hoplites ou soldats pesamment armés, au nombre de cinq mille, étaient suivis d'un corps considérable d'archers et de frondeurs. On n'avait embarqué que trente chevaux, mais d'après un calcul modéré, on pouvait évaluer les forces navales et militaires à vingt mille hommes, en y comprenant les valets et les esclaves.

La flotte sortie de Corcyre atterra sur la côte d'Italie, et, suivant l'usage du temps, navigua terre à terre jusqu'au détroit de Messine, où elle jeta l'ancre dans le port de Rhégion. Ce fut là que commencèrent les déceptions contre lesquelles on aurait dû se prémunir ; les Égestéens, malgré l'annonce pompeuse de leurs richesses, ne possédaient que trente talents dans leur trésor, et toutes les villes d'Italie sur lesquelles on avait compté refusèrent de fournir des secours.

PLAN DE CAMPAGNE. — Ces circonstances donnèrent lieu à un conseil de guerre dans lequel Nicias proposa de ne fournir aux Égestéens que le nombre de vaisseaux qu'ils pourraient défrayer ; de régler par les armes ou par voie de négociation les querelles survenues entre eux et leurs voisins ; de montrer la flotte sur les côtes de la Sicile, et, ces choses terminées, de rentrer au Pirée.

Alcibiade déclara qu'il serait honteux de licencier un armement aussi considérable que celui d'Athènes, sans avoir obtenu une satisfaction complète pour l'injure faite aux Égestéens.

Lamachos proposa un avis plus hardi ; c'était d'attaquer sans délai Syracuse ; le succès n'était pas douteux, les ennemis n'avaient pas pris de mesures pour la défense de cette ville, tandis que l'armée athénienne avait toute l'intrépidité d'hommes qui brûlaient de combattre. La timidité de Nicias et la vanité d'Alcibiade firent rejeter cette généreuse proposition.

On décida de s'emparer des villes alliées de Syracuse avant de l'attaquer, et la flotte, divisée en plusieurs escadres, sortit de Rhégion pour exécuter ce plan.

Alcibiade cingla vers Naxos, qui lui ouvrit ses portes ; il se présenta ensuite devant Catane, où les habitants le reçurent comme parlementaire et lui permirent de proposer ses demandes devant l'assemblée du peuple. L'artificieux Athénien, doué du don puissant de la parole, transporta la multitude et les magistrats par les charmes de son éloquence. On accourait de toutes les parties de la ville pour entendre son discours, qu'il prolongea à dessein pendant plusieurs heures ; les soldats quittèrent leurs postes pour jouir du bonheur d'entendre le fils de Clinias, et les Athéniens, se précipitant par les portes mal gardées, se rendirent maîtres de Catane.

Ce succès allait être suivi de la soumission de Messine qu'Alcibiade avait remplie de cabales et de séditions, lorsque l'arrivée de la galère *la Salaminienne* lui apporta l'ordre de retourner à Athènes, pour répondre à ses accusateurs.

RAPPEL D'ALCIBIADE.

ENQUÊTE CONTRE LES SACRILÉGES. — Alcibiade se flattait que par la gloire et le succès de ses armes il imposerait silence aux clameurs de ses ennemis et renverserait leurs manœuvres. Mais son éloignement leur laissa le champ libre, et il comprit qu'ils avaient su en profiter à son détriment.

Depuis le départ de la flotte, les Athéniens étaient continuellement assemblés pour informer contre les sacriléges. Plusieurs citoyens avaient été arrêtés sur des soupçons, d'autres, d'après les témoignages de Teucer, étranger obscur, et du démagogue Diopeithès. Un de ces décrets atroces qu'on voit surgir aux époques de troubles, avait pour objet de décerner des récompenses aux délateurs, ainsi qu'aux coupables qui feraient connaître leurs complices, et chaque individu se trouva par ce moyen dans le cas de mettre son ennemi personnel au nombre des criminels d'état.

Parmi les suspects incarcérés, se trouvaient compris l'intrigant Timée et l'impie Andocide que leur caractère connu désignait à la fureur du peuple. Détenus dans la même prison, ces deux infames dénoncèrent une foule de citoyens qui furent bannis ou mis à mort, par un de ces tribunaux d'exception où l'on étouffe plus de procès qu'on n'en juge. Alcibiade, condamné à boire la ciguë, se garda bien de venir se livrer au chef des onze qui présidait aux exécutions. Informé du sort qui l'attendait, il se sauva à Thurion, d'où il passa à Argos, et de là à Sparte, où ses conseils firent adopter les mesures fatales qui occasionèrent plus tard la ruine de sa patrie.

LENTEURS DE NICIAS.

La timidité circonspecte de ce général dirigea la première attaque contre la faible colonie d'Hiccare, dont il fit la conquête. En revanche les Athéniens échouèrent devant les places d'Hyblée et d'Himère; l'armée humiliée demanda à réparer ces échecs en attaquant Syracuse, qui était le plus puissant boulevard de la Sicile : c'était par là qu'on aurait dû ouvrir la campagne.

Les Syracusains, d'abord consternés à la nouvelle du débarquement des Athéniens, avaient repris courage. Témoins de l'irrésolution de Nicias, ils conjurèrent les généraux, qu'ils avaient nommés au nombre de quinze, de les conduire à Catane, éloignée de dix lieues, afin d'attaquer le camp ennemi. Déja leur cavalerie le harcelait par de fréquentes escarmouches, battait ses avant-postes et s'était approchée même assez des quartiers athéniens pour leur demander *si les superbes dominateurs de la Grèce avaient quitté leur patrie pour venir former un établissement au* pied *du mont Etna, dans le cas où ils seraient chassés d'Athènes par les Spartiates.*

STRATAGÈME DE NICIAS. — Attaquer Syracuse par terre ou par mer était une entreprise difficile, Nicias eut recours à la ruse. Un habitant de Catane qui le servait se présenta à Syracuse comme déserteur, il déplora en versant des larmes les malheurs de sa patrie opprimée par les Athéniens et dit que le mécontentement y était général; qu'à un jour marqué, si on voulait ajouter foi à ses paroles, les Syracusains, secondés par une foule de conjurés, pourraient être introduits dans Catane. Cette proposition fut acceptée, le plan de l'entreprise arrêté, et le Catanéen renvoyé dans sa patrie pour maintenir les mécontents dans leur résolution.

Au lieu d'ouvrir les portes de Catane aux ennemis d'Athènes, le succès de cette intrigue allait livrer Syracuse sans défense à Nicias. Dès qu'il fut assuré que l'ennemi était en marche vers Catane, il donna ordre à sa flotte d'appareiller. Après douze heures de navigation, elle entre dans le grand port de Syracuse, débarque les troupes qu'elle portait et fortifie un camp au voisinage du temple de Jupiter Olympien. (Voy. *pl.* 33 ) (*).

Cependant la cavalerie syracusaine arrivée devant Catane s'aperçoit que les Athéniens ont levé le camp ; elle transmet cet avis à l'infanterie, qui se hâte de voler à la défense de Syracuse.... Bientôt les deux armées se trouvèrent en présence, également animées du désir de livrer bataille.

Le moment ne se fit pas attendre. Les prêtres avaient à peine fini de sa-

(*) La planche 33 offre l'aspect de Syracuse lorsqu'on est près d'y aborder. L'île d'Ortygie se présente sur la droite; à gauche sont les ruines du théâtre. L'Etna domine majestueusement la colline sur laquelle s'étendait la ville antique de Syracuse avec les temples et les édifices somptueux qui la décoraient. Le temple de Minerve, qui a presque seul échappé aux ravages du temps, est aujourd'hui la cathédrale de la Syracuse moderne.

9ᵉ *Livraison.* (GRÈCE.)

crifier aux dieux, lorsque les trompettes sonnèrent la charge. L'attaque commença avec fureur, et le combat durait depuis plusieurs heures, lorsqu'il s'éleva une tempête mêlée de tonnerres épouvantables. L'ennemi effrayé fut rompu et mis en fuite. Nicias empêcha ses troupes de le poursuivre, en voyant une masse de douze cents cavaliers prêts à charger la phalange, qui avait rompu ses rangs; ainsi les Syracusains se sauvèrent dans leur ville et les Athéniens rentrèrent dans leur camp: on était en hiver. Peu de jours après, Nicias retira son armée, qui fut cantonnée à Naxos et à Catane.

### SIÉGE DE SYRACUSE,
415—414 av. J.-C.

Nicias, persuadé que la victoire qu'il avait remportée lui donnerait des alliés, envoya une ambassade solennelle à Carthage et réunit les moyens de faire une seconde campagne. Les Syracusains, d'après les conseils d'Hermocrate, réduisirent le nombre de leurs généraux à trois, qui furent Héraclide, Sicanos et lui-même; ils cherchèrent ensuite à se faire des partisans; mais l'importante ville de Camarine, sollicitée par eux et par Nicias, resta neutre.

Sur ces entrefaites les renforts attendus d'Athènes étant arrivés, Nicias, qui avait augmenté son armée d'un corps de six cents chevaux et réalisé une somme de 400 talents, se décida à entreprendre le siége de Syracuse. Sa traversée fut heureuse; il débarqua à Trogile, port septentrional de Syracuse, battit un corps de sept cents hommes qui se rendaient à Labdalon, investit ce château et commença ses lignes de circonvallation. Pendant ce temps les assiégés firent de fréquentes sorties et Lamachos périt dans une d'elles, mais les Athéniens conservèrent leurs positions.

Les Syracusains découragés destituèrent leurs généraux; ils parlaient de capitulation, lorsqu'une galère corinthienne commandée par Gongylos entra dans le port central d'Ortygie, et ce chef, parvenu à pénétrer jusque dans Syracuse, donna à l'assemblée la nouvelle d'un secours prochain. « On « avait équipé une flotte péloponésienne « et l'armement devait être commandé « par Gyllippos, Spartiate d'une va- « leur et d'une capacité reconnue. » Cet avis fut au même instant confirmé par un courrier de Gyllippos, qui avait pris terre avec quatre galères sur la côte occidentale de la Sicile. Au premier bruit de son arrivée, les troupes de Sélinos, d'Himère et de Géla étaient accourues sous ses drapeaux, et il fit sa jonction avec les assiégés du côté de l'Épipole, où la ligne de circonvallation des Athéniens n'était pas achevée.

Nicias, persuadé que les délais étaient contraires aux intérêts d'Athènes, voulut en venir à une bataille que Gyllippos souhaitait également; le succès des armes fut contraire aux Syracusains. Dans une seconde affaire, les Athéniens furent battus et obligés de se renfermer dans leur camp, où ils se trouvèrent étroitement bloqués: dès lors la victoire les abandonna presque sans retour.

Nicias, qui ne voyait plus rien que de sinistre dans l'avenir, s'empressa d'écrire à Athènes: sa lettre faisait connaître l'état déplorable de l'armée: les esclaves désertaient en foule ainsi que les troupes mercenaires; les Athéniens, excédés de fatigues, abandonnaient le soin des galères à des hommes sans expérience: il avouait son insuffisance pour remédier à tant de maux; enfin il exhortait l'assemblée à le rappeler, ou à envoyer promptement un second armement aussi fort que le premier.

Gyllippos et Hermocrate qui était revenu au pouvoir, informés de la détresse de Nicias et de ses demandes, n'ayant pas de nouveaux secours à attendre du Péloponèse, résolurent d'attaquer l'ennemi par terre et par mer.

Le plan de cette double attaque étant arrêté, Hermocrate sortit avec quatre-vingts galères du port d'Ortygie, tandis que Gyllippos marchait contre Plemmyre, promontoire situé à l’entrée de la baie de Syracuse. Dans cette affaire, les Syracusains furent battus avec perte de quatorze vaisseaux. Cet échec fut compensé par le succès de Gyllipos, qui s’empara de trois forts remplis de munitions de guerre, de vivres et d’une somme considérable d’argent.

La marine syracusaine fut constamment battue dans plusieurs actions successives, mais à force de revers elle parvint à obtenir l’avantage dans une affaire générale. Sept vaisseaux athéniens furent coulés à fond dans le grand port où le combat eut lieu, et un plus grand nombre se trouvèrent mis hors de combat.

### TRAHISON D’ALCIBIADE,
4t2 avant J.-C.

Ces malheurs étaient grands; mais ceux qu’Alcibiade préparait à sa patrie devaient avoir des conséquences beaucoup plus funestes. Il avait acquis la confiance des Spartiates en adoptant leurs mœurs austères : il était de tous leurs conseils. Au lieu de faire des invasions périodiques au-delà de l’Isthme, il leur persuada, pendant le cours de la campagne prochaine, de fortifier Décélie, d’où ils pourraient harceler sans cesse leurs ennemis et désoler l’Attique.

Ce plan fut mis à exécution au printemps de l’année 413 avant notre ère, lorsque le belliqueux Agis conduisit une armée dans l’Attique. Les confédérés construisirent une forteresse à Décélie, et Athènes se trouva dans un état continuel d’alarmes. Les communications par terre avec l’Eubée, d’où l’on tirait des vivres, furent interceptées, les esclaves désertèrent, et leur défection priva l’état de vingt mille artisans utiles : depuis les dernières années de Périclès, on ne s’était pas trouvé dans une situation aussi critique.

**Efforts des Athéniens.** — Cette position fâcheuse n’empêcha pas les Athéniens de faire les plus vigoureux efforts pour se défendre. Vingt galères stationnées à Naupacte surveillaient les mouvements des Péloponésiens ; trente étaient employées à réduire les rebelles d’Amphipolis ; une escadre nombreuse recueillait des tributs et levait des soldats dans les colonies de l’Asie ; une autre plus considérable ravageait les côtes de la Laconie.

### ATTAQUE DE SYRACUSE,
4t3 avant J.-C.

Les Athéniens, résolus à soutenir l’expédition de Sicile, envoyèrent en même temps des renforts, tels que Nicias les avait demandés. Le pavillon d’Athènes, signalé de loin, porta la joie parmi les assiégeants et la terreur dans l’ame des assiégés. La plupart des vaisseaux pavoisés s’avançaient vers les ports de Syracuse ; l’émulation des rameurs était excitée par les sons réunis des trompettes et des clairons : soixante-treize galères, commandées par Démosthène et Eurymédon, composaient cet armement formidable. Il y avait à bord cinq mille hoplites, autant d’infanterie légère, et, en y comprenant les rameurs, les ouvriers et les valets, l’expédition se composait de vingt mille hommes.

L’avis des généraux fut d’attaquer immédiatement Syracuse. Démosthène choisit la première heure de la nuit pour marcher à la clarté de la lune, avec l’élite de l’armée, contre l’Épipole. Les postes avancés surpris furent culbutés, et trois camps séparés durent céder à l’impétuosité athénienne.

La prévoyance de Gyllippos, qui avait concentré les forces de Syracuse, l’obligea de replier ses avant-postes, et les Athéniens s’étant fourvoyés dans les détours compliqués des remparts, se virent tout-à-coup arrêtés par un bataillon thébain. La lueur trompeuse de la lune, qui donnait contre le front de cette troupe, leur fit croire qu’elle était double en nombre, et ils lâchèrent pied. Dans ce mouvement, les derniers rangs, devenus les premiers, se trouvèrent en face des Argiens et des Corcyréens qui continuaient à marcher en avant, en chantant le Pæan dans leur dialecte, et avec l'accent dorique. Ceux-ci, croyant se trouver vis-à-vis de l'ennemi, attaquent les Athéniens avec fureur.... Pour se reconnaître et pour éviter de semblables méprises, on se communique le mot du guet : ce fut un autre malheur ; les bandes disséminées se le demandent à chaque instant, et il passe de leur bouche dans celle des ennemis.

Gyllippos, qui s'avançait en bon ordre, tombe sur les Athéniens, et la déroute devient générale parmi les soldats de Démosthène. Les uns s'égarent dans leur fuite et sont massacrés en détail, les autres abandonnent leurs armes afin de se sauver à travers les rochers de l'Épipole, et le matin, la plus grande partie des fuyards, coupés par la cavalerie syracusaine, sont faits prisonniers de guerre.

Ce désastre suspendit les travaux du siége, et l'armée, campée sur les bords insalubres de l'Anapos, ne tarda pas à être en proie à une épidémie meurtrière. Démosthène proposa alors d'abandonner la Sicile avant l'hiver, qui rendait la navigation dangereuse. Nicias s'y opposa en disant qu'il n'évacuerait pas sans l'ordre d'Athènes, et qu'il aimait mieux mourir honorablement sur le champ de bataille que par une sentence injuste de ses compatriotes.

SECOURS ENVOYÉS AUX SYRACUSAINS. — Gyllippos avait profité de sa victoire pour tirer des renforts de plusieurs villes de la Sicile, lorsqu'une flotte du Péloponèse, attendue depuis quelque temps, amena de nouveaux renforts à Syracuse.

Un secours aussi important envoyé aux Syracusains et les ravages continuels de l'épidémie consternèrent les Athéniens. Nicias consentit à mettre à la voile, pour s'éloigner d'une plage funeste. On fit les préparatifs nécessaires, et on convint de partir de nuit ; mais une éclipse de lune parut de mauvais augure au général et à ses devins. Le départ fut remis jusqu'au nombre mystique de *trois fois neuf jours* ; avant ce terme il devint impraticable.

Les Syracusains, informés de leur projet de retraite, attaquèrent les Athéniens par terre et par mer : ils échouèrent dans cette tentative dirigée particulièrement contre la flotte, qu'ils essayèrent de détruire en employant des brûlots. Dans un second combat les Athéniens perdirent l'escadre d'Eurymédon, et, le troisième jour, dix-huit galères avec leurs équipages ; enfin la retraite leur fut coupée au moyen d'une chaîne de vaisseaux que les Syracusains établirent à l'entrée du grand port.

Nicias ne s'aperçut de ce travail qu'après qu'il fut terminé. Ce chef vertueux, dont le courage s'élevait dans l'adversité, quoique tourmenté par la pierre, avait employé la plus grande diligence à faire réparer les galères endommagées dans les dernières affaires, et il réussit à en équiper cent dix, capables de risquer l'événement d'une bataille. Il forma avec l'armée de terre une retraite fortifiée, où en cas de malheur les débris de la marine pourraient se réfugier ; il ne doutait pas qu'on parviendrait à rompre la chaîne du grand port : après ce coup de main, on devait transporter les troupes dans les ports de Naxos et de Catane.

DERNIERS EFFORTS DES ATHÉNIENS. — Gyllippos et les généraux de Syracuse, informés des desseins de l'ennemi, se hâtèrent d'aller à la défense de la barre qu'ils avaient formée à l'entrée du port. On était décidé de part et d'autre à faire les plus grands efforts pour conquérir la victoire : discours, précautions, rien n'avait été omis. Gyllippos se mit à la tête des troupes, après avoir laissé le commandement de la flotte aux amiraux Sicanos, Agatarchos et Pythen. Nicias de son côté était rentré au camp, accablé de fatigue et d'inquiétude, lorsqu'il eut confié sa dernière espérance de salut à la valeur de Démosthène, d'Eudémos et de Ménandre.

DÉFAITE DES ATHÉNIENS. — Le premier choc des Athéniens fut irrésistible ; bientôt on s'aborda, et deux cents galères offrirent le spectacle le plus terrible qu'on eût jamais vu dans la mer de Sicile. Les nombreux bataillons qui bordaient la plage, également intéressés à cette scène, exprimaient avec énergie les diverses émotions dont ils étaient agités. Toute l'espérance des Athéniens reposait sur le succès de leur flotte.... Ils avaient applaudi à l'impétuosité de sa première attaque, ils tremblèrent en la voyant faiblir ; et lorsqu'elle céda sur tous les points, les cris furent remplacés par un calme effrayant, qui annonçait l'étonnement et la terreur. Plusieurs soldats se sauvèrent du camp; d'autres couraient sans savoir où porter leurs pas ; les plus braves s'avancèrent dans la mer pour protéger les vaisseaux. Les Athéniens avaient perdu cinquante galères, et les vainqueurs quarante ; ce fut ainsi, suivant la remarque de Cicéron, que la *marine, la gloire et l'empire d'Athènes vinrent faire naufrage dans le port de Syracuse.*

Les Athéniens abandonnèrent les corps morts de leurs compatriotes aux insultes des Syracusains ; et lorsque leurs généraux proposèrent de se préparer au combat pour le lendemain, l'armée refusa d'obéir. Abandonner un lieu funeste, fuir, telle était l'irrévocable volonté des soldats et des matelots. Nicias eut peine à obtenir deux jours de répit pour prendre les mesures convenables à la sûreté de leur marche.

Retraite des Athéniens. — Quarante mille hommes, accablés de fatigues, abattus par le malheur, dont plusieurs étaient blessés ou malades, offraient le spectacle d'une population chassée de ses foyers par la vengeance d'un conquérant inexorable : vaisseaux, tentes, bagages, magasins, tout était abandonné à l'ennemi. Les blessés et les convalescents s'attachaient à leurs camarades, qu'ils suivaient autant que possible ; et quand la force leur manquait, ils étaient abandonnés, malgré leurs gémissements et leurs imprécations. Les hoplites et les cavaliers portaient leurs vivres, parce qu'on ne pouvait les confier aux valets, qui désertaient : jamais une armée grecque n'avait éprouvé un semblable revers ; au lieu des chants guerriers qu'elle faisait entendre à son départ d'Athènes, ce n'étaient plus que des injures, des reproches et des cris sinistres qui retentissaient de toutes parts.

Nicias, malgré l'état de faiblesse dans lequel ses infirmités l'avaient réduit, ne cessait de parcourir les rangs de l'armée, afin de relever le courage des soldats : « Espérons, leur disait-« il, que la Divinité nous traitera « avec clémence, car nous sommes « plus dignes de la pitié des dieux que « de leur colère. »

Les actions de Nicias répondaient à ses paroles ; il ne négligeait aucun des devoirs d'un grand général. La division qu'il commandait s'avançait, disposée en forme de carré long, et celle de Démosthène la suivait. Au lieu de se retirer directement vers Naxos et Catane, l'armée prit la route de Gela et de Camarine afin de se procurer des vivres, lorsque arrivée au gué de l'Anapos, elle trouva un détachement de Syracusains rangés en bataille sur la rive opposée ; elle le battit et poussa en avant. La route, durant cette journée, fut de quarante stades (environ 1 lieue $\frac{1}{2}$); on bivouaqua sur une haute montagne. Le lendemain on partit de bonne heure, et l'armée fit vingt stades pour camper dans une plaine, où elle se procura des vivres et de l'eau, dont elle fit provision, parce qu'on n'en trouvait qu'en très-petite quantité jusqu'au défilé qu'on devait franchir : c'était l'Acræon Lepas, que l'ennemi avait fermé au moyen d'un mur ; ce qui força les Athéniens de revenir à leur premier campement.

Résolus à forcer le défilé muré qui leur barrait le chemin, les Athéniens l'attaquèrent le lendemain : ils échouèrent dans leur entreprise, et ils se virent au moment d'être bloqués par Gyllippos, qui essaya d'élever une redoute sur le chemin par l quel ils étaient entrés dans la plaine ; mais ce projet n'eut pas de suite. Le lendemain, les Athéniens s'étant remis en route, se virent attaqués de tous côtés par des troupes de frondeurs et de gens de trait, qui les harcelaient à chaque pas, fuyaient et revenaient sans cesse à la charge; en sorte qu'il y eut un grand nombre de blessés.

L'armée athénienne était dans cette pénible situation, et les vivres lui manquaient presque totalement, lorsque Nicias et Démosthène se décidèrent à tenter une marche de nuit, afin de gagner le bord de la mer. On convint de la direction qu'il fallait suivre; mais à peine était-on en chemin, que l'obscurité du ciel et les sentiers qu'on ne connaissait pas firent que Démosthène, avec la moitié de sa division, s'égara, et quitta le reste de l'armée pour ne plus jamais la rejoindre.

Au point du jour, Nicias arriva au bord de la mer, et prit, avec son corps d'armée, la voie Hélorienne, pour se porter sur le fleuve Cacyparis. Il dispersa un corps ennemi qui se présenta pour lui en disputer le passage, et marcha vers le fleuve Érimos.

CAPITULATION DE DÉMOSTHÈNE.— Gyllippos s'étant aperçu du départ de l'armée athénienne, se mit à sa poursuite, et atteignit la division de Démosthène, qui marchait en désordre. Elle résistait depuis un jour entier à une grêle de dards, de flèches et de javelots, lorsqu'il fit proclamer, au son de la trompette, par la voix d'un héraut, qu'on recevrait les Athéniens à composition. Sur cette assurance, Démosthène souscrivit une capitulation, en vertu de laquelle les soldats durent remettre leur argent, qui remplit la capacité de quatre grands boucliers, à condition de ne souffrir ni la faim, ni la prison, ni la mort: malgré les déserteurs et les morts, le nombre des prisonniers se montait à six mille, qui furent, avec leur général, envoyés à Syracuse.

DÉFENSE DÉSESPÉRÉE DE NICIAS.— Gyllippos et les Syracusains s'étant mis à la poursuite de la division athénienne qui avait suivi la voie Hélorienne, l'atteignirent sur les bords du fleuve Asinaros. On envoya un héraut à Nicias, chargé de lui offrir les conditions de la capitulation qui avait réglé le sort de Démosthène. Nicias répondit à cette proposition en offrant de rembourser les frais de la guerre aux Syracusains, et de leur livrer en otage autant de citoyens qu'il y aurait de talents stipulés, jusqu'à ce que la dette fût acquittée.

Cette contre-proposition fut rejetée avec mépris par les Syracusains, et le combat, qui dura pendant toute la journée, se donna avec toute l'énergie du désespoir. Dès que la nuit fut devenue profonde, trois cents Athéniens, d'un courage éprouvé, parvinrent à gagner les bords de l'Asinaros; mais ils durent bientôt rétrograder, et les soldats, convaincus de l'impossibilité de passer le fleuve, laissèrent tomber leurs armes avec un désespoir morne et silencieux.

NICIAS SE REND À DISCRÉTION.— Le retour de la lumière, qui devait décider du sort des Athéniens, ranime leur courage, ils marchent vers le fleuve; la soif qui les dévore leur fait braver la mort; ils se précipitent dans ses eaux; la profondeur de son lit et la rapidité du courant les entraînent; quoique accablés d'une grêle de traits que les Syracusains font tomber sur eux, ils se précipitent pour boire une eau mêlée de boue et de sang, qu'ils se disputent à la pointe de l'épée. A cette vue, Nicias sent briser son âme généreuse; il se rend à Gyllippos, non pour sauver ses jours, car il savait qu'il n'avait rien à espérer des Syracusains, mais il conservait peut-être quelque idée d'être utile à sa malheureuse armée.

TRAITEMENT ATROCE DES PRISONNIERS.— Les soldats capitulés et ceux qui s'étaient rendus à discrétion furent condamnés aux travaux des carrières et renfermés dans les latomies de Syracuse, où un grand nombre mourut de misère et de faim; les citoyens d'Athènes et les Siciliens qui avaient suivi les drapeaux de Nicias furent livrés au bourreau (voy. pl. 34) (*); Nicias et Démosthène recu-

(*) Le temps, par ses ravages, a rendu

rent la mort. Athènes pleura Démosthène ; et la postérité déplorera à jamais le destin de Nicias, homme pieux, vertueux, et le plus infortuné de son siècle.

Au milieu de ces scènes atroces, les Syracusains, qui avaient souvent versé des larmes à la représentation des tragédies d'Euripide, voulurent en entendre les chœurs chantés par les voix flexibles et harmonieuses des Athéniens. Les captifs obéirent ; et en redisant les infortunes de leurs héros fabuleux et de leurs anciens rois, ils exprimèrent si bien leurs propres misères, que les Syracusains brisèrent leurs fers et les rendirent aux vœux de leur patrie.

Arrivés à Athènes, les captifs se rendirent solennellement, et accompagnés de chœurs de musique, au cénotaphe d'Euripide, qu'ils saluèrent comme un libérateur qui les avait arrachés à l'esclavage et à la mort.

### SITUATION D'ATHÈNES,
#### 412 avant J.-C.

Les gouvernements libres ont des ressources qui se montrent surtout avec éclat dans les calamités publiques. Dès que les Athéniens connurent les funestes événements de la Sicile, ils résolurent unanimement de faire tête aux rigueurs de la fortune, et on prit les mesures nécessaires pour résister aux plus sinistres événements. On régla l'état des finances ; l'administration supérieure fut confiée à l'expérience des vieillards, et on équipa ce qui restait de vaisseaux en état de tenir la mer. On craignait la révolte des colonies asiatiques, la confédération des Péloponésiens et les intrigues de la Perse ; mais le génie d'Alcibiade, qui avait plongé sa patrie dans un abîme de maux, allait entreprendre sa défense.

Un an après l'expédition de Sicile, les Péloponésiens équipèrent une flotte de cent voiles, destinée à encourager et à soutenir, au besoin, la révolte des colonies athéniennes dans l'Asie-Mineure. Le satrape Pharnabaze secondait le projet des Spartiates qui, à la suite de plusieurs conseils, se déterminèrent à transporter le théâtre de la guerre en Orient, sans renoncer à leurs excursions périodiques dans l'Attique.

Il est rare qu'une coalition agisse d'un accord unanime : l'automne était sur son déclin, et avant de mettre en mer, les Corinthiens, soit orgueil ou superstition, voulurent célébrer les jeux isthmiques. Les Athéniens, quoique en guerre, y furent admis, et ce fut au milieu des fêtes qu'ils parvinrent à découvrir les plans de leurs ennemis, et à se mettre en mesure de les entraver. Ainsi, au moment où les habitants de Chios allaient s'insurger, ils leur demandèrent sept vaisseaux, comme garantie de leur fidélité envers Athènes. L'escadre qui escortait ces bâtiments intercepta une division navale de Corinthe dans le golfe Saronique, et bloqua dans ses ports ceux que le hasard déroba à la poursuite des Athéniens.

Cependant les Péloponésiens étaient parvenus à envoyer vers les côtes de l'Ionie trois escadres, commandées par Alcibiade, Chalcidéos et Astyochos. La première détermina les insulaires de Chios, qui possédaient encore quarante galères, à entrer dans la confédération péloponésienne. Cet exemple fut suivi par Milet, Erythrée et Clazomènes, qui se rendirent à Chalcidéos ; plusieurs autres places, de moindre importance, se soumirent à Astyochos.

A la nouvelle de ces événements, les Athéniens résolurent de faire usage de mille talents qui avaient été déposés dans la citadelle au temps de leur prospérité, à condition de ne s'en servir qu'à

---

encore plus pittoresques ces vastes excavations. Les aquéducs qui y apportaient les eaux pour le service des prisons tombent maintenant en cascades au milieu de roches renversées et d'une riche végétation. Le moindre bruit retentit au loin dans ces cavernes, dont les plafonds sont soutenus par des piliers ménagés dans la roche vive : le temps, qui les a rongés, leur a donné la forme d'immenses stalactites.

la dernière extrémité. Cette ressource les mit en état d'augmenter leur flotte, qui, sous le commandement de Phrynicos, appareilla pour Lesbos, qu'elle maintint dans le devoir. Phrynicos fit ensuite voile vers Milet, où il livra bataille aux Spartiates, assistés des troupes du satrape Tissaphernes; il les défit, quoique supérieurs en nombre. Les vainqueurs se préparaient à donner l'assaut à Milet, lorsque leurs vigies signalèrent une armée de cinquante-cinq voiles, commandée par Harmocrate et par le Spartiate Théramène. L'amiral athénien jugea à propos d'éviter le combat. Sa retraite annonçait la supériorité de l'ennemi sur mer; mais, dans cette crise, la fortune sembla respecter la situation malheureuse d'Athènes.

### DÉFECTION D'ALCIBIADE.

Pendant son long séjour à Sparte, Alcibiade avait affecté la rigidité austère des enfants de Lycurgue, sans réformer son caractère et ses mœurs. Une intrigue galante qu'il entretenait avec Timée, femme du roi Agis, fut découverte par la légèreté de cette princesse; et son amant, qui était embarqué sur la flotte péloponésienne, voulant se dérober aux poignards des assassins apostés pour le tuer, dut se réfugier chez les Perses.

### INTRIGUES D'ALCIBIADE.

— Banni d'Athènes, persécuté à outrance par Agis, Alcibiade eut recours à Tissaphernes, qui admirait ses qualités et ses talents. Le fils de Clinias, qui connaissait le caractère du satrape, commença à flatter son avarice, afin de s'assurer de sa protection. Il lui prouva qu'en donnant aux matelots péloponésiens soudoyés par la Perse une drachme par jour, c'était les traiter avec une libéralité inutile, et même dangereuse, en ce qu'elle favorisait leur débauche et leur paresse. Les Athéniens, lui disait-il, au temps de leur plus grande opulence, avaient réglé à trois oboles le salaire de leurs équipages, qui n'avait jamais changé. Il ajouta, d'une manière confidentielle, que si les marins des confédérés étaient mécontents de cette mesure, on préviendrait leur mutinerie en s'assurant, au moyen de quelques cadeaux, de la voix de certains orateurs mercenaires, et même du suffrage de l'amiral, *qui connaissait la valeur de l'or.*

Ces insinuations artificieuses produisirent presque une rupture ouverte entre Tissaphernes et ses alliés. Dans cette conjoncture, Alcibiade s'adressa secrètement à Pisandre, à Théramène et à d'autres personnes de distinction d'Athènes. Il déplorait l'état malheureux de la patrie, vantait le crédit qu'il avait auprès de Tissaphernes, et leur faisait entendre qu'il pouvait empêcher une flotte phénicienne de 150 voiles, mouillée à Aspendos, de rallier celle des Lacédémoniens : « Mais, « ajoutait-il , pour détruire la confé- « dération péloponésienne, il faut abo- « lir la turbulente démocratie d'A- « thènes, si odieuse aux Perses, et « confier l'administration publique à « des hommes dignes de négocier avec « le grand roi : enfin une alliance avec « la Perse n'était pas impossible, car « les Spartiates avaient déjà coûté « cinq mille talents (environ 23 mil- « lions de francs) à Tissaphernes, qui « était ennuyé de payer. »

Les esprits étaient disposés à la réforme que demandait Alcibiade, par les excès de la démocratie qui pesait sur Athènes : Pisandre, Théramène et les autres chefs du parti aristocratique approuvèrent ses vues, mais elles ne furent pas partagées par Phrynicos, son ennemi personnel.

Voyant ses collègues sourds à toutes les objections qu'il faisait contre le rappel d'Alcibiade, il informa secrètement l'amiral spartiate Astyochos de ce qui se tramait au désavantage de son pays; mais il s'adressait à un criminel non moins perfide que lui : Astyochos était devenu le pensionnaire et la créature de Tissaphernes, auquel il communiqua ce qui se tramait. Le satrape en fit part à Alcibiade, qui se plaignit vivement aux généraux athéniens de la bassesse et de la félonie de Phrynicos.

Ce dernier se disculpa avec beaucoup d'adresse ; mais comme le rappel d'Alcibiade l'inquiétait, il écrivit une seconde fois à Astyochos ; il lui expliquait comment il pourrait surprendre la flotte athénienne stationnée à Samos ( voy. *pl.* 36 ) (\*), exploit qui le couvrirait de gloire et le comblerait de richesses. Ce secret, transmis à Tissaphernes, fut éventé par des contre-intrigues qui mirent la conduite de Phrynicos au grand jour, sans qu'il fût pour cela ni recherché, ni puni.

### PISANDRE.
#### RENVERSEMENT DU GOUVERNEMENT DÉMOCRATIQUE.

Pisandre et ses complices s'occupaient cependant des mesures qu'il fallait prendre pour abolir la démocratie. On séduisit facilement l'armée ; mais il fallait ravir aux Athéniens une liberté dont ils jouissaient depuis l'expulsion des Pisistratides, et la chose n'était pas facile.

Pisandre se mit à la tête de la députation qui fut envoyée du camp de Samos à Athènes pour changer la forme de son gouvernement. Les juntes, ou factions, étaient organisées pour s'emparer des siéges de judicature et des grands offices de l'état avant de convoquer le peuple dans le théâtre de Bacchus, où la démocratie fut abolie. On rendit immédiatement un décret par lequel on nommait dix ambassadeurs munis de pleins pouvoirs pour traiter avec le satrape persan.

Les généraux spartiates avaient devancé les Athéniens en signant, avec le satrape, un traité en vertu duquel ils s'engageaient à conquérir les colonies ioniennes dépendantes d'Athènes, et à les remettre sous l'autorité du grand roi. Ainsi, Alcibiade étant retourné à Magnésie, lieu de la résidence de Tissaphernes, ne put obtenir une audience pour ses compatriotes qu'à force de sollicitations et de prières.

Les Athéniens s'aperçurent que le crédit d'Alcibiade chez les Perses n'était pas tel qu'il avait voulu le faire croire. Cependant la faction aristocratique persistait dans le projet d'étouffer la liberté ; et comme les moyens de persuasion étaient insuffisants, elle eut recours à la violence. Androclès et Hyperbolos, qui avilit l'ostracisme par l'application qu'on lui en fit, ainsi que d'autres démagogues, furent lâchement assassinés : ce fut avec eux que finit la démocratie athénienne, qui avait subsisté pendant cent ans avec une gloire sans exemple.

Pisandre, homme actif, aidé de l'éloquence de Théramène, de l'intrépidité de Phrynicos et de la sagesse d'Antiphon, se mit à la tête de la république. Antiphon était un de ces idéologues qu'on trouve dans toutes les perturbations politiques : son caractère, tel que le trace Thucydide, était celui d'un homme de bien, doué d'une grande vigueur de pensée, et d'un choix toujours heureux d'expressions. Il ne se montrait ni dans les cours de justice, ni aux assemblées ; mais ses harangues et ses plaidoyers, remplis d'art et de goût, quoique lus par d'autres, y avaient sauvé la vie à plusieurs de ses amis : il avait formé la conspiration aristocratique, et réglé l'ordre de l'attaque suivi par les conjurés.

Pisandre, dirigé par les conseils d'Antiphon, proposa d'élire dix personnes chargées de préparer les résolutions qu'on soumettrait à l'assemblée du peuple. Ces commissaires n'en eurent qu'une seule à présenter ; c'était : « que chaque citoyen serait libre « de donner son opinion, quoique con- « traire aux lois établies, sans crainte « d'être accusé, ni traduit en justice. »

En conséquence de ce décret, Pisandre et ses partisans déclarèrent hardiment : « que ni les formes, ni

---

(\*) L'île de Samos conserve peu de restes de son ancienne splendeur. Quelques monceaux de pierre indiquent la situation de la ville ; et il ne reste du célèbre temple de Junon (l'Hérœum) que la seule colonne dorique que l'on voit sur la planche, et dont les Turcs ont dérangé les assises à coup de canon. Ce temple, détruit d'abord par les Perses, qui l'incendièrent après l'avoir pillé, fut reconstruit sur un plan plus magnifique. Hérodote en a vanté l'architecture : il fut pillé par Verrès.

« l'esprit de la constitution établie
« depuis un siècle ne convenaient plus
« à la situation critique de l'état; qu'il
« était nécessaire de reconstruire l'é-
« difice social sur un nouveau plan;
« qu'à cet effet, cinq personnes, dont
« il lut les noms, devaient être char-
« gées, par le peuple, de choisir cent
« citoyens, dont chacun ferait choix
« de trois associés; et que ces quatre
« cents élus, pris parmi les gens ri-
« ches et les capacités qui voudraient
« servir la patrie sans indemnité, ni
« salaire, seraient immédiatement re-
« vêtus de la majesté de grands digni-
« taires de la république. »

Cette proposition fut acceptée sans opposition, parce que l'assassinat, qui exista toujours dans les mœurs grecques, aurait mis les récalcitrants à la raison.

#### GOUVERNEMENT DES 400 TYRANS.

L'histoire a flétri du nom de tyrans, que la postérité a adopté, les quatre cents députés usurpateurs qui confisquèrent la liberté d'Athènes à leur profit. Ils levèrent aussitôt des troupes mercenaires dans les îles de la mer Égée pour tenir la multitude en respect, intimider et détruire, au besoin, leurs ennemis supposés ou réels. Comme il leur fallait la paix, aux conditions même les plus humiliantes, ils envoyèrent une ambassade à Sparte pour négocier. La peur s'étant emparée de leurs conseils, la tyrannie qui s'ensuivit les rendit odieux dans la ville, et leur lâcheté les fit mépriser dans le camp de Samos : les fugitifs qui venaient y chercher asile ne parlaient que de leur injustice; et la jeunesse athénienne qui servait la patrie rougissait de l'indignité des traitements qu'on infligeait à leurs familles. Des murmures secrets, on passa bientôt aux clameurs séditieuses.

#### RÉVOLTE MILITAIRE.

THRASYBULE. — Ce général, ainsi que Thrasylle, tous deux officiers de distinction et d'un mérite distingué, animent et enhardissent les mécontents, qui étaient en grand nombre dans l'armée de Samos. Les fauteurs des quatre cents tyrans sont attaqués à l'improviste; les chefs sont déposés, et la restauration de la démocratie est proclamée aux acclamations des soldats, qui jurent de la maintenir. Thrasybule leur promet d'accomplir dans Athènes la même révolution qui venait de s'opérer au camp; il leur propose de rappeler Alcibiade, trompé et humilié par les tyrans, et qui pouvait venger, en un jour, l'injure nationale. L'avis de Thrasybule ayant été approuvé, il fit aussitôt voile pour Magnésie, d'où il ne tarda pas à ramener Alcibiade.

RAPPEL D'ALCIBIADE. — Près de quatre années s'étaient écoulées depuis que le fils de Clinias n'avait parlé dans une assemblée athénienne. Présenté par Thrasybule, il débuta en déplorant sa mauvaise fortune et les malheurs de sa vie : « cependant ces évé-
« nements avaient leur bon côté, puis-
« qu'ils lui avaient, à l'entendre, pro-
« curé l'amitié de Tissaphernes; il pou-
« vait se vanter d'avoir engagé ce sa-
« trape à arrêter la solde des Pélopo-
« siens : il ne doutait pas de lui avoir
« inspiré de la bienveillance pour les
« Athéniens, auxquels il fournirait les
« moyens de continuer la guerre, et
« peut-être le secours de la flotte phé-
« nicienne qui se trouvait à Aspen-
« dos. »

Ces promesses étaient plus magnifiques que positives; mais on avait besoin d'Alcibiade, et l'armée le choisit sur-le-champ pour son général. Le discours qu'il avait prononcé ne tarda pas à augmenter la défiance qui existait entre les Spartiates et Tissaphernes, en même temps qu'il frappa de terreur les quatre cents tyrans d'Athènes.

Alcibiade ayant laissé le commandement de l'armée à Thrasybule et à Thrasylle pour aller conférer avec Tissaphernes, trouva à son retour au camp des envoyés des quatre cents, qui venaient essayer de ramener l'armée au parti aristocratique.

Alcibiade les ayant mandés en sa présence, leur enjoignit de remettre à leurs maîtres un message, qui était de la teneur suivante : « Que les quatre « cents aient à se démettre de leur « pouvoir illégal et à rétablir l'an- « cienne constitution, sans quoi je « ferai voile vers Athènes, et je leur « ôterai, en même temps, l'autorité « et la vie. »

Effrayés par cette déclaration hautaine, les quatre cents se divisèrent entre eux. Théramène et Aristocrate, qui votaient ensemble, condamnèrent les mesures tyranniques de leurs collègues. Le perfide Phrynicos venait d'être tué dans une émeute ; la guerre civile était imminente au sein d'Athènes, lorsque les vieillards, les femmes et les étrangers se jetèrent en foule au milieu des partis, et sauvèrent une ville qui avait été l'ornement de la Grèce, la terreur des Perses et l'admiration du monde.

La trop malheureuse Athènes commença à respirer après la mort de Phrynicos, et la fortune parut un moment lui sourire. Les Péloponésiens, stationnés à Milet, n'avaient pas tardé à attribuer le défaut de paie qu'on leur faisait éprouver, à la fourberie de Tissaphernes et à la trahison de leurs propres officiers. Un ressentiment légitime porta les équipages, ainsi que les soldats, à détruire quelques fortifications élevées par les Barbares aux environs de Milet ; ils passèrent même au fil de l'épée plusieurs garnisons persanes, et leur perfide général Astyochos ne se déroba à leurs coups qu'en se réfugiant au pied des autels ; enfin la sédition ne s'apaisa qu'à l'arrivée de Myndaros, envoyé par les éphores pour commander l'armée lacédémonienne de terre et de mer.

Athènes était encore une fois menacée d'une émeute, lorsqu'une escadre péloponésienne, composée de quarante-deux voiles, commandée par le Spartiate Hégésandridas, parut en vue de Phalère. L'alarme se répandit aussitôt dans la ville, et les partis opposés, qui délibéraient séparément, se réunirent pour repousser l'ennemi, dont les vaisseaux s'éloignèrent en cinglant vers l'île d'Eubée. Les Athéniens, qui voulaient sauver cette colonie, s'étant mis à la poursuite de l'ennemi, éprouvèrent un échec aux atterrages d'Érétrie, qui les mit dans l'impossibilité momentanée de tenir la mer.

RÉTABLISSEMENT DE LA DÉMOCRATIE.
411 avant J.-C.

Dans cette situation déplorable, la fermeté de Théramène releva les esprits consternés. Il encouragea le peuple à purger la république de ses ennemis domestiques, qu'il accusait d'avoir appelé la flotte lacédémonienne pour enchaîner leurs concitoyens. Antiphon et Pisandre prirent la fuite, et ce qui restait des 400 fit son acte de soumission. Un décret rappela Alcibiade ; on déclara que l'armée de Samos avait bien mérité de la patrie : les émeutes cessèrent. La démocratie, qui avait été abolie pendant quatre mois, fut perfectionnée et restaurée dans tout l'éclat de sa gloire nationale.

CAMPAGNES D'ALCIBIADE.

Les Athéniens, animés par les conseils de Thrasybule et de Thrasylles, ayant remis en mer pendant le vingt et unième hiver de la guerre du Péloponèse, triomphèrent dans trois batailles navales successives. La première se donna au détroit de Sestos et Abydos, par Thrasybule, qui prit vingt vaisseaux lacédémoniens avec perte de quinze des siens. Peu de temps après cet événement, les Athéniens interceptèrent une division de quatorze vaisseaux rhodiens, à la hauteur du promontoire Rhégion. Myndaros, apercevant le combat qui se donnait à deux lieues au large, au moment où il présentait des offrandes dans un temple de Minerve, à Ilion, courut au rivage, fit lancer ses galères à la mer pour secourir ses alliés. Il rétablit le combat qui durait depuis le matin, lorsqu'au coucher du soleil une escadre de dix-huit bâtiments de guerre, commandée par Alcibiade, décida la victoire en faveur des Athéniens. C'en était fait des Péloponésiens sans l'assistance de Pharnabaze, qui se déclara ostensiblement en leur faveur. Thrasylles porta la nouvelle de cette victoire à Athènes, espérant y faire des recrues, et qu'on lui procurerait quelque argent.

DÉFAITE COMPLÈTE DES LACÉDÉMONIENS. — Les Spartiates, forcés d'abandonner la mer, se retirèrent à Cyzique, où Alcibiade résolut de les attaquer sans délai. Il appareilla en conséquence avec quatre-vingts galères, en faisant route vers la petite île de Proconèse (aujourd'hui Marmara), située à 3 lieues ¼ du mouillage où la flotte péloponésienne se trouvait à l'ancre. La matinée était obscure et pluvieuse : Alcibiade, voulant en profiter pour surprendre soixante vaisseaux ennemis qui manœuvraient au large, on en vint à une bataille générale, qui eut pour résultat la prise de toute la flotte péloponésienne et la destruction de l'escadre syracusaine, qu'Hermocrate brûla en présence de l'ennemi victorieux.

Xénophon nous a conservé la lettre par laquelle Hippocrate, commandant en second de la flotte péloponésienne, annonça cette nouvelle à Sparte : « Tout est perdu, vos vaisseaux sont « pris ou brûlés, Myndaros est tué, « l'armée manque de vivres, nous ne « savons que faire. » François Ier, plus laconique encore, écrivit dans une circonstance plus fâcheuse : *Tout est perdu, fors l'honneur*.

### SUCCÈS DES ATHÉNIENS.
#### 410 — 409 avant J.-C.

Les événements se pressent dans cette période : c'est l'éclat du soleil à son déclin, lorsque ses rayons percent les nuages orageux qui enveloppent l'horizon. Les Lacédémoniens ne pouvant plus tenir la mer, Alcibiade s'empara de Périnthe, de Sélymbrie, et de Chrysopolis qu'il fortifia ; il y établit en même temps un péage du dixième de la cargaison des vaisseaux qui se rendaient au Pont-Euxin ou qui en revenaient.

Cependant les Péloponésiens, que Pharnabaze avait accueillis, recevaient de ce satrape les secours nécessaires pour équiper une nouvelle flotte. Mais, comme si la fortune eût pris plaisir à se jouer des Grecs, le généreux Hermocrate et ses collègues apprirent qu'ils avaient été destitués par les Syracusains. A cette nouvelle, les matelots et les capitaines, indignés, déclarèrent que leurs chefs resteraient au commandement. Hermocrate conjura les mécontents de respecter les ordres de Syracuse : il leur fit observer que lorsqu'ils rentreraient en Sicile, ils auraient une belle occasion de rendre justice à leurs officiers, en racontant les batailles qu'ils leur avaient fait gagner. Pressé par les plus vives sollicitations, Hermocrate dut néanmoins consentir, ainsi que ses collègues, à garder le pouvoir jusqu'à l'arrivée de leurs successeurs.

23e ANNÉE DE LA GUERRE DU PÉLOPONÈSE. — Xénophon nous apprend que Thrasylle ayant obtenu les secours qu'il était allé solliciter à Athènes, fit voile pour Samos avec mille hoplites, cent chevaux et cinquante galères montées par cinq mille matelots expérimentés, qu'on avait pourvus de légers boucliers, de dards, d'épées et de javelots, afin de pouvoir faire le service de terre en cas de besoin. Il espérait rendre la vingt-troisième campagne des Athéniens aussi glorieuse que la précédente.

Thrasylle, sans perdre de temps, s'empara de Colophon : maître de cette place, dont il fit le pivot de ses opérations, il pénétra dans l'intérieur de la Lydie, d'où il revint vers la côte, chargé de butin et chassant devant lui une foule d'esclaves. Encouragé par ce succès, ainsi que par l'inaction de Tissapherne et des Péloponésiens, il marcha contre Éphèse. Il croyait emporter cette place d'assaut, mais il fut repoussé avec perte de trois cents hommes, et les Athéniens, se voyant obligés de se réfugier à bord de leurs vaisseaux, firent aussitôt voile pour l'Hellespont, où ils trouvèrent Alcibiade, mouillé à Lampsaque et occupé des préparatifs d'une expédition contre Abydos.

## 24ᵉ CAMPAGNE DES ATHÉNIENS.
### 408—407 av. J.-C.
#### RETOUR D'ALCIBIADE A ATHÈNES.

Une invasion dans la Sicile par les Carthaginois n'avait pas permis aux Syracusains d'envoyer des secours à leurs alliés du Péloponèse, et des révoltes survenues en Perse avaient de leur côté paralysé les efforts de Pharnabaze, lorsque les Athéniens reprirent l'offensive en délogeant les ennemis de toutes les positions qu'ils occupaient dans l'Hellespont. Dans ces circonstances Alcibiade déploya toutes les ressources de son génie; il se rendit maître de Byzance, prit ou détruisit 200 galères ennemies, et se trouva en mesure de lever dans l'Euxin et dans la Méditerranée des contributions suffisantes pour pourvoir aux besoins de la flotte et de l'armée.

Au milieu de tant de gloire, l'Attique était dévastée par Agis, roi de Lacédémone, campé à Décélie. C'était pour mettre un terme à ce fléau périodique qu'Alcibiade avait souhaité revoir Athènes, après un si long exil : on était dans la 25ᵉ année de la guerre du Péloponèse.

Malgré ses victoires récentes, le fils de Clinias, que l'adversité avait rendu circonspect, refusa d'entrer au Pirée avant qu'on eût confirmé son rappel et prolongé le terme de son commandement. Les décrets qu'il sollicitait passèrent sans opposition. Malgré leur garantie, il hésitait encore à prendre terre, et il ne le fit qu'en voyant ses parents et ses amis dans la foule, qui l'invitaient du geste et de la voix à accoster le rivage. Il débarqua au milieu des acclamations des spectateurs qui n'avaient les yeux fixés que sur Alcibiade, dont le nom était dans toutes les bouches : « C'est lui, c'est « le fils de Clinias, le héros d'Athè- « nes, le victorieux, le sauveur de la « patrie! »

Les magistrats convoquèrent une assemblée pour entendre la justification d'Alcibiade : il l'avait demandé. Le public prévint son apologie, et la partie la plus difficile de son rôle fut de modérer les transports des Athéniens. Il reçut avec la plus grande effusion de cœur les couronnes et les fleurs qu'on lui offrit; mais il refusa avec respect le sceptre de la royauté, en exprimant la ferme résolution de maintenir la liberté héréditaire de la patrie : « Athènes, répon- « dit-il, n'a pas besoin d'un roi, « mais d'un général. » On décréta l'équipement d'une flotte de cent galères, avec un nombre proportionné de bâtiments de transport pour embarquer 1,500 hoplites et un corps peu considérable de cavalerie.

#### FÊTES D'ÉLEUSIS.

Quatorze siècles avant l'ère chrétienne, Cérès avait enseigné les mystères à Eumolpe et Céryx, qui lui avaient accordé l'hospitalité, lorsqu'elle cherchait Proserpine, enlevée à sa tendresse maternelle par le dieu des enfers. Ainsi parlait le vulgaire. Les ministres d'Éleusis assuraient de leur côté, que l'initiation procurait aux *frères sacrés du Secos* une place distinguée dans les Champs-Élyséens, et le bonheur de vivre à jamais dans le sein de la divinité. On faisait consacrer les enfants dès l'âge le plus tendre; et ceux qui n'avaient pas reçu l'initiation, la demandaient avant de mourir. Cependant quelques hommes pieux et éclairés, tels que Socrate, dédaignèrent cette régénération, et ce refus laissa parmi les dévots quelques doutes sur la religion du fils de Sophronique.

Depuis l'occupation de Décélie par les Spartiates, les théories ou processions n'avaient pu avoir lieu par terre, et, contre l'usage, elles étaient obligées de s'embarquer pour se rendre à Eleusis (4 lieues d'Athènes). Alcibiade, charmé de trouver l'occasion d'effacer la tache d'impiété dont on l'avait accusé, entreprit de rendre son lustre antique à la vénérable célébration des thesmophories. Il fit les dispositions convenables pour protéger les paisibles canéphores ou vierges chargées de porter les corbeilles sacrées qui renfermaient l'enfant, le serpent d'or, le van mystique, les gâteaux et les rituels du culte secret de la bonne déesse. Ces congréganistes ainsi que les pèlerins furent avertis de se tenir prêts à jour fixe.

Ce jour, de très grand matin, la cavalerie parcourut les environs d'Athènes; Alcibiade fit occuper les hauteurs du mont Corydalos par l'infanterie légère et les peltastes; la ville, les forts et les longs murs reçurent de fortes garnisons. Le corps des troupes pesamment armées, qui escortait les fidèles, sortit, suivant l'usage, par la porte qui conduit à la voie Sacrée. Après avoir parcouru un espace couvert d'oliviers, et franchi une colline couverte de myrtes, on entra dans la plaine de Thriase. De là on fit une station auprès des Rheiti, qui sont deux ruisseaux consacrés à Cérès et à Proserpine; les prêtres seuls y jouissent du droit de pêche, et on fait usage de leur eau dans les cérémonies de l'initiation.

En avançant, on arriva au pont du Céphise éleusinien, où des femmes, montées sur des charrettes, étaient dans l'usage de lancer des brocards contre les dévots les plus distingués par leurs fonctions dans l'état, en mémoire des injures que Cérès y reçut de la part d'une vieille femme nommée Iambé. C'est de là qu'on découvrait le temple et le bourg d'Éleusis, qui étaient entourés d'une foule de chapelles et de maisons de plaisance.

Le temple, construit en marbre du Pentélique sur un rocher qu'on avait aplani, était desservi par une foule de prêtres. Les quatre principaux étaient: l'hiérophante, qui initiait les néophytes aux mystères: il paraissait vêtu d'une robe parsemée d'étoiles en or, le front ceint du diadème, et les cheveux flottants sur les épaules. Son sacerdoce était à vie; et dès qu'il en était revêtu, il était astreint au célibat. On prétend que des frictions de ciguë le mettaient en état d'observer cette règle: on avait soin d'ailleurs de le choisir d'un âge mûr.

Le second des ministres était le Dadouchos, ou porte-flambeau, chargé de purifier ceux qui se présentaient aux initiations; il avait ainsi que l'hiérophante le droit de se couronner du diadème. Les deux autres grands-prêtres étaient le Héraut sacré et l'Assistant ou Diacre de l'autel.

Après avoir rempli pendant une semaine que duraient les thesmophories, les fonctions d'un général vigilant, Alcibiade ramena la théorie aux chants des litanies d'Iacchos, jusqu'à Athènes, en réunissant, dans sa marche, la pompe de la guerre à celle d'une cérémonie religieuse.

L'histoire nous apprend que les mystères, qui commençaient à dégénérer, devinrent bientôt un objet de trafic pour les ministres, qui vendaient les initiations à prix d'argent; mais, quoique avilis, ils ne furent jamais révélés. L'empereur Julien essaya vainement de les réhabiliter en faisant venir l'hiérophante dans son palais des Thermes à Paris, où il célébra les mystères. Ils ne furent abolis qu'au bout de dix-huit siècles par un édit de Théodose, et les hordes d'Alaric renversèrent le temple d'Éleusis, qu'ils réduisirent dans l'état où on le voit de nos jours. (Voy. pl. 35) (*).

### SECONDE EXPÉDITION D'ALCIBIADE.

Alcibiade était prêt à faire voile pour l'Asie-Mineure: on se flattait de reconquérir Chios, Éphèse, Milet et les îles rebelles qui avaient abandonné le parti d'Athènes. Au milieu de l'enthousiasme public, on se souvint que le fils de Clinias était débarqué au

(*) Au milieu des ruines d'Éleusis, situées sur une éminence, s'élève le village de Lepsina. En descendant vers la plaine, on voit l'emplacement de trois grands édifices ornés de colonnes renversées autour de leur enceinte délabrée. Des restes d'aqueduc, qui amenaient à Éleusis les sources des montagnes qui dépendent du Cythéron, existent encore dans cette plaine, où l'on rencontre une foule d'inscriptions et de tombeaux; on y a trouvé, en 1778, plusieurs anciens silos. Les côtes qu'on aperçoit dans le fond sont celles de Salamine.

Pirée le jour néfaste de la Plintherie, pendant lequel on voilait la statue de Minerve au Parthénon, et on en tira l'augure des malheurs qui ne tardèrent pas à fondre sur la république.

### LYSANDRE,
#### 407 ans avant Jésus-Christ.

Les hommes sensés d'Athènes redoutaient l'activité et la valeur de Lysandre, plus que les sinistres présages tirés de la Plintherie. Il avait pris le commandement des forces du Péloponèse qui se trouvaient en Orient, pendant le séjour d'Alcibiade à Athènes. Descendant des Héraclides, Lysandre avait été élevé dans l'austérité de la discipline spartiate; après avoir passé la maturité de son âge dans des emplois honorables, il avait été appelé au commandement en chef de l'armée lacédémonienne, par la supériorité de son mérite. Les années avaient ajouté l'expérience à sa valeur. Il avait appris dans ses négociations à gagner par la ruse ce qu'il ne pouvait obtenir par la force, et, comme il le disait, *à coudre la peau du renard à celle du lion*. Ce caractère mixte convenait parfaitement au rôle que Lysandre allait remplir.

Depuis la bataille navale de Cyzique, les Péloponésiens avaient construit des vaisseaux à Rhodes, à Milet et à Éphèse; ce fut dans le dernier de ces ports que Lysandre les réunit au nombre de quatre-vingt-dix voiles. Comme il s'agissait d'assurer la solde des équipages, il se rendit immédiatement à Sardes, accompagné de quelques députés, pour complimenter Cyrus, jeune prince âgé de dix-sept ans, à qui son père avait confié le gouvernement des provinces centrales de l'Asie-Mineure. Lysandre lui adressa ses félicitations et lui porta des plaintes contre Tissaphernes, en exaltant le mérite de Pharnabaze, qui venait de violer le droit des gens dans la personne des ambassadeurs d'Athènes : il demanda que la paie de ses équipages, réduite à trois oboles (45 centimes), fût portée à une drachme attique (90 centimes), comme elle était fixée primitivement.

Cyrus répondit qu'il avait des ordres de son père, et que les Péloponésiens recevraient trente mines par mois (la mine évaluée à 90 fr.); d'où on peut calculer, à raison de trois oboles par jour, que l'équipage complet d'un vaisseau était de 240 hommes, de sorte qu'une flotte de 90 voiles employait 21600 marins.

ALCIBIADE CONDAMNÉ PREND LA FUITE. — Sur ces entrefaites, Alcibiade attaquait l'île d'Andros. La résistance fut plus vive qu'il ne s'y était attendu : pressé par la nécessité de se procurer des vivres et de l'argent, il partit pour se rendre dans l'Ionie, en laissant le commandement de la flotte athénienne à Antiochos, homme d'une incapacité connue, auquel il enjoignit de ne risquer aucun combat, mais de se tenir dans le port de Samos sans en sortir. Il en fut autrement : le présomptueux vice-amiral, fier de son commandement, chercha la flotte de Lysandre, lui présenta la bataille, perdit quinze vaisseaux, et revint honteusement au port d'où il n'aurait pas dû sortir. Ce fût en vain qu'Alcibiade, de retour, voulut prendre sa revanche; Lysandre évita une seconde bataille, et le fils de Clinias ne put rendre à la flotte d'Athènes l'éclat que l'échec éprouvé par Antiochos avait terni.

Les Athéniens, informés de ce revers, furent humiliés, et ne pouvant douter de l'habileté d'Alcibiade, ils soupçonnèrent sa fidélité. Thrasybule se porta son accusateur, non par patriotisme, mais par inimitié; et celui qu'on proclamait quelques mois auparavant le *sauveur de la patrie*, fut condamné. On nomma pour le remplacer dix généraux, au nombre desquels on cite Thrasylle, Léon, Diomédon, Conon, personnage encore peu connu, Périclès, héritier du nom, du mérite et de la mauvaise fortune de son père. Les nouveaux chefs partirent immédiatement pour Samos, et Alcibiade s'enfuit à Byzante (auj. Rodosto), dans la Thrace, qu'il avait eu soin de faire fortifier, comme une place de sûreté pour sa personne.

### GÉNÉRALAT DE CALLICRATIDAS.
#### 406 avant J.-C.

L'année du commandement de Lysandre venait d'expirer, lorsque le Spartiate Callicratidas se présenta pour lui succéder. Quand le nouveau général déploya sa commission dans le conseil des alliés, les chefs s'écrièrent qu'il était injuste de sacrifier à l'observation minutieuse des lois de Sparte, les intérêts de la confédération péloponésienne. Lysandre se contenta de faire observer qu'il remettait à son successeur *une flotte maîtresse de la mer* : l'assemblée confirma cette assertion par des acclamations tumultueuses.

Callicratidas, inaccessible à la crainte, répondit : « qu'il ne pouvait « croire à cette supériorité maritime, « tant que Lysandre n'osait pas, en « sortant d'Éphèse, côtoyer l'île de « Samos où se trouvaient les Athé- « niens, et conduire la flotte *victo- « rieuse* de Sparte dans le port de « Milet. » L'orgueil de Lysandre fut froissé ; mais il eut la présence d'esprit de répondre : « qu'il n'était plus « amiral. »

Callicratidas s'adressa alors à l'assemblée avec la simplicité mâle d'un cœur honnête : « Lacédémoniens et « alliés, je serais resté avec joie à « Sparte qui m'envoie pour commander « la flotte, mais mon principal objet « est d'exécuter ses ordres et de rem- « plir mon devoir. Mon désir le plus « vif est de soutenir dignement l'hon- « neur national : c'est à vous de me « faire connaître si je dois rester ici, « ou retourner à Lacédémone. » Les partisans de Lysandre demeurèrent confondus, l'assemblée n'osa faire aucune objection, et après un long silence, tous conclurent qu'ils devaient obéir aux ordres de Sparte, comme l'avait fait Callicratidas.

Lysandre, résolu de rendre difficile la position de son successeur, passa aussitôt à la cour de Cyrus, auquel il remit une somme considérable d'argent qu'il n'avait pas trouvé l'occasion d'employer au service de la flotte lacédémonienne. Il représenta au jeune prince la franchise et les vertus sévères de Callicratidas comme des preuves de rusticité et d'ignorance, de façon que l'amiral s'étant rendu à Sardes pour renouveler la demande de la solde convenue, il ne put obtenir audience du vice-roi. La première fois qu'il se présenta au palais, on lui dit que Cyrus était à table. « C'est bien, ré- « pondit le Spartiate, j'attendrai qu'il « ait dîné. » Cette honnête candeur, qui fut taxée de mauvaise éducation, devint la risée des courtisans. Il se présenta une seconde fois sans voir Cyrus. Une telle conduite méritait sa colère, elle n'excita que son mépris. Il versa des larmes sur les dissensions civiles des Grecs, qui les obligeaient à mendier les insolentes faveurs des Barbares.

Cependant Callicratidas ne pouvait rentrer à Éphèse sans argent pour subvenir aux besoins de sa flotte. Il se rendit en conséquence à Milet et dans les autres villes alliées, auxquelles il fit connaître la basse jalousie de Lysandre et l'arrogance de Cyrus. « C'est, leur dit-il, ce qui me « force de m'adresser à vous ; prouvez « au monde que les Grecs, sans re- « courir au trésor des Barbares, peu- « vent poursuivre leurs entreprises et « tirer vengeance de leurs ennemis. » Callicratidas, ayant obtenu plus qu'il ne demandait, revint avec honneur à Éphèse, satisfit aux demandes importunes de ses matelots, et se prépara à mettre en mer.

Ses premiers efforts furent dirigés contre l'île de Lesbos ; il emporta d'assaut Méthymne : la garnison et les esclaves firent partie du butin ; mais comme on voulut vendre les habitants à l'encan, Callicratidas s'y opposa, en déclarant que tant qu'il jouirait du commandement, aucun citoyen grec ne serait jamais réduit en servitude, à moins qu'il n'eût pris les armes contre la liberté publique.

### CONON ENTRE EN CAMPAGNE.

Conon était sorti du port de Samos avec une escadre de 70 voiles, afin de protéger les attérages de Lesbos. Callicratidas, qui observait ses mouvements, découvrit son escadre qui était inférieure à celle des Péloponésiens : il lui coupa la retraite. Conon dut accepter la bataille, dans laquelle il perdit trente galères, et les quarante qu'il réussit à dégager du combat furent aussitôt bloquées par l'amiral spartiate.

Conon, entouré du côté de la mer de forces supérieures aux siennes, se trouvait devant les murs de Mytilène, qui était une ville ennemie; il n'avait presque plus de provisions. Dans cette situation il parvint à faire connaître sa détresse à Athènes; il s'agissait de sauver 40 galères, et plus de huit mille guerriers. On fit aussitôt des levées, et au bout de quelques semaines les Athéniens eurent réuni à Samos cent cinquante vaisseaux qui levèrent l'ancre pour aller présenter la bataille aux Péloponésiens.

BATAILLE DES ARGINUSSES. — Callicratidas n'eut garde d'éviter la rencontre. Après avoir laissé cinquante vaisseaux au blocus de Mytilène, il cingla vers la flotte athénienne, qui prit position aux îles Arginusses. On exécuta diverses manœuvres pour se surprendre; mais elles furent déconcertées par une violente tempête accompagnée de tonnerre et de pluie. Cependant au point du jour les flottes ennemies se trouvèrent en ligne de bataille, lorsque deux pilotes expérimentés, Hermon et Mégare, prièrent Callicratidas d'éviter le combat, parce qu'il avait contre lui le nombre des vaisseaux et les forces supérieures des Athéniens. Le généreux Spartiate leur répondit : « Ma « mort ne saurait être funeste à la « patrie; mais ma fuite serait désho- « norante pour Sparte et pour moi. »
Il donna aussitôt le signal de l'attaque. L'affaire fut longue et opiniâtre; Callicratidas fut tué; les Lacédémoniens perdirent soixante-dix vaisseaux, et les débris de leur flotte se réfugièrent à Chios et à Phocée.

10ᵉ *Livraison*. (GRÈCE.)

Les amiraux d'Athènes, voulant tirer tout le parti possible de leur victoire, séparèrent leurs vaisseaux en deux divisions, dont l'une devait recueillir les cadavres qui flottaient à la surface de la mer, et sauver douze vaisseaux désemparés dans l'action; tandis que l'autre escadre tâcherait de surprendre les Péloponésiens qui se trouvaient à Lesbos : Étéonicos, vice-amiral de Sparte, fit échouer ce dernier projet.

Informé à temps de l'issue funeste de la bataille des Arginusses, par un esquif qu'on lui avait dépêché, il prévit que Conon, bloqué dans le port de Mytilène, ne tarderait pas à en forcer la sortie pour rejoindre ses compagnons victorieux. Il ordonna à l'esquif qu'on n'avait pas aperçu de s'éloigner secrètement du port, et de revenir presque aussitôt en poussant des cris de joie et au son des trompettes, annonçant que Callicratidas avait détruit la dernière espérance d'Athènes. Cette ruse eut un plein succès : les Spartiates rendirent grâces aux dieux, par des hymnes et des sacrifices, et les matelots, auxquels on fit faire un bon repas, voguèrent incontinent vers l'île de Chios. Les troupes de terre, auxquelles on fit connaître ce qui s'était passé, eurent ordre de mettre le feu à leur camp, et de marcher vers Méthymne, dont elles renforcèrent la garnison.

Tandis que la prudence d'Étéonicos sauvait ce qui restait de l'armée péloponésienne, Théramène et Thrasybule, chargés de recueillir les débris de la flotte athénienne, n'avaient pu remplir leur commission à cause de l'état orageux de la mer, de sorte qu'ils n'avaient sauvé qu'un de leurs amiraux et un petit nombre de leurs compatriotes. La seconde escadre avait échoué dans son entreprise par la sage prévoyance d'Étéonicos. Ces résultats étaient d'autant plus fâcheux, qu'un bâtiment fin voilier avait été expédié à Athènes après la victoire, avec cette nouvelle et celle des succès anticipés qu'on se promettait.

ACCUSATION ET CONDAMNATION

DES GÉNÉRAUX. — La joie qui était générale dans Athènes se changea en mécontentement, lorsqu'on connut les suites de la victoire des Arginusses. On s'affligea de ce que les morts étaient restés privés de sépulture : on ordonna une enquête pour rechercher et punir les auteurs de cette négligence sacrilége. Théramène et Thrasybule, qui venaient d'arriver, durent répondre devant le tribunal d'un peuple fanatique et cruel. Le premier rejeta la faute de ce qui s'était passé sur les amiraux absents : ils furent déposés, et Conon mis à la tête de la flotte. Protomaque et Aristogène s'exilèrent volontairement; les autres demandèrent à se défendre.

Dans les temps d'orages politiques, on devrait toujours se dérober par la fuite à la juridiction des tribunaux. Archédème, riche citoyen, et Callixène, démagogue exalté, se portèrent accusateurs contre les amiraux. Leur dénonciation était appuyée par les familles des morts, qui parurent dans l'assemblée du peuple en habits de deuil, la tête rasée, les bras croisés sur la poitrine, les yeux baignés de larmes, déplorant la perte de leurs proches et le triste sort des morts privés d'honneurs suprêmes. Un faux témoin déposa devant les juges qu'ayant miraculeusement échappé au naufrage, ses compagnons l'avaient chargé d'annoncer aux Athéniens qu'ils périssaient victimes de la cruelle indifférence de leurs officiers.

Callixène, prenant acte de ce témoignage, proposa un décret de la teneur suivante : « Que la cause des « amiraux serait immédiatement dé- « férée au peuple, qu'on donnerait « les suffrages par tribus, et que, « dans chacune, les hérauts, après « avoir préparé des urnes pour les fè- « ves blanches et pour les fèves noires, « déclareraient que si les dernières « étaient les plus nombreuses, les « accusés seraient livrés à la commis- « sion chargée des exécutions de la « justice, leurs biens confisqués, et « la dixième partie consacrée à Mi- « nerve. »

Ce décret qui violait toutes les garanties légales fut adopté par la majorité du sénat, et reçu avec acclamation par le peuple qui demandait la mort des amiraux sans connaître leur crime. Deux magistrats seuls, Euryptolème et Axiochos, défendirent la cause de la justice et des lois; mais la populace s'écria « que personne ne « s'aviserait impunément de restrein- « dre son autorité. » Et la licence dépassa toutes les bornes; on dit aux juges que s'ils ne se rangeaient pas à l'opinion de la majorité, ils seraient enveloppés dans la même accusation que les amiraux; et ils consentirent à se déshonorer. La fermeté de Socrate dédaigna une pareille conduite; il protesta contre ses lâches collègues, en déclarant que ni menaces, ni dangers, ni violences ne pourraient le décider à sanctionner l'arrêt de l'injustice contre l'innocence.

Que pouvait la voix du juste? Les généraux accusés, jugés, condamnés, furent livrés aux bourreaux avec la précipitation la plus scandaleuse. Diomédon, l'une des victimes, adressa à l'assemblée ces paroles mémorables : « Athéniens, je crains que la sentence « portée contre nous ne devienne fu- « neste à la patrie; prenez les moyens « les plus efficaces pour détourner la « colère du ciel; n'oubliez pas d'of- « frir les sacrifices que nous promîmes « aux immortels pour vous et pour « nous, avant la bataille des Argi- « nusses. Nos infortunes nous privent « du bonheur d'acquitter cette dette « sacrée; mais nous mourons, per- « suadés que la faveur des dieux nous « a valu cette glorieuse et importante « victoire. » La sentence fut impitoyablement exécutée.

SECOND GÉNÉRALAT DE LYSANDRE.
406 avant J.-C.

Étéonicos était digne de succéder à Callicratidas; mais la partialité de Cyrus et des confédérés en faveur de Lysandre le firent rappeler au commandement. Afin de conserver une apparence de respect pour la loi, qui défendait de donner deux fois à la même personne la direction de la flotte, on conféra le titre d'amiral à Arcos, homme obscur, et Lysandre, vice-amiral, devint le chef suprême de l'armée navale. Il fit aussitôt voile vers l'Hellespont, et attaqua Lampsaque, qu'il prit d'assaut.

Les amiraux athéniens Tydée, Ménandre et Céphisodote, qui avaient été adjoints à Conon, trouvant la place qu'ils devaient secourir au pouvoir des Lacédémoniens, jetèrent l'ancre à quinze stades de distance (environ une demi-lieue), dans l'espérance d'attirer Lysandre à une bataille. Leur flotte se composait de 180 galères. Elle était mouillée à l'embouchure du fleuve Ægos-Potamos, lieu dangereux à cause des bas-fonds; circonstance dont Alcibiade, retiré à Byzante dans la Thrace, crut devoir modestement prévenir ses compatriotes; mais son avis fut dédaigné.

La présomption dominait dans le conseil des Athéniens. Leur flotte était plus nombreuse que celle des Péloponésiens, auxquels ils présentèrent le combat pendant quatre jours consécutifs. Le cinquième jour, ils reparurent en poussant de grands cris.... Assurés de la victoire, ils ne parlaient que des mauvais traitements qu'ils feraient subir aux Lacédémoniens captifs. Le cruel Philoclès proposait de leur couper la main droite, afin de les rendre à jamais incapables de manier la rame et le javelot. Après s'être répandus en injures contre les Spartiates, les galères athéniennes retournèrent à leur mouillage suivies des esquifs de Lysandre chargés de les observer, en se tenant à une distance convenable.

Les explorateurs qui montaient les esquifs remarquèrent qu'à peine arrivés au mouillage, les matelots de la flotte ennemie descendaient à terre sans établir aucune surveillance à bord de leurs vaisseaux. Ils s'empressèrent de rapporter cette nouvelle à Lysandre, qui avait fait embarquer ses équipages. Quand ces petits bâtiments se trouvèrent en vue de la flotte lacédémonienne, les soldats qui les montaient élevèrent leurs boucliers : c'était le signal convenu, et Lysandre donna l'ordre d'appareiller. La déroute des Athéniens fut complète : en vain Conon essaya de rétablir l'ordre, sa voix ne fut pas écoutée par des marins qui ne savaient plus obéir; il dut même se réfugier à bord d'un vaisseau par lequel il fut conduit en Cypre, tandis qu'un autre fuyait pour porter à Athènes la nouvelle d'un désastre aussi complet qu'inattendu.

Lorsque Lysandre contempla l'étendue d'une victoire qu'il avait si bien méritée, il vit que d'une flotte de cent quatre-vingts voiles, neuf seulement lui avaient échappé. Cent soixante et onze galères et trois mille prisonniers, au nombre desquels se trouvaient Philoclès et Adymante, étaient tombés en son pouvoir. La bataille d'Ægos-Potamos ôta aux Athéniens l'empire de la mer dont ils jouissaient depuis soixante-douze ans; tous les captifs furent massacrés, à l'exception d'Adymante qui avait, dit-on, trahi son pays.

BLOCUS ET CAPITULATION D'ATHÈNES,
404 avant J.-C.

Six ou huit mois après la bataille d'Ægos-Potamos, Lysandre, secondé par Étéonicos, se trouva maître de toutes les villes de l'Asie-Mineure, de la Thrace, de la Macédoine et de la mer Égée, qui étaient soumises à Athènes. Les garnisons des places capitulées ne rachetaient leur vie qu'à la condition de retourner dans leur patrie. Le rusé Spartiate espérait par cet encombrement de population dans Athènes, l'amener à se rendre aux Lacédémoniens campés à Décélie. Il fut déçu dans son attente; et même quand il eut bloqué le Pirée, ainsi que les autres ports de l'Attique avec cent cinquante vaisseaux, les Athéniens, en proie aux épidémies et à la famine, punirent avec sévérité Archestrate, qui parla de capitulation.

Malgré cette fermeté, un parti puissant, gouverné par l'intérêt plus que par l'honneur, songeait à se rendre. Les premiers ennemis d'Athènes vivaient dans son sein. Le levain aristocratique des 400 s'était répandu dans le sénat et parmi ceux qui avaient contribué à abolir la tyrannie. Cléophon, à la tête des démagogues, cabalait dans son parti, et Théramène, l'auteur des journées de l'émancipation, parla d'ouvrir des négociations avec les Lacédémoniens. Il se nomma de son autorité privée avec neuf de ses associés pour se rendre à Sparte : ils y séjournèrent pendant quatre mois, occupés à négocier avec les rois, les éphores et surtout avec Lysandre. Ce fut avec ce dernier qu'on régla les conditions auxquelles on obligea les Athéniens de se soumettre, conditions plus cruelles que la guerre et même que la mort.

« Les négociateurs de la vieille At-
« tique avaient consenti à démolir
« les fortifications de la ville, celles de
« tous leurs ports et des longs murs
« qui les joignaient à Athènes ; à
« livrer aux Spartiates les vaisseaux
« de la république, à l'exception de
« douze ; à renoncer à toutes leurs
« colonies ; à rappeler de l'exil ce qui
« restait des membres de l'ancienne
« aristocratie ; à suivre le drapeau de
« Sparte à la guerre et pendant la paix ;
« à diriger leur constitution politique
« sur le modèle que les vainqueurs
« se réservaient de leur prescrire. »

Lorsque Théramène lut ces résultats de sa négociation, les Athéniens n'avaient plus la force de résister, ni le courage de mourir. La période fatale de vingt-sept ans était accomplie ; les oracles l'avaient annoncée comme devant être le terme de la guerre du Péloponèse et de la grandeur d'Athènes. Les principaux défenseurs de la démocratie avaient été assassinés par les chefs de l'aristocratie, qui étaient disposés à porter un joug étranger, pourvu qu'ils pussent obtenir l'autorité dans leur patrie.

Théramène, appuyé sur la faction aristocratique, acheva de consterner l'assemblée, quand il dit que la sévérité des Lacédémoniens n'était que de la modération et de la douceur en comparaison de la fureur des Thébains et des Corinthiens, qui, loin de vouloir un accommodement, prétendaient qu'il fallait démolir Athènes, et n'en laisser subsister aucun vestige. Le traité fut ratifié par la faction aristocratique, le reste de l'assemblée s'y soumit plutôt qu'elle ne l'accepta, en gardant le silence du désespoir.

Le jour anniversaire de la victoire de Salamine, la flotte ennemie prit possession du Pirée et l'armée péloponésienne entra dans Athènes. Les murs et les forts de la ville de Minerve furent renversés avec toute l'activité de la vengeance. La journée finit par la représentation de l'Électre d'Euripide ; et lorsque le chœur chanta cette strophe touchante : « O fille d'Aga-
« memnon, nous venons sous votre
« toit humble et rustique, » l'assemblée fondit en larmes.... Athènes était devenue esclave sans avoir fait un seul effort digne de rendre sa chute mémorable.

### TYRANNIE DES TRENTE.
#### 404 avant J.-C.

On ne peut comparer le despotisme de Lysandre qu'à la résignation avec laquelle il était supporté ; de simple citoyen de Sparte, il était devenu l'arbitre de la Grèce. Athènes reconnaissait son autorité, les villes mendiaient sa protection ; des poètes et des orateurs salariés célébraient ses louanges par des odes ou des panégyriques ; on lui offrait des couronnes, on lui érigeait des statues ; on l'honorait en chantant des hymnes composés à sa louange, et en lui offrant des sacrifices. Les écrivains de la basse littérature, parvenus aux charges publiques, marchaient de pair avec les Hilotes promus aux places de confiance et à des emplois honorifiques. Les plus factieux, dit Isocrate, étaient regardés comme les plus fidèles, les plus perfides comme les plus capables, et la douceur naturelle de l'homme s'était changée en une férocité sauvage.

Les trente tyrans choisis par Lysandre, sous prétexte de délivrer Athènes de la turbulence des démagogues, condamnèrent à mort Nicratos, fils de Nicias, héritier des vertus et des richesses de son père; le sage Léon, l'éloquent Antiphon éprouvèrent le même sort; Thrasybule fut banni. Tout homme riche était suspect et bientôt déclaré criminel.

Deux frères, Lysias et Polémarque, hommes étrangers à la politique, qui possédaient une manufacture florissante de boucliers, dans laquelle ils employaient cent vingt esclaves, dénoncés par les tyrans Théogonis et Pison, furent condamnés à mort: Polémarque but la ciguë, mais le ciel sauva les jours de Lysias, qu'il réservait à remplir un rôle glorieux dans la chute des tyrans. Cependant, comme il fallait montrer qu'on n'attaquait pas uniquement les illustrations, les *hémovores* (buveurs de sang) condamnaient quelquefois à mort des citoyens pauvres et obscurs: les réunions étaient défendues: des soldats mercenaires frappaient les citoyens rassemblés sur les places publiques. Les tyrans n'envisageaient cependant l'avenir qu'avec effroi, mais ils s'étaient trop avancés pour reculer; et afin d'étayer leur édifice antisocial, ils cherchèrent à en élargir la base. Trois mille Athéniens furent invités à participer aux avantages du gouvernement des trente, les autres furent désarmés et traités avec les rigueurs les plus avilissantes.

### MORT DE THÉRAMÈNE.

Théramène, accoutumé à varier dans ses opinions, avait adhéré au parti des tyrans; mais, indigné des excès dont il était témoin, il attaqua en plein conseil Critias, qui exhortait ses complices à renverser tous les obstacles qu'on opposait à leur système. Il est aussitôt accusé par Critias, qui demande sa tête; mais il y a certaines règles de justice, même entre les scélérats. Théramène invoque une loi par laquelle aucun des tyrans ou de leur cinq mille fauteurs *ne pouvait être mis à mort sans avoir été jugé en plein sénat :* il fut déféré devant ce servile aréopage.

Critias présenta contre Théramène un de ces réquisitoires atroces, qu'on retrouve dans l'histoire de toutes les réactions politiques. Théramène se défendit longuement: il avait, dit-il, servi tous les gouvernements pour s'opposer à leurs excès; il s'était constamment montré l'ami de la modération et de la justice, qu'il continuait à recommander, convaincu que ces vertus pouvaient seules assurer la durée d'un système politique, quel qu'il fût.

A ces mots, un murmure d'applaudissements s'éleva dans l'assemblée; mais Critias fit signe à ses sicaires de tirer leurs poignards, et il s'écria : « Sénateurs, il est du devoir et de la « prudence d'un magistrat de prévenir « les erreurs et les dangers de ses « amis. La contenance de cette brave « jeunesse (en montrant ses assassins « gagés) prouve assez qu'elle ne permettra pas qu'on sauve un homme « qui sape ouvertement l'autorité; « c'est pourquoi, du consentement « général de l'assemblée (silence), je « raye le nom de Théramène de la « liste de ceux qui ont droit d'être « jugés par le sénat, et, avec l'approbation de mes collègues (profond « silence), je le condamne à être mis « à mort sur-le-champ. »

Effrayé de cette sentence atroce, Théramène court à l'autel du sénat, qu'il embrasse; il implore la pitié des assistants; il leur représente que leurs noms peuvent être rayés, et leur vie sacrifiée aussi injustement que la sienne. La terreur fit que personne ne le secourut et n'intercéda pour lui : les onze qui présidaient aux exécutions capitales l'arrachèrent de l'autel et le traînèrent au supplice.

La mort de Théramène délivra les trente du seul homme capable de modérer leur cruauté, qui ne connut plus de bornes. Ils chassèrent d'Athènes, du Pirée, des villages de l'Attique et de leurs maisons de campagne, une multitude de riches citoyens, dont ils se partagèrent les dépouilles, en défendant, par un décret, de leur donner asile. On désobéit partout à cette loi d'infamie, et Thèbes, Mégare,

Argos s'empressèrent d'accueillir les exilés d'Athènes, avec tous les égards dus au malheur.

#### MORT D'ALCIBIADE.

Les trente exerçaient ces actes abominables pour la sûreté de leurs personnes, et ce fut ce qui hâta leur perte. Les Athéniens n'attendaient qu'un chef qui les appelât aux armes pour voler à la vengeance et à la victoire. Les yeux étaient tournés vers Alcibiade, qui, forcé par les Lacédémoniens de quitter la Thrace, avait formé, sous la protection de Pharnabaze, un établissement près du petit village de Grynion, en Phrygie. Éloigné des affaires publiques, il y jouissait d'un bonheur obscur au sein de l'amour et de l'amitié : la police des tyrans le poursuivit dans cette dernière retraite.

Lysandre remontra à Pharnabaze que la perte d'Alcibiade était nécessaire aux intérêts communs de la Perse et de la Grèce. Une raison, qu'on développera ailleurs, détermina le satrape à donner suite à cette demande sanguinaire : il chargea une bande de Phrygiens de mettre à mort la victime désignée. Comme ces timides assassins n'osaient attaquer Alcibiade en plein jour, ils choisirent l'obscurité de la nuit pour incendier sa maison et le faire périr au milieu des flammes. Éveillé par le pétillement du feu, le héros saisit son épée, entortille son bras gauche d'un manteau, se précipite à travers l'édifice embrasé, suivi d'un Arcadien resté fidèle à son infortune, et de Timandre, sa maîtresse chérie.

Les lâches Phrygiens, qui n'auraient osé soutenir son regard, l'accablent et le percent de flèches : cependant ils épargnèrent le sexe et la faiblesse de Timandre, dont les prières et les larmes obtinrent la triste consolation de rendre les honneurs suprêmes à son malheureux amant. Ainsi périt l'ami de Socrate, le fils de Clinias, Alcibiade, dont le caractère ne peut être jugé que par les étonnantes vicissitudes de sa vie et de sa fortune.

#### THRASYBULE LIBÉRATEUR D'ATHÈNES.

La vengeance d'Athènes était réservée à Thrasybule ; les dieux lui devaient cette couronne. Doué d'un courage entreprenant, animé de l'amour de la liberté, fidèle aux principes sacrés de la justice et de l'humanité, il avait cette élévation de caractère propre à concevoir les desseins les plus audacieux, jointe aux talents nécessaires pour les conduire, et la persévérance indispensable pour les accomplir, quoiqu'il ne fût pas tous les jours le même homme.

Persuadé qu'il était temps d'agir, Thrasybule engagea soixante-dix proscrits des plus intrépides à s'emparer de la forteresse de Phylé, située sur la frontière de la Béotie et de l'Attique : cette entreprise hardie réussit. Informés de cet événement, les tyrans alarmés envoyèrent aussitôt des troupes pour déloger les rebelles de cette place ; mais un ouragan mêlé de neige, et la force naturelle du château, les obligèrent de renoncer à leur entreprise. Ils revinrent précipitamment à Athènes, abandonnant leurs bagages et les esclaves qui les portaient, au pouvoir de la garnison de Phylé, dont le nombre ne tarda pas à monter à 700 hommes, à cause des citoyens qu'on continuait de bannir d'Athènes.

Les tyrans s'empressèrent de détacher quelques escadrons de cavalerie, avec la majeure partie des soldats mercenaires de Lacédémone, contre Phylé ; mais ils furent défaits dans une embuscade par Thrasybule. Cent vingt Spartiates y perdirent la vie ; on éleva un trophée, et les armes ainsi que les bagages furent transportés à Phylé.

Ce désastre effraya les trente, qui, ne se croyant plus en sûreté dans une ville démantelée, jugèrent indispensable de se transporter à Éleusis ; les cinq mille suppôts de leur tyrannie les y accompagnèrent. Comme les Éleusiniens leur étaient suspects, on les engagea à passer une revue : on les fit sortir de la place par une porte étroite ; arrêtés à quelque distance, ils étaient conduits par pelotons au rivage de la mer, où ils furent tous égorgés.

Cependant la garnison de Phylé ne cessait de recevoir de nouveaux renforts; Lysias, dont le frère avait bu la ciguë, étant arrivé à la tête de trois cents proscrits, Thrasybule voulut essayer de s'emparer du Pirée, dont les habitants n'attendaient qu'un signal pour se soulever : cette entreprise fut couronnée d'un plein succès. Le combat livré à cette occasion, sans être sanglant, coûta la vie à Critias et à Hippomaque, deux des hommes connus pour les plus féroces parmi les trente. Au lieu de poursuivre les fuyards, Thrasybule leur fit porter des paroles de paix, et les tyrans retirèrent leurs troupes dans la crainte de se voir abandonnés.

#### GOUVERNEMENT DES DIX TYRANS.

Les trente, honteusement défaits, et privés de Critias, prirent leur place au conseil dans un état de consternation qui annonçait que leur règne était fini. Accusés par le peuple, ils s'accusèrent entre eux, et la sédition ne s'apaisa qu'après leur avoir substitué dix magistrats choisis dans chaque tribu; et les *proscripteurs*, devenus *proscrits*, se sauvèrent encore une fois à Éleusis avec leurs complices.

Les Dix, témoins et auteurs de la révolution qui venait de s'opérer, manifestèrent aussitôt la même servilité envers les Lacédémoniens, et la même violence contre les Athéniens. Cependant Thrasybule continuait, depuis quinze jours, à obtenir des avantages tels, que les tyrans envoyèrent des courriers à Sparte et à Lysandre pour leur demander des secours. Le vainqueur d'Athènes ne se fit pas attendre : assisté de son frère Libys, qui bloqua le Pirée avec une escadre nombreuse, Lysandre parut à la tête d'un corps puissant de mercenaires sur les coteaux du mont Corydalos.

#### PAUSANIAS II.
4o3 avant Jésus-Christ.

Les tyrans reprirent courage, et ils auraient triomphé si les rois de Sparte, les magistrats, les éphores et le sénat, n'eussent pas conspiré contre l'ambition de Lysandre. Pausanias II, le plus populaire et le plus chéri des princes qui régnèrent à Sparte, informé de l'état de l'Attique, lève une armée, franchit l'isthme de Corinthe et paraît devant Athènes.

La distance des camps spartiates annonçait des vues différentes; on connaissait l'antipathie du roi pour Lysandre. Cependant ce prince flottait irrésolu, quand l'Athénien Diognètes lui amena les enfants de Nicératos et d'Eucrates, dont le premier était fils, et le second frère de Nicias, avec qui Pausanias avait été uni par les liens sacrés de l'hospitalité. Ayant placé ces orphelins sur les genoux du roi de Sparte, Diognètes le conjura, au nom de leur aïeul, d'avoir pitié de leur innocence et de leur faiblesse, et de les défendre contre les tyrans qui s'acharnaient à détruire toute espèce d'illustration. Le roi de Sparte les reçut avec attendrissement, et s'étant déclaré le protecteur de tous les opprimés, il leur conseilla d'envoyer, sous sa garantie, proposer aux éphores et au sénat des ouvertures de pacification.

RESTAURATION DE LA DÉMOCRATIE. — Les députés d'Athènes furent bien accueillis à Sparte; et malgré la faction de Lysandre, on nomma un conseil de quinze commissaires, qui ne tardèrent pas à faire cesser la guerre civile dans l'Attique : les tyrans furent dépouillés de l'autorité, et on rétablit la démocratie. Thrasybule, à la tête d'une théorie militaire, monta au Parthénon pour y offrir des sacrifices et des actions de graces à la divinité protectrice d'Athènes. Les bannis et leurs proscripteurs s'unirent dans cette circonstance solennelle.

L'effet d'une semblable réconciliation, qui était l'ouvrage de Thrasybule, fut suivi d'une résolution plus que généreuse. Pendant la durée de l'usurpation des trente, on avait emprunté cent talents aux Lacédémoniens. Cet argent avait été employé à soutenir les crimes d'une autorité qui avait banni cinq mille citoyens, et condamné quinze cents autres à mort, sans aucune forme de procès. Malgré l'odieux de l'emploi de ces fonds, les Athéniens décidèrent d'une voix unanime que la somme due aux Spartiates serait levée sur tous les contribuables indistinctement.

Cependant quelques-uns des tyrans, réfugiés à Éleusis, se préparaient à rallumer la guerre civile; mais ils furent facilement comprimés par la fermeté du nouveau gouvernement : les plus mutins perdirent la vie. Leurs complices s'étant soumis à Thrasybule, il obtint un décret du peuple par lequel on leur rendait le titre et les droits de citoyens; on les réintégrait dans la possession de leurs biens, et on leur accordait une amnistie. Il paraît que cet acte d'oubli ne fut pas strictement observé.

### ACCUSATION DE SOCRATE.
#### 400 av. J.-C.

L'accusation portée contre Socrate prit son origine dans la comédie d'Aristophane, connue sous le titre des *Nuées*. Les traits du poète licencieux s'envenimèrent en passant par la bouche d'une populace envieuse d'un homme de bien, dont la vertu était trop indépendante pour lui plaire, et trop sincère pour le flatter. La calomnie, grossie par les menées des prêtres, des démagogues, d'une foule de mauvais poètes, véritables prolétaires de la littérature, des sophistes rampants et superbes, démasqués par Socrate et irrités par sa franchise; la calomnie, disons-nous, ne pouvait avoir qu'un dénoûment fatal à celui que l'oracle avait surnommé le plus sage des mortels. D'après une conspiration aussi formidable, il paraissait extraordinaire que le juste eût échappé si long-temps à la mort, en considérant surtout que, pendant le régime de l'ochlocratie, il avait défié son pouvoir anarchique. Pour lui, il attribuait sa longue tranquillité à son peu d'ambition. Comme il n'avait rien à se reprocher, il était sans inquiétude; et

l'*espérance*, que Pindare a nommée *la nourrice de la vieillesse*, ne l'avait point abandonné lorsqu'il fut accusé; il était âgé de soixante-dix ans.

On avait vu dans Athènes, depuis plus de deux générations d'hommes, un sculpteur quitter son atelier pour combattre et détruire, s'il en était temps encore, les erreurs et les vices qui font la honte et le malheur de l'humanité. Homme obscur, sans crédit, sans aucune vue d'intérêt, sans nul désir de la gloire, il s'était chargé du soin pénible et dangereux d'instruire les hommes et de les conduire à la vertu par la vérité : il consacrait tous les instants de sa vie à remplir ce glorieux ministère.

Socrate ( c'est de lui qu'il s'agit ) ne chercha point à se mêler de l'administration; il avait de plus hautes fonctions à remplir. *En formant de bons citoyens*, disait-il, *je multiplie les services que je dois à ma patrie.*

Comme il ne se proposait, ni d'annoncer ses projets de réforme, ni d'en précipiter l'exécution, il ne composa jamais d'ouvrages : il n'affecta point de réunir ses auditeurs à des heures marquées; mais sur les places publiques, dans les réunions populaires, il saisissait les moindres occasions pour éclairer le magistrat, l'artisan, le laboureur, tous *ses frères* en un mot; car c'était sous le point de vue d'une famille qu'il considérait le genre humain. Sa conversation ne roulait d'abord que sur des choses indifférentes : sans s'en apercevoir on lui rendait compte de sa conduite, et la plupart de ses auditeurs apprenaient avec surprise que dans chaque état, le bonheur consiste à être bon parent et bon citoyen.

Socrate fondait l'espérance de sa réforme sur les enfants des hommes au milieu desquels il avait vécu, car leurs pères étaient trop corrompus pour se corriger. Il attirait la jeunesse à son enseignement par les charmes de sa conversation. Il ne lui parlait point avec la rigidité d'un pédant c'était chez lui le langage de la raison et de l'amitié dans la bouche de la vertu.

S'il discutait sur la nature de la science et du vrai bien : « Périsse, « disait-il, celui qui osa le premier « établir une distinction entre *ce qui « est juste et ce qui est utile.* » Ses maximes morales étaient : « Sou- « mission aux volontés des parents, « quelque dures qu'elles soient ; sou- « mission plus entière aux ordres de « la patrie, quelque sévères qu'ils « puissent être ; égalité d'ame dans « l'une et l'autre fortune ; obligation « de se rendre utile aux hommes. »

De là procédait le développement d'une foule de maximes : « Que moins « on a de besoins, plus on approche « de la divinité ; que l'oisiveté avilit et « non le travail ; qu'il vaut mieux « mourir avec honneur que de vivre « avec ignominie ; qu'il ne faut jamais « rendre le mal pour le mal ; que la « plus grande des impostures est de « prétendre gouverner et conduire « les hommes sans en avoir le ta- « lent. »

Socrate avait lu dans le cœur d'Alcibiade le désir de parvenir à la tête des affaires de la république, et dans celui de Critias l'ambition de la subjuguer un jour. L'un et l'autre, pour échapper à ses remontrances, avaient pris le parti de l'éviter.

Quoique pauvre, il refusa toujours le salaire de ses instructions, et il n'accepta jamais les offres de ses disciples. Il remercia les riches particuliers qui voulaient l'attirer chez eux ; et quand Archelaos, roi de Macédoine, lui proposa une place à sa cour, il lui répondit qu'il n'était pas en état de lui rendre bienfait pour bienfait.

Décent dans son extérieur, sa propreté tenait aux idées d'ordre qui réglaient ses actions, et le soin de sa santé au désir qu'il avait de tenir son esprit libre et tranquille.

Socrate fit plusieurs campagnes : dans toutes il donna l'exemple de la valeur et de l'obéissance. Au siége de Potidée, où le froid retenait les troupes sous la tente, on le vit sortir de la sienne, et marcher pieds nus sur la glace. Les soldats lui supposèrent l'idée d'insulter à leur mollesse ; mais il en aurait agi de même s'il n'avait pas eu de témoins. Au même siége, pendant une sortie de la garnison, il trouva Alcibiade couvert de blessures, qu'il arracha des mains de l'ennemi, et quelque temps après il lui fit décerner le prix de la bravoure qu'il méritait lui-même.

A la bataille de Délion il se retira des derniers, marchant à petits pas, jusqu'à ce qu'ayant aperçu le jeune Xénophon, épuisé de fatigue et renversé de cheval, il le prit sur ses épaules et le mit en lieu de sûreté. Lachès (c'était le nom du général en chef) avoua depuis qu'il aurait pu compter sur la victoire, si tout le monde s'était comporté comme Socrate.

Dans ses entretiens, il parlait fréquemment d'un génie qui l'accompagnait depuis son enfance : en cela, comme en toutes choses, Socrate était de bonne foi. Ce n'était point un visionnaire ; mais il faut convenir que la conduite des hommes les plus sages présente quelquefois des obscurités impénétrables. Aristophane saisit ce côté du caractère mystérieux de Socrate pour l'immoler au ridicule dans sa comédie des *Nuées*, où il l'accuse de tromper les hommes et de mépriser les dieux.

DÉNONCIATION. — Il s'était écoulé vingt-quatre ans depuis la représentation de la comédie des *Nuées :* le temps de la persécution semblait passé pour Socrate, lorsqu'il apprit qu'un jeune homme, Mélitos, venait de présenter contre lui, au second archonte, une dénonciation fondée sur le crime d'impiété et de corruption de la jeunesse ; sa requête concluait à la peine de mort contre Socrate.

Mélitos était un poète froid et dépourvu de talent : deux ennemis puissants du sage, Anytos et Lycon, firent servir cet auteur d'instrument à leur haine. Mélitos devait soutenir l'accusation au nom des prêtres et des poètes ; Anytos s'était chargé de représenter les citadins et les artistes ;

Lycon, d'exposer les griefs des sophistes et des rhéteurs.

Pendant l'instruction de la procédure, Socrate se tenait tranquille : ses disciples, au contraire, cherchaient à conjurer l'orage, et Lysias prononça en sa faveur un plaidoyer capable d'émouvoir d'autres juges que les magistrats iniques qu'on lui avait donnés. Socrate loua le talent de l'orateur, mais il ne trouva point dans son discours le langage vigoureux de l'innocence.... et comme Hermogène le pressait de travailler à sa défense: « Je m'en occupe, reprit-il : depuis « que je respire, qu'on examine ma « vie entière, voilà mon apologie... « J'ai vécu le plus heureux des mor- « tels, et je n'envie le sort de per- « sonne. Dois-je attendre, pour mou- « rir, que les infirmités de la vieillesse « me privent de l'usage des sens et « ne me laissent que des jours inu- « tiles ou destinés à la douleur? Les « dieux, suivant les apparences, me « réservent une mort paisible, la seule « que je puisse désirer. Mes amis, « témoins de mon trépas, ne seront « frappés ni de l'horreur de ce spec- « tacle, ni des faiblesses de l'huma- « nité; j'aurai encore assez de force « pour lever mes regards sur eux et « pour leur faire entendre les senti- « ments affectueux de mon cœur. »

Telles étaient les dispositions de Socrate lorsqu'il fut assigné à comparaître devant le tribunal des héliastes, qui était composé d'une tourbe de cinq cents juges.

Socrate se défendit pour obéir à la loi. « Je comparais, dit-il, devant « un tribunal pour la première fois « de ma vie, quoique âgé de plus de « 70 ans : ici, le style du barreau, « les formes judiciaires, tout est nou- « veau pour moi. Je vais parler une « langue qui m'est étrangère; c'est « pourquoi je vous prie, citoyens, « d'être plus attentifs à mes raisons « qu'à mes paroles, car votre devoir « est de discerner la justice, et le « mien de vous dire la vérité. »

Après avoir réfuté victorieusement l'accusation d'impiété et de corruption, Socrate continua : « Ce ne sont « pas les calomnies de Mélitos et d'A- « nytos qui me coûteront la vie, c'est « la haine de ceux dont j'ai démasqué « l'ignorance, la cupidité ou les vices; « haine qui a déjà fait périr tant « d'hommes de bien, et qui en fera « périr tant d'autres, car je ne dois « pas me flatter qu'elle s'épuise par « mon supplice. Je me suis attiré cette « haine en cherchant à pénétrer le « sens d'un oracle d'Apollon, qui « m'avait déclaré le plus sage des « mortels. » (Ici les juges firent éclater leur indignation.) Socrate continua : « Étonné de cette réponse de la « Pythie, j'interrogeai les citoyens « d'une réputation distinguée ; je ne « trouvai chez eux, et ailleurs, que « présomption et hypocrisie. Je tâchai « de leur inspirer des doutes sur leur « mérite, et je m'en fis des ennemis « irréconciliables : je conclus de là que « la sagesse n'appartient qu'à la Di- « vinité, et que l'oracle, en me citant « pour exemple, a voulu montrer que « celui qu'il appelle le plus sage des « mortels, est celui qui croit l'être le « moins.

« Oui, citoyens, je me suis senti « appelé à instruire les hommes et « non à les corrompre ; j'ai cru en « avoir reçu la mission du ciel même. « J'ai gardé, au péril de mes jours, « les postes où nos généraux me pla- « cèrent à Amphipolis, à Potidée, à « Délion ; je dois garder avec plus de « courage celui que les dieux m'ont « assigné au milieu de vous, et je ne « pourrais l'abandonner sans désobéir « à leurs ordres et sans m'avilir à vos « yeux.

« J'irai plus loin : si vous preniez « aujourd'hui le parti de m'absoudre, « à condition de garder le silence, je « vous dirais : O mes juges, je vous « aime et vous honore sans doute, « mais je dois obéir à Dieu plutôt « qu'à vous; tant que je respirerai, « je ne cesserai d'élever ma voix « comme par le passé, et d'agir à « ma manière accoutumée.

« Voilà ce que la Divinité me pres- « crit ; et comme ma soumission à

« ses ordres est pour vous-mêmes le
« plus grand de ses bienfaits, si vous
« me faites mourir, vous rejèterez un
« de ses dons le plus précieux, et
« vous ne trouverez personne qui soit
« animé d'un zèle égal au mien. Any-
« tos et Mélitos peuvent me calom-
« nier, me bannir, m'ôter la vie, mais
« ils ne sauraient me nuire : ils sont
« plus à plaindre que moi, puisqu'ils
« sont injustes. Vous avez fait le ser-
« ment solennel de juger conformément
« aux lois : si je vous arrachais un par-
« jure, je serais alors véritablement
« coupable d'impiété ; mais, plus
« persuadé que mes adversaires de
« l'existence de Dieu, je me livre
« sans crainte à sa justice et à la
« vôtre. »

Les juges de Socrate prirent sa fermeté pour une insulte ; les autres se
trouvèrent blessés des éloges qu'il s'é-
tait donnés : il fut déclaré *atteint* et
*convaincu* à la majorité de *trois voix*...
Et comme il fallait un second jugement pour prononcer sur la pénalité,
Socrate, qui pouvait choisir entre une
amende, le bannissement ou la prison perpétuelle, déclara « qu'il s'a-
« vouerait coupable s'il s'infligeait la
« moindre punition, et qu'ayant rendu
« des services à la république, il mé-
« ritait au contraire d'être nourri
« dans le Prytanée aux dépens du
« public. »

Après cette déclaration, quatre-
vingts des juges qui avaient opiné en
faveur de Socrate, adhérèrent aux
conclusions de l'accusateur, et sa sentence de mort fut prononcée : elle
portait que *le poison* terminerait les
jours du condamné.

Socrate entendit son arrêt de mort
avec tranquillité ; il consola les juges
qui l'avaient voulu absoudre en leur
faisant observer qu'il ne peut rien arriver de funeste à l'homme de bien,
soit pendant sa vie, soit après sa
mort. Il annonça à ceux qui l'avaient
condamné des remords et les reproches des hommes. Il finit en leur
adressant ces paroles : « Il est temps
« de nous séparer, moi pour mourir,
« et vous pour vivre. Qui de nous
« jouira d'un meilleur sort ? Dieu seul
« peut le savoir. »

Le lendemain du jugement de Socrate, le prêtre d'Apollon couronna
la poupe de la galère qui portait à
Délos les offrandes annuelles des Athéniens. Depuis cette cérémonie jusqu'au retour du vaisseau sacré, la loi
défendait d'exécuter les jugements portant peine de mort.

Socrate passa un mois en prison,
entouré de ses disciples, et sans rien
changer à son genre de vie. Un jour,
à son réveil, il aperçut Criton assis
près de son lit : « Vous voilà plus tôt
« qu'à l'ordinaire ; n'est-il pas grand
« matin ? — Le jour commence à
« peine. — Je suis surpris que le geô-
« lier vous ait permis d'entrer. Y a-
« t-il long-temps que vous êtes ar-
« rivé ? — Assez de temps. — Pourquoi
« ne pas m'éveiller ? — Vous goûtiez
« un sommeil si paisible, je n'avais
« garde de l'interrompre ; j'étais frappé
« du calme de votre ame. — Il serait
« honteux qu'un homme de mon âge
« pût s'inquiéter des approches de la
« mort. Mais qui vous engage à ve-
« nir si tôt ? — Une nouvelle accablante
« pour vos amis. — Le vaisseau est-il
« de retour ? — On l'aperçut hier soir
« à la hauteur de Sunion ; il arrivera
« sans doute aujourd'hui, et demain
« sera le jour de votre trépas. — A la
« bonne heure, puisque telle est la
« volonté de Dieu. »

Vainement on voulut engager Socrate à se dérober au supplice. On lui
en offrait les moyens : il préféra obéir
aux lois dont aucun motif, dit-il, ne
peut jamais dispenser, même quand
on en avait abusé pour le perdre.

Deux jours après son entretien avec
Criton, les onze, chargés de l'exécution des condamnés, se rendirent de
bonne heure à la prison de Socrate,
pour le délivrer des fers et lui annoncer le moment de son trépas. Cette
déclaration parut lui rendre une vigueur nouvelle. Jamais il ne s'était
montré à ses disciples admis en sa
présence, avec tant de résignation et
de douceur : il soupirait après l'instant
qui devait le mettre en possession du

bonheur qu'il avait tâché de mériter par sa conduite; il allait entrer dans le sein de la Divinité : « J'entends déja, « dit-il, sa voix qui m'appelle ! »

Il passa aussitôt dans une pièce voisine pour se baigner. On lui présenta ensuite ses trois enfants, et dès qu'ils furent éloignés, le geôlier entra pour lui annoncer qu'il était temps de prendre le poison. « — Socr. Criton, il « faut lui obéir. — Crit. Mais le soleil « brille encore sur les montagnes: « d'autres ont eu la liberté de pro- « longer leur vie de quelques heures. « — Socr. Ils avaient leurs raisons, et « moi j'ai les miennes pour en agir « autrement. »

Criton donna des ordres, et un domestique apporta la coupe fatale. Socrate ayant demandé ce qu'il y avait à faire : « Vous promener après avoir « pris la potion, répondit cet hom- « me, et vous coucher sur le dos, « quand vos jambes commenceront à « s'appesantir. » Alors, sans changer de visage et d'une main assurée, il prit la coupe : après avoir adressé des prières aux dieux, il l'approcha de sa bouche.

Dans ce triste moment, des pleurs coulèrent de tous les yeux. Lorsqu'en ramenant leurs regards sur Socrate, ses disciples virent qu'il venait de renfermer la mort dans son sein, leur douleur éclata en sanglots. « Que fai- « tes-vous, mes amis, leur dit So- « crate; rappelez votre courage; j'ai « toujours ouï dire que la mort de- « vait être accompagnée de bons au- « gures. »

Cependant, il continuait à se promener : dès qu'il sentit de la pesanteur dans les jambes, il se mit sur son lit et s'enveloppa dans son manteau. Déja un froid glacial avait engourdi les extrémités ; il montait au cœur, lorsque Socrate, écartant son manteau, dit à Criton : « Nous de- « vons un coq à Esculape (*); n'ou- « bliez pas de vous acquitter de ce

(*) Voulant exprimer par-là qu'il était guéri de tous ses maux, et qu'on en devait rendre grâce à Esculape.

« vœu. — Cela sera fait, répondit Cri- « ton; mais n'avez-vous pas encore « quelque ordre à nous donner ? » Il ne répondit point; un instant après il fit un petit mouvement; le valet de l'exécuteur l'ayant découvert, reçut son dernier regard, et Criton lui ferma les yeux.

CONSÉQUENCES DE LA MORT DE SOCRATE.

PERSÉCUTION DE SES DISCIPLES. — Le ressentiment excité contre Socrate s'étendit bientôt sur ses nombreux disciples : Platon, Antisthène, Eschine, Critobule, évitèrent le premier moment de crise, en se réfugiant à Thèbes avec leurs condisciples Simmias, Cébès et Phédon. D'autres trouvèrent à Mégare la protection d'Euclide et de Terpsion. Par bonheur pour l'intérêt des lettres, des sciences et de l'humanité, l'orage devant lequel tant de beaux génies fuyaient n'eut qu'une durée passagère.

Bientôt des sentiments mêlés de compassion, de honte, portèrent le peuple à punir les accusateurs et les juges de Socrate, avec d'autant plus de cruauté qu'ils avaient été plus injustes à l'égard du généreux martyr. Les uns furent exilés, d'autres mis à mort, et le désespoir en porta un grand nombre à se détruire de leurs propres mains.

RÉHABILITATION DE SOCRATE. — Le sage fut honoré par des monuments dignes d'admiration ; on lui érigea des statues, des autels, et même une chapelle nommée Socrateion ; enfin, la superstition des Athéniens honora comme un dieu celui que l'injustice avait condamné comme un malfaiteur.

Le nom de Socrate fut dans la suite honoré et profané par plusieurs sectes. On peut placer au premier rang de ses disciples, ceux qu'on vient de nommer, et qui se dérobèrent à la frénésie populaire. Cependant, Euclide de Mégare et Phédon remirent en vigueur la logique captieuse des sophistes démasqués par Socrate; Aristippe de Cyrène embrassa leur morale licencieuse ; et tandis que les écoles de Mégare et d'Élis s'appliquaient à égarer l'entendement de leurs élèves, celle de Cyrène tendait à corrompre le cœur humain. Antisthène combattit ces deux dernières sectes qui devinrent les sceptiques et les épicuriens ; mais il porta sa philosophie sublime jusqu'à l'extravagance.

###### AGIS ENVAHIT L'ÉLIDE, 404 — 403 av. J.-C.

La démocratie d'Athènes, détruite par un général spartiate, rétablie par un roi de Sparte, n'atteste que trop les perturbations du sénat de Lacédémone ; mais sa haine ne perdit jamais de vue les Messéniens et les Éléens. Ces derniers étaient des voisins et des alliés incommodes et souvent dangereux ; les autres, d'anciens et constants ennemis, avec lesquels il n'y avait aucun rapprochement possible.

Tandis que Lysandre et Pausanias II se trouvaient dans l'Attique, occupés des affaires de ce pays, Agis leva une armée pour infliger aux Éléens un châtiment tardif, mais terrible. Afin de les surprendre, il conduisit ses troupes à travers l'Argolide et l'Achaïe ; mais il eut à peine franchi le fleuve Larissos ( auj. Mana Potamos ), que son armée fut avertie par des tremblements de terre répétés, de s'abstenir de ravager la *sainte Élide*. Il repassa sur le champ le Larissos, et, de retour à Lacédémone, il licencia ses soldats.

###### NOUVELLE INVASION DE L'ÉLIDE.

— La vengeance des Spartiates n'était que suspendue : l'année suivante, après avoir offert des sacrifices aux dieux, les éphores commandèrent à Agis de rentrer sur le territoire éléen. Aucun prodige défavorable n'arrêta le progrès de ses armes; pendant deux étés et deux automnes, les villages furent brûlés ou détruits, leurs habitants traînés en captivité ; les édifices sacrés furent dépouillés de leurs ornements les plus précieux ; et les portiques, les gymnases, ainsi que plusieurs temples d'Olympie, renversés.

L'Élide fournissait une trop belle occasion de pillage aux Arcadiens du mont Pholoé et de la partie du mont Évan, ou se trouvent Phigalie et son beau temple d'Apollon ( voy. *pl.* 38 )(*), pour manquer de satisfaire leur rapacité, qu'enflammait la beauté virginale d'un territoire protégé long-temps par la religion contre les ravages de la guerre. Quand tout fut dévasté, les Spartiates accordèrent aux Éléens une paix presque équivalente à celle des tombeaux, car leur nationalité fut détruite.

###### MESSÉNIENS EXPULSÉS DE LA GRÈCE, 404 AVANT J.-C.

— Quelques Messéniens étaient venus au secours des habitants de l'Élide : il n'en fallut pas davantage pour faire chasser leurs compatriotes de Naupacte et de Céphallénie, où ils avaient fondé des colonies. La plupart se sauvèrent en Sicile, et plus de trois mille s'embarquèrent pour la Cyrénaïque, seul pays qui était hors d'atteinte de la puissance lacédémonienne.

###### LA CYRÉNAÏQUE ET LA SICILE DEVIENNENT ÉTRANGÈRES A LA GRÈCE.

Depuis l'époque de cette émigration, la Cyrénaïque et la Sicile ne figurent plus qu'accidentellement dans l'histoire de la Grèce, qui perdit de vue une côte et une île également importante pour ses vues politiques et commerciales.

CYRÉNAÏQUE. — Après avoir soutenu plusieurs guerres contre les Libyens et les Carthaginois, la Cyrénaïque fut opprimée par Ariston. Affranchie du joug de ce tyran, elle se trouva souvent réduite à combattre

---

(*) La petite ville de Paulitza occupe maintenant une faible portion de l'emplacement de Phigalie, dont les remparts existent encore. On en peut voir le plan dans le magnifique ouvrage de l'*Expédition des Français en Morée*. Cette ville, dont il n'est presque pas fait mention dans l'histoire, occupait cependant un vaste emplacement. Près d'elle, au milieu des précipices et des roches, s'élèvent les ruines du temple d'Apollon Epicouros, l'un des mieux conservés de la Grèce, et des plus importants sous le rapport de l'architecture et des sculptures découvertes en 1812, et transportées maintenant au musée de Londres.

pour son indépendance nationale : cependant elle ne fut jamais subjuguée par aucun barbare. Sa liberté même eut plus de durée que celle des républiques de la Hellade, et ses habitants ne firent d'actes de sujétion qu'en faveur de Ptolémée, qui réunit la Pentapole au royaume d'Égypte.

SICILE. — Pendant les dernières années de la guerre du Péloponèse, les Lacédémoniens avaient cessé de recevoir des secours de la Sicile, réduite à se défendre contre les Carthaginois appelés par Ségeste, et par quelques autres villes subalternes jalouses de la splendeur de Syracuse. Carthage avait à venger la mort d'Hamilcar et son déshonneur au siége d'Himère.

Hannibal, petit-fils d'Hamilcar, commença la nouvelle guerre de Sicile, qui dura depuis 410 jusqu'à l'an 404 avant notre ère, avec une armée de cent mille hommes. Son projet était de se rendre maître des petites villes, et de celles qui étaient le moins susceptibles de défense, avant d'attaquer Syracuse. Dans sa première campagne (409 avant J.-C.), il s'empara de Sélinonte et d'Himère : il sacrifia dans un seul jour, sur les autels de Moloch, trois mille habitants de cette dernière ville aux mânes de son aïeul. Dans sa seconde campagne, il fit démolir Agrigente, ville d'une splendeur incroyable, où l'on avait vu Hexénitas, vainqueur aux jeux olympiques, rentrer en triomphe, précédé de trois cents chars traînés par deux chevaux blancs de race sicilienne. Sa troisième campagne fut signalée par la réduction de Gela : les villes de Sola, d'Égeste, de Motya, d'Ancyre, d'Entelle, de Panorme, appelèrent les Carthaginois dans leurs murs.

Hannibal allait attaquer Syracuse, lorsque la peste, mêlant ses coups à ceux de la guerre, frappa les vaincus, les vainqueurs, et le général qui commandait ces derniers. Hamilcar, qui succéda à la place d'Hannibal, ayant laissé garnison dans les villes conquises, repassa en Afrique, et apporta la contagion à Carthage, où elle fit pendant long-temps de grands ravages.

DENYS, TYRAN DE SYRACUSE. — Hermocrate, dont on a souvent parlé dans le cours de la guerre du Péloponèse, avait été dédaigné par les Syracusains, auxquels il était venu proposer son épée et le secours de son expérience ; mais un autre chef était appelé à venger leur cause et à châtier leur ingratitude. Denys, âgé de 22 ans, né dans une condition ordinaire, dépourvu de vertus et doué de tous les talents, destiné à briller au milieu de la guerre étrangère et des troubles civils qui sont toujours propres à l'élévation des hommes supérieurs, était le chef réservé à soutenir Syracuse. Renommé pour sa valeur, doué de la plus rare éloquence, persévérant dans ses vues, adroit dans sa conduite, l'apparence d'un patriotisme ardent le rendit cher à la multitude, et il sut en profiter pour faire rappeler ses partisans de l'exil.

La reconnaissance des proscrits et l'admiration publique mirent Denys en état d'obtenir le commandement des troupes mercenaires et la direction des affaires de la guerre. On le vit alors moins occupé du soin de vaincre les Carthaginois que de refréner ses concitoyens, que leur turbulence factieuse rendait indignes de la liberté. Il se fit donner des gardes, et, aidé de l'influence et des richesses de l'historien Philistos, que Cicéron surnomme le Thucydide sicilien, Denys, âgé de vingt-neuf ans, se trouva en état d'usurper le gouvernement de Syracuse, qu'il conserva pendant trente-huit ans, laissant à son fils le paisible héritage de la majeure partie de la Sicile.

ANABASE DE XÉNOPHON.
404 — 400 av. J.-C.

CYRUS LE JEUNE. — Tandis que la marche du temps détachait Cyrène et la Sicile des intérêts de leurs métropoles, une série d'événements politiques continuait à lier l'histoire de la Grèce à celle de l'empire persan. La dernière année de la guerre du Péloponèse avait été le terme du règne prospère de Darius Nothus. Ce prince avait nommé pour son successeur Artaxerxès Mnémon, à l'exclusion de son jeune frère Cyrus : le même décret qui l'écartait du trône rendait Cyrus satrape héréditaire de la Lydie, de la Phrygie et de la Cappadoce, provinces qu'il gouvernait (comme on l'a dit précédemment) depuis l'âge de dix-sept ans.

Cyrus, qui se trouvait à Suze au moment du décès de son père, s'apprêtait à retourner dans l'Asie-Mineure, avec son escorte accoutumée, qui consistait en trois cents Grecs, pesamment armés, commandés par l'Arcadien Xénias, lorsqu'il fut enveloppé dans une conspiration de sérail, que le perfide Tissaphernes avait ourdie. Arrêté par ordre d'Artaxerxès, il est probable qu'il aurait succombé, sans l'appui de Parysatis, sa mère, qui défendit sa vie, et le fit rétablir dans son gouvernement.

Le danger qu'il venait de courir ne put affecter l'ame généreuse de Cyrus; mais l'affront fait à sa dignité le détermina à venger une injure qu'on ne pouvait dissimuler. Comme dans les gouvernements despotiques de l'Orient il n'y a pas d'intervalle entre le maître et ses esclaves, ni d'autre alternative que celle de la domination ou de la servitude, un sujet mécontent ou rebelle doit étouffer son ressentiment, livrer sa tête, ou aspirer au trône : Cyrus préféra la carrière de la gloire et du danger. Il se prépara à punir l'injustice d'Artaxerxès, et à usurper sa couronne, défendue par un million d'hommes armés.

Xénophon, Plutarque et Cicéron prétendent que Cyrus était appelé à régner pour l'honneur et la dignité du genre humain. Dès l'âge de sept ans, il se trouvait au nombre des jeunes Mèdes nourris à la porte du grand roi, élevés à tirer de l'arc, à manier un cheval, et à dire la vérité. Il excellait et surpassait ses compagnons dans tous les exercices, par son adresse, son activité et son courage, sans paraître donner une grande importance à ces avantages superficiels. Il n'en était pas ainsi de la droiture, qu'il regardait comme la base d'un caractère élevé. Sa probité était uniforme, sa parole sacrée, son amitié inviolable. Ni la richesse, ni la naissance, ni le rang ne le séduisaient; mais la vertu et l'âge furent constamment les objets de sa considération et de son respect.

Les Asiatiques, accoutumés au gouvernement spoliateur de leurs satrapes, furent étonnés de trouver dans Cyrus un prince qui préférait leur intérêt au sien, qui diminuait les impôts pour encourager l'industrie, dont les mains donnaient l'exemple des travaux champêtres, et dont toutes les décisions réunissaient la justice à la clémence. Sa gratitude dépassait sans cesse les services qu'on lui rendait, et sa libéralité éclairée était rehaussée par les manières affectueuses qu'il joignait à ses bienfaits. S'il découvrait un homme digne de sa confiance, il ne se contentait pas de lui donner une part dans son affection, il lui donnait son cœur tout entier; et la grace qu'il demandait aux dieux dans ses prières habituelles, c'était de vivre assez long-temps pour faire un grand nombre d'heureux.

Les provinces soumises à l'autorité de Cyrus pouvaient lui fournir cent mille combattants peu belliqueux, mais qui surpassaient en bravoure les troupes efféminées de la Haute-Asie. Il comptait particulièrement sur la coopération des Lacédémoniens, qui, grace à son assistance particulière, étaient devenus les maîtres de la Hellade et de la mer; et Sparte ne fut pas ingrate.

A la première demande de Cyrus, les Lacédémoniens firent passer en Asie huit cents hommes pesamment armés, sous la conduite de Cheirisophos; ils chargèrent en même temps leur amiral Samios, qui avait succédé à Lysandre, d'agir de concert avec leur allié, en mettant leur puissante flotte à sa disposition. Indépendamment de cette faveur signalée, ils autorisèrent Cyrus à lever des recrues dans toutes les provinces de leur domination. Ainsi, Cléarque de Sparte; le Thessalien Ménon; Proxénos, Béotien, qui fit connaître Xénophon à Cyrus; Agias l'Arcadien, et l'Achéen Socrate, enrôlèrent environ dix mille hoplites, trois mille archers et gens de boucliers, ou peltastes.

Ces préparatifs ne furent pas aperçus par l'indolence présomptueuse des Perses; mais ils n'avaient point échappé à la pénétration d'Alcibiade, que Lysandre et Pharnabaze firent assassiner, surtout afin d'effacer le révélateur. Cependant les avis de ce qui se passait, transmis à la cour de Suze, ne purent faire sortir Artaxerxès de la sécurité profonde dans laquelle il était plongé. Cyrus compléta ses levées, et il se trouva prêt, au commencement de l'année 400 avant notre ère, à marcher des côtes de l'Ionie dans la Haute-Asie, à la tête de 100,000 barbares et d'environ 13,000 Grecs.

ANABASE. — La marche de Cyrus vers Babylone, sa défaite et sa mort dans la plaine de Cunaxa, la dispersion de ses troupes, et le retour mémorable de dix mille Grecs dans leur pays, ont été rapportés par Xénophon, avec une connaissance si profonde de la guerre et des hommes, qu'il n'y a que son ouvrage qui puisse faire connaître les détails de cette expédition. Ce serait donc une entreprise présomptueuse de revenir sur un objet traité par un écrivain supérieur, et que notre cadre historique ne nous permet pas d'embrasser. Nous dirons seulement que cette célèbre retraite, en tout temps l'objet de l'admiration des militaires, s'effectua dans l'espace de 16 mois, après une marche d'environ 600 lieues, à travers les déserts, les montagnes, les fleuves, et en combattant toujours des armées et des peuples ennemis. Xénophon, qui prit le commandement des troupes grecques, dont les chefs avaient été lâchement assassinés par Tissaphernes, ramena à Pergame 6,000 hommes, des 10,000 qui, après la perte de la bataille de Cunaxa, livrée à 25 lieues de Babylone, osèrent entreprendre cette mémorable retraite.

### RÈGNE D'AGÉSILAS.
#### 397 av. J.-C.

Artaxerxès nourrissait depuis longtemps une haine héréditaire contre les Hellènes; il voulait surtout se venger de Xénophon. Treize mille Grecs avaient pénétré dans la Haute-Asie; dix mille avaient opéré leur retraite, en se couvrant d'une gloire immortelle; et lui, malheureux au sein des grandeurs, n'avait pour trophée que la tête d'un frère, la tête de l'infortuné Cyrus.

Xénophon, chargé de lauriers, retiré dans une petite ville de l'Arcadie, cultivait les muses, lorsqu'un Syracusain, Hérodas, vint annoncer aux magistrats de Sparte les nouveaux projets d'Artaxerxès.

Les Lacédémoniens venaient de perdre leur roi Agis, qui, avant de mourir, avait reconnu pour son fils, Léotychidès, dont la légitimité était suspecte, à cause de la légèreté de sa mère Timée, compromise par Alcibiade. Malgré la déclaration royale qui déclarait Léotychidès héritier du sceptre, les Lacédémoniens appelèrent au trône Agésilas, frère d'Agis, et issu du sang d'Hercule.

Ce prince, qui était de petite stature, cachait sous des formes peu gracieuses un esprit vigoureux, un caractère élevé, et toute la noblesse d'un esprit mâle joint aux vertus de l'homme privé. Ainsi, Lysandre, son partisan déclaré, n'eut pas de peine à faire écarter Léotychidès, qu'il appelait publiquement le *bâtard d'Alcibiade*. Agésilas fut proclamé roi et, deux ans après, généralissime des forces de la Grèce en Asie.

On connaissait à Sparte les préparatifs formidables d'Artaxerxès Mnémon. Tissaphernes était à la tête des Perses, lorsqu'on décida de lui opposer Agésilas. C'était le premier roi grec, depuis Agamemnon, qui conduisait les forces réunies de la Hellade en Asie. Il partit de Lacédémone, au printemps de l'année 396 avant Jésus-Christ, avec trois mille affranchis et six mille hommes de troupes étrangères. Lysandre, qui l'accompagnait, ne tarda pas à éprouver que, dans les catastrophes politiques, ceux qui font des rois sont toujours victimes du dévouement qu'ils leur ont témoigné. Le rusé Spartiate, trompé, humilié, disgracié, revint à Sparte, méditant des vengeances contre l'*ingratitude cruelle de son ami couronné*.

Agésilas avait établi ses quartiers à Éphèse, lorsqu'il reçut une ambassade de Tissaphernes, qui s'informait de la cause de ses mouvements. On s'écrivit de part et d'autre ; on donna des réponses évasives ; on négocia, c'est-à-dire qu'on se trompa mutuellement, jusqu'à ce que le satrape, ayant reçu les renforts qu'il attendait depuis long-temps, somma Agésilas de quitter Éphèse, et d'évacuer la côte d'Asie, qu'il occupait.

Au lieu de déférer à cette arrogante injonction, Agésilas fit annoncer que son intention était d'envahir la Carie, province chérie de Tissaphernes, qu'il avait ornée de parcs, de palais voluptueux, et où il avait fait bâtir une forteresse qui renfermait ses trésors. Le satrape s'empressa de venir camper dans les plaines du Méandre, afin de couper le passage à l'ennemi ; mais Agésilas, tournant au nord, s'avança par une marche forcée en Phrygie, et le riche butin qu'il fit dans cette province récompensa l'activité de ses soldats. Vers la fin de la campagne, l'armée lacédémonienne revint passer l'hiver à Éphèse.

La saison inactive de l'année fut employée utilement, et l'argent des Phrygiens servit à alimenter l'industrie publique. Les boutiques et les magasins étaient remplis de boucliers, de casques, de lances et d'épées. Les habitants des campagnes amenaient leurs meilleurs chevaux aux marchés ; les citoyens aisés obtenaient l'exemption du service militaire, en fournissant un cavalier équipé. Les troupes s'exerçaient aux manœuvres, dans lesquelles Agésilas disputa plusieurs fois le prix de la dextérité : chaque fois qu'il l'obtenait, il présentait des offrandes à Diane éphésienne.

On pouvait ainsi attendre les résultats les plus brillants d'une armée qui faisait ses amusements des exercices militaires, chérissait son général et révérait les dieux.

MORT DE TISSAPHERNES. — Dans sa seconde campagne, Agésilas se dirigea du côté de Sardes : il défit les Perses sur les bords du Pactole, et prit leur camp, dans lequel il trouva 70 talents d'argent monnayé et de grandes richesses. Artaxerxès, informé de cet événement, nomma au gouvernement de l'Asie-Mineure Tithraustes, qu'il chargea de lui envoyer la tête de Tissaphernes.

Tithraustes, devenu satrape de l'Asie-Mineure, s'empressa d'expédier une ambassade à Agésilas pour lui annoncer « que l'auteur de la guerre « qui existait entre la Perse et la « Grèce, Tissaphernes, avait subi une « juste mort ; que le grand roi était « prêt à reconnaître l'indépendance « des colonies grecques, à condition « qu'Agésilas retirerait son armée de « l'Asie. » Agésilas n'avait pas le pouvoir d'accepter ces conditions, mais il reçut une forte somme d'argent pour évacuer la Lydie, qu'il quitta afin de se porter dans la Phrygie.

Tandis qu'Agésilas exécutait ce mouvement, un courrier lui apporta la nouvelle de la prolongation de son commandement, auquel on ajoutait celui de la flotte, composée de 90 galères, qui était aux ordres de Pharax. Il eut la coupable faiblesse de remplacer cet amiral par Pisandre, qui était son parent.

Agésilas, étant entré en Phrygie, attaqua, vainquit et poursuivit Pharnabaze, qu'il chassa de sa satrapie. Cotys, tyran de la Paphlagonie, qui dédaignait l'amitié d'Artaxerxès, envoya demander au général spartiate la permission de joindre sa nombreuse cavalerie à celle des Lacédémoniens. Ou vit ensuite accourir, sous les drapeaux de Sparte, les Asiatiques opprimés, les satrapes subalternes, une foule de mécontents ; et l'Egypte révoltée put faire concevoir à Agésilas l'espérance de renverser le trône d'Artaxerxès :

11ᵉ *Livraison*. (GRÈCE.)

## GUERRES INTESTINES DANS LA GRÈCE.

Tithraustes, qui connaissait, de son côté, la puissance de l'or sur l'esprit des Grecs, conçut le projet d'opérer une diversion dans le Péloponèse, qui forcerait Agésilas à abandonner l'Asie-Mineure. Il expédia secrètement dans la Hellade Timocrate de Rhodes, avec une somme de cinquante talents, que cet émissaire adroit distribua à Céphalon, d'Argos, à Timolaos et à Polyantès, de Corinthe; à Androclide, à Isménias et à Galaxadoros, de Thèbes, hommes importants dans les factions populaires. La tyrannie de Sparte était le texte perpétuel des déclamations de ces orateurs mercenaires; et partout où ils exhalaient leur fureur, ils trouvaient les esprits disposés à les écouter.

Argos avait été long-temps l'ennemie de Sparte; Thèbes aspirait à devenir sa rivale (*); les Athéniens, animés de l'esprit de Thrasybule, attendaient avec impatience le moment de courir à la gloire et à la vengeance. L'occasion semblait favorable pour attaquer Lacédémone, dont les armées se trouvaient occupées à étendre au loin ses conquêtes; on résolut de provoquer des hostilités, qui amenèrent un conflit entre les Phocidiens et les Thébains. On s'attendait que les Spartiates prendraient part à cet évènement, et c'est ce qui eut lieu.

L'orgueil de Sparte, au lieu de chercher à concilier les partis, se déclare brusquement pour les Phocidiens, court aux armes, et menace la Béotie. Lysandre réunit les Maliens,

---

(*) D'après le désir manifesté par nos lecteurs, nous avons cru devoir donner dans cet ouvrage des vues exactes de toutes les localités les plus célèbres de la Grèce. De ce nombre est Thèbes, dernier boulevart de la liberté grecque, renversé par Philippe, et ruiné par Alexandre. La Cadmée ou citadelle occupait l'éminence qui domine les ruines de Thèbes. On y suit encore les traces de ses fortifications.

---

les Héracléens, les habitants de la Doride et du mont Œta, prend Lebadée de vive force, Orchomène par surprise, et se prépare à attaquer Haliarte. Pour atteindre ce but, il demande des renforts à Lacédémone; ses dépêches sont interceptées, et son projet est éventé.

Thrasybule, bravant le ressentiment des Spartiates, quoique Athènes se trouvât sans murs et sans défense, venait d'arriver à Thèbes avec un puissant corps de troupes. Les Thébains le prient de rester à la garde de leur ville, tandis que tous les hommes capables de porter les armes sortent au déclin du jour et arrivent, après une marche de cinq lieues, lorsqu'il était encore nuit, aux portes d'Haliarte.

On les reçoit dans la place, qui apprend, par ses généreux défenseurs, le danger dont elle est menacée. On met en embuscade, sous des murailles de la ville, un fort détachement de troupes, et le surplus des forces reste sous les armes. Lysandre arrive au point du jour, lorsque le roi Pausanias, qui n'avait pas reçu les lettres qu'il lui écrivait, était encore à Platée. Les Lacédémoniens pressent leur général de les mener à l'assaut; et celui-ci, jaloux d'avoir seul la gloire d'un succès qu'il croit certain, se prête à leur demande.

Les créneaux dégarnis de Haliarte, le silence qui règne dans son enceinte encouragent les Lacédémoniens; mais, avant d'être arrivés au pied des remparts, les portes de la ville s'ouvrent, les Thébains et les habitants sortent et s'élancent avec fureur sur l'ennemi; Lysandre est tué, avec un ministre des dieux qui l'accompagnait. Cependant ses soldats, revenus de leur première surprise, commençaient à se rallier lorsque les troupes de l'embuscade occasionèrent une nouvelle déroute: mille Lacédémoniens restèrent sur le champ de bataille, et le reste vint se rallier auprès de Pausanias.

Au premier avis de ce désastre, le roi de Sparte était accouru sur les lieux. Après une mûre délibération, on convint d'envoyer un héraut à Haliarte pour demander la permission de rendre les derniers devoirs aux morts, parmi lesquels se trouvait Lysandre; elle fut accordée, à condition que l'armée lacédémonienne évacuerait immédiatement la Béotie. Pausanias y consentit, retourna à Sparte, où il fut traduit en justice, condamné, et n'échappa à la punition qu'en s'enfuyant à Tégée, où il tomba malade et mourut. Son fils, Agésipolis, lui succéda comme roi de Lacédémone.

#### RAPPEL D'AGÉSILAS.
#### 394 av. J.-C.

La puissance de Sparte, cimentée par une guerre de vingt-sept ans, venait de recevoir un échec considérable; Lysandre n'était plus; Agis, Pausanias et d'autres chefs illustres étaient descendus dans la tombe; enfin, il ne restait d'autre ressource que de rappeler Agésilas. Il reçut le scytale au moment où il allait entrer dans la Haute-Asie et il rétrograda, aussitôt vers l'Hellespont, qu'il traversa pour rentrer en Europe.

A son arrivée dans la Chersonèse de Thrace, son armée se montait à dix mille combattants : il prit, pour retourner dans la Hellade, la route que Xerxès avait tenue cent ans auparavant; mais son activité fit en un mois le chemin que les Perses avaient mis un an à parcourir. Il trouva les Barbares de la Thrace et de la Macédoine aussi indisciplinés et aussi désunis qu'ils l'étaient au temps de la guerre médique; il eut à surmonter quelques obstacles que lui opposa la cavalerie thessalienne, et il ne tarda pas à pénétrer dans la Béotie. Les Thébains l'attendaient de pied ferme : la plaine de Coronée, ville située à dix lieues de Thèbes, allait donner son nom à une bataille sanglante, quand les deux armées furent épouvantées par une éclipse de soleil.

CONON. — La sagesse d'Agésilas fut bien plus épouvantée par les dépêches qu'il reçut dans cet instant. Les escadres persanes, ou plutôt phéniciennes, se trouvaient réunies sous le commandement de Conon, qui avait su mériter la confiance et l'amitié d'Évagoras, roi de Cypre. Ce prince, qui avait admiré Athènes dans son deuil, aspirait au bonheur de la voir renaître dans son état de prééminence et de gloire; il avait souvent entretenu dans sa correspondance, Artaxerxès Mnémon, son suzerain, des talents de Conon, et de ses compatriotes Hiéronymos et Nicodémos, en lui remontrant qu'eux seuls pouvaient ôter le domaine de la mer aux Spartiates.

Les conseils d'Évagoras avaient reçu la sanction d'Artaxerxès. Conon n'avait pas tardé à joindre Pisandre, qui commandait une flotte lacédémonienne de cent voiles de guerre; il le battit près de Cnide, lui prit cinquante galères, et ôta ainsi aux Lacédémoniens la *thalassocratie*, ou empire de la mer, dont ils étaient en possession depuis la bataille navale d'Égos-Potamos.

C'était la nouvelle de cette défaite qui affligeait Agésilas : il assembla les troupes, auxquelles il fit part de la mort de Pisandre, en leur annonçant que son trépas avait été suivi d'une victoire complète, pour laquelle on devait rendre des actions de graces aux immortels, et il se couronna de fleurs.

Ce stratagème eut son effet. Dans une affaire d'avant-garde, les Lacédémoniens obtinrent quelques avantages, tandis que les masses des deux armées s'avançaient en silence dans la plaine de Coronée. Le soleil, un moment enveloppé dans l'ombre de la terre, avait repris son éclat, lorsque les trompettes donnèrent le signal de l'attaque. L'impétuosité des Thébains renverse tout ce qui se trouve devant eux : Agésilas culbute, de son côté, les Argiens et les Athéniens, ses soldats le proclament vainqueur; mais il apprend que l'ennemi est au moment de le tourner du côté de l'Hélicon, il vole à sa rencontre. Le choc devient terrible; les boucliers se heurtent; on donne et on reçoit la mort; pas un cri, pas une plainte ne se fait entendre; le bruit sourd de la fureur et le cliquetis des armes font seuls gémir les échos. Les Thébains gagnent les montagnes, et les Spartiates restent maîtres d'un champ de bataille qui ne retentit point des acclamations de la victoire.

Agésilas, couvert de blessures, informé que quatre-vingts Thébains sont réfugiés dans un temple voisin consacré à Minerve, envoie un détachement de cavalerie chargé de les conduire en lieu de sûreté. Le lendemain, on se décide à élever un trophée, et les Thébains avouent leur défaite en envoyant demander les corps inanimés de leurs soldats.

Après avoir mis tout en ordre dans l'armée, Agésilas se fit transporter à Delphes pour y offrir une portion des dépouilles de l'Asie, estimée à plus de cent talents, qu'il consacra à Apollon. Ses blessures l'obligèrent de s'embarquer au port de Crissa pour passer à Sparte. Il y arriva pendant la célébration de la Hyacinthie; et ses soldats, de retour dans la Laconie, se rendirent aux champs pour faire la moisson. La durée de la guerre avait été de huit ans.

ÉVÉNEMENTS DIVERS. — Les Corinthiens, divisés en factions de Sparte et d'Argos, choisirent le moment de la fête Encléienne pour s'assassiner mutuellement dans les lesches, ou bourses, sur les places publiques, et jusque dans les temples. Il y eut des escarmouches sans résultats entre les Athéniens et les Lacédémoniens : ces derniers ne tirèrent aucun profit de leur victoire de Coronée, et l'histoire n'a conservé que le souvenir de la défense d'Abydos par leur général Dercyllidas.

CONON REBATIT LES MURS D'ATHÈNES,
393 — 392 av. J.-C.

Conon décida Artaxerxès à envoyer sa flotte victorieuse sur les côtes de la Grèce. Il avait fait comprendre à ce prince que, pour humilier à jamais les Spartiates, il fallait relever de sa chute la rivale de cette république impérieuse. Ses vues furent agréées : la flotte persane entra dans la mer Égée, conquit les Cyclades et l'île de Cythère, ravagea les côtes de la Laconie, et vint ensuite mouiller dans les havres, long-temps abandonnés, du Pirée, de Phalère et de Munichie. Ce fut alors qu'on travailla à relever les fortifications de la ville de Minerve, dont la restauration fut qualifiée de seconde fondation d'Athènes : les travaux se trouvèrent achevés la première année de la 97ᵉ olympiade.

AMBASSADE D'ANTALCIDAS.

Sparte, alarmée de la renaissance d'Athènes, envoya successivement plusieurs ambassadeurs à la cour de Perse et à Téribaze, qui venait de succéder à Tithraustes. Parmi ces ministres, on remarquait Antalcidas, homme hardi, éloquent, subtil, propre, par ses qualités autant que par ses vices, à remplir une commission insidieuse dans une cour corrompue. Habile à tourner en ridicule les maximes austères de Lycurge, Antalcidas faisait les délices des courtisans, en se moquant, à tout propos, des vertus de Léonidas et de Callicratidas, noms également glorieux pour Sparte et humiliants pour les Perses.

MORT DE CONON. — En vain, pour entraver les négociations de l'ambassadeur spartiate, Athènes et Thèbes voulurent lui opposer Conon ; son patriotisme peu judicieux fut puni par la mort, ou, suivant Xénophon, par une prison rigoureuse : son fils, Timothée, vengea plus tard son injure et sa mémoire. Antalcidas conclut un traité, qui fut envoyé à Suze pour être ratifié par Xerxès ; il était si honorable pour la Perse, qu'il semblait devoir être accepté sur-le-champ, mais il se passa plusieurs années avant qu'il reçût la sanction du grand roi.

MORT DE THRASYBULE. — Dans cet intervalle de temps, la guerre entre Sparte et Athènes continuait sans être marquée par de grands événements. Thrasybule, avec quarante galères, reconquit plusieurs îles de la mer Égée, ainsi que Byzance, abolissant partout le gouvernement aristocratique pour y substituer la démocratie. Ayant relâché à l'embouchure de l'Eurymédon, fleuve rendu célèbre par la victoire de Cimon, il y fut assassiné par les Pamphyliens, irrités des déprédations de ses matelots et du poids des contributions forcées sous lequel il les accablait.

### PAIX D'ANTALCIDAS.
#### 388 av. J.-C.

Enfin, l'ambassadeur de Sparte souscrivit, sous le titre de *paix générale*, le traité d'infamie auquel l'histoire a attaché le nom d'Antalcidas. Artaxerxès Mnémon en avait dicté les conditions ; elles portaient que « les cités grecques « de l'Asie-Mineure, avec l'île de Cypre « et la péninsule de Clazomène, ap- « partiendraient en toute souveraineté « à la Perse ; qu'il serait permis à « Athènes de conserver sa juridiction « sur les îles de Lemnos, d'Imbros et « de Scyros ; que toutes les républi- « ques grandes et petites de la Hel- « lade auraient la liberté de se gou- « verner par leurs lois particulières ; « que tout état qui dérogerait à ce « traité encourrait l'indignation du « grand roi ; que, d'accord avec les « Spartiates, il ferait aux contreve- « nants la guerre par terre et par mer. » Ainsi furent détachées de la mère-patrie ses colonies d'Asie, et la Grèce se trouva condamnée à la langueur de la paix, sans jouir de la sécurité qui devait l'accompagner.

#### ÉVÉNEMENTS DE 386 A 379 AVANT J.-C.
##### AMBITION DE SPARTE.

PRISE DE MANTINÉE, 385 AVANT J.-C. — L'année qui suivit la pacification d'Antalcidas prouva qu'il y avait quelque article secret dans cet instrument diplomatique. Les Spartiates envoyèrent à Mantinée des ambassadeurs chargés de signifier aux habitants de cette ville d'en démolir les remparts, d'abandonner leurs demeures et d'aller habiter les paisibles hameaux où leurs ancêtres avaient vécu heureux. Les Mantinéens reçurent ce message avec indignation : Sparte leur déclara la guerre, demanda des secours à ses alliés, et une puissante armée entra dans l'Arcadie.

Mantinée était garantie des approches de l'ennemi par sa situation dans un terrain marécageux ; la hauteur et la force de ses murailles lui permettaient de défier tous les assauts ; ses magasins regorgeaient de provisions ; elle pouvait soutenir un long siége. Agis, qui avait intérêt à s'en emparer, proposa un moyen que le succès ne tarda pas à justifier. C'était de barrer le cours de l'Ophis et de refouler ses eaux vers le corps de la place. Cette mesure ne fut pas plus tôt exécutée que les fortifications de Mantinée, bâties en briques crues, se trouvèrent sous l'eau qui les ramollit et les fit écrouler. Les Mantinéens durent alors subir les conditions de Sparte, c'est-à-dire abandonner leur ville ; et, séparés en quatre communautés, ils allèrent s'établir dans les vallées du Ménale ; soixante démocrates obtinrent la permission de s'expatrier.

PRISE DE PHLIONTE, 384 AVANT J.-C. — L'année suivante, Sparte déploya le même système de tyrannie contre la petite république de Phlionte. Ses principaux citoyens furent mis à mort, et le reste des habitants se réfugia dans les montagnes.

CONFÉDÉRATION OLYNTHIENNE, 383 AVANT J.-C. — Sur ces entrefaites, des ambassadeurs d'Acanthe et d'Apollonie arrivèrent à Sparte pour demander des secours contre les entreprises ambitieuses des Olynthiens. On leur promit dix mille hommes, tirés des contingents des différentes villes alliées de Lacédémone. Le sénat, entrant dans des voies de fiscalité, décréta : que si une ville ne pouvait fournir le nombre complet de soldats qu'on lui demandait, elle paierait la solde d'une demi-drachme (35 centimes) par jour ; et, en cas de retard, elle était condamnée à une amende huit fois plus forte que la première somme, c'est-à-dire à quatre drachmes.

EUDAMIDAS. — On envoya d'abord au secours d'Acanthe et d'Apollonie deux mille hommes commandés par

Eudamidas, qui reçut la soumission de Potidée, ville située sur l'isthme de Pallène. Fier de ce succès, il commençait à ravager le territoire d'Olynthe; mais s'étant aventuré, il fut intercepté dans sa retraite, vaincu et tué avec perte de toute son armée.

TELEUTIAS. — La nouvelle de la défaite d'Eudamidas était connue à Sparte, quand Teleutias, frère d'Agésilas, partit à la tête de dix mille hommes. Secondé par Amyntas, roi de Macédoine, et plus efficacement encore par Dardan, frère de ce prince qui était souverain de l'Elymée, ils se portèrent de concert contre Olynthe. Comme ils s'approchaient de cette ville, la garnison fit une sortie impétueuse. Teleutias fut tué dans le premier choc, et les Lacédémoniens s'étant débandés, leur armée se réfugia avec de grandes difficultés dans les places d'Acanthe, d'Apollonie, de Spartole et de Potidée.

MORT D'AGÉSIPOLIS, 381 AVANT J.-C. — Au printemps de cette année, Agésipolis étant arrivé en Macédoine avec de puissants renforts, prit d'assaut la forte ville de Torone. Dans une théorie (pèlerinage) qu'il fit au temple d'Apollon, à Aphitis, ville maritime du golfe Toronaïque, il fut atteint d'une fièvre pernicieuse, dont il mourut le septième jour. Ses restes, embaumés dans le miel, furent transportés à Sparte; son frère Cléombrote lui succéda au trône, et Polybiade au commandement de l'armée de Macédoine.

CAPITULATION D'OLYNTHE. — La quatrième campagne des Spartiates contre Olynthe fut le terme d'une guerre qui durait depuis autant d'années. Ses défenseurs se rendirent à Polybiade, aux conditions de renoncer à la domination de la Chalcidique, et d'obéir, en temps de paix comme en temps de guerre, aux Spartiates, leurs alliés et maîtres.

Ce fut à cette époque que les rois de Macédoine abandonnèrent la résidence d'Édesse pour établir leur cour à Pella, ville située à six lieues de la mer, qui était défendue par le cours de l'Axios, du Lydias, et par des lacs et des marais impraticables.

AFFAIRES DE THÈBES,
383 avant J.-C.

PHŒBIDAS S'EMPARE DE LA CADMÉE. — Lorsque Eudamidas entreprit l'expédition contre Olynthe, il avait été convenu que son frère Phœbidas le suivrait de près avec un corps de huit mille hommes. Dans sa marche il passa près de Thèbes, qui se trouvait alors divisée par les factions. (Voy. pl. 40) (*). Isménias, chef du parti démocratique, était soutenu secrètement par Athènes contre Léontiadas, qui était pour le parti de Sparte et de l'aristocratie.

Ce dernier s'était concerté avec Phœbidas, le détermina à profiter de l'occasion qui se présentait pour s'emparer de la Cadmée, ou citadelle de Thèbes. La chose convenue, quelques heures après le lever du soleil, Phœbidas leva son camp pour continuer sa marche; c'était au mois de juillet, la chaleur était considérable; à midi on ne voyait personne dans la campagne, lorsqu'il donna l'ordre de rebrousser chemin. Ce jour même, les matrones thébaines célébraient la fête de Cérès, à laquelle nul homme n'était admis; les portes de la Cadmée, où elles se trouvaient assemblées, étaient ouvertes, et Léontiadas y introduisit les Lacédémoniens sans éprouver le moindre obstacle. Il se rendit sur-le-champ au sénat, qui était réuni sur la place: il déclara que Phœbidas avait agi par son conseil. Il saisit au même instant Isménias, fit arrêter les démagogues, et quatre cents citoyens notables s'enfuirent à Athènes. Ce crime heureux reçut l'approbation du sénat de Lacédémone.

La garnison spartiate de la Cadmée, unie au parti aristocratique, fit pendant cinq ans peser le poids de la ty-

(*) La ville de Thèbes, ruinée par Alexandre-le-Grand, et saccagée par Sylla, n'était plus célèbre que par ses malheurs du jour où elle perdit Epaminondas, nous dit Justin. Quand Pausanias la visita il n'en restait que les temples; la citadelle, nommée la Cadmée, était seule habitée; on voit encore des restes du rempart qui l'entourait.

# GRÈCE.

rannie la plus accablante sur les Thébains; bannissements, confiscations, meurtres, tout fut mis en œuvre par les oppresseurs. Ainsi les exilés qu'on persécutait à l'étranger, les citoyens qu'on tourmentait dans leurs foyers, n'attendaient qu'un signal pour se venger.

### PÉLOPIDAS,
#### 378 avant Jésus-Christ.

Parmi les Thébains réfugiés à Athènes, se trouvait Pélopidas, fils d'Hippoclès; ses qualités personnelles le distinguaient indépendamment de sa naissance, et, avant les malheurs de sa patrie, il était un de ses plus riches, de ses plus braves citoyens.

Pélopidas avait souvent conféré avec les Thébains réfugiés à Athènes sur les moyens de rentrer dans leur pays; il leur citait comme modèle Thrasybule qui, avec une poignée de proscrits, avait chassé les tyrans. La délibération continuait, lorsqu'un des bannis, Mello, introduisit dans une de leurs conférences nocturnes son ami Phyllidas : il arrivait de Thèbes. Ses talents et la confiance dont il jouissait auprès de Léontidas l'avaient fait appeler aux fonctions de secrétaire du conseil des tyrans. Il raconta aux vertueux conspirateurs, qu'il devait, à son retour à Thèbes, donner, un jour qu'il indiqua, à Léontidas et à ses complices une fête particulière dans laquelle il s'était engagé à leur procurer la compagnie des plus belles femmes de Thèbes.

Comme il engagea les conjurés à profiter de cette circonstance pour exécuter leur projet, les Thébains s'assemblèrent dans la plaine thriasienne, et sept ou douze jeunes gens s'offrirent volontairement pour coopérer avec Pélopidas à la destruction des tyrans. La distance entre Athènes et Thèbes est à peu près de onze lieues. Les jeunes libérateurs, déguisés en paysans, entrèrent à Thèbes vers le soir sans être aperçus, et se rendirent à la maison du démocrate Charon jusqu'au moment favorable pour agir.

Phyllidas avait préparé le festin qu'il devait donner aux tyrans avec tout ce qui pouvait flatter le goût et engourdir les sens, lorsqu'un bruit sourd répandu dans la ville vint troubler les convives. On racontait que quelques inconnus avaient été reçus dans la maison du démocrate Charon..... Les conjurés préparaient leurs armes, lorsqu'un ordre du magistrat somma leur hôte de paraître en sa présence. Tout est découvert, tous vont périr ensemble... Après un moment de réflexion, ils exhortent Charon à obéir à la sommation qu'on vient de lui notifier. Il remet entre leurs mains son fils unique comme gage de sa fidélité, quoiqu'ils le refusent en l'assurant qu'ils ont en lui une pleine confiance. Il adresse une courte prière aux dieux, embrasse ses amis et s'éloigne.

Chemin faisant, Charon rencontre deux des tyrans, Archias et Phyllidas, qui l'accompagnent jusqu'au lieu où il était appelé. Le premier lui demande en présence des magistrats, que l'inquiétude avait fait sortir de table, quels sont les étrangers qu'on dit être dans sa maison. La réponse de Charon fut si naïve, qu'elle calma les craintes des tyrans, surtout lorsque Phyllidas eut dit à l'oreille d'Archias, que ce bruit absurde n'avait été probablement répandu que pour troubler leurs plaisirs.

A peine étaient-ils rentrés dans la salle du festin, qu'un courrier, venant d'Athènes, demanda à être introduit auprès d'Archias. Il lui remet une lettre dont il ignorait le contenu, en l'invitant à la lire. Il insiste (elle renfermait les détails de la conspiration). Le tyran répond en souriant : *A demain les affaires.* Il demande qu'on fasse entrer les courtisanes. Phyllidas introduit les conjurés la tête couverte de chapeaux de fleurs, vêtus d'habillements de femmes sous lesquels ils cachaient des armes, et il les présente aux magistrats ivres de vin. Au signal donné, ils tirent leurs poignards et accomplissent leur projet ; ils se transportent sans délai au domicile des autres tyrans, qui sont immolés, et Pélopidas eut l'honneur de faire tomber sous ses coups Léontiadas, le principal auteur des calamités de Thèbes.

Avant que l'alarme se répande dans la ville, les libérateurs se rendent aux prisons, qui étaient remplies des victimes de l'arbitraire. Les portes s'ouvrent à la voix de Phyllidas, et les détenus rendus à la liberté courent aux arsenaux, où ils se munissent d'armes. La voix des hérauts qui commande le silence fait entendre ces paroles : *Mort aux tyrans! aux armes!* A ce cri solennel, Épaminondas, fils de Polymnis, que les principes de la philosophie pythagoricienne qu'il professait avaient jusqu'alors empêché de verser le sang humain, tire le glaive, et son exemple est suivi par tous ceux qui supportaient avec indignation le joug de la tyrannie étrangère et domestique.

Au point du jour on vit arriver en armes les Thébains proscrits qui s'étaient rassemblés dans la campagne thriasienne. La république est proclamée. On demande des secours aux Athéniens, qui arrivent plus vite qu'on ne pouvait l'espérer. La Cadmée est investie par quatorze mille hommes; les Lacédémoniens qui l'occupaient demandent à capituler, ils sortent avec armes et bagages et sont reconduits dans le Péloponèse.

### TENTATIVES
#### DES LACÉDÉMONIENS CONTRE THÈBES,
378 avant J.-C.

Dès que la nouvelle de ce qui s'était passé à Thèbes fut connue à Lacédémone, Cléombrote, collègue d'Agésilas, entra dans la Béotie au milieu d'un hiver rigoureux, avec une armée parfaitement disciplinée. Il obtint quelques avantages, mais il revint à Sparte au bout d'une campagne de deux mois, après avoir laissé à Thespies une nombreuse garnison commandée par Sphodrias, général plus hardi que prudent. En effet, sa conduite ralluma la guerre entre Athènes et Lacédémone, à cause d'une tentative qu'il fit contre le Pirée. (Voy. *pl.* 41) (*).

(*) Cette vue d'Athènes est prise de Colonne, où Œdipe vint s'asseoir auprès du

### CAMPAGNE DE 377, 376 AVANT J.-C.

Agésilas envahit à son tour la Béotie à la tête de dix-huit mille hommes d'infanterie et de quinze cents chevaux. Repoussé par Chabrias à l'attaque d'une position défendue par les Athéniens, il retourna à Lacédémone, où il passa l'hiver à se faire guérir de ses blessures. Ce fut alors qu'Antalcidas lui reprocha « d'avoir appris l'art de « vaincre aux Thébains. »

L'année suivante, les Lacédémoniens éprouvèrent un échec considérable à Tégire, et Phœbidas, le premier auteur de la guerre, fut tué par Pélopidas, à l'affaire de Tanagre. Pendant la même année, la flotte spartiate, composée de soixante voiles, fut battue aux atterrages de Naxos par la valeur expérimentée de Chabrias ; enfin, dans la mer Ionienne, Timothée et Iphicrate détruisirent ce qui restait de la marine péloponésienne, et levèrent des contributions considérables sur les alliés de Sparte.

A la suite de ces succès, qui embrassent une période de quatre années, les Thébains renversèrent de fond en comble Platée, que les Hellènes avaient déclarée inviolable et sacrée après la guerre médique. Athènes reçut dans son sein les habitants malheureux d'une ville que leur intervention n'avait pu sauver. L'orgueil de Thèbes allait amener une rupture avec les Athéniens, elle était imminente, lorsqu'on entama des négociations basées sur les principes du traité d'Antalcidas.

### CONGRÈS DE SPARTE.
372 avant J.-C.

Pélopidas avait été nommé pendant six années consécutives à la première magistrature de Thèbes ; mais lorsqu'il fut question d'envoyer un ambassadeur à la conférence de Sparte, on lui préféra Épaminondas. Tous les offices

temple des Euménides. Elle donne une idée de la plaine d'Athènes et de ses ports ; dans le fond on aperçoit les montagnes de la Laconie.

civils ou militaires qu'il remplissait tiraient un nouvel éclat de sa dignité personnelle. Ami de Pélopidas, homme de naissance et d'une grande fortune, mais, avant tout, pythagoricien formé à l'école de Lysis, Épaminondas préférait le mérite à la réputation, et les récompenses de la vertu aux dons de la fortune. Né pauvre, il voulut rester pauvre; occupé à fuir les dangereux honneurs qu'on lui offrait, son dédain pour la gloire était tel, que s'il eût vécu dans d'autres temps, son nom serait resté ignoré parmi ses contemporains et inconnu à la postérité.

Tel était l'homme que les Thébains chargèrent de les représenter dans le congrès de Sparte. Les Athéniens y envoyèrent Antoclès et Callistrate; le premier rhéteur subtil, et le second orateur emphatique. Agésilas y représentait seul son pays. Les choses s'arrangèrent facilement entre Athènes et Sparte, qui étaient également indignées du sort malheureux de Platée et de Thespies. On déplora les calamités de la guerre; on parla du besoin de guérir les maux de la patrie; on invoqua le traité d'Antalcidas, fondé sur la *liberté* et l'*égalité* auxquelles toutes les communautés de la Grèce avaient un droit commun. Ces conditions furent acceptées par les deux principales républiques et par leurs confédérés respectifs.

Épaminondas déclara qu'il était prêt à signer le traité, pourvu que ce fût au nom de Thèbes et de ses alliés. Agésilas, au lieu de répondre à une proposition que la politique de Sparte ne pouvait accorder avec honneur, ni refuser avec justice, demanda si, aux termes du traité, « *les villes de la* « *Laconie devaient être libres*, *et si* « *celles de la Béotie le seraient*. — Sans « doute, repartit Épaminondas, si « vous émancipez les Messéniens et « les autres communautés du Pélopo- « nèse que vous opprimez sous le nom « d'alliés. Ainsi, par l'arrangement « qu'on propose maintenant, Athènes « et Sparte seraient à la tête d'une « confédération, tandis que Thèbes « resterait isolée au milieu des villes « et des bourgades indépendantes de « la Béotie. »

A ces justes observations d'Épaminondas, Agésilas répondit par des paralogismes verbeux, déclama, pria, menaça, et les membres du congrès cédèrent à la terreur que leur inspiraient les armées lacédémoniennes prêtes à entrer en campagne. Épaminondas se retira avec plusieurs motifs d'encouragement qui le portaient à risquer une guerre si inégale en apparence.

SITUATION DE SPARTE ET DE THÈBES,
371 avant J.-C.

Sparte, affaiblie par les guerres qu'elle avait soutenues, privée des ressources qu'elle tirait de l'Asie-Mineure, avait oublié les maximes héréditaires de sa politique et les lois vénérables qui firent sa splendeur. Celles qui défendaient tout commerce et toute fréquentation avec les peuples voisins, et à l'étranger d'aspirer au rang de citoyen, étaient tombées en désuétude. Était-ce le résultat du progrès de la civilisation? Dans ce cas, Sparte, oubliant une prééminence orgueilleuse, aurait dû s'associer les belliqueux habitants du Péloponèse; elle les aurait intéressés à ses victoires et à ses succès, en les faisant participer aux droits de cité. Il paraît que cette erreur politique n'avait pas échappé à l'esprit observateur d'Épaminondas, qui comprit que Lacédémone penchait vers son déclin.

Jusqu'alors les Béotiens avaient été regardés comme une race méprisable, et leur alliance avec les Barbares, au temps de la guerre médique, les avait rendus odieux aux Grecs: la renommée de Pindare ne les avait pas réhabilités dans l'opinion publique, leur stupidité était passée en proverbe. Mais que ne peut le génie d'un grand homme? Une révolution favorable s'était opérée parmi ce peuple à la voix de Pélopidas: une association magnanime, le bataillon sacré des Hétaires ou Hétéristes, qu'il avait institué, formait le noyau de l'armée, et marchait à sa tête, lorsque les Béotiens se trouvèrent en présence des Spartiates dans la plaine de Leuctres.

### VICTOIRE DE LEUCTRES.

Le village de Leuctres (auj. Livadostro), situé sur la frontière de la Béotie, à trois lieues environ de la mer et de Platée, avait donné son nom à un territoire circonscrit par l'Hélicon, le Cithéron et le mont Skédasos. C'était sur ce terrain que se trouvaient réunies les forces militaires de Sparte et de Thèbes. L'armée péloponésienne, commandée par Cléombrote, se composait de vingt-quatre mille hommes d'infanterie, et de seize cents chevaux ; celle de Thèbes comptait à peine douze mille fantassins ; mais sa cavalerie, presque égale à celle des Spartiates pour le nombre, la surpassait en valeur et en discipline.

Épaminondas, quoique informé de la supériorité numérique des Lacédémoniens, était déterminé à livrer bataille ; mais ses soldats furent saisis de crainte lorsqu'ils découvrirent l'étendue du camp ennemi. Plusieurs des collègues d'Épaminondas (il en avait six) cherchèrent à le détourner de son projet : on exagérait le nombre des ennemis, on parlait d'ailleurs de présages et de prodiges effrayants. Le chef magnanime des Thébains répondit aux hommes découragés par ce vers d'Homère : *L'homme pieux qui défend sa patrie est toujours sûr de la faveur des dieux....* Il fit ensuite répandre dans l'armée : « que les temples de Thèbes « s'étaient ouverts d'eux-mêmes ; que « les prêtresses avaient annoncé une « victoire, et que l'armure d'Hercule, « déposée dans la Cadmée, avait dis- « paru, comme si ce héros eût dû « combattre à la tête des Thébains. »

Avant de conduire l'armée à l'ennemi, Épaminondas fit annoncer par les hérauts, que ceux qui répugnaient de partager les dangers, pouvaient se retirer. Les Thespiens profitèrent de la permission, ainsi que les valets ou goujats ; mais bientôt, craignant d'être coupés par les coureurs ennemis, ils revinrent tous se rallier au gros de l'armée, décidés à défendre la patrie, ou à mourir dans leur entreprise.

Pélopidas commandait le bataillon sacré. Une charge de la cavalerie thébaine, faite à propos contre celle des Lacédémoniens, d'après une inspiration d'Épaminondas, la porta jusqu'à l'endroit où se trouvait Cléombrote, qui tomba percé de coups. Dès ce moment, les Spartiates ne combattirent plus que pour s'emparer du corps de leur roi, et le succès couronna leurs héroïques efforts. Les confédérés, qui désapprouvaient une guerre contraire à leurs intérêts, se battirent mollement, et les Thébains restèrent maîtres du champ de bataille. Épaminondas empêcha de poursuivre les vaincus jusqu'à leur camp, qui était soigneusement fortifié.

Les Lacédémoniens, réunis derrière leurs retranchements, virent avec douleur les résultats de leur défaite ; jamais ils n'avaient éprouvé une perte plus considérable. Le conseil des chefs mit en délibération si on reprendrait les morts, en risquant une seconde bataille? Cette proposition fut rejetée par les officiers les plus expérimentés : ils firent observer que de sept cents Spartiates engagés dans l'action, quatre cents avaient péri ; que les Lacédémoniens avaient perdu mille hommes, les alliés deux mille six cents, et que les confédérés étaient entièrement désaffectionnés. Cédant à la nécessité, les Spartiates envoyèrent un héraut pour demander leurs morts et reconnaître la victoire des Thébains.

### MOUVEMENT HÉROÏQUE A SPARTE.

— Le messager qui portait la nouvelle de la perte de la bataille de Leuctres arriva à Sparte au moment où les habitants étaient occupés à célébrer des fêtes gymnastiques et musicales, pour demander aux dieux la conservation des fruits de la terre. Les magistrats qui présidaient ordonnèrent de continuer les fêtes : ils envoyèrent en même temps à chaque famille une liste des guerriers qu'elle avait perdus, avec injonction aux femmes de s'abstenir de lamentations superflues.

Le lendemain, les parents de ceux qui étaient morts pour la patrie parurent sur les places publiques avec leurs habits de fête, se saluant et se félicitant du trépas glorieux de leurs enfants; tandis que les familles de ceux qui avaient évité la mort par une fuite honteuse restaient dans leurs maisons, dévorant en silence leur affliction. Elles attendaient, avec une humble résignation, la sentence d'*ignominie éternelle* qu'on devait prononcer contre les coupables. Hélas! ils étaient trop nombreux et trop puissants! Agésilas le sentait: « Supposons, dit-il, que les institutions de « Lycurgue ont dormi pendant la mal« heureuse journée de Leuctres, mais « qu'à compter de cet instant elles « reprennent force de loi. »

GÉNÉROSITÉ D'ATHÈNES. — Quand la Grèce apprit que les Thébains, sans avoir perdu plus de trois cents hommes, avaient triomphé des Lacédémoniens, les Éléens, les Arcadiens, les Argiens et tous les confédérés de Sparte aspirèrent ouvertement à l'indépendance. Au milieu de cette fermentation, les Athéniens, dirigés par la magnanimité ou plutôt par la sagesse de Timothée et d'Iphicrate, se déterminèrent à s'opposer à la destruction de Sparte, et les Thébains, qui les sollicitaient d'entrer dans leurs vues d'extermination, dirigèrent leur politique ambitieuse du côté de la Thessalie.

JASON, ROI DE THESSALIE,
370 avant J.-C.

La Thessalie, long-temps affaiblie par des divisions intestines, était presque réunie sous le sceptre de Jason, homme dont les talents et l'ambition semblaient destinés à opérer de grands changements dans la Hellade. Sa famille puisait son origine dans les dynasties des siècles héroïques; c'était la maison la plus opulente de Phérès. Jason s'étant, à force d'artifices, approprié la fortune de ses frères et celle de sa famille, avait levé un corps de troupes mercenaires, et il s'apprêtait à s'emparer de la Thessalie entière, quand ses empiétements furent arrêtés par Polydamas.

Après Phérès et Larisse (voy. *pl.* 42) (*), Pharsale était la ville la plus importante de la Thessalie; ses habitants, fatigués de dissensions, étaient convenus de remettre le soin de leurs intérêts à la sagesse de Polydamas. Ils lui avaient permis d'occuper la citadelle, et il gouvernait depuis plusieurs années avec tant d'équité et de modération qu'il avait mérité le surnom de Père de la patrie. Opposé aux projets de Jason, il avait su le contenir, lorsque celui-ci, seul et sans escorte, vint le trouver à Pharsale, où il lui avait demandé une entrevue. Jason, après avoir exposé en détail à Polydamas ses ressources et ses projets, lui offrit le second rang dans ses états, s'il consentait à lui remettre la citadelle qu'il occupait. « Nos ef« forts réunis, ajouta-t-il, nous don« neront sans nul doute l'empire de « la Grèce. »

Polydamas répondit qu'il lui était impossible de trahir la confiance de ses concitoyens. Jason loua son intégrité et le patriotisme qui lui inspiraient, dit-il, « le désir d'obtenir l'a« mitié d'un homme d'un si beau « caractère. »

Polydamas s'étant adressé aux Lacédémoniens, qui comptaient les habitants de Pharsale au nombre de leurs alliés, et n'en ayant pu obtenir aucun secours, consentit à traiter avec Jason, auquel il remit la citadelle, du consentement des citoyens. Ce prince fut bientôt après déclaré capitaine général de la Thessalie; titre modeste sous lequel il posséda l'étendue du pouvoir royal.

L'autorité souveraine ne pouvait tomber en des mains plus habiles. Les nouvelles levées que fit Jason, ajoutées à son corps de mercenaires, portèrent bientôt son armée à huit mille hommes de cavalerie et à vingt mille hoplites ou gens pesamment armés, auxquels il joignit un régiment de soldats pourvus de boucliers impéné-

(*) Larisse, qui a conservé son nom jusqu'à présent, est en grande partie occupée par les Turcs; elle est arrosée par le Pénée, et dominée par le mont Ossa.

trables aux traits. Avec ces moyens, Jason soumit les Dryopes, les Dolopes, ainsi que les tribus belliqueuses répandues dans le mont Oëta et dans le Pinde : il jeta la terreur dans la Macédoine, subjugua l'Épire, et il étendit sa domination depuis le golfe Thermaïque jusqu'à l'entrée de l'Adriatique, en enveloppant dans une espèce de réseau toutes les républiques de la Hellade continentale.

Jason aspirait au titre de généralissime des armées grecques; mais Sparte était un obstacle à son ambition : aussi ne voyagea-t-il que très-peu dans le Péloponèse. Il venait au contraire fréquemment à Thèbes, où il forma des liaisons avec les personnages les plus distingués, tels que Pélopidas et Timothée. Il y parut en habit de suppliant, pour solliciter les juges à l'occasion d'un procès intenté à ce dernier. Il tâcha de gagner l'amitié d'Épaminondas par des présents et des promesses; mais l'illustre général, fier de son honorable pauvreté, rejeta avec dédain l'insolente générosité d'un étranger. Cependant il contracta un engagement d'hospitalité avec les Thébains, qui le déterminèrent à accéder à leur alliance : ils étaient dans ce moment menacés par les Lacédémoniens.

L'avenir de Jason n'était pas encore fixé; il se trouvait engagé dans une guerre contre les Phocidiens, pour obtenir la surintendance de l'oracle d'Apollon et l'administration du trésor sacré de Delphes. Tandis qu'il semblait poursuivre ce projet, une expédition maritime, préparée dans les ports de la Béotie qui avoisinent le golfe des Alcyons, arrive avec la rapidité des vents sur les plages de la Phocide, y débarque deux mille hommes de cavalerie, qui rejoignent l'armée thébaine réunie près de Leuctres. Les Spartiates, campés à peu de distance, voulaient tenter le sort d'une seconde bataille et réparer la défaite qu'ils avaient éprouvée au même endroit.

Jason, au lieu de se ranger du côté des Thébains, se porta comme médiateur entre eux et les Lacédémoniens. Les hostilités furent suspendues, des conditions de paix proposées et acceptées avec défiance sans doute, car les Spartiates décampèrent la nuit suivante et regagnèrent à marches forcées la Laconie. Jason, qui ne souhaitait pas une paix sincère et durable, avait réussi dans le dessein qu'il se proposait: c'était d'obtenir la réputation d'un médiateur pacifique; rôle qu'il se proposait de continuer pour arriver à ses fins ultérieures.

De retour dans la Thessalie, Jason demanda la possession d'Héraclée, ville qui commandait l'entrée des Thermopyles. Ce fut de cet endroit qu'il écrivit aux amphictyons pour réclamer le privilége de présider les jeux pythiens, comme un honneur dû à sa piété et à sa puissance.

Afin de se préparer à cette importante solennité, il ordonna aux habitants de la Thessalie d'engraisser des bœufs, des moutons, des chèvres et des porcs, en promettant des indemnités et des récompenses aux cantons qui fourniraient les meilleures victimes destinées aux autels d'Apollon; il rassembla ainsi mille bœufs et dix mille têtes de menu bétail. Il prépara en même temps toutes ses forces militaires, afin d'appuyer plus efficacement que par des hécatombes parfaites, ses prétentions à la surintendance des jeux, à la tutelle de l'oracle, et à l'administration du trésor sacré, qui devaient lui assurer l'empire de la Grèce et la conquête de Babylone, dont la route lui avait été tracée par Xénophon.

Jason se repaissait de ces idées, lorsque passant la revue de son armée, il fut poignardé par sept jeunes gens que les Grecs honorèrent du titre de libérateurs. L'empire du tyran périt avec sa personne; mais ses grands desseins devinrent dans la suite la pensée de Philippe et l'héritage de son fils Alexandre-le-Grand.

ANARCHIE.
371 — 370 av. J.-C.

La condition d'un peuple qui ne doit sa liberté qu'au bras d'un assassin est éphémère : il s'écoula trente-trois ans de calamités depuis la mort de Jason jusqu'au temps où la Hellade perdit sa liberté dans la plaine de Chéronée.

Deux ans après la bataille de Leuctres, la confédération péloponésienne se trouva entièrement dissoute. Les villes, délivrées du joug des Spartiates, furent soumises à une tyrannie bien plus destructive, celle de leurs passions indomptables. Quatorze cents citoyens furent bannis de la seule ville de Tégée ; deux mille furent égorgés dans Argos, « et il était, dit Isocrate, plus « facile alors de former une armée de « proscrits, que de citoyens avoués « par l'état. »

Thèbes, qui avait des destinées particulières à remplir, avait au contraire reçu dans son alliance les Acarnaniens, les Locriens, les Phocidiens et une foule de petites républiques. Les Mantinéens, ses partisans secrets, avaient profité des troubles publics pour relever les murs de leur ville, sans égard pour les enfants de Lycurgue, qui ne semblaient plus songer qu'à défendre les bords de l'Eurotas.

Informés des préparatifs de Thèbes, les Spartiates, qui croyaient déjà voir l'ennemi aux portes de leur capitale, venaient d'armer les vieillards, les infirmes, les ministres des dieux, les magistrats : ils parlaient d'enrôler les Hilotes, lorsque les proscrits d'Argos, de l'Achaïe et de l'Arcadie, vinrent leur offrir le secours de leurs bras.

### INVASION
#### DU PÉLOPONÈSE PAR LES THÉBAINS,
#### 369 av. J.-C.

Les Thébains et leurs alliés, renforcés d'une foule de partisans, levèrent une armée de cinquante, ou, suivant quelques historiens, de soixante-dix mille hommes. Épaminondas et Pélopidas, qui la commandaient, étant entrés dans le Péloponèse, Agésilas s'empressa d'évacuer l'Arcadie, avant que ses soldats eussent vu les feux du camp des Thébains.

DÉVOUEMENT D'ISCHILAS. — Les Thébains, maîtres dans leurs mouvements, se décidèrent à pénétrer dans la Laconie. Leur armée se partagea en quatre divisions, qui prirent des routes différentes pour se réunir à Sellasie, d'où elles devaient se porter en masse contre Sparte. C'en était fait de la ville des héros, lorsque l'esprit de Léonidas sembla renaître dans le cœur d'Ischilas, qui gardait le défilé de Skyritis. Trois corps ennemis avaient exécuté leurs opérations, lorsque Ischilas se lève à l'approche des Arcadiens. La mort est l'unique récompense que son courage ambitionne. Il ordonna de se retirer aux jeunes gens, dont la vie était trop précieuse pour la sacrifier dans une entreprise désespérée. Ils obéirent ; pour lui, accompagné de ses vieux soldats, il saisit l'occasion glorieuse de mourir pour la patrie, et le combat ne finit qu'avec le dernier soupir du dernier des Spartiates qu'il commandait.

Les Arcadiens passèrent sur les cadavres d'Ischilas et de ses guerriers, et les confédérés, ayant opéré leur jonction à Sellasie, marchèrent vers l'Eurotas. Depuis cinq cents ans, aucun ennemi n'avait ravagé le territoire de la Laconie. A l'aspect de l'incendie qui dévorait les métairies, les vastes plants d'oliviers et les moissons, on enrôla de gré ou de force six mille paysans et une foule d'esclaves. Leur nombre augmenta la frayeur des magistrats et celle des citoyens, qui ne se modéra qu'à l'arrivée des auxiliaires de Corinthe, de Phlionte, d'Épidaure (voy. *pl.* 44) (*) et de Pallène, villes rivales de Sparte, mais qui ne voulaient pas sa destruction.

Ce secours inopiné releva le courage des Lacédémoniens, et Agésilas en profita pour repousser les assaillants, qu'il battit au moyen d'une embuscade dressée dans le temple des Tyndarides. Il apaisa en même temps, par une rare présence d'esprit, une

(*) Cette vue offre l'aspect des pays qu'occupait Épidaure. Dans le fond on aperçoit la presqu'île de Méthana ; le théâtre de Jéro, lieu consacré à Esculape, est encore fort bien conservé.

insurrection dangereuse, et, tandis qu'il surmontait par la force et par la ruse les efforts des ennemis domestiques et des étrangers, il s'occupait des mesures propres à procurer les moyens les plus puissants pour la défense de son pays.

NÉGOCIATIONS D'AGÉSILAS, 369 AVANT J.-C. — On a rapporté précédemment que, dans le congrès de Sparte, les Athéniens avaient manifesté la résolution de renouveler et de confirmer le traité d'Antalcidas; mais il serait difficile de dire pourquoi une pareille proposition resta, pendant plus de deux ans, sans être examinée.

Les envoyés d'Agésilas, expédiés pour reprendre cette question politique, étant arrivés à Athènes, firent valoir des motifs qui n'auraient aucune influence sur la politique froide et inanimée des temps modernes. Ils rappelèrent que les Athéniens et les Lacédémoniens s'étaient souvent assistés dans des temps de détresse; ils parlèrent de la guerre médique, des Thermopyles. Passant à une époque récente, ils dirent comment l'humanité de Sparte avait protégé Athènes contre la fureur implacable des Thébains, qui voulaient démolir la ville de Minerve, et faire de l'Attique une affreuse solitude. L'importance de ces services méritait bien quelque reconnaissance; la renommée d'Athènes l'obligeait à protéger les infortunés, et la justice demandait qu'on exécutât enfin le traité d'Antalcidas.

Il s'éleva un violent murmure dans l'assemblée, qui annonçait la divergence des opinions. Sparte n'avait-elle pas violé la première le traité qu'elle invoquait maintenant, lorsqu'elle avait envahi l'Arcadie pour soutenir l'usurpation de la noblesse de Tégée sur les droits de leurs concitoyens?

Aux ambassadeurs de Lacédémone s'étaient joints ceux de Corinthe et de Phlionte; Cléitelès, l'un des envoyés de Corinthe, se levant dans l'assemblée, parla en ces termes: « S'il était possible, Athéniens, de méconnaître
« les agresseurs, les maux qu'ils nous
« ont causés en particulier suffiraient
« pour lever tous les doutes. Depuis
« la paix d'Antalcidas, les Corinthiens
« n'ont commis nulle hostilité contre
« aucun état de la Grèce. Les Thé-
« bains, au contraire, sont entrés sur
« notre territoire, ont coupé nos ar-
« bres, brûlé nos maisons et pillé
« notre bétail. Comment pourriez-
« vous refuser du secours à ceux qui
« ont été si manifestement provoqués
« par une infraction directe à un traité,
« auquel ils n'ont accédé que sur votre
« volonté expresse? »

ALLIANCE D'ATHÈNES AVEC SPARTE. — L'assemblée approuva hautement le discours de Cléitelès, qui fut soutenu par le Phliasien Patrocle, qui s'écria: « Sparte détruite, Athènes
« va se trouver en première ligne ex-
« posée au ressentiment des Thébains.
« Athéniens, la cause des Spartiates
« est la vôtre; vous êtes appelés à la
« défendre, non par des décrets, mais
« par la puissance de vos armes. Pro-
« noncez-vous donc en leur faveur;
« oubliez vos funestes animosités;
« payez les services importants que
« la valeur de Sparte rendit à Athènes
« et à la Grèce, dans la guerre des
« Barbares, qui ne trouvèrent d'alliés
« que parmi les Béotiens. »

L'assemblée fut si profondément émue par ce discours, qu'elle refusa d'entendre le parti des opposants; elle vota, par acclamation, qu'on secourrait les Spartiates. Iphicrate fut nommé général; douze mille hommes eurent ordre de se rendre sous ses drapeaux; les sacrifices furent d'un bon augure; les troupes prirent un repas à la hâte, et telle était leur ardeur pour rencontrer l'ennemi, que plusieurs marchèrent en avant, sans attendre les ordres de leur commandant.

RAVAGES D'ÉPAMINONDAS. — Épaminondas avait commis des ravages affreux dans la Laconie. Repoussé devant Sparte, il s'était vengé sur les campagnes d'alentour, en désolant les rives fertiles de l'Eurotas. Il avait pris d'assaut Hélos et Gythion, traversant toute la province, il avait détruit les villages par le feu, et les habitants par le fer. Non content de tant de calamités, il voulut que l'invasion fût un mal durable, que le travail des années ne pût réparer. A cet effet, il employa un expédient qui devait laisser les Lacédémoniens exposés aux ressentiments d'un ennemi implacable.

RESTAURATION DE MESSÈNE. — Les débris des Messéniens étaient accourus sous les étendards d'Épaminondas, satisfaits de trouver l'occasion de rendre aux Lacédémoniens les maux que ceux-ci leur avaient fait endurer. Messène, ensevelie sous ses ruines depuis trois siècles environ, fut rebâtie par le général thébain. Il accomplissait ainsi un acte de générosité et de compassion, qui devait être en même temps un châtiment durable pour Sparte, puisqu'il plaçait dans son voisinage un peuple qu'elle avait deux fois cherché à anéantir. ( Voy. *planche* 43), (\*).

ÉVACUATION DE LA LACONIE. — Épaminondas avait terminé cette entreprise mémorable et assisté à la dédicace de Messène, lorsqu'il apprit les mouvements de l'armée athénienne commandée par Iphicrate. Ce général avait laissé dissiper l'ardeur de ses soldats en perdant un temps précieux à Corinthe. Il semblait vouloir manœuvrer, plutôt que combattre les Thébains ; c'est pourquoi il conduisit son armée vers l'Arcadie, espérant, ce qui arriva effectivement, que, par cette diversion, il forcerait l'ennemi à abandonner la Laconie.

On ne peut imaginer qu'Épaminondas ait voulu éviter une bataille ; mais il dut être alarmé de l'intérêt que les Athéniens avaient pris au danger de Sparte. Les Arcadiens demandaient à rentrer dans leurs foyers menacés par Iphicrate; les Éléens et les Argiens voulaient mettre leur butin en sûreté ; les Thébains étaient fatigués de la durée de la campagne, et Épami-

(\*) Cette belle ruine est celle de la grande porte de Messène. A gauche est le mont Ithome et le mont Évan; dans le fond est la plaine de Stényclaros, terminée par le golfe de Messénie.

nondas, environné de difficultés, se prépara à évacuer la Laconie; « mais « ce ne fut, dit Xénophon, qu'après « que tout ce qui avait quelque valeur « eut été saccagé, dissipé ou brûlé. » Iphicrate, qui avait pénétré dans l'Arcadie, se retira de son côté ; les deux armées défilèrent comme d'un consentement mutuel, pour se retirer dans leur pays, sans avoir eu aucun engagement.

ACCUSATION DES GÉNÉRAUX. — Les Athéniens blâmèrent Iphicrate d'avoir laissé traverser tranquillement l'isthme de Corinthe à un ennemi fatigué par une campagne d'hiver et chargé de butin. Pélopidas et Epaminondas furent accusés et cités devant l'assemblée des Thébains. Le premier, doué d'un courage de tempérament bon pour un jour de bataille, parut tremblant devant ses juges; Épaminondas, au contraire, déploya dans cette circonstance la supériorité philosophique qui peut seule résister à toutes les vicissitudes de la fortune.

LEUR ACQUITTEMENT. — Au lieu d'observer les formalités d'une défense régulière, l'illustre Thébain osa braver l'envie en faisant lui-même son éloge. Après avoir rapporté ses exploits, il conclut en disant « qu'il « était prêt à se soumettre à la mort, « assuré qu'il était d'une réputation « immortelle acquise au service de sa « patrie. » Cette magnanimité en imposa aux démagogues; l'assemblée, saisie d'admiration, prononça l'acquittement des accusés, et Épaminondas fut reconduit dans sa maison avec autant d'enthousiasme qu'après la victoire de Leuctres.

RATIFICATION
DU TRAITÉ ENTRE ATHÈNES ET SPARTE. — ALLIANCES DIVERSES.
368 avant Jésus-Christ.

La confirmation du traité entre Sparte et Athènes au printemps de cette année fut suivie d'alliances politiques avec Denys I$^{er}$, tyran de Sicile, et avec Artaxerxès, roi de Perse. Le premier, en sa qualité de Dorien, déplorait l'abaissement du peuple spartiate, qui, pendant sept cents ans, avait formé un des plus beaux et meilleurs de la Hellade ; le sénat fut, fidèle à son système politique, qui était de soutenir le parti le plus faible, avait pour but d'éterniser les hostilités et de maintenir l'égalité entre les états belligérants.

Tandis que les Lacédémoniens se fortifiaient par ces alliances, les Arcadiens s'emparaient de Pallène, république achéenne, restée fidèle à Lacédémone. Le pays fut ravagé, les villages forcés, la ville prise d'assaut, et la garnison, forte de trois cents hommes, passée au fil de l'épée. Après ce succès, les vainqueurs furent joints par les Éléens et les Argiens. Épaminondas marcha en même temps vers le midi de la Hellade, avec sept mille fantassins et trois cents chevaux. Mais avant d'arriver à l'isthme, les Lacédémoniens, qui avaient reçu un renfort de deux mille soldats envoyés par Denys, tyran de Syracuse, secourus par Chabrias, qui commandait un corps d'Athéniens, se mirent en mesure d'empêcher Épaminondas de faire sa jonction avec les Péloponésiens. Les Thébains, cependant, forcèrent le passage du défilé, prirent Sicyone et attaquèrent Corinthe.

RETRAITE DES THÉBAINS. — Chabrias, qui se trouvait chargé à son tour du commandement général, repoussa les Thébains avec tant de perte, qu'Épaminondas jugea à propos de se retirer en Béotie. Il fut alors blâmé et disgracié par ses concitoyens qui, insolents dans la prospérité, se croyaient en droit d'être toujours vainqueurs.

ARCHIDAMOS,
367 avant Jésus-Christ.

LYCOMÈDE. — Les Arcadiens, peuple simple mais guerrier, abandonnés des Thébains, n'en persistèrent pas moins à faire la guerre aux Lacédémoniens. Conduits par Lycomède de Mantinée, homme aussi chéri que respecté, ils ne trouvaient rien d'impossible à exécuter. Leur principal mérite se montrait surtout dans les embuscades, dans les surprises et dans tous les stratagèmes dangereux de la petite guerre. Ils connaissaient l'ambition de Thèbes. Ils avaient été les fauteurs de celle de Sparte, pendant la guerre de vingt-sept ans. Lycomède, qu'ils appelaient, dit Xénophon, l'*homme unique*, n'eut pas de peine à leur persuader de travailler pour leur compte, et ne suivre à l'avenir le drapeau d'aucun état étranger.

Sur ces entrefaites, les Spartiates avaient reçu de nouveaux renforts de la Sicile, des soldats (c'étaient des Grecs mercenaires) et de l'argent d'Artaxerxès ; les troupes des Thébains se trouvaient employées en Thessalie et dans la Macédoine. Le moment était opportun pour réprimer les Arcadiens. La vieillesse d'Agésilas ne lui permettait pas de prendre le commandement, le peuple, le sénat et les éphores le conférèrent à son fils Archidamos.

BATAILLE DE MIDÉE. — Au début de la campagne, Archidamos chassa les garnisons ennemies des villes inférieures de la Laconie. S'étant avancé vers l'Arcadie, il se préparait à attaquer Parrhasie, quand les Arcadiens, commandés par Lycomède et renforcés par les Argiens, vinrent au secours de cette place. Leur arrivée força Archidamos à se retirer sur les hauteurs qui dominaient le village de Midée. Tandis qu'il y était campé, Cissidas, commandant des Siciliens, déclara que le temps de son service était expiré, et, sans attendre réponse, il ordonna à ses troupes de plier bagage et de marcher vers la Laconie. Mais le défilé qu'il devait franchir pour exécuter sa retraite avait été occupé par les Messéniens. Dans cette perplexité, Cissidas eut recours à Archidamos, qui marcha à son secours. Les Arcadiens et les Argiens l'ayant suivi, on se trouva de part et d'autre dans la nécessité d'en venir aux mains.

Archidamos ayant rangé ses troupes en bataille, leur adressa ces paroles :
« Amis, si vous êtes encore braves,
« nous pouvons avancer avec confian-
« ce, rétablir nos affaires et trans-
« mettre à nos descendants la répu-

« blique telle que nous l'avons reçue
« de nos ancêtres. Faisons donc un
« effort glorieux pour recouvrer notre
« réputation antique, cessons d'être
« l'opprobre de nos amis, de nos pa-
« rents, de nos familles et d'une pa-
« trie, dont nos aïeux furent l'orne-
« ment et la gloire. »

VICTOIRE DES LACÉDÉMONIENS. —
Il parlait encore quand le tonnerre se
fit entendre à sa droite, quoique le
jour fût clair et serein. Les soldats,
frappés de ce bruit, tournèrent les
yeux du côté où il venait, et aperçurent dans un bosquet sacré, à peu
de distance un autel et une statue
du grand Hercule, le premier ancêtre
d'Archidamos et des rois spartiates.
Animés par le concours de ces circonstances, ils s'élancèrent avec impétuosité contre les Arcadiens, dans la
pleine confiance de remporter la victoire. Le petit nombre d'ennemis qui
attendit leur approche fut entièrement
détruit, plusieurs milliers périrent
dans la fuite. Xénophon, Diodore et
Plutarque prétendent que les Spartiates
ne perdirent pas un seul homme. Archidamos éleva un trophée et dépêcha
un courrier à Lacédémone, où la nouvelle de sa victoire fit répandre des
larmes de joie au vieil Agésilas et aux
Spartiates les plus austères.

FONDATION DE MÉGALOPOLIS.

Un renfort considérable que les Arcadiens reçurent de Thèbes empêcha les
Spartiates de tirer les avantages qu'ils
pouvaient espérer de la victoire de Midée. Avec le secours de ces troupes,
les habitants du Ménale et les Par-
rhasiens trouvèrent le moyen d'exécuter un projet qui leur avait été, dit-
on, suggéré par Épaminondas. Ils
abandonnèrent vingt bourgades ou
villages isolés et sans défense ; puis,
choisissant une position avantageuse
dans le centre de leur territoire, ils
y bâtirent une ville, qui prit le nom de
Mégalopolis (*la grande ville*). Ce fut la
dernière ville que les Grecs fondèrent
lorsqu'ils conservaient encore la dignité
d'un gouvernement indépendant.

AFFAIRES DE THESSALIE ET DE MACÉDOINE.

TYRANNIE D'ALEXANDRE. — Depuis l'assassinat de Jason, la Thessalie avait été désolée par une série non interrompue de désordres et
de crimes. Ses habitants, par respect
pour la mémoire de leur vaillant chef,
avaient conservé les mêmes honneurs
dans sa famille. Jason eut en conséquence pour successeurs ses frères
Polydore et Polyphron. Ce dernier, ne
voulant pas se soumettre à une autorité limitée, ni la partager, réunit sur
sa tête, par le meurtre de son frère Polydore, la souveraineté de toute la
Thessalie. Son despotisme cruel fut
presque aussitôt aboli par la main
d'Alexandre, qui l'assassina et vengea
ainsi le sang de son oncle, ou, suivant
quelques auteurs, de son frère utérin :
cette action fut la seule méritoire de
la vie de cet usurpateur.

Alexandre, d'après les portraits qu'en
font les écrivains du temps, surpassa en
férocité tous les tyrans que l'histoire
ait jamais condamnés à l'infamie. Il
faut qu'un lecteur soit circonspect et
reçoive toujours avec quelque défiance
les détails transmis par les anciens républicains sur ceux qu'ils qualifiaient de
tyrans, mais on ne peut douter qu'A-
lexandre, parvenu au trône, n'ait été
cruel pour ses sujets, perfide envers
ses alliés, implacable contre ses ennemis, *voleur de grands chemins* et
*pirate sur mer*, suivant le dire de
Xénophon. Quoiqu'on retranche ici
plusieurs particularités horribles de
son histoire, il mérita sans doute le
ressentiment des Thessaliens : ils prirent les armes contre son autorité et
sollicitèrent le secours des Thébains
qui, par esprit de justice ou d'ambition, embrassèrent promptement leur
cause.

Comme Épaminondas se trouvait en
disgrace, l'armée thébaine fut conduite par Pélopidas et Isménias. L'arrivée de ces chefs jeta la terreur dans
l'ame du tyran, qui ne pouvait confier
sa défense aux mercenaires dont il
était entouré ; il implora la clémence

des généraux thébains, en se soumettant aux conditions les plus humiliantes que leur sagesse exigea pour la sûreté future des Thessaliens.

AFFAIRES DE MACÉDOINE. — Cette expédition était à peine terminée lorsque les Thébains, devenus, par leurs succès, les principaux médiateurs dans les affaires de leurs voisins, furent invités à passer dans la Macédoine qui, depuis la mort d'Amyntas II, avait été six ans de suite en proie à toutes les calamités d'une succession disputée par plusieurs prétendants. Ce fut à cette occasion, comme on le dira dans la période historique de la Macédoine, que Philippe, père d'Alexandre-le-Grand, fut donné en otage aux Thébains, et reçu dans la maison d'Épaminondas.

ARRESTATION DE PÉLOPIDAS ET D'ISMÉNIAS. — Au retour de l'expédition de Macédoine, Pélopidas, qui venait récemment d'être l'arbitre du tyran de Phérès, traversait la Thessalie. Il avait envoyé en avant un détachement considérable de son armée, chargé d'escorter les otages macédoniens qu'on envoyait à Thèbes. Pour lui, il s'avançait sans défiance, lorsqu'il apprit qu'Alexandre venait à sa rencontre suivi de ses soldats mercenaires. Il imagina que le tyran arrivait pour se justifier des nouveaux torts que ses sujets lui imputaient. Ce fut ainsi, par une imprudence blâmée de tous les historiens, que Pélopidas et Isménias se livrèrent d'eux-mêmes aux mains d'un traître qui se faisait gloire de mépriser les lois divines et humaines. Arrêtés par son ordre, ils furent chargés de fers et jetés dans les prisons de Phérès.

ÉPAMINONDAS DÉLIVRE SES COLLÈGUES. — Les Thébains étaient trop peu nombreux pour résister aux satellites du tyran; et quand ils eurent reçu des renforts de Thèbes, ils s'aperçurent, par leurs revers, de la funeste absence de Pélopidas. Épaminondas, qui avait été leur général, servait alors dans leurs rangs; les soldats, se rappelant sa gloire, le saluèrent d'un commun accord général. Les affaires changèrent aussitôt de face, le tyran fut battu et obligé de prendre la fuite. Épaminondas, au lieu de profiter de tous ses avantages, se contenta d'effrayer Alexandre, qui bientôt demanda la paix; mais il n'obtint qu'une trêve de trente jours, sous la condition de remettre en liberté Pélopidas et Isménias.

Plutarque et Diodore de Sicile rapportent une entrevue de Pélopidas avec la reine de Thessalie, pendant sa détention à Phérès. Thébé (c'était le nom de cette princesse) avait obtenu de son époux la permission de voir et d'entretenir Pélopidas. L'extérieur du général thébain ne répondit point à son attente; en voyant sa figure pâle et défaite, elle fut saisie d'un mouvement de pitié et s'écria : « Pélopidas, « que je plains votre femme et votre « famille. » — « C'est vous, Thébé, qu'il « faut plaindre; vous qui, sans être « prisonnière, restez volontairement « l'esclave d'un tyran cruel et perfide. » Cette réponse resta gravée dans la mémoire de la reine, lorsque, dix ans après, elle soutint le courage des meurtriers d'Alexandre.

CONGRÈS DES GRECS,
367 avant J.-C.

L'expédition des Thébains au nord de la Grèce avait permis à Archidamos de reprendre l'offensive contre les Arcadiens, sur lesquels il remporta une victoire complète. Les éphores avaient envoyé presque en même temps, comme ambassadeur en Perse, Antalcidas avec Eutyclès, afin de hâter les secours de troupes et l'envoi d'argent qu'on attendait de ce pays. Thèbes comprit qu'il était temps de maintenir ses intérêts dans la péninsule, et de prévenir les négociations de ses ennemis avec Artaxerxès. Épaminondas fut confirmé dans son commandement militaire; Pélopidas reçut la commission d'ambassadeur auprès du grand roi, vers lequel il se rendit accompagné des députés d'Élis, d'Argos et d'Arcadie. Les ambassadeurs d'Athènes partirent bientôt après pour la même destination, de sorte qu'on vit pour la première fois un congrès des républiques grecques discuter leurs intérêts à la cour d'un prince étranger.

A leur arrivée, Artaxerxès traita Antalcidas avec la bonté due à un hôte et à un ancien favori ; mais à son audience publique, les manières, la réputation et l'éloquence de Pélopidas, lui méritèrent une préférence que le roi, qui dédaignait la contrainte, ne chercha pas à déguiser. L'Athénien Timagoras seconda avec vigueur et adresse la négociation de l'ambassadeur thébain, qui réussit à faire signer par Artaxerxès un traité qui portait en substance : « qu'Athènes désarmerait « ses flottes, que la Messénie reste- « rait indépendante de Sparte, et que « la guerre serait déclarée aux con- « trevenants par la Perse et par les « Thébains ses alliés. »

Pélopidas étant de retour à Thèbes, les béotarques se hâtèrent d'y convoquer une assemblée générale des états de la Grèce. Athènes et Sparte dédaignèrent de répondre à cet appel, et les Arcadiens rejetèrent toute espèce de négociation.

Leur ambassadeur, Antiochos, était revenu plein de dégoût pour le grand roi : « Ses richesses et sa puissance « n'étaient pas, à l'entendre, telles « que la flatterie le disait. Le platane « d'or, dont on leur avait fait des « descriptions pompeuses, pourrait à « peine fournir de l'ombre à une ci- « gale. Il n'avait vu en Perse que l'at- « tirail du vice et du luxe, des pâtis- « siers, des sommeliers, des cuisi- « niers, et nulle part des hommes ca- « pables de tenir tête aux Grecs. »

Corinthe, quoique la plus faible des républiques du Péloponèse, refusa d'entrer dans aucune confédération avec le roi de Perse. Les autres états de la presqu'île adhérèrent à cette déclaration, en bravant la puissance du grand roi.

TROISIÈME CAMPAGNE D'ÉPAMINONDAS,
366 avant J.-C.

Épaminondas encouragea ses compatriotes à acquérir par les armes la prééminence qu'ils se flattaient vainement d'obtenir par des négociations. On lui confia donc le commandement d'une armée nombreuse, qu'il fit servir d'abord à forcer les Achéens d'accéder à l'alliance de Thèbes. Depuis quelques années le parti aristocratique dominait dans l'Achaïe, et la noblesse accourut de toutes parts au devant du général thébain : elle sollicitait à genoux sa protection ; peu inquiète de l'indépendance nationale, pourvu qu'elle conservât sa fortune particulière et ses priviléges.

L'aristocratie l'emporta, et cette révolution, qui s'était facilement opérée, ne tarda pas à devenir oppressive et sanglante. Épaminondas, sans qu'on en connaisse bien les raisons, retourna à Thèbes avec son armée. Il venait d'être accusé par les Arcadiens et par les Argiens d'avoir livré les Achéens à la tyrannie des eupatrides, ou nobles. Les démagogues thébains exigèrent et obtinrent qu'on envoyât sur les lieux des commissaires appuyés par un corps de mercenaires, qui bannirent ou mirent à mort les nobles, et instituèrent l'ochlocratie, ou gouvernement de la lie du peuple. Bientôt après une réaction fit remonter au pouvoir les eupatrides proscrits, qui chassèrent ou firent mourir les chefs du peuple : sachant combien il était dangereux de dépendre de la politique inconstante de Thèbes, ils implorèrent la protection de Sparte, qui leur fut accordée.

TYRANNIE D'EUPHRON. — Sicyone ne put suivre l'exemple des Achéens. Dominée par Euphron, démagogue ambitieux, secrètement attaché aux Thébains, ses habitants, divisés en factions, étaient plus occupés à se déchirer qu'à briser leurs fers, jusqu'au moment où Énée de Stymphale chassa leur tyran et les rendit à la liberté. Euphron s'enfuit à Thèbes avec ses trésors : ses ennemis attachèrent sur ses pas des émissaires chargés de déjouer ses intrigues, et ils finirent par l'assassiner dans la Cadmée, au milieu des archontes et des sénateurs qui s'y trouvaient assemblés. Les meurtriers, saisis en flagrant délit, s'obstinaient à nier leur crime, lorsqu'un d'eux, changeant de langage, confessa son action, qu'il qualifia de légitime et d'honorable. Les hommes ressentent si peu d'horreur pour les forfaits auxquels leur imagination est familiarisée, que les assassins furent absous d'une voix unanime par les magistrats de Thèbes.

### CAMPAGNE DE THESSALIE,
### 364 avant J.-C.

Des négociations et des intrigues entre les différents états de la Hellade duraient depuis deux ans, lorsque le tyran de Phérès, Alexandre, attira de nouveau l'attention des Thébains : il était au moment d'envahir la Thessalie tout entière. Le sénat de Thèbes mit sous les ordres de Pélopidas une armée de dix mille hommes. Il allait se mesurer contre l'ennemi qui l'avait retenu dans les fers. Le jour fixé pour le départ des Thébains, une éclipse de soleil les épouvanta, et plusieurs soldats abandonnèrent leurs drapeaux. Malgré cette défection, Pélopidas se rendit à Pharsale, où les alliés qu'il avait dans le pays l'ayant rejoint, il vint camper au pied des monts Cynocéphales.

MORT DE PÉLOPIDAS. — Le tyran, qui se trouvait à la tête de vingt mille hommes, présenta la bataille, que Pélopidas accepta malgré l'infériorité de ses forces. La résistance de l'ennemi fut longue ; le succès était incertain, lorsque le général thébain, montant à cheval et appelant à haute voix Alexandre, qu'il défiait à un combat singulier, tomba percé de coups par les satellites qui entouraient le roi de Phérès. Cependant la victoire resta aux Thébains, qui firent transporter le corps de Pélopidas à Thèbes : les honneurs suprêmes lui furent rendus aux frais des Pharsaliens ; et le peuple, faisant allusion à l'éclipse, s'écria : *Le soleil de Thèbes est couché.*

Le sénat nomma Maleïtas et Dogeïton au commandement de l'armée thébaine en Thessalie. Le tyran fut battu, dépouillé de ses conquêtes, et, chose extraordinaire, on lui permit de continuer à régner dans Phérès.

DESTRUCTION D'ORCHOMÈNE. — Tandis que ces choses se passaient, la faction aristocratique qui dominait dans Orchomène, seconde ville de la Béotie, formait une conspiration contre Thèbes. Elle devait éclater à la revue annuelle des troupes qu'on envoyait aux Thébains, et elle fut découverte au moment où trois cents cavaliers orchoméniens se trouvaient réunis sur l'Agora, ou place du marché : ils furent taillés en pièces. La multitude se porta immédiatement contre Orchomène, qu'elle prit et détruisit de fond en comble. (Voy. *pl.* 40) (*).

OLYMPIE PILLÉE. — La guerre civile éclatait également dans le Péloponèse. Les Arcadiens avaient déclaré la guerre aux timides et doux Éléens, qui, battus dans toutes les rencontres, implorèrent et obtinrent l'appui des Lacédémoniens. Les Arcadiens s'étaient également emparés de proche en proche de toutes les places de l'Élide jusqu'à Olympie. Possesseurs de la ville sacrée, en vertu des droits de Pise, place qui avait cessé de subsister, ils se préparaient à ouvrir la cent quatrième olympiade ; les hostilités étaient suspendues et les peuples se trouvaient réunis pour la célébration des fêtes. Le grand jour brillait. Les prières et les sacrifices venaient de finir et les jeux gymniques commençaient, quand les athlètes et les spectateurs furent subitement alarmés par le bruit des armes et par le spectacle d'une bataille. Les Éléens, avec toutes leurs forces réunies, venaient de

---

(*) Les remparts de l'acropole d'Orchomène, dont on aperçoit les ruines sur un escarpement du mont Akontios, offrent trois époques de restauration successives, depuis le polygone irrégulier jusqu'à la maçonnerie hellénique régulière. Orchomène était renommée par ses richesses dès les temps les plus reculés. Hésiode y avait son tombeau. La trésorerie de Mynias s'y voyait encore au temps de Pausanias. Ce fut à Orchomène qu'Étéocle sacrifia aux Graces, dont il y établit le culte. Pindare appelle Orchomène la ville des Graces.

surprendre deux mille Argiens et quatre cents hommes de cavalerie athénienne qui gardaient les bosquets sacrés et les temples d'Olympie... Tout fuyait devant eux. Ce qui prouve, dit Xénophon, *que les dieux peuvent inspirer du courage aux plus lâches.*

Cependant les Arcadiens, revenus de leur surprise, parvinrent à repousser les Éléens qui, après avoir perdu Stratolos, leur chef, se retirèrent en bon ordre. Les fêtes, dont la durée était de quatre jours, continuèrent; mais cette olympiade ne fut jamais inscrite sur les registres des Éléens.

Après la célébration des jeux, les Arcadiens, restés maîtres de la ville et du temple de Jupiter Olympien, qui contenait des richesses amassées depuis plusieurs siècles, s'emparèrent du trésor sacré, sous prétexte de solder les Épérites, qui formaient un corps de mercenaires employés à leur service. Les Mantinéens protestèrent les premiers contre cette rapacité sacrilége, qui donna lieu à la quatrième invasion des Thébains dans le Péloponèse.

### BATAILLE DE MANTINÉE.
MORT D'ÉPAMINONDAS (27 juin), 362 av. J.-C.

Vers la fin de la seconde année de la cent quatrième olympiade, Épaminondas entra en campagne avec une armée composée de Béotiens, d'Eubéens et de Thessaliens : il s'attendait à être joint dans le Péloponèse par les Argiens, les Messéniens, et surtout par les habitants de Tégée et de Mégalopolis. Après avoir passé l'isthme, le général thébain vint camper à Némée, lieu célèbre par un temple de Jupiter, dont les ruines existent encore de nos jours, et par les jeux qu'on y célébrait. (V. *planche* 45) (*).

(*) C'était dans la plaine de Némée que se célébraient les jeux institués en l'honneur de la victoire remportée par Hercule sur le lion de Némée. Depuis long-temps les lions ont disparu de la Grèce, où il s'en trouvait encore au temps de Xerxès, puisque Hérodote rapporte que les chameaux de son armée furent effrayés par les lions du mont Pangée. Le temple de Némée était déjà en partie ruiné du temps de Pausanias.

Il avait calculé que, maître de cette position, il intercepterait la marche des Athéniens, mais au lieu de traverser l'isthme ; ils avaient fait voile du Pirée vers les côtes de l'Argolide, d'où ils rejoignirent leurs alliés sur le plateau de Mantinée. Épaminondas leva son camp pour se porter à Tégée, à la tête de trente mille hommes, au nombre desquels on comptait plus de trois mille cavaliers.

Le commandement qu'on lui avait confié ne devait durer que pendant un temps très-limité, et déjà plusieurs semaines s'étaient écoulées depuis son arrivée dans la Tégéatide ; il partit brusquement pendant une nuit, afin de surprendre Sparte. Après une marche forcée de dix lieues, il touchait au but de son entreprise, et sans la vitesse d'un déserteur crétois qui instruisit Agésilas du danger dont il était menacé, c'en était fait de Sparte. L'action qui eut lieu, telle qu'elle est rapportée par Xénophon, tient du prodige : Archidamos, avec cent hommes tout au plus, suffit pour arrêter les Thébains, qui s'enfuirent précipitamment.

Persuadé que les Lacédémoniens, campés à Mantinée, allaient accourir au secours de leur capitale, Épaminondas fit sonner la retraite et revint rapidement à Tégée. Laissant à son infanterie le temps de respirer, il ordonna à sa cavalerie de s'avancer vers Mantinée, éloignée de quatre lieues, et de l'attendre jusqu'à son arrivée. Il croyait surprendre la ville, dont les habitants se trouvaient occupés aux travaux de la moisson ; mais sa sagacité fut déçue. Lorsque les Thébains parurent devant la place, un corps nombreux de cavalerie athénienne l'avait déjà occupée. Un combat opiniâtre et sanglant s'engagea entre la cavalerie de Thèbes et celle d'Athènes, dans lequel celle-ci, quoique inférieure en nombre, obtint l'avantage. Les Thébains redemandèrent leurs morts, et les vainqueurs érigèrent un trophée.

Loin de se laisser abattre par ces revers, Épaminondas se décida à livrer une bataille générale dans laquelle il voulait se réhabiliter par une victoire, ou obtenir une mort glorieuse : les dieux lui accordèrent cette double faveur. C'est dans Xénophon que les militaires doivent étudier et admirer les savantes dispositions du général thébain. Épaminondas avait tout prévu, tout calculé pour obtenir un succès; mais il ne put en jouir qu'un seul instant, car il fut atteint d'une blessure mortelle dans la chaleur du combat. Les deux armées envoyèrent redemander leurs morts, comme si elles avaient été vaincues, et chacune d'elles érigea des trophées, comme si elles avaient été victorieuses.

Quand le tumulte de la bataille cessa, les Thébains s'assemblèrent autour de leur général mourant : son corps avait été percé d'un javelot. Il demanda si son bouclier était sauvé. Quand on le lui eut présenté, il le regarda avec l'expression de la joie. Il demanda ensuite si les Thébains avaient obtenu la victoire; on lui répondit affirmativement... et comme quelques-uns de ses amis se plaignaient de ce que son nom s'éteignait dans sa personne : « Vous « vous trompez, repartit-il, je laisse « deux filles immortelles, les batailles « de Leuctres et de Mantinée. » En achevant ces mots, il ordonna d'arracher le fer et il expira.

Épaminondas fut enterré sur le champ de bataille de Mantinée, où l'on montrait encore son tombeau quatre siècles après l'événement qu'on vient de rapporter. Hadrien, qui visitait alors le Péloponèse, fit ajouter un cippe avec une inscription au monument d'un héros qu'il avait le mérite d'admirer, sans avoir le courage de l'imiter.

MORT D'AGÉSILAS. — Après la bataille de Mantinée, une paix générale fut proposée sous la médiation d'Artaxerxès : il avait besoin de l'assistance des Grecs pour réprimer dans l'Asie-Mineure, et surtout en Égypte, des révoltes qui troublèrent les deux dernières années de son règne. Sparte refusa d'y accéder à cause de ses prétentions sur Messène, et elle envoya Agésilas en Égypte au secours de Tachos qui s'était révolté contre la Perse. Le roi de Sparte amassa des richesses considérables dans cette guerre peu honorable ; mais en retournant à Sparte par la Cyrénaïque, il mourut sur cette côte de l'Afrique dans la quarante-cinquième année de son règne et la quatre-vingt-quatrième de son âge. Xénophon a écrit le panégyrique de ce prince.

ÉTAT DE LA GRÈCE APRÈS LA BATAILLE
DE MANTINÉE,
359 — 358 avant J.-C.

Le résultat de la guerre sanglante qui finit avec Épaminondas, fut que, ni Sparte, ni Thèbes, n'obtinrent la suprématie de la Grèce, qui fut une de ces chimères semblables à celle de la monarchie universelle. La situation de la Grèce paraît dès lors avoir éprouvé un changement tel qu'il n'y avait plus aucun état capable de prendre sur les autres une supériorité décidée. La Hellade jouissait d'une liberté sans force et sans énergie ; mais la théocratie, qui ne renonce jamais à ses droits, allait reparaître sur la scène.

CONSEIL DES AMPHICTYONS. — Tant que dura la supériorité d'Athènes, de Sparte et de Thèbes, la majesté du conseil amphictyonique se perdit dans un vain cérémonial. Mais lorsque la guerre du Péloponèse et celle de Béotie eurent abaissé l'orgueilleuse tyrannie des républiques dominantes, la confrérie sacrée d'Apollon sortit encore une fois de l'obscurité; et les états-généraux de la Grèce, s'étant assemblés suivant les formes antiques, dédaignèrent les ordres impérieux des républiques dont ils avaient supporté le joug.

NOUVELLE PROSPÉRITÉ D'ATHÈNES,
359 — 358 av. J.-C.

Athènes était redevenue la plus belle et la plus grande ville de la Grèce. Aristide prétend qu'il fallait une journée pour en faire le tour. Une évaluation plus précise lui donne cent soixante-dix-huit stades ( 7 lieues 1/3 ) de circonférence.

L'acropole, bâtie par Cécrops, avait soixante stades de tour par sa base; il y avait neuf poternes et une grande porte d'entrée qui y conduisait par des degrés en marbre. L'intérieur renfermait le temple de Minerve, surnommée *Victoire*; il était situé à droite de la grande porte. Au milieu de la forteresse s'élevait le temple consacré à Minerve, sous le nom de Parthenon : ses ruines sont ce qui nous reste de plus beau des siècles antiques. A peu de distance on remarque encore l'Érechtéon, temple double, consacré à Neptune et à Minerve Poliade, *protectrice de la ville*, et la chapelle de *Pandrose*, ainsi appelée du nom d'une des filles de Cécrops. (Voy. *pl.* 28 ).

La ville basse, qui était fortifiée, comprenait Munichie, Phalère et le Pirée, que les longs murs réunissaient à la cité. On comptait treize portes autour d'Athènes, dont une seule, qui est celle d'Hadrien, subsiste, ainsi que le temple de Thésée, bâti par Conon, qui est demeuré presque entier. L'Olympion, édifice élevé en l'honneur de Jupiter Olympien, entouré par une magnifique colonnade, était le plus vaste édifice d'Athènes, car il avait quatre stades de tour. Sa construction, commencée par Pisistrate, interrompue et reprise à différentes époques, ne fut entièrement terminée que sept siècles après, sous le règne d'Hadrien. (Voy. *pl.* 46 ) (*).

(*) Rien de plus magnifique que les ruines de ce temple. Les colonnes en marbre blanc ont plus de six pieds de diamètre. La façade avait 10 colonnes, et chaque côté 21 ; la longueur du temple était de près de 400 pieds; sur les côtés du temple les colonnes étaient à double rang. On assure que la petite construction qu'on aperçoit sur les colonnes servit long-temps d'habitation à un religieux anachorète qui y passa ses jours, et à qui des personnes pieuses portaient sa nourriture, qu'il retirait avec une corde. Dans le fond on aperçoit la porte d'Hadrien, ou arc de Thésée, sur lequel on lit l'inscription suivante : C'est ici la ville d'Hadrien et non celle de Thésée. Il est en marbre pentélique, ainsi que tous les monuments d'Athènes.

On voyait dans la ville le Panthéon, édifice somptueux entouré de cent vingt colonnes de marbre, dont la porte principale était ornée de deux chevaux, ouvrage de Praxitèle ; le temple des huit vents, offrant une image de chacun d'eux, d'après un modèle tracé par Andronicos Cyrrhastes (voy. *pl.* 47 ) (*) ; et le monument choragique de Lysicrate, dont le modèle existe dans le parc de St.-Cloud. (Voy. *pl.* 48 ) (**).

Tandis que l'amphictyonie essayait de rétablir l'égalité primitive des états de la Grèce, l'ambition d'Athènes se ranimait. L'expérience avait convaincu les Athéniens du danger de prétendre asservir leurs belliqueux voisins; mais les îles de la mer Égée, les côtes de la Thrace et de l'Asie-Mineure, offraient à leur marine des conquêtes sans craindre désormais de rivaux. Il suffit à leurs flottes de se montrer sur les mers, et, du Bosphore de Thrace jusqu'à Rhodes, plusieurs villes se rendirent aux armes de Timothée, de Chabrias et d'Iphicrate. Les Cyclades, l'île de Corcyre, recherchèrent l'amitié d'une puissance qui pouvait molester leur navigation et détruire leur commerce. Byzance était devenue son

(*) Cette tour octogone est de marbre; sur chacune des huit faces était sculptée l'image d'un de ces vents, à l'opposite du lieu d'où ils ont coutume de souffler. Au sommet était un triton qui tournait au souffle des vents, et en indiquait la direction avec la baguette qu'il tenait à la main. Au-dessous de chaque figure se trouve un cadran solaire. L'intérieur de ce monument était dernièrement converti en chapelle turque, où les derviches honorent la divinité par une danse religieuse en tournant sur eux-mêmes au son des flûtes, jusqu'à ce qu'ils tombent dans une extase qu'on ne saurait décrire.

(**) Ce charmant édifice, sculpté avec une admirable perfection, est enclavé dans la maison et dans le mur du jardin des capucins d'Athènes. La frise représente en bas-relief l'aventure de Bacchus et des pirates tyrrhéniens. L'inscription indique que ce monument fut érigé en l'honneur de la tribu Acamantide, qui remporta le prix dans une représentation théâtrale ou dans un chœur.

alliée, Amphipolis touchait au moment de rentrer sous ses lois, et Athènes, riche d'une armée navale de 300 voiles de guerre, pouvait recouvrer la splendeur dont elle brillait avant la guerre du Péloponèse.

VICES DU GOUVERNEMENT. — Ce fut alors que se développèrent les vices qui conduisirent Athènes à sa ruine. La maladie sociale avait commencé plus de deux siècles avant cette triste époque. Solon et Périclès avaient modelé des formes de gouvernement, mais les citoyens étaient toujours restés, en même temps, tyrans et esclaves.

L'organisation du pouvoir exécutif établissait l'impossibilité absolue de prévenir les atteintes de l'oppression. Les Athéniens, qui arrivaient tour à tour aux fonctions publiques, au lieu de définir les attributions des magistrats, préféraient leur infliger arbitrairement les châtiments qu'ils en avaient reçus lorsqu'ils n'étaient pas dans les emplois, et ce *talion politique* fut poussé aussi loin que les passions humaines étaient capables de le porter : ce n'était partout qu'un échange de domination et de servitude.

La haine et la vengeance semblaient érigées en principe. A Mégare, refuge des banqueroutiers et des faussaires d'Athènes, on n'était admis dans la magistrature qu'en justifiant d'avoir porté les armes contre la patrie. Dans quelques républiques, les principaux citoyens s'engageaient par serment à saisir toutes les occasions de nuire à leurs inférieurs; la populace d'Athènes traitait les riches comme si elle eût contracté un engagement non moins atroce que les Mégariens; et de toutes parts la théorie de l'administration se trouvait manifestement en contradiction avec la pratique du gouvernement.

ÉTAT DE LA SOCIÉTÉ. — Quelquefois les factions sommeillaient, mais les citoyens se trouvaient toujours livrés à des querelles interminables : c'étaient des procès relatifs aux propriétés; des rivalités pour obtenir les emplois civils, les commandements militaires, les honneurs publics; des subterfuges pour se soustraire aux impôts ou pour éluder les peines correctionnelles. Les voisins se traduisaient mutuellement devant les tribunaux pour vider des affaires contentieuses. On regardait comme un rival ou comme un ennemi celui qui ne faisait pas de protestations de services, ou ne rendait pas le salut aux personnes de sa connaissance. Les ressentiments entre familles se perpétuaient d'une génération à une autre; et ces éléments de discorde donnaient lieu à une foule d'invectives, de libelles et de diatribes. Au reste, on jouissait à Athènes d'une liberté telle, que chacun y vivait selon ses goûts et même au gré de ses caprices. A côté des retraites habitées par les sages, on voyait, durant les ardeurs de l'été, les cyniques nus se promener à l'ombre des oliviers. Ce n'étaient, malgré les agitations dans la ville, que fêtes, jeux, spectacles, divertissements, qui empêchaient les citoyens indigents de penser à leur pauvreté. Enfin, comme on le dira ci-après, lorsque les Athéniens n'eurent plus ni flotte, ni armée de terre, ils conservèrent trois choses infiniment précieuses, l'industrie, le commerce et la gaîté.

CORPS POLITIQUE. — Six mille Athéniens, qui formaient une sorte de république de jurisconsultes au sein de l'état, avaient pour occupation ordinaire de plaider, de juger les procès, ou de traiter les affaires publiques. Leurs profits légitimes, comme magistrats, montaient à cent cinquante talents (810,000 francs); les présents qu'ils recevaient des parties excédaient souvent cette somme, et le tout ensemble formait le sixième des revenus d'Athènes dans son temps le plus florissant. Les juges étaient salariés, et les fonds destinés à cet objet se prenaient sur les amendes et les confiscations. Lysias fait à ce sujet une terrible révélation : « Le sénat, dit-il, « ne prévarique pas quand les fonds « suffisent pour les émoluments or- « dinaires; mais lorsqu'il les trouve « insuffisants, il se voit comme obligé « de recevoir les accusations pour

« crimes d'état, de confisquer les biens
« des particuliers, et de suivre les
« mauvais conseils des orateurs. »

FEMMES GALANTES. — Rien ne contribua autant à perdre les mœurs de la jeunesse que la supériorité des courtisanes sur les mères de famille, dont l'éducation était totalement négligée. Les Graces fuyaient à leur aspect; « et parce qu'elles n'ont pas « cueilli, disait Sapho, les roses des « muses, on ne parlera point d'elles « pendant leur vie; on ne s'en souviendra pas après leur mort; elles « passeront de l'obscurité de leur con- « dition dans le néant du tombeau, « comme ces fantômes qu'on croit voir « errer durant la nuit, et qui se dissipent au réveil de l'aurore. » Cependant ces femmes, dit Xénophon, avaient besoin d'indulgence, et pour avoir la paix si rare du gynécée, lorsque parfois elles succombaient sous la tyrannie irrésistible des passions, *on pardonnait la première faiblesse, et on oubliait la seconde.* Malgré de tels sacrifices, l'union était un phénomène très-rare dans l'intérieur des ménages. Ce n'était pas à cause de leur dot qu'elles étaient orgueilleuses, car l'épouse n'apportait guère à son mari que trois robes, quelques effets de peu de valeur, et une poêle à frire, symbole de l'obligation qu'elle prenait de veiller aux soins domestiques. Au temps de la décadence, il y eut cependant de *riches partis*; le législateur permit aussi, dans certains cas, aux femmes alliées à des vieillards, de choisir un de leurs parents afin de jouir du bonheur de la fécondité. L'époux moribond pouvait léguer sa femme par testament; le père de Démosthène avait donné la sienne à Aphobos avec une somme considérable; Aphobos prit l'argent et refusa la femme.

Cependant, il n'y avait presque point de ces scandales publics qu'on a vus dans nos sociétés modernes; le foyer domestique était généralement respecté. C'était avec les courtisanes et les actrices que les jeunes Athéniens dissipaient leur patrimoine, en s'énervant le corps et l'esprit.

Iphicrate, dans sa comédie de l'*Antilaïs*, fait un portrait-modèle de la courtisane, qui ne prouve pas en faveur du goût de l'élégante jeunesse de son temps... « Considérez, dit-il, « actuellement la brillante Laïs; elle « passe son temps à boire ou dans « l'oisiveté : on peut la comparer aux « aigles dans les différentes périodes « de leur vie. Jeunes, hardis et forts, « on les voit saisir les agneaux et « les lièvres, et les enlever pour « les dévorer ensuite tranquillement « dans leurs aires. Sont-ils vieux, ils « deviennent lâches et timides; ils se « perchent sur le sommet des bâtiments inhabités, attendant que le « hasard leur présente quelques vils « animaux dont ils fassent leur proie; « la faim les tourmente sans cesse. « Nous connaissons ces vicissitudes, « Laïs doit-elle nous surprendre davantage? Au printemps de son âge, « lorsque sa beauté était dans son éclat, « lorsqu'on lui prodiguait l'or à pleines « mains, elle était intraitable; on eût « plus aisément abordé le satrape « Pharnabaze, le plus superbe des mortels. A présent que sa carrière est « fort avancée, que ses attraits usés « dépérissent chaque jour, rien n'est « plus facile que de la voir et de la « posséder; elle va partout où on l'invite à boire et à manger : elle dédaignait l'or, aujourd'hui elle se contente de la plus petite monnaie; « jeunes ou vieux, elle ne refuse personne. »

Cependant, les courtisanes étaient regardées, à cette époque de décadence, comme des espèces de moralistes; leurs reparties spirituelles nous ont été conservées par les écrivains du temps. Gnathène donnait à souper au poète Diphile, qu'elle ménageait parfois à cause de ses pièces satiriques. Comme elle lui présentait une coupe de vin à la neige : « De par tous les « dieux! s'écria-t-il, vous avez un « puits glacé? — Que cela ne vous « étonne pas, Diphile, j'ai soin d'y jeter, quand il le faut, les prologues « de vos comédies. » Le même poète, ayant été sifflé au théâtre, vint souper chez Gnathène. Il demanda d'abord qu'on lui lavât les pieds. « A quoi bon « prendre ce soin, dit-elle, ne vous « portait-on pas tout à l'heure sur les « épaules? »

Mania (folie) n'était pas moins célèbre par ses saillies : conviée, par un transfuge qui payait ses faveurs, à un banquet qu'il donnait à ses compagnons de débauche, comme la courtisane se levait souvent de table, il lui demanda : « Quelle est la bête « fauve qui court le plus vite sur les « montagnes? — Mon brave, repartit-« elle, c'est un déserteur. » Mania sortit encore, et en rentrant elle continua de persiffler son *partenaire*, en lui faisant entendre que, dans une occasion récente, *il avait abandonné son bouclier, qui l'aurait embarrassé dans sa retraite*. Le galant, piqué, fit la mine et tourna le dos. « Mon tendre « ami, poursuivit Mania, que ce que « je viens de vous rappeler ne vous « fâche pas, vous n'êtes presque pour « rien dans ce malheur; j'en prends « à témoin Vénus, ma protectrice : « ce n'est pas votre bouclier que vous « avez jeté pour fuir, c'est celui qu'on « vous avait prêté. »

Les philosophes recevaient souvent à leur tour des leçons de sagesse des courtisanes; mais la sévérité de notre narration historique nous oblige de nous contenter de répéter ce que disait Anaxilas de l'espèce en général, c'est-à-dire que ces femmes spirituelles et aimables étaient *capables de toutes les infamies.*

DISSOLUTION PUBLIQUE. — Ennuyés même des courtisanes, qu'Épicure, dégoûtant d'infirmités, feignait encore de rechercher à l'âge de 80 ans, les jeunes Athéniens perdirent jusqu'au sentiment des occupations viriles en abandonnant les gymnases et les écoles des philosophes. Pour remplir le vide de la journée, ils fréquentaient les maisons des musiciens et les ateliers des artistes, qu'ils regardaient comme les plus beaux ornements de la gloire nationale. Parfois ils se promenaient sur les places publiques, s'informant avec indolence des nouvelles, auxquelles ils prenaient peu d'intérêt, à moins que quelque danger ne vînt troubler l'insipide uniformité de leur existence. Les dés et les autres jeux de hasard étaient portés à un excès ruineux; et les écrivains moraux en font une satire si vive, qu'on croirait qu'ils ne faisaient que commencer à devenir funestes. C'était surtout à Phalère, sous le portique du temple de Minerve, que les joueurs se réunissaient comme dans un asile où la police ne pouvait les atteindre.

PARASITES. — On ne concevrait pas comment la paresse et la gourmandise purent former une corporation dans Athènes, si l'institution des parasites n'avait pas été primitivement autorisée par les lois. En effet, c'est à Solon que Plutarque fait remonter cette confrérie. Le législateur avait désigné « ceux qui devaient, certains « jours, aux palais et maisons com-« munes, *parasiter*, car il ne veut pas « qu'une même personne y mange « souvent; mais aussi, si celui auquel « il échet d'y devoir aller ne le veut « faire, il le condamne à l'amende, « reprenant la chichetté et l'avarice « mécanique de l'un et l'arrogance de « l'autre, de mépriser les coutumes « publiques. »

Les parasites prenaient place aux festins qu'on offrait aux dieux; ils formaient un collège, dont les membres étaient choisis par l'archonte-roi, et ils avaient l'intendance des greniers dans lesquels on resserrait la dîme des grains destinés aux besoins des différents ministres des temples.

Comme les dieux avaient leurs parasites, les grands dignitaires de l'état voulurent en avoir à leur suite. Les polémarques, ou intendants généraux des armées, entre autres, en obtinrent deux, auxquels les pêcheurs fournissaient journellement une certaine quantité de poisson : ils étaient les commensaux des magistrats, auprès desquels ils remplissaient les fonctions de greffiers. Jusque-là l'institution était une charge publique; mais, dans la suite, la qualification de parasite tomba dans le plus grand discrédit, surtout lorsqu'elle fut donnée à ceux qui couraient les bonnes tables.

Diodore de Sinope, dans sa comédie du *Légataire universel* (l'Épiclère), fait parler un parasite à peu près en ces termes : « Jupiter Philos (ami), « reconnu pour le plus grand des « dieux, fut le premier parasite : il « entrait chez les pauvres et chez les « riches, buvait, mangeait, et s'en « allait sans jamais rien payer. » Le poète comique Alexis met en scène le parasite modèle : « Je mange avec « tous ceux qui se présentent, pourvu « qu'ils le trouvent bon; mais dans « les repas de noces, j'y ai ma place « de droit, quand même on ne m'en « prierait pas : c'est alors que je suis « joyeux et que je sais faire rire. Je « loue en face celui qui me donne à « manger; si quelqu'un ose me con- « tredire, je l'accable d'injures; gorgé « de viandes et de vin, je me retire. « Je n'ai point de domestique pour « m'éclairer; je rampe dans les té- « nèbres et ne marche qu'en trem- « blant. Si, par malheur, je rencontre « le guet faisant sa ronde, je rends « graces aux dieux s'il ne m'accable « pas de quelques coups de ces fouets « tissus de soie de porc qui enlèvent « l'épiderme. Quand j'ai regagné mon « triste manoir sans fâcheuse aventure, « je m'endors plus heureux qu'un sa- « trape. »

Il y avait des parasites de tous les états : poètes, médecins, philosophes, militaires, histrions; quelques-uns étaient reçus partout avec distinction; les autres, généralement honnis, er- raient çà et là, à la poursuite d'un repas qu'ils payaient par le mépris qu'on leur témoignait. Il fallait, dans tous les cas, flatter et amuser, ou être éconduit honteusement, comme il arriva, dit Eubule ( comédie des *Flatteurs* ), au médecin Acestor : « Quoi, lui dit le maître de la mai- « son, vous ne dites rien qui nous « amuse ou nous fasse rire? Garçon, « qu'on le mette à la porte ! vraiment, « cet homme n'est bon, tout au plus, « que pour un souper de cabaret. »

Timoclès prétendait qu'il n'y avait pas au monde d'homme plus utile, dans la société, que l'écornifleur; il n'est occupé qu'à plaire aux amphi- tryons et à flatter leurs goûts; il sent qu'il est de l'équité d'en agir ainsi avec ceux qui le nourrissent. Quel état plus honorable que celui d'un pareil personnage? ne va-t-il pas de pair avec les héros et les dieux? Traité comme un vainqueur aux jeux olym- piques, il est nourri gratuitement; et toute maison devient pour lui un pry- tanée, dès qu'il y peut vivre sans qu'il lui en coûte rien. « Les parasites, « ajoutait Antiphanes, sont les meil- « leures gens de la terre; ils partagent « avec vous vos plaisirs et votre for- « tune; ils ne vous souhaitent que du « bonheur; ils seraient même braves « au besoin, et combattraient pour « vous, si un somptueux repas devait « être la solde de leurs exploits. »

C'était, à en croire le tanneur Simon, qui fit connaître le premier les dis- cours de Socrate, l'état de vie le plus heureux. Le parasite n'éprouve ni les incommodités de l'indigence, ni les embarras des richesses. Il ne sème, ni ne moissonne, et trouve tout abon- damment comme au siècle d'or. Il ne s'informe pas si le monde est fini ou infini; quelle est la grandeur du so- leil, sa distance de la terre; s'il y a des dieux ou non; il boit, mange et se réjouit. L'espèce est partout la même; ils sont tous d'accord entre eux, tandis que les sophistes les plus célèbres disputent sans cesse les uns contre les autres; aussi n'a-t-on ja- mais vu aucun homme de cette école endosser le manteau de la philosophie, tandis qu'une multitude de philosophes deviennent tous les jours parasites.

REPAS PUBLICS. — Les revenus de l'état étaient dissipés en représenta- tions théâtrales, en repas publics, en distributions de viandes et de vivres au peuple. La multitude ne pensait plus qu'aux plaisirs de la table, et l'assem- blée réunie sur le Pnix, où l'on avait condamné Socrate, accorda par un dé- cret solennel aux fils de Chéréphile, à cause du talent de leur père dans l'art de la cuisine, les franchises de la ville; honneur que des princes et des rois avaient autrefois brigué.

PARESSE, PAUVRETÉ. — L'oisiveté, le plaisir et les dissipations de toute espèce avaient réduit les citoyens d'Athènes à une extrême indigence. Quoique les propriétés territoriales fussent extrêmement divisées, le quart des citoyens environ ne possédait pas d'immeubles. Leurs vêtements étaient en général si mesquins et si sales, qu'il était difficile au premier coup d'œil de distinguer les maîtres de leurs esclaves. Ce n'était point insouciance, mais pauvreté, car ils aimaient la parure; mais beaucoup de ceux qui dansaient l'été en robes brodées, passaient l'hiver dans les étuves du Cynosarge, où l'on exposait les bâtards; c'était aussi pendant cette saison le refuge des cyniques, des prostituées qu'on appelait *Merlans*, obligées par la loi à porter des vêtements ornés de fleurs, et des parasites, qui souvent et terminaient leur vie à la suite de quelque indigestion. Hercule, en qualité de bâtard, était le protecteur du Cynosarge.

CORRUPTION DES MAGISTRATS. — C'était aussi dans ce cloaque que se réfugiaient les magistrats chargés de rendre la justice aux Athéniens, et presque tous ceux qui participaient aux affaires publiques. Il n'était pas rare de voir de pareilles gens abréger, falsifier et corrompre les lois de Solon, par l'entremise des scribes employés à les transcrire, et à leur donner une sorte de légalisation. Un artifice aussi grossier réussissait souvent, et la fourberie ne se découvrait que par les parties litigantes, qui produisaient en justice des lois contradictoires. Quand on ne pouvait surprendre les magistrats, on les corrompait : la justice se vendait. L'opulence, la vertu, l'élévation du rang et la prééminence des talents étaient toujours en danger, et succombaient fréquemment.

OCHLOCRATIE. — La classe nécessiteuse des Athéniens, qui composait la majorité dans l'assemblée du peuple, cherchait à alléger sa misère par une compensation criminelle. C'était en persécutant les notabilités, en les proscrivant, en confisquant leurs biens, et en les traitant, pour le plus léger sujet, avec une sévérité et une cruauté incroyables.

Celui qui savait le mieux flatter la multitude obtenait la meilleure part dans son estime; ainsi l'orateur qui ressemblait le plus à ses auditeurs prévalait dans l'assemblée du peuple; et des talents spécieux, ou funestes, obtenaient les récompenses dues au mérite et à la probité.

### CHARÈS.

Avec de telles mœurs, les Athéniens n'avaient plus besoin que d'un chef téméraire et sans vertus; cet homme se présenta dans la personne de Charès. Déterminé dans sa contenance, doué d'une valeur impétueuse, sa stature colossale, sa force, la brutalité de son langage, les formes âpres de ses discours burlesques rendaient Charès l'idole de la multitude : il fut proposé pour général. — « *Il sera bon*, s'écria « Timothée, *pour porter les bagages « de l'armée.* » Ces paroles d'un militaire recommandable ne firent qu'irriter la multitude, et son héros fut proclamé commandant de l'armée de terre d'Athènes.

Pour célébrer sa bien-venue, l'élu de la populace donna des fêtes et des repas publics; on le vit dépenser 60 talents (environ 324,000 francs) volés dans le temple d'Apollon Delphien, pour régaler la multitude qu'il avait conviée à des festins et à des sacrifices dont les offrandes tournaient au profit de la voracité d'une horde famélique. La joie était générale, et, pour remplir le vide de son épargne et du trésor de l'état, Charès ne rougit pas de proposer aux Athéniens de piller les richesses des alliés et des colonies : ce conseil ne fut que trop fidèlement suivi.

GUERRE SOCIALE,
358—356 av. J.-C.

MORT DE CHABRIAS. — Les colonies, informées de ce projet, y répondirent en proclamant leur indépendance. Une armée formidable sortit aussitôt du Pirée, afin d'écraser d'un seul coup les révoltés, et fit voile vers Chios, foyer de l'insurrection.

Les confédérés avaient pourvu à sa défense. La ville, attaquée par terre et par mer, repoussa les assauts de Charès, qui échoua complétement. Dans cette entreprise funeste, un seul vaisseau, monté par Chabrias, parvint à entrer dans le port de Chios. Ce chef intrépide, séparé de la flotte, voyant qu'il était perdu, exhorta l'équipage de sa galère à se sauver à la nage, et s'ensevelit dans les flots plutôt que d'amener son pavillon.

357 AVANT J.-C. — Les insurgés, encouragés par ce succès, ravagèrent les îles de Samos et de Lemnos. Alors les Athéniens se hâtèrent de mettre en mer un nouvel armement sous les ordres de Mnestée, fils d'Iphicrate et beau-fils de Timothée. On espérait que ce nouveau chef écouterait les conseils de ces deux illustres capitaines, qui n'avaient probablement refusé de commander dans cette expédition, où ils s'enrôlèrent, que parce qu'elle était dirigée en partie par Charès. On prit la résolution de faire abandonner aux rebelles les parages de Samos et de Lemnos, en assiégeant Byzance.

BANNISSEMENT ET MORT DE TIMOTHÉE ET D'IPHICRATE. — Cette diversion attira la flotte des insurgés du côté de la Propontide, et elle ne tarda pas à se trouver en présence de celle d'Athènes. Les deux armées étaient décidées à combattre, lorsqu'il survint une tempête qui ne permit pas aux Athéniens de tenir la mer, et, malgré les instances de Charès, les amiraux déclarèrent qu'ils ne pouvaient livrer bataille. Ce fut à cette occasion que l'ignorant et présomptueux Charès porta contre Timothée et Iphicrate une accusation, qui fut soutenue dans l'assemblée du peuple par des orateurs à ses gages. Les deux accusés furent condamnés à une amende si exorbitante, qu'ils durent s'exiler. Timothée se retira d'abord à Chalcis en Eubée, d'où l'air malsain et le voisinage d'Athènes l'obligèrent de passer à Lemnos, où il finit ses jours; Iphicrate voyagea en Thrace, où il mourut dans l'obscurité. Tels furent à son début les résultats d'une guerre impie qui priva Athènes de ses dernières illustrations, si on en excepte le sage et vertueux Phocion.

CHARÈS GÉNÉRALISSIME. — Charès, n'ayant plus de compétiteurs, se trouva seul chargé du commandement des armées de terre et de mer : il y montra toute son incapacité. Son insatiable avidité le rendit odieux à ses partisans; sa faiblesse et sa négligence l'exposèrent au mépris des insurgés. Au lieu de la sévérité d'un cortége militaire, on ne voyait à sa suite qu'une troupe efféminée de chanteurs, de saltimbanques, de courtisanes et de parasites, dont le luxe et la voracité épuisaient les subsides qu'il extorquait de toutes parts. Enfin, comme il fallait satisfaire les demandes importunes des soldats, il se mit, ainsi que son armée, à la solde d'Artabaze, satrape de l'Ionie, révolté contre son maître, et le fit triompher.

RÉSULTATS, 356 AVANT J.-C. — Cette démarche ne déplut point aux Athéniens, accoutumés à laisser agir sans instructions et sans restrictions leurs généraux chez l'étranger; les créatures de Charès le comblèrent même d'éloges pour avoir trouvé le moyen de payer les troupes grecques avec l'argent de la Perse. Mais ce triomphe fut de courte durée ; les menaces d'Artaxerxès III contraignirent Athènes d'accepter un traité de paix en vertu duquel elle reconnut l'indépendance des insurgés, qui depuis existèrent pendant vingt ans, exempts de subsides et de toute espèce de redevances. Au bout de ce temps, ils furent soumis avec toute la Grèce à la fortune irrésistible des Macédoniens.

ÉTAT DE LA CIVILISATION DANS LA GRÈCE.

PHILOSOPHIE. — Malgré la corruption des mœurs, les sciences et les arts étaient cultivés avec ardeur et succès dans la Grèce. Les élèves d'Hippocrate et de Démocrite enrichissaient la philosophie naturelle d'une foule de découvertes importantes. Les différentes branches des mathématiques, de la mécanique et de l'astronomie, recevaient un développement progressif de la part d'Eudoxe de Cnide, de Timée de Locres, d'Architas de Tarente, et de Méton d'Athènes. L'école de Mégare, appelée la *Contentieuse* (dialecticienne), devenait fameuse sous l'enseignement du *subtil* Stilpon, qui professait les questions syllogistiques, appelées *menteuses, trompeuses, cornues, chauves*, ainsi que la définition du *moi qui n'est pas moi*, renouvelée de nos jours. La doctrine d'Aristippe de Cyrène était enseignée par sa fille Arété, et perfectionnée par Hégésias et Annécéris, qui furent les précurseurs d'Épicure. La doctrine sévère d'Antisthène, disciple de Socrate, avait peu de zélateurs; mais Diogène, dont nous aurons occasion de parler, valait seul toute une école.

BEAUX-ARTS, SCULPTURE. — La sculpture était soutenue au plus haut degré de perfection par Polyclète et Canachos de Sicyone; par Naucide d'Argos, et par une foule d'artistes des villes principales de la Grèce, de l'Ionie et de la Basse-Italie, ou Grande-Grèce. On admirait particulièrement les ouvrages de Polyclète; et Lysippe, contemporain d'Alexandre-le-Grand, regardait la manière de Polycthète comme un modèle de perfection dont il était imprudent de s'écarter.

Entre Polyclète et Lysippe fleurit Praxitèles, dont les ouvrages formèrent la nuance intermédiaire entre le style *sublime* du siècle de Périclès et le *beau*, qui fut porté au plus haut degré de perfection au temps d'Alexandre-le-Grand.

PEINTURE. — La gloire que Polyclète et Praxitèles acquirent par leur ciseau, fut égalée dans la peinture par Eupompe et Pamphile de Sicyone, par Euphranor de Corinthe, par Apollodore et Nicias d'Athènes, par Zeuxis et Timante, et par Parrhasios, qui ne crut pas dégrader son talent en peignant la caricature du *Demos*, ou peuple athénien, et en composant des *grylles* et des *caprices pittoresques*. Eupompe occasiona une nouvelle division des écoles, qui étaient auparavant la grecque et l'asiatique. Après lui, l'école grecque se partagea en celle d'Athènes et celle de Sicyone. Pamphile et Apelle, son disciple, donnèrent un nouvel éclat à la dernière, qui semble avoir subsisté plus long-temps qu'aucune autre, puisque les tableaux, portés en pompe dans la grande cérémonie de Ptolémée Philadelphe, sortaient tous des ateliers de Sicyone.

LITTÉRATURE. — De tous les arts cultivés à l'époque dont il est ici question, aucun ne fut porté plus loin que la prose. L'histoire de Thucydide fut continuée par Xénophon. On serait tenté de croire qu'il ne mit pas la dernière main à ses Helléniques; mais on y reconnaît, comme dans tous ses autres ouvrages, le disciple de Socrate, l'expression et les respectables faiblesses de l'auguste caractère de son maître, qui, malgré une teinte superstitieuse, fut toujours d'accord avec la saine raison.

ORATEURS. — L'orateur destiné à parler devant le sénat devait être âgé de 30 ans, avoir des enfants légitimes et posséder des biens dans l'Attique. Cette loi était tombée en désuétude au temps où florissaient Lysias et Isocrate. Elle n'aurait été d'ailleurs applicable qu'au premier, qui se distingua par la finesse et la subtilité de ses plaidoyers, car Isocrate ne parla jamais en public, à cause de la faiblesse de sa voix et de sa constitution. Son école d'éloquence et de littérature contribua à conserver, parmi ses compatriotes dégénérés, quelques restes de vertu et de bon goût. Son amour pour sa patrie fut extrême: il prit le deuil à la mort de Socrate; il ne put survivre à l'humiliation de la Grèce après la bataille de Chéronée, et il se laissa mourir de faim à l'âge de 88 ans.

PLATON. Le personnage le plus remarquable de ce temps fut Platon, fils d'Ariston, homme justement admiré et plus extraordinaire encore qu'il n'était admirable. Il descendait des Codrides; né dans la première année de la guerre du Péloponèse, la gymnastique déploya et fortifia son corps. Son esprit s'éclaira et s'agrandit par l'étude de la géométrie et de la poésie, qui le rendirent l'écrivain le plus scrutateur et le plus brillant de l'antiquité. A l'âge de vingt ans, il se rangea au nombre des disciples de Socrate, qui avait rêvé, la nuit précédente où il devint son élève, qu'un cygne venait se reposer sur sa poitrine. Ce fut alors que, désabusé au sujet de sa vocation poétique, il brûla ses vers pour s'adonner entièrement au culte de la philosophie. *Vulcain*, dit-il, *père du feu, approche, Platon a besoin de ton secours dans cette occasion;* c'était au moment où il se préparait à disputer le prix de la tragédie au théâtre dionysien.

Une maladie empêcha Platon d'assister aux dernières conversations de Socrate, condamné à boire la ciguë. Le dégoût et la crainte le portèrent à s'éloigner des meurtriers du sage. Il s'attacha ensuite à Cratyle, disciple d'Héraclite, et à Hermogène, qui enseignait les dogmes de Parménide. A trente-deux ans, il se rendit à Mégare, pour suivre l'école d'Euclide; de là, il passa à Cyrène, où, après avoir pris des leçons de Théodore le mathématicien, il se rendit en Italie, pour entendre Philolaos et Euryte, philosophes pythagoriciens. Après cette excursion, il alla visiter les prêtres d'Égypte : on dit qu'il fit ce voyage avec Euripide. Il voulait aller voir les mages; mais la guerre allumée en Asie l'obligea de renoncer à ce dessein.

De retour à Athènes, le philosophe ne fut point tenté de se mêler des affaires publiques, le désordre n'était plus susceptible d'être réformé, et les âmes étaient dégradées. Aussi, dans son imagination impétueuse, Platon *compare-t-il les Athéniens à des vieillards qui ont survécu à leurs sens, avec qui on raisonnerait inutilement, ou à des bêtes féroces qu'il est dangereux d'approcher; et la société, à une terre stérile, où il ne poussait plus que des ronces.* Il s'écarta d'un théâtre qui ne présentait que des déceptions et des dangers, pour se retirer dans une petite maison qu'il acheta aux environs de l'Académie. (Voy. *planche* 49.) Ce fut dans cette retraite qu'il passa quarante ans, si on excepte le temps de ses voyages, à instruire ses disciples, et à composer ces dialogues qui feront l'admiration de la postérité la plus reculée.

Platon avait un extérieur sévère, et Aristote, son disciple, remarque à ce sujet, que tous les grands hommes d'Athènes étaient de la classe des individus pâles et mélancoliques. Ils avaient les orbites des yeux et les os des pommettes saillants, l'habitude du corps décharnée; rarement malades, ils parvenaient à un âge très-avancé, et conservaient jusqu'au dernier terme de leurs jours un esprit sain et vigoureux dans un tissu d'organes très-faibles en apparence. Mais quelle que fût leur aptitude dans les arts et dans les sciences, Aristote atteste encore que jamais l'esprit ne fut héréditaire dans les mêmes familles; il cite, entre autres exemples, celles de Socrate et de Périclès, dont les enfants furent les plus stupides et les plus obscurs des mortels. Ce phénomène n'était point uniquement propre à la Grèce, car on l'a depuis observé chez toutes les nations civilisées de l'Europe. Au reste, dit Isocrate, rien n'altéra davantage la race athénienne que la guerre et l'amour des richesses, qui corrompirent à leur tour la liberté.

CONSIDÉRATIONS SOMMAIRES.

ATTIQUE PRIMITIVE. — L'Attique primitive était le pays chéri des dieux. On n'y voyait que des laboureurs à qui la terre payait avec usure le prix de leurs travaux, et des pasteurs endormis au sein de l'abondance, qui ne se réveillaient qu'à la voix des plaisirs. Séparés des peuplades sauvages auxquelles Pallas avait donné la trompette, symbole de la guerre, ils ne comptaient que des jours de paix. Les biens étaient communs entre eux, et chacun vivait content du nécessaire. L'ambition semblait bannie des treillages de myrtes et de lauriers sous lesquels les familles habitaient. Les haies, les fossés, étaient ignorés parmi eux ; on ne connaissait, on ne révérait qu'une divinité protectrice, Mopsopie, fille de l'Océan. Elle avait donné son nom à l'espace compris entre l'isthme et la partie du continent qui est enveloppée par le Cithéron et le Parnès, dont les étages boisés entourent à droite le territoire d'Orope, et accompagnent à gauche le cours torrentueux de l'Asope jusqu'à la mer d'Eubée. Nulle autre contrée n'égalait sa fertilité. Tel est le tableau de l'Attique tracé par Platon, antérieurement au déluge arrivé neuf mille ans, dit-il, avant le temps où il écrivait ; mais cette catastrophe changea jusqu'à la nature d'un séjour de paix, de bonheur et d'innocence.

ATTIQUE POST-DILUVIENNE. — Ce n'était plus l'heureuse Mopsopie, continue Platon ; une partie du sol végétal avait été emportée par les eaux, et les montagnes, pareilles à un corps décharné à la suite d'une longue maladie, ne présentaient plus que leurs squelettes calcaires. Les champs phelléens étaient devenus une arène stérile imprégnée de substances salines, et les gouffres infernaux, en élevant à la surface du sol les mines d'argent du Laurion, avaient métamorphosé les fraîches naïades de cette contrée en sources minérales, dont quelques-unes causaient une mort immédiate à ceux qui se désaltéraient dans leurs eaux. On trouva du soufre aux lieux qui produisaient des fleurs odorantes, et des métaux envahirent les terrains nourriciers des pâturages et des forêts. Jupiter pluvieux, qui descendait dans le sein de la terre pour la féconder, cessant de produire les fontaines et les rivières perpétuelles, la végétation devint languissante et décolorée. Alors les arbres, qui ne trouvaient plus de terre pour s'enraciner au penchant des montagnes, furent remplacés par quelques halliers dont les égicores ou chevriers nourrissent leurs troupeaux, et par les touffes de plantes aromatiques, où, depuis ce temps, les abeilles, transportées de l'île de Crète, picorent le miel délicieux du mont Hymette.

MŒURS PRIVÉES. — Pour les Athéniens, la campagne et le bonheur d'y habiter surpassaient toute autre jouissance, et l'agriculture, placée sous la protection des dieux, fut, malgré les applaudissements prodigués aux orateurs et aux poètes, la principale occupation des habitants de l'Attique, ainsi que leur premier titre d'honneur. Hésiode, en chantant les *travaux* et les *jours*, avait consulté le goût national des Grecs, qui abandonnaient la pêche et les arts mécaniques à leurs esclaves. Quoique le commerce de la Thrace et du Pont-Euxin présentât des bénéfices considérables, les mœurs primitives l'emportèrent sur l'esprit mercantile : on préféra toujours un champ à la possession d'un vaisseau.

« Fuyez, écrivait Sitalcès à Éno« pion, les vains et pâles discoureurs « qu'on voit errer nu-pieds aux en« virons de l'Académie.... Venez vous « livrer aux travaux de l'agriculture ; « vos peines seront récompensées, « vous verrez vos greniers remplis de « toutes sortes de grains, et vos caves « garnies de grandes cruches de vins « excellents. » Tel était le peu de cas qu'on faisait des systèmes de quelques sophistes dont les théories étaient discutées aux banquets des campagnards, avec ce persiflage, parfois amer, que donne l'opulence contre la pauvreté qui n'aspire qu'à la renommée. « Vous « revenez d'Athènes, dites-moi des « nouvelles de Platon, de Speusippe, « de Ménédème ? de quoi s'occupent-« ils ? quel est le sujet de leurs mé« ditations ? quelle nouvelle décou« verte ont-ils faite ? Par Cérès, veuil« lez me l'apprendre. » — Pendant les « Panathénées, j'ai vu au gymnase « de l'Académie, des jeunes gens qui « disputaient sur la nature des choses, « la vie des animaux, la différence « des arbres et des légumes entre eux ; « ils étaient surtout fort embarrassés « pour découvrir à quel genre on de« vait rapporter la citrouille. — Qu'ont-« ils résolu ? — Il y a d'abord eu un « silence général ; ils avaient la tête « baissée, et semblaient réfléchir, lors« qu'un d'eux a prétendu que c'était un

« légume; un second a prétendu que
« c'était une herbe; un troisième a
« soutenu que c'était un arbre. A ce
« propos, un médecin de Sicile, pre-
« nant nos philosophes pour des fous,
« leur a .....; une telle insolence les a
« mis aux champs. Platon, sans faire
« attention à ce qui venait de se pas-
« ser, a requis, avec sa douceur ordi-
« naire, l'assemblée de préciser de
« quel genre était la citrouille. Mais
« on s'en est tenu aux généralités, on
« a parlé des trois genres principaux,
« et l'on n'a rien décidé sur la ci-
« trouille. »

VILLAGES, MÉTAIRIES. — Les villages où l'on s'amusait ainsi aux dépens de l'Académie avaient pris, comme dans la Grèce moderne, leurs noms des familles qui les fondèrent, ou des plantes et des arbustes qui croissaient dans leurs environs. Les habitations qui les composaient, disséminées, ainsi qu'on le voit encore en Épire, couvraient le penchant des coteaux : les métairies, ou *Eschatées*, étaient cachées au fond des vallées, avec des chapelles, des temples et des tombeaux, qui étaient parfois fortifiés, pour les mettre à l'abri de la cupidité des plagiaires (pirates) et des klephtes (brigands). Ces maisons de campagne, entourées de culture, rappelaient la Grèce primitive, mais embellie par le génie des arts. L'industrie avait fait renaître la fertilité sur les flancs des montagnes, en contenant les terres par des encaissements en maçonnerie solide. Les bras de quatre cent mille esclaves étaient employés à fertiliser par des arrosements, ces champs artificiels, où l'on cultivait des arbres, des végétaux, des fleurs indigènes et étrangères. Ces lieux ainsi embellis avaient reçu le nom de *Délices*, et ils avaient tant d'attraits pour les propriétaires, qu'ils ne pouvaient en être arrachés que par la voie des céryces, ou crieurs publics, qui parcouraient l'Attique à certaines époques pour les appeler aux cérémonies civiles et religieuses. Alors chacun apportait du vin et mettait dans un sac de crin du pain, de l'ail, du fromage, des oignons et des olives.

A défaut de maisons d'amis, on couchait dans les temples des dieux, sous les portiques et sur les places publiques, lorsque le temps le permettait.

CULTURE. — L'économie rappelait bientôt les habitants de l'Attique dans leurs campagnes, remplies de divinités et d'illusions enchanteresses. Les demeures des riches étaient autant de palais embellis par l'art des architectes, des statuaires et des peintres. A défaut de concerts et de représentations théâtrales, le ramage des oiseaux, des paysages ornés de monuments, d'autels votifs, de consécrations, de colonnes chargées d'inscriptions simples et touchantes, leur procuraient des sensations aussi vives que profondes. Combien de fois une chapelle, un cippe funéraire, ne désarmèrent-ils pas un homme altéré de vengeance, et ne firent-ils pas reculer un voleur à l'aspect d'une maison abandonnée à la garde des dieux! Quelques-unes de ces métairies réunissaient tant de terres cultivées, de bois taillis, de vergers et de vignobles, qu'elles avaient jusqu'à quarante stades, ou plus d'une lieue et demie de circonférence, telle que celle du mont Parnès, décrite par Démosthène. Il démontre, par une évaluation successive de tous les produits, qu'elle pouvait rapporter cinq talents et seize mines, c'est-à-dire environ 27,900 francs de notre monnaie. « Voici les poules de Méléagre, disait un métœce (agriculteur), en montrant les pintades de sa basse-cour; ces oiseaux nous viennent de l'Étolie; les paons que vous voyez sont un présent de Junon; et les faisans dont nous nous régalons quelquefois viennent de la Colchide, d'où ils furent apportés en Thessalie par les Argonautes. Les citronniers de Médie font l'ornement de nos vergers, ainsi que les poires lanugineuses de Cydonie (les coings) et les pruniers de la Syrie. »

Les bocagers et les treillagers racontaient comment ils employaient à l'ornement des jardins les tilleuls, le buis et les charmes, en les courbant tantôt en voûtes de verdure, en portiques, en temples, ou en les décou-

13ᵉ *Livraison.* (GRÈCE.)

pant en dieux. Ainsi, à l'exemple des élèves de Phidias, qui faisaient un Jupiter ou une cuvette d'un bloc de marbre, les jardiniers transformaient parfois un arbre au vaste feuillage, ou un massif de verdure, en boudoir mystérieux, ou en dieu de Lampsaque.

FLEURS. — Au milieu des plus rigoureux hivers, les campagnes de l'Attique fournissaient la capitale des fleurs du printemps, des fruits de l'été et des dons de l'automne. On y vendait dans toutes les saisons des grenades, des raisins et des couronnes de violettes. La violette (ion) était la fleur nationale. Les peintres et les sculpteurs en ceignaient le front d'Athènes personnifiée, que les poètes surnommaient *Athènes la couronnée de violettes*. On se parait de cette fleur dans les festins, aux Panathénées, aux Dionysiaques ; et, pour rappeler la vie champêtre, les archontes ne se montraient jamais en public sans la mêler à leurs couronnes de myrte, symbole de l'autorité qui leur avait été confiée par un peuple agriculteur.

JARDINS DES PHILOSOPHES (voy. *pl.* 49) (*). — Ces jardins s'étendaient depuis les rives de l'Illissos jusqu'à celles du Céphise. Postérieurement au temps dont nous parlons, les épicuriens étaient établis au centre de cet espace, les disciples de Platon vers le nord, et ceux d'Aristote au midi.

Jamais on ne vit de voisins plus pacifiques, ni moins jaloux : une allée d'oliviers ou un bosquet de myrtes

(*) La route qui conduisait d'Athènes à ces jardins célèbres était bordée par les tombeaux des héros morts pour la patrie et par ceux des plus grands hommes de la Grèce. Là reposaient Thrasybule, Périclès, Chabrias, Timothée, Harmodios, Aristogiton. Cet endroit est encore occupé par des jardins et des bosquets d'oliviers, dont le pied est baigné par l'Illissos. Dans le fond, on aperçoit les Propylées et le Parthénon, près duquel veillait, comme une gardienne assidue, la grande statue de Minerve, dont la terrible égide, nous dit Zosime, repoussa Alaric lorsqu'il s'avança jusque sous les remparts d'Athènes.

y séparait les systèmes et y servait de limites au règne de l'opinion.

Cependant chaque secte se distinguait par un caractère spécial et par des mœurs qui lui étaient particulières. Les épicuriens ne furent jamais ni riches, ni pauvres : on apercevait parmi eux beaucoup de simplicité et beaucoup d'économie : ils ne voulurent jamais se donner la moindre peine pour augmenter le patrimoine que leur fondateur leur avait légué par son testament.

Les successeurs de Platon furent malheureux pendant les guerres de Philippe, fils de Démétrios, qui saccagea leurs possessions, et le même malheur leur arriva au temps de Sylla. Mais comme les Grecs avaient une singulière prédilection pour les platoniciens, ils rétablissaient leurs jardins à mesure que des chefs de brigands ou soldats les dévastaient. Enfin, l'usage s'introduisit parmi les personnes les plus distinguées de la Grèce, qui n'avaient ni famille, ni postérité, d'instituer les platoniciens leurs héritiers, de sorte que la communauté de ces philosophes parvint à acquérir un revenu annuel en biens fonds qui la mettait à l'abri du besoin.

Les successeurs d'Aristote, qui occupèrent les lycées situés vers les rives de l'Illissos, étaient opposés à la vie dégradée des cyniques, et ils se distinguaient par autant de splendeur que leur fortune pouvait en comporter. Lycon, qui gouverna long-temps leur république, fut même blâmé d'y avoir introduit une trop grande prodigalité.

Il paraît que les philosophes grecs avaient une aversion plus marquée pour la ville que les campagnards eux-mêmes; mais comme il n'entrait pas dans leurs vues de s'éloigner d'Athènes, ils imaginèrent, dès le temps de Platon, un milieu entre les extrêmes, en habitant les jardins répandus aux environs de la ville. C'est là que dans le repos il se forma tant de ces hommes dont un seul aurait pu suffire pour illustrer toute une nation.

C'était dans ces retraites que la jeunesse recevait l'instruction. Lorsqu'un professeur avait beaucoup de disciples, ils construisaient pour leur usage autour de sa demeure des cabanes, où ils se logeaient avec une satisfaction singulière; car ils étaient capables de tout entreprendre et de tout endurer pour acquérir la sagesse et l'immortalité. Ainsi il n'en coûtait pas beaucoup aux jeunes Athéniens pour aller entendre des leçons qui se donnaient dans un berceau de verdure, et pour venir ensuite dormir sous des toits de chaume.

Platon, qui dut abandonner les environs de l'Académie à cause de l'insalubrité de l'air, se retira à Colone, qui avait été habitée avant lui par l'astronome Méton et par Sophocle. Il fut alors au comble de ses vœux, et son affection pour ce coin de terre se montre jusque dans son testament, qui nous a été transmis par Diogène Laërte.

Cependant aucune de ces demeures ne devint aussi célèbre que le jardin d'Épicure. Une inscription annonçait que *le souverain bien y résidait au sein de la volupté*. Mais quand on pénétrait dans cette enceinte, on était bien surpris d'y trouver des hommes simples et honnêtes, assujettis au régime le plus sobre, unis entre eux par les liens d'une amitié indissoluble. Ils savaient se pardonner leurs défauts mutuels et supporter sans murmurer les caprices de leurs chefs, persuadés, comme le dit Lucrèce, qu'il croît des épines jusque sur les autels où l'on sacrifie aux graces : enfin leur *volupté* c'était la *vertu*.

FÊTES DE CAMPAGNE. — C'était avec la simplicité de l'âge d'or que les habitants de l'Attique solennisaient les grandes époques de la nature et leurs fêtes domestiques. « Je chôme « aujourd'hui la naissance de mon fils : « je vous prie, mon cher Pythacion, « écrivait Eustachis, de venir au fes- « tin que je prépare à cette occasion. « Amenez avec vous votre femme, « vos enfants, votre bouvier ; et si « vous le jugez à propos, votre chien, « ce gardien fidèle de vos troupeaux, « dont la voix retentissante sait en « éloigner tous les dangers. Ce ne « sera pas lui qui se trouvera le plus « mal d'être notre convive. » Le chien semble avoir été un personnage obligé dans tous les banquets rustiques. « Va « vite, répond un des interlocuteurs « de la comédie du Plutus à un esclave, « dis à ton maître de venir, dis-le à « sa femme, à ses enfants, à son « chien, et même à son cochon. »

« Saluez de ma part Chioné, la char- « mante brebis qui vous donne de si « belle laine, vos deux bœufs et votre « chien. » Avec quel plaisir on se transmettait des nouvelles de tout ce qui appartenait à une famille! avec quel abandon on célébrait les fêtes! « Venez, mon cher voisin, hâtez- « vous; dans ces sortes d'occasions, « il convient de se mettre de bonne « heure à table. Nous boirons, s'il le « faut, jusqu'à l'ivresse; nous danse- « rons et nous répéterons ce refrain « de Sapho : *Jouissons du plaisir !* « *C'est un mal que la mort; les* « *dieux l'ont ainsi jugé, puisqu'ils* « *se sont faits immortels.* »

MŒURS DES PARALIENS. — Ces joies naïves pourraient faire croire que le bonheur avait fixé son séjour dans l'Attique, mais elles n'étaient pas celles des habitants de tous ses cantons. La Paralie, contrée rude et stérile, ne nourrissait presque que des hommes adonnés à la pêche et à la navigation. Maudissant l'inconstance de l'élément sur lequel ils exerçaient leur industrie, accusant plus souvent des maîtres injustes qui les opprimaient, mais toujours Grecs, ils trouvaient des délassements au sein des agitations pénibles de leur existence. Ils célébraient, au solstice d'hiver, la fête de Jupiter tout-puissant par des festins, en actions de graces des quatorze jours de beau temps qu'il donne à cette époque, regardée comme la nourrice sacrée des alcyons au plumage éclatant. Au printemps, ils fêtaient l'ouverture de la navigation en offrant des sacrifices à Borée, qui ravit Orithye, fille d'Érechtée, sur les bords de l'Illissos : ils reprenaient alors la mer; mais ils redoutaient l'approche du mois de mai, qui n'était pas encore consacré à la mère de Mercure. « Les flots sont agités, le « ciel s'obscurcit; les nuages s'amon- « cèlent de toutes parts; les vents « contraires se combattent et se dis- « posent à rendre la mer affreuse ; « les dauphins jouent à la surface des « eaux, dont le sourd mugissement « annonce le désordre et la tempête. « Les gens instruits du cours des « astres disent que nous sommes au « moment du lever du taureau. »

Les dangers de la mer étaient inhérents à la profession des Paraliens; ils savaient les prévoir, s'en défendre et s'y résigner. Mais, distribués par classes, comme dans nos départements maritimes, depuis le Pirée jusqu'à Géreste, en Eubée, des hommes qui ne connaissaient que leurs barques et le marché au poisson d'Athènes, frémissaient à l'idée de monter sur les vaisseaux de l'état. « Le « *Paralos* et la *Salamine* vont sortir « du Pirée avec les commissaires in- « quisiteurs chargés de recruter des « rameurs habiles à braver les vents « et les flots ; où fuir, nous qui « avons femmes et enfants ? » Aussi étrangers au luxe d'Athènes que les habitants des contrées voisines du mont Parnès l'étaient aux questions de l'Académie, ils ne pouvaient concevoir la mollesse des jeunes gens qui passaient la vie dans le quartier voluptueux de Scyros. « Pamphile avait « loué mon bateau pour se promener. « Le bois lui en a semblé dur; il a « fait couvrir le tillac de tapis étran- « gers et de coussins. Il a demandé que « nous tendissions une voile au-dessus « du pont pour le mettre à l'ombre. « Nous voguions ensemble, non-seule- « ment Pamphile et ses amis, mais, « de plus, une troupe de femmes char- « mantes, toutes bonnes musiciennes. « Crumation, l'une d'elles, jouait de « la flûte ; Érato pinçait de la lyre ; « Évepa faisait résonner les cymbales : « tout respirait le plaisir et la joie. » La joie éclatait encore chez les Paraliens dans la fête des petites Panathénées, instituées en l'honneur de Minerve Suniade (*), qu'ils célébraient par des joûtes nautiques et des courses de galères en vue de ce beau temple, dont les colonnes signalent encore de nos jours aux navigateurs la terre antique de Cécrops. (Voy. *pl.* 50.)

MINES DU LAURION. — Il est probable que les habitants du Laurion sacrifiaient aux dieux infernaux, car ils n'avaient en partage que des travaux pénibles, et d'autres espérances d'un meilleur avenir que dans le tombeau. Ils exploitaient des mines dont le rameau principal s'étendait du sudest au nord-ouest, depuis le monument de Trasyllas jusqu'au bourg de Besa. On ne trouvait dans ce canton qu'une population d'esclaves achetés dans les marchés d'Europe et d'Asie, qui étaient ensevelis vivants dans les entrailles de la terre pour en arracher un minerai mêlé d'argent et de cuivre, et des émeraudes de bas aloi. On sait comment ces infortunés, chargés de chaînes, déchirés de coups de fouet, sortirent subitement armés du fond de leurs souterrains, prirent Sunion d'assaut, châtièrent l'avarice de leurs maîtres, et mirent fin pour jamais à l'exploitation des métaux ; mais il n'en fut pas de même des carrières du Pentélique, qui servirent à la construction de tous les monuments d'Athènes, d'une partie de ceux de la Grèce, et qui pourraient encore être exploitées de nos jours. (Voy. *pl.* 51.) (**)

(*) Sunion était un des principaux dèmes de l'Attique. Deux temples célèbres s'y élevaient, l'un consacré à Minerve, l'autre à Neptune ; on présume que les admirables restes qu'on y voit encore appartiennent au premier de ces temples. Les douze colonnes en marbre blanc qui existent charment l'œil du navigateur qui les aperçoit de loin ; elles produisent un grand effet par leur position, et elles ont fait donner au cap Sunion le nom de cap *Colonne*. Une muraille en pierre, qui servait de terrasse pour soutenir les terres, existe encore.

(**) La route qui conduit à ces carrières porte, sur le marbre où elle a été taillée, les traces des roues des chars antiques, qui

Pirée, établissements, industrie, commerce. — Le digma et le bazar d'Hippodamos étaient les grands dépôts des productions des pays étrangers qui y étaient admis, après avoir payé le droit du cinquantième à la douane. Les plaisirs s'étaient fixés au Pirée pour entrer en partage des profits de la navigation et du commerce. On trouvait, à côté des usines où l'on forgeait des ancres et des cales de radoub, un théâtre, des temples, des portiques remplis de statues, de bas-reliefs et de tableaux, objets des spéculations de quelques marchands qui achetaient les ouvrages des artistes grecs pour les revendre dans tous les pays civilisés. Ces productions, copiées, réduites dans des proportions différentes par des ouvriers qui travaillaient au rabais, étaient parfois expédiées à la cour du grand roi, où les ouvrages de la Grèce avaient du débit, plus par ostentation que par une juste appréciation de leur mérite, car les grands tableaux et les gros volumes furent toujours les plus estimés chez les Barbares.

Juifs, courtiers. Les échanges se faisaient en mousselines des Indes, si fines, que les courtisanes les appelaient des *nuages*, et d'autres fois en

probablement, depuis Hadrien, ont cessé d'y venir enlever les matériaux destinés à l'embellissement de la ville d'Athènes. Le marbre de ces carrières, taillées à pic, a pris, en plusieurs endroits, la teinte dorée du Parthénon et du temple de Thésée. Sur l'un de ces blocs, on voit aujourd'hui une petite masure, qui probablement servit d'habitation à quelque dévot ermite; il fallait une très-longue échelle pour y parvenir. On remarque, à gauche des carrières, une vaste excavation conduisant dans de profondes cavernes. Cette salle d'entrée est embellie par des pilastres et des colonnes formées par les stalactites, que l'on dirait d'albâtre par leur couleur et leur éclat, et qui lui donnent l'aspect des grottes de Paros. Dans l'une de ces cavernes sont les ruines d'une chapelle. On aperçoit, du haut de ces carrières, toute la plaine d'Athrées, le golfe Saronique, les îles, les montagnes du Péloponèse, et, dans le fond, la pleine mer.

produits de la Syrie, de l'Égypte et de la Lydie, exploités par des courtiers israélites qui faisaient les affaires des Phéniciens. « Les vaisseaux de Tyr,
« qu'ils vendaient souvent tout con-
« struits, sont, disaient-ils, bâtis avec
« les sapins de Sanir. Un cèdre du Li-
« ban en fait le mât, leurs rames sont
« en chêne de Bazan, leurs voiles en
« lin d'Égypte, et leurs tendelets sont
« teints avec l'hyacinthe et la pourpre
« des îles d'Élisa. Nous vous propo-
« sons, ô Athéniens, de solder les
« vases d'airain que vous envoyez à
« Tyr, contre le fer, l'étain et le plomb
« que les Carthaginois nous ont char-
« gés de vendre. Nous vous offrons
« pour exploiter les mines du Laurion,
« des esclaves de Thubal et de Mo-
« soch, que les Phéniciens troquent
« contre des chevaux et des mulets de
« Thogorna. Nous nous engageons à
« payer les huiles et les olives livra-
« bles aux Dionysiaques, à la fête
« prochaine des Tabernacles, avec du
« froment de Juda, des laines teintes
« de Damas, des cannes succulentes
« et des parfums de Saba et de Rema.
« Nous sommes fidèles à nos enga-
« gements, et connus dans le com-
« merce dès la plus haute antiquité.
« Avant la guerre de Troie, deux cent
« soixante ans après l'entrée de nos
« pères dans la *terre promise* (car
« nous ne possédâmes jamais entière-
« ment la terre de Cham), nous étions
« passés du service des Hyscos à celui
« des Phéniciens, qui étaient déjà ré-
« pandus dans toutes les îles de la mer
« Égée, où ils vendaient des marchan-
« dises du golfe Persique et de la mer
« Érythrée. »

Les Juifs, qui abhorraient les statues et les tableaux, en trafiquaient par commission, comme leurs descendants vendent aujourd'hui à Jérusalem des croix et des chapelets, dont ils sont les principaux fabricants. Quoiqu'ils ne connussent qu'un livre, celui de Moïse, ils achetaient ceux des Grecs, et ils s'humanisèrent au point de lire Platon, mais ils restèrent toujours étrangers au milieu du peuple aîné de la civilisation.

Les lois relatives aux exportations étaient affichées au Pirée. Elles étaient ainsi conçues : 1° Celui qui exportera d'autres fruits que les olives sera maudit publiquement par l'archonte, ou il se rachetera par cent drachmes ( la drachme était de quatre-vingt-dix centimes). 2° Les figues ne pourront être exportées. 3° Le blé ne peut sortir de l'Attique. 4° Aucun individu ne pourra en acheter à la fois plus de cinquante *phormes.* 5° L'exportation de la laine et de la poix est prohibée.

BANQUIERS, INTÉRÊT, USURE. — Les trapezites, ou banquiers établis surtout au Pirée, faisaient monter le change maritime à trente pour cent, conformément à la loi de Solon, qui considérait comme marchandise, l'argent qu'on pouvait vendre ou prêter à volonté. L'intérêt se fixait de lui-même. Comme le monde entier n'avait pas à beaucoup près le tiers de l'argent qui existe depuis la découverte de l'Amérique, l'intérêt se soutint dans le commerce à douze pour cent. En effet, ce ne sont ni les législateurs, ni les moralistes, ni les théologiens, ni les banquiers qui l'ont réduit au taux actuel, et si la vieille Europe était tout-à-coup dépouillée de la moitié de ses métaux précieux, on verrait aussitôt l'intérêt monter à neuf pour cent. Le change était, suivant Démosthène, proportionné aux dangers de la navigation, et il n'y a pas aujourd'hui de chambre d'assurance qui ne suive les mêmes errements que de son temps.

Les usuriers étaient regardés comme les plus vils et les plus ignominieux des hommes. La voix publique qui s'élevait contre eux et le profond mépris auquel ils étaient condamnés, formaient un supplice si grand, que le législateur ne crut pas nécessaire d'y ajouter un autre châtiment : il serait à souhaiter qu'on pût ainsi gouverner plutôt les hommes par l'opinion que par les peines; nous rétrogadons de nos jours vers la barbarie.

REVENUS, IMPÔTS. — En temps de paix, la république faisait face à ses dépenses avec les impôts des îles et des pays conquis, des villes tributaires; des droits d'entrée et de sortie sur les marchandises, du produit des salines du Pirée et de Phalère; des mines d'argent du Laurion; des oliviers consacrés à Minerve; des pêcheries situées à la côte orientale et occidentale de l'Attique; des confiscations et des amendes; de la taxe des courtisanes, et de la capitation sur les étrangers.

Démosthène et Eschine varient dans leur calcul sur les revenus publics d'Athènes; mais ainsi que dans la chambre des députés, on voit le *honorable* parler souvent pendant deux heures, pour démontrer que la France est perdue sans ressource, et ensuite un autre parler encore pendant deux heures, pour prouver que jamais la France ne fut dans une plus grande prospérité financière, il y avait contradiction et obscurité sur ce chapitre. Selon le calcul d'Eschine, le revenu annuel de la république s'élevait au-delà de 1200 talents, ou 6,480,000 fr.

PÉRIODE MACÉDONIENNE.
800 — 323 av. J.-C.

ORIGINE DU ROYAUME DE MACÉDOINE, 813 AVANT J.-C. — Une colonie grecque d'Argos, qui, sous la conduite des Téménides, de la race d'Hercule, alla s'établir dans l'Émathie, jeta les fondements du royaume de Macédoine, qui devint si puissant dans la suite des temps. Cette colonie se maintint non-seulement contre les naturels du pays, mais ses rois étendirent successivement leur domination par la réunion ou la soumission de plusieurs peuplades voisines. Cependant son histoire primitive et même les noms de ses rois sont environnés de ténèbres, jusqu'à l'époque de l'invasion des Perses dans l'Europe.

PREMIERS ROIS MACÉDONIENS. — Hérodote ne fait aucune mention des trois premiers rois de Macédoine, *Caranos,* qui, dit-on, régna vingt-huit ans; *Cœnos,* vingt-trois ans, et *Tyrmas,* quarante-cinq ans; mais il nomme comme fondateur de cet empire *Perdiccas,* qui régna entre 729 et

678 ans avant J.-C. Tout ce qu'on sait de ce dernier prince et de ses successeurs *Argée*, mort l'an 640; Philippe I*er*, mort l'an 602; *Eropas*, mort l'an 576, et Alcétas, mort l'an 547, c'est qu'ils soutinrent des guerres mêlées de succès et de revers, contre leurs voisins, particulièrement contre les Piériens et les Illyriens, qui avaient leurs rois particuliers.

Lorsque les Perses commencèrent à faire des irruptions en Europe, la Macédoine était, par sa situation, la première province qu'ils devaient trouver sur leur passage. Déja sous Darius, fils d'Hystapes, les rois de Macédoine avaient été assujétis à payer tribut aux Perses, et ce ne fut pas à leur valeur, mais aux exploits des Grecs, qu'ils durent d'en être affranchis. La bataille de Platée rendit au royaume de Macédoine son indépendance, quoique les Perses ne l'eussent pas formellement reconnue.

Avant l'expédition contre les Scythes (513 avant J.-C.), Amyntas, mort en 498, avait été assujéti à payer tribut aux Perses, aussi bien que son fils et son successeur Alexandre (mort l'an 454 avant J.-C.), qui fut forcé d'accompagner Xerxès dans son expédition contre la Grèce.

L'expulsion des Perses donna bientôt aux rois de Macédoine d'autres voisins redoutables : c'étaient, d'un côté, les Thraces, qui, sous Sitalcès et sous Seuthès son successeur, formèrent le puissant empire des Odryses; et les Athéniens, qui, au moyen de leur puissance maritime, rangèrent sous leur domination toutes les colonies grecques situées le long des côtes de la Macédoine. Cependant, plus ce voisinage pesait sur les rois de cette contrée, plus ils se trouvèrent promptement et profondément engagés dans les affaires de la Grèce.

COMMENCEMENT DES QUERELLES AVEC ATHÈNES.—Les premières rivalités des Macédoniens avec Athènes se manifestèrent sous le règne de Perdiccas II, qui occupa le trône de 454 à 413 (avant J.-C.); Athènes soutint contre ce prince, Philippe, son frère. Alors eut lieu, comme on l'a dit ailleurs, la révolte de Potidée (432 av. J.-C.), qui se rendit aux Athéniens en 431 av. J.-C. Perdiccas eut une politique si adroite dans la guerre du Péloponèse qui éclata alors, qu'il parvint à tromper les Athéniens, tandis qu'il détournait l'attaque de Sitalcès, par le mariage qu'il fit de sa sœur avec Seuthès, l'héritier de ce souverain (429 avant J.-C.) Son alliance avec Sparte (424 avant J.-C.) fut extrêmement désavantageuse aux Athéniens, par la perte d'Amphipolis que Brasidas leur enleva, comme on l'a fait connaître précédemment. Néanmoins, Perdiccas aima mieux faire la paix avec Athènes (423 avant J.-C.) que de se mettre entièrement à la merci de ses nouveaux alliés.

ARCHÉLAOS,
413—409 av. J.-C.

Archélaos, successeur de Perdiccas, déploya une politique éclairée, qui fut beaucoup plus utile à son royaume que l'adresse de Perdiccas. Il jeta les fondements de l'agriculture et de la civilisation des Macédoniens, que cependant les Hellènes ne voulurent jamais reconnaître pour leurs frères; il fit faire des grandes routes, construire des places fortes, des arsenaux, et rendit sa cour le siége de la littérature : on y vit briller Euripide, Socrate fut vivement sollicité de s'y rendre; tout ce que la Grèce avait d'hommes distingués accourut auprès d'Archélaos.

L'ancien royaume de Macédoine paraît avoir compris les provinces connues sous le nom d'Émathie, de Mygdonie et de Pélagonie : plusieurs autres peuples voisins, quoique gouvernés par des princes particuliers, étaient ses tributaires. Les rois de Macédoine n'avaient que peu d'autorité sans le secours des grands de leur royaume, parmi lesquels ils n'étaient que les premiers, comme tous les anciens chefs des peuplades grecques.

RÉVOLUTIONS, USURPATIONS,
404—400.

Le règne d'Archélaos, qui périt assassiné dans la 6ᵉ année de son règne, fut suivi d'une période de 50 ans, pendant laquelle la Macédoine se trouva livrée à une succession de dix princes ou usurpateurs de la race d'Hercule, dont l'histoire n'est qu'une suite perpétuelle de crimes et de calamités. L'indécision des lois qui semblaient régler la succession au trône autorisait l'ambition de plusieurs prétendants, dont chacun trouvait quelque secours, soit chez les peuples voisins de la Macédoine, soit dans quelqu'une des républiques grecques.

Éropos, comme tuteur du jeune roi Oreste, usurpa le pouvoir suprême, qu'il posséda de 400 à 394 (avant J.-C.). Après sa mort et le meurtre de Pausanias, son fils, en 393, Amyntas II (fils de Philippe, frère de Perdiccas) s'empara du trône, sur lequel il ne s'affermit qu'après avoir vaincu en bataille rangée Argée, frère de Pausanias, soutenu par les Illyriens (390-369 av. J.-C.) Ne pouvant terminer avec succès la guerre contre Olynthe (383-380 av. J.-C.), il conclut un traité avec Sparte, en vertu duquel cette république lui rendit, ou lui fit restituer toutes les places de la Macédoine. Après cet événement, Amyntas établit sa cour à Pella, où il passa plusieurs années cultivant l'amitié des Athéniens et des Lacédémoniens.

Les trois fils d'Amyntas II, Alexandre, Perdiccas et Philippe se succédèrent à la vérité après la mort de leur père; mais les troubles qui eurent lieu sous le règne des deux premiers furent si grands, qu'on douta si le royaume pourrait subsister; car les Macédoniens furent obligés de se soumettre à payer tribut aux Illyriens.

Alexandre fut affermi sur le trône et défendu contre son rival Ptolémée d'Aloros, par Pélopidas; il consentit à envoyer Philippe, son jeune frère, à Thèbes, comme otage; mais il fut précipité du trône dans la même année par Ptolémée (368 av. J.-C.). Ce prince gouverna le royaume, sous la condition de le conserver aux deux jeunes frères (368-365 av. J.-C.); condition qui lui fut imposée en 367 par Pélopidas. L'assassinat de Ptolémée, par Perdiccas III, se rapporte à l'année 365 av. J.-C. Perdiccas fut bientôt vivement inquiété par Pausanias, nouveau prétendant à la couronne, jusqu'à ce que les Athéniens, sous la conduite d'Iphicrate, l'affermissent dans son autorité, 364. Enfin, vers 360, Perdiccas périt dans un combat contre les Illyriens, en laissant en bas âge un fils nommé Amyntas. Ce fut à cette occasion que Philippe, frère de Perdiccas, s'évada de Thèbes, pour prendre en main les rênes du gouvernement de Macédoine, avec le titre de tuteur du jeune prince, et de lieutenant général du royaume.

### RÈGNE DE PHILIPPE,
### 360 — 336 av. J.-C.

La Macédoine était menacée par deux prétendants, Argée et Pausanias, et par quatre armées formidables, lorsque Philippe se chargea de défendre les droits de son neveu au trône. Un prince moins courageux aurait abandonné une cause qui semblait désespérée; et si le courage avait été sa principale vertu, il n'aurait fait qu'augmenter les troubles auxquels il voulait remédier.

ÉDUCATION. — Philippe était alors dans sa vingt-troisième année. Depuis l'âge de quinze ans, il avait principalement vécu à Thèbes, dans la famille et sous la direction d'Épaminondas. On peut croire qu'il accompagna le héros thébain dans plusieurs de ses expéditions militaires; mais il est certain qu'il visita les principales républiques de la Grèce, dont il étudia les institutions; et la tactique des Lacédémoniens fut la première amélioration qu'il introduisit dans l'armée macédonienne. Le perfectionnement de ses connaissances ne fut pas le seul fruit de ses voyages; Philippe acquit l'amitié et l'estime de Platon, d'Isocrate, d'Aristote, et les liaisons qu'il forma avec ce que la Grèce avait de personnages illustres, contribuèrent au succès des desseins qu'il exécuta dans la suite.

DÉLIVRANCE DE LA MACÉDOINE.— Les Illyriens, les Péoniens et les Thraces étaient les ennemis les plus dangereux du royaume. Mais l'inconstance naturelle à ces peuples délivra Philippe des Illyriens ou Celtes; il persuada aux Péoniens de se retirer, tant par ses présents que par ses promesses artificieuses; la même conduite réussit avec le roi de Thrace, qui abandonna la cause de Pausanias. Libre de ces soins, Philippe se prépara à résister à l'attaque, beaucoup plus formidable d'Argée, soutenu par les Athéniens.

PHILIPPE PROCLAMÉ ROI (360 av. J.-C.). — Jusque là, c'était avec le titre de régent que Philippe gouvernait, lorsque la flotte d'Athènes, sur laquelle se trouvait le prétendant Argée, parut aux atterages de la Macédoine. Les grands étaient réunis à Égée, pour aviser aux moyens de salut public, lorsque sur la foi d'un oracle, ils s'écrièrent d'une voix unanime, en saluant Philippe : « Voilà « l'homme destiné à être le fondateur « de la grandeur macédonienne. La « situation des choses n'admet point « un enfant pour roi. Obéissons aux « ordres du ciel, et confions le sceptre « à des mains dignes de le porter et « capables de le défendre. »

DÉFAITE D'ARGÉE. — Ce fut dans ces circonstances qu'Argée, débarqué au port de Méthone, essaya de faire valoir ses droits au trône. Édesse lui ferma ses portes, et il dut battre en retraite vers la mer. Philippe, qui avait eu le temps de rassembler des troupes, tailla en pièces son arrière-garde, et le défit dans une action générale, où il périt avec l'élite de ses troupes : le reste de son armée fut fait prisonnier.

Dans cette occasion, Philippe sut déployer la politique la plus opposée à son caractère fier et impérieux. Les prisonniers macédoniens, partisans d'Argée, ayant été conduits en sa présence, furent réprimandés avec douceur, admis à prêter le serment de fidélité à leur nouveau maître, et distribués indistinctement dans les différents corps de son armée. Les Athéniens furent traités avec les plus grands égards. Loin de leur demander une rançon, il ordonna de leur rendre leurs bagages, et il les admit à sa table. Ainsi procédait Philippe, non parce qu'il compatissait à l'infortune, mais afin de tromper les hommes, car il ne fit jamais le bien que pour arriver à des fins intéressées.

POLITIQUE DE PHILIPPE. — Les prisonniers grecs rendus à la liberté étaient à peine de retour à Athènes, qu'on y vit arriver des ambassadeurs de Philippe. Il savait combien la perte d'Amphipolis était sensible aux Athéniens, auxquels il proposa de déclarer cette ville libre et indépendante. L'offre du roi fut acceptée, et au moyen d'un autre traité avec Amyntas, les Athéniens se trouvèrent enchaînés dans le repos, sans pouvoir s'opposer aux vues ambitieuses de Philippe.

NOBLESSE. — Au milieu de sa gloire et de ses succès, Philippe ne pouvait choisir une occasion plus favorable pour refréner les prétentions orgueilleuses des nobles. Leurs aïeux n'avaient jamais eu, malgré leurs prétentions de *pairs des rois*, d'autre extraction qu'un état humiliant de domesticité. Ainsi qu'aux temps héroïques, les princes macédoniens avaient des officiers particuliers qui conduisaient leurs chars, portaient leurs ordres et nettoyaient leurs armes : Homère leur donne le nom de *thérapeutes* ou *valets*.

Philippe avait compris que l'avantage de la naissance de ses gentilshommes, qui se réduisait en dernière analyse à un intérêt personnel, en s'appropriant exclusivement les richesses et les honneurs, au prix des plus grandes humiliations, choisit dans cette classe un corps de troupes qu'il nomma les *Camarades*. Ils avaient le privilége de ne pouvoir être *battus* que de ses mains royales; ils vivaient non pas, comme on l'a prétendu, à sa table, mais de la desserte de sa table; ils suivaient sa personne à la chasse, à la guerre. « Ja- « mais, ajoute Tite-Live, on ne vit « d'esclaves plus rampants en pré-

« sence des rois, ni de mortels plus
« insolents partout ailleurs. Ils por-
« taient la livrée de la cour comme
« des valets, mangeaient dans un ré-
« fectoire commun; du reste riches
« ou bien endettés, ils ne pouvaient
« endurer le nom de liberté, ni se sou-
« mettre au joug des lois civiles, qui
« sont néanmoins le plus beau don que
« la philosophie ait fait à la nature
« humaine. »

Dès que Philippe eut ouvert ses an-
tichambres à la noblesse macédonienne,
elle s'y précipita pour obtenir des places d'échansons, de pannetiers, de
sommeliers, de veneurs. Il n'en fut
pas de même du collége des *Camarades*, qui étaient autant d'otages entre
les mains du roi, car c'est de là que
sortirent une pépinière de généraux,
qui, après avoir fait la gloire de la Macédoine, devinrent les tyrans et l'opprobre de l'ancien continent.

On a répété sans raison que Philippe fut l'inventeur de la phalange;
il ne fit que la perfectionner en adoptant son principe. Mais il s'appliqua
à remplir d'armes ses arsenaux, à se
procurer des chevaux, à faire la revue
de ses troupes, à les exercer et à les
accoutumer à cette vie austère qui fait
les bons soldats.

PREMIÈRE CAMPAGNE DE PHI-
LIPPE, 359 AVANT J.-C. — Philippe
ne tarda pas à faire usage de ses forces;
la mort d'Agis, roi de Péonie, lui en
fournit l'occasion. Les Macédoniens
avaient à venger d'anciennes injures,
et ils n'eurent qu'à se montrer pour
vaincre sans tirer l'épée. Les Péoniens,
privés de leur chef, ne firent aucune
résistance; le roi de Macédoine parcourut leur pays, fit des esclaves et
un butin considérable, leur imposa un
tribut, et rangea la Péonie sous son
sceptre.

IL DÉFAIT LES ILLYRIENS, 358
AVANT J.-C. — Les Péoniens ne furent
pas plus tôt subjugués, que Philippe,
à qui toutes les saisons étaient indifférentes pour faire la guerre, entreprit, pendant l'hiver, une campagne
contre Bardylis et les Illyriens, à la
tête de dix mille hommes d'infanterie
et de six cents chevaux. L'histoire
n'indique pas dans quel lieu les armées
se rencontrèrent; mais on sait que les
Illyriens laissèrent sur le champ de
bataille sept mille hommes avec leur
roi Bardylis. Ainsi mourut, âgé de
quatre-vingt-dix ans, en combattant
à cheval avec la plus grande valeur, un
homme qui, de charbonnier et de chef
de voleurs, était parvenu à la souveraineté de l'Illyrie. A la suite de cette
bataille, les vaincus soumirent leur
sort à la discrétion de Philippe; il leur
accorda les mêmes conditions qu'il
avait imposées aux Péoniens. Cet événement donna pour frontières à la Macédoine le lac Lychnitis, la position
d'Apollonie au voisinage de l'Adriatique, et lui valut un ascendant tel, que
les Illyriens de cette contrée adoptèrent le langage et les mœurs du vainqueur.

LIGUE OLYNTHIENNE,
357 av. J.-C.

Philippe rentra dans son royaume,
non pour jouir du repos, mais pour
accomplir d'autres desseins. Il avait
mis en sûreté la Macédoine au nord et
à l'occident; mais la côte méridionale,
peuplée de Grecs, lui offrait à la fois
une conquête plus attrayante et un
ennemi plus formidable.

La ligue olynthienne, qui avait se-
coué le joug de Sparte, pouvait mettre
sur pied dix mille hommes pesamment
armés et un corps de cavalerie bien
discipliné. La Chalcidique avait adhéré
à son alliance; cette province, avec
les villes du mont Pangée et de la Piérie, formait une barrière propre à
défendre les états grecs contre la Macédoine et à menacer au besoin la sûreté de ce royaume. Cette situation
occupait la politique active de Philippe,
qui, variant ses moyens, sans changer
de but, parvint, comme on le verra,
au bout de vingt-quatre ans, à obtenir
le résultat le plus remarquable que jamais la prudence humaine ait conquis
sur la valeur et la fortune de la Hellade.

Amphipolis avait été déclarée ville

libre (\*) par Philippe dès le commencement de son règne. Les Athéniens, qui revendiquaient leur ancienne colonie, n'avaient pu la recouvrer, à cause de la trahison de Charidème d'Eubée. Ils se préparaient à renouveler leur entreprise, tandis que les habitants, qui avaient goûté les douceurs de la liberté, se disposaient à soutenir leur indépendance. Cependant ils étaient moins alarmés des préparatifs d'Athènes que des intrigues de Philippe, qui avait besoin de leur ville pour se frayer une route vers les forêts et les mines d'or du mont Pangée, afin de se procurer des bois pour construire une marine et de l'or pour solder ses armées. Dans cette occurrence, les Amphipolitains recherchèrent et obtinrent la protection de la ligue olynthienne, en entrant dans son alliance. Un acte semblable entraînait une rupture avec le roi de Macédoine : les Olynthiens le sentirent ; et ils essayèrent de conclure un traité d'alliance avec Athènes, contre l'ennemi commun des deux états.

Si ce projet avait réussi, la Macédoine n'aurait peut-être jamais été remarquée dans l'histoire. Philippe, averti de ce qui se tramait, s'empressa d'envoyer des ambassadeurs à Athènes, où ils arrivèrent avant qu'on eût rien conclu avec ceux d'Olynthe. On entama aussitôt une double négociation par

(\*) La vue d'Amphipolis est prise des hauteurs de Cerdyllion, près du village de *Kutchuk Orchova*. Des ponts établissaient des communications entre l'ancienne et la nouvelle ville (Amphipolis). On y voit, à l'orient, les ruines d'une ancienne porte ; les hauteurs dépendent du mont Pangée ; on croit que le petit tumulus est le tombeau de Brasidas ; on reconnaît la trace des anciens remparts et de la grande muraille située au N.-E. et au S., qui, suivant Thucyd., liv. IV, c. 102, fit changer le nom de *Enneaodos* en celui d'*Amphipolis*. On y remarque le cours du Strymon, qui se détourne vers le couchant, en suivant la montagne de Cerdyllion, d'où il décrit un angle presque droit pour se rendre à la mer. La ville formait le couronnement du lac Cercine, qu'on fera connaître ailleurs.

laquelle Philippe s'engageait à soumettre Amphipolis pour le compte des Athéniens, à condition qu'ils lui rendraient Pydna, place non moins importante. Il promettait en outre à la république beaucoup d'autres avantages, qu'il n'était pas *temps de faire connaître*. Le traité fut conclu, et les Olynthiens éconduits s'en retournèrent pleins d'indignation.

Les députés avaient à peine eu le temps de rendre compte à leurs concitoyens de ce qui s'était passé à Athènes, que des ambassadeurs de Philippe demandèrent audience au sénat d'Olynthe. Ce prince artificieux affectait de partager l'affront que les députés de la ligue avaient reçu de la part des Athéniens ; il leur témoignait en même temps sa surprise de ce qu'ils avaient brigué la protection d'une république orgueilleuse, tandis qu'ils pouvaient trouver en lui un allié charmé d'entrer dans leur confédération. Il leur offrait de les mettre immédiatement en possession d'Anthémos et de leur donner, dès qu'il en aurait fait la conquête, Pydna et Potidée, qu'il préférait voir entre leurs mains, plutôt que sous la domination athénienne.

Libre d'agir et secondé par les Olynthiens, Philippe se porta rapidement contre Amphipolis, qui, se trouvant attaquée au dépourvu, eut de nouveau recours à Athènes. Le sénat d'Amphipolis dépêcha en conséquence Hiérax et Stratocle, chargés d'exprimer le repentir des Amphipolitains au peuple d'Athènes, en le suppliant de reprendre sa malheureuse colonie sous sa protection.

REDDITION D'AMPHIPOLIS. — Les Athéniens se trouvaient alors engagés dans la guerre sociale, dont on a parlé précédemment ; mais le désir de recouvrer une colonie importante pouvait les éclairer sur leurs intérêts. Philippe, qui sentait l'importance de les tranquilliser, leur fit dire qu'il n'attendait que la réduction de la place dont il faisait le siège pour la remettre sous leur autorité. Abusés par cette promesse, les Athéniens traitèrent les députés d'Amphipolis avec aussi peu d'égards que ceux d'Olynthe. Bientôt après, la ville fut forcée de se rendre a discrétion, et Philippe déclara son territoire partie intégrante du royaume de Macédoine.

PRISE DE PYDNA ET DE POTIDÉE. — Philippe, ayant assiégé et pris ces deux villes, s'empressa d'en faire la remise à la ligue olynthienne. Dans cette circonstance, il prit sous sa protection la garnison athénienne de Potidée, qui s'était rendue prisonnière de guerre. Bientôt après, il la renvoya sans rançon, en se plaignant de ce que la nécessité de ses affaires et son alliance avec Olynthe le forçaient de contre-carrer les intérêts d'Athènes, pour laquelle il conservait, suivant l'expression de Diodore, *le respect le plus sincère*.

NYMPHOLEPSIE DE COTYS. — La réduction d'Amphipolis ouvrit à Philippe le chemin de la Thrace, dont Cotys était roi. Ce n'était plus ce prince dont il avait été obligé d'acheter la paix à son avénement au trône. Devenu amoureux de Minerve, on laissait à Cotys la liberté d'errer tantôt avec sa cour ambulante à travers les montagnes agrestes de la Thrace, tantôt de dresser ses tentes sur les bords odoriférants du Strymon, ou du Nestos, et d'autres fois de s'enfoncer dans les belles forêts qui ornaient son royaume, pour y goûter à loisir les faveurs de son amante céleste. Il se trouvait dans le bocage d'Onocaris (*), qu'il quitta à la nouvelle de l'approche des Macédoniens; il écrivit à Philippe pour lui signifier de suspendre sa marche. Le message d'un tel homme ne pouvait qu'exciter le ridicule ou la pitié. Le roi de Macédoine, continuant sa route, pénétra jusqu'à Crénides, ville située au pied du mont Pangée, à trois lieues de la mer et à dix environ d'Amphipolis. Il admira la beauté solitaire des lieux, retrouva les mines d'or exploitées autrefois par les colonies de Thasos et d'Athènes, les fit nettoyer et fonda *Philippes*, ville dont la lugubre splendeur rappellera à jamais au monde le beau trépas de Brutus et de Cassius, qui moururent avec la liberté romaine.

RÉVOLUTION EN THESSALIE. — Philippe suspendit le cours de ses conquêtes, afin de porter ses armes en Thessalie. Thébé, femme du tyran Alexandre de Phérès, n'avait point oublié les propos de Pélopidas, qu'elle rappela aux conspirateurs qui délivrèrent l'humanité d'un de ces monstres nés pour le malheur des peuples. — Salués comme libérateurs, Tessiphonos, Pytholaos et Lycophron, beaux-frères, assassins et successeurs d'Alexandre, après s'être entourés de gardes, ne tardèrent pas eux-mêmes à devenir tyrans. Dans ce but, ils persécutèrent et firent mourir ceux qui les avaient aidés à opérer la révolution; ils restèrent maîtres de Phérès par la force et par la violence. La Thessalie entière était au moment de tomber dans les fers, lorsque les Alevades, famille qui descendait d'Hercule, se déclarèrent contre les usurpateurs. Mais comme leur parti ne pouvait seul s'opposer aux tyrans, ils invitèrent Philippe à les soutenir, et les tyrannicides re-

---

(*) Les sources de l'Angitas, qu'on présume être le bocage, ou plutôt le Nymphæum d'Onocaris, est un des sites les plus pittoresques de la Macédoine. Les rochers qui forment la grotte offrent une perspective prolongée sur la gauche. L'entrée de cette caverne est obstruée par des blocs de marbre grisâtre amoncelés par quelque tremblement de terre ; on n'y pénètre qu'en se traînant sur les mains. Ces difficultés franchies, on croit entrer dans un temple : l'antre est à peu près circulaire; sa partie supérieure forme une voûte presque régulière, dont le diamètre est d'environ vingt-cinq pieds et la hauteur de quinze. A gauche, on voit une file de blocs de marbre servant de siéges. Du fond de la grotte sort une eau limpide qui, glissant d'abord sans bruit sur un lit de sable de cinq pieds de largeur, commence à murmurer en arrivant au dehors. On remarque, dans un enfoncement, les restes d'une maçonnerie antique construite au-dessous d'une ouverture par où s'introduit un jour mystérieux. Les eaux de cette grotte viennent des environs de Négrecop.

curent le juste châtiment de leurs forfaits.

Les Thessaliens, délivrés du danger, conclurent, dans le premier mouvement de leur reconnaissance, un engagement avec le roi de Macédoine, par lequel ils lui abandonnaient les revenus provenant de leurs foires et de leurs villes de commerce, ainsi que l'usage de leurs havres et de leurs chantiers. Cette concession extraordinaire et irréfléchie devint entre les mains de Philippe une possession permanente, qui le détermina à porter ses vues du côté de l'Épire.

#### ÉPIRE.

L'Épire fut de toute antiquité la partie la plus mystérieuse et la moins connue de la Hellade. Des Pélasges, conduits par Phaëton, avaient été ses premiers colons. L'oracle de Jupiter y était, dit-on, établi avant leur arrivée, qui remonte à plus de quinze siècles avant notre ère. Deux Péléiades (femmes noires) appelées Colombes, ou prêtresses d'Osiris, venues d'Égypte, s'étaient fixées dans la Hellopie, ainsi nommée à cause de ses lacs, qu'on voit près de la ville moderne de Janina. Les chênes fatidiques qui rendaient des oracles; l'airain de Dodone (espèce de cloche) dont les sons faisaient sans cesse retentir les échos du Pinde et des montagnes d'alentour; l'austérité des Selles, ministres de Jupiter, couchant sur la terre, ne lavant jamais leurs pieds, circoncis comme les lévites qui veillaient autour de l'arche d'Adonaï; ces prestiges, ces mœurs en imposaient aux grossiers *Apeirotes* ou *Épirotes*; nom adouci par l'euphonie ionienne.

Le Pinde, voisin de Dodone, ne tarda pas à être habité par les Muses aux lyres mélodieuses, et l'Hespérie, dont on recula la position vers le couchant à mesure que les connaissances géographiques s'étendaient, devint la Thesprotie baignée par l'Achéron, qui verse ses eaux dans le bassin de Glykys, port voisin de Parga, ville de douloureuse mémoire.

L'Épire fut alors regardée comme une province de la Hellade, quoique une partie de ses habitants, ainsi que les Macédoniens, parlassent un idiome différent de la langue grecque. On croyait que les Épirotes primitifs provenaient d'une race scythique, sortie du voisinage des Palus Méotides: idée qui s'est perpétuée parmi les Schypétars, ou Arnaoutes modernes, qu'on croit être de race caucasienne: ainsi, jadis on trouvait, comme à présent, en Épire, deux populations, qui y sont encore confondues sans être identifiées.

DYNASTIES ROYALES. — Les rois d'Épire furent les Éacides, qui se prétendaient issus d'Éaque, roi d'Égine. Le plus ancien de ces princes dont l'histoire ait conservé le souvenir, est Pyrrhus, fils d'Achille, qui fut dépouillé du royaume de son père, occupé alors au siége de Troie. Il céda une partie de son domaine à Hélénos, fils de Priam, et il donna la Chaonie, terminée par la Thyamis,, à Andromaque, veuve d'Hector, qui s'établit à Buthroton, ville bâtie aux rives du faux Simoïs: *Falsi Simoentis ad undas*. Hélénos eut pour héritier une partie de ses possessions, Molossos, son fils, qui donna le nom de Molossie, ou Molosside, à la partie centrale de l'Épire, qu'on appelle maintenant Palæo-Pogoni (vieille barbe), surnom de Jupiter Dodonéen. Molossos étant mort sans enfants, son royaume passa à Pialès, qui fut la tige historique des rois d'Épire.

Le plus illustre de ces princes fut Arrybas. Il avait été élevé à Athènes, et ce fut au sein d'une république que l'héritier du trône des Éacides s'instruisit des devoirs et des droits réciproques des peuples et des rois. De retour dans ses états, il donna un grand exemple à la postérité, en déclarant qu'il voulait *mettre des limites à son autorité*. Il établit un sénat, un ordre de magistrats, et les Molosses adoucirent leurs mœurs. Passaron devint l'Athènes de l'Épire; elle s'embellit de théâtres, de temples et de portiques, dont l'auteur de cette histoire a retrouvé les ruines. C'était dans cette ville que se réunissaient les états du royaume. A leur avénement au trône, les rois, après avoir sacrifié à Jupiter guerrier, juraient au peuple « de « régner suivant les lois », et les représentants de la nation s'engageaient « à défendre la royauté, conformé- « ment aux lois. » Sous ce régime, l'*iségorie*, ou jugement par jury, devint la première et la plus heureuse garantie des droits, de l'honneur et de la vie des citoyens.

PHILIPPE ÉPOUSE OLYMPIAS, 357 av. J.-C. — Dans ses excursions à Thèbes, Philippe avait eu occasion de voir la sœur d'Arrybas, roi d'Épire, dont les charmes et l'esprit avaient fait une profonde impression sur son cœur. Les deux amants avaient été initiés en même temps aux mystères de Cérès, pendant la fête triennale de la Bonne Déesse, qu'on célébrait dans l'île de Samothrace. Mais les soins du royaume et de la guerre avaient distrait les pensées amoureuses de Philippe lorsque son expédition en Thessalie, en le rapprochant de l'Épire, lui rappela le souvenir d'Olympias. Il sollicita une entrevue avec cette princesse, qu'il demanda en mariage. Arrybas consentit à cette double proposition, et la *séduisante beauté* de la *belliqueuse Épire* fut conduite en Macédoine. Les noces eurent lieu à Pella avec une pompe et une licence telles, qu'on en augura mal pour les mœurs de Philippe, dont les inclinations vicieuses ternirent la fin du règne glorieux.

### NAISSANCE D'ALEXANDRE-LE-GRAND, 356 av. J.-C.

L'indolence voluptueuse du roi de Macédoine, pendant la première année de son mariage, réveilla l'esprit d'indépendance des princes tributaires de la Péonie, de l'Illyrie et de la Thrace; mais le lion sommeillait. Au printemps de la première année de la CVI° olympiade, l'élite des troupes macédoniennes, sous le commandement de Parménion, étouffa la révolte de l'Illyrie. Philippe en personne fut également heureux en Péonie et en Thrace. Comme il revenait de son expédition, il fut informé de la victoire de Parménion; un second messager lui annonça que ses chevaux avaient obtenu le prix de la course des chars aux jeux olympiques; triomphe qu'il mettait au-dessus de tous les autres, parce qu'il le constituait *fils légitime* de la Grèce, et il le consacra, en faisant frapper *un char* sur ses monnaies. Presqu'en même temps, un troisième messager lui apprit qu'Olympias était accouchée d'un prince, à Pella, capitale de son royaume.

Tant de prospérités n'exaltèrent point la raison éclairée de Philippe. On peut juger du calme de son esprit par sa lettre à Aristote, écrite avec une précision qui montre le roi et l'homme de génie : « Apprenez qu'il « nous est né un fils; nous remercions « les dieux, moins encore d'un tel « présent, que de nous l'avoir ac- « cordé dans un temps où vit Aristote. « Nous sommes persuadés que vous en « ferez un prince digne de son père, « et digne de la Macédoine. » Aristote entra dans son emploi, environ treize ans après la date de cette lettre, lorsqu'on supposa qu'Alexandre avait la raison assez développée pour profiter de ses leçons.

POLITIQUE DE PHILIPPE. — Philippe régnait depuis cinq ans; sa puissance était admirée et respectée par ceux même dont l'esprit était incapable de pénétrer la politique profonde qui le rendait véritablement formidable. Le premier objet de ses désirs avait pour but la possession d'Olynthe et de son territoire; le second et le plus difficile était d'obtenir un jour la souveraineté de la Grèce. Mais loin de laisser soupçonner ses projets, il sut abuser les Olynthiens, et tromper les Athéniens engagés dans une guerre de religion. Ainsi, attendant beaucoup du bénéfice du temps, au lieu de s'attirer cent mille hommes sur les bras, il sut par une politique constante et soutenue arriver à ses fins, sans jamais avoir plus de trente mille ennemis à combattre.

SECONDE GUERRE SACRÉE. — On a parlé précédemment de la première guerre sacrée contre les habitants de Crissa et de Cirrha (voy. *pl.* 47); de la sentence d'Apollon, cause de l'extermination de tout un peuple, et du décret en vertu duquel son territoire fut dévoué à une *éternelle stérilité*. La guerre sacrée qui commença la 2ᵉ année de la CVIᵉ olympiade, eut pour cause l'infraction de l'anathème prononcé au nom du dieu de Delphes. Les Phocidiens ayant cultivé à leur profit une partie des terres frappées d'*interdiction*, furent condamnés par les amphictyons à une amende de quelques talents qu'ils refusèrent de payer. A la même époque les Spartiates, sur la requête des Thébains, se virent frappés d'une peine pécuniaire de cinq talents (27,000 fr.), parce que, comme on l'a dit ailleurs, leur général Phoebidas avait injustement occupé la Cadmée. Les Lacédémoniens ne se pressant pas plus que les Phocidiens d'obéir à cette sentence, les deux peuples furent en conséquence menacés de voir leur territoire tout entier confisqué et consacré au dieu de Delphes, en conséquence d'un décret des amphictyons.

PHILOMÉLOS GÉNÉRAL DES PHOCIDIENS. — Cependant comme les hiéromnémons *fulminaient, intriguaient*, et que les Phocidiens craignaient de voir leurs campagnes annexées au domaine sacré de Delphes, un de leurs compatriotes, Philomélos, les engagea à prendre les armes, se chargeant de les tirer d'embarras et de les rétablir dans la prérogative de protecteurs du temple et de l'oracle d'Apollon. Les Phocidiens lui ayant décerné le titre de généralissime, il se rendit aussitôt à Sparte. Dans une entrevue particulière qu'il eut avec le roi Archidamas, il confia à ce prince le projet qu'il avait formé de s'emparer de Delphes, d'en recouvrer le patronage, et de faire révoquer les excommunications lancées contre Sparte et Phocis. Archidamas approuva ce plan; mais, n'osant se prononcer ouvertement, il se contenta de donner quinze talents au Phocidien, qui en ajouta quinze autres, au moyen desquels il leva une armée.

SUCCÈS DE PHILOMÉLOS. — Les amphictyons venaient de déclarer la guerre aux Phocidiens, en ordonnant à tous les Grecs de prendre les armes pour venger la majesté de Phœbus Apollon. La lenteur des préparatifs donna le temps à Philomélos d'exterminer les Thracides préposés à la garde du temple, de s'emparer de la ville de Delphes, et de rassurer les habitants sur ses intentions; peu de jours après il battit les Locriens. Après avoir obtenu ces succès, Philomélos fit effacer le décret des amphictyons inscrit sur une colonne, et fondre les tables d'airain qui portaient la condamnation des Phocidiens et des Lacédémoniens. Il ordonna en même temps de publier qu'il n'avait pris les armes que pour restituer aux habitants de Phocis le droit de patronage qu'ils exerçaient anciennement sur le temple de Delphes, et pour annuler des décrets dictés par l'injustice.

La nouvelle des événements de la Phocide étant répandue dans la Grèce, les Athéniens, les Spartiates et quelques autres états se disposèrent à secourir Philomélos, tandis que les Thessaliens et les Béotiens s'armaient pour punir ce que leur fanatisme stupide appelait une entreprise sacrilège. Comme les troupes de ces derniers ne se trouvèrent réunies que la seconde année de la guerre, Philomélos eut le temps de se fortifier et de ravager la Locride opuntienne. A son retour à Delphes, ayant voulu consulter l'oracle, il ordonna à la pythie de monter sur le trépied : elle résista; mais obligée par la violence, elle s'écria : « Qu'il ferait tout ce qu'il voudrait. » Le général déclara qu'il s'en tenait à cette réponse; il passa le reste de l'année à s'occuper des affaires de la guerre.

Dans cette circonstance, Philomélos dut imposer des taxes aux Delphiens et emprunter des subsides au trésor sacré, afin de lever et d'entretenir des soldats. Ce fut au milieu de ces préparatifs que les Locriens, battus à deux reprises, le furent une troisième fois par ceux qu'ils qualifiaient de sacrilèges. Ces défaites obligèrent les vaincus à presser les secours qui leur étaient promis; ils allaient arriver, lorsque le général phocidien fut renforcé par les contingents de Sparte et d'Athènes, de façon qu'il compta plus de dix mille mercenaires sous ses drapeaux.

ÉVÉNEMENTS DE LA GUERRE, 355-352 AVANT J.-C. — La fortune des combats resta à peu près égale pendant deux ans, et la guerre ne fut remarquable que par l'excessive cruauté des deux partis. Les prisonniers phocidiens étaient condamnés sans exception à mort, comme sacriléges; ceux-ci usaient de représailles envers leurs malheureux captifs.

MORT DE PHILOMÉLOS. — Cependant les deux partis, qui éprouvaient une grande disette dans leurs positions respectives, résolurent d'abandonner les plateaux supérieurs du Parnasse, pour se rendre vers la Béotie et la Locride. Comme les deux armées suivaient l'étroite vallée du Céphise, les soldats se rencontrèrent et se chargèrent. Il s'ensuivit une affaire générale dans laquelle les Béotiens, supérieurs en nombre, taillèrent en pièces un corps phocidien. L'armée sacrilége prit la fuite à travers les bois et les rochers; vainement Philomélos essaya de la rallier, il se trouva cerné, et, couvert de blessures, il parvint avec peine à gagner un escarpement. Ne voyant aucun moyen d'échapper, connaissant les tourments qui lui étaient réservés s'il tombait vif entre les mains de l'ennemi, il trouva la mort en se précipitant du haut d'un rocher. Onomarchos, frère et collègue de Philomélos, prit le commandement, et parvint à réunir les débris de l'armée. Telle fut la fin de la seconde campagne sacrée.

### ONOMARCHOS,
355 ans avant J.-C.

L'armée s'étant ralliée à Delphes, Onomarchos obtint le titre de généralissime. Fidèle au système de son frère, il fit publier qu'il accorderait une forte paie aux soldats qui viendraient se ranger sous ses drapeaux. Une foule considérable de mercenaires accourut de toutes parts à sa voix. Il n'eut plus alors qu'un embarras : ce fut de contenir l'ardeur de ses troupes, jusqu'à ce qu'elles se trouvassent équipées et qu'il eût achevé de faire monnayer l'or et l'argent *empruntés* au trésor d'Apollon, dont il se servit pour les solder et pour corrompre ses ennemis.

Après avoir pourvu à tout ce qu'il croyait utile, Onomarchos entra dans la Locride, enleva d'assaut Thronion, dont il vendit les habitants comme esclaves; ce qui épouvanta tellement Amphisse, ville de la Locride Ozole, qu'elle se soumit au vainqueur, malgré son alliance avec les Achéens. La Doride et la célèbre Orchomène ne tardèrent pas à devenir la proie des Phocidiens. Leur général se préparait à assiéger Chéronée, lorsqu'une armée thébaine accourut au secours de cette place; elle fut battue; mais il paraît que cet incident changea les plans d'Onomarchos, qui remonta à Delphes avec son armée.

MOUVEMENTS DE PHILIPPE. — Les Thessaliens furent de tout temps dévolus aux tyrans. Ils méritaient ce triste sort, car ils ne firent jamais rien pour la postérité. On les vit passer comme des ombres fugitives à la surface de la terre, sans y laisser le moindre monument du génie; ce qui fit dire aux Grecs : « que la Thessalie « n'avait jamais produit ni un mau- « vais cheval, ni un honnête homme. » A peine délivrés du joug d'Alexandre, ils étaient tombés sous celui de Lycophron, échappé au châtiment du roi de Macédoine, qui réclama le secours d'Onomarchos pour le défendre contre ce prince. Le général phocidien lui envoya sept mille hommes, sous la conduite de Phayllos, son frère; ils furent mis en déroute par Philippe, qui, dans cette circonstance, assiégea et prit Pagase.

Onomarchos, convaincu que la Thessalie n'était bonne qu'à être conquise, entra aussitôt dans cette province avec son armée, sous prétexte de secourir Lycophron, mais afin de la conquérir pour son propre compte. Philippe l'attendait de pied ferme; mais ayant été battu dans deux rencontres par les Phocidiens, il se hâta de rentrer dans la Macédoine, où les affaires de la Thrace exigeaient sa présence; Onomarchos, ajournant ses desseins, rentra dans la Phocide, après s'être emparé de Chéronée.

THRACE.

La Thrace, suivant les anciens, s'étendait d'occident en orient, depuis le Strymon jusqu'au pont Euxin, et du septentrion au midi, à partir du mont Hémos jusqu'à la mer Égée; elle était divisée en Odrysie, ou partie montueuse, et en partie maritime ou Sapée.

Rois. — Térès, ou Tyrès, regardé comme le fondateur de la monarchie des Odryses, régnait, suivant Xénophon, avant la guerre du Péloponèse, et il paraît qu'il vécut jusqu'à l'âge de 92 ans. Sitalcès, son fils, qui lui succéda (vers l'année 428 avant J.-C.), augmenta l'étendue du royaume de son père par des conquêtes telles, que les Athéniens, établis sur les bords de l'Hellespont, crurent devoir rechercher son alliance. Nymphodore, beau-frère de Sadocos, roi d'une partie de la Thrace maritime, fut chargé de cette négociation; elle réussit, et ce prince ayant envoyé des troupes aux Athéniens, ceux-ci lui décernèrent, par reconnaissance, le titre de citoyen d'Athènes. Bientôt Sitalcès, à la sollicitation des Athéniens, marcha en personne contre les Chalcidiens : il comptait ensuite chasser du trône de Macédoine Perdiccas, mais il renonça à ce projet sur les représentations de son neveu Seuthès; il consentit même au mariage de ce prince avec Stratonice, sœur du roi. Quelque temps après, Sitalcès fut tué dans un combat contre les Triballes; quant à Sadocos, on croit qu'il mourut avant son père, car on voit Seuthès I<sup>er</sup> monter immédiatement après lui sur le trône.

Ce roi, également qualifié du titre de citoyen d'Athènes, n'est point connu par ses actions; on ignore la durée de son règne, qu'on rapporte vers l'année 424 avant J.-C.; son successeur fut Mésade, que ses sujets expulsèrent du trône pour y placer Médocos; on ne sait pas quelle fut la fin de sa carrière.

Le pays des Sapéens était resté libre, lorsque Seuthès II revendiqua ses droits de souveraineté sur cette contrée. Il avait déclaré la guerre aux Sapéens, et il se trouvait dans une position très-fâcheuse, lorsque Xénophon, qui ramenait les Grecs de l'expédition de Perse, eut la faiblesse de l'assister et le malheur de faire triompher sa cause. L'histoire ne nous apprend rien de plus sur ce roi.

Amadocos succéda à Médocos, vers l'an 390 avant J.-C.; il y a apparence qu'il occupa le trône jusqu'en 380, puisque Cotys I<sup>er</sup>, qui y parvint en 356, régna pendant vingt-quatre ans.

Après Seuthès II, on voit le trône de Thrace occupé par Cotys II, espèce de fou couronné, devenu, comme on l'a dit, amoureux de Minerve. Ses débauches et ses cruautés furent portées à un tel excès, qu'il fut assassiné par Python et Héraclide, que l'assemblée des cinq cents déclara citoyens d'Athènes en mémoire de leur action; *car ils n'avaient pas tué un homme.*

Kersobleptès, voyant ses frères Bérisadès et Amadocos dépouillés par Philippe d'une partie de l'héritage de leur père, se décida à faire hommage aux Athéniens de la Chersonèse de Thrace. Charès fut aussitôt expédié avec une flotte nombreuse pour occuper cette colonie, où il ne trouva de résistance qu'à Sestos, qu'il emporta de vive force. Pendant que cet événement s'accomplissait, Philippe assiégeait Méthone en Piérie; ce fut devant cette place qu'il perdit un œil d'un coup de flèche décochée par Aster, qu'il fit pendre dès qu'il se fut emparé de la ville : vengeance indigne de la majesté d'un roi.

MORT D'ONOMARCHOS, 353 AVANT J.-C. — Pendant que les Phocidiens étaient occupés en Béotie, Philippe, qui avait levé de nouvelles troupes, était entré en Thessalie, où il fut accueilli comme un libérateur par une partie de la population. A cette nouvelle, Onomarchos marcha au secours de Lycophron avec vingt mille hommes d'infanterie et cinq cents chevaux : les deux armées se rencontrèrent sur la côte de la Magnésie. Philippe, dont les forces étaient supérieures à celles du général phocidien, voulant rappeler à ses soldats qu'ils combattaient pour la cause des dieux, leur ordonna de se couronner de lauriers consacrés à Apollon, et d'en orner leurs drapeaux. Le choc des armées fut impétueux, et les Phocidiens, malgré leur énergie désespérée, furent rompus. Les débris de leurs bataillons s'enfuirent vers la mer, attirés par la vue de la flotte athénienne, qui revenait de la Chersonèse de Thrace. Charès, qui la commandait, ne put leur porter secours, et Onomarchos, en voulant se sauver, fut noyé avec un grand nombre de ses soldats. Philippe, resté maître du champ de bataille, trouva que le nombre des ennemis tués était de six mille, et celui des prisonniers de trois mille; le corps d'Onomarchos, qu'il ordonna de rechercher, fut retrouvé, et attaché à un gibet. Les cadavres des sacriléges, déclarés indignes de sépulture, furent jetés à la mer; on ignore le sort des prisonniers, qui durent être vendus comme esclaves.

PRUDENCE DE PHILIPPE. — Le roi se garda bien de profiter de ses avantages en pénétrant dans la Phocide : un esprit ordinaire aurait pris ce parti. Persuadé que la nécessité de passer les Thermopyles pour exécuter ce projet, alarmerait ses alliés, il y renonça pour le moment. Mais quoiqu'il eût usé de la plus grande sévérité envers les Phocidiens, il n'avait garde de terminer une guerre qui servait à couvrir ses desseins. Ses succès se réduisirent donc à étendre sa renommée, et afin de prendre pied du côté de la Hellade méridionale, il mit garnison dans les places de Phérès, de Pagase et de Magnésie.

ALARMES DES OLYNTHIENS. — Philippe avait abusé les Olynthiens par ses bons offices; ses manœuvres commencèrent à les faire trembler pour leur indépendance, lorsqu'ils le virent détacher de l'alliance d'Athènes Kersobleptès, dont il convoitait les possessions, pour s'ouvrir le chemin de Byzance. Il occupait déja, comme allié, plusieurs points de la côte de Thrace, quand il attaqua Héréon, ville littorale de la Propontide.

MALADIE DE PHILIPPE. — Les Athéniens, qui démêlèrent le but de cette entreprise, s'empressèrent de s'allier aux Olynthiens, et ils avertirent Kersobleptès du danger qu'il courait. Ils équipèrent en même temps une flotte pour aller au secours d'Héréon, ou plutôt de Byzance, dont cette forteresse était en quelque sorte un avant-poste. Ces mesures pouvaient être suivies d'une grande conflagration; mais la blessure que Philippe avait reçue au siége de Méthone, et les fatigues continuelles de la guerre, lui causèrent une maladie qui fut annoncée comme mortelle. La joie fut générale dans la Grèce. Les Athéniens rassurés abandonnèrent leurs armements, afin de donner toute leur attention à la guerre sacrée.

GÉNÉRALAT DE PHAYLLOS,
352 av. J.-C.

Phayllos, le troisième et le dernier des frères de Philomélos, avait pris le commandement de l'armée phocidienne à la mort d'Onomarchos. Pour soutenir la cause presque désespérée qu'il embrassait, il convertit ce qui restait des dépouilles les plus précieuses du trésor sacré en monnaie courante. Il fit, suivant le récit de Diodore, servir à cet usage cent vingt lingots d'or, coulés en forme de brique, chacun du poids de deux talents ; il envoya également à la monnaie trois cent soixante vases d'or, dont chacun pesait quatre marcs, ainsi qu'un lion d'or et une figure de femme du même métal, estimés ensemble à trente talents, de sorte que tout cet or, réduit à la forme et au tarif de la monnaie, monta à quatre mille talents (21,600,000 francs). Il disposa pareillement des statues d'argent, qui produisirent six mille talents. On calcula que les deniers dissipés sans retour par les généraux phocidiens se montaient à plus de dix mille talents, somme, suivant Diodore, égale à celle qu'Alexandre trouva dans le trésor de Persépolis.

Le même auteur dit que les Athéniens et les Spartiates participaient amplement au sacrilége en recevant des sommes bien supérieures aux frais de l'habillement et de l'entretien des troupes qu'ils fournissaient aux Phocidiens. Ainsi, de toute antiquité, l'administration dévorante de la guerre fut l'abîme dans lequel vinrent s'engloutir les finances des états.

Phayllos, au moyen de l'argent d'Apollon, était parvenu à former une armée beaucoup plus nombreuse que celle de ses prédécesseurs. Les soldats de Lycophron vinrent lui offrir leur secours; il obtint des états de la Grèce une assistance publique; les Lacédémoniens lui envoyèrent mille soldats, et les Athéniens cinq mille fantassins, avec quatre cents chevaux.

ÉNERGIE DES ATHÉNIENS. — Pendant ces préparatifs, Philippe avait recouvré la santé. Il savait que ses desseins ambitieux étaient connus, il fallait agir contre les sacriléges. Les Thébains, les Doriens, les Locriens, et tous ceux qui avaient une vénération sincère pour Apollon, soupiraient après son arrivée; on vantait sa piété; les dieux l'avaient rendu à la vie pour être le vengeur de leur cause; il allait paraître aux Thermopyles.

L'événement ne tarda pas à prouver que le roi de Macédoine avait trop compté sur le fanatisme de ses alliés, et en particulier sur l'indolence des habitants de la Grèce méridionale. Ce pays était menacé; Athènes croit déjà voir fondre sur ses campagnes une nuée de Macédoniens, de Thébains et de Thessaliens; les Athéniens courent aux armes, lancent leur flotte à la mer, volent aux Thermopyles et s'emparent des défilés.

Philippe n'éprouva jamais un plus cruel contre-temps que de se voir prévenu par un peuple qu'il avait tant de fois trompé. Il se retira avec un profond chagrin, en laissant la conduite de la guerre phocidienne aux Thébains et à leurs alliés. Les Athéniens établirent un poste aux Thermopyles, et convoquèrent une assemblée pour aviser aux moyens d'enchaîner l'ambition du roi de Macédoine.

ASSEMBLÉE DES ATHÉNIENS.

DÉMOSTHÈNE. — Cet orateur avait annoncé depuis deux ans au peuple les dangers qui menaçaient la patrie du côté de la Macédoine. Chaque fois qu'il avait pris la parole sur ce sujet, les partisans de Philippe avaient écarté la question, en disant que les véritables dangers se manifestaient du côté de l'Asie, où le grand roi Ochos rassemblait une armée formidable. Quoiqu'on sût qu'elle était destinée à réduire les rebelles de Cypre, de la Phénicie et de l'Égypte, dans toutes les assemblées du peuple il n'était question que des Mèdes. Les trophées de Miltiade, de Thémistocle et de Cimon étaient rappelés avec toute cette pompe de l'éloquence qui séduit la multitude.

L'enthousiasme populaire était secondé par les suffrages d'Isocrate et de Phocion. L'intégrité irréprochable du premier et la pauvreté désintéressée du second ne pouvaient laisser de doutes sur la pureté de leurs intentions. Ils connaissaient la légèreté de leurs compatriotes, et c'est pourquoi ils les exhortaient à cultiver l'amitié d'un prince contre lequel ils n'avaient pas de chances raisonnables de succès.

ISOCRATE. — L'étude approfondie de l'histoire de la Grèce lui faisait croire qu'une guerre étrangère pouvait seule étouffer les dissensions civiles, et, d'une autre part, la constitution vigoureuse de la Macédoine le portait à regarder Philippe comme le chef le plus propre à ramener l'ordre dans la Grèce, en portant le théâtre d'une guerre nationale en Asie.

OPPOSITION DE DÉMOSTHÈNE. — L'opinion de cet orateur était diamétralement opposée à celle d'Isocrate, et surtout aux basses intrigues des partisans de Philippe. Personne n'était plus affligé que lui de la décadence du caractère grec; mais il espérait le relever, et il était tellement pénétré du sentiment de la gloire antique de la patrie, qu'il aurait préféré voir les Athéniens battus à la tête d'une armée grecque, plutôt que victorieux sous les drapeaux macédoniens.

PREMIÈRE PHILIPPIQUE. — Démosthène, après avoir rappelé que la république avait été gouvernée depuis long-temps par des factieux avides d'argent, prétendait qu'il fallait renoncer à des projets gigantesques et se préparer à repousser une agression directe contre Athènes. Afin de parvenir à ce résultat, il montra qu'il était urgent de régler les finances en supprimant plusieurs branches superflues de dépenses, en adoptant une répartition et une perception plus équitables dans les impôts. Il fit voir la nécessité du service personnel à l'armée, afin de n'être pas trahi par des mercenaires, en citant ce qui venait de se passer aux Thermopyles, où la vigilance jointe à la force avaient fait échouer les desseins du roi de Macédoine.

Depuis long-temps ces réflexions avaient rendu Démosthène populaire, lorsqu'il monta à la tribune, à peine âgé de trente ans, pour défendre la cause sacrée de la patrie. « Votre pre« mier devoir, Athéniens, est de ne « pas désespérer. Non : quoique envi« ronnés de périls, les mêmes circon« stances qui ont causé vos malheurs « doivent fournir le motif de vos es« pérances. De quoi s'agit-il ?... Votre « négligence, et non le pouvoir de « l'ennemi, a plongé l'état dans le « désordre; réparez vos erreurs, et « vos affaires rentreront dans leur as« siette naturelle. En considérant la « faiblesse de la république dépouillée « de ses colonies, et la puissance de « Philippe qui s'est accrue à nos dé« pens, vous vous imaginez que ce « prince est un ennemi redoutable. « Réfléchissez donc, Athéniens, qu'il « fut un temps où nous possédions « Pydna, Potidée, Méthone, et une « partie de la Piérie ; que les nations « voisines, maintenant soumises à la « Macédoine, étaient alors indépen« dantes, et préféraient notre alliance « à toute autre... Si, dans l'enfance « de sa fortune, Philippe eût raisonné « aussi timidement que nous raison« nons aujourd'hui, s'il eût dit : « *Oserai-je attaquer, sans alliés*, les « Athéniens, dont les garnisons com« mandent mes frontières ? il ne se « serait pas engagé dans ces entre« prises qui ont été couronnées d'un « succès si brillant, et il n'aurait pas « élevé son royaume à ce haut degré « de puissance où il est parvenu. O « Athéniens, Philippe sait que les vil« les et les forteresses sont le prix de « la valeur, qu'elles reviennent de « droit au vainqueur, et que les pos« sessions de l'indolent appartiennent « à celui qui est le plus fort. Guidé « par ces principes appuyés par son « armée, Philippe a tout subjugué et « il gouverne en maître, retenant plu« sieurs états par droit de conquête et « d'autres sous le titre d'alliés ; car les « alliés ne manquent jamais aux puis« sances qui ne se manquent pas à elles« mêmes... Mais, Athéniens, si vous « imitiez l'exemple du roi de Macé« doine en sortant de votre léthargie, « bientôt vous auriez ressaisi les avan« tages que votre négligence seule « vous a fait perdre. Il se présentera « des occasions favorables, car vous « ne devez pas croire que Philippe, « à l'exemple des dieux, jouisse d'une « prospérité immuable. Non, Athé« niens ; parmi ses alliés, les uns le « haïssent, d'autres le craignent, ou « lui portent envie ; car il est des pas« sions dont ses partisans ne sont pas « exempts. Ils les dissimulent, parce « qu'ils ne trouvent aucune ressource « dans votre appui ; mais il ne tient « qu'à vous de les faire éclater.

« Quand donc, ô mes compatriotes, « quand montrerez-vous votre cou« rage ? quand ouvrirez-vous les yeux « sur votre propre situation ? quelle « situation peut être plus alarmante « que la vôtre ? Pour des hommes li« bres, le motif déterminant doit être

« la honte d'une mauvaise conduite....
« Quoi ! n'avez-vous donc d'autres oc-
« cupations que de courir les places
« publiques, pour vous informer des
« événements du jour? qu'y a-t-il de
« plus extraordinaire que de voir un
« Macédonien se préparant à s'empa-
« rer d'Athènes et à donner des fers
« à la Grèce? — Philippe est-il mort?
« non ; mais il est en grand danger. —
« Que vous importent ces rumeurs?
« que vous importe qu'il soit mort ou
« malade, puisque votre conduite, si
« elle ne change, vous aura bientôt
« donné un second Philippe. »

MESURES DE SURETÉ. — Après cette vive allocution, Démosthène proposa à l'assemblée du peuple de secourir Olynthe et la Chersonèse de Thrace contre les agressions de Philippe ; de lever deux mille chevaux, et un pareil nombre de peltastes; d'occuper militairement les îles de Lemnos, de Thasos et de Sciathos, contiguës à la côte de Macédoine. Ces propositions modérées prouvent que l'orateur jugeait parfaitement ses compatriotes, car il se contenta de demander que le quart seulement des levées fût composé d'Athéniens, et que les secours immédiats consistassent en quatre-vingt-dix talents. Il savait que des demandes plus considérables d'hommes et d'argent alarmeraient l'indolence des Athéniens et leur amour pour les plaisirs : tout porte à croire qu'on ne donna pas même de suite à sa proposition.

PHILIPPE AFFECTE DE RENONCER AUX AFFAIRES, 353 A 350 AVANT J.-C. — La politique du roi de Macédoine consistait à entretenir ses ennemis dans une fausse sécurité. Deux ans après sa retraite des Thermopyles, on le vit occupé tout entier des arts de la paix, et il ne monta à cheval que pour châtier quelques rebelles. Pella fut embellie de temples, de théâtres, de portiques et de monuments. Les plus habiles artistes, attirés par les libéralités de Philippe, accouraient à sa cour, où ils trouvaient un prince accessible à ses sujets, dédaignant la pompe, vivant au milieu de ses généraux et de ses familiers.

SON IMMORALITÉ. — Cependant ce monarque lettré, équitable, est représenté sous de tout autres couleurs par l'historien Théopompe. Les trésors amassés par sa rapacité allaient se perdre dans la société d'hommes abominables qualifiés de *Belitres* et de *Lastaures*.

Entouré de ces êtres méprisables, de bouffons, de Thessaliens impudiques, ces infames compagnons du prince formaient en temps de guerre un régiment particulier d'environ huit cents *prostitués* toujours au complet, dont la bande entière était aussi lâche que débauchée.

SA POLITIQUE. — Le système de Law, perfectionné de nos jours, n'était pas connu au temps de Philippe, qui, se trouvant à court d'argent pour subvenir aux dépenses des bâtiments qu'il faisait élever, eut recours à la bourse des personnes opulentes. Il attacha par ce moyen à sa personne une foule nombreuse et puissante de prêteurs, qui lui fournissaient non-seulement les moyens de poursuivre ses travaux architectoniques, mais de pouvoir soudoyer les orateurs et les intrigants qui avaient le plus d'influence dans les différentes républiques de la Grèce.

DÉSORDRES DES ATHÉNIENS. — Trompés par l'inaction du roi de Macédoine, les magistrats et le peuple d'Athènes n'étaient occupés qu'à célébrer des fêtes publiques, à diriger des processions, ou à juger du mérite respectif des poëtes dramatiques et des comédiens. Les fonds destinés aux besoins de la guerre avaient été appliqués à l'entretien des théâtres ; et sur la motion d'Eubulos, vil flatteur de la populace, on avait rendu un décret qui défendait de donner une autre destination à cet argent. Vainement Démosthène s'opposa à cette mesure désastreuse, Eubulos, appuyé par l'éloquence de Démade, l'emporta.

Démade, né dans la condition la plus basse, conservait les vices de son origine ; il avait cet esprit sordide et ces passions brutales qui décèlent le manque d'une première éducation.

Néanmoins la vivacité de son intelligence, l'énergie de ses raisonnements, l'étendue de sa mémoire, et surtout l'abondance impétueuse d'une éloquence improvisée, dans laquelle il surpassait tous les démagogues, l'élevèrent à une haute considération dans l'esprit de la multitude; pensionnaire de Philippe et guidé par son intérêt personnel, Démade dirigeait en toute occasion la fureur du peuple contre le patriotisme éclairé de Démosthène.

GUERRE DE L'EUBÉE, VICTOIRE DE PHOCION, 349 av. J.-C. — Depuis l'expulsion des Thébains de l'île d'Eubée, Athènes y avait conservé une ombre de protectorat. Les différentes villes se gouvernaient par leurs lois; elles nommaient leurs magistrats, quelquefois même elles se faisaient la guerre l'une à l'autre, comme cela se pratique maintenant dans les cantons belliqueux de l'Épire. Un pareil état de choses donna lieu aux intrigues de Philippe; il fomenta les discordes, se fit des partisans dans chaque ville, et envoya, pour protéger sa faction, plusieurs bataillons macédoniens dans l'Eubée, qu'il surnommait avec raison *une des entraves de la Grèce*.

Le parti athénien, appuyé d'un petit nombre de troupes, commandées par le démagogue Plutarque, stipendié de Philippe, ayant demandé des secours, Démosthène s'y opposa en disant que c'était pour les livrer à l'ennemi. Il démontra la scélératesse profonde de cette intrigue; mais sa voix éloquente fut dédaignée; on pressa l'expédition, on y mit de l'enthousiasme: les choses tournèrent au détriment du traître qui avait cru attirer les Athéniens dans une embuscade.

Phocion, à qui on avait confié le commandement en chef des troupes, trouva les affaires presque désespérées à son débarquement dans l'Eubée. Dirigé par une prudence éclairée, il ne risqua aucun combat douteux. Il chercha d'abord à s'établir dans un poste avantageux, sans faire attention aux clameurs de ses soldats et aux insultes de l'ennemi. Maître d'agir quand il lui conviendrait, dès qu'il l'eût jugé opportun, il ordonna à sa cavalerie de faire une fausse attaque et de revenir en désordre vers son camp. Le traître Plutarque, qui s'était ouvertement déclaré pour Philippe, donna dans le piège et fut complétement battu. Les Eubéens et les Macédoniens, témoins de la fuite de la cavalerie, ignorant la catastrophe de Plutarque, s'avançaient pour attaquer le camp athénien.

Phocion était alors occupé à offrir un sacrifice, qu'il prolongea jusqu'à ce qu'il eût vu les assaillants, embarrassés dans les difficultés du terrain, marcher en désordre. Alors il commanda à ses soldats de prendre les armes, et sortant à leur tête de ses retranchements, il fondit sur les Macédoniens, qu'il repoussa avec une perte considérable jusqu'à la plaine. Enfin Cléophane, qui avait rallié la cavalerie athénienne, rendit la victoire complète. Les débris des bandes macédoniennes réfugiées dans la forteresse de Zératra se rendirent à discrétion; Phocion donna la liberté aux Eubéens, dans la crainte que la populace d'Athènes ne les égorgeât, comme cela était arrivé pour les habitants de Mytilène. On dit que dans cette circonstance, Démosthène, qui se trouvait sous le commandement de Phocion, fut un des premiers à quitter son poste et le dernier à retourner à la charge. Eschine, au contraire, se comporta avec une bravoure distinguée et mérita l'honneur de porter à Athènes la première nouvelle de la victoire. Phocion, après avoir mis ordre aux affaires, retourna en triomphe vers cette ville. Ses vaisseaux rangés en ordre de bataille, les poupes couronnées de guirlandes de fleurs, manœuvrés par des rameurs qui voguaient au son d'une musique guerrière, furent reçus aux acclamations de ses concitoyens accourus au Pirée.

INVASION DU TERRITOIRE D'OLYNTHE. — Les Olynthiens s'étonnaient de voir plusieurs de leurs concitoyens devenus tout à coup riches, augmenter leurs immeubles, bâtir des palais, déployer un luxe et une magnificence inconnus jusqu'alors parmi eux, lorsque l'invasion de Philippe révéla le mystère d'iniquité cause de tant de fortunes scandaleuses. La trahison était flagrante, mais les Olynthiens n'étaient pas en mesure de sévir; leurs forces ne se montaient qu'à dix mille hommes de pied et à mille chevaux. Ainsi ils durent envoyer une ambassade à Athènes pour demander des secours.

Si les Athéniens avaient embrassé avec ardeur la cause des Olynthiens, Philippe se serait trouvé dans le plus grand embarras. Mais depuis leur dernier succès dans l'Eubée, les Athéniens, uniquement occupés de spectacles et de fêtes, ne songeaient qu'à jouir d'une vie aisée et commode; leurs perfides orateurs les entretenaient dans une somnolence politique, dont Demade profita pour conseiller à l'assemblée du peuple de rejeter la demande des ambassadeurs d'Olynthe.

PREMIÈRE OLYNTHIENNE. — Démosthène, se levant contre cette proposition, s'écria : « Les dieux, ô Athé-
« niens, ont manifesté en plusieurs
« occasions la faveur particulière
« qu'ils accordaient à notre pays, mais
« elle ne s'est jamais montrée avec
« plus d'éclat que dans la conjoncture
« présente. » Parlant ensuite des ennemis de Philippe, qui regardaient toute transaction impossible avec lui, il déclara que ce serait se manquer à soi-même de négliger l'alliance des Olynthiens. « Appellerai-je, comme on le
« fait, le roi de Macédoine parjure,
« perfide, sans prouver mes asser-
« tions? Ce serait le langage de l'in-
« jure. C'est par ses actions qu'il faut
« le juger; méchant et cruel par ca-
« ractère, les artifices auxquels il doit
« sa grandeur sont épuisés, et sa ruine
« est prochaine. Quant à moi, Athé-
« niens, je ne le craindrais pas, mais
« je l'admirerais, s'il s'était élevé par
« des moyens nobles et généreux.
« Examinons sa conduite. Il a séduit
« notre simplicité par la promesse de
« nous remettre Amphipolis; il a surpris l'amitié des Olynthiens par le
« don trompeur de Potidée; il a asservi
« les Thessaliens, sous le prétexte spé-
« cieux de les délivrer de leurs tyrans.

« Lorsqu'un homme s'agrandit par la
« perfidie, ne prenant conseil que de
« son intérêt, le moindre choc renverse l'édifice chancelant de son pouvoir. Non, Athéniens, il n'est pas
« possible de fonder un empire durable sur le mensonge et le parjure !
« Cet empire peut prospérer un moment, mais le temps découvre sa
« faiblesse. »

La conclusion de Démosthène fut qu'on devait secourir promptement et vigoureusement Olynthe, et envoyer une ambassade aux Thessaliens pour enflammer leur inimitié contre Philippe. « Mais prenez garde, Athé-
« niens, que votre ardeur ne s'exhale
« en décrets inutiles. Payez d'abord
« vos contributions ; préparez-vous à
« marcher en personne; montrez-vous
« avec énergie : vous verrez alors à
« quoi tient la fidélité des alliés de
« Philippe, et vous connaîtrez sa fai-
« blesse réelle. »

La peinture des vices de Philippe, celle des désordres et de l'immoralité de sa cour, déterminèrent l'assemblée du peuple à décréter qu'on secourrait Olynthe ; mais on prit un de ces partis moyens qui sont toujours le signe de la décadence d'un état. Le peuple, convaincu que le salut d'Olynthe était uni à celui de l'Attique, mais ne voulant pas s'arracher à ses plaisirs, décida d'envoyer Charès au secours des alliés, avec une flotte et deux mille soldats mercenaires.

SUCCÈS HONTEUX DE CHARÈS. — Les possessions d'Olynthe étaient conquises l'une après l'autre par les généraux de Philippe, sans que Charès montrât aucune sollicitude pour les défendre. Cependant, forcé de satisfaire la rapacité de sa troupe, il fit une descente sur la côte fertile de Pallène. Il rencontra le bataillon des 800 *mignons* du roi, commandés par Andéos, sur lequel il remporta une victoire qui ne servit qu'à fournir une ample matière de plaisanteries aux poètes comiques. Fier de ce succès ignominieux, Charès revint triompher à Athènes, non avec les dépouilles des vaincus, mais en étalant une somme de soixante talents volés aux Phocidiens, qui étaient les alliés de la république.

La multitude, éblouie de la pompe de son général entouré de débauchés devenus ses captifs, donnant des festins, des banquets, des chœurs de musique, ne parlait que d'envahir la Macédoine, et de châtier l'insolence de Philippe, lorsqu'une seconde ambassade des Olynthiens arriva à Athènes. Leur ville était assiégée, après avoir perdu Stagyre, patrie d'Aristote, Myciberna, Torone, et plusieurs villes gagnées par les présents de Philippe : ce qui lui avait fait dire qu'il ne regarderait aucune place comme imprenable, pourvu qu'on y pût faire entrer un mulet chargé d'argent. Consternés de tant de pertes, les Olynthiens avaient tenté la voie des négociations. Philippe leur avait répondu : « qu'il « fallait, *ou qu'ils abandonnassent* « *Olynthe, ou qu'il abandonnât la* « *Macédoine.* » Enfin ils venaient d'être battus dans une sortie.

SECONDE OLYNTHIENNE. — Le moment critique était arrivé ; Démosthène proclama cette triste vérité avec réserve : les Athéniens, dit-il, étaient obligés de remplir leurs engagements envers Olynthe, ou à se voir bientôt réduits à défendre le territoire de l'Attique. Il rappela les occasions qu'on avait perdues de repousser un ennemi qu'on ne pouvait caractériser par des noms trop odieux ; et comme *des invectives*, ajouta-t-il, *ne sont pas des raisons*, il proposa de nommer une commission, chargée de réviser certaines lois relatives aux fonds destinés aux théâtres et au service militaire, afin que la paie du soldat cessât d'être absorbée en dépenses frivoles, et qu'on pût soustraire à l'action de la justice les lâches qui refusaient de coopérer à la défense de la patrie.

Démosthène, ayant insisté sur ce sujet délicat et dangereux, crut apercevoir quelques signes de mécontentement. Modifiant adroitement son discours, il poursuivit : « Je ne m'ex-« prime pas dans l'intention d'offenser « personne, je ne fais que vous rap-« peler des maximes qui étaient celles « d'Aristide, de Nicias, de Périclès « et du général dont je porte le nom. « Quelques orateurs mielleux peuvent « vous flatter. Pour moi, Athéniens, « je dois vous le dire, notre force est « énervée, notre gloire ternie, le pu-« blic dans l'indigence, et les ora-« teurs, qui vous trompent, gorgés « de richesses...

« O mes compatriotes, vos ancê-« tres ont tenu, pendant soixante-« cinq ans, l'empire de la Grèce. Ils « déposèrent au-delà de dix mille ta-« lents dans l'acropole ; ils contin-« rent le roi de Macédoine ; ils érigè-« rent des trophées, et furent les seuls « peuples cités dans l'histoire, que « leurs actions élevèrent au-dessus de « l'envie. Grands dans la guerre, ad-« mirables dans l'administration, on « ne surpassera jamais les édifices pu-« blics qu'ils construisirent, les tem-« ples qu'ils décorèrent, les dons qu'ils « offrirent aux immortels. Modérés « dans la vie privée, ils ne s'occupaient « qu'à enrichir la patrie. En est-il de « même aujourd'hui sous les lâches « ministres qui nous gouvernent ? « Voyez notre délaissement. Les La-« cédémoniens sans force ; les Thébains « épuisés ; nous, dépouillés, nous avons « dépensé quinze cents talents sans en « retirer aucun fruit. Hélas ! nous « avons perdu alliances, provinces, « richesses. Ainsi, si quelque orateur « prétend que ce n'est pas de nos fautes « que dérive la grandeur du roi de « Macédoine, qu'il se lève, et qu'il en « dise la véritable cause.

« La situation malheureuse de nos « affaires au dehors est, dira-t-on, « compensée par le bonheur dont nous « jouissons au dedans, et par les em-« bellissements de la capitale. Oui, « les chemins sont réparés, les mu-« railles sont blanchies ; nous avons « des fontaines κρήνας, et des niaiseries « λήρους, et les ministres qui nous ont « procuré ces avantages passent de « la pauvreté et de la bassesse à l'o-« pulence et aux honneurs. Ils bâtis-« sent des palais qui insultent aux édi-« fices publics, ils s'élèvent à mesure

« que la patrie s'avilit. D'où viennent
« ces désordres, Athéniens? Écoutez:
« c'est qu'autrefois le peuple faisait
« son devoir; il prenait les armes *lui-
« même;* il se mettait en campagne;
« il tenait en respect les magistrats
« et les administrateurs. »

CHARIDÈME EST ÉLU GÉNÉRAL. — Les Athéniens, insensibles au discours de Démosthène, au lieu de courir aux armes, envoyèrent à Olynthe un secours de quatre mille mercenaires avec quinze cents chevaux, sous le commandement de Charidème. Cet indigne général, esclave de ses soldats, voulut satisfaire leur rapacité, en les laissant ravager la province macédonienne de Bottiée, avant d'entrer dans Olynthe, qui, suivant toute apparence, n'était pas exactement resserrée. Les assiégés, encouragés par ce renfort, hasardèrent une nouvelle sortie, dans laquelle ils furent repoussés avec une perte considérable. Les mercenaires d'Athènes, qui ne firent pas preuve de valeur dans cette affaire, donnèrent en revanche l'exemple d'une licence que le stupide Charidème était incapable de réprimer. Ivre à chaque repas, il insultait les femmes de la ville, et son impudence alla jusqu'à demander officiellement au sénat une belle Macédonienne, qui se trouvait alors captive.

TROISIÈME OLYNTHIENNE. — Réduits à cette position, les Olynthiens s'adressèrent pour la troisième fois aux Athéniens. Eschine, qui devint plus tard la créature de Philippe, se distingua par son zèle et par son patriotisme. Démosthène, toujours admirable, agité de mouvements convulsifs, exhorte, conjure, prie, supplie ses compatriotes d'envoyer à Olynthe une armée composée de citoyens. « Avez-vous, s'écria-t-il, jamais fait
« attention à la rapidité des progrès
« de Philippe? Il commence par prendre
« Amphipolis, ensuite Pydna,
« Potidée et Méthone; de là il fond
« sur la Thessalie, se rend maître de
« Phérès, de Pagase et de Magnésie.
« Tournant vers la Thrace, il en par-
« court les provinces, en partage les
« royaumes, et s'assied sur des trophées de sceptres et de couronnes.
« Je passe sous silence son expédition
« contre les Péoniens, les Illyriens
« et les Épirotes, car, dans quel lieu
« n'a-t-il pas porté son ambition? Mais
« pourquoi cette longue énumération?
« Est-il quelqu'un assez aveugle dans
« l'assemblée pour ne pas voir que les
« malheurs des Olynthiens sont les
« précurseurs des nôtres? La conjoncture
« présente vous appelle aux armes!
« Saisissez ce dernier témoignage
« de la protection des dieux, car les
« dons du ciel ne sont avantageux qu'à
« ceux qui savent en profiter. »

L'éloquence de Démosthène, les raisons victorieuses qu'il fit valoir, l'emportèrent. On envoya une ambassade dans le Péloponèse pour soulever les habitants contre le roi de Macédoine. On décréta de marcher au secours des Olynthiens avec une armée nationale; mais avant que cette résolution pût être exécutée, Olynthe avait succombé sous les efforts du roi Philippe de Macédoine.

PRISE D'OLYNTHE, 348 AVANT J.-C. — Philippe, qui n'avait pu former la circonvallation d'Olynthe, s'était aperçu qu'Apollonide, commandant de la cavalerie ennemie, retardait et pouvait faire échouer son entreprise. Les émissaires qu'il entretenait dans la ville furent chargés de semer contre cet officier des bruits perfides qu'ils répandirent parmi la populace. Accusé de trahison, Apollonide fut condamné au bannissement, et le commandement de la cavalerie fut donné à Lasthènes et à Euthycrates, qui avaient vendu leur patrie à Philippe. Olynthe ne tarda pas à se rendre à discrétion. Le roi de Macédoine y fit son entrée en triomphe, ordonna d'en démolir les remparts, les édifices publics, et emmena les habitants en esclavage. Lasthènes, Euthycrates et leurs complices partagèrent la destinée des Olynthiens : on dit même que Philippe livra ces deux scélérats aux soldats macédoniens, qui les égorgèrent presque sous ses yeux.

La conquête d'Olynthe mit Philippe

en possession de Chalcis (voy. pl. 54).(*) et des côtes septentrionales de la mer Égée; de sorte que pour arriver à ses fins, il devait nécessairement occuper les Thermopyles et le détroit de l'Hellespont, connu sous le nom de Dardanelles. Les Grecs, qui avaient compris trop tard l'étendue des desseins du roi, se décidèrent à secourir les Phocidiens ainsi que Kersobleptes, qui régnait encore sur une partie de la Thrace et de la Chersonèse.

FÊTE DES MUSES. — Après la destruction d'Olynthe, Philippe célébra, dans la ville voisine de Dion, une fête publique en l'honneur des Muses. Toutes les républiques amies ou ennemies y furent invitées, comme aux jeux olympiques, et plusieurs Athéniens assistèrent à ces solennités, qui durèrent pendant neuf jours. Rien ne manqua à leur splendeur; l'aménité et l'affabilité du roi firent presque oublier les rigueurs qu'il venait d'exercer contre une ville malheureuse, dont il distribua les dépouilles à ses convives.

RAVAGES DES CÔTES DE L'ATTIQUE. — Au milieu de ces fêtes, Philippe voulut faire sentir aux habitants de l'Attique les calamités de la guerre, afin de les disposer à se prêter à la proposition insidieuse d'une paix séparée.

La négligence de Charès avait laissé la mer libre aux Macédoniens, qui avaient créé une marine depuis le traité de Philippe avec les Thessaliens. La flotte royale, après avoir ravagé Lemnos et Imbros, îles tributaires d'Athènes, surprit une de ses escadres stationnée sur la côte méridionale

(*) Chalcis est situé au bord du détroit qui sépare l'île d'Eubée de la Béotie. Strabon donne à ce détroit deux pléthres de large (environ 15 toises); on le traverse sur un pont à plusieurs arches, au milieu duquel s'élève, sur un rocher isolé dans de la mer, une forteresse avec des tours: cette forteresse défend les deux côtés du pont moderne, construit en 1462 par Mahmoud pacha, sur l'emplacement de l'ancien, qu'au temps d'Alexandre les Chalcidiens avaient fortifié également et réuni à leur ville.

de l'Eubée; puis, ayant opéré une descente sur la plage de Marathon, il battit la cavalerie commandée par Destimos, et porta la terreur dans un grand nombre de dèmes. Après ce coup de main, dans lequel il s'empara de la galère la *Salaminienne*, les vaisseaux macédoniens ayant remis en mer, entrèrent dans le golfe Saronique, battirent Charidème, renversèrent les trophées de Marathon et de Salamine, et retournèrent triomphants à Thermé, ville qui ne portait pas encore le nom de Thessalonique.

Après ces exploits, on vit arriver à Athènes des ambassadeurs de Chalcis, chargés d'arranger à l'amiable les différends qui subsistaient entre les deux républiques. Ils assuraient que Philippe avait laissé l'Eubée libre et indépendante, et qu'il désirait même sincèrement faire la paix avec les Athéniens.

Les propositions des députés de l'Eubée furent appuyées par deux histrions, Aristodème et Néoptolème; ils avaient fait une fortune considérable à Pella, et ils venaient de quitter le théâtre, pour vivre dans l'Attique. Ils furent, contre l'avis de Démosthène, favorablement accueillis par un peuple frivole et léger.

RETOUR D'ESCHINE. — Sur ces entrefaites, Eschine, de retour de sa mission dans le Péloponèse, parut au milieu de l'assemblée réunie sur le Pnix. Il dit comment il avait révélé les projets de Philippe au grand conseil des Arcadiens; il raconta qu'il avait vu, pendant son voyage, trente jeunes Olynthiens des deux sexes, conduits comme un troupeau de bêtes, que Philippe envoyait en cadeau à quelques vils suppôts de son ambition.

A ces mots, le peuple est saisi d'indignation; les cris de guerre et de vengeance éclatent de toutes parts; la jeunesse, rassemblée dans le temple d'Agraule, jure haine à Philippe et aux Macédoniens; on prononce de toutes parts les imprécations les plus horribles contre les traîtres.

Ce mouvement pouvait avoir des conséquences; mais le roi de Macédoine trouva moyen de conjurer l'orage, en faisant quelques concessions insignifiantes, qui furent suivies de la demande de prendre place lui-même dans la confédération hellénique. Ce fut à cette occasion que l'assemblée se décida à envoyer un héraut et des ambassadeurs à Pella, persuadée, comme le disaient Eschine et Démosthène, qu'une mauvaise paix était préférable à la guerre dans la position fâcheuse où l'on se trouvait.

AMBASSADE ENVOYÉE A PELLA, 347 AVANT J.-C. — Les députés choisis pour remplir cette mission furent pris à dessein dans des partis qui devaient se surveiller mutuellement. Phrynon, Ctésiphon, Aristodème et Philocrate, qui avaient témoigné leur confiance en Philippe, avaient pour opposants Eschine et Démosthène; on leur adjoignit Nausiclès et Dercyllos, Jatroclès, l'ami d'Eschine, et Cimon, illustre par le nom glorieux qu'il portait : le nombre complet se montait à dix personnes, indépendamment d'Agalocréon de Ténédos, envoyé des îles grecques alliées d'Athènes.

Les ambassadeurs, pleins de défiance entre eux, ne pouvaient se dissimuler la haine réciproque qu'ils se portaient. Le caractère de Philocrate était également redouté d'Eschine et de Démosthène; ce dernier était tellement ombrageux, qu'il ne communiquait presque avec personne. Arrivés à Pella, ils ne tardèrent pas à être conduits à l'audience du roi, auquel ils parlèrent dans l'ordre qu'ils avaient arrêté entre eux.

Le discours d'Eschine, qui était le plus long et le plus travaillé, semblait plutôt fait pour obtenir l'éloge de ses confrères que pour produire quelque effet sur l'esprit du roi ; il concluait en demandant la restitution d'Amphipolis.

Démosthène se trouvait devant un prince qu'il avait représenté sous les couleurs les plus odieuses, et qu'il était maintenant nécessaire d'adoucir. La nouveauté d'une pareille situation était décourageante; ses collègues étaient curieux d'entendre les *raisonnements irrésistibles* que l'orateur leur avait promis d'employer en s'adressant au roi; les courtisans attendaient quelque prodige d'éloquence.

Au milieu du silence qui se fit, Démosthène prit la parole, mais en hésitant à chaque mot...... Après avoir prononcé quelques sentences obscures et saccadées, la mémoire l'abandonna. Philippe tâcha de calmer son émotion avec une politesse qui devait le mortifier, en l'exhortant à se rassurer et à continuer son discours. Démosthène recommença, mais sans avoir plus de succès qu'auparavant; l'assemblée vit sa confusion et les ambassadeurs se retirèrent.

RÉPONSE ET CONDUITE DU ROI. — Après s'être reposés pendant quelques instants, on les introduisit de nouveau devant le roi. Il les reçut avec beaucoup de dignité et répondit avec élégance et précision au discours de chacun d'eux. Il insista sur celui d'Eschine sans faire mention de Démosthène. Le corps diplomatique fut ensuite invité à un banquet. Démosthène y fit la plus triste contenance, tandis que le roi y déploya autant d'esprit et de gaieté qu'il avait montré de talent dans les négociations; enfin, Philippe ayant remis aux ambassadeurs une lettre pour le conseil des cinq cents, ils quittèrent Pella.

Pendant leur voyage pour retourner à Athènes, Démosthène, devenu communicatif, prit le parti de se moquer lui-même de la confusion et de l'embarras qu'il avait éprouvés en présence de Philippe; il vanta la mémoire et la présence d'esprit d'Eschine, la supériorité de raisonnement du roi de Macédoine, et ses collègues se réunirent pour faire l'éloge de cet *homme supérieur*. Démosthène fit observer adroitement : « qu'il fallait se garder « de tenir un pareil langage devant le « peuple d'Athènes. » On en convint; mais cet accord ne fut pas observé.

COMPTE RENDU. — Conformément aux usages, les ambassadeurs durent faire leur rapport et remettre la lettre du roi de Macédoine au conseil des cinq cents. Chacun d'eux raconta ce qu'il avait dit en présence de Philippe ; Démosthène, se levant le dernier, « jura par Jupiter que les ambassa-« deurs n'avaient jamais parlé avec « tant de force dans le sénat qu'en « présence du roi. Il conclut, en di-« sant qu'il fallait les couronner des « rameaux de l'olivier sacré, et les in-« viter à un banquet dans le Pryta-« née. »

Le lendemain, les ambassadeurs firent leur rapport à l'assemblée du peuple. Ils parlèrent avec complaisance de la politesse, de l'affabilité, de l'éloquence du prince, avec qui la république était au moment de signer un traité de paix et peut-être d'alliance. Démosthène, ayant laissé ses collègues divaguer sur le compte du roi, se leva et dit : « On peut succincte-« ment rendre compte de la négocia-« tion : voilà le décret relatif à notre « mission ; voici (en montrant une « lettre) la réponse de Philippe... » Un murmure confus s'éleva dans l'assemblée, les uns applaudissant, et les autres condamnant les formes acerbes de l'orateur, qui poursuivit : « Les dé-« tails que vous venez d'entendre sont « superflus ; il s'agit de convoquer une « assemblée extraordinaire pour déli-« bérer sur la paix et l'alliance avec « le roi de Macédoine. »

ARRIVÉE DES AMBASSADEURS DE PHILIPPE. — Le décret fut proposé le 8 mars (suivant notre comput) et l'assemblée fixée au 17 du même mois. Dans l'intervalle, on vit arriver à Athènes, comme ambassadeurs de Philippe, Antipater, le plus respectable de ses ministres, Parménion, le plus brave de ses généraux, et Euryloque, qui joignait le talent de l'éloquence à une valeur reconnue. Le mérite de trois plénipotentiaires aussi distingués annonçait l'importance que Philippe mettait à cette négociation. Ils furent accueillis avec la plus grande distinction par le sénat, et logés chez Démosthène, qui prit soin de faire orner leurs sièges au théâtre et de leur rendre les plus grands honneurs.

DÉFECTION D'ESCHINE. — Les ambassadeurs, introduits au jour indiqué dans le sein de l'assemblée du peuple, déclarèrent que l'objet de leur mission était de conclure un traité de paix et d'alliance avec la république d'Athènes. Démosthène prouva la nécessité de se prêter à cette demande, sans négliger les intérêts des alliés de l'état. Eschine déclara qu'il partageait cet avis et s'emporta vivement contre Philocrate, qui pressait la conclusion pure et simple du traité. Le débat dura pendant deux jours, mais le troisième, la proposition de Philocrate prévalut par le suffrage d'Eschine ; on abandonna Kersobleptes, en disant qu'Athènes était trop faible pour entreprendre désormais de protéger des états qui n'étaient pas capables de défendre leur indépendance.

PHILIPPE DÉTRÔNE KERSOBLEPTES. — Démosthène, qui doutait depuis long-temps de la fidélité d'Eschine, comprit qu'il s'était laissé corrompre par Philippe. Ce prince, sans attendre l'issue des négociations dont ses ministres étaient chargés, venait de s'acheminer le long de la côte méridionale de la Thrace, où les Athéniens possédaient encore, au titre de tributaires, Serrion, Doriscos, et plusieurs autres villes. Malgré tout ce qu'une pareille démarche offrait d'hostile, on nomma des ambassadeurs chargés d'aller présenter le traité à la ratification de Philippe. C'étaient Eubulos, Eschine, Ctésiphon, Démocratès et Cléon. Ils devaient partir tous ensemble. Le premier, qui était publiquement vendu à Philippe, chercha différents prétextes pour différer de se mettre en chemin. Pendant ce temps, Kersobleptes fut précipité du trône, et Philippe se porta aussitôt contre Serrion et Doriscos, qui se soumirent à ses armes.

A cette nouvelle, les Athéniens dépêchèrent auprès du roi, Euclide, chargé de lui représenter que les places qu'il venait d'occuper appartenaient à la république. Le roi répondit froidement que ses ambassadeurs ne l'en avaient pas informé, et que le dernier traité, qui d'ailleurs n'était pas ratifié, n'en faisait aucune mention.

Cependant Eschine et ses collègues continuaient à retarder leur départ, et ils ne se mirent en route qu'après qu'on eut rendu un décret relatif à Kersobleptes, auquel il n'était plus temps de s'intéresser. Ils employèrent vingt jours à faire le voyage de Pella, où ils auraient pu aisément arriver en six jours; et au lieu de se rendre auprès du roi, qui était absent, ils attendirent son retour pendant trois semaines. Ils furent, dans cet intervalle, rejoints par Démosthène; et Philippe étant arrivé, les ambassadeurs d'Athènes furent admis à son audience.

Le discours de Démosthène dut paraître bien ridicule, s'il fut tel que le rapporte Eschine: il fit remarquer au roi que les orateurs étaient divisés d'opinions et de sentiments; que ses vues personnelles étaient parfaitement conformes à celles du roi; qu'il avait conseillé le traité de paix et d'alliance soumis à sa ratification. Il vanta l'accueil qu'il avait fait à ses ambassadeurs, et le soin qu'il avait pris de les escorter, en personne, jusqu'à Thèbes. Cette apologie fit sourire les courtisans de Philippe, et couvrit de confusion les ambassadeurs d'Athènes.

Eschine, s'adressant modestement au roi, lui dit qu'il regardait comme superflu, de la part des ambassadeurs, d'excuser leur conduite ou d'en faire l'éloge; qu'ils tenaient leur commission de la république, et qu'ils ne devaient compte qu'à elle seule de leurs actions. Leur mission actuelle était de recevoir le serment du roi comme ratification du traité déjà sanctionné par Athènes. Il supplia Philippe, dans le cas où il porterait la guerre chez les Phocidiens, de ne pas s'associer au ressentiment des Thébains; de distinguer, comme il le ferait sans doute, les innocents des coupables, et de se souvenir que les institutions de la Grèce garantissaient la sûreté de chaque ville amphictyonique. Ici l'orateur s'éleva avec force contre l'injustice et la cruauté des Thébains, « qui montreraient un jour, « à l'égard du roi, la même déloyauté « dont ils avaient toujours payé les « services de leurs alliés et de leurs « bienfaiteurs. »

Philippe répondit en termes vagues à ces discours. Les ambassadeurs de Thèbes se trouvaient à Pella, et il les invita, ainsi que ceux d'Athènes, à l'accompagner en Thessalie, afin de l'aider de leurs lumières pour mettre ordre aux affaires de cette province qui exigeaient sa présence.

### CONTINUATION DE LA GUERRE SACRÉE.

Phayllos avait désigné, en cas de mort, pour successeur au commandement de l'armée phocidienne, Phaleucos, son neveu, fils d'Onomarchos, en lui associant un de ses amis, nommé Mnaséas. La guerre sacrée avait offert peu d'événements remarquables dans ces derniers temps. Les deux partis étaient fatigués, et le trésor de Delphes se trouvait entièrement épuisé. Alors les Phocidiens firent des informations juridiques contre Phaleucos, qu'ils déposèrent comme concussionnaire, et plusieurs autres personnages furent condamnés à mort.

347 av. J.-C. — Phaleucos sortit de la Phocide avec les mercenaires rangés sous ses drapeaux. Les Béotiens, qui avaient soutenu tout le poids de la guerre, s'adressèrent à Philippe pour en obtenir des secours, et les Phocidiens recoururent à Archidamas, roi de Sparte. Le Macédonien, qui aspirait depuis long-temps à la domination de la Grèce, profita d'une telle occasion. Archidamas ne considéra la détresse des Phocidiens que comme une occasion favorable pour revendiquer les droits de Sparte à la surintendance de Delphes, et il envoya des députés pour conférer à ce sujet avec Philippe, qui se trouvait en Thessalie. Les Athéniens, mieux inspirés, offrirent à leurs alliés de les mettre en possession de Nicée, d'Alpenos et de Thronion, places qui commandaient le défilé des Thermopyles; mais ce plan, qui aurait retardé les tristes destinées de la Grèce, fut renversé par Phaleucos.

### DÉSASTRES DES PHOCIDIENS. — Ce chef proscrit, entouré de huit mille

soldats mercenaires qui ne reconnaissaient d'autre autorité que la sienne, établit son quartier général à Nicée, sans s'inquiéter des défenses et des menaces de Phocis et d'Athènes.

La Béotie fut, de toute antiquité, la terre des oracles et de la superstition. L'antre de Trophonios y jouissait de la plus haute célébrité (*); la ville d'Abé, non moins célèbre, venait d'être fortifiée par les Phocidiens, afin de protéger leur territoire du côté de la Locride, lorsque les Thébains marchèrent contre cette place. Les Phocidiens, trop présomptueux, se portèrent à leur rencontre, furent défaits, et cinq cents des leurs, parvenus à échapper au carnage, se réfugièrent dans le temple d'Apollon Abéen. Ils y étaient installés depuis plusieurs jours sous les portiques remplis d'herbes sèches et de branchages, qui leur servaient de lits, lorsque le feu ayant pris à ces matières sèches, le temple et les réfugiés disparurent dans l'incendie.

Les Thébains crièrent au miracle. Le dieu protecteur d'Abé venait de punir les sacriléges... Le peuple béotien pressait Philippe de l'aider à détruire une race criminelle. Il applaudit à leur zèle religieux, et il les assura qu'il emploierait ses armes à leur faire rendre Orchomène, Coronée et

(*) Les Lébadiens racontaient qu'Hercule jouant avec la fille de Cérès laissa échapper une oie; cet oiseau s'étant réfugié dans une grotte et blotti sous une pierre, Proserpine, en le retirant de son trou, en fit jaillir le fleuve, qui prit, à cause de cela, le nom d'Hercyne. On voyait aux environs les autels de Jupiter Pluvieux, d'Apollon et de Jupiter Roi, les temples de Cérès et de Proserpine, les chapelles dédiées au Bon Génie et à la Fortune. L'oracle de Trophonios ne cessa d'opérer des prodiges que long-temps après l'extinction de tous les soupiraux prophétiques de la Grèce. L'antre, qualifié de *gouffre*, de *précipice*, est indiqué au voyageur par les sources de Mnémosyne et du Léthé. L'intérieur de la grotte est rempli de niches, et une large croix domine le mot de passe *Chi-bolet*. (Voy. *Voyage de la Grèce*, de Pouqueville, tom. IV, liv. XI, chap. 3, 2ᵉ édit.)

Tilphosséon : « Les Phocidiens, ajouta-« t-il, se sont rendus les objets du « courroux céleste, et il est juste qu'ils « souffrent les châtiments dus à leurs « crimes. » Il s'en tint à ce langage comminatoire; et comme il nourrissait un plan contraire aux intérêts de Thèbes, il essaya de corrompre ses ambassadeurs. Philippe trouva en eux une résistance honorable. Philon, chef de l'ambassade, lui répondit en son nom et en celui de ses collègues : « Nous sommes persuadés de votre « amitié, seigneur; veuillez réserver « votre générosité pour vos sujets; les « graces dont vous avez honoré Thè-« bes exciteront à jamais sa reconnais-« sance et celle de ses ministres. »

CORRUPTION DES AMBASSADEURS D'ATHÈNES. — Démosthène vante la dignité de cette réponse; mais lui, ainsi que ses collègues, loin de s'opposer, suivant la teneur de leurs instructions, à la ruine de Phocis que les Thébains sollicitaient, ne montrèrent ni sagesse, ni prévoyance, ni intégrité. Tous, Démosthène lui-même, acceptèrent les cadeaux de Philippe, qui leur dit : « qu'il prendrait en pitié « les Phocidiens; qu'il détestait l'in-« solence des Béotiens, et qu'en dé-« busquant Phaleucos des Thermopy-« les, il en résulterait plus d'inconvé-« nients pour Thèbes que pour les « Phocidiens. »

RATIFICATION DU TRAITÉ. — Afin d'abuser les ambassadeurs d'Athènes, qui semblaient ne demander que des prétextes pour excuser leur lâcheté, le roi leur déclara confidentiellement qu'il avait des raisons particulières de ménager les Béotiens. C'était pour ce motif qu'il avait différé de ratifier le traité conclu avec Athènes, mais qu'il ne voulait pas tarder plus long-temps à consacrer cet acte solennel. Il les pria seulement, pour en dérober la connaissance aux Thébains, de ne point insérer le nom des Phocidiens dans cet acte, qui fut enfin signé. L'échange des ratifications se fit dans un lieu que Démosthène appelle une caverne, près du temple de Pollux, situé dans le voisinage de Phérès.

# GRÈCE.

**Départ des ambassadeurs de Sparte.** — Vers le même temps les ambassadeurs de Sparte reprirent la route de leur pays, certains qu'ils n'avaient rien à attendre de Philippe, et que s'ils persistaient à vouloir la surintendance de Delphes, ils devaient se préparer à l'obtenir par la force des armes. C'est pourquoi Archidamas leva des troupes et marcha vers les Thermopyles. Mais les intrigues de Philippe, comme on le dira ci-après, rendirent les démonstrations du roi de Sparte aussi insignifiantes que ses négociations.

**Lettre de Philippe aux Athéniens.** — Cette lettre, conçue dans les termes les plus artificieux exprimait le *profond respect* du roi pour la république, la haute estime qu'il professait pour ses ambassadeurs. Voulant contribuer à la gloire et à la prospérité d'Athènes, il demandait en quoi il pourrait être le plus utile et le plus agréable au peuple. Il se gardait bien de parler du dernier traité de paix et d'alliance. Enfin, après plusieurs protestations, il priait les Athéniens « de « ne pas s'offenser de ce qu'il rete- « nait leurs ambassadeurs, parce que « leur éloquence et leurs talents lui « étaient nécessaires pour arranger « les affaires de la Thessalie. »

**Retour de l'ambassade athénienne.** — Les plénipotentiaires ayant rendu compte de leur mission au sénat, qui n'en fut pas satisfait, parurent devant l'assemblée du peuple. Eschine monta le premier à la tribune, et dit : « Que le peuple avait enfin la paix, « au lieu de la guerre, et que désor- « mais, tranquille dans ses foyers, « jouissant des plaisirs de la ville, il « apprendrait dans peu de jours que « Philippe avait passé les Thermopy- « les, pour tirer vengeance non des « Phocidiens, mais des Thébains, qui « étaient les véritables auteurs de la « guerre. » Il ajouta que les Thespiens et les Platéens seraient rétablis dans leur ancienne splendeur ; que les Thébains et non les Phocidiens paieraient l'amende imposée par le conseil amphictyonique ; que les magistrats de Thèbes avaient des soupçons contre Philippe et qu'ils savaient par qui ses mauvaises dispositions étaient excitées : « C'est pourquoi, « ajouta-t-il, ils ont juré ma perte. « Les Eubéens sont également alar- « més de notre traité, ne doutant pas « que leur île ne nous soit rendue en « compensation de la perte d'Amphi- « polis. » Vint ensuite une de ces réticences qui supposaient quelque article secret, qu'on sut plus tard être relatif à la restitution d'Orope.

Le discours spécieux d'Eschine fut favorablement accueilli par une multitude qui ne soupirait qu'après les fêtes et les théâtres. Démosthène eut beau déclarer qu'il ne connaissait rien des grands avantages annoncés par son collègue, et qu'il ne comptait en aucune manière sur le *bon vouloir* de Philippe. Eschine et Philocrate l'écoutèrent avec cette gravité dédaigneuse d'hommes qui étaient dépositaires d'un secret important. Mais lorsqu'il voulut démasquer leur artifice et leur fausseté, il en fut empêché par les clameurs et les insultes de la populace : *c'était la majorité*. On vota par acclamation des remercîments au roi de Macédoine pour *ses intentions amicales et généreuses*.

**Déception funeste aux Phocidiens.** — Les habitants de cette province qui étaient établis à Athènes s'empressèrent de mander à leurs compatriotes l'agréable nouvelle qu'Eschine avait annoncée dans l'assemblée du peuple, relativement à l'espèce de protection que Philippe avait promise aux Phocidiens. Ce bruit se répandit et s'accrédita au point qu'Archidamas, s'étant présenté à la tête d'un corps d'armée pour défendre le temple de Delphes, les Phocidiens rejetèrent son secours, en disant qu'ils craignaient beaucoup plus pour Sparte que pour eux-mêmes ; et les Lacédémoniens éconduits durent rentrer dans le Péloponèse.

**Soumission de Phaleucos.** — Il restait un dernier obstacle à surmonter à Philippe, pour s'ouvrir l'entrée de la Hellade méridionale. Phaleucos qui avait huit mille mercenaires sous ses ordres, occupait la ville de Nicée; mais un homme qui avait été capable de trahir son pays, en dilapidant ses finances, ne pouvait être disposé à défendre l'intérêt de la Grèce. Philippe entra en négociation avec le proscrit, qui consentit à lui remettre le pas des Thermopyles.

Pendant la durée de cette intrigue, le roi adressa aux Athéniens une lettre pleine de cordialité et d'affection. Il craignait les caprices d'un peuple qui pouvait ouvrir les yeux et confondre ses projets, en marchant aux Thermopyles, comme cela avait déjà eu lieu, ou en donnant ordre à l'amiral Proxénos, stationné dans le golfe Opuntien, d'intercepter les convois venant de la Macédoine. Cette lettre empêcha les Athéniens de faire attention aux remontrances de Démosthène, et les engagea même à l'envoyer, avec plusieurs autres orateurs, auprès du roi de Macédoine, qui réclamait leurs conseils. Démosthène comprit l'artifice de cette demande, qui tendait à l'éloigner d'Athènes, dans cette crise importante, et il refusa toute espèce de commission. Eschine, sous prétexte de maladie, resta pour épier et contrarier son antagoniste ; les autres députés choisis par le peuple se mirent en route.

En traversant l'Eubée, ils apprirent que Phaleucos avait évacué Nicée, que les troupes de Philippe occupaient. On sut plus tard qu'il s'était retiré vers le Péloponèse; qu'il s'était embarqué à Corinthe dans l'intention de faire voile pour l'Italie, où il se proposait de fonder une colonie. Mais son projet échoua, et, comme toutes les associations de cette espèce, la horde de brigands qu'il commandait fut exterminée par les Éléens unis aux Arcadiens, dont elle avait ravagé le territoire, et non, comme l'assure Diodore, par la colère des dieux vengeurs de l'impiété et du sacrilége.

DÉCRET DES AMPHICTYONS,
347 avant J.-C.

**Les Phocidiens**, persuadés que Philippe les défendrait devant le conseil amphictyonique, l'accueillirent comme un génie tutélaire. Il avait passé les Thermopyles avant l'arrivée des députés d'Athènes à Delphes : ceux des autres républiques n'avaient pas été prévenus de s'y rendre. Les Locriens, les Thébains et les Thessaliens composaient seuls le conseil amphictyonique qui devait décider du sort de la Phocide : la sentence fut telle qu'on devait l'attendre du ressentiment de pareils juges.

On décréta que les Phocidiens seraient exclus de la confédération générale de la Grèce et du conseil amphictyonique; que leurs armes et leurs chevaux seraient vendus au profit d'Apollon; qu'ils conserveraient leurs immeubles, à la condition de payer annuellement sur leurs produits soixante talents, jusqu'à ce qu'ils eussent complétement indemnisé le trésor de Delphes; que leurs villes (au nombre de vingt-deux) seraient démantelées et réduites en villages distincts, qui ne contiendraient pas plus de soixante maisons; que les Corinthiens, qui avaient secouru les sacriléges, seraient privés de la présidence des jeux pythiques; que cette fonction, ainsi que la surintendance des fêtes et le droit de suffrage au conseil amphictyonique, perdus par les Phocidiens, étaient et demeuraient transférés à jamais au roi de Macédoine et à ses descendants.

EXÉCUTION DU DÉCRET. — Les Phocidiens furent consternés, et quelques villes essayèrent en vain de défendre leurs murailles, leurs temples et les tombes révérées de leurs ancêtres. Les Macédoniens exécutèrent le décret du conseil amphictyonique avec un ordre et un silence tels, que les malheureux Phocidiens n'osaient verser une larme, ni proférer une plainte, car la plus faible marque de regret était regardée comme un crime. Les bords du Céphise furent couverts de ruines; les cités vénérables de Daulis, Panopée, Lilée et Hyampolis, furent tellement détruites, qu'il restait à peine quelques traces de leur existence... Trois ans après, les voyageurs qui traversaient la Phocide pour se rendre au temple de Delphes, étaient navrés de douleur, en voyant une pareille dévastation. Les jeunes gens avaient péri dans la guerre, ou avaient été traînés en captivité; les villages n'étaient plus habités que par des femmes, des enfants et des vieillards, qui exprimaient, par une attitude morne, la misère et la douleur plus profonde encore dans laquelle ils étaient plongés.

CONSTERNATION DES ATHÉNIENS. — La nouvelle de la désolation de la Phocide s'étant répandue dans Athènes, le peuple crut voir les Macédoniens et les Thessaliens, excités par la haine invétérée des Thébains, fondre sur la frontière septentrionale de l'Attique. Sur la motion de Callisthènes, la patrie fut déclarée en danger, et les habitants, qui ne pouvaient se réfugier dans la ville, eurent ordre de se retirer à Éleusis, Philé, Aphidna et Sunion, qui étaient regardées comme les places les plus fortes de la république; on leva des troupes, et l'amiral Proxénos, qui se trouvait au Pirée, eut ordre de retourner prendre son poste dans l'Euripe.

Philippe, informé par ses agents de ce qui se passait, écrivit aux Athéniens dans ce style de supériorité que le succès de sa politique et de ses armes l'autorisait à prendre. Cette lettre mortifiante fut reçue au moment où les ambassadeurs arrivaient de l'Eubée. Ils apportaient des détails si désastreux sur la Phocide, que tout ce qu'on pouvait faire pour ce pays infortuné était de soustraire les misérables restes de sa population à la vengeance implacable de Thèbes. L'assemblée des *cinq cents* rendit un décret qui accordait l'hospitalité aux Phocidiens, auxquels on offrit des établissements dans l'Attique, ou chez les alliés de la république. Cette mesure offensa grièvement le stupide fanatisme des Thessaliens et des Thébains; mais les droits sacrés de l'humanité l'emportèrent sur le système des *convenances politiques*, qui est la raison d'état du XIXe siècle.

15e *Livraison.* (GRÈCE.)

Philippe, généreux quand il n'avait pas intérêt à être cruel, prit la défense de l'infortune avec une chaleur qui déplut beaucoup aux Thébains. Néanmoins, leur tyrannie oppressive força un grand nombre de Phocidiens à se réfugier chez les Athéniens, toujours prêts à accueillir les malheureux.

LA MACÉDOINE
DÉCLARÉE PARTIE DU CORPS HELLÉNIQUE.
346 avant J.-C.

La guerre sacrée étant ainsi terminée, Philippe convoqua les membres du conseil amphictyonique, qui se trouvèrent au nombre de deux cents; il assista aux prières, aux sacrifices offerts à Apollon; et le nom du pieux roi de Macédoine retentit dans les hymnes sacrés. Les amphictyons ratifièrent ce que ce prince avait fait; ils placèrent sa statue dans le temple de Delphes, et déclarèrent solennellement le royaume de Macédoine partie du corps hellénique. Philippe nomma des commissaires pour présider les jeux pythiques; les Athéniens indignés refusèrent d'y paraître; on les menaça. Démosthène démontra la nécessité de se résigner aux circonstances, fondé sur le besoin de la paix. Cette opinion fut approuvée, et Isocrate adressa un discours à Philippe pour l'inviter à diriger les efforts réunis de la Grèce contre les Perses, ses ennemis naturels.

PHILIPPE ÉVACUE LA GRÈCE.
345 avant J.-C.

Le roi avait obtenu tout ce qu'il pouvait raisonnablement désirer, et il lui parut à propos, pour le moment, de mettre un terme à ses succès, certain d'arriver, par la politique, au but de ses vastes desseins. Avant de sortir de la Grèce, il eut soin de laisser une forte garnison à Nicée, afin de s'assurer le libre passage des Thermopyles; il occupa en même temps les principales villes de la Thessalie; il emmena onze mille Phocidiens, qu'il regardait comme une acquisition

15

précieuse, dont il tira parti dès qu'il fut de retour à Pella.

### FONDATION DE PHILIPPOPOLIS ET DE CABYLA.

Philippe éprouvait, depuis longtemps, le besoin de contenir les Barbares du Nord, qu'il avait vaincus sans les subjuguer. Il fonda, pour les tenir en bride, Ponéropolis, appelée, dans la suite, Philippopolis, et Cabyla. Les Phocidiens captifs, mêlés à un nombre proportionné de Macédoniens, tous pourvus d'armes et d'instruments aratoires, furent les premiers colons de ces établissements, dont la prospérité dépassa bientôt l'attente même de leur fondateur; il établit, vers le même temps, une troisième colonie dans l'île de Thasos. Ces opérations eurent lieu pendant la première année de la paix.

### AMBASSADE PERSANE A PELLA.
344 ans avant J.-C.

La première année de la CIX° olympiade, tandis que Philippe étendait les frontières de son royaume en Illyrie, depuis le lac Lychnidos jusqu'à l'Adriatique, il arriva à Pella une ambassade du roi de Perse. Il avait chargé les plus intelligents de ses ministres d'offrir son amitié au roi de Macédoine; c'était leur protocole, car ils avaient pour instructions d'examiner les forces et les ressources d'un monarque qui donnait des inquiétudes à la cour de Suze. En l'absence de son père, Alexandre leur fit les honneurs du palais; il entrait dans sa douzième année. Les questions qu'il adressa aux ambassadeurs perses leur firent dire *que leur padicha était riche et puissant, mais qu'Alexandre serait véritablement un grand roi.*

### OPÉRATIONS DE PHILIPPE.
344 ans avant J.-C.

Le roi s'occupa, à son retour de l'Illyrie, des affaires de la Thessalie, qu'il divisa en quatre gouvernements, afin d'effacer sa nationalité et de rendre cette province soumise à sa domination. Pendant ce temps, ses agents affermissaient son autorité dans l'Eubée; et comme il aspirait à d'autres conquêtes, il songea à s'assurer l'entrée de l'isthme de Corinthe. Il jeta en conséquence les yeux sur Mégare (voy. *planche* 56) (*), dont le territoire, dans une étendue de 8 lieues ½, séparait la Béotie de la frontière du Péloponèse; et il parvint à se faire déclarer l'allié et le protecteur de cette faible république.

Archidamas, qui avait été éconduit par les Phocidiens, travaillait depuis deux ans, avec son activité ordinaire, à étendre la domination de Sparte sur la Messénie, l'Argolide et l'Arcadie, lorsque les Thébains conjurèrent Philippe de ne pas permettre la destruction de leurs confédérés du Péloponèse. Le roi, qui avait de nombreux partisans parmi ces derniers, obtint sans peine un décret du conseil amphictyonique, qui l'autorisait à intervenir dans cette occurrence, et il se prépara à entrer dans le Péloponèse.

### NÉGOCIATIONS DES PÉLOPONÉSIENS.
— La Grèce fut alarmée. Les Corinthiens, irrités contre un prince qui les avait dépouillés de leurs prérogatives sur Delphes, ainsi que de deux de leurs colonies, Leucade et Ambracie, se déterminèrent à s'opposer à sa

(*) La ville de Mégare, célèbre par le nombre et la beauté de ses édifices, était située vers la droite de la plaine dont la planche 56 offre la vue. Sur une éminence, au bord de la mer, s'élève Nisée, que dominent les ruines d'un château fort et d'antiques constructions. Nisée, réunie à Mégare par de longs murs (ainsi que le Pirée l'était à Athènes), servait de port et d'arsenal à Mégare. On voit ce port auprès de la citadelle de Nisée; au-dessus et dans le fond on aperçoit le mont Geranion. A gauche de la planche, sont deux petites éminences où s'élevaient les citadelles Alcathoia et Koria. Il ne reste presque rien des monuments de Mégare, malgré leur solidité, qui faisait dire à Diogène « que ses habitants vivaient comme s'ils n'avaient qu'un jour à exister, et qu'ils bâtissaient comme s'ils devaient vivre éternellement. »

marche. L'Isthme fut fortifié ; les murs et les bastions de la ville furent réparés ; on se pourvut d'armes, on leva des troupes, on s'exerça aux manœuvres. Diogène, voyant avec mépris le fracas des efféminés Corinthiens, se mit à rouler son tonneau, ou amphore, afin de ne pas être, disait-il, le seul oisif dans une ville si occupée.

Sur ces entrefaites, les Lacédémoniens, quoique préparés à la guerre, s'adressèrent à Athènes pour solliciter sa coopération : elle était redevenue la gloire des Hellènes depuis qu'elle avait donné asile aux proscrits de la Phocide et de la Béotie. Elle reçut alors un éclat nouveau en réunissant dans ses murs des ambassadeurs de Sparte, de Thèbes, de Macédoine, d'Argos, de Messène et de l'Arcadie, qui venaient débattre leurs intérêts devant l'assemblée du peuple de Pandion.

Les Lacédémoniens représentèrent que la ligue formée contre eux était aussi dangereuse pour Athènes que pour Sparte, parce que le roi de Macédoine méditait l'asservissement entier de la Hellade ; il était donc urgent que les deux républiques fissent cause commune, afin de s'opposer à ses envahissements. Les Thébains, réunis aux ministres de Philippe, sommèrent les Athéniens de s'en tenir au traité de paix récemment conclu. Les députés des états du Péloponèse se plaignirent de voir Athènes, la constante protectrice des libertés de la Hellade, favoriser Sparte, qui en avait toujours été le fléau. Les orateurs, corrompus par Philippe, exhortèrent le peuple à ne pas rompre avec ce prince, et à se garder de renouveler une lutte sanglante, dont ils venaient à peine de sortir ; ils ne craignirent pas même de justifier sa conduite en disant que le roi, dont l'armée se composait en grande partie de cavalerie thessalienne et d'infanterie thébaine, n'était pas lui-même en mesure d'agir avec une entière indépendance... Ils ajoutèrent, avec une sorte de mystère, que Philippe songeait à rebâtir les villes de la Phocide, et à fortifier Élatée, place située à l'entrée du Triodos, défilé rendu célèbre par les malheurs d'OEdipe. Ces observations reçurent une force particulière des dispositions pacifiques de la populace d'Athènes.

RÉPONSE DE DÉMOSTHÈNE. — L'orateur puissant par la parole, Démosthène s'étant levé, prononça une harangue, que le roi de Macédoine lut, dit-on, avec un mélange de terreur et d'admiration. « Athéniens, « les hostilités de Philippe au sein de « la paix vous ont fait applaudir, plus « d'une fois, le patriotisme de ceux « qui défendaient les intérêts de la « république ; mais comme vous n'a- « gissez pas, pourquoi écouter de vains « discours ?... Si les harangues suffi- « saient, il y a long-temps que nous « aurions vaincu notre ennemi ; mais « Philippe excelle en actions, comme « nous excellons en paroles ; nous « triomphons dans nos assemblées, et « lui dans les batailles. »

L'orateur dit ensuite comment le roi de Macédoine avait jugé son siècle en séduisant les Thébains et les Argiens, dont il connaissait la bassesse. « Vous le savez, Athéniens, « lorsque la liberté de la Grèce fut « menacée par les Perses, comme elle « l'est aujourd'hui par les Macédo- « niens, les Thébains suivirent le dra- « peau des Barbares, et les Argiens « restèrent neutres, tandis que les « magnanimes patriotes dont vous « descendez rejetèrent les offres de « cet Alexandre, l'ancêtre de Philippe, « qui agissait comme envoyé de Mar- « donios ; alors Athènes et vos cam- « pagnes furent dévastées... » Réfutant ensuite les allégations des partisans de Philippe, relatives à sa position et à ses intentions, il prouva qu'il n'y avait dans tout cela que perversité et mensonge. « Votre ruine est le but « principal de ses projets ; il sait que « vous pénétrez ses intentions, et que « s'il ne vous prévenait pas en vous « attaquant, il deviendrait la première « victime de votre juste animadver- « sion. »

Démosthène donna ensuite lecture d'un décret qui accédait aux demandes

des Lacédémoniens. Si l'orateur se fût arrêté à cette conclusion, son avis aurait pu être suivi d'une résolution salutaire ; mais il demanda la mise en jugement d'Eschine et de Philocrate, qu'il *accusa de trahison*. Cette clause incidentelle fut saisie avidement par les Athéniens, qui aimaient mieux suivre les cours de justice que de marcher au secours des Péloponésiens. On ne parla plus que d'accusations, de plaidoyers et de sentences. Philocrate fut condamné au bannissement, et Eschine n'échappa au même sort qu'en prouvant que son accusateur Timarchos était un homme de mauvaises mœurs, qui, par conséquent, n'était pas recevable en justice.

INVASION DE LA LACONIE. — Tandis qu'on délibérait à Athènes, Philippe faisait voile avec une puissante flotte vers le cap Ténare. Dès qu'il eut pris terre en Laconie, il fut joint par les Messéniens, les Arcadiens et les Argiens ; il ravagea avec leur secours une partie du pays, et il s'empara de Trinasos, ville maritime située dans le golfe de Gythion.

La terreur inspirée par cet événement fut augmentée par l'apparition de météores célestes d'une rougeur telle, que l'histoire a conservé le trait d'un jeune Spartiate à qui on demandait raison de son effroi, et s'il avait peur de Philippe ; celui-ci montra le ciel en disant : pourquoi le craindrais-je ? peut-il nous empêcher de mourir pour la patrie ?... » Cette résolution généreuse n'était plus partagée par les Lacédémoniens.

Incapables de faire tête à l'orage, les éphores envoyèrent Agis, fils d'Archidamas pour proposer à Philippe des conditions d'accommodement, ou plutôt pour soumettre leur sort à sa volonté. Le jeune prince s'étant présenté seul, le roi marqua sa surprise : « Quoi ! les Spartiates n'ont envoyé qu'un seul homme !... — Ne suis-je pas envoyé à un seul, » répondit fièrement Agis. Cette repartie fut la dernière de l'orgueil spartiate.

Philippe força le gouvernement de Lacédémone à renoncer à l'autorité qu'il prétendait exercer sur la Messénie, l'Arcadie et l'Argolide ; il fixa les limites de ces états, suivant le désir des confédérés. Avant de quitter le Péloponèse, le roi exigea pour seul témoignage de reconnaissance des peuples affranchis, que les offices de magistrature dans Argos fussent confiés à Myrtis, Télédamos et Mnasias ; en Arcadie, à Cercidas, Hiéronymos et Eucampidas ; et dans la Messénie, à Néon et à Thrasyloque, hommes dont les noms auraient été condamnés à un éternel oubli, si Démosthène ne les avait dénoncés à la postérité, comme ceux d'autant de traîtres vendus à l'iniquité du roi de Macédoine.

Après avoir organisé l'administration, Philippe traversa la presqu'île au milieu des acclamations des habitants qui s'empressaient de lui offrir des couronnes et de lui décerner des statues. Il logea à Corinthe dans la maison de Démarate. Pendant son séjour dans cette ville, il visita les temples de Vénus Terrestre et de Minerve Chalinites (voy. *pl.* 58) (*) ; il assista aux spectacles et aux jeux qui furent célébrés par un concours prodigieux de peuple, venu de toutes les contrées d'alentour. Cependant les turbulents Corinthiens, ennemis naturels des rois, et quelques Péloponésiens, abusant de la franchise du lieu, insultèrent Philippe, qui, sollicité par ses courtisans de se venger, répondit : « Pourquoi « punirais-je des hommes accoutumés « à reconnaître les services qu'on leur « rend par des insultes ? »

ADMINISTRATION,
344—343 ans avant Jésus-Christ.

Philippe passa une partie de cette année dans la Macédoine, occupé à

(*) On ne sait précisément à quel édifice appartiennent les ruines de ce temple. Pausanias dit que Corinthe possédait seize temples, un théâtre, un odéon et un stade. Ce seul monument qui nous reste, et qui avait encore onze colonnes lorsque Stuart le dessina, nous offre le type du plus ancien style de l'architecture grecque ; les colonnes

élever des édifices publics et à surveiller l'éducation de son fils Alexandre, dont l'esprit ardent et l'intelligence précoce demandaient une attention particulière et des soins vigilants. Il ne manquait à Philippe, pour être heureux au sein de sa famille, que de pouvoir vivre en paix avec sa femme Olympias. Pour la calmer, ou pour toute autre cause, il étendit les bornes de l'Épire en faveur de son beau-frère Alexandre, à qui il donna la Cassiopie (aujourd'hui canton de Rogoux), en partie habitée par des colonies éléennes, et il s'empara de l'île de Halonèse, sans égard aux réclamations des Athéniens.

Le gouvernement de Macédoine devait devenir absolu sous un chef aussi habile et aussi heureux. Sa garde de Doryphores, composée d'une noblesse soumise à sa volonté, fixait les rapports entre le prince et les grands. Les principaux chefs de l'armée composaient sa cour, tandis que le peuple passait de la vie pastorale et pauvre à celle de nation guerrière et conquérante. Aussi le roi, présent partout, apaisa en 343 les troubles suscités dans la Haute-Thrace par Amadocos, roi des Odryses; occupa Cardia, patrie de Miltiade, et la Chersonèse de Thrace. Ces empiétements semblèrent réveiller les Athéniens de leur léthargie; mais au lieu de courir aux armes, ils employèrent les discours, les décrets, les ambassades, et tous les cantons de la Hellade retentirent de leurs plaintes éloquentes.

Le roi, pour contre-balancer l'effet des doléances d'Athènes, y envoya Python de Byzance, homme ardent qui cachait sous une véhémence passionnée de langage un cœur perfide et un esprit mercenaire. Il était porteur d'une lettre de Philippe au sénat et au peuple d'Athènes. Il offrait de leur faire présent de l'île de Halonèse; de soumettre à un arbitrage les différents qui existaient entre les deux états et d'établir des règlements de commerce. Il finissait en exhortant les Athéniens à se méfier de l'ambition personnelle des démagogues, qui tendait à allumer une guerre dont il était impossible de calculer les conséquences.

DIOPEITHÈS GÉNÉRAL. — Ces artifices, quoique appuyés de l'éloquence de Python, furent déconcertés par Hégésippos, qui réfuta victorieusement la lettre de Philippe et détermina les Athéniens à envoyer dans la Chersonèse de Thrace une expédition, dont le commandement fut confié à Diopeithès.

Philippe, plein de confiance dans le succès de ses intrigues, s'était porté dans la Haute-Thrace, lorsqu'il apprit que le général athénien avait attaqué et enlevé une partie des habitants des colonies de Crobylée et de Tiristasis. Il envoya aussitôt Amphilocos pour traiter de la rançon des prisonniers. Mais, sans égard pour l'inviolabilité de son caractère, Diopeithès fit mettre le parlementaire de Philippe en prison, espérant amener par ce moyen une rupture entre Athènes et la Macédoine.

En apprenant ces insultes, Philippe donna un libre essor à ses plaintes. Diopeithès, qui avait levé quelques impôts sur les alliés d'Athènes, fut accusé de concussion, traité de pirate et de brigand. Les pensionnaires du roi joignaient leurs clameurs à celles des démagogues, qui insistaient pour que l'auteur de tant de forfaits fût rappelé et puni d'une façon exemplaire.

Démosthène en jugea autrement : « Si Diopeithès, dit-il, est coupable, « un simple décret du sénat peut le « faire rentrer dans le devoir. Mais « l'ennemi public, Philippe, qui a opprimé les Chersonites, attaqué et « pris Serrion et Doriscos; qui réprimera son audace? Ainsi, loin de « rappeler l'armée de la Chersonèse, « il est urgent de la renforcer, car « Philippe ne voudra jamais paraître « en guerre avec vous, qu'au moment « où il attaquera les murs d'Athènes. « Ne vaut-il donc pas mieux lui résis-

sont les plus courtes que nous connaissions de l'ordre dorique; elles sont d'une pierre poreuse d'un seul bloc, et revêtues d'un stuc extrêmement dur.

« ter en Thrace que de l'attirer sur
« le territoire de l'Attique? Quant
« aux contributions demandées par
« Diopeithès aux Grecs asiatiques,
« ses prédécesseurs ont toujours levé
« sur les colonies des droits propor-
« tionnés à leurs besoins; si votre gé-
« néral n'avait pas cette ressource,
« comment ferait-il subsister ses trou-
« pes, lui qui ne reçoit rien de vous
« et qui n'a point de patrimoine? Se-
« rait-ce du ciel? »

Démasquant l'intrigue sous toutes ses formes, et montrant la présence de Philippe partout : « Croyez-vous, « poursuivit-il, que les cabanes de « Drongila, Cabyla, Mastyra, soient « des objets dignes de son ambition; « que pour les acquérir, il s'exposerait « à tant de dangers et de fatigues ; « que pour l'amour du *seigle* et du « *millet* de la Thrace, il consentirait « à séjourner au milieu des neiges et « des ouragans de cette sauvage con-« trée, tandis qu'il dédaignerait les « richesses et la splendeur d'Athènes, « vos ports, vos arsenaux, vos galè-« res, vos mines et vos revenus? Non, « Athéniens : c'est pour vous subju-« guer qu'il porte la guerre en Thrace « et partout ailleurs. Mais que doit-on « faire?... Sortir de notre apathie, « avoir une armée toujours prête à « défendre nos alliés et notre indé-« pendance. »

Diopeithès fut absous; on mit une flotte en mer sous le commandement de Callias, qui s'empara d'une quantité de vaisseaux macédoniens, et pilla les ports du golfe Pélasgique. Un détachement de troupes athéniennes, envoyé dans l'Acarnanie, battit Alexandre, roi d'Épire ; la garnison macédonienne fut chassée de Halonèse, et de toutes parts on provoqua une insurrection contre le roi de Macédoine.

### INFLUENCE DE LA PERSE.
### 341 avant J.-C.

La corruption avait créé dans Byzance un parti puissant en faveur de Philippe. Python, qui était son agent, avait acquis une grande influence sur la multitude; l'armée macédonienne, forte de trente mille hommes, s'avançait; on devait lui livrer une des portes de la ville, lorsque le complot fut découvert, et le roi, obligé de se retirer, investit Périnthe.

La nouvelle de cet événement redoubla l'activité des Athéniens, et Ochos, qui n'ignorait pas les projets de Philippe contre ses états, en revint à la politique de ses prédécesseurs. L'or de la Perse fut répandu avec profusion parmi les démagogues; Démosthène, dont le patriotisme n'était pas toujours désintéressé, fut charmé d'être payé pour faire son devoir, et il déclama avec plus de violence que jamais contre le roi de Macédoine.

DÉMOSTHÈNE COURONNÉ. — Les Eubéens, également incapables de jouir de l'indépendance ou de rester soumis à aucune puissance, avaient eu cette fois sujet de se plaindre des violences du parti macédonien. Chalcis, Oréon, Érétrie, se préparaient à la révolte; plusieurs états grecs leur avaient donné des espérances de secours, lorsque les Athéniens leur envoyèrent un corps d'armée, commandé par Phocion. Démosthène accompagna l'expédition, et il porta l'enthousiasme public à un tel point, que les Macédoniens, battus et traqués, furent contraints d'évacuer l'Eubée. La joie de ce succès fut telle dans Athènes, que, sur la motion d'Aristonicos, on décerna une couronne d'or à Démosthène. Elle lui fut remise, au nom de la république, dans le théâtre de Bacchus, au milieu d'un concours prodigieux de peuple, de citoyens et d'étrangers.

### ATHÈNES
### SECOURT LES VILLES DE LA THRACE.
### 341 av. J.-C.

Philippe se trouvait alors occupé devant Périnthe ; trois fois le siége avait recommencé, et trois fois les Périnthiens avaient été sauvés par un concours de circonstances heureuses, lorsque Apollodore d'Athènes, qui amenait un corps considérable de mercenaires à la solde des Perses, força

Philippe à convertir le siége en blocus. Périnthe fut resserrée étroitement ; mais le roi, qui devait plus de deux cents talents à son armée, lui accorda en paiement le pillage d'une partie du territoire de Byzance, et bientôt après il conduisit le reste de ses soldats au siége de Sélymbrie.

Démosthène, redoublant de zèle, ne cessait d'exhorter ses compatriotes à secourir les villes de Thrace. Il comparait les invasions de Philippe, tantôt aux retours périodiques des épidémies qui menacent également tous les hommes d'une calamité imminente, et tantôt à ces nuages orageux dont les masses remplies de grêle portent l'effroi dans les campagnes : chacun respirait la guerre.

MORT DE DIOPEITHÈS. — Cependant Philippe ne cessait de protester, par ses lettres et par ses ambassadeurs, de son désir de maintenir la paix. Il s'excusa même de ce que, dans un fourrage aux environs de Cardia, Diopeithès, à son grand regret, avait péri dans cette fâcheuse rencontre. Pour prouver qu'il voulait sincèrement le maintien de la bonne harmonie, il ordonna de rendre les vaisseaux d'un convoi athénien (quoique destiné pour Sélymbrie qu'il assiégeait), qu'un de ses amiraux avait capturé.

Cette modération donnait un grand avantage aux partisans de Philippe ; mais Démosthène sut paralyser leur influence, et on mit en mer une flotte de cent vingt galères. Le commandement en fut par malheur confié à Charès, général tel que le roi pouvait le souhaiter. C'était un homme vain, adonné à la débauche, rapace, ignorant dans l'art militaire, et tellement présomptueux, que *la promesse de Charès* passa en proverbe, pour signifier une chose qui ne serait jamais exécutée. Il partit avec une petite escadre de galères, des troupes et une bande de musiciens ; mais arrivé aux attérages de Périnthe, les habitants refusèrent de le recevoir dans leur port, de sorte qu'il fut forcé de revenir à Athènes, où cet incident fit naître de grands débats dans l'assemblée du peuple.

### PHOCION, GÉNÉRAL,
340 avant J.-C.

Phocion prouva que les alliés, en refusant l'assistance de Charès, n'avaient voulu que se mettre à couvert des rapines de ce général, et que, pour rétablir la réputation d'Athènes, on devait renvoyer les mêmes troupes, sous la conduite de quelque homme d'honneur. La proposition fut approuvée, et Phocion lui-même nommé amiral et capitaine général ; arrivé à sa destination, il fut reçu à bras ouverts par les assiégés de Périnthe et de Byzance.

Dès ce moment Philippe n'éprouva plus que des revers. Ses ruses furent combattues ou éludées par des ruses semblables ; et convaincu qu'il n'avait aucun avantage à espérer, il se retira, en laissant aux Athéniens la possession des côtes septentrionales de la Propontide. Ce parti était humiliant, mais nécessaire, comme on le dira ci-après.

Phocion ne tarda pas à partir de Byzance, au milieu des acclamations d'un peuple entier. Dans sa navigation, il s'empara d'une escadre macédonienne chargée de vivres, d'armes et d'approvisionnements de toute espèce. Dès qu'il eut pris terre dans la Chersonèse, il châtia les Cardiens, et reconquit plusieurs villes de la côte de Thrace. Au lieu de charger les alliés de l'entretien de ses troupes, il les fit subsister aux dépens du roi de Macédoine, dont il ravagea les domaines héréditaires. Un discours de Démosthène, que le temps a respecté, nous fait connaître les villes protégées et secourues par Phocion ; les hommages rendus à sa gloire par Périnthe, Byzance, qui lui décernèrent des couronnes, des statues et des autels votifs chargés d'inscriptions.

### GUERRE SCYTHIQUE.

Le motif qui avait porté Philippe à éviter la rencontre de Phocion venait d'une erreur de jugement occasionée par l'ambition sans bornes qui formait la passion dominante de ce monarque.

Au-delà des confins de la Thrace et des frontières de la Basse-Mésie, il existait une puissante tribu de Scythes, établie dans la péninsule comprise entre le Pont-Euxin et les rives de l'Ister. Cette position aurait pu empêcher un prince moins ambitieux que Philippe d'écouter la proposition d'Athéas, roi des Scythes. Ce chef de barbares l'invitait à marcher à son secours, afin de défendre ses états contre une invasion des Istriens, et on lui promettait qu'en cas de succès Philippe serait désigné pour héritier du royaume de Scythie.

Alléché par cette amorce, le roi de Macédoine fit partir en hâte pour le Nord un corps de troupes, en faisant annoncer à Athéas, qu'il était prêt à suivre cette avant-garde avec toute son armée, si sa présence était nécessaire. Sur ces entrefaites, le chef des Istriens étant venu à mourir, sa horde fut repoussée, et Athéas sans avoir besoin d'aucun secours étranger, rentra dans la paisible possession de son royaume. Alors les troupes macédoniennes qui parurent furent traitées avec mépris; le roi des Scythes prétendit « qu'il n'a« vait pas demandé leur appui, et qu'il « n'avait jamais songé à leur roi pour « en faire son héritier, puisqu'il avait « lui-même un fils digne de lui suc« céder. »

AMBASSADE DE PHILIPPE A ATHÉAS. — Le roi, indigné de la conduite insolente d'un chef de sauvages qui avait sollicité son alliance, envoya une députation en Scythie pour lui demander satisfaction et des indemnités. Ses ambassadeurs étant arrivés au camp d'Athéas, furent reçus dans une écurie, où il était occupé à étriller son cheval. Ils manifestèrent leur étonnement : sur quoi le chef des Scythes leur demanda si Philippe ne faisait pas souvent la même chose; ajoutant que pour lui, en temps de paix, il était le palefrenier de sa monture. Lorsqu'ils lui exposèrent le sujet de leur mission, le barbare répondit que la pauvreté de la Scythie ne lui pouvait fournir aucun présent convenable à leur maître, et qu'il préférait ne lui offrir rien du tout, que de lui envoyer un cadeau indigne de la magnificence d'un aussi grand monarque.

EXPÉDITION EN SCYTHIE,
339 avant J.-C.

Cette réponse détermina Philippe à châtier la perfidie injurieuse d'un chef de horde, qui, après avoir mis sa politique en défaut, insultait à sa dignité. Arrivé sur la frontière de la Scythie, le roi fit dire à Athéas qu'il désirait ériger une statue en bronze à Hercule, sur le bord du Danube; que c'était un vœu qu'il avait fait pendant le siége de Byzance. Athéas ne fut pas la dupe de cette ruse; il répondit au roi d'envoyer cette statue, qu'il la placerait lui-même au lieu désigné, et que si elle y était mise de sa main elle y resterait, autrement il pourrait arriver que les Scythes la renversassent et la fondissent pour en *faire des pointes à leurs javelots*.

Philippe ayant pénétré dans la Scythie, s'empara d'une quantité considérable d'esclaves et de troupeaux. Comme il arrive toujours en guerre, un parti de Macédoniens ayant été enlevé par les Scythes, ils envoyèrent à Athéas, avec les prisonniers, un certain Isménias, musicien célèbre, que Philippe avait attiré à sa cour à force de largesses. L'artiste croyant, comme un autre Orphée, ravir le barbare, voulut faire preuve de son talent, et celui-ci lui dit, après l'avoir entendu, *qu'il préférait le hennissement de son cheval aux sons de sa flûte*.

Le roi recueillit de son expédition tous les avantages qu'il pouvait obtenir sur des peuples qui n'avaient *d'autre dieu que leur épée, de roi que leur hetman, et de villes que le terrain sur lequel ils campaient accidentellement avec leurs troupeaux et leurs familles*. Ce fut au retour de cette expédition, qui lui procura vingt mille esclaves, et un plus grand nombre de juments destinées aux haras de Pella, que Philippe, attaqué à l'improviste par les Triballes, se trouva sur le point de disparaître avec ses trophées. Il venait d'être renversé de cheval, privé de sentiment, lorsque son fils Alexandre, qui combattait à ses côtés, le couvrit de son bouclier, et parvint à l'arracher à la mort. La blessure qu'il reçut et dont il resta boiteux, ainsi que la perte d'un œil qu'il avait éprouvée au siége de Méthone, influèrent d'une manière fâcheuse sur le reste de la vie du roi.

L'INCENDIAIRE ANTIPHON. — Philippe n'ignorait rien de ce qui se passait à Athènes. Mais ce n'était plus en roi qu'il chercha à se venger, lorsqu'il eut recours à Antiphon, pour détruire la flotte et les arsenaux du Pirée. La trahison fut découverte, l'incendiaire saisi et traîné devant les tribunaux, convaincu, dépouillé du titre de citoyen qu'il avait usurpé, et banni d'un pays dont il avait violé les lois. Il se réfugia auprès de Philippe, qui l'engagea à persévérer dans son projet. Etant rentré à Athènes sous un déguisement, l'activité de Démosthène parvint à le découvrir, et il fut déféré pour la seconde fois à la justice. Eschine et les stipendiés de Philippe prirent indirectement la défense d'Antiphon, en accusant Démosthène d'avoir violé le domicile d'un particulier, lieu qui fut de tout temps regardé comme un sanctuaire. On qualifia cette action d'attentat, et tel fut l'effet de la clameur publique, qu'on dut relâcher le coupable... Il aurait peut-être accompli son projet, si l'aréopage n'eût évoqué cette affaire devant la majesté sans appel de son tribunal. Antiphon fut saisi pour la troisième fois; la question préparatoire, que l'institution de l'esclavage avait introduite dans les lois de la Grèce, lui arracha l'aveu de son crime, et il fut puni de mort.

RUSE POLITIQUE DE PHILIPPE,
339 avant J.-C.

Les armateurs d'Athènes tenaient les ports de la Macédoine bloqués. Les côtes de ce royaume étaient infestées par les plagiaires de l'Attique; Philippe n'avait point de vaisseaux pour transporter ses troupes dans la Grèce méridionale, dont il brûlait de tirer vengeance; il n'osait franchir le défilé des Thermopyles, à cause des Thessaliens et des Thébains. Il eut recours aux Athéniens eux-mêmes pour arriver à son but.

Le temps de la session de l'amphictyonie à Delphes approchait. Athènes avait intérêt à y envoyer des députés incorruptibles; mais la faction d'Eschine et de Midias, qui était celle de Philippe, l'emporta; ils furent élus ainsi que Diognétos et Thrasyclès. A l'ouverture du conseil on était occupé à remeubler le temple d'Apollon, on ramassait les objets vendus par les sacriléges, et on recueillait de nouveaux dons. Les Athéniens, voulant signaler leur pieuse munificence, envoyèrent plusieurs boucliers d'or avec l'inscription suivante : *Arrachés aux Mèdes et aux Thébains, lorsqu'ils combattaient contre la Hellade.*

Les Thébains voulurent s'opposer a la réception de cette offrande, et les amphictyons les écoutaient, lorsqu'Eschine prit la défense de ses concitoyens; mais il fut interrompu par un citoyen d'Amphisse. Le Locrien s'écria : « qu'il était contraire à la « dignité des amphictyons d'écouter « l'orateur d'une ville impie et profane « qui avait soutenu le sacrilége des « Phocidiens, et que, si on suivait son « avis, on rejetterait les boucliers, et « que le nom abominable des Athé« niens ne serait même pas prononcé « dans l'auguste conseil des *frères sa« crés d'Apollon.* »

Une pareille sortie donna occasion à Eschine d'exciter un grand tumulte dans l'assemblée. Dans l'ardeur patriotique qu'il savait si bien feindre, il s'adressa aux amphictyons avec l'accent de la douleur : *Dites-moi, représentants de la Grèce, souffrirez-vous que des hommes qui ne connurent jamais les sentiments de l'honneur et de la vertu, viennent nous disputer le prix d'une gloire incontestable? Souffrirez-vous que ceux mêmes qui sont souillés d'un sacrilége et frappés de malédiction osent appeler les Athéniens impies et profanes? Voyez cette plaine!* ( en montrant la campagne de Cirrha, qu'on apercevait du lieu de l'assemblée ) *les voilà, ces terres, autrefois consacrées à Apollon, et cultivées aujourd'hui par les Amphisséens qui s'en sont emparés; regardez les nombreux bâtiments qu'ils y ont élevés ; ce port de Cirrha, frappé de malédiction, détruit par vos ancêtres, est maintenant rétabli et fortifié.*

Eschine donna ensuite lecture du décret de l'oracle qui condamnait le port de Cirrha, ainsi que son territoire, à une désolation perpétuelle, et il dit avec véhémence : *Pour moi, représentants du peuple, je jure en mon nom, au nom de mes enfants, de ma patrie, que nous vengerons de tout notre pouvoir, par les instances les plus vives, et s'il le faut, par les armes, l'abominable violation du territoire sacré. L'assemblée va s'ouvrir. Prononcez, amphictyons, les offrandes sont prêtes, les victimes sont à l'autel, vous allez offrir des sacrifices pour attirer sur vous et sur les républiques que vous représentez, les bénédictions du ciel ; mais comment oserez-vous demander quelques graces aux dieux, tandis que la profanation des Amphisséens restera impunie? Ecoutez les termes de l'anathème lancé, non seulement contre ceux qui cultivent les terres, mais contre ceux qui négligeraient de les punir :* « Ils ne présenteront jamais « d'offrandes qui puissent être agréa- « bles à Apollon, à Diane, à Latone, « ou à Minerve *Providence* ; tous leurs « sacrifices et leurs rites religieux se- « ront à jamais rejetés et en abomi- « nation. »

### TROISIÈME GUERRE SACRÉE.
### 338 avant J.-C.

Après les débats les plus orageux, on décréta que les amphictyons, aidés des citoyens de Delphes, descendraient le lendemain dans la campagne de Cirrha, afin de renverser, de brûler et de détruire les plantations et les métairies qui embellissaient le territoire consacré à Apollon. La loi voulait qu'il fût voué à une perpétuelle stérilité. Les exécuteurs de la vengeance divine trouvèrent peu d'obstacles à accomplir cette pieuse dévastation; mais à leur retour ils furent surpris par un nombreux parti d'Amphisséens, qui les battirent et les poursuivirent jusque sous les murs de Delphes.

Cet acte de représailles contre un fanatisme absurde, devint le signal de la troisième guerre sacrée et le triomphe de la perfidie d'Eschine, qui préparait des fers à la Grèce, depuis longtemps indigne de la liberté. Les premières opérations de la guerre, dirigées par Cottyphos, général thessalien, créature de Philippe, n'eurent aucun succès. Alors Eschine et ses complices conjurèrent les amphictyons de recourir au roi de Macédoine, qui, après avoir fait semblant d'hésiter, déclara : « que sa profonde vénération « pour le conseil sacré d'Apollon lui « faisait une loi d'obéir à ses ordres. »

PHILIPPE ENTRE DANS LA HELLADE. — Le roi, ayant donné le change aux Athéniens, qui avaient rappelé leur station navale de l'Euripe, aborda sans obstacle sur la côte de la Locride opuntienne, d'où il continua sa marche vers Delphes. On était alors en automne; quoique l'armée macédonienne fût assez forte pour réduire Amphisse, Philippe écrivit à toutes les villes amphictyoniques de joindre leurs troupes à ses drapeaux pour venger la cause d'Apollon. Les Thébains intimidés lui envoyèrent un petit corps d'infanterie. Les Lacédémoniens gardèrent la neutralité, et en cela ils ne commirent jamais une faute plus grande et plus irréparable, car il était encore possible d'anéantir la puissance macédonienne. Les Athéniens, réveillés par Démosthène, qui accusait la pythie de *philippiser*, méprisant les menaces de l'oracle, firent marcher dix, mille mercenaires; mais ils furent battus, et Amphisse reçut garnison macédonienne.

Après cet échec, l'assemblée du peuple d'Athènes demanda une suspension d'armes au roi de Macédoine, en même temps qu'elle envoyait ses plus habiles orateurs pour soulever les Grecs contre lui : telle était alors l'absence de toute pudeur politique. Mégare, l'Eubée, Leucade, Corinthe, Corcyre et l'Achaïe répondirent à cet appel. Thèbes flottait dans l'incertitude; les partisans d'Athènes y étaient les plus nombreux, ceux de la Macédoine les plus actifs, et la populace thébaine, frappée d'une indifférence stupide, écoutait les clameurs des deux partis avec cet engourdissement particulier au caractère des Béotiens.

OCCUPATION D'ÉLATÉE. — Philippe, persuadé qu'il était temps de frapper un coup décisif, s'empara d'Élatée, dont il avait épargné les fortifications lorsqu'il renversa le villes de la Phocide : il y concentra son armée.

Il était nuit lorsque le courrier porteur de cette nouvelle arriva dans Athènes. Le peuple était retiré au sein de ses foyers; les magistrats soupaient au Prytanée. En un instant tous sortirent dans les rues. Quelques citoyens coururent chez les généraux, d'autres se rendirent chez le trompette de ville, chargé d'appeler le peuple au conseil; la foule se porta sur la place publique, où elle abattit et brûla les échoppes des marchands et des artisans, afin de se procurer plus d'espace.

La confusion cessa au point du jour; le président, les sénateurs et le peuple étant assemblés, on annonça officiellement l'occupation d'Élatée par Philippe. Le héraut, que Démosthène surnomme la *voix de la patrie*, invita à plusieurs reprises ceux qui voulaient proposer un avis, à prendre la parole. Personne n'ayant répondu, Démosthène seul, au milieu des Athéniens consternés, monta à la tribune aux harangues. Il commença par faire briller un rayon d'espérance aux regards des citoyens silencieux, en leur disant que sans la crainte que les Thébains inspiraient à Philippe, il serait non seulement maître d'Élatée, mais qu'on le verrait maintenant sur les terres de l'Attique. Vu l'urgence, il invita l'assemblée à envoyer aux Thébains une ambassade chargée de leur annoncer qu'Athènes était prête à les défendre avec toutes ses forces; il proposa en même temps un décret, qu'on peut regarder comme la voix expirante d'un peuple qui, suivant le conseil magnanime de Périclès, *ne songeait plus qu'à conserver la gloire d'Athènes intacte aux yeux de la postérité*. On résolut d'équiper une flotte de 200 voiles chargée de croiser sur la côte de Béotie; de marcher vers Éleusis avec l'armée; d'envoyer des députations aux différents états de la Grèce, pour les appeler aux armes. Démosthène se rendit à Thèbes, où l'armée athénienne fut reçue avec toutes les distinctions de l'antique hospitalité.

BATAILLE DE CHÉRONÉE.

Philippe arrivait en même temps sur les frontières de la Béotie. Quelques détachements qu'il jeta en avant furent battus par les confédérés dans deux rencontres différentes. Sans s'inquiéter de ces événements, il marcha avec son armée, forte de trente-deux mille hommes, jusqu'à Chéronée, où il choisit l'emplacement de son camp, et le terrain sur lequel il se proposait de livrer bataille ( voy. *pl. 55* ) (*).

(*) C'est à l'amitié d'un de nos peintres les plus distingués, M. Dupré, auteur du *Voyage à Athènes et à Constantinople*, qu'on doit le dessin de ce monument, peut-être le plus intéressant de l'antiquité. Personne, jusqu'à présent, ne nous avait donné la représentation du lion colossal en marbre blanc, signe funèbre du polyandrion, ou tombe commune des Thébains qui moururent en combattant contre Philippe aux champs de Chéronée. « On s'est contenté, dit Pausanias, de placer un lion sur leur tombeau pour marque de leur courage; mais on n'y a pas mis d'épitaphe, parce que la fortune trahit leur valeur. »

La célèbre bataille de Chéronée con-

Dans cette position le roi avait devant lui un temple d'Hercule, regardé comme le chef de sa dynastie, et le protecteur des armes de la Macédoine; de l'autre côté, le Thermodon, affluent du Céphise, que les oracles avaient autrefois désigné comme une rivière *néfaste* aux Béotiens.

Quoique les sacrifices eussent paru de mauvais augure, les Athéniens s'étaient mis en marche à la voix de Démosthène, qui regardait *la justice de leur cause comme le plus favorable des présages*. Sans être retenus par les oracles, ils s'avancèrent vers le fatal Thermodon, accompagnés des Thébains. Leur armée, avec les faibles renforts venus du Péloponèse, se montait à trente mille hommes, commandés par Lysiclès et Charès, Athéniens, et par le Thébain Théogène, personnage suspect d'être vendu à l'ennemi. Ces trois généraux expliquaient à eux seuls la décadence de la Grèce. Le vertueux Phocion avait été écarté.

Le 2 août, 338 av. J.-C., jour qui devait mettre le sceau aux longs travaux de Philippe, occupé depuis vingt-deux ans à détruire l'indépendance des républiques grecques, ce jour à jamais déplorable, les deux armées se formèrent en ordre de bataille avant le lever du soleil. Philippe s'était mis à la tête de l'aile droite des Macédoniens, afin de s'opposer au choc impétueux des Athéniens. Son fils Alexandre, âgé de dix-neuf ans, entouré d'officiers expérimentés, commandait l'aile gauche qui faisait face au *bataillon sacré* des Thébains. Les auxiliaires des deux armées formaient le centre ou corps de bataille. Alexandre commença le combat contre les Thébains, tandis que les Athéniens chargeaient avec impétuosité et repoussaient les Macédoniens. A cette vue, Lysiclès, plein d'une confiance téméraire, s'écria :

mença, dit Plutarque, au mont Thurion, dont le sommet, terminé en pointe, s'appelle Orthopagon : c'est probablement la colline que l'on aperçoit à droite de la planche. Le lion, maintenant mutilé, nous indique sans doute le lieu où le bataillon sacré des Hétaires rendit le dernier soupir.

« *Allons, camarades, chassons ces poltrons jusque dans la Macédoine.* » Philippe, remarquant que les Athéniens rompaient leurs rangs, afin de poursuivre ceux qu'ils avaient enfoncés, dit froidement : « *Les Athéniens ne savent pas vaincre.* » Il commanda à sa phalange de gagner une hauteur voisine, et retombant avec elle de tout son poids sur les Athéniens, il obtint une facile mais sanglante victoire. Le choc irrésistible des piques macédoniennes fit tomber plus de mille ennemis sur le champ de bataille.

Sur ces entrefaites, la bouillante ardeur d'Alexandre avait triomphé du bataillon sacré, qui périt tout entier au poste où il combattait ; et il fit poursuivre les Thébains restés à découvert par sa cavalerie thessalienne. Ainsi la victoire fut complète ; on fit deux mille prisonniers, et le reste de l'armée confédérée échappa par une fuite précipitée. Le roi ordonna d'épargner les vaincus. Cette clémence dont on n'avait pas alors d'exemple fut un acte de politique et d'humanité qui lui conquit le cœur de ses ennemis.

Fêtes. — La bataille fut suivie d'un festin, présidé en personne par Philippe, qui reçut les félicitations de ses amis et les humbles supplications des députés d'Athènes : ils réclamaient leurs morts. Cette triste demande leur fut accordée ; mais avant d'en profiter, le roi, qui avait prolongé le banquet jusqu'au point du jour, sortit avec ses convives pour visiter le champ du combat. Exaltés par les fumées du vin et par le délire de la victoire, Philippe et ses convives s'étaient couronnés de fleurs ; mais à l'aspect du bataillon sacré, mort tout entier sur le terrain où il avait combattu, le roi, après un moment de silence, prononça une imprécation solennelle contre ceux qui avaient osé calomnier leurs mœurs privées. Ce sentiment de respect pour le courage malheureux ne fut pas de longue durée, car s'étant porté du côté où se trouvaient les cadavres des Athéniens, il répéta en chantant la pompeuse déclaration de guerre de Démosthène. Ce fut à cette occasion que l'orateur Demade lui demanda « pourquoi il jouait le personnage de « Thersite, lorsque la fortune lui donnait celui d'Agamemnon. »

Plutarque attribue à cette observation piquante la modération subite de Philippe, qui cessa d'insulter au sort des vaincus. Ses généraux lui ayant conseillé de marcher sur Athènes, il répondit : *Après avoir tout fait pour la gloire, comment irais-je détruire le théâtre de toute gloire !* Il rendit sans rançon les prisonniers d'Athènes qui, ayant demandé leur bagage, l'obtinrent sans difficulté, le roi observant avec ironie que « les Athéniens sem- « blaient croire qu'il ne les avait pas « battus sérieusement. » Peu de temps après, il envoya son fils Alexandre avec Antipater leur offrir la paix à des conditions modérées.

C'était d'envoyer des députés à un congrès que le roi voulait réunir à l'isthme de Corinthe, afin de régler le contingent des troupes que chaque état de la Grèce devait fournir pour l'expédition de Perse; Athènes devait évacuer Samos et recevoir en compensation Orope, que les Thébains lui contestaient depuis long-temps. Il traita ces derniers comme des rebelles sans foi et sans honneur, en rétablissant dans les premières charges de la république les traîtres qu'ils avaient bannis, et il mit une garnison macédonienne dans la Cadmée.

MESURES BELLIQUEUSES DES ATHÉNIENS. — La différence de cette conduite de Philippe envers les vaincus de Chéronée venait du sentiment de sa propre gloire, quoique l'attitude hardie des Athéniens, après leur défaite, eût pu justifier les mesures les plus sévères de sa part. A la nouvelle de la catastrophe de Chéronée, la ville fut remplie de tumulte; mais le calme étant rétabli, tous les citoyens se montrèrent disposés à mettre leur confiance dans les armes, sans compter sur la magnanimité du roi de Macédoine.

On rendit un décret sur la motion d'Hypéride, pour envoyer au Pirée les vieillards, les femmes, les enfants, les meubles, les images des dieux et les ornements des temples; on accorda le droit de cité aux étrangers et aux esclaves, à condition de se porter avec vigueur à la défense publique. Démosthène fut nommé inspecteur des fortifications, qu'il fit réparer à ses frais. L'orateur Lycurgue rendit plainte contre Lysiclès, qu'il accusa d'avoir occasioné la perte de la bataille de Chéronée. Il l'apostropha ainsi : « Les « Athéniens ont été complétement dé- « faits dans cette funeste journée, « l'ennemi a élevé un trophée à notre « éternelle infamie. Vous étiez notre « commandant dans ce combat, et « vous respirez encore; vous jouissez « de la lumière du soleil et vous osez « paraître sur nos places publiques ; « vous, monument vivant de la honte « et de la ruine de votre patrie...» Le peuple n'attendit pas la fin de ce discours, et Lysiclès fut traîné au supplice.

COMITÉ CORRUPTEUR. — Les décrets, les préparatifs belliqueux des Athéniens, ne purent altérer la modération de Philippe. Le prudent et vertueux Phocion, appelé au commandement de l'armée, savait qu'il n'y avait plus moyen de réhabiliter un peuple vaincu par ses vices avant de l'avoir été par les Macédoniens. La république renfermait dans son sein une société connue sous le nom des SOIXANTE; les événements et les désastres publics y étaient traités avec frivolité et constamment tournés en ridicule. Le temps se passait en festins, à jouer aux dés et à dire des bons mots : les courtisanes en faisaient les honneurs. La renommée de ce foyer de corruption, où l'on insultait même à la douleur publique, étant parvenue en Macédoine, Philippe envoya une somme d'argent, pour subvenir aux dépenses d'une coterie favorable à ses vues. Phocion, affligé d'une aussi profonde démoralisation, s'empressa de conseiller d'accepter la paix proposée par le roi. Un certain Démocharès fut mis à la tête de l'ambassade chargée de ratifier le traité;

Démosthène eut la commission de prononcer l'oraison funèbre des citoyens morts à Chéronée.

AMBASSADE DE DÉMOCHARÈS. — Démocharès porta dans ses négociations cette pétulance qui faisait le fond de son caractère. A l'audience de congé, Philippe, ayant obligeamment demandé aux ambassadeurs d'Athènes s'il ne leur restait rien à désirer, en quoi il pût être agréable à la république : *Oui, certes,* repartit Démocharès, *pends-toi!* La juste indignation de ceux qui étaient présents s'élevait contre cette insolence non provoquée, lorsque le roi, avec un sang-froid admirable, apaisa les murmures, en disant : *Qu'on laisse aller en paix cet homme ridicule ;* et se tournant vers les autres ambassadeurs : *Dites à vos compatriotes que ceux qui se permettent de pareilles impertinences sont au-dessous de celui qui, pouvant les punir, les pardonne.*

Démosthène, chargé de prononcer l'oraison funèbre des guerriers morts à Chéronée, sembla s'éteindre avec les dernières espérances de la Grèce. Un seul trait brille vers la fin de son discours, lorsque, rappelant la gloire des morts, il s'écria « que leur perte était la même pour la patrie que la privation totale du soleil pour le monde ; » figure hardie, mais juste, puisqu'après la défaite de Chéronée la Grèce fut condamnée à l'obscurité du despotisme.

AUTORITÉ ROYALE DE PHILIPPE. — On aurait cependant une fausse idée du gouvernement macédonien, si on le comparait à nos monarchies absolues. Le prince rendait la justice à des hommes de condition libre, et suivant la loi macédonienne, celui qui osait enfreindre les droits du peuple cessait dès ce moment d'être roi.

C'est pourquoi Philippe, vainqueur de la Grèce, affecta de lui conserver les formes anciennes de la constitution républicaine. Cette politique réussit : il obtint des états de la Hellade, réunis à l'isthme de Corinthe, le titre de généralissime pour l'expédition de Perse, projetée depuis si long-temps.

Dans la fixation du contingent des troupes que chaque république devait fournir, l'armée confédérée, sans y comprendre les Macédoniens, se trouva monter à deux cent vingt mille hommes de pied, et à quinze mille chevaux, forces prodigieuses dont les Grecs et Philippe ne s'étaient pas formé une idée.

EMBARRAS CAUSÉS A PHILIPPE,
336 avant J.-C.

La confédération brûlait du désir d'entrer en campagne ; le roi venait d'envoyer Parménion avec un corps de troupes pour protéger les colonies grecques de l'Asie, lorsqu'on vit éclater une révolte des tribus illyriennes. Ce contre-temps devint plus fâcheux par les troubles intérieurs du palais de Philippe. Une femme, moins fière et moins jalouse qu'Olympias, aurait pu être irritée de la conduite de son époux, qui ne cessait d'augmenter le nombre de ses concubines. On ignore la véritable cause de la haine du roi contre la mère d'Alexandre, qu'il répudia pour épouser Cléopâtre, nièce d'Attalos, l'un de ses généraux.

Un accident acheva de mettre tout en combustion. Au milieu des réjouissances de la noce, Attalos eut l'impudence de dire au roi que les Macédoniens lui souhaitaient un légitime héritier. Alexandre s'écria : *Quoi, misérable, me prends-tu pour un bâtard?* En prononçant ces mots, il lui jeta sa coupe à la tête ; Attalos en fit autant. Le roi irrité tira son épée, et, oubliant qu'il était boiteux, courut à son fils ; mais étant venu à tomber, les courtisans se jetèrent entre eux. Alexandre, transporté de fureur, dit : *Les Macédoniens ont là un chef bien en état de passer en Asie, lui qui ne peut aller d'une table à l'autre sans courir risque de se casser le cou.* Après cette insulte, Olympias et son fils passèrent en Épire, dans l'intention de faire cause commune avec les Illyriens insurgés.

Les troubles de l'Illyrie furent de courte durée. Démarate de Corinthe, qui était lié avec Philippe par les nœuds de l'hospitalité, arriva à sa cour. Après les premières civilités, le roi lui demanda si tout était tranquille dans la Grèce. *Il vous sied bien, seigneur, de vous mettre en peine de la Grèce, vous qui avez rempli votre propre maison de tant de querelles et de dissensions.* Le roi reçut ce reproche avec bonté et rappela Alexandre, qui reparut avec sa mère à Pella. Pour sceller cette heureuse réconciliation, Philippe donna en mariage Cléopâtre, sa fille chérie, qu'il avait eue d'Olympias, au roi d'Épire, Alexandre, afin de s'en faire un allié sur lequel il pût compter à l'avenir.

FÊTES NUPTIALES (*). — Les noces furent célébrées à Edesse, capitale primitive de Macédoine (voy. *pl.* 60). Le roi avait réuni les musiciens les plus habiles, et tout ce qu'il avait pu rassembler de personnes illustres des différentes parties de la Grèce et des villes, qui lui avaient envoyé des couronnes d'or.

Cependant on parlait sourdement de conspiration; mais le roi était enveloppé dans le réseau de fer de la nécessité, et Jupiter l'avait privé de la raison. C'était en vain qu'un héraut lui disait tous les matins : « *Philippe, souviens-toi que tu es mortel :* » il oubliait ordinairement cette leçon en se mettant à table. Les oracles qui prédisaient une catastrophe, et les vers du poète dramatique Néoptolème, qui annonçaient des malheurs, furent pris pour d'heureux augures. Le chœur dans lequel le dramaturge exprimait l'orgueil des Perses ou plutôt l'événement près d'éclater, plut tellement au roi, qu'il le fit répéter : « Vos superbes espérances s'élèvent « jusqu'aux cieux, et vous voudriez « étendre votre domination jusqu'aux « extrémités de la terre. Votre vie a « ses bornes, quoique vous n'en met-« tiez point à votre ambition; le mo-« ment de votre chute approche, et « rien ne saurait vous garantir du « coup fatal dont vous êtes mena-« cés. » Le contentement et la joie brillaient sur la figure des courtisans, qui couvrirent d'applaudissements cette myriologie ou cantique funèbre.

CONSPIRATION. — Un Macédonien de l'Orestide (aujourd'hui canton de Castoria), Pausanias, qui avait reçu d'Attalos le plus humiliant de tous les affronts, s'adressa à Philippe pour en obtenir justice. Le roi, toujours partial pour ses amis, et particulièrement pour l'oncle de la jeune reine, renvoya le plaignant avec de bonnes paroles, et pour le consoler, il le fit capitaine de ses gardes. Ce n'était pas ce que prétendait le jeune Macédonien. Convaincu qu'*un prince qui se rend coupable d'un déni de justice, abdique par cela même son autorité*, sa colère dégénéra bientôt en fureur. Attalos avait pu braver Alexandre et Olympias, les forcer à se réfugier en Épire; quelle satisfaction pouvait-il espérer contre un favori aussi puissant? Livré à une sombre mélancolie, il arriva un jour à Pausanias de demander au sophiste Hermocrate « le moyen de se rendre à jamais fa-« meux.—C'est, repartit celui-ci, d'as-« sassiner un homme qui a fait les « plus grandes choses, car sa re-« nommée ne manquera pas de rap-

---

(*) Égé, au temps de Caranos, fut ensuite appelée Édesse, sous les rois ses successeurs; elle se nomme aujourd'hui Vodéna ( *les eaux* ). Aucun site n'est plus pittoresque que celui de cette ville; plus on en approche et plus il s'embellit. Lorsque le soleil brille, les cascades mêlent la couleur diaphane de leurs eaux avec la verdure des arbrisseaux que leur fraîcheur entretient sur le penchant presque perpendiculaire du rocher où fleurissait autrefois la capitale primitive de la Macédoine. Qu'on se figure une plaine de quinze lieues en tous sens, qui a son horizon sur la mer; couverte de bois, de métairies, de villages, de ruisseaux bordés de grands arbres, le lac de Iénidgé qui en forme le centre, et on aura une idée de ce magnifique territoire. Sur le devant du plateau, jaillissent vingt cascades qui se réunissent dans la vallée. A l'orient, des hauteurs d'un coteau voisin tombe une grande colonne d'eau qui, sans toucher au rocher d'où elle se précipite, s'engloutit dans un abîme qu'elle s'est creusé.

« peler le souvenir de l'auteur de sa
« mort. »

### MORT DE PHILIPPE.
### 336 av. J.-C.

Le lendemain, après avoir donné audience aux ambassadeurs, le roi s'avança dans l'éclat de sa puissance vers le théâtre, où l'on célébrait des jeux à l'occasion du mariage de sa fille. La marche s'ouvrit par une magnifique procession dans laquelle on portait en pompe les images des douze grandes divinités de la Grèce. L'image de Philippe, aussi magnifique que les autres, venait ensuite comme pour marquer que ce prince prenait rang parmi les immortels. A cette vue, le peuple poussa un cri immense d'allégresse. Philippe, la couronne en tête, vêtu d'une robe blanche, suivait seul et sans garde, la théorie. Il avait voulu se faire voir librement au peuple et prouver qu'il était fort de son affection, lorsque Pausanias, placé à la porte du théâtre, fondit sur lui et le renversa mort à ses pieds, d'un coup de poignard dont il lui perça le côté gauche de la poitrine. Aussitôt l'assassin prit la fuite, et il aurait réussi à se sauver, sans un obstacle imprévu qui permit à Attalos, à Perdiccas et à Léonat de l'atteindre, et d'étouffer le secret de son crime en le tuant sur place. Telle fut la fin tragique de Philippe, qui mourut dans la quarante-septième année de son âge, et la vingt-quatrième de son règne.

### RÈGNE D'ALEXANDRE,
### 336 — 323 av. J.-C.

#### MACÉDOINE.

La Macédoine renfermait, suivant Pline, 150 peuples différents; P. Méla ajoute qu'elle comptait autant de villes. Les Taulantiens, nation illyrique, qui habitaient au bord de l'Adriatique, possédaient Épidamne et Apollonie. Les Élymiotes avaient pour villes principales Élymée et Byllis: cette dernière était bâtie sur le fleuve Aoos, qui prend sa source dans le Pinde. Les provinces qui venaient ensuite étaient l'Orestide, l'Éordée, la Dassarétie, la Pénestie, la Lychnitide et l'Émathie. Cette dernière constituait la Macédoine primitive, elle s'étendait depuis les sources de l'Axios jusqu'au golfe Thermaïque; sa capitale fut Édesse, lieu de sépulture de ses rois, jusqu'à Philippe, père d'Alexandre : ses places principales étaient Europe et Berrhée. Au S.-E. de l'Émathie, on entrait dans la Piérie, pays consacré aux Muses. Ses villes étaient Pydna, primitivement appelée *Kitrôn*, Phylace et Dion, où l'on dit qu'Alexandre eut une vision qui lui promettait l'empire de la Perse. Au nord de l'Émathie, on trouvait la Mygdonie, qui renfermait Antigonie, Lété et Terpyle. A l'orient de la Mygdonie, était située l'Amphaxitide avec les villes de Thessalonique, anciennement appelée Thermé, restaurée par une sœur d'Alexandre-le-Grand, Stagyre, illustre par la naissance d'Hipparque et d'Aristote, dont le savoir est demeuré sans égal. Au S.-E. de cette contrée on pénétrait dans la Chalcidique, où l'on comptait Angée, Singos et Acanthe. Près de là commençait la Paraxide, pays entrecoupé de golfes, près desquels florissaient Pallène, anciennement Phlégra, Potidée, colonie de Corinthe, Torone, voisine d'Olynthe, patrie du philosophe Callisthène, disciple et petit-neveu d'Aristote. Les Bisaltes occupaient une petite contrée sur les rives du Strymon, avec les places d'Europie, Ossa et Callitéra. Au N.-O. de ces peuples était située l'Édonie, qui possédait Amphipolis, colonie d'Athènes, Scotuse et Berga: près de là existait Philippes, autrefois Crénides. Toujours au N.-O., on trouvait la Pélagonie, avec sa capitale Stobi. A l'occident de la Pélagonie, était l'Orbélie avec les villes d'Orma et de Gariscos; vers le S.-O., la contrée de Ioria et la ville de Ioron; plus à l'occident, le territoire des Almopiens avec Europos, Albanopolis et Apsale, bâtie près du fleuve Apsos.

Au midi du pays des Almopiens, habitaient les Estriens, avec leur capitale Estrion. A l'orient de ces derniers, était le pays des Lyncestes, qui avaient pour capitale Héraclée. Au nord se trouvait la Syntique, dont les villes les plus remarquables étaient Parécopolis et Tristolos. Tel était l'héritage que Philippe laissait à Alexandre, avec ses titres à l'empire de la Grèce. Les langues parlées par les différentes nations de ce royaume étaient le grec dorien, le macédonien, que l'on croit être le schype ou albanais, l'illyrien et le celtique.

REMARQUES SUR L'ASSASSINAT DE PHILIPPE. — La mort violente des rois est ordinairement accompagnée de circonstances mystérieuses, que le temps seul parvient à dévoiler. L'assassin de Philippe était Pausanias, mais on soupçonna Alexandre d'avoir eu connaissance de son dessein. Ce serait donc une atroce calomnie, ou une pièce apocryphe, rapportée par Arrien, que cette lettre d'Alexandre à Darius, dans laquelle il lui reproche le meurtre de Philippe; il devait savoir à quoi s'en tenir sur le compte de sa mère Olympias, qui prit soin de justifier à cet égard le roi de Perse.

La fureur d'Olympias n'avait plus connu de bornes depuis que Philippe l'avait répudiée pour épouser la nièce d'Attale. Elle fit non-seulement l'aveu public du crime qui avait terminé la vie du roi, mais elle demanda le corps de son meurtrier, plaça sur sa tête une couronne d'or, exigea qu'il fût inhumé auprès de son époux, ordonna de lui ériger un tombeau, et engagea le peuple à honorer tous les ans Pausanias par des sacrifices funéraires.

CARACTÈRE DE PHILIPPE. — Philippe était regardé comme le père de ses soldats, qu'il appelait ses *camarades*. Il récompensait leur valeur, prenait soin de leur vieillesse, et lorsqu'ils mouraient dans les batailles, ils savaient qu'indépendamment de nobles funérailles qu'il leur réservait, leurs familles ne seraient pas abandonnées à l'indigence.

Dans la vie privée, Philippe était gracieux et affable; savant lui-même, il était le protecteur et l'ami des sciences. Il faisait cas de l'esprit, même dans un ennemi, et il comblait de présents ceux qui avaient le talent de le louer d'une manière ingénieuse. Ainsi, ce n'est point sur la foi de Démosthène et des républicains, qui abhorraient jusqu'au nom de roi, qu'il convient de s'en faire une idée. Assez de défauts ternissaient sa vie, sans qu'on soit obligé de le juger d'après les déclamations des démagogues. Dissimulé, il ne pardonna guère que par politique, ou afin de mieux tromper. Enclin à la débauche, il vivait habituellement entouré de vils proxénètes avec lesquels il ne rougissait pas de se plonger dans les plus ignominieuses voluptés. C'étaient les faiblesses d'un prince absolu, qui n'ont pas empêché Cicéron de dire *que si Philippe de Macédoine n'égala pas son fils en actions d'éclat, il le surpassa en talents et en humanité*.

FAMILLE DE PHILIPPE. — A son avénement au trône, Alexandre se trouvait entouré de la nombreuse famille de son père. Cléopâtre, sa sœur, venait d'épouser son oncle Alexandre, roi d'Épire; une fille nommée Cyna ou Cynée, que Philippe eut d'Audaca, dame illyrienne, fut mariée à Amyntas, légitime héritier du trône, parce qu'il était fils de Perdiccas, frère aîné de Philippe. Nicée, qu'il avait eue de la Thessalienne Nicasipolis, devint dans la suite femme de Cassander; quant à Caranos et à Æropé, issus de la nièce d'Attalos, sa concubine, ils périrent victimes de la fureur d'Olympias, qui égorgea le dernier de ces enfants dans les bras de sa mère. Il avait donné Arsinoé, une de ses maîtresses, qui était enceinte, en mariage à Lagos; l'enfant dont elle accoucha fut le fameux Ptolémée, roi d'Égypte. Enfin, il avait laissé, d'une danseuse de Larisse, nommée Philène, Arrhidée, qui ne parut un moment sur le trône que pour périr de la main d'Olympias. Telle était la postérité de Philippe, qu'on verra figurer, après la mort d'Alexandre, dans l'anarchie militaire de la Macédoine.

EMBARRAS D'ALEXANDRE. — Un prince qui est son propre ministre laisse à son successeur beaucoup de difficultés à surmonter. L'ordre régulier de la succession au trône n'avait jamais été clairement établi en Macédoine, et les droits d'Alexandre ne tardèrent pas à être contestés par Amyntas. Philippe craignait si peu la légitimité de ce prince, que, loin de le proscrire, comme cela se pratique de nos jours entre usurpateurs, il lui avait donné sa fille Cyna en mariage. Cette union fortifiait les prétentions d'Amyntas, et faisait craindre qu'il ne fût soutenu par Attalos, ennemi personnel d'Alexandre et d'Olympias, qui venait de faire mourir sa nièce Cléopâtre avec une cruauté révoltante. Attalos se trouvait alors en Asie à la tête d'une armée dont il partageait le commandement avec Parménion. Comme il avait su gagner l'affection de ses soldats, on pouvait craindre qu'il ne se rangeât du parti opposé au roi. C'est pourquoi Alexandre choisit entre ses amis les plus fidèles un certain Hécatée, qu'il expédia en Asie, accompagné d'une escouade d'hommes de main : il avait ordre, si la chose était possible, de ramener Attalos vivant, et, dans le cas contraire, de le faire assassiner sans délai : la mesure était digne d'un despote de l'Orient.

ALEXANDRE MIEUX INSPIRÉ. — A son avénement au trône, il avait envoyé des ambassadeurs à toutes les républiques de la Grèce, pour les inviter à continuer à son égard la bienveillance qu'elles avaient témoignée à son père, en les assurant qu'il ne se départirait en rien de ses principes. Mais lorsqu'il apprit que plusieurs états songeaient à changer la face des choses, il tomba dans une grande perplexité.

MOUVEMENTS DANS LA GRÈCE. — Hécatée, qui s'était lié avec Attalos et Parménion, tenait le roi au courant de ce qui se tramait contre lui dans la Grèce. Attalos, espérant obtenir sa grace, devint révélateur, ce qui ne lui sauva pas la vie, car il fut tué quelque temps après avoir déclaré que les Grecs traitaient avec lui pour rendre la liberté à la Hellade. On apprit en même temps que les Athéniens, excités par Démosthène, avaient fait des réjouissances à la nouvelle de la mort de Philippe; qu'ils ne voulaient plus reconnaître la souveraineté de la Macédoine. Les Étoliens demandaient de leur côté le rappel des bannis de l'Acarnanie; les Ambraciotes, à la persuasion d'Aristarque, avaient chassé la garnison que Philippe avait mise dans leur citadelle; les Thébains en avaient fait de même, en rétractant à l'égard d'Alexandre le titre de commandant de la Grèce, qu'ils avaient décerné à son père; les Arcadiens, qui le lui avaient refusé, n'avaient garde de l'accorder à son fils; les Argiens, les Éléens et les Spartiates prétendaient se gouverner par eux-mêmes; les peuples qui habitaient au nord de la Macédoine songeaient à se révolter. L'orage était imminent; mais Alexandre sut le prévenir par son activité.

ALEXANDRE PROCLAMÉ AUTOCRATE,
337 avant Jésus-Christ.

Débarrassé d'Attalos, le roi, étant entré dans la Thessalie, engagea les habitants à le reconnaître pour leur chef, à l'exclusion des *Tages*, espèce d'éphores qui les gouvernaient. Arrivé aux Thermopyles, il y convoqua le conseil des amphictyons, qui lui déférèrent l'autorité qu'ils avaient sur les villes de leur congrégation. Il fit trembler les Thébains; il reçut les députés d'Athènes chargés d'excuser la république d'avoir tardé à reconnaître ses droits au commandement de la Hellade. Enfin, à l'exemple de Philippe, il se fit élire autocrate pour porter la guerre en Perse, dans l'assemblée générale des synèdres, ou députés de la Grèce réunis à Corinthe. Investi de ce titre, il proposa un traité d'union, portant : « que les cités grecques seraient
« libres et indépendantes; qu'on ne
« se permettrait pas de changer leurs
« lois; qu'on ne pourrait y établir des
« tyrans, ni y rappeler les exilés; et

« que la navigation serait libre entre
« toutes les républiques. »

ENTREVUE AVEC DIOGÈNE. — Ce fut pendant son séjour à Corinthe que la curiosité ayant conduit Alexandre dans le quartier de la ville où croupissait Diogène, il le trouva assis au soleil. Après s'être fait connaître pour le maître de la Macédoine et de la Grèce, il lui demanda ce qu'il pourrait faire pour l'obliger. *Rien*, répondit le cynique, *que de t'écarter de mon soleil* (voy. pl. 62).

### GUERRE ILLYRIQUE,
### 336 av. J.-C.

Tranquille du côté de la Grèce, Alexandre se hâta de retourner en Macédoine, et il se prépara à faire la guerre aux barbares qui environnaient ses états. Le passage du mont Hémos fut son premier exploit ; il s'y conduisit en capitaine expérimenté et subjugua cette contrée. Marchant ensuite à l'occident, il réduisit les Taulentiens, les Illyriens et les Triballes (c'est ce qu'on appelle de nos jours la moyenne Albanie, la Servie, et une partie de la Bosnie). Ce fut à cette occasion que les Celtes, qui habitaient le pays compris entre le Drin et l'Adriatique, jusqu'au cours du Timave, lui envoyèrent des ambassadeurs. Alexandre, s'imaginant que la terreur de son nom avait motivé leur démarche, s'enquit d'eux s'ils redoutaient quelque chose. Ils lui répondirent avec fierté : *Nous ne craignons que la chute du ciel.* Il conclut avec eux un traité d'alliance.

Sans inquiétude sur ce point, Alexandre se hâta de conduire son armée vers l'Ister, où il défit, dans un grand combat, Syrmos, roi des Triballes ; trois jours après il passa le Danube, battit les Gètes ; puis il parcourut la Thrace en vainqueur, traînant à sa suite les rois et les grands qui pouvaient lui porter ombrage, en confiant l'administration à des hommes du peuple dont il se fit ainsi des partisans zélés. Encouragé par Langaros, chef des Agriens, l'ami de sa jeunesse, il confia à Philotas le soin d'amener dans son parti Clitos, fils de Bardyllis, et Glaucias, ce qu'il fit avec succès.

### INSURRECTION DES THÉBAINS,
### 335 avant Jésus-Christ.

Cet événement fut l'ouvrage des orateurs d'Athènes : Démosthène et Lycurgue avaient répandu le bruit que le roi avait été tué par les Triballes. Dans cette confiance, les exilés de Thèbes étant entrés de nuit dans cette ville, égorgèrent Amyntas et Timolaos, commandants de la Cadmée, et se préparèrent à en chasser la garnison macédonienne.

Alexandre, à cette nouvelle, rentra aussitôt en Macédoine, traversa en six jours la Thessalie et franchit les Thermopyles. Arrivé à Onchestre en Béotie, il dit à ceux qui l'accompagnaient : « Démosthène m'appelait enfant quand « j'étais en Illyrie, jeune homme lors- « que j'arrivai en Thessalie ; je veux « lui montrer au pied des murs d'A- « thènes que je suis homme fait. »

Les historiens d'Alexandre s'accordent à dire qu'il donna aux révoltés le temps de rentrer en eux-mêmes ; mais les exilés et les Béotiens, qui dominaient dans Thèbes, devaient causer sa ruine. Un héraut macédonien, introduit dans la place, promit en vain sûreté à ceux qui voudraient passer dans le camp du roi, et grâce entière aux habitants, à condition de livrer Phoenix et Prothute, auteurs des désordres. Les Thébains demandèrent avec ironie qu'on leur remît Philotas et Antipater ; ils firent en même temps publier du haut d'une tour : « que tout « soldat qui voudrait passer au service « du grand roi et aider les Thébains à « délivrer la Grèce de son tyran, se- « rait bien reçu dans leur ville. » Cette proclamation décida Alexandre à tirer une prompte vengeance des révoltés.

TERREURS SUPERSTITIEUSES. — Des présages ébranlaient cependant la constance du peuple. On avait vu apparaître dans le temple de Cérès un voile aussi fin qu'une toile d'araignée, dont la grandeur, égale à celle d'un manteau, représentait l'arc-en-ciel. Ce phénomène s'était montré trois mois avant l'arrivée d'Alexandre; à son approche, toutes les statues de la place publique s'étaient couvertes de sueur. Outre cela, il vint aux magistrats des gens qui attestèrent qu'on avait entendu sortir du lac Oncheste une espèce de mugissement, et qu'à Dircé le frémissement de l'eau semblait avoir formé des gouttes de sang. D'autres, qui venaient de Delphes, affirmaient que le toit du temple, rebâti par les Thébains, avait paru ensanglanté dans toute son étendue. Ces phénomènes, quoique diversement expliqués, étaient généralement regardés comme funestes : cependant personne ne parla de capituler.

PRISE DE THÈBES. — Les Thébains, résolus à décider leur querelle par la voie des armes, firent une sortie, tandis que les vieillards, les femmes et les enfants couraient dans les temples pour prier les dieux de sauver leur ville infortunée. Les trompettes sonnèrent la charge, et, quoique accablés par le poids de la phalange macédonienne, les Thébains, beaucoup moins nombreux que leurs ennemis, se défendirent avec une valeur digne des vainqueurs de Leuctres et de Mantinée. Ils durent à la fin céder au nombre; mais dans le sac de leur ville, on n'en vit aucun qui cherchât à fléchir l'ennemi, dont la vengeance eut à peine être assouvie par une journée de massacres. Les rues étaient remplies d'enfants des deux sexes qui appelaient en vain leurs mères : elles avaient été arrachées de leurs maisons pour être vendues. Quelques Thébains, qui n'étaient pas encore dans les fers, attaquaient, quoique blessés, les Macédoniens qu'ils rencontraient, et mouraient satisfaits d'avoir mêlé leur sang à celui d'un ennemi; d'autres, n'ayant à la main qu'un bois de lance rompu, en frappaient le soldat vainqueur et prévenaient l'esclavage par la mort qu'ils recevaient. La terre était jonchée de cadavres. Les plus grandes cruautés furent commises par les Thespiens, les Platéens et les habitants d'Orchomène, qui assouvissaient des haines particulières sous le voile de leur dévouement à Alexandre. La nuit qui suivit la prise de Thèbes, les maisons furent fouillées; les femmes, les vieillards et les enfants réfugiés dans les temples, en furent tirés avec outrage. Enfin, il périt dans le sac de la ville plus de six mille individus; on y fit environ trente mille captifs, et le pillage monta à une somme considérable : le roi ordonna d'ensevelir les Macédoniens, qui étaient au nombre de cinq cents morts.

DESTRUCTION DE THÈBES. — Alexandre, afin de cacher l'odieux de cette horrible catastrophe, feignit d'en référer au conseil de la Grèce, pour décider du sort de Thèbes. Il sauva la maison de Pindare, ainsi que quelques familles sacrées; mais il ratifia le décret portant que Thèbes serait détruite de fond en comble, et qu'il était défendu à tout individu soumis à son autorité royale de donner asile aux fugitifs.

Il respecta l'héroïsme de Timoclée, la gloire de son sexe, qui, violentée par un Thrace, qu'elle précipita dans un puits, lui dit en face : *Je suis la sœur de Théagène, mort à Chéronée, en combattant contre Philippe, pour la liberté de la Grèce.* Il reçut quatre cent quarante talents (2,376,000 fr.), pour sa part, provenant de la vente des malheureux Thébains. Philippe aurait pardonné; mais son fils, qui ne connut presque jamais que les mouvements de la colère, se hâta d'envoyer demander aux Athéniens de lui livrer Démosthène, Lycurgue, Hypéride, Polyeucte, Charès, Charidème, Ephialte, Diotime, auxquels il attribuait la révolte qu'il venait d'étouffer dans le sang de tout un peuple.

FAIBLESSE DE PHOCION. — Phocion, plus prudent que courageux, moins bon politique que citoyen estimable, haïssait trop ces démagogues pour ne pas saisir l'occasion de s'en débarrasser; il fut d'avis de les livrer. Il cita l'exemple des filles d'Hyacinthe, qui s'offrirent volontairement à la mort pour le salut de leur patrie. Démosthène rappela, de son côté, l'apologue des chiens qui livrent leurs bergers aux loups. Démade proposa un décret par lequel on demandait à Alexandre de laisser au peuple le *soin de rechercher les coupables, et de permettre qu'Athènes offrît un asile aux Thébains fugitifs*. Choisi comme ambassadeur, il se rendit porteur de ce décret auprès d'Alexandre, de qui il obtint ce qu'on demandait ; il sut même changer tellement ses dispositions, que le roi exhorta les Athéniens à s'appliquer à l'administration publique, afin que s'il venait à mourir, ils pussent gouverner la Grèce.

HARANGUES, FÉLICITATIONS. — Tandis que le roi retournait en Macédoine, il reçut plusieurs députations qui venaient le féliciter sur le succès de ses armes. Ceux qui lui portaient le plus de haine affectèrent dans leurs harangues de lui montrer le plus de dévouement. On ne vit point paraître les députés de Sparte au milieu de ce concours de diplomates adulateurs ; aussi Alexandre crut traiter les Lacédémoniens avec un mépris réel, en n'exigeant pas d'eux un contingent de troupes, pour la grande expédition d'Orient à laquelle il se préparait.

C'est à cette année, 335 avant notre ère, qu'il faut rapporter le retour d'Aristote à Athènes, où il fonda l'école péripatéticienne.

### ÉTAT DE LA PERSE,
336 — 334 avant Jésus-Christ.

CRIMES DE BAGOAS. — Artaxerxès Ochos, qui mourut empoisonné par l'eunuque Bagoas, avait eu pour successeur Arsès, le plus jeune de ses fils. Bagoas ayant fait périr en même temps tous les frères d'Arsès, qui étaient dans leur première enfance, espérait tenir par ce moyen le roi *de ses œuvres* dans une dépendance absolue à son égard. Mais le jeune souverain, instruit de tant de crimes, dont il était la cause innocente, n'ayant pas su dissimuler, le perfide eunuque réussit à le faire périr ainsi que ses enfants, dans la troisième année de son règne.

### AVÉNEMENT DE DARIUS CODOMAN,
336 avant Jésus-Christ.

L'empire se trouvant sans maître, Bagoas choisit un de ses amis, appelé Codoman, qu'il fit monter sur le trône. Il ne se rappela peut-être pas que ce prince était fils d'Ostane, frère du dernier roi Artaxerxès Ochos ; ou bien avait-il calculé qu'il pouvait s'en défaire par le même moyen qui lui avait réussi pour se débarrasser de ses maîtres. En effet, il ne tarda pas à attenter aux jours de Codoman. Mais celui-ci, prévenu à temps de son dessein, le força de boire la coupe empoisonnée qu'il lui présentait.

### PROJETS DE DARIUS,
335 av. J.-C.

Darius avait songé à porter la guerre en Macédoine, du vivant même de Philippe ; il avait eu, dit-on, la générosité d'ajourner ce projet à cause de la jeunesse d'Alexandre. Mais informé de l'essor que prenait l'aigle de Pella, le grand roi s'occupa à rassembler les forces de son empire. Il fit équiper une flotte considérable dans les ports de la Syrie, mit sur pied une armée de terre, dont il donna le commandement à des chefs expérimentés, dont le plus distingué était Memnon de Rhodes. Il lui confia cinq mille mercenaires, avec lesquels il devait s'emparer de Cyzique. Memnon, ayant franchi le mont Ida, parut inopinément devant cette ville, et peu s'en fallut qu'il ne la prît d'emblée : il s'en dédommagea en pillant les environs. Parménion, qu'il avait en tête, s'empara de Grynion, dont il réduisit la population en esclavage ; il assiégea ensuite Pitane, qu'il fut obligé d'abandonner à l'approche de Memnon. Tel était l'état des affaires dans l'Asie-Mineure, avant l'invasion d'Alexandre.

ÉTAT DE LA PERSE. — La première année du règne de Darius, qui prit ce nom au lieu de celui de Codoman, fut employée à affirmer son autorité, à en jouir et à se préparer aux plus vastes entreprises. Dans l'espace de deux cent trente ans, les Perses avaient constamment dégénéré des vertus qui caractérisent une nation pauvre et guerrière. Cependant leur empire, tel que Darius Hystaspes l'avait laissé, embrassait encore les plus belles parties de l'Asie et de l'Afrique. L'impôt payé en argent était estimé, comme au temps de ce monarque, à quatorze mille cinq cent soixante talents euboïques. Des trésors considérables avaient été accumulés à Damas, à Arbelle, à Suze, à Persépolis, à Ecbatane, à Babylone et dans quelques autres grandes villes de l'empire. L'impôt payé en nature ne peut être apprécié; mais telles étaient les richesses du grand roi, qu'on prétend qu'Alexandre avait acquis par la conquête de la Perse un revenu annuel de quatorze cents millions de notre monnaie.

Quoique les excès et les vices qui régnaient à Suze, à Babylone et dans les autres villes impériales, fussent désastreux, la ruine des Perses fut plutôt l'effet de leur ignorance dans les arts de la paix et de la guerre, que celui de leur luxe. Les provinces avaient cessé d'entretenir un commerce régulier avec le siège de l'empire; les forces militaires étaient plutôt des instruments de révolte que des moyens de puissance. Dépourvus des liens d'une religion et d'une langue commune, les Perses semblaient n'attendre qu'un vainqueur. La décadence était presque complète, lorsqu'on voit, au temps du jeune Cyrus, douze mille Grecs braver les armes de la Perse, et après avoir pénétré jusqu'aux environs de Babylone, opérer une retraite plus glorieuse qu'une victoire.

PRÉPARATIFS D'ALEXANDRE,
435 avant J.-C.

Alexandre, de retour à Pella, convoqua les principaux officiers de son armée et ses amis particuliers, pour les consulter sur son expédition en Asie. On examina quand il serait temps de partir, et de quelle manière il convenait de diriger les opérations militaires. Antipater et Parménion étaient d'avis que le roi devait se marier et avoir des enfants, avant de passer en Asie. Il rejeta cette proposition, en disant qu'il serait honteux d'avoir été nommé autocrate de la Grèce, et d'avoir hérité des forces invincibles de son père, pour employer ce titre et cette armée à décorer une cérémonie nuptiale et à attendre des enfants.

Alexandre ayant déclaré la ferme résolution de marcher contre Darius, ordonna la célébration des jeux olympiques à Éges ou Édesse; étant ensuite allé à Dion, il y offrit de grands sacrifices à Jupiter et aux Muses. Il fit à cette occasion dresser une tente sous laquelle on plaça cent tables; il envoya des victimes et des viandes rôties à toute son armée. De Dion, il se rendit à Delphes pour consulter l'oracle, relativement à son expédition. La pythie ayant refusé de monter sur le trépied, il l'y contraignit. Cette prophétesse s'étant écriée : *Mon fils, rien ne peut te résister,* il dit qu'il n'avait pas besoin d'une autre réponse, et se retira satisfait.

ARMÉE MACÉDONIENNE. — Après avoir laissé douze mille fantassins et quinze cents hommes de cavalerie à Antipater, qu'il chargea du gouvernement de la Macédoine et de la Grèce, Alexandre ne pensa plus qu'à entrer en campagne. Son armée se composait de douze mille Macédoniens, sept mille alliés, cinq mille mercenaires, tous gens de pied, aux ordres de Parménion; de cinq mille Odryses, Triballes et Illyriens; de mille cavaliers agrianes, de quinze cents cavaliers macédoniens aux ordres de Philotas, fils de Parménion; de quinze cents hommes de cavalerie thessalienne, conduits par Calas, fils de Harpalos; de six cents cavaliers réunis sous le drapeau d'Érigyos; de neuf cents éclaireurs de Thrace et de Péonie, qui avaient pour chef Cassander. Ces généraux, au rapport de Justin, offraient l'image du sénat d'une ancienne république. Les ressources pécuniaires d'Alexandre consistaient en 360 mille francs; son

# GRÈCE.

armée n'était guère approvisionnée pour plus d'un mois...; mais comme s'il eût quitté pour jamais la Macédoine, il distribua tous ses domaines aux personnes de sa maison.

Une partie de l'armée macédonienne était campée sur les bords du lac Cercine (*), où il fit construire ses vaisseaux avec le bois des forêts de la Bisaltique; le gros des troupes se trouvait réuni sur les coteaux du Pangée, à la jonction des routes de l'Anthémontide qui conduisent à Abdère et à Maronée. Dans sa marche, le roi passa le Strymon, vers son embouchure, puis l'Hèbre, et au bout de vingt jours de marche, il arriva de Pella à Sestos, sur l'Hellespont.

DÉBARQUEMENT EN ASIE. — Après avoir visité Éléonte, où il offrit un sacrifice à Protésilas, le premier des Grecs qui mit le pied sur la côte d'Asie, en allant au siége de Troie, Alexandre s'embarqua, suivi d'une flotte de cent soixante trirèmes. Il voulut conduire lui-même le vaisseau qu'il montait. Parvenu au milieu de l'Hellespont, il sacrifia un taureau à Neptune et aux Néréides, et versa des libations dans la mer avec une coupe d'or. Arrivé près de terre, il lança un javelot contre le rivage, et sautant tout armé hors du navire, il s'écria qu'il acceptait de la part des dieux l'Asie dont il prenait possession par sa lance.

### BATAILLE DU GRANIQUE,
#### 334 avant Jésus-Christ.

Sur ces entrefaites, Arsiles, Spithridates, Memnon et les gouverneurs des provinces maritimes de l'Anatolie, réunis à Zéléia, ville éloignée de vingt-cinq lieues de l'Hellespont, délibéraient sur les moyens de s'opposer à Alexandre. On avait négligé le moyen de faire échouer son entreprise, en ne faisant pas agir une flotte supérieure à celle des Macédoniens qui était équipée depuis long-temps. Le mal étant sans remède, Memnon fut d'avis de se replier devant l'ennemi, de traîner la guerre en longueur, et d'éviter un engagement général. Cette proposition fut rejetée dans le conseil des satrapes, et il fut résolu de se porter avec toute la diligence possible sur le Granique, qui descend du mont Ida pour se rendre dans la Propontide.

Les forces des Perses étaient, suivant Arrien, de vingt mille hommes de cavalerie et d'autant d'infanterie, dont les mercenaires formaient la plus grande partie. Le lit du Granique étant fort inégal, l'armée macédonienne ne put le traverser que sur un front très-étroit. Les Perses l'attendaient à la rive droite, rangés en bataille sur un terrain élevé. Ptolémée commença l'action, mais sans succès; Alexandre, qui le suivait de près, chargea à la tête de ses escadrons, et malgré le désavantage de sa position, il parvint à s'établir au-delà du fleuve. Parménion l'ayant traversé avec la cavalerie thessalienne, qui formait l'aile gauche, l'infanterie macédonienne marchant sur ses traces, prit terre et se forma en phalange.

Alexandre, voyant son armée en mesure de donner, s'avance le premier à la tête de la cavalerie, et se jetant au milieu des ennemis, il se signale par des prodiges de valeur. Le satrape d'Ionie Spithridates, gendre de Darius, accompagné de quarante de ses parents, avait déjà tué ou blessé plusieurs Macédoniens, lorsque le roi vint à sa rencontre. Le Perse, croyant que les dieux lui offraient l'occasion d'un combat singulier, lança son javelot avec tant de force, qu'il perça le bouclier du roi, et traversant sa cuirasse, le blessa à l'épaule; Alexandre arracha le fer, et, poussant vivement son cheval, il profita de l'impulsion pour enfoncer son javelot dans le corps de son adversaire. La hampe s'étant brisée contre sa cuirasse, Spi-

---

(*) Le lac Cercine est profond et très-poissonneux. Les bateaux y naviguent, mais ils ne peuvent en sortir, comme dans les temps anciens, pour se rendre à la mer, parce qu'on a négligé l'entretien du goulet qui se trouve sous les ruines d'Amphipolis. Diverses petites îles ont fermé le canal par lequel la flotte d'Alexandre se rendit à la rade d'Eione.

thridates, tirant son cimeterre, fondit sur Alexandre, qui, saisissant une pique, l'adressa si juste au visage de son ennemi, qu'il le renversa mort du coup. Aussitôt Rézacès, frère de Spithridates, qui venait d'être tué, porta sur la tête d'Alexandre un coup de hache si terrible, qu'il fendit son casque, et lui entama légèrement la peau du crâne. Mais comme il se disposait à recommencer, Clitos-le-Noir, poussant son cheval, arriva assez à temps pour couper la main du barbare. Alors les parents des deux satrapes réunirent leurs efforts pour accabler Alexandre qui, tirant de la grandeur même du danger qu'il courait un nouveau courage, emporta d'un commun aveu le prix de la valeur, et passa pour être la cause principale de la victoire.

Diodore évalue la perte des barbares à douze mille hommes. Il est probable qu'il y a exagération dans la perte des Perses, et erreur dans le nombre des Macédoniens tués dans cette bataille, qu'il réduit à cent vingt; car dans le premier choc, le roi perdit vingt-cinq de ses officiers d'état-major, soixante-dix cavaliers et trente fantassins. Ce fut à ces vingt-cinq officiers supérieurs qu'il fit ériger des statues de bronze par Lysippe : elles étaient à Dion, d'où elles furent enlevées dans la suite par les Romains.

Après avoir visité les blessés et rendu les honneurs funèbres aux morts, qu'il fit enterrer avec les officiers perses, le roi condamna les prisonniers mercenaires à travailler aux mines de la Thrace, en punition d'avoir porté les armes contre leurs compatriotes. Il écrivit en même temps aux Athéniens qu'il leur confiait le soin de sa renommée, et qu'il faisait choix de leur ville pour être le dépôt de ses trophées. Il leur envoya en conséquence trois cents armures persanes, pour être placées dans le temple de Minerve, avec l'inscription suivante : GAGNÉES PAR ALEXANDRE, FILS DE PHILIPPE, ET PAR LES GRECS (LES LACÉDÉMONIENS EXCEPTÉS), SUR LES BARBARES DE L'ASIE. On remarqua qu'en ne faisant pas mention des Macédoniens, Alexandre se considérait comme autocrate de la Grèce, dont ses sujets faisaient partie.

### CONQUÊTE
### DE L'IONIE, DE LA CARIE ET DE LA PHRYGIE,
### 334 avant Jésus Christ.

Alexandre, profitant de la victoire qu'il venait de remporter, s'empara des provinces asiatiques, situées à l'occident du fleuve Halys, qui composaient autrefois la puissante monarchie des Lydiens. La superbe capitale de Crésus, Sardes, lui ouvrit ses portes; elle obtint le privilége d'être gouvernée par ses anciennes lois. Le satrape Mithine, qui y commandait, livra aux vainqueurs le trésor royal qu'elle renfermait. De là, le roi s'étant rendu maître d'Éphèse, y détruisit l'oligarchie, et mit le gouvernement entre les mains du peuple. Et comme il trouva les habitants occupés à rebâtir le temple de Diane, brûlé depuis plus de vingt ans, il ordonna que le tribut qui avait été payé jusque là aux Perses serait appliqué à la restauration de cet édifice (voy. pl. 63) (*).

Milet et Halicarnasse furent les seules villes qui retardèrent la marche du conquérant (voy. pl. 64 et 66)(**). La pre-

(*) Il ne reste plus rien du fameux temple de Diane, brûlé par Érostrate pour immortaliser son nom. On sait que les Éphésiens le firent rétablir; et, fiers de relever à eux seuls ce superbe monument, ils refusèrent adroitement la proposition d'Alexandre, qui offrit d'en payer les frais, à condition d'y placer son nom. La principale ruine qui existe sur l'emplacement d'Éphèse, est la grande porte dont nous donnons la vue; elle a été construite avec les fragments antiques d'un arc de triomphe; les sculptures sont d'un beau style, et on y reconnaît Hector traîné au char d'Achille.

(**) Des colonnes et des marbres à mortes frises, portant le nom de Milet, indiquent au voyageur la position de cette ville florissante, qui couvrait les bords du Méandre, dont on voit le cours toujours sinueux, et près duquel on aperçoit le village moderne de Palatsha. Sur la droite de la planche

mière fut prise d'assaut. Ses citoyens eurent cependant la vie sauve avec la liberté. Alexandre en usa de même dans l'Éolie et l'Ionie, afin de s'attacher le peuple, et de le tenir occupé par ses propres dissentions. Le roi entra ensuite dans la Carie, résolu de s'emparer d'Halicarnasse (*), où commandait Memnon de Rhodes. Le vainqueur du Granique n'avait pas encore éprouvé une pareille résistance; et quand le commandant céda à sa fortune, ce ne fut qu'après avoir épuisé tous les moyens de défense qu'un génie fécond et une longue expérience purent lui fournir.

LICENCIEMENT DE LA FLOTTE MACÉDONIENNE. — Alexandre venait de congédier sa flotte, qu'il ne pouvait conserver, faute d'argent, et sans craindre de compromettre sa gloire dans un combat naval. Il profita de son départ pour renvoyer en congé limité les jeunes gens qui s'étaient mariés peu de temps avant son départ, auxquels il permit de passer l'hiver en Grèce avec leurs femmes. Ptolémée, qui les conduisait, avait ordre de ramener avec eux un renfort de cavalerie et d'infanterie, ce qui fut exécuté ponctuellement.

ADA, GOUVERNANTE DE CARIE. —

sont les ruines du théâtre qui, comme presque tous ceux de la Grèce, n'est point creusé dans une colline, mais est entièrement construit en pierre comme celui de Marcellus, à Rome. Il paraît avoir été revêtu de marbre.

(*) L'emplacement d'Halicarnasse, nommé aujourd'hui Boudroun, est couvert de ruines et de marbres précieux. Son enceinte est même facile à reconnaître par les tours et les remparts qui subsistent. On suppose que le monument dont nous donnons la vue faisait partie du temple de Mars. Le superbe monument élevé à Mausole par Artémise, sa femme, a été converti en forteresse par les chevaliers de Saint-Jean, lorsqu'ils s'établirent à Rhodes. Ils donnèrent à cette forteresse, qui subsiste encore, et qui renferme des sculptures très-précieuses, le nom de Castel S. Pietro, et en espagnol san Pedro, dont les Turcs ont fait, par corruption, Bedro, puis Boudroun.

Alexandre employa ses loisirs à consolider ses conquêtes, et peu de villes furent honorées de sa présence, sans éprouver ses bienfaits. Avant de quitter la Carie, où le siège d'Halicarnasse avait long-temps retenu son impatiente activité, il en confia l'administration à Ada, gouvernante héréditaire de cette province. Elle jouissait de ce titre par le décès d'Hydricos son époux, et en vertu des lois de la Haute-Asie, où la succession des femmes au pouvoir suprême avait toujours été maintenue depuis le règne de Sémiramis. Un caprice de Darius avait dépossédé Ada de son trône tributaire; mais elle s'était maintenue dans la position d'Alinde, place très-forte, qu'elle remit à Alexandre, qui la confirma, non seulement dans sa possession, mais lui confia le gouvernement de la Carie, en lui accordant un corps de trois mille fantassins et de deux cents chevaux, afin de maintenir son autorité.

PASSAGE DES ÉCHELLES, NOEUD GORDIEN. — Arrien explique le passage du mont Climax par un miracle. C'est un endroit dangereux lorsque le vent chasse les eaux de la mer vers ce rivage accore; mais quand la tramontane en éloigne les flots, c'est encore de nos jours le chemin des caravanes. Aussi le poète Ménandre ne manqua pas de livrer au ridicule, dans une de ses comédies, les écrivains qui faisaient déjà d'Alexandre une espèce de divinité. On aurait dû en faire autant du nœud gordien qu'il *trancha* ou qu'il délia, ainsi que des éclairs et des tonnerres qui manifestèrent l'accomplissement de la volonté des dieux. Après avoir franchi ce défilé, l'armée macédonienne vint dresser ses tentes au lieu où Cyrus jeune campa avec les dix mille Grecs.

PROJETS MILITAIRES DE DARIUS.

Malgré les succès d'Alexandre, Darius était revenu à l'idée de transporter le théâtre de la guerre en Europe. Il déclara en conséquence Memnon généralissime de ses armées, et lui envoya des sommes considérables d'argent, au moyen desquelles il leva un corps considérable de mercenaires, et équipa trois cents vaisseaux de guerre. Il conduisit d'abord cette flotte et ces soldats à Chios, qu'il attira dans son parti. S'étant rendu de là à Lesbos, il se vit bientôt maître d'Antisse, de Méthymne, de Pyrra, d'Éresse et de Mytilène, qui ne capitula cependant qu'après un long siège. La réputation de ce général s'étant répandue de proche en proche, les habitants des Cyclades le prévinrent par des ambassadeurs, chargés de lui offrir leur soumission.

D'un autre côté, le bruit ayant couru dans la Hellade que Memnon dirigeait sa flotte vers l'Eubée, les partisans de Darius, et notamment les Spartiates, se livrèrent à l'espérance d'une révolution, d'autant plus probable, que l'or de la Perse avait déjà séduit une foule de républiques. L'astre d'Alexandre pâlissait, mais la fortune ne permit pas à Memnon de porter plus loin ses succès. Atteint d'une maladie mortelle, il succomba, et sa mort fut le commencement des malheurs de Darius, qui dut renoncer à une diversion méditée depuis long-temps.

ASSASSINAT DE CHARIDÈME. — Instruit de la perte irréparable qu'il venait de faire, le grand roi rassembla son conseil. On examina s'il suffirait d'opposer ses généraux à l'ennemi, ou s'il convenait qu'il conduisît en personne toutes les forces de la Perse contre les Macédoniens. Charidème, exilé d'Athènes, présent à la délibération, représenta sagement qu'on ne devait pas mettre en jeu du premier coup, Darius et sa couronne. Son avis était de confier à un général expérimenté, une armée de cent mille hommes, dont le tiers serait composé de mercenaires; *ce général expérimenté*, il le désigna, *c'était lui*, et il eut la témérité de promettre la victoire. Le roi inclinait pour cette proposition; mais comme ses conseillers s'y opposèrent, en disant qu'il serait imprudent de se fier à un Grec, Charidème irrité reprocha aux Perses, en général, leur lâcheté orgueilleuse; à ces mots le roi entra dans une telle fureur, que le saisissant par la ceinture, il le livra à ses officiers pour le faire mourir. En marchant au supplice, Charidème prédit au despote qui le condamnait, le châtiment personnel de son injustice, et la perte même de son empire.

Darius, rentré en lui-même, comprit la grandeur de la faute qu'il venait de commettre; mais comme la puissance des rois ne s'étend pas sur le passé, il ne vit plus autour de son trône que lui seul capable de faire tête à Alexandre. Il donna en conséquence des ordres pour réunir tous les corps de ses troupes dans les plaines de Babylone. Diodore prétend que l'armée perse se monta à quatre cent mille hommes de pied et à cent mille cavaliers. Il est probable qu'on comprenait dans cette évaluation les valets, les esclaves et les bêtes de somme, chargés de porter les vivres et les bagages. Le harem du monarque, qui menait à sa suite sa mère, sa femme, son fils, ses deux filles, avec une foule d'odaliques et d'eunuques, composait à lui seul une ville considérable. Les satrapes et les courtisans, imitant à l'envi le faste de leur maître, formaient autant de peuplades, au milieu de cette pompeuse caravane.

MALADIE D'ALEXANDRE. — Le roi étant entré dans la Cilicie, séjourna pendant quelque temps à Tarse, d'où il vint à Anchiale, où l'on montrait le tombeau de Sardanapale, fils d'Anacyndarax, fondateur de ces deux villes. Ce fut dans la première de ces villes qu'Alexandre tomba malade, soit, comme le dit Diodore, à la suite des inquiétudes que lui causait l'expédition de Memnon, dont il ignorait encore la mort, soit pour s'être plongé tout couvert de sueur dans les eaux froides du Cydnos. Ses soldats le crurent mort. On appela les médecins en consultation. Philippe, Acarnanien de nation, fut le seul d'entre eux qui osa se charger de sa cure; il obtint un plein succès. Diodore de Sicile se contente de rapporter ce fait dans sa simplicité, sans y mêler le pathétique de la lettre de Parménion, qui prévenait le roi que son médecin voulait l'empoisonner, et le récit des circonstances dramatiques qui accompagnèrent cette révélation.

MARCHE DES DEUX ARMÉES. — Arrivé à Mallos, colonie argienne, Alexandre fut informé que Darius était campé avec toutes ses forces à Sochos, dans la Comagène. L'armée macédonienne avait été renforcée par une foule de volontaires asiatiques qui admiraient le courage de son chef, sa douceur et la continuité de ses succès. D'une autre part, les soldats qui avaient obtenu des congés pour passer leur quartier d'hiver en Europe, venaient de rejoindre leurs drapeaux, amenant avec eux des recrues levées en Macédoine et dans les autres parties de la Hellade. Leur arrivée avait été signalée par des transports d'allégresse. On s'était embrassé, les jeunes soldats avaient salué leur général, en le priant de les mener à l'ennemi.

Le roi venait d'apprendre que l'armée de Darius avait abandonné le poste avantageux qu'elle occupait, d'après le conseil de ses orgueilleux satrapes, qui avaient persuadé à leur maître que les Macédoniens évitaient sa rencontre. Alexandre venait de franchir le passage des portes Syriennes, lorsqu'il reçut avis que les Perses achevaient de défiler par les pyles Amaniques. Ces deux gorges, qui servent de communication entre la Cilicie et les régions de l'Euphrate, ne sont distantes l'une de l'autre que de cinq parasanges (11,340 toises); la dernière s'ouvrait au nord et la première au midi; par conséquent, comme le remarque Arrien, les barbares avaient à dos les Macédoniens. Darius, qui avait gagné les devants, s'étant emparé d'Issos, où se trouvaient les malades et les blessés ennemis, ses soldats mirent à mort ces malheureux, après leur avoir fait endurer des tourments cruels : le lendemain l'armée persane vint camper au-delà du fleuve Pinaros.

BATAILLE D'ISSOS,
333 av. J.-C.

Alexandre détacha quelques coureurs pour éclairer la route qui conduisait à Issos, et il se mit en marche sur le soir. Vers le milieu de la nuit, il occupa les pyles Syriennes; il permit alors à ses soldats de faire halte, après avoir placé des sentinelles sur les hauteurs voisines. Au point du jour, l'armée se remit en mouvement, en marchant par son flanc tant que le défilé continua à être étroit; et comme de nouvelles colonnes se joignaient successivement aux premières, à mesure que l'ouverture des montagnes s'élargissait, en débouchant dans la plaine, les Macédoniens se trouvèrent formés en ordre de bataille. Alexandre conduisait l'aile droite appuyée par une montagne, et Parménion la gauche flanquée par la mer : le roi avait présents au drapeau quarante-deux mille hommes de pied et cinq mille chevaux.

Darius, informé de l'approche de l'ennemi, détacha un corps de cinquante mille hommes de cavalerie et d'infanterie légère qu'il plaça perpendiculairement au cours du Pinaros, afin que le reste de son armée eût assez d'espace pour se poster sans confusion. Il rangea les mercenaires grecs, qui étaient au nombre de trente mille, vis-à-vis de la phalange macédonienne, et il les fit soutenir par soixante mille Perses pesamment armés. La nature du terrain ne permettait pas de déployer un plus grand nombre de troupes; mais comme la montagne de gauche offrait une anfractuosité, Darius y envoya vingt mille hommes. Le reste des barbares fut rangé derrière la première ligne suivant l'ordre respectif de leurs nations, mais sans pouvoir prendre part à l'action. C'est alors que le grand roi put juger de la sagesse judicieuse d'Amyntas, banni de Macédoine, qui lui conseillait *d'attendre l'ennemi dans la vaste plaine de Sochos, et que, loin de l'éviter*, comme le disaient ses courtisans, *Alexandre était en marche pour venir l'attaquer*.

L'instant du combat approchait, et Alexandre, parcourant les rangs de son armée, appelait, par leur nom, ses moindres officiers en les exhortant à faire leur devoir. Persuadé cependant qu'il fallait modérer l'ardeur martiale de ses troupes, il leur ordonna de marcher d'un pas lent et réglé, afin que la phalange ne perdît pas son aplomb par trop de précipitation. Les deux armées étant arrivées à portée de trait, les barbares en lancèrent d'abord une telle quantité, que les flèches et les autres projectiles se rencontrant en l'air, perdaient presque tout leur effet. Mais au premier son de la trompette, qui annonça la charge, on combattit corps à corps; les Macédoniens poussèrent les premiers des cris terribles, et les barbares leur répondant, les échos des montagnes répétèrent les clameurs de cinq cent mille combattants. Alexandre s'étant alors élancé dans le fleuve avec ceux qui l'entouraient, leur impétuosité étonna les Perses, qui cependant tinrent ferme. Et les mercenaires grecs, s'étant aperçus que l'aile droite était séparée de son centre, ils saisirent cet instant pour s'élancer dans l'intervalle où la phalange était désunie. Ce moment devint fatal à Ptolémée, fils de Seleucos, et à plusieurs autres officiers de distinction, au nombre de cent vingt qui furent tués.

Diodore de Sicile rapporte qu'au commencement de l'action le roi, ayant aperçu Darius monté sur un char dans tout l'éclat de sa magnificence, se dirigea contre lui à la tête de ses cavaliers, *moins jaloux en quelque sorte de la victoire en elle-même que d'en être le principal mobile.* Ce moment, qu'il décrit avec vivacité, fut celui où le grand roi prit la fuite. Alors l'aile droite des Macédoniens étant venue au secours de la phalange, en même temps que la cavalerie thessalienne battait celle des Perses, Darius abandonna le champ de bataille. Alexandre avait enfoncé, le premier, les bataillons des mercenaires grecs; il fut blessé légèrement à la cuisse, non de la main de Darius, comme Charès l'assurait, mais dans la mêlée, sans savoir d'où le coup était parti.

DÉROUTE DES PERSES. — Le grand roi avait montré peu de ténacité à défendre sa cause, lorsque ses troupes se débandèrent. Chacun se sauvait à travers des lieux étroits et pierreux, les hommes et les chevaux se renversaient comme dans une bataille, et l'armée fut en partie étouffée dans les défilés scabreux où elle se trouva engagée. La nuit déroba Darius à la poursuite des Macédoniens, et un bon nombre de cavaliers parvinrent à se réfugier dans quelques places du voisinage. La perte des barbares fut évaluée à cent vingt mille hommes de pied et à dix mille cavaliers; celle des Macédoniens à trois cents fantassins et à cent cinquante hommes de cavalerie. Ce calcul doit être faux. Que l'armée des Perses, accablée de fatigues, privée d'aliments depuis plusieurs jours, se soit anéantie dans des défilés entrecoupés de précipices, cela peut se comprendre. La bataille d'Héliopolis, gagnée par l'immortel Kléber, qui rejeta les Turcs dans le désert, explique comment se détruisent les armées barbares, par le fait seul de leur indiscipline et de leur imprévoyance, et comment le petit nombre l'emporte sur une multitude armée. Mais ici, il y avait des troupes régulières dans les mercenaires grecs, et si l'armée macédonienne perdit dans le premier choc cent vingt officiers de marque, quel dut être le nombre des soldats restés sur le champ de bataille, pendant une action qui fut aussi longue que meurtrière, particulièrement sur les bords du Pinaros!

PRISONNIERS, BUTIN. — Le camp des Perses offrit une preuve des richesses et du luxe de l'Asie. Alexandre ayant été conduit à la tente du roi, la trouva remplie de chambellans, de pages, d'eunuques, de maîtres des cérémonies, de valets, de gens de garde-robes, de scribes, d'esclaves. Dès qu'il eut quitté ses armes, il demanda à aller aux étuves, en disant: *Allons nettoyer la sueur de la bataille dans le bain préparé pour Darius.* Lorsqu'il vit, en y entrant, les bassins, les aiguières, les fioles, les étrilles montées en or et les boîtes aux parfums, il s'en fit apporter une qui était ornée de pierres précieuses. Le grand roi s'en servait pour renfermer les bois odorants qu'on brûlait dans des cassolettes.... Alexandre y mit l'Iliade d'Homère, corrigée par Aristote. Puis, au sortir du bain, étant entré dans la tente impériale, qu'il trouva magnifiquement ornée, il dit à ses officiers : *Voilà ce qui s'appelle être roi, qu'en pensez-vous?*

GÉNÉROSITÉ D'ALEXANDRE. — Il fit élever sur le bord du Pinaros trois autels, consacrés à Jupiter, à Hermès, à Hercule et à Minerve. Ces monuments, conservés jusqu'au XIII° siècle (1212) de notre ère, étaient moins propres à perpétuer sa gloire, que sa conduite généreuse envers ses augustes et malheureux captifs. Son entrevue avec la famille de Darius est célèbre, lorsque Sysigambis, ayant pris au premier abord Héphestion pour le roi, se prosterna aux pieds d'Alexandre, le priant d'excuser sa méprise. Il la releva, en lui disant : « Ma mère, « vous ne vous trompez pas, celui-là « est un autre Alexandre. » Cette scène n'est rapportée par Arrien que *comme une tradition assez constante*. Suivant cet auteur, Ptolémée et Aristobule, qui sont ses guides ordinaires, s'étaient contentés de dire qu'Alexandre envoya Léonat, un de ses officiers, pour rassurer la mère et la femme de Darius sur le sort de ce prince, et leur annoncer qu'elles conserveraient honneurs et dignités. Arrien, après avoir cependant raconté l'aventure telle qu'on la suppose, ajoute : *J'écris ces choses, non comme vraies, mais comme très-dignes de croyance.* Nous n'en dirons pas autant des égards qu'il eut pour la famille impériale.

VIE PRIVÉE D'ALEXANDRE. — *Les belles Persanes font mal aux yeux*, disait Alexandre; aussi n'en approchat-il qu'après les avoir épousées, excepté Barsène, veuve de Memnon, qui fut prise aux environs de Damas : elle était instruite, douce, aimable, issue d'Artabaze, né d'une princesse de sang royal. Quand il était de loisir, la première chose que le roi faisait à son lever était de sacrifier aux dieux, et puis il déjeunait; il passait le reste du jour à chasser, à composer quelque sujet de littérature, à lire, ou à pacifier les querelles qui survenaient entre ses officiers. Lorsqu'il se promenait dans la campagne, il s'exerçait à tirer de l'arc ou à diriger un char; il aimait à chasser au renard, à prendre des oiseaux; et quand il était de retour au logis, il entrait au bain, où il se faisait oindre d'huile et frictionner. Il soupait tard, de manière qu'il était toujours nuit avant de se mettre à table, où il restait long-temps, aimant à parler et à deviser. Sa compagnie et sa conversation auraient été délicieuses, sans sa présomption. Il tenait du *soudard vanteur, aimait à raconter ses prouesses. Alors les flatteurs le menaient par le nez, et les gens de bien, qui se trouvaient présents, souffraient des louanges qu'il se donnait et qu'il recevait, obligés qu'ils étaient d'applaudir, par* CRAINTE, *à tout ce qui se disait.*

Après souper, il se couchait et dormait souvent jusqu'à midi; quelquefois il passait toute la journée au lit. Peu curieux de mets délicats, quand on lui envoyait des fruits ou des poissons rares, il les faisait distribuer à ses amis; toutefois sa table était bien servie, et sa dépense montait à dix mille drachmes (7682 fr.) par jour : il ordonna que ceux qui voulaient le traiter ne dépassassent pas cette somme : les choses changèrent beaucoup sous ce rapport avec l'accroissement de ses prospérités.

CAMPAGNE D'ALEXANDRE.
333—332 av. J.-C.

LETTRE DE DARIUS. — Alexandre étant entré dans la Célésyrie, soumit sans peine cette province; il reçut des mains de Straton l'île d'Arade, ainsi que les villes de Mariamne et de Marathe. Ce fut dans cet endroit que les ambassadeurs de Darius remirent à son vainqueur les lettres par lesquelles il lui redemandait sa famille captive, en lui rappelant l'ancienne alliance qui avait uni Philippe et Artaxerxès, et en protestant qu'il n'avait pris les armes que pour défendre le trône de ses pères.

MANIFESTE D'ALEXANDRE. — La réponse du roi peut être regardée comme un véritable manifeste. Son authenticité paraît incontestable, elle ne porte aucune marque de supposition, ni d'altération. « Vos ancêtres, « dit-il, étant venus en Macédoine et « en Grèce, ravagèrent ce pays sans « avoir à se plaindre d'aucune injure. « Reconnu chef des Grecs, je suis « descendu en Asie pour me venger « des Perses, auteurs des premières « hostilités. Vous avez secouru les Pé- « rinthiens, qui avaient offensé mon « père. Ochos envoya des troupes dans « l'île de Thasos, qui fait partie de « mes états. Mon père est mort par « le fer des meurtriers que vous avez « subornés, vous vous en êtes vanté « dans des lettres écrites pour engager « les Grecs à prendre les armes con- « tre moi. Lorsque Bagoas et toi, « vous eûtes de concert empoisonné « Arsès, et que tu fus monté sur le « trône au mépris des lois de la Perse, « on répandit de l'argent de ta part « chez les Lacédémoniens et parmi « d'autres peuples de la Hellade; à la « vérité, aucuns ne l'acceptèrent, à « l'exception des premiers. Ainsi, tes « émissaires n'oublièrent rien pour « corrompre mes amis et troubler la « paix que je venais d'établir dans la « Grèce. J'ai porté la guerre chez toi « à cause de la haine que tu m'as « vouée. Après avoir triomphé de tes « satrapes, je t'ai vaincu toi-même et « je suis en possession d'un pays que « les dieux m'ont donné. Je protège « tous ceux de tes soldats qui, échap- « pés au combat, se sont réfugiés près « de moi; ils n'y restent pas malgré « eux et ils combattent volontaire- « ment sous mes drapeaux. Viens au- « près de moi qui suis le maître de « l'Asie; si tu appréhendes quelque « mauvais procédé de ma part, envoie « quelques-uns de tes amis qui rece- « vront ma parole. Lorsque tu seras « arrivé, demande ta mère, ta femme, « tes enfants, tout ce que tu pourras « désirer te sera accordé. Du reste, « si tu m'envoies une nouvelle ambas- « sade, ne traite plus d'égal à égal, « mais adresse-moi tes prières, comme « au maître de l'Asie. » Notre politesse condamnera cet orgueil; mais il faut se rappeler que pour être entendu dans l'Orient, il ne faut pas employer nos formules diplomatiques.

SIÉGE ET PRISE DE TYR, 332 av. J.-C. —On n'avait trouvé dans le camp des Perses que trois mille talents en numéraire. Les trésors qui accompagnaient le grand roi avaient été déposés à Damas, qui fut livrée au vainqueur. Sidon se soumit à ses lois (voy. pl. 68) (*); mais Tyr (voy. pl. 67), loin de suivre l'exemple de sa métropole, ferma ses portes à Alexandre, qui avait demandé d'y entrer, sous prétexte de sacrifier à Hercule. La possession de cette ville lui était indispensable pour se rendre maître de la mer, et couper par ce moyen les communications de Darius avec les peuples de la Grèce; il pouvait ensuite marcher en toute sûreté à la conquête de l'Égypte et du reste de l'empire des Perses.

En conséquence le roi disposa tout pour le siége de Tyr; mais il ne pouvait en approcher, à cause d'un bras de mer de quatre stades (880 toises) qui séparait cette ville du continent. Il est probable qu'il apprit à Sidon qu'un roi d'Assyrie, Nabuchodonosor, avait autrefois réussi dans cette entreprise, en faisant combler le canal; c'est

(*) Quoique ces deux villes de la Syrie soient étrangères à la Grèce, nous avons cru devoir reproduire la vue de ce qui en reste aujourd'hui. Ces deux cités, si renommées jadis par leur opulence, leur marine et leur commerce qui unissait l'Europe avec l'Asie, ne sont plus maintenant que deux misérables bourgades, dont Tyr est la plus pauvre. Elle est jointe encore au continent par la jetée d'Alexandre, sur laquelle on passe pour y pénétrer. La décadence successive de ces deux villes fut le résultat d'abord de la fondation d'Alexandrie, qui lui enleva une grande partie de leur commerce, et plus tard de la découverte du passage au cap de Bonne-Espérance.

pourquoi il employa aussitôt son armée à construire une levée, destinée à joindre au continent l'île sur laquelle la ville de Tyr était bâtie. Les ruines de Palætyr (l'ancienne Tyr) lui fournirent des matériaux en abondance, et il trouva le bois nécessaire à son entreprise sur le Liban. Les assiégés insultèrent d'abord les travailleurs en leur demandant *si Alexandre était plus puissant que Neptune...* Ils changèrent de langage lorsqu'ils virent que la chaussée touchait presque au rivage de leur île ; mais une tempête qui survint ayant détruit une grande partie de cette digue, ils reprirent confiance. Ils se flattaient que cet accident et leur constance donneraient le temps au grand roi et aux Carthaginois, qui étaient une de leurs colonies, de venir à leur secours.

Tyr renfermait dans ses ports quatre-vingts vaisseaux de guerre, ses remparts étaient garnis de machines, ses arsenaux remplis d'armes de toute espèce..... Mais la gloire d'Alexandre était compromise, s'il ne parvenait à surmonter tant d'obstacles. Aidé de la marine des rois de Cypre, des Phéniciens et des Ciliciens, il parvint à se rendre maître de Tyr, par assaut, au bout de plus de sept mois de siége. Les Macédoniens, après s'être baignés dans le sang de ses généreux défenseurs, en réservèrent deux mille, qui furent mis en croix, par ordre d'Alexandre, sur le rivage de la mer ; Diodore dit qu'il fit pendre toute la jeunesse de Tyr. Ce qui paraît constant, c'est que sans l'humanité des habitants de Sidon, qui sauvèrent plus de quinze mille Tyriens des deux sexes, leur ville serait devenue le tombeau de sa malheureuse population.

Soumission de la Judée. — La conquête de la Phénicie fut suivie de la soumission de la Judée. Tous les historiens d'Alexandre gardent le silence sur le voyage prétendu du vainqueur à Jérusalem, et il est vraisemblable que le récit de Flave Josèphe est un épisode inventé pour rendre sa nation recommandable aux Grecs et aux Romains. Quelle foi ajouter à un écrivain qui, pour donner une haute idée des connaissances de Salomon, lui attribue l'art de guérir les malades par enchantement, et le pouvoir de chasser les démons au moyen d'une plante, dont il assure s'être servi lui-même en présence de Vespasien !

Prise de Gaza. — Le conquérant, malgré l'exemple épouvantable de Tyr, se trouva arrêté devant Gaza, qui lui résista pendant deux mois, tant à cause de sa forte position que du courage de son gouverneur Bétis. Les machines de guerre de l'ennemi étaient à peine dressées, que la garnison, ayant fait une sortie, les brûla et détruisit ses travaux ; il fallut la présence du roi pour empêcher la défaite des Macédoniens, et il reçut lui-même une blessure à l'épaule. Les murs de Gaza renversés par la sape, les Macédoniens dans la place, ne purent faire tomber les armes des mains de la garnison et des habitants, qui combattirent à outrance : *tous y périrent ;* leurs femmes et leurs enfants furent emmenés en esclavage ; leur ville restaurée devint une des places d'armes d'Alexandre pour arrêter les incursions des Arabes.

Butin. — Le roi envoya la meilleure partie du butin de Gaza à sa mère Olympias et à sa sœur Cléopâtre. Il fit en même temps présent à son gouverneur Léonidas de cinq cents quintaux d'encens et de cent quintaux de myrrhe, en souvenir d'un avertissement qu'il en avait reçu étant enfant, et qui lui semblait alors un présage des conquêtes qu'il venait de faire. Car Léonidas ayant vu le jeune prince à un sacrifice prendre de l'encens à pleines mains et le jeter dans le feu, il lui dit : « Quand vous « aurez conquis la région qui porte « ces aromates, vous pourrez prodi- « guer l'encens tant qu'il vous plaira ; « mais en attendant, épargnez celui « que vous avez. » Alors il lui écrivit : « Je vous envoie une bonne pro- « vision d'encens et de myrrhe, afin « que vous cessiez d'être économe et « avare envers les dieux. »

CONQUÊTE DE L'ÉGYPTE, 332 av. J.-C.
— En sept jours de marche, Alexandre arriva de Gaza à Péluse, où sa flotte, chargée de reconnaître la côte, l'avait précédé. L'Égypte se soumit sans résistance; il fut reçu en qualité de souverain dans Memphis, et reconnu comme tel par un peuple accoutumé depuis long-temps à obéir aux sommations d'un conquérant, sauf à le trahir pour obéir à un autre maître.

FONDATION D'ALEXANDRIE. — Continuellement occupé du projet de tirer parti de ses conquêtes, Alexandre vit du premier coup d'œil ce que la sagesse de l'antique Égypte n'avait pas été capable de découvrir, l'emplacement d'une ville destinée à obtenir plus d'avantages de sa position que l'art ne pourrait lui en donner. Le fondateur traça lui-même le plan de sa nouvelle ville; il indiqua son enceinte; les endroits où devaient se trouver les places publiques et les temples; il établit la projection et l'alignement des rues, le gisement des citernes et du canal destiné à les remplir d'eau, en servant en même temps de moyen de communication entre le Nil et la mer; enfin, il confia l'exécution de ce plan à l'architecte Dinocrate. La sagacité du choix d'un pareil emplacement rendit Alexandrie, au bout de vingt ans, une place florissante, dont tous les peuples commerçants respectent les ruines et fréquentent encore les ports (voy. pl. 70) (*).

PÈLERINAGE AU TEMPLE D'HAMMON. — Les fables qu'Hérodote débite sur la fondation du temple de Jupiter Hammon, ne peuvent qu'être favorables à son antiquité. Ses oracles furent célèbres dans les premiers temps de la Grèce. Cette grande et antique renommée engagea Alexandre à aller lui-même consulter le dieu du désert. Deux chemins conduisaient à son temple : l'un, de 1600 stades, ou 90 lieues, suivait en partie le rivage de la mer, en sortant d'Alexandrie; et l'autre, qui était de cinquante-trois lieues, traversait l'intérieur du pays, à partir de Memphis. Ces deux routes furent parcourues pour se rendre à l'Oasis et pour en revenir.

On peut retrancher, sans offenser la vérité de l'histoire, les prodiges qu'on prête vulgairement à la marche d'Alexandre, qui ne s'achemina probablement dans le désert qu'avec un corps d'armée peu considérable et bien approvisionné. Après avoir reçu en chemin des députés de la Cyrénaïque, le roi entra dans les sables de la Libye. L'édifice sacré auquel il arriva était situé à cinquante lieues de la mer, dans une oasis, espèce d'île cultivée, de cinq milles (une lieue deux tiers). A peine entrait-il dans le temple, qu'il fut salué du nom de *fils de Jupiter* par le plus ancien des prêtres, et son esprit fut dès lors *infatué* d'une origine céleste; car depuis ce temps il adopta pour protocole la formule suivante : ALEXANDRE, ROI, FILS DE JUPITER HAMMON. Il avait déjà cessé de mettre en tête de ses lettres le *salut* χαίρειν, excepté à celles qu'il écrivait à Phocion, à cause de l'attachement qu'il lui portait, et à Antipater, par politique.

De retour à Memphis, le roi s'occupa de l'administration de l'Égypte, à laquelle il donna pour préfet Cléomène, qui abusa de son autorité pour opprimer le peuple. Religion, mœurs, propriété, rien ne fut respecté par ce misérable, à qui Alexandre pardonna tous ses crimes; dont la connaissance a été transmise à la postérité dans un ouvrage attribué à Aristote.

CAMPAGNE DANS LA HAUTE-ASIE,
331 avant J.-C.

Au printemps de la seconde année de la CXII<sup>e</sup> olympiade, Alexandre,

---

(*) Le château fort que l'on voit sur la planche est construit sur l'emplacement du célèbre phare d'Alexandrie, l'une des sept merveilles de l'antiquité. Alexandrie est encore aujourd'hui la ville la plus commerçante de la côte septentrionale d'Afrique. Si notre expédition d'Égypte avait eu le succès durable qu'on en devait espérer, Alexandrie aurait probablement retrouvé sous Napoléon la célébrité qu'Alexandre lui donna.

qui était revenu de l'Égypte à Tyr, après avoir réglé les affaires de la Syrie, entra en campagne, en se dirigeant à l'orient de la Phénicie. Il avait reçu des renforts considérables de la Grèce et de la Macédoine; mais à peine était-il en marche, qu'il apprit que l'épouse de Darius venait de mourir. Il revint aussitôt sur ses pas, pour consoler Sisygambis et rendre à la reine les honneurs suprêmes, par des funérailles qui furent célébrées avec toute la pompe orientale.

Il est probable qu'il donna des instructions particulières à un eunuque qu'on feignit de laisser évader du camp, pour porter à Darius la nouvelle de la mort de son épouse; on croit qu'elle succomba à la suite d'une couche. Ce malheureux prince fut profondément affligé du décès de Statyra, parce qu'il croyait qu'elle avait été privée des devoirs funèbres dus à son rang. L'eunuque le détrompa par le récit de ce qui s'était passé, il raconta ensuite les bontés qu'Alexandre avait eues pour la reine, pendant qu'elle vivait.

A ce récit, de cruels soupçons s'élevèrent dans l'esprit de Darius qui, ayant pris l'eunuque à part, le conjura, « par la grande lumière de Mi-
« thra, de lui dire si la perte de l'hon-
« neur de sa femme n'avait pas pré-
« cédé celle de sa vie. » Alors l'eunuque, se jetant aux pieds de son maître, le conjura de ne pas faire ce tort *à la vertu d'Alexandre; de ne pas déshonorer ainsi sa femme et sa sœur* après sa mort. Et avec des serments et des exécrations horribles, il eut l'adresse aussi pieuse que remplie d'humanité de tranquilliser le roi. Alors Darius déclara, dit-on, en présence de ses courtisans, que,
« si les dieux avaient résolu de chan-
« ger les destins de la Perse, le seul
« Alexandre pût s'asseoir sur le trône
« de Cyrus. »

PRÉPARATIFS MILITAIRES DE DARIUS. — Le grand roi (on lui donnait encore ce nom malgré ses revers), ayant inutilement fait des ouvertures de paix au vainqueur du Granique et d'Issos, avait trouvé de nouvelles ressources dans son empire pour défendre sa couronne. Le Shirvan, le Ghilan, le Korasan et les contrées comprises entre la mer Caspienne et le fleuve Jaxartes, lui avaient fourni de nombreuses masses de guerriers. Les tribus nomades du nord de l'Asie, qui furent de tout temps le séjour de peuples courageux et barbares, se réjouirent de trouver une occasion de signaler leur turbulente valeur. Sujets ou Tartares indépendants, tous se levèrent au premier appel et ne tardèrent pas à inonder les plaines fertiles de l'Assyrie, d'un nombre supérieur de soldats à celui que Darius eût encore rassemblé sous ses drapeaux.

MARCHE D'ALEXANDRE. — Ce fut à Thapsaque qu'Alexandre passa l'Euphrate sur un pont de bateaux et dirigea sa route vers le Tigre, où il espérait rencontrer l'ennemi. De tous les fleuves de l'Orient, celui-ci est le plus rapide, et c'est à cause de cela qu'il est appelé Tigre, nom qui signifie *flèche* en langue persane; indépendamment de la rapidité de ses eaux, il roule des pierres d'une grosseur considérable. Les guides ayant sondé le gué, qui se trouva être de trois pieds et demi de profondeur, le passage fut résolu; les soldats vinrent, sans trop de difficulté, jusqu'au fil de l'eau, portant leurs armes sur la tête. Le roi passa à pied avec l'infanterie; il fut le premier qui parut à l'autre bord, d'où il montrait le gué aux soldats, car il ne pouvait leur faire entendre sa voix. Mais ils ne se soutenaient qu'à grand'peine, tant à cause des galets qui les faisaient glisser que de l'impétuosité du courant; et ce fut au milieu d'une extrême confusion que l'armée effectua son passage. Elle aurait été taillée en pièces par un ennemi vigilant; mais Mazée, chargé de la défense du Tigre avec un corps de cavalerie dans lequel on comptait deux mille Grecs mercenaires, n'arriva qu'au moment où les Macédoniens s'étaient mis en bataille.

MARCHE DE L'ARMÉE PERSANE. —

Darius, parti de Suze, arriva le quatrième jour au Pasitigre, à travers un pays abondant et très-propre à fournir des vivres aux hommes et de la pâture aux animaux. Il souhaitait ardemment que la bataille se donnât devant les murs de Ninive, parce qu'il y avait une plaine favorable à sa cavalerie et au jeu de ses chars armés de faux. Ayant fait dresser ses tentes sur les rives du Boumados, près d'un village appelé Gaugamelles, il y exerçait tous les jours ses troupes pour les accoutumer à obéir aux moindres signaux; car il était à craindre que plusieurs nations différentes de langage, qui se trouvaient réunies, ne jetassent du désordre dans une bataille.

ÉCLIPSE DE LUNE. — Alexandre, après avoir campé pendant deux jours au bord du Tigre, commanda qu'on se tînt prêt à marcher le lendemain. On était au 20 novembre, suivant notre manière de compter, lorsqu'à sept heures et demie du soir, le ciel étant clair et serein, la lune perdit d'abord sa lumière et parut toute souillée et comme teinte de sang. Et parce que cela arrivait sur le point d'une grande bataille, l'armée fut saisie de frayeur. Les soldats criaient : « que le ciel « manifestait les marques de son cour- « roux, et qu'on les traînait, contre la « volonté des dieux, aux extrémités de « la terre; que les fleuves s'opposaient « à leur marche; que les astres leur « refusaient leur lumière accoutumée, « et qu'ils ne voyaient plus devant « eux que des déserts et des solitudes; « que pour l'ambition d'un seul indi- « vidu tant de milliers d'hommes ré- « pandaient leur sang, et encore pour « qui? pour un être qui dédaignait sa « patrie, désavouait son père, et pré- « tendait se faire passer pour un « dieu. »

ASTROLOGUES ÉGYPTIENS. — Ces murmures allaient dégénérer en sédition, lorsque le roi fit appeler les officiers supérieurs de l'armée dans sa tente et commanda aux devins égyptiens, versés dans la science des astres, de dire ce qu'ils savaient relativement à ce phénomène. Ils répondirent, sans entrer dans le fond de la question, « que le soleil était l'astre « protecteur des Grecs, la lune celui « des Perses, et qu'elle ne s'éclipsait « jamais sans les menacer de quelque « grande calamité. » Cette réponse des astrologues étant aussitôt divulguée parmi les troupes, leur rendit l'espérance et le courage.

MANŒUVRES DES DEUX ARMÉES. — Alexandre, prompt à profiter de ces dispositions favorables, décampa après minuit et marcha ayant le Tigre à droite et les monts Gordiens sur la gauche. Ses coureurs ne tardèrent pas à l'informer qu'ils avaient aperçu quelques détachements de cavalerie ennemie sans pouvoir en apprécier le nombre. Cet avis fit changer sa marche, il ordonna aux troupes pesamment armées de ralentir le pas, et s'étant mis à la tête du corps royal des Péoniens et des auxiliaires, il s'avança avec tant de célérité, que plusieurs détachements des barbares furent enlevés.

ARMÉE DES PERSES. — Les prisonniers qu'il fit dans cette rencontre lui donnèrent des détails alarmants sur l'armée de Darius, dont le camp n'était qu'à six lieues de distance. Quelques-uns faisaient monter ses troupes à un million de fantassins, quarante mille chevaux, deux cents chars armés de faux, et quinze éléphants. D'autres, avec plus de probabilité, réduisaient l'infanterie à six cent mille hommes, et faisaient monter la cavalerie à cent quarante-cinq mille; tous s'accordaient à dire que l'armée du grand roi était plus considérable et composée de nations plus belliqueuses que celle qui avait combattu à Issos.

Alexandre écouta ce récit sans témoigner la moindre inquiétude. Il ordonna d'entourer son camp de fossés et de palissades, car il avait résolu d'y laisser les bagages avec les soldats invalides, et de mener les autres au combat sans autre équipage que leurs armes. Il partit sur les neuf heures du soir, avec le projet de commencer l'action au point du jour. Les deux armées n'étaient plus qu'à trois lieues de distance, et quand le roi fut arrivé aux montagnes, d'où il pouvait découvrir les Perses, il fit halte pour délibérer si on attaquerait immédiatement, ou si on s'arrêterait dans cet endroit. Ce dernier avis ayant prévalu, l'armée macédonienne campa dans l'ordre où elle se trouvait, tandis que le roi, avec son infanterie et ses compagnies légères, alla reconnaître le terrain.

ORDRE DU JOUR. — Quand il fut de retour, il assembla une seconde fois ses officiers généraux, et il régla l'ordre du jour de la manière suivante. Au rapport de Diodore, « son armée « fut rangée de sorte que la cavalerie « couvrait l'infanterie. Il mit sur la « droite l'escadron aux ordres de Cli- « tos, surnommé le Noir; derrière, « était l'escadron qu'il appelait des « Amis, sous le commandement de « Philotas, fils de Parménion, et tout « de suite sept autres lignes sous « le même général. Derrière ceux- « ci était placé le bataillon des Ar- « gyraspides, distingués par l'éclat des « boucliers d'argent qui leur avaient « fait donner ce nom, et encore plus « par la valeur de ce corps, que com- « mandait Nicanor, autre fils de Par- « ménion. A côté d'eux étaient placés « les Élymiotes, conduits par Cœnos. « Ensuite venaient les Orestiens et « les Lyncestes, sous les ordres de « Perdiccas; la compagnie de Méléa- « gre suivait celle-ci, elle était suivie « elle-même de celle de Polysperchon, « chef des Stymphéens; Philippe, fils « de Balacros, venait après ceux-ci, et « Cratère, à la tête des siens, fermait « la marche de l'infanterie. Les ca- « valiers dont on a parlé d'abord « étaient soutenus par les troupes ti- « rées du Péloponèse, de la Phtiotide « et des environs du golfe Maliaque, « aussi bien que de la Locride et de « la Phocide. Ils avaient tous pour « chef, Érigye de Mytilène. Der- « rière eux étaient les Thessaliens, « aux ordres d'un autre Philippe: « ceux-ci surpassaient tous les cava- « liers en bravoure et par l'agilité « de leurs évolutions. Ce fut derrière « eux qu'Alexandre plaça les gens de « trait et les soudoyés de l'Achaïe. »

ORDRE DE BATAILLE DES PERSES. — Darius, apercevant l'ennemi, ordonna de disposer ses troupes au combat. Il dut, malgré l'étendue de la plaine, resserrer son front de bataille et le former sur deux lignes, dont chacune avait une profondeur considérable. Suivant l'usage, il se plaça au centre de la première ligne entouré des princes du sang, des grands-officiers de sa cour, et défendu par sa garde, composée de quinze mille hommes d'élite. Cette troupe brillante était flanquée par les mercenaires grecs, les Mélophores, les Mardes, les Cisséens, et d'autres vaillants corps, choisis dans toute l'armée. A l'aile droite se trouvaient les Mèdes, les Parthes, les Hyrcaniens et les Sacces; la gauche se composait principalement des Bactriens, des Perses et des Cardusiens. Les nations qui composaient cette masse énorme de troupes étaient armées, les unes d'épées et de lances, les autres de massues et de haches; la cavalerie et l'infanterie irrégulière de chaque peuple se trouvaient pêle-mêle. Les chariots armés de faux étaient en tête de la première ligne. On voyait les escadrons de cavalerie scythe, bactrienne et cappadocienne, groupés et prêts à prendre part à l'action, en attaquant l'ennemi en flanc et en queue, dès que le combat serait commencé. Darius, craignant une surprise, fit passer la nuit sous les armes à ses soldats, qui se trouvèrent ainsi fatigués au moment de l'action.

PRATIQUES SUPERSTITIEUSES D'ALEXANDRE. — Le roi qui, dans les grandes crises, avait coutume de consulter les devins, manda Aristandre, en qui il avait une extrême confiance. Il s'enferma avec lui pour faire quelques sacrifices secrets. Il immola des victimes à la Peur. Le sacrificateur en habits de cérémonie, portant des verveines à la main, la tête voilée, prononçait des prières que le roi adressait à Jupiter, à Minerve, à la Victoire. Tout étant achevé, Alexandre alla se reposer. Comme il réfléchit non sans quelque émotion à ce qui allait se passer, le sommeil tarda long-temps à appesantir ses paupières, et il dormait profondément, lorsque ses généraux, rassemblés devant sa tente, étonnés de ne pas le trouver sur pied, donnèrent aux troupes l'ordre de prendre de la nourriture. Pendant ce temps, Parménion étant entré dans la tente du roi, lui témoigna sa surprise de ce qu'il dormait si tranquillement au moment d'une bataille qui allait décider de son sort. *Eh! comment ne serions-nous pas tranquilles, quand l'ennemi vient de lui-même se livrer entre nos mains!* Il demanda aussitôt ses armes et son cheval.

Plutarque décrit l'armure d'Alexandre en style homérique : « Son casque, « plus brillant que le pur argent, était « l'ouvrage de Théophyle; son épée, « très-légère et d'une trempe admira- « ble, lui avait été donnée par la ville « de Cition; sa cotte d'armes, pré- « sent magnifique de la ville de Rho- « des, était de la fabrique d'Hélicon, « fils d'Acésas. »

### BATAILLE D'ARBELLES,
2 octobre 331.

Les trompettes venaient à peine de donner le signal du combat, que les deux armées, bien différentes pour le nombre, et encore plus par le courage, s'ébranlèrent. Du côté des Macédoniens tout était force et nerf; au lieu que du côté des Perses, c'était un grand assemblage d'hommes et non de soldats : *nomina verius quam auxilia*. La cavalerie engagea l'action, et ce ne fut pas sans peine que celle d'Alexandre parvint à repousser les escadrons des barbares.

Alors les Perses lancèrent leurs chariots armés de faux contre la phalange macédonienne; mais le bruit que firent les soldats en frappant leurs boucliers, et les traits que les peltastes faisaient pleuvoir de toutes parts, effarouchèrent les chevaux et en firent tourner un grand nombre contre leurs propres troupes; d'autres, saisissant les rênes des coursiers, renversaient les cochers, qu'ils tuaient. Une partie des chars passa cependant entre les bataillons, qui s'ouvrirent pour leur faire place, comme cela leur avait été commandé, et par ce moyen ils n'en éprouvèrent presque aucun dommage.

Alexandre, apercevant que Darius mettait toute son armée en mouvement pour tomber sur lui, eut recours au prestige, afin d'encourager ses soldats. Au plus fort de la mêlée, le devin Aristandre, vêtu de sa robe blanche, tenant une branche de laurier à la main, s'avança au milieu des troupes, en criant qu'*il voyait voler un aigle au-dessus de la tête d'Alexandre*. Il montrait de la main l'oiseau aux soldats, qui, croyant le voir, chargèrent avec ardeur, et dégagèrent l'aile droite de l'armée macédonienne, prête à être enveloppée par la cavalerie des barbares.

Dans ce moment Alexandre se replia pour attaquer le centre de l'armée persane. Darius était sur un char, et Alexandre à cheval, tous deux environnés d'officiers et de soldats qui ne demandaient qu'à se sacrifier pour la gloire de leur prince. La lutte devint opiniâtre et sanglante; mais Alexandre ayant percé d'un coup de javeline l'écuyer de Darius, Perses et Macédoniens crurent que le roi était tué. Les cris et les hurlements des barbares portèrent aussitôt la confusion dans leurs rangs, et le combat n'offrit plus qu'une scène de carnage. Alors Darius, tournant son char, prit la fuite; mais de quel côté se dirigeait-il? Personne ne put le découvrir, car il disparut dans un nuage de poussière, d'où l'on entendait sortir un bruit confus de cris d'hommes, de pieds de chevaux et de coups de fouet.

Cependant l'aile gauche, commandée par Parménion, se trouvait dans le plus grand danger. Un corps formidable de la cavalerie des Perses, des Indiens et des Parthes, ayant renversé l'infanterie, s'était avancé jusqu'aux bagages. Dès que les prisonniers les virent entrer dans le camp retranché, ils s'armèrent de tout ce qu'ils purent saisir, et se jetèrent sur les Macédoniens, qui se trouvèrent assaillis de tous côtés. Ils firent savoir à Sisygambis que Darius avait gagné la bataille (ils le croyaient), que le bagage était pillé et qu'elle allait recouvrer sa liberté. Cette sage princesse réprima la joie qu'elle devait éprouver; mais il n'en fut pas de même de plusieurs captives, qui se disposaient déjà à retourner dans le camp des Perses.

Au premier bruit de cet événement, Parménion s'était empressé d'en donner avis au roi, qui lui fit dire *de se garder d'affaiblir son corps de bataille, que la victoire restituerait, non-seulement le bagage, mais donnerait tout ce qui appartenait à l'ennemi.* Un autre courrier de Parménion qui informait Alexandre de la position critique dans laquelle il se trouvait, étant presque entouré par la cavalerie de Mazée, l'obligea d'accourir au secours de son lieutenant.

Le roi rencontra dans sa marche la cavalerie qui avait pillé le camp retranché; le combat qu'il lui livra fut rude et sanglant. On se battit corps à corps, et il y perdit environ soixante de ses gardes; Éphestion, Coenos et Ménidas furent blessés : la victoire resta cependant aux Macédoniens, et il ne se sauva qu'un petit nombre de barbares.

Dans cet intervalle, Mazée avait appris la défaite de Darius, et quoiqu'il eut l'avantage, son ardeur se ralentit. Parménion, qui en soupçonna la cause, se hâta d'annoncer à ses soldats que cette langueur était le signe avant-coureur de quelque défaite considérable de l'ennemi et qu'il fallait enlever la victoire. A ces mots, les cavaliers macédoniens, poussant leurs chevaux à toute bride, fondirent sur les Perses avec une telle impétuosité, qu'ils prirent la fuite en désordre. Telle fut l'issue de cette mémorable bataille, donnée près de Gaugamelles, en Assyrie, qu'on appela du nom d'Arbelles, parce que c'était la ville la plus considérable de cette contrée.

Quinte-Curce fait mention de quarante mille hommes tués du côté des Perses : c'est le plus modéré des historiens dans ces tristes et affreux calculs qui remplissent les annales de tous les peuples. Au reste, on doit peu compter sur ces évaluations de morts dans une bataille : le vainqueur et le vaincu ont également intérêt à tromper ou à être trompés.

MUNIFICENCE D'ALEXANDRE. — Son premier soin après la victoire fut de rendre grace aux dieux par des sacrifices magnifiques. Il récompensa ensuite ceux qui s'étaient distingués, les combla de richesses, leur donna des maisons, des charges, des gouvernements. Mais se piquant surtout de reconnaissance envers les Grecs qui l'avaient nommé leur généralissime, il ordonna que toutes les tyrannies élevées dans la Hellade fussent abolies, les cités mises en liberté et rétablies dans leurs priviléges. Il écrivit en particulier aux Platéens qu'il voulait que leur ville fût rebâtie. Enfin, il envoya aux Crotoniates une partie des dépouilles des Perses pour honorer la mémoire de l'athlète Phaylos, leur concitoyen, qui, du temps de la guerre médique, avait armé une galère à ses frais, et s'était rendu en personne à la bataille navale de Salamine.

FUITE DE DARIUS. — Après la journée d'Arbelles, Darius, accompagné d'une suite peu nombreuse, avait pris le chemin du fleuve Lycos. Dès qu'il l'eut passé, on lui proposa de faire rompre le pont. Il refusa, en disant « qu'il n'estimait pas assez la « vie pour vouloir la conserver au « prix de celle de tant de milliers de « sujets ou d'alliés fidèles qui demeu- « reraient à la merci des ennemis ; « qu'ils avaient le même droit que « leur maître à ce passage ; » enfin, il arriva vers le milieu de la nuit à Arbelles. Deux mille Grecs l'avaient rejoint en chemin, et il prit avec eux sa route vers la Médie, en traversant les montagnes de l'Arménie, persuadé qu'Alexandre se dirigerait sur Babylone.

PRISE D'ARBELLES. — Peu de jours

après, la ville d'Arbelles se soumit au vainqueur, qui y trouva quantité de meubles de la couronne, de riches habits et d'autres objets précieux, avec quatre mille talents (environ 21 millions de francs) en espèces. Il s'avança ensuite par les plaines vers Babylone, et en quatre jours de marche il arriva à Memnis, où l'on voit dans une caverne la source du bitume qui servait à enduire les briques crues employées aux fortifications de Babylone.

ENTRÉE D'ALEXANDRE DANS BABYLONE, 331 av. J.-C.

Quand Alexandre fut près de la ville, Mazée, qui s'y était retiré après la défaite de Darius, vint lui en apporter les clefs. Le roi fut charmé de cet hommage, car c'eût été une entreprise difficile que le siége d'une place aussi considérable et pourvue de toutes choses.

Alexandre fit son entrée dans Babylone comme s'il eût marché au combat. Les murs de la ville étaient couverts d'une foule nombreuse, quoiqu'une partie de la population fût sortie au devant du vainqueur, pour voir le héros dont elle avait tant entendu parler. Bagophane, gouverneur de la citadelle et gardien du trésor impérial, pour ne pas témoigner moins de zèle que Mazée, fit joncher les chemins de fleurs et dresser des deux côtés de la voie publique des autels d'argent sur lesquels on brûlait de l'encens et des parfums précieux. Il se présenta lui-même, suivi de présents destinés au vainqueur : c'étaient des troupeaux de bétail avec un grand nombre de chevaux, des lions et des panthères qu'on portait dans des cages. Les mages venaient ensuite en chantant des hymnes, ainsi que les Chaldéens chargés d'observer et d'interpréter le cours des astres, mêlés avec les musiciens de la ville qui célébraient la majesté du roi, en s'accompagnant d'une multitude d'instruments. La cavalerie babylonienne fermait le cortége, dans une tenue qui surpassait toute espèce de magnificence. Le roi ordonna au peuple de marcher à la suite de son infanterie... et lui, entouré de sa garde, porté sur un char resplendissant d'or et de pierreries, il entra dans la ville et monta en triomphe au palais impérial des descendants de Cyrus.

RÉCOMPENSES DISTRIBUÉES. — Le lendemain, le roi se fit rendre compte du trésor : sur l'argent qui s'y trouva, il ordonna de compter à chaque cavalier macédonien six mines (570 fr.), et aux cavaliers étrangers deux mines (188 fr.) par individu; tout fantassin macédonien en reçut autant, et les mercenaires eurent une gratification de deux mois de solde. Il décréta, après en avoir conféré avec les mages, qu'on rebâtirait les temples démolis par Xerxès, et entre autres celui de Bélus, qui était la principale divinité de Babylone. Il donna le gouvernement de la province à Mazée, et le commandement des troupes qu'il y laissait à Apollodore d'Amphipolis.

CALCULS ASTRONOMIQUES. — Dans les entretiens que le roi eut avec les Chaldéens, ils lui présentèrent une suite d'observations astronomiques faites par leurs prédécesseurs; elles renfermaient un espace de 1903 ans, et remontaient par conséquent jusqu'au temps de Nemrod : Callisthène, qui accompagnait Alexandre, les adressa par son ordre à Aristote.

ARRIVÉE DE PLUSIEURS RENFORTS. — Le séjour du roi à Babylone, qui fut de trente-quatre jours, causa un tort considérable à son armée, qui s'amollit dans les délices de cette ville. Heureusement qu'Amyntas arriva avec des renforts assez considérables pour le mettre à même de reprendre l'offensive : ces troupes se composaient de six mille fantassins et de cinq cents cavaliers macédoniens envoyés par Antipater; de six cents chevaux thraces, et de quatre mille cinq cents hommes de pied de la même nation ; de quatre mille mercenaires avec quatre cents chevaux tirés du Péloponèse : ces forces étaient accompagnées de cinquante jeunes Macédoniens des premières familles, destinés à entrer dans les gardes-du-corps du roi.

# GRÈCE.

**Réforme militaire.** — Alexandre étant entré dans la Sitacène, y séjourna afin de rétablir l'ordre dans son armée; il donna des jeux militaires, dont les prix distribués aux huit vainqueurs furent des grades de *chiliarques*, ou commandants de mille hommes. Il soumit sa cavalerie à une discipline uniforme, sans avoir égard à la différence des nations; il lui donna des commandants à son choix, sans s'astreindre à les prendre parmi ceux qui composaient une *chiliade*, ou brigade. Le signal de la marche avait été donné, jusqu'alors, par le son de la trompette; mais comme on avait souvent peine à l'entendre, il ordonna qu'on élèverait à l'avenir sur sa tente un drapeau qui serait vu de tout le monde; il établit aussi le feu pour signal de nuit, et la fumée pendant le jour.

**Soumission de Suze.** — Vingt-cinq jours après son départ de Babylone, le roi arriva à Suze, qui lui fut remise par le fils d'Abulite, gouverneur de cette place. Il fit grand accueil à ce jeune seigneur, qui le conduisit jusqu'au Choaspe, fleuve dont l'eau seule était servie sur la table des rois de Perse. Ce fut dans cet endroit qu'Abulite vint trouver le conquérant avec des présents, qui consistaient en douze éléphants et en dromadaires d'une vitesse incroyable.

Maître de la ville, Alexandre tira du trésor cinquante mille talents (275 millions de fr.) en argent monnayé et en lingots, des meubles et une foule d'objets du plus grand prix. On y découvrit, entre autres choses, 2672 quintaux de pourpre d'Hermione (kermès végétal, alors évalué à 300 fr. la livre), qu'on y avait amassé dans l'espace de 190 ans; il conservait toute sa fleur. On y retrouva une partie des objets emportés de la Grèce par Xerxès, tels que les statues d'Harmodios et d'Aristogiton, qu'Alexandre renvoya à Athènes, où elles se voyaient encore du temps d'Arrien. Le commandement de Suze fut donné à Archélaos, avec une garnison de trois mille hommes : Mazare, un des principaux seigneurs de la cour, fut chargé de la défense de la citadelle avec trois mille vétérans macédoniens, et le gouvernement de la Suziane fut conféré à Abulite. Le roi laissa à Suze la mère et les enfants de Darius.

**Les Uxiens domptés.** — En partant de Suze, le roi arriva au Pasitigre, qu'il traversa avec neuf mille hommes de pied et trois mille chevaux. Il entra aussitôt dans l'Uxiane, province gouvernée par Madate. Ce général, resté fidèle à Darius, se défendit à outrance, et n'obtint grace du vainqueur qu'à la sollicitation de Sisygambis : par un de ces caprices qu'il est difficile d'expliquer, les habitants furent déclarés libres d'impôts.

Le cinquième jour de marche, l'armée macédonienne arriva au pas de Suze, défendu par Ariobarzane, qui avait sous ses ordres sept cents chevaux, campés dans la plaine, et quatre mille hommes de pied, embusqués dans les montagnes. Dès qu'Alexandre eut pénétré dans le défilé, les barbares se mirent à rouler des pierres considérables qui écrasaient des pelotons entiers de soldats; on dut battre en retraite. L'armée se voyait dans l'impossibilité de marcher en avant, lorsqu'un Grec, captif des Perses, offrit de conduire les Macédoniens au sommet de la montagne par un sentier qu'il connaissait pour avoir gardé les troupeaux dans cette contrée. Le roi aurait dû remettre le soin d'une entreprise aussi hasardeuse à quelqu'un de ses officiers; mais déjà accoutumé à agir en héros de roman, il ne voulut s'en rapporter qu'à lui-même. Il parvint donc, après des fatigues et des dangers incroyables, à tourner l'ennemi, qu'il força d'abandonner le défilé. Il entra alors dans la Perse proprement dite; et sur l'avis qu'il reçut de Tiridate, il hâta sa marche, et après avoir passé l'Araxe, il arriva assez à temps pour empêcher le pillage des trésors de Persépolis par les habitants de cette ville.

**Colonie grecque.** — Alexandre approchant de cette seconde capitale, vit venir à sa rencontre environ huit cents, Quinte-Curce dit quatre mille Grecs, prisonniers de guerre, fort âgés, sur qui les Perses avaient exercé d'horribles mutilations; il ne leur était presque resté que la parole à quoi on pût les reconnaître. A cette vue, le roi ne put retenir ses larmes; et, comme ils se mirent tous ensemble à crier pour implorer sa pitié, il les assura qu'ils reverraient leurs femmes et leurs enfants!.. Ils parurent consternés. « Comment, disaient-ils, reparaître « ainsi déformés dans nos foyers? Le « meilleur moyen de supporter sa mi- « sère, c'est de la cacher; il n'est point « de patrie plus douce pour les infor- « tunés que la solitude et le souvenir « de leur félicité passée. » Quelques-uns consentirent cependant à se rapatrier; les autres demandèrent à rester dans le pays où ils avaient déjà passé plusieurs années. Le roi y consentit, et fit distribuer à chacun d'eux trois mille drachmes (2750 fr.), cinq habits par homme et autant pour femme, cinquante brebis, deux couples de bœufs pour labourer leurs terres, et du blé pour les ensemencer.

PRISE DE PERSÉPOLIS. — Les Perses avaient abandonné la ville lorsque Alexandre y entra à la tête de sa phalange, qu'il eut peine à contenir dans le devoir. Les Grecs se rappelaient qu'il n'y eut jamais de ville plus funeste à leur patrie; ils en avaient conquis plusieurs autres, mais leur butin n'était rien en comparaison des trésors renfermés dans Persépolis. Les richesses de l'empire étaient accumulées dans ce séjour du luxe et de l'opulence. On trouva dans le trésor cent vingt mille talents (660 millions de francs), qui furent destinés aux frais de la guerre, ainsi que six mille talents (18 millions), provenant du butin de Pasagarde, ville où se faisait le sacre des schaks de Perse.

INCENDIE DU PALAIS DE XERXÈS. — Avant de quitter Persépolis, afin de poursuivre Darius, Alexandre convia ses amis à un festin, où l'on but avec excès. Parmi les femmes admises au banquet, se trouvait la courtisane Thaïs, née dans l'Attique; elle était pour lors maîtresse de Ptolémée, qui devint dans la suite roi d'Égypte. Sur la fin du repas, elle dit en folâtrant : « Qu'elle « aurait une joie infinie si, pour ter- « miner noblement cette fête, elle « pouvait brûler le magnifique palais « de Xerxès, qui avait incendié Athè- « nes, et y mettre elle-même le feu « en présence du roi, afin qu'on dît « par toute la terre que les femmes « de la suite d'Alexandre avaient « mieux vengé la Grèce des Perses « que tous les généraux qui avaient « combattu pour elle par terre et par « mer. » Les convives applaudissent à ce discours d'une bacchante effrénée. Le roi se lève de table couronné de fleurs et s'avance une torche à la main; la troupe des convives le suit en dansant et en sautant; les Macédoniens accourent avec des flambeaux, le palais est entouré et embrasé. Ainsi fut incendié, et non complétement détruit, le palais de Xerxès, dont les ruines monumentales sont encore connues de nos jours sous le nom de *Tchelminar;* la ville continua à subsister jusqu'aux premiers siècles de l'hégire.

DEUIL DE COUR,
330 avant J.-C.

On apprit sur ces entrefaites la mort d'Alexandre, roi d'Épire, tué par un soldat lucanien, dans la grande Grèce, où il avait été appelé par les Tarentins qui étaient, en guerre contre les Romains. On rapporte qu'en entendant le récit des conquêtes de son neveu, le roi s'était écrié que *celui-là avait des femmes à combattre et lui des hommes*. Malgré ce propos vrai ou supposé, le héros de Pella ne se souvenant que de la généreuse hospitalité de ce prince pour lui et pour sa mère, voulut que son armée prît le deuil. Éprouva-t-il, comme on l'a prétendu, quelque satisfaction d'être débarrassé d'un guerrier dont les talents pouvaient lui porter ombrage? Il y a un point où tout, dans le cœur humain, est ténèbres; vainement on s'efforcerait de les dissiper, elles ne font que s'épaissir davantage.

**Querelles entre Olympias et Antipater.** — Olympias écrivait sans cesse à son fils de modérer l'excès de ses libéralités; depuis qu'il se qualifiait de fils d'Hammon, elle l'avait prié *de ne pas la brouiller avec Junon*, et elle le semonçait à tout propos. Il tenait ces lettres secrètes; cependant un jour qu'en ayant ouvert une, Éphestion s'approcha et lisait avec lui par-dessus son épaule, il ne l'en empêcha pas, mais tirant son anneau de son doigt, il en appliqua le cachet sur la bouche de son favori pour lui recommander le secret. Et comme Antipater, qu'il avait laissé en Macédoine, se plaignait amèrement des emportements de l'ambitieuse Olympias, il dit, après avoir lu ses dépêches : *Hélas! il ignore qu'une seule larme d'une mère efface dix mille lettres comme la sienne.*

CAMPAGNE DE L'ANNÉE
330 av. J.-C.

**Quatrième armée persane.** — Darius, arrivé à Ecbatane, capitale de la Médie, était parvenu à réunir autour de lui trente mille fantassins, au nombre desquels on comptait quatre mille Grecs, qui lui restèrent fidèles jusqu'à la fin; quatre mille frondeurs ou gens de trait, ainsi que plus de trois mille cavaliers persans, et surtout du nord de l'Asie, commandés par Bessus, satrape de la Bactriane. Il lui restait ainsi, après ses désastres, de quoi venger ou terminer tous ses maux, ce qui lui faisait dire : qu'*une même journée verrait la fin de son règne et de sa vie s'accomplir avec honneur.*

**Darius trahi.** — C'était aussi le vœu de ses soldats, déterminés à mourir avec leur roi. Mais Nabarzane, général de la cavalerie persane, et Bessus, avaient conçu le plus grand de tous les crimes : c'était d'arrêter leur souverain. Ils devaient, dans le cas où ils se trouveraient serrés de près par Alexandre, se racheter, en lui livrant Darius en vie. S'ils échappaient au vainqueur, ils se proposaient d'assassiner leur maître, de s'emparer de la couronne et continuer une guerre à outrance; ils séduisirent les soldats, qui voyaient une retraite assurée dans la Bactriane.

Quelque sourdes que fussent ces manœuvres, Darius en eut connaissance. Patron, qui commandait les Grecs, l'exhorta inutilement à faire dresser sa tente dans son quartier, et à confier la garde de sa personne à des troupes sur la fidélité desquelles il pouvait compter. Il ne put se résoudre à faire un pareil affront aux Perses, et il répondit : « qu'il éprouve« rait moins de peine à être trompé « par ses sujets qu'à les condamner sur « de simples soupçons ; qu'il préfé« rait s'exposer à souffrir parmi les « siens les malheurs que la fortune « lui réservait, plutôt que de cher« cher sa sûreté au milieu des étran« gers; qu'aussi bien il ne pouvait plus « mourir que trop tard, si les soldats « qui étaient de sa nation le jugeaient « indigne de vivre. » Il ne tarda pas à éprouver la vérité du conseil que Patron lui donnait ; les traîtres s'emparèrent de sa personne, le lièrent avec des chaînes d'or, et prirent le chemin de la Bactriane.

**Prise d'Ecbatane.** — Darius était parti depuis cinq jours, lorsque Alexandre entra dans Ecbatane. Les trésors qu'il trouva dans cette ville se montaient, suivant Strabon, à 180 mille talents (environ un milliard de fr.). Il les laissa dans la citadelle avec une forte garnison, pour marcher du côté de l'Hyrcanie, en ordonnant à Clitos, resté malade à Suze, de le rejoindre dans le pays des Parthes, dès qu'il serait guéri.

**Mort de Darius.** — Alexandre mit onze jours pour arriver à Rhagès, ville située à dix lieues environ des Portes caspiennes, que le roi captif avait déjà franchies. Désespérant de l'atteindre, il s'arrêta pendant cinq jours dans cet endroit, afin de laisser respirer ses troupes; alors s'étant remis en route, il campa à l'entrée des défilés, qu'il passa le lendemain. Il apprit dans ce lieu que Darius avait été arrêté, que l'armée barbare obéissait à Bessus, mais qu'Artabaze et les Grecs qu'il commandait, indignés d'une aussi noire perfidie, s'étaient retirés dans les montagnes. Ce fut pour lui une raison de hâter sa marche.

Bessus pouvait néanmoins l'attaquer et le combattre avec succès; mais le nom d'Alexandre qui était précédé de la terreur, étonna tellement les barbares, qu'ils prirent la fuite. Bessus et ses complices ayant rejoint le prince captif, l'engagèrent à monter à cheval, afin d'échapper aux Macédoniens; il s'y refusa. Transportés de fureur en voyant que la royale victime allait leur échapper, ils lancèrent leurs dards contre leur maître infortuné, qu'ils laissèrent couvert de blessures. Ce fut dans cet état qu'on trouva Darius étendu sur son char, et touchant à sa fin; il eut encore la force de demander à boire. Un soldat macédonien, nommé Polystrate, lui apporta de l'eau, et après avoir bu, il expira, âgé de cinquante ans et au bout de six années de règne. Avec lui finit l'empire des Perses, qui avait duré 206 ans, depuis le grand Cyrus, son fondateur, savoir treize rois, savoir: Cyrus, Cambyse, Smerdis le Mage, Darius, fils d'Hystaspe, Xerxès I$^{er}$, Artaxerxès-longue-Main, Xerxès II, Sogdien, Darius Nothos, Artaxerxès Mnémon, Artaxerxès Ochos, Arsès et Darius Codoman.

### TROUBLES DANS LA GRÈCE.
330 avant J.-C.

Au milieu de tant de victoires, les Grecs perdaient de vue le héros de Pella. Les uns disaient qu'il avait porté ses drapeaux jusqu'au delà de l'Ourse, et peu s'en faut jusqu'aux extrémités de la terre habitable; d'autres prétendaient qu'il était passé dans l'Inde, et que c'en était fait de cet astre brûlant qui menaçait d'embraser le monde. La fermentation s'étendait; la Thrace, gouvernée par Memnon, venait de se révolter, lorsque les Lacédémoniens crurent l'occasion favorable pour se soustraire au joug de la Macédoine.

BATAILLE DE MÉGALOPOLIS. — Agis, roi de Sparte, avait attiré presque tout le Péloponèse dans son parti; il comptait sous ses drapeaux vingt mille hommes de pied, parmi lesquels il y avait huit mille mercenaires échappés de la bataille d'Issos, et onze mille hommes de cavalerie. Arrien prétend qu'il avait reçu autrefois de l'argent de Darius, afin d'opérer cette puissante diversion.

La Grèce entière courait aux armes, lorsque Antipater, ayant réuni quarante mille hommes, marcha au secours de Mégalopolis, que les Lacédémoniens tenaient assiégée parce qu'elle avait refusé de faire cause commune avec eux. La mêlée fut rude, chaque parti faisant des efforts extraordinaires pour soutenir l'honneur de sa nation. Tant qu'on demeura sur le terrain où la bataille avait commencé, Agis eut l'avantage; mais Antipater, ayant attiré les insurgés en rase campagne, remporta une victoire complète. Le fort de l'action eut lieu autour d'Agis, qu'on remarquait par sa bonne mine. Il fit des prodiges; mais enfin, couvert de blessures, les siens durent l'emporter sur son bouclier, et ils ne lâchèrent pied qu'après avoir été abandonnés de leurs alliés. Alors le roi poursuivi se ranima; intrépide et invincible jusqu'à la fin, mais accablé par le nombre, il mourut les armes à la main.

Diodore de Sicile fait monter, avec assez de vraisemblance, la perte des Spartiates à cinq mille trois cents hommes, et celle des Macédoniens à trois mille cinq cents. A peine y eut-il un seul de ces derniers qui se retirât sans blessures. Plutarque raconte qu'Alexandre, jaloux de la gloire d'Antipater, dit, en apprenant cette bataille: *Quand nous vainquions ici Darius, il y avait un combat de souris en Arcadie*. A dater de cette affaire, jusqu'à la mort d'Alexandre, la Grèce jouit d'une tranquillité et d'un bonheur auquel elle n'était plus accoutumée depuis long-temps.

PROCÈS DE CTÉSIPHON. — Les Grecs conservaient encore les formes de cette constitution libre dont l'esprit animait leurs ancêtres, lorsque Athènes offrit un spectacle antique à la Hellade. Il s'agissait d'un débat fameux entre Eschine et Démosthène. L'action, intentée peu de temps avant la bataille de Chéronée, ne fut ainsi appelée en jugement devant le peuple que huit ans après, sous l'archontat d'Aristophon.

ACCUSATION. — En conséquence d'un décret proposé par Ctésiphon, Démosthène avait obtenu une couronne d'or, comme récompense de son mérite civil. Eschine se portait accusateur contre Ctésiphon comme violateur des lois de la république : 1° parce qu'il avait fait décerner des honneurs publics à un citoyen chargé des finances de l'état, qui n'avait pas rendu ses comptes ; 2° comme ayant fait proclamer au théâtre l'annonce de la couronne accordée à Démosthène ; 3° enfin, attendu que les prétendus services de Démosthène n'avaient abouti qu'à la ruine publique, il concluait à ce qu'il fût puni comme traître à la patrie.

PLAIDOYERS. — Athènes était remplie d'une foule de spectateurs accourus des différentes parties de la Grèce pour entendre le débat survenu entre les deux orateurs les plus célèbres de cette époque. On trouve dans la harangue d'Eschine le pouvoir de la raison et la force de la logique combinés avec la plus brillante éloquence. Néanmoins la véhémence persuasive de Démosthène prévalut ; les traits sublimes qui lui firent obtenir la victoire seront admirés jusqu'aux derniers âges du monde. À quel degré d'enthousiasme l'orateur et son auditoire ne durent-ils pas être élevés, lorsque, pour se justifier d'avoir conseillé la funeste bataille de Chéronée, il s'écria : *Non ! Athéniens, vous n'avez pas été abusés ; non ! j'en jure par les mânes des héros qui combattirent pour la même cause à Marathon et à Platée.*

BANNISSEMENT D'ESCHINE. — L'orateur justifia non-seulement Ctésiphon et lui-même, mais il fit bannir son adversaire, comme auteur d'une accusation calomnieuse. Quelque honorable que fût ce triomphe, Démosthène retira encore plus de gloire de sa conduite généreuse envers son rival. Avant qu'Eschine s'embarquât, il lui porta une somme d'argent qu'il lui fit accepter à force d'instances ; générosité qui fit dire à l'exilé : *Combien ne dois-je pas regretter un pays où les ennemis sont plus généreux que les amis ne le sont partout ailleurs !*

Eschine se retira à Rhodes, où il établit une école d'éloquence qui fleurit pendant plusieurs siècles. On rapporte qu'ayant lu à ses disciples le discours qui avait été suivi de son bannissement, il fut reçu avec des applaudissements extraordinaires ; mais ces applaudissements redoublant lorsqu'il donna lecture de la réplique de Démosthène, loin d'en témoigner la moindre peine, il cria à son auditoire : *Quelle aurait donc été votre admiration, si vous l'aviez entendu lui-même ?*

MOUVEMENTS SÉDITIEUX DANS L'ARMÉE D'ALEXANDRE,
329 avant J.-C.

Alexandre, fatigué de poursuivre Bessus dans la Bactriane, où il avait pris le titre de roi et le surnom d'Artaxerxès, revint à Hécatonpylos. Pendant le séjour qu'il y fit, la nouvelle se répandit que, content de ses victoires, il se préparait à retourner en Macédoine. Au même instant, on vit ses soldats courir comme des insensés à leurs tentes, plier bagage, charger les chariots et remplir le camp de tumulte. La cause de ce faux bruit venait de ce que le roi avait licencié la cavalerie thessalienne après la prise de Persépolis et plusieurs autres troupes grecques qu'il avait comblées de richesses, de sorte que les Macédoniens crurent la guerre finie pour eux comme pour les autres.

Effrayé d'un pareil désordre, le roi manda ses principaux officiers dans sa tente, et, les larmes aux yeux, il se plaignit de ce qu'il se voyait arrêté tout-à-coup dans une carrière si glorieuse et contraint de retourner dans son pays plutôt en vaincu qu'en vainqueur. Les officiers le consolèrent et le rassurèrent en lui répondant de l'obéissance des troupes, pourvu qu'il consentît à leur parler lui-même avec bonté et douceur.

DISCOURS D'ALEXANDRE. — Quand le roi eut rassemblé l'armée, il lui adressa la parole en ces termes : « Je « ne m'étonne point, soldats, après « les choses à jamais mémorables que « nous avons faites, si vous êtes ras« sasiés de gloire et ne cherchez plus « que le repos. Si je croyais nos con« quêtes bien assurées au milieu de « tant de peuples si rapidement vain« cus, je ne le dissimule pas, je par« tagerais votre désir et je me hâte« rais d'aller revoir mes dieux domes« tiques, ma mère, mes sœurs, mes « compatriotes, et jouir au sein de ma « patrie de la gloire que j'ai acquise « avec vous. Que dis-je? cette gloire, « elle s'évanouira bientôt, si nous « laissons notre victoire imparfaite. « Mais ce qui me touche bien plus en« core, voudriez-vous que le crime et « l'attentat de Bessus demeurât im« puni? pourriez-vous souffrir que le « sceptre de Darius passât aux mains « meurtrières du monstre qui l'a as« sassiné pour me ravir la gloire de « le sauver? Pour moi, il me tarde « de le voir subir le juste châtiment « de son parricide..... » Les soldats ne laissèrent pas achever le roi, et, battant des mains, ils s'écrièrent : *qu'il les menât où il lui plairait!!!*

Malgré le succès de son discours, le roi ne pouvait ignorer le mécontentement de ses généraux et de son armée. Il essaya de regagner son influence par des largesses. Mais la servitude, à quelque haut prix qu'on la mette, ne peut jamais plaire à des hommes libres. Il avait foulé aux pieds les usages de son pays, espèce d'apostasie politique, en renonçant à l'habillement, aux mœurs et à la manière de vivre des rois de Macédoine. Il s'était mis au rang des dieux, et avait voulu que ses compagnons de gloire se prosternassent à ses pieds ; trois cent soixante concubines meublaient son harem ; elles venaient faire le tour de son lit dès qu'il était couché, afin qu'il choisît celle qui lui plaisait. Il avait pris pour officiers de sa chambre des Asiatiques, et pour gardes de sa personne des hommes de la plus haute naissance, au nombre desquels on voyait figurer Oxathres, frère de Darius. Il avait ceint sa tête du diadème persan, pris la robe blanche, la ceinture des rois indigènes et leur habillement ; il avait exigé que ses amis vêtissent des robes de pourpre, et fait mettre à ses chevaux des ornements à la persique.

CONSPIRATION. — Arrivé dans la Drangiane, le roi, qui s'était remis à la poursuite de Bessus, apprit qu'on en voulait à ses jours. Un certain Dymnos, qu'il avait offensé, devait l'assassiner ; il communiqua son projet à un jeune homme appelé Nicomachos, qui s'en ouvrit à Céballinos, son frère, et celui-ci fait part à Philotas, qui négligea ou dédaigna d'en avertir son maître.

Alexandre, ayant appris de la bouche même de Céballinos ce qui se tramait, ordonna de lui amener Dymnos. Celui-ci, se doutant du motif qui le faisait appeler, se frappa de son épée. Les gardes l'apportèrent dans cet état aux pieds d'Alexandre, qui lui demanda quelle raison il avait eue de juger Philotas plus digne du trône que lui. Il ne répondit que par un profond soupir, et, détournant la tête, il expira.

ACCUSATION CONTRE PHILOTAS. — Alexandre manda d'abord Philotas, avec lequel il eut un entretien secret, dans lequel il avoua ingénument que la mort de Dymnos lui avait dessillé les yeux sur un complot qu'il avait cru chimérique ; il se reconnut coupable de négligence, supplia le roi d'avoir plus d'égard à sa vie passée qu'à la faute qu'il venait de commettre et il embrassa ses genoux. Il n'est pas aisé de dire si Alexandre ajouta foi à sa justification, ou s'il dissimula ; quoi qu'il en soit, il lui donna la main en signe de réconciliation.

Philotas avait des ennemis d'autant plus nombreux à la cour qu'il y jouissait d'un très-grand crédit. Vainement Parménion, son père, lui avait recommandé de *se faire petit*. Le roi avait d'anciens griefs contre lui; il avait tenu des propos insolents au sujet de sa divinité; les courtisans les envenimèrent et sa perte fut résolue.

ARRESTATION DE PHILOTAS. — Au commencement de la nuit les postes furent doublés, et on entra chez Philotas, qui dormait d'un profond sommeil. S'étant éveillé en sursaut, comme on lui mettait les fers aux mains, il s'écria : *Ah! seigneur, la rage de mes ennemis a prévalu sur votre bonté!* Après quoi on lui couvrit le visage et on l'amena au palais sans qu'il proférât une parole.

PROCÈS. — C'était une ancienne coutume en temps de guerre que l'armée jugeât les crimes, de façon que le souverain n'usait de son pouvoir qu'après un jugement, soit pour le confirmer ou pour faire grace. On réunit en conséquence un conseil de guerre qui se trouva être composé de six mille officiers et soldats.

On exposa devant l'assemblée le corps de Dymnos, et Alexandre en personne se porta comme accusateur contre le prévenu. Le roi tint long-temps les yeux baissés, et, après avoir parlé du danger auquel il avait échappé, il nomma, comme chefs du complot qui devait lui ravir la vie, Parménion et Philotas. A ces noms, officiers et soldats se regardaient l'un l'autre, n'osant s'en rapporter à ce qu'ils entendaient. On fit venir Nicomachos, Métron et Céballinos, qui déposèrent ce qu'ils savaient; pas un d'eux ne chargeait Philotas d'avoir trempé dans le complot. L'assemblée, dans le trouble et le saisissement, gardait un triste et morne silence.

On amena Philotas, qui avait les mains liées derrière le dos, la tête couverte d'un linge sale et usé. Quel spectacle! Hors de lui-même, l'infortuné n'osait lever le front, ni ouvrir la bouche.... Puis, les larmes coulant de ses yeux en abondance, il s'évanouit entre les bras de celui qui le tenait...... et comme on eut essuyé les pleurs dont son visage était inondé, la voix lui revenant, il semblait vouloir parler, le roi lui dit : *que les Macédoniens seraient ses juges;* là dessus il se retira.

Il n'était pas difficile à Philotas de se justifier. Aucun témoin ne le chargeait; Céballinos ne l'avait pas nommé; il dormait paisiblement au moment de son arrestation... et comme si Alexandre eût été présent (on croit qu'il était caché derrière un rideau), il parla en ces termes : « Seigneur, si j'ai failli
« en ne vous communiquant pas l'avis
« que j'avais reçu, je vous ai confessé
« ma faute et vous me l'avez pardon-
« née. Vous m'avez donné votre main
« royale pour gage et vous m'avez
« même fait l'honneur de m'admettre
« à votre table. Si vous avez ajouté
« foi à mes paroles, je suis innocent.
« Si vous m'avez pardonné, j'ai ma
« grace, et je m'en tiens à votre ju-
« gement. »

CONDAMNATION ET MORT DE PHILOTAS. — On doute que Philotas ait été appliqué à la question, qu'il se soit avoué coupable et qu'il ait chargé son père, car l'événement prouve que la mort de ce grand général était résolue par avance et qu'il fut exécuté sans forme de procès. Le lendemain de la première comparution, on fit lecture des réponses de Philotas en pleine assemblée, lui présent, et il fut condamné tout d'une voix. Alors il essaya d'émouvoir ses juges : « Les personnes
« condamnées, dit-il, ont coutume de
« faire paraître leurs parents devant
« votre tribunal : je viens de perdre
« deux frères; je ne saurais vous
« montrer mon père, ni le rappeler à
« votre souvenir, puisqu'on l'accuse
« d'être mon complice. Chef d'une
« nombreuse famille, ce n'est pas as-
« sez pour toi, Parménion, d'être
« privé du fils, aujourd'hui ton uni-
« que soutien, on veut encore t'im-
« moler. O le plus chéri des pères,
« tu meurs peut-être en même temps
« que moi et à cause de moi; je t'ar-
« rache la vie, j'éteins ta vieillesse, et

« un bourreau va t'ôter une vie que
« la nature allait te redemander, si la
« fortune eût voulu attendre. » En
achevant ces paroles, Philotas fut conduit au supplice ; il devait être cruci-
fié la tête en bas, mais, comme général, on le lapida sur le front de
bandière du camp : on fit mourir en
même temps Alexandre de la Lyn-
cestide, qu'on tenait en prison depuis
trois ans.

ASSASSINAT DE PARMÉNION. — On
ne peut s'arrêter dès qu'on est entré
dans les voies de la tyrannie. Avant
la condamnation de Philotas, Alexandre avait chargé Polydamas, un des
seigneurs de sa cour, de l'exécution
qu'il avait résolue ; c'était un des plus
intimes de Parménion, et on le choisit pour être son meurtrier. Il partit
en conséquence pour Ecbatane, capitale de la Médie, avec des ordres
adressés à Cléandre, lieutenant de la
province, ainsi qu'à Ménidas et à Si-
tacès ; il portait en même temps deux
lettres pour Parménion, l'une du roi
et l'autre scellée du cachet de Philotas, comme s'il eût été encore vivant.
Polydamas fit le chemin en onze jours,
et descendit de nuit chez Cléandre,
avec lequel il concerta les mesures nécessaires au succès de son infâme
commission. Après être convenus de
leurs faits, ils se rendirent auprès de
Parménion, qu'ils trouvèrent se promenant dans son parc. Du plus loin
que Polydamas l'aperçut, il courut
l'embrasser et il lui remit la lettre
d'Alexandre. En l'ouvrant, il lui demanda ce que faisait le roi, il répondit qu'il l'apprendrait par sa lettre.
Après l'avoir lue, Parménion lui dit :
« Le roi se prépare à marcher contre
« les Arachosiens. Quel admirable
« prince ! il ne se donne pas de repos ;
« il serait néanmoins temps qu'il son-
« geât à se ménager, après avoir ac-
« quis tant de gloire. » Ensuite il
prit la lettre de Philotas, qu'il semblait
lire avec plaisir, lorsque Cléandre le
frappa d'un coup de poignard dans le
flanc ; les autres assassins l'achevèrent
et lui donnèrent même plusieurs coups
après sa mort. Ainsi périt, âgé de 70
ans, un vieux et fidèle général qui
avait ouvert le chemin de l'Asie à Philippe et frayé la voie de la gloire à
son fils Alexandre.

PRISE ET SUPPLICE DE BESSUS. —
La mort de deux hommes illustres,
égorgés sur des soupçons, répandit
un mécontentement général dans l'armée. Pour faire diversion à ces justes
ressentiments, Alexandre continua la
poursuite de Bessus. Après avoir traversé la Drangiane, l'Arachosie, l'A-
rimaspie, le mont Paropamisus, contrées qu'il trouva dévastées par l'ennemi, il s'avança vers Aorne et Bac-
tres, dont il se rendit maître. Alors
Bessus, abandonné d'une partie de ses
troupes, passa l'Oxus et se retira à
Nautaque, ville de la Sogdiane, résolu
d'y rassembler une nouvelle armée.

MASSACRE DES BRANCHIDES. —
Spithamène, avec deux autres officiers
de ce rebelle, le voyant réduit à cette
extrémité, se saisirent de sa personne
pour le livrer à Alexandre, qui venait
d'arriver à une petite ville habitée par
les Branchides. C'était une famille
grecque de Milet, dont Xerxès avait
établi les ancêtres dans cette contrée
de la Haute-Asie, afin de les récompenser de lui avoir livré les trésors
d'Apollon Didyméen, confiés à sa
garde. Le roi, ayant convoqué les Milésiens qui se trouvaient dans son armée, leur abandonna le soin de se
venger des Branchides, ou de leur
pardonner un crime dont leurs pères
s'étaient rendus coupables, cent cinquante ans auparavant. Comme ils ne
pouvaient s'accorder à ce sujet, le roi
ordonna de massacrer une population
qui était venue à sa rencontre en poussant des cris d'allégresse et de renverser de fond en comble leurs paisibles demeures.

Après cette effroyable destruction,
on amena Bessus enchaîné au roi. Il
le livra à Okathres, frère de Darius,
qui différa son supplice jusqu'à ce
qu'il eût été jugé dans l'assemblée générale des Perses. On le transporta
en conséquence à Ecbatane, où il fut,
suivant Plutarque, écartelé vif en présence de la mère de Darius.

### ÉVÉNEMENTS DE L'ANNÉE
### 328 av. J.-C.

Le passage de l'Oxos, la conquête de la Sogdiane, la défaite des Scythes au-delà du Jaxartes, la mort de Spithamène, le meurtre de Clitos, la prise des places défendues par Oxatbres et par Chorième, le procès de Callisthène, sont les principaux événements de cette année.

CHANGEMENT MORAL D'ALEXANDRE. — Quinte-Curce est le seul historien qui s'attache à nous faire connaître son caractère, en remarquant les progrès que fit en lui la corruption. Après la bataille d'Issos, il voulut être *Dieu*: c'était le comble de l'extravagance; il comprit cependant qu'il fallait temporiser avant de prendre rang dans l'Olympe. Mais vainqueur à Arbèles et maître de la superbe Babylone, il donna ouvertement la préférence aux mœurs étrangères sur celles des Macédoniens; et devenu souverain des Perses, il fut bientôt subjugué par leurs vices et par leur mollesse. De longs et interminables festins, des nuits passées dans l'ivresse ou au jeu, une bande de trois ou quatre cents courtisanes accompagnées d'eunuques, annoncèrent une dégradation qui ne tarda pas à lui aliéner l'affection de ses compatriotes. Après la chute complète de Darius, rien ne s'opposant plus aux penchants d'Alexandre, il lâcha publiquement la bride à ses passions; la continence et la modération firent place à la dissolution et à l'orgueil; il ceignit le diadème de pourpre mêlé de blanc, tel que le portait le grand roi; il souffrit, et bientôt il exigea qu'on se prosternât devant lui et qu'on l'adorât.

Dans une des orgies où ce prince oubliait sa divinité et voulait qu'on le respectât, il ne craignit point de rabaisser Philippe, au point de revendiquer pour lui seul toute la gloire de la bataille de Chéronée. Une autre fois il reprocha à son père d'avoir passé son temps aux mystères de Samo-Thrace, au lieu de l'employer à la conquête de l'Asie, remarque aussperfide qu'indécente, relativement aux premières amours de Philippe et d'Olympias; enfin, il entreprit de faire lui-même son propre panégyrique.

SÉJOUR A MARACANDE. — Artabaze ayant prié le roi de le décharger du gouvernement de cette province à cause de son grand âge, il en pourvut Clitos, qui avait servi sous Philippe. Sa sœur Hellanice avait été la nourrice d'Alexandre; le nouveau gouverneur fut invité à souper à la table du roi, qui se disposait à quitter Maracande. Un poète musicien, appelé Pranique ou Pierion, admis au banquet royal, chanta des vers dans lesquels les anciens capitaines macédoniens, vaincus par les barbares, étaient tournés en ridicule. On voulut lui imposer silence, mais Alexandre et ses courtisans lui ordonnèrent de continuer. Alors Clitos prit la parole pour défendre les *vieux capitaines*, et la dispute s'étant échauffée, on en vint aux personnalités, surtout lorsque Alexandre qualifia leurs revers de lâcheté! « C'est pourtant cette lâcheté « qui te conserva la vie, oui, à toi, « fils des dieux, lorsque tu tournais « le dos à l'épée de Spithridate. Cette « main sauva ta tête au combat du « Granique. » Il lui reprocha ensuite le meurtre d'Attalos, et se moquant de l'oracle de Jupiter Hammon : *J'ai dit au roi des choses plus vraies que son père*. A ces mots, Alexandre, arrachant une sarisse des mains de ses gardes, s'élança pour en percer Clitos; Perdiccas et Ptolémée l'en empêchèrent. Les amis de Clitos le forcèrent de quitter la salle; mais il y rentra aussitôt par une autre porte, en récitant des vers de l'Andromaque d'Euripide, où ce poète se plaint de ce que *toute la gloire d'une bataille rejaillit, non sur les soldats, mais sur leur général*. Alexandre, hors de lui-même, ordonne de sonner la trompette, afin que le camp prenne les armes; il repousse ses amis qui le conjurent de ne rien précipiter; la frénésie lui ferme les oreilles; les lumières sont éteintes, tout le monde s'enfuit

Seul, errant dans les ténèbres, il entend du bruit, appelle, et Clitos se nomme, en disant qu'il sort du festin. Le roi le perce de part en part, et, couvert de son sang, lui adresse ces paroles : *Va maintenant rejoindre Philippe, Parménion et Attalos.*

REMORDS DU ROI. — Quelques écrivains de la vie d'Alexandre parlent du repentir qu'il eut d'avoir tué son ami dans un moment d'ivresse. Persuadé qu'il ne pouvait plus exister avec honneur, il voulut se percer en appuyant sa sarisse contre un mur. Retiré dans sa tente, qu'il faisait retentir de cris lamentables, il se roulait par terre en se déchirant le visage avec ses ongles, et conjurant ceux qui l'entouraient de ne pas le laisser survivre à une aussi grande honte. Il passa la nuit dans cet état, et le lendemain il fit apporter le corps tout sanglant de Clitos. L'ayant fait placer devant lui, il s'écria : « Voilà donc la récompense que « je réservais à ma nourrice ! Ses deux « fils ont péri devant Milet, victimes « de leur zèle pour ma gloire ; et son « frère, l'unique consolation qui lui « restait, c'est moi qui l'ai tué dans « un festin ! Que deviendra cette mal- « heureuse ? Je suis le seul qui lui « reste, moi, le meurtrier de Par- « ménion, de Philotas, d'Amyntas, « mon parent, d'Attale, d'Euryloque, « de Pausanias et d'une foule de Ma- « cédoniens. » Ses amis firent enlever le corps de Clitos. Le roi demeura couché et renfermé pendant trois jours, décidé à se laisser mourir de faim. Il se serait fait justice et au monde entier, mais ses gardes l'engagèrent à prendre de la nourriture. Les Macédoniens ne rougirent pas de déclarer que Clitos avait mérité son sort ; et on l'aurait même privé des honneurs de la sépulture, si le roi n'eût ordonné de l'enterrer. Tatien prétend que la douleur d'Alexandre fut une de ces scènes de théâtre qui finissent par des consolations propres à justifier le crime. Anaxarque se chargea du chœur final de cette tragédie : « Les anciens sages, « dit-il au tyran, ont placé la justice « à côté de Jupiter, pour faire enten- « dre que toutes les actions d'un roi « doivent être regardées comme jus- « tes. »

PROCÈS DE CALLISTHÈNE. — Les motifs de consolation qu'Anaxarque avait offerts à Alexandre ne tardèrent pas à exalter son orgueil. Depuis la mort de Clitos, le crédit de Callisthène diminua, autant que celui de son antagoniste s'accrut, et les disputes devinrent fréquentes entre les deux philosophes. Un jour qu'ils discutaient en présence du roi sur la température de la Perse, qu'Anaxarque prétendait être plus douce que celle de la Hellade : « Convenez cependant, repartit Cal- « listhène, que dans la Grèce un mau- « vais manteau suffisait pour vous cou- « vrir la nuit, et qu'aujourd'hui il vous « faut trois tapis. » Par ce démenti, il lui reprochait son ancienne pauvreté comparée à son luxe actuel.

Depuis ce temps Anaxarque se ligua contre Callisthène avec tous les sophistes dont la cour était remplie. Ces hommes pervers, qui s'appliquaient à combattre les principes les plus évidents de la raison, imaginèrent de lui prêter des réponses qu'il avait, disaient-ils, faites à Philotas. Interrogé par ce général quelles étaient les personnes les plus vénérées des Athéniens, il repartit : *Harmodios et Aristogiton, parce qu'ils ont tué l'un des deux tyrans et aboli la tyrannie.* — *Chez qui pourrait se réfugier le meurtrier d'un autre tyran ? Ne trouvât-il nulle part d'asile, il serait certainement en sûreté à Athènes.*

Cette calomnie n'ayant pas obtenu de succès, les ennemis de Callisthène lui tendirent un piége. Quelques Macédoniens lui ayant demandé un discours à la louange de leur nation, il s'en acquitta avec beaucoup d'éloquence. *Rien n'y prête davantage,* lui dit Alexandre ; *mais si vous voulez que nous admirions vos talents, censurez hardiment les Macédoniens.* Callisthène ne s'aperçut pas de la perfidie de cette insinuation ; il soutint « que Philippe était moins rede- « vable de ses succès à la valeur de « ses soldats qu'aux funestes divisions des Grecs, » et il termina par cette réflexion : « *que dans les temps de « désordre, les lâches et les scélé- « rats ont seuls part aux honneurs « et aux récompenses.* »

PROJET D'APOTHÉOSE. — Les sophistes grecs et les grands de la Perse, de concert avec Alexandre, avaient résolu de lui décerner les honneurs divins. Cette proposition ayant été faite au milieu des fumées d'un festin, Callisthène s'y opposa avec une convenance parfaite. Après avoir fait sentir la différence qu'il y avait entre le culte des dieux et les hommages rendus aux grands hommes, il dit : que comme Alexandre ne permettrait pas qu'on usurpât les honneurs attachés à sa dignité, de même les dieux s'indigneraient qu'on s'arrogeât ceux qui leur appartiennent. S'adressant ensuite à Anaxarque, il l'engagea à considérer qu'une pareille proposition pouvait convenir à Cambyse ou à Xerxès, et non au fils de Philippe, descendant d'Hercule et d'Éaque. « Les Grecs, « ajouta-t-il, ne décernèrent point les « honneurs divins à Hercule de son « vivant, mais après sa mort, lorsque « l'oracle de Delphes, consulté à ce « sujet, l'eut ordonné. Faut-il donc « aujourd'hui que quelques indivi- « dus, rassemblés dans un pays bar- « bare, pensent comme des barba- « res ? » Puis, s'adressant au roi qui était présent : « Je dois, Alexandre, « rappeler à ton souvenir la Hellade, « pour laquelle tu as entrepris cette « expédition qui lui a soumis l'Asie. « A ton retour, exigeras-tu des Grecs, « le peuple le plus libre de l'univers, « qu'ils se prosternent devant toi, ou « en seront-ils dispensés et les Macé- « doniens seuls subiront-ils cette hu- « miliation? ou bien encore les uns « et les autres continueront-ils à t'ho- « norer comme il convient à des hom- « mes, tandis que les barbares le fe- « ront à leur manière ? »

ARRESTATION, TORTURE ET MORT DE CALLISTHÈNE. — Il fallait un coup d'éclat pour se défaire de Callisthène : on imagina donc une conspiration sur un fait qui n'y ressemblait aucunement. Hermolaos, l'un des pages du roi, accompagnant son maître à la chasse, l'avait prévenu en tuant devant lui un sanglier. Battu de verges et privé de son cheval, à cause de cette étourderie, il en témoigna son chagrin à Sostrate, fils d'Amyntas, son ami, qu'il fit entrer dans ses projets de vengeance. Voilà la conspiration! Mais ni dans l'instruction de cette affaire, ni dans les dépositions des témoins, ni dans l'interrogatoire au moyen de la torture, le nom de Callisthène ne s'y trouvait pas mêlé ; Plutarque cite des lettres écrites par le roi à Cratère et à Alcétas, qui confirment ce fait important. Il s'agissait de soupçons fondés sur les réponses d'Hermolaos, qui avaient plusieurs points de ressemblance avec certains propos qu'on prêtait à Callisthène.

Au fort des tourments, le jeune page reprocha à son maître la mort injuste de Philotas et celle plus injuste de Parménion, le meurtre de Clitos, le costume à la manière des Mèdes qu'il avait adopté, la tentative sacrilège de se faire adorer, et ses veilles passées dans la débauche.

Callisthène était condamné avant d'être jugé, comme on le voit par le réquisitoire d'Alexandre, qui ne convoquait un tribunal que pour sanctionner son arrêt de mort. Il apostrophe en ces termes Hermolaos, qui avait demandé à être mis en cause avec le philosophe : « A l'égard de « ton Callisthène, aux yeux duquel tu « parais un homme de cœur parce « que tu as l'audace d'un brigand, je « sais pourquoi tu voulais qu'on l'in- « troduisît dans cette assemblée? c'é- « tait pour qu'il débitât les mêmes « horreurs que tu as vomies contre « moi, ou pour répéter celles que tu « lui as entendu dire. S'il était Ma- « cédonien, je l'aurais admis avec toi « dans cette enceinte, ce sage digne « de t'avoir pour disciple ; mais étant « Olynthien, il ne peut jouir d'un pa- « reil droit. »

Hermolaos fut condamné à mort. Alexandre, accusateur, juge et partie, annonce son supplice et celui de ses

co-accusés à Antipater : « Les jeunes
« gens ont été lapidés. Je châtierai
« moi-même le philosophe (Callis-
« thène), les personnes qui me l'ont
« envoyé, et ceux des villes où l'on re-
« çoit des conspirateurs. » Ces derniers étaient évidemment Démosthène,
Aristote, les orateurs et les philosophes d'Athènes. Dion Chrysostôme
parle de l'intention que le roi avait
de faire mourir son précepteur.

Ptolémée assure que Callisthène fut
appliqué à la torture et mis en croix.
Quelques écrivains prétendent qu'ayant
été renfermé dans une cage de fer,
on l'y laissa ronger par la vermine ;
d'autres disent qu'on lui coupa le nez
et les oreilles. Aristobule rapporte
qu'il fut chargé de chaînes, traîné à
la suite de l'armée et qu'il mourut de
maladie. Suivant Charès, il fut tenu
aux fers pendant sept mois, parce
qu'Alexandre se proposait de le faire juger devant Aristote, dont il était le
petit-neveu et le disciple bien-aimé.
Théophraste, dans son traité sur l'affliction, ne craignit pas de déplorer la
mort de Callisthène ; et Sénèque, à
qui Néron, dont il fut l'instituteur,
fit subir une mort violente, a flétri,
dans la postérité, le nom du fils de
Philippe.

APOTHÉOSE D'ALEXANDRE. —
Comme l'insensé persistait dans le
projet de son apothéose, les habitants
de la Grèce rendirent plusieurs décrets à ce sujet. Le plus remarquable
fut celui des Lacédémoniens : *Puisque
Alexandre veut être dieu, qu'il soit
DIEU.* Il semble, d'après un passage
de Dinarque, que les Athéniens ne
se décidèrent pas aussi facilement. Le
jeune Pithias se disposant à parler
dans cette affaire, quelqu'un lui dit :
« Tu oses à ton âge donner ton avis
« sur des matières aussi importantes!»
Il répliqua : « Le prince que vous
« voulez déifier est encore plus jeune
« que moi. » Quelques gens de la
faction macédonienne s'étant écriés
qu'Alexandre était véritablement un
dieu : « De quel pays est ce dieu,
« répondit l'orateur Lycurgue, dans
« le temple duquel on ne pourra en-
« trer, sans être obligé, en sortant,
« de se purifier avec de l'eau lus-
« trale? » Cependant l'apothéose fut
mise aux voix et décrétée ; on déclara
qu'Alexandre était Bacchus, ce qui fit
dire à Diogène le cynique qu'il était,
lui, Sérapis.

Quoique mis au rang des habitants
de l'Olympe, les Grecs se permirent
souvent des plaisanteries contre le fils
de Philippe. Il ne put lui-même s'empêcher d'en rire ; lorsqu'un coup de
tonnerre ayant causé de la frayeur à
ceux qui l'entouraient, Anaxarque s'é-
cria : « Fils de Jupiter, est-ce vous qui
« tonnez? » « Non, répondit Alexan-
« dre, je ne veux pas me rendre aussi
« formidable que vous me le conseil-
« liez, vous qui m'engagiez dernière-
« ment à faire apporter sur ma table,
« pendant le repas, quelques têtes de
« rois et de satrapes : » faisant ainsi
allusion à un propos qu'Anaxarque
avait tenu en présence de Nicocréon,
roi de Cypre.

DÉMENCE D'ALEXANDRE. — Depuis
son apothéose, le roi paraissait souvent
en public vêtu de la robe médique,
couleur de pourpre, la tête ornée des
cornes de Jupiter Hammon, décoré
de la stole persique, portant l'arc et le
carquois, et traîné sur un char. D'autres fois il se montrait dans les festins
avec les ailes, les talonnières et le caducée de Mercure. Plus souvent il en-
dossait une peau de lion et portait la
massue d'Hercule. On brûlait devant
lui de la myrrhe, de l'encens, et toutes sortes d'aromates consacrés aux
dieux, avec un recueillement d'autant
plus grand, qu'il était fondé sur la
crainte de réveiller son humeur intraitable et sanguinaire.

INTEMPÉRANCE. — Insensiblement
il prit le goût de la bonne chère, et son
ivrognerie devint proverbiale. Dans
les jeux publics, donnés à l'occasion
de la mort de Calanos, le roi proposa
des prix à ceux qui boiraient le plus
largement. Trente-cinq des misérables
qui concoururent périrent sur place
des efforts qu'ils firent, et six autres
crevèrent quelques instants après qu'on
les eut rapportés dans leurs tentes :

Promachos, avant d'expirer, obtint le premier prix, qui était d'un talent (5,400 fr.)

Nicobule atteste qu'Alexandre, soupant chez Midias, but à lui seul plus que les vingt convives qui assistèrent à ce repas. On lit dans un fragment des éphémérides de Diodote d'Érythres et d'Eumène de Cardie ce qui suit : « Après avoir passé le cinquième « jour du mois de dios à boire chez « Eumène, le roi dormit le six pour « cuver son vin, et ne donna d'autre « signe de vie que pour se lever et « communiquer à ses généraux l'in- « tention où il était de partir le len- « demain à la pointe du jour. Il dîna « le 7 chez Perdiccas, où, s'étant « enivré, il dormit toute la journée « du 8 ; il s'enivra de nouveau le 15, « et passa le jour suivant à se reposer ; « enfin, le 27, il soupa chez l'eunuque « Bagoas et dormit le 28. » Il est probable que l'auteur anonyme du *Testament d'un pourceau*, cité par saint Jérôme, était inspiré par une divinité pareille à celle d'Alexandre, dont il a fait le portrait, lorsqu'il composa son pamphlet.

DÉPENSES DE TABLE. — C'est à Persépolis qu'Alexandre eut connaissance du luxe de table des rois de Perse, qui était inscrit sur une colonne par ordre de Cyrus. D'après ce monument, les offices du roi consommaient par jour cent bœufs, trente chevaux et autant de daims, quatre cents moutons, trois cents agneaux, quatre cents oies grasses, trois cents tourterelles et six cents oiseaux de toute espèce, etc.: la quantité de farine, de blé et d'orge, celle de lait, de miel, d'huile, de vin, d'épiceries, étaient prodigieuses. Plus de quinze mille chariots se trouvaient employés au transport du bois, de la paille et du fourrage. La dépense pour chaque repas se montait à quatre cents talents (2,160,000 fr.) ; quinze mille personnes participaient à cette *mense*, ce qui donnait par tête 144 francs de notre monnaie.

CHASSES ROYALES. — La corruption, qui est toujours progressive, s'étendit du maître à ses généraux.

Perdiccas et Cratère, qui étaient passionnés pour la gymnastique, avaient, dans leurs bagages, assez de peaux pour couvrir l'étendue d'un stade (94 toises et demie), afin de s'y ébattre aux différents exercices du corps ; à leur suite marchaient des bêtes de somme chargées d'arène, qu'on tirait d'Égypte à dos de chameaux. Léonat et Ménélas, amateurs de la chasse, faisaient porter à leur suite assez de toiles pour entourer un espace de cent stades (environ 4 lieues). Alexandre surpassait l'extravagance d'un pareil luxe.

TENTE ROYALE. — Plutarque rapporte que la tente d'Alexandre pouvait contenir cent lits ; cinquante colonnes dorées en soutenaient le plafond, dont la décoration était aussi variée que précieuse. On voyait autour de son enceinte cinq cents Perses, vêtus de robes de couleur pourpre et jaune, qu'on nommait Mélophores, à cause des masses d'armes (*Topous*) qu'ils portaient ; après eux se trouvait un corps de mille archers (*Cawhas*), vêtus de robes mi-parties couleur de feu et d'une autre couleur tirant sur le rouge ; ils étaient précédés de mille Macédoniens portant des boucliers argentés. Au milieu du principal pavillon s'élevait un trône d'or sur lequel le roi, environné de ses gardes, venait s'asseoir pour donner ses audiences. En dehors et dans toute la circonférence, on avait disposé un espace où se trouvait une troupe d'éléphants ; et tel était l'effet d'une pareille magnificence qu'on ne s'approchait du trône qu'avec un respect mêlé de crainte.

EXPÉDITION DANS L'INDE,
327 avant J.-C.

MARIAGE D'ALEXANDRE. — On prétend que le roi fut guidé par des vues politiques, lorsqu'il se porta aux rives lointaines de l'Oxos et du Jaxartes. S'il n'avait pas répandu la terreur de son nom sur le plateau de la Scythie, comment aurait-il été en sûreté dans Suze et dans Babylone même ? et sans le secours des recrues nombreuses qu'il fit dans les satrapies conquises, aurait-il pu entreprendre son expédition dans l'Inde?

Il venait de triompher du dernier des lieutenants de Darius, Spithamène, réfugié dans le pays des Dahes, qui fut égorgé par sa femme; il avait échappé à un orage qui fit éprouver une perte considérable à son armée, en traversant une contrée appelée *Gabaze*, et parcouru, en le ravageant, le pays des Saces, lorsqu'il arriva chez Oxyarte, qui le reçut avec une magnificence barbare. Ce prince avait une fille nommée Roxane, qui joignait à une rare beauté des enjouements pleins de graces et d'esprit. Alexandre ne put résister à ses charmes, et l'épousa sous le prétexte spécieux d'unir les deux nations et de ne plus laisser de différence entre les vaincus et les vainqueurs. Ce mariage déplut extrêmement aux Macédoniens et révolta les principaux de sa cour; mais depuis la mort de Clitos, toute liberté de parler étant bannie, on applaudissait des yeux et du geste; ce qui ressemblait merveilleusement à une complaisance servile.

Afin de ne rien laisser derrière lui qui contrariât ses desseins, le roi commanda que de toutes les provinces on lui amenât armés, trente mille hommes choisis dans la jeunesse, pour lui servir d'otages et de soldats. Cratère vainquit quelques débris de révoltés; Polysperchon acheva de soumettre la Barbacène, et tout était prêt au commencement du printemps de l'année 327 avant notre ère, lorsque Alexandre prit la route des Indes.

DIVISION SOMMAIRE DE L'INDE. — Ptolémée divise l'Inde en deux parties : l'Inde en deçà du Gange et l'Inde au-delà du Gange, fleuve qu'Alexandre n'atteignit pas dans sa marche. La première partie de cette vaste contrée est bornée à l'occident, suivant le géographe qu'on vient de citer, par la Paropamise, l'Arachosie et la Gédrosie; elle a pour bornes au septentrion le mont Imaos (aujourd'hui Hymalia?), le Gange à l'orient, et l'océan ou mer des Indes au midi. En dix jours de marche, Alexandre franchit le mont Paropamise, dont les branches éloignées s'étendent depuis le pont Euxin jusqu'aux mers de la Chine. Arrivé aux bords du Cophène ou Cophès (aujourd'hui Cow?), il divisa ses forces, dont il donna une partie à Éphestion et à Perdiccas, qu'il chargea d'éclairer sa marche jusqu'à l'Indos, et de faire les préparatifs nécessaires pour le passage de ce fleuve. Pour lui, il subjugua dans sa course les Aspiens, les Thryréiens, les Arasaciens, les Assacéniens, ainsi que les habitants des vallées qui envoient leurs eaux à l'Oxos et à l'Indos.

PRISE D'AORNOS. — Cette place, située à la rive occidentale de l'Indos, au couronnement d'une montagne du même nom, était défendue par les Bazires. On la regardait comme inexpugnable; les plus grands héros de l'antiquité avaient, disait-on, échoué à son attaque : la garnison demanda à capituler et fut reçue à composition. En avançant au midi, le roi s'empara de Nyssa, ville dont la fondation était attribuée à Bacchus, et au bout de seize jours de marche depuis l'Oxos, il passa l'Indos à Taxila (aujourd'hui Atok?), sur un pont de bateaux construit par ses lieutenants généraux. Taxile fut rétabli dans sa souveraineté, qui fut augmentée de plusieurs provinces.

BATAILLE DE L'HYDASPE. — Le passage de l'Indos s'opéra vers le solstice d'été, saison pendant laquelle les rivières de l'Inde sont enflées par de fortes pluies. Porus, comptant sur ce phénomène, avait dressé son camp à la rive gauche de l'Hydaspe (aujourd'hui Santhrou?), avec trente mille hommes d'infanterie, quatre mille chevaux, trois cents chariots armés de faux, et deux cents éléphants; à une certaine distance, son fils commandait une réserve parfaitement disciplinée.

Alexandre, comprenant la difficulté de passer le fleuve en présence d'un ennemi aussi formidable, le manœuvra pendant long-temps; parvenu à gagner la rive gauche, il s'ensuivit une de ces batailles qui décident du sort des empires. Nous n'en décrirons ni les circonstances, ni les horribles détails. Porus perdit ses deux fils, ses principaux capitaines, vingt mille hommes de pied, trois mille chevaux, s'il faut en croire les historiens d'Alexandre, et il quitta le dernier le champ de bataille, couvert de glorieuses blessures. Ayant consenti à se rendre, il fut amené devant son vainqueur. Frappé de sa haute stature (il avait plus de six pieds de haut), Alexandre lui demanda *comment il voulait être traité. — En roi. — C'est ce que je ferai.* Émerveillé de tant de grandeur, Alexandre rétablit Porus dans son royaume, le déclara son allié et son ami, et ajouta à ses états la contrée des Glauses, qui renfermait trente-sept villes et plusieurs bourgs. Il ordonna en même temps de rendre les honneurs funèbres aux morts, en faisant célébrer des jeux gymnastiques et équestres; il fonda la ville de Nicée sur le champ de bataille témoin de sa victoire. Ce fut au passage de l'Hydaspe que le roi, entraîné par le courant, s'écria : « O Athéniens, « vous n'imaginerez jamais tous les « dangers auxquels je m'expose pour « avoir quelque célébrité parmi vous. »

PASSAGE DE L'ACÉSINE ET DE L'HYDRAOTE. — Le passage du premier de ces fleuves offrit de grandes difficultés, celui de l'Hydraote s'effectua beaucoup plus facilement. Le roi se porta immédiatement contre les Oxydraques et les Maliens qui l'attendaient sous les murs de Sangala. Alexandre les battit, prit leur capitale : dix-sept mille Indiens périrent les armes à la main, et soixante-dix mille furent faits prisonniers. Exterminateur d'hommes par instinct, il ne mettait plus de bornes à son ambition; il se proposait de passer l'Hyphase dans l'espoir d'aller jusqu'au Gange, mais la Providence avait marqué le terme de sa fureur vagabonde.

Plutarque indique les causes du découragement des Macédoniens. La valeur de Porus et de son armée leur avait permis d'apprécier le courage des Indiens. Ils avaient entendu parler de la puissance des Gangarides et des Prasiens, qui habitaient le bassin du Gange; ils voyaient une guerre interminable dans laquelle ils devaient nécessairement succomber; huit ans de travaux et de périls les avaient vieillis. Les pieds des chevaux étaient usés par la durée d'un service continuel. Les soldats n'étaient plus vêtus à la grecque, leurs habits étaient depuis long-temps tombés en lambeaux. Des pluies mêlées d'éclairs et de tonnerres remplissaient l'air depuis soixante-dix jours. Ils refusèrent de marcher en avant. Vainement Alexandre essaya de relever leur courage, il n'y put réussir. Ce fut donc à la rive occidentale de l'Hyphase que le conquérant macédonien s'arrêta; il éleva dans cet endroit douze autels de cinquante coudées de circonférence, consacrés aux douze anciens et premiers dieux de l'Olympe. Apollonios de Tyane, dans son voyage aux Indes, retrouva ces monuments à trente stades des bords de l'Hyphase; on y lisait l'inscription suivante : A HAMMON, MON PÈRE; A HERCULE; A MINERVE PRONOIA; A JUPITER OLYMPIEN; AUX CABIRES DE SAMOTHRACE; AU SOLEIL DES INDES ET A MON FRÈRE APOLLON.

RETRAITE DE L'ARMÉE MACÉDONIENNE.
326 avant J.-C.

Alexandre s'étant mis à la tête de son armée, revint par le même chemin qu'il avait tenu, jusqu'au fleuve Acésine. Là, il reçut de la Grèce des recrues d'alliés et de mercenaires, au nombre de plus de trente mille fantassins et près de six mille cavaliers. Ils apportaient des armures complètes et très-bien travaillées, pour plus de vingt-cinq mille hommes, et des caisses pleines de médicaments, qui montaient au prix de cent talents (540,000 francs). Le roi fut en même temps rejoint par les troupes de la Bactriane aux ordres de Philippe. Toutes les conquêtes des Macédoniens dans l'Inde, comprenant sept ou quinze nations avec plus de deux mille villes, passèrent sous la domination de Porus, à qui Taxile fut, dit-on, sacrifié.

Sur ces entrefaites, les Ioniens, les Cypriotes, les Phéniciens et quelques autres nations maritimes qui servaient dans l'armée macédonienne, construisirent ou rassemblèrent plus de deux mille vaisseaux pour descendre l'Hydaspe jusqu'à sa jonction avec l'Indos, qui devait conduire l'armée à l'Océan Indien. Le roi s'embarqua à bord de cette flotte avec la troisième division de ses troupes; sa navigation dura long-temps, à cause des hostilités des indigènes et surtout des Malliens; ce fut à l'attaque de la ville principale de cette nation belliqueuse qu'il fut si dangereusement blessé, que l'armée le crut mort.

OCÉAN INDIEN. — Alexandre, ayant repris le cours de sa navigation aussitôt qu'il fut rétabli, arriva à Pattale vers le lever de la canicule, c'est-à-dire, sur la fin du mois de juillet; il y avait plus de neuf mois qu'il était en route. L'Indos se sépare ici en deux larges bras qui embrassent une île beaucoup plus grande que le Delta du Nil : Arrien dit que le nom de *Pattale* en persan signifie la même chose que celui de Delta en grec. Alexandre fit bâtir à Pattale une citadelle avec un port et un arsenal pour les navires. Pour lui, il s'embarqua sur le bras droit du fleuve pour descendre jusqu'à l'Océan. Il avait fait environ 400 stades (environ 16 lieues), quand les pilotes lui dirent qu'ils commençaient à sentir l'air de la mer et qu'elle ne devait pas être éloignée. A ces mots il bondit de joie, et, s'adressant à ses soldats, il leur annonça « que leurs travaux étaient finis « et que bientôt ils verraient des cho- « ses qui n'étaient connues que des « dieux immortels. »

En effet, un prodige, pour des hommes qui n'avaient vu que la Méditerranée, frappa les Macédoniens lorsqu'ils aperçurent l'Océan gonfler ses eaux et inonder les campagnes : ils s'imaginèrent que c'était un signe de la colère des dieux qui voulaient punir leur témérité. Ils ne furent pas moins surpris ni moins effrayés quelques heures après, lorsqu'ils virent le reflux de la mer qui laissait à découvert les terres qu'elle venait de submerger. Quant au roi, qui contemplait avec des yeux avides cette étendue de mer, il crut que ce spectacle le dédommageait de ses fatigues et de la perte de tant de milliers d'hommes sacrifiés pour arriver à ce but. Il fit des sacrifices aux dieux, et en particulier à Neptune; jeta dans la mer les taureaux qu'il avait immolés, et un grand nombre de coupes d'or; après quoi il revint à Pattale.

Le roi étant de retour à son quartier-général, fit choix de Néarque pour reconnaître la côte depuis l'embouchure de l'Indos jusqu'au fond du golfe Persique. La *mousson* étant contraire, l'amiral ne mit à la voile que vers le 21 septembre, ce qui fit que le roi partit avant lui, en se dirigeant du côté de la Perse.

DÉTRESSE D'ALEXANDRE. — L'armée macédonienne marcha d'abord à travers le pays des Orites, dont la capitale s'appelait Ora, ou Rhambacis. Les maladies, la mauvaise nourriture, les chaleurs excessives, la famine surtout, commencèrent à moissonner ses soldats. Quand on eut dévoré les palmiers jusqu'aux racines, il fallut manger les bêtes de somme, puis les chevaux de service; et, lorsqu'il n'y eut plus de quoi porter le bagage, on fut obligé de brûler les riches dépouilles qui avaient fait courir les Macédoniens jusqu'aux extrémités de la terre. La peste, suite ordinaire de la famine, mit le comble à tant de misères, de sorte que d'une armée de 120,000 hommes de pied et 15,000 chevaux, il y en eut à peine le quart qui arrivèrent aux confins de la Gédrosie, après une marche de soixante jours.

CARMANIE. — Cette province, qu'on appelle maintenant Kerman, offrit de tout abondamment à l'armée, qui fut renforcée par la division de Cratère. On dit qu'Alexandre, à l'imitation de Bacchus, traversa la Carmanie couronné de fleurs et ivre de vin. Une pareille orgie était dans ses mœurs ; mais cette fiction est anéantie par le silence des auteurs contemporains et on peut la laisser sur le compte de Quinte-Curce, son inventeur.

Néarque, en côtoyant les bords de la mer, parvint enfin au golfe Persique, et arriva à l'île d'Harmusia, aujourd'hui Ormus. Il y apprit qu'Alexandre se trouvait à cinq journées de chemin ; laissant sa flotte dans un lieu de sûreté, il alla, lui cinquième, pour le trouver. Informé que Néarque revenait presque seul, le roi s'imagina que sa flotte était perdue ; il fut confirmé dans cette idée en voyant des hommes pâles et défaits. Ayant tiré l'amiral à part, il lui témoigna la joie qu'il avait de le revoir, et la douleur que lui causait la perte de ses vaisseaux. *Votre flotte, seigneur*, se récria-t-il aussitôt, *grace aux dieux, n'est point perdue* ; et il lui raconta l'état où il l'avait laissée. Alexandre ne put retenir ses larmes, et il avoua que cette nouvelle lui causait plus de joie que n'avait fait la conquête de l'Asie ; il le renvoya pour remonter l'Euphrate jusqu'à Babylone, comme le portaient les instructions qu'il lui avait données.

CHATIMENT DES SATRAPES PRÉVARICATEURS. — Les hommes que le roi avait mis à la tête des affaires, croyant qu'il ne reviendrait jamais de son expédition, avaient opprimé les peuples pendant son absence. Il fit d'abord punir de mort Cléandre et Sitalcès, dont il s'était servi pour assassiner Parménion, parce qu'ils avaient tyrannisé les Mèdes : exemple qui lui concilia l'affection publique. En arrivant à Pasargade, il fit décapiter Orxines, d'autres disent Polymaque de Pella, accusé injustement par l'eunuque Bagoas d'avoir pillé le tombeau de Cyrus. Il châtia ensuite Baryaxe, Mède de nation, qui avait pris le bandeau royal ; Abalite et son fils Oxathre, coupables d'avoir spolié la riche province de Suziane : et comme son code militaire ne comportait pas l'*obéissance passive*, il fit périr avec eux six cents soldats qui avaient servi d'instruments à leurs violences.

DÉSINTÉRESSEMENT DE PHOCION. — Harpalos, qu'Alexandre avait établi gouverneur de Babylone, informé de la sévérité de son maître, songea à se dérober au châtiment qu'il méritait ; il prit la fuite en emportant cinq mille talents (27 millions), avec lesquels il se retira à Athènes. Dès que son arrivée fut connue dans cette ville, les démagogues accoururent à lui. Corrompus déjà par l'espérance, il leur fit des cadeaux considérables, mais ce fut inutilement qu'il offrit à Phocion une somme de 385,000 fr. de notre monnaie ; loin de l'accepter, il menaça ses envoyés de prendre des mesures très-sévères contre leur maître, s'il ne cessait de séduire les Athéniens.

Alexandre n'avait pas mieux réussi dans une offre de cent talents qu'il avait adressés à Phocion. Cet argent, dit Plutarque, ayant été apporté à Athènes, le sage demanda aux gens du roi de Macédoine, pourquoi, vu qu'il y avait tant de citoyens, leur maître envoyait un pareil présent à lui seul. — Parce que, répondirent-ils, il t'estime seul homme de bien et d'honneur. Et Phocion leur répliqua : *Qu'il me laisse donc le sembler et l'être toute ma vie !* Malgré ce refus, les messagers le suivirent à sa maison, où ils virent une grande simplicité, car ils trouvèrent sa femme qui pétrissait elle-même, et lui, en leur présence, tira de l'eau de son puits pour se laver les pieds. Alors ils redoublèrent d'instances pour lui faire accepter les présents d'Alexandre. Phocion voyant passer un vieillard affublé d'une méchante cape, leur demanda s'ils l'estimaient moins que ce pauvre bon homme. « A Dieu ne plaise, répondirent-ils. — « Eh bien, il vit encore de moins que « je ne fais. Bref, ajouta-t-il, quand « je prendrais une aussi grosse somme « d'or, ou je n'en ferai pas usage, « et alors elle est inutile, ou je m'en « servirai, et il arrivera que toute « la ville pensera mal d'Alexandre et « de Phocion. »

BANNISSEMENT DE DÉMOSTHÈNE.

— Cependant Harpalos, au moyen de ses trésors, était parvenu à enrôler dans l'Attique cinq mille hommes; il avait de plus pour lui tous ceux qui étaient accoutumés à s'enrichir de leur métier d'orateur; et Démosthène lui-même n'avait pas dédaigné une coupe d'un travail parfait qui pesait vingt talents. Il devait le lendemain porter la parole pour demander l'expulsion d'Harpalos. Il se rendit à l'assemblée le cou enveloppé de laine et de bandelettes. Le peuple lui ordonna de se lever et de parler; mais il refusa, en faisant signe qu'il avait une extinction de voix. Quelques plaisants dirent tout haut que leur orateur avait été surpris la nuit, non d'une *esquinancie*, mais d'une *argyrancie*, pour faire entendre que c'était l'argent d'Harpalos qui lui avait éteint la voix.

Le lendemain, le peuple, informé du présent que Démosthène avait accepté, refusa d'écouter sa justification. Harpalos fut chassé de la ville; et pour découvrir ceux qui avaient reçu de l'argent, on ordonna des visites domiciliaires, excepté dans la maison de Cariclès, parce qu'étant récemment marié, on devait du respect à sa nouvelle épouse. Cette réserve fait honneur aux Athéniens, et ne trouverait pas d'exemple dans la police moderne.

Démosthène demanda que l'aréopage informât sur cette affaire. Il y fut jugé le premier, et condamné, comme coupable, à une amende de 50 talents (275,000 fr.), pour le paiement desquels on le mit en prison; mais il trouva le moyen de s'échapper. Il supporta son exil avec faiblesse, passant la plupart du temps à Égine (*) ou à Trézène; et toutes les fois qu'il portait ses regards sur l'Attique, son visage était baigné de larmes.

COLÈRE D'ALEXANDRE. — Au premier bruit de la retraite d'Harpalos à Athènes, Alexandre résolut d'en tirer vengeance; mais quand il sut que le peuple en avait fait justice, il ne songea plus à passer en Europe.

SON RETOUR A SUZE. — De Pasargade, Alexandre se rendit à Persépolis; et en voyant les restes de l'incendie, il fut aux regrets de la folie qu'il avait faite d'y mettre le feu. En s'avançant vers Suze, il rencontra Néarque qui avait remonté le Pasitigre jusqu'à un pont sur lequel le roi devait passer ce fleuve. L'armée de terre et celle de mer se trouvant réunies dans cet endroit, on fit de grandes réjouissances, et l'amiral reçut les honneurs qu'il méritait, pour avoir ramené la flotte en bon état au travers d'une infinité de dangers.

PRÉDICTION ET MORT DE CALANOS.

Dans son expédition de l'Inde, le roi avait eu plusieurs entretiens avec les gymnosophistes, ou brachmanes, dont le mépris pour les pompes du

(*) L'île d'Égine, quoique l'une des plus petites de l'Archipel, fut long-temps célèbre par ses richesses, son industrie et son commerce; sa population était nombreuse, et ses flottes surpassèrent quelque temps celles d'Athènes; des temples magnifiques embellissaient cette île, qui fut le principal marché de la Grèce. L'admirable ruine qui subsiste encore est le temple de Jupiter, placé sur le mont Panhellénion. De presque toutes les parties de l'île il offre un admirable point de vue, et le navigateur l'aperçoit au loin.

C'est probablement le plus ancien temple de la Grèce. Il avait trente-six colonnes, douze de côté, six de front. Vingt-cinq colonnes sont encore debout. La découverte que l'on a faite dernièrement des statues qui ornaient les frontons, est d'une haute importance pour l'histoire de l'art. Elles représentent les principaux héros de l'*Iliade* combattant autour du corps de Patrocle. Minerve, armée de son égide, de son casque et de son bouclier, est la principale figure de cette antique composition, qui nous offre le type du plus ancien style de la sculpture grecque, et nous fait connaître ce que les anciens entendaient par l'école d'Égine. Les figures paraissent être des copies de portraits plus antiques encore, et dont le type était consacré pour être reproduit identiquement d'âge en âge. Elles étaient peintes, et les traces des couleurs étaient encore apparentes lorsqu'on les a découvertes. Ces précieux monuments de l'art antique sont maintenant à Munich.

monde était fondé sur la croyance d'un état meilleur et durable après la mort. En voyant passer Alexandre, ils avaient coutume de frapper fortement du pied contre la terre, indiquant par là que lui, dont le nom remplissait le monde, serait bientôt confiné dans un étroit tombeau. Les flatteurs du roi leur reprochaient, en les menaçant, d'insulter le fils de Jupiter. Ils répondaient que tous les hommes étaient fils d'un seul et même Dieu; qu'ils méprisaient les faveurs de leur maître, et bravaient ses châtiments, qui ne pouvaient que les délivrer d'une enveloppe mortelle.

Malgré ces dédains, Calanos, qui était un de ces gymnosophistes, s'était déterminé à suivre Alexandre; il en fut bien traité. Mais comme il entrait dans sa quatre-vingt-troisième année, étant tombé malade, chose qui ne lui était jamais arrivée, il prit la résolution de mettre fin à ses jours. En vain le roi le conjura de renoncer à ce dessein; il dut lui permettre de faire élever un bûcher, sur lequel il voulait consommer son holocauste. Avant l'accomplissement de cette cérémonie, il reçut les visites d'adieu de ses amis, mais il refusa de prendre congé d'Alexandre, en disant *qu'il le reverrait à Babylone*. Calanos fut porté en litière au lieu du sacrifice, à la vue de l'armée macédonienne, qui avait ordre d'assister à cette solennité. Il s'arrangea sur le bûcher; la musique se fit entendre, les soldats poussèrent le cri de guerre, et l'Indien, après avoir adressé un hymne à ses dieux indigènes, expira tranquillement au milieu des flammes. Ce fut à cette occasion qu'Alexandre, comme on l'a dit précédemment, proposa des prix d'intempérance aux premiers buveurs de son camp.

### FÊTES NUPTIALES.

Alexandre trouva à Suze toutes les captives de qualité qu'il y avait laissées. Il épousa la princesse Statyra, fille aînée de Darius, et Parysatis, fille puînée d'Ochos; ainsi il eut en même temps trois femmes, car il était déjà marié avec Roxane. Voulant qu'Héphestion, son ami le plus tendre, devînt son beau-frère, il lui donna pour épouse Drypatis, la plus jeune des filles de Darius; il unit Cratère à Amastris, fille d'Oxyarte; enfin il distribua les autres filles perses ou mèdes aux quatre-vingts principaux officiers de son armée. Il voulut célébrer, à cette occasion, les noces de neuf ou dix mille Persanes qui s'étaient mariées ou qui se marièrent alors avec des Macédoniens; il paya la dot des filles, et donna à chaque convive une coupe d'or pour faire des libations : les noces furent célébrées à la manière des Perses.

Le banquet qu'Alexandre donna à son état-major avait été préparé dans une tente supportée par des colonnes de vingt coudées de haut, revêtues d'or, d'argent, de pierres précieuses; elle était, en outre, décorée de tapisseries de pourpre tissues d'or. Les fêtes durèrent cinq jours consécutifs; les histrions et les musiciens les plus célèbres y figurèrent avec éclat. Les couronnes d'or, dont les envoyés des différentes villes et quelques particuliers firent hommage au roi, furent évaluées à quinze mille talents (82,500,000 fr.)

Afin de consacrer cette époque d'allégresse, Alexandre voulut acquitter les dettes de son armée; et pour mettre chacun à son aise, il établit des bureaux qui avaient ordre de payer sans prendre le nom du créancier ni du débiteur. Cette libéralité fut considérable et causa un sensible plaisir : on dit qu'elle montait à près de dix mille talents (55 millions); mais la faveur qu'il fit de n'obliger personne à déclarer son nom fut encore plus agréable.

### LITTÉRATURE GRECQUE INTRODUITE DANS LA PERSE.

Le roi avait soin de faire représenter des pièces, de donner des jeux gymniques, ainsi que des fêtes musicales dans tous les lieux qu'il visitait. Convaincu qu'elles adoucissaient les mœurs des barbares, il résolut de répandre en Asie les amusements du théâtre grec. A cet effet, plus de trois mille acteurs et musiciens, attirés de toutes les parties de la Hellade, se rassemblèrent à Ecbatane, qui fut choisie pour être le chef-lieu des représentations dramatiques. Depuis lors, Homère commença à être lu dans l'Orient; les enfants des Perses, des Suziens et du Kerman, récitèrent les tragédies d'Eschyle, de Sophocle et d'Euripide. Le monde touchait au moment de devenir grec par la civilisation, mais l'astre d'Alexandre était prêt à s'éteindre dans des flots de sang.

MORT D'ÉPHESTION. — Au milieu des fêtes célébrées à Ecbatane, Alexandre s'étant livré aux excès du vin, la cour suivait son exemple; on passait quelquefois plusieurs jours et plusieurs nuits en débauches. Éphestion perdit la vie dans une de ces orgies honteuses : c'était l'intime ami du roi, *un autre Alexandre*; modeste, bienfaisant, supérieur à l'envie, il fut généralement regretté. Tous les historiens s'accordent au sujet de l'extrême douleur que le roi témoigna de la perte de son favori; il resta trois jours sans prendre de nourriture : il fit raser la citadelle et les remparts d'Ecbatane. Suivant quelques écrivains, il fit crucifier Glaucias, médecin d'Éphestion; il donna ordre d'abattre le temple d'Esculape, et d'éteindre le feu sacré dans tous les temples jusqu'après les obsèques de l'objet de ses larmes.

FUNÉRAILLES D'ÉPHESTION (*). —

(*) « Alexandre ayant rassemblé des architectes et un grand nombre d'artistes, fit abattre dix stades des murs de Babylone. Après avoir choisi de la brique cuite et aplani le terrain sur lequel le bûcher devait être placé, il bâtit ce bûcher carré; chaque côté était d'un stade (94 ¼ toises). Ensuite il partagea l'aire en cent trente maisons et couvrit les toits de troncs de palmiers en conservant toujours la forme tétragone. Après cela, il orna toute l'enceinte, et le rez-de-chaussée fut entouré de proues d'or de quinquérèmes au nombre de 240, garnies des épotides, avec chacune deux archers hauts de quatre coudées, un genou en terre et de soldats avec toutes leurs armes; des tapis de pourpre remplissaient les intervalles. L'étage au-dessus de ce premier

Tandis qu'on préparait le bûcher monumental de son favori, Alexandre voulut signaler ses regrets par des hécatombes humaines. Il mena en conséquence son armée contre les Cosséens, nation belliqueuse des montagnes de la Médie, restée jusqu'alors indomptée; il la détruisit en quarante jours, en faisant exterminer, dit Plutarque, jusqu'aux petits enfants : ce forfait fut appelé *le sacrifice funèbre d'Éphestion*. Le chasseur d'hommes repassa ensuite le Tigre, et s'achemina vers Babylone, après avoir chargé Perdiccas d'y conduire le corps du héros mort dans une saturnale.

RETOUR D'ALEXANDRE A BABYLONE.

INTRIGUES D'APOLLODORE. — Les serviteurs des princes, prêts à saisir leur faible, découvrirent bientôt celui d'Alexandre et en abusèrent. Alarmé du châtiment sévère de plusieurs satrapes, Apollodore d'Amphipolis, gouverneur de Babylone, se sentant coupable, se concerta avec son frère Pythagoras, le devin, qui prétendit avoir aperçu, dans les entrailles des victimes, des signes évidents du courroux des dieux contre Alexandre s'il entrait dans sa capitale. Malgré cette révélation, le roi s'approchait de la ville de Ninus, lorsqu'un long cortège

rang était chargé de torches de quinze coudées de haut, garnies à la poignée de couronnes d'or; près de la mèche, d'aigles éployées qui semblaient prendre leur vol en bas; et vers le pied, de dragons attentifs au vol de ces oiseaux. Au troisième rang (en montant toujours), étaient représentées des châsses de toutes sortes d'animaux; au quatrième, un combat de centaures en figures d'or; au cinquième, des lions et des taureaux d'or, posés alternativement; et au sixième, les armes des Macédoniens et de barbares disposées de manière que leur arrangement désignait les hauts faits des premiers et les défaites des seconds. Le tout était surmonté par des sirènes creuses capables de cacher les musiciens qui devaient faire l'éloge du mort en chants funèbres. La hauteur passait cent trente coudées : on dit qu'il y fut dépensé plus de douze mille talents (6,480,000 f.). »

de prêtres chaldéens vint à sa rencontre pour lui signifier l'oracle de Bélus, qui déclarait que *son séjour dans Babylone lui serait funeste*. Cette déclaration fit une étrange impression sur l'esprit du roi, qu'elle remplit de trouble et de frayeur.

Les philosophes grecs, instruits des terreurs superstitieuses du roi, se rendirent auprès de lui; et, mettant dans tout leur jour les principes d'Anaxagore, qu'il professait, montrèrent un tel mépris pour la divination des chaldéens, qu'il marcha sur-le-champ vers Babylone à la tête de son armée.

AMBASSADES DES NATIONS. — Il savait que des ambassadeurs de toutes les parties du monde attendaient son arrivée. Après une entrée magnifique, il leur donna audience dans tout l'éclat de la magnificence orientale, et avec l'affabilité d'un souverain qui aspire à gagner les cœurs. Il chargea les députés d'Épidaure de présents pour le dieu protecteur de leur ville qui préside à la santé, mais avec quelques reproches : *Esculape*, leur dit-il, *m'a été peu secourable, car il n'a pas sauvé la vie de celui que j'aimais comme moi-même*. Il témoigna, en particulier, beaucoup d'égards aux envoyés de la Grèce, chargés de le féliciter sur ses victoires et sur son heureux retour.

Les ambassadeurs de Corinthe lui ayant offert le droit de cité, il se mit à rire; mais informé qu'ils n'avaient accordé ce titre qu'à Hercule, il l'accepta avec joie, se piquant d'imiter ce héros et de marcher sur ses traces.

Il adressa aux états de la Hellade une lettre destinée à être lue publiquement aux fêtes d'Olympie, par laquelle il ordonnait aux différentes républiques de rappeler les bannis, à l'exception de ceux qui s'étaient rendus coupables de meurtre ou de sacrilége. Cette espèce d'édit fut publié dans l'assemblée des jeux; mais les Athéniens et les Étoliens refusèrent d'y obtempérer comme attentatoire à leurs libertés.

ADMINISTRATION PUBLIQUE,
324 avant J.-C.

*Le monde s'était tu en présence d'Alexandre*, il ne lui restait plus qu'à consolider ses conquêtes en les rendant utiles. Il examina attentivement le cours de l'Eulacos, celui du Tigre et de l'Euphrate; il fit enlever les barres et les écluses qui gênaient la navigation de ces grandes rivières, afin d'attirer le commerce maritime à Babylone, où l'on creusa un bassin capable de contenir deux mille galères. Il chargea Néarque d'une seconde expédition pour reconnaître les golfes Persique et Arabique.

Des objets moins éloignés attirèrent particulièrement l'attention du roi. Il fit nettoyer les canaux de la Babylonie, de manière à rendre l'air salubre et l'Assyrie fertile, au moyen d'une irrigation habilement combinée. Il trouva, au voisinage du Pallacopas, canal creusé par Nabuchodonosor, une position convenable pour bâtir une ville, qu'il fortifia et peupla de vétérans grecs. Il fit d'importantes améliorations à Persépolis, à Suze, à Ecbatane et dans plusieurs autres villes impériales. Il amalgama les barbares avec ses troupes, dans l'espérance d'en faire un tout homogène, sans pouvoir toutefois y parvenir.

Malgré ses occupations multipliées, Alexandre ne pouvait écarter de son esprit les tristes et affligeantes pensées d'une mort prochaine. Celui qui avait affecté de se mettre au-dessus de la nature humaine en s'égalant à la Divinité, tremblait au moindre croassement d'un corbeau. Le palais était plein de gens qui sacrifiaient ou faisaient des expiations, en se vantant de pénétrer dans l'avenir.

Comme la seule idée du repos le fatiguait, il roulait mille projets dans sa tête, lorsqu'il rentra de nouveau à Babylone en se moquant des chaldéens.

Diodore rapporte que le bûcher d'Héphestion étant terminé, un des amis du roi, nommé Philippe, arrivant du temple de Jupiter Hammon, rapporta qu'on devait regarder ce héros comme un dieu. Ainsi Alexandre, charmé d'y être autorisé par l'oracle même, offrit à son ami le sacrifice qu'il lui réservait; après quoi il traita splendidement la foule innombrable accourue à la cérémonie funèbre, en lui abandonnant les dix mille victimes qu'il avait fait immoler à cette nouvelle divinité.

ÉNUMÉRATION DE PLUSIEURS PRODIGES SINISTRES. — Proclamé *dieu*, avoir fait un *dieu* d'Héphestion, Alexandre était dans l'ivresse du bonheur. Il se faisait oindre, lorsqu'il apprend qu'un individu, échappé de prison, est vêtu de ses habits royaux, qu'il avait déposés dans une chambre voisine, et qu'il siége sur son trône. Le roi s'étant empressé de venir dans l'appartement où était cet homme, lui demanda le motif d'une pareille comédie. L'inconnu répondit qu'il n'en savait rien lui-même. Ainsi, le roi eut recours aux devins, sur l'avis desquels l'homme fut mis à mort pour faire tomber sur lui ce qu'il y avait de sinistre dans un pareil prodige; on sacrifia aux dieux Apotropées, Averrunques (qui détournent les malheurs), mais le fond de son ame n'en fut pas moins agité. Il conçut une haine profonde contre les philosophes qui l'avaient engagé à entrer dans Babylone, en les traitant d'*esprits forts*, et en exaltant le savoir des chaldéens.

Mais, continue Diodore, un nouveau prodige acheva de porter la perturbation dans son esprit. Pendant qu'il visitait le grand lac de Babylone, les barques qui portaient ses amis s'étant écartées, laissèrent la sienne seule et en danger pendant trois jours. Comme elle se trouvait dans un canal étroit, il arriva que son diadème fut accroché par une branche d'arbre et tomba dans l'eau : aussitôt un des rameurs se jeta à la nage pour le reprendre, et le mettant sur sa tête afin de n'en être pas embarrassé, il revint à la barque d'Alexandre. Il consulta les devins sur toutes les circonstances de cette aventure : ils lui conseillèrent d'offrir aux dieux de pompeux sacrifices et de faire mourir celui qui lui avait rapporté son bandeau royal.

MALADIE ET MORT D'ALEXANDRE, 28 mai, 324 av. J.-C.

Ce fut au milieu de ces fêtes et des festins, où le roi s'abandonnait à son intempérance pour le vin, qu'à la suite d'une nuit passée dans la débauche, le Thessalien Médios lui proposa une nouvelle partie. Il s'y trouva vingt convives; il but à la santé de chacun d'eux, et fit ensuite raison à tous les vingt, l'un après l'autre. Après cela, il fit apporter la coupe d'Hercule, et dès qu'il l'eut vidée, il tomba sur le carreau en poussant un grand cri. Dans cet état, une fièvre violente le saisit, et on le transporta chez lui à demi mort. Dévoré d'un feu intérieur, il demanda à être transféré dans un jardin frais, mais on dut bientôt le rentrer au palais. La fièvre ne le quitta point, mais elle lui laissait des intervalles libres, pendant lesquels il donna des ordres pour le départ de la flotte et de l'armée, comptant sur une prompte guérison.

Ce sentiment n'était pas celui du peuple, qui remplissait les temples; les généraux ne quittaient plus les salles du palais; les soldats en assiégeaient les avenues; enfin, il comprit lui-même sa situation. Tirant son anneau de son doigt, il le donna à Perdiccas, en lui prescrivant de faire porter son corps au temple de Jupiter Hammon... Alors ses troupes furent admises à le voir. Quoique faible, il fit un effort, et, s'appuyant sur le coude, il étendit sa main défaillante vers ses soldats; puis, comme les grands de la cour lui demandèrent à qui il laissait l'empire, il répondit : *Au plus digne*, ajoutant qu'il prévoyait qu'on lui ferait d'*étranges jeux funèbres*. Et Perdiccas s'étant enquis quand il voulait qu'on lui rendît les honneurs divins : — *Lors*, dit-il, *que vous serez heureux*. Ce furent ses dernières paroles, et bientôt après il expira, âgé de trente-deux ans et huit mois, sur lesquels il en avait régné douze : sa mort eut lieu dans l'été de la deuxième année de la CXIV<sup>e</sup> olympiade.

Dès que le bruit de la mort d'Alexandre fut répandu, le palais retentit de cris et de gémissements. Les peuples qu'il avait soumis ne crurent pas cette nouvelle, parce que l'ayant vu échapper aux plus grands dangers, ils s'imaginaient qu'il était immortel; mais lorsque cet événement fut confirmé, ils le pleurèrent comme un père. La mère de Darius, Sizygambis, refusa de lui survivre, et se laissa mourir de faim : elle qui avait vu périr son père, sa mère, quatre-vingts de ses frères massacrés en un jour par Ochos. Dans sa douleur, Léosthène comparait son armée au cyclope qui, privé de son œil, portait çà et là ses mains, sans savoir où il allait. Cependant, la plupart des Macédoniens n'étaient pas fâchés d'en être débarrassés, à cause de sa trop grande sévérité et des périls continuels auxquels il les exposait : leurs chefs partageaient ces sentiments par cupidité et par ambition. Au milieu de la confusion, on perdit de vue Alexandre, et son corps était déjà en putréfaction lorsqu'on le livra aux Égyptiens pour l'embaumer. Les préparatifs du convoi qui devait le transporter au temple de Jupiter Hammon, durèrent deux ans : il en sera parlé dans la suite de cette histoire.

MORT DE DIOGÈNE. — Plutarque dit qu'on se rappelait, de son temps, qu'Alexandre-le-Grand et Diogène le cynique étaient morts le même jour. « On dit que, déjà vieux, Diogène « se rendant aux fêtes d'Olympie, fut « saisi en route de la fièvre : ses « amis lui ayant proposé de prendre « une monture, ou de se mettre sur « un char, il s'y refusa; mais s'étant « placé à l'ombre d'un arbre, il leur « dit : *Continuez votre chemin; ren-« dez-vous aux jeux : cette nuit verra « mon triomphe ou ma défaite; la « fièvre me tuera ou je la tuerai.* » Le lendemain on le trouva pendu.

### ÉTAT DE LA LITTÉRATURE
#### AU SIÈCLE D'ALEXANDRE.

La littérature, la philosophie et les beaux-arts brillaient encore de tout leur éclat, mais le principe de leur perfection primitive commençait à s'altérer. Les expéditions militaires d'Alexandre avaient été décrites par une foule d'historiens dont l'exagération, en matière de faits, produisit cette enflure de style, cette prostitution d'ornements, et ces graces affectées qui caractérisèrent les productions de Callisthène, d'Onésicrite et d'Hégésias. Le mauvais goût de ces écrivains fut admiré et imité par plusieurs de leurs contemporains. La contagion gagna les orateurs, et l'éloquence ampoulée des Asiatiques s'introduisit en Grèce sur la fin du siècle même où l'on avait applaudi les harangues régulières et nerveuses de Lycurgue, d'Hypéride, d'Eschine et de Démosthène; tant il est vrai que l'esprit humain, parvenu à son plus haut degré de perfection, tend à dégénérer et à se corrompre.

POÉSIE. — Sous le gouvernement macédonien, la Grèce ne produisit aucun génie supérieur dans le genre de la poésie grave. Les tragédies de Sophocle et d'Euripide étaient encore en possession de la scène; mais il ne parut aucun poète lyrique ni épique capable de chanter les exploits d'Alexandre, quoique ce prince récompensât magnifiquement les basses flatteries d'Agis, de Cléon, de Chérile, qui corrompirent son cœur sans gâter son jugement, puisqu'il déclara qu'il préférerait être le Thersite d'Homère plutôt que l'Achille de Chérile.

COMÉDIE. — Philémon, Antiphane, Lycon, et surtout l'Athénien Ménandre, portèrent alors la comédie à son plus haut degré de perfection. Le changement de mœurs et de gouvernement, en exigeant plus de respect pour les règles de la décence, et plus de circonspection dans le discours, leur fit sentir peu à peu cette finesse du ridicule, où l'on sous-entend plus qu'on ne dit, et ces ébauches de caractères, d'autant plus intéressantes qu'elles sont plus justes, qui distinguèrent les traits comiques de Philémon et de Ménandre.

MUSIQUE. — Thessalos était l'artiste favori d'Alexandre, mais Athénadore était celui du public. Les magistrats qui, suivant l'usage, étaient chargés de prononcer sur les talents rivaux au théâtre, adjugèrent le prix du mérite à Athénadore. Le roi déclara que cette décision lui faisait plus de peine qu'il n'en aurait éprouvé de la perte de son héritage. Les musiciens Timothée et Antigénide déployèrent encore les effets merveilleux de leur art, qui ne servit, après eux, qu'à séduire l'âme et enflammer les passions.

ARTS DE DESSIN. La peinture, la sculpture et l'architecture parurent dans leur plus beau lustre sous les règnes de Philippe et d'Alexandre, qui n'avaient pas moins de goût pour en juger qu'ils ne déployaient de munificence pour les récompenser. Les talents de Pyrgotélès se distinguant dans l'art de graver sur des pierres précieuses, il obtint l'honneur exclusif de représenter la figure d'Alexandre, comme Lysippe de la jeter en bronze et Apelle de la peindre. Les plus célèbres artistes de cette époque furent Amphion et Asclépiodore; Aristide le Thébain, inimitable pour l'expression, et Protogène de Rhodes, qu'Aristote exhorta à peindre les exploits immortels d'Alexandre.

GÉOGRAPHIE. — Les marches d'Alexandre furent mesurées avec soin par Diognète et Beton. D'autres géomètres furent employés à examiner les parties les plus éloignées des contrées qu'il traversa; et la description exacte de ses conquêtes, qu'il eut soin lui-même de faire rédiger, d'après ces matériaux, par des hommes d'une intégrité et d'une habileté reconnues, donna une forme nouvelle à la science de la géographie.

ASTRONOMIE. — Après la conquête de Babylone, Alexandre s'empressa de demander les observations astronomiques qui avaient été faites dans cette ancienne capitale depuis plus de dix-neuf siècles; elles remontaient à deux mille deux cent trente-quatre ans avant l'ère chrétienne : par ordre du roi, elles furent fidèlement transcrites et transmises à Aristote.

HISTOIRE NATURELLE. — Ce ne fut pas le seul présent qu'il fit à son instituteur : l'histoire naturelle fut particulièrement due à sa curiosité et à sa munificence. Il dépensa environ quarante millions de notre monnaie pour rassembler plusieurs productions rares de la nature, et particulièrement cette étonnante variété d'animaux qu'Aristote a décrites avec tant de précision.

CONNAISSANCES MORALES. — L'étude de la nature humaine dut s'agrandir par celle des mœurs, des coutumes et des institutions jusqu'alors inconnues aux Grecs; on peut s'en convaincre par les traités de morale et de politique d'Aristote, où l'on trouve non-seulement plus de méthode dans les raisonnements, mais un fonds plus riche de faits que dans les écrits de ses successeurs, sans en excepter ceux des philosophes voyageurs tels que Xénophon et Platon.

ARISTOTE. — Il forme à lui seul toute une époque de savoir et de gloire. Né la première année de la quatre-vingt dix-neuvième olympiade, à Stagire, ville de Macédoine, il fut élevé à la cour de Pella, où son père était médecin du roi. Dans sa première jeunesse, il se rendit à Athènes, où il suivit, pendant vingt ans, l'école de Platon. Choisi par Philippe pour être instituteur d'Alexandre, il en remplit les fonctions durant huit années, au bout desquelles il se livra tout entier à l'étude. Il retourna ensuite à Athènes, où il passa sa vie entouré des secours que les hommes et les livres pouvaient lui fournir pour ses recherches philosophiques. Deux ans après la mort d'Alexandre, Aristote étant devenu l'objet de l'envie des sophistes et des prêtres, dut, pour éviter le sort de Socrate, qu'une populace fanatique lui réservait, se retirer à Chalcis, en Eubée; il y mourut quelques mois après, âgé de 63 ans, de chagrin, ou plutôt par le poison de ses ennemis. Vivant on le tourmentait, après sa mort il fut comblé d'éloges : son nom est immortel.

MORALE. — Le tableau de nos misères a été tracé tant de fois, qu'il serait bien temps de relever l'excellence de l'homme pour l'encourager à la vertu. Cette entreprise se réduirait à mettre sur le premier plan d'un tableau moral les vertus les plus héroïques, les actions nobles et les grands talents; les actions utiles, mais sans éclat, l'opulence, les honneurs figureraient en seconde ligne, tandis que les vices, et ce que les passions offrent de plus hideux, se perdraient dans le lointain, à l'exception pourtant des hautes iniquités qui ont rendu les hommes malheureux sur la terre, ou les tyrans que l'histoire réserve pour rendre leurs noms abominables dans la postérité.

Les philosophes de l'antiquité, à peu d'exceptions près, ne virent dans la nature qu'une puissance aveugle, qui dirige tout avec autant d'ordre que si elle était intelligente; dogme opposé à la saine morale. Cependant cette erreur grossière sur Dieu et sa providence ne détruisirent pas, même dans le cœur d'Épicure, les idées de justice et de probité, puisque jamais un seul des disciples de ce maître ne fut cité devant les tribunaux. Ainsi, sous prétexte de faire honneur à la révélation, il ne convient pas de décrier la raison, ni d'humilier la nature humaine : c'est là l'écueil contre lequel sont venus se briser la plupart des théologiens. Les philosophes qui n'eurent pas le précieux avantage de connaître la révélation, avaient trouvé dans leur raison des motifs suffisants pour être fidèles à leurs devoirs. C'est que la Divinité voulut qu'ils rendissent témoignage à l'excellence de notre nature par l'éclat de leurs vertus morales, comme les chrétiens le rendent aux enseignements de la religion révélée par le spectacle des vertus d'un ordre bien supérieur. En voyant donc ce que la raison seule peut produire, l'homme est porté à bénir l'Auteur de toutes choses et non à le blasphémer.

Rien ne fait peut-être plus d'honneur aux anciens philosophes que d'avoir été vertueux par sentiment, et d'avoir conservé, dans la dignité de leurs actions, la dignité de l'homme. Les épicuriens, condamnés sans avoir été jugés, semblaient, quoi qu'on en ait dit, retenus dans leurs devoirs par l'ordre social. Moins ils avaient à espérer dans une autre vie, plus ils s'attachaient à respecter les lois relatives à l'ordre public et à lui rendre hommage. Épicure eut d'innombrables amis, et on peut lui appliquer, en général, ce que Velléius dit de Caton d'Utique : *Qu'il ne fit jamais de bonnes actions pour paraître les avoir faites, mais parce qu'il n'était pas en lui de faire autrement.* Sobre, il se contentait, pour nourriture, d'*eau* et de pain bis : *envoyez-moi*, écrivait-il à un de ses amis, *un peu de fromage, afin que je me régale quand l'envie m'en prendra.* Un demi-setier de vin suffisait à ses disciples : leur breuvage ordinaire n'était que de l'eau; et quand on les voit qualifiés de *pourceaux*, c'est qu'ils étaient alors dégénérés comme les bénédictins, qui, devenus opulents, oublièrent la règle de saint Benoît *inter Cyphos et pocula.*

### SECONDE PÉRIODE.

HISTOIRE DE LA MONARCHIE MACÉDONIENNE DEPUIS LA MORT D'ALEXANDRE JUSQU'A LA BATAILLE D'IPSOS. 322—321 av. J.-C.

La première détermination qui fut prise immédiatement après la mort d'Alexandre, contenait le germe de toutes les épouvantables révolutions qui allaient se succéder. Non-seulement la jalousie et l'ambition des grands, mais même l'intervention de l'armée, se manifestèrent dès lors d'une manière effrayante. Quoique ce ne fût qu'insensiblement que l'idée de s'affranchir du pouvoir royal entrât dans les esprits, les membres de la famille d'Alexandre étaient tellement divisés entre eux, que leur chute paraissait inévitable.

ÉTAT DE LA FAMILLE ROYALE. — Alexandre laissait, en mourant, Roxane enceinte d'un fils qui naquit trois mois après son décès : il devait être héritier de l'empire; il reçut le nom d'Alexandre.

Le roi avait un second fils naturel, Hercule, issu de Barsine; un frère, Arrhidée, fils de Philippe; sa mère, l'orgueilleuse et cruelle Olympias, et sa sœur Cléopâtre, veuves toutes deux; l'artificieuse Eurydice, fille de Cyane, qui épousa depuis Arrhidée; enfin, Thessalonice, fille de Philippe, mariée dans la suite à Cassander de Macédoine.

RÉSOLUTION DES GRANDS. — Après beaucoup de contestations, il fut arrêté qu'Arrhidée, auquel on fit prendre le nom de Philippe, serait roi. L'imbécillité de son esprit fut la cause de son élévation au trône, parce qu'il laissait à chacun ses espérances; Alexandre, encore au berceau, fut également proclamé roi; et Perdiccas, à qui Alexandre avait remis son anneau, devint tuteur des princes et régent du royaume, avec Léonat et Méléagre: Antipater, auquel on associa Cratère pour le gouvernement civil, conserva la direction des affaires d'Europe.

PARTAGE DES PROVINCES,
320 avant J.-C.

Dans cette division de l'empire d'Alexandre, Ptolémée, fils de Lagos, obtint l'Égypte, la Cyrénaïque, la Libye et l'Arabie; Léonat la Mysie; Antigone la Phrygie, la Lycie et la Pamphylie; Lysimaque la Thrace et les pays voisins du Pont-Euxin; la Macédoine, l'Épire et la Grèce restèrent à Cratère et à Antipater; Eumène, en sa qualité d'étranger, n'aurait pas même obtenu la Cappadoce et la Paphlagonie, qui étaient à conquérir, si on avait pu se passer de ses services. La Syrie fut donnée à Laomédon de Mytilène, la Cilicie à un nommé Philotas, la Médie à Python, et la Phrygie hellespontique à Léonat.

On ne crut pas devoir changer les gouverneurs des contrées de l'Asie dans lesquelles Alexandre n'était pas venu en personne : sur ce principe, on laissa aux rois voisins de l'Inde, mais sous le nom de satrapes, les pays qu'ils possédaient auparavant comme souverains. La contrée des Paropamisades, aux environs du mont Caucase, fut confiée à Oxyarte, roi de la Bactriane, dont Alexandre avait épousé la fille, Roxane. Syburce eut l'Arachosie et la Gédrosie; Stasanor de Sole, place voisine de la mer Caspienne, l'Ariane et la Drangiane; Philippe, fils de Balaccos, obtint la Sogdiane; Phrataphèrne la Parthie et l'Hyrcanie; Peucestès la Perside; Tlépolème la Carmanie; Atropatès la Médie; Archon la Babylonie; Arcésilas la Mésopotamie; Taxile et Porus demeurèrent maîtres de leurs propres états.

PROJETS D'ALEXANDRE REJETÉS. — La même assemblée, quelque respect qu'elle eût pour le roi, annula plusieurs de ses dispositions souveraines. De ce nombre furent les dépenses à faire pour les honneurs à rendre à la mémoire d'Héphestion : ils furent supprimés. On exposa ensuite, devant un conseil nombreux de Macédoniens, de longs mémoires que le roi avait laissés. On y trouva le projet de faire construire dans la Phénicie, dans la Syrie, dans la Cilicie et dans l'île de Cypre, mille vaisseaux d'un échantillon plus fort que les galères, afin de porter la guerre en Afrique, en Espagne et dans tous les pays limitrophes de la Sicile.

Le but de cette entreprise était de s'assurer la possession de la Méditerranée jusqu'aux colonnes d'Hercule. Il était fait mention de la construction de six temples magnifiques, pour chacun desquels il destinait quinze cents talents. Il indiquait les moyens de peupler les nouvelles villes qu'il avait fait bâtir, et il pourvoyait à la transplantation des Asiatiques en Europe et des Européens en Asie, afin d'établir la fusion des deux nations. A l'égard des temples dont on vient de parler, il les plaçait à Délos, à Delphes, à Dodone; celui de Jupiter à Dion, en Macédoine, celui de Diane Tauropole à Amphipolis, et celui de Minerve dans l'île de Cyrnos (aujourd'hui la Corse); il se proposait, enfin, d'élever au roi Philippe, son père, un mausolée qui aurait égalé la plus grande des pyramides d'Égypte.

PREMIÈRES DISCORDES. — On ne saurait trop répéter cette maxime de Plutarque : que la Providence, après s'être servie de quelques méchants, comme de bourreaux pour punir leurs semblables, brise ces instruments de sa justice, ainsi que les tyrans, ces grands criminels dont le châtiment est nécessaire au gouvernement moral de l'univers. Les projets gigantesques et dispendieux d'Alexandre furent rejetés, et Perdiccas vit son autorité méconnue, malgré l'exécution militaire de trente soldats et celle de Méléagre, général distingué.

Bientôt il fut informé que les Grecs établis en colonie dans la Haute-Asie, sans prendre de conseil, ni recevoir d'ordre, s'étaient réunis au nombre de vingt mille fantassins et de trois mille cavaliers, commandés par Philon, pour retourner dans la Hellade. Il envoya contre eux Pithon, qui réussit à comprimer la révolte, non sans une grande effusion de sang répandu par les ordres criminels de Perdiccas.

MEURTRE D'HARPALOS. — Chassé de l'Attique, il se réfugia au cap Ténare, d'où il passa en Crète avec ses partisans et ses trésors. Tant de richesses ne pouvaient que lui être funestes; aussi fut-il assassiné par Thymbron, qu'il croyait être son ami. Héritier de la fortune, des vaisseaux et des soldats d'Harpalos, son meurtrier fit voile pour Cyrène, en Afrique, où, trahi à son tour par le Crétois Mnasiclès, et vaincu par Ophellas, chef des Égyptiens, il fut pris et mis à mort. Depuis ce temps, la Cyrénaïque devint une province du royaume d'Égypte.

PRUDENCE DE PHOCION. — La joie devint universelle en Grèce à la nouvelle de la mort d'Alexandre; on voulait courir aux armes. Les orateurs excitaient le peuple à secouer le joug de la Macédoine. Phocion, craignant que cette annonce ne fût fausse, et voulant temporiser, se leva dans l'assemblée et dit : « Mais s'il est mort « aujourd'hui, il le sera demain et « encore après-demain, de sorte que « nous aurons tout le temps de déli- « bérer en repos et avec plus de sû- « reté. »

Léosthène, qui avait le premier répandu cette nouvelle à Athènes, ne cessait de parler avec vanité devant le peuple. Phocion, las de l'entendre, lui dit : « Jeune homme, vos discours « ressemblent à des cyprès; ils sont « grands et hauts, mais ils ne portent « point de fruit. » Hypéride s'étant levé, lui demanda, à son tour : « Quand « conseillerez-vous donc aux Athé- « niens de faire la guerre? — Ce sera, « lui répondit Phocion, quand je ver- « rai les jeunes gens observer une « exacte discipline, les riches contri- « buer suivant leur devoir aux frais « de la guerre, et les orateurs s'abs- « tenir de voler les deniers publics. » Les remontrances de Phocion furent inutiles : la guerre fut résolue, et on envoya des ambassadeurs vers tous les peuples de la Grèce.

RAPPEL DE DÉMOSTHÈNE. — L'exilé, qui se trouvait alors à Mégare, se joignit aux députés d'Athènes envoyés dans le Péloponèse : il les seconda si bien par son éloquence, qu'ils réussirent à engager dans la ligue Sicyone, Argos, Corinthe et plusieurs autres villes de la presqu'île. Le peuple, admirant un zèle si généreux, rendit un décret pour son rappel. On lui envoya à Égine, où il était retourné, une galère à trois rangs de rames. Arrivé au Pirée, magistrats, ministres des dieux, citoyens, allèrent au-devant de l'illustre banni, qu'ils reçurent avec toutes les démonstrations de joie et de repentir en se rappelant l'injure qu'on lui avait faite. Démosthène, vivement ému, levait les mains au ciel pour rendre grâce aux dieux, se félicitant d'une journée plus glorieuse encore pour lui que n'avait été pour Alcibiade celle de son retour.

GUERRE LAMIAQUE. — Démosthène et Phocion, également animés de l'amour du bien public, se trouvaient partagés sur la question de la guerre contre les Macédoniens. Le parti de Phocion était le plus prudent, celui de Démosthène le plus glorieux. Quoi qu'il en fût, on leva une armée considérable, et on équipa une flotte nombreuse. On enrôla tous les citoyens en âge de porter les armes qui étaient au-dessous de quarante ans. Des dix tribus qui composaient la république, trois furent laissées à la défense de l'Attique; le reste entra en campagne avec les alliés, sous la conduite de Léosthène.

Antipater, informé des mouvements de la Grèce, avait envoyé en Phrygie vers Léonat, et en Cilicie auprès de Cratère, pour les presser de venir à son secours. En les attendant, il se mit en marche avec treize mille Macédoniens et six cents chevaux ; le pays, épuisé par les levées qu'on avait envoyées à Alexandre, ne lui laissait pas d'autres ressources.

DÉFAITE D'ANTIPATER. — C'était aux Grecs, déjà familiarisés avec la servitude, qu'Antipater comptait avoir affaire lorsqu'il s'avança vers la Thessalie, tandis que sa flotte, composée de cent dix galères à trois rangs de rames, rangeait les côtes de cette province. Malgré sa confiance, le général macédonien ne put soutenir le choc de l'armée athénienne; il fut vaincu à la première rencontre. N'osant hasarder une seconde affaire, ni rentrer en Macédoine, il se renferma dans les murs de Lamia, petite ville de Thessalie, pour attendre le secours qui lui devait venir d'Asie. Ce fut au siége de cette place que Léosthène reçut une blessure dont il mourut au bout de quelque temps.

INTRIGUES POLITIQUES, 322 avant J.-C. — Perdiccas avait conçu le projet de monter au trône en épousant Cléopâtre, sœur d'Alexandre, et en répudiant Nicée, fille d'Antipater. Cléopâtre vint effectivement en Asie; mais comme Perdiccas, pour se conformer au vœu de l'armée, se vit obligé de donner Eurydice, nièce de Philippe, au roi Arrhidée, il trouva dans cette princesse une rivale de pouvoir qui lui suscita mille traverses. Léonat avait conçu un plan à peu près pareil à celui du régent. Au moment de se mettre en route pour aller secourir Antipater, il fit voir à Eumène des lettres de Cléopâtre, qui le sollicitait de se rendre à Pella, et lui promettait de l'épouser; mais la fortune en décida autrement.

MORT DE LÉONAT. — Comme il se trouvait près de Lamia avec vingt mille hommes d'infanterie et deux mille cinq cents chevaux, il résolut d'attaquer l'ennemi. La prospérité avait mis le désordre dans l'armée des Grecs; leurs forces se trouvaient réduites à vingt-deux mille fantassins et à trois mille cinq cents cavaliers : deux mille Thessaliens faisaient la force de l'armée et l'espérance du succès. Le combat s'étant livré, ce fut, en effet, cette cavalerie, commandée par Ménon, qui remporta la victoire. Léonat, couvert de blessures, tomba mort sur le champ de bataille, et son corps fut emporté par les siens; la phalange macédonienne battit en retraite, et les Grecs, victorieux, érigèrent un trophée.

ANTIPATER CAPITULE. — Athènes était en fêtes; les ennemis de Phocion lui demandaient s'il ne voudrait pas avoir fait d'aussi belles choses : « Oui, « sans doute, répondit-il, je voudrais « les avoir faites, mais je serais fâ-« ché de n'avoir pas conseillé ce que « j'ai conseillé. » Et comme les bonnes nouvelles se succédaient et arrivaient du camp coup sur coup, Phocion, qui en craignait les suites, s'écria : *Quand cesserons-nous donc de vaincre?* Antipater dut capituler, ou plutôt il parvint à s'évader; car on le revit presque aussitôt à la tête d'une nouvelle armée.

DÉFAITE DES GRECS A CRANON. — Enfin Cratère, attendu depuis longtemps, arriva en Thessalie, et campa auprès du fleuve Pénée. Il céda le commandement à Antipater et se rangea sous ses ordres. Les troupes qu'il avait amenées, jointes à celles de Léonat, montaient à plus de quarante mille hommes d'infanterie, à trois mille archers et à cinq mille chevaux. L'armée des alliés n'était que de vingt-cinq mille hommes de pied et de trois mille cinq cents chevaux. Une bataille se donna près de Cranon; les Grecs y furent défaits sans éprouver une grande perte : la licence des soldats avait causé cet échec.

Le lendemain, Ménon et Antiphile, qui avaient succédé à Léosthène, ayant assemblé le conseil pour savoir si on attendrait le retour des troupes qui s'étaient retirées dans leur pays, ou si on ferait des propositions d'accommodement à l'ennemi, ce dernier avis prévalut. La réponse d'Antipater fut qu'il voulait traiter séparément avec chacune des villes de la confédération; et toutes, désertant la cause de la liberté, prouvèrent que c'en était fait de la Grèce : Sparte semblait avoir cessé d'exister.

CAPITULATION D'ATHÈNES. — Une pareille défection détermina Antipater à conduire son armée vers Athènes, incapable de se défendre contre un ennemi victorieux. Démosthène et son parti, qui étaient les derniers athlètes de la liberté expirante, sortirent de la ville; et la multitude, pour gagner les bonnes grâces du vainqueur, condamna à mort ses orateurs, en vertu d'un décret proposé par Demade. Par un second décret, le même Demade fit décider qu'on enverrait à Antipater, qui se trouvait à Thèbes, des ambassadeurs munis de pleins pouvoirs pour traiter de la paix : Phocion était à leur tête. Le vainqueur déclara que les Athéniens devaient s'en remettre entièrement à sa discrétion, comme il le fit lui-même lorsqu'il fut assiégé par eux dans Lamia.

Phocion ayant rapporté cette réponse à Athènes, on lui donna des pouvoirs illimités pour traiter : on lui adjoignit en même temps Xénocrate, dans l'espérance que la vue seule d'un philosophe si célèbre forcerait Antipater à rendre hommage à sa vertu. C'était bien mal connaître le caractère violent et cruel du Macédonien. Antipater ne daigna pas le regarder : quand il voulut parler, il l'interrompit brusquement; et voyant qu'il continuait, il lui imposa silence. Il ne traita pas Phocion de la même manière. Antipater, après l'avoir entendu, répondit aux ambassadeurs qu'il était disposé à traiter aux conditions suivantes : « qu'ils lui livreraient Démosthène et « Hypéride; qu'ils rétabliraient l'aris- « tocratie; qu'ils recevraient garnison « dans la place de Munichie; qu'ils « paieraient les frais de la guerre, et « en outre une amende dont on con- « viendrait. » Les ambassadeurs parurent contents de ces propositions, qu'ils regardaient comme fort *douces*. Xénocrate en jugea autrement : *Elles sont douces*, reprit-il, *pour des esclaves, mais très-dures pour des hommes libres.*

OCCUPATION DE MUNICHIE. — Cette place reçut une garnison macédonienne commandée par Ménylle : c'était le temps de la fête des grands mystères, et le propre jour où l'on menait Iacchos en procession, de la ville, à Éleusis; triste anniversaire pour les Athéniens, et qui les pénétra de douleur. Cependant les Macédoniens ne firent aucun mal aux habitants; mais il y en eut plus de douze mille qui furent, à cause de leur pauvreté, exclus du gouvernement par un des articles du traité. Une partie de ces malheureux demeura dans Athènes, traînant une triste vie dans le mépris et l'opprobre qu'ils s'étaient justement attirés. Les autres citoyens pauvres, pour éviter cette honte, abandonnèrent Athènes et se retirèrent en Thrace, où Antipater leur assigna une place et des terres pour leur habitation et leur subsistance. Démétrios de Phalère, obligé de prendre la fuite, se retira auprès de Nicanor; il fut bientôt après, quoique absent, condamné sous un vain prétexte de religion.

MORT DE DÉMOSTHÈNE ET D'HYPÉRIDE. — Le poids de la colère d'Antipater tomba principalement sur Démosthène, Hypéride et quelques autres Athéniens qui les avaient suivis. Il envoya après eux un certain Archias, comédien de profession, avec une troupe de sergents thraces pour les reprendre. Archias ayant trouvé à Égine l'orateur Hypéride, Aristonicos de Marathon et Himérée, frère de Démétrios de Phalère, qui tous trois s'étaient réfugiés dans le temple d'Ajax, les arracha de leur asile et les envoya à Antipater, qui se trouvait alors à Cléones, où ils reçurent la mort : on dit qu'il fit couper la langue à Hypéride.

Le même Archias, informé que Démosthène, retiré dans l'île de Calaurie (voy. *pl.* 74) (*), voisine de Trézène, s'était rendu suppliant de Neptune, y débarqua, et étant descendu à terre avec sa bande, vint dans le temple, et fit tous ses efforts pour engager le proscrit à en sortir. Alors, pour éviter de tomber entre les mains d'un tyran qui aurait exercé sur lui toute sa fureur, Démosthène avala du poison qu'il portait toujours sur lui. L'effet en fut prompt; se sentant affaibli, il s'avança appuyé sur le bras de quelques serviteurs, et tomba mort au pied de l'autel de Neptune : telle fut la fin des derniers orateurs d'Athènes.

Antipater ne tarda pas à reprendre le chemin de la Macédoine pour y célébrer le mariage de Phila, sa fille, avec Cratère; elle épousa en secondes noces Démétrios, fils d'Antigone.

CONVOI D'ALEXANDRE (**),
321 av. J.-C.

Conformément aux dernières volontés d'Alexandre, son corps devait être transporté au temple de Jupiter Hammon ; mais cette disposition fut changée par Ptolémée, qui voulait s'approprier un pareil dépôt. Hiéronyme fut chargé de la construction du char et de l'édifice qu'il portait. « D'abord on fit, sur la mesure du corps, un cercueil d'or, qu'on remplit à moitié d'aromates ; au-dessus se déployait un tapis de pourpre broché en or, auprès duquel étaient posées les armes d'Alexandre. Le char était couvert d'une voûte d'or, ornée d'écailles formées de pierres précieuses : la largeur de la voûte était de huit coudées, et sa longueur de douze ( 15 pieds 11 pouces, sur 17 pieds 7 pouces 4 lignes). Au-dessus du toit, et dans toute son étendue, il y avait un trône d'or avec des tragélaphes en relief, auxquels étaient suspendus des anneaux d'or de deux palestes ( 4 pouces ), et ces anneaux portaient une couronne de pompe, resplendissante et brillante de toutes les couleurs. Au haut du char, on avait placé une frange formée en réseaux, et qui portait de grosses sonnettes pour avertir de l'approche du convoi. A chaque angle de la voûte, il y avait une victoire d'or portant un trophée. Le péristyle qui précédait cette voûte était d'or, avec des chapiteaux ioniques, et au-dedans on trouvait un réseau d'or de l'épaisseur d'un doigt, et quatre tableaux parallèles ornés de figures (voy. *pl.* 75).

« Dans le premier tableau, on voyait un char sur lequel était monté Alexan-

---

(*) Cette île est très-aride ; on y voit encore les ruines du temple de Neptune et du temps de Pausanias on y montrait encore le tombeau de Démosthène. Du lieu où expira ce grand homme, ses derniers regards pouvaient encore apercevoir Athènes; car la presqu'île de Méthane qu'on aperçoit dans le fond, et qui aujourd'hui dérobe la vue d'Athènes, n'était pas encore sortie du sein des flots.

(**) Note descriptive d'après M. Quatremère de Quincy :
Couronne d'olivier en or placée au sommet de la voûte sur un tapis.
Voûte plein cintre dorée et couverte d'écailles.
Victoires portant des trophées aux quatre angles.

Frange en réseau au-dessus de l'acrotère portant des sonnettes.
Trône d'or placé sous le comble orné de tragélaphes.
Colonnes ioniques, le milieu du fût orné d'acanthes qui s'étendaient jusqu'aux chapiteaux.
Lions d'or.
Mur de la chambre sépulcrale en forme de treillis ou réseau d'or.
Cercueil ou sarcophage.
Soubassement de la chambre sépulcrale.
Roues à la persane.
Attelages de mules avec une couronne d'or et des colliers : il y avait quatre rangs de ces mules au nombre de seize chacun.

dre, tenant un sceptre à la main. Autour de lui étaient une garde de Macédoniens avec leurs armes et une autre de Perses nommés Mélophores; les premiers avaient le pas. Le second tableau représentait des éléphants équipés en guerre, portant sur le cou leurs conducteurs (cornacs), et sur la croupe des Macédoniens avec leurs armures ordinaires. Le troisième offrait des troupes de cavalerie qui imitaient les évolutions d'un combat; et le quatrième, des vaisseaux en ordre de bataille. A l'entrée de la voûte, il y avait des lions d'or regardant les personnes qui entraient. Entre chaque couple de colonnes, on avait placé une acanthe d'or qui serpentait insensiblement jusqu'aux chapiteaux. Au-dessus de la voûte et du milieu du toit s'étendait un tapis de Phénicie, exposé à l'air, surmonté d'une couronne formée de feuilles d'olivier: cette couronne était très-grande, et lorsqu'elle était frappée des rayons du soleil, elle produisait un éclat vif et tremblotant, en sorte que, de loin, on croyait en voir partir des éclairs.

« Le train sur lequel cet édifice était posé avait deux essieux et quatre roues persiques; les moyeux et les rais étaient dorés, et la partie qui portait à terre était de fer. L'extrémité des essieux était d'or, et représentait une tête de lion portant entre ses dents une *sybène*, ou long javelot. Le char était suspendu avec un artifice si merveilleux, que, tenant à un seul point comme à son centre d'équilibre, il n'y avait point d'inégalité de terrain qui pût lui faire perdre le niveau. Il y avait quatre timons, à chacun desquels étaient attachés quatre jougs l'un derrière l'autre, et à chaque joug étaient attelées quatre mules. On avait choisi les plus grandes et les plus fortes; chacune d'elles avait sur la tête une couronne dorée, à gauche et à droite de la mâchoire une sonnette d'or, et au cou un collier chargé de différentes pierres précieuses. »

En évitant le désert et en passant par Damas, ce char eut à parcourir, depuis Babylone jusqu'à Memphis, plus de trois cent cinquante lieues. Des ouvriers l'accompagnaient pour réparer les accidents, et d'autres le précédaient afin d'aplanir les chemins. Il paraît que le corps d'Alexandre ne fut transporté, de Memphis à Alexandrie, que sous le règne de Ptolémée Soter. Par la suite, Ptolémée Coccos, ou Parysactos, qui venait de Syrie, enleva le cercueil d'or; mais il ne tira aucun profit de son vol, ayant été obligé de l'abandonner aussitôt. Il est probable que les chrétiens qui changèrent les temples païens en églises ne respectèrent pas les cendres du roi de Macédoine. Saint Jean Chrysostôme parle du tombeau d'Alexandre comme étant ignoré de tout le monde, c'est-à-dire qu'il n'existait plus à la fin du quatrième siècle.

ANARCHIE DES SUCCESSEURS D'ALEXANDRE, 321 avant Jésus-Christ. — Pythagore de Samos, et quelques autres philosophes de l'antiquité, ont soutenu que l'âme de l'homme était immortelle, et qu'en conséquence de cette faculté elle prévoyait l'avenir, dans le temps surtout où une mort prochaine allait la séparer du corps. Cette doctrine prouverait qu'Alexandre ne fut jamais plus clairvoyant qu'à son heure suprême, lorsqu'il dit qu'il laissait son immense héritage *au plus brave, et que ses amis célébreraient ses funérailles par de grands combats entre eux.*

NOUVEAU PARTAGE DE L'EMPIRE, 320 av. J.-C. — On a vu, par ce qui précède, le commencement de la lutte sanglante engagée entre tant de rivaux de gloire et d'ambition, dès que leur maître eut fermé les yeux. Perdiccas venait de mourir, sur les bords du Nil, victime du soulèvement de son armée; Cratère et Léonat étaient descendus dans la tombe. Comme Python et le roi Arrhidée ne tardèrent pas à se démettre du pouvoir suprême, et qu'Eumène, avec cinquante chefs militaires, furent mis hors la loi, Antipater devint régent, à la charge de leur faire la guerre de concert avec Antigone. Il s'ensuivit un nouveau partage des provinces, qui se fit à Trisparadisos, en Lycaonie. Séleucos conserva Babylone. Le territoire d'Eumène, trahi à Nora, ville de la Cappadoce, et l'Asie antérieure furent donnés à Antigone. Ptolémée, qui occupait l'Égypte, tenta de s'emparer de la Syrie et de la Phénicie.

RÉACTION POLITIQUE, 319 av. J.-C. — Sur ces entrefaites, Antipater mourut, après avoir nommé, pour successeur à la régence, le vieux Polysperchon, avec réserve de la survivance à Cassandre, son fils. Ce fut alors que la cruelle Olympias, réfugiée en Épire du vivant d'Antipater, rentra dans la Macédoine.

Polysperchon, parvenu au pouvoir, sentant qu'il avait besoin de s'attacher les peuples de la Grèce, rendit un décret par lequel il rappelait les exilés et rétablissait les villes de la Hellade dans leurs immunités. Il écrivit en particulier aux Athéniens que le roi leur rendait la démocratie, et que tous les citoyens, sans distinction de *pauvres* ou de *riches*, étaient admissibles aux charges publiques : c'était une ruse pour s'emparer d'Athènes, d'autant plus facilement qu'il en ferait chasser Phocion, qui y avait introduit et favorisé l'oligarchie sous le gouvernement d'Antipater.

PROCÈS ET MORT DE PHOCION : — Élevé à l'école de Platon et de Xénocrate, personne ne porta plus loin que Phocion le désintéressement : il aurait trouvé de la bassesse à revenir de ses campagnes chargé d'autre chose que de la gloire de ses belles actions et des bénédictions des peuples qu'il avait épargnés. Il n'y avait dans son opinion d'autre bien et d'autre mal que la vertu et le vice, mettant ce qui est en dehors de nous, biens, puissance, noblesse, au rang des choses indifférentes. Élu quarante-cinq fois général, sans l'avoir sollicité et toujours absent, par une assemblée qu'il n'avait jamais ménagée, il commandait encore, âgé de plus de quatre-vingts ans, avec la vigueur d'un jeune officier, lorsqu'il fut mis en jugement.

Avant que la mort d'Antipater fût divulguée à Athènes, Cassandre y avait envoyé Nicanor pour succéder à Ménylle dans la garde de la forteresse Munichie, et bientôt après il s'était emparé du Pirée. Phocion était l'ami de Cassandre, et cet événement le rendit, plus que jamais, suspect au peuple.

Dans ce moment survint Alexandre, fils de Polysperchon, à la tête d'un corps d'armée considérable, sous prétexte de secourir la ville contre Nicanor, mais, dans le fait, afin de s'en emparer. Il se tint à Athènes une assemblée tumultueuse, dans laquelle Phocion fut déposé de sa charge; Démétrios de Phalère et d'autres citoyens prirent la fuite. Phocion, pénétré de douleur de se voir accusé de trahison, se réfugia auprès de Polysperchon, qui le renvoya au jugement du peuple. On convoqua sur-le-champ l'assemblée, dont on n'exclut ni esclave, ni étranger, ni homme noté d'infamie. Phocion et les autres accusés y comparurent. Les gens de bien, en les apercevant, baissèrent la vue, et, se couvrant la tête, versèrent des larmes en abondance. Quelqu'un ayant demandé qu'on éloignât les esclaves et les étrangers, la populace s'y opposa, en criant qu'il fallait lapider les partisans de l'oligarchie.

Phocion entreprit plusieurs fois de plaider sa cause et de se défendre, il fut toujours interrompu. C'était la coutume à Athènes que l'accusé déclarât, avant le jugement, quelle peine il méritait. Phocion dit, à haute voix, qu'il se condamnait lui-même à la mort, mais il demanda qu'on épargnât ses coaccusés. On alla aussitôt aux suffrages, et, d'une commune voix, on les condamna tous à perdre la vie; ils furent conduits au cachot.

Les compagnons de Phocion, attendris par les lamentations de leurs parents et de leurs amis qui venaient les embrasser dans les rues et leur dire les derniers adieux, marchaient en déplorant leur malheureuse destinée; mais Phocion avait la même contenance que lorsqu'il sortait de l'assemblée pour aller commander les armées, et que les Athéniens en foule l'accompagnaient chez lui, par honneur, au milieu des louanges et des acclamations. Un homme du peuple lui cracha au visage. Phocion ne fit que se tourner vers les magistrats et leur dit : *Quelqu'un ne veut-il point empêcher cet homme de commettre des choses si indignes?*

Il y avait avec Phocion, Nicoclès, Thudippos, Hégémon et Pythoclès. Arrivés en prison, quelqu'un des amis de Phocion lui demanda s'il avait quelque chose à faire dire à son fils. *Oui, certes : c'est de ne point se souvenir de l'injustice des Athéniens.* Thudippos voyant la ciguë qu'on broyait, se prit à se lamenter de ce qu'on le faisait mourir avec Phocion. — *Comment*, lui dit-il, *ne le tiens-tu pas à honneur?* Nicoclès, qui était un de ses plus fidèles amis, le pria de lui permettre de boire le poison avant lui. — *Tu me fais une demande qui m'est bien pénible et bien douloureuse, Nicoclès; mais comme je ne t'ai jamais rien refusé de ma vie, je t'accorde à ma mort ce que tu me demandes.* Quand tous les autres condamnés eurent bu, il se trouva qu'il n'y avait plus de ciguë, et le bourreau dit « qu'il « n'en broierait pas d'autre si on ne « lui donnait douze drachmes d'ar- « gent, parce qu'autant lui coûtait la « livre. » On resta long-temps dans ce débat, jusqu'à ce que Phocion, appelant un de ses amis, le pria de donner à l'exécuteur la somme qu'il demandait, *puisqu'on ne peut pas*, dit-il, *mourir à Athènes sans qu'il en coûte de l'argent.*

C'était au mois de munichion (19 avril) de la troisième année de la CXV$^e$ olympiade, jour où les chevaliers avaient coutume de faire une procession en l'honneur de Jupiter, que s'accomplit ce grand forfait. En passant devant la prison, les uns ôtèrent les couronnes de leurs têtes, les autres fondirent en larmes, et tous s'écrièrent que c'était le comble de l'impiété d'avoir fait mourir, dans une fête si solennelle, un citoyen tellement estimé, qu'on l'avait surnommé, à cause de ses rares vertus, *l'homme de bien*

PIÉTÉ D'UNE DAME DE MÉGARE. — Les ennemis de Phocion firent ordonner par le peuple que son corps serait porté au-delà du territoire de l'Attique, et qu'aucun habitant ne pourrait donner du feu pour allumer son bûcher; on lui rendit donc les derniers devoirs sur le territoire de Mégare. Une dame du pays, qui assista par hasard à ses funérailles avec les femmes de sa suite, lui éleva, dans le même endroit, un cénotaphe sur lequel elle fit les effusions accoutumées. Mettant ensuite dans sa robe les os qu'elle recueillit avec grand soin, elle les porta la nuit dans sa maison, et les enterra sous son foyer en prononçant ces paroles : *Cher et sacré foyer, je te confie et je mets en dépôt dans ton sein ces précieux restes d'un homme de bien; conserve-les fidèlement pour les rendre au tombeau de ses ancêtres quand les Athéniens seront devenus plus sages.*

CASSANDRE S'EMPARE D'ATHÈNES. — Cassandre ne manqua pas de profiter du trouble qui régnait dans Athènes : il entra au Pirée avec une flotte de trente-cinq vaisseaux que lui avait donnée Antigone. Alors les Athéniens lui envoyèrent une députation pour conclure la paix : ils obtinrent de rester maîtres de la ville, de leurs terres, de leurs revenus et de leurs vaisseaux. Quant à la citadelle, il fut réglé qu'elle demeurerait au pouvoir de Cassandre jusqu'à la fin de la guerre civile. Par rapport aux affaires de la république, on convint que ceux qui posséderaient dix mines de revenu (916 francs) auraient part au gouvernement; enfin on laissa à Cassandre le choix d'un citoyen chargé de gouverner l'état.

DÉMÉTRIOS DE PHALÈRE, 318 av. J.-C. — Démétrios de Phalère, compris dans la sentence de mort de Phocion, ayant eu le bonheur d'échapper à la mort, fut choisi pour être le magistrat suprême d'Athènes, qu'il gouverna pendant dix ans. Quoique investi d'une espèce d'autorité souveraine, il maintint la démocratie sans qu'on s'aperçût qu'il était le maître. Comme il réunissait dans sa personne l'homme d'étatet l'homme de lettres, son éloquence douce et persuasive montra, comme il le disait, que le discours avait autant de force dans le gouvernement que les armes dans la guerre. Il tira la philosophie spéculative de l'ombre des écoles, et sut la produire au grand jour, en la familiarisant avec les affaires les plus tumultueuses. Il augmenta les revenus publics, diminua le luxe, les dépenses, et réforma les mœurs. Il releva les anciennes familles tombées dans la misère, et entre autres celle d'Aristide. Dans la CXV$^e$ olympiade, il fit faire le dénombrement de la population de l'Attique, qui se trouva être de vingt et un mille citoyens, dix mille étrangers et quatre cent mille esclaves.

RÉVOLUTION EN MACÉDOINE. — Olympias, mère d'Alexandre-le-Grand, que Polysperchon avait rappelée en Macédoine, s'étant rendue maîtresse des affaires, fit mourir Arrhidée, qui portait, depuis six ans et quatre mois, le nom de roi. Sa femme, Eurydice, eut le même sort. Olympias lui envoya un poignard, une corde et de la ciguë, ne lui laissant que le choix de la mort; elle s'étrangla, après avoir exhalé sa douleur en plaintes et en imprécations contre son ennemie. Nicanor, frère de Cassandre, et cent des principaux amis de ce dernier, furent pareillement assassinés.

CHATIMENT D'OLYMPIAS. — Tant de cruautés ne demeurèrent pas impunies. Olympias s'était retirée de Pydna, emmenant avec elle le jeune roi Alexandre avec Roxane sa mère, Thessalonice, sœur d'Alexandre-le-Grand, et Déidamie, fille d'Éacide, roi des Épirotes, sœur de Pyrrhus. Cassandre, sans perdre de temps, l'assiégea dans Pydna par terre et par mer. Éacide venait de se mettre en marche pour secourir cette ville, mais il en fut empêché par la révolte de son armée, qui le força de rentrer dans l'Épire, où il fut jugé et condamné à l'exil. Les soldats tuèrent tous ses amis : ils en auraient fait autant de Pyrrhus, fils d'Éacide, qui était enfant, si quelques serviteurs fidèles ne l'avaient dérobé à leur fureur. L'Épire se déclara en faveur de Cassandre; et Olympias, qui avait éprouvé tous les maux d'une famine extrême, ayant perdu l'espérance d'être secourue, fut obligée de se rendre à discrétion.

MORT D'OLYMPIAS. — Cassandre, résolu de s'en défaire de la manière la moins odieuse, suggéra aux parents de ceux qu'Olympias avait fait mourir, de l'accuser devant l'assemblée ou parlement des Macédoniens. Ce conseil fut suivi, et, quoique absente, la reine fut condamnée au dernier supplice sans que personne prît sa défense. Il s'agissait d'exécuter la sentence. Alors Cassandre lui fit proposer de se retirer à Athènes, promettant de lui fournir une galère pour l'y transporter. Son dessein était de la faire périr en mer, et de publier que les dieux, irrités, l'avaient punie de ses cruautés; mais elle répondit fièrement qu'elle n'était point femme à prendre la fuite, et qu'elle demandait à plaider sa cause dans l'assemblée publique. Cassandre n'eut garde d'y consentir, et il envoya deux cents soldats pour la faire mourir. C'étaient des hommes de main ; mais malgré leur dévouement, ils ne purent soutenir les regards d'Olympias, et ils se retirèrent sans avoir rempli leur commission. Il fallut employer les parents de ceux qu'elle avait égorgés, qui furent ravis de se venger et de faire en même temps leur cour à Cassandre. Ainsi finit Olympias, fille, sœur et mère de rois à jamais célèbres dans l'histoire.

CASSANDRE ASPIRE AU TRÔNE. — Le meurtrier d'Olympias, car elle fut mise à mort sans jugement, se voyant le chemin ouvert au trône, crut y parvenir en épousant Thessalonice, sœur d'Alexandre. Cette union devait lui concilier l'amitié des grands et des peuples de la Macédoine. Cependant il restait un obstacle à surmonter, sans quoi il aurait toujours passé pour usurpateur : il fallait éteindre la légitimité dans sa source. Le jeune prince, fils d'Alexandre et de Roxane, était en vie : il avait été reconnu roi et héritier du trône, de sorte qu'il devenait indispensable de se défaire de ce prince et de sa mère. Cassandre, enhardi par le succès de son crime, était bien déterminé à en ajouter un second 'pour arriver à son but, mais il fallait user de circonspection.

Si les Macédoniens restaient insensibles à la mort d'Olympias, il est probable que la perte d'Alexandre et de Roxane ne les toucherait pas davantage. Afin de procéder méthodiquement, il commença par les soustraire aux regards du public en les faisant conduire au château d'Amphipolis. Arrivés dans cette prison d'état, on les dépouilla des honneurs souverains, et ils ne furent plus traités que comme des particuliers confiés à la garde de Glaucias, qui devint leur geôlier, sous le titre de gouverneur.

ACTE DE SOUVERAINETÉ. — Après cet attentat, Cassandre, pour rendre la mémoire d'Olympias de plus en plus odieuse, ordonna de célébrer les funérailles d'Arrhidée et de la reine Eurydice, son épouse. Il fit porter leurs corps aux sépultures royales d'Édesse, prescrivit un deuil de cour et des expiations, tandis qu'il était tout occupé du dessein de faire périr le jeune roi son maître.

RESTAURATION DE THÈBES, 316 av. J.-C. — Polysperchon, informé de la mort d'Olympias, se hâta de quitter la Perrhébie (aujourd'hui Anovlachie), contrée limitrophe de l'Épire, où il se trouvait, pour entrer en Thessalie. Cassandre marcha à sa rencontre; et comme il traversait la Béotie, il fut touché de la désolation de Thèbes, qui gisait ensevelie sous ses ruines depuis plus de vingt ans : il conçut l'idée de la rétablir. Les Athéniens offrirent de rebâtir, à leurs frais, une partie des murailles; plusieurs villes et quelques citoyens de la Grande-Grèce contribuèrent à sa réédification au moyen de sommes considérables d'argent. Ainsi, en très-peu d'années, Thèbes recouvra son ancienne importance et devint plus opulente que jamais par les soins de Cassandre, qui en fut regardé, avec raison, comme le restaurateur.

MORT D'ALEXANDRE, FILS DE POLYSPERCHON. — Après avoir signalé son passage dans la Béotie par cette action généreuse, Cassandre entra dans le Péloponèse, qui était en partie gouverné par le fils de Polysperchon. Argos se rendit à lui sans résistance, et les villes de la Messénie, à l'exception d'Ithome, suivirent cet exemple. Alexandre, effrayé de la rapidité des conquêtes de l'ennemi, se décida à en arrêter le cours en lui livrant bataille; mais Cassandre, qui était inférieur en forces, jugea plus à propos de se retirer en Macédoine, après avoir laissé de bonnes garnisons dans les places qu'il avait prises.

Comme Cassandre connaissait le mérite de son adversaire, il chercha à le détacher du parti d'Antigone, en lui offrant le gouvernement du Péloponèse et le commandement des troupes qui s'y trouvaient. Une pareille proposition était trop avantageuse pour être rejetée; mais peu de temps après, Alexandre fut assassiné par les habitants de Sicyone, où il s'était établi. Alors Cratésipolis, sa femme, qui était chérie des soldats et aimée des officiers, se mit à la tête des troupes, battit les Sicyoniens, en fit attacher trente des plus mutins au gibet, apaisa les troubles et rentra victorieuse dans la ville, qu'elle gouverna avec une sagesse admirable.

ÉVÉNEMENTS EXTÉRIEURS, 315 — 314 av. J.-C. — Eumène n'avait pu se soutenir dans la Haute-Asie, ni dans l'Asie-Mineure, lorsque, trahi par les Argyraspides, mécontents d'avoir perdu leurs bagages, il fut livré à Antigone, qui le fit condamner à mort. La dynastie d'Alexandre-le-Grand perdit en lui son unique et dernier appui. La domination de son vainqueur semblait consolidée, et Séleucos lui-même avait cru nécessaire d'abandonner Babylone pour se réfugier en Égypte. Alors Antigone se rendit de nouveau maître de la Phénicie, après avoir assiégé Tyr pendant quatorze mois (314-313 avant J.-C.). Cette circonstance prouve que cette ville n'avait pas été complétement détruite par Alexandre. Séleucos, réfugié en Égypte, combinait pendant ce temps une alliance entre Ptolémée, Lysimaque et les deux Cassandre, contre Antigone et Démétrios. Mais Antigone prévint leur union, en chassant Cassandre de Carie et en envoyant son fils contre Ptolémée, qu'il vainquit aux environs de Gaza. Malgré ce succès, on voit Séleucos retourner à Babylone et s'y maintenir d'une manière durable.

PAIX GÉNÉRALE, 314 avant J.-C. — La première condition portait que chacun conserverait ce qu'il possédait; la seconde, que les villes grecques seraient libres : cette clause contenait les semences d'une nouvelle guerre qu'on pouvait commencer quand on voudrait; et la troisième, qu'Alexandre, parvenu à l'âge de quatorze ans, serait élevé sur le trône de Macédoine.

MORT D'ALEXANDRE, 310 av. J.-C. — Cassandre, qui voyait ses espérances ruinées, fit mourir secrètement, dans le château d'Amphipolis, le jeune roi avec sa mère Roxane. A cette nouvelle, Polysperchon, qui gouvernait dans le Péloponèse, se déchaîna contre la perfidie de Cassandre. Il fit venir de Pergame Hercule, autre fils qu'Alexandre avait eu de Barsine, veuve de Memnon, qui pouvait avoir alors dix-sept ans; et s'étant avancé avec une armée, il proposa aux Macédoniens de mettre ce prince sur le trône.

MORT D'HERCULE, FILS D'ALEXANDRE-LE-GRAND, 309 av. Jésus-Christ. — Cassandre effrayé demanda une entrevue à Polysperchon, auquel il représenta qu'il allait se donner un maître; qu'il ferait bien mieux de se défaire d'Hercule, de s'emparer de la Grèce, et il lui offrit pour cela son secours. Ainsi, Hercule et sa mère eurent le même sort entre les mains de Polysperchon, qu'avaient eu Roxane et son fils entre celles de Cassandre; et ces deux criminels assassinèrent, chacun de leur côté, un héritier de la couronne, afin de la partager entre eux.

MORT DE CLÉOPATRE, SOEUR D'ALEXANDRE. — Sur ces entrefaites, Cléopâtre, veuve d'Alexandre, roi d'Épire, tué en Italie, faisait depuis plusieurs années sa résidence à Sardes, en Lydie. Ptolémée, informé qu'Antigone, maître de cette ville, ne ménageait guère cette princesse, se servit de son mécontentement pour l'attirer dans son parti. Il l'invita à le venir trouver, espérant tirer de sa présence plusieurs avantages contre son ennemi. Elle s'était déjà acheminée, lorsqu'elle fut arrêtée et mise à mort par ordre d'Antigone, qui, pour sauver les apparences de son crime, fit faire le procès à toutes les femmes qui avaient été les instruments de l'exécution de la malheureuse Cléopâtre, dont il célébra les funérailles avec une magnificence extraordinaire. Ainsi, Dieu permit que la race d'Alexandre pérît de la main de ses courtisans et de ses généraux, qui devaient à leur tour s'exterminer entre eux, en expiation des larmes et du sang qu'ils avaient coûtés à l'humanité.

## DÉMÉTRIOS, FILS D'ANTIGONE,
### 309 – 306 av. J.-C.

### RÉVOLUTION DANS ATHÈNES.

L'expédition de Démétrios, pour la délivrance de l'Attique, fut sans doute le jour le plus heureux de sa vie : il y a peu d'épisodes dans l'histoire qui offrent un sujet plus riche en observations sur la nature de l'esprit humain, que le double séjour de Démétrios à Athènes.

Le fils d'Antigone était parti avec cinq mille talents (27,500,000 fr.) et deux cent cinquante voiles, pour chasser d'Athènes Démétrios de Phalère, qui y commandait depuis dix ans comme lieutenant de Cassandre. Les Athéniens vivaient en paix sous l'autorité tutélaire de ce chef. Ils lui avaient érigé autant de statues qu'il y avait de jours dans l'année, c'est-à-dire 360 (car, pour lors, suivant Pline, l'année ne se composait que de ce nombre de jours) : pareil honneur n'avait jamais été rendu à un citoyen.

CHANGEMENT DE GOUVERNEMENT.

— En voyant entrer au Pirée la flotte du fils d'Antigone, qu'on prit pour celle de Ptolémée, les Athéniens furent dans l'allégresse; mais bientôt détrompés, ils coururent aux armes, pour repousser l'ennemi qui opérait déjà sa descente. Alors Démétrios, monté sur le tillac de sa galère, fit signe de la main pour qu'on se tînt en repos, et un héraut cria: « que son « père Antigone l'avait envoyé sous « d'heureux auspices, pour rendre « aux Athéniens la liberté; chasser la « garnison macédonienne qui se trou-« vait dans l'acropole, et rétablir « l'ancien gouvernement, sans res-« triction. »

A ces mots, les Athéniens, jetant leurs boucliers, battent des mains et saluent Démétrios des noms de *sauveur*, de *bienfaiteur*, et le pressent de débarquer. Les partisans du lieutenant de Cassandre, cédant à la fortune d'un aventurier heureux, s'unissent aux citoyens et sa cause l'emporte. Le premier soin du vainqueur pacifique fut de pourvoir à la sûreté de Démétrios de Phalère, qui craignait plus ses concitoyens que ses ennemis. Plein de respect pour ce grand personnage, le fils d'Antigone lui fournit, comme il l'avait demandé, une escorte pour l'accompagner jusqu'à Thèbes, où il se retira. Pour lui, il déclara qu'il ne mettrait pas le pied dans Athènes avant de l'avoir affranchie de la garnison qui l'opprimait. Il fit d'abord bloquer Munichie et s'embarqua aussitôt pour Mégare, qui était occupée par les troupes de Cassandre.

AVENTURE GALANTE. — A son arrivée à Mégare, Démétrios reçut une lettre de Cratésipolis, veuve d'Alexandre, fils de Polysperchon, qui se trouvait à Patras; elle lui témoignait le désir de le mettre en possession de ses charmes. Il laissa son armée devant la ville, et avec un petit nombre d'hommes dispos, il courut à cet étrange rendez-vous. Quand il fut assez près de la ville, il se sépara de ses gens, et fit tendre un pavillon à l'écart, afin que Cratésipolis ne fût point aperçue quand elle viendrait le trouver. Quelques-uns de ses ennemis, avertis de cette imprudence, se mirent en devoir d'enlever Démétrios. Il n'eut que le temps de prendre un méchant manteau et de se sauver, en abandonnant sa tente et les richesses qu'elle contenait.

SUCCÈS DE DÉMÉTRIOS. — Mégare étant prise et sauvée du pillage, Démétrios lui rendit la liberté. S'étant rendu de là dans l'Attique, il s'empara du fort de Munichie, qu'il fit raser, après quoi il consentit à monter à Athènes. Il rassembla le peuple, auquel il annonça que son père lui enverrait cent cinquante mille mesures de blé et tout le bois nécessaire pour la construction de cent galères à trois rangs de rames; enfin il proclama l'indépendance absolue de la république: c'est ainsi que les Athéniens recouvrèrent leur funeste démocratie, treize ou quatorze ans après l'avoir perdue.

ADULATION SACRILÉGE. — Leur reconnaissance s'exalta jusqu'à l'impiété. Ils donnèrent d'abord le nom de *rois* à Démétrios et à Antigone; ils les honorèrent ensuite du titre de *dieux sauveurs*. Au lieu de l'archonte qui donnait son nom à l'année, ils créèrent un prêtre des *dieux sauveurs*, et voulurent que les portraits de ces prétendues divinités fussent peints sur la bannière qu'on portait dans la procession des Panathénées. On consacra l'endroit où Démétrios était descendu de son char, en y élevant un autel, et on ajouta aux dix anciennes tribus deux nouvelles, sous les noms de *Démétriade* et d'*Antigonide*; on changea aussi la dénomination de deux des mois de l'année en leur honneur. Enfin il fut établi qu'au lieu du titre d'*ambassadeur*, ceux qu'on enverrait vers Antigone et Démétrios seraient appelés *Théores*. Sur la proposition de Démoclide, on décréta: « que pour la consécration des « boucliers qu'on dédiait dans le tem-« ple d'Apollon à Delphes, on se « transporterait vers Démétrios, *le « dieu sauveur;* et qu'après lui avoir « offert des sacrifices, on lui deman-« derait comment on devait faire la

« dédicace de ces offrandes ; et que le
« peuple se conformerait à tout ce
« que *l'oracle du dieu sauveur* aurait
« répondu. »

INGRATITUDE DES ATHÉNIENS. — Heureux sous le gouvernement paternel de Démétrios de Phalère, ils l'avaient lâchement abandonné. Ils instruisirent son procès, et après l'avoir condamné à mort par contumace, comme ils ne pouvaient sévir contre sa personne, ils renversèrent les statues qu'ils lui avaient élevées, sans détruire sa réputation. Ils poursuivirent ses amis, et peut s'en fallut que le poète Ménandre ne fût appelé en jugement. Alors Démétrios quitta Thèbes pour se réfugier auprès de Cassandre, d'où il passa en Égypte, où il fut accueilli avec la plus grande distinction par Ptolémée Soter.

ANTIGONE RAPPELLE SON FILS DE LA GRÈCE, 307 avant Jésus-Christ. — La puissance de Ptolémée sur mer et la prise de Cypre déterminèrent Antigone à rompre de nouveau avec lui, en ordonnant à son fils de le chasser du pays qu'il avait conquis. La grande victoire qu'il remporta près de cette île est la plus sanglante dont l'histoire fasse mention. C'est à cette époque que les lieutenants d'Alexandre, dont la dynastie était éteinte, prirent le titre de rois, qui n'était plus pour eux qu'une formalité.

306, 305, 304 avant Jésus-Christ. Comme le projet de s'emparer de Cypre fut manqué par Antigone et son fils, la république commerçante des Rhodiens, alliés de Ptolémée, devait être victime de leur ambition. Mais quoique Démétrios, par les talents qu'il développa dans le siége de la capitale, acquit le surnom de *Poliorcète*, les Rhodiens, par leur vigoureuse défense, montrèrent ce que peut la discipline unie à un patriotisme bien dirigé. Démétrios s'estima trop heureux de pouvoir abandonner ce siége pour retourner dans la Grèce, où il était appelé par les Athéniens.

RETOUR DE DÉMÉTRIOS POLIORCÈTE DANS LA GRÈCE.
303 avant J.-C.

Les Athéniens, assiégés par Cassandre, avaient invoqué le secours de Démétrios Poliorcète, qui parut avec trois cent trente galères et un corps considérable d'infanterie. L'ennemi fut chassé de l'Attique, poursuivi jusqu'aux Thermopyles ; Héraclée tomba au pouvoir du vainqueur, et six mille Macédoniens passèrent sous ses drapeaux.

SERVILITÉ DES ATHÉNIENS. — A son retour, les Athéniens assignèrent pour demeure à Démétrios Poliorcète, l'opisthodome du Parthénon. Il y logea, et ne rougit point de profaner la maison d'une déesse regardée comme vierge, par les débauches les plus infames. Il fit dresser des autels à Lamia et à ses autres courtisanes par les Athéniens, qu'il appela à cette occasion *des lâches et des misérables nés pour la servitude*, tant il fut choqué lui-même de leur basse adulation.

Démoclès, surnommé *le Beau*, aurait pu réveiller de nobles sentiments chez un autre peuple, lorsque pour se dérober à la violence de Démétrios, il se précipita dans une chaudière d'eau bouillante, préférant renoncer à la vie plutôt qu'à la pudeur. Mais loin de là, on rendit un décret, portant :
« que le peuple d'Athènes statuait et
« ordonnait que tout ce que comman-
« derait le roi Démétrios, serait tenu
« pour saint à l'égard des dieux, et
« juste envers les hommes. »

Démétrios étant entré dans le Péloponèse, enleva à Ptolémée, qui s'y était rendu puissant, Sicyone, Corinthe, et la plupart des places où il avait des garnisons. Comme il se trouva à Argos à l'époque de la grande fête de Junon, il y fit célébrer des jeux qu'il présida, et il épousa à cette occasion, Déidamie, fille d'Éacide, roi des Molosses, et sœur de Pyrrhus. Enfin les états de la Hellade s'étant rassemblés à l'Isthme, il y fut proclamé chef de tous les Grecs, comme l'avaient été Philippe et Alexandre, auxquels il se croyait fort supérieur.

LIGUE CONTRE ANTIGONE, 301 av. J.-C. — Cassandre, Ptolémée et Séleucos, voyant qu'Antigone ne visait à rien moins qu'à envahir tout l'empire, comprirent qu'il était temps de s'unir étroitement pour abattre ce pouvoir formidable. Ils savaient d'ailleurs avec quel mépris on parlait d'eux à la cour de ce prince. Ses flatteurs disaient que Ptolémée n'était qu'un *matelot*; Séleucos un *cornac* ou *conducteur d'éléphants*, et Lysimaque un *caissier* ou gardien de trésor.

BATAILLE D'IPSOS. — A l'ouverture de la campagne, Ptolémée recouvra la Phénicie, la Judée et la Célésyrie. Il venait de mettre le siège devant Sidon, lorsque, sur la fausse nouvelle de la défaite de Séleucos et de Lysimaque, il conclut une trêve de cinq mois avec les habitants, et retourna en Égypte.

L'armée des confédérés et celle d'Antigone arrivèrent presque en même temps dans la Phrygie. Bientôt elles furent en présence. Antigone avait plus de 60,000 hommes de pied, 10,000 chevaux et 75 éléphants. Les alliés comptaient dans leurs rangs 64,000 fantassins, 10,500 chevaux, 400 éléphants, 120 chariots armés de faux. La bataille eut lieu près d'Ipsos en Phrygie.

Dès que les trompettes eurent donné le signal, Démétrios, à la tête de la cavalerie, fondit sur Antiochos, fils de Séleucos, et combattit avec tant de valeur, qu'il rompit les ennemis; mais s'étant mis à poursuivre les fuyards, lorsqu'il voulut rallier son corps de bataille, la chose devint impossible : les éléphants de l'ennemi lui barrèrent le passage. Alors Antiochos, voyant les gens de pied d'Antigone dégarnis de leur cavalerie, ne les chargea point, mais fit mine de les attaquer, tantôt d'un côté, et tantôt de l'autre pour les effrayer et leur donner le temps de déserter. Ce fut en effet le parti qu'ils adoptèrent; un grand nombre de fantassins se rendit à lui et le reste prit la fuite.

MORT D'ANTIGONE. — Dans ce moment une grosse troupe de l'armée de Séleucos chargea avec fureur Antigone, qui soutint quelque temps leur effort; mais enfin accablé et percé de traits, il tomba après s'être défendu jusqu'au dernier soupir. Démétrios voyant son père mort, se retira à Éphèse avec cinq mille hommes d'infanterie et quatre mille de cavalerie. Pyrrhus-le-Grand, tout jeune encore qu'il était, accompagna partout Démétrios, et montra dans cette action, qui lui servit comme d'apprentissage, ce qu'on devait un jour attendre de son courage et de sa bravoure.

PARTAGE DE L'EMPIRE D'ALEXANDRE EN QUATRE ROYAUMES,
300 av. J.-C.

Après la bataille d'Ipsos, les princes confédérés songèrent à partager l'empire d'Alexandre. Comme l'Inde en avait été démembrée par la valeur de Sandracote, homme obscur, qui avait réuni sous son sceptre les royaumes de Taxile et de Porus, ils divisèrent en quatre parties ce qui restait des possessions du fils de Philippe. Ptolémée eut l'Égypte, la Libye, la Cyrénaïque, l'Arabie, la Célésyrie et la Palestine; Cassandre la Macédoine et la Grèce; Lysimaque la Thrace, la Bithynie, une partie de l'Hellespont et le Bosphore; Séleucos le reste de l'Asie jusqu'au-delà de l'Euphrate : la part de ce dernier est ce qu'on appelle ordinairement *le royaume de Syrie*, parce que Séleucos, qui bâtit Antioche sur l'Oronte, y fit sa principale demeure ainsi que ses successeurs.

INFORTUNE DE DÉMÉTRIOS. — Ce prince, réfugié à Éphèse, ne tarda pas à s'embarquer pour Athènes, où il avait laissé ses vaisseaux, ses trésors et sa femme Déïdamie. En approchant des côtes de l'Attique, il rencontra des députés chargés de lui annoncer *qu'il ne pouvait entrer dans Athènes; un décret en expulsait les rois ; on avait renvoyé honorablement Déïda-*

mie à *Megare*. L'état des affaires de Démétrios ne lui permettant pas de se venger de ceux qui l'avaient naguère proclamé DIEU, il leur fit redemander ses vaisseaux, au nombre desquels se trouvait cette galère prodigieuse à seize rangs de rames, chef-d'œuvre de son génie. On la lui rendit ainsi que son escadre, avec laquelle il cingla vers la Chersonèse de Thrace, où il ravagea les terres de Lysimaque, dont il partagea le butin à ses soldats.

ALLIANCES DIVERSES, 299 av. J.-C. — Lysimaque s'était lié par un traité avec Ptolémée, qui lui donna en mariage Arsinoé, l'une de ses filles. Cette alliance ayant causé de l'ombrage à Séleucus, celui-ci rechercha alors l'amitié de Démétrios, qui lui accorda la main de Stratonice, sa fille, issue de Phila, sœur de Cassandre, femme célèbre par l'éclat de sa beauté.

NOUVEAUX SUCCÈS DE DÉMÉTRIOS. — En conduisant la fiancée sur sa flotte en Syrie, Démétrios fit en passant une descente en Cilicie, province alors gouvernée par Plistarque, frère de Cassandre, qui s'était plaint à Séleucus de ce qu'il s'alliait avec l'ennemi commun des successeurs d'Alexandre. Il s'était rendu en personne à Antioche pour remplir ce message. Démétrios, profitant de son absence, marcha droit à la ville de Giuindes, et s'empara du trésor royal, évalué à douze cents talents (6,600,000 fr.), avec lequel on célébra les noces et on paya la dot de Stratonice. Peu de temps après il se rendit maître de toute la Cilicie.

MORT DE CASSANDRE, 298 av. J.-C. — Sur ces entrefaites Déidamie mourut de maladie; et Démétrios s'étant réconcilié avec Ptolémée, épousa sa fille Ptolémaïde. Ainsi il commença à rétablir ses affaires, car avec la Cilicie, il possédait encore l'île de Cypre, les deux puissantes villes de Tyr et de Sidon, et plusieurs places en Asie.

Vers ce temps, Cassandre mourut d'hydropisie, après avoir gouverné la Macédoine pendant dix-neuf ans. Il laissa trois fils de Thessalonice, sœur d'Alexandre-le-Grand. Philippe qui lui succéda étant mort au bout de peu de temps, la couronne demeura en litige entre ses deux frères.

PYRRHUS-LE-GRAND, 297 av. J.-C.

On a vu le début militaire de ce prince à la bataille d'Ipsos. Quelque temps après il consentit à se rendre en otage en Égypte, comme garant de la paix conclue entre Ptolémée et Démétrios. Pendant qu'il était à la cour d'Alexandrie, il sut mériter et obtenir les bonnes grâces de Bérénice, qui avait tout pouvoir sur l'esprit du roi. Ses manières nobles l'avaient fait d'ailleurs assez estimer de ce monarque, pour qu'il lui donnât en mariage, Antigone, fille de Bérénice, qui avait eu cette princesse d'un premier mariage avec Philippe, Macédonien, homme fort obscur et peu connu. L'époux d'Antigone, protégé par sa belle-mère, eut bientôt assez de crédit pour obtenir une flotte et de l'argent, qui lui servirent à rentrer dans ses états.

RÉDUCTION D'ATHÈNES, 295 AV. J.-C. — On a dit comment Athènes s'était révoltée contre Démétrios et l'avait proscrit. Dès que l'illustre banni eut pourvu à la sûreté de ses possessions d'Asie, il songea à punir cette ville déloyale. La première année de son expédition fut employée à réduire les Messéniens et à soumettre quelques villes qui avaient abandonné son parti; l'année suivante il entra dans l'Attique.

Quoique les Athéniens eussent décrété la peine de mort contre quiconque oserait parler d'accommodement avec Démétrios, la disette qu'ils éprouvaient les obligea de lui ouvrir leurs portes. Il commanda aussitôt à tous les citoyens de s'assembler au théâtre. Il entoura la scène de gens armés, plaça ses gardes aux environs de l'échafaud, où se jouent les pièces, et descendant par l'escalier d'en haut, comme font les acteurs, il se montra à la multitude qui attendait l'arrêt de sa condamnation. Mais dès le commencement de son discours la crainte se dissipa; il n'éleva point la voix comme un homme en colère, mais adoucissant son ton, et leur faisant seulement des plaintes douces et amicales, il leur rendit ses bonnes graces, leur accorda cent mille mesures de blé, et rétablit les magistrats qui étaient les plus agréables au peuple.

CATASTROPHES DE DÉMÉTRIOS. — Après avoir réglé les affaires d'Athènes, Démétrios s'occupa de dompter les Lacédémoniens. Il battit d'abord leur roi Archidamos à Mantinée; ensuite, sous les murs de Sparte. Il était au moment de s'emparer de cette ville, lorsque deux courriers qu'il reçut lui donnèrent bien d'autres soins. Lysimaque lui avait enlevé tout ce qu'il possédait en Asie; Ptolémée ayant fait une descente dans l'île de Cypre, s'en était rendu maître, à l'exception de Salamine, où s'étaient réfugiés sa femme et ses enfants, qu'il tenait assiégés. Démétrios quitta tout pour voler à leur secours; mais déjà la ville était prise, et Ptolémée lui renvoyait sa famille sans rançon, après l'avoir comblée de riches présents et lui avoir rendu toutes sortes d'honneurs.

La perte de Cypre fut bientôt suivie pour Démétrios de celle de Tyr et de Sidon. Séleucos lui enleva d'un autre côté la Cilicie. Dépouillé de tout ce qu'il possédait, sans ressources, il se cantonna dans quelques lieux du Péloponèse qui lui restaient.

AFFAIRES DE MACÉDOINE,
294 av. J.-C.

CONFLIT DES DEUX FILS DE CASSANDRE. — Démétrios semblait abandonné de la fortune, lorsqu'une ressource inattendue vint ranimer ses espérances. Les deux fils de Cassandre se disputaient son héritage. Thessalonice, leur mère, favorisait Alexandre, le plus jeune de ses fils. Antipater, qui était l'aîné, en fut si outré, qu'il tua sa mère, quoiqu'elle le conjurât de l'épargner ses jours. Alexandre, pour venger ce parricide, appela à son secours Pyrrhus, roi d'Épire, et Démétrios,

refugié dans le Péloponèse. Pyrrhus arriva le premier, prit plusieurs villes de la Macédoine, en retint quelques-unes à titre d'indemnité, et se retira après avoir réconcilié les deux frères.

DÉMÉTRIOS PROCLAMÉ ROI DE MACÉDOINE. — Alexandre, informé de l'approche de Démétrios, alla à sa rencontre, le reçut avec beaucoup de marques d'amitié et le remercia de son secours. Ce compliment lui déplut, et sur un avis vrai ou supposé que le prince songeait à se défaire de lui, il le prévint et le tua. Ce meurtre souleva d'abord les Macédoniens; mais quand il leur eut rendu compte de sa conduite, la haine qu'ils portaient au parricide leur fit déclarer Démétrios roi de Macédoine. Antipater s'enfuit en Thrace, où il ne survécut pas longtemps à la perte de son royaume. Ce fut ainsi, par la mort de Thessalonice et de ses deux fils, que s'éteignit la seconde branche de la famille royale de Philippe-le-Grand.

PROJETS DE DÉMÉTRIOS, 288 AV. J.-C. — L'intervalle de 295 à 288 avant J.-C. n'offre pas de traits assez saillants pour appartenir à notre genre de narration historique. Ce fut au temps où nous sommes arrivés que, se croyant assez affermi, Démétrios commença à faire de grands préparatifs pour recouvrer l'empire de son père en Asie. Il leva à cet effet une armée de près de cent mille hommes et équipa une flotte de plus de cinq cents voiles.

RÉVOLUTION, 287 AVANT J.-C. — Ptolémée, Lysimaque et Seleucos, informés de ce qui se passait dans les états de l'usurpateur, engagèrent le roi d'Épire dans leur alliance, de sorte que Pyrrhus et Lysimaque attaquèrent simultanément la Macédoine. Démétrios, qui avait toujours manqué à la fortune, en se livrant trop aux détails de l'administration, s'occupait alors en Grèce à des constructions navales et à inventer des machines de guerre. Pyrrhus lui enleva pendant ce temps Berrhée (aujourd'hui Cara-Verria), où il prit les femmes, les enfants et la majeure partie des effets des soldats macédoniens. La capture de cette ville causa un désordre complet dans l'armée de l'usurpateur. Les troupes déclarèrent d'un ton séditieux, qu'elles voulaient s'en retourner dans leurs foyers pour défendre leurs familles et leurs propriétés. Enfin, la chose alla si loin, que Démétrios prit le parti de se sauver dans le Péloponèse, déguisé en soldat, et son armée passa au service de Pyrrhus, qu'elle proclama roi de Macédoine.

CARACTÈRE DE DÉMÉTRIOS. — Un pareil événement ne peut s'expliquer que par le caractère des deux princes qui étaient en scène. Démétrios s'était fait mépriser des Macédoniens par le moyen même qu'il avait employé pour captiver leur estime. Tel qu'un roi de théâtre, il se complaisait à ceindre sa tête d'un double diadème, il portait des robes de pourpre rehaussées d'or et avait une chaussure toute particulière. Il faisait travailler depuis long-temps à un manteau sur lequel on avait représenté en broderie d'or le monde entier et tous les astres qui paraissent dans le ciel. Ce vêtement demeura imparfait à cause du changement de sa condition, et il n'y eut point après lui de roi qui eût osé l'endosser.

Ce qui mit le comble à la haine qu'on lui portait, fut son humeur. Fier, hautain, méprisant, il ne donnait pas le temps de parler à ceux qui l'approchaient, ou il les brusquait tellement, que tous se retiraient mécontents. Gracieux, contre son ordinaire, il avait un jour reçu des placets dans les rues qu'il parcourait à pied; mais arrivé au pont de l'Axios, il jeta toutes ces requêtes à l'eau.

CARACTÈRE DE PYRRHUS. — Les Macédoniens avaient entendu dire qu'il était débonnaire et accessible, prompt à reconnaître les services, difficile à se mettre en colère, et surtout lent à punir. Informé que de jeunes officiers pris de vin avaient fait de lui des plaisanteries très-offensantes, il les fit venir et leur demanda s'il était vrai qu'ils eussent parlé ainsi: *Oui, seigneur, et nous en aurions dit bien davantage si le vin ne nous eût pas manqué!* Cette plaisanterie le fit rire et il les renvoya.

Ses talents militaires étaient parfaitement appréciés : deux fois il avait battu les Macédoniens, qui ne l'en estimaient que mieux. Ils le comparaient à Alexandre. Il n'était pas lui-même exempt d'une certaine vanité, en croyant qu'il avait les traits et le port de tête de ce héros. Mais une bonne femme de Larisse, chez qui il était logé, lui fit une réponse propre à le désabuser. Elle avait connu le héros macédonien, et, pressée de s'expliquer, après avoir long-temps hésité, elle dit à Pyrrhus *qu'il ne ressemblait pas à Alexandre, mais au père la Grenouille, gargotier fort connu dans Larisse.* Cependant les Macédoniens croyaient voir dans Pyrrhus le regard d'Alexandre, le feu de ses yeux et un talent particulier pour ranger une armée en bataille.

PYRRHUS ABANDONNE LA MACÉDOINE. — Mais Lysimaque ayant élevé des prétentions, Pyrrhus ne se croyant pas assuré dans sa nouvelle position, consentit au partage de la Macédoine, qui devint pour eux un sujet de haines et de divisions. Comme il trouvait ses sujets plus dociles quand il les menait à la guerre que lorsqu'il les tenait en repos, il faisait beaucoup d'entreprises sans ménager personne. Lysimaque travailla alors à aigrir ses troupes, en leur faisant dire qu'elles devaient rougir d'obéir à un étranger. Ces reproches amenèrent la désertion d'un grand nombre de soldats. Comme la défection augmentait, Pyrrhus, qui avait toujours présent à la pensée le séjour de la Thesprotie, baignée par l'Achéron (aujourd'hui Selléide, ou canton de Souli) (voy. *pl.* 76)(*), se

---

(*) Rien de plus pittoresque que cette partie de l'Épire; la nature y a partout un aspect sévère et d'une grandeur sauvage conforme aux mœurs de ses habitants. La forteresse, appelée le sérail d'Ali-Pacha, a été construite et armée de canons par ce terrible tyran. Au fond du précipice, que l'on voit sur la droite, coule l'Achéron, aujourd'hui appelé le fleuve Noir. Près de là se précipite le Cocyte, deux fleuves dont les eaux sombres

retira avec les Épirotes et les troupes de ses alliés, perdant la Macédoine comme il l'avait acquise.

AVENTURES DE DÉMÉTRIOS, 287 AV. J.-C. — Victime de son inconduite, Démétrios s'était d'abord retiré à Cassandria, où se trouvait sa femme Phila, qui termina une vie pleine d'agitations en buvant du poison. Il prit alors le parti de retourner dans le Péloponèse, où plusieurs villes lui étaient restées fidèles. Il en laissa bientôt après le gouvernement à son fils Antigone, et avec dix mille hommes qu'il parvint à réunir, il s'embarqua pour l'Asie, résolu d'y chercher fortune. Eurydice, sœur de sa femme Phila, le reçut à Milet et lui donna en mariage Ptolémaïde, sa fille, qu'elle avait eue du roi d'Égypte : ce fut de cette alliance que naquit Démétrios, qui devint dans la suite roi de Cyrène, en Afrique.

SES VAGABONDAGES MILITAIRES. — Aussitôt après la célébration de ses noces, Démétrios entra dans la Carie et dans la Lydie, pilla plusieurs villes, et, ayant augmenté ses bandes d'une foule d'aventuriers avides de butin, il se rendit maître de Sardes. Mais dès qu'Agathocle, fils de Lysimaque, parut à la tête d'une armée, l'aventurier, abandonnant ses conquêtes, marcha vers l'Orient, dans l'intention de surprendre l'Arménie. Agathocle, qui le suivait de près, lui avant coupé les vivres et les passages, le contraignit de tourner du côté de Tarse, en Cilicie.

Arrivé dans cette ville, il implora la pitié de Séleucos, qui lui accorda la permission de camper dans la Cataonie, province limitrophe de la Cappadoce, pendant les deux plus rudes mois de l'hiver. Il en profita, mais pour pénétrer dans la Syrie, où son bienfaiteur se vit obligé de l'aller combattre. Enfin, après avoir éprouvé une maladie de quarante jours, réduit à se cacher dans les bois, la faim l'obligea de se rendre à Séleucos, qui l'envoya prisonnier à Laodicée.

SA CAPTIVITÉ ET SA MORT, 286 AV. J.-C. — Son généreux vainqueur lui avait accordé la jouissance d'un parc et toutes les commodités de la vie. Satisfait de la douceur de cette position, il parut résigné à son sort. Il s'amusait à la promenade, à la course, à la chasse, et à tous les jeux de la gymnastique, mais insensiblement le chagrin le prit; il ne fit plus d'exercice, son corps devint pesant, il s'abandonna à la boisson, à la table et au jeu des dés, cherchant à tromper ainsi ses ennuis ; enfin, au bout de trois ans de captivité, il mourut âgé de 54 ans.

MORT DE DÉMÉTRIOS DE PHALÈRE. 283 AV. J.-C. — Ce philosophe, qui avait gouverné Athènes avec tant de sagesse, enveloppé dans une intrigue de sérail, se trouva privé des honneurs dont il jouissait à la cour de Ptolémée Soter, par Philadelphe, fils de ce monarque. Dédaignant la vie, fatigué de ses orages, menacé du dernier supplice, ce grand homme mit volontairement fin à ses jours en se faisant mordre par un aspic.

MORT DES DERNIERS LIEUTENANTS D'ALEXANDRE,
281—280 av. J.-C.

Lysimaque et Séleucos étaient destinés à terminer le drame sanglant des lieutenants d'Alexandre d'une manière tragique. Enfants de la fortune, hommes de leurs œuvres, touchant au terme de la vie, car tous deux étaient âgés de quatre-vingts ans, au lieu de rester unis, ils ne songeaient qu'à s'entre-détruire. Le premier fut vaincu dans une bataille, où il perdit la vie (281 avant J.-C.), et Séleucos devint maître de son royaume. Ravi de ce succès, son plus grand plaisir fut de se trouver le dernier des lieutenants d'Alexandre existant sur la

---

et bordées de rochers menaçants offraient aux anciens l'image de l'enfer. C'est sur l'un de ces pics que, dans la dernière guerre soutenue par les Souliotes avec un courage si héroïque contre Ali-Pacha, on vit les femmes souliotes, afin de conserver leur honneur, se précipiter avec leurs enfants dans ces gouffres, où elles trouvèrent presque toutes la mort.

scène du monde, et de se dire le *vainqueur des vainqueurs* : c'est pourquoi il prit le titre de *Nicator*. Sept mois après (280 avant J.-C.), comme il allait prendre possession de la couronne de Macédoine, il mourut assassiné par Céraunos, qu'il avait comblé d'honneurs et de bienfaits.

### USURPATION DE PTOLÉMÉE CÉRAUNOS,
#### 279 avant J.-C.

Les amis de Lysimaque et ses partisans regardant Céraunos comme le vengeur de leur prince, le reconnurent pour roi ; mais tant que les enfants de Lysimaque vivaient, l'existence politique du soi-disant élu de la nation était contestée et contestable. Pour se débarrasser de cette sollicitude, Céraunos feignit d'être passionné pour sa sœur, mère des deux jeunes princes, et demanda à l'épouser : ces mariages étaient communs et permis en Égypte. Arsinoé, qui connaissait son frère, résista long-temps à ses projets, mais craignant pour ses enfants, elle se sacrifia afin de sauver leur vie.

NOCES FUNESTES DE PTOLÉMÉE CÉRAUNOS ET D'ARSINOÉ. — L'hymen fut célébré avec magnificence : Ptolémée, en présence de toute l'armée, ceignit du diadème la tête de sa sœur, et la proclama reine. Arsinoé, contente de se voir rétablie dans les honneurs dont la mort de Lysimaque l'avait privée, invita son nouvel époux à faire son entrée dans Cassandria, qui était devenue sa ville de sûreté pendant son veuvage, et ayant pris les devants, elle prépara tout pour le recevoir.

ASSASSINAT DE LYSIMAQUE ET DE PHILIPPE. — Les temples, les places publiques, les maisons particulières sont ornés avec tout l'éclat des pompes solennelles. Les fils d'Arsinoé, adolescents d'une rare beauté et d'une prestance majestueuse, vont au-devant du roi, portant des couronnes sur la tête. Céraunos se jette à leur cou et les tient long-temps embrassés, comme aurait fait le père le plus tendre ; mais à peine entré dans la ville, il se saisit de la citadelle, et donne ordre d'égorger Lysimaque et Philippe. Vainement ils se réfugient auprès de leur mère, ils sont immolés entre ses bras. Sans lui laisser la consolation de rendre les derniers devoirs à ses enfants, la malheureuse Arsinoé, couverte de sang, ses vêtements déchirés, les cheveux épars, est jetée sur un bateau qui la transporte dans l'île de Samothrace.

### CHÂTIMENT DE PTOLÉMÉE CÉRAUNOS.
#### INVASION DES GAULOIS, 279 AV. J.-C.

La Providence ne permit pas que tant de crimes restassent long-temps impunis. Les Gaulois, partis des contrées lointaines de l'Occident, après avoir suivi le cours du Danube jusqu'au confluent de la Save, se partagèrent en trois corps d'armée formidables. Le premier, commandé par Brennus et Acichorius, entra dans la Pannonie ; le second, sous les ordres de Céréthrius, pénétra dans la Thrace ; et le troisième, conduit par Belgius, se répandit dans l'Illyrie et dans la Macédoine.

DÉFAITE ET MORT DE PTOLÉMÉE CÉRAUNOS. — Les peuples qui se trouvaient sur le passage des Gaulois se hâtaient de leur envoyer des ambassadeurs, trop heureux de pouvoir obtenir la paix à prix d'argent. Le roi de Macédoine fut le seul qui apprit sans trouble une aussi terrible irruption. Refusant tout secours, et courant de lui-même au châtiment que l'Éternel réserve aux parricides, il rejeta avec orgueil la paix que les Gaulois lui offraient, en cas qu'il voulût l'acheter. Prenant cette proposition pour une marque de crainte, il leur fit dire qu'il ne traiterait avec les Barbares qu'à condition qu'ils lui remettraient des otages de marque et leurs armes. Cette réponse fit rire les Gaulois. Peu de jours après, on en vint à une bataille, dans laquelle les Macédoniens succombèrent. Céraunos, couvert de blessures, tomba au pouvoir des Barbares ; ils lui coupèrent la tête, qui fut mise au bout d'une pique et promenée, par dérision, dans les pays circonvoisins. L'inondation des Gaulois ne s'écoula de la Grèce que deux ans après cet événement.

PARTICULARITÉS. — Vers ce temps, Antigone épousa Phila, fille de Stratonice et de Séleucos : Antiochos renonça, en sa faveur, à ses prétentions sur la Macédoine. L'an 277 de notre ère, Ptolémée Philadelphe fit traduire en grec les écritures saintes, afin d'en enrichir sa bibliothèque : c'est cette version à laquelle on a donné le nom des Septante.

### CAMPAGNES DE PYRRHUS,
### 280 — 273 av. J.-C.

Pyrrhus pouvait mener une vie tranquille en Épire en gouvernant ses peuples avec sagesse, mais son caractère impatient ne pouvait se supporter lui-même; il se fuyait, et il saisit la première occasion pour se précipiter dans le tourbillon des armes et des combats.

IL EST APPELÉ EN ITALIE. — Les habitants de Tarente, qui étaient en guerre contre les Romains, dépourvus d'un général habile, portèrent leurs regards vers l'Épire. Ils y envoyèrent des ambassadeurs en leur nom et en celui des peuples de la Grande-Grèce, chargés de présents magnifiques pour Pyrrhus. Ils demandaient un capitaine expérimenté ; les Lucaniens, les Messapiens, les Samnites et les Tarentins devaient lui fournir une armée de vingt mille hommes de cavalerie. On juge avec quel empressement Pyrrhus et les belliqueux Épirotes accueillirent une pareille ambassade.

SAGESSE D'UN CONSEILLER DE PYRRHUS. — Le roi avait à sa cour un Thessalien nommé Cinéas, disciple de Démosthène, qui, au dire de Pyrrhus, « avait gagné plus de villes par son élo« quence qu'il n'en avait jamais conquis « avec son épée. » Trouvant un jour son maître de bonne humeur, Cinéas entra en conversation avec lui : « Vous songez, « seigneur, à porter vos armes contre « les Romains ; si les dieux nous font « la grace de réussir, quel avantage « tirerons-nous de notre victoire? — « Les Romains une fois vaincus, re« partit Pyrrhus, toute l'Italie sera à « nous. — Et quand nous serons maî« tres de l'Italie, continua Cinéas, « que ferons-nous? » Pyrrhus, qui ne voyait pas où il voulait en venir : « Voilà la Sicile qui nous tend les bras, « et vous savez de quelle importance « est cette île. — Mais, poursuivit Ci« néas, la Sicile prise sera-t-elle le « terme de nos expéditions? — Non « certainement ; quoi ! nous demeure« rions en aussi bon chemin? Si les « dieux nous accordent la victoire, « ce ne sera là que le prélude de plus « grandes entreprises. Carthage avec « toute l'Afrique, la Macédoine, mon « ancien domaine, la Grèce entière, « voilà une partie de nos conquêtes « futures. — Et quand nous aurons « tout soumis, que ferons-nous? — « Ce que nous ferons? nous vivrons « en repos, nous passerons les jours « entiers en festins, en conversations « agréables et en fêtes. — Pourquoi « donc aller chercher si loin un bon« heur qui est entre nos mains, et « acheter si cher ce que nous pouvons « avoir sans peine? » Cet entretien affligea Pyrrhus sans le corriger.

DÉPART DE PYRRHUS; IL EST ASSAILLI PAR UNE TEMPÊTE. — Le roi envoya d'abord Cinéas à ses alliés avec trois mille hommes de pied. Bientôt après, une flotte de transports de Tarente étant arrivée, il y embarqua vingt éléphants, trois mille chevaux, vingt mille fantassins pesamment armés, deux mille archers et cinq cents frondeurs. Tout étant prêt, il appareilla ; mais, bientôt assailli par un vent d'aquilon sur les côtes de la Basse-Italie, et n'ayant pas de port de refuge, il ne trouva d'autre moyen de salut que de se jeter à la mer. L'obscurité de la nuit l'empêchant de distinguer la côte, ce ne fut qu'après de grands efforts qu'il atteignit la grève, épuisé de fatigues, mais toujours grand par son courage. Les Messapiens, qui le reçurent dans cet état, ramenèrent quelques-uns de ses vaisseaux, dans lesquels on trouva peu de cavalerie, deux mille fantassins et deux éléphants, avec lesquels il s'achemina vers Tarente.

MOLLESSE DES TARENTINS. — Il fut étrangement surpris de les trouver occupés de plaisirs et de fêtes ; ils comptaient, pendant que les Épirotes combattraient pour eux, demeurer tranquilles dans leurs maisons, occupés à prendre le bain, à user des parfums les plus exquis, à faire bonne chère et à se divertir.

DISCIPLINE MILITAIRE. — Pyrrhus dissimula jusqu'à ce qu'il eût appris que ses vaisseaux étaient sauvés ; et dès que la majeure partie de son armée l'eut rejoint, alors il parla et agit en maître ; il ordonna d'abord de fermer les maisons de jeu, et les jardins publics, où l'on réglait les affaires d'état en se promenant et en causant. Il voulut que chacun s'exerçât au maniement des armes et à la manœuvre ; et il établit une discipline telle, que plusieurs habitants quittèrent la ville, appelant une *servitude intolérable* de ne pouvoir plus végéter dans les délices et l'oisiveté.

MARCHE DU CONSUL LÉVINUS. — Le roi apprit, sur ces entrefaites, que le consul s'avançait à la tête d'une puissante armée, et qu'il était entré dans la Lucanie. Quoiqu'il n'eût pas reçu tous les renforts de ses alliés, il envoya un héraut à Lévinus pour savoir s'il n'y aurait pas moyen de s'entendre avant de commencer les hostilités. La réponse du consul fut *que les Romains ne prenaient pas Pyrrhus pour arbitre et ne le craignaient point comme ennemi.*

VICTOIRE DE PYRRHUS. — Après cette réponse, le roi vint dresser ses tentes dans la plaine située entre Pandosie et Héraclée ; ensuite il monta à cheval pour reconnaître l'ennemi campé sur les bords du Lyris. Quand il vit la contenance des Romains, leurs gardes avancées, la forte assiette de leur position, il dit à un de ses amis : « Mégaclès, cette ordonnance des Barbares n'est nullement barbare ; nous verrons si le reste y répondra. »

Le consul ayant passé le Lyris, Pyrrhus voyant briller les boucliers des Romains, et leur cavalerie s'avancer en bon ordre, fit serrer les rangs et commença l'attaque, sans perdre de vue les fonctions de général. Au fort de la mêlée, un cavalier italien blessa son cheval, et Pyrrhus apprit à se précautionner plus qu'il ne le faisait. Voyant sa cavalerie plier, il fit avancer son infanterie, qu'il dirigea après avoir changé son vêtement contre celui de Mégaclès. Sept fois les armées plièrent et revinrent à la charge. Les Romains s'étant jetés sur Mégaclès, qu'ils prirent pour le roi, le tuèrent ; et maîtres de sa dépouille, ils la promenèrent dans les rangs de leur armée. Ils touchaient au moment de remporter la victoire, quand Pyrrhus reparut à la tête de ses troupes. Ses éléphants décidèrent du sort de la bataille, dans laquelle il périt, suivant Denis d'Halicarnasse, quinze mille Romains et treize mille Macédoniens ou Grecs. Les Lucaniens et les Samnites n'arrivèrent qu'après le combat : le roi leur fit de vifs reproches ; mais, au fond, il était content d'avoir vaincu avec ses seules troupes et celles des Tarentins.

AMBASSADE DE CINÉAS A ROME. — Au lieu de rappeler Lévinus, les Romains se s'occupèrent qu'à lui fournir une nouvelle armée. Cette détermination effraya Pyrrhus, qui résolut de leur envoyer une ambassade. Cinéas, introduit dans le sénat, offrit au nom de son maître « de rendre sans rançon « aux Romains leurs prisonniers ; de « les aider à conquérir toute l'Italie, « ne demandant autre chose que leur « amitié et une entière sûreté pour les « Tarentins. »

OPPOSITION D'APPIUS CLAUDIUS. — Ce généreux citoyen que son grand âge et la perte de la vue obligeaient de vivre retiré au sein de sa famille, apprenant qu'on semblait disposé à accepter les offres de Pyrrhus, se fait porter dans le sénat. A son aspect, un profond silence règne dans l'assemblée : le patriotisme lui donne des forces ; il montre par des raisons puissantes que si de pareilles propositions sont acceptées, c'en est fait de la patrie. Puis, saisi d'une noble indignation, il s'écrie : *Que sont devenus ces discours superbes qui ont retenti par toute la terre, que si Alexandre était venu en Italie du temps de notre jeunesse et de la vigueur de l'âge de nos pères, il n'aurait point acquis le titre d'invincible, mais que, par sa défaite, il aurait ajouté un nouveau lustre à la splendeur de Rome? Et vous tremblez maintenant au seul nom de Pyrrhus, aventurier errant de contrée en contrée pour fuir les ennemis qu'il a dans son pays! et c'est lui qui vous propose la conquête de l'Italie avec des troupes dont la valeur n'a pu conserver une petite partie de la Macédoine!* Il ajouta beaucoup d'autres choses, et d'une voix unanime les Pères conscrits firent cette réponse à Cinéas : *que Pyrrhus commençât par évacuer l'Italie; qu'alors, s'il voulait, il envoyât demander la paix; mais tant qu'il serait en armes dans leur pays, les Romains lui feraient la guerre de toutes leurs forces, quand même il aurait battu dix mille Lévinus.*

RAPPORT DE CINÉAS, 279 AV. J.-C. — De retour à Tarente, Cinéas raconta fidèlement au roi ce qu'il avait vu et observé. Il lui dit entre autres choses : *que le sénat lui avait paru une assemblée de rois; qu'en traversant les villes et les campagnes, il avait remarqué une si grande population, qu'il craignait beaucoup qu'il ne combattit une hydre.* En effet, l'armée de Lévinus était déjà double de celle qui avait été battue.

AMBASSADEURS ROMAINS A TARENTE. — On vit bientôt arriver des ambassadeurs du sénat auprès de Pyrrhus, qui les reçut avec la plus grande distinction. Leur mission avait pour objet de lui proposer la rançon ou l'échange des prisonniers; mais on ne put s'accorder. Le roi, qui avait entendu parler avec éloge de Fabricius, l'un des ambassadeurs, citoyen pauvre mais vertueux, mit tout en œuvre pour s'en faire un ami. *Je ne vous demande*, lui disait Pyrrhus dans un entretien familier, *aucun service injuste ou déshonorant, mais veuillez accepter des dons dignes de votre vertu: c'est le plus noble emploi qu'un prince puisse faire de ses richesses.* Fabricius le remercia à peu près en ces termes : « Si vous croyez que la
« pauvreté rende ma condition inférieure à celle de tout autre Romain,
« seigneur, vous êtes dans l'erreur.
« Mon bien consiste dans une maison
« de peu d'apparence et dans un petit champ qui fournit à mes besoins;
« jamais mon indigence ne m'a fait
« aucun tort. Ma patrie, à cause de ma
« pauvreté, m'a-t-elle jamais éloigné
« des emplois les plus honorables?
« Je suis revêtu des plus hautes dignités, on me met à la tête des plus
« illustres ambassades, j'assiste aux
« plus augustes cérémonies, on me
« confie les plus saintes fonctions du
« culte divin. Quand il s'agit de délibérer dans les conseils, j'y tiens
« mon rang et j'y donne mon avis. Je
« marche de pair avec les citoyens les
« plus opulents. Rome pourvoit aux
« besoins de ses enfants en les élevant
« aux emplois; nous sommes tous riches dès que la république est riche,
« parce qu'elle l'est pour nous... Pour
« ce qui me regarde en particulier, je
« m'estime le plus heureux des hommes. Mon petit champ, quelque maigre qu'il soit, me fournit le nécessaire. Tout aliment m'est agréable
« quand il est assaisonné par la faim;
« je bois de l'eau avec délice quand
« j'ai soif; je goûte les douceurs du
« sommeil lorsque j'ai bien fatigué.
« Je me contente d'un habit qui me
« met à couvert des rigueurs de l'hiver, et le mobilier le plus simple
« est celui qui m'accommode le mieux. »

RECONNAISSANCE DE FABRICIUS. — L'année suivante, Fabricius ayant pris le commandement de l'armée, prévint Pyrrhus de l'offre que lui avait faite le médecin placé près de sa royale personne pour l'empoisonner. Le médecin, convaincu de ce crime, fut puni, et le roi renvoya aux Romains sans rançon tous leurs prisonniers. Le consul lui fit remettre un nombre égal de Samnites et de Tarentins. Enfin Cinéas n'ayant pu réussir à conclure la paix, Pyrrhus se prépara au combat.

BATAILLE D'ASCULUM, 278 AV. J.-C. — L'action fut opiniâtre et sanglante. Les deux armées firent des efforts extraordinaires de courage. Les éléphants du roi rompirent l'infanterie romaine en plusieurs endroits, mais elle se rallia, et la nuit seule sépara les combattants. L'armée de Fabricius quitta la première le champ de bataille pour se retirer dans son camp. La perte, à peu près égale des deux côtés, se monta en tout à quinze mille hommes, ce qui fit dire à Pyrrhus qu'on félicitait : *Encore une victoire pareille et nous sommes perdus.*

EXPÉDITION DE PYRRHUS EN SICILE, 277—275 av. J.-C.

Le roi était occupé de tristes pensées sur sa position, lorsque des députés de la Sicile lui furent présentés. Ils venaient lui apporter les clefs de Syracuse, d'Agrigente, de Léontion, en le priant de chasser de leur île les Carthaginois, et de les délivrer des tyrans qui les opprimaient. Dans le même temps des courriers venant de la Grèce, lui annoncèrent que Ptolémée Céraunos avait été tué dans une bataille contre les Gaulois, et qu'il pouvait recouvrer son royaume de Macédoine.

PYRRHUS PASSE EN SICILE. — Après avoir réfléchi, le roi se détermina à accepter la proposition des Siciliens. Cette île lui fournissait un passage en Asie et une ample moisson de gloire en perspective. Il se fit précéder par Cinéas, et ayant laissé une forte garnison dans Tarente, il mit en mer.

A son débarquement, Syracuse lui fut remise par Sostrate et Thénon, avec l'argent du trésor public et deux cents vaisseaux; ses manières engageantes lui conquirent tous les cœurs. Fort de trente mille hommes de pied et de deux mille cinq cents chevaux, appuyés par sa flotte, on le vit alors chasser devant lui les Carthaginois, auxquels il ne resta bientôt que la seule ville de Lilybée. Réduits aux abois, ils lui envoyèrent offrir argent, vaisseaux, pour obtenir la paix. Mais le roi leur répondit qu'ils n'auraient ni trève, ni repos qu'en mettant la mer d'Afrique entre eux et les Grecs.

SA TYRANNIE. — La victoire, qui conduit souvent les conquérants à la démence, ne présenta plus à Pyrrhus que des projets gigantesques. Il destinait la Sicile à son fils Hélénos, comme la tenant du chef de sa mère, fille d'Agathocle; il réservait à son autre fils, l'Italie, dont il tenait la conquête pour certaine. Mais son idée dominante était la soumission de l'Afrique. Il avait des vaisseaux; mais comme il manquait de matelots, il exerçait les plus grandes rigueurs pour s'en procurer. Ses ordres devaient être exécutés sans réplique, et bientôt sa puissance se changea en tyrannie. Il donnait les premières dignités à ses créatures les plus serviles; la justice n'était rendue qu'à prix d'argent. Les meilleurs citoyens étaient plongés dans les cachots; il fit mourir Thénon, qui lui avait livré la citadelle de Syracuse, et Sostrate n'évita le même sort qu'en prenant la fuite. Abhorré de tout le monde, la haine qu'on lui portait devint si générale, que plusieurs villes s'étant liguées avec les Carthaginois, il se trouva obligé d'abandonner la Sicile; ce qu'il fit sous prétexte d'aller au secours des Samnites et des Tarentins.

DÉFAITE DE PYRRHUS, 274 AV. J.-C. — Après avoir soutenu un combat contre les Carthaginois dans le port même de Syracuse; pillé le temple de Proserpine à Locres; éprouvé une violente tempête, le roi aborda à Tarente avec vingt mille hommes de pied et trois mille chevaux. Il marcha aussitôt contre les Romains, qui se trouvaient dans le pays des Samnites. D'après le plan qu'il avait conçu, il détacha une partie de ses forces du côté de la Lucanie, afin de masquer son opération principale, qui était d'attaquer Manius Curius, campé près de Bénévent.

Empressé d'attaquer ce dernier avant

que son collègue qui se trouvait en Lucanie l'eût rejoint, Pyrrhus se mit en marche après le coucher du soleil. Il se flattait de surprendre l'ennemi; mais au point du jour les Romains l'aperçurent. Manius, sorti de son camp, tomba sur les premiers Grecs qu'il rencontra. Il les mit en fuite ; mais ils reçurent des renforts, et la bataille devint générale. Pyrrhus fut vaincu, et les Romains demeurèrent maîtres de l'Italie.

**RETOUR DE PYRRHUS EN ÉPIRE.**
270 avant J.-C.

GUERRE CONTRE ANTIGONE. — Déçu des magnifiques espérances qu'il avait conçues, Pyrrhus, au bout de six années de guerre, repassa en Épire avec huit mille fantassins et cinq cents hommes de cavalerie. Comme il ne pouvait les faire subsister, dès qu'il eut reçu sous ses drapeaux plusieurs bandes gauloises, il entra dans la Macédoine, où régnait Antigone, fils de Démétrios, qu'il battit et réduisit à se renfermer dans quelques villes maritimes restées fidèles à son malheur.

IL PASSE DANS LE PÉLOPONÈSE. — Fier des succès qu'il venait d'obtenir, Pyrrhus fut flatté de voir arriver à son quartier Cléonyme, qui le priait de conduire son armée contre Lacédémone. Sa demande fut favorablement accueillie. Ce Cléonyme avait hérité de Cléomène, son père, du royaume de Sparte, conjointement avec Acrotatos, dont le fils, nommé Aréos, venait de le chasser. Cléonyme n'avait rien d'intéressant dans son malheur, il était flétri par ses violences, et surtout par un mariage contracté dans sa vieillesse avec Chélidonide, fille de Léotychidas. Il avait la faiblesse d'être trop justement jaloux de la jeune princesse, ce qui le rendait la fable du peuple ; il voulait s'en venger. Pyrrhus épousa ses ressentiments et consentit à jouer le rôle principal dans cette étrange comédie, à laquelle il prit part avec vingt-cinq mille hommes d'infanterie, deux mille chevaux et vingt-quatre éléphants.

POLITIQUE DE PYRRHUS. — Ce grand appareil de guerre avait moins pour objet la restauration de Cléonyme, que de se rendre maître du Péloponèse. Le roi amusa d'abord les Lacédémoniens, en disant qu'il voulait rendre la liberté aux villes occupées par Antigone. Il leur témoigna même le désir de voir les plus jeunes de ses enfants venir à Sparte, s'ils voulaient le permettre, afin d'être élevés dans la discipline de Lycurgue et d'avoir *été nourris à bonne école*. Mais à peine fut-il entré dans la Laconie, qu'il se mit à piller et à ravager son territoire.

MESURES DE DÉFENSE DES SPARTIATES. — Arrivé devant Lacédémone au coucher du soleil, Cléonyme voulait qu'on l'attaquât aussitôt, à cause de l'état de confusion qui y régnait. Son antagoniste Aréos était allé en Crète, au secours des Gortyniens; mais Pyrrhus remit l'affaire au lendemain. Ce délai sauva la ville.

RÉSOLUTION HÉROÏQUE DES FEMMES. — Les Lacédémoniens avaient décidé d'envoyer leurs femmes en Crète ; mais elles s'y opposèrent. Une d'entre elles, Archidamie, armée d'un glaive, entra dans le sénat, et, portant la parole au nom de toutes les autres, demanda à l'assemblée « pour-
« quoi on avait si mauvaise opinion
« des Lacédémoniennes pour s'imagi-
« ner qu'elles pourraient survivre à
« la ruine de leur patrie. »

Dans ce même conseil, il fut arrêté qu'on tirerait une tranchée parallèle au camp des ennemis, afin de leur disputer l'entrée de la ville. Comme il n'y avait pas assez de monde pour la garnir, on résolut de se fermer aux extrémités avec des chariots enfoncés en terre jusqu'aux moyeux, afin qu'ayant une assiette ferme, ils arrêtassent les éléphants et empêchassent la cavalerie de prendre les assiégés en flanc. Comme on était occupé à ce travail, les femmes et les filles vinrent se joindre aux travailleurs. Après avoir exhorté ceux qui devaient combattre le lendemain à se reposer pendant la nuit, elles mesurèrent la barricade et en prirent la troisième partie, qu'elles eurent achevée avant le jour. Ce fossé avait neuf pieds de large, six de profondeur et neuf cents de développement.

ASSAUT DE SPARTE. — Au point du jour, l'ennemi s'étant mis en marche, les Lacédémoniens revêtirent les jeunes gens de leurs armes, en leur représentant la gloire immortelle qu'ils allaient acquérir par la victoire, ou par le bonheur de mourir entre les bras de leurs mères, de leurs femmes et de leurs sœurs. Pour Chélidonide, s'étant retirée dans sa maison, elle prépara un cordon, fatal instrument de mort, si Sparte venait à être prise, ne voulant pas tomber entre les mains de son époux.

Pyrrhus marchait à la tête de son infanterie contre les Spartiates, qui l'attendaient de l'autre côté de la tranchée, les boucliers bien serrés. Il était difficile de les approcher, car les assaillants ne pouvaient tenir ferme sur des terres fraîchement remuées qui s'éboulaient sous leurs pieds. Ptolémée, voyant cet inconvénient, prit deux mille Gaulois avec le corps des Chaoniens, afin de s'ouvrir un passage à l'une des barricades, mais il n'en put venir à bout. Les Gaulois s'avisèrent alors de dégager les roues et de traîner les chariots dans l'Eurotas.

Acrotate, qui s'aperçut le premier de cette manœuvre, traversa promptement la ville avec trois cents soldats et tomba, sans être aperçu, sur les derrières de Ptolémée, qui fut obligé de prendre la fuite. Après avoir dégagé ce point, on vit Acrotate retourner au poste qu'il occupait en face de Pyrrhus : Phyllios s'y était signalé pendant son absence; mais, se sentant défaillir par le sang qui coulait de ses blessures, il céda sa place à un de ses officiers et vint tomber au milieu des siens, ne voulant pas laisser son corps au pouvoir de l'ennemi.

SECOND ASSAUT. — La nuit sépara les combattants. Le lendemain, l'ennemi revint à la charge, et les Lacédémoniens se défendirent avec un nouveau courage. Les femmes ne les abandonnaient point, pansant les blessés, portant des rafraîchissements aux combattants ; elles se trouvaient partout où il y avait des dangers à partager et des citoyens à secourir. Les Macédoniens, de leur côté, redoublaient d'ardeur pour combler le fossé. lorsqu'on aperçut Pyrrhus, qui avait forcé la gorge, pousser à toute bride vers la ville... Un cri immense se fait entendre. Les femmes y répondent par d'effroyables hurlements; mais bientôt son cheval, percé d'un trait, bondit, l'emporte loin du combat et le jette par terre. Les Spartiates accourent, repoussent les Macédoniens, et Pyrrhus fait sonner la retraite.

DÉLIVRANCE DE SPARTE. — Le roi se flattait que les Spartiates, affaiblis par leurs pertes et presque tous blessés, prendraient le parti de la soumission. En effet, la ville était réduite aux abois, c'en était fait des Spartiates, tout semblait désespéré, lorsqu'un des généraux d'Antigone leur amena de Corinthe un corps assez considérable de troupes étrangères. A peine étaient-elles dans la ville, que le roi Aréos, venant de Crète, y entra avec deux mille hommes de pied. Ces renforts ne firent qu'animer Pyrrhus; mais après plusieurs tentatives, comme il ne gagnait que des blessures, il leva le siège, décidé à passer l'hiver dans le Péloponèse.

AFFAIRES D'ARGOS, 271 AV. J.-C. — Deux principaux citoyens d'Argos, Aristéas et Aristippe, avaient allumé la guerre civile parmi les habitants de cette ville. Ce dernier semblait vouloir s'appuyer de la protection d'Antigone, et Aristéas, pour le prévenir, se hâta d'appeler Pyrrhus.

RETRAITE DES MACÉDONIENS. — Dès que Pyrrhus eut reçu le courrier d'Aristéas, il se mit en marche pour Argos. Le roi Aréos lui dressa plusieurs embuscades sur sa route, et détruisit son arrière-garde, composée des Gaulois et des Molosses. Ptolémée, que Pyrrhus, son père, avait détaché pour secourir ce corps d'armée, fut tué, et ses soldats se débandèrent. Son père, arrivé dans la plaine d'Argos, informé qu'Antigone occupait les hauteurs environnantes, dressa son camp du côté de la ville de Nauplie (voy. *pl.* 78)(*). Le lendemain il envoya un héraut au roi de Macédoine pour lui proposer de vider leur querelle par un combat singulier.

PROPOSITIONS DES ARGIENS. — En même temps, il vint aux deux rois des ambassadeurs d'Argos pour les prier de se retirer, en demandant que la ville restât amie de tous deux. Antigone accueillit favorablement cette proposition, et remit en otage son fils aux Argiens. Pyrrhus consentit également à s'éloigner; mais comme il ne donnait aucun gage de sa parole, on le soupçonna de quelque arrière-pensée.

ARGOS SURPRISE. — La nuit venue, Pyrrhus s'approche des murailles de la ville, et Aristéas lui ayant livré une poterne, il fit entrer un corps de Gaulois qui se saisirent de la place avant d'être aperçus. Mais quand il voulut introduire ses éléphants, l'entrée se trouva trop basse, de sorte qu'il fallut leur ôter les tours qu'ils avaient sur le dos et les réarmer en guerre. Ce changement ne put s'opérer sans bruit, et quoique dans l'obscurité, il fut découvert. Les Argiens courent à la forteresse, se retirent sur les rochers et avertissent Antigone de les secourir; ce qui fut aussitôt exécuté.

COMBAT NOCTURNE. — Son fils et ses meilleures troupes, unis au roi Aréos, qui était entré dans Argos avec mille Crétois et quelques Spartiates, chargent les Gaulois avec fureur. Pyrrhus accourt de son côté pour les soutenir, mais au milieu de tant de confusion, il ne peut ni se faire entendre,

(*) La Palamide ou forteresse, que sa position rend inexpugnable, fait de Nauplie la place la plus imposante de la Morée : du moment où, dans la guerre de leur indépendance, les Grecs parvinrent à l'enlever aux Turcs, le succès de leur insurrection devint presque assuré. Ce n'est que tout récemment que le siège du gouvernement, qui y était fixé, a été transféré à Athènes, qui sera désormais la métropole de la Grèce.

ni se faire obéir. Quand le jour parut, surpris de voir la citadelle remplie d'ennemis et perdant toute espérance, il ne songea plus qu'aux moyens de se retirer. Comme il savait que les portes de la ville étaient trop étroites, il manda à son fils Hélénos, resté en dehors, de démolir un pan de la muraille. L'officier que le roi avait chargé de cet ordre l'ayant mal compris, en porta un tout contraire. Hélénos, prenant aussitôt sa meilleure infanterie et ce qui lui restait d'éléphants, entra dans la place.

C'était au moment où le roi commençait à opérer son mouvement de retraite, en suivant une rue étroite qui aboutissait à la porte principale d'Argos. La confusion déjà grande augmenta par l'arrivée des troupes d'Hélénos ; le roi avait beau leur crier de reculer pour dégager le chemin, elles allaient toujours en avant. Pour surcroît d'embarras, un des plus grands éléphants étant tombé en travers de la porte, la tenait comme fermée, de sorte qu'on ne pouvait plus avancer ni reculer.

MORT DE PYRRHUS. — Le roi, voyant sa position critique, ôta de son casque l'aigrette éclatante qui le faisait distinguer, et se confiant en la bonté de son cheval, il se jeta au milieu des ennemis qui le suivaient. Alors un soldat l'atteignit d'un coup de javeline à la cuisse. Pyrrhus se tourne aussitôt contre celui qui l'avait frappé (c'était le fils d'une pauvre femme d'Argos qui regardait le combat du haut d'une terrasse avec ses voisines); cette femme, voyant le roi au moment d'atteindre son fils, prit à deux mains une grosse tuile qu'elle lui lança sur la tête. Le casque du roi n'ayant pu amortir le coup, d'épaisses ténèbres couvrent ses yeux, ses mains abandonnent les rênes, il tombe de son cheval, et un soldat qui le reconnut l'acheva en lui tranchant la tête.

DEUIL D'ANTIGONE. — Alcyonie, fils du roi, ayant pris la tête de Pyrrhus, poussa à toute bride vers son père et la jeta à ses pieds. Il en fut fort mal reçu. Antigone, se rappelant le triste sort de son aïeul et de son père Démétrios, versa des larmes et fit des funérailles magnifiques à l'un des plus grands capitaines de la Grèce. Après s'être rendu maître du camp de Pyrrhus et de son armée, il traita avec beaucoup de générosité Hélénos ainsi que ses amis, qu'il renvoya en Épire.

PRISE D'ATHÈNES PAR ANTIGONE GONATAS, 268 av. J.-C.

Le bruit des armes avait cessé de se faire entendre dans la Grèce depuis la mort de Pyrrhus, lorsque les Athéniens et les Spartiates, alarmés de la puissance du roi de Macédoine, engagèrent Ptolémée Philadelphe à former avec eux une alliance contre ce nouvel ambitieux. Antigone, pour prévenir cette ligue, commença par mettre le siége devant Athènes. Le roi d'Égypte envoya aussitôt une flotte, commandée par Patrocle, au secours d'Athènes, et Aréos se mit à la tête d'une armée, afin de concourir au même but. Patrocle conseilla au roi de Sparte de marcher aux ennemis, tandis qu'il ferait sa descente et les attaquerait de son côté. Le conseil était sage; mais Aréos, qui manquait de vivres, voulut retourner à Lacédémone; la flotte, incapable d'agir seule, remit à la voile, et la ville, abandonnée par ses alliés, tomba au pouvoir d'Antigone, qui y mit garnison.

POLITIQUE DES ROMAINS.

AMBASSADES DIVERSES, 273-271 AVANT J.-C. — La défaite de Pyrrhus par les Romains devint l'origine de la haute réputation qu'ils acquirent dans l'Orient. Ptolémée Philadelphe, qui régnait alors en Égypte, envoya des ambassadeurs au sénat pour rechercher l'amitié de la république. Les Romains, qui avaient une *perpétuité* de vues politiques, firent partir une ambassade solennelle pour l'Égypte. Elle fut reçue avec la magnificence des cours de l'Orient. Traités avec splendeur, le roi fit présent à chacun des ambassadeurs d'une couronne d'or. Ils les acceptèrent pour ne pas le désobliger; mais le lendemain ils allèrent les mettre sur la tête des statues du roi qui étaient dans les places publiques d'Alexandrie. A leur départ, ces ambassadeurs reçurent d'autres présents qu'ils déposèrent au trésor national, avant de rendre compte de leur mission au sénat; sur quoi on décréta qu'il leur serait remis une somme équivalente aux présents dont ils avaient fait hommage à la république.

ÉVÉNEMENTS DIVERS, 273-249 AVANT J.-C. — La plupart des événements qui se passèrent en Égypte, en Afrique et dans l'Asie-Mineure, n'ayant aucun trait aux affaires de la Grèce, nous nous abstiendrons d'en faire mention. Nous ne pouvons cependant passer sous silence l'arrivée à Athènes de Bérose, historien de Babylone, vers l'an 258 avant notre ère. Pline assure que ses écrits renfermaient les observations astronomiques de 480 années; il fut une des dernières illustrations de l'Académie. De son côté Ptolémée attira à sa cour une foule de savants, au nombre desquels on cite Lycophron, Callimaque et Théocrite, qui fait un magnifique éloge de ce prince dans ses idylles.

RÉPUBLIQUE OU LIGUE ACHÉENNE, 280 av. J.-C.

ORGANISATION. — On a fait connaître sommairement dans le cours de cette histoire les événements particuliers des Achéens, dont les cités principales étaient Patræ (voy. pl. 79 et 80) (*), Dymé, Tritée, Léontion,

(*) Peu de villes ont été aussi bouleversées par les ravages de la guerre que celle de Patras. Aussi ne saurait-on avec certitude assigner à aucune des ruines que l'on y voit encore, les noms des anciens et somptueux monuments qui la décoraient de toutes parts; car le rivage de la mer était bordé d'édifices consacrés aux divinités protectrices de la Grèce et de l'Achaïe. Cette place est la plus commerçante encore de nos jours de toutes celles du Péloponèse, surtout par l'exporta-

Égire, Pellène, Égion, Bura, Céraunia, Olénos et Hélice. Chacune de ces républiques avait son conseil, ses magistrats, ses juges et ses réglements particuliers. Mais comme la constitution était la même pour tous les arrondissements, on s'était désisté de l'esprit de localité, pour réunir dans un faisceau la souveraineté particulière en souveraineté générale.

GOUVERNEMENT DE LA LIGUE. — L'assemblée des états, composée de députés élus par le suffrage du peuple, se réunissait deux fois par an à Égion (voy. *pl.* 82)(*), dans le bois sacré de Jupiter, appelé Arnarion ou Ænarion. Les députés votaient suivant l'exigence des cas soumis à leur délibération, et non d'après les instructions de leurs commettants. Le pouvoir suprême résidait dans l'assemblée ; la pluralité des voix y décidait les affaires ; il fallait l'unanimité pour admettre un nouvel état dans la confédération. Ceux qui étaient opposants, pouvaient se retirer avant *la levée des mains* ; on était obligé de donner par écrit son vote la veille ; les résolutions étaient gravées sur une colonne, ou suspendues dans un lieu sacré et confirmées par un serment.

Polybe dit au sujet de cette ligue : « Les peuples du Péloponèse ne sont « pas seulement liés par un traité « social, mais ils se servent des mêmes « lois, des mêmes mesures et de la « même monnaie ; leurs magistrats, « leurs sénateurs, leurs juges sont « les mêmes ; enfin le Péloponèse entier ne serait presque qu'une même

tion du raisin de Corinthe ; son port est éloigné d'un demi-mille de la ville. Alcibiade avait conseillé aux Patréens de construire, à l'exemple d'Athènes, de longs murs, afin d'en faire une ville maritime que les escadres d'Athènes auraient pu protéger.

(*) Égion, aujourd'hui Vostizza, n'est plus qu'une bourgade où l'on aperçoit à peine les traces des anciens temples et des édifices qui la décoraient. On attribue la cause de cette destruction aux tremblements de terre très-fréquents sur cette côte, et qui, encore de nos jours, y renversent souvent les édifices modernes.

« cité, si les habitants ne demeu- « raient pas dans l'enceinte de plu- « sieurs places. » Ailleurs il ajoute : « Dans une société d'hommes, l'éga- « lité des droits, la liberté, le vrai « système de démocratie, n'ont ja- « mais eu lieu que chez les Achéens. »

La ligue dut jouir d'une assez longue suite de prospérités, car l'histoire garde le silence sur sa situation intérieure jusqu'aux règnes de Philippe et d'Alexandre. Au siècle de ce dernier prince, Antipater, son lieutenant, étant entré dans le Péloponèse, battit les Grecs alliés qui avaient voulu résister à son autorité. Cassandre son fils, Démétrios Poliorcète et Antigone Gonatas parvinrent à désunir les Achéens, les vainquirent, et plusieurs cités de la ligue reçurent des garnisons étrangères. Antigone surtout vint à bout de mettre des tyrans dans onze des villes de la confédération : Pallène seule conserva son indépendance.

DESPOTISME DES TYRANS. — Ces misérables, qui n'étaient en réalité que des gouverneurs macédoniens, commirent tous les excès que l'avarice la plus sordide, la débauche la plus effrénée et la cruauté la plus brutale purent leur suggérer. L'histoire excepte de cette tourbe de malfaiteurs couronnés Lysiadas de Mégalopolis, qui n'avait rien de répréhensible que le pouvoir qu'il avait usurpé. Au reste, ces tyrans n'étaient pas moins malheureux que ceux qui vivaient soumis à leur autorité ; toujours tremblants, soupçonneux, agités, ils ne croyaient pas un moment leur pouvoir et leur vie en sûreté.

RESTAURATION DES LIBERTÉS. — Les Achéens, en abjurant leurs animosités, trouvèrent le remède à tant de maux. Forts de leur union, ils chassèrent leurs oppresseurs ; mais on ignore par quels moyens ils en vinrent à bout. On remarque seulement que pendant le cours de cinq années, Patræ, Dymé, qui avaient jeté les premiers fondements de la ligue, reçurent dans leur alliance Tritée, Pharæ, sans qu'aucune autre ville suivît d'abord cet exemple.

SUITE DE LA RÉVOLUTION. — L'exemple était donné; peu de temps après les citoyens d'Égion ayant réussi à chasser la garnison macédonienne, cette ville rentra dans la ligue achéenne. L'esprit de liberté prenant une nouvelle énergie, Bura suivit cet exemple après avoir fait justice de son tyran. Isée, qui dominait à Céraunia (auj. *Lambir ta ambelia*), frappé de terreur, s'empressa d'abdiquer; le reste des villes de l'Achaïe se réhabilita, à l'exception d'Olénos, où le parti macédonien était le plus fort. On ignore dans quel ordre Pallène fut inscrite au nombre des villes de l'union : on peut présumer qu'elle n'avait pas perdu sa souveraineté primitive.

### ARATOS.

Les Achéens continuèrent à se gouverner pendant vingt-cinq ans d'après leurs anciennes lois. Mais un génie vaste et entreprenant, un homme doué des talents nécessaires pour être le chef d'un peuple libre, ennemi implacable de la tyrannie, défenseur incorruptible de l'égalité civile, ami de la chose publique, brave à la tête des armées, sage et éloquent dans les conseils, probe envers ses concitoyens, plein de finesse quand il s'agissait de tromper les ennemis de la patrie, Aratos de Sicyone était appelé à faire participer presque toute la Grèce à la liberté de l'Achaïe.

JEUNESSE D'ARATOS. — Sicyone avait fait un généreux effort pour briser ses entraves; Clinias, un de ses citoyens, gouvernait depuis ce temps la ville avec sagesse. On commençait à respirer, lorsque Abantidas, pour se saisir de la tyrannie, fit assassiner le restaurateur de l'ordre, ses parents et ses amis. On cherchait Aratos, fils de Clinias, qui n'avait que sept ans, pour le faire mourir; mais au milieu du trouble, ce faible enfant s'était sauvé. Errant par la ville, saisi de frayeur, dépourvu de tout secours, il entra par hasard, sans être aperçu, dans la maison de la sœur du tyran. Cette femme naturellement généreuse (presque toutes le sont), persuadée que c'était sous la conduite de quelque dieu que ce pauvre innocent s'était réfugié chez elle, le cacha soigneusement, et, la nuit venue, l'envoya à Argos.

Aratos, échappé à un pareil danger, sentit, dès qu'il fut en âge de se connaître, s'allumer dans son sein la haine la plus violente et la plus légitime contre les tyrans. Élevé avec soin par les hôtes et les anciens amis de son père, la tyrannie avait déjà passé dans plusieurs mains à Sicyone, lorsque à peine entré dans l'âge viril, il songea à délivrer sa patrie.

PREMIÈRE ENTREPRISE D'ARATOS, 252 AVANT J.-C. — Il était âgé de vingt ans quand il résolut de chasser Nicoclès, et il conduisit son projet avec tant de prudence, qu'il entra de nuit dans Sicyone par escalade. Le tyran trouva son salut en se sauvant par des égouts souterrains; et comme le peuple, ignorant ce qui se passait, s'assemblait en tumulte, un héraut cria qu'*Aratos, fils de Clinias, appelait les citoyens à la liberté*. La multitude court au palais de Nicoclès, y met le feu; mais ce dont Aratos s'applaudit sur toutes choses, fut d'avoir conservé ce succès pur du sang de ses compatriotes. Il rappela les bannis, qui n'étaient pas moins de cinq cents, et réunit Sicyone à la ligue achéenne : ce fut un des plus grands services qu'il rendit à sa patrie.

QUESTION DES INDEMNITÉS, 251 AV. J.-C. — L'affaire des exilés causa bientôt un embarras extrême à Aratos. Leurs biens avaient été confisqués et vendus; et ils demandaient à rentrer dans la possession de leurs propriétés. Il fallait d'un autre côté indemniser les acquéreurs de bonne foi. Les prétentions et les plaintes étaient également vives; la guerre civile paraissait imminente, lorsque Aratos, pour sortir de cette crise, conçut l'idée de recourir à la libéralité de Ptolémée, roi d'Égypte.

Ce prince était curieux de tableaux, et Aratos, en connaisseur, assemblait de tout côté ce qu'il pouvait trouver d'ouvrages des plus grands maîtres, principalement de Pamphile et de Mélanthe, qu'il envoyait à Ptolémée. Ce fut d'après le succès de ce commerce qu'il crut pouvoir exciter sa générosité, et il s'embarqua pour l'Égypte, afin d'échanger les chefs-d'œuvre du génie contre un argent qui devait rendre la paix à la Sicyonie. Arrivé à Alexandrie après avoir éprouvé beaucoup de contre-temps et de dangers, il eut une longue audience du roi, qui l'estima d'autant plus qu'il le connut davantage. Ptolémée lui donna, en échange de plusieurs tableaux, cent cinquante talents (825,000 fr.).

Son arrivée dans le Péloponèse avec cet argent causa une joie générale parmi ses concitoyens, qui le nommèrent arbitre souverain chargé de régler les indemnités. Il refusa, et forma une commission composée de quinze citoyens les plus estimés de la cité, qui réglèrent tout au gré des parties. Aratos fut comblé d'éloges, on lui éleva des statues, et par des inscriptions publiques on le déclara le *père du peuple et le libérateur de la patrie*.

PREMIER GÉNÉRALAT. — Aratos ayant été élu pour la première fois général des Achéens, alla ravager la Locride et le territoire de Calydon. Mais s'étant ensuite mis en campagne avec dix mille hommes pour secourir les Béotiens, il n'arriva qu'après la défaite qu'ils éprouvèrent à Chéronée, où ils furent vaincus par les Étoliens, soixante quinze ans depuis que leurs ancêtres avaient été battus par Philippe, sur le même champ de bataille.

SECOND GÉNÉRALAT, 244 AVANT J.-C. — Huit ans après cette campagne, Aratos ayant été élu pour la seconde fois général de la ligue, il obtint un succès que Plutarque égale aux entreprises les plus brillantes des capitaines de la Grèce.

PRISE DE L'ACROCORINTHE. — Antigone s'était emparé par surprise de cette importante citadelle ; Aratos conçut à son tour le projet de lui enlever cette position. Une occasion inattendue se présenta. Ergine, habitant de Corinthe, avait des rapports d'affaires avec un banquier de Sicyone, fort connu d'Aratos. Dans une de leurs conversations on vint à parler de l'Acrocorinthe : Ergine raconta qu'en allant voir son frère, soldat de la garnison, il avait remarqué, au côté le plus escarpé du rocher, un sentier taillé en escalier aboutissant à un endroit où le mur d'enceinte était très-bas. Le banquier lui demanda en riant si lui et son frère voulaient faire fortune. Ergine comprit la question et promit de sonder sur cela son frère Dioclès. Peu de jours après il revint et se chargea de conduire Aratos, qui s'engagea à lui donner soixante talents (330,000 fr.), si l'affaire réussissait. Mais comme il n'avait pas cette somme, qui devait être déposée chez le banquier, il mit entre les mains de cet agent sa vaisselle d'or et d'argent, ainsi que les bijoux de sa femme.

Après cet accord, Aratos ordonna à ses troupes de passer la nuit sous les armes ; et prenant 400 hommes d'élite, chargés d'échelles, il se dirigea vers Corinthe. Arrivé aux portes de la ville, il les conduisit le long des murs du temple de Junon. Il faisait un si beau clair de lune, qu'ils pouvaient craindre d'être découverts, mais il s'éleva tout-à-coup du côté de la mer (des Alcyons) un brouillard épais qui répandit une profonde obscurité. Alors les soldats s'assirent pour ôter leurs chaussures, afin de faire moins de bruit et de ne pas glisser en montant à l'escalade. Pendant ce temps Ergine, avec sept hommes résolus, déguisés en voyageurs, s'étant glissés par la porte de la ville sans être aperçus, tuèrent la sentinelle et les gardes qui y faisaient le guet. En ce moment, on appliqua les échelles aux murailles, et Aratos, avec cent hommes, étant descendu dans la place, marcha droit à la citadelle.

En avançant, on aperçut quatre hommes qui approchaient : Aratos et les siens se tapirent contre des masures, et la patrouille, qui portait un fanal, étant venue à passer près d'eux, ils tuèrent trois de ceux qui la composaient ; le quatrième, blessé, s'enfuit en criant aux armes. Un moment après, les trompettes sonnent, les rues s'éclairent, des flambeaux brillent sur les créneaux de l'Acrocorinthe.

Cependant Aratos, poursuivant son chemin, s'efforçait de gravir les rochers avec beaucoup de peine, parce qu'il avait manqué le sentier qu'on lui avait indiqué ; mais soudain la lune brilla et il le reconnut. Alors, par un effet du même bonheur, les nuages se rassemblèrent, et tout fut plongé de nouveau dans l'obscurité.

La troupe qu'Aratos avait laissée auprès du temple de Junon, après avoir traversé la ville, n'ayant pu trouver le sentier, s'était serrée au pied d'une grande roche. Cachée dans cet endroit, elle entendait le bruit des armes et les cris des combattants, sans savoir de quel côté se porter, lorsque Archélaos, qui commandait les troupes d'Antigone, passa pour aller attaquer Aratos ; alors, sortant de leur embuscade, les Sicyoniens chargèrent les Macédoniens, qui prirent la fuite, et se dispersèrent dans les rues de Corinthe.

Ils achevaient de poursuivre l'ennemi quand Ergine vint leur apprendre qu'Aratos était aux prises avec l'ennemi, qui se défendait vigoureusement. Ils lui ordonnent de les conduire, et marchent en poussant des cris pour annoncer leur approche. La lune, qui avait repris son éclat, donnant sur leurs armes, les faisait paraître plus nombreux qu'ils n'étaient. Enfin, s'étant joints à leur chef, ils chassèrent les Macédoniens, prirent poste sur la muraille, s'emparèrent de l'Acrocorinthe, et les premiers rayons du soleil éclairèrent leur victoire. Alors la réserve d'Aratos, qui était demeurée à Sicyone, étant arrivée, les Corinthiens lui ouvrirent les portes de leur ville et les aidèrent à chasser la garnison macédonienne.

TRIOMPHE D'ARATOS. — Victorieux, il se rendit au théâtre, où le peuple était accouru pour le voir et l'entendre. Il sortit tout armé du fond de la scène, et s'avança, le visage extrêmement changé par la fatigue et par le besoin de sommeil. Dès qu'il parut, il fut salué par des battements de mains et des acclamations réitérées ; prenant sa pique de la main droite pour s'appuyer, il fléchit un peu le genou et inclina le corps, en se tenant quelque temps dans cette posture... Quand le calme fut rétabli, réunissant le peu de forces qui lui restait, il adressa un assez long discours aux Corinthiens pour leur persuader d'entrer dans la ligue achéenne. Il leur rendit les clefs de leur ville, qui n'avaient pas été en leur pouvoir depuis le règne de Philippe ; il accorda la liberté à son prisonnier Archélaos, et fit mourir Théophraste, qui refusait de sortir de Corinthe.

La prise de cette ville attira dans la ligue achéenne Mégare, Trézène, Epidaure et le roi Ptolémée, qui se fit inscrire au nombre des alliés. La Grèce entière se serait engagée dans cette confédération sans la jalousie des Lacédémoniens.

GUERRE DE CLÉOMÈNE, ROI DE SPARTE, CONTRE LES ACHÉENS,
242 avant J.-C.

Les services que les Achéens avaient rendus aux Étoliens dans la guerre qu'ils avaient soutenue contre Antigone, les empêcha de s'armer contre leurs bienfaiteurs ; mais ils mirent tout en œuvre pour engager Cléomène, roi de Sparte, à leur déclarer la guerre ; ils réussirent au-delà de leurs désirs jaloux. La première rencontre eut lieu aux environs de Pallantion. Aratos ayant refusé le combat, s'attira des reproches mérités et le mépris des Lacédémoniens, dont l'armée n'était en tout que de cinq mille hommes, tandis que celle qu'il commandait était composée de vingt mille fantassins et de mille chevaux. Peu de temps après, les Achéens furent battus par Cléomène ; mais Aratos ayant réussi à les rallier, se jeta sur Mantinée, et s'empara de cette place importante. Cet avantage fut contre-balancé peu de temps après par la perte d'une autre bataille, dans laquelle un grand nombre d'Achéens périrent avec leur général Lysiade. Après cette victoire, Cléomène, joignant l'insulte aux succès, fit célébrer des jeux devant Mégalopolis dans le dessein de montrer aux Achéens qu'il les regardait comme incapables de protéger leurs alliés.

REVERS MULTIPLIÉS DES ACHÉENS,
240—233 av. J.-C.

Après plusieurs années de désastres, les Achéens craignant d'être asservis, résolurent d'implorer le secours d'Antigone. Les députés, à leur retour, rendirent compte de leur mission au Panachaïcon, ou assemblée générale de l'Achaïe. « Le roi de Macédoine avait « accédé à toutes leurs demandes. » Aratos ayant pris la parole, demanda aux Achéens de n'employer que leurs propres forces contre les Spartiates. Son avis prévalut, mais la fortune avait abandonné ses compatriotes. Constamment battus par Cléomène, les Achéens se virent contraints de quitter la campagne et de se réfugier dans leurs villes murées. Cela n'arrêta pas le vainqueur, qui leur enleva, dans le cours de quelques années, Caphye, Pellène, Phénéon, Phlionte, Cléones, Épidaure, Hermione et la ville basse de Corinthe.

DIGRESSION RÉTROSPECTIVE, 248—244 AVANT J.-C.—On a rapporté précédemment le débat survenu entre Cléonyme et Aréos au sujet de la royauté de Sparte : ce dernier l'emporta, et eut la gloire de faire lever à Pyrrhus le siége de Lacédémone. Aréos eut pour successeur son fils Acrotatos, qui régna sept ou huit ans : celui-ci laissa en mourant un fils au berceau nommé Aréos comme son aïeul. Ce prince, placé sous la tutelle de Léonidas III, étant mort âgé de huit ans, Léonidas, de régent qu'il était, devint roi. Chassé, puis rappelé, il y eut ensuite une succession de plusieurs rois, jusqu'à l'avènement d'Agis au trône de Lacédémone.

RÈGNE D'AGIS; RÉFORME DE SPARTE.

Ce prince, à peine âgé de vingt ans, disait publiquement *qu'il ne se soucierait pas d'être roi, s'il n'espérait de faire revivre les lois et la discipline antique de Lycurgue ;*... mais la corruption datait de trop loin pour qu'une réforme aussi grande pût s'exécuter sans une profonde commotion. On ne comptait dans la cité qu'environ sept cents Spartiates d'extraction historique; et sur ce nombre, il n'y en avait à peu près que cent qui eussent conservé leur patrimoine. Le restant était une caste en proie à la pauvreté, sans revenus, sans participation aux honneurs, et soutenant à contre-cœur les guerres étrangères, où il n'y avait rien à gagner que pour les riches. Mais comme cette oligarchie nécessiteuse était nécessairement envieuse et dépourvue de tout sentiment d'honneur, elle épiait l'occasion d'un changement politique pour sortir de l'humiliation.

SITUATION DES ESPRITS. — Agis trouva la jeunesse disposée à seconder son entreprise; mais les vieillards, dit Plutarque, *tremblants au seul nom de Lycurgue, comme des esclaves fugitifs qu'on ramène devant leurs maîtres,* étaient entièrement opposés à toute *espèce d'innovation.* Afin de vaincre leur opposition, le jeune monarque commença par gagner Agésilas, son oncle, homme dévoré de la soif des richesses et accablé de dettes, qui voyait un moyen de les payer dans une révolution ; il travailla, par son entremise, à gagner sa propre mère, qui était sœur de cet avare obéré.

OPPOSITION DES DAMES SPARTIATES. — Agis avant communiqué son dessein à sa mère, elle fut effrayée, et tâcha de l'en dissuader, car elle était riche en biens-fonds et en esclaves. Mais quand Agésilas, joignant ses raisons à celles de son neveu, lui eut représenté les avantages de cette haute conception pour Sparte, et la gloire qui en rejaillirait sur sa famille, cette dame et ses parentes en parlèrent aux Lacédémoniennes. De tout temps les Spartiates avaient témoigné la plus grande déférence pour leurs femmes. La majeure partie des richesses de la Laconie appartenant alors aux dames nobles qui avaient hérité des immeubles à défaut de mâles, elles s'opposèrent toutes à une réforme dont le résultat tendait à les priver des commodités de la vie et des prérogatives dont elles jouissaient à cause de leurs richesses.

AGIS DIFFAMÉ. — Dans leur effroi, elles s'adressèrent à Léonidas III, qui tenait pour le parti des riches; mais comme il craignait la faction populaire, il se contenta de traverser le projet d'Agis. C'est pourquoi il fit répandre sous main que le roi populaire offrait aux pauvres les propriétés des tenanciers, l'abolition des dettes; que c'était le prix anticipé de la tyrannie à laquelle il aspirait, et qu'il cherchait à faire non des citoyens pour Sparte, mais des satellites, dont il se proposait d'entourer sa personne.

PLAN DE RÉFORME. — Cependant Agis ayant réussi à faire nommer pour éphore, Lysandre, déclara son projet dans l'assemblée du peuple; il renfermait : « l'abolition des dettes, le « partage des terres comprises entre « la vallée de Pellène, le mont Taygète, « le cap Malée et Sellasie, qu'on devait « diviser en 4,500 lots. Il était question de faire 15,000 autres lots des « terrains situés en dehors des limites « qu'on vient d'indiquer, pour être « distribués aux habitants du voisinage « capables de porter les armes. Les « nouveaux Spartiates devaient être « distribués pour les repas en quinze « salles, appelées Phidities, dont la « moindre serait de deux cents com- « mensaux, et la plus forte de qua- « tre cents. » La discipline ancienne devait être rétablie.

AGITATIONS POPULAIRES. — Cette proposition, appuyée par Mandroclide, éprouvant la plus vive résistance dans l'assemblée, Agis se leva et déclara qu'il mettait en commun tous ses biens, évalués à la somme de six cents talents; que sa mère, sa grand'mère, ses amis et ses parents en faisaient autant. Le peuple applaudit ; alors Léonidas, interpellant Agis, lui demanda s'il ne pensait pas que Lycurgue fût un homme juste. Agis répondit qu'il le tenait pour tel. « Où avez-vous donc vu, répliqua « Léonidas, qu'il ait jamais ordonné « l'abolition des dettes, ou qu'il ait « conféré le droit de cité aux étran- « gers, lui qui les expulsait de la ré- « publique? » Agis repartit : « Qu'il ne « s'étonnait pas qu'un homme comme « lui, né en pays étranger, marié à la « fille d'un satrape, ne connût pas les « lois de Lycurgue; que, par le fait « seul de la proscription de l'argent, « ce grand législateur avait rendu im- « possible toute dette active et pas- « sive. Quant aux étrangers, il cita « Terpandre, Thalès le Crétois, Phé- « récide et plusieurs autres personnages « qui avaient été accueillis et honorés « à Sparte. » Après différentes répliques, on alla aux suffrages, et le décret fatal passa à une seule voix de majorité.

DÉPOSITION DE LÉONIDAS III. — Lysandre, qui était encore en charge, entreprit d'intenter un procès à Léonidas, fondé sur une ancienne loi, par laquelle *il était défendu à tout Spartiate de s'allier avec des étrangères*. On fit une enquête, et on persuada en même temps à Cléombrote d'intervenir au procès, et de demander la couronne comme étant de la dynastie d'Hercule et gendre de Léonidas, dont il se portait l'héritier.

EXPULSION DES ÉPHORES. — Lysandre, étant sorti de charge à l'expiration de son temps, les nouveaux éphores lui firent son procès, ainsi qu'à Mandroclide, auteur de la loi agraire. Ces perturbateurs, bravant le décret qui les mettait en accusation, persuadèrent aux deux rois d'en finir avec des magistrats opposants à leur autorité. Les rois se présentent à l'assemblée, font descendre les éphores de leurs siéges, en nomment d'autres, au nombre desquels ils font prendre place à Agésilas. Ils appellent en même temps la jeunesse à leur aide, délivrent les prisonniers, qu'ils arment, et font trembler leurs adversaires; cependant, il n'y eut pas de sang répandu, et Agis sauva Léonidas, auquel il donna une escorte qui le conduisit à Tégée.

ABOLITION DES DETTES. — Agésilas, riche en biens-fonds, mais obéré, représenta à Agis que sa réforme serait trop dangereuse s'il entreprenait en même temps l'abolition des créances et le partage des terres. Si au lieu de cela on commençait d'abord à gagner les propriétaires en les déchargeant de leurs dettes, ils supporteraient ensuite plus facilement l'expropriation. Ce raisonnement était spécieux; Agis et Lysandre en furent éblouis. Les contrats et les obligations ayant été apportés, on les fit assembler en un monceau sur la place publique de Sparte pour y être brûlés. Dès que la flamme s'éleva, les prêteurs et les banquiers s'en allèrent désolés, et Agésilas dit, en se moquant d'eux, « que de sa vie il n'avait vu un feu « si beau et si clair. »

RUSE D'AGÉSILAS. — Alors le peuple demanda qu'on procédât au partage des terres, et les rois ordonnèrent que cela fût exécuté. Agésilas, qui était contraire à cette mesure, suscita des difficultés pour gagner du temps; il y réussit, jusqu'au moment où Agis dut entrer en campagne pour secourir les Achéens, alliés de Lacédémone, dont les Étoliens menaçaient le territoire. La marche du roi fit l'admiration des Péloponésiens, à cause de l'ordre et de la discipline des soldats. Il était le plus jeune de son armée.

CONDUITE ÉTRANGE D'ARATOS. — Agis, aussi simple dans son élévation militaire que modeste dans sa vie privée, joignit Aratos aux environs de Corinthe; il proposa de passer l'isthme pour aller à la rencontre des Étoliens qui s'avançaient du côté de Mégare; mais le général achéen s'y refusa, et congédia même ses alliés, en les comblant d'éloges. Les Étoliens entrèrent ainsi librement dans la presqu'île, et se saisirent de Pellène, qu'ils pillèrent; Aratos, sortant de sa léthargie, tomba sur eux, leur tua sept cents hommes,

et les dispersa. Quelque temps après, il conclut un traité de paix qui fut suivi d'une ligue offensive et défensive entre l'Étolie et l'Achaïe.

### RESTAURATION DE LÉONIDAS III,
### 244 avant J.-C.

Agis, de retour à Lacédémone, y trouva un grand changement. Agésilas, qui était éphore, dominé par l'avarice, commettait les injustices les plus révoltantes. Abhorré de tout le monde, il prit des gardes lorsqu'il allait au sénat, et fit courir le bruit qu'il serait prorogé dans ses fonctions l'année suivante. Ce fut pour cette cause que ses ennemis rappelèrent Léonidas de Tégée et le rétablirent sur le trône, à la satisfaction du peuple, irrité d'avoir été abusé par l'espérance du partage des terres qu'on n'avait point exécuté.

CONTRE-RÉVOLUTION. — Agésilas se sauva par le crédit de son fils, qui était généralement aimé; Agis se réfugia dans le temple de Minerve Chalcicœcos, et Cléombrote, qui avait accepté la couronne, dans celui de Neptune.

Léonidas, accompagné de soldats, s'étant d'abord rendu au temple de Neptune, accabla de reproches Cléombrote, assis dans une contenance qui décélait sa frayeur. Son épouse Chilonide était auprès de lui avec ses deux enfants : fille et femme infortunée, elle avait accompagné dans l'exil Léonidas, son père, et maintenant elle était auprès de son mari, qu'elle tenait tendrement embrassé.

Ceux qui étaient présents fondaient en larmes. Léonidas, après avoir conféré un moment avec ses amis, ordonna à Cléombrote de se lever et de sortir promptement de Sparte. En même temps il pria instamment sa fille de demeurer. Mais il ne put la persuader; et dès que son mari fut prêt à partir, elle lui remit un de ses enfants entre les bras, prit l'autre, et, après avoir adressé sa prière à Neptune, dont elle embrassa l'autel, elle partit pour aller en exil avec son époux.

21ᵉ *Livraison.* (GRÈCE.)

**Fin tragique d'Agis.** — Agis, réfugié dans le temple de Minerve, ne tarda pas à être circonvenu par la police de Léonidas. L'histoire a conservé, pour les flétrir, les noms de ces méprisables mouchards. Ampharès, Démocharès et Arcésilas rendaient des soins au roi proscrit. Ils le conduisaient quelquefois du temple aux bains d'étuves et le ramenaient en sûreté à son asile; ils se glorifiaient tous trois d'être ses amis.

**Arrestation.** — Ce faux dévouement fut de courte durée. Ampharès avait emprunté d'Agistrata, mère d'Agis, de la vaisselle d'argent et de belles tapisseries. Ces richesses lui firent naître l'envie de trahir le roi, sa mère et son aïeule, dans l'espérance que ces objets précieux lui resteraient: il s'ouvrit de ce dessein à Léonidas, qui l'approuva. Ayant épié Agis un jour qu'il revenait du bain, car depuis quelque temps il y allait seul, les traîtres vinrent à sa rencontre. Après l'avoir embrassé, ils le suivirent en causant jusqu'au détour d'une rue qui menait au tribunal. Alors Ampharès, qui était éphore, le saisissant, lui dit : *Agis, je vous mène aux éphores, afin que vous leur rendiez compte de votre conduite.* Démocharès, qui était robuste, lui jetant son manteau autour du cou, l'entraîna, et leur complice Arcésilas le poussant, le malheureux prince fut ainsi conduit en prison.

**Procès, condamnation.** — Léonidas, les éphores et quelques autres sénateurs étant survenus, Agis fut interrogé comme dans un procès légal. Un des éphores, feignant de lui suggérer un moyen de justification, lui demanda s'il n'avait pas été influencé dans ses actions par Lysandre et par Agésilas. Il répondit « que, plein « d'admiration pour Lycurgue, et « voulant l'imiter, il avait entrepris « de remettre la république dans l'é- « tat où ce grand législateur l'avait « laissée. » Interrogé s'il n'était pas fâché de ce qu'il avait fait, il répondit « qu'il ne se repentirait jamais d'une « entreprise si belle, si noble et si « vertueuse... » Alors ils le condamnèrent à mort, et, dans la crainte qu'il ne fût sauvé par le peuple, ils ordonnèrent de l'emmener dans la chambre des exécutions.

**Sa mort.** — Démocharès, voyant que les sergents de ville et les soldats étrangers refusaient de mettre la main sur le roi, les accabla d'injures, et saisissant Agis, il le traîna lui-même au supplice. Dans ce moment le prince vit un des bourreaux qui pleurait : *Mon ami*, lui dit-il, *cesse tes larmes; car, mourant contre les lois et la justice, je suis plus heureux et plus digne d'envie que ceux qui m'ont condamné.* En achevant ces paroles, il livra sa tête au bourreau.

**Assassinat d'Agésistrata et d'Archidamie.** — Ampharès rencontra en sortant du cachot Agésistrata, mère d'Agis, qui se jeta à ses genoux. Il la releva, en lui disant « que son fils n'avait à craindre au- « cune violence, et la pressa, si elle « voulait, d'entrer dans la prison pour « le voir. » Et comme elle demanda que sa mère pût l'accompagner, « Volontiers, » dit Ampharès ; et les prenant l'une et l'autre, il les y introduisit. Ayant commandé de fermer la porte, il livra à l'exécuteur l'aïeule d'Agis, Archidamie, dame très-avancée en âge et d'une haute renommée. Quand elle eut été mise à mort, il dit à Agésistrata de passer dans le cachot. En y entrant, elle vit son fils étendu par terre et sa mère encore suspendue au fatal cordon. Elle aida aux exécuteurs à la détacher, et, l'ayant couchée auprès du corps de son fils de la manière la plus décente qu'elle put, elle la couvrit de son voile. Ce pieux devoir rendu, elle se jeta sur le corps de son fils, en disant : *Mon cher Agis, c'est l'excès de ta douceur et de ton humanité, c'est le trop de ménagements pour tes ennemis qui t'ont perdu et qui nous ont perdues avec toi.*

Ampharès, placé à la porte, d'où il entendait et voyait tout ce qui se passait, entra et dit avec emportement à Agésistrata : *Puisque vous avez su et approuvé les desseins de votre fils,*

*vous souffrirez aussi la même peine.*
A ces mots, Agésistrata courant audevant du cordon : *Au moins,* dit-elle, *que ceci puisse être utile à Sparte.*

Malgré la diligence de Léonidas, il ne put saisir Archidamos, frère d'Agis ; mais il réussit à faire arrêter Agiatis, femme d'Agis, qui avait un très-jeune enfant. Comme elle était riche et dans la fleur de l'âge, il la força d'épouser son propre fils, Cléomène, dont les égards et l'affection firent la consolation de cette princesse infortunée. Il partageait avec son épouse la tendre amitié qu'elle conservait pour Agis, dont elle lui expliquait les vues et les plans qu'il avait conçus pour le bonheur de Sparte. Léonidas, qui ne survécut pas longtemps à tant de forfaits, eut pour successeur au trône ce même Cléomène, qui crut ne trouver d'autre moyen de réforme qu'en suscitant, comme on l'a dit précédemment, une rupture funeste entre les Spartiates et les Achéens ; événement qui amena l'étranger sur le territoire de la Hellade, en y appelant Antigone, et bientôt après les Romains, dont la politique méditait déjà la conquête de la Grèce et de l'Orient.

### EXÉCUTION DE LA RÉFORME,
### 228 avant J.-C.

ASSASSINAT D'ARCHIDAMOS. — Cléomène, malgré sa sévérité plus qu'austère, eut assez de crédit pour engager Archidamos, frère d'Agis, réfugié à Messène, à revenir à Lacédémone. Il voulait, disait-il, le faire monter au trône, persuadé que deux rois parfaitement unis pourraient neutraliser l'autorité des éphores. Malheureusement les meurtriers d'Agis, qui redoutaient la présence d'Archidamos, le firent assassiner. Polybe prétend que Cléomène lui-même fut l'auteur de ce crime, et la chose n'est pas hors de vraisemblance.

MEURTRE DES ÉPHORES. — Lors de son expédition dans le territoire de Mégalopolis, dont on a parlé précédemment, Cléomène calcula sa rentrée à Sparte, de manière à y arriver au moment où les cinq éphores étaient à prendre leur repas. Des gens qu'il envoya, étant entrés dans la salle où ils mangeaient, tuèrent quatre de ces magistrats ; mais Agésilas, qu'on laissa pour mort, parvint à se sauver.

LISTE DE PROSCRIPTION. — Le lendemain on afficha, par ordre de Cléomène, une liste de quatre-vingts citoyens qui furent bannis. Il ordonna d'ôter de la salle d'audience les siéges des éphores, excepté un seul, où il devait s'asseoir pour rendre la justice. Il représenta au peuple la tyrannie des éphores, ennemis de toute autorité légitime, devenus régicides et ennemis de ceux qui voulaient faire revivre les saintes lois de Lycurgue.

IL PROCLAME LA RÉFORME. — Après ce préambule, il déclara qu'il mettait tout son bien en commun. Son beau-père, Mégistone, et ses principaux amis en firent de même. Dans la distribution des terres, il assigna même une portion aux bannis, en promettant de les rappeler dès que les circonstances le permettraient. Ensuite il tourna tous ses soins vers l'éducation publique ; il nomma roi conjointement avec lui son frère Euclidas : ce fut la première fois que les Spartiates eurent deux rois de la même famille.

VIE PRIVÉE. — Occupé à former les citoyens par son exemple, sa vie était simple, pleine de tempérance, et sa table véritablement laconique. Il n'avait ni musique, ni concerts ; sa conversation en tenait lieu. En effet, quand on sait converser, on se passe bien d'entendre chanter. Il trouvait peu de mérite pour un prince à ne s'attacher les hommes que par l'appât des richesses et de la table, plutôt que par la douceur d'un commerce où règnent la franchise et la bonne foi, ce qu'il jugeait être une qualité vraiment royale.

### POLITIQUE ÉTRANGÈRE.

Depuis l'invasion de Pyrrhus en Italie, la diplomatie romaine porta, comme on a pu le remarquer, son attention vers les affaires de l'Orient.

**Pirates illyriens, 232 avant J.-C.** — L'Illyrie était alors gouvernée par quelques petits princes, dont les plus remarquables étaient Agron, fils de Pleuratos; Scerdilaïdas et Démétrios de Pharos, qui infestaient l'Adriatique de leurs pirateries. Ces plagiaires ayant pénétré dans la mer Ionienne, on les vit attaquer Corcyre, désoler les côtes de l'Acarnanie et faire des descentes jusque dans l'Élide. Les peuples vexés par ces brigands s'adressèrent aux Étoliens et aux Achéens, qui les assistèrent et furent payés d'ingratitude. Les Corcyréens, par exemple, firent alliance avec les Illyriens et reçurent dans leur ville Démétrios de Pharos avec la garnison qu'il y amena.

**Chatiment des Illyriens, 226 avant J.-C.** — Les Romains, indignés des pirateries des Illyriens et de l'assassinat d'un de leurs ambassadeurs par Teuta, qui régnait à Scodra, chargèrent les deux consuls L. Posthumius Albinus et Cn. Fulv. Centumalus de venger la république. Ils s'entendirent d'abord avec Démétrios, qui leur livra Corcyre, ainsi que la garnison illyrienne qui s'y trouvait. On lui donna pour prix de sa trahison l'île de Pharos, et les consuls ayant réduit Teuta aux abois, reçurent les Illyriens vaincus au nombre de leurs alliés. Ce fut par l'occupation de Corcyre que Rome prit position en face des terres de la Grèce (voy. pl. 83).

**Ambassades des Romains.** — Ce fut la première fois aussi que leur puissance s'y manifesta par les ambassades qu'ils envoyèrent aux Étoliens et aux Achéens, pour leur notifier l'alliance qu'ils venaient de conclure avec les Illyriens. Ils en adressèrent d'autres aux Corinthiens et aux Athéniens, pour leur témoigner l'amitié du peuple et du sénat. L'assemblée de Corinthe rendit un décret, portant que les Romains seraient admis aux jeux isthmiques, comme les Grecs; les Athéniens leur accordèrent de leur côté le droit de cité avec la faculté d'être initiés aux grands mystères.

**Intervention d'Antigone,**
225 avant J.-C.

Aratos, par ordre de la confédération, envoya son fils à Antigone, pour l'inviter à venir au secours des Achéens. Le principe de l'intervention était accordé depuis long-temps, et de plus on était convenu dernièrement qu'à l'arrivée d'Antigone dans le Péloponèse, l'Acrocorinthe serait remise entre ses mains.

Le roi partit aussitôt à la tête de 20,000 hommes d'infanterie et de 1,400 cavaliers. Après avoir franchi l'isthme, trouvant la position de Cléomène trop forte pour l'attaquer dans ses lignes, il fit passer son armée par mer, à Sicyone.

**Révolte d'Argos.** — Au moment de partir, Aratos qui se trouvait au camp du roi, informé que les Argiens venaient de se révolter, prit avec lui 1,500 hommes, et s'étant embarqué à Cenchrée, il gagna par mer Épidaure. Comme on ne l'attendait pas de ce côté, il arriva presque sans être aperçu à Argos, et il s'empara de la citadelle Larissa qui commande la ville. A cette nouvelle, Cléomène, craignant d'être coupé, abandonna son camp retranché, marcha rapidement vers Argos, éloignée de huit lieues, et rentra dans la Laconie.

**Succès d'Antigone.** — Le roi se serra de près dans sa retraite; mais dès qu'il le vit hors du défilé de Treté, il tourna brusquement vers Corinthe, qui s'empressa de lui ouvrir ses portes. Tégée, Mantinée, Orchomène, Hérée et Telphusse, effrayées de l'approche des Macédoniens, suivirent cet exemple, ou ne résistèrent que pour la forme. Peu de temps après, le roi mit ses troupes en quartiers d'hiver. Il se rendit ensuite à Égion pour assister à l'assemblée générale des Achéens, qui le proclamèrent général, et l'Acrocorinthe lui fut remise par un décret des confédérés.

**Cléomène s'empare de Mégalopolis, 223 avant J.-C.** — Informé que le roi, resté à Égion, avait renvoyé la majeure partie de son armée en Macédoine, Cléomène surprit Mégalopolis. Dans cette circonstance plusieurs de ses habitants se réfugièrent à Messène. Le vainqueur leur envoya un héraut chargé de les engager à revenir dans leurs demeures, pourvu qu'ils se séparassent de la ligue. Mais ils refusèrent de manquer à leurs engagements. Philopémen, dont nous aurons occasion de parler, contribua puissamment à leur faire adopter cette résolution. Mégalopolis fut saccagée, et Cléomène envoya à Lacédémone les statues ainsi que les tableaux qui faisaient l'ornement de ses édifices publics.

CHAGRINS DE CLÉOMÈNE. — La mort venait de lui ravir Agiatis, son épouse chérie. Il avait été obligé de livrer comme otages à Ptolémée, roi d'Égypte, qui lui promettait des secours, Cratésilée, sa mère, ainsi que ses enfants. La fortune l'avait abandonné.

JUGEMENT DE PLUTARQUE SUR ARATOS. — C'est un crime, dit-il, qu'on ne peut pardonner à sa mémoire, d'avoir mis son pays dans les fers, par jalousie contre Cléomène; car, que demandait le roi de Sparte aux Achéens? *d'être élu leur général*. Or, puisqu'il n'y avait à choisir qu'entre un Grec et un barbare, maître pour maître le dernier citoyen de Sparte valait mieux que le premier des Macédoniens. Ici, Aratos préfère à un descendant d'Hercule, à un roi de Sparte, qui venait de remettre en vigueur les lois de Lycurgue, un prince étranger, dont il s'était déclaré l'ennemi mortel. Il a de plus la bassesse d'offrir des sacrifices à Antigone, de paraître couronné de fleurs, en tête d'une théorie, de chanter des hymnes en son honneur, et d'appeler DIEU un mortel atteint de phthisie, qui portait la mort dans son sein.

BATAILLE DE SELLASIE,
223 av. J.-C.

Au commencement de l'été, Antigone s'étant mis à la tête des Macédoniens et des Achéens, entra dans la Laconie. Son armée montait à 28,000 hommes de pied et à 1,200 chevaux; celle de Cléomène n'était en tout que de 20,000 combattants. Dans l'attente d'une invasion, Cléomène avait fortifié les défilés par des fossés et des abattis d'arbres.

Antigone trouvant les passages retranchés, et le roi de Sparte en état de refuser le combat ou d'attaquer, campa à peu de distance d'une petite rivière, appelée la Gorgyle. Il y passa quelques jours, tâtant l'ennemi sur tous les points, jusqu'au moment où l'on en vint à une bataille décisive.

On ne comprend pas comment Cléomène, avantageusement posté, inférieur d'un tiers en forces à son ennemi, ayant ses communications libres avec Sparte, accepta le combat. Polybe semble résoudre la question : c'est qu'il n'avait pas d'argent pour payer les étrangers qui étaient à sa solde, et qu'il avait beaucoup de peine à faire subsister ses troupes. L'action fut vive. L'avantage avait passé d'une armée à l'autre, lorsqu'une charge de cavalerie, exécutée par Philopémen, qui faisait ses premières armes dans cette journée, détermina la victoire en faveur d'Antigone. Plutarque rapporte que la plupart des troupes étrangères au service de Cléomène périrent dans cette bataille : de six mille Lacédémoniens, il n'en échappa que deux cents.

HÉROÏSME DES LACÉDÉMONIENS.— Sparte fit paraître dans ce désastre son antique fermeté. Aucune femme ne pleura la perte de son époux; les vieillards louaient le trépas des jeunes gens; les enfants chantaient la valeur de leurs pères morts dans le combat : tous regrettaient de n'avoir pas versé leur sang pour la patrie. Ils ouvraient leurs maisons à ceux qui revenaient blessés. Il n'y eut nulle confusion dans la ville, on n'était occupé que des malheurs publics.

CLÉOMÈNE S'ENFUIT EN ÉGYPTE. — Arrivé à Sparte, il conseilla aux citoyens de recevoir Antigone. Étant ensuite entré dans sa maison, il refusa de boire, quoiqu'il eût une soif extrême, et il ne voulut pas s'asseoir malgré sa fatigue; mais, s'appuyant tout armé contre une colonne, après avoir réfléchi sur le parti qu'il devait prendre, il sortit tout à coup, et se rendit avec ses amis à Gythion, où il s'embarqua pour l'Égypte.

PRISE DE SPARTE. — Cléomène venait à peine de quitter l'embouchure de l'Eurotas qu'Antigone arriva devant Lacédémone, qui lui ouvrit ses portes. Il s'y comporta en ami, et déclara qu'il serait glorieux pour son nom qu'on dît dans la postérité que Sparte avait été *sauvée* par son vainqueur. Il appelait l'avoir *sauvée*, l'abolition des lois de Lycurgue, événement qui causa sa ruine.

RETOUR D'ANTIGONE EN MACÉDOINE, SA MORT. — Trois jours après son entrée dans Lacédémone, Antigone en partit sur la nouvelle que les barbares ravageaient la Macédoine. En passant à Tégée, il déclara cette ville libre ; il fut complimenté à Argos par les députés de chaque état de la ligue, et déclaré protecteur de l'Achaïe.

Malgré l'état déplorable de sa santé, Antigone fournit une nouvelle carrière de gloire. On dit qu'après une bataille gagnée contre les Illyriens, transporté de joie, il s'écria à plusieurs reprises : *O la belle, ô l'heureuse journée!* Un vaisseau se rompit dans sa poitrine ; il perdit beaucoup de sang, et la fièvre qui survint le conduisit au tombeau. Avant de mourir, il avait nommé pour son successeur Philippe V, fils de Démétrios, âgé de quatorze ans: c'était lui remettre un sceptre dont il n'avait été que le dépositaire.

MORT DE CLÉOMÈNE ; SES SUCCESSEURS, 222 AVANT J.-C. — A son arrivée à Alexandrie, Cléomène fut assez froidement accueilli par Ptolémée. Mais ce prince l'ayant mieux connu, se repentit d'avoir négligé un si grand homme, que son indifférence avait sacrifié à Antigone. Il tâcha de le consoler par toutes sortes d'honneurs, en lui promettant de le renvoyer en Grèce, et de le rétablir sur le trône.

Il lui assigna en attendant une pension de vingt-quatre talents (132,000 fr.).

Ptolémée étant mort, son fils Philopator ne se trouvant pas dans les mêmes dispositions que son père, persécuta son hôte royal. Cléomène, réduit au désespoir, ayant voulu se venger, périt dans une sédition; son corps empaillé fut attaché aux fourches patibulaires d'Alexandrie. Sa mère et ses enfants passèrent par la main du bourreau. Il avait régné treize ans à Sparte.

Après sa mort, les Lacédémoniens nommèrent deux rois : Agésipolis encore enfant, auquel on donna pour tuteur Cléomène, son oncle; le second roi fut Lycurgue, qui, pour arriver à cette dignité, corrompit les éphores en donnant un talent à chacun d'eux.

GUERRE DES CONFÉDÉRÉS CONTRE LES ÉTOLIENS.
222—221 avant Jésus-Christ.

DORIMAQUE. — Les Étoliens, étrangers à toute espèce d'alliance et d'amitié, s'imaginant avoir droit sur tout ce qu'ils pouvaient enlever, étaient demeurés tranquilles tant qu'Antigone avait vécu. Mais à peine eut-il fermé les yeux, comme Philippe, fils de Démétrios, parvenu au trône de Macédoine, était fort jeune, ils firent des incursions sur les terres des Messéniens. On s'en plaignit en vain à leurs magistrats. Le principal auteur des désordres était un certain Dorimaque de Trichonion (aujourd'hui Angelo-Ctstron près du lac Soudi?) Véritable Étolien, c'est-à-dire *klephte* (voleur), dit Polybe, il s'était fixé à Phigalie, ville alliée des Étoliens, où il avait établi le siége de ses brigandages. Dorimaque fut d'abord cité devant le conseil des Étoliens, et dès qu'il y parut, on s'assura de sa personne, comme assassin et voleur. On aurait dû le punir, mais, sur la promesse solennelle qu'il fit d'indemniser les plaignants, on le relâcha.

PIRATES ET KLEPHTES. — Dès qu'il fut élargi, Dorimaque conseilla aux

Étoliens de déclarer la guerre aux habitants de la Messénie; ce qui fut exécuté. Les plagiaires ou pirates mirent aussitôt en mer; et dans leur audace, ils capturèrent un vaisseau macédonien, qu'ils vendirent, cargaison et équipage, dans l'île de Cythère. Ils désolèrent les côtes de l'Épire, attaquèrent Thyréon, place de l'Acarnanie, et, débarqués dans le Péloponèse, ils s'emparèrent de Clarion, fort voisin de Mégalopolis; enfin ils établirent leur repaire à Phigalie.

BATAILLE DE CAPHYES, 221 AVANT J.-C. — Les Achéens, réunis à Égion, résolurent de secourir les Messéniens.

ARATOS PREND LE COMMANDEMENT. — Aratos, irrité contre les Étoliens, rassembla la jeunesse achéenne sous ses drapeaux, et envoya sommer les Étoliens d'évacuer la Messénie. Ceux-ci, ne se croyant pas en mesure de résister, feignirent de se conformer à cette injonction. Aratos crut alors pouvoir licencier son armée, à l'exception de 3,000 fantassins et de 300 chevaux, qu'il garda pour observer les mouvements de l'ennemi. Comme il en approchait, il vit que les Étoliens se retiraient avec un butin considérable. Quoique inférieur en forces, il les attaqua; le combat fut opiniâtre, et finit par la défaite des Achéens, qui s'estimèrent heureux de pouvoir se réfugier dans les villes d'Orchomène et de Caphyes. Les Mégalopolitains arrivèrent le lendemain de la bataille pour enterrer les morts, tandis que les Étoliens, après avoir traversé le Péloponèse, vinrent camper à l'isthme de Corinthe.

ARATOS ACCUSÉ. — On rendit plainte contre Aratos; mais il se justifia avec tant de modestie devant le Panachaïcon; il demanda si honorablement pardon, en rappelant ses services passés, qu'il fut absous tout d'une voix. Ses accusateurs firent même prudemment de se retirer. On le remit à la tête de l'armée; mais l'impression de son dernier échec affaiblit son courage, et il se conduisit plutôt en sage magistrat qu'en grand capitaine.

MÉDIATION ARMÉE DE PHILIPPE,
220 avant J.-C.

Les Achéens durent encore une fois recourir au roi de Macédoine. Philippe ayant donné audience à leurs députés, apprit comment les Étoliens avaient violé le traité de paix conclu sous la garantie d'Antigone; il promit d'employer ses forces pour en tirer raison, et prit peu de temps après le chemin de la Grèce.

A son arrivée à Corinthe, les députés des républiques confédérées déclarèrent la guerre aux Étoliens. Il fut en même temps résolu que les états qui avaient à se plaindre de l'ennemi commun, seraient admis dans l'alliance, et que les pays qu'il avait rendus tributaires, étaient par le fait affranchis et autonomes.

ÉTOLIENS,
220 avant Jésus-Christ.

Au temps dont on parle, les Étoliens étaient devenus un peuple puissant dans la Grèce. Leurs principaux magistrats se composaient du préteur, du général de cavalerie, des éphores et d'un secrétaire d'état, faisant fonctions de premier et unique ministre. A l'exemple de la ligue achéenne, la république se composait de plusieurs cités, unies par un lien fédéral, mais entièrement indépendantes les unes des autres pour leur administration particulière.

MŒURS. — Uniquement attentifs au gain, les Étoliens n'en trouvaient point d'illicite, ni de honteux. Endurcis aux fatigues, intrépides dans les combats, ils s'étaient particulièrement signalés contre les Gaulois, lorsqu'ils menacèrent Delphes, et contre les Macédoniens, chaque fois qu'ils avaient menacé la liberté publique. L'accroissement de leur puissance les avait rendus superbes et hautains. Aussi distingués par leur origine que par leur bravoure, fiers de leur qualité de *klephtes* ou *brigands*, ils n'avaient redouté ni Philippe, ni Alexandre. Lorsque ce dernier faisait trembler toutes les nations, ils avaient osé rejeter ses édits et ses ordonnances. On peut juger par ces traits du caractère des Étoliens, que Philippe V et les Achéens voulaient soumettre. Menacés par ces deux puissances, le Panétolicon (assemblée des états de l'Étolie) venait de mettre à la tête de son gouvernement, Scopas, auteur principal des violences qui étaient la cause de la guerre.

Philippe avait ramené son armée en Macédoine, après la tenue de l'assemblée de la confédération à Corinthe. Il engagea sans peine dans son alliance Scerdilaïdas, roitelet d'Illyrie, qui était mécontent des Étoliens. Les Acarnaniens, peuple loyal et généreux, déclarèrent sans hésiter la guerre à leurs voisins; les Épirotes ne voulurent pas imiter cet exemple, à moins que Philippe ne prît l'initiative. Les Messéniens, pour qui on avait pris les armes, refusèrent de participer à la guerre, tant que Phigalie ne serait pas détachée de l'alliance étolienne. Les Lacédémoniens, qui s'étaient d'abord prononcés pour les Achéens, se tournèrent du côté de leurs ennemis, de façon que la ligue achéenne se trouvait dans une grande perplexité.

PHILIPPE ENTRE EN CAMPAGNE. — Le roi, informé de la situation critique de ses alliés, vint à leur secours avec 15,000 hommes d'infanterie et 800 chevaux. Après avoir traversé la Thessalie, il arriva en Épire, où il se laissa persuader de faire le siége d'Ambracie, qui le retint quarante jours; ce répit donna le temps aux Étoliens de se mettre en défense, tandis qu'en marchant droit à eux, il aurait probablement terminé rapidement la campagne.

ÉVÉNEMENTS MILITAIRES. — Scopas, suivi d'un corps nombreux d'Étoliens, entra en Thessalie et pénétra jusque dans la Macédoine, d'où il revint avec un butin considérable. Philippe de son côté fit une invasion dans l'Étolie, où il prit plusieurs places importantes; il l'aurait entièrement soumise, sans la nouvelle que les Dardaniens menaçaient son royaume d'une irruption. Sa marche rapide effraya tellement ces barbares, qu'ils congédièrent leur armée et se retirèrent dans leur pays. Alors le roi revint en Thessalie et passa le reste de l'été à Larisse. Pendant ce temps, Dorimaque, élu général des Étoliens, entra dans l'Épire qu'il ravagea, sans épargner l'oracle de Dodone, ni son temple qu'il fit brûler, après s'en être approprié les offrandes et les richesses.

CAMPAGNE D'HIVER DE PHILIPPE. — A cette nouvelle le roi quitta Larisse au fort de l'hiver, menant à sa suite 3,000 chalcaspides (porteurs de boucliers d'airain), 2,000 cuirassiers, environ 400 chevaux, et arriva à Corinthe sans qu'on eût avis de sa marche. Il manda aussitôt à son quartier Aratos le père, et il écrivit à son fils, qui portait le même nom, de conduire à Caphyes les troupes qu'il commandait cette année.

PRISE DE PSOPHIS. — Le roi suivit de près le messager porteur de ses ordres. Il rencontra sur sa route Euripidas avec un corps de 2,000 Éléens, envoyés pour piller le territoire de Sicyone; il les dispersa et fit prisonniers 1,200 de ces fourrageurs. Peu de jours après il arriva à Caphyes (auj. Cayapha), et après avoir donné trois jours de repos à ses troupes, il se rendit avec Aratos, qui avait réuni 10,000 hommes, devant Psophis (auj. Tripotamos). La garnison étolienne, commandée par Euripidas, échappé au dernier combat, ne put résister à la valeur impétueuse des confédérés. La place fut enlevée d'assaut, et le général obtint une capitulation honorable de la générosité de Philippe, qui fit présent de cette belle forteresse aux Achéens. Après s'être emparé de Telphusse, qu'il leur remit également, il vint à Olympie, où il fit reposer son armée.

INTRIGUES D'APELLE, MINISTRE DE PHILIPPE V.

Tandis que le roi employait ses armes à la délivrance des Achéens, Apelle, son ministre dirigeant, s'était mis en tête de les asservir: il en voulait particulièrement à Aratos. Il s'attaqua d'abord aux soldats, qu'il chagrinait en les faisant à tous moments changer de quartiers, en les privant de leur part dans le butin, et les faisant incarcérer, quand ils osaient réclamer. Aratos s'en plaignit au roi, en lui révélant les arrière-pensées de son ministre, dont le but était de régner sous son nom, et peut-être indépendamment de son autorité. Philippe lui répondit qu'il n'aurait plus sujet de se plaindre. Cette réponse combla de joie les soldats achéens. Le roi méritait d'être cru sur parole : bon, spirituel, son affabilité, les graces de sa personne le rendaient cher à tous ceux qui l'approchaient; mais hélas ! il devait finir comme tous les tyrans.

CONQUÊTE DE LA TRIPHYLLIE. — Après avoir donné ces espérances, Philippe partit d'Olympie, et ayant fait jeter un pont sur l'Alphée, il entra sur les terres des Triphylliens, dont les villes principales étaient Samicon, Lepréon, Hypane, Typanée, Pyrgos, Æpvion, Bolex, Styllagion et Phryxa. Il s'empara d'Aliphéra, et s'en retourna, chargé de gloire et de butin, passer l'hiver à Argos.

ENTREPRISE DE CHILON. — Ce fut alors que le Lacédémonien Chilon, prétendant que le trône lui appartenait à plus juste titre qu'à Lycurgue, entreprit de l'en chasser. Après avoir engagé dans son parti environ deux cents citoyens, il entra à main armée dans la ville, tua les éphores, et le roi n'échappa à la mort que par une espèce de prodige. Chilon se rendit ensuite à l'*agora* (place publique) pour exhorter les Spartiates à recouvrer la liberté, en leur faisant de magnifiques promesses. Voyant que ses discours étaient superflus, et que son entreprise était manquée, il se condamna lui-même à l'exil, et se retira dans l'Achaïe.

ARATOS POURSUIVI PAR APELLE.
219 av. J.-C.

Ce ministre perfide, qui avait résolu la perte d'Aratos, ne cessait de répéter au roi qu'il ne posséderait jamais l'Achaïe tant que ce chef y conserverait son influence. Il fallait l'*éloigner* pour parvenir à l'autorité absolue, qui fut toujours la grande et criminelle tentation des princes. Philippe, plein de cette pensée, se rendit à l'assemblée d'Égion, où il agit tant par ses promesses et par ses menaces, qu'il fit exclure Philoxène, candidat d'Aratos, et nommer général Épérate, créature d'Apelle, homme sans moyens et universellement méprisé.

Dès ce moment, Aratos cessa de se mêler des affaires; et comme il ne se faisait rien de convenable, le roi, sur qui retombait tout le blâme, ne tarda pas à sentir qu'on l'avait trompé. Il se rapprocha d'Aratos, et ne voulut plus prendre conseil que de lui, comme du seul homme de qui venaient sa grandeur et sa gloire; mais il ne fut pas détrompé sur le compte de son ministre.

INFIDÉLITÉ D'APELLE. —Les Éléens, avec qui Philippe était en négociation par l'entremise d'un certain Amphidamos, semblaient intraitables; cette résistance servit de prétexte à Apelle pour calomnier Aratos. Le roi exigea alors de son ministre de répéter ce qu'il avançait en présence de celui qu'il dénonçait : il le fit de manière à déconcerter le plus honnête homme de bien. Mais, sans se troubler, Aratos somma le délateur de produire ses témoins. Le roi approuva cette demande ; et un événement imprévu ayant amené Amphidamos à Dymé, où se trouvait Philippe, on examina l'accusation. Aratos fût déclaré innocent, mais sans que le calomniateur fût recherché ni puni.

COMPLOT D'APELLE. — Devenu plus audacieux par cette espèce de *fin de non recevoir*, Apelle reprit le cours de ses intrigues. Quatre personnes partageaient les principales charges de la couronne; Antigone les avait nommées dans son testament, afin d'éviter les brigues pendant la minorité d'un prince adolescent. C'étaient Léontios et Mégaléas, dévoués à Apelle, Taurion et Alexandre, dont le ministre dirigeant ne disposait pas suivant ses caprices. Taurion avait dans ses attributions les affaires du Péloponèse ; Alexandre était chargé du commandement des gardes : il s'agissait de mettre ces deux chefs à l'écart. « Les gens de cour, dit « Polybe, savent se retourner ; les « louanges et la calomnie sont leurs « armes familières. » Quand il était question de Taurion, Apelle relevait son mérite, et disait que le roi devrait l'attacher à sa personne, voulant ainsi le retenir à la cour et disposer de sa charge en faveur d'une de ses créatures. S'agissait-il d'Alexandre? il ne manquait pas de le décrier, afin de faire donner sa place à quelqu'un qu'il pût dominer ; mais ce ministre d'iniquité fut enveloppé dans ses propres filets.

Assemblée du Panachaïcon, 218 ans av. J.-C. — Philippe avait rendu ses bonnes graces et sa confiance à Aratos, lorsque les états-généraux de l'Achaïe s'ouvrirent à Sicyone. D'après une note relative à l'état des dépenses de son armée, on alloua au roi 50 talents comptant (275,000 fr.), trois mois de solde pour ses troupes, et dix mille mesures de froment : on décréta qu'à l'avenir, et autant de temps qu'il ferait la guerre dans le Péloponèse, on lui paierait chaque mois 17 talents (93,500 fr.)

Félonie d'Apelle. — Le roi, qui avait résolu d'agir par mer contre les ennemis, étant de retour à Corinthe fit exercer les Macédoniens à la manœuvre des vaisseaux, et cessa peu à peu de consulter son ministre dirigeant. Apelle, irrité de voir décliner son crédit, prit des mesures secrètes pour entraver les entreprises de son maître. Il engagea Léontios et Mégaléas à s'acquitter négligemment de leurs fonctions dans toutes les choses qui leur seraient commandées : pour lui, sous prétexte de quelques affaires, il se rendit à Chalcis afin de se mettre sur le passage des convois d'argent, qu'il arrêta. Cette manœuvre odieuse causa un tel embarras au roi, qu'il dut mettre en gage sa vaisselle d'argent.

CAMPAGNE D'ÉTOLIE,
218 avant J.-C.

Philippe s'étant embarqué au Lesché, vint à Patras, de là se rendit à Céphallénie, et fit le siége de Palée, sa capitale, dont il ne tarda pas à s'emparer. Comme les Acarnaniens le pressaient de venir à leur secours, il quitta aussitôt Céphallénie et aborda le second jour à Leucade (voy. pl. 84) ; il entra immédiatement dans le golfe Ambracique, et arriva à Limnée (aujourd'hui Loutraki) avant le lever du soleil. Après midi, Philippe, laissant ses bagages, partit de Limnée et fit halte au bout de 60 stades pour laisser prendre de la nourriture à ses soldats ; puis, après avoir marché pendant toute la nuit, il arriva vers le point du jour au bord de l'Achéloos. Léontios lui proposa de s'y arrêter, sous prétexte que la troupe était fatiguée, mais, dans le fait, pour laisser aux Étoliens le temps de se mettre en défense. Aratos, qui comprit cette intention, pressa le roi de marcher sans délai.

Prise de Thermos. — Philippe passe aussitôt l'Achéloos et arrive à Thermos (aujourd'hui Vrachori). C'était la capitale de l'Étolie, le lieu ordinaire de la réunion des états et des panégyries, ou foires de la république. Comme cette ville passait pour imprenable, les Étoliens y laissaient en dépôt leurs richesses : leur surprise fut extrême, vers la fin du jour, lorsqu'ils virent le roi y entrer avec son armée.

Dévastation. — Le pillage commença aussitôt ; et après avoir fait pendant la nuit un butin considérable, on résolut d'emporter les objets les plus précieux. On prit les armes suspendues aux galeries des temples : les meilleures furent choisies pour s'en servir ; le surplus, montant à plus de 15,000, avec une foule de meubles et de marchandises, fut mis en tas et brûlé sur la place publique.

Jusque-là il n'y avait rien que de

conforme aux lois de la guerre; mais les Macédoniens ne s'en tinrent pas à ces tristes représailles. Transportés de fureur au souvenir des profanations commises à Dion et à Dodone par Dorimaque, ils mirent le feu au temple principal, mutilèrent les dons (*ex-voto*) qui s'y trouvaient, au nombre desquels il y en avait d'une beauté extraordinaire. Les statues, dont le nombre se montait à plus de deux mille, furent renversées : on en brisa plusieurs, et on n'épargna presque que celles que les inscriptions ou le type, firent connaître pour être les simulacres des dieux.

PHILIPPE ABANDONNE L'ÉTOLIE. — La retraite du roi ne fut pas moins savante que son attaque inopinée contre Thermos. Arrivé à Limnée, il offrit aux dieux des sacrifices en actions de graces des bons succès qu'il avait obtenus; il donna un grand repas et des fêtes à ses officiers et à son armée.

INSOLENCE DE LÉONTIOS ET DE MÉGALÉAS. — Léontios et Mégaléas, qui ne participaient qu'à regret à la joie publique, répandirent tant que dura le banquet, leur bile contre Aratos. Au sortir de table, comme ils avaient la tête échauffée de colère et de vin, ils le poursuivirent à coups de pierres jusque dans sa tente.

Tout le camp fut en émoi; Philippe, informé de ce qui se passait, condamna Mégaléas à une amende de 20 talents (110,000 fr.) et le fit mettre en prison.

Averti de ce qui venait d'arriver à son ami, Léontios, suivi de plusieurs soldats, se présenta à la tente du roi. Arrivé en sa présence, il s'écria : « Qui « a été assez hardi pour porter la main « sur Mégaléas et le mettre en prison? » « — C'est moi, » répondit fièrement Philippe. Léontios effrayé se retira en soupirant; quelques jours après il se rendit caution de l'amende infligée à Mégaléas, qui fut élargi.

CHATIMENT DE LYCURGUE. — De retour à Corinthe, le roi fit tirer ses vaisseaux à sec sur la plage du Leschè, débarqua ses troupes, et, passant par Argos, il arriva à Tégée le douzième jour depuis son départ de Leucade. Il voulait châtier Lycurgue, qui avait attaqué les Messéniens en son absence. Sparte fut effrayée lorsqu'elle vit le vainqueur des Étoliens sur son territoire. Il y eut plusieurs rencontres toutes à l'avantage des Macédoniens; et Philippe, chargé de butin, retourna à Corinthe. Il y trouva des ambassadeurs de Rhodes et de Chios qui venaient lui offrir leur médiation pour conclure la paix entre les Achéens et les Étoliens; il feignit de l'accepter, mais il songea, avant tout, à faire une invasion dans la Phocide.

SÉDITION RÉPRIMÉE. — Léontios, Mégaléas, et Ptolémée, leur complice, voyant leurs intrigues déjouées, essayèrent de se rendre redoutables à leur maître; ils choisirent pour cela le moment où le roi venait de s'établir au Leschè, port éloigné d'un tiers de lieue de la ville, afin de surveiller son expédition contre les Phocidiens. Une partie de l'armée macédonienne se trouvait à Corinthe : les conjurés essaient de la corrompre; ils représentent aux peltastes et aux soldats de la garde, qu'exposés aux plus grands périls, on n'observe pas à leur égard l'ancien usage dans la distribution du butin. Échauffés par ces discours, les jeunes gens pillent les logements des courtisans les plus distingués, brisent les toits et forcent les portes du palais du roi. Philippe, averti de cette sédition, accourt du Leschè, rassemble les Macédoniens dans le théâtre, et, par un discours mêlé de douceur et de sévérité, il fait rentrer l'armée dans le devoir. Le temps de punir n'était pas encore arrivé : ce soulèvement le força de renoncer à son entreprise contre les Phocidiens.

COMPLOT DE LÉONTIOS ET D'APELLE. — L'impunité augmenta l'orgueil de Léontios, qui envoyait courriers sur courriers à Apelle pour le prier de venir se concerter avec lui. Ce ministre, pendant son séjour à Chalcis, s'y était rendu odieux par sa jactance. A l'entendre, « le jeune « roi n'était maître de rien; lui

« seul dirigeait et réglait tout : les
« magistrats de la Macédoine, de la
« Thessalie, les gabelles et les finances
« relevaient de son autorité. » Philippe
connaissait cette arrogance de son ministre, et il la supportait avec peine.
Aratos l'engageait à s'affranchir de ce
joug honteux : le roi ne s'expliquait
pas.

PUNITION DES CONJURÉS. — Apelle,
qui ignorait les dispositions de son
maître, persuadé de son *puissant crédit*, accourut à l'invitation de Léontios. Lorsqu'il approcha de Corinthe,
Léontios, Mégaléas et Ptolémée engagèrent la jeunesse à aller à la rencontre du *ministre dirigeant*. Reçu
avec pompe, Apelle, accompagné d'une
foule d'officiers et de soldats, se rend
au logis du roi, où il prétend entrer
comme autrefois. L'huissier, qui avait
le mot, l'arrête brusquement, en lui
disant *que le prince est occupé*.
Étonné de cette réponse, le ministre
balbutie, hésite, et se retire confus...
Le brillant cortège qui le suivait se disperse, et-il arrive à son logement
avec ses seuls domestiques.

Mégaléas, averti par cet exemple
de ce qu'il avait à craindre, se retira
à Thèbes, laissant Léontios engagé
pour les vingt talents dont il s'était
rendu caution. Peu de temps après,
Apelle se vit exclu du conseil et du nombre des convives que le roi invitait à
souper. Léontios fut dépouillé du commandement de l'infanterie, et emprisonné sous prétexte de son cautionnement pour Mégaléas ; et bientôt convaincu du crime de haute trahison, il
se donna la mort : Apelle et son fils,
également coupables, furent étranglés.

QUARTIER D'HIVER DE PHILIPPE.
— Les ambassadeurs de Rhodes et de
Chios déterminèrent Philippe à conclure une trêve de trente jours avec
les Étoliens. Elle devait être suivie
d'un traité de paix; mais, informés
de la conjuration d'Apelle, les députés
de l'Étolie différèrent de se rendre à
Patras, et le roi engagea les Achéens
à continuer la guerre; il permit toutefois aux Macédoniens d'aller passer
l'hiver dans leur pays. S'étant embarqué lui-même à Cenchrée, il aborda
à Démétriade, où il fit saisir et condamner à mort Ptolémée, le seul des
conjurés échappé à sa vengeance. Pendant son séjour en Macédoine, il s'empara de Bylazora (aujourd'hui Bitoglia?), grande ville de la Péonie ; ce
qui mit son royaume à couvert des
incursions des Dardaniens.

RETOUR DE PHILIPPE DANS LA HELLADE,
218 — 217 av. J.-C.

PRISE DE THÈBES DE PHTIOTIE. —
En revenant dans la Grèce, le roi
s'empara de Thèbes-Phtiotique, dont
la possession mettait en sûreté la Magnésie et la Thessalie contre les incursion des Étoliens. Il donna encore
une fois audience aux ambassadeurs
de Chios, de Rhodes, de Byzance et
d'Égypte, au sujet de la paix qu'ils lui
avaient déjà proposée, mais il évita
de déclarer sa pensée.

SES DESSEINS AMBITIEUX. — Arrivé
à Argos, le roi se rendit de là aux
jeux Néméens. Pendant qu'il assistait
à ces solennités, un courrier lui donna
avis que les Romains avaient perdu
une grande bataille auprès du lac Trasimène, et qu'Hannibal était maître
de la campagne. Philippe ne fit part
de cette nouvelle qu'à Démétrios de
Pharos, en lui recommandant le secret.
Ce prince ne manqua pas de
profiter d'une pareille confidence pour
faire fermenter dans la tête d'un roi
jeune et ambitieux l'idée de se rendre
maître de l'Italie et du monde entier,
projet qui avait été une manie de tradition dans la famille royale depuis
Alexandre-le-Grand jusqu'à Pyrrhus.

TRAITÉ DE NAUPACTE, 218 ANS
AV. J.-C. — Comme Philippe se possédait admirablement, il se contenta
de faire dire aux plénipotentiaires de
se rendre à Naupacte, où la paix avec
les Étoliens fut conclue et ratifiée la
troisième année de la 140e olympiade.

VUES POLITIQUES D'AGÉLAS. — Ce
sage négociateur manifesta, en présence de Philippe, des vérités capables de sauver la Grèce si elles eussent
été comprises. Il dit : « qu'il serait

« à souhaiter que les Grecs, évitant
« tout démêlé entre eux, pussent réu-
« nir leurs forces pour s'opposer aux
« Barbares ; afin de sentir la néces-
« sité d'un pareil accord, il ne fallait
« que jeter les yeux sur les deux peu-
« ples qui se faisaient actuellement la
« guerre. Il était évident que jamais
« les vainqueurs, soit Carthaginois,
« soit Romains, ne se borneraient à
« l'empire de l'Italie et de la Sicile,
« qu'ils pousseraient leurs projets beau-
« coup plus loin. » Puis s'adressant à
Philippe, il lui dit respectueusement
« qu'au lieu de frayer la route aux Bar-
« bares en affaiblissant ses compatrio-
« tes, son intérêt était de veiller à la
« prospérité de la Hellade comme si
« c'était son propre royaume ; mais si le
« repos le fatiguait, il n'avait qu'à tour-
« ner ses regards du côté de l'occident
« et se rendre attentif aux événements
« de la guerre d'Italie. S'il saisissait
« la première occasion qui ne man-
« querait pas de se présenter, tout
« semblait devoir lui ouvrir le chemin
« à la monarchie universelle ; mais s'il
« attendait que l'orage qui se formait
« dans le lointain vînt fondre sur la
« Hellade, il était à craindre pour les
« Grecs qu'il ne fût plus en leur pou-
« voir de prendre les armes, ni de se
« conduire d'une manière libre et sou-
« veraine. »

Traité d'alliance entre Philippe et Hannibal, 216 ans avant J.-C. — Trois victoires remportées de suite par Hannibal ne laissèrent plus hésiter le roi de Macédoine : il envoya au général carthaginois des ambassadeurs, qui furent interceptés par les Romains. Conduits devant le préteur Valérius Lévinus, campé à Valéria, Xénophane, chef de la légation macédonienne, déclara que Philippe l'avait envoyé pour faire alliance avec le sénat : Lévinus lui fournit une escorte pour l'accompagner jusqu'à Rome. Arrivés en Campanie, les députés réussirent à s'évader et à se rendre auprès d'Hannibal, avec qui ils stipulèrent un traité offensif et défensif.

Hannibal envoya à son tour des ambassadeurs à Philippe, afin d'échanger les ratifications de l'acte qui venait d'être conclu ; ils partirent avec les Macédoniens, mais ils furent arrêtés par les Romains. Le mensonge de Xénophane ne lui réussit pas comme la première fois ; on le trouva muni d'une copie du traité et des lettres d'Hannibal au roi Philippe. Cette découverte d'un nouvel ennemi, loin d'accabler les Romains, augmenta leur énergie et leur fit prendre les mesures nécessaires pour parer à tous les événements. Le traité reçut sa ratification au moyen d'une autre ambassade de Philippe envoyée au général carthaginois.

Préparatifs de Philippe, 215 ans avant J.-C. — Le roi, excité par Démétrios de Pharos, n'était plus occupé que du grand dessein de porter la guerre en Italie. Il ne rêvait que combats ; et dans l'erreur du sommeil, il se réveillait souvent couvert de sueur, en se croyant déjà maître de Rome. Après avoir fait construire cent vingt bâtiments de transport, qu'il réunit à Oricon (aujourd'hui Val d'Orco), ville située à l'extrémité de l'Acrocéraune, Philippe s'y rendit avec la ferme résolution d'opérer un débarquement en Italie.

Sa défaite. — Valérius, amiral de la flotte romaine qui se trouvait à Brindes, traversa sur-le-champ l'Adriatique, s'empara d'Oricon, et envoya une partie de son armée au secours d'Apollonie, dont Philippe faisait le siège. Névius, qui commandait les troupes de terre, ayant débarqué à l'embouchure de l'Aoos, entra de nuit dans la place assiégée, surprit le camp du roi, qui se sauva avec peine à bord de ses vaisseaux : celui-ci ne pouvant gagner la mer et privé de toute issue, mit le feu à sa flotte et retourna par terre en Macédoine avec les débris de son armée.

Changement de son caractère. — Corrompu par les flatteurs, au lieu des conseils de la sagesse et de la raison qu'il avait suivis jusqu'alors, on vit le roi de Macédoine traiter les peuples alliés et les républiques avec hauteur et dureté. L'échec éprouvé devant Apollonie aigrit son humeur, et il sembla qu'il voulait se venger sur tout le monde de l'affront qu'il avait reçu des Romains.

### DISGRACE ET MORT D'ARATOS,
### 213 avant J.-C.

Philippe reparut peu de temps après sa défaite dans le Péloponèse; il voulait surprendre les Messéniens, dont il ravagea le territoire. Aratos, en homme d'honneur et de probité, révolté d'une injustice aussi criante envers des hommes qui vivaient en paix sur la foi des traités, se plaignit hautement : il avait déjà commencé à se retirer de la cour, à cause des liaisons scandaleuses du roi avec sa belle-fille; il crut alors devoir rompre ouvertement.

Philippe, à qui les crimes devenaient familiers, voulut se défaire d'un homme dont l'absence seule accusait sa conduite. La grande réputation d'Aratos et le respect qu'on avait pour ses vertus empêchèrent cependant le tyran de recourir à la violence; il chargea Taurion, un de ses confidents, de l'en *débarrasser:* ce qui eut lieu au moyen d'un poison lent qu'il sut lui donner en l'attirant à sa table.

Aratos ne tarda pas à connaître la cause de son mal, qu'il supporta sans se plaindre, comme une chose ordinaire. Un jour, seulement, ayant craché du sang en présence d'un de ses amis, comme il le vit étonné : « Voilà, mon « cher Céphalon, dit-il, le fruit de « l'amitié des rois. » Il mourut ainsi à Égion, étant capitaine-général de la république pour la dix-septième fois.

SES FUNÉRAILLES. — Les Achéens demandaient qu'il fût enterré au lieu où il avait fini ses jours; mais les Sicyoniens obtinrent cet honneur pour leur ville, où il était né. Le lieu de sa sépulture prit le nom d'Aratéion. Au temps de Plutarque, c'est-à-dire environ trois siècles après cet événement, on lui offrait encore chaque année deux sacrifices solennels. Pendant l'office, des chœurs de musique chantaient des cantiques avec accompagnement de la lyre; et le maître des cérémonies, à la tête de la jeunesse, faisait autour de l'autel une litanie ou procession, qui était suivie par les sénateurs couronnés de chapeaux de fleurs.

MORT DU FILS D'ARATOS. — Elle fut beaucoup plus déplorable et tragique que celle de son père. Philippe, *devenu parfaitement mauvais*, pour nous servir des expressions de Plutarque, lui fit donner un de ces poisons qui altèrent la raison. Dès qu'il eut avalé le funeste breuvage, il se livra à des excès qui l'auraient déshonoré s'ils n'avaient été la suite d'une aliénation mentale; de façon que sa mort fut regardée, non comme un malheur, mais comme le remède et la fin de sa dégradation morale.

### SUCCÈS DIVERS DE PHILIPPE.

Le roi ne tarda pas à entreprendre une expédition contre les Illyriens : elle eut un heureux succès. Il voulait depuis long-temps s'emparer de Lissos (aujourd'hui Alessio), ville située à l'embouchure du Drin, et il réussit dans cette entreprise. A quelque temps de là, il porta ses armes dévastatrices dans la Thrace : la Chersonèse éprouva les rigueurs de sa cruauté; il s'empara d'Abydos, où il ne trouva que des décombres: les habitants s'étant entre-tués, il n'y fit pas un seul esclave.

RAVAGE DE L'ATTIQUE. — Ivre des succès dont une fortune aveugle l'avait couronné, il redescendit vers la Hellade méridionale; il prétendait punir les Athéniens de leur alliance avec Attale, roi de Pergame, et avec les Rhodiens. Dans la bataille qu'il livra aux Athéniens, il adressa ces paroles mémorables à ses soldats : « Ne me « perdez pas de vue, et faites comme « moi. » Battu et obligé de se retirer, il déchargea sa colère sur les maisons de plaisance, le lycée, les temples et les tombeaux, ordonnant à ses Macédoniens de briser jusqu'aux pierres, afin qu'elles ne pussent servir à rétablir les édifices démolis.

### INTERVENTION ARMÉE DES ROMAINS,
211 avant J.-C.

Valérius Lévinus, préteur chargé de ce qui concernait la Grèce et la Macédoine, comprit de quelle importance il était, pour diminuer les forces de Philippe, de débaucher quelques-uns de ses alliés. Il s'adressa en conséquence aux chefs principaux des Étoliens, auxquels il donna connaissance de l'état prospère des affaires de Rome, de la prise de Syracuse. et des défaites successives d'Hannibal. S'étant rendu dans l'Étolie, Scopas, qui en était le premier magistrat, et Dorimaque, général de la cavalerie, conclurent un traité d'alliance avec les Romains, en laissant la faculté d'y accéder aux Éléens, aux Lacédémoniens, à Attale; à Pleuratos et à Scerdilaïdas, rois d'Illyrie. Les actes d'hostilité commencèrent immédiatement; après quoi Lévinus se retira à Corcyre, persuadé que Philippe avait assez d'affaires et d'ennemis sur les bras pour n'être plus en état de s'occuper de l'Italie et d'Hannibal. Le traité conclu à cette époque ne fut ratifié et échangé que deux ans après à Olympie et à Rome.

### RÉSOLUTION HÉROIQUE DES ACARNANIENS.

Philippe, qui se trouvait en quartier d'hiver à Pella, n'eut pas plus tôt connaissance du traité des Romains et des Étoliens, qu'il s'occupa d'assurer la tranquillité de la Macédoine. Les Acarnaniens, menacés directement par Scopas, coururent aux armes, résolus de défendre leur pays à toute extrémité. Comme ils s'attendaient à succomber dans la lutte, ils transportèrent en Épire leurs enfants, leurs femmes et les vieillards au-dessus de soixante ans; le surplus de la population se leva en masse. Alors la gérousie (sénat) et le peuple s'adressèrent aux Épirotes pour les prier de se charger de leur rendre les devoirs funèbres. Leur testament portait *que leurs restes mortels seraient enfermés dans un même tombeau*, avec cette épitaphe : CI-GISENT LES ACARNANIENS, MORTS EN COMBATTANT POUR LEUR PATRIE CONTRE LA VIOLENCE ET L'INJUSTICE DES ÉTOLIENS. Pleins de courage, ils partent au même instant, et vont au-devant de l'ennemi jusqu'aux frontières de l'Acarnanie. Une pareille résolution effraya les Étoliens, informés d'ailleurs des mouvements de Philippe; ils rebroussèrent chemin, et le roi de Macédoine en fit autant de son côté.

### ÉVÉNEMENTS PRINCIPAUX,
210—209 avant J.-C.

Au commencement du printemps, Lévinus assiégea et prit Anticyre, qu'il remit aux Étoliens. Attale, roi de Bithynie, Pleuratos et Scerdilaïdas adhérèrent au traité conclu entre les Romains et les Étoliens. Les Lacédémoniens demandèrent à rester neutres, mais ils ne tardèrent pas à y souscrire; Machanidas, qui devint bientôt roi de Sparte, détermina ses compatriotes à prendre ce parti. Les Athéniens, dégénérés, renversèrent les statues qu'ils avaient élevées à Philippe, en le chargeant de malédictions, ainsi que sa postérité et ses armées.

PHILIPPE SECOURT LES ACHÉENS. — P. Sulpitius et Attale étant arrivés avec leur flotte au secours des Étoliens, la terreur se répandit dans l'Achaïe, qui était attaquée d'un autre côté par Machanidas, tyran de Sparte. Aussitôt Philippe fut appelé par ses alliés, et il ne se fit pas attendre. Vainqueur des Étoliens dans deux rencontres, il les contraignit de se renfermer dans les murs de leurs villes. Il ajourna les ambassadeurs de Rhodes, d'Athènes et de Chios, chargés de négocier la paix, à la tenue de la diète achéenne. Les Étoliens y firent des propositions tellement déraisonnables, qu'il rompit les négociations pour se rendre à la célébration des jeux Néméens.

INVASION DE LA SICYONIE MANQUÉE. — Sur ces entrefaites, Sulpitius, parti de Naupacte, étant débarqué entre Sicyone et Corinthe, ravagea tout le plat pays (auj. Vôcha). Philippe, sur cette nouvelle, quitta les fêtes, battit les ennemis, qu'il força d'abandonner leur butin, et les poursuivit jusqu'à leurs vaisseaux. De retour à Némée, il fut reçu avec des applaudissements d'autant plus unanimes, qu'ayant quitté le diadème et la pourpre, il se confondait avec les spectateurs; mais autant ses manières populaires le faisaient aimer, autant ses débauches le rendirent odieux. Il allait de nuit chez les particuliers, où il se permettait des licences auxquelles il n'était pas prudent de s'opposer, car on courait risque de la vie.

IL EST REPOUSSÉ DEVANT ÉLIS. — Au sortir des jeux, Philippe se mit en marche avec les Achéens, commandés par Cycliade. Après avoir passé le fleuve Larissos (aujourd'hui Mana), il s'avança jusqu'à Élis, qui avait reçu garnison étolienne. Arrivé en vue de la ville, il déploya quelques escadrons de cavalerie, afin d'attirer l'ennemi au combat. Il se présenta; mais le roi fut très-étonné de voir des troupes romaines mêlées aux Étoliens : Sulpitius les avait envoyées de Naupacte. L'affaire fut rude. Damophante, général de la cavalerie éléenne, apercevant Philopémen qui commandait celle des Achéens, le chargea impétueusement : celui-ci l'attendit avec calme et le renversa d'un coup de lance, ce qui mit sa cavalerie en fuite. Le roi de son côté voyant les siens plier, se précipita au milieu de l'infanterie romaine. Son cheval, percé d'un javelot, le jeta par terre, et ce ne fut qu'après une lutte sanglante qu'on parvint à le dégager. Il alla camper à cinq milles de là ; et le lendemain il attaqua une place fortifiée (aujourd'hui Kounopolis), dans laquelle il prit quatre mille paysans et vingt mille têtes tant de gros que de menu bétail.

FIN DE LA CAMPAGNE. — Dans ce moment, Philippe apprit que les barbares avaient fait une irruption dans son royaume; il partit aussitôt, en laissant deux mille cinq cents Macédoniens aux alliés. Sulpitius, avec sa flotte, se retira à Égine, où il trouva le roi Attale, avec lequel il passa l'hiver.

ÉPOQUE DE PHILOPÉMEN DE MÉGALOPOLIS.

Cassandre de Mantinée fut son tuteur ; Ecdémos et Démophane, de l'école d'Arcésilas, fondateur de la nouvelle académie, devinrent ses maîtres : il fut appelé, dans la suite, *le dernier des Grecs*.

ÉDUCATION. — Son premier apprentissage fut celui des armes ; et, libre de ces études, il entra dans les bandes que Mégalopolis envoyait faire des courses dans la Laconie. Il était toujours le premier à marcher et le dernier quand on revenait de quelque expédition. Dans les intervalles de cette espèce de guerre, il s'occupait à chasser ou à cultiver ses champs, car il avait une belle propriété à une lieue de la ville; le soir, il couchait sur la terre comme le dernier de ses esclaves. Tout ce qu'il gagnait dans ses incursions, il le dépensait en armes, en chevaux, et à payer la rançon de ses compatriotes quand ils tombaient au pouvoir de l'ennemi.

SERVICES MILITAIRES. — Il était dans sa trente et unième année lorsque Cléomène attaqua Mégalopolis; il se distingua dans cette circonstance. Il se signala, peu de mois après, à la bataille de Sellasie. Après cette affaire, il passa en Crète, où il y avait guerre : ce fut pour lui une excellente école, dans laquelle il acheva de se former.

Après avoir complété son éducation militaire, Philopémen revint dans sa patrie, où il réussit à opérer une réforme importante parmi la jeunesse, et des changements notables dans la discipline militaire. Dans le combat près de la ville d'Élis, il acquit un grand honneur ; et chacun convint qu'il était également propre à combattre et à commander. Enfin, quand il eut accoutumé les jeunes gens à chercher leur parure dans les armes, il parut tel qu'il l'était, un de ces hommes appelés par la Providence à la profession des armes pour relever et régénérer une nation.

## CAMPAGNE DE L'ANNÉE
### 207 av. J.-C.

Le proconsul Sulpitius et Attale, qui avaient passé l'hiver à Égine, firent voile au printemps suivant pour Lemnos. Philippe de son côté établit ses quartiers à Larisse, afin d'être en mesure de faire face aux agressions par terre et par mer : des sémaphores, placés sur les montagnes, devaient l'avertir de l'apparition de l'ennemi.

ATTAQUE DE L'EUBÉE. — Le proconsul et Attale ayant débarqué en Eubée, investirent Orée : elle pouvait faire une longue résistance ; mais Platon, qui y commandait, la livra à Attale, en donnant trop tard les signaux pour être secouru. Il n'en fut pas de même à Chalcis, attaquée par Sulpitius ; elle fut secourue au premier signal, et le proconsul eut la sagesse de renoncer à son entreprise. Attale, fier de son succès, se présenta devant Opunte : Philippe fit une diligence telle, qu'il parcourut plus de vingt lieues dans un seul jour, surprit les assiégeants, et les poursuivit jusqu'au bord de la mer.

Attale, réfugié à Orée, informé que Prusias, roi de Bithynie, était entré dans ses états, reprit le chemin de l'Asie-Mineure, et Sulpitius retourna à l'île d'Égine. Philippe, après avoir soumis quelques villes et fait échouer les desseins de Machanidas contre les Éléens, qu'il voulait attaquer pendant la célébration des jeux olympiques, se rendit à l'assemblée des Achéens réunie à Égion.

Il comptait trouver la flotte carthaginoise et la joindre à la sienne ; mais elle s'était retirée sur la nouvelle du départ des escadres d'Attale et de Sulpitius. Il éprouva une vraie douleur de ce que, quelque diligence qu'il pût faire, il n'arrivait jamais à temps pour exécuter les projets qu'il avait conçus. Bientôt il dut retourner en Macédoine, afin de se défendre contre les Dardaniens, qui semblaient suscités à point nommé pour entraver ses opérations.

## PREMIÈRE VICTOIRE DE PHILOPÉMEN,
### 206 avant J.-C.

Élu général de la ligue, Philopémen, au bout de huit mois employés en préparatifs, rassembla ses troupes auprès de Mantinée, dans une position qu'il fit entourer d'un fossé. Machanidas, qui voulait asservir le Péloponèse, marcha aussitôt de ce côté pour livrer bataille aux Achéens. L'heure du combat étant venue, Philopémen encouragea ses soldats en peu de paroles, qui ne furent pas toutes entendues, tant ils étaient transportés d'ardeur. L'infanterie lacédémonienne s'avança en colonne ; mais arrivée à une certaine distance, elle changea son mouvement d'attaque, qui découvrit un grand nombre de chariots remplis de catapultes. Philopémen comprit qu'on voulait accabler de traits son infanterie, et jeter ainsi le désordre dans ses rangs. Il fit alors commencer l'action par la cavalerie de Tarente, qui se trouva aux prises avec les auxiliaires de la même nation employés dans l'armée lacédémonienne : les stipendiés des Achéens furent entièrement rompus, et s'enfuirent vers Mantinée, qui n'était éloignée que d'un quart de lieue.

Tout semblait compromis du côté de Philopémen ; il ne songea plus qu'à observer l'ennemi, afin de profiter de la première faute qu'il commettrait. Ce calme lui réussit. Machanidas, au lieu d'agir contre le centre des Achéens, se laissa emporter à la poursuite des fuyards : alors Philopémen se saisit de la position que le tyran occupait, et prit les mesures convenables pour l'empêcher de rejoindre le corps de son armée.

Cette manœuvre ne fut probablement pas aperçue de l'infanterie lacédémonienne. Aveuglée par son premier succès, elle charge les Achéens piques baissées jusqu'au bord du fossé, qui était sans eau et dépourvu de palissades. Comptant pour rien un fossé sec, et d'ailleurs ne pouvant plus reculer à cause que les premiers rangs étaient poussés par ceux qui suivaient, tous se précipitent dans la tranchée :

c'était le moment que Philopémen attendait ; il fait sonner la charge, ses troupes s'élancent en poussant des cris épouvantables. Les Lacédémoniens, qui avaient rompu leurs rangs, essaient en vain de les rétablir ; une partie tombe sous les coups des Achéens, et l'autre est étouffée par ses propres gens.

MORT DE MACHANIDAS. — Le tyran s'aperçut du désordre de son armée ; et sentant sa faute, il essaya inutilement de se frayer un passage à travers les Achéens. Ses troupes voyant les ennemis maîtres du pont jeté sur le fossé, perdent courage ; chacun cherche à se sauver ; Machanidas lui-même court le long de la tranchée pour trouver un passage. Philopémen, qui le reconnaît à son manteau de pourpre et aux harnais de son cheval, saisit le moment où il franchit le fossé, et le perce de sa javeline. La tête du tyran, portée dans les rangs des Achéens, redouble leur ardeur ; ils poursuivent les Spartiates jusqu'à Tégée (éloignée de quatre lieues), s'emparent de cette ville, et, maîtres de la campagne, ils vont dès le lendemain camper sur les bords de l'Eurotas.

### TRIOMPHE DE PHILOPÉMEN,
#### 205 ans avant J.-C.

L'année d'après cette bataille mémorable, Philopémen, élu pour la seconde fois général de la ligue, parut aux jeux néméens. Il y fit faire l'exercice à sa phalange ; et étant entré dans le théâtre au moment où le musicien Pylade, qui chantait sur sa lyre *les Perses* de Timothée, fit entendre ce distique : *C'est moi qui couronne vos têtes des fleurons de la liberté !* la majesté de ces vers, admirablement soutenue par la beauté de la voix de celui qui les chantait, frappa les spectateurs : alors les Grecs saluèrent Philopémen avec des battements de mains et des cris de joie qui rappelèrent les beaux jours de la Grèce libre et victorieuse.

### NABIS, TYRAN DE SPARTE.

Machanidas eut pour successeur Nabis. Lacédémone était dégénérée, car il ne s'y fit aucun mouvement pour secouer le joug de l'esclavage. Le nouveau tyran, occupé à jeter les fondements de son pouvoir, s'attacha d'abord à détruire tout ce qui restait de Spartiates dans la république : il chassa les plus riches et les plus distingués des citoyens par leur naissance. Pour atteindre ce but, il avait pris à sa solde une foule de brigands et de bannis pour crimes, afin de former sa garde et de faire tuer même à l'étranger ceux qu'il avait proscrits.

APÉGA. — Il inventa ensuite un automate pareil à l'instrument de torture qu'on voyait, dit-on, dans les arsenaux du *tribunal de la foi* en Espagne : c'était une femme magnifiquement vêtue, qui ressemblait à la sienne. Lorsqu'il faisait venir quelqu'un pour le rançonner, il lui parlait d'abord avec douceur des dangers dont Sparte était menacée par les Achéens ; des étrangers qu'il était obligé d'entretenir pour la sûreté de l'état ; des dépenses que lui causait le culte des dieux. Si on se laissait toucher par cette allocution, il n'allait pas plus loin. Mais quand quelqu'un refusait de donner de l'argent, il disait : « Peut-« être n'ai-je pas le talent de vous « persuader, mais j'espère qu'Apéga « ( c'était le nom de sa femme ) sera « plus heureuse. » A peine avait-il dit cela, que l'automate paraissait. Nabis le prenant par la main, le levait de sa chaise et le conduisait à l'homme, que la prétendue Apéga embrassait ; elle le serrait entre ses bras hérissés de pointes ainsi que son sein, contre lequel elle le pressait, en lui appuyant ses mains acérées derrière le dos, ce qui faisait pousser des cris horribles au patient.... Une tyrannie aussi atroce ne trouva pas un seul vengeur dans Sparte.

### PAIX GÉNÉRALE,
#### 204 avant Jésus-Christ.

Les Étoliens, délaissés par les Romains, qui étaient occupés à se défendre en Italie, traitèrent avec Philippe. P. Sempronius, proconsul, qu'on vit arriver presque aussitôt avec dix mille hommes d'infanterie, mille chevaux et trente-cinq vaisseaux, leur en fit des reproches peu sévères. Les Épirotes, fatigués de la guerre, envoyèrent, avec la permission du proconsul, des députés au roi de Macédoine. La paix ne tarda pas à être conclue, parce que Rome ne souhaitait alors que de pousser la guerre contre Carthage. Philippe fit comprendre dans l'acte de pacification, Prusias, les Achéens, les Béotiens, les Thessaliens, les Épirotes; Sempronius stipula de son côté en faveur des habitants d'Ilion, du roi Attale, de Pleuratos, de Nabis, des Éléens, des Messéniens et des Athéniens. Ainsi finit la guerre des alliés, par une paix qui ne devait pas être de longue durée.

PRODROMES POLITIQUES DE L'ASSERVISSEMENT DE LA GRÈCE,
203—200 ans avant Jésus-Christ.

Ptolémée Philopator, roi d'Égypte, usé de débauches, avait fini ses jours au bout d'un règne de dix-sept ans. Personne n'ayant assisté à ses derniers moments, qu'Agathocle, un de ses ministres, la sœur de cet homme et ses créatures tinrent cet événement caché, afin d'enlever ce qu'il y avait de plus précieux dans le palais, et de se préparer à usurper la régence de Ptolémée Épiphane, qui n'avait alors que cinq ans. Après ces intrigues, le décès du prince fut annoncé officiellement. Mais comme il fallait sur toutes choses éloigner Tlépolème du conseil, les meneurs l'accusèrent d'aspirer au trône. La fourberie était trop grossière! le peuple d'Alexandrie se souleva, on ôta à Agathocle et à ses complices le jeune prince, qu'on plaça sur un trône élevé dans l'hippodrome ; et les prévaricateurs y furent décapités au nom et par ordre du roi.

SOSIBE DÉCLARÉ TUTEUR PROVISOIRE. — On commit la garde de la personne du roi à Sosibe, fils du ministre qui avait dirigé les affaires de l'Égypte pendant la durée des trois règnes précédents, c'est-à-dire durant plus de soixante ans, au milieu des crimes les plus atroces.

PRÉTENTIONS D'ANTIOCHOS ET DE PHILIPPE, 203 AVANT J.-C. — Les rois de Syrie et de Macédoine, tant que Ptolémée Philopator avait vécu, s'étaient montrés empressés à le servir. Mais voyant son trône occupé par un enfant, ils songèrent à se partager le royaume, et à se défaire du légitime héritier. Déjà les deux rois avaient fait un partage anticipé de cet héritage ; mais les Romains allaient paraître pour confondre ces projets.

DÉCLARATION DES ROMAINS,
201 avant J.-C.

M. Æmilius Lépidus, envoyé du sénat, arriva au camp de Philippe, qui se trouvait sous les murs d'Abydos. Il était chargé de l'entretenir de plusieurs objets importants. Scipion venait de remporter une victoire éclatante sur Hannibal, ce qui avait mis fin à la seconde guerre punique. Il lui notifia que la cour d'Alexandrie voulant prévenir ses entreprises et celles d'Antiochos contre le royaume d'Égypte, avait déféré au sénat la tutelle de Ptolémée Épiphane, ainsi que la régence de ses états. Æmilius, d'après cet exposé, déclara à Philippe qu'il avait ordre du sénat de l'engager à ne faire la guerre à aucun peuple de la Grèce ; à n'envahir rien de ce qui appartenait à Ptolémée, et de soumettre à un arbitrage les griefs qu'il avait contre Attale et les Rhodiens ; que s'il se rendait à ces remontrances il vivrait en paix ; qu'autrement les Romains lui déclareraient la guerre.

ORGUEIL DE PHILIPPE. — Le roi voulut prouver que l'origine de tous les troubles venait des Rhodiens. *Mais*, reprit Æmilius, en l'interrompant : *Les Athéniens et les habitants d'Abydos vous ont-ils attaqué les premiers?* Philippe, qui n'était pas accoutumé à s'entendre dire la vérité, offensé de la hardiesse d'une pareille réponse, dit à l'ambassadeur : *Votre* âge, votre beauté, et plus que cela le nom de Romain vous rendent extrêmement fier. Pour ce qui me concerne, je souhaite que votre république garde fidèlement les traités qu'elle a faits avec moi ; mais si elle m'attaque, j'espère lui montrer que l'empire de Macédoine ne le cède à Rome, ni en courage, ni en réputation.

ÆMILIUS PASSE EN ÉGYPTE. — L'ambassadeur romain se retira avec cette réponse, et arrivé à Alexandrie, il prit possession de la tutelle de Ptolémée Épiphane, conformément aux instructions qu'il avait reçues du sénat. Il mit ordre aux affaires publiques, et confia l'éducation du jeune prince à Aristomène d'Acarnanie, qu'il nomma premier ministre du royaume d'Égypte.

RUPTURE,
200 avant Jésus-Christ.

Philippe, dédaignant les remontrances du sénat romain, faisait dévaster l'Attique sous le vain prétexte de venger la mort de deux Acarnaniens, punis pour avoir violé le secret des mystères d'Éleusis. Leur condamnation était conforme aux mœurs du temps, mais atroce. Les Athéniens portèrent leurs plaintes au sénat contre une agression qui ne l'était pas moins ; les ambassadeurs d'Attale et des Rhodiens se joignirent à eux. Observateur peu religieux des traités, Philippe ne cessait d'ailleurs de molester les alliés. Tout récemment il avait envoyé des troupes et de l'argent à Hannibal, en Afrique ; il intriguait dans l'Asie.

Le sénat chargea en conséquence le propréteur, M. Valérius Lévinus, de se rendre avec une flotte sur les côtes de la Macédoine, afin d'être à portée de secourir les alliés. Le sénat se serait arrêté à ces démonstrations, mais les choses prirent une autre face, lorsqu'on apprit le siége d'Athènes ainsi que les hostilités contre Attale et contre les Rhodiens.

DÉCLARATION DE GUERRE,
200 av. J.-C.

EXPÉDITION DE CLAUDIUS CENTO. — Le sénat déclara la guerre à Philippe, roi de Macédoine. Le consul, P. Sulpitius, détacha aussitôt une escadre de vingt galères, commandées par Cl. Cento, qui, étant arrivé au Pirée, rendit la confiance aux Athéniens. Non content de repousser le lieutenant de Philippe, qui assiégeait la ville, il se dirigea contre Chalcis, où il n'y avait ni règle, ni discipline, parce que le gouverneur se croyait éloigné de tout danger. Cento, parti avec son escadre, s'empara de la ville qu'il livra au pillage, et revint au Pirée avec un butin considérable.

RAVAGES DE PHILIPPE. — Le roi, qui se trouvait à Démétriade, accourut à Chalcis, dans l'espoir de surprendre les Romains ; ils n'y étaient plus, et il ne trouva qu'une ville déserte à demi incendiée et couverte de ruines. Il voulut rendre la pareille à Athènes, mais un hémérodrome ou coureur vint y donner l'alarme au moment où tout était plongé dans le sommeil. Philippe trouva les habitants rangés en bataille devant la porte Dipylon ; il les attaqua vigoureusement, en tua plusieurs de sa main, et les repoussa dans la place. Il déchargea sa colère sur les monuments situés dans la campagne ; et ayant échoué dans ses projets contre Éleusis, il se rendit par Corinthe à Argos, où les Achéens tenaient leurs états généraux.

SA POLITIQUE MISE EN DÉFAUT. — On y délibérait au sujet de Nabis, qui infestait l'Achaïe par ses excursions, et on lui déclara la guerre. Philippe offrit de s'en charger seul : sa proposition fut reçue avec un applaudissement général. Mais il ajouta une condition : c'était de lui fournir un nombre suffisant de troupes pour garder Orée, Chalcis et Corinthe. On comprit qu'il voulait dégarnir le Péloponèse de la jeunesse achéenne, et entraîner la république dans une guerre contre les Romains. Cycliade, qui présidait l'assemblée, éluda la question, et Philippe se hâta de retourner en Macédoine. Il venait d'apprendre que Sulpitius, campé dans l'Illyrie macédonienne, entre Dyrrachion et Apol-

### ASSEMBLÉE GÉNÉRALE DES ÉTOLIENS,
#### 200 ans avant J.-C.

Philippe, les Romains et les Athéniens envoyèrent des ambassadeurs au Panétolicon. Celui du roi de Macédoine parla le premier : « il demanda que les Étoliens s'en tinssent au traité de paix conclu depuis trois ans avec leur maître ; il dévoila « la *perfidie romaine* qui, sous prétexte de secourir ses alliés, avait asservi Syracuse, Tarente, Capoue. Capoue! le tombeau des Campaniens, un cadavre de ville sans sénat, sans magistrats, et désormais sans peuple... C'est ici, ajouta-t-il, que la crainte de Rome vous fit conclure la paix avec la Macédoine ; les mêmes causes subsistent, et nous espérons que vous tiendrez à vos engagements. »

Les ambassadeurs athéniens, du consentement des Romains, parlèrent les seconds ; ils exposèrent d'une manière touchante, « l'acharnement sacrilége de Philippe contre les monuments les plus sacrés, les temples les plus augustes, et les tombeaux les plus vénérés, comme s'il eût fait la guerre aux hommes, aux mânes des héros et à la majesté des autels. » Ils terminèrent en conjurant les Étoliens, « d'avoir compassion d'Athènes, d'entreprendre, sous les auspices des dieux et des Romains, une guerre aussi juste que nécessaire. »

L'ambassadeur romain, Purpuréo, après avoir longuement réfuté l'orateur de Philippe, énuméra d'une manière succincte, mais vive, les actions criminelles de son maître, ses parricides, le meurtre de ses amis, ses débauches plus détestées que sa cruauté ; puis s'adressant aux Étoliens : « Nous avons entrepris la guerre contre « Philippe, et vous avez transigé avec « lui, sans notre participation. Vous « pourrez répondre que négligés par « Rome, occupée de ses propres affaires, vous avez dû souscrire à la « loi du plus fort. Maintenant, délivrés de Carthage et d'Hannibal, « nous tournons nos forces contre la « Macédoine. C'est une occasion de « rentrer dans notre alliance, à moins « que vous n'aimiez mieux succomber « avec Philippe, plutôt que de vaincre « avec les Romains. »

Damocrite, préteur des Étoliens, gagné, dit-on, par l'or de Philippe, représenta que l'affaire était trop importante pour être résolue sur-le-champ. Il demanda l'ajournement, dans l'idée de se prononcer ultérieurement en faveur de celui qui serait le plus fort.

### BATAILLE D'OCTOLOPHOS.

Philippe était encore occupé de ses préparatifs lorsqu'il apprit l'entrée du consul dans la Dassertie (aujourd'hui Ghéortcha) : il se mit aussitôt en route. Comme le pays était hérissé de montagnes et couvert de forêts, on avait formé de part et d'autre des détachements pour éclairer la marche des deux armées. Par suite de ces dispositions, il y eut une rencontre dans laquelle il resta sur la place, du côté des Macédoniens, quarante cavaliers, et trente-cinq du côté des Romains.

Le roi, persuadé qu'il devait animer ses soldats en rendant les honneurs funèbres aux morts, les fit apporter dans son camp ; mais cette mesure produisit un effet contraire à celui qu'il se proposait. Jusqu'alors les Macédoniens n'avaient eu affaire que contre des ennemis qui n'employaient guère que des flèches et des javelots ; mais quand ils virent les cadavres de leurs compagnons couverts de larges blessures faites par des sabres espagnols, des bras coupés, des épaules abattues, des têtes séparées du corps, ce triste spectacle les saisit de frayeur et leur apprit à quels ennemis ils avaient affaire : le roi lui-même en fut secrètement effrayé.

IRRÉSOLUTION. — Bientôt il eut l'occasion de s'assurer par ses yeux de l'ordre admirable du camp romain ; mais le roi et le consul semblaient s'attendre, sans oser prendre l'initiative. A la fin, Sulpitius sortit de ses lignes, et rangea ses troupes en bataille. Philippe, qui craignait d'engager une action générale, porta en avant un corps de quinze cents hommes, moitié infanterie et cavalerie, auquel les Romains en opposèrent un d'égale force, qui obtint l'avantage. Le consul, après un jour de repos, présenta de nouveau la bataille au roi, qui jugea à propos de la refuser.

COMBAT. — Comme il était difficile à deux armées aussi rapprochées de se procurer des vivres, le consul s'éloigna de huit milles environ vers un bourg nommé Octolophos (les huit collines), où il assit son camp. Bientôt ses fourrageurs se répandirent dans les environs par pelotons séparés. Philippe demeura renfermé dans ses lignes, afin que l'ennemi, devenant plus confiant, devînt aussi moins précautionné. Cela ne manqua pas d'arriver. Sortant alors brusquement de son camp, il ordonne d'occuper les passages; les fourrageurs sont partout massacrés, et c'en était fait du consul si Philippe, oubliant les règles de la prudence, ne s'était pas acharné à la poursuite des fuyards. Obligé de se retirer devant les Romains qui s'étaient ralliés, il craignit d'être attaqué; la nuit suivante il déroba sa marche à l'ennemi, et le consul ne tarda pas à ramener son armée à Apollonie.

ADHÉSION AU TRAITÉ PROPOSÉ PAR PURPURÉO. — Les Étoliens, qui n'attendaient qu'un moment favorable pour se déclarer, n'hésitèrent plus à se prononcer en faveur des Romains; Amynander, roi des Athamanes, suivit leur exemple. Les flottes combinées des Romains et d'Attale rentrèrent au Pirée.

CAMPAGNE DE VILLIUS EN MACÉDOINE,
199 avant J.-C.

Les tyrans au déclin de leur puissance font ordinairement des concessions inutiles. Philippe rendit quelques villes aux Achéens qu'il avait mécontentés. Il travailla ensuite à reconquérir l'affection des Macédoniens aux dépens d'Héraclide de Tarente, l'un de ses ministres, qui était haï à cause de ses concussions et du déréglement de ses mœurs; il fut arrêté, mis en prison, mais on ignore s'il reçut le châtiment de ses crimes. La joie devint générale dans le peuple, pour qui les rois absolus tiennent toujours en réserve quelque ministre *prêt à jeter à la multitude.* Il ne se passa d'ailleurs rien de considérable pendant cette campagne, parce que les consuls n'entraient en Macédoine que vers l'arrière-saison, et qu'ils perdaient le temps en escarmouches.

CAMPAGNE DE T. QUINTIUS FLAMININUS,
198 avant J.-C.

DÉFILÉS DE PYRRHUS. — Dès que Flamininus fut nommé consul, il partit avec Lucius, son frère, qui commandait la flotte. Quand il fut arrivé en Épire, il trouva Villius campé devant l'armée de Philippe, qui occupait le grand défilé voisin de l'Aoos (aujourd'hui Cléïsoura de Tébelen, formé par les monts Asnaos et Ærops, Mertchika et Trébéchina). Il était impossible d'emporter ce passage de front; tous les jours on venait aux mains, et la nuit seule séparait les combattants.

RÉVÉLATION D'UN BERGER. — Les choses étaient dans cet état, lorsqu'un berger, qui avait long-temps conduit des troupeaux sûr ces montagnes, fut envoyé par Charops, prince d'Épire, au consul Flamininus; il s'offrait de guider, sans grandes fatigues, un détachement qu'il conduirait, dans trois jours de temps, jusqu'à un endroit d'où on plongerait sur les Macédoniens, qui se trouveraient ainsi tournés dans leurs positions.

PRISE DU DÉFILÉ. — Flamininus ayant tenté l'entreprise qu'on lui proposait, continua à amuser les Macédoniens par des escarmouches jusqu'au moment où il aperçut sur le mont Asnaos une grande fumée, qui était le signal convenu avec le chef de son détachement. Il comprit que le tribun, auquel il avait confié 4,000 hommes de pied et

# GRÈCE.

300 chevaux, était en mesure d'agir. Il attaque de front les Macédoniens, en même temps que la troupe maîtresse des hauteurs fond sur eux en poussant de grands cris. Philippe perd courage; ses soldats prennent la fuite : cependant il les rallie à l'extrémité du défilé (sur les bords de la Desnitza), et après avoir franchi le Pinde, il vient camper à l'entrée du Tempé.

SUITE DE LA VICTOIRE DE T. Q. FLAMININUS. — Le consul traversa l'Épire sans y causer aucun dommage, en considération de Charops. Il entra ensuite dans la Thessalie par le défilé du Pénée (aujourd'hui Zygos); il attaqua Atrax, dont il fut obligé de lever le siége : la Phocide, à l'exception d'Élatée, se soumit à ses armes ; enfin il ouvrit des négociations avec les Achéens.

### CONGRÈS DES ACHÉENS.

EMBARRAS. — Les états de l'Achaïe, réunis en assemblée générale, demeuraient indécis sur le parti qu'ils devaient embrasser. Les Lacédémoniens les tenaient en échec ; ils craignaient les Romains; ils avaient des obligations à Philippe, mais ils redoutaient sa perfidie et sa cruauté. L'ambassadeur de Flamininus porta le premier la parole; on entendit ensuite ceux d'Attale, des Rhodiens et de Philippe; les Athéniens parlèrent les derniers. Ces discours occupèrent toute la séance, et l'assemblée fut ajournée au lendemain.

IRRÉSOLUTION. — Lorsque tous les membres du congrès furent réunis, le héraut invita ceux qui avaient quelque proposition à faire à prendre la parole : personne ne se présenta. Alors Aristène, pour ne pas lever la séance sans avoir délibéré, leur reprocha *la vivacité et la chaleur qui les faisaient naguère disputer pour et contre Philippe et les Romains, jusqu'à se battre ; il les conjura, au nom du bien public, de s'expliquer, afin de prendre une décision quelconque.*

Malgré ces remontrances prononcées d'un ton menaçant, l'assemblée resta muette et immobile. Alors Aristène reprenant la parole, dit : « Je « vois bien, Achéens, que ce n'est « pas tant le conseil qui vous manque « que le courage. Simple particulier, « j'agirais peut-être comme vous; mais « comme premier magistrat je dois « vous représenter qu'il ne fallait pas « accorder d'audience aux ambassa- « deurs, si on voulait les congédier « sans réponse. Il faut donc s'expli- « quer; car comment donner une so- « lution sans y être autorisé par un dé- « cret? Croyez-moi, il n'y a pas de mi- « lieu, nous aurons les Romains pour « amis ou pour ennemis. Ils sont à nos « portes avec une flotte; ils nous of- « frent leur amitié : la refuser serait « le comble de l'aveuglement et vou- « loir nous perdre sans retour. »

TUMULTE. — Ce discours fut suivi d'un violent orage dans l'assemblée, les uns applaudissant avec transport, et les autres criant avec fureur. La même opposition se manifesta parmi les démiurges, ou magistrats; la séance se passa en disputes et en vociférations. Cependant il ne restait plus qu'un jour pour délibérer, car la loi ordonnait la clôture de la diète quand ce temps serait expiré. Les discussions devinrent tellement animées, que Memnon de Pallène, l'un des cinq démiurges, qui refusait de faire le rapport, fut sommé par son père de changer d'avis, ou d'être tué de sa propre main au milieu de l'assemblée.

DÉCRET. — Le lendemain, la majorité ayant décidé que l'affaire serait mise aux voix, les Dyméens, les Mégalopolitains et quelques Argiens quittèrent l'assemblée sans qu'on leur en sût mauvais gré, parce qu'ils avaient des obligations particulières à Philippe. Les autres peuples de la ligue étant allés au scrutin, confirmèrent l'alliance avec Attale et les Rhodiens, en remettant l'entière conclusion de ce qui regardait les Romains au temps où l'on enverrait des députés au sénat pour obtenir sa ratification.

FIN DE LA CAMPAGNE. — En attendant, on députa trois ambassadeurs à Flamininus, et l'armée achéenne se rendit devant Corinthe, que Lucius assiégeait. Les attaques se succédèrent ; mais comme il y avait dans la place un grand nombre de transfuges italiens qui n'avaient pas de quartier à espérer, et que Philoclès, lieutenant de Philippe, parvint à y introduire des secours, les assiégeants durent lever le siége. Les Achéens furent licenciés ; Attale et les Romains remontèrent sur leurs vaisseaux ; le gouvernement d'Argos échut à Philoclès, de façon que Philippe demeura en possession des deux places les plus importantes du Péloponèse.

SECONDE CAMPAGNE DE Q. FLAMININUS, 197 avant Jésus-Christ.

Le sénat continua Flamininus dans son commandement avec le titre de proconsul, et on lui envoya des renforts. Comme la saison était avancée, il avait établi ses quartiers d'hiver dans la Phocide, après s'être rendu maître d'Élatée.

ENTREVUE DE FLAMININUS ET DE PHILIPPE. — Sur ces entrefaites, le roi envoya un héraut au consul pour lui demander une entrevue. Il accéda à cette proposition, dans l'idée qu'une conférence lui laissait la faculté de continuer la guerre s'il était prorogé, ou de porter les choses à la paix si on lui donnait un successeur.

PREMIÈRE CONFÉRENCE. — Le lieu et le jour pris, on fut exact au rendez-vous. Flamininus émit ses propositions, et chacun de ses alliés exposa ses demandes. Philippe répondit à tout ; mais comme il commençait à s'emporter contre les Étoliens, Phénéas, leur préteur, l'interrompit, en disant : « Il ne s'agit pas ici de pa- « roles ; mais de vaincre les armes à la « main, ou de céder au plus fort. — La « chose est claire, même pour un « aveugle, » repartit le roi en se raillant de Phénéas qui était incommodé de la vue.

SECONDE CONFÉRENCE. — La première entrevue s'étant passée en altercations, on convint de se réunir le lendemain. Philippe arriva fort tard, et s'aboucha d'abord en particulier avec Flamininus. Celui-ci ayant rapporté aux alliés les propositions qu'on venait de lui faire, la conférence allait être rompue, lorsque le roi demanda un répit jusqu'au lendemain.

TROISIÈME CONFÉRENCE. — Philippe pria instamment Flamininus et les alliés d'adopter des idées pacifiques, demandant du temps pour envoyer des ambassadeurs à Rome, avec promesse de conclure aux conditions qu'il proposait, ou d'accepter celles qu'il plairait au sénat de lui imposer. On ne put lui refuser une demande aussi raisonnable, et on convint d'une trève, à condition qu'il évacuerait la Phocide et la Locride.

ARRIVÉE DES AMBASSADEURS A ROME. — La Grèce, qui avait appelé l'étranger dans ses tristes débats, allait se donner des chaînes. Ses députés, arrivés devant le sénat, montrèrent, par la situation des lieux, qu'aussi long-temps que Philippe serait en possession de Chalcis, de Démétriade et de Corinthe, la Hellade ne pourrait jamais être indépendante. On admit ensuite les ambassadeurs du roi ; et comme ils déclarèrent n'avoir aucune instruction relative à la cession de ces places, ils furent congédiés. Le sénat donna ensuite *carte blanche* à Flamininus, qui fit sommer Philippe d'abandonner toute la Grèce.

REPRISE DES HOSTILITÉS.

ARGOS REMISE A NABIS. — Le roi ne pouvant conserver Argos à cause de sa position excentrique, la céda à titre de dépôt à Nabis, roi de Sparte. Introduit de nuit dans cette place, le tyran livra au pillage les maisons les plus opulentes ; il rançonna les particuliers, et les habitants furent soumis à des taxes forcées : ceux qui s'exécutèrent en furent quittes pour leur argent, mais on déchira à coups de verges les citoyens insolvables et les récalcitrants. Nabis ayant ensuite convoqué l'assemblée, fit rendre un décret pour abolir les dettes et partager les terres : moyen de gagner la populace et de l'animer contre les propriétaires.

## GRÈCE.

**Son alliance avec les Romains.**
— Nabis, infidèle à Philippe, ne tarda pas à rechercher la protection de Flamininus, qui traita avec cet infame. Dans cette circonstance, le proconsul ne rougit pas de sacrifier les intérêts des Achéens en ne stipulant qu'une trêve de quatre mois entre eux et les Lacédémoniens.

**Visite d'Apéga aux dames d'Argos.** — Le tyran avait dépouillé les citoyens; peu de temps après, son auguste épouse vint traiter les dames argiennes de la même manière. Pour célébrer sa bienvenue, elle invita les personnes les plus qualifiées à lui rendre visite; quelquefois elle les recevait en audience particulière ou plusieurs à la fois. Admises en sa présence, par caresses et par menaces elle tira d'elles, à diverses reprises, non seulement leur or, mais leurs plus superbes habillements, leurs meubles précieux, leurs pierreries et leurs bijoux.

**Alliance forcée des Béotiens.**
— Flamininus et Attale contraignirent les Béotiens à entrer dans l'alliance de Rome. Le roi se laissa emporter à un tel excès de zèle dans cette circonstance, qu'il tomba comme frappé d'apoplexie au milieu de l'assemblée. Le proconsul dut le laisser à Thèbes; et dès que son état le permit, on le transporta à Pergame, où il mourut âgé de 72 ans, après 44 années de règne. Polybe fait l'éloge de ce prince, qui fit constamment un usage généreux et magnifique de sa fortune, prétendant que *c'était placer son argent à usure que de l'employer en bienfaits et à acquérir des amis.* Il laissa quatre fils, Eumène, Attale, Philetère et Athénée.

**Campagne de Thessalie.** — Les armées de Rome et de Philippe, composées chacune de vingt-cinq à vingt-six mille hommes, se mirent en marche avec la ferme résolution de terminer la guerre par une affaire générale. Après quelques escarmouches, dans lesquelles la cavalerie étolienne eut constamment l'avantage, les deux armées prirent position près de Scotusse.

**Bataille des Cynocéphales.** — Le roi, profitant d'un brouillard épais, s'empara des hauteurs appelées Cynocéphales, qui séparaient son camp de celui des Romains. Flamininus voulant reconnaître la position de l'ennemi, détacha de son côté dix escadrons de cavalerie et mille soldats armés à la légère, en leur prescrivant de prendre garde aux embuscades, à cause de l'obscurité du temps. Cette grande garde rencontra les Macédoniens, et on envoya des deux côtés prévenir les généraux de ce qui se passait. Flamininus fit appuyer ses éclaireurs par les Étoliens aux ordres d'Archédamos et d'Eupolémos, accompagnés de deux tribuns qui commandaient chacun mille fantassins et cinq cents chevaux. Philippe détacha de son côté Héraclide, général de la cavalerie thessalienne, avec Léon, chef de la cavalerie macédonienne, et Athénagore, capitaine des mercenaires, qui firent plier les Romains.

Pendant ce conflit, il venait courriers sur courriers annoncer à Philippe que l'ennemi battait en retraite; il se décida alors, quoique à regret, à marcher en avant. Le proconsul venait de ranger son armée en bataille : arrivé au couronnement des montagnes, le roi envoie à Nicanor l'ordre de mettre l'armée en mouvement, et à la phalange de charger l'ennemi. Elle semblait devoir tout renverser; mais l'inégalité du terrain ayant dérangé son ordre compacte, les Romains pénétrèrent dans les intervalles, et saisirent en quelque sorte les Macédoniens au corps. Ceux-ci ne pouvant plus faire usage de leurs piques, la bataille fut regardée comme perdue; et Philippe ayant rassemblé ce qu'il put de Thraces et de soldats, chercha son salut dans la fuite. Il s'arrêta à l'entrée du Tempé pour rallier les fuyards : il avait eu, en passant à Larisse, le soin de brûler ses papiers, afin que les Romains ne pussent s'en servir pour inquiéter ses amis et ses partisans.

Les Romains, qui avaient poursuivi les Macédoniens en se ralliant au proconsul, trouvèrent le camp ennemi pillé par les Étoliens ; il s'ensuivit des plaintes et des injures de part et d'autre : le lendemain on prit le chemin de Larisse. La perte des Romains fut évaluée à 700 hommes, celle des Macédoniens à 13,000, dont 8,000 prisonniers. Les Étoliens avaient puissamment contribué à la victoire : ils eurent l'insolence de se l'attribuer tout entière. Flamininus, déjà mécontent de leur rapacité, les dédaigna, et affecta, en toute occasion, d'humilier leur orgueil : en cela, il manqua de prudence et de discernement politique.

NÉGOCIATIONS. — Le roi envoya des ambassadeurs à Q. Flamininus, qui était à Larisse, pour solliciter une entrevue et une trêve afin d'enterrer les morts. Le proconsul leur accorda ce qu'ils demandaient, et les chargea de compliments pour leur maître, en les priant de lui dire *qu'il eût bonne espérance*. Ces paroles choquèrent extrêmement les Étoliens, qui ne rougirent pas de répandre le bruit que *Flamininus avait été corrompu par Philippe*.

CONFÉRENCES. — Quelques jours après, Q. Flamininus et les chefs des alliés partirent pour le Tempé, où le rendez-vous était indiqué. Dans le conseil privé qui précéda la tenue des conférences, Amynander, roi des Athamanes, demanda des garanties telles que la Grèce pût se défendre, même en l'absence des Romains. Alexandre l'Étolien rejeta toute idée de traité, prétendant qu'il fallait, pour en finir, *chasser Philippe de son royaume*. Le proconsul, élevant la voix, lui dit : « Vous ne connaissez ni le caractère « des Romains, ni mes vues, ni les « intérêts de la Grèce. Ce n'est pas « l'usage du sénat d'accabler ses en- « nemis ; Hannibal et Carthage en sont « la preuve. Pour moi, mon dessein « a toujours été de traiter avec Phi- « lippe dès qu'il accepterait les condi- « tions qui lui sont proposées. Vous, « Étoliens, vous n'avez jamais parlé « de lui ôter son royaume : serait-ce « la victoire qui vous inspirerait ce « dessein ? Quel indigne sentiment ! « Quant aux Hellènes, il leur importe « que le royaume de Macédoine soit « moins puissant qu'il n'est, je l'a- « voue ; mais il doit cependant être « assez fort pour leur servir de « rempart contre les Thraces et les « Gaulois, qui ont plus d'une fois « pénétré dans la Grèce méridionale. » Flamininus conclut en déclarant que son avis était d'accorder la paix à Philippe. Phénéas, préteur des Étoliens, ayant représenté que le Macédonien donnerait lieu à une nouvelle guerre, « — C'est mon affaire, reprit le pro- « consul : je mettrai bon ordre à ce « qu'il ne puisse rien entreprendre « contre nous. »

PRÉLIMINAIRES DE LA PAIX. — Le jour qui suivit cette délibération, Philippe arriva au lieu des conférences, et, au bout de trois séances dans lesquelles on discuta avec une rare sagesse, il accepta les propositions des confédérés, et déclara qu'il se remettait à la discrétion du sénat. Le proconsul lui accorda une trêve de quatre mois ; reçut de lui 400 talents ; prit pour otages Démétrios, son fils, et quelques amis, et lui permit d'envoyer des ambassadeurs à Rome. Il fut convenu que dans le cas où la paix n'aurait pas lieu, l'argent et les otages seraient rendus. Après cela les parties intéressées envoyèrent des députés au sénat, les uns pour solliciter la paix, et les autres pour y mettre obstacle.

ARRIVÉE DES AMBASSADEURS A ROME, 196 AV. J.-C. — Après la lecture dans le sénat des lettres de T. Q. Flamininus, on ordonna des prières publiques pendant cinq jours, pour remercier les dieux, et ces solennités finies, les députés de la Grèce furent admis devant l'assemblée des pères conscrits. Ils y prononcèrent de longs discours, et l'avis de la paix ayant été adopté, le traité fut soumis au peuple, qui y donna son approbation. Le sénat nomma ensuite dix commissaires chargés de se rendre sur les lieux afin d'en assurer l'exécution.

CONDITIONS DU TRAITÉ. — Elles

portaient : 1° que les villes grecques, situées en dehors de la Macédoine proprement dite, tant en Asie qu'en Europe, seraient libres et se régiraient par leurs propres lois ; 2° que Philippe, avant la célébration des jeux isthmiques, évacuerait celles où il tenait garnison; 3° qu'il rendrait aux Romains les prisonniers de guerre et les transfuges ; 4" qu'il leur livrerait tous ses vaisseaux pontés, à l'exception de cinq felouques, et de sa galère amirale à cinq rangs de rames ; 5° qu'il paierait cinq mille talents (5,500,000 fr.), moitié comptant et l'autre moitié en dix ans. Parmi les otages qu'il devait donner, on désigna son fils Démétrios.

ALLÉGRESSE DES GRECS. — Ce traité causa une grande joie ; les Étoliens seuls en parurent mécontents, parce que, disaient-ils, *la Grèce n'avait fait que changer de maître.* Ces plaintes n'étaient pas sans fondement. Les commissaires de Rome voulaient garder Corinthe et Chalcis, jusqu'à ce qu'on n'eût plus rien à craindre de la part d'Antiochos ; mais Flamininus les obligea de renoncer à ce projet.

PUBLICATION SOLENNELLE DU TRAITÉ. — Les conditions n'en étaient pas connues, et la célébration des jeux isthmiques, temps où le traité devait être rendu public, était arrivée. Le peuple était assemblé dans le stade ; le proconsul et les magistrats occupaient leurs places, lorsque le héraut public paraît et proclame à haute voix : *Le sénat, le peuple romain, et Titus Quinctius Flamininus proconsul, ayant vaincu Philippe et les Macédoniens, délivrent de toutes garnisons et de tous impôts les Corinthiens, les Locriens, les Phocidiens, les Eubéens, les Achéens Phliotes, les Magnésiens, les Thessaliens et les Perrhebes ; les déclarent libres et veulent qu'ils se gouvernent par leurs lois et leurs usages.*

ENTHOUSIASME. — A ces paroles qu'un grand nombre de personnes n'avaient entendues qu'à demi, les assistants, croyant être dans l'erreur d'un songe, doutèrent un instant de la réalité. Il fallut que le héraut recommençât la même proclamation qui fut écoutée avec un profond silence, et on ne perdit pas un mot du décret. Alors, pleinement assurés de leur bonheur, les transports de joie éclatèrent avec des cris et des applaudissements tels que la mer en retentit au loin, et que des corbeaux qui volaient par hasard sur l'assemblée, tombèrent dans le stade.

Quand les jeux, auxquels on ne fit guère attention, furent terminés, on se précipita vers Flamininus, qui fut accablé de tant de couronnes et de guirlandes de fleurs, qu'il aurait pu être étouffé sous leur masse, si la vigueur de son âge (il avait environ trente-trois ans) ne lui eût donné la force de s'en débarrasser.

ANTIOCHOS-LE-GRAND,
196 av. J.-C.

CAUSES PREMIÈRES DE GUERRE AVEC ROME. — Antiochos était destiné à rallumer les torches de la guerre. Rome marchait à l'asservissement des peuples, en feignant de défendre leurs libertés. Les franchises qu'elle leur octroyait ne servaient qu'à les conduire à l'esclavage. Elle dissimulait ainsi, jusqu'à ce que, déclarant qu'il n'y aurait de liberté dans le monde que pour elle seule, elle condamna les rois à être entre ses mains des instruments pour tenir les nations sous son joug.

Antiochos n'avait plus à conquérir dans l'Asie-Mineure que quelques villes grecques, dont les principales étaient Smyrne et Lampsaque. Comme elles étaient par elles-mêmes trop faibles pour résister à un aussi puissant ennemi, elles implorèrent la protection des Romains, qui leur fut accordée sans peine.

AMBASSADE DES ROMAINS A ANTIOCHOS. — Le sénat lui envoya des ambassadeurs qui le trouvèrent à Sélymbria en Europe. Laissant à ses lieutenants le soin de conduire le siége de Lampsaque et de Smyrne, il avait traversé l'Hellespont, et envahi la

Chersonèse de Thrace; il faisait rebâtir Lysimachie, ville située sur le col de la presqu'île, dont il se proposait de faire la capitale d'un royaume qu'il destinait à son second fils Séleucos.

Dans la première entrevue tout se passa en civilités qui semblèrent être de bon augure; mais les choses ne tardèrent pas à prendre un autre aspect. L. Cornélius, qui était l'orateur chargé de porter la parole, ayant demandé qu'Antiochos restituât à Ptolémée, dont Rome avait la tutelle, les villes d'Asie qu'il avait enlevées au mineur; l'évacuation des places appartenant au roi Philippe leur allié, et l'émancipation des villes libres de l'Asie-Mineure, Antiochos s'emporta violemment. Il s'écria que les Romains n'avaient rien à voir dans ces affaires; l'assemblée se sépara en désordre, et on put présumer que la guerre en serait la conséquence.

FAUSSE DÉMARCHE D'ANTIOCHOS. — Sur ces entrefaites, le bruit de la mort de Ptolémée Épiphane s'étant répandu, Antiochos se crut aussitôt maître de l'Égypte. Laissant son fils Séleucos à Lysimachie, il monte sur sa flotte, et après avoir touché à Éphèse, il aborde à Patare en Lycie, où il apprend que la nouvelle qu'on lui avait donnée était controuvée. Il tourne aussitôt vers l'île de Cypre, dans le dessein de s'en emparer, mais un orage disperse et submerge une partie de ses vaisseaux. Échappé à la tempête, il entre au port de Séleucie, d'où il revient passer l'hiver à Antioche.

CONJURATION DE L'ÉTOLIEN SCOPAS. — La cause qui avait entraîné Antiochos dans une démarche inconsidérée, avait été occasionée par une étrange conspiration. Scopas, général d'une troupe de mercenaires qui étaient presque tous comme lui Étoliens, avait formé le projet de s'emparer du trône de Ptolémée. Il avait organisé un mouvement révolutionnaire et il aurait réussi dans sa criminelle résolution, sans Aristomène, premier ministre du roi, qui déjoua ce complot. Le traître, pris en flagrant délit, arrêté, juridiquement condamné, fut exécuté avec ses complices. Après cet événement on proclama la majorité de Ptolémée Épiphane.

RETOUR DES DIX COMMISSAIRES A ROME, 195 AVANT J.-C. — Dans le compte qu'ils rendirent au sénat, ils le prévinrent de se préparer à une nouvelle guerre. Les desseins hostiles d'Antiochos étaient évidents; les Étoliens, peuple mal intentionné, n'attendaient qu'un signal pour se déclarer contre Rome; la Grèce nourrissait dans son sein un tyran, Nabis, qui n'aspirait qu'à asservir le Péloponèse, et il y devait parvenir, si on le laissait en possession d'Argos. On chargea Flamininus de surveiller Nabis, et de se rendre attentif aux démarches d'Antiochos, qui venait de recevoir Hannibal à sa cour.

GUERRE CONTRE NABIS.

CONGRÈS DE CORINTHE. — La Grèce jouissait des douceurs de la paix, lorsque Q. Flamininus reçut un décret du sénat, qui l'autorisait à déclarer la guerre à Nabis. Sur cela il convoqua l'assemblée des confédérés à Corinthe, et demanda si *Argos, ville libre et ancienne, devait jouir comme les autres cités des droits communs accordés à la Grèce, ou rester entre les mains du tyran de Sparte.* La réponse n'était pas douteuse; les Étoliens seuls s'opposèrent à son affranchissement. Cette mauvaise volonté irrita tellement les confédérés, qu'ils demandèrent *à être délivrés du brigandage des Étoliens, qui n'étaient Grecs que par le langage.* Comme la dispute s'envenimait, le proconsul ordonna à l'assemblée de ne parler que sur l'affaire qui était en délibération.

DÉCLARATION DE GUERRE. — Nabis fut mis au ban de la ligue d'une voix unanime. Aristène, général des Achéens, joignit Flamininus auprès de Cléones avec dix mille hommes de pied et mille chevaux; Philippe envoya quinze cents fantassins, et les Thessaliens quatre cents chevaux. Lucius arriva de son côté avec une flotte de quarante galères, à laquelle les Rhodiens et le roi Eumène joignirent leurs escadres. Enfin un bon nombre d'exilés de Sparte, commandés par Agésipolis, se réunirent sous les aigles du général romain.

MESURES ATROCES DE NABIS. — Prévenu de la marche de Flamininus, le tyran avait eu soin de fortifier Sparte et d'y faire entrer une garnison, composée de deux mille Crétois, trois mille étrangers, et dix mille hommes du pays, sans compter les Hilotes. Il fit arrêter en même temps, par mesure de sûreté, une foule de citoyens qui étaient suspects, avec promesse de les relâcher aussitôt que le danger serait éloigné. Il désigna particulièrement quatre-vingts individus, l'élite de la jeunesse, qu'on enferma en un lieu sûr, et dès que la nuit fut venue, il ordonna de les étrangler. Il fit en même temps égorger dans les villages un grand nombre d'Hilotes, soupçonnés de vouloir passer à l'ennemi.

ATTAQUE DE SPARTE. — Q. Flamininus ne tarda pas à paraître sur les bords de l'Eurotas. Il s'occupait à y établir son camp, quand Nabis détacha ses soldats étrangers contre les Romains. Il y eut un moment de confusion, mais les troupes de Nabis furent repoussées ; le lendemain elles le furent de nouveau, et le proconsul vint prendre position près d'Amyclée. Dans le même temps Lucius s'empara de Gythion, place forte située à l'embouchure de l'Eurotas.

PROPOSITIONS DE NABIS. — La prise de cette ville alarma le tyran, qui envoya un héraut à Flamininus pour demander une entrevue qu'on lui accorda. Entre plusieurs raisons qu'il fit valoir, il insista sur l'alliance récemment conclue avec les Romains : qu'y avait-il de changé depuis ce temps? l'argument était sans réplique. Aussi le général romain en lui répondant, n'allégua que des plaintes vagues d'avarice, de cruauté et de tyrannie. Mais Nabis avait tous ces vices quand il fut reçu dans la confédération. On ne conclut rien dans cette entrevue.

CONCESSIONS. — Le lendemain Nabis consentit à abandonner Argos, puisque les Romains l'exigeaient, ainsi qu'à rendre les prisonniers et les transfuges. Cependant la plupart des alliés insistaient pour continuer la guerre, *afin*, disaient-ils, *d'exterminer le tyran et la tyrannie*. Flamininus, qui voyait l'imminence d'une rupture avec Antiochos, inclinait pour la paix. Ne pouvant amener les alliés à son avis, il feignit d'accéder à leurs désirs : *À la bonne heure*, dit-il, *assiégeons Sparte!* Il leur exposa que l'entreprise serait longue ; qu'il faudrait passer l'hiver dans la tranchée ; se pourvoir de béliers et de catapultes ; se procurer des vivres et de l'argent, parce qu'il serait honteux d'abandonner le siége après l'avoir entrepris. Chacun alors fit ses réflexions, et on laissa au général romain le soin d'agir comme il croirait le plus utile pour les intérêts communs de sa patrie et de la Grèce.

CONTRE-PROPOSITIONS DE Q. FLAMININUS. — Elles étaient de la teneur suivante : « 1° Qu'avant dix jours Nabis évacuerait Argos et l'Argolide entière ; 2° qu'il restituerait aux villes maritimes les galères qu'il leur avait enlevées, et ne conserverait que deux felouques armées de seize rames ; 3° qu'il remettrait aux villes alliées du peuple romain leurs prisonniers, transfuges et esclaves ; « 4° qu'il renverrait aux Spartiates bannis, leurs femmes et leurs enfants qui voudraient les suivre, sans cependant les y obliger ; 5° qu'il livrerait son fils et cinq autres otages au choix du général romain ; « 6° qu'il paierait actuellement cent talents (550,000 fr.), et dans la suite cinquante chaque année, pendant le cours de huit ans. On accordait une trêve de huit mois pour envoyer des ambassadeurs au sénat, afin de ratifier cette convention. »

REPRISE DES HOSTILITÉS. — Nabis ayant rejeté ces conditions, le proconsul, qui avait une armée de plus de cinquante mille hommes, attaqua Sparte sur plusieurs points à la fois. L'ennemi ne pouvant faire face à plusieurs assauts, les Romains avaient réussi à pénétrer dans quelques quartiers de la ville, lorsqu'ils se sentirent tout à coup accablés de pierres et de tuiles qu'on leur jetait du haut des toits. Alors ayant mis leurs boucliers sur leurs têtes, ils s'avancèrent en faisant ainsi la *tortue*, jusque dans les rues larges, où les Lacédémoniens se débandèrent. Nabis lui-même ne pensait qu'à trouver une issue pour s'échapper, lorsqu'un de ses officiers chassa les Romains, en faisant mettre le feu aux édifices voisins des remparts. Dans un moment la fumée sépara ceux qui attaquaient la muraille de leurs camarades entrés dans la place, et le proconsul dut faire sonner la retraite après s'être vu presque maître de Sparte.

PRIÈRES DE NABIS. — Le général romain continuant ses attaques, le tyran lui députa l'orateur Pythagore. Flamininus refusa de l'entendre; mais le suppliant, s'étant jeté à genoux, obtint à force de larmes, pour son maître, les mêmes conditions qu'il avait rejetées : *l'argent fut payé et les otages remis aux mains du vainqueur.*

ARGOS DÉLIVRÉE. — Les Argiens avaient chassé la garnison de Nabis, pendant que les Romains le tenaient assiégé dans Lacédémone. Le proconsul se rendit à Argos, qu'il trouva dans des transports de joie inexprimables. On avait différé jusqu'à son retour la célébration des jeux néméens ; il en fit les honneurs, y distribua les couronnes et en fut lui-même le plus beau spectacle. Néanmoins Sparte, laissée en servitude au milieu de la Grèce rendue à la liberté, altérait la joie publique. Les Étoliens toujours perfides blâmaient Flamininus d'avoir sacrifié le roi légitime Agésipolis et une foule de citoyens exilés à un tyran sans foi. Ces clameurs prévues et répétées jusqu'à Rome n'empêchèrent pas le sénat de ratifier le traité accordé à Nabis.

ETATS-GÉNÉRAUX DE LA GRÈCE,
194 av. J.-C.

ÉVACUATION DE LA GRÈCE PAR LES ROMAINS. — Au commencement du printemps, Q. Flamininus réunit à Corinthe une assemblée générale des députés de la Hellade. Dans son discours d'ouverture, il énuméra succinctement les événements de la dernière campagne ; mais lorsqu'il nomma Nabis, les assistants, par un murmure modeste, exprimèrent le regret qu'ils éprouvaient de ce que le libérateur de la Hellade eût laissé dans le sein de Sparte un tyran insupportable à sa patrie et redoutable à toutes les républiques du Péloponèse. Q. Flamininus convint que la paix accordée à Nabis était un acte politique conçu dans le but de conserver Sparte, parce que le tyran avait résolu de s'ensevelir sous ses ruines. Il ajouta, ce qu'il avait déjà annoncé, *qu'il se préparait à retourner en Italie avec toute l'armée; qu'avant dix jours, il aurait retiré les garnisons romaines de Chalcis, de Démétriade, et qu'il allait devant eux livrer aux Achéens l'Acrocorinthe; qu'on verrait par là lesquels étaient plus dignes de foi, des Romains ou des Étoliens.* Il exhorta ensuite les républiques confédérées *à user modérément de leur liberté ; à rester unies, parce que la discorde et la sédition ouvraient la porte à toutes les calamités.* Il termina son discours en conjurant les députés avec bonté et tendresse *d'entretenir et de conserver par leur sage conduite l'indépendance dont ils étaient redevables à des armes étrangères, et de prouver au peuple romain qu'en les affranchissant il n'avait pas mal placé sa confiance et ses bienfaits.*

RACHAT DES ESCLAVES. — Ces avis furent reçus comme les avis d'un père. Les députés en l'entendant parler ainsi pleuraient de joie, et lui-même il ne put retenir ses larmes. Ayant ensuite obtenu silence, il demanda au congrès *de faire re-*

chercher ce qu'il y avait de citoyens romains esclaves dans la Grèce, et de les lui envoyer en Thessalie, dans le délai de deux mois. Tous se récrièrent avec applaudissements, et lui rendirent graces de ce qu'il avait bien voulu les avertir d'un *devoir si juste et si honorable*.

Le nombre des captifs était considérable. La plupart avaient été pris par Hannibal, qui les avait vendus aux Grecs. L'Achaïe seule pour leur rachat, à raison de cinq cents deniers par tête (409 fr.), débourse une somme de cent talents (550,000 fr.), afin d'indemniser les particuliers qui les avaient achetés. La séance durait encore, lorsqu'on vit la garnison romaine descendre de l'Acrocorinthe, puis sortir de la ville. Flamininus la suivit de près, et se retira au milieu des acclamations. Il fit évacuer de suite Chalcis et Démétriade; de là il se rendit en Thessalie, où il trouva tout à réformer, tant le désordre était général.

TRIOMPHE DE Q. FLAMININUS, 194 AVANT J.-C. — Enfin le proconsul s'embarqua pour l'Italie, et étant arrivé à Rome, il y entra en triomphe. La pompe dura trois jours, pendant lesquels Q. Flamininus fit passer en revue devant le peuple les dépouilles qu'il avait recueillies dans la guerre contre Philippe et contre Nabis. Démétrios, fils du premier, et Armène, fils du second, placés parmi les otages, décoraient le cortège du vainqueur. Mais le plus bel ornement de sa pompe triomphale étaient les citoyens romains délivrés d'esclavage, qui marchaient rangés à la suite du char, la tête rasée en signe de la liberté qui venait de leur être rendue.

GUERRE ENTRE ROME ET ANTIOCHOS,
193 av. J.-C.

PROJETS D'ANTIOCHOS. — Sulpitius, Villius et Élius n'avaient pu s'accorder avec Antiochos. Ils avaient rendu compte de l'inutilité de leur mission, lorsque des ambassadeurs carthaginois arrivés à Rome informèrent le sénat qu'Antiochos, excité par Hannibal, se préparait à attaquer les Romains. Il devait porter le théâtre de la guerre en Italie; c'était la grande pensée militaire du Carthaginois, que *l'Italie ne pouvait être vaincue qu'en Italie*. Il ne demandait que cent galères, dix mille hommes de pied et mille chevaux. Avec ces moyens il devait se rendre en Afrique, et s'il ne réussissait pas à entraîner Carthage dans son parti, il irait droit en Italie. Pendant ce temps, Antiochos devait passer en Europe, s'arrêter dans quelque partie de la terre ferme voisine de l'Adriatique, et sans se transporter en Italie, faire toujours mine de vouloir y débarquer. Les Carthaginois tenaient ces renseignements d'un Tyrien, envoyé par leur *vieux* capitaine afin de sonder leurs intentions.

INTRIGUES DES ÉTOLIENS, 172 AVANT J.-C. — Devenus les implacables ennemis de Rome, excités par leur général Thoas, ils résolurent de former une ligue. Ils députèrent en conséquence Damocrite auprès de Nabis; Nicandre à Philippe, et Dicéarque, frère de Thoas, à Antiochos. Le premier de ces agents réussit facilement à séduire Nabis, qui convoitait Gythion, en lui persuadant que cette infraction au traité ne paraîtrait pas une cause suffisante au sénat pour faire repasser les légions romaines dans la Grèce. Nicandre avait un motif plus puissant pour déterminer Philippe, c'était l'*ancienne renommée de la Macédoine*. D'ailleurs, la proposition qu'on lui faisait était sans inconvénient, puisqu'il ne devait se déclarer qu'au temps où Antiochos arriverait avec son armée sur le continent; alors les Étoliens lui donneraient la main contre l'ennemi commun. Dicéarque représenta à Antiochos que les Étoliens avaient été cause de la fortune de Flamininus, en lui procurant la victoire à la journée des Cynocéphales. Il fit un dénombrement pompeux des forces de l'Étolie, et il n'hésita pas à affirmer que Philippe et Nabis étaient résolus à faire cause commune contre les Romains. En effet, Nabis venait d'attaquer Gythion, que les Achéens avaient sauvée de sa fureur; le sénat fut aussitôt informé de cette infraction aux traités.

PRÉCAUTIONS D'ANTIOCHOS. — Occupé à se fortifier par des alliances, le roi se rendit à Raphia, ville frontière de la Palestine, où il célébra les noces de sa fille Cléopâtre avec Ptolémée-Épiphane, en lui donnant pour dot la Célésyrie et la Palestine. A son retour à Antioche, il maria sa seconde fille Antiochide à Ariarthe, roi de Cappadoce; il aurait voulu faire épouser sa troisième fille à Eumène, roi de Pergame, qui se défendit sagement de cette union; il revint à Éphèse au fort de l'hiver.

AMBASSADEURS ROMAINS A PERGAME. — Sulpitius, Élius et Villius trouvèrent Eumène disposé à se déclarer contre Antiochos. Villius se rendit ensuite à Éphèse pour y conférer avec Antiochos, qui faisait la guerre aux Pisidiens. Là il rencontra Hannibal, qu'il rendit suspect par les égards qu'il témoigna à ce grand capitaine. Ennuyé d'attendre, il passa à Apamée, où il s'aboucha avec Antiochos, qui feignait d'être très-affligé de la mort de son fils aîné, qu'il avait, disait-on, fait empoisonner; enfin, sans avoir pu rien terminer, les trois ambassadeurs retournèrent à Rome.

DISGRACE D'HANNIBAL. — Dans un conseil qu'Antiochos tint après leur départ, on eut soin d'écarter Hannibal, qui demanda une audience au roi. Elle lui fut accordée. Rappelant les premières années de sa jeunesse, lorsqu'il avait juré sur l'autel de Moloch d'être le constant ennemi de Rome : « C'est ce serment, dit-il, « qui m'a mis pendant trente-six ans « les armes à la main, et m'a fait cher- « cher un asile dans vos états. Si « vous me frustrez de l'espérance de « satisfaire une haine qui ne mourra « qu'avec moi, j'irai partout où je « saurai qu'il y a des armes et des « soldats, susciter des ennemis aux « Romains. Si quelque considération « vous fait incliner vers la paix, prenez « d'autres conseils que les miens. » Le roi, touché de ce discours, parut lui rendre sa confiance et son amitié.

GUERRE CONTRE NABIS, 191 AVANT J.-C. — Au retour des ambassadeurs le sénat jugea qu'il n'était pas encore temps de se prononcer contre Antiochos. Il en agit tout autrement avec le tyran de Sparte, en expédiant dans la Grèce le préteur Acilius avec une flotte.

GÉNÉRALAT DE PHILOPÉMEN. — Les Achéens l'avaient élu pour cette année à la charge de polémarque. Quoique étranger à la marine, il prit le commandement de l'escadre achéenne; mais Nabis, qui avait réuni quelques vaisseaux, le battit, et peu s'en fallut qu'il ne le fît prisonnier. La joie du tyran fut de courte durée. Peu de jours après, Philopémen l'attaqua par terre et brûla son camp; mais il ne put l'empêcher de prendre Gythion. Pour se venger de cet échec, il livra bataille à Nabis, aux environs de Sparte; les trois quarts de l'armée lacédémonienne y périrent, et leur chef, forcé de se renfermer dans les murs de Sparte, fut témoin de la désolation de la Laconie, que les Achéens ravagèrent pendant un mois entier.

AFFAIRES DE L'ÉTOLIE,
191 av. J.-C.

Les Étoliens ne cessaient d'engager Antiochos de passer dans la Grèce, et les Romains, informés de ce qui se tramait, envoyèrent Flamininus comme ambassadeur dans la Hellade. Il trouva les peuples disposés à l'écouter, rassura les Magnètes effrayés par un certain Euryloque, qu'il confondit et força de se retirer chez les Étoliens, où Ménippe, ambassadeur d'Antiochos, venait d'arriver.

PANÉTOLICON. — La Grèce n'avait pas épuisé la coupe des douleurs, les Étoliens creusaient l'abîme destiné à engloutir ses libertés et ses institutions nationales. On exagérait avec emphase les forces de terre et de mer d'Antiochos; on ne parlait que de la quantité d'éléphants qu'il avait fait venir de l'Inde, et de ses trésors qui étaient suffisants pour *acheter Rome et les Romains*. Flamininus chargea les Athéniens de se rendre au congrès pour rappeler l'alliance récemment conclue, et répondre à ce que pourrait dire l'ambassadeur d'Antiochos, qui obtint le premier la parole. Ménippe commença par dire qu'il aurait été à souhaiter que son maître fût intervenu plus tôt dans les affaires de la Grèce; Philippe n'aurait pas succombé devant la puissance romaine. « Mais « malgré tout, » dit-il à Thoas, qui présidait l'assemblée, « si vous per- « sistez dans votre résolution, An- « tiochos pourra encore, avec l'aide « des dieux et votre assistance, répa- « rer les malheurs publics. » Les Athéniens, auxquels on permit ensuite de parler, se contentèrent de rappeler le dernier traité de paix; les services que Q. Flamininus avait rendus à la Grèce, et ils conjurèrent les Étoliens de ne rien précipiter dans une affaire aussi importante que celle qui était soumise à leur délibération. Ils leur dirent que les ambassadeurs de Rome et Flamininus n'étaient pas loin, qu'il convenait de les entendre avant d'engager l'Europe et l'Asie dans une guerre dont les conséquences seraient inévitablement funestes à la Hellade.

MODÉRATION DE Q. FLAMININUS. — La multitude était pour la guerre, et ce fut à grand'peine qu'on put obtenir audience pour les ambassadeurs de Rome. Flamininus se présenta devant l'assemblée, moins dans l'espérance de réussir que pour constater la fatalité qui entraînait les Étoliens dans une guerre que Rome acceptait à regret. Il proposa l'intervention du sénat pour réformer les abus; ce qui, disait-il, valait mieux que de recourir à Antiochos, et d'agiter l'univers par le tumulte des combats et des convulsions politiques.

LE PARTI DE LA GUERRE L'EMPORTE. — Thoas et ceux de sa faction obtinrent, en présence même des Romains, un décret par lequel « Antio- « chos était appelé à délivrer la Grèce, « et à se rendre arbitre des différends « survenus entre les Étoliens et les Ro- « mains. » Flamininus ayant demandé copie de cet acte, le préteur Damocrite s'oublia au point de lui répondre : « qu'il avait bien d'autres affaires, et « que dans peu il irait lui-même por- « ter ce décret sur les bords du « Tibre. » Flamininus et les ambassadeurs romains se retirèrent à Corinthe.

Les Étoliens prirent trois résolutions étonnantes dans un même jour : c'était de s'emparer de Démétriade, de Chalcis et de Lacédémone. Trois des principaux citoyens de la république se chargèrent de l'exécution de ce projet. Dioclès, au moyen de la faction d'Euryloque, surprit Démétriade; Thoas échoua devant Chalcis.

MORT DE NABIS. — Alaxamène, feignant de venir au secours de Nabis, parut comme ami aux portes de Lacédémone, avec mille hommes d'infanterie et trente cavaliers d'élite. Accueilli avec une joie extrême, il sortait fréquemment avec les Étoliens pour s'exercer sur les bords de l'Eurotas. Un jour Alaxamène, ayant donné le mot à ses cavaliers, attire Nabis à l'écart, et le renverse de cheval; aussitôt les cavaliers accourent et le percent de coups. Sans perdre de temps Alaxamène regagne la ville et s'empare du palais du tyran. S'il eût convoqué l'assemblée du peuple, Sparte se serait déclarée pour les Étoliens; mais il ne s'occupa qu'à fouiller le trésor de Nabis. De leur côté ses soldats s'étant mis à piller la ville, les habitants coururent aux armes, et les massacrèrent. Tel fut le résultat de l'entreprise d'Alaxamène contre Sparte, qui entra aussitôt dans la ligue achéenne.

ARRIVÉE D'ANTIOCHOS DANS LA GRÈCE,
191 av. J.-C.

Thoas, qui s'était rendu auprès d'Antiochos, le remplit d'un tel enthousiasme, que ce prince inconsidéré passa sur-le-champ en Europe, avec dix mille fantassins et cinq cents chevaux. Dès qu'il fut débarqué à Démétriade, on lui remit le décret du Panctolicon, et il se rendit à Lamia, où l'assemblée des Étoliens était réunie.

SA RÉCEPTION. — Il y fut accueilli avec de grandes démonstrations de joie. Il commença par s'excuser de se présenter avec beaucoup moins de troupes qu'on ne devait s'y attendre, parce qu'au premier signal qu'on lui avait donné, et malgré la mauvaise saison, il s'était mis en route. Il annonçait que dès que le temps serait propre à la navigation, on verrait la Grèce couverte de troupes, les côtes bordées de galères, les ports remplis de bâtiments chargés de provisions ; il demandait en attendant des vivres pour son armée. Après avoir ainsi parlé, il se retira.

IL EST NOMMÉ GÉNÉRALISSIME. — Les plus sensés de l'assemblée ne voyaient, au lieu d'un secours effectif, que des espérances vagues. Ils auraient désiré qu'on se contentât de donner le titre d'*arbitre* à Antiochos ; mais Thoas emporta les suffrages et le fit nommer généralissime. On désigna trente notables avec qui il devait délibérer, quand *bon lui semblerait*.

TENTATIVES D'ANTIOCHOS. — On décida en conseil de s'emparer de Chalcis *par ruse*. Cette entreprise échoua et fut regardée comme étant de mauvais augure pour l'avenir. On résolut ensuite d'envoyer une ambassade aux Achéens, qui tenaient leur assemblée à Égion, en présence de Flamininus. L'envoyé d'Antiochos, qui faisait partie de cette mission, parla en homme vain et présomptueux ; Archidamos, député des Étoliens, appuyant les forfanteries de cet orateur emphatique, se répandit en injures contre les Romains, et personnellement contre Q. Flamininus, qui n'opposa à leurs discours qu'une froide modération. Aussi les Achéens, d'une commune voix, déclarèrent la guerre à Antiochos et aux Étoliens. Les Béotiens, de leur côté, répondirent au roi : *qu'ils délibéreraient lorsqu'il serait arrivé sur leur territoire*.

CONQUÊTE DE L'EUBÉE. — Antiochos s'étant une seconde fois approché de Chalcis, la faction contraire aux Romains l'emporta, et la ville lui ouvrit ses portes. Les autres places suivirent cet exemple, et il se rendit maître de toute l'Eubée.

DÉCLARATION DE GUERRE DES ROMAINS. — Le sénat, après avoir consulté la volonté des dieux par l'entremise des augures et des aruspices, déclara la guerre à Antiochos et à ses alliés. Il ordonna des processions publiques pendant deux jours. On décréta de célébrer des grands jeux pendant dix jours, si le succès de la guerre était favorable, et d'offrir des présents dans tous les temples des dieux. Défense fut faite aux pères conscrits et aux magistrats de s'éloigner de Rome, à une distance d'où ils ne pourraient pas revenir dans un jour, et on ne permit pas que cinq sénateurs s'absentassent en même temps.

Le consul Acilius, à qui la Grèce échut par le sort, fixa le rendez-vous de son armée à Brindes, pour le 15 mai, et il partit de Rome quinze jours auparavant.

DÉLIBÉRATION D'ANTIOCHOS. — Dans le même temps, Antiochos tenait un conseil à Démétriade, auquel il avait appelé Hannibal. « Le vieux « capitaine insista sur la nécessité de « détacher Philippe de l'alliance des « Romains. Si ce parti n'était pas « suivi, il était d'avis que le roi expédiât son fils Séleucos, avec l'armée « qu'il commandait en Thrace, pour « ravager la Macédoine et la mettre « hors d'état de secourir l'ennemi. »

Il remit en avant son axiome politique : « *d'attaquer les Romains en « Italie* ; mais puisqu'on avait choisi « le terrain de la Grèce, Antiochos devait appeler toutes ses troupes de « l'Asie, sans compter, *ni sur les Étoliens, ni sur les alliés*, qui pourraient « lui manquer tout d'un coup. » Il conseilla ensuite d'aller camper en face de l'Italie, et de la menacer de là d'un débarquement, afin de retenir les Romains dans leur pays. « Cette mesure « peut vous donner la victoire, sei- « gneur ; au reste, je prie les dieux

« de couronner du succès le parti que
« vous aurez adopté. »

Noces d'Antiochos. — Ce conseil fut applaudi, et rejeté par l'influence des courtisans jaloux d'Hannibal. Alors Antiochos s'étant rendu à Chalcis, y devint éperdûment amoureux de la fille de son hôte. Quoique âgé de près de cinquante ans, sa passion était si forte qu'il épousa la jeune Chalcidienne. Oubliant alors la guerre, les Romains et la délivrance de la Grèce, il passa l'hiver en fêtes et en divertissements : ses officiers partagèrent ses plaisirs, et la discipline militaire fut entièrement négligée.

Arrivée d'Acilius. — Antiochos ne fut réveillé de son assoupissement que par la nouvelle de l'entrée des Romains dans la Thessalie. Il marcha à leur rencontre; mais n'ayant trouvé que peu de troupes pour le seconder, il reconnut la tromperie de Thoas, et qu'Hannibal avait eu raison de lui dire de ne pas compter sur le concours de ses alliés. Il opéra sa retraite du côté des Thermopyles; ce fut de cet endroit qu'il envoya demander des renforts aux Étoliens, parce que les vents contraires avaient empêché l'arrivée de Polyxénide, chargé de lui amener son armée d'Asie.

Position d'Antiochos. — Retranché au pas des Thermopyles par tous les moyens que le génie militaire pouvait ajouter à la force de cette position, le roi résolut d'attendre l'ennemi de pied ferme. Il ne parlait à ses soldats que de Léonidas. Mais nouvel époux, amolli par les festins, il aurait dû sentir qu'on ne fait pas la guerre comme on célèbre des noces.

Bataille des Thermopyles, 191 avant J.-C. — Acilius, arrivé en présence de l'ennemi, détacha Caton, qui commandait sous ses ordres en qualité de lieutenant, pour chercher le moyen de tourner la position d'Antiochos. Il retrouva le sentier par lequel Xerxès et Brennus s'étaient ouvert un passage, et tombant brusquement sur un poste avancé, il le mit en fuite. Faisant aussitôt sonner les trompettes, il débusque une avant-garde de six cents Étoliens, placés sur les hauteurs, qui vont porter l'épouvante dans l'armée du roi. Au même instant Acilius attaque avec toutes ses troupes le retranchement d'Antiochos. Celui-ci, blessé à la bouche d'un coup de pierre qui lui fracassa les dents, se vit contraint par la douleur d'abandonner le lieu du combat, et la déroute de son armée devint telle qu'il ne rallia que cinq cents hommes, avec lesquels il se retira à Chalcis.

Valeur de Caton. — Au sortir de l'action, Acilius tint long-temps Caton embrassé, et s'écria dans les transports de sa joie, que : *ni lui, ni le peuple romain, ne pourraient jamais assez récompenser ses services.* Il le chargea de porter au sénat la nouvelle de la victoire des Thermopyles, marquant dans ses dépêches la part qu'il y avait prise. L'arrivée de Caton à Rome remplit la ville d'une allégresse générale; on ordonna des prières publiques, et des sacrifices qui durèrent pendant trois jours.

Prise de Lamia et d'Héraclée. — La bataille des Thermopyles fut suivie de la soumission de Chalcis et de toute l'Eubée; mais le consul essaya inutilement de ramener les Étoliens par la douceur : il leur demandait la remise d'Héraclée, leur capitale. Sur leur refus il en forma le siège, en employant balistes, catapultes, et toutes les machines de guerre dont il était abondamment pourvu. Les assiégés se défendirent avec une fureur inexprimable : l'attaque fut continuée sans interruption pendant vingt-quatre jours.

Le consul, changeant de manœuvre, fit aborder le corps de la place, qu'il emporta d'assaut, et la citadelle se rendit bientôt après. On trouva parmi les prisonniers, Damocrite, qui avait répondu à Flamininus qu'il lui porterait le trop fameux traité avec Antiochos, *sur les bords du Tibre*. Peu de temps après, Lamia se rendit au roi Philippe, qui la tenait assiégée, et les chefs étoliens songèrent à mettre fin à une guerre désastreuse.

Siége de Naupacte. — Cependant

ils rejetèrent encore les conditions de paix qu'on leur offrait, et Acilius dut attaquer Naupacte, où ils s'étaient renfermés avec les débris de leur armée. Le siége durait depuis deux mois, lorsque Flamininus rejoignit le consul. Quoique mécontent des Étoliens, le généreux restaurateur de la Grèce se laissa toucher de compassion à la vue de leur ruine prochaine. Il s'approcha des remparts de la ville réduite aux abois. Le bruit s'y répandit que Flamininus paraissait; les habitants se présentèrent aussitôt sur les murailles, l'appelant par son nom, et le conjurant de prendre pitié de leurs misères. Flamininus, touché jusqu'aux larmes, leur marqua par un geste qu'il ne pouvait rien pour eux, et s'en alla trouver le consul. Il était impossible à Acilius de lever le siége avec honneur; cependant il laissa son ami maître de faire ce que bon lui semblerait.

TRÈVE. — Q. Flamininus s'étant approché une seconde fois de Naupacte, fit signe de la main qu'on lui envoyât quelqu'un. Phénéas et plusieurs des principaux habitants sortirent et vinrent se jeter à ses pieds. « Vous voyez, « leur dit-il, l'accomplissement de ce « que je vous avais prédit; mais, destiné comme je le suis à sauver la « Grèce, l'ingratitude n'arrêtera point « mon penchant à faire le bien. En- « voyez des députés au consul pour « demander une trève qui vous donnera « le temps d'envoyer une ambassade « à Rome, pour y faire vos soumissions au sénat; je vous servirai d'in- « terprète et d'avocat auprès d'Aci- « lius. » Ce conseil fut suivi, et le consul, après leur avoir accordé une suspension d'armes, se retira avec son armée dans la Phocide.

AMBASSADEURS ÉTOLIENS CHASSÉS DE ROME. — Arrivés aux portes du sénat, ils pressaient leur audience, parce que la trève qui leur avait été accordée par le consul touchait à son terme. Flamininus, de retour de la Grèce, intercédait en leur faveur; mais les esprits étaient indisposés contre eux: on les regardait comme des hommes intraitables, auxquels il était impossible d'accorder confiance. Cependant on leur fit deux propositions sur lesquelles on leur laissa le choix : *c'était de s'en remettre au sénat, ou de payer mille talents* (3,000,000 de fr.); *et de reconnaître pour amis et pour ennemis, les amis et les ennemis du peuple romain*. Comme ils demandèrent *sur quoi il fallait s'en remettre à la volonté du sénat*, on ne leur donna point de réponse; mais on leur intima l'ordre *de sortir de Rome avant le coucher du soleil, et de l'Italie dans le délai de quinze jours au plus tard*.

CAMPAGNE DE L'ANNÉE
190 av. J.-C.

Les Romains donnèrent cette année le commandement de l'armée d'Acilius à L. Cornélius Scipion, consul, sous qui Scipion l'Africain, son frère, consentit à servir. On conféra à L. Émilius Régillus la direction de la flotte, à la place de Levinus.

ENTREVUE DE SCIPION ET DE PHILIPPE. — Après s'être emparé de plusieurs places de l'Étolie, Scipion accorda une trève de six mois aux vaincus pour envoyer une nouvelle ambassade à Rome. Comme son projet était de conduire son armée à travers la Thessalie, la Macédoine et la Thrace, pour la faire passer de là en Asie, il crut à propos de s'assurer des dispositions de Philippe. Ce prince accueillit les Romains comme méritaient de l'être *les Scipions*; il les traita avec une magnificence convenable à leur dignité et à la sienne, et il eut des attentions particulières pour tout ce qui pouvait être agréable à ses hôtes. Il leur montra une politesse et des manières si gracieuses, et il eut tant de soin de l'armée, que le consul lui remit, au nom du peuple romain, le reste de la somme qu'il devait verser au trésor de la république.

EUMÈNE SAUVÉ PAR LES ROMAINS. — Cependant la flotte romaine s'avançait du côté de la Thrace pour favoriser le passage de Scipion en Asie. Elle devait se joindre à celle de Rhodes; mais celle-ci fut battue dans le port de Samos par Polyxénide, amiral d'Antiochos. Les Rhodiens, sans se décourager, équipèrent une autre escadre, qui rallia celle d'Émilius, et la flotte combinée entra à Élée, port de Pergame. Ainsi fut délivré Eumène, que Séleucos tenait assiégé dans sa capitale.

ÉCHEC D'HANNIBAL. — Les Rhodiens remirent aussitôt en mer pour aller à la rencontre d'Hannibal, qui amenait à Antiochos les flottes de Syrie et de Phénicie. Ils le rencontrèrent aux attérages de la Pamphile, où ils lui livrèrent bataille. Ils eurent la gloire de battre ce grand capitaine, qui se réfugia à Mégiste, port voisin de Patare, où ils le bloquèrent si étroitement, qu'il lui fut impossible de rendre aucun service au roi.

ALARMES D'ANTIOCHOS. — Sans alliés, réduit à ses propres forces, Antiochos ne songea plus qu'à empêcher le débarquement des Romains en Asie; mais il fallait pour cela recouvrer l'empire de la mer. Il résolut donc de courir les chances d'une bataille navale. Il se rendit dans ce but à Milet, où se trouvait sa flotte, dont il confia le commandement à Polyxénide. L'amiral appareilla sans délai pour aller chercher l'ennemi, qu'il rencontra à la hauteur de Myonèse, ville de l'Ionie. Émilius obtint la victoire; et Polyxénide, après avoir vu détruire vingt-neuf de ses vaisseaux et treize autres traînés à la remorque par les Romains, fut obligé de se retirer à Éphèse.

DÉBARQUEMENT DES ROMAINS EN ASIE. — Antiochos, atterré par cet événement, prit des mesures opposées à ses intérêts, en retirant la garnison de Lysimachie, dont le siége aurait retenu long-temps les Romains, qui débarquèrent alors sans coup férir en Asie. Scipion s'arrêta pendant quelque temps à Ilion pour y offrir des sacrifices à Minerve : il se trouvait dans *sa patrie primitive*. Les habitants, voyant leurs descendants, vainqueurs de l'Occident et de l'Afrique, revendiquer la Troade comme un territoire qui avait appartenu à leurs aïeux, s'imaginèrent voir Troie renaître de ses cendres plus illustre que jamais. Les Romains de leur côté éprouvaient la plus grande joie de se retrouver dans le pays de leurs ancêtres.

AMBASSADE D'ANTIOCHOS A SCIPION. — Héraclide de Byzance, qui portait la parole dans cette ambassade, commença par déclarer que les difficultés qui avaient entravé les négociations étaient levées. « Le roi avait « abandonné Lysimachie; il était prêt « de livrer aux Romains Smyrne, « Lampsaque, Alexandria, Troas, et « à payer la moitié des frais de la « guerre; enfin, si on exigeait de lui « d'autres sacrifices, il consentait à « y souscrire. » Héraclide s'imaginait que de pareilles concessions devaient suffire pour obtenir la paix.

RÉPONSE DU CONSUL. — Comme le roi était le principal auteur de la guerre, Scipion demanda qu'il en payât tous les frais. Il devait, indépendamment de la cession de l'Ionie et de l'Éolie, abandonner toute la partie de l'Asie-Mineure située en-deçà du mont Taurus.

ACTION GÉNÉREUSE D'ANTIOCHOS. — Les négociations furent rompues. Le roi, campé à Thyatire, informé que P. Scipion l'Africain était tombé malade à Élée, se hâta de lui renvoyer son fils, qui était prisonnier à sa cour. Cette généreuse attention fut un remède salutaire pour le malade, qui tint long-temps son fils chéri embrassé. « Allez, dit-il aux envoyés d'Antio- « chos qui lui avaient ramené l'objet « de son affection, porter mes actions « de graces à votre maître, et dites- « lui que je ne saurais lui donner d'au- « tre marque plus grande de ma re- « connaissance qu'en lui conseillant de « ne pas combattre avant d'être in- « formé de mon arrivée au camp. »

BATAILLE DE MAGNÉSIE. — La supériorité numérique de l'armée d'Antiochos était un motif de hasarder sans délai les chances d'un combat. Cependant, le conseil que lui avait fait donner Scipion le détermina à éviter toute espèce d'engagement; il passa l'Hermos, et transporta son camp, qu'il fortifia, près de Magnésie, au pied du mont Sypile.

Le consul l'ayant suivi de près, les armées se trouvèrent en présence pendant plusieurs jours sans que le roi fît sortir la sienne de ses retranchements. Il comptait sous ses drapeaux 70,000 hommes de pied, 12,000 chevaux et 54 éléphants; l'effectif des Romains se composait en tout de 30,000 hommes et de 16 éléphants. L'hiver approchait; le frère du consul, Scipion l'Africain, était absent; le conseil se prononça pour la bataille. Dès que l'ordre du jour fut publié, les soldats s'écrièrent « qu'il fallait forcer les retranchements « et attaquer Antiochos dans son camp, « s'il s'obstinait à s'y tenir renfermé. »

Le lendemain, Antiochos ayant accepté la bataille, un brouillard épais empêcha ses troupes d'agir de concert à cause de l'obscurité; et l'humidité ramollissant les cordes des arcs et des frondes, ainsi que les courroies dont on se servait pour lancer certains projectiles, les troupes légères se trouvèrent comme désarmées. Les Romains souffrirent beaucoup moins des effets de la brume, parce qu'ils ne faisaient guère usage que d'armes pesantes, telles qu'épées, dards et javelots; et comme le front de leur armée avait moins d'étendue que celui de l'ennemi, ils distinguaient mieux les signaux de leurs chefs et s'entrevoyaient plus facilement.

L'action fut terrible : les troupes du consul eurent d'abord le dessous; mais s'étant ralliées, elles revinrent à la charge, et l'armée d'Antiochos fut mise en déroute. Les historiens, qui adoptent trop souvent les relations mensongères des vainqueurs, portent le nombre des morts de l'armée royale à cinquante mille fantassins et à quatre mille cavaliers; on fit quatorze cents prisonniers, et quinze éléphants furent pris avec leurs conducteurs. Les Romains ne perdirent pas plus de trois cents hommes d'infanterie et vingt-quatre cavaliers. Le fruit de cette incroyable victoire fut la reddition de toutes les villes de l'Asie-Mineure, qui se soumirent aux Romains.

PAIX ACCORDÉE A ANTIOCHOS. —

Dès que le roi fut de retour à Antioche, il envoya demander la paix au consul : ses ambassadeurs, Antipater et Zeuxis, le trouvèrent à Sardes; ils ne songèrent aucunement à excuser leur maître, mais ils se bornèrent à demander la paix en son nom.

TRAITÉ DE PAIX. — Les Romains n'exigèrent que ce qu'ils avaient demandé avant la bataille : « qu'Antio-
« chos évacuerait l'Asie en-deçà du
« mont Taurus; qu'il paierait les frais
« de la guerre, montant à quinze mille
« talents euboïques (82,500,000 fr.),
« en plusieurs termes. On demanda
« en outre qu'Hannibal et l'Étolien
« Thoas fussent livrés au consul. »
Toutes ces conditions furent acceptées; mais avant la conclusion du traité, Hannibal et Thoas avaient pourvu à leur sûreté.

L'AMBASSADE ÉTOLIENNE CHASSÉE DE ROME. — Les envoyés des Étoliens n'avaient été occupés à Rome, pendant le cours de cette campagne, qu'à répandre des nouvelles alarmantes. Par une indigne fourberie, ils persuadèrent au peuple que les deux Scipions, battus par Antiochos, avaient été faits prisonniers et leur armée dispersée. Ils prirent alors un ton d'audace tel, qu'ils semblaient moins demander la paix que l'exiger. Ils reçurent ordre du sénat de sortir sur-le-champ de Rome et de l'Italie dans le délai de quinze jours.

CAMPAGNE EN ÉTOLIE.
189 av. J.-C.

L'arrivée de Cotta à Rome avec la nouvelle de la victoire de Magnésie et du traité de paix dont on a parlé, causa une joie universelle. On venait de nommer les consuls : dans la distribution des provinces, l'Étolie était échue par le sort à Fulvius, et l'Asie à Manlius. Le sénat régla ensuite, à la satisfaction des deux parties, les différends survenus entre les Rhodiens et le roi Eumène.

ARRIVÉE DE FULVIUS EN GRÈCE.—
La première opération du consul eut pour objet le siège d'Ambracie, qu'il

entreprit de concert avec les Épirotes. Les Étoliens, qui y avaient une nombreuse garnison, succombèrent après de généreux efforts : alors les chefs de la république envoyèrent des plénipotentiaires à Fulvius, afin de conclure, à tout prix, un traité de paix.

CONDITIONS. — Le vainqueur exigea des Étoliens de livrer aux Romains « leurs armes et leurs chevaux ; de « payer mille talents (3,000,000 de fr.), « avec la faculté, d'après leur demande, « de s'acquitter en or, de façon qu'une « pièce de ce métal devait être reçue « pour dix du même poids en argent (ce « qui montre quelle était alors la pro- « portion de l'or à l'argent ) ; de ren- « dre les transfuges et les prisonniers ; « d'avoir, comme ennemis et comme « amis, ceux du peuple romain ; enfin, « de livrer quarante otages au choix « du consul. »

ACTIONS DIVERSES DE FULVIUS. — Étant passé à Céphallénie, les villes révoltées de cette île se soumirent sur sa première sommation, excepté Samé, dont il ne vint à bout qu'après un siége de quatre mois. De là il tourna vers le Péloponèse, où il entendit les plaintes des habitants d'Égion, qui revendiquaient la prérogative d'être le lieu où se tenaient les états de l'Achaïe. Philopémen avait changé cette disposition en décidant que la réunion des états aurait lieu successivement dans toutes les villes de la ligue : il avait désigné Argos pour cette année. Le consul refusa de se prononcer dans cette question.

AFFAIRES DE SPARTE. — Pendant son séjour à Céphallénie, le consul avait entendu parler de différends graves survenus entre les Spartiates et les Achéens, au sujet du pillage de la bourgade de Laas par les *exilés* de Nabis, que Philopémen soutenait secrètement. Usant de représailles, les Lacédémoniens avaient fait mourir trente partisans de Philopémen, ainsi que plusieurs *bannis*, et la guerre avait éclaté entre les deux républiques. Après avoir entendu les parties, le consul leur ordonna de déposer les armes et d'envoyer des ambassadeurs à Rome. Il paraît que la réponse du sénat fut ambiguë ; l'histoire ne l'a pas recueillie, mais elle était susceptible d'interprétation.

VENGEANCE DES BANNIS DE SPARTE. — Philopémen, qui avait été continué dans la première magistrature, marcha contre Lacédémone, en demandant qu'on lui livrât les dévastateurs de Laas, promettant qu'ils seraient jugés avec équité. Sur cette assurance, les individus nommément désignés partirent, accompagnés des citoyens les plus recommandables de Sparte. Alors les *bannis* qui se trouvaient au camp de Philopémen sortirent à leur rencontre d'un air insultant, les chargèrent d'injures et les maltraitèrent. Vainement les prévenus imploraient *les dieux et le droit des gens :* les Achéens, excités par les clameurs des bannis, fondirent sur ces malheureux : dix-sept furent lapidés, et soixante-trois réservés pour être mis en jugement. Traduits dès le lendemain devant une multitude furieuse, ils furent condamnés à mort sans être entendus, et aussitôt exécutés.

PUNITION INFLIGÉE A SPARTE. — Philopémen lui imposa des conditions comme à une place emportée d'assaut. Il ordonna de démanteler la ville, de chasser de la Laconie tous les soldats étrangers que les bannis avaient pris à leur service. Il voulut que les esclaves émancipés sortissent du pays, sous peine d'être vendus ; que les lois de Lycurgue fussent abolies et les Spartiates réunis à la ligue achéenne. Cette conduite barbare de Philopémen fut dénoncée au sénat, l'an 188 avant notre ère, sous le consulat de M. Valérius Messala et de C. Livius Salinator.

ÉVÉNEMENTS DE L'ANNÉE
187 av. J.-C.

MORT D'ANTIOCHOS. — Le roi, pour subvenir au paiement des sommes qu'il devait aux Romains, résolut de faire une tournée dans les provinces orientales de son royaume, afin de se procurer de l'argent. Avant de partir, il laissa la régence de la Syrie à son fils Séleucos. Arrivé dans l'Élymaïde, il entra de nuit dans le temple de Jupiter-Bélos et en fit enlever les trésors. Informé de ce sacrilége, le peuple se souleva et assassina son roi, qui périt ainsi dans la 52ᵉ année de son âge, après un règne de 36 ans. On rapporte de lui un décret par lequel il permettait et commandait à ses sujets de ne point obéir à ses ordonnances si elles se trouvaient contraires à la disposition des lois.

SOMMAIRE HISTORIQUE,
187—185 av. J.-C.

Séleucos Philopator, qui succéda à son père, vécut dans le mépris et l'obscurité, à cause de la misère à laquelle les Romains l'avaient réduit en lui imposant un tribut annuel de mille talents. Ptolémée Épiphane, qui régnait en Égypte, passait son temps à la chasse; il n'est question que d'une ambassade qu'il envoya aux Achéens, afin de renouveler une alliance surannée. Eumène leur députa aussi des ambassadeurs pour leur offrir cent vingt talents, dont l'intérêt devait être appliqué à l'entretien des magistrats qui composaient le conseil d'état. Il en vint d'autres encore de Séleucos, qui offrirent dix vaisseaux armés en guerre. Ptolémée fit plus tard hommage à la république achéenne de six mille boucliers et de deux cents talents d'airain. Ces largesses ne furent point acceptées, parce qu'elles n'étaient ni franches, ni désintéressées.

COMMISSAIRES ROMAINS ENVOYÉS DANS LA GRÈCE,
185 avant J.-C.

ENQUÊTE. — La Grèce n'était pas tranquille; le sénat recevait de toutes parts des plaintes contre Philippe. Q. Cécilius, l'un des trois commissaires, put facilement se convaincre des arrière-pensées du roi. Arrivé en Thessalie, il convoqua une assemblée au Tempé, où l'on vit comparaître, d'une part, les ambassadeurs des Thessaliens, des Perrhè-bes et des Athamanes; de l'autre, Philippe: démarche humiliante pour un prince aussi puissant. Ses dénonciateurs se répandirent en injures contre lui. Le roi leur répondit en les comparant *à des esclaves affranchis, incapables, après une longue servitude, de faire un usage modéré de la liberté qu'il leur avait accordée.*

Les commissaires romains, sans se prononcer, se rendirent à Thessalonique, pour examiner ce qui concernait les villes de Thrace, et Philippe très-mécontent les y suivit. Les ambassadeurs d'Eumène, qui étaient arrivés pour prendre part à ce congrès, demandèrent l'affranchissement des villes d'Énos et de Maronée, ou du moins qu'elles fussent remises sous la main de leur *maître,* conformément à un décret des *dix commissaires* envoyés précédemment dans la Grèce. Les Maronéens se plaignirent des injustices et des violences que la garnison du roi de Macédoine exerçait dans leur ville.

RÉPLIQUE DE PHILIPPE. — S'adressant personnellement aux Romains, le roi leur rappela sa fidélité, lorsque Antiochos lui avait offert en dernier lieu trois mille talents (16,500,000 fr.), cinquante vaisseaux armés en guerre, pour entrer dans son alliance... Et maintenant on prétendait lui enlever des villes qui lui appartenaient de droit. « C'est à vous Romains, leur « dit-il en finissant, à voir sur quel « pied vous voulez que je sois avec « vous. Si vous avez résolu de me « pousser à bout, continuez d'en user « à mon égard comme vous avez « fait jusqu'à présent. Mais si vous « respectez encore dans ma personne « les qualités de roi, d'allié et d'ami, « épargnez-moi la honte d'être si in-« dignement traité. »

Ce discours du roi toucha les commissaires; ils déclarèrent cependant qu'il fallait exécuter *le décret des dix commissaires, sauf à en référer au sénat.* Cette réponse aigrit tellement Philippe, qu'il aurait éclaté par une guerre ouverte, s'il eût vécu plus longtemps.

LES COMMISSAIRES SE RENDENT EN

ACHAÏE. — Au sortir de la Macédoine, les envoyés de Rome se rendirent dans l'Achaïe. Aristène, qui était alors premier magistrat de la république, réunit un congrès à Argos. Cécilius ayant été admis dans l'assemblée, loua le zèle des Achéens, sans dissimuler que leur conduite à l'égard de Lacédémone avait été improuvée à Rome. Le silence absolu d'Aristène montra qu'il pensait comme Cécilius; et Diophane de Mégalopolis, sans toucher le fond de la question, porta plusieurs plaintes contre Philopémen.

RÉSISTANCE DES ACHÉENS. — Alors Philopémen, Lycortas et Archon prirent hautement la défense de la république. Ils justifièrent ce qui s'était passé relativement aux Lacédémoniens, et Cécilius s'étant retiré de l'assemblée, on rendit un décret approbatif de la conduite de Philopémen.

Cet acte fut porté à Célicius, qui demanda la convocation des états généraux de l'Achaïe. Les magistrats lui répondirent qu'il fallait pour cela une lettre du sénat de Rome, *qui priât les états achéens de se réunir*. Comme il n'en avait pas, *on refusa de s'assembler* ; ce qui mit le consul dans une telle colère, qu'il quitta l'Achaïe sans vouloir entendre aucune explication. Dès ce moment Aristène et Diophane devinrent suspects au peuple.

RAPPORT DE CÉCILIUS AU SÉNAT,
184 av. J.-C.

Cécilius étant de retour à Rome rendit compte au sénat de ce qui se passait dans la Grèce. On introduisit les ambassadeurs d'Eumène devant les pères conscrits, auxquels ils répétèrent ce qu'ils avaient dit devant Cécilius à Thessalonique. Le sénat envoya en conséquence vers Philippe une députation, dont Appius était le chef, pour le sommer d'évacuer Énos, Maronée, ainsi que les châteaux et places qu'il occupait sur les côtes maritimes de la Thrace.

On donna ensuite audience à Apollonidas, ambassadeur des Achéens, agissant contradictoirement avec les ambassadeurs de Sparte, qui avaient pour eux les droits du malheur. Ces derniers exposèrent de la manière la plus touchante le triste état de Sparte, ses murailles renversées, ses citoyens réduits en servitude, et les saintes lois de Lycurgue entièrement abolies.

DÉCISION DU SÉNAT. — Après avoir pesé les raisons de part et d'autre, les pères conscrits chargèrent de l'examen de cette affaire les mêmes plénipotentiaires qu'ils envoyaient en Macédoine. Ils recommandèrent en même temps aux Achéens de convoquer leur *assemblée générale* toutes les fois qu'ils en seraient requis, et d'en agir avec les délégués de Rome comme le sénat en usait à l'égard des envoyés de l'Achaïe, auxquels il accordait audience toutes les fois qu'ils le demandaient.

ORDRE BARBARE DE PHILIPPE. — Le roi, informé à l'avance de la résolution du sénat, chargea Onomaste et Cassander de massacrer secrètement un grand nombre d'habitants de Maronée, croyant que personne n'oserait le dénoncer. Mais son espérance fut trompée, les tombeaux de ses victimes déposaient contre sa froide cruauté. Appius, arrivé à sa cour, lui reprocha son crime; Philippe le nia. *Il est inutile*, repartit Appius, *de vous excuser, je sais ce qui s'est passé et j'en connais l'auteur*. Le lendemain Appius lui commanda d'envoyer Onomaste et Cassander à Rome, pour être interrogés, ajoutant que *c'était l'unique moyen de se justifier*. A cette injonction, Philippe changea de couleur; il déclara qu'il enverrait Cassander. Il tint parole ; mais il envoya après lui des gens qui l'empoisonnèrent en Épire, où il s'était arrêté; il voulait par ce moyen se délivrer de la crainte qu'il ne révélât ses secrets devant le sénat. A quelque temps de là le roi chargea son fils Démétrios d'aller à Rome défendre sa cause.

CONSEIL PRIVÉ DES ACHÉENS. — Dans une assemblée préparatoire, présidée par Lycortas, on agita la question relative à Arée et à Alcibiade, qui avaient trahi la vérité devant le sénat romain. Ils y avaient parlé en ennemis de la ligue, comme si les Achéens les eussent expulsés de leur patrie, au lieu de déclarer qu'ils leur devaient le bonheur de les y avoir rétablis. Alors on demanda à grands cris que le président mît en délibération leur félonie : Arée et Alcibiade furent condamnés à mort par contumace.

ASSEMBLÉE GÉNÉRALE DES ACHÉENS. — Les commissaires du sénat étant arrivés dans le Péloponèse, les états généraux de la confédération se rassemblèrent à Clitor en Arcadie. La terreur se répandit parmi les députés, lorsqu'ils virent paraître à côté des commissaires romains, Arée et Alcibiade, qu'ils avaient récemment condamnés à mort. Appius ayant pris la parole, reprocha vivement aux Achéens leur conduite contre Sparte, sans omettre aucun des griefs qu'on a rapportés précédemment.

RÉPLIQUE DE LYCORTAS. — Le président de l'assemblée répondit à cette accusation, que les Lacédémoniens avaient été les agresseurs, et qu'en l'absence des Romains, les Achéens avaient dû prendre la défense des opprimés. Quant au meurtre des Spartiates, il ne devait point être imputé aux Achéens, mais aux bannis qui avaient à leur tête Arée et Alcibiade. « On prétend, ajouta-t-il, que l'abolition des lois de Lycurgue et la destruction des murs de Sparte sont notre ouvrage. Le fait est vrai. Ces murs n'avaient point été élevés par Lycurgue, mais par les tyrans, pour se mettre en état d'abolir les institutions de ce sage législateur. S'il sortait aujourd'hui du tombeau, il serait ravi de voir ces boulevards détruits, et il reconnaîtrait l'ancienne Sparte, sa noble patrie. Les Spartiates auraient dû détruire de leurs mains ces vestiges de la tyrannie. Quant aux lois de Lycurgue, elles étaient abolies depuis longtemps, et nous n'avons fait qu'y substituer les nôtres, en rendant en tout les Lacédémoniens égaux en droits aux confédérés de la ligue achéenne. »

S'adressant ensuite à Appius, il lui rappela les traités qui unissaient Rome et la ligue achéenne. « A cela, je sais « bien que l'*égalité* stipulée entre les « deux états n'est qu'une affaire de « style. Nous n'avons en réalité qu'une « liberté *précaire*; la souveraineté « est du côté des Romains; je ne le « sens que trop, Appius. Mais puis- « qu'il faut accepter un fait accompli, « ne traitez pas sur le même pied que « vos alliés, vos ennemis et les nô- « tres. Ils veulent qu'en nous parju- « rant, nous révoquions des décrets « auxquels il ne nous est plus permis « de toucher. Nous vous *respectons*, « Romains; et puisqu'il faut en con- « venir, nous vous *craignons*; mais « nous nous faisons gloire de *craindre* « *et de respecter* beaucoup plus en- « core les dieux immortels. »

CONSEILS D'APPIUS. — Ce discours était digne du premier magistrat d'un peuple généreux. Appius, sans entrer dans aucune discussion, conseilla aux Achéens de se faire un mérite auprès du sénat, en exécutant spontanément ce qui pourrait leur être *imposé*. Ces paroles affligèrent l'assemblée. Sans s'opiniâtrer elle se réduisit à demander *que le sénat prononçât à l'égard de Lacédémone ce que bon lui semblerait, mais qu'on n'obligeât pas les Achéens à se parjurer, en cassant eux-mêmes leur décret.* Pour ce qui regardait le jugement prononcé contre Arée et Alcibiade, il fut abrogé sur-le-champ.

SÉNATUS-CONSULTE. — Ses principales dispositions portaient : que ceux qui avaient été condamnés par les Achéens étaient amnistiés; que Sparte demeurerait unie à la ligue achéenne. Comme il existait beaucoup de troubles entre les Achéens, les Lacédémoniens et les Messéniens, qui avaient envoyé des ambassadeurs à Rome pour s'accuser mutuellement, le sénat répondit aux Spartiates qu'il ne voulait plus intervenir dans leurs affaires; aux Messéniens et aux Achéens, de s'arranger comme ils le pourraient. C'était ouvrir la porte aux déchirements politiques, et même les autoriser dans le but éloigné du sénat d'arriver à l'asservissement de la Hellade, afin de tout pacifier.

#### GUERRE ENTRE LES MESSÉNIENS ET LES ACHÉENS,
183 avant Jésus-Christ.

DERNIÈRE EXPÉDITION DE PHILOPÉMEN. — Dinocrate venait de détacher Messène de l'union achéenne. Philopémen, âgé de soixante-dix ans, élu pour la huitième fois général de la ligue, n'eut pas plus tôt appris cet événement, qu'il partit malgré l'état de maladie dans lequel il se trouvait. Il n'avait pu réunir qu'une troupe peu nombreuse de jeunes gens de Mégalopolis. Après une marche forcée, il joignit Dinocrate, qu'il mit d'abord en fuite; mais cinq cents cavaliers qui gardaient la plaine du Sténÿclaros étant survenus, les Messéniens prirent leur revanche. Philopémen, uniquement attentif à sauver ceux qui l'avaient suivi, fit des actions extraordinaires de courage; mais étant tombé de cheval, comme il se blessa grièvement, il fut pris et conduit à Messène.

CAPTIVITÉ DE PHILOPÉMEN. — A la première nouvelle qu'on amenait Philopémen, on accourut aux portes de la ville pour le voir; et afin de satisfaire la curiosité publique, il fallut produire l'illustre prisonnier sur le théâtre. Quand les spectateurs virent le héros lié et garrotté, plusieurs d'entre eux fondirent en larmes, et un murmure sourd se répandit : *qu'on devait se rappeler de ses services et de la liberté rendue aux Messéniens, lorsqu'il chassa le tyran Nabis.* Cela fit que les magistrats ne le laissèrent pas long-temps en spectacle. Ils le firent sortir du théâtre pour l'enfermer dans un lieu appelé le *Trésor*, espèce de caveau souterrain qu'on fermait au moyen d'une pierre adaptée à son ouverture supérieure.

SA MORT. — Dès que la nuit fut venue, Dinocrate fit descendre dans ce cachot le bourreau chargé de présenter le poison à Philopémen, avec ordre de se tenir auprès de lui jusqu'à ce qu'il l'eût bu. Dès que le héros aperçut l'exécuteur, il se leva avec peine, à cause de son extrême faiblesse, et prenant la coupe, il lui demanda s'il n'avait rien entendu dire de ses cavaliers, et surtout de Lycortas. Il lui répondit qu'ils étaient presque tous sauvés. Philopémen le remercia d'un signe de tête, et le regardant avec douceur : *Tu me donnes là une bonne nouvelle, nous ne sommes donc pas tout-à-fait malheureux....* Et sans articuler la moindre plainte, il prit le poison. L'effet en fut rapide, à cause de sa langueur, et il expira presque aussitôt.

CHATIMENT DES MESSÉNIENS. — Dans un conseil tenu à Mégalopolis (aujourd'hui Sinano), on résolut de tirer vengeance de la mort de Philopémen. Lycortas, nommé général de la ligue, entra dans la Messénie, où il mit tout à feu et à sang. Les Messéniens, qui étaient sans ressources et hors d'état de se défendre, implorèrent la clémence des Achéens. Lycortas, touché de pitié, leur fit dire que pour obtenir la paix, ils devaient livrer les auteurs de la révolte et ceux de la mort de Philopémen; s'en rapporter à la générosité des Achéens, et recevoir garnison dans leur citadelle. Ces conditions furent aussitôt acceptées; Dinocrate, prévenant le supplice qu'il méritait, se tua volontairement, et ses complices suivirent son exemple.

OBSÈQUES DE PHILOPÉMEN. — Après avoir recueilli ses cendres, qui furent renfermées dans une urne, le cortège du héros se mit en marche vers Mégalopolis. Cette cérémonie ressemblait moins à un convoi funèbre qu'à une pompe triomphale, ou plutôt c'était un mélange de l'un et de l'autre. On voyait d'abord les fantassins la tête ceinte de couronnes; après eux marchaient les prisonniers messéniens chargés de chaînes; venait ensuite le fils de Lycortas, Polybe, l'historien, alors âgé de vingt-deux ans, portant dans ses bras l'urne couverte de festons et de fleurs, accompagné des personnes les plus considérables de l'Achaïe; la marche était fermée par un corps de cavalerie magnifiquement enharnachée. Les habitants des villes et des villages vinrent au-devant du convoi pour honorer le héros, comme ils l'auraient fait au retour d'une victoire qu'il aurait remportée. Les restes de Philopémen furent déposés dans le sein de la terre, et on lapida autour de son tombeau les Messéniens qui avaient demandé sa mort. Les républiques de la confédération lui érigèrent des monuments et des statues avec de glorieuses inscriptions.

Cette année fut remarquable par la mort d'Hannibal, de Scipion et de Philopémen, qu'on surnomma justement le *dernier des Grecs*.

SPARTE REÇUE DANS LA LIGUE ACHÉENNE, 182—181 AVANT J.-C. — Lacédémone admise dans la confédération achéenne; la punition de plusieurs *bannis*, et une ambassade envoyée à Rome, pour informer le sénat de ce qui s'était passé dans le Péloponèse, sont les seuls événements remarquables de l'année 182. En 181, on reçut des lettres du sénat en faveur des *bannis* de Sparte; mais comme on sut qu'elles n'avaient été accordées que pour se délivrer de l'importunité des solliciteurs, les Achéens décidèrent qu'il ne fallait rien changer à ce qui avait été résolu.

GÉNÉRALAT D'HYPERBATE, 180 AVANT J.-C. — On délibéra cependant dans le conseil sur le rétablissement des *bannis* de Sparte. Le sentiment de Lycortas était qu'il fallait n'avoir aucun égard à la lettre dont ils étaient porteurs. Hyperbate et Callicrate furent d'une opinion contraire. Suivant eux il fallait obéir; il n'y avait ni loi, ni serment, ni traité qu'on ne dût sacrifier à la volonté des Romains. Dans ce partage de sentiments, on résolut de recourir au sénat. Les ambassadeurs nommés pour cette commission, qui avait pour objet une *fin de non-recevoir* contre les *bannis*, fut composée de Callicrate, Lysiade et Aratos.

TRAHISON DE CALLICRATE. — Quand les ambassadeurs achéens furent arrivés à Rome, Callicrate introduit dans le sénat fit tout le contraire de ce qui lui était ordonné par son mandat. Non-seulement il se permit de blâmer ceux qui ne partageaient pas sa manière de penser, mais il eut la perfidie d'indiquer les moyens d'asservir sa patrie, qui consistaient à déclarer qu'il ne devait exister dans l'Achaïe d'*autre régime que le bon plaisir du sénat*. Les *bannis*, qui furent entendus après ce lâche transfuge, ne firent que corroborer la proposition désastreuse qu'il avait mise en avant.

ENCOURAGEMENTS DONNÉS A LA DÉFECTION. — Polybe fait observer qu'à partir de cette époque, le sénat prit à tâche d'humilier les patriotes achéens, et de combler d'honneurs ceux qui tenaient au parti des Romains. Cette corruption multiplia les flatteurs de Rome dans toutes les républiques de la ligue, et y diminua le nombre des véritables amis de la liberté. Le sénat ne se contenta pas de rétablir les *bannis*, il écrivit aux Étoliens, aux Épirotes, aux Athéniens, aux Béotiens et aux Acarnaniens, comme voulant indisposer tous les peuples contre la ligue achéenne. Dans la réponse que le sénat adressa à l'ambassade de la confédération, il ne fut question que du seul Callicrate, *auquel*, disait-on, *il serait à souhaiter que tous les magistrats de chacune des républiques grecques ressemblassent.*

RÉSUMÉ DES CINQ DERNIÈRES ANNÉES DU RÈGNE DE PHILIPPE V.

183—178 av. J.-C.

SÉJOUR DE DÉMÉTRIOS A ROME. — Depuis que les peuples voisins de la Macédoine surent que les ennemis du roi étaient favorablement écoutés à Rome, les plaintes y arrivèrent de toutes parts. Démétrios, fils de Philippe, qui se trouvait alors sur les lieux, palliait ou réfutait les accusations qu'on portait contre son père. Le sénat qui estimait ce jeune prince, lui fit la confidence qu'on avait l'intention de le renvoyer en Macédoine avec des ambassadeurs chargés d'examiner sans éclat et sans bruit ce qu'il pouvait y avoir de véritable dans le conflit de tant de récriminations. On pensait que le roi apprécierait cette confiance du sénat.

RIVALITÉS ENTRE PERSÉE ET DÉMÉTRIOS. — Les Macédoniens virent avec plaisir le retour de Démétrios, qu'ils regardaient comme l'héritier présomptif de la couronne. Il était pour l'âge, le cadet de son frère Persée ; mais il avait sur lui l'avantage d'être né d'une femme légitime, épouse du roi, tandis que l'autre avait pour mère une concubine, et passait même pour un enfant supposé. Ces rapprochements causaient de vives inquiétudes à Persée sur son avenir. De son côté, Philippe, jugeant bien qu'il ne serait pas maître de disposer du trône, voyait avec peine se former de son vivant une seconde cour autour de Démétrios. Celui-ci, au lieu de chercher à amortir l'envie par des dehors modestes, l'irritait par un certain air de hauteur qu'il avait rapporté de Rome ; enfin on remarqua qu'il faisait plus assidûment sa cour aux ambassadeurs du sénat qu'au roi son père.

CRUAUTÉS DE PHILIPPE. — Ces rivalités n'étaient pas ignorées à Rome, quand Marcius, un des ambassadeurs, écrivait au sénat que les discours et la conduite du roi annonçaient une guerre prochaine. Tout lui était suspect : un grand nombre d'individus avaient disparu, parce qu'il les croyait partisans des Romains ; le roi tenait en prison leurs femmes et leurs enfants, qu'il se proposait de faire mourir secrètement.

INTRIGUES DE PERSÉE. — Chagrin de la considération dont jouissait Démétrios, Persée n'ayant plus d'espoir de parvenir au trône que par le crime, s'appliqua à entretenir la haine de Philippe contre les Romains. Pour rendre en même temps son frère de plus en plus suspect, on ne parlait des Romains devant lui qu'avec dérision et mépris. Démétrios, qui ne pressentait pas où tendaient ces discours, ne manquait pas de prendre la défense de Rome ; de sorte que Persée avait seul la confiance du roi, auquel il persuada facilement que Démétrios n'était qu'un agent du sénat.

FÊTE ET TOURNOI. — Dans une fête donnée à la cour au sujet d'une pompe religieuse, il y eut, suivant l'usage, un simulacre de combat, ou *petite guerre*. Une partie de l'armée était commandée par Persée, alors âgé de trente ans, et l'autre par Démétrios, qui avait cinq ans moins que son frère. L'exercice ayant commencé, ne tarda pas à dégénérer en combat, et on agit aussi vivement que s'il se fût agi de la couronne : la victoire resta au corps de troupes commandé par Démétrios.

FESTIN. — Les deux princes, au sortir des manœuvres, donnèrent un festin splendide aux officiers de leur drapeau ; la joie fut grande des deux côtés, et on but à proportion, en mêlant aux rasades des plaisanteries piquantes, même contre les princes. Persée avait envoyé un espion pour savoir ce qui se passerait au banquet de son frère. Il fut reconnu ; et quelques jeunes gens sortis de table l'ayant rencontré dans la cour, le maltraitèrent. Démétrios, qui ignorait cet incident, dit à sa compagnie : « Que « n'allons-nous achever notre fête chez « mon frère, pour adoucir sa peine, « s'il lui en reste encore? » Tous s'écrièrent *qu'il fallait y aller*. Mais comme ceux qui avaient battu l'*espion* cachèrent des armes sous leur vêtement, dans la crainte de quelques représailles, un officieux, s'étant aperçu de cette précaution, courut en avertir Persée. Celui-ci fit fermer sa porte, et cria par une fenêtre qu'on voulait l'*assassiner*. Démétrios se retira, et revint se mettre à table sans s'informer du motif de ce scandale.

PERSÉE DÉNONCE DÉMÉTRIOS. — Il serait trop long de rapporter les discours que Tite-Live met dans la bouche de Philippe et de ses fils. Persée, s'étant rendu auprès du roi, lui dit « qu'il voyait en sa présence une « victime échappée aux poignards de « Démétrios ; » et demandant à être confronté avec lui, Philippe y consentit, en s'adjoignant Lysimaque et

Onomaste, afin de s'aider de leurs conseils.

AUDIENCE SECRÈTE. — Philippe exprima la douleur qu'il éprouvait de se voir réduit à la triste nécessité de trouver dans ses deux fils, ou un criminel ou un calomniateur ; il leur déclara qu'il prévoyait depuis long-temps l'orage qui venait d'éclater. « J'espé-
« rais cependant que vous vous sou-
« viendriez un jour du nom de frères
« qui vous unit, de ces heureuses an-
« nées de l'enfance, où vous vécûtes
« dans une si touchante union. Hélas !
« ces jours sont passés : je vieillis même
« trop lentement au gré de vos désirs,
« et vous ne me laissez la vie que jus-
« qu'à ce que, survivant à l'un de
« vous, j'assure à l'autre la couronne
« par ma mort. Vous ne pouvez souf-
« frir ni père, ni frère. L'impatiente
« ardeur de régner étouffe en vous
« tout autre sentiment. Eh bien donc,
« parlez maintenant ! ouvrez vos bou-
« ches criminelles pour vous calom-
« nier, je suis prêt à vous entendre,
« résolu désormais à ne plus faire at-
« tention à vos coupables délations. »
Après que Philippe eut prononcé ces paroles avec un accent mêlé de colère et d'émotion, ses fils se mirent à pleurer et restèrent long-temps dans un morne silence.

ACCUSATION. — Persée, prenant enfin la parole, se répandit en récriminations contre l'indulgence de son père et l'audace de son frère. « Hier, dans
« le tournoi, Démétrios, vous ren-
« dîtes le combat presque sanglant,
« et je n'évitai la mort qu'en me lais-
« sant vaincre, ainsi que ceux de ma
« brigade. » Il lui reprocha ensuite sa visite nocturne avec *des jeunes gens armés.* Puis s'adressant au roi : « Vous
« prononcez des imprécations contre
« des fils impies, mais qu'elles ne
« soient pas aveugles : discernez, mon
« père, l'innocent du coupable. Je ne
« me suis attaché qu'aux dieux et à
« vous ; mon frère appartient aux Ro-
« mains, dont votre royaume sera
« peut-être bientôt l'héritage. Relisez
« la lettre de Q. Flamininus, qui vous
« félicite d'avoir choisi Démétrios pour
« votre plénipotentiaire ; et dans quel
« dessein vous exhorte-t-il de le ren-
« voyer au sénat avec de nouveaux
« ambassadeurs ? cela se comprend. Je
« suis le grand obstacle aux projets
« des Romains, seigneur, et voici ce
« que je vous demande : *mettre ma
« vie en sûreté par le châtiment de
« ceux qui y ont attenté ; avec eux
« finiront les sinistres complots.* »

DÉFENSE. — Démétrios, baigné de larmes, pressé de se défendre, répondit d'une voix entrecoupée de sanglots : « Persée, qui m'accuse devant
« vous, mon père, n'a cessé, depuis
« mon retour de Rome, de me repré-
« senter comme lui tendant des piéges,
« et maintenant, en vous abusant, il
« cherche à perdre un fils innocent.
« Il m'a aliéné votre tendrese ; et dans
« l'état d'isolement où il m'a réduit,
« il veut me rendre odieux par le re-
« proche d'un crédit étranger qui me
« nuit plus qu'il ne me sert. Si j'étais
« coupable de trahison, pourquoi avoir
« aussi long-temps tardé à m'accuser ?
« Mais procédons par ordre. Exami-
« nons la fable d'une attaque nocturne
« pour le faire assassiner, afin d'occu-
« per un jour la place qui lui est ré-
« servée. Pourquoi ajouter, dans ce
« cas, que je cultive l'amitié des Ro-
« mains afin de parvenir au trône ? Si
« je les croyais assez puissants pour
« disposer du sceptre de la Macédoine,
« à quoi bon me souiller d'un fratri-
« cide qui me rendrait odieux au monde
« entier ? *Je suis la créature des Ro-
« mains !* Mais Flamininus est l'ami de
« Persée ; il passe sa vie avec lui dans
« l'intimité ; comment ce généreux ci-
« toyen aurait-il pu conseiller un for-
« fait qui n'est employé que par les
« plus grands scélérats ?

« Je ne crois pas avoir à rougir,
« mon père, de vous avouer que, me
« trouvant hier avec des jeunes gens
« de mon âge, j'ai pris un peu plus
« de vin qu'à l'ordinaire. Informez-
« vous comment se passa notre repas,
« avec quels transports de joie folâtre
« chacun et parla de ses prouesses...
« C'était pour ne laisser aucun nuage
« entre Persée et moi que je proposai

« à la compagnie de se rendre chez
« mon frère... Mais si on a su qu'il y
« avait des hommes armés parmi mes
« convives, c'est que ma maison était
« remplie d'espions de Persée; c'est,
« dans ce cas, aux personnes qui ont
« cru devoir se prémunir, à répondre
« de leur conduite. Ne confondez point
« leur cause avec la mienne. »

Après avoir réfuté le prétendu complot nocturne, Démétrios répondit qu'on ne pouvait lui imputer à crime le bonheur qu'il avait eu de maintenir la paix entre son père et le sénat, qu'il regardait cela comme un *devoir* et non comme un *mérite*. Il fit remarquer que Persée le calomniait depuis long-temps, mais que ce n'était que d'aujourd'hui qu'il le faisait ouvertement. Coupable, hélas! j'aurais recouru à la protection de mon *frère ainé*... En prononçant ces paroles, les larmes et les sanglots étouffèrent sa voix.

ATTERMOIEMENT. — Philippe, après avoir conféré avec ses amis, déclara : « qu'il ne prononcerait pas sur l'af« faire soumise à son jugement d'a« près de simples discours, mais qu'on « procéderait à une enquête. » C'était laisser planer les soupçons sur la tête de Démétrios, et ce furent là les causes de la guerre de Macédoine, qui éclata plus tard entre Persée et les Romains.

ENQUÊTE SECRÈTE, 181 AVANT J.-C. — Philippe envoya une nouvelle ambassade au sénat, sous un prétexte vague. Les instructions particulières de ses plénipotentiaires leur prescrivaient de sonder la disposition des esprits relativement à Démétrios, et de s'informer de la conduite qu'il avait tenue à Rome pendant son séjour. Les agents dont on fit choix étaient Philoclès et Apelle, que le roi croyait impartiaux, mais qui étaient des créatures de Persée. Comme Démétrios était irréprochable, il applaudit au choix qu'on fit de ces personnes.

PERFIDIE DE DIDAS, GOUVERNEUR DE LA PÉONIE. — Philippe, d'après une opinion vulgaire, que du faîte du mont Hémos on découvrait le Pont-Euxin et l'Adriatique, le Danube et les Alpes, eut la curiosité de s'assurer de ces merveilles, espérant que cela lui serait utile, lorsqu'il porterait la guerre en Italie. Il ne prit avec lui que Persée, laissant en Macédoine Démétrios, qu'il confia aux soins de Didas, gouverneur de la Péonie. Cet homme, vendu à l'iniquité de Persée, sut si bien s'insinuer dans l'esprit d'un jeune homme confiant, qu'il parvint à découvrir ses desseins. Il apprit de lui qu'il songeait à se retirer chez les Romains. Il en donna aussitôt avis à Persée; celui-ci en fit part au roi, qui ordonna d'arrêter Hérodote, ami intime de Démétrios, et de garder à vue ce jeune prince.

COMPLOT CONTRE LA VIE DE DÉMÉTRIOS. — Philippe étant rentré fort triste en Macédoine, résolut d'attendre le retour de ses ministres avant de prendre aucune décision relativement à l'affaire qui causait ses chagrins. Dès qu'ils furent arrivés, ils présentèrent au roi une *fausse lettre* de Flamininus, scellée de son sceau contrefait, par laquelle il le priait « de ne point savoir mauvais gré à « Démétrios de quelques paroles im« prudentes qui avaient pu lui échap« per, que le jeune prince n'entrepren« drait jamais rien contre les droits « du sang et de la nature. » Cette lettre confirmait en quelque sorte ce que Persée avait avancé contre son frère; le malheureux Hérodote fut appliqué à la question, et mourut dans les tourments, sans avoir chargé son maître.

MORT DE DÉMÉTRIOS. — Accusé de nouveau par Persée, qui demandait avec instance la tête de son frère, le roi ne se prononça pas publiquement contre son fils ; mais en partant de Thessalonique, pour se rendre à Démétriade, il chargea Didas de le *délivrer de Démétrios*. Celui-ci ayant conduit la victime désignée en Péonie, lui donna du poison, et deux domestiques de l'assassin, témoins des souffrances de Démétrios, l'étouffèrent entre des couvertures.

DÉCOUVERTE DU CRIME DE PERSÉE,

179 AVANT J.-C. — Le pouvoir des tyrans finit au bord de la tombe de leurs victimes. Philippe, dévoré de chagrins, pleurait depuis deux ans la perte de son fils. Il voyait avec douleur sa vieillesse méprisée, et Persée attendant impatiemment sa mort, agir en souverain. Dans cette pénible position le roi ouvrit son cœur à Antigone, neveu de son ancien tuteur. On soupçonnait Persée; ses principaux complices devaient être Apelle et Philoclès, qui avaient rapporté de Rome la lettre de Q. Flamininus. Le bruit commun à la cour voulait que cette pièce fût supposée; mais on n'en avait pas de preuve. Par hasard, Xychos, secrétaire d'ambassade des faussaires, s'étant présenté devant Antigone, celui-ci le fit arrêter et en donna aussitôt avis au roi. On l'amena en sa présence, et après l'avoir intimidé, il avoua le crime d'Apelle et de Philoclès, ainsi que la part qu'il y avait prise lui-même. On s'assura aussitôt de la personne de Philoclès, qui fut étranglé; Apelle parvint à se sauver en Italie, et Persée se tint éloigné de la cour pour se soustraire au juste ressentiment de son père. Celui-ci, l'ayant déclaré indigne de la couronne, désigna Antigone pour successeur, et le présenta en cette qualité à tous les grands du royaume de Macédoine.

MORT DE PHILIPPE, 179 AVANT J.-C. — Philippe, qui s'était arrêté long-temps à Thessalonique, ayant résolu de retourner à Démétriade, se trouva tellement fatigué en arrivant à Amphipolis, qu'il voulut s'y arrêter. Il était cependant, disait-on, plus malade d'esprit que de corps. Le chagrin lui causait les plus cruelles insomnies; Démétrios lui apparaissait pendant l'ombre des nuits, en lui reprochant sa mort. Enfin, il expira en pleurant Démétrios, son fils, et en prononçant des malédictions contre Persée, à qui le juste ciel réservait une éclatante punition.

Calligène, son médecin, n'attendit pas le décès du roi pour l'annoncer à son fils. Persée arriva presque au moment où il venait d'expirer; il se mit en possession du trône, et sa présence imposa silence à tous les partis.

### RÈGNE DE PERSÉE,
#### DERNIER ROI DE MACÉDOINE,
178 — 167 av. J.-C.

PROJETS GIGANTESQUES DE PHILIPPE. — Ce prince avait commencé à mettre à exécution un plan d'attaque formidable contre les Romains. C'était de faire venir de la Sarmatie européenne, qui fait maintenant partie de la Pologne, un nombre considérable de barbares. Déjà il avait enrôlé les Gaulois, appelés Bastarnes, établis près des embouchures du Borysthène. Dès qu'ils auraient eu passé le Danube, Philippe se proposait de les fixer dans la Dardanie, dont ils devaient exterminer les habitants. Laissant leurs femmes et leurs enfants dans cette contrée sauvage, les Bastarnes auraient inondé l'Italie. S'il arrivait qu'ils fussent vaincus, le roi en était consolé d'avance, en se voyant délivré des Dardaniens, ses perpétuels ennemis; et tandis que les Romains seraient occupés à repousser les barbares, il aurait le temps de recouvrer ce qu'il avait perdu dans la Grèce.

MOUVEMENTS DES BASTARNES, 175 AVANT J.-C. — Ils s'étaient mis en chemin lorsqu'ils apprirent la mort de Philippe, et presque tous se dispersèrent. Antigone, qu'il avait destiné au trône et qui se trouvait employé auprès des barbares, voyant cette grande combinaison manquée, crut devoir rentrer en Macédoine, où il n'eut pas plus tôt mis le pied, que Persée s'empressa de le faire mourir. Délivré de ce compétiteur, le tyran envoya des ambassadeurs à Rome pour demander la continuation de l'alliance, et d'être reconnu comme roi de Macédoine : il ne cherchait qu'à gagner du temps.

GUERRE DES BASTARNES ET DES DARDANIENS. — Une partie des Bastarnes agissant isolément, avaient poursuivi leur route et se trouvaient en guerre avec les Dardaniens. Les Romains en prirent ombrage et demandèrent des explications; Persée se fit excuser par ses ambassadeurs; le sénat lui signifia de *respecter les traités*. Les Bastarnes, après avoir obtenu quelques succès, furent obligés de rentrer dans leur pays.

INTRIGUES DE PERSÉE DÉCOUVERTES, 174 AVANT J.-C. — On apprit à Rome que Persée avait envoyé des émissaires à Carthage, et que le sénat leur avait donné une audience de nuit dans le temple d'Esculape. Le roi venait de soumettre quelques peuplades de la Dolopie (aujourd'hui Anovlachie); il était allé de là consulter l'oracle de Delphes, et il avait écrit des circulaires à toutes les républiques, pour les engager à se réunir dans un intérêt commun. On nomma en conséquence des ambassadeurs chargés d'observer les démarches de Persée; mais leur mission fut sans objet, car il échoua dans ses projets, par un refus formel de l'assemblée générale des Achéens, réunie à Mégalopolis.

RAPPORT DES AMBASSADEURS ROMAINS, 173 AV. J.-C. — A leur retour, les ministres envoyés en Macédoine annoncèrent qu'ils n'avaient pu approcher du roi; qu'au reste, il leur semblait qu'il se préparait à la guerre, et qu'il fallait s'attendre qu'elle éclaterait au premier jour. Ils parlèrent ensuite de l'Étolie, livrée à des discordes intestines telles, que leur autorité n'avait pu réussir à en tempérer l'animosité. Marcellus, un des ambassadeurs, fit l'éloge des Achéens, qui persistaient dans le maintien d'un décret par lequel ils déclaraient tout commerce rompu entre eux et les Macédoniens.

PRIÈRES PUBLIQUES, 173 AV. J.-C. — Comme on prévoyait un grand événement public, le sénat commença à s'y préparer par les cérémonies religieuses qui précédaient toujours ses déclarations de guerre; d'ailleurs l'ancienne grandeur de la Macédoine conservait son prestige sur l'esprit des Romains. Persée était décrié pour ses crimes; on l'accusait d'avoir assassiné sa femme de sa propre main; de s'être défait, depuis la mort de son père, d'Apelle, dont il s'était servi pour faire périr Démétrios, et d'avoir commis beaucoup d'autres meurtres.

PERSÉE RECHERCHE L'ALLIANCE DES RHODIENS. — C'était de Rhodes qu'était partie la nouvelle épouse Laodice, fille de Séleucos, qui allait partager avec un fratricide le trône de la Macédoine. Les habitants avaient équipé une flotte brillante : Persée en avait fourni les matériaux; et les soldats, ainsi que les marins, avaient reçu des mains du roi un *ruban d'or*. Un jugement que le sénat prononça en faveur des Lyciens contre ceux de Rhodes irrita ces derniers au plus haut degré; et le roi tâcha de profiter de leurs ressentiments contre Rome pour les attacher à son alliance.

ARRIVÉE D'EUMÈNE A ROME,
172 av. J.-C.

DISCOURS AU SÉNAT. — Admis dans l'assemblée des pères conscrits, le roi dit : « qu'indépendamment du désir de rendre ses hommages aux dieux et aux Romains, de qui il tenait sa couronne, il avait entrepris ce voyage pour avertir le sénat d'aller au-devant des entreprises de Persée. « Maître d'un puissant royaume, chef d'une nation belliqueuse, considéré dans les villes de la Grèce et de l'Asie, connu par sa haine contre les Romains, uni par les liens du sang avec Séleucos et Prusias, et qui avait su s'attacher les Béotiens et les Étoliens; fort de ces alliances, Persée comptait sous ses drapeaux trente mille hommes de pied et cinq mille chevaux, munis d'équipages pour dix ans; outre les revenus qu'il tirait de ses mines, il avait de quoi stipendier, pendant un égal nombre d'années, dix mille hommes de troupes étrangères. Il avait amassé dans ses arsenaux de quoi entretenir trois armées aussi nombreuses que celle qu'il tenait sur pied; et il avait à sa disposition la Thrace, pépinière inépuisable de soldats. » Ce discours frappa l'attention des sénateurs.

AUDIENCE DES AMBASSADEURS DE

PERSÉE. — Ils trouvèrent l'assemblée prévenue contre leur maître, et Harpalos, qui portait la parole, acheva d'aigrir les sénateurs par son discours. Il dit que Persée souhaitait qu'on le crût sur parole dans ses déclarations; que s'il s'apercevait, au reste, qu'on cherchât un sujet de guerre contre lui, il saurait se défendre avec courage. « Le sort des armes, disait-il, est « toujours hasardeux, et l'événement « de la guerre incertain. »

ASSASSINAT D'EUMÈNE. — Harpalos étant retourné en toute hâte vers Persée, lui fit connaître les dispositions du sénat, qui se préparait à lui déclarer la guerre. Il n'en fut pas fâché; mais il tourna d'abord sa fureur contre Eumène, qui avait fait connaître ses projets et ses ressources aux Romains. Informé que ce prince devait se rendre à l'oracle d'Apollon, il aposta pour l'assassiner Évandre de Crète, général des auxiliaires qu'il tenait à son service, ainsi que trois Macédoniens, qu'il recommanda à une femme de Delphes nommée Praxo. Elle les reçut, et dès que l'occasion se présenta, ils allèrent se mettre en embuscade dans un défilé (le Triodos) où deux personnes ne pouvaient passer de front. Eumène, arrivé dans cet endroit, fut assailli par les assassins, qui firent rouler sur lui une avalanche de pierres, sous lesquelles il resta comme enseveli; après quoi ils s'enfuirent dans les escarpements du Parnasse. Les officiers d'Eumène, que l'épouvante avait fait reculer, étant revenus, secoururent leur maître, qu'ils transportèrent à Corinthe, et de là à Égine, où on pansa ses blessures avec tant de secret, que le bruit de sa mort se répandit jusqu'en Asie. Attale, son frère, y ajouta foi trop légèrement, et se croyant déjà roi, il avait proposé à sa veuve de l'épouser, lorsque Eumène reparut à Pergame.

TENTATIVE D'EMPOISONNEMENT. — Déçu dans son attente, Persée essaya de faire empoisonner Eumène par l'entremise d'un certain Rammius, riche négociant de Brindes. Celui-ci vint tout révéler à Valérius, ambassadeur du sénat, qui se trouvait à Chalcis; il l'amena à Rome avec Praxo, chez laquelle les assassins avaient logé à Delphes. Quand le sénat eut entendu ces deux témoins, la guerre fut résolue d'une voix unanime.

NÉGOCIATEURS, RAPPORTS. — Deux ambassades qui arrivèrent causèrent un grand plaisir au sénat. La première était celle d'Ariarthe, roi de Cappadoce, cinquième du nom : il envoyait son fils pour être élevé dans la discipline romaine; l'autre ambassade venait de la part des Thraces, qui demandaient à faire alliance et amitié avec la république.

La légation qu'on avait envoyée auprès de Persée rapporta qu'après avoir difficilement obtenu audience, elle avait été accueillie par des injures et des emportements; qu'enfin il lui avait déclaré « que le traité conclu avec son « père ne le regardait pas, et qu'il « l'avait accepté sans l'approuver, « parce qu'il n'était pas encore assez « affermi sur le trône pour l'abroger; « que si les Romains voulaient songer « à une nouvelle capitulation et propo- « ser des conditions raisonnables, il ver- « rait ce qu'il aurait à faire. » Le roi, après leur avoir remis l'écrit qui contenait cette réponse, allait se retirer, lorsque les ambassadeurs lui déclarèrent « que le peuple romain renon- « çait à son alliance et à son amitié. » Il se retourna plein de colère, et leur signifia, d'un ton menaçant, « qu'ils « eussent à sortir de ses états dans « le délai de trois jours. »

Les ambassadeurs envoyés vers les rois alliés dirent au sénat qu'ils avaient trouvé Eumène en Asie, Antiochos en Syrie, Ptolémée en Égypte, dans les meilleures dispositions à l'égard de Rome. On refusa de donner audience aux envoyés de Gentius, roi d'Illyrie, et à ceux des Rhodiens, qui s'étaient rendus suspects par leurs sentiments obséquieux envers Persée. On décréta l'équipement d'une escadre de cinquante galères destinée à croiser sur les côtes de la Macédoine, et on y mit des troupes de débarquement.

DÉCLARATION DE GUERRE,
171 av. J.-C.

On nomma cette année pour consuls P. Licinius Crassus et C. Cassius Longinus. La Macédoine échut par le sort au premier. La guerre fut solennellement déclarée à Persée, à moins qu'il ne donnât pleine et entière satisfaction au sénat et au peuple romain.

NOUVELLES NÉGOCIATIONS DE PERSÉE. — Alors on vit paraître à Rome des ambassadeurs du roi, qui se plaignait qu'on eût fait passer de nouvelles troupes dans la Grèce au moment où il était disposé à traiter. On renvoya ses députés à Licinius, en leur disant qu'on ne recevrait plus personne de la part de leur maître : ils eurent en même temps ordre de sortir de l'Italie avant douze jours.

ENTREVUE DE PERSÉE AVEC MARCIUS. — Les ambassadeurs romains auxquels Persée avait signifié avec tant de hauteur de sortir de son royaume, s'étaient retirés à Larisse, où ils attendaient le jour tardif de la vengeance. Persée, qui se repentait probablement, envoya un de ses officiers à Marcius pour lui demander une conférence. L'entrevue fut accordée.

Après un abord gracieux, Marcius prit la parole et commença par s'excuser de la nécessité où il était d'adresser des reproches à un prince pour qui il avait une haute considération. Il énuméra les griefs qu'on avait contre lui ; il insista particulièrement sur l'assassinat d'Eumène ; il finit en souhaitant que le roi pût lui fournir de bonnes raisons pour le justifier auprès du sénat.

Persée, après avoir glissé légèrement sur ce qui était relatif à Eumène, qu'il traita de *fable dénuée de preuves*, entra dans de grands détails sur tous les chefs d'accusation relatifs à sa personne, auxquels il répondit de son mieux. Le résultat de la conférence fut qu'il tenterait un dernier effort auprès du sénat. Marcius y consentit en se faisant prier et lui accorda une trêve, parce qu'il savait que les Romains n'avaient dans ce moment, ni armée, ni général pour agir contre le roi de Macédoine.

TOURNÉE DIPLOMATIQUE. — Après cette entrevue, les ambassadeurs romains se rendirent en Béotie. Ils y rallièrent les partis divisés, à l'exception des habitants de Coronée et d'Haliarte, qui persistèrent dans leur alliance avec Persée. Arrivés dans le Péloponèse, l'assemblée générale de la ligue achéenne se réunit à Argos pour les recevoir. Ils se contentèrent de lui demander mille hommes, destinés à tenir garnison à Chalcis, jusqu'au moment où l'armée romaine arriverait dans la Grèce, et ces troupes y furent envoyées aussitôt. Marcius et Atilius ayant ainsi terminé leur mission, retournèrent à Rome au commencement de l'hiver.

APPROBATION DE LEUR CONDUITE. — Les plénipotentiaires ayant rendu compte au sénat de leurs négociations, firent valoir l'artifice qu'ils avaient employé auprès de Persée, afin de donner le temps aux Romains de se préparer à la guerre. La majeure partie du sénat les félicita de leur adresse ; mais les vieillards s'écrièrent qu'ils ne reconnaissaient pas à ces traits le caractère de leurs ancêtres, accoutumés à faire la guerre ouvertement, et non par des souterrains. Cependant la conduite des deux diplomates fut approuvée. On réexpédia Marcius avec quelques galères dans la Grèce, Atilius dans la Thessalie, pour occuper militairement Larisse, et Lentulus à Thèbes, afin de surveiller les Béotiens.

AMBASSADEURS DE PERSÉE ÉCONDUITS. — Quoique le sénat eût résolu de faire la guerre au roi de Macédoine, il donna encore une fois audience à ses ambassadeurs. Ils répétèrent ce que leur maître avait déjà dit à Marcius. Pour toute réponse, on leur enjoignit, ainsi qu'à tous les Macédoniens établis à Rome, de sortir incessamment de la ville et de l'Italie dans le délai de trente jours.

CAMPAGNE DE MACÉDOINE.
171 av. J.-C.

Départ de Licinius. — Le consul, après avoir adressé ses prières aux dieux dans le Capitole, partit de Rome, vêtu d'une cotte d'armes, suivant l'usage antique. Les citoyens, frappés de la grandeur de son entreprise, l'accompagnèrent en foule jusqu'au-delà des portes de la ville. C. Claudius et Q. Mucius, anciens consuls, ne crurent pas déroger en servant sous ses ordres, en qualité de tribuns militaires. On leur adjoignit trois jeunes patriciens, P. Lentulus et les deux Manlius Acilinus. Le consul arriva avec eux à Brindes, et ayant traversé l'Adriatique, il débarqua à Nymphée (aujourd'hui Avlone?) sur les terres des Apolloniates.

Conseil tenu a Pella. — Persée, informé par le retour de ses plénipotentiaires, qu'il n'y avait plus d'espérance de paix, tint un conseil dans lequel les avis se trouvèrent partagés. Les uns demandaient qu'on fît les plus grands sacrifices pour arrêter les Romains, jusqu'à ce que des temps plus favorables permissent de les combattre avec succès. Le plus grand nombre des conseillers était d'un sentiment contraire. « Ce n'est, disaient-ils, ni de l'ar-
« gent, ni des terres que veulent les Ro-
« mains, mais la domination et la sou-
« veraineté. N'ont-ils pas envahi l'em-
« pire de Carthage sans démembrer
« son territoire ; relégué Antiochos et
« son fils au-delà du mont Taurus,
« sans s'approprier aucune de ses pro-
« vinces? Le royaume de Macédoine,
« qui est le seul capable de leur tenir
« tête, est l'*objet de leur jalousie*,
« voilà tout notre tort. » Les partisans de la guerre conseillaient à Persée, pendant qu'il le pouvait encore, d'examiner si, après s'être laissé dépouiller en détail, il voulait demander par grâce au sénat la permission de se confiner dans l'île de Samothrace, pour le restant de ses jours, avec la douleur de survivre à sa gloire et à sa puissance. En préférant de courir les chances de la guerre, ne pouvait-il pas être vainqueur et chasser de la Grèce ses ennemis, comme ceux-ci avaient eux-mêmes forcé Hannibal d'abandonner l'Italie?

Résolution de Persée. — *Eh bien! puisque vous le jugez à propos*, dit-il, *faisons donc la guerre avec l'aide des dieux*. Il donna ordre en même temps de réunir son armée à Cition. Il s'y rendit bientôt après avec les seigneurs de sa cour, ses officiers et les compagnies de ses gardes.

Revue de l'armée macédonienne. — Après avoir sacrifié une hécatombe à Minerve Alcidème, Persée passa la revue de son armée, qui se montait, en comptant les troupes étrangères, à trente-neuf mille hommes de pied et quatre mille chevaux. Il y avait vingt-six ans que Philippe avait conclu la paix avec les Romains. Depuis ce temps la Macédoine avait produit une génération de soldats exercés dans les guerres contre les Thraces et les voisins belliqueux de l'antique Émathie.

Avant d'entrer en campagne, le roi crut devoir haranguer ses troupes. Monté sur un trône, entouré de ses deux fils, il commença par énumérer les injustices des Romains, et les ressources qu'il avait amassées de longue main, pour soutenir la lutte dans laquelle on allait s'engager. « Lorsque
« nos ennemis, dit-il, attaquèrent
« mon père, ils couvrirent cette guerre
« du prétexte de rétablir la Grèce dans
« son antique liberté : maintenant ils
« prétendent asservir la Macédoine ;
« ils ne veulent aucun roi pour voi-
« sin, ni laisser des armes entre les
« mains d'aucune nation belliqueu-
« se !!! » A ces mots, l'armée jeta des cris de colère et d'indignation, en criant au roi d'*avoir bonne espérance*, et de la mener contre les Romains.

Mouvements des deux armées. — Persée, au bout de quelques jours de marche, arriva à Sycurie, ville située au pied du mont Oëta. Le consul entrait en même temps à Gomphi, après avoir surmonté d'horribles difficultés en passant le Pinde, et ayant traversé le canton de Tripolis (aujourd'hui Tricala), il vint camper sur la rive gauche du Pénée. Ce fut dans cet endroit qu'Eumène, accompagné de ses frères Attale et Athénée, amena au consul quatre mille hommes de pied et mille chevaux; il avait laissé à Chalcis deux mille hommes pour renforcer la garnison de cette place. Il annonça que sa flotte, tant promise et si long-temps attendue, n'avait pas encore mis en mer.

ESCARMOUCHES. — Persée venait de ravager les environs de Phérès, dans l'espoir d'attirer les Romains au combat; enhardi par quelques succès, il résolut d'attaquer leur camp. Le consul sentait le tort que lui causait la lenteur de ses opérations, lorsqu'un courrier vint lui annoncer l'approche des Macédoniens. Il fit aussitôt prendre les armes à ses troupes, et ayant détaché cent cavaliers avec autant de fantassins armés à la légère, il les envoya à la découverte. Persée, sur les dix heures du matin, ne se trouvant plus éloigné du camp romain que d'une demi-lieue, fit faire halte à son armée, tandis qu'il s'avançait en personne avec sa cavalerie et son infanterie légère. Il fut bientôt en vue d'un gros corps d'ennemis contre lequel il lança un détachement de sa troupe; l'escarmouche ayant fini, sans aucun avantage déterminé, le roi ramena son armée à Sycurie.

Le lendemain Persée renouvela la même manœuvre, en faisant suivre ses soldats d'outres remplies d'eau, car on n'en trouvait pas à plus de quatre lieues à la ronde. L'ennemi replia tous ses avant-postes qu'il fit rentrer dans son camp, et les Macédoniens se retirèrent. La même manœuvre ayant été renouvelée pendant plusieurs jours, Persée prit le parti de s'établir à deux lieues des Romains. Au point du jour il rangea son armée en bataille, à mille pas du camp ennemi, contre lequel il s'avança avec toute sa cavalerie et son infanterie légère. La poussière qui paraissait plus proche que de coutume répandit l'alarme dans l'armée du consul, et les officiers ainsi que les soldats coururent tumultueusement aux armes. La négligence d'un général, si mal informé des mouvements de l'ennemi qui avait devancé l'heure de ses attaques ordinaires, ne donne pas une haute idée de la capacité de Licinius.

VICTOIRE DE PERSÉE. — Ses troupes étaient rangées en bataille à moins de cinq cents pas des retranchements romains; Cotys, roi des Odryses, commandait la gauche avec la cavalerie de sa nation; les soldats armés à la légère étaient distribués par pelotons dans les premiers rangs; la cavalerie macédonienne, mêlée d'archers crétois, composait l'aile droite; le roi occupa le centre avec sa garde, en portant en avant les frondeurs et les gens de trait, qui pouvaient être au nombre de quatre cents.

Le consul, après avoir rangé son infanterie en bataille dans l'intérieur de ses lignes, en fit sortir la cavalerie et les troupes armées à la légère, qui se placèrent devant les retranchements; il n'y eut ainsi qu'un combat de cavalerie. Les Thraces, pareils à des bêtes qu'on a tenues long-temps enfermées, et qui n'en sont devenues que plus féroces, se jetèrent sur la cavalerie italienne. Elle ne put soutenir leur charge; et Persée ayant enfoncé celle des Romains, elles furent redevables de n'être pas entièrement détruites aux cavaliers thessaliens, dont la valeur protégea leur rentrée au camp.

Hippias et Léonat amenaient dans ce moment la phalange en ordre de bataille; ils avaient agi de leur propre mouvement; et si Persée avait voulu profiter du moment, le consul et son armée étaient perdus. Pendant qu'il délibérait, Évandre de Crète, le même dont il s'était servi pour assassiner Eumène, lui représenta que s'il voulait traiter avec les Romains, il devait se contenter du succès qu'il venait d'obtenir. Le roi, qui penchait pour cet avis, fit sonner la retraite.

Les Romains perdirent dans cette affaire plus de deux mille hommes de leur infanterie légère, deux cents cavaliers, et beaucoup d'autres soldats furent faits prisonniers de guerre. Les

Thraces, qui portaient au haut de leurs piques les têtes des ennemis, rentrèrent en chantant dans le camp de Persée, tandis que les Romains consternés se préparaient à passer le Pénée, afin de se mettre à l'abri d'une nouvelle attaque.

DISTRIBUTION DU BUTIN. — Persée s'étant présenté le lendemain pour attaquer les Romains, connut la faute énorme qu'il avait commise, en les voyant campés à l'autre bord du fleuve. Rentré dans son quartier, il procéda au partage des dépouilles tombées en son pouvoir. Elles se composaient de plus de quinze cents boucliers, d'autant de cuirasses, et d'un grand nombre de casques, d'épées et d'autres objets. Il les distribua à ceux qui s'étaient le plus distingués, et après s'être mis en marche le jour suivant, il vint dresser ses tentes à Mopsion, hauteur située entre Larisse et le Tempé.

NÉGOCIATIONS. — Le roi venait d'obtenir une victoire importante ; mais en pensant à l'avenir, il ne songea à profiter de son succès que pour obtenir des conditions avantageuses de la part des Romains. Il pouvait espérer de fléchir leur orgueil ; et si un accommodement équitable était rejeté par eux, il aurait au moins la consolation d'avoir les dieux et les hommes pour témoins de sa modération. Il envoya en conséquence des ambassadeurs à Licinius, qui les reçut en présence d'une nombreuse assemblée. Ils demandaient la paix aux mêmes conditions que le sénat avait imposées au roi Philippe.

RÉPONSE DU CONSUL. — Licinius déclara aux ambassadeurs de Persée qu'il n'y avait point de traité à espérer pour leur maître, s'il ne laissait au pouvoir du sénat la faculté *de disposer de sa personne et de son royaume, comme bon lui semblerait*. Le roi, informé de cette détermination, décidé à courir les hasards de la guerre, retourna à son camp de Sycurie, et le reste de la campagne se passa en actions à peu près insignifiantes.

CAMPAGNE DE L'ANNÉE
170 av. J.-C.

ÉCHEC ÉPROUVÉ PAR LES ROMAINS. — Le consul Hostilius, qui commandait cette année l'armée de Macédoine, détacha en Illyrie Appius Claudius. Ce lieutenant ayant réuni un corps de douze mille hommes, vint camper à Lychnidos, ville des Dassarets (aujourd'hui Sangiac d'Ochrida), non loin d'Uscana, place forte dans laquelle Persée tenait une nombreuse garnison. Le général romain, sur la promesse qu'il avait qu'on lui livrerait cette forteresse dans laquelle il devait trouver un riche butin, s'en approcha avec la presque totalité de ses troupes. Il semblait certain du succès, quand la garnison macédonienne, sortant brusquement, mit son armée dans une déroute telle, que, de onze mille hommes qu'il commandait, à peine deux mille purent regagner le camp, où il était resté environ mille hommes de garde. La nouvelle de cet échec affligea d'autant plus le sénat qu'il avait été occasioné par l'imprudence et la cupidité de Claudius.

SÉNATUS-CONSULTE. — Pour obvier à la rapacité de ses employés civils et militaires, le sénat rendit un décret portant que les villes ne leur fourniraient rien au-delà d'un tarif approuvé par le sénat. C. Popilius et Cn. Octavius, chargés de le mettre à exécution, se rendirent à Thèbes et dans les principales villes du Péloponèse, où leur présence et les ordres qu'ils étaient chargés de promulguer produirent un effet salutaire.

L'année précédente, Persée parvint à déloger les garnisons romaines des différentes places qu'elles occupaient dans l'Illyrie macédonienne. A la suite de ces succès, il envoya une ambassade à Gentius, un des rois de l'Illyrie proprement dite, dont la capitale était Scodra, ville qui conserve encore son nom historique. Il engageait ce prince à quitter le parti des Romains : il y aurait consenti ; mais comme il demandait des subsides, l'avarice de Persée rompit les négociations. Polybe regarde cet événement comme un châtiment des dieux. Le roi manqua pour la même cause de s'emparer de Stratos (auj. Lépenou), ville très-forte de l'Acarnanie.

ARRIVÉE DU CONSUL MARCIUS EN THESSALIE. — Sur le bruit que les armées romaines se préparaient à entrer en campagne, les Achéens décidèrent qu'on enverrait au consul un corps de troupes, dont le commandement fut confié à Archon. On lui députa en même temps une ambassade dans laquelle on vit figurer l'historien Polybe. Elle trouva Marcius en Thessalie, déterminé à pénétrer en Macédoine, persuadé que c'était dans le cœur de ses états qu'il fallait attaquer Persée, qui avait établi son quartier royal de manière à faire face de toutes parts à l'ennemi.

MARCHE DU CONSUL. — Après une longue délibération, Marcius se décida à passer les forêts d'Octolophos. Maîtres d'une hauteur, d'où on découvrait le camp des Macédoniens et la ville de Phila, les Romains poussèrent en avant. Mais Hippias, que Persée avait placé dans un défilé avec douze mille hommes, harcela tellement l'ennemi, qu'il ralentit son ardeur. Marcius, inquiet, commença à sentir qu'il s'était engagé dans un mauvais pas, et si le roi avait soutenu son lieutenant, les Romains auraient éprouvé un échec considérable.

DIFFICULTÉS DU PASSAGE. — Les chevaux de charge tombaient presque à chaque pas qu'ils faisaient à la descente de la montagne ; les éléphants surtout causèrent un embarras extrême. Il fallut trouver des moyens pour leur faire traverser le défilé, en établissant des pontons, recouverts de terre, qui s'abaissaient insensiblement et par étages, jusqu'à ce qu'ils fussent arrivés en plaine. Pendant ces mouvements pénibles, Persée, occupé en excursions inutiles de cavalerie, aux environs de Dion, donna le temps au consul de sortir d'embarras.

POLYBE PRÉSENTÉ AU CONSUL. — Il remit au consul le décret par lequel les Achéens lui offraient le concours de leurs forces. Marcius le remercia en disant que la confédération pouvait s'épargner la dépense dans laquelle son offre généreuse l'engagerait, et les ambassadeurs retournèrent en Achaïe.

Polybe, resté seul auprès de Marcius, ne tarda pas à être informé qu'Appius Centon pressait les Achéens de lui envoyer cinq mille hommes en Épire, où il se trouvait. Il crut devoir en référer au consul, qui le renvoya en Achaïe, pour faire savoir aux magistrats qu'Appius n'avait aucun droit d'exiger le secours qu'il leur demandait. Il est difficile, dit Polybe, de savoir le vrai motif qui portait Marcius à agir de la sorte.

TERREUR DE PERSÉE. — Pendant que le roi était au bain, on vint l'informer de l'approche des ennemis. Cette nouvelle le jeta dans une affreuse épouvante. Indécis sur le parti qu'il avait à prendre, il se plaignait de se voir vaincu sans combat. Il ordonna de transporter sur ses vaisseaux les statues en bronze doré, des héros du Granique, qui se trouvaient à Dion ; il commanda qu'on jetât à la mer les trésors qu'il avait à Pella ; qu'on brûlât sa flotte, qui se trouvait réunie à Thessalonique : pour lui, il se retira de sa personne à Pydna.

POSITION DIFFICILE DU CONSUL. — *Les dieux*, dit Tite-Live, *ôtèrent le jugement et le conseil à Persée : dix jours de plus, c'en était fait de Licinius et de son armée*. Il ne pouvait rétrograder, parce que les Macédoniens avaient réoccupé le défilé qu'il avait franchi. Les autres issues lui étaient fermées du côté de la Thessalie, par une forêt qu'il fallait traverser avant d'arriver au Tempé, et dans la direction de Dion, par des bois regardés comme impénétrables : ces positions pouvaient être facilement défendues. Placé dans cette espèce de réseau, des fourrageurs que le consul envoya à la découverte, lui rapportèrent que l'ennemi ne se montrait d'aucun côté. Il se hâta d'envoyer l'ordre au préteur Lucius, stationné à Larisse, d'occuper le Tempé. Il prescrivit en même temps à Popilius de reconnaître les passages qui conduisaient à Dion, dont il s'empara; mais la disette l'ayant forcé d'abandonner cette ville, il s'empara de Phila, où il trouva des vivres en abondance.

CRUAUTÉ DE PERSÉE. — Informé de l'évacuation de Dion, le roi s'empressa de réoccuper cette place et d'en réparer les murailles. Il commença alors à respirer ; et il souhaitait qu'on n'eût pas exécuté les ordres qu'il avait donnés de sacrifier ses trésors et sa flotte. Andronic, chargé de brûler les vaisseaux, avait traîné en longueur, et ils étaient intacts. Nicias, empressé d'obéir à son maître, avait fait jeter à l'eau tous les trésors qui se trouvaient à Pella. Ce malheur fut promptement réparé, au moyen de plongeurs habiles qui retirèrent presque tout l'argent qu'on croyait perdu. Pour prix de pareils services, Persée fit mourir en secret Andronic et Nicias, afin de ne laisser aucuns témoins vivants de l'indigne frayeur dont il avait été saisi. Le reste de la campagne se passa en actions de peu d'importance.

AMBASSADES DE PRUSIAS ET DES RHODIENS AU SÉNAT. — Sur ces entrefaites, Prusias, roi de Bithynie, et les Rhodiens envoyèrent à Rome des ambassadeurs chargés de négocier en faveur de Persée. Les premiers s'exprimèrent avec modestie, mais il n'en fut pas de même de ceux de Rhodes. Après avoir étalé en style pompeux les services qu'ils avaient rendus au peuple romain, et s'être attribué la plus grande part dans ses victoires pendant la guerre contre Antiochos, ils parlèrent de la détresse de leur commerce au milieu de la crise actuelle. Enfin, ils proposèrent impérieusement leur *médiation*, en déclarant que si les parties belligérantes ne se rendaient pas à la raison, *les Rhodiens verraient ce qu'ils auraient à faire*.

RÉPONSE. — Le sénat annonça aux ambassadeurs qui tenaient ce superbe langage qu'après la défaite de Persée, Rome traiterait ses alliés chacun selon ses mérites. On leur donna ensuite lecture d'un sénatus-consulte qui déclarait les Cariens et les Lyciens libres et autonomes. Malgré ce dédain pour leur réponse, le sénat fit aux envoyés de Rhodes les présents d'usage.

CAMPAGNE DE PAUL ÉMILE EN MACÉDOINE,
168 av. J.-C.

COMICES. — Le temps d'élire les consuls approchait ; c'était le sujet de tous les entretiens. On n'était pas satisfait des généraux qui, depuis trois ans, étaient chargés de faire la guerre en Macédoine. Le peuple *désignait* hautement Paul Émile. Il était âgé de près de soixante ans. Nommé consul treize ans auparavant, l'assemblée du peuple avait payé ses services d'ingratitude en refusant de l'élever de nouveau au premier rang des dignitaires de l'état, quoiqu'il l'eût sollicité avec instance. Depuis ce refus il menait une vie retirée, entièrement occupé de l'éducation de ses enfants. Ses parents et ses amis le pressaient de répondre au vœu général qui l'appelait au consulat ; mais ne se croyant plus en état de commander, il fuyait avec soin les honneurs auxquels il avait aspiré dans un autre temps. Cependant lorsqu'il vit que tous les matins on s'assemblait sous le vestibule de son palais, et qu'on l'appelait au *Forum*, il dut céder à de pareilles instances. Il se mit au nombre des candidats ; c'était moins solliciter le commandement des armées que donner au peuple l'assurance de la victoire : le consulat lui fut accordé d'une commune voix.

PRÉSAGE. — On dit que le jour où Paul Émile fut chargé du commandement de l'armée de Macédoine, comme il rentrait chez lui, accompagné d'une foule qui le suivait pour lui faire honneur, il trouva sa fille Tertia, encore enfant, qui fondait en larmes. Il lui demanda la cause de son chagrin. Tertia le serrant dans ses petits bras et le baisant, lui dit : *Tu ne sais donc pas, mon père, que notre Persée est mort?* Elle parlait d'un jeune chien qu'elle élevait et qui avait nom Persée. Paul Émile, frappé de ce mot, lui répondit : *A la bonne heure, ma chère enfant, j'accepte de bon cœur cet augure.*

ENQUÊTE. — Avant d'entrer en campagne, le consul demanda au sénat d'envoyer en Macédoine des commissaires chargés d'inspecter l'armée de terre et la flotte, désirant qu'on lui fournît un état effectif des troupes, de leurs positions, et d'indiquer sur quels alliés on pouvait compter, pour combien de temps on avait des vivres, où on pouvait s'en procurer, quels étaient les moyens de transport. Les mêmes commissaires eurent ordre de s'informer des forces de Persée et de ses différentes positions. Le sénat approuva ces sages dispositions, et ses agents partirent aussitôt après avoir reçu leur commission.

RAPPORT AU SÉNAT. — Ils firent diligence et, de retour à Rome, ils annoncèrent, comme on l'a dit précédemment, que Marcius avait forcé les défilés de la Macédoine avec plus de péril pour son armée que d'avantages pour la république; que Persée occupait la Piérie, et que les deux camps n'étaient séparés que par le fleuve Énipée; que le roi évitait le combat, et que les Romains n'étaient pas en mesure de le contraindre à l'accepter, en attaquant ses lignes; qu'un hiver très-rude avait empêché l'armée d'agir, et qu'il ne lui restait de vivres que pour six jours. Ils faisaient monter l'armée macédonienne à trente mille hommes.

Si Appius Claudius, campé à Lichnidos, avait pu réunir assez de troupes, il aurait réussi à embarrasser Gentius; mais il était tellement affaibli qu'il se trouvait même compromis. La flotte était dans le plus grand délabrement; une partie des équipages avait péri de maladie, les matelots siciliens étaient retournés dans leur pays; ceux qui restaient n'avaient reçu ni vêtements ni solde.

DÉPART DU CONSUL. — Le sénat ayant pourvu à tout, Paul Émile partit pour la Macédoine avec vingt-cinq mille huit cents fantassins et cinq mille cavaliers, levés en Italie et dans les Gaules. On porta l'armée du préteur Anicius, destiné à remplacer Appius Claudius, à vingt-un mille deux cents hommes; les troupes embarquées sur la flotte montaient à cinq mille hommes, et le total général des deux armées à cinquante-six mille deux cents soldats.

PRÉPARATIFS DE PERSÉE. — Tandis que Paul Émile se disposait à passer la mer pour entrer en Macédoine, la crainte du danger l'emportant sur son avarice, Persée avait consenti à acheter l'alliance de Gentius au prix de trois cents talents (1,650,000 fr.). Il avait en même temps envoyé des ambassadeurs aux Rhodiens, à Eumène et à Antiochos; mesures sages mais trop tardives. Mais ayant balancé à payer le subside dont il était convenu, il perdit l'alliance de Gentius; il se croyait d'ailleurs assez assuré de ce prince, parce qu'il avait fait emprisonner deux ambassadeurs que le sénat lui avait envoyés et qu'il se trouvait ainsi compromis. L'avarice de Persée le priva également du secours de dix mille cavaliers et d'un égal nombre de fantassins gaulois ou bastarnes dont il avait réclamé l'assistance. Il était convenu de donner dix pièces d'or à chaque cavalier, cinq à chaque homme de pied, et mille à leur général. Antigone, qu'il leur envoya pour modifier ces engagements, faillit être mis en pièces par les barbares, et leur chef Claudicos (Clovis?) reprit le chemin du Danube, après avoir ravagé la Thrace depuis les sources de l'Axios jusqu'au confluent de la Save et de l'Ister.

DÉFAITE ET CAPTIVITÉ DE GENTIUS. — La campagne d'Anicius dans l'Illyrie fut terminée avant qu'on sût à Rome qu'elle était commencée : elle ne dura que 30 jours. Le préteur ayant traité avec beaucoup d'égards Scodra, la capitale du pays, les autres villes se rendirent volontairement aux Romains. Gentius lui-même fut obligé de venir se jeter aux pieds d'Anicius, avouant avec les larmes aux yeux sa faute ou plutôt sa folie d'avoir abandonné la cause des Romains pour embrasser celle de Persée qui l'avait indignement abusé. Le préteur le traita avec humanité, et ayant délivré les ambassadeurs qu'il tenait prisonniers, il envoya l'un d'eux, nommé Perpenna, à Rome. Il le chargea de porter au sénat la nouvelle de sa victoire, en annonçant l'arrivée de Gentius, de sa mère, sa femme, ses enfants et son frère, avec les principaux seigneurs du pays. La vue de tant d'illustres captifs, qu'on vit bientôt paraître à Rome, augmenta la joie du peuple, dont la foule inonda les temples pour rendre des actions de grâces aux dieux immortels.

#### APPROCHES DES ARMÉES DE PAUL ÉMILE ET DE PERSÉE.

Le roi était campé au pied du mont Olympe, dans une position regardée comme inexpugnable par son assiette et à cause des moyens de défense que l'art y avait ajoutés : il apprit alors la défaite de Gentius. Cette nouvelle répandit autant de consternation parmi les Macédoniens qu'elle causa de joie dans l'armée romaine. Persée fut encore bien plus déconcerté, en voyant les manœuvres de l'ennemi ; il sentit alors qu'il n'avait plus affaire à Marcius, mais que tout était changé avec Paul Émile. Le nouveau consul venait de recevoir des ambassadeurs de Rhodes, chargés de négocier la paix au nom du roi de Macédoine ; il leur avait dit que *dans quinze jours il leur donnerait réponse.*

#### PERSÉE ABANDONNE SON CAMP.

Paul Émile regardait comme à peu près impossible d'attaquer avec succès le roi de Macédoine dans ses lignes. Il délibérait, et à force de s'informer, il apprit qu'il pouvait tourner cette position, en s'emparant de Python, place située dans les escarpements du mont Olympe. La direction de cette entreprise fut confiée à Scipion ; on savait que la forteresse qui fermait le défilé était défendue par une garnison macédonienne de cinq mille hommes : l'heureux Scipion triompha de tous ces obstacles.

Dès que le succès de Scipion fut connu de Persée, il rassembla un conseil de guerre, où il fut décidé de se retirer sous les murs de Pydna, afin d'y attendre les Romains et de leur livrer bataille. Le lieu où le roi s'établit était une plaine enveloppée en partie de coteaux propres à cacher les mouvements de son armée ; elle avait sur le front de bandière deux petites rivières dont les bords escarpés devaient causer des embarras à l'ennemi, qui se trouverait dans la nécessité de rompre ses rangs pour arriver à son corps de bataille.

#### HÉSITATION DE PAUL ÉMILE.

Le consul, après avoir rallié la division commandée par Scipion, marcha à l'ennemi en prolongeant le rivage de la mer, afin de tirer des vivres de sa flotte. Arrivé en vue du camp macédonien, il s'arrêta pour réfléchir sur ce qu'il avait à faire. Les jeunes officiers le conjuraient d'attaquer sur-le-champ. Scipion, dont la confiance était augmentée par le succès qu'il venait d'obtenir au passage du mont Olympe, était d'avis de ne pas perdre une aussi belle occasion d'en finir avec les Macédoniens. *Autrefois*, reprit le consul, *j'aurais pensé comme vous le faites aujourd'hui, et un jour viendra où vous penserez comme moi. Je vous rendrai compte de ma conduite quand il en sera temps ; reposez-vous-en maintenant sur la prudence d'un vieux général.*

#### ÉCLIPSE DE LUNE.

Le consul, qui s'était retiré avec l'armée dans les lignes de son camp, savait que pendant cette nuit la lune devait s'éclipser. Il en avait fait prévenir les troupes par Caïus Sulpitius, tribun militaire, qui leur avait annoncé le commencement, la durée et la fin de ce phénomène. Les Romains ne furent donc point étonnés ; ils crurent seulement que Sulpitius était doué d'une science plus qu'humaine. Mais il n'en fut pas de même dans le camp macédonien, qui fut saisi d'épouvante ; un bruit sourd s'y répandit *que ce prodige menaçait l'armée de la perte de son roi.*

#### BATAILLE DE PYDNA.

Le lendemain au point du jour Paul Émile, après avoir offert des sacrifices aux dieux et expliqué à ses officiers les motifs qui l'avaient porté à différer d'en venir aux mains, donna l'ordre de se préparer au combat. Il est à regretter pour les tacticiens, que nous ayons perdu l'endroit où Polybe et Tite-Live décrivaient l'ordre de cette bataille. Elle fut décidée si promptement, qu'ayant commencé vers les trois heures après midi, la victoire fut remportée dans une heure de temps. On employa le reste du jour à la poursuite des fuyards, et on ne revint que fort avant dans la nuit. Les valets de l'armée étant accourus au-devant de leurs maîtres avec des flambeaux, les ramenèrent à leurs tentes, qu'on avait illuminées, ornées de festons de lierre et de couronnes de laurier.

» Au milieu des acclamations qui se faisaient entendre, le consul seul était plongé dans une extrême affliction : de deux fils qu'il avait présents à ce combat, le plus jeune, âgé de dix-sept ans, ne paraissait pas. On craignait qu'il n'eût été tué; on le demandait, on l'avait cherché avec des torches parmi les morts, mais inutilement; enfin, au moment où tout espoir semblait perdu, il reparut avec deux ou trois de ses camarades, couvert du sang des ennemis. Paul Émile crut le voir sortir du nombre des morts. Ce fils, ce jeune Romain, était le second Scipion, qu'on surnomma dans la suite l'*Africain* et le *Numantin*, pour avoir ruiné Carthage et Numance : il fut adopté par le fils de Scipion, vainqueur d'Annibal. Le consul expédia sur-le-champ à Rome, Fabius, son fils aîné, et deux courriers, chargés d'annoncer au sénat la victoire de Pydna.

FUITE DE PERSÉE. — Arrivé vers minuit à Pella, Persée poignarda de sa main les deux gardiens de son trésor, sur quelques observations qu'ils se permirent de lui faire. Il partit ensuite pour Amphipolis, en emportant une partie de ses richesses; de là il se réfugia dans l'île de Samothrace.

LETTRE DU ROI. — Le consul était campé à Sirès (aujourd'hui Serrès?), ville de l'Odomantide, lorsqu'on lui apporta une lettre de Persée. Il ne put s'empêcher de verser des larmes en réfléchissant à l'inconstance des choses humaines; mais quand il lut la souscription : LE ROI PERSÉE AU CONSUL PAUL ÉMILE, SALUT, il renvoya la dépêche sans y faire réponse.

PERSÉE SE REND A DISCRÉTION. — Tant qu'il put espérer, le roi n'épargna même aucun crime pour se justifier. Il se débarrassa d'Évandre, qu'il tua pour effacer le dernier témoin de l'assassinat d'Eumène. Réfugié dans le temple de Castor et de Pollux, il essaya de passer en Crète, en s'embarquant sur le vaisseau d'un certain Oroandès, capitaine marchand, qui lui vola une partie de son trésor et l'abandonna sur la plage. Réduit à son triste sort, il se livra avec Philippe, son fils, au préteur Octavius, amiral de la flotte romaine.

IL EST CONDUIT DEVANT PAUL ÉMILE. — Le consul, informé de l'approche du roi, envoya Tubéron, son gendre, à sa rencontre. Persée, vêtu de noir, se présenta seul, accompagné de Philippe, son fils. Paul Émile, entouré d'un nombreux cortége, se leva de son siége, et s'étant un peu avancé, lui tendit la main, sans souffrir qu'il embrassât ses genoux. Il l'introduisit dans sa tente, l'invita à dîner, et chargea Tubéron de prendre soin de sa personne.

FIN DU ROYAUME DE MACÉDOINE. — L'armée romaine fut mise en quartiers d'hiver; Amphipolis reçut la majeure partie des troupes. La guerre contre Persée avait duré quatre ans. Ainsi finit un royaume illustre, tant en Europe qu'en Asie, qui avait subsisté pendant un peu plus de cent cinquante ans, depuis le règne d'Alexandre-le-Grand. Persée avait régné onze ans : c'était le quarantième roi, à dater de Caranos. Une conquête aussi importante ne coûta que quinze jours à Paul-Émile.

ARRIVÉE DES COURRIERS DU CONSUL A ROME. — Long-temps avant l'annonce officielle de la victoire de Pydna, quatre jours seulement après ce grand événement, pendant qu'on célébrait les jeux dans le cirque, le bruit s'était répandu parmi les assistants, *qu'on avait livré une bataille en Macédoine, et que Persée était vaincu*. Des battements de mains et des cris d'allégresse avaient retenti de toutes parts. C'était cependant une nouvelle hasardée, que l'arrivée des messagers du consul confirma beaucoup plus tard. Alors la joie du peuple éclata sans bornes et sans mesure. On lut dans le sénat et dans l'assemblée publique, le détail circonstancié de la bataille. On décréta des prières solennelles et des sacrifices en actions, de graces, pour remercier les dieux de l'éclatante protection qu'ils avaient accordée à la république.

PROROGATION DU GÉNÉRALAT DE PAUL ÉMILE ET DE L. ANICIUS.

167 av. J.-C.

Après la nomination des consuls, on prorogea dans le commandement des armées Paul Émile et L. Anicius. Des commissaires furent chargés de régler les affaires de la Macédoine et de l'Illyrie : le sénat détermina les instructions qui devaient diriger leur conduite.

ÉDIT DU SÉNAT. — Il fut ordonné que les Macédoniens et les Illyriens seraient déclarés libres ; on abolit certains impôts sur les mines et sur les terres, parce qu'on ne pouvait les prélever sans le concours des publicains, *gens*, dit Tite-Live, *essentiellement oppresseurs du peuple, devant qui les lois sont sans force*. On établit un conseil général de la nation, afin de prévenir l'anarchie. On fit une espèce de république de la Macédoine, en la partageant en quatre districts, dont chacun, indépendamment de l'assemblée générale, avait son conseil particulier ; l'impôt fut fixé à la moitié de ce qu'on payait aux rois.

Le propréteur, L. Anicius, ayant reçu le premier les cinq commissaires du sénat, annonça à l'assemblée des Illyriens, réunie à Scodra, que les Scodrians et leur district en particulier étaient libres et exempts de toute espèce d'impôts ; les autres provinces furent déchargées de la moitié des tributs, et l'Illyrie fut divisée en trois régions.

TOURNÉE DE PAUL ÉMILE DANS LA GRÈCE. — P. Émile visita les plus célèbres villes de la Hellade. Après avoir laissé le commandement de l'armée à Sulpitius Gallus, il partit, accompagné du jeune Scipion, son fils. Il traversa la Thessalie pour se rendre à Delphes, où il offrit un sacrifice à Apollon. Ayant vu un socle sur lequel on devait inaugurer une statue d'or de Persée, il ordonna que la sienne y fût placée, en disant *que c'était aux vaincus à céder la place aux vainqueurs*. A Lébadée, il sacrifia à Jupiter et à la déesse Hercyne. A Chalcis, il observa le flux et le reflux de l'Euripe. Arrivé à Aulis, il visita le temple de Diane, célèbre par le sacrifice d'Iphigénie. Il s'arrêta à Orope, où le devin Amphiloque était encore honoré comme un dieu. Arrivé à Athènes, il examina la citadelle, les ports, les longs murs, les arsenaux, les statues des dieux et des hommes illustres ; il n'oublia pas surtout de rendre ses hommages à Minerve, qui n'avait pu protéger la liberté de son peuple chéri.

Il demanda aux Athéniens un philosophe pour achever l'éducation de ses enfants, et un peintre habile pour diriger les ornements de son triomphe. Ils lui indiquèrent Métrodore, qui excellait dans la philosophie et dans la peinture. L'expérience justifia ce choix par les sentiments qu'il inspira à Scipion, qui tint toujours à honneur de vivre au milieu des artistes et des sages. Ainsi on le voyait à l'armée, accompagné de l'historien Polybe, du sage Panetios et du poète Térence ; ce qui fit dire à V. Paterculus, *que Scipion Émilien n'avait jamais rien dit, ni rien fait, ni rien pensé qui ne fût digne d'un Romain*.

Paul Émile se rendit en deux jours d'Athènes à Corinthe. L'isthme et la citadelle lui offrirent un spectacle enchanteur. Il visita Sicyone et Argos, situées sur sa route. Il passa à Épidaure, à Sparte, à Mégalopolis, d'où il arriva à Olympie. En voyant le chef-d'œuvre de Phidias, il s'écria *que son Jupiter était le véritable Jupiter d'Homère*. Croyant être dans le Capitole, il offrit une hécatombe au maître de l'Olympe.

RETOUR A AMPHIPOLIS. — Après avoir parcouru la Grèce, Paul Émile revint à Amphipolis, où il fut étrangement surpris de rencontrer Persée, que ses gardes laissaient presque errer en liberté. Il en témoigna son mécontentement à Sulpitius; et ayant fait venir de l'île de Samothrace le second fils et la fille de l'ex-roi, il ordonna d'en prendre soin et de les surveiller, ainsi que leur père.

PUBLICATION DU SÉNATUS-CONSULTE. — Les commissaires et les premiers de la Macédoine s'étant assemblés, Paul Émile monta sur son tribunal, et après avoir commandé le silence, il fit connaître ce que le sénat avait résolu au sujet de la Macédoine. Les principaux articles du sénatus-consulte portaient que « le royaume « de Macédoine était libre; que ses « habitants ne paieraient aux Ro- « mains que la moitié des tributs aux- « quels ils étaient soumis sous le rè- « gne de Persée: cette somme fut fixée « à cent talents (5,400,000 fr.); qu'ils « auraient un conseil public; que le « royaume serait partagé en quatre « districts, dont chacun aurait son ad- « ministration particulière; qu'aucun « individu ne pourrait contracter ma- « riage, acheter ni posséder des terres « et des maisons hors des limites du « canton dans lequel il avait son do- « micile réel. »

Ces dispositions, qui effaçaient la Macédoine du rang des puissances en attachant ses habitants à la glèbe, reçut son complément dans une réunion subséquente. Sous prétexte de *laisser la nation libre* dans le choix de ses magistrats et d'assurer l'*indépendance du peuple*, on donna lecture d'une liste des personnes qui devaient, *sous peine de mort*, passer en Italie avec leurs enfants âgés de plus de quinze ans. Elle comprenait les nobles, les généraux, les capitaines de vaisseaux, les gens en charge à la cour, et une foule d'officiers accoutumés à *servir le roi comme des valets et à commander au peuple avec insolence*.

CÉLÉBRATION DES JEUX. — Pour achever d'étourdir le peuple, flatté de voir abaisser les grands, Paul Émile avait préparé depuis long-temps des jeux solennels, auxquels il avait invité les hommes les plus considérables des villes de l'Asie et de l'Europe. Il offrit de nombreux sacrifices aux dieux, et il se montra aussi magnifique dans les fêtes qu'il fut attentif à satisfaire ses convives, de façon que chacun eut à se louer de sa politesse et de sa munificence.

Ayant fait rassembler par tas, les arcs, les carquois, les flèches, les javelines, les sarisses et une multitude d'armes disposées en forme de trophées, il y fit mettre le feu, comme à ces holocaustes de fagots qui terminent les fêtes publiques. Il exposa ensuite aux regards des spectateurs les objets qui devaient être transportés à Rome, tels que meubles, statues, tableaux, vases d'or, d'argent, d'airain et d'ivoire, ouvrages des plus grands maîtres. Tout l'or et l'argent trouvé dans le trésor du roi fut versé dans l'épargne; il permit seulement à ses fils, qui aimaient les lettres, de prendre les livres de la bibliothèque de Persée.

PAUL ÉMILE RAVAGE L'ÉPIRE. — Après avoir joint à la dureté avec laquelle il déporta l'élite des Macédoniens, l'insulte, lorsqu'il exhorta le peuple à ne pas *abuser de la liberté* que les Romains lui laissaient, Paul Émile passa en Épire. Un décret du sénat lui prescrivait de livrer aux brigands armés dont il était le chef, le pillage des villes qui avaient embrassé la cause de Persée. Il détacha Scipion Nasica et Fabius, son fils, avec un corps suffisant de troupes pour faire subir le même sort à plusieurs contrées de l'Illyrie.

ARTIFICE HONTEUX. — Arrivé en Épire, il envoya des officiers, sous prétexte de retirer les garnisons des villes, afin que les Épirotes fussent indépendants comme les Macédoniens. Il fit en même temps signifier à dix des principaux citoyens de chaque lieu d'apporter sur la place publique, à jour fixe, l'or et l'argent qui se trouvait dans les maisons et dans les temples. Il déclarait que toutes ces sortes de richesses étaient dévolues au trésor public : il distribua en conséquence ses cohortes de ville en ville, ainsi que dans les bourgades de la vieille Épire. Au jour marqué, tout l'or et l'argent fut apporté dès le matin au lieu indiqué, et, avant midi, la soldatesque se précipita dans les maisons particulières, dont le pillage lui avait été secrètement abandonné. Dans cette effroyable catastrophe, il y eut cent cinquante mille hommes faits esclaves, et soixante-dix villes furent démantelées ou renversées de fond en comble. Le produit du butin valut à chaque cavalier quatre cents deniers (327 fr. 50 c.), et deux cents deniers (163 fr. 75 c.) à chaque fantassin.

DÉPART POUR L'ITALIE. — Chargé de dépouilles et suivi de ses captifs, Paul Émile descendit au port d'Oricon (aujourd'hui val d'Orco), d'où il fit voile pour l'Italie. Quelques jours après, L. Anicius ayant rassemblé ce qui restait d'Épirotes et d'Acarnaniens, vint s'embarquer au même lieu et pour la même destination.

ARRIVÉE A ROME. — Parvenu à l'embouchure du Tibre, le vainqueur remonta ce fleuve sur la galère royale de Persée, qui était à seize rangs de rames. La population de Rome, sortie à sa rencontre, le saluait par des acclamations. Mais il n'en était pas ainsi de ses soldats, qui l'accusaient d'avarice et de dureté dans le commandement, tout en reconnaissant la supériorité de son mérite. Ils lui disputaient les honneurs du triomphe, qui lui furent cependant accordés après quelques débats.

TRIOMPHE DE PAUL ÉMILE. — Rome n'avait jamais été témoin d'une cérémonie aussi magnifique. Les rues et les places publiques, bordées d'échafaudages garnis d'une multitude de citoyens parés de leurs plus beaux habillements ; les temples des dieux ouverts, leurs parvis ornés de guirlandes de fleurs, présentaient une scène incomparable en grandeur et en magnificence.

On avait partagé en trois jours la marche de la pompe triomphale. Le premier put à peine suffire à voir défiler les tableaux, les peintures et les statues portés sur deux cent cinquante chariots.

Le second jour offrit le spectacle d'une foule de voitures remplies des armes les plus riches des Macédoniens ; elles étaient fourbies à neuf et artistement arrangées, quoiqu'elles semblassent jetées pêle-mêle : le bruit qu'elles faisaient en se froissant, rendait un son guerrier qui avait quelque chose de terrible. Après ces chariots suivaient trois mille hommes, portant l'argent monnayé, renfermé dans sept cent cinquante vases, dont chacun pesait trois talents ou 159 livres de notre poids ; d'autres portaient des coupes de métal précieux, des vases en forme de cornes d'abondance, des aiguières d'un travail exquis par les reliefs et la ciselure dont ils étaient ornés.

Le troisième jour, au lever du soleil, on entendit les trompettes qui sonnaient la charge comme pour annoncer le combat. On vit en même temps paraître cent vingt bœufs avec les cornes dorées, enlacées de couronnes et de festons, accompagnés du corps victimaires et de jeunes gens qui portaient des calices d'or et d'argent pour faire les effusions usitées dans les sacrifices. On admirait, parmi ces ustensiles, la grande coupe d'or du poids de dix talents (environ douze cents marcs), destinée par Paul Émile, qui l'avait fait fabriquer, à être consacrée aux dieux. On fit défiler ensuite une foule de vases antiques, tels que les coupes appelées les *Antigonides*, les *Séleucides*, les *Théricléennes*, et généralement tout le buffet, ainsi que la vaisselle d'or de Persée ; son chariot de guerre venait immédiatement avec son enharnachement

GRÈCE. 383

et son diadème déposé sur ses armes. A peu de distance suivaient les enfants du roi, avec leurs gouverneurs, précepteurs, officiers, qui tendaient des mains suppliantes au peuple. La douleur de cette triste famille, composée de deux fils et d'une fille, absorbait tellement l'attention, qu'on laissa presque passer leur père sans le regarder. Celui-ci, vêtu de noir et chaussé de brodequins à la macédonienne, montrait, à sa contenance, qu'il était comme privé de sens et d'entendement.

Quatre cents couronnes d'or, données par les villes principales de la Grèce à Paul Émile, précédaient le char du vainqueur, qui parut enfin dans tout l'éclat de la pompe triomphale, monté sur un char éblouissant, vêtu d'une robe rayée d'or, et portant, en sa main droite, un rameau de laurier. Ses soldats l'accompagnaient en chantant des airs de victoire mêlés de brocards... Hélas! ils auraient pu y ajouter des hymnes funèbres; car, au milieu de son triomphe, Paul Émile étouffait des sanglots qui allaient être suivis de larmes nouvelles et plus amères que celles qu'il venait de répandre.

De quatre fils chers à sa tendresse paternelle, Paul Émile avait consenti à en laisser passer deux, par voie d'adoption, dans les familles historiques de Scipion et de Fabius : deux autres, qu'il avait eus d'une seconde femme, étaient devenus l'objet de ses sollicitudes. L'aîné, âgé de quatorze ans, était mort cinq jours avant son triomphe; et trois jours après être descendu de son char de victoire, il reçut le dernier soupir du plus jeune, qui était âgé de douze ans. Dans une harangue qu'il prononça au *Forum* pour rendre compte de sa campagne en Macédoine, il consola en quelque sorte ses concitoyens, affligés de ses malheurs domestiques. Faisant un effort sur lui-même, il n'exprima sa douleur que par un rapprochement entre sa condition et celle de Persée : « Tout vaincu « qu'il est, dit-il, il a la consolation « d'embrasser encore ses enfants; et « son vainqueur, Paul Émile, a perdu « les siens! »

TRIOMPHE DE CN. OCTAVIUS ET DE L. ANICIUS. — A quelque temps de là on accorda les honneurs du triomphe au premier, à cause de ses victoires navales; et à l'autre, pour celles qu'il avait remportées en Illyrie. Cotys, roi de Thrace, envoya redemander son fils, qu'on avait mis en prison après l'avoir promené en triomphe; il offrait une riche rançon pour sa liberté. Le sénat ordonna son élargissement, en faisant dire au roi Cotys que les bienfaits du peuple romain ne se payaient que par la reconnaissance de ceux qu'il obligeait.

PÉRIODE DEPUIS PERSÉE JUSQU'A LA RUINE DE CORINTHE.
167—146 av. J.-C.

AMBASSADES. — Le sénat, victorieux, ne tarda pas à dégénérer de sa haute illustration, en devenant le centre des intrigues politiques les plus honteuses. Attale et les Rhodiens furent les premiers flatteurs de cette assemblée, aussitôt après la chute de Persée, dont le fils commençait à apprendre le métier de tourneur, afin de se procurer une existence indépendante.

Le roi de Pergame s'était dérobé par la fuite aux embûches des pères conscrits. Ils avaient voulu entraîner Attale dans un crime, en lui faisant chasser son frère du trône pour s'en emparer à leur tour, sous prétexte de venger un forfait qu'ils conseillaient : enfin le sénat romain était déchu de son antique probité.

DÉPUTÉS DE RHODES. — Ce ne fut qu'après les dédains les plus humiliants qu'on permit aux Rhodiens de paraître dans le sénat. Prosternés par terre, tenant en main des rameaux d'olivier, dans l'attitude de suppliants, leur orateur, Astymède, d'une voix entrecoupée de sanglots, parvint difficilement à fléchir l'austère Caton : on leur permit d'exister sous le bon plaisir du sénat avec le titre d'*alliés* des Romains.

BASSESSE DE PRUSIAS, ROI DE BI-

THYNIE. — Il vint au-devant des députés que le sénat envoyait pour le complimenter, la tête rasée, avec le bonnet, l'habit et la chaussure des affranchis ; puis en les saluant : « Vous « voyez, leur dit-il, un de vos escla- « ves, prêt à faire tout ce qu'il vous « plaira, et à se conformer entièrement « à ce qui se pratique chez vous. » A son entrée dans le sénat, il se tint contre la porte, en face des pères conscrits assis sur leurs siéges ; il se prosterna et baisa le seuil de la salle des séances. Ensuite, s'adressant à l'assemblée, il s'écria : « Je vous salue, dieux sauveurs ! » Polybe dit qu'il aurait honte de rapporter son discours. L'historien romain Tite-Live observe la même retenue, et avec raison, car ces bassesses déshonoraient autant le sénat qui les souffrait, que le prince qui les faisait. On rendit un sénatus-consulte par lequel il fut défendu aux rois d'entrer à l'avenir dans Rome, tant on était dégoûté de leur dégradation morale.

CHATIMENT DES ÉTOLIENS. — On a parlé ailleurs de la rencontre que fit Paul Émile d'une députation des Étoliens, auxquels il donna audience à Amphipolis. Ils avaient porté plainte contre le despotisme de Lycisque et de Tisippe, que le crédit du consul rendait tout-puissants en Étolie. Appuyés par Bébius, ces deux agents avaient fait mourir cinq cent cinquante Grecs-Étoliens ; un plus grand nombre avaient été exilés et leurs biens confisqués. Paul Émile avait approuvé la conduite de Lycisque et de Tisippe : le sénat ratifia l'iniquité de ce jugement. Dès ce moment, les commissaires romains regardèrent comme ennemis tous ceux qui conservaient quelque affection pour la patrie où ils étaient nés.

PERSÉCUTION POLITIQUE. — Les Romains avaient attenté à l'indépendance de la ligue achéenne par le parti qu'ils prirent en faveur des *bannis* de Sparte ; et dans la conjoncture présente, ils la sapèrent jusque dans son principe. Callicrate, vendu au sénat, lui fit décréter qu'on enverrait en Achaïe deux commissaires chargés d'informer contre les partisans de Persée. Les agents auxquels on confia cette mission furent C. Claudius et Cn. Domitius Énobarbus. Admis dans l'assemblée de la confédération, l'un d'eux se plaignit que la plupart des députés étaient partisans de Persée ; il demanda contre eux *la peine de mort*, s'engageant ensuite à les nommer.

Cette proposition révolta la diète. Pressé de s'expliquer, le commissaire répondit, d'après la suggestion de Callicrate, « que tous ceux qui « avaient été en charge étaient crimi- « nels. » Alors Xénon, homme généralement estimé, se levant : « J'ai « commandé des armées, d.t-il, et j'ai « eu l'honneur d'être chef de la ligue. « Je proteste que je n'ai jamais agi en « rien contre les intérêts de Rome ; « je suis prêt à le prouver, soit ici, « soit devant le sénat. » Le commissaire romain saisit cette dernière parole, et ordonna que tous les individus dénoncés par Callicrate seraient envoyés à Rome pour s'y justifier : on enleva en conséquence plus de mille des principaux citoyens de l'Achaïe. Callicrate devint un objet d'horreur telle, qu'on fuyait sa présence comme celle d'un traître infame ; on ne voulait pas même aller aux bains publics dans lesquels il était entré, quoiqu'on eût pris soin de les purifier.

TRAITEMENTS INIQUES EXERCÉS CONTRE LES ACHÉENS, 164—160 av. J.-C. — L'historien Polybe était au nombre de ces illustres proscrits ; mais comme sa réputation l'avait précédé sur la terre d'exil, à peine fut-il arrivé à Rome que son mérite le fit rechercher des plus illustres citoyens de la république. Il n'en fut pas de même de ses compagnons d'infortune : le sénat, sans vouloir les entendre, ni les juger, prétendant qu'ils avaient été condamnés dans l'assemblée des Achéens, les relégua dans diverses bourgades de l'Italie.

AMNISTIE, 150 avant J.-C. — Les Achéens n'avaient pas cessé, depuis dix-sept ans, de réclamer contre la détention sans jugement de leurs compatriotes, dont un grand nombre étaient morts. A force de réclamations, il s'éleva de grands débats dans le sénat : les uns voulaient que les exilés fussent renvoyés dans leur patrie et rétablis dans leurs biens ; les autres s'y opposaient. Scipion, à la prière de Polybe, avait sollicité Caton en faveur des malheureux déportés. Le vieux Romain s'étant levé pour parler sur la question : « A nous voir, « s'écria-t-il, disputer tout un jour pour « savoir si quelques pauvres vieillards « de la Grèce seront plutôt enterrés « par nos fossoyeurs que par ceux de « leur pays, ne croirait-on pas que « nous n'avons rien à faire? » Cette plaisanterie suffit pour faire honte au sénat de sa longue opiniâtreté et pour le déterminer à renvoyer les exilés dans le Péloponèse. Polybe aurait souhaité qu'ils fussent réintégrés dans leurs biens et dignités; mais il crut devoir pressentir Caton, qui lui dit en souriant : « Polybe, vous n'imitez pas la sa- « gesse d'Ulysse. Vous voulez rentrer « dans l'antre du cyclope pour quelques « méchantes hardes que vous y avez « laissées. » Les exilés retournèrent dans leur pays; mais de mille qu'ils étaient venus, il n'en restait alors qu'environ trois cents, accablés de vieillesse et d'infirmités.

RÉVOLTE DE LA MACÉDOINE,
152 — 148 av. J.-C.

ANDRISCOS USURPATEUR. — Quinze ou seize ans après la défaite de Persée, qui mourut dans les fers, un certain Andriscos, d'Adramytte, ville de la Troade, homme de la plus basse extraction, se donnant pour un fils de Persée, prit le nom de Philippe, et entra en Macédoine dans l'espérance de s'y faire reconnaître pour roi. Il avait composé une fable qu'il débitait partout où il passait, espérant qu'on le croirait sur parole, et qu'il s'opérerait un grand mouvement en sa faveur dans la Macédoine ; mais quand il vit que tout y demeurait tranquille, il se retira en Syrie auprès de Démétrios Soter, dont la sœur avait épousé Persée. Ce prince, qui connut tout d'un coup la fourberie, le fit arrêter et l'envoya à Rome.

SON ÉVASION, 150 avant J.-C. — Comme Andriscos ne fournissait aucune preuve de son extraction royale, et qu'il était dépourvu de noblesse dans sa physionomie ainsi que dans ses manières, il fut traité avec beaucoup de mépris à Rome, sans qu'on prît la peine de l'observer de près ; il profita de la négligence de ses gardes pour s'évader. Arrivé dans la Thrace, il parvint à y lever une armée considérable, avec laquelle il s'empara de la Macédoine et d'une partie de la Thessalie.

SUCCÈS DE SCIPION NASICA, 149 av. J.-C. — Le sénat fit choix de Scipion Nasica pour étouffer cette rébellion dans sa naissance : il était propre à ramener les insurgés par la persuasion ou par la voie des armes. A peine débarqué dans la Hellade, il parcourut les villes alliées, dans lesquelles il leva des troupes; et les Achéens, qui étaient encore puissants, lui en fournirent un nombre considérable. Avec ces moyens, il ne tarda pas à enlever à Andriscos les villes de la Thessalie dont il s'était emparé, sans cependant oser le poursuivre en Macédoine.

ENTREPRISE MALHEUREUSE DE P. JUVENTIUS THALNA. — Malgré les succès qu'il venait d'obtenir, le sénat comprit que Nasica ne pouvait venir à bout de son entreprise, et il donna ordre au préteur P. Juventius Thalna de passer en Grèce avec une armée; il s'y rendit sans perdre de temps. Regardant Andriscos comme un roi de théâtre, il ne crut pas devoir prendre de grandes précautions ; et s'étant engagé imprudemment dans un combat, il y perdit la vie avec une partie de son armée.

ORGUEIL DU FAUX PHILIPPE. — Aveuglé par cette victoire, Andriscos, croyant son autorité affermie, s'abandonna sans réserve à ses mauvaises inclinations. Superbe, avare, cruel, on ne voyait partout que violences, confiscations et meurtres. Profitant de la terreur causée par la défaite des Romains, il recouvra bientôt les villes

25° Livraison. (GRÈCE.)

de la Thessalie qu'il avait perdues. Enfin, une ambassade que les Carthaginois, qui étaient alors attaqués par les Romains, lui envoyèrent, acheva de pervertir son jugement.

CAMPAGNE DE Q. CÉCILIUS MÉTELLUS, 148 av. J.-C. — Andriscos avait résolu d'aller à la rencontre du général romain ; mais pour ne pas s'éloigner de la mer, il s'arrêta à Pydna, où il fortifia un camp. Le préteur, qui le suivit dans cette position, éprouva un échec considérable dans un combat de cavalerie. Cet avantage augmenta la présomption de l'usurpateur, qui envoya une partie de ses troupes pour défendre ses conquêtes en Thessalie. Métellus profitant de cette faute, battit les révoltés ; et Andriscos, contraint de prendre la fuite, se retira chez les Thraces. Il reparut bientôt à la tête d'une nouvelle armée ; mais il fut mis dans une déroute telle, qu'il perdit vingt-cinq mille hommes dans deux batailles. Il ne manquait à la gloire du préteur que de se saisir d'Andriscos, qui s'était réfugié chez un petit roi de Thrace : il y réussit en corrompant ce prince, et le *faux Philippe* fut envoyé à Rome. Un autre aventurier, qui se faisait appeler *Alexandre*, subit le même sort ; mais Métellus ne put le saisir, parce qu'il s'enfuit dans la Dardanie, où il se tint caché.

LA MACÉDOINE RÉDUITE EN PROVINCE ROMAINE. — La Macédoine, entièrement subjuguée, fut alors réduite en province romaine. Cette mesure n'empêcha pas un second *faux Philippe* de se manifester. Son règne ne dura que très-peu de temps ; il fut vaincu et tué sur le champ de bataille par Trémellius Scrofa.

TROUBLES DE L'ACHAÏE.
147 — 146 av. J.-C.

CAUSE DES ÉVÉNEMENTS. — Métellus venait de pacifier la Macédoine lorsqu'il éclata dans l'Achaïe un soulèvement excité par la tyrannie des principaux magistrats de cette province. Damocrite, qui se trouvait à la tête de la ligue, avait fait déclarer la guerre à Sparte, parce qu'elle avait déféré au sénat romain une affaire qu'il prétendait être de son ressort. Métellus le fit prier de suspendre les hostilités jusqu'à ce que les commissaires du sénat chargés de terminer la querelle fussent arrivés dans la Grèce. Il s'y refusa, ainsi que Dièos, son successeur, et la Laconie fut ravagée.

ARRIVÉE DES COMMISSAIRES ROMAINS. — Aurélius Oreste, qui était à la tête de cette légation, convoqua les états d'Achaïe à Corinthe. Il avait ordre d'affaiblir la confédération en séparant le plus grand nombre de villes qu'il pourrait détacher de son union. Il notifia en conséquence à l'assemblée un décret du sénat qui retirait de la ligue achéenne Sparte, Corinthe, Argos, Héraclée, ville voisine du mont Œta, et Orchomène d'Arcadie. Quand les députés, sortis du lieu de leurs séances, eurent fait part au peuple du décret qu'on venait de leur signifier, il entra en fureur, se jeta sur tous les Lacédémoniens qu'il rencontra, et les massacra ; les commissaires eux-mêmes n'auraient pas été épargnés s'ils n'avaient pris la fuite pour se dérober à la rage de la multitude.

MISSION DE JULIUS EN ACHAÏE. — A. Oreste et ses collègues étant de retour à Rome, rendirent compte de ce qui leur était arrivé. Le sénat fit aussitôt partir pour l'Achaïe Julius avec quelques autres commissaires. On leur donna pour instructions d'agir avec modération, et de se contenter de satisfactions plausibles, parce que Carthage n'étant pas encore réduite par la force des armes, on avait intérêt à ménager des alliés aussi puissants que les Achéens.

AUDACE DES DÉMAGOGUES. — Julius et ses collègues exécutèrent à la lettre leur commission ; ils réunirent sans peine le suffrage des gens sensés. Mais Dièos, Critolaos et ceux de leur faction, choisis dans chaque cité, parmi ce qu'il y avait de scélérats, d'impies et de concussionnaires, soufflaient le feu de la discorde pour pervertir l'opinion publique. A les entendre, la douceur des Romains ne venait que du mauvais état de leurs affaires en Afrique, c'est pourquoi ils ajournaient, sous de faux semblants, leurs plans d'oppression. Cependant on prit avec les commissaires des manières assez polies. On leur dit qu'on enverrait Théaridas à Rome, qu'ils n'avaient qu'à se rendre à Tégée, afin d'ouvrir des négociations avec les Lacédémoniens, et de les disposer à la paix. Comme ce plan pouvait obtenir quelques succès, Critolaos parvint à empêcher tout moyen de rapprochement, et Julius dut retourner auprès du sénat, à qui il rendit compte des intrigues du parti destiné à causer les dernières infortunes de l'Achaïe.

DÉCLARATION DE GUERRE DES ACHÉENS. — Métellus, informé de ce qui se passait dans le Péloponèse, députa quatre patriciens à l'assemblée de la ligue achéene, réunie à Corinthe. Introduits dans le lieu de ses séances, ils y parlèrent un langage de paix, en exhortant les députés à ne pas s'attirer la colère des Romains. Ils furent chassés ignominieusement et insultés par une populace en délire : Corinthe tout entière semblait saisie d'une fureur belliqueuse. Critolaos, profitant de ce mouvement, harangue la multitude, parle des rois et des républiques qu'il compte dans son alliance, vient à bout de faire déclarer la guerre aux Romains et aux Spartiates. Les envoyés de Métellus se séparent; l'un se rend à Lacédémone, l'autre à Naupacte, et les deux autres se retirent à Athènes pour attendre le dénoûment de cette catastrophe.

CAMPAGNE DU CONSUL MUMMIUS,
146 avant J.-C.

SUCCÈS DE MÉTELLUS. — Le sénat avait chargé le consul Mummius de la guerre d'Achaïe, et de venger la majesté du peuple romain. Métellus, informé de cette nomination, envoya de nouveaux députés aux Achéens, pour tâcher de terminer à l'amiable les différends et d'obtenir seul la gloire d'avoir rétabli l'ordre dans l'Achaïe.

Ses propositions furent rejetées avec hauteur, et les Béotiens, entraînés par Pythéas, leur premier magistrat, ainsi que les Chalcidiens, accédèrent à la révolte. Alors Métellus fit avancer ses troupes contre les insurgés, qu'il battit aux environs de Scarphée, ville de la Locride, avec perte pour eux de plus de mille prisonniers. Critolaos disparut dans cette bataille. Diéos lui ayant succédé dans le commandement, accorda la liberté aux esclaves, et les ayant enrôlés, ainsi qu'un grand nombre d'Achéens et d'Arcadiens, il parvint à former une armée de quatorze mille fantassins et de six cents chevaux. Il ordonna des levées tellement considérables que les villes déjà épuisées étaient dans la désolation. Plusieurs particuliers se donnaient la mort; d'autres abandonnaient leur patrie : malgré l'extrémité des maux, personne ne songeait néanmoins à prendre l'unique parti qui pouvait affranchir l'Achaïe du poids de l'oppression.

PROGRÈS DE MÉTELLUS. — Cependant Métellus venait de faire passer au fil de l'épée mille Arcadiens qu'il avait rencontrés près de Chéronée, et il s'était rendu maître de Thèbes. Touché du triste état de cette ville, il ordonna qu'on respectât ses temples, ses maisons et jusqu'aux Béotiens qu'on trouverait errants dans la campagne. Il excepta de cette disposition, Pythéas, auteur de tous les maux, qui lui fut amené et mis à mort. Maître de Thèbes, Métellus, ayant dirigé sa marche vers le Péloponèse, s'empara de Mégare, et ayant passé l'isthme, il se présenta devant Corinthe, où Diéos s'était enfermé. Il essaya encore des moyens d'accommodement, en chargeant de propositions pacifiques trois Achéens, réfugiés dans son camp, qu'il envoya auprès du chef des insurgés. Ces députés furent jetés en prison, et Diéos les aurait fait mettre à mort, si la multitude, irritée du supplice qu'il avait fait souffrir à Sosicrate, pour avoir osé proposer de se rendre aux Romains, ne lui en eût imposé; ainsi les députés de Métellus lui furent renvoyés sains et saufs.

25.

Arrivée de Mummius. — Les choses étaient sur ce pied, lorsque Métellus se retira en Macédoine, après avoir remis le commandement à Mummius, qui avait pressé sa marche, afin d'avoir la gloire de terminer la guerre. Un avantage obtenu par Dièos sur une avant-garde romaine exalta tellement son orgueil, qu'il offrit la bataille au consul. Celui-ci, pour augmenter sa témérité, feignit d'être arrêté par la crainte, en retenant ses troupes dans leurs lignes. Alors l'audace des Achéens s'accrut au dernier point. Ils s'avancèrent fièrement, avec toutes leurs troupes, après avoir placé sur les hauteurs voisines leurs femmes et leurs enfants, pour être témoins de la bataille, en se faisant suivre de chariots remplis de chaînes, qu'ils destinaient aux vaincus et à transporter le butin qu'on devait rapporter.

Défaite des Achéens. — Jamais présomption ne fut plus mal fondée. Le combat se donna à Levkopetera, lieu voisin du défilé, où les Achéens ne parurent que pour prendre la fuite. Dièos pouvait se retirer dans l'Acrocorinthe et obtenir une capitulation avantageuse, mais il se sauva à toute bride pour se rendre à Mégalopolis. Arrivé dans sa maison, il y mit le feu, égorgea sa femme, avala du poison et termina ainsi une vie souillée de crimes.

Incendie de Corinthe. — Les habitants, privés de toute espèce de conseil, profitèrent, autant qu'ils purent, de la nuit pour se sauver dans les montagnes Au retour de la lumière, le consul permit le pillage de la ville. Le soldat fit alors main basse sur ce qui s'y trouvait d'hommes, de femmes et d'enfants, destinés à être vendus : on s'empara des statues, tableaux, meubles précieux, réservés à être envoyés à Rome; on mit ensuite te feu aux maisons, et la ville offrit le spectacle d'un embrasement qui dura pendant plusieurs jours; on abattit ensuite les murailles. Ainsi périt Corinthe, la même année que Carthage fut détruite par les Romains, neuf cent cinquante-deux ans après sa fondation par Alétès, fils d'Hippotoès, le sixième des descendants d'Hercule.

Butin. — On tira des sommes considérables de la vente des dépouilles de Corinthe. Parmi les tableaux, il y avait un Bacchus, ouvrage d'Aristide, dont la beauté était inconnue des Romains. Polybe eut la douleur de voir ce chef-d'œuvre servir de table aux soldats, pour jouer aux dés; il fut adjugé à Attale, au prix de six cent mille sesterces (122,700 fr.). Pline parle d'un autre tableau du même peintre, qui fut vendu aux enchères cinq cent cinquante-cinq mille francs de notre monnaie; sur quoi Mummius le retint, malgré les réclamations d'Attale, s'imaginant qu'il renfermait quelque vertu secrète. Ce chef-d'œuvre fut envoyé à Rome, avec une quantité de statues et d'ouvrages des plus brillantes écoles de la Grèce. Mummius, en remettant la collection de tant d'objets précieux aux entrepreneurs chargés de les transporter en Italie, les menaça, s'ils venaient à se perdre ou à se détériorer en route, de leur en faire fournir d'autres à leurs frais et dépens.

Médiation de Polybe. — En rentrant dans le Péloponèse, Polybe eut la douleur d'être témoin de la destruction de Corinthe, et de voir sa patrie réduite en province romaine. Le peuple-roi lui avait imposé le nom d'Achaïe, comme les Turcs ont donné celui de Romélie aux contrées de la Grèce qui furent autrefois soumises aux Romains. Polybe, sans se laisser abattre par tant de malheurs, informé qu'on poursuit la mémoire de Philopémen, en demandant le renversement de ses statues, présente requête aux commissaires du sénat. Sa voix éloquente s'élève en faveur du *dernier des Grecs*; il demande la conservation des monuments élevés à la mémoire du héros de l'Achaïe; alors les envoyés du sénat déclarèrent que les statues de Philopémen, en quelques villes qu'elles se trouvassent, seraient respectées. Mummius, soldat grossier, touché du patriotisme de Polybe, lui rendit de son côté les images d'Aratos et d'Achéos, quoiqu'elles eussent déjà été transportées du Péloponèse dans l'Acarnanie. Alors aussi les Achéens retrouvèrent assez de courage pour ériger une statue à Polybe, en face des vainqueurs, qui investirent eux-mêmes ce grand citoyen de leur confiance.

SON DÉSINTÉRESSEMENT. — Après la paix de Corinthe, les commissaires du sénat ordonnèrent de vendre les propriétés des chefs de la révolte. Lorsqu'on en vint à celles de Diéos, on commanda au questeur chargé de procéder aux enchères de laisser prendre à Polybe, en pur don, tout ce qu'il trouverait à sa bienséance. Il refusa, *parce qu'il ne voulait pas*, disait-il, *se rendre complice d'un scélérat, en acceptant une partie des biens qu'il avait volés; et qu'il regardait d'ailleurs comme honteux de s'enrichir des dépouilles d'un compatriote.*

SA CONDUITE ET SA MORT. — Cette action fit concevoir aux commissaires une si haute estime pour Polybe, qu'en quittant la Grèce, ils le chargèrent de parcourir la province d'Achaïe, gouvernée par un préteur, afin d'accoutumer le peuple aux nouvelles institutions qu'on lui avait données. Il réussit dans cette commission aussi pénible que délicate, et après avoir rétabli l'ordre au sein de sa patrie, il retourna joindre Scipion à Rome, d'où il le suivit à Numance. Il assista au siège de cette ville, et Scipion étant mort, il revint dans le Péloponèse. Après y avoir joui pendant six ans de la reconnaissance de ses concitoyens, il mourut, âgé de 82 ans, d'une blessure qu'il s'était faite en tombant de cheval.

TRIOMPHE DE MÉTELLUS ET DE MUMMIUS. — Métellus, de retour à Rome, fut honoré du triomphe, comme vainqueur de la Macédoine, et reçut le surnom de *Macedonicus*. Le faux roi Andriscos fut traîné devant son char. Parmi un grand nombre de dépouilles, il étala ce qu'on appelait *la troupe d'Alexandre-le-Grand*. C'étaient les vingt-cinq amis que ce prince avait perdus à la bataille du Granique, dont Lysippe fit les statues, qui se trouvaient à Dion.

Mummius obtint aussi le triomphe, et prit le nom d'*Achaïcus*. Il fit paraître dans cette cérémonie un grand nombre de statues et de tableaux, qui firent depuis l'ornement des édifices publics de Rome et de plusieurs autres villes d'Italie; mais aucun n'entra dans la maison du triomphateur.

Ainsi finit la Grèce; mais, dépouillée de sa puissance, il lui resta une autre souveraineté, que les Romains ne purent lui enlever, et à laquelle ils furent même obligés de rendre hommage. Athènes demeura la métropole des sciences et des lettres, le centre et l'école de l'éloquence et des beaux-arts. Plutarque dit, à ce sujet, que jamais Grec ne songea à apprendre le latin, et qu'un Romain qui ignorait le grec n'était pas fort estimé.

MOEURS ET USAGES DES GRECS.

Au seul nom de Grèce, il est difficile de maîtriser son imagination pour juger sainement ses mœurs, ses coutumes et ses usages. Un autre embarras se présente, c'est de rapporter à un centre commun ce qui concerne un aussi vaste sujet, sans s'égarer dans des routes incertaines, en cherchant à expliquer ce qui n'est pas authentiquement démontré par l'histoire.

La Grèce, considérée comme une agrégation de peuplades, conserva toujours un air de famille; Athéniens, Béotiens, Spartiates étaient des frères parlant une langue commune, à quelque variété près dans le dialecte. Cependant, parmi les villes de la terre classique, Athènes brilla constamment comme la plus polie et la plus avancée dans la civilisation. Elle était ce qu'est Paris au sein du monde civilisé, la métropole du goût, des arts d'agrément, des sciences et des connaissances humaines. Cependant, en parlant de son industrie et de son luxe, nous éviterons d'entrer dans des recherches qui ne tendraient qu'à déployer une vaine érudition. Que gagnerait-on en effet à savoir quelle était la forme du lit de Junon, ou celle du vaisseau des Argonautes? Enfin nous éviterons d'imiter le docte Saumaise, qui, après avoir démontré dans deux longues et savantes dissertations, que les pommes d'or du jardin des Hespérides étaient des oranges de la plus rare beauté, finit par conclure, avec un docteur allemand, que ces *oranges* étaient des *citrons*. Nous dirons plus ; nous ne prétendons pas publier des choses nouvelles : notre ambition se bornera à exposer sommairement ce qui peut intéresser le plus le lecteur.

A l'exemple de Socrate, qui voulait que les Graces fussent couvertes d'un voile, nous laisserons dans la demi-teinte les taches dont les mœurs publiques furent souillées dans les plus beaux temps de la Grèce. Nous essaierons d'abord de restituer les costumes des siècles héroïques dont nous avons donné quelques échantillons dans le cours de cette histoire ; car quand on représente Hercule et Thésée sous le vêtement des siècles de haute civilisation, ainsi qu'Eurydice et Ariane vêtues en Aspasie, ou bien avec le costume des belles Grecques du siècle d'Alexandre-le-Grand, l'anachronisme est aussi révoltant que lorsqu'on voit, dans tant de tableaux et de miniatures du XVI<sup>e</sup> siècle, les Romains représentés avec l'armure des chevaliers du moyen âge, et combattant avec l'arquebuse et des canons.

C'est à Homère qu'on doit emprunter ce qui se rapporte aux âges mythologiques et héroïques ; et pour la représentation des costumes et des usages de cette époque, il faut recourir aux vases dits étrusques, comme à la source jusqu'ici la plus certaine. Car nous regardons comme une sorte d'autorité l'opinion des archéologues qui prétendent que les beaux-arts furent apportés dans l'Étrurie par des colonies grecques qui vinrent s'y établir, environ 300 ans avant Homère. La plupart de ces monuments représentent des sujets empruntés aux mythes et à l'histoire hellénique. La similitude que l'on trouve entre la poterie dite étrusque qui se trouve à Corinthe, à Athènes et dans toute la Grèce, ne fait que mieux attester l'authenticité de celle de l'Étrurie, et prouve l'origine des ouvriers des colonies établies dans l'Italie, qu'on avait cru pendant long-temps être le seul pays en possession de ces précieuses reliques.

L'Italie a été civilisée par l'antique Hellade : idiome, religion, lois, écriture, elle a tout reçu de ce vieux foyer des lumières ; Rome doit son origine à un chef des bergers de l'Arcadie, ainsi que le trône d'Évandre, maintenant occupé par le prince des apôtres, pasteur du bercail de la chrétienté.

### VÊTEMENTS HÉROÏQUES.

On trouve sur un bas-relief de la villa Albani un type du vaisseau Argo ; dans un autre, Médée porte le vêtement des Amazones ; on y voit Vénus *habillée*, et cette manière de la représenter est certainement la plus ancienne. On s'attachait alors au vrai ; car c'est de l'idéal de représenter Méléagre partant *nu* pour la chasse ; Achille ne sera pas sans doute intervenu dans le conseil des rois dans *l'état de nature*, où on le voit sur les bas-reliefs du Capitole? Le soin que prend Ulysse, échappé du naufrage, de paraître avec décence devant Nausicaé, porte à croire que Jason avait d'autres vêtements que son casque à la cour d'Aëte ou de Créonte, et dans ses conférences avec Médée ou avec Créüse.

ÉPOQUE DES GUERRES DE THÈBES. — Les événements les plus remarquables des temps héroïques se trouvent concentrés dans les deux expéditions contre Thèbes. La vérité historique commence à se montrer à cette époque. Les lois de la paix et de la guerre se manifestent, surtout dans la seconde guerre : le *caractère du héraut est respecté*.

EXPÉDITION CONTRE TROIE. — Cette guerre est une vérité de fait. On a fait connaître ailleurs quelques-uns des principaux personnages de cette grande entreprise (*). Homère décrit ainsi l'habillement d'Agamemnon : *Il vêtit sa tunique moelleuse, belle, neuve, et jeta son grand manteau par-dessus; il attacha à ses pieds délicats ses brodequins, passa à son côté son glaive suspendu à un baudrier garni de plaques en argent, et prit son sceptre formé d'une branche d'arbre des montagnes que le tranchant du fer coupa et dépouilla de ses feuilles et de son écorce.* Le roi des rois excitant ses soldats au combat, *tenait dans sa main un manteau de pourpre*, afin de servir de signal pour reconnaître leur chef.

SCEPTRE. — Les rois le portaient dans toutes leurs fonctions publiques. Nestor se préparant à offrir un sacrifice à Minerve, s'assied de grand matin devant la porte de sa demeure, le sceptre en main, entouré de sa femme et de ses enfants. Ulysse voulant empêcher les Grecs de quitter le rivage de Troie, arrache le sceptre des mains d'Agamemnon et parcourt les vaisseaux des Achéens *aux belles cuirasses.* C'est à coups d'un sceptre garni de clous d'or qu'Achille frappe *le roi* Thersite, au milieu de l'assemblée des *rois pasteurs des peuples.* Les sceptres de Minos et de Tyrésias étaient en or; celui de Chrysès, ministre d'Apollon, était entouré d'une guirlande de laurier. Tlépolème tue Licinios avec un *sceptre d'olivier d'une extrême dureté :* la massue en tenait lieu au siècle d'Hercule. La houlette ornée, de clous d'airain et remarquable par l'égalité de ses nœuds, fut le sceptre des bergers, et le bâton devint celui des cyniques, que leur impudence portait à se regarder comme les premiers des hommes.

BANDEAU ROYAL. — Homère semble n'accorder la couronne qu'aux immortels. Les rois ceignaient leur tête d'un bandeau couleur de pourpre : tel fut celui dont Minerve fit présent à Pâris : il y en avait aussi de blancs. Dans ces temps de simplicité, le vêtement royal servait à se couvrir pendant le sommeil. Théocrite, dans l'épithalame de Ménélas et d'Hélène, dit que la fille de Jupiter *vient se ranger avec lui sous la même robe.* Sophocle dans les Trachiniennes fait dire à Déjanire, accompagnée d'Iole, que toutes deux elles attendent les embrassements d'Hercule sous la même léenne.

REINES. — A l'exception de la pourpre et du diadème formé d'une lame de métal triangulaire ou en forme de croissant qui se plaçait au-dessus du front, elles étaient vêtues comme les femmes grecques dont on parlera ailleurs. Winkelmann prétend « qu'Hé-« lène était habillée plus en matrone « qu'en femme élégante et lascive, « telle que la dépeint Homère. »

TRÔNE. — Il ne devint l'attribut de la royauté que dans des temps postérieurs à Alexandre : jusque-là, sa magnificence était réservée aux dieux. Les anciens rois de la Hellade rendaient la justice sur un banc de pierre qui portait le nom de trône. A cette époque les *pasteurs des peuples issus de Jupiter* étaient servis par des femmes qui, le plus souvent, avaient été prises à la guerre. Les soins intérieurs de la famille entraient dans leurs attributions, concurremment avec la reine, les filles et les sœurs de ces hauts personnages. La cuisine seule, parce qu'elle avait quelque chose de sanguinaire, était réservée aux hommes, et les monarques ainsi que les grands de la cour ne dédaignaient pas d'égorger un animal et de donner leurs soins à faire rôtir quelque chèvre, après l'avoir déshabillée.

CORTÉGE. — La naïveté de ces rois de l'âge d'or leur permettait de se montrer en public avec un cortége peu nombreux. Télémaque, héritier des domaines de Laërce, se rend au conseil, sans autre suite que deux chiens dont il était accompagné.

---

(*) Voy. pl. 97, 1 et 5, cuirasse (*vase grec*); 2, épées, l'une dans le fourreau (*vase grec*); 3, bouclier (*vase grec*); 3, épée; 4, épée nue (*vase grec*); 5, 6, 7, lances avec le montoir; 8-10, haches de combat; 9, arc; 11, carquois; 12, olives ou balles de fronde; l'une d'elles porte le mot grec δέξα, qui signifie *attrape* ou *reçois*; 13, char de guerre.

MINISTRES, HÉRAUTS. — Cependant les rois étaient suivis à la guerre par des espèces de ministres : Patrocle accompagnait Achille, Mérion Idoménée, et Lycophron Ajax fils de Télamon.

La personne des hérauts était sacrée : ils convoquaient le peuple au nom du roi, auquel ils présentaient son sceptre; ils publiaient la paix, dénonçaient la guerre, proclamaient les ordres du prince, annonçaient les mouvements de l'armée, l'endroit vers lequel il fallait marcher, et pour combien de jours on devait se munir de vivres. Si, au fort de l'attaque, ou dans la retraite, le bruit étouffait la voix du héraut, on élevait des signaux ; si la poussière empêchait de les voir, on faisait entendre le bruit de la conque marine. Quand aucun de ces moyens ne réussissait, des officiers couraient de rang en rang signifier le commandement du général. Les hérauts portaient le caducée, symbole du ministère qu'ils remplissaient ; ils y joignaient la lance quand il s'agissait de déclarer la guerre : ils étaient coiffés d'un chapeau plat et rabattu sur les épaules, pareil à celui que portaient les voyageurs.

AUTORITÉ ROYALE. — Quoique absolue en principe, elle fut toujours tempérée par un conseil de sages qui s'assemblaient sur les places publiques : les femmes même prenaient part aux délibérations. De là venait la tradition que dans la diète tenue à Athènes, pour savoir qui de Neptune ou de Minerve donnerait son nom à la nouvelle ville, la déesse l'emporta d'une seule voix, qui fut celle d'une femme.

JURISPRUDENCE. — Quelques coutumes avaient alors force de loi. L'homicide recevait la mort, l'adultère était puni d'une amende. Le divorce était permis lorsqu'il était demandé par les époux et fondé sur des raisons équitables. Le père constituait la légitimité. Soit que ses enfants fussent nés de l'épouse ou d'une esclave, ils avaient un titre égal à hériter ; cependant le droit d'aînesse existait. Les oisifs, les mendiants, les vagabonds étaient notés d'infamie. Les lois principales étaient relatives à l'agriculture. La plus remarquable, attribuée à Triptolème, défendait à qui que ce fût de posséder plus de terrain qu'il n'en pouvait cultiver. Apollon avait gardé les troupeaux chez Admète; Pan avait enseigné aux bergers à jouer de la flûte pour charmer leurs loisirs ; Aristée avait civilisé les abeilles apportées de Crète dans l'Attique, dont le miel du mont Hymette fait encore une des richesses.

INSTITUTIONS DES TEMPS HÉROÏQUES.

AGE D'OR OU BARBARIE. — Plutarque dit, au sujet des siècles mythologiques, que les hommes ne faisaient alors usage de leurs facultés qu'afin de commettre « des actes de violence « et de cruauté, regardant la justice et « les droits de l'humanité comme des « choses de nulle considération, pour « quiconque pouvait impunément les « fouler aux pieds. »

GENÈSE. — Cependant c'est dans cette période fabuleuse fondée sur de plus anciennes traditions, qu'on place l'origine des sociétés. L'homme existait, lorsque Vulcain forma la femme, de terre délayée avec de l'eau, à l'image des déesses immortelles. Minerve la vêtit et lui apprit les arts qui conviennent à son sexe. Vénus répandit l'agrément autour de sa tête, avec le désir inquiet et les soins *fatigants*. Les Grâces et Pytho, déesse de la persuasion, ornèrent son sein de colliers d'or; les Heures mirent sur sa tête des couronnes de fleurs. Mercure lui donna la parole avec l'art des mensonges et celui de captiver les cœurs par des discours insidieux : telle fut Pandore au jour de sa création.

Les hommes étaient déjà nombreux lorsque Prométhée et Épiméthée ayant dérobé à Minerve et à Vulcain le feu et les arts, leur en firent don. Pourvus de ces dons célestes, qui les rapprochaient des dieux, ils eurent seuls, entre tous les êtres animés, l'avantage de connaître les immortels. Ils leur érigèrent des autels et articulèrent des sons pour chanter leurs louanges. Ils bâtirent en même temps des maisons; ils se firent des vêtements, des lits, des chaussures, et apprirent à tirer leur nourriture du sein de la terre. Malgré ces prérogatives, les hommes vivaient isolés, en proie aux bêtes féroces beaucoup plus robustes qu'eux, êtres faibles et désarmés, qui ignoraient la politique ou science de vivre en société : ils étaient ainsi destinés à périr misérablement.

Jupiter, craignant que l'espèce humaine ne vînt à se perdre, « ordonne « à Mercure de porter aux hommes « la pudeur et la justice, destinées à « être le soutien des sociétés. Le fils « de Maïa lui demande de quelle manière il faut procéder dans cette distribution; s'il doit partager la pudeur et la justice comme le sont les « arts, ou s'il convient d'en étendre « les bienfaits à tous les humains? — « A tous! répondit le maître des dieux. « Proclame cette loi de ma part : *Que* « *s'il se trouve un mortel qui ait absolument renoncé à la pudeur et à* « *la justice, il soit exterminé comme* « *le fléau de la société.* » Dès lors l'homme, qui avait compris que la solitude n'était pour lui qu'un état de danger et de guerre, chercha la sûreté et la paix dans la société. Il y porta ses forces et ses lumières pour les augmenter en les réunissant à celles des autres. Il fit ainsi de sa raison l'usage le plus convenable, car il n'est fort et grand, il ne commande à l'univers que parce qu'il a su se commander à lui-même, se dompter, se soumettre et s'imposer des lois; l'homme, en un mot, ne devint homme que parce qu'il sut se réunir à l'homme.

ÉPOQUE HÉROIQUE OU FÉODALE.
1217 — 1270 av. J.-C.

Les Grecs, parvenus à l'état de société, se donnèrent une législation nationale. Alors les héros de l'âge précédent furent placés dans l'Olympe par leurs neveux, comme conseillers du souverain des dieux, chargés de veiller sur les actions des hommes d'une façon invisible, et de protéger leur conservation. Alors commença une espèce de culte public, et la faiblesse eut des appuis dans le ciel et sur la terre. On connut quelques-unes des jouissances de la vie; et les vertus sociales, étouffées par l'intérêt privé, produisirent cet esprit chevaleresque destiné à prendre un élan plus généreux et plus noble, en proportion des progrès de la civilisation.

FRATERNITÉ D'ARMES. — L'amour de la patrie devint l'esprit dominant dans la Grèce dès que ses peuples eurent formé une confédération. La guerre perdit alors le caractère de brigandage qui lui était particulier, et ses règles devinrent soumises à des principes précédés de préliminaires solennels. On demandait, par l'intermédiaire des ambassadeurs, la réparation des torts dont on avait à se plaindre, avant de recourir à la force des armes. Polynice envoie Tydée à son frère Étéocle; Ulysse et Ménélas sont députés à Troie; et c'est quand toute justice leur est déniée, que les hostilités commencent. Les alliances, les trèves, les traités, ont pour inviolable garantie la bonne foi et l'invocation des dieux.

CONSCRIPTION MILITAIRE. — Le nouveau système politique fit que les citoyens, en s'organisant et n'étant plus indistinctement appelés à la profession des armes, on commença à prendre, par la voie du sort, dans les familles nombreuses, l'individu qu'elles devaient fournir à l'armée, car on ne marchait pas volontairement. Les Hellènes préféraient les jouissances de la paix sous la tutèle de leurs dieux domestiques, aux travaux et aux lauriers de Bellone. Ulysse avait joué le rôle d'insensé pour se soustraire à la réquisition, et le fils de Pélée, Achille aux pieds légers, déguisé sous les vêtements d'une jeune fille, s'était caché à la cour du roi Lycomède : les deux héros cherchaient ainsi à se soustraire au service militaire. On voit encore dans Homère Échepole offrir à Agamemnon un superbe coursier, afin de lui permettre de jouir tranquillement dans Sicyone des grandes richesses qu'il possédait ; enfin on ne regardait pas comme honteux de se faire exempter du service militaire. C'est peut-être de ce principe que vint l'usage de terminer les guerres par des combats singuliers, au moyen desquels les rois épargnaient le sang de leurs peuples, lorsque les querelles n'avaient pas pour objet le bien public, mais des intérêts de dynastie : il y avait en cela justice et raison.

CONDITION DES VAINCUS. — Les vainqueurs, en s'emparant des dépouilles des ennemis, consacraient aux dieux leur butin, en tout ou en partie. Les droits de la guerre étaient beaucoup plus rigoureux; les villes, incendiées et détruites jusqu'aux fondements, demeuraient comme frappées de malédiction; les peuples, traînés en esclavage ou massacrés, perdaient toute espèce d'existence; les rois étaient égorgés, leurs cadavres privés de sépulture, et les reines, réduites en esclavage, se trouvaient condamnées aux plus vils emplois.

ENTRETIEN DES GUERRIERS. — Les Grecs de cette époque faisaient la guerre à leurs frais, n'ayant pour indemnité que le butin qui se partageait équitablement par leurs chefs. Dans certaines circonstances, les soldats qui s'étaient distingués par quelque action d'éclat, recevaient dans les banquets publics, une portion de viande meilleure et plus considérable que celle des autres convives. Les esclaves faits à la guerre pouvaient obtenir leur rachat avec de l'or ou d'autres objets précieux.

CONSEILS DE GUERRE. — Le roi des rois, Agamemnon, avait le droit de vie et de mort : « S'il arrive », fait-il dire à l'armée par le ministère de ses hérauts, « que quelqu'un reste à bord « des vaisseaux, pour se tenir loin du « combat, *rien ne pourra le sauver* « *des oiseaux et des chiens, auxquels* « *son corps servira de pâture ;* » mais hors de l'action, le roi ne pouvait rien sans l'avis du conseil. Homère en distingue de trois sortes : le premier était formé de tous les principaux guerriers de l'armée ; la personne du roi n'y était pas toujours respectée, et les *princes pasteurs des peuples* s'y battaient quelquefois à coups de sceptre. On ne traitait dans le second conseil que des choses relatives aux besoins de l'armée ; enfin le troisième était le conseil privé, qui se réunissait dans la tente du généralissime.

POLIORCÉTIQUE. — Aristote et Diodore de Sicile nous apprennent que les anciennes villes n'étaient pas entourées de murs, et que les rues, sinueuses et étroites, suffisaient pour arrêter l'ennemi, sur lequel on faisait pleuvoir des dards et des pierres du haut des toits.

Les premiers fondateurs des places murées eurent la précaution de les construire sur des positions escarpées. On prétend qu'Amphion et Zétès, qui régnaient à Thèbes vers l'an 2390 avant notre ère, donnèrent le premier modèle des fortifications. Les acropoles ou citadelles sont d'une seconde époque ; c'était là qu'on renfermait les choses précieuses et sacrées, et que se retiraient les prêtres et les magistrats au moment du plus grand danger.

FORTIFICATION. — Elle dut être connue dès les temps héroïques, pour pouvoir élever des murs pareils à ceux de Tirynthe. Mais l'usage des machines de guerre ne fut introduit dans la Hellade qu'au temps de la guerre du Péloponèse. Homère n'en fait aucune mention ; il ne parle pas même d'échelles dont on aurait pu se servir pour escalader les murs de Troie. De là, la longueur des sièges, qui se réduisaient à des escarmouches dans lesquelles un petit nombre de guerriers impétueux répandaient la terreur devant eux et jetaient l'armée ennemie dans le désordre.

DISPOSITION DES CAMPS. — Le camp des Grecs devant Troie était divisé en quartiers séparés par rues ; celui d'Ulysse était voisin de l'agora (marché), où se trouvaient les autels des dieux, les magasins des vivres, et des espaces libres où se célébraient les cérémonies et les jeux funèbres.

Les vaisseaux, tirés à sec sur la plage, faisaient partie de l'enceinte. A partir de ce point, on avait construit un mur flanqué de distance en distance de tours crénelées. La hauteur de ce retranchement n'excédait pas celle d'un homme, car on voit Sarpedon en arracher le couronnement avec ses mains. Il n'y avait qu'une porte pour le camp, dont la sûreté était confiée pendant la nuit à quelques patrouilles. Les soldats étaient logés sous des cabanes ou baraques construites en planches, ou avec des pieux entrelacés de branchages qui étaient parfois revêtus de terre; leurs couvertures se composaient de joncs. Les tentes des princes étaient plus spacieuses, parce qu'elles servaient à loger plusieurs personnes, et notamment les femmes de service. La demeure d'Achille était précédée d'une cour entourée d'une palissade avec des portes solides en sapin; au-delà se trouvaient les habitations des domestiques, le portique et le vestibule.

TROUPES, CHARS. — La principale force d'une armée consistait dans ses chars et dans ses guerriers pesamment armés : ces derniers étaient peu nombreux; une longue pique, un bouclier, une cuirasse, un casque et des cuissards composaient leur armure ; le reste de l'infanterie ne faisait usage que de la lance et de projectiles. Les Myrmidons se servaient d'arcs et de flèches, les Locriens y ajoutaient la fronde.

Les chars étaient à deux roues, légers et bas : on y montait par derrière. Tantôt les *cavaliers* qui s'en servaient, s'élançaient au milieu des ennemis, tantôt ils en descendaient pour combattre à pied sans s'en éloigner, afin d'y remonter dès qu'ils se sentaient trop vivement pressés. Le char avait un timon au bout duquel se trouvait un jong pareil à celui dont on se sert pour atteler les bœufs à la charrue; il se terminait au moyen d'une espèce de volute qui imitait le cou d'un cygne.

BATAILLES, COMMANDEMENT. — On n'observait anciennement aucun ordre dans les combats, et on n'en venait jamais à une affaire générale. Nestor changea cet état de choses, en conseillant à Agamemnon de distribuer les troupes par nations et par tribus, afin de *s'appuyer* mutuellement et qu'on pût distinguer les braves des lâches. Le roi de Pylos plaçait dans son nouvel ordre de bataille les chars sur le front de l'armée, les meilleurs fantassins à l'arrière-garde, et les soldats d'une valeur suspecte au centre.

Le signal de marche, d'attaque et de retraite, ne se donnait point au son d'un instrument, c'est pourquoi une voix forte et sonore était regardée comme une qualité essentielle dans un commandant : Homère donne à Ménélas l'épithète de *beau crieur*. Il parle des clameurs des Troyens, qui pouvaient se faire entendre d'autant plus facilement que les Hellènes gardaient un profond silence en marchant au combat.

ARMES DÉFENSIVES ET OFFENSIVES.

Les mythologues prétendaient qu'un nommé Mars avait acquis le titre de dieu de la guerre, en se couvrant le premier d'une armure. Il était redevable de ce présent à Vulcain, forgeron de l'île de Lemnos.

CASQUES. — La conservation de la tête fut une des principales parties du corps qui attirait l'attention des armuriers, et le casque fut inventé. L'airain fut employé dans sa confection, mais les casques étaient presque toujours recouverts de peaux de chiens, de taureaux, de renards, de lions, et de chats. On avait soin d'employer la tête de ces animaux, et les dents étaient arrangées de manière à leur donner un aspect menaçant. Tel était le casque d'Ulysse : *la peau rude qui le couvrait était renforcée en dedans par un tissu composé de cordons serrés, et parsemée en dehors d'une quantité de dents de sanglier, disposées en forme de guirlande; le haut était garni d'un feutre solide.*

Le devant du casque était ouvert, deux courroies passées sur les côtés se nouaient sous le menton du guerrier; la partie qui couvrait les sourcils s'appelait *ophrye*, et celle au dessus du front *geison auvent*. On attribuait aux Cariens l'invention du cimier, regardé comme l'ornement du casque; l'aigrette étincelait de couleurs éclatantes; le cimier était garni de plumes ou de crinières de chevaux : un panache élevé était un des signes du commandement. On appelait *tryphalée* l'armet surmonté d'une figure de Chimère; cet ornement et plusieurs autres avaient été imaginés pour jeter la terreur au cœur de l'ennemi. C'est dans cette intention qu'on voit Pyrrhus joindre sur son casque deux cornes de chèvre à un plumet menaçant. Les Béotiens se distinguèrent entre tous les Grecs par les plus beaux casques. Ceux des jeunes gens n'avaient pas toute la crinière. Le casque que Diomède avait reçu de Trasimède était de cuir de taureau sans frontal et sans cimier; ceux des simples soldats, dépourvus de tout ornement, se terminaient par un bouton; tous étaient garnis en dedans d'une doublure en éponge; quelquefois, pour se garantir la tête, on mettait en dessous du casque un bonnet de laine qui descendait jusqu'aux oreilles.

Cuirasse. — Elle se composait de deux parties, l'une appelée zôma, *cotte de mailles*, et l'autre thorax. La première descendait de la ceinture aux genoux. La seconde, composée de deux parties, abritait la poitrine et les épaules, au moyen de *ptéryges* ou ailes. On se servait de cuirasses de lin et de chanvre pour la chasse, parce que leur tissu serré suffisait pour se préserver de la morsure des animaux féroces; d'autres étaient faites de peaux de bêtes recouvertes de plaques de métal de diverses formes. L'usage des lino-thorax rembourrées était particulier aux archers. Les guerriers portaient des caleçons qui se nouaient au-dessous du mollet; les cuissards et les brassards étaient en airain.

Bouclier. — Dans les premiers temps, il était en osier ou en bois de figuier, de saule, de hêtre, de peuplier et de sureau. On le couvrit ensuite de peaux superposées et renforcées par des lames de métal. Ses différentes parties étaient l'orbite et l'omphalos relevé au centre. Une courroie placée en travers donnait au soldat la facilité de placer son bouclier sur ses épaules : on y ajouta comme perfectionnement une poignée afin de s'en servir. Lorsqu'on *appendait* les boucliers aux murs des temples, on avait soin de les dégarnir de cette poignée, afin d'empêcher de s'en servir dans le cas de quelque émeute populaire. Dans le dessein d'inspirer la terreur, on garnissait quelquefois les boucliers de clochettes; on peignait à leur surface quelque animal redouté, ou une comète : Agamemnon portait l'image d'une Gorgone sur son bouclier; Ulysse un dauphin, emblème de la navigation. Mais de toutes ces armes défensives, la plus célèbre était le bouclier d'Achille décrit par Homère. Celui d'Alcibiade représentait l'Amour étouffant la foudre de Jupiter entre ses bras.

ARMES OFFENSIVES.

Piques, dards, glaives. — Les hommes n'employèrent primitivement pour se battre que les pierres, les massues, le feu, les cornes des animaux, les ongles et les dents que la nature nous a donnés. A ces moyens de destruction, succéda la pique ainsi que la hache simple ou à deux tranchants; les dards et les javelots remplacèrent les pierres; l'épieu donna l'idée de la pique, qui précéda le glaive, dont on se servait d'estoc et de taille, quoiqu'il n'excédât pas la longueur du bras d'un homme : il était suspendu à un baudrier qui descendait de l'épaule jusque sur la cuisse; les fantassins le portaient à gauche, et les cavaliers à droite. On attachait au fourreau un poignard ou couteau droit qui servait particulièrement à découper les viandes.

Arcs, flèches, frondes. — L'arc fut, dit-on, inventé par Apollon qui en apprit l'usage aux Crétois, regardés dans tous les temps comme les meilleurs archers de la Grèce. Les cordes, qui n'étaient primitivement que des lanières de cuir, furent tressées dans la suite avec des crins de cheval.

Les flèches étaient de roseau, ou d'un bois léger, armé d'une pointe de cuivre dentelée, quelquefois double, triple et quadruple; des plumes attachées à la hampe leur donnaient plus de vélocité, en les empêchant de dévier dans l'espace qu'elles devaient parcourir. On tenait les flèches renfermées dans un carquois qui se portait ainsi que l'arc sur l'épaule.

Homère fait mention des frondes, qui étaient en laine et assez semblables aux nôtres. On en attribuait l'invention aux habitants des îles Baléares. L'adresse des habitants de l'Achaïe surpassa celle de tous les peuples à manier la fronde, et c'était encore, au temps de l'auteur de cette histoire, une arme redoutable entre les mains de la jeunesse de Patras. Les projectiles lancés par ce moyen étaient des pierres ou des balles de plomb du poids quelquefois de cent drachmes? Nulle armure, soit casque ou bouclier, n'était à l'épreuve des projectiles lancés avec la fronde, et Sénèque dit qu'elle leur communiquait une impulsion assez violente pour mettre les balles de métal en fusion?

SCYTALIDES. — Les Grecs se servaient encore de traits enflammés. Le bois employé à leur confection avait en longueur depuis un pied jusqu'à une coudée. L'extrémité, armée de pointes de fer, portait des torches ardentes, ou bien du chanvre, de la poix et d'autres matières combustibles auxquelles on mettait le feu avant de les lancer.

#### MILICE DES SIÈCLES HISTORIQUES.

Les rois furent primitivement les chefs de leurs armées; mais lorsqu'un d'eux, soit par faiblesse ou par lâcheté, était jugé incapable de défendre son peuple, on lui substituait quelqu'un propre à mieux remplir ses fonctions. Dans certaines occasions le roi nommait un polémarque pour servir et commander sous ses ordres

Après l'expédition de Troie, la royauté ayant été abolie dans toute la Grèce, les tribus de l'Attique eurent la nomination des polémarques. Personne ne pouvait être promu à ce grade, s'il n'avait des biens-fonds ou des enfants. Le pouvoir des généraux était temporaire, et, à son expiration, ils étaient tenus de rendre compte de leur gestion : dans les cas extraordinaires, on élisait des *autocrates* sans responsabilité.

VÊTEMENT MILITAIRE. — Nous n'avons presque pas de renseignements sur le costume militaire antique, si ce n'est la loi de Lycurgue qui prescrivait la couleur rouge aux soldats de Sparte, parce que c'était la moins sujette à s'altérer, qu'elle donnait un air martial et dérobait l'aspect du sang qui coulait des blessures. Les soldats grecs sans exception portaient leurs provisions, qui consistaient en viande salée, fromage, olives, oignons et ail.

INFANTERIE SPARTIATE. — Elle constituait la force principale de la république. Lycurgue l'avait partagée en six *polémarchies*, divisées en quatre *locagies*, dont chacune comprenait quatre *énomothies* de trente hommes l'une, qui formaient quatre *phyles*. Nous avons parlé ailleurs de l'ordre, de la marche et des campements des Lacédémoniens.

ARMÉE ATHÉNIENNE — Hérodote dit qu'à la bataille de Marathon, les Athéniens n'avaient ni cavaliers réguliers, ni archers; on ne voit même figurer ces troupes dans leurs rangs qu'après la défaite de Xerxès, et seulement au nombre de trois cents pour chaque arme. Les Athéniens pouvaient seuls rivaliser de courage avec les Spartiates; mais après diverses vicissitudes, ils se contentèrent de la supériorité maritime, sans négliger la science militaire. Ils avaient compris de bonne heure la nécessité de la discipline, et ils en furent convaincus, lorsque les dix mille hommes commandés par Miltiade eurent battu cent mille fantassins et dix mille cavaliers mèdes. Dès lors on étudia systématiquement les règles de la stratégie, et on parvint à créer la phalange, dont l'invention est due à Miltiade, les progrès à Xénophon, le perfectionnement à Épaminondas, et non à Philippe, roi de Macédoine, qui y ajouta seulement quelques améliorations.

PAIE DES SOLDATS. — Les défenseurs de la patrie firent d'abord la guerre à leurs dépens; mais lorsque la soif des conquêtes eut entraîné les Grecs au-delà de leurs frontières, l'état dut pourvoir à leur entretien. A Sparte, Lycurgue fit augmenter la solde des troupes destinées à marcher avec lui dans l'Asie mineure. La paie des soldats fut d'autant plus indispensable à Athènes, que ses citoyens étaient presque tous des artisans qui n'avaient d'autres moyens d'existence que leur industrie. Le fantassin recevait par jour deux oboles (30 c.), et le cavalier une drachme (90 c.).

ENRÔLEMENT. — Quand la guerre était déclarée, on érigeait sur l'agora (place du marché) un tribunal où les taxiarques (colonels), hipparques (chefs de cavalerie), présentaient aux stratéges (généraux) ou au polémarque (généralissime), le rôle des citoyens qui avaient atteint l'âge de la réquisition. D'après l'ordre des levées, personne ne pouvait se plaindre d'être appelé plus souvent qu'à son tour. A Sparte, où tout citoyen était soldat, les éphores désignaient les jeunes gens destinés à l'activité. Ils choisissaient en même temps les artisans attachés au service de l'armée, car les Lacédémoniens établissaient dans leurs camps des ateliers pour tout ce qui leur était nécessaire : les Athéniens et les autres peuples avaient des trains et des bagages.

HYMNES, SACRIFICES. — Le péan, chanté en l'honneur de Mars et d'Apollon, précédait la bataille et accompagnait la victoire. Les Spartiates ne se mettaient jamais en marche avant la pleine lune. Le roi immolait alors un grand nombre de victimes à *Jupiter conducteur*. Si les auspices étaient favorables, le pyrophore (porte-feu) prenait sur l'autel un tison allumé et marchait à la tête de l'armée jusqu'à la frontière. Là, on offrait de nouveaux sacrifices à Jupiter et à Minerve: puis le pyrophore reprenait la tête de l'armée. Arrivée en présence de l'ennemi, on immolait une chèvre, les flûtes ou fifres commençaient à jouer, et chaque combattant mettait une couronne sur sa tête. Les jeunes gens chargés de l'attaque poussaient un cri d'allégresse, le restant de l'armée gardait le silence.

INSTRUMENTS DE MUSIQUE. — L'usage des signaux fut remplacé par les trompettes, dont l'invention était attribuée à Minerve. Le cor qui était, disait-on, l'œuvre d'Osiris, servait à appeler le peuple aux sacrifices; le carnyx, connu plus tard, avait été apporté des Gaules : son orifice représentait la tête d'un animal; on se servait d'une anche pour l'emboucher. Le boënos rendait un son grave, comme celui de nos bassons; la trompette thyrrénienne était propre à animer les combattants.

Le syrinx ou flûte de Pan et les pipeaux étaient employés par les Arcadiens. Les Crétois marchaient au son des flûtes; d'autres peuples aux accords du luth et de la lyre. La plupart des Grecs fondaient sur l'ennemi en poussant un cri affreux appelé *Alalagmos*. Les mêmes instruments employés à la charge servaient à sonner la retraite avec des airs moins vifs, exécutés sur un mode différent.

SIÉGE DES VILLES.

L'art des siéges était inconnu des premiers Grecs, et les âges suivants n'avancèrent que faiblement la science de la poliorcétique : les Lacédémoniens regardaient comme un trépas sans gloire, celui que les guerriers y trouvaient. On commençait par s'approcher de la place qu'on voulait prendre, et on lui donnait l'assaut sur plusieurs points à la fois; si on échouait, l'attaque était convertie en blocus. On entourait alors la ville d'une palissade pour se prémunir contre les sorties des assiégés, et pour les empêcher de recevoir du secours ; on élevait des terrasses sur lesquelles on dressait des tours de bois ; on allumait des feux au pied des remparts, au moyen de tas de charbon dont l'activité était entretenue par l'action des soufflets, pour en calciner les pierres ; enfin on employait l'art du mineur, afin de les renverser par la sape.

MACHINES DE GUERRE. — Les premières échelles dont on fit usage étaient faites en laine, en corde, et en bois. L'origine du bélier est d'une haute antiquité, ainsi que les tarières, fers longs armés de dents qu'on introduisait entre les pierres des murs pour faire brèche. Les mantelets ou claies en osier, les tours mobiles, les catapultes furent plus tard les principales machines employées pour l'attaque et la défense des forteresses.

### CAVALERIE.

On peut croire que la célébrité de la cavalerie thessalienne donna lieu à la fable des Centaures. Homère qualifie de *dompteurs de chevaux* les Tyndarides Castor et Pollux ; mais ce titre était commun aux guerriers de ce temps qui combattaient montés sur des chars. Le premier exemple des courses à cheval remonte à la XXXIII<sup>e</sup> olympiade (648 ans av. J.-C.) Il n'y avait point de cavalerie grecque aux batailles de Marathon et de Platée ; dans la guerre du Péloponèse, elle ne formait tout au plus que la quarantième partie de l'armée des Hellènes. Cette cavalerie était tirée en grande partie de la Thessalie, et sa solde était si considérable, que les républiques les plus considérables ne pouvaient en entretenir que des corps peu nombreux.

HARNAIS. — L'usage de ferrer les chevaux fut inconnu des Grecs, qui étaient cependant dans l'usage d'enfermer les pieds de leurs mulets dans une espèce de sabot. On ignorait également l'emploi de la selle, dont il n'est fait mention que vers l'an 340 de notre ère. Il ne commence à être question des étriers que dans le traité de tactique composé par l'empereur Maurice, à la fin du VI<sup>e</sup> siècle de J.-C.

CHATIMENTS ET RÉCOMPENSES MILITAIRES.

PUNITIONS. — Tout était livré à la discrétion des chefs, les lois n'ayant prévu et déterminé que quelques cas de discipline militaire. Les déserteurs étaient punis de mort. Les citoyens qui refusaient le service, ou abandonnaient leur poste, étaient condamnés à rester pendant trois jours assis sur l'agora, en habits de femme ; l'entrée des temples leur était interdite ; ils ne pouvaient se couronner de fleurs ; ils étaient soumis à une amende, et ils restaient en prison jusqu'à l'acquittement de la somme qu'ils devaient payer. Le Spartiate qui perdait son bouclier, perdait son titre de citoyen, et ne pouvait aspirer à la main d'aucune Lacédémonienne. On pouvait le frapper sans qu'il lui fût permis de se défendre ; il ne devait porter que des vêtements sales, des chaussures de différentes couleurs, et il avait la barbe rasée d'un côté. Une loi d'Athènes déclarait criminels les soldats qui mettaient leurs arcs en gage.

RÉCOMPENSES. — Le prix du courage était un grade supérieur, une couronne, la permission d'élever des colonnes ou des statues aux dieux, de consacrer ses armes, en les déposant dans l'acropole, et de recevoir ainsi le titre de Cécropide : les éloges funèbres mettaient le comble à la gloire des guerriers. Quand ils mouraient pauvres, leurs enfants étaient entretenus aux dépens du trésor public, à raison de deux oboles (30 centimes) par jour. Parvenus à l'âge de puberté, on les présentait à l'assemblée du peuple, et un magistrat adressait à chacun d'eux l'allocution suivante : *En mémoire des services de ton père, la patrie t'a adopté et fait élever, jeune citoyen ; aujourd'hui elle te confie cette armure pour la servir à ton tour.* Enfin pour dernière récompense, les plus braves occupaient les premières places au théâtre et dans les assemblées publiques.

### MARINE (*).

MATÉRIAUX. — Minerve inventa les vaisseaux. Les premiers peuples navigateurs furent les Phéniciens et les habitants de l'île d'Égine. Les objets capables de flotter sur l'eau furent les matériaux employés dans les constructions navales. Les Égyptiens se servaient quelquefois du papyrus ; les Grecs choisissaient ordinairement les bois légers, tels que l'aune, le peuplier et le sapin.

NAVIGATEURS. — Les vaisseaux grecs frappaient de surprise et de terreur les peuplades barbares qui les voyaient pour la première fois ; elles prenaient la fuite à l'aspect de ces citadelles ailées remplies de soldats qui glissaient sur les flots. Les habitants d'Égine s'adonnèrent de bonne heure à la navigation ; ceux de Salamine y excellaient dès les siècles héroïques ; les Athéniens organisèrent les premiers une marine. Les Crétois eurent l'empire de la mer, dont ils réglèrent la police ; les Lacédémoniens furent arrêtés dans leur essor maritime par les lois de Lycurgue ; la puissance navale des Corinthiens appartient à une époque plus rapprochée de nous.

DIVERSITÉ DES NAVIRES. — On distinguait les bâtiments en vaisseaux de guerre, de transport et de passage : ces derniers ne recevaient que des soldats ou de la cavalerie. Les *olcades* étaient des barques rondes d'une grande portée ; les navires de guerre, appelés par opposition *vaisseaux longs*, ne se gouvernaient guère qu'à la voile ; quant aux transports, on les traînait ordinairement à la remorque.

GALÈRES. — Elles se distinguaient de tous les autres navires par le nombre des rameurs. Les premiers bâtiments de cette espèce n'eurent qu'un seul banc ; l'Argo, construit par Jason 1253 ans avant J.-C., ne portait que 50 rameurs, et la galère à bord de laquelle Danaos fit la traversée d'Égypte en Grèce, était du même échantillon. Dans les siècles suivants, la portée des galères augmenta, et la galère *Monstre* de Ptolémée Philopator fut portée jusqu'à 40 rangs de rameurs. Un vaisseau de cette proportion ressemblait à une montagne ou à une île flottante. Les auteurs qui en parlent disent qu'elle portait, indépendamment de 400 matelots et de 4000 rameurs, une garnison de 3000 soldats : on lui donnait le surnom de *Cyclade* ou d'*Ethna*.

APPARAUX, ORNEMENTS. — La quille, la fausse quille, la poupe, la sentine, la proue, quelquefois la double proue, étaient connues des constructeurs anciens. Cette dernière partie du vaisseau était peinte d'une couleur combinée avec un mélange de cire qui résistait également à l'action du soleil, des vents et des flots ; les ornements qu'on y figurait représentaient l'image d'un dieu, d'un animal, tel que les pégases, les scyles, les taureaux, les béliers, les tigres, ou bien des plantes ; l'oie était regardée par les matelots comme un oiseau de bon augure. Le pilote s'asseyait à la poupe ; à ses côtés flottait le *pénon*, composé d'un petit ruban servant à indiquer de quel côté soufflait le vent. Le pavillon destiné à faire connaître la nationalité du vaisseau se plaçait à la proue au-dessous du *stolos*, mât de beaupré. Un pavillon de sauve garde portait les images des dieux sous la protection desquels le vaisseau était placé. Il devenait un asile inviolable pour ceux qui se réfugiaient sous son abri ; on y faisait les prières et les sacrifices. On attribuait aux Phéaciens (Corfiotes) l'invention du calfatage.

CONSÉCRATION. — Lorsqu'on lançait un vaisseau à la mer, on le décorait de guirlandes et les matelots se paraient de couronnes : la cérémonie se passait aux acclamations d'un peuple nombreux. Un prêtre purifiait ensuite le vaisseau avec une torche, en brûlant des coquilles d'œufs et du soufre, et il le consacrait à la divinité dont son pavillon portait l'image.

---
(*) Voyez *pl.* 98. 1° Galère à rames, bas-relief du musée de Naples ; 2° galère à rames et à voiles, bas-relief du musée de Naples.

ÉQUIPEMENT D'UN VAISSEAU. — Le gouvernail; l'ancre, inventée par les Toscans, fut primitivement en pierre : quelquefois elle était composée de caisses remplies de galets, ou de sacs pleins de sable. Les vaisseaux en avaient plusieurs; mais une d'entre elles surpassait les autres en force : on lui donnait le nom de *sacrée;* c'était l'ancre de *miséricorde.* La sonde, les crocs (gaffes) pour larguer ou pour accoster; les ponts destinés à l'abordage; les drisses dont on se servait pour donner la remorque et pour tirer le vaisseau à sec; les rames, dont on attribuait l'invention à Copos, dont elles conservent encore le nom chez les Grecs modernes; les voiles, ouvrage de Dédale, étaient choses connues des anciens, auxquels nous avons emprunté le nom d'*artimon;* les voiles, pareilles à l'aile d'une hirondelle, étaient en toile de lin et plus anciennement en peaux de bêtes. Les antennes, les cordages étaient disposés tels qu'ils le sont sur les bâtiments à voiles latines de la mer Égée. Les galères étaient armées d'un éperon auquel on donnait la forme de quelque tête d'animal : ces éperons servaient à entr'ouvrir les flancs des vaisseaux ennemis. Dans l'enfance de la marine, les soldats combattaient sur les gaillards ou demi-ponts, à l'abri de quelques bastingages; c'est aux Thasiens qu'on dut l'usage des ponts entiers, qui servent à recouvrir les vaisseaux.

ÉQUIPAGES. — Les matelots servaient de rameurs : cet emploi était regardé comme vil. On leur adjoignit parfois des malfaiteurs. Tous n'avaient pour reposer que leurs bancs. Les *nautes* se partageaient le reste de la manœuvre. Les marins jouissaient dès les temps les plus anciens d'une réputation de rudesse et de grossièreté qui était devenue proverbiale. Les soldats de bord, plus considérés, étaient armés de lances marines dont la longueur excédait souvent vingt coudées; ils étaient munis de faux pour couper les cordages, et ils manœuvraient une espèce de bélier destiné à battre les bordages des galères; Périclès inventa les grappins.

GRADES DANS LA MARINE. — Le stolarque était ce que nous appelons l'amiral, et les navarques représentaient nos capitaines de haut-bord. Les pilotes, les contre-maîtres, les céleustes (cambusiers) avaient leurs fonctions particulières. Chaque vaisseau portait un chanteur ou trompette, dont la voix ou l'instrument soutenait les forces des marins, et réglait le mouvement des rames. On comptait sur les rôles d'équipage, les charpentiers; l'*escharevs*, préposé à la garde du feu, chargé de la cuisine et du soin des sacrifices; l'écrivain qui réglait la comptabilité : Homère le surnomme la *mémoire de la cargaison;* c'était notre subrécargue.

APPAREILLAGE. — Au moment de mettre en mer, le stolarque donnait le signal de lancer les vaisseaux, ce qui se pratiquait au moyen de cylindres sur lesquels on les faisait rouler. Archimède perfectionna cette partie de la manœuvre en inventant l'hélice. Les vaisseaux se pavoisaient alors de guirlandes de fleurs; on offrait des sacrifices à Neptune, et pour l'ordinaire on rendait la liberté à une colombe : c'était le présage d'un heureux retour. La flotte se mettait en mouvement au commandement donné par la trompette; la nuit, on se servait de torches allumées sur le vaisseau amiral, afin de transmettre ses ordres.

DÉBARQUEMENT. — Le premier soin, lorsqu'on prenait terre, était de remercier les immortels. Après avoir offert un sacrifice à Jupiter, on adressait des hommages à Nérée, à Glaucos, à Ino, à Mélicerte, aux Cabires, et principalement à Neptune. Les naufragés échappés à la tempête joignaient aux dons votifs qu'ils présentaient, leurs vêtements encore humides des flots de la mer, avec une tablette contenant le récit de leur délivrance. A défaut d'offrande, quelques-uns coupaient leur chevelure qu'ils consacraient à la divinité qui les avait sauvés.

PORTS. — Les premiers ports furent l'embouchure des rivières, ou une baie qui s'enfonçait dans les terres : plus tard, on éleva des môles sur le modèle des pattes de homard. On construisit des tours et des phares à l'entrée des principaux mouillages ; on fit autour, des darses, des quais où les bâtiments pouvaient s'amarrer ; on y bâtit des chantiers de construction et de radoub, on y érigea des autels et des temples où l'on pouvait sacrifier aux dieux. On y fit des magasins, des arsenaux, des théâtres, des *lesches*, ou bourses, et des lieux de plaisir où les étrangers pouvaient trafiquer et se réjouir avec des courtisanes qui s'entendaient merveilleusement à prendre part aux profits de la navigation. Les boutiques de barbiers étaient vouées à la débauche la plus effrénée.

BATAILLES NAVALES. — Avant le combat, on distribuait à chaque galère les objets dont elle allait avoir besoin. On ployait les voiles, on baissait les mâts et on ne faisait usage que des rames. Chacun invoquait l'assistance divine par des prières et des sacrifices. Le signal se donnait de la galère amirale au moyen d'une bannière rouge qu'on élevait en l'air. Le stolarque engageait l'action ; les galères s'attaquaient avec fureur en se heurtant de la proue et même quelquefois de la poupe. Les soldats lançaient des dards, des javelots, et, parvenus à portée, ils se battaient à coups de pique et d'épée. On cherchait à s'accrocher, et quand les grappins avaient pris, on se servait des rames afin de former un pont pour s'élancer à l'abordage ; l'usage des brûlots était connu.

VICTOIRES, DÉPOUILLES, RÉCOMPENSES, CHÂTIMENTS. — Les vainqueurs, chefs, soldats, matelots, se couronnaient, et les vaisseaux étaient ornés de festons. L'air retentissait du son des instruments et du bruit des acclamations qui s'élevaient de la flotte. A leur retour, les équipages, conduits par leurs officiers, se rendaient aux temples des dieux pour y consacrer les dépouilles conquises sur l'ennemi. C'étaient quelquefois des vaisseaux entiers, comme le firent les Grecs après la journée de Salamine, lorsqu'ils offrirent aux immortels trois vaisseaux phéniciens. Les autres dépouilles étaient disposées sous les portiques ; on en formaient des trophées composés des proues des bâtiments capturés et des armes arrachées aux vaincus. On érigeait des statues aux vainqueurs.

Telles étaient les récompenses. Quant aux punitions disciplinaires, la plus usitée était les coups de corde. Les supplices étaient la cale mouillée, qui consistait à traîner le coupable à la remorque jusqu'à ce qu'il fût noyé. Les lâches étaient notés d'infamie, et les déserteurs avaient les mains coupées après avoir été fustigés.

FÊTES. — L'esprit religieux des Grecs, surtout des Athéniens, accrut tellement le nombre de leurs dieux, que les fêtes qu'ils célébraient en leur honneur devinrent excessives. C'était aussi par des fêtes qu'ils honoraient la mémoire de l'ami qu'ils avaient perdu, ou du citoyen qui avait rendu de grands services à la patrie. Ils célébraient aussi par des fêtes les événements les plus glorieux de la république. Tantôt on fêtait l'union du peuple de l'Attique par Thésée, tantôt le retour de ce prince dans ses états, l'abolition des dettes, ou la bataille de Marathon, de Salamine, de Platée, etc. Le trésor public fournissait aux frais de ces panégyries où l'on déployait souvent la plus grande magnificence ; les pompes d'Éleusis et les grandes Panathénées étaient les deux principales.

JEUX SOLENNELS ET EXERCICES PUBLICS. — Les principaux étaient les jeux olympiques, isthmiques, pythiens et néméens. Les plus grands honneurs étaient décernés aux vainqueurs, surtout dans les jeux olympiques, qui avaient lieu tous les quatre ans. A leur retour dans leur patrie, on conduisait les vainqueurs dans un char de triomphe, et on faisait une brèche aux remparts pour rendre leur entrée plus imposante : ils étaient entretenus aux frais de l'état.

Indépendamment des prix pour la course, le saut, le disque, le pugilat et la lutte, d'autres prix attendaient les musiciens, les poètes et les artistes. Les femmes furent long-temps exclues des jeux publics. La sévérité des lois éléennes à cet égard était telle, que celle qui aurait osé passer le fleuve

Alphée pendant la durée de ces fêtes, aurait été précipitée du haut d'un rocher. Cette loi cependant perdit peu à peu de sa force, et les femmes non seulement assistèrent aux jeux comme spectatrices, mais prirent place parmi les concurrents, et quelquefois même remportèrent la victoire.

MONUMENTS.

TEMPLES. — Dans la haute antiquité, les temples étaient construits en bois ; on n'avait alors aucune connaissance des arcs, des frises, des bases et des chapiteaux pour les colonnes, qui n'étaient considérées que comme de simples supports servant à attacher ou à suspendre quelque objet. Mais lorsque l'architecture sortit de la barbarie primitive, elle ne tarda pas à déployer toute sa magnificence dans les édifices consacrés aux immortels. Alors chaque temple eut son caractère particulier. Les édifices consacrés à Jupiter, au soleil et à la lune, devaient être doriques et sans toit, parce que ces divinités se montrent à découvert aux regards des hommes. Dans ceux élevés à Vénus, à Flore, à Proserpine et aux nymphes, on employait l'ordre corinthien, comme le plus gracieux et le plus analogue aux charmes de ces divinités. Pour Junon, Diane et Bacchus, on faisait usage de l'ordre ionique, qui participe de la gravité du style dorique et de la majesté du corinthien.

ENCEINTE SACRÉE. — Cet espace entouré de murs renfermait des cours, un bocage, des fontaines, et souvent même les habitations des prêtres. Pausanias rapporte que dans l'enceinte sacrée d'Esculape à Épidaure, on voyait un théâtre qui l'emportait sur tous ceux de la Grèce et de Rome par l'étendue de ses proportions : les restes de ce monument subsistent encore de nos jours. On arrivait aux temples par des gradins qui n'avaient guère moins de trois palmes d'élévation. Ces degrés étaient incommodes quand il s'agissait de monter ; mais comme les temples n'étaient pas assez grands pour contenir la foule, ils servaient de siéges à ceux qui ne pouvaient pénétrer dans la nef.

AUTELS. — Le nom d'*autel* chez les Romains venait du mot *hauteur*, *altare*; on appelait *aræ* ceux qui étaient moins élevés, où l'on sacrifiait aux divinités terrestres, et *foyers*, les autels dédiés aux dieux infernaux. Les Grecs les nommaient indistinctement Βωμοὶ, *autels*. Ils variaient dans leurs formes ; mais ils n'excédaient pas, à partir au-dessus du sol, la hauteur la ceinture du victimaire. Ceux des divinités célestes faisaient une exception, car l'autel de Jupiter olympien avait vingt-deux pieds d'élévation. Porphyre dit qu'on sacrifiait à la Terre, aux néréides et aux autres divinités de cette classe, dans des antres qui leur tenaient lieu de temples et d'autels (*).

CONSÉCRATION. — La plus ancienne cérémonie de cette espèce consistait dans l'offrande d'une marmite remplie de légumes bouillis, portée par une femme vêtue de diverses couleurs. En parlant de la consécration d'une statue de Jupiter, Athénée dit qu'on s'y servait d'un vase neuf à deux anses, à chacune desquelles étaient attachées deux petites couronnes, l'une de laine blanche et l'autre de laine jaune : le vase était rempli d'une libation d'ambroisie, qui était un mélange d'eau de miel et du suc de plusieurs fruits. Les prêtres faisaient des onctions, avec une huile odorante, aux statues et aux autels. La consécration des arbres se faisait au moyen de guirlandes et d'inscriptions, comme on le voit dans Théocrite : « C'est nous, vierges de Sparte, « qui les premières, tressant en cou- « ronne la fleur du lotos, irons la sus- « pendre au platane; et sur son écorce, « afin que le voyageur le lise, nous « écrirons : *Respecte-moi, je suis l'ar- « bre d'Hélène.* »

USTENSILES SACRÉS (**). — Les trépieds étaient particulièrement consa-

(*) Voy. pl. 94. N° 2 représente un sacrifice (d'après un vase grec); n 3-4, autels; n° 1 montre une partie de la grande procession des Panathénées.

(**) Voy. pl. 109. N° 1, flambeau; n° 2, lampe trouvée à Pompéi; n°s 3, 4, 5, 6, candélabres découverts au même endroit.

crés à Apollon, parce que ce dieu était appelé *Soleil* dans les cieux, *Bacchus* sur la terre et *Apollon* aux enfers. Les candélabres se terminaient par un vase destiné à recevoir de l'huile, de l'encens, du bitume ou des matières odorantes et inflammables : on voit dans les monuments des chandeliers d'où s'élève une large flamme. Parmi les lampes il y en avait de *domestiques*, de *sacrées* et de *funéraires* : quelques-unes avaient jusqu'à sept becs. Le vase dont on se servait pour y verser l'huile, ressemblait à une petite nacelle ronde dont le couvercle est à moitié fermé ; elle se terminait en pointe creuse. Les Grecs connurent l'usage des lanternes, qui étaient en corne, et faites de façon à ce que la lumière qu'elles renfermaient ne s'éteignît pas à l'air libre. Les dames athéniennes se servaient de ce qu'on appelle aujourd'hui des *Augustines*, espèce de foyers entretenus par la chaleur douce et uniforme d'une lampe : le lin et l'amiante étaient la matière des mèches ; il y avait des pincettes et des mouchettes attachées aux lampes, et cet usage s'est perpétué dans la Grèce.

PATÈRES. — La plupart sont de forme circulaire et presque plates, n'ayant qu'un petit creux pour contenir la libation. Le calice et les burettes étaient usités à Delphes dans les libations. Celles qui avaient lieu dans les sacrifices se faisaient avec du vin épuré par la fermentation. Les libations au soleil, à l'aurore, à la lune, à Mnémosyne, aux nymphes, se composaient d'eau miellée ; celles des dieux infernaux, de vin, de miel, de lait et parfois d'huile ; il y avait des formules en l'honneur des dieux.

ENCENSOIRS, CASSOLETTES, CIERGES, INSTRUMENTS DES SACRIFICES. — Il y avait des cassolettes pour brûler les parfums ; des encensoirs qu'on portait dans les pompes solennelles. Les cierges étaient usités dans les cérémonies religieuses, même en plein jour : ils étaient de bois résineux et doubles de la hauteur des personnes qui les portaient. On a retrouvé des instruments pour saisir les bœufs par les cornes, des massues et des haches pour les abattre, des couteaux servant à les égorger, et des couperets pour les dépecer.

### MINISTRES DES DIEUX.

Les cérémonies et les sacrifices, dit Platon, soit qu'ils viennent des anciens habitants du pays, ou qu'ils aient été établis par ceux qui consultèrent les oracles de Dodone, d'Ammon et de Delphes, doivent rester ce qu'ils sont. C'est pourquoi Solon, qui réforma la république d'Athènes, n'a pas touché un seul mot au sujet de la religion. Cette remarque sert à résoudre la question tant de fois reproduite, de savoir pourquoi on trouve chez plusieurs peuples de l'antiquité des religions si extravagantes et des lois si sages. C'est que la plus grande partie des cultes fut imaginée dans des temps où les hommes étaient encore sauvages, tandis que les lois furent instituées quand la barbarie eut cessé.

Les fonctions sacerdotales étaient anciennement réunies dans la main des rois. En prenant les rênes du pouvoir, les deux rois de Sparte étaient revêtus de la dignité de pontifes de Jupiter. Quand le sacerdoce fut séparé de l'autorité royale, les ministres des dieux conservèrent une grande autorité sur le peuple. On les vit souvent encourager les soldats, le front ceint de lauriers, tenant un flambeau dans la main droite, ou suspendre les hostilités et apaiser les séditions. Le caractère des prêtres ne les empêchait pas d'embrasser la profession des armes : Callias, ministre de Cérès, se distingua à la bataille de Platée ; Xénophon, historien et philosophe, était à la fois prêtre et grand capitaine.

ÉMOLUMENTS. — Les prêtres jouissaient de rétributions attachées à leurs fonctions ; ils avaient une portion dans le partage des victimes, et un logement ou presbytère, dans l'enceinte des temples qu'ils desservaient. On leur allouait une certaine quotité sur les amendes qui revenaient aux dieux ; ils avaient en partie l'usufruit des immeubles affectés aux temples, des dîmes, des oblations des dévots, des dépouilles des ennemis, des sommes que l'état votait pour les besoins de l'église et pour l'entretien des édifices sacrés. Aristote parle d'une espèce de marguilliers qu'il appelle *les gardiens de l'argent sacré*.

HIÉRARCHIE. — La dignité de grand-prêtre ou pontife n'existait pas à Athènes; l'*archihierevs* n'était que le chef du culte spécial d'une divinité, ou d'un temple. Le sacerdoce ne forma jamais un *corps visible* dans l'état : ainsi les prêtres n'étaient pas juges en matière de religion; ils n'avaient pas le droit de rechercher, encore moins celui de punir les coupables de sacrilége, de profanation et de blasphème; ils ne pouvaient même lancer une excommunication, sans un décret du peuple et du sénat. Il fallut remplir cette formalité afin de maudire Alcibiade et Philippe père de Persée.

FAMILLES SACERDOTALES. — Indépendamment des prêtres élus par le suffrage du peuple, il y avait des familles sacerdotales, telles que celles des Eumolpides et des Euthéobades. Dans tous les cas on ne pouvait exercer les fonctions sacrées qu'à certaines conditions. Le néophyte devait être inscrit dans la tribu à laquelle il appartenait. Il était obligé de justifier qu'il n'avait jamais exercé aucune fonction *servile* ou *ignoble*, qu'il était exempt de défauts corporels et que sa conduite était irréprochable. Ces formalités remplies, les postulants, hommes et femmes, prononçaient leurs vœux devant l'archonte roi, et les *vierges sanctimoniales* en présence de la reine des sacrifices : tous s'engageaient à mener une vie chaste et pure. Les prêtres n'étaient cependant pas soumis au célibat, mais les secondes noces leur étaient défendues. Les prêtresses cessaient leurs fonctions lorsqu'elles venaient à se marier; les pythies de Delphes, après plusieurs essais, ne furent admises à monter sur le trépied prophétique qu'à l'âge de cinquante ans.

HABILLEMENTS DES PRÊTRES. — Des vêtements amples, longs et de couleur blanche, formaient le costume ordinaire des ministres des dieux. Athénée compare les habits des prêtres d'Athènes aux costumes qu'Eschyle avait inventés pour les acteurs de ses tragédies. Tous portaient les cheveux longs, se ceignaient la tête d'un bandeau de laine surmonté d'une couronne de laurier, de peuplier ou de chêne; ils se faisaient quelquefois un voile avec leur manteau; tous portaient des souliers blancs.

RITES. — La théologie païenne se réduisait à la connaissance du rituel. Chaque particulier pouvait offrir des sacrifices sur un autel placé à la porte de sa maison, ou bien dans une chapelle domestique. Dans les bourgades de la Grèce, un seul prêtre suffisait pour desservir un temple; dans les villes, les soins du ministère sacerdotal étaient partagés entre plusieurs personnes qui formaient une communauté. A la tête de cette confrérie, était placé le ministre particulier du dieu; venait ensuite le néocore, chargé de veiller à la décoration et à la propreté des lieux saints, et d'asperger d'eau lustrale ceux qui entraient dans le temple; enfin il y avait des victimaires destinés à égorger les animaux, des hérauts dont les fonctions étaient de régler les cérémonies et de congédier l'assemblée, en chantant une espèce d'*Ite, missa est*. Dans certains lieux, on donnait le nom de *père* au chef de la communauté, et celui de *mère* à la supérieure des prêtresses. Le clergé officiait avec de riches vêtements sur lesquels on lisait, tracés en lettres d'or, les noms des particuliers qui en avaient fait don au temple. La prêtresse de Cérès officiait couronnée de pavots et d'épis; celle de Minerve avec l'égide, la cuirasse et un casque surmonté d'aigrettes.

MISSIONNAIRES AMBULANTS. — Trois siècles avant notre ère, il parut dans la Grèce des hommes sans mission du gouvernement, qui, s'érigeant en interprètes des dieux, nourrissaient parmi le peuple une crédulité superstitieuse. Montés sur des chaires dressées en plein vent, ils menaçaient leurs auditeurs de la colère céleste, en établissant de nouvelles cérémonies pour l'apaiser; ils s'appliquaient à rendre les hommes plus faibles et plus malheureux par les craintes qu'ils leur inspiraient : ils exploitaient ainsi les terreurs du Tartare et de l'Achéron à leur profit. Au nombre de ces prophètes de malheurs, l'histoire nous a conservé les noms d'Abaris de Sicile et d'Empédocle d'Agrigente.

Au dire de ces prédicateurs vagabonds, on découvrait la volonté des dieux dans les éclipses, dans le bruit du tonnerre, dans les grands phénomènes de la nature, et dans les accidents les plus fortuits. Les songes, l'aspect imprévu de certains animaux, le mouvement convulsif des paupières, le tintement des oreilles, l'éternument, quelques mots prononcés au hasard, étaient des présages heureux ou sinistres. « Trouvez-vous un serpent dans
« votre maison? élevez un autel au
« lieu même où on l'a découvert.
« Voyez-vous un milan planer dans les
« airs? tombez à genoux. Votre ima-
« gination est-elle troublée par le cha-
« grin, ou par quelque maladie? c'est
« Empéduse, c'est Hécate, ou un fan-
« tôme envoyé par elle, qui prend
« toutes sortes de formes pour tour-
« menter les mortels. » Les expiations et les prières étaient consignées dans de vieux sacramentaires attribués à Orphée et à Musée.

DEVINS. — L'impatience si naturelle de connaître l'avenir a toujours été l'origine d'inventions ridicules, exercées par les hommes les plus vils et les plus fourbes. Alciphron dit que les tableaux ou enseignes de ces charlatans étaient exposés auprès du temple de Bacchus à Athènes; leurs oracles se payaient d'une à deux drachmes. « Je ne fais aucun cas, disait
« Ennius, des devins du coin des rues,
« des astrologues du cirque, des pro-
« nostiqueurs d'Isis, ni des interprè-
« tes des songes; ils n'ont ni art, ni
« connaissance qui les éclaire sur l'a-
« venir; ce sont des suppôts de la su-
« perstition, des menteurs impudents,
« des ignorants, des paresseux, des « fous que la misère fait agir. » Ils prétendaient que jamais les songes n'étaient plus illusoires qu'au moment de la chute des feuilles, parce que l'*automne étant la vieillesse de l'année*, rend la vertu divinatoire pareille à un miroir exposé à l'action du brouillard, qui ne renvoie aucune image bien déterminée.

Ces imposteurs étaient connus sous le nom d'orphiques, frappaient à la porte des grands pour leur offrir de les purifier de leurs crimes ou de ceux de leurs ancêtres, au moyen de quelques pratiques religieuses; ils séduisaient non-seulement quelques particuliers, mais des villes et des républiques entières.

Théophraste, disciple d'Aristote, parle de ces charlatans dans le caractère du superstitieux, « *qui ne manque jamais*, dit-il, *d'aller tous les mois se faire exorciser chez la* orphéotelestes, *d'y conduire sa femme et jusqu'à ses enfants portés par leurs nourrices.* » Plutarque raconte qu'un de ces orphiques voulant exciter la libéralité d'un Spartiate, lui vantait le bonheur destiné dans l'autre vie aux prêtres et aux initiés de sa secte; celui-ci lui répondit : *Que ne te hâtes-tu de mourir?*

VIE PRIVÉE DES GRECS.

Lorsqu'une personne était dangereusement malade, on attachait à la porte de sa demeure des rameaux de nerprun et de laurier, afin d'éloigner les génies malfaisants et de se rendre favorable Apollon, dieu de la médecine. La mort subite des hommes était attribuée à cette divinité, et celle des femmes à sa sœur Diane.

Le malade qui sentait approcher sa fin invoquait son ange gardien, se recommandait à Minerve et à Mercure conducteur des âmes. Un cercle nombreux de parents et d'amis entourait le lit de l'agonisant pour recueillir ses dernières paroles, qu'ils conservaient avec un saint respect. C'était en le serrant dans leurs bras, en essayant d'aspirer son âme, qu'ils lui disaient le dernier adieu. Dans ce moment fatal, on frappait à coups redoublés sur des vases d'airain, afin d'éloigner les mauvais esprits.

DÉCÈS. — Le premier devoir qu'on rendait aux morts était de leur fermer les yeux et la bouche, en ayant soin que leurs membres fussent convenablement rangés. On lavait le cadavre qu'on oignait ensuite avec de l'huile et des parfums. Cela étant fait, on l'enveloppait d'un manteau ou d'une chemise en laine qu'on recouvrait d'une belle chlamyde blanche, emblème de l'innocence. C'est pourquoi Socrate, avant de boire la ciguë, se fit apporter par Apollodore une tunique et un manteau précieux, afin de mourir en habit de funérailles. On plaçait sur la tête du défunt un voile de lin et une couronne de fleurs; on mettait dans ses mains un gâteau composé de farine et de miel pour apaiser Cerbère, et on déposait dans sa bouche une obole destinée à payer Caron pour le nolis de sa barque. Le législateur de Sparte avait ordonné que les personnes distinguées par leurs vertus fussent revêtues d'une tunique rouge; les autres citoyens étaient enterrés nus.

Le corps restait exposé pendant une journée entière sous le vestibule de la maison. Cette partie du cérémonial avait pour objet de fournir au public l'occasion d'examiner si le cadavre ne présentait pas de signes de mort violente. Les pieds étaient tournés vers la porte, à laquelle on suspendait une touffe des cheveux du défunt, pour annoncer que le deuil régnait dans cette demeure. Un vase d'eau lustrale était placé à côté du catafalque.

FUNÉRAILLES. — Platon passait pour être l'instituteur des cérémonies funèbres. Mal parler de celui qui avait payé sa dette à la nature, et poursuivre la vengeance contre sa mémoire, entraînait la peine de l'infamie. On devait aux morts la sépulture, d'après l'opinion que sans cela les âmes de ceux qui en étaient privés, erraient sur les bords du Styx, où elles subissaient un purgatoire de cent ans.

Périr sur un vaisseau était regardé comme la mort la plus affreuse, parce que le cadavre disparaissait dans les flots. Au moment du naufrage, chacun se parait de ce qu'il avait de plus precieux, dans l'espérance que si le corps était poussé sur quelque plage, il défraierait ceux qui le recueilleraient, des dépenses qu'occasioneraient ses obsèques. Les cadavres dépourvus de ces sortes de dons avaient droit aux mêmes égards, et les lois d'Athènes punissaient les contrevenants d'une sorte d'excommunication, comme une expiation de cet *acte de barbarie*. Les voyageurs pressés par leurs affaires étaient dispensés de la règle commune : il suffisait qu'ils jetassent sur le cadavre qu'ils rencontraient, trois poignées de sable ou de terre, dont l'une devait être répandue sur la tête; cette lustration suffisait pour l'admission des âmes dans le séjour de Pluton.

Les honneurs du bûcher étaient le partage des citoyens riches et distingués. Les cendres des personnes mortes en pays étranger devaient être rapportées avec soin dans leur pays natal; le sol de la patrie présentait seul un lieu de repos assuré. A Athènes, les démarques veillaient au soin de faire rendre les devoirs funèbres aux esclaves, afin qu'ils ne restassent pas privés d'une sépulture convenable.

REFUS DE SÉPULTURE. — Les corps des héros tombés sous les coups d'Achille sont livrés en pâture aux chiens et aux vautours; Lysandre, vainqueur de la flotte athénienne, fait égorger Philoclès et quatre mille prisonniers auxquels il refuse les honneurs du tombeau; les traîtres, les conspirateurs, ceux qui ne prenaient pas les armes dans un danger imminent, subissaient la même peine; les tyrans leur étaient assimilés. Les suicides étaient enterrés sans aucune cérémonie : néanmoins la mort volontaire était regardée, dans certaines occasions, comme un acte de courage et de vertu. Les sacrilèges étaient réprouvés. Les personnes frappées de la foudre étaient enterrées sur la place où elles étaient mortes. Quiconque avait dissipé follement son patrimoine perdait le droit d'être enseveli dans le tombeau de famille; les corps de ceux qui mouraient insolvables appartenaient aux créanciers, et n'étaient enterrés qu'après l'acquittement complet de leurs dettes. Les criminels condamnés au supplice de la croix et du pal étaient abandonnés aux oiseaux carnassiers: leurs cadavres restaient attachés aux gibets jusqu'à une décomposition complète. Quand on accordait la sépulture à ceux qui avaient encouru la haine publique, tels que les ministres des rois, il était d'usage de fouler leurs tombes aux pieds et d'y jeter des pierres en signe de mépris.

Convois. — Les grands et les riches étaient portés au bûcher le huitième jour après leur décès; les pauvres étaient inhumés dès le lendemain de leur mort. La nuit était en général regardée comme un temps défavorable aux pompes funèbres; il n'y avait que celles des jeunes gens qui se faisaient avant l'aurore, afin de ne pas exposer à la lumière du soleil le spectacle d'une perte qui causait les plus vifs regrets à la patrie. Les Athéniens, par un usage contraire à celui des autres peuples de la Hellade, célébraient toutes les funérailles avant le jour. On portait le cerceuil à bras ou sur un char; à Lacédémone on le plaçait sur un bouclier. Dans les temps héroïques il n'y avait pas de bière: Patrocle est transporté sur les bras des Myrmidons, et Achille soutient sa tête. Les personnes qui formaient un convoi étaient vêtues d'habits de deuil. Les hommes marchaient en avant; ils étaient suivis des femmes, dont quelques-unes avaient la tête rasée. Tous tenaient les yeux baissés. Ils étaient précédés d'un chœur de musiciens qui faisaient entendre des chants lugubres. Dans les pompes militaires, telles que les obsèques de Timoléon et d'Aratos, les hommes et les femmes étaient vêtus de blanc, en signe d'allégresse de ce que ces héros avaient déjà pris leur place au rang des dieux; dans les autres circonstances, les guerriers portaient leurs armes renversées, ils étaient suivis de cavaliers et de chars décorés en grand deuil.

Urnes, tombeaux (*). On renfermait les mânes et les cendres des morts dans des urnes de bois, de terre, de marbre, ou de quelque métal précieux. Si le cadavre devait être enterré en entier, on l'étendait dans la fosse le visage tourné vers le ciel et la tête à l'occident. Chez les anciens Grecs chaque famille avait sa sépulture dans l'enceinte de son domicile; on élevait des cippes auprès des tombes. On enterrait quelquefois les personnages illustres dans les temples. Les progrès du luxe et le goût de la magnificence firent qu'on éleva des monuments qui contenaient des caveaux où les parents pouvaient entrer pour pleurer loin des regards du public; on élevait quelquefois des temples sur ces souterrains. Les guerriers qu'on peignait sur les parois de ces édifices étaient représentés avec leurs attributs; les femmes avec des miroirs et d'autres objets particuliers à leur sexe. On avait sculpté un chien sur le tombeau de Diogène.

Vases sépulcraux. — Les uns servaient à renfermer les mânes, les autres à figurer comme décoration dans les tombeaux. Ceux en terre et sans ornements contenaient les restes des gens du commun; les autres poteries avaient servi à mettre le vin, le lait, l'huile et les parfums propres aux libations, à l'eau lustrale, aux suffumigations et au banquet funèbre.

Lampes. — On portait des cierges en moelle de jonc enduite de cire, dans les enterrements. On plaçait des lampes dans les caveaux, qu'on ornait de festons, de fleurs, de guirlandes, d'ache et de myrte.

Banquets funèbres. — Athénée nous apprend que les convives qui se rendaient à ces sortes de repas devaient être vêtus d'une tunique blanche. Ces festins avaient lieu le neuvième ou le trentième jour après les obsèques. On célébrait aussi des anniversaires

(*) Voy. pl. 112. Nos 1, 2, tumuli; nos 3, 5, 6, stèles funéraires; n° 4, hiéron; n° 7, tombeau d'un Grec italiste de la Campanie; n° 8, vases qui se trouvent dans ces tombeaux.

du bout de l'an. Il y eut des apothéoses, car on ne peut appeler autrement les honneurs rendus à Brasidas, à Miltiade, à Timoléon, à Ephestion. L'apothéose d'Homère, sculptée par Archelaos de Prienne, nous fait connaître la splendeur de ces cérémonies.

### MARIAGES (*).

Bacon prétend que lorsque les progrès de la civilisation auront amolli l'espèce humaine, les hommes, esclaves des besoins qu'ils se seront créés, renonceront au mariage, dans la crainte de ne pas avoir, à moins de se gêner, les moyens d'entretenir une famille, et qu'ils préféreront alors jouir des agréments du luxe et des plaisirs de la débauche.

Mais loin de là, aux premiers âges de la société, on plaçait le bonheur dans l'union d'une compagne. L'*homme sensible*, dit Homère, *conserve à jamais sa tendresse à l'épouse dont le sort lui fit présent*. On attribuait l'origine du mariage à la muse Erato, qui en régla le cérémonial. Les poètes le firent descendre de l'Olympe, où ils avaient placé Hyménée, fils d'Apollon et d'Uranie.

LOIS CONTRE LE CÉLIBAT. — Le mariage fut en honneur dans toutes les républiques de la Grèce, et encouragé par les lois ; quelques villes même infligeaient des punitions aux célibataires. Le législateur de Sparte leur avait réservé des châtiments particuliers. Chaque hiver les magistrats les condamnaient à courir nus sur la place publique, en chantant des couplets qui les tournaient en ridicule. L'entrée des lieux d'exercices des jeunes filles leur était interdite ; on était dispensé envers eux des égards dus à la vieillesse. Une loi défendait de confier le maniement des affaires publiques à tout citoyen qui n'était pas père de famille et propriétaire.

POLYGAMIE SIMULTANÉE. — L'histoire grecque ne cite qu'un fait de cette nature, et Hérodote qui le rapporte ajoute que dans ce cas on avait dérogé à l'usage. Néanmoins les législateurs permirent d'avoir des rapports avec les esclaves ; mais l'épouse était seule considérée comme la femme légitime, tant à cause de sa dot que par respect pour la loi religieuse qui avait consacré son mariage. C'est d'après ce principe que Médée, dans Euripide, invoque les dieux protecteurs de l'hyménée. Au temps de la plus haute civilisation, le divorce fut porté jusqu'à la licence chez les Athéniens ; il suffisait du consentement des époux, comme cela eut lieu pour Périclès.

SECONDES NOCES. — Il était permis de convoler à un second mariage, dans le cas de décès de l'un des époux. Ces exemples étaient rares chez les veuves, dans les siècles héroïques : Pénélope refuse de céder aux instances de ses poursuivants. Les unions incestueuses furent toujours en horreur, comme on le voit par les catastrophes funestes d'Œdipe et de Phèdre. Quant aux actions infames des dieux, c'étaient des choses mystérieuses qui n'avaient aucune influence sur les mœurs publiques.

LOIS RELATIVES AUX MARIAGES. — Elles défendaient le mariage entre ascendants ; il était licite entre collatéraux : ainsi le neveu pouvait épouser sa tante et celle-ci son neveu. Le mariage était permis aux prêtres : Chrysès, ministre d'Apollon, était père de Chryséis *aux beaux bras* ; Anténor avait pour épouse Théano, prêtresse de Vulcain : ce n'est que dans les temps historiques que l'on voit les prêtresses assujetties à une continence absolue.

AGE. — L'âge requis pour se marier variait suivant les lois de chaque état de la Grèce : à Sparte, il était fixé à trente ans pour les hommes et à vingt-quatre pour les femmes. L'ancien code d'Athènes exigeait trente-cinq ans, Aristote trente-sept ; Hésiode et Platon ne parlent que de vingt ans. Il est question pour les femmes de vingt-six et de dix-huit ans : elles étaient, dit Hésiode, nubiles à quatorze ans.

(*) Voy. *pl.* 104. N° 1, danses, bas-relief du Musée du Louvre ; n° 2, mariage, vase grec du Musée du Louvre.

FORMALITÉS. — Le consentement des parents était nécessaire pour contracter mariage. Achille refuse la main d'Iphigénie, en disant que : *Si les dieux lui permettent de revoir ses pénates, c'est Pélée lui-même qui lui choisira une épouse.* Les filles orphelines devaient obtenir l'assentiment de leurs frères, de leurs oncles, de leurs cousins ou de leurs tuteurs.

FIANÇAILLES. — La formule la plus usitée était conçue en ces termes : *Je vous donne cette fille qui est la mienne et de mon propre sang.* On faisait mention de la dot lorsqu'il y avait lieu. Les époux se juraient une foi mutuelle. Le fiancé offrait à sa future un présent qu'on nommait *arrhes*; un baiser confirmait la promesse réciproque des époux qui se donnaient mutuellement la main; usage pratiqué pour sceller tous les engagements. Les fiançailles, chez les Thébains, avaient lieu dans le temple d'Iolas, favori d'Hercule et compagnon de ses travaux.

CÉRÉMONIE NUPTIALE. — Homère en parle ainsi : *L'épouse est accompagnée dans les rues à la lueur des flambeaux et avec des transports d'allégresse; des chœurs de jeunes gens entonnent des cantiques en l'honneur d'hyménée; ils forment des danses au son des flûtes et des hautbois, tandis que les femmes, debout sur le seuil de leurs portes, contemplent d'un air émerveillé la pompe de cette fête.* On ajouta dans la suite de nouveaux rites à ceux des temps héroïques.

Il n'y avait point d'époque de rigueur pour la célébration des mariages. Les Athéniens préféraient l'hiver, et surtout le mois de janvier, qu'ils surnommaient à cause de cela *Gamélion*, ou mois des noces. Les mariages avaient pareillement lieu aux fêtes de la *Néoménie* (nouvelle lune), appelées *Théogamie*, hymen des dieux. La veille du mariage les fiancés faisaient hommage d'une mèche de leur chevelure à Diane, à Minerve et aux Parques. On avait soin, dans les sacrifices célébrés à cette occasion, d'ôter du foie des victimes le fiel qu'on jetait derrière l'autel, parce qu'il est le siége de la colère et de la méchanceté.

HABILLEMENTS NUPTIAUX. — Leurs couleurs variaient, mais ils devaient être neufs : la somptuosité était le partage de l'opulence. L'épouse portait un collier de pierres précieuses et un riche manteau brodé en or. Les habits des conviés n'étaient pas moins brillants; c'était ordinairement la *nympha* ou épouse qui leur en faisait cadeau. Les époux portaient sur la tête des couronnes composées de roses, de myrtes et de pavots; leur maison était décorée de guirlandes de fleurs. Une jeune fille précédait la nouvelle mariée en tenant un *crible* et une *navette*; celle-ci portait un vase de terre rempli d'orge, emblème des soins du ménage.

Le cortége s'acheminait au commencement de la nuit, précédé, accompagné et suivi de chanteurs et de danseurs. La mariée y paraissait montée sur un char qu'on brûlait à son arrivée au logis de l'époux, afin d'indiquer qu'elle ne retournerait plus à la maison paternelle. En entrant dans leur demeure, on répandait sur la tête des époux des figues, des amandes et d'autres fruits, en signe d'abondance.

REPAS DE LA GAMÉLIE. — On avait préparé un banquet, où se trouvaient réunis les parents des deux familles; avant d'y prendre place, on devait aller au bain et changer d'habits. Alors commençaient les danses et les réjouissances, tandis qu'un enfant à demi couvert de branches de chêne et d'aubépine se promenait avec un gâteau de sésame, en chantant : *J'ai changé mon état contre un état plus heureux.* Paraissaient ensuite les danseuses couronnées de myrte et vêtues de robes légères, qui exprimaient par leurs attitudes les transports, les langueurs et l'ivresse de la plus douce des passions.

CHANT D'HYMÉNÉE. — On allumait le flambeau nuptial et on marchait vers l'appartement où était dressé le lit des époux. On leur présentait dans ce moment un fruit (le coing), dont la douceur devait être l'emblème de celle de leur union. On entonnait ensuite l'épithalame : « Dormez dans le sein de

« l'amour, dormez; loin de vous tout
« souci. Demain nous reviendrons dès
« que le chantre des bois, secouant son
« plumage sur la branche où il a reposé,
« aura fait retentir de ses premiers
« accents les échos du matin.... Et toi,
« Hymen, Hyménée, réjouis-toi du bon-
« heur de ces époux. »

### NAISSANCES (*).

ACCOUCHEMENTS. — Les femmes, dans la douleur de l'enfantement, tenaient en main un rameau de palmier, persuadées que cet arbre avait la vertu de les soulager, et que la palme était regardée comme un signe de victoire et d'allégresse. A peine l'enfant était né, qu'on le lavait dans de l'eau très-pure; à Sparte on se servait de vin.

BERCEAUX. — A Athènes on enveloppait le nouveau-né dans une étoffe sur laquelle était brodée la tête de la Gorgone, par allusion à l'égide de Minerve. Les Spartiates donnaient un bouclier pour berceau à leurs enfants, en mémoire de ce qu'Alcmène avait placé ses deux fils Hercule et Iphitos sur un bouclier d'airain qu'Amphitrion avait enlevé à Ptéréléas. Chez les autres peuples de la Hellade, on se servait d'un meuble percé de trous : *Jupiter avait été mis*, disait-on, *par sa mère Némésis sur un crible d'or*. Dans les grandes familles d'Athènes, on posait les berceaux sur des dragons et des serpents d'or, en souvenir d'Erichthonios, un de leurs anciens rois.

ADMISSION DANS LA FAMILLE. — Le cinquième jour après sa naissance, on portait l'enfant autour du foyer; par cette cérémonie il était agrégé à la famille et mis sous la protection des pénates. C'était une fête de famille, ainsi que le huitième jour, dans lequel on donnait des présents à l'accouchée. Si le nouveau-né était un garçon, on suspendait une couronne d'olivier à la la porte de la maison; si c'était une fille, on y attachait des bandelettes de laine.

RELEVAILLES. — Le quarantième jour après l'accouchement, on célébrait une fête appelée *Tessaracostos*. La femme, après avoir été purifiée par l'ablution d'usage, se rendait au temple de Diane, à laquelle elle sacrifiait et consacrait sa ceinture.

### DIVORCE, ADULTÈRE.

En Crète on accordait le divorce à ceux qui craignaient d'avoir un trop grand nombre d'enfants; on l'obtenait à Athènes sous les prétextes les plus futiles : les femmes pouvaient s'adresser aux archontes. Les Lacédémoniens se séparaient rarement de leurs épouses, et celles-ci ne pouvaient se soustraire à l'autorité du mari. Les époux en renvoyant leurs femmes étaient tenus de rendre la dot qu'elles avaient apportée dans la communauté. Les parties divorcées pouvaient se remarier.

Un usage bizarre établi dans plusieurs villes, et particulièrement à Athènes, autorisait les citoyens à emprunter les femmes de ceux qui voulaient y consentir. On ignore si l'Athénienne pouvait se refuser à une semblable convention? A Sparte, les citoyens accordaient leurs femmes aux étrangers remarquables par leur beauté et propres à engendrer des enfants robustes. Cet usage était interdit aux rois.

Malgré cette licence fondée sur une dépravation politique, les Spartiates rangeaient l'adultère au nombre des crimes et le punissaient sévèrement. Le coupable était privé de la vue; mais plus tard on se contenta de lui infliger une amende. La peine de mort était réservée à celui qui faisait commerce de son épouse. La femme adultère était condamnée à ne porter que des habillements grossiers; elle était exclue des temples. Celles qui n'étaient point en pouvoir de mari étaient vendues comme esclaves.

### VIE PRIVÉE DES FEMMES.

AGE HÉROÏQUE. — Dans les siècles

---

(*) Voy. *pl.* 86. N° 1, naissance et horoscope d'un enfant (bas-relief); n° 2, écoles et punition d'un écolier, peintures antiques du musée de Naples.

d'innocence, les femmes riches et pauvres étaient vouées aux travaux domestiques; elles allaient puiser de l'eau aux fontaines, veillaient au soin des troupeaux et pansaient les chevaux de leurs nobles maris. C'étaient elles qui lavaient les pieds de leurs hôtes, les conduisaient au bain, leur offraient des parfums, et faisaient les ouvrages les plus fatigants de l'intérieur de la maison. Leurs délassements étaient le rouet et la broderie.

RÉCLUSION. — Les femmes vivaient dans la partie la plus reculée de leur maison, qu'on appelait *gynecée*. Cet appartement était séparé par la cour de *l'andron* ou lieu habité par les hommes : aux siècles héroïques, le *beau sexe logeait au grenier*. L'existence des filles et des femmes était extrêmement solitaire; les nouvelles mariées étaient tenues avec une grande sévérité. Se présenter à la porte extérieure du logis, eût été une tache à la réputation des femmes. Elles osaient à peine franchir le seuil qui séparait l'endroit où elles étaient parquées, de la cour de l'andron.

La clôture des nouvelles mariées devenait moins rigoureuse lorsqu'elles avaient donné un enfant à leur époux. Elles acquéraient alors le titre de *mère* et le privilége de n'être plus cloîtrées; mais ce n'était pas un droit formel, car il dépendait toujours du mari de le révoquer. Dans tous les cas, la modestie portait les femmes à n'user de cette concession qu'avec la plus grande réserve. Elles ne paraissaient jamais en public que la tête couverte d'un voile, entourées de servantes non mariées, qui avaient dépassé l'âge de la jeunesse : des vieillards partageaient quelquefois cet emploi; la garde des femmes de qualité était confiée à des eunuques.

DÉLAISSEMENT DES ENFANTS. — Exposer les enfants et renoncer aux devoirs de la paternité, fut un usage toléré par quelques législateurs, et expressément commandé par plusieurs d'entre eux. La cause ordinaire était la pauvreté. L'abandon frappait plus particulièrement sur les filles, dont l'éducation et l'établissement paraissaient un trop pesant fardeau aux familles peu aisées.

INSTITUTIONS PHILANTHROPIQUES. — Les Thébains portèrent remède à ce désordre par une loi qui enjoignait aux parents incapables de nourrir leurs enfants de les remettre aux mains des magistrats. Ceux-ci étaient chargés de pourvoir à leur entretien, et ces enfants, devenus grands, devaient payer par leurs services les soins qu'ils avaient reçus de l'état.

ENFANTS TROUVÉS. — Enveloppés de langes, les enfants étaient ordinairement exposés dans un vase, avec quelques ornements précieux. Une bague, un collier, propres à les faire reconnaître par la suite, si les dieux conservaient leurs jours, pouvaient encore intéresser ceux qui s'en chargeaient par l'appât d'une récompense à venir, et les porter à accorder à la dépouille mortelle de la victime le triste devoir de la sépulture.

PREMIÈRE NOURRITURE. — Les enfants étaient élevés dans la maison paternelle. Les mères les nourrissaient de leur lait : celles de la plus haute qualité ne se défendaient pas de ce devoir; dans ce cas elles se faisaient assister par une nourrice. Celles-ci, pour apaiser les cris des enfants, leur frottaient les lèvres avec une éponge imbibée d'eau miellée. Elles se servaient d'un chant triste et monotone pour les endormir; enfin elles employaient un masque représentant une figure hideuse, afin de leur faire peur.

CONDITION DES ENFANTS. — Les lois les partageaient en quatre classes, savoir : 1° en enfants légitimes nés de l'épouse; 2° illégitimes sans bâtardise, issus d'une concubine; 3° enfants nés de père inconnu; 4° et enfants adoptifs. Dans les temps de haute civilisation, la loi ne reconnaissait comme légitimes que les individus dont les pères et mères étaient citoyens d'une même république. Les naturalisés, que l'état épuisé par de longues guerres avait fait admettre dans son sein, ne jouissaient pas d'une considération égale à celle des citoyens indigènes. Dans certaines républiques, à défaut de descendants légitimes, les enfants illégitimes étaient appelés à hériter de leur père. La fille ou les filles dont le père était décédé sans enfants mâles, entraient en possession de ses biens, à la charge d'épouser ses plus proches parents. Cette union pouvait être mutuellement réclamée; dans le cas de refus, on intentait un procès. Une héritière en puissance de mari devait divorcer pour être admise à partager l'héritage de son père, ou en jouir en totalité si elle était seule usufruitière; alors elle contractait un second mariage avec un des plus proches parents.

ADOPTIONS. — Elles avaient lieu parmi les enfants naturels du père, ou toute autre personne de condition libre. Le nom des *adoptés* était inscrit sur les registres de la tribu de celui qui les adoptait : les Lacédémoniens soumettaient cet acte à la censure des archagètes.

TESTAMENTS. — Les lois qui régissaient cette matière imposaient au testateur : 1° d'être citoyen d'Athènes et non étranger ou esclave; l'héritage, dans ces deux derniers cas, était dévolu au fisc; 2° de n'être point enfant adoptif, parce qu'à défaut d'hoirie en ligne directe, les biens retournaient à la famille du père par voie d'adoption; 3° de n'avoir point d'enfants mâles, car la loi leur assurait la succession de leurs parents. Si le défunt ne laissait que des filles, on leur nommait des curateurs, chargés de désigner leurs héritiers dans le cas où elles viendraient à mourir avant l'âge de quarante ans; 4° le testateur devait jouir de ses facultés intellectuelles et de sa liberté; la captation était une cause de nullité.

RESPECT FILIAL. — Ce sentiment portait les enfants à remplir auprès de leurs parents les fonctions domestiques les plus ordinaires, telles que d'oindre leurs pieds et de les laver; ils pourvoyaient à leurs besoins, et sacrifiaient tout pour que leur dépouille mortelle reçût les honneurs funèbres.

Les lois de Solon déclaraient *infames* ceux qui maltraitaient les auteurs de leurs jours. Le même législateur dispensait les enfants de pourvoir à l'entretien de leurs parents, lorsque ceux-ci avaient négligé de leur faire apprendre une profession propre à les nourrir, de leur travail. Les enfants prostitués par leurs parents se trouvaient dans le même cas, ainsi que les bâtards, qui ne devaient à leur père qu'une naissance honteuse.

INSTRUCTION PRIMAIRE. — Les jeunes garçons appartenant à des familles opulentes avaient chez eux des maîtres particuliers. Dans la Grèce entière, excepté à Lacédémone, la première éducation se composait de l'étude des *belles-lettres*, qui ne comprenait d'abord que *l'art de lire et d'écrire correctement*. Cette dénomination prit dans la suite une extension qui embrassa la philologie, science dans laquelle on comprit l'histoire, la poésie, l'éloquence et la littérature en général, enseignées par des maîtres sans pitié (c'est presque toujours le caractère du pédagogue.) On leur apprenait à prier Dieu soir et matin, au moyen de la *philélie* en l'honneur d'Apollon qu'on chantait au lever du soleil, et de l'*upinge* adressée à Diane *aux beaux yeux*, à la première apparition de la lune.

REPAS (*).

SIÈCLE HÉROÏQUE. — Les banquets et les festins étaient la suite de quelque fête, ou de quelque grande cérémonie religieuse. C'était une des plus douces jouissances de la vie. Ulysse, soupant chez les Phéaciens, dit *qu'il n'y a pas de plaisir plus grand que d'être assis à une table chargée de mets et de vins*. L'usage des lits dans la salle à manger n'avait pas encore été inventé par la mollesse. Les sièges réservés aux personnes de distinction avaient un dossier et un marchepied; les autres étaient simples et sans orne-

(*) Voy. pl. 106, n° 2, et pl. 107. N° 1, cuiller en os (cabinet Revil); n°s 2, 3, chaudières en bronze; n° 4, *simpulum* (Musée du Louvre); n° 5, pliant (vases grecs); n° 6, tabouret (vases grecs); n°s 7, 8, chaises (vases grecs); n° 9 (trône, bas-relief).

ments. Télémaque fait asseoir Minerve sur un trône *d'un beau travail, recouvert d'une riche draperie et ayant un marchepied*; il prend pour lui un tabouret, qui était un siége moins élevé. La place d'honneur chez les Grecs était au bout de la table; chez les Perses c'était celle du milieu.

SERVICE. — Un passage de l'Odyssée nous fait connaître l'ordre des banquets. « Une jeune fille versa d'un
« vase d'or dans un bassin d'argent de
« l'eau pour se laver, puis elle se mit
« à dresser une table brillante de pro-
« preté. Une femme vénérable apporta
« ensuite le pain, qu'elle posa devant
« les convives, auxquels on servit les
« viandes d'une main libérale, tandis
« qu'un héraut circulait autour de la
« table pour leur offrir du vin. La
« troupe insolente des amants de Pé-
« nélope entre, et dans un moment ils
« occupent les fauteuils et les siéges
« rangés avec ordre le long de la salle.
« Les hérauts leur donnent à laver;
« ils portent ensuite la main sur les
« mets, et on leur verse du vin dans
« des coupes d'or... Le repas fini, on
« présente une belle lyre à Phormios,
« qui se met à chanter. »

ALIMENTS. — La nourriture consistait alors en fruits que la terre produisait spontanément. Les habitants d'Argos se régalaient de poires; ceux d'Athènes de figues; l'Arcadie était renommée par ses glands doux, ses faînes et ses châtaignes. Cérès apporta les premiers grains dans l'Attique; elle apprit l'agriculture à Triptolème, à Eumélos de Patras, et à l'Arcadien Arcas. On attribuait à Pan l'invention du pain et l'art de le faire cuire: il devait être pesant et compacte, parce qu'il était sans levain et cuit sous la cendre. Celui qu'on nommait *maza* était composé de farine, de miel, de sel et d'huile, détrempés avec de l'eau. Le *thrion* était un mélange de farine et de fromage, d'œufs et de miel; on ajoutait de l'ail au *myttoton*. La nourriture des pauvres était un pain creux au fond duquel ils déposaient les oignons, les aulx et les olives qui composaient leur modeste pitance.

VIANDES. — Les hommes des temps primitifs s'abstenaient de la chair des animaux; c'était un sacrilége de se nourrir des membres déchirés d'un être qui avait eu vie. Le porc fut le premier animal qu'on osa immoler sur les autels de Cérès, parce qu'il était nuisible aux productions de la terre. Le bœuf, utile à l'agriculture, fut longtemps respecté. On se gardait de mettre à mort les jeunes animaux. La manière la plus ancienne de préparer les viandes était de les rôtir; cependant on faisait alors bouillir les intestins. Les pauvres vivaient de sauterelles salées et des pousses marinées des feuilles de certains arbres. Le sel entrait comme condiment dans tous les ragoûts des Hellènes.

METS. — On présume que les anciens mangeaient des volatiles; mais on ne voit nulle part, dans les temps héroïques, que le poisson fit partie de leur cuisine. On remarque dans l'Odyssée, que les compagnons d'Ulysse ne se mettent à pêcher que pressés par le besoin. Nestor, affamé, se fait servir sur un bassin en cuivre du miel frais et des oignons, parce que ce bulbe excite à boire. Homère vante les poires, le miel, le raisin, les figues, les olives, les fèves sèches, mais il ne parle jamais du lait que comme d'une nourriture particulière aux barbares. Les Spartiates, malgré le brouet noir, mets national que l'estomac seul d'un Lacédémonien ou d'une autruche pouvait digérer, couvraient leurs tables de viande de boucherie, de venaison, telle que sangliers, chevreuils, cerfs, renards, qu'on mangeait surtout en automne, et de poisson. On voit, au temps de leur luxe, les Grecs qui avaient adopté l'usage du poisson, rechercher les anguilles préparées avec des betteraves, et toutes les espèces de salaisons marines. Le dessert consistait en confitures et en fruits des différentes saisons.

CUISINIERS. — Leur profession, regardée comme indigne d'un homme libre, parvint, avec les progrès de la civilisation, à un haut degré de considération. Les cuisiniers siciliens s'étaient fait une réputation parmi les gastronomes : ils étaient chassés de Sparte comme des empoisonneurs publics. Il n'y avait point de besogne pour eux à Corinthe. « Il ne faut, « dit Alciphron, qu'approcher de cette « ville pour connaître la mesquinerie « des riches et la misère des pau- « vres. Il était midi, on sortait du « bain ; j'ai remarqué une quantité « de jeunes gens d'une figure inté- « ressante, d'une physionomie gaie « et spirituelle; aucun d'eux n'a pris « le chemin des maisons les plus opu- « lentes. Tous se sont dirigés vers le « Cranion, où se tiennent les mar- « chandes de pain et de fruits. Je les « ai vus les yeux baissés vers la terre; « les uns ramassaient des gousses de « pois, les autres des coquilles de noix, « cherchant avec attention s'ils n'y « trouveraient rien à mettre sous la « dent. Ils raclaient avec leurs ongles « les écorces des grenades; les plus « petits morceaux de pain, quoiqu'ils « eussent été foulés aux pieds, ne leur « échappaient pas, et ils les man- « geaient. »

Diphile, dans sa comédie intitulée *le Marchand*, fait dire à un de ses interlocuteurs, *qu'il s'est bien gardé de s'arrêter à Corinthe*. « Si on y « voit quelqu'un tenant une table « splendide, les magistrats l'interro- « gent sur sa manière de vivre et l'em- « ploi de son temps : ils s'informent si « ses revenus sont assez considérables « pour fournir à ce luxe. S'il dépense « plus que ses facultés ne lui permet- « tent, on lui défend de continuer et « on lui inflige une amende. S'il arrive « qu'il n'ait aucun bien au jour et qu'il « continue ce train de vie, il est livré « à l'exécuteur de la justice qui lui fait « subir une peine infamante. »

Les cuisiniers ne furent jamais en faveur à Athènes ; cependant on mettait de l'huile et de la graisse dans les sauces, témoin l'exclamation du parasite Hydrosphiante (buveur d'eau) : « O puissant Hercule, qu'il m'en a coûté « de peines, de savon, et de natron, « pour dégraisser mon habit qu'on « avait inondé hier d'un plat de sauce « gluante ! » La sobriété des habitants de l'Attique était devenue proverbiale; le nom de *carion* était commun à un grand nombre de cuisiniers.

Boisson. — L'eau des ruisseaux et des fontaines fut le premier breuvage des hommes. Les Athéniens revendiquaient l'invention du vin, qui eut lieu au temps de Pandion leur cinquième roi. D'autres attribuaient la découverte de ce breuvage au Thrace Eumolpe, et le plus grand nombre à Bacchus, qui reçut à cette occasion les honneurs divins. Le premier jus de la treille fut tiré des vignobles qui tapissaient les coteaux d'Olympie. Les femmes, les jeunes filles, les enfants en faisaient usage. On le mélangeait parfois avec de l'eau. Les Lacédémoniens faisaient bouillir le vin jusqu'à ce qu'il fût réduit d'un cinquième, et ils ne commençaient à le boire qu'au bout de quatre ans.

On enfermait le vin dans des outres et dans des vaisseaux de terre qu'on tenait au grenier. Le vin vieux était très-estimé : quelquefois on l'aromatisait. On faisait aussi usage d'une espèce de bière. Homère vante particulièrement le vin de Maronée, qui pouvait porter vingt doses égales d'eau sans perdre beaucoup de sa force. On se servit successivement pour boire, de cornes de taureaux, de coupes de terre, de gobelets de bois, d'airain, d'argent et d'or: leurs noms variaient suivant la différence de leurs formes. Le plus fréquemment employé était le rhyton (*).

Régime habituel. — Le peuple et les soldats faisaient deux repas: on y ajoutait pour les enfants le déjeuner et le goûter. Les gens riches ne s'asseyaient qu'une fois par jour à table, après avoir pris quelque chose le matin.

Invitations. — On écrivait sur des tablettes le nom des personnes conviées. L'invitation qu'on leur adressait spécifiait l'heure de la réunion calculée

(*) Voy. *pl.* 110. N° 1, rhyton (terre peinte); n° 2, cylix (terre peinte); n°s 3, 4, 5, 6, 7, 10, 11, vases dont les noms anciens sont inconnus ; n° 8, amphore; n° 9, canthare.

d'après l'ombre du cadran solaire. Les parents venaient souvent sans être mandés. On donnait le nom de mouches aux écornifleurs habitués à vivre aux dépens de ceux qui tenaient table ouverte.

CONVIVES. — Primitivement ils n'excédaient pas le nombre de cinq à six, les lois d'Athènes le fixèrent à trente et un, enfin il devint illimité.

On ne se présentait à un banquet qu'après s'être parfumé et frotté d'huile. Les étrangers trouvaient moyen de s'acquitter de ce devoir de propreté dans la maison de leur hôte, où il y avait toujours des bains d'étuves. On se lavait les mains avant de se mettre à table, après chaque service et à la fin du repas.

ROI DU FESTIN. — On brûlait de l'encens et des parfums, lorsque les convives étaient arrivés, et après s'être couronnés de fleurs, ils tiraient au sort le roi du festin. Ses fonctions consistaient à écarter la licence sans nuire à la liberté; à fixer l'instant où l'on boirait à *longs traits*; à indiquer les santés qu'on devait porter, et à faire exécuter les règles établies parmi les buveurs.

SERVICES. — « On présenta d'abord, « dit un ancien gastronome, plusieurs « espèces de coquillages, les uns tels « qu'ils sortent de la mer, d'autres « cuits sous la cendre, ou frits dans la « poêle, la plupart assaisonnés de poi- « vre et de cumin. On servit en même « temps des choux-fleurs, des œufs « frais de poules et de paons : ces der- « niers sont les plus estimés ; des an- « douilles, des pieds de cochon, un « foie de sanglier, une tête d'agneau, « une fraise de veau, le ventre d'une « truie assaisonné de cumin, de vinai- « gre et de silphion; des petits oiseaux « sur lesquels on répandit un coulis « tout chaud, composé de fromage râpé, « d'huile, de vinaigre et de silphion. « On donna, au second service, ce qu'il « y a de plus délicat en gibier, en vo- « laille et surtout en poissons. Des « fruits composèrent le dessert. »

LITS (*). — Nous avons dit précé-
(*) Voy. *pl.* 106. No 1, lit (vase grec de

demment comment on se mettait en place ; mais quand le luxe eut pris tout son développement, on dressa des lits couverts d'étoffes précieuses et de matelas ou plutôt de tapis. Les convives se rangeaient sur ces espèces de sophas, les jambes étendues ou légèrement ployées, tandis que de riches carreaux soutenaient mollement leurs reins. Quand les femmes étaient admises aux banquets, elles s'asseyaient ordinairement sur des chaises à dossier, et rarement auprès de leurs maris. Dans les banquets consacrés à Bacchus et dans les soupers d'apparat, on se couchait sur les lits : on faisait alors entrer les courtisanes. Dans les calamités publiques on prenait les repas debout ; c'est ainsi que mangeaient les gens du peuple, dont l'existence n'était qu'une longue série de peines et de travaux.

FORME DES TABLES (*). — Elles étaient faites en *bois poli avec art*; les pieds étaient peints de couleurs diverses. Quelques écrivains prétendent qu'elles étaient circulaires, suivant la forme que le vulgaire donnait à la terre ; car les hommes instruits savaient qu'elle était sphérique ; d'autres, et c'est le plus grand nombre, disent que les tables présentaient un parallélogramme. Les plats étaient carrés. Les citoyens de condition moyenne n'employaient à la fabrication de ces meubles qu'un bois grossier et des tréteaux pour les supporter ; les riches se servaient de bois précieux. Les supports ou pieds, travaillés en ivoire, représentaient des lions, des léopards, ou quelque autre animal ; enfin, les tables portaient souvent le nom d'un héros mythologique : comme l'usage du linge n'était pas connu, on les lavait avec des éponges.

FLEURS. — Les Grecs, pour se préserver de la fièvre ou des maladies causées par le vin, se paraient de couronnes de fleurs, que le luxe rendit des

la collection Durand); no 2, lit de table (peinture de Pompéi).
(*) Voy. *pl.* 108. No 1, table trouvée à Pompéi ; no 2, bassin découvert à Pompéi ; no 3, cratère (Pompéi).

## GRÈCE.

objets très-dispendieux. Les Ioniens, qui prétendaient tenir cet usage de Prométhée, ainsi que celui des parfums, les mirent en vogue et ce superflu devint chose de première nécessité.

ÉCHANSONS. — Cette fonction était remplie par des personnes des deux sexes : filles et garçons devaient être choisis dans les classes les plus élevées de la société, surtout pour officier dans les festins qui se passaient dans les temples des dieux. Les graces et l'enjouement, partage enchanteur de la jeunesse, semblaient propres à exciter la gaîté des convives; ainsi la beauté était une puissante recommandation pour être admis à l'emploi d'échanson. Ceux qui versaient le vin devaient être dans tout l'éclat de la beauté; ceux chargés d'offrir de l'eau étaient d'un âge plus avancé. A l'époque du luxe le plus raffiné, les mœurs ayant dégénéré, on acheta à prix d'or pour échansons, des esclaves aux formes presque divines; ils étaient parfumés, le fard relevait l'incarnat de leur teint, et leur chevelure recevait mille formes agréables.

COUPES, SANTÉS. — On couronnait de fleurs les coupes après les avoir remplies jusqu'au bord. Le maître de la maison devait boire à la ronde en portant la santé de chacun des convives; il envoyait ce qui restait dans la coupe à la personne qu'il designait : celle-ci était obligée de la vider.

La manière de présenter le vin n'était pas la même dans tous les pays : à Chios et chez les Thasiens, on se servait de vastes coupes qu'on faisait passer à la ronde; on portait la santé des personnes absentes et des amis dont on proclamait les noms; on buvait trois rasades *aux Graces* et *neuf aux Muses*. Un axiome défendait de boire quatre rasades : ce nombre passait pour néfaste. On vidait quelquefois jusqu'à dix coupes en l'honneur d'un ami. Le prix de l'intempérance était payé en argent comptant. Dans plusieurs pays, celui qui refusait de boire était contraint de quitter le banquet. On apportait la coupe de Mercure à la fin du repas, pour offrir la libation qui précédait le coucher.

### MUSIQUE (*).

ORIGINE CÉLESTE. — Diodore de Sicile raconte que les dieux assistèrent aux noces de Cadmus et d'Harmonie, avec les attributs propres à leur dignité olympienne. Minerve y parut avec la trompette; Électre, mère de l'épouse, y célébra les mystères de Cybèle en dansant au bruit des tambours et des cymbales; Apollon y joua du luth que les Muses accompagnèrent de leurs flûtes.

IMPORTANCE DE LA MUSIQUE. — *Les Pythagoriciens*, dit Plutarque, *et Homère avant eux, ont témoigné la plus haute estime pour la musique; c'est une harmonie qui a la vertu de réprimer, par le chant et le rhythme, les mouvements déréglés de l'esprit, auxquels elle donne de l'expression et de l'âme*. Platon recommande la musique comme principe d'une bonne éducation; il veut que les enfants, après avoir été formés à la lecture, soient remis entre les mains d'un maître de lyre; il exige que la cité s'applique à maintenir la musique dans sa splendeur, et il déclare sans culture quiconque n'y est pas initié. Il recommande cet art aux personnes de tout âge, et même aux vieillards, auxquels il conseille de chanter dans les festins et de faire usage du vin pour s'animer.

TEMPS HÉROÏQUES. — Les premiers musiciens furent mis au rang des dieux et révérés comme les protecteurs de l'art qu'ils avaient inventé. Les ambassadeurs envoyés vers les ennemis marchaient en jouant de la lyre ou du luth, afin d'adoucir les esprits de ceux avec qui ils devaient traiter. Les leçons de morale et les consola-

---

(*) Voy. pl. 89. N° 1, lyre à trois cordes; n° 2, syrinx; n° 3, lyre à cinq cordes; n° 4, trompette; n°s 5 et 6, sambuca; n° 7, flûte; n° 8, cymbales; n° 9, danseuse jouant de tympanon (peintures antiques d'Herculanum); n° 10, sonnette; n° 11, crotale du faune Farnèse (collection du roi de Naples); n° 12, espèces de castagnettes.

tions étaient souvent mêlées à la musique. Agamemnon, partant pour le siège de Troie, laisse auprès de Clytemnestre un chanteur, afin de la maintenir dans le sentier de la vertu; et Égisthe ne parvint à séduire l'épouse de l'aîné des Atrides qu'après avoir assassiné ce surveillant. Un autre musicien avait été donné à Pénélope pour être le gardien de sa chasteté. Ailleurs on voit Démodocos assis sur un trône brillant, précédé par un héraut, prendre place au banquet d'Alcinoos, roi des Phéaciens. Un air d'Olympe chanté par Antigénide enflamme Alexandre-le-Grand d'une ardeur telle, qu'il saisit ses armes. Dans les temps héroïques, le même personnage était poète, musicien et chantre. Cet usage exista longtemps après Chiron et Orphée, car Homère, le front ceint de lauriers, chantait de ville en ville ses immortelles rapsodies.

INSTRUMENTS DE MUSIQUE. — On ne connut primitivement que les instruments de percussion. Diodore dit que *Mercure donna trois cordes à la lyre, par analogie aux trois saisons dont l'année se composait alors.* Telle dut être la lyre d'Olympe, qui fut augmentée jusqu'à neuf et à douze cordes: Therpandre réduisit ce nombre aux proportions de l'heptacorde.

TROMPETTES, FLUTES. — Les trompettes étaient la *tibia*, la *syringa* et le *pandorion*. Le nombre des flûtes est incalculable: celles employées dans le genre grave étaient la *péane*, la *recourbée*, la *spondaique*, la *virile*; pour le *médium*, on se servait de la *flûte droite*, de la *gauche*, de la *double*, de la *gamélie* ou *nuptiale*, et de la *conviviale*. Lucien dit que l'art de fabriquer ces instruments fut porté si loin qu'il y eut des flûtes vendues jusqu'à sept talents (37,800 fr.). On faisait entendre dans les sacrifices et dans les libations la *flûte dorienne* ou *grave*; la *lydienne* ou *aiguë* dans les solennités; dans les mariages, la *monaule* et la *zygie*, ou *flûte double*, dont on accompagnait le chant d'hyménée. On employait la *paroémie* dans les processions publiques; dans les représentations théâtrales on se servait de la *pytaulique*, de la *péane* et de la *choraulique*; les *spondaiques* étaient employées à accompagner les hymnes; les *phrygiennes* ainsi que les *obliques* figuraient dans les pompes funèbres, et les *ioniennes* dans les sujets élégiaques. De toutes ces espèces d'instruments à vent, le plus usité était la flûte double.

Les sons de la flûte animaient les festins. Les différents airs avaient leurs noms connus. Le *comos* était l'air propre au premier service; le *dicomos* au second service; le *tricomos* et le *tétracomos* aux autres services. L'*hédicomos* servait à exprimer l'agrément du repas; le *gingras* peignait les applaudissements des convives. Le chant *callinique* était destiné à célébrer les triomphes des buveurs. Il y avait aussi des concertos de flûtes qui imitaient les différentes professions utiles à la société et le bruit de leurs exercices.

ORGUE. — On doit regarder l'orgue hydraulique dont parlent Pline, Vitruve et Suétone, comme une invention des Romains: il fut usité dans les théâtres au temps de Néron. Quant à l'orgue pneumatique, qui rend des sons au moyen de soufflets, il n'en est fait aucune mention certaine avant le règne de l'empereur Julien.

MATIÈRE DE QUELQUES INSTRUMENTS. — On lit au chapitre X.e des Nombres, que l'Éternel commanda à Moïse de fabriquer deux trompettes en argent, afin de servir à régler, par leurs sons, les mouvements des chefs et du peuple. Il est probable que ces instruments étaient imités de ceux des Égyptiens, que les Hébreux avaient vus avant de quitter les bords du Nil. Les trompettes étaient ordinairement en bronze ou en fer, avec une anche en os, pour en tirer des sons. Le *buccin* rappelle les conques marines qu'on donne aux Tritons dans les monuments; on modela sur sa forme la *trompette agonistique*, dont on se servait dans les jeux publics.

Les roseaux du lac d'Orchomène, en Béotie, qui étaient sans nœuds, furent primitivement employés à la fabrication des flûtes ; on en faisait aussi avec les os des jambes de cerf et d'autres animaux. Mais depuis l'introduction du luxe, on en fabriqua en bois précieux, en airain, en or, en argent et en ivoire.

VÊTEMENT DES AULÈTES. — Dans les orgies de Bacchus, les *aulètes*, ou *joueurs de flûte*, étaient déguisés en bacchantes. Dans toutes les autres circonstances ils s'habillaient de robes très-amples et à franges, qui leur descendaient jusqu'aux talons, et se ceignaient souvent sur la poitrine, à la manière des dames ; ils portaient sur la scène des chaussures de femmes. Ils figuraient, dans les cérémonies religieuses, avec la couronne en tête : quelques-uns poussèrent l'ostentation jusqu'à se parer de boucles d'oreilles, de joyaux et de garnitures de pierres précieuses.

PROGRÈS DANS LA MUSIQUE (*). — Vers la CVIII° olympiade, Simonide et Timothée de Milet imaginèrent la lyre à trois tétracordes, qui donna la quinte au-dessus de l'octave. Anacréon se vante de chanter sur la *mégade*, qui avait, au rapport d'Athénée, vingt et une cordes. Disposée, suivant le rite de trois heptacordes, la mégade embrassait la *chromatique*, *l'enharmonique* et la *diatonique*. Il est fait mention par les anciens de la *simique*, qui avait trente-cinq cordes ; et de *l'épigone*, qui en comptait quarante : on présume que les cordes étaient doubles, montées à l'unisson ou bien à l'octave.

COSTUME DES CITHARÈDES. — Leur habillement se composait d'une robe longue, appelée *orthostade* ; du *peplum*, tunique courte, et de la *chlamyde*. Lucien raconte qu'Evangelos de Tarente se présenta aux jeux pythiques, portant en tête une couronne d'or, qui imitait les rameaux du laurier, dont les baies étaient formées d'émeraudes ; il tenait entre ses bras une lyre d'or, enrichie d'anneaux, de pierreries et de sculptures représentant les Muses, Apollon et Orphée. Le *citharède* joignait le chant au son de la lyre, tandis que le citharis te n'exerçait que la partie instrumentale. Dans l'apothéose d'Homère, ce grand poète y paraît vêtu comme le prêtre des Muses, le front ceint de lauriers.

INSTRUMENTS DE PERCUSSION. — On les voit employés par les curètes et par les corybantes, dans la danse armée, qu'ils exécutaient en l'honneur de la mère des dieux, au son des tambours de basque et des cymbales. L'usage des crotales, castagnettes, des codons ou clochettes, remonte au temps de Moïse. Nous mettrons encore au nombre des instruments de percussion la *kroupèze*, espèce de pédale propre aux bacchantes et aux *mésochores*, qui s'en servaient pour marquer la mesure dans les symphonies et pour le récit au théâtre.

PRIX DE MUSIQUE. — Dans les jeux pythiques, on décernait au vainqueur une couronne de laurier. On ajoutait quelquefois à ce don une corbeille et un bassin remplis de pommes, fruit consacrés à Apollon. Périclès introduisit des concours de musique dans les fêtes des Panathénées ; il en fixa les lois et fit construire l'Odéon pour célébrer ces jeux inconnus jusqu'alors aux Athéniens. On éleva une colonne dans l'altis à Pythocrite de Sicyone, qui avait remporté six fois le prix de la flûte aux fêtes d'Olympie. L'histoire parle d'Agelaos de Tégée, joueur fameux de la lyre sans chant, et de Midas d'Agrigente, chanté par Pindare, qui obtint le prix de cet instrument, à Olympie et aux Panathénées : on lui décerna l'*hydria* ou *cruche* remplie d'huile. Indépendamment des jeux pour la flûte et pour la lyre, il y avait des prix pour le cor et pour la trompette. Timée et Cratès, Éléens, obtinrent couronnes sur ces instruments, dans la XCVI° olympiade ; Archias, d'Hybla, gagna par trois fois la même couronne aux jeux olympiques ; Eudore, de Mégare, reçut dix fois de suite un semblable prix ; Aglaïde, fille de Mégaclès, se signala sur la trompette, dans la

---

(*) Voy. *pl.* 90. N° 1, joueur de double flûte (peinture d'une coupe en terre cuite) ; n° 2, concert (peinture de Pompéi).

première pompe qui eut lieu à Alexandrie d'Égypte.

### DANSE (*).

Lucien dit que la danse est contemporaine de l'Amour, qui était le plus ancien des dieux. Elle puise son origine dans la nature, car il n'y a pas de mouvements suivis dans l'homme qui ne soient réglés par une cadence. Le paysan remue sa houe à des intervalles à peu près égaux ; le voyageur porte un pied devant l'autre avec une certaine régularité ; le forgeron frappe l'enclume de son marteau avec une mesure naturelle qu'on pourrait appeler rhythme.

DANSEURS ANCIENS. — Les mythologues attribuent les règles de la danse à Érato et à Terpsichore. Homere parle du Crétois Mérion, *célèbre danseur*. Les Lacédémoniens se vantaient d'avoir appris la danse de Castor et de Pollux ; ils alliaient son étude à celle des armes ; un musicien assis au milieu d'eux jouait de la flûte et marquait la mesure qu'ils devaient suivre en frappant du pied. Théophraste, cité par Athénée, prétend qu'Andros, natif de Catane, en Sicile, accompagna le premier, du son de la flûte, les divers mouvements du corps. Après Andros, le même auteur nomme Cléophante de Thèbes et le poète Eschyle, qui enrichit la danse de diverses figures et l'introduisit dans les chœurs de ses tragédies.

APOLOGIE DE LA DANSE. — Lucien a composé un dialogue qui justifie la passion des Grecs pour la danse. On dit que les Thessaliens donnaient à leurs magistrats le titre de *directeurs des danses*. Orphée et Musée furent les plus fameux danseurs de leur temps ; ils voulurent que les initiations aux mystères, qu'ils inventèrent, fussent mêlées de danses. Pindare met l'art *chorégique* au nombre des attributs d'Apollon ; Anacréon dansait dans sa vieillesse ; Cornelius Nepos vante ce talent dans la personne d'Épaminondas. Les philosophes, déposant leur gravité, dansaient avec les courtisanes. « Voyez, dit Socrate, témoin « d'une danse, voyez cet enfant char- « mant ! combien ces mouvements lui « donnent plus de graces que lorsqu'il « est en repos ! — Il me semble, dit « Charmide, que tu loues le maître « qui enseigne ces sauts ? — Oui, sans « doute, repartit Socrate, car re- « marquez quand quelque enfant danse, « toutes les parties de son corps sont « en action... Vraiment, Syracusain, « ajouta-t-il, en s'adressant au maître « de danse, j'apprendrais volontiers « de toi l'art que tu professes. — Et à « quoi cela te servirait-il ? — A sauter ! « Ici tout le monde se mit à rire. « Alors Socrate, d'un air sérieux : « Ririez-vous, par hasard, si je me li- « vrais à cet exercice pour me ren- « dre plus dispos, pour me donner « plus d'appétit et me procurer un « sommeil plus doux ? Je serais ridi- « cule si je sautais pour avoir les « jambes grosses et les épaules min- « ces, comme les athlètes qui courent « dans le stade.... Peut-être riez-vous « de ce qu'ayant le ventre gros, je « cherche à le diminuer par ce moyen. » Platon fait l'éloge de la danse ; et les femmes qui remportaient le prix dans ces brillants exercices obtenaient des statues et des monuments publics.

Ces danses devaient avoir un grand caractère, lorsqu'on voit le docte Scaliger, après avoir écrit une dissertation sur la Pyrrhique, porter la passion pour l'antiquité, jusqu'à vouloir exécuter cette danse en public. Que Therpsichore Taglioni, qui a l'art de tout embellir, eût conçu une pareille idée, son talent peut tout ennoblir ; mais qu'attendre d'un *vieillard* qui parut sur la scène, le casque en tête, le glaive à la main, pour danser devant l'empereur Maximilien, entouré de sa cour ? Il fut cependant couvert

---

(*) Voy *pl.* 88. N° 1, deux funambules (peintures antiques) ; n° 2, askie, ou danse sur l'outre ; n° 3, jeu d'osselets (peinture antique) ; n° 4, femme sautant entre deux épées (vase grec du musée de Naples) ; n° 5, femme grecque puisant avec les pieds dans un vase (vase grec de la collection d'Hamilton).

d'applaudissements et demandé plusieurs fois.

QUALITÉS DES DANSEURS. — Polyclète avait exécuté une statue si parfaite du *danseur*, qu'elle était appelée *le type* ou *modèle par excellence*. Il ne faut pas, suivant Lucien, que « le « danseur soit trop grand, ni qu'il ait « la stature d'un nain ; son corps doit « avoir de justes proportions, n'être ni « trop gros, parce qu'il choquerait la « vue, ni trop maigre, pour n'avoir « pas l'air d'un squelette. » Il ajoute que le danseur doit être doué d'une extrême souplesse, et tout à la fois robuste et délicat, de manière à se plier à son gré et à retomber d'aplomb.

DANSES SACRÉES. — Les danses ne furent jamais séparées de la musique ; elles s'exécutaient dans les sacrifices, autour des autels, devant les images des dieux, et constituaient une partie essentielle des fêtes : elles avaient lieu en formant des chœurs qui se balançaient circulairement ou par groupes.

DÉDALIENNE. — Le bouclier d'Achille représente « des adolescents des « deux sexes, qui dansent en se tenant « par la main. Les filles sont vêtues « d'une étoffe de lin douce et légère ; « les hommes portent des tuniques « d'un tissu plus fort, dont la couleur « dorée ressemble à celle de l'huile. « Pliant leurs pieds dociles, tantôt ils « voltigent en rond, aussi rapides que « la roue mise en mouvement par la « main du potier ; tantôt ils se mêlent, « et tantôt ils courent former divers « labyrinthes : deux sauteurs se dis-« tinguent au milieu du cercle, ils en-« tonnent le chant sacré, et s'élèvent « d'un saut rapide.

DÉLIENNE. — La Grèce entière accourait aux fêtes de Délos. Les jeunes filles des plus brillantes théories formaient des danses accompagnées des sons de la lyre et de la flûte. Dans un acte particulier de cette panégyrie, les vierges de la Hellade allaient, en valsant légèrement, tandis qu'on chantait l'hymne de Diane, suspendre des guirlandes à la statue de Vénus qu'Ariane avait apportée de Crète ; celles qui s'étaient distinguées par leur agilité, leur légèreté et la modestie de leur maintien, recevaient pour prix des couronnes d'olivier, de fleurs, et des trépieds précieux. Cette danse était ordinairement terminée par une espèce de tir à la cible, où les jeunes gens s'exerçaient à percer de leurs flèches une timide colombe attachée au haut d'un mât. Le Dominiquin a représenté une de ces scènes dans son tableau de la chasse de Diane.

GYMNOPÉDIQUE ET BACHILIQUE. — La première était consacrée à Apollon ; elle se composait de deux chœurs, l'un de jeunes gens et l'autre de personnes d'un âge mûr : elle formait toujours le prélude de la pyrrhique. La bachilique s'exécutait au bruit des sistres, des cymbales et des tambours ; on y chantait des dithyrambes, ainsi que des chansons libres et quelquefois obscènes.

DANSES DE THÉATRE. — TRAGIQUE. — On la surnommait *Émélienne*, pour signifier que la bienséance et la dignité formaient son véritable caractère. Les danseurs accompagnaient de gestes et de mouvements analogues les sentiments que le chœur devait exprimer en adressant des prières aux dieux, en manifestant des passions douces, terribles et menaçantes. On exécutait des marches militaires et ce qu'on appelait le chœur cyclique.

COMIQUE. — Son genre était calqué sur les mouvements indécents et le caractère licencieux des poètes comiques, et il n'y avait guère que des personnes abjectes qui consentissent à remplir ces chœurs. C'est pourquoi Théophraste met la danse comique au nombre des actions qui font connaître un homme déhonté.

SATYRIQUE. — Elle avait lieu sur la scène après la tragédie. C'était une espèce de pastorale propre à récréer les spectateurs et à les distraire des sentiments pénibles qu'ils venaient d'éprouver. Cette danse était ordinairement exécutée par des acteurs déguisés en satyres, en faunes, en silènes, en pans, en égypans et en ménades. La pantomime était mise au nombre des danses, avant que les Romains l'eussent élevée au rang du drame théâtral.

DANSES DES GRACES. — L'Amour agitant des castagnettes y figurait avec les Graces vêtues de robes légères. Ce costume indiquait qu'elles ne pouvaient se cacher, et que partout où elles étaient présentes on les avait bientôt reconnues : leurs ceintures étaient lâches et flottantes.

SAUTEURS. — Les tours de force et de souplesse qu'ils faisaient, servaient de prélude à quelques spectacles pareils à ceux de nos boulevards. Les Grecs avaient leurs acrobates ou danseurs de corde, leurs bateleurs qui amusaient le public en marchant sur les mains, leurs prestigiateurs qui s'élançaient sur la pointe des épées, ainsi que les grotesques dont les bondissements faisaient l'admiration des oisifs du Cynosarge, quartier fréquenté par les cyniques d'Athènes.

DANSES PRIVÉES, DANSE CHAMPÊTRE. — Le roman de Daphnis et Chloé retrace ainsi cette danse. « On « prêtait l'oreille à l'air que jouait « Philotas, lorsque Dryas se dressa en « pied. Puis s'étant agité de tous ses « membres, il fit une cabriole, se mit « à sauter et à représenter une scène « des vendangeurs. Ses pas marquaient « jusqu'au moindre son de l'instru- « ment, et ses gestes exprimaient tour « à tour les différents travaux de la « vendange. Il finit par imiter un bu- « veur qui chancelle et tombe; ce « qu'il fit aux applaudissements des « spectateurs. »

DANSE DES NOCES. — C'était une espèce de pantomime suivant le récit de Xénophon. « Dès qu'on eut levé les « tables, on vit paraître un Syracusain « ( maître de danse ), suivi d'une « femme accompagnée d'un enfant; « c'était une danseuse qui jouait de la « flûte. On lui apporta douze cercles ; « les ayant pris, elle se mit à danser, « en les jetant en l'air pour voir à « quelle hauteur elle devait les lancer, « afin de pouvoir les ressaisir adroite- « ment. On lui apporta ensuite un « cercle garni d'épées droites qu'elle « franchit de dehors en dedans et de « dedans en dehors par un saut péril- « leux; après cela l'enfant se mit à « danser comme pour faire un inter- « mède. » On introduisit ensuite dans les festins, des ballets de nymphes et de néréides, et des scènes bouffonnes tellement lubriques, que la danse était devenue plus que scandaleuse dès le siècle de Plutarque. Elle fut alors abandonnée à des personnes abjectes qui s'en servirent sur le théâtre pour exciter et pour fomenter les passions les plus dangereuses.

BEAUX-ARTS.

L'embarras de bien définir l'essence de la liberté, fait qu'il est difficile de déterminer son influence sur les beaux-arts; cependant il est permis de croire qu'elle a fait peu de chose pour les nourrissons des muses. Les grandes richesses d'Athènes, plus que son orageuse liberté, furent la source de sa splendeur monumentale. L'amour de la gloire, produit par l'éducation homérique des citoyens, engendra les chefs-d'œuvre de goût et de simplicité qu'on vit éclore au sein de la Hellade. Alors la nation entière, électrisée par un feu divin, prit part aux succès de ses artistes. Les peuples les honoraient à l'envi, par l'empressement qu'ils mettaient à acquérir leurs ouvrages et à les conserver religieusement. Ainsi la ville de Pergame acheta un palais tombant en ruine, afin d'empêcher quelques ouvrages d'Apelle dont il était orné, d'être voilés par des toiles d'araignée ou salies par la fiente des oiseaux. On ne permettait ni restauration, ni embellissements dans les œuvres d'un chef d'école, et on aurait lapidé le magistrat qui aurait voulu changer la disposition architecturale de quelque édifice public. Enfin, tel était l'enthousiasme pour le génie, que les Athéniens élevèrent à Nicias, peintre d'animaux, un tombeau pareil à ceux de Miltiade et de Cimon.

Aux honneurs et à l'émulation se joignait l'intérêt, l'un des mobiles les plus puissants de l'esprit humain. Pamphile, maître de Timanthe et d'Apelle,

# GRÈCE.

n'admettait pas d'élève dans son école à moins de dix talents pour dix années d'études. Attale, roi de Pergame, paya cent talents (550,000 fr.) un tableau peint par Aristide de Thèbes. Un autre tableau de Balarchos fut vendu son pesant d'or; enfin, Pline dit que les richesses d'une ville auraient à peine suffi pour acheter un chef-d'œuvre de quelque grand peintre.

### ARCHITECTURE (*).

ORIGINE. — La voix du besoin, dit le savant Quatremère de Quincy, se fait entendre partout et à peu près d'une manière uniforme; aussi rien de plus ressemblant en tous pays et à toutes les époques que ce qu'on appelle les préludes des arts. Dès lors, rien de moins propre à constater les rapports de communication entre les différents peuples de la terre que certaines similitudes de formes ou de dimensions, produits nécessaires d'idées communes à tous les esprits, ou de besoins uniformes imposés par la nécessité. Ainsi il y a dans l'art de bâtir une multitude de conformités générales qui n'ont d'autre principe que les inspirations d'un instinct général.

Sans nous perdre dans l'universalité de l'architecture grecque, nous indiquerons sommairement comment les Hellènes durent procéder et par quels tâtonnements ils arrivèrent à la perfection; car, n'ayant personne à imiter, ils furent leurs guides et leurs instituteurs. Enfin, en adoptant dans les arts du dessin, pour modèle fixe et réel, la nature et la forme du corps humain, ils réalisèrent, sans le connaître alors, cette maxime d'Aristote: *La beauté n'est autre chose que l'ordre dans la grandeur.*

CABANE, PROTOTYPE. — L'architecture ne devint un art qu'au temps où la société fut parvenue à un certain degré de richesse et de civilisation; jusque-là il n'y eut que ce qu'on doit appeler de la *bâtisse*. L'emploi de l'artisan se réduisait à élever un abri capable de mettre l'homme à couvert des injures de l'atmosphère et de l'intempérie des saisons. Pour construire ces repaires, le bois dut s'offrir naturellement aux sociétés naissantes et à celles qui eurent besoin de se procurer à peu de frais des asiles durables.

Ce fut donc de pieux et de branchages que se formèrent les premières demeures des hommes. Bientôt on coupa des troncs d'arbres pour en faire des étais et des solives, afin de supporter les toits.

La cabane, de quelque façon qu'on la considère, à quelque usage qu'elle serve, dans quelque temps qu'on s'en figure l'emploi, fut l'ébauche des constructions architecturales, quoique Vitruve ait prétendu qu'en bien des lieux, ce premier rudiment de la bâtisse soit resté stérile pour l'art. Il n'en fut pas ainsi dans la Grèce.

La cabane primitive du territoire classique ne tarda pas à s'améliorer avec les progrès du bien-être public.

Les arbres et les poutres, qu'on enfonçait en terre, donnèrent l'idée des colonnes. Comme les arbres vont en diminuant de bas en haut, ils fournirent le modèle de l'ordre primitif (le dorique), où cette diminution est le plus sensible. Mais lorsqu'on s'aperçut que ce procédé exposait le bois à pourrir par ses extrémités, on établit sous chaque poutre des massifs ou plateaux plus ou moins épais, qui servaient à lui donner une assiette, une durée et une solidité plus grandes. De ces plateaux, sortirent les soubassements, les plinthes, les dés, les tores et les profils qui accompagnent le bas des colonnes. On ne tarda pas à couronner leur extrémité supérieure par un ou plusieurs plateaux propres à donner un appui aux poutres transversales; de là vint le chapiteau, d'abord avec un simple tailloir, puis avec tore. Qui ne voit dans la dénomina-

---

(*) Voy. pl. 100. N$^{os}$ 1, 2, 3 nous donnent les constructions pélasgiques ou cyclopéennes des anciennes époques de la Grèce; n° 4 offre le type de la construction hellénique; n$^{os}$ 5, 6, 7 présentent les modèles des colonnes et les entablements d'ordre dorique, ionique et corinthien.

tion même de l'épistyle ou architrave, que l'emploi du bois et le travail de la charpenterie en furent encore les principes générateurs? Les solives des planchers vinrent nécessairement se placer sur l'architrave, et voilà que leurs bouts saillants et les intervalles qui les séparent donnent naissance aux triglyphes et aux métopes.

En continuant l'énumération de toutes les parties de la cabane, on voit les chevrons inclinés du comble, reposant sur le bout des soliveaux du plancher, produire cette avance qui compose la corniche saillante hors de l'édifice, pour mettre les murs à couvert des eaux pluviales ; le pignon, partie du comble, indique la forme du fronton. Ainsi, par l'analyse de la cabane, on possède l'analyse du temple grec.

SCULPTURE. — Comme il y a une sympathie nécessaire entre la sculpture et l'architecture, elles durent tendre à s'embellir mutuellement, afin de sortir des termes d'une pratique grossière. Ainsi, dès que le sculpteur se fut élevé par degrés de l'indication des signes les plus informes, en partant des hermès, pour arriver aux simulacres des hommes et des dieux, il devint naturel que le contact habituel des ouvrages de la sculpture et de l'architecture reçût un concours nouveau d'idées et de procédés. On avait observé, par exemple, que la nature a tellement disposé le corps humain, qu'il n'y a rien d'inutile, rien dont on ne puisse connaître le but et la raison dans son ensemble : dès lors on ne voulut admettre dans le système architectural que ce dont on pourrait, comme dans la nature, justifier un emploi nécessaire et dépendant d'un ordre général.

MARCHE DE L'ARCHITECTURE. — On a prétendu que l'architecture prit naissance en Égypte; mais ce ne fut que dans la Grèce où elle parvint à son plus haut degré de perfection. Sans parler de Dédale, à qui on attribue tous les arts dont on ignore l'origine, la tradition rapporte qu'Eurialos et Hyperbios employèrent les premiers les briques, dont ils furent les inventeurs ; et il est historiquement positif qu'Eupatimos de Mégare bâtit une des trois merveilles de Samos, le temple de Junon, fondé sur l'emplacement de celui qu'on attribuait aux Argonautes. Ctésiphon de Crète jeta les fondements du temple de Diane à Éphèse ; il était d'ordre dorique et en marbre blanc de Paros ; il ne fut achevé qu'au bout de deux cents ans. Brûlé par Érostrate, il fut rétabli plus magnifique qu'auparavant, sous la direction de Dinocrate. Callimaque de Corinthe inventa le chapiteau corinthien, qui désigne un ordre dont la symétrie est attribuée à Tarchélios et à Argélios. Au siècle de Deucalion, on avait élevé un temple à Jupiter dans Athènes ; Pisistrate le voyant tomber en ruine, en fit bâtir un autre sous l'invocation de Jupiter Olympien. Ce travail si grand et si pompeux devint l'ouvrage des siècles suivants, et ne fut terminé qu'au bout de quatre cents ans, sous la direction de Cossutis, architecte romain : ce vaste édifice en marbre blanc devint un des plus beaux de la Grèce.

ÉDIFICES CIVILS, PUBLICS ET PARTICULIERS.

ODÉON. — Ce monument consacré aux exercices de musique fut élevé sur le modèle de la tente de Xerxès. Quant au genre d'architecture, on présume qu'il était d'ordre dorique. L'odéon de Périclès, pour le distinguer de celui de Régilla, fut primitivement construit à ciel ouvert ; dans la suite, on le recouvrit d'un toit fait, dit-on, avec les mâts et les vergues des vaisseaux pris aux Perses, qu'on avait probablement conservés dans les arsenaux.

THÉÂTRES (*). — Vénus était ho-

(*) Voy. pl. 91. N° 1, plan d'un théâtre grec d'après Vitruve ; n° 2, masque comique ; n° 3, masque tragique ; n° 4, masque satirique ; n° 5, masque de femme ; n° 6, pedum des acteurs comiques ; n° 7, sceptre tragique ; n° 8, tessère de spectacle portant le nom d'Eschyle (trouvé à Herculanum) ; n° 9, répétition théâtrale (peinture de Pompéi).

norée dans les théâtres, Minerve dans les gymnases, Neptune dans les cirques, Mars aux arènes, Mercure dans les palestres. Les théâtres étaient comme l'Odéon, de forme *semi elliptique*. C'étaient, après les temples des dieux, les édifices les plus somptueux et les plus importants, à cause des rapports immédiats de leur destination avec la politique et la religion. Primitivement ils furent construits en bois, et seulement pour le temps que devaient durer les représentations. Ils avaient peu de solidité, et le peuple, s'étant porté en foule sur un de ces échafaudages, afin d'assister à la représentation d'une tragédie de Pratines, il s'écroula sous le poids des spectateurs, dont il périt un grand nombre. Cet accident fut cause qu'on bâtit des théâtres en pierre, et le premier qu'on acheva à Athènes, au temps de Thémistocle, reçut le nom de *Bacchus*. Depuis ce temps, on éleva des théâtres dans les principales villes de la Grèce et de ses colonies. L'architecture rendit célèbres ceux d'Égine, d'Épidaure, de Mégalopolis, d'Argyrion, de Syracuse et de Tauromenion.

DISTRIBUTION. — Ils se divisaient en scène partagée en rangs de gradins où s'asseyaient les spectateurs; en orchestre, destiné aux mimes, aux danseurs et aux comparses. Des vases encastrés dans les arceaux, des escaliers et des voûtes, servaient à renforcer la voix des acteurs.

DÉCORATIONS. — Vitruve distingue trois sortes de scènes, l'une *tragique*, l'autre *comique*, et la troisième *satyrique*; *leurs décors différaient entre eux : ceux qui appartenaient au genre tragique, se composaient de colonnes, de frontispices et d'ornements somptueux; ceux qu'on employait dans les représentations comiques, figuraient des maisons particulières avec leurs balcons et leurs fenêtres, comme dans les édifices ordinaires ; enfin, les décorations de la scène satyrique offraient aux regards des spectateurs, des arbres, des cavernes, et tout ce qu'on voit dans les campagnes*. La scène tragique ne présentait pas toujours l'aspect d'un palais, on y voyait quelquefois un temple avec un bois sacré, un paysage ou un lieu désert; tel est le lieu où se passe la tragédie de Philoctète, dans l'île de Lemnos. Dans les Bacchantes d'Euripide, l'action a lieu à Thèbes, ravagée par la foudre : on y voit le monument sépulcral de Sémélé, mère de Bacchus. Agatarchos, Démocrite, Anaxagore et Apaturios d'Alabande sont cités comme peintres de décorations.

MACHINES. — Elles consistaient en chars, nacelles, conques et autres objets qui ne différaient guère de ceux employés dans nos théâtres, qu'on fait agir au moyen des coulisses. Il y avait des trappes placées sous la scène, pour l'apparition des ombres, des furies et des divinités infernales ; on connaissait les machines pour les changements de décorations à vue. Un voile couvrait entièrement le théâtre dans les grandes solennités, afin d'abriter les spectateurs et les comédiens.

GYMNASES, PALESTRES (*). — Ces édifices devinrent des lieux publics où la jeunesse s'exerçait à la lutte, ainsi qu'aux arts de la paix et de la guerre. Ces établissements s'accrurent au point de surpasser tous les autres, par la variété et la magnificence des bâtiments qui servaient aux différents exercices qu'on y enseignait. Il y avait de grandes salles, des portiques, des stades, des manèges, des lycées, des places, des promenades, des bains et des jardins. Les philosophes et les rhéteurs y établirent leurs écoles; les artistes travaillèrent à l'envi à les décorer de tout ce qu'on peut imaginer de grand, de beau et d'élégant. Il y avait des lieux particuliers, tels que l'éphébie, où les jeunes gens apprenaient les premiers éléments de la gymnastique; le corycée, ou jeu de paume ; l'apodytère, où les athlètes se déshabil-

(*) Voy. *pl.* 95. Nº 1, course à pied (vase grec à figures noires); nº 2, courses de chevaux ; nº 3, course aux flambeaux (vase en marbre blanc à Pergame (Choiseul-Gouffier); nº 4, course de char (vase grec à figures noires);

laient pour la joûte et pour le bain. Le *conistère* renfermait la poussière dont les lutteurs faisaient usage, et l'*éléocotésion* était le lieu où l'on se frottait d'huile et d'onguents propres à guérir les contusions. On trouvait, dans la partie consacrée aux bains, le *frigidarium*, où l'on venait respirer au sortir de l'étuve à vapeur, ou *laconicon*, dans laquelle on entrait pour suer. Le xyste était une espèce de hangar à l'abri duquel les lutteurs s'exerçaient en hiver, ou lorsqu'il faisait mauvais temps. Derrière le xyste, il y avait un stade construit de manière à contenir un grand nombre de spectateurs, placés pour voir commodément les jeux.

### EXERCICES DE LA PALESTRE (*).

SAUTEURS. — Au nombre des exercices de la palestre, on comptait le saut et la lutte. Les joûteurs se présentaient quelquefois les mains vides, quelquefois ils portaient sur leurs têtes ou sur leurs épaules des poids de métal ou de pierre, qu'ils jetaient en l'air au moment de s'élancer dans la carrière, afin de donner à leur corps plus d'élasticité pour franchir le but, qui était souvent un large fossé.

DISCOBOLES. — Le disque était une sorte de palet pesant, d'une forme lenticulaire, de trois ou quatre pouces d'épaisseur à son renflement. Il était en pierre, en fer, ou d'airain, et se lançait paraboliquement avec une courroie. On attribuait aux Lacédémoniens l'invention de cet exercice salutaire.

PUGILISTES OU BOXEURS. — Ils combattaient à coups de poing; quelquefois ils armaient leurs mains de masses de pierre ou de métal. L'usage du ceste s'introduisit plus tard. Le *ripécis* consistait à lancer une baguette ou une javeline : il nous reste une image de ce combat dans le djérid des Orientaux.

JEUX DE SOCIÉTÉ. — Le jeu des dés (*), inventé par les Lydiens, fut employé dans un temps de famine, comme moyen de distraction propre à occuper ceux qui ne pouvaient manger qu'une seule fois en deux jours. On attribuait à Palamède les *dames* et les *échecs*. Les *osselets*, ou *astragales* qui avaient six faces, étaient consacrés à Vénus; sur chacune de ces faces étaient représentés les noms et les images de quelques divinités : l'astragale qui venait à donner le nom de Vénus, gagnait. Le *penthalite* (**) consistait à lancer avec la paume de la main cinq osselets qu'il fallait recevoir et retenir sur le dos de la main. Le *trochos* consistait en un cercle de métal garni de grelots qu'on faisait tourner avec une petite baguette. Il est fait mention du jeu de boule dans l'Odyssée. Il y avait des jeux à l'usage des jeunes filles : tels étaient ceux des petites coquilles, des escargots, des porcelaines de mer, et le jeu de la balançoire (***).

MAISONS. — Elles furent pendant long-temps à Athènes même, très-petites, de médiocre apparence, et dispersées sans alignement derrière les temples et les autres monuments publics. « Si « vous visitez, dit Démosthène, la « maison de Thémistocle, de Miltiade, « ou de quelque grand personnage, « vous n'y trouverez rien qui les dis- « tingue des demeures anciennes. Mais « au lieu d'habitations somptueuses, « ces hommes illustres nous ont laissé « des édifices si magnifiques, des mo- « numents tellement imposants, que

---

(*) Voy. *pl.* 96. N° 1, lutteurs (vase grec à peintures noires); n° 2, pugilat, où le ceste était remplacé par des courroies de cuir (vase grec à figures jaunes de la deuxième collection d'Hamilton); n° 3, sauteur (pierre gravée); n° 4, discobole (pierre gravée); n° 5, sphériste ou joueur de ballon (vase en terre peinte); n° 6, joueur de trochos ou de cerceau (pierre gravée); n° 7, tir à l'oiseau (vase grec à figures jaunes du musée Bourbon à Naples).

(*) Voy. *pl.* 88. N° 5, dés en ambre trouvés à Athènes (musée du Louvre); n° 6, autre dé portant les lettres de l'alphabet (inédit, musée du Louvre).

(**) Voy. *pl.* 88. N° 3, d'après une peinture antique.

(***) Voy. *pl.* 88. N° 4, d'après un vase grec en terre peinte.

« personne depuis eux n'a pu les
« surpasser. Je parle des vestibules,
« des arsenaux, des portiques, du Pi-
« rée et des constructions qui font
« d'Athènes la merveille de la Grèce. »

HABITATIONS PRIVÉES. — Les choses changèrent. Les Grecs, au rapport de Vitruve, faisaient l'entrée de leurs maisons étroite. Ils plaçaient d'un côté les écuries, et de l'autre la loge des portiers, qui avaient particulièrement la garde de l'appartement des femmes : c'est pourquoi ils étaient souvent eunuques. De cette espèce de vestibule, on entrait dans la cour, dont trois des côtés avaient des portiques. Au midi il y avait deux *antes* ou pilastres sur lesquels reposaient les poutres destinées à soutenir le plancher. La saillie qu'ils faisaient formait le *prostas* ou *parstas*, espèce de galerie dont les murs et les plafonds étaient ornés avec goût. A une certaine distance, de chaque côté, on trouvait de grands appartements où se tenaient les mères de famille avec leurs gens de service; venait ensuite le thalamos. Autour des portiques on disposait ordinairement les salles à manger, et d'autres pièces réservées pour les usages communs de la maison.

Le corps-de-logis dont on vient d'esquisser le trait était accompagné d'une construction plus vaste, avec des cours très-spacieuses. Ces cours étaient entourées de quatre portiques d'égale hauteur, avec des galeries et des portes particulières qui conduisaient aux appartements des hommes. Les étrangers y étaient logés et servis, afin de leur laisser une liberté complète. Ils s'y trouvaient comme chez eux. La veille de leur départ, ils recevaient du maître de la maison des provisions pour continuer leur voyage.

ÉTAGES, PORTES, FENÊTRES. — Il y avait des maisons à plusieurs étages, avec plusieurs rangs de portiques superposés, ayant des tours aux angles des façades et sur les côtés de l'édifice. Saint Paul, dans les Actes des apôtres, parle d'un troisième étage. Plutarque dit « que les portes des maisons grec-
« ques s'ouvraient généralement en
« dehors. Ceux qui voulaient sortir
« frappaient en dedans, afin que les
« passants fussent avertis et prissent
« garde de n'être pas heurtés. »

Les maisons avaient des fenêtres rondes, ovales et carrées. Pline et Vitruve disent qu'il y avait des fenêtres qui prenaient depuis le plancher jusqu'au plafond; Vinkelmann ajoute qu'elles avaient des volets, des rideaux et des fermetures en métal. Quant aux escaliers, ceux des temples, pour monter au toit, étaient façonnés en limaçon; d'où on peut conclure que cette forme était commune aux maisons des particuliers.

PLAFONDS. — Ils furent d'abord horizontaux; il y en eut ensuite en voûte : les uns et les autres étaient en bois ou en roseaux fendus, revêtus de stuc. On représentait sur plusieurs les images et les histoires des dieux; on recouvrait de dorures grossières ceux qui étaient divisés en compartiments. La décoration des murs consistait le plus souvent en une couleur vive, ou bien en petites peintures séparées par caissons, où l'on voyait des figures d'hommes, d'animaux, et des fruits de toute espèce. Ces ornements tenaient lieu de tapisseries. Ceux qui les faisaient s'appelaient *rotographes* ou peintres de petites choses. Les pavés en marbre et en mosaïque étaient communs dans les édifices publics. Vitruve parle d'une espèce de pavé particulier aux maisons des citoyens, qu'il désigne en ces termes : *Græcorum hibernaculorum pavimentum*.

CHEMINÉES. — Il paraît certain que les anciens connurent l'usage des cheminées pour la cuisine, et suivant toute apparence, celui des poêles propres à échauffer les appartements des riches. Les pauvres se contentaient d'un foyer pareil à celui des paysans actuels de la Grèce, d'autres se servaient d'un brasier. La fumée s'échappait par un trou pratiqué dans le toit. Le jurisconsulte Ulpien met en question s'il peut être permis aux forgerons de faire sortir la fumée par quelque conduit pratiqué dans le mur, de manière à incommoder ceux qui occupent la partie supérieure d'une habitation. Il décide négativement la question.

#### ÉDIFICES PARTICULIERS.

MATÉRIAUX. — Pausanias nous apprend que les Grecs employaient dans leurs bâtisses des briques séchées au soleil, qu'on pétrissait avec de la terre mêlée de paille, usage encore pratiqué dans tout l'Orient. On ignore de quelle manière la chaux était préparée. On employait dans la construction des murs, des crampons, des barres de métal, et des pièces de bois pour joindre les pierres. On se servait de vases et même de tubes en terre cuite dans la construction des voûtes et des coupoles, afin de les rendre plus légères. Le toit des maisons était formé de pierres plates ou de tuiles en marbre. On attribue l'art de scier le marbre à Byzas de Naxos, qui vivait 600 ans avant notre ère. On revêtait quelquefois les murs de brique d'un placage de marbre.

ORNEMENTS. — Ils ne furent jamais qu'accessoires dans l'architecture grecque, et pareils aux vêtements, à la fois simples et élégants, qui ne servent qu'à cacher la nudité du corps. Lucien, sculpteur avant d'être philosophe, qui avait devant les yeux les beaux modèles de l'architecture du siècle de Périclès, compare les édifices, où les ornements sont judicieusement distribués, à une jeune beauté dont la parure laisse apercevoir l'élégance des formes; il assimile, au contraire, les constructions qui en sont surchargées à une vile courtisane qui cherche à déguiser sa laideur par toutes sortes d'artifices : la décadence du goût date du siècle de Néron.

JARDINS. — Homère nous en offre le type primitif : « Près des portes du « palais, on trouve un jardin d'en« viron quatre arpents, formant un « enclos. Là on voit de grands ar« bres toujours verts, des poiriers, « des pommiers chargés de fruits, des « figuiers aux fruits doux et des oli« viers au feuillage verdoyant. La fer« tilité de ces arbres ne trompe ja« mais, ils portent l'hiver comme l'été « des fruits dont les uns commencent « à croître, tandis que les autres mû« rissent sous l'haleine toujours tiède « des doux zéphyrs. La poire vieillit « sur la poire, la pomme sur la pomme, « le raisin sur le raisin, et la figue sur « la figue. La vigne étend au loin ses « rameaux chargés de raisin; on en « fait sécher une petite partie au soleil, « sur une aire vaste et unie; ici, le « raisin est en fleur, là, il n'est pas « encore mûr, et ailleurs il commence « à se colorer. La dernière allée de ce « verger est bordée de plates-bandes « bien entretenues, où règne une ver« dure constante. On y trouve aussi « deux fontaines; l'une arrose tout le « jardin, et l'autre coule sous l'entrée « de la cour, vers le palais, où les ci« toyens viennent prendre de l'eau. »

Il n'y avait pas d'Athénien qui n'eût près de sa maison de campagne, outre son potager, un bosquet ou un petit parterre rempli de fleurs. Les palestres, les gymnases, les lycées avaient leurs jardins pareils à ceux des philosophes, dont nous avons donné une vue précédemment.

NYMPHÉS. — Les grottes désignées sous ce nom étaient des lieux où les Grecs aimaient à se retirer. Elles étaient entourées d'arbres groupés par touffes pittoresques. On vantait, dans l'antiquité, les antres des nymphes Anigrydes, de la nymphe Coricie, de Trophonios et d'Hercyne, d'Apollon, voisin de Magnésie et de Vénus, près de Naupacte; c'était dans la dernière de ces grottes que les veuves, désireuses de se marier, offraient des sacrifices *à la mère de l'amour*. Mais de toutes ces retraites, celle de Calypso, décrite par Homère et par Fénelon, semble l'emporter sur les autres par ses beautés romantiques.

### PEINTURE (*).

PLASTIQUE. — Elle est regardée

(*) Voy. *pl.* 99. N° 1, dessinateur (pierre gravée); n° 2, modeleur (pierre gravée);

comme l'art le plus ancien, parmi ceux du dessin. La tradition porte que la fille de Dibutade, potier de Sicyone, au moment de se séparer de son amant, voulut conserver son image, en traçant le contour de son ombre, qu'elle vit dessinée sur un mur, par le reflet d'une lampe. A la vue de cette espèce de portrait, Dibutade imagina de recouvrir de terre glaise l'espace compris entre les lignes tracées par sa fille, et d'en faire une image durable, au moyen de la cuisson. Telle fut, dit-on, l'origine des vases, vulgairement nommés étrusques, dont la sculpture et la statuaire s'emparèrent plus tard pour exécuter leurs travaux.

BRODERIE. — En parlant des broderies d'Hélène et d'Andromaque, Homère ne fait jamais mention que de laine d'une seule couleur. Les travaux faits à l'aiguille, qu'il décrit, sont des figures et des fleurs d'un même ton, représentées sur un fonds différent, avec une teinte commune et sans aucune nuance. Il y avait loin de là aux tapisseries, que le commerce avec les Indes introduisit dans la Grèce.

PEINTURE HYPERANTIQUE. — La peinture fut long-temps à s'élever au niveau de la sculpture. On admirait le Jupiter de Phidias et la Junon de Polyclète avant que les peintres annonçassent aucune intelligence du clair obscur. Apollodore et Zeuxis, qui florissaient environ quatre siècles avant notre ère, furent les premiers à introduire les ombres dans leurs tableaux. Avant ce temps, l'art se bornait à représenter des images, rangées comme des statues, les unes à la suite des autres, de manière qu'à l'exception de la différence de leurs attitudes, elles n'offraient que des objets isolés, comme on le voit par quelques vases antiques.

PEINTURE MONOCHROME. — Les plus anciens tableaux furent monochromes; dans la suite des temps, on y employa quatre couleurs. Cicéron, parlant de la peinture de cette première école, dit : « Les modernes l'emportent par la variété et le charme du « coloris; et pourtant, le plaisir, l'es- « pèce de ravissement que leurs ou- « vrages nous causent à la première « vue, n'est pas de longue durée, tan- « dis que, dans les anciennes peintures, « leur teinte sombre et presque sau- « vage a quelque chose qui nous en- « chante et nous attache. »

VARIATION DES MOEURS.

Le changement opéré dans les mœurs par Périclès et par Alcibiade influa sur la manière de se nourrir ainsi que sur le vêtement et la parure des Athéniens, qui donnaient le ton au reste de la Grèce. Aristophane, en faisant l'énumération des diverses espèces de mets servis sur les tables, parle de ragoûts, de tourtes, de gâteaux, et de plusieurs autres objets qui prenaient leur nom de la variété de leur forme, de la manière de les préparer, et des ingrédients dont ils étaient composés. Le poisson, dont il n'est pas question au temps d'Homère et d'Hésiode, les légumes et les fruits furent admis sur les tables des descendants des héros de l'antiquité. L'ameublement se ressentit des progrès du luxe et de l'accroissement des richesses. L'usage des bains et des parfums, au lieu d'être regardé comme un moyen d'entretenir la propreté et la santé, fut recherché par l'oisiveté et par la mollesse, qui en firent leurs délices. La mode établit des besoins nouveaux, et elle pénétra chez les Spartiates, après la prise d'Athènes par Lysandre.

MODES, VANITÉ DES FEMMES GRECQUES. — Comme les femmes ont contribué le plus au développement du luxe, parce que le désir de plaire est pour elles une seconde vie, nous commencerons la partie de nos recherches relatives au costume, par leurs vêtements et leurs usages domestiques.

TOILETTE. — Plaute compare la

n° 3, sculpteur; n° 4, sculpteur de vases (pierre gravée); n° 5, peinture (peintures d'Herculanum).

toilette des femmes à l'équipement d'une galère. Le soin principal des dames grecques était relatif aux ornements de leur tête. « La chevelure « d'une dame, dit Apulée, donne par « elle-même tant de grace, que, mal-« gré l'éclat des perles et de la pour-« pre, malgré la richesse de ses vête-« ments et la recherche de sa toilette, « elle ne peut espérer de charmer ni « de plaire, si sa coiffure n'est pas soi-« gnee. Il n'est rien de plus agréable « que de voir les rayons du soleil se « jouer dans les boucles d'une belle « chevelure, ou en jaillir en brillants « reflets lorsqu'elle est opposée à la lu-« mière. Quoi de plus beau que de voir « ces ondes, moliement agitées par l'ha-« leine des zéphyrs, tantôt revêtues « des teintes de l'or, ou de celles du « miel de l'Attique et de la Sicile, et « tantôt semblables au cou mobile et « nuancé de la colombe, réfléchir le « noir et l'ébène, ou bien l'azur du « ciel et de la mer! Quelles sensa-« tions on éprouve, lorsque, parfumées « des essences de l'Arabie, et allon-« gées par un peigne d'ivoire et re-« tenues derrière les épaules par une « agrafe d'or ou de soie, elles réflé-« chissent, comme un miroir enchan-« teur, l'image de l'objet aimé! Que « dire en les voyant élégamment re-« troussées en une infinité de tres-« ses par une main habile, ou lors-« qu'elles retombent éparses sur un « cou d'albâtre?

CHEVEUX RASÉS. — C'était un signe de deuil pour les femmes de se couper et de s'arracher les cheveux, et pour les hommes de les porter longs. Ceux-ci faisaient tant de cas de la chevelure de leurs épouses, qu'ils juraient par la beauté de cet ornement. Les femmes donnaient, pour gage de leur tendresse, des mèches de leurs cheveux. Les maris jaloux tondaient leurs épouses, soit en punition de quelque galanterie, ou pour les empêcher de sortir du logis. On coupait les cheveux des femmes esclaves, et quelquefois on les faisait raser.

PERRUQUES. — Lucien, dans son Dialogue des courtisanes, introduit Triphène, qui parle ainsi de Pagis : « Il « faut bien la regarder aux tempes où « elle conserve quelques poils, car le « reste de sa tête est couvert d'une « chevelure postiche. » L'usage de se teindre les cheveux est constaté par ce passage du même auteur : « Atalante « est blonde : elle doit cet avantage à « la nature et non aux cosmétiques « dont les femmes se servent pour se « procurer cette couleur. » Les cheveux blonds étaient les plus prisés, parce qu'on les croyait les moins susceptibles de montrer les traces de la vieillesse.

ART DU COIFFEUR. — La mode la plus usitée était de partager les cheveux sur le front et de les rassembler derrière la tête en tresses qui recouvraient, avant d'être réunies, le haut des oreilles. Les femmes de Sparte portaient la chevelure négligée et retenue par un simple nœud. Les jeunes filles l'attachaient généralement au sommet de la tête, ou la roulaient sur la nuque autour d'une grosse épingle (*).

DIADÈME, ANADÈME, STROPHE. — Le diadème était un tissu d'or, enrichi de pierreries, dont les extrémités, qui allaient en se rétrécissant, s'attachaient au-dessous de l'occiput. L'anadème consistait en une sorte de ruban qui formait plusieurs spirales autour de la tête. Le strophe était un simple bandeau en laine.

BONNETS. — La *calyptra* formait un réseau sous lequel on réunissait la chevelure ; elle ne couvrait parfois que la partie postérieure de la tête : la *tholia* (voûte) n'en était qu'une variété. La *nembé* consistait dans un croissant, qui servait à diminuer la largeur du front. Il y avait des coiffures particulières aux vieilles femmes.

ÉPINGLES OU AIGUILLES. — L'usage ne s'en borna pas à tenir les cheveux roulés en forme de papillottes, les femmes de chambre s'en servaient encore pour friser leurs maîtresses. L'aiguille de tête se changea souvent, entre les mains des dames orgueilleu-

(*) Voy. pl. 103. Diverses coiffures.

## GRÈCE.

ses et cruelles de la Grèce, en instruments de supplice et de mort. Dans son désespoir, à la nouvelle de la mort d'Hippolyte, Phèdre décharge sa fureur contre un myrte, dans lequel elle enfonce son aiguille de tête. Les Athéniennes en firent un usage barbare envers un soldat qui, ayant apporté la nouvelle de la défaite des troupes de la république par les Éginètes, mourut des piqûres qu'elles lui firent. Les matrones romaines se servaient de ces aiguilles pour punir les esclaves attachées à leur service. Ces infortunées étaient obligées d'assister à la toilette de leurs maîtresses le sein et les bras nus, afin de leur offrir le moyen d'exercer leur mauvaise humeur sur ces parties délicates. On se servait d'aiguilles plus petites pour fixer dans la chevelure des cigales d'or, des perles, des pierreries, ainsi que des fleurs naturelles ou artificielles.

Voiles, chapeaux. — Les femmes portaient généralement le voile; cet usage existait de toute antiquité; ceux d'Hélène et d'Hésione étaient de couleur blanche et d'un tissu léger. Saint Clément d'Alexandrie dit que de son temps les voiles étaient de couleur rouge. Lorsque les femmes entreprenaient un voyage, ou qu'elles étaient dans le cas de s'exposer aux rayons du soleil, elles se coiffaient d'un chapeau thessalien en paille.

Pendants d'oreilles. — Cette parure avait pris naissance dans la Grèce, où elle reçut des formes différentes. Tels étaient les *dryopes*, ou pendants d'oreilles à jour; les *hellobes*, qui avaient la forme du lobe de l'oreille; les *hélices*, parce qu'ils imitaient la volute; les *bothrydes*, semblables à une grappe de raisin, et les *cariatides*, auxquels l'art donnait diverses figures.

Colliers. — On distinguait dans leur nombre les *triques*, ou colliers à trois pendeloques, qui avaient presque la forme d'un œil; les *tanteuristes*, garnis de pierreries qui, en s'entrechoquant, produisaient un petit bruit, d'où leur vint ce nom; les *murènes*, composés d'anneaux entrelacés qui imitaient la peau de ce poisson; enfin les agrafes.

Bracelets. — Cette parure se mettait tantôt à la partie supérieure du bras, et formait alors le bracelet proprement dit; on le plaçait aussi au poignet, comme cela se fait encore de nos jours. Ces bijoux étaient composés ordinairement de plaques d'or, de chaînettes, ou d'un cercle. On en portait au-dessus des malléoles, ainsi que des anneaux aux doigts des mains et des pieds.

Fard. — Dès les temps les plus anciens, les femmes avaient fait de grands progrès dans l'art de conserver leurs charmes et de remédier aux défauts de la nature : elles connaissaient surtout plusieurs recettes pour se farder. Indépendamment du rouge, elles faisaient usage de la céruse pour blanchir leur teint. Elles employaient l'*œsipon*, espèce de pommade composée avec le suint des brebis de l'Attique et le miel de Corse, qui passait pour avoir la propriété d'enlever les taches de la peau.

Teinture des sourcils. — Une dame grecque ne croyait pas qu'on pût être belle sans avoir les sourcils noirs : ce préjugé existe encore de nos jours. Pour les teindre, on faisait usage d'une poudre nommée *symmie*, faite avec une préparation composée de plomb et d'antimoine.

Dents. — C'était l'objet principal de la sollicitude des femmes, qui mâchaient tous les matins du mastic de Chios, afin de préserver leurs dents de la carie. Parmi les spécifiques pour conserver leur blancheur, on comptait l'urine d'enfant, dans laquelle on mettait de la pierre ponce réduite en poudre très-fine. Mais ces précautions ne pouvaient pas empêcher qu'une maladie ou la marche du temps n'altérassent ou ne fissent disparaître l'ornement de la bouche : dans ce cas, on avait recours aux dents artificielles, qu'on assujettissait avec des fils d'or; les dentistes fabriquaient même des rateliers postiches.

Mains, doigts, ongles. — Au

nombre des trente perfections qu'on accordait à Hélène, *la plus belle des mortelles*, on citait ses doigts et ses ongles. De toutes les déesses, c'était Minerve qui avait la plus belle main ; Diane avait les plus beaux doigts. Lucien vante l'extrémité des mains de Panthée, la belle proportion de leurs paumes, ainsi que ses doigts effilés et arrondis vers le bout, qualités auxquelles il ajoute ses ongles réguliers, propres, brillants et colorés d'un doux incarnat. Tels étaient ceux de Cynthie, dont Properce désirait avoir une empreinte sur le visage. Il était du bon ton de ne pas couper soi-même ses ongles, et de se servir du ministère de ses esclaves. Comme les ciseaux n'étaient pas inventés, on employait de petits couteaux très-acérés : ce fut avec un de ces instruments que Porcia se perça le sein pour se donner la mort.

USTENSILES POUR LA TOILETTE (*).

Lucien, dans un de ses Dialogues, donne une description élégante de la coquetterie des femmes. *A peine sorties du lit, elles se retiraient dans leur cabinet de toilette, pour se farder avant d'avoir été vues de personne.* Il entre ensuite dans le détail des cuvettes d'argent, des aiguières, des miroirs, des fioles, des flacons, qui contenaient des essences et des parfums d'autant d'espèces qu'il y avait de parties du corps auxquelles on les employait.

« L'Athénienne, dit Aristophane
« dans ses *Thoricies*, se parfume les
« mains et les pieds avec des essences
« d'Égypte versées dans un bassin
« incrusté d'or ; les joues et le sein
« avec des odeurs de Phénicie ; les che-

(*) Voy. pl. 102. N° 1, éventail ; n° 2, bagues ; n° 3, bracelets ; n° 4, épingles de tête ; n° 5, diadème ; n° 6, boucles d'oreilles ; n° 7, peigne ; n° 8, boîte à épingles ; n°s 9 et 12, miroirs ; n°s 10, 12 et 14, boîtes à cosmétiques ; n° 11, coffret et bijoux ; n° 15, ombrelle ; n° 16, couronne de myrte ; n° 17, étui à collyre ; n° 18, couronne de roses ; n° 19, couronne de violettes.

« veux avec la marjolaine, les cuisses
« avec l'eau de serpolet. »

Plaute, dans ses *Spectres*, fait ainsi parler une courtisane : « Sca-
« pha, apporte mon miroir et la boîte
« où je tiens mes bijoux, afin de me
« trouver parée et prête à recevoir
« mon cher Philolacos ; en attendant,
« mets-moi le fard. — Non, par les
« dieux ! N'est-il pas fort étrange de
« prétendre ajouter de nouvelles cou-
« leurs au plus bel ouvrage que la
« nature ait fait ? A ton âge, avec un
« visage comme le tien, on n'a pas be-
« soin de pinceaux ; prends conseil
« de ton miroir. »

MIROIRS. — Ils tenaient le premier rang dans la toilette des femmes ; c'était, dit Ovide, *leur meilleur ami et leur plus sincère conseiller*. Pallas et Junon perdirent le prix de la beauté pour avoir négligé de le consulter, tandis que Vénus, s'étant examinée dans le métal brillant, *arrangea sa chevelure*. Il y avait des miroirs planes, concaves, circulaires, elliptiques. Aristophane, dans sa comédie des *Nuées*, dit qu'il veut renfermer le disque de l'astre des nuits dans l'étui d'un miroir, afin de faire oublier ses dettes, dont l'échéance tombait au premier du mois, qui se réglait alors d'après le cours de la lune. Euripide donne aux femmes de Troie des miroirs en or ; mais en général ils étaient en cuivre mêlé d'étain ; ceux qu'on fabriquait à Brindes étaient les plus estimés. On inventa à Sidon les premiers miroirs en verre.

PARURE DES FEMMES (*).

HABILLEMENTS DU CORPS. — Les dames en grande parure plaçaient sur leur tête une couronne élevée ; de grands anneaux étaient suspendus à leurs oreilles ; la partie de leur tuni-

(*) Voy. pl. 101. N° 1, scène de bain publiée par Tischbein ; n° 2, femme vêtue de la tunique ionique et enveloppée du péplos (vase grec) ; n° 3, femme vêtue de la tunique dorique (vase grec) ; n° 4, femme ajustant l'ampéchonion ( figurine en bronze d'Herculanum).

que depuis les épaules jusqu'aux mains n'était pas cousue, mais attachée par une rangée d'agrafes en or ou en argent ; elles portaient pour chaussure des galoches.

Aristophane, dans sa comédie intitulée *Lysistrate*, fait parler ainsi Calonique : « Que peuvent faire les fem« mes de grand ou de réfléchi? Leur « vie se passe à rester assises, enlumi« nées de vermillon, vêtues de la « *crocata* (tunique couleur de sa« fran ), bien peignées et bien frisées. « A quoi peuvent servir pour leur édu« cation les tuniques cimbériques (pe« tites tuniques d'une étoffe transpa« rente), les orthostadies (tuniques « droites et sans coutures), les péri« baridies (espèce de chaussure de « femmes), l'ancuse ( herbe dont on « se teignait le visage)? » Le même poète, dans ses Thesmophories, introduit Agathon, Mnésiloque et Euripide, qui s'habillent en femmes.—Euripide : « Que m'apportes-tu là? »—Agathon : « Prends cette *crocata* et mets-la; « prends le *strophion* » (riche ceinture qu'on mettait au-dessous du sein et par-dessus les vêtements). — Mnésiloque : « Mets maintenant le *péri-* « *scélide* » (ornement que les femmes portaient aux jambes, pour se donner de la grace en marchant ). — Euripide : « Il me faut encore un cecri« phale et une mitre. » — Agathon : « Voici mon bonnet de nuit. » — Euripide : « Donne-moi l'encycle » (petite tunique circulaire ). — Agathon : « Prends-le sur mon lit... » — Euripide : « Il me faut des souliers. » — Agathon : « Prends les miens ; ne les aimes-tu « pas larges? »

Modestie de l'épouse de Phocion. — Élien oppose au luxe des Athéniennes la simplicité de Mélite, femme de Phocion. « Son principal « vêtement était la cape de son époux; « elle n'avait besoin ni de la robe cou« leur de safran, ni de la *tarenteni-* « *dione*, ni du manteau qu'on attache « avec l'*anaboladione* ( écharpe dont « les femmes s'enveloppaient les épau« les), ni du vêtement rond, ni du « réseau, ni du voile, ni de la coiffe « couleur de feu; elle se montrait en« veloppée de sa seule modestie, et « elle composait son ajustement de « tout ce qu'on lui présentait. »

Costume des femmes de Sparte. — Elles portaient une tunique courte, ouverte sur les côtés de manière à laisser voir leurs cuisses, comme le font encore les femmes de l'Anovlachie dans le Pinde, ce qui leur faisait donner le surnom de *phénomérides* (cuisses nues). Euripide, cité par Plutarque, les accuse *d'abandonner leurs demeures pour se trouver avec les jeunes gens ; d'être hardies, d'affecter un air de domination sur leurs maris, de régenter la maison, de se mêler des affaires publiques, et de discourir sur les choses les plus importantes.*

Femmes de qualité. — Lucien, dans son Ane d'or, trace ainsi le portrait d'une dame d'Hypate, ville de Thessalie : « Son port et sa suite an« noncent une femme de haut parage; « elle porte des vêtements avec des « broderies en fleurs, et une quantité « de bijoux en or. » Théocrite nous donne à son tour quelques détails sur l'habillement des Syracusaines : « Ap« porte-moi mon *ampéchonion* (es« pèce de mantelet ) et ma *tolia*, dit « Praxinoé à sa femme de chambre, « et mets-la-moi avec grace. » Puis s'adressant à son amie Gorgo, avec qui elle se trouve dans la foule : « Mal« heureuse, s'écrie-t-elle, mon petit *te-* « *ristre* est déja déchiré en deux » ( voile qui s'attachait sur la tête et tombait jusqu'à la ceinture ). « Mon ami, « je t'en conjure par Jupiter, prends « pitié de mon *ampéchonion.* »

Vêtements divers. — Le *peplon* enveloppait l'épaule gauche devant et derrière, en laissant découvertes les mains et l'épaule droite. Le *xiston* servait de tunique et de manteau. Le *zomon* était une robe à franges que portaient les vieilles femmes. On donnait le nom de *symetria* à une espèce de *simarre* ornée d'une bordure en pourpre, qui descendait jusqu'aux talons. La *podera* consistait dans un riche vêtement en lin découpé en forme de dents de scie. Les *pentec-*

28ᵉ *Livraison.* (Grèce.)

*tènes* étaient des casaquins bordés en pourpre et entrelacés de cinq rayons. On appelait *catasticton*, *zoota* ou *zodiota*, une robe ornée de broderie mêlée d'animaux et de fleurs. Le *schiston* était une tunique ouverte sur les côtés, qui s'attachait aux épaules avec des agrafes ; enfin, la *cotonaca*, garnie d'une peau cousue à son bord inférieur, était le vêtement des femmes esclaves.

GARNITURES ET CEINTURES. — On appelait *pariphe* une frange dont l'extrémité était teinte en pourpre. Le *periléocon* se composait d'un tissu rouge terminé par un liséré blanc. On nommait *méandre* une bandelette double de la même couleur qui se mettait en zigzag au-dessus de l'habillement. Il y avait deux sortes de ceintures : l'une se plaçait sur la peau nue ; c'était la *zona* ou bande abdominale : l'*anamascalisteron* s'attachait au-dessous des aisselles.

CHAUSSURE. — Les dames grecques aimaient à se donner une taille élevée : pour y parvenir, elles portaient des pantoufles ou des souliers, dont la semelle, quelquefois en liége, était très-épaisse. Comme toutes ne pouvaient, malgré cet artifice, réussir à se donner la taille de Junon, ni l'élégance de Diane, on consolait les petites en leur disant qu'elles étaient *pétries de graces et d'esprit*. Pollux compte vingt-deux espèces de chaussures : les unes couvraient le pied jusqu'aux malléoles ; celles qui n'étaient composées que d'une semelle s'attachaient au cou-de-pied avec des courroies, comme le font encore les bergères de la Grèce. Les femmes se servaient de pantoufles dans l'intérieur de leurs appartements ; elles les faisaient porter dans un coffret (*sandalotheca*). Lorsqu'elles allaient en visite, elles chaussaient des *crépides* ou *bottines*, pour marcher dans les rues. Les souliers que les femmes mettaient pour paraître plus grandes, avaient jusqu'à quatre semelles de liége jointes ensemble au moyen de la colle. Les chaussures à la *tyrrhénienne* devinrent à la mode, depuis que Phidias les eut employées à sa Minerve colossale du Parthénon. Elles s'attachaient aux doigts du pied et au bas de la jambe avec des courroies : on les appela dans la suite *cothurnes*, nom emprunté du dialecte crétois.

MOYENS DE CACHER LEURS DÉFAUTS. — Les procédés employés par les femmes pour faire ressortir leurs charmes, ou pour parer à certains défauts, étaient nombreux. Alexis, poëte comique d'Athènes, en parlant des courtisanes, dit : « Une jeune
« fille est-elle petite, on rehausse sa
« stature au moyen d'une semelle de
« liége qu'on ajoute à ses souliers ;
« est-elle trop grande, on lui fait
« prendre des chaussures minces, et
« elle marche la tête inclinée sur une
« épaule. A-t-elle les hanches trop
« étroites, on lui en met de postiches,
« dont les formes saillantes et arrondies
« attirent les regards. Son ventre
« est-il trop gros, au sein postiche
« qu'elle prend comme les personnes
« de théâtre, on ajoute des buscs
« qui resserrent et rejettent son ventre
« en arrière. A-t-elle les sourcils roux,
« on les teint avec du noir de fumée.
« Est-elle trop brune, on passe de la
« céruse sur son visage. A-t-elle le
« teint pâle, on lui donne des couleurs
« au moyen du fard. Son corps a-t-il
« quelque charme particulier, on le
« laisse à découvert, afin qu'il fixe
« l'attention. A-t-elle de belles dents,
« on lui apprend à rire, pour que ses
« lèvres, en s'entr'ouvrant, les laissent
« apercevoir. Si elle n'aime point à
« rire, on la laisse à la maison, ayant
« entre les dents un brin de myrte pareil
« à celui dont les cuisiniers couronnent
« les choses qu'ils vendent au
« marché, de manière qu'elle s'accoutume
« à montrer la beauté de sa
« bouche. »

CHEMISES, JUPONS, BANDEAUX. — La *kypassis* descendait jusqu'à la moitié des cuisses. Aristenète fait raconter à un berger, qu'il a vu une jeune fille quitter ses vêtements et jusqu'à sa tunique de dessous, pour se baigner dans la mer. Les *castaulæ* ou jupons se serraient au-dessus des hanches et descendaient jusqu'à la cheville du pied. Les femmes portaient au lit la tunique longue sans manches et sans ceinture; Plutarque dit que Cléopâtre se présenta dans ce négligé à Octave, qui la reçut sous un berceau de verdure.

Les femmes grecques avaient un soin particulier de leur gorge, qui était réputée le plus bel ornement de Vénus. Elles la faisaient saillir au moyen d'un bandeau mamillaire appelé *stithocemone* et *mastotenione*.

Boudoir. — « Si on voyait, dit Lu-
« cien, les femmes au sortir du lit,
« on les trouverait plus hideuses que
« l'animal (*) dont le nom proféré à
« jeun est réputé de mauvais augure.
« Aussi ont-elles soin de ne s'exposer
« aux regards d'aucun homme dans cet
« état. Elles sont entourées de vieilles
« femmes et d'une troupe de jeunes
« esclaves, toutes occupées à leur plâ-
« trer le visage de diverses matières.
« Ces servantes forment une espèce de
« procession autour de leur maîtresse,
« les unes portant des bassins d'ar-
« gent, des aiguières, des miroirs et
« des boîtes remplies de mixtions dé-
« goûtantes; les autres sont occupées
« à lui nettoyer les dents, ou à noir-
« cir ses sourcils. C'est surtout à
« l'arrangement de sa chevelure qu'el-
« les déploient tout leur talent. Les
« femmes qui préfèrent les cheveux
« noirs, consomment la fortune de
« leurs maris à les parfumer avec les
« plus rares essences de l'Arabie. En-
« suite, à l'aide d'un fer chauffé à un feu
« lent, elles roulent les cheveux en bou-
« cles, qui se partagent sur le front,
« et descendent, avec un art admira-
« ble, jusque sur les sourcils, tandis
« que ceux de derrière, frisés avec le
« même soin, flottent épars sur les épau-
« les. Après cela, elles mettent leurs
« souliers, dont chaque paire a son pied
« de droite et son pied de gauche; puis
« elles se revêtent d'un manteau dont
« la finesse laisse apercevoir les pro-
« portions du corps, excepté celles du
« sein, qui pendrait d'une manière

(*) Le singe.

« difforme s'il n'était soutenu par des
« bandelettes. Des pierres orientales
« sont attachées à leurs oreilles; des
« serpents d'or (et plût aux dieux
« qu'ils fussent naturels!) entortillent
« leurs bras et leurs poignets; enfin,
« l'or, descendu à l'état le plus abject,
« brille à leurs pieds, en servant d'or-
« nement à leurs talons, qui restent
« nus. Les femmes de distinction
« faisaient porter sur leur tête un pa-
« rasol: il y avait à Athènes une pro-
« cession des parasols en l'honneur de
« Minerve, au mois de chiroforion. »

Élien nous apprend que les filles des étrangers qui obtenaient de l'aréopage la permission de s'établir à Athènes, étaient obligées de porter le parasol devant les matrones, dans les cérémonies religieuses. C'est de l'usage du parasol comme signe de distinction, qu'ont pris leur origine, les dais dont on décore les trônes des rois et ceux des évêques dans les églises.

Eunuques. — L'art aussi honteux que criminel de mutiler les hommes pour confier quelques femmes à leur garde, remonte à la plus haute antiquité. Il semble avoir pris naissance dans les pays chauds; mais on ne sait à quel peuple en attribuer l'invention. En Égypte il y avait des eunuques du temps de Moïse, qui ne voulait pas qu'aucun d'eux entrât dans le temple du Seigneur; cet usage aura sans doute passé de Memphis à Athènes. Les femmes grecques, éloignées des affaires par les lois de l'état, n'avaient d'autre ambition que d'être courtisées, d'autre passion que pour la parure, et d'autre morale que la crainte de l'infamie.

Travaux en famille (*). — Ce n'est pas qu'il n'y eût dans la Grèce, dans les temps de sa plus grande corruption, des femmes vertueuses, des mères de famille d'une conduite sage et exemplaire. Celles-ci ne sortaient du

(*) Voy. pl. 105. Nos 1, 2, fileuses (vases grecs); n° 3, femme mettant le fil en peloton; n° 4, tisserandes (vase grec, musée Pourtalès); n° 5, brodeuses (vases grecs du musée Pourtalès).

gynécée que pour assister aux cérémonies religieuses, ou par complaisance pour leurs maris, persuadées que le nom d'une femme honnête doit, ainsi que sa personne, demeurer renfermé dans sa maison. La lecture, l'étude, la musique, l'éducation des enfants, les soins du ménage, la broderie, le plaisir de la conversation avec quelques amies, et quelques jeux innocents, faisaient leurs délassements et leur occupation.

MOUCHOIRS DE NEZ, POCHES, BOURSES. — Les idées qu'on avait de la propreté et de la bienséance ne permettaient pas de s'essuyer la sueur du visage, ni de se moucher : c'eût été manquer aux convenances ; une dame aurait été regardée par cela seul en état de maladie, et il ne lui aurait pas été permis de sortir de son appartement. Les hommes étaient astreints aux mêmes règles de civilité. Cependant on peut conjecturer, d'après une épigramme de Martial, que les anciens se mouchaient avec les doigts ; mais ils ne faisaient pas usage de mouchoirs. Les personnes les plus distinguées essuyaient leurs larmes avec leur manteau, comme le fit Agathocle, frère d'une reine d'Égypte, en présence de tout le peuple d'Alexandrie. Ces règles étaient rigoureusement observées dans les temples et dans les théâtres. « Ainsi « Néron ne monta jamais sur la scène « sans avoir essuyé la sueur de son « visage avec les manches de son vê- « tement, en prenant ces précautions « pour que les spectateurs ne s'aper- « çussent jamais du besoin qu'il avait « de cracher ou de se moucher. » Épictète s'adressant à un cynique lui dit : « Oserais-tu entrer avec nous « dans un temple où il n'est pas permis « de cracher et de se moucher, toi « qui n'es que saleté ? »

Une jeune fille, qui se serait servie d'un mouchoir, aurait éloigné d'elle, comme d'un objet hideux, tous les galants. Ainsi il ne faut pas s'étonner si elles ne portaient ni poches, ni bourses. Les bandes mamillaires leur servaient à serrer les billets doux et l'argent qu'elles cachaient soigneusement. La siccité du nez était regardée comme un des principaux charmes de la beauté. Dans Plaute, on voit un marchand d'esclaves demander à acheter une jeune fille qui ait cette qualité.

CLEFS. — La maîtresse de la maison ou ses femmes de charge se servaient d'anneaux artistement gravés qu'elles employaient en guise de clefs. On ne disait pas alors : *J'ai fermé*, mais *j'ai scellé mes armoires et mes coffres.* Saint Clément d'Alexandrie, dans son Pédagogue chrétien, dit à ce sujet « qu'on donne aux femmes la permis- « sion de porter un anneau d'or pour « leur servir, non d'un vain ornement, « mais afin qu'elles puissent sceller et « mettre en sûreté tout ce qui se « trouve dans leur maison. » La mère de Cicéron cachetait ainsi jusqu'aux bouteilles vides, afin qu'on ne pût faire passer dans ce nombre celles dont on aurait bu le vin à son insu. Qu'on ne croie pas que ce moyen n'était qu'une faible sûreté : les lois punissaient avec tant de sévérité l'infidélité d'un esclave, que le cachet le plus fragile suffisait pour mettre en sûreté l'objet le plus précieux. Hélas ! à la demande d'un maître, on marquait ces infortunés au front avec un fer rougi à blanc, on les condamnait aux travaux des mines, on les mettait en croix, on leur brisait les jambes sur une enclume avec des instruments de fer.

HABILLEMENTS DES HOMMES (*).

CHEVELURE. — Lorsque les jeunes gens étaient arrivés à l'âge de puberté, on coupait leur chevelure pour en faire hommage à quelque divinité. Les Grecs avaient en général les cheveux

(*) Voy. *pl.* 93. N<sup>os</sup> 1, 2, chapeaux ; n° 3, pileus, bonnet ; n° 4, souliers ; n° 5, bottes ; n° 6, bottes à la crétoise ; n° 7, bourse ; n° 8, tessère d'hospitalité ; n° 9, clef ; n° 10, trousseau contenant les strigiles, la bouteille à l'huile et autres objets employés aux bains ; n° 11, jeune homme vêtu de la chlena ; n° 12, homme vêtu de la chlamyde ; n° 13, vieillard enveloppé du manteau des philosophes et des hommes âgés.

taillés en rond; les Athéniens les tenaient un peu longs et frisés ; les Lacédémoniens les portaient longs; les stoïciens et les cyniques se faisaient raser la tête : une chevelure ébouriffée était le partage des esclaves. Les caprices de la mode influèrent sur l'arrangement des cheveux. Lucien, en parlant d'un efféminé, dit : « Tu le verras se « gratter la tête avec le bout du doigt; « le peu de cheveux qui lui reste est « bien soigné, bien peigné. »

Chapeaux.—Dès les temps les plus reculés, les Éginètes portaient des chapeaux de feutre. Hésiode fait mention du *pilos* sans rebords : il était particulier aux marins et aux agriculteurs ; le *petasos* ressemblait à notre chapeau rond à larges bords : c'était la coiffure des bergers; on s'en servait en voyage et à la campagne. Au moyen de deux cordons qui étaient attachés à la forme, on pouvait le nouer au-dessous du menton, ou bien le rejeter sur les épaules quand on voulait rester nu-tête. Les Ilotes étaient coiffés d'un bonnet en peau de chien.

Barbe. — L'usage de se raser ne s'introduisit dans la Grèce qu'au temps d'Alexandre, qui fit couper la barbe à ses soldats avant la bataille d'Arbelle. Elle continua cependant à être l'enseigne des philosophes, qui la portaient, *pour se faire*, dit Lucien, *des partisans et des disciples*. L'usage des moustaches n'était pas inconnu aux Grecs : *Les poils sous le nez*, dit Pollux, *s'appellent moustaches*, *ceux de la lèvre inférieure se nomment duvet*. Un édit des éphores défendait aux Lacédémoniens d'en porter : *N'aie pas de moustaches et obéis aux lois*.

Chlène. — C'était une espèce de manteau court qui se mettait sur la tunique pour se garantir du froid; on la portait comme les ouvriers portent leur veste dans les pays chauds. On s'en servait aussi en guise d'oreiller pour dormir; elle était de forme tétragone.

Chlamyde, bathracide. — Indépendamment de la chlène, les Grecs avaient la chlamyde, vêtement héroïque particulier aux Macédoniens : elle était de forme demi circulaire, avec un angle à chaque côté. Elle était courte, étroite, et couvrait l'épaule gauche; elle était de couleur noire à Athènes, mais au siècle d'Hadrien on la fit en étoffe blanche. La *bathracide* était un habillement à fleurs dont le fond imitait la couleur de la grenouille. Les Hellènes, à l'exception des esclaves, portaient la tunique. La décence fit adopter les culottes aux acteurs : personne d'ailleurs n'en portait.

Chaussure des hommes. — Appien dit que leur chaussure avait une semelle avec des bords saillants de la largeur d'un doigt, et par derrière des talons en peau ; elle s'attachait sur le cou-de-pied avec une courroie. Les personnes de distinction à Athènes ornaient leurs souliers d'un croissant en or, ou en ivoire, semblable à nos boucles ; l'usage des demi-bottes en cuir, avec divers ornements, était assez ordinairement usité.

Matière des vêtements.—Après s'être pendant long-temps habillés de peaux de bêtes, les Grecs firent usage de toiles de lin et d'étoffes légères. Les draps, dont il existait une manufacture à Cos, étaient en coton; il y en avait de rayés et à fleurs dont les femmes faisaient usage ; plus tard on en fabriqua avec la soie des pinnes marines.

Les enfants portaient des tuniques jusqu'à l'âge de douze ans, époque à laquelle on leur donnait un manteau pour l'année. L'étoffe en était légère pour les habituer à supporter l'intempérie des saisons. Ils étaient accoutumés dès leur bas âge à marcher pieds nus ; admis au nombre des éphèbes, on leur permettait l'usage des souliers, pourvu que leur genre de vie le nécessitât; ils étaient rasés tant qu'ils étaient jeunes.

Couleurs. — La plus ordinaire était le blanc. On estimait beaucoup le vert, et surtout l'omphacinon ou verjus, et le vert-pré. La pourpre fut toujours la couleur des vêtements royaux. Le noir était consacré aux habits de deuil ; ce fut sous les empereurs romains que les femmes commencèrent à porter le deuil en blanc.

ÉCRITURE, TABLETTES (*).

Les tablettes étaient généralement en ivoire et enduites d'une couche de cire sur laquelle on écrivait avec un poinçon ou style; elles avaient au milieu un bouton pour les empêcher de se coller les unes contre les autres, lorsqu'on voulait leur donner la forme d'un livre. On se servait plus communément de roseaux et d'encriers pour écrire sur les papyrus qu'on roulait par volumes. Ces rouleaux, appliqués sur deux petits cylindres, étaient écrits en colonnes de haut en bas; elles contenaient, d'après les manuscrits d'Herculanum, quarante lignes au plus sur quatre doigts de largeur; elles étaient encadrées d'une ligne rouge; il y avait l'espace d'un doigt entre ces colonnes. Chaque volume, étiqueté d'un numéro, était serré dans une boîte cylindrique ou de forme octogone; on le tirait de son étui au moyen d'un petit ruban qui y était attaché.

Les copies d'un ouvrage se multipliaient autrefois si difficilement, il fallait être si riche pour se former une petite bibliothèque, que les lumières d'un pays avaient beaucoup de peine à pénétrer dans un autre, et même à se perpétuer dans le même endroit. Cette considération doit nous rendre très-circonspects à l'égard des connaissances que nous accordons ou que nous refusons aux anciens.

Le défaut des moyens qui les égarait souvent au milieu de leurs recherches n'arrête plus les modernes. L'imprimerie, cet heureux fruit du hasard,

cette découverte peut-être la plus importante de toutes, met en circulation et fixe les idées de tous les temps et de tous les peuples. Jamais elle ne permettra que les lumières s'éteignent, et peut-être les portera-t-elle à un point, qu'elles seront autant au-dessus des nôtres, que les nôtres nous paraissent être au-dessus de celles des anciens.

OBJETS DIVERS. — Les cuillers étaient profondes, parce qu'on ne s'en servait que pour répandre les sauces sur les mets; les fourchettes paraissent être d'un usage moderne; on se servait de serviettes à franges.

JOUJOUX. — Il existait une classe d'artisans appelés *coroplastes*, qui fabriquaient de petites figures en cire et des marmousets pour amuser les enfants.

HORLOGES, CLEPSYDRES, USTENSILES, POIDS. — On connaissait l'horloge portative et verticale qui servait à marquer les heures du jour. Le sablier servait à marquer la durée du temps. Les Athéniens réglaient leur système horaire d'un coucher du soleil à un autre coucher; les Babyloniens du lever à un autre lever; les prêtres égyptiens et romains, entre deux minuits. Quant à la division du jour en heures, on doit la rapporter à Anaximandre, qui introduisit le premier les horloges à Sparte. Nous représentons dans la planche 111 les principaux outils connus des Grecs (*).

DÉPRAVATION DES MŒURS. — Saint Jean Chrysostome nous apprend que les grands seigneurs de son temps se faisaient précéder dans les rues par un héraut magnifiquement vêtu, qui les annonçait à haute voix, par des licteurs armés de verges pour écarter

---

(*) Voy. pl. 87. N° 1, *a, f, g, h,* tablettes et styles pour écrire; *b, d,* écritoires et roseaux; *c, e,* manuscrits roulés en papyrus ou en parchemin; *i,* boîte à manuscrits; n° 2, alphabets de diverses époques: n°s 1 et 2, majuscules minuscules; n° 3, alphabet pélasgique; n° 4, — cadméen, 1500 av. J.-C.; n° 5, — sigéen, 600 av. J.-C.; n° 6, — néméen, 450 av. J.-C.; n° 7, — déliaque, 450 av. J.-C.; n° 8, — de Justinien, 527 ap. J.-C.; n° 9, — de Charlemagne, 800 ap. J.-C.; n° 10, — du 10° au 14° siècle.

(*) N° 1, hache (vase grec); n° 2, scie (bas-relief); n° 3, cadran solaire (musée du Louvre); n° 4, marteau; n° 5, herminette; n°s 6, 7, passoire; n° 8, balance (Pompéi); n° 9, poids; n° 10, simpulum employé par les Égyptiens, les Grecs et les Romains; n° 11, casserolle; n° 12, paniers (vases grecs); n° 13, fourneau (Pompéi); n°s 14, 15, vases pour le vin; n° 16 outre.

la foule, enfin par une multitude de clients et de parasites. Mais c'est particulièrement contre les femmes que tonne l'éloquence de l'orateur chrétien. « Outre les pendants d'oreilles, « s'écrie-t-il, elles portent d'autres « bijoux à l'extrémité de leurs joues. « Leur visage et leurs sourcils sont « colorés ou peints. Leurs tuniques « sont entrelacées de fils d'or. Leur « chaussure est noire, luisante, et se « termine en pointe. On les voit mon-« tées sur des chars attelés de mulets « blancs qui ont des freins dorés, et « suivies d'un grand nombre d'eunu-« ques et de femmes attachés à leur « service..... A cette époque de déca-« dence, les femmes ne rougirent pas « de paraître dans un état complet de « nudité sur le théâtre, où l'on établit « des piscines, dans lesquelles elles « se faisaient gloire de nager et de « folâtrer, aux yeux d'une assemblée « nombreuse. »

###### COSTUME ALLÉGORIQUE.

**LANGAGE PRIMITIF.** — La nature a suggéré à l'homme l'idée des signes allégoriques dont il composa un langage propre à exprimer ses pensées, en représentant l'essence des choses sous une forme sensible, et cette sorte d'écriture n'a presque rien perdu de son empire, même depuis l'invention et les progrès des lettres alphabétiques. Les poëtes ne se montrent jamais plus embrasés du feu divin qu'en empruntant le langage allégorique, qui est le premier dont l'homme ait fait usage. La science elle-même se servit de ce langage figuré, afin de se rendre plus vénérable. Jamais l'allégorie, dans la peinture et dans la sculpture, ne représenta aucun vice, par la raison que les ouvrages de l'art ne pouvaient être consacrés qu'à rendre hommage à la vertu. On ne devait jamais offrir aux yeux du public des images choquantes. C'est ce qu'avait fait Apelle dans son tableau de la calomnie, qui a fourni à Raphaël l'idée d'une semblable composition puisée dans l'élégante description qui nous en a été transmise par Lucien. *Sacrifier aux graces*, telle était la maxime de l'école grecque. Son opinion à cet égard était juste, car l'esprit ressent une aversion fondée pour tout ce qui le fatigue, l'ennuie et l'afflige. Marsias, qui trouve que la flûte n'est pas un instrument digne de Minerve parce qu'il lui gonfle les joues, nous apprend par là qu'il faut éviter dans les arts tout ce qui peut altérer la belle nature.

**IDÉE DE LA MORT.** — Jamais les anciens n'eurent la pensée de représenter la mort sous la forme d'un squelette ; on ne voit rien de pareil sur leurs tombes sépulcrales. Prenant leur modèle dans l'idée d'Homère, ils donnaient à la mort la figure d'un génie frère du Sommeil. Ces deux emblèmes étaient figurés sur le coffre de Cypselos comme deux enfants, l'un blanc et l'autre noir, reposant entre les bras de la Nuit leur mère ; l'un endormi, et l'autre presque endormi, avec les jambes croisées en signe de deuil. On voit sur d'autres bas-reliefs un génie tenant d'une main une urne cinéraire, de l'autre un flambeau qu'il secoue pour l'éteindre, en même temps qu'il jette un regard de tristesse sur un papillon qui se traîne à terre. L'urne, le flambeau et la couronne sont les attributs qui distinguent la mort du sommeil. Euripide a introduit la mort sur le théâtre, en la personnifiant par une femme enveloppée d'un manteau noir, prête à couper le cheveu fatal et à le consacrer aux déités de l'Averne.

**LARVES.** — On a quelquefois représenté ces êtres fantastiques avec des ailes énormes. C'était dans les festins, en présence de ces fantômes, qu'on chantait ce passage de Théocrite : *Confiance, amis ; l'espérance est pour les vivants, les morts seuls en sont privés. Les choses changent dans le cours de la vie. Quelquefois Jupiter est serein, quelquefois aussi il donne la pluie.*

###### REPRÉSENTATIONS THÉATRALES (\*).

**MASQUES.** — Le masque servait non

(\*) Voy. *pl.* 91 et 92. N° 1, scène comi-

seulement à imiter le caractère du personnage qu'on devait mettre sur la scène, il contribuait encore à renforcer la voix des acteurs. Il avait la forme d'un casque qui enveloppait la tête. Il représentait les traits du visage, la barbe, les cheveux, les oreilles et les ornements propres à la coiffure des femmes. De près, ces masques étaient effroyables, mais placés à leur point de vue, ils n'offraient plus qu'une expression caractéristique et presque naturelle.

Les masques différaient; il y en avait pour la comédie, pour la tragédie et pour la satire. Ces derniers étaient d'une forme bizarre et d'une grandeur prodigieuse, afin de représenter l'image extravagante des satyres, des faunes et des cyclopes. On peut en dire autant des masques de la tragédie; mais il y avait moins d'exagération dans ceux de la comédie, attendu qu'ils figuraient souvent des personnes connues des spectateurs. Dans les atellanes, pièces licencieuses, on se contentait parfois de se barbouiller la figure avec quelque couleur. Les Euménides paraissaient souvent voilées dans les représentations tragiques.

BAS-RELIEFS SCÉNIQUES. — Un bas-relief du palais Farnèse représente une scène qu'on croit tirée de l'Andrienne de Térence. « Simon, père de « Pamphile, furieux d'être toujours « trompé par son esclave Davus, com- « mande à Dromos, autre esclave, « de l'attacher et de le punir, tandis « que Chrémès, personnage de la « même pièce, cherche à apaiser « Simon. » Il ne faut pas s'étonner si les invectives du vieillard et les cris de l'esclave sont accompagnés de la flûte double, car la déclamation des acteurs était constamment réglée par le son de cet instrument ou par celui d'une lyre.

Le manteau de Crispin, qui était celui des esclaves; le masque de Polichinelle; la coiffe rouge des courtisanes; le bandeau de la même couleur que Pollux donne à leurs mères et aux entremetteuses; les demi-masques propres aux chanteurs; les gestes injurieux appelés les *cornes* et les *cinq*, se retrouvent sur des bas-reliefs et sur des vases qu'on peut voir dans plusieurs cabinets d'archéologie.

RÉTRIBUTION. — Lorsqu'on n'avait que des théâtres en bois, il était défendu d'exiger la moindre rétribution à la porte. Le désir d'occuper une bonne place ayant fait naître des querelles fréquentes, le gouvernement, pour essayer de diminuer le nombre des spectateurs, ordonna qu'on paierait par tête une drachme (90 c.). La construction des théâtres en pierre n'exigeant pas de précautions de sûreté, Périclès supprima le droit d'entrée, qu'on rétablit lorsque le trésor fut obéré. L'entrepreneur donnait quelquefois des spectacles gratuits; quelquefois il distribuait des *tessères* ou *contremarques*, qui tenaient lieu de la rétribution ordinaire, fixée à deux oboles, ou trente centimes.

On ne saurait trop regretter la perte de la plupart des pièces du théâtre des Grecs, qui servit de modèle aux Romains et sert encore aujourd'hui aux modernes. Il ne nous est resté aucune pièce de Ménandre, ce poète comique dont le peu de fragments qui nous sont parvenus attestent le puissant génie. De trois mille pièces dont parlent Suidas et Athénée, il ne nous en est parvenu que 7 d'Eschyle, 7 de Sophocle, 19 d'Euripide et 11 d'Aristophane, en tout 44.

MONNAIES.

Les Athéniens avaient des monnaies d'or, d'argent et de cuivre. Celles d'argent sont les plus anciennes; celles d'or sont postérieures, ainsi que celles de cuivre. Au nombre des pièces d'argent, on comptait la drachme, la didrachme et la tétradrachme, ainsi que les pièces de quatre, trois et deux oboles : la drachme valait six oboles. Comme les plus petites monnaies pouvaient s'égarer, on en frappa de cui-

que (bas-relief du musée de Naples); n° 2, scène tragique (peinture antique du musée de Naples).

vre de la valeur d'un huitième d'obole. Les plus fortes monnaies d'or pesaient deux drachmes et valaient vingt drachmes d'argent.

Les plus anciennes tétradrachmes remontaient à la guerre du Péloponèse; elles portent d'un côté la tête de Minerve, et de l'autre une chouette. Le travail en est grossier, parce que l'esprit parcimonieux des trésoriers ne permettait pas d'allouer aux graveurs un salaire suffisant pour décider des artistes habiles à s'en charger.

Chaque nation de la Grèce distinguait sa monnaie par une empreinte particulière. Indépendamment des effigies de Minerve et du hibou, les Athéniens avaient adopté celles du Sphinx, de Jupiter, de Diane, de Mars, de Vulcain, d'Hercule et d'Esculape. Les Arcadiens avaient pris pour emblème Jupiter avec son aigle, Mercure cyllénien avec son caducée; les Corinthiens, Vénus et Minerve chalinite, Bellérophon et la Chimère; les Lacédémoniens, Castor et Pollux, Lycurgue, etc.

Les monnaies qu'on vient de citer peuvent se réduire en monnaies de France.

|  | francs. | cent. |
|---|---|---|
| Obole.................... | » | 15 |
| Drachme ou 6 oboles......... | » | 90 |
| Statère d'or ou 25 drachmes... | 22 | 50 |
| Statère de Cyzique ou 28 drachm. | 25 | 20 |
| Statère darique ou 50 drachmes. | 45 | 20 |
| Statère d'argent ou mine...... | 90 |  |
| Talent ou 60 mines.......... | 5400 |  |

MESURES.

mètre.
Le pied grec équivaut à 11 pouces 4 lignes...0,307
Le stade.......... à 94 toises et demie..184,26

POIDS.

gramm.
Une drachme équivaut à 1 gros, 7 grains, ou. 4,196
La mine pesait 100 drachmes ou 1 marc,
5 onces, 5 gros, 52 grains, ou...........419,5
Le talent attique pesait 60 mines ou 6,000
drachmes, ou...................25 kil. 17 gr.

AGRICULTURE ET COMMERCE.

ATHÉNIENS. — Les Grecs, en général, conservèrent, comme on l'a dit ailleurs, au milieu de la plus haute civilisation un penchant déterminé pour la vie champêtre. Ce goût national les porta sans cesse à embellir l'intérieur du pays qu'ils habitaient. Ainsi, dans l'Attique, ils mirent en culture les parties les plus stériles de cette contrée, en y transportant des terres pour y semer des grains ou pour y planter des arbres. On eut particulièrement recours à cette méthode dans la partie voisine du cap Sunium, qu'on appelait les champs Phelléens, où tout n'est pas encore frappé, comme on le croit vulgairement, d'une éternelle stérilité.

Au nord du territoire d'Athènes, on trouvait un sol riche en végétaux, tapissé de verdure, couvert de vignobles et d'oliviers; tandis que les montagnes, aujourd'hui nues, telles que le Parnès et le Brélesis, étaient couvertes de chênes verts, de cyprès, de pins pyramidaux ou projetés en ombrelles. Les coteaux les plus arides en apparence formaient, au temps d'Hérodote, et jusqu'au siècle de Plutarque, le parcours des égicores ou chevriers qui y conduisaient leurs troupeaux.

Au-dessous des chalets de ces bergers, l'industrie, aiguillonnée par le besoin, forma sur quelques entablements des mêmes montagnes, des plantations et des jardins économiques, en contenant les couches de terre par des enceintes en maçonnerie qui les défendaient contre le choc des torrents. Enfin on faisait développer la végétation au moyen d'arrosements artificiels. Ce genre de culture exigeait un concours nombreux d'esclaves et de mercenaires. C'était à ce métier que le philosophe Cléanthe gagnait son pain, avec plus de dignité que le cynique Diogène en mendiant, et qu'Aristippe qui mangeait à la table des rois.

CULTURE. — Afin de tirer le meilleur parti possible des terres, Solon multiplia les puits et les citernes, afin de faciliter les irrigations. Ses lois à cet égard attestent des connaissances très-étendues dans l'économie rurale. Ce bienfait s'étendit dans toute la Hellade, où la distribution des eaux est encore parfaitement dirigée par les paysans. Le sage législateur avait fixé la profondeur à laquelle il fallait creuser, parce qu'en pénétrant plus avant dans la terre, on rencontrait la nappe d'eau saumâtre qui s'étend sous le territoire de l'Attique. Aux environs des mines du Laurion, les eaux, couvertes d'une pellicule couleur de l'iris, étaient mortelles et échauffées par l'action d'un volcan concentré, dont le principal foyer existait auprès du temple d'Esculape, où l'on trouvait des eaux thermales.

CODE CHAMPÊTRE ET COMMERCIAL.

1. Chacun pourra se servir du puits qui se trouve à une hippique (2500 pieds) de son domicile; autrement il sera tenu d'en faire construire un pour son usage.

2. Si quelqu'un veut faire creuser un puits près du terrain d'un autre, il sera tenu de l'en éloigner au moins d'une orgye (6 pieds 4 pouces).

3. Celui qui aura creusé jusqu'à une profondeur de six orgyes sans trouver de source, pourra tirer du puits de son voisin, deux fois par jour, six vases d'eau appelés choés.

4. Celui qui creusera un fossé près du terrain d'un autre citoyen, sera tenu de laisser autant de distance du bord de ce fossé au champ du voisin, que ledit fossé a de profondeur.

5. Celui qui plantera une haie près du terrain d'un autre, ne pourra dépasser la ligne de démarcation de sa propriété; s'il s'agit d'un mur, il devra laisser un pied d'espace entre elle et celle de son voisin.

6. Celui qui bâtira une maison dans un champ sera tenu de l'éloigner d'un jet de trait de celle de son voisin.

7. Celui qui aura une ou plusieurs ruches les placera à trois cents pieds de la propriété de son voisin.

8. Les oliviers et les figuiers seront plantés à la distance de neuf pieds du terrain d'un propriétaire voisin.

9. Quiconque, même sur son héritage, arrachera des oliviers, si ce n'est pour la construction d'un temple public, soit dans la ville, soit dans un bourg, ou pour son usage, ne pourra en abattre que deux seulement par an, pour l'emploi précité ou pour les funérailles d'un mort; dans tout autre cas il paiera cent drachmes au particulier qui l'aura traduit en justice : la cause sera portée devant les archontes qui connaissent de ces délits. L'accusateur déposera une prytanie comme cautionnement. Si l'accusé est condamné, les juges feront inscrire son nom par les *practores* sur les registres des trésoriers de l'état ou de Minerve : s'ils négligent de le faire, ils seront personnellement condamnés à payer l'amende.

IMMEUBLES, BESTIAUX, TROUPEAUX. — 1. Tout citoyen ne pourra posséder qu'un nombre déterminé d'arpents de terre. Les prodigues qui dépenseront les biens provenant de l'héritage de leurs parents ou d'autres personnes, seront réputés *infames*.

2. Celui qui tuera un loup recevra cinq drachmes, et une drachme pour une louve.

3. Il est défendu de tuer un bœuf de charrue.

4. Personne ne pourra tuer un agneau ni un veau de moins d'un an.

5. Il est défendu de maltraiter aucun animal domestique.

VENTES ET ACHATS. — 1. Celui qui réclamera la possession d'un fonds de terre intentera au détenteur actuel l'action d'*usufruit;* si c'est la possession d'une maison, l'action de *propriété immobilière*.

2. Les marchands ne surferont pas leurs marchandises.

3. Le marchand de poisson qui, après l'avoir surfait, le donnera à un moindre prix, sera emprisonné.

4. Il ne pourra mettre dans l'eau le poisson gâté, afin de le faire paraître frais.

LOIS COMMERCIALES.

EXPORTATIONS, IMPORTATIONS. — 1. Celui qui exportera d'autres fruits que les olives sera excommunié publiquement par l'archonte, ou se rachètera au moyen d'une somme de cent drachmes. Les vainqueurs aux Parthénées seront seuls exempts de cette loi.

2. Les figues ne pourront être exportées (*).

3. Si un courtier ou un marchand athénien font transporter du blé ailleurs qu'à Athènes, on leur intentera un procès, et le dénonciateur pourra revendiquer la moitié du blé.

4. Celui qui accusera un courtier ou un marchand sans preuves suffisantes, pourra être poursuivi judiciairement.

5. Celui qui se désistera de la plainte qu'il a portée contre un facteur ou un marchand, ou qui n'obtiendra pas la cinquième partie des suffrages, sera condamné à une amende de mille drachmes, et sera privé du droit d'*intenter action*.

6. Aucun citoyen d'Athènes ne pourra acheter à la fois plus de cinquante phormes de blé.

7. L'exportation de la laine et de la poix est prohibée.

PRIX COURANT DE PLUSIEURS OBJETS.

Vers le milieu du IV<sup>e</sup> siècle avant notre ère, le prix ordinaire d'une médimne de blé (environ la moitié de notre hectolitre) était de cinq drachmes (4 fr. 50 c.); un bœuf se payait quatre-vingts drachmes (72 fr.); un mouton, seize drachmes (de 14 à 15 fr.); un agneau, dix drachmes (9 fr.). Soixante ans avant cette époque, la journée d'un manœuvre valait trois oboles (45 c.); le prix d'un cheval de course était de 1,200 drachmes (1,080); un manteau se payait vingt drachmes (18 fr.); une paire de souliers, huit drachmes (7 fr. 20 c.). Une maison ordinaire se trouve évaluée, par Xénophon, dans ses Économiques, à cinq cents drachmes (450 fr.): celle de Socrate n'excédait pas ce prix; l'ameublement n'allait pas au-delà d'une valeur semblable. On avait pour une obole, dans le V<sup>e</sup> siècle avant Jésus-Christ, trois cotyles de vin, et une tunique pour six drachmes (9 fr.).

(*) C'est de là que le mot sycophante est passé dans notre langue. Il signifie en grec celui qui dénonce un vendeur de figues.

LOIS RELATIVES AUX ARTS, MÉTIERS ET CORPORATIONS.

1. Tout citoyen pourra en accuser un autre d'oisiveté.

« Nous ne regardons pas comme une honte la pauvreté, disait Périclès, mais nous tenons pour honteux de ne pas travailler pour en sortir. » Pisistrate offrait aux oisifs des grains pour semer, un animal pour labourer. On notait d'infamie celui qui pour la troisième fois était accusé d'oisiveté.

2. Nul ne peut exercer deux professions à la fois.

3. La vente des parfums est prohibée.

Le goût des Athéniens devint plus fort que la loi.

4. Les étrangers ne pourront vendre leurs marchandises sur la place publique, ni exercer aucun métier.

Cette disposition, rapportée par Démosthène (in Eubul.), se concilie difficilement avec une loi de Solon, portant : *Les émigrants qui viendront se fixer à Athènes avec leurs familles, pour y exercer une profession, ou y établir une fabrique, pourront, dès cet instant, être élevés à la dignité de citoyen.*

5. On pourra intenter une action contre celui qui ridiculisera ou avilira la profession d'un autre citoyen.

6. Celui qui aura acquis une grande réputation dans son état, et sera regardé comme le plus habile, sera nourri dans le prytanée et aura une place d'honneur au théâtre.

7. Le batelier qui, par maladresse, fera chavirer son bateau dans le trajet de Salamine, ne pourra plus exercer son métier.

8. Les citoyens de la même tribu; ceux qui sont investis du même office sacerdotal; ceux qui prennent ensemble le même repas, qui ont le même cimetière, ou qui voyagent en commun pour des affaires de commerce, pourront contracter des engagements qui seront regardés comme valides, tant qu'ils ne seront pas contraires aux lois.

9. Si quelqu'un rétracte l'engage-

ment qu'il a pris envers le peuple, le sénat, ou les juges, il sera poursuivi, et, s'il est déclaré coupable, puni de mort.

10. Celui qui rétractera un engagement pris en public, sera déclaré *infame*.

11. Le magistrat qui se laissera séduire par des présents, qui cherchera à en séduire d'autres, ou qui usera de quelque subterfuge au détriment de l'état, sera réputé *infame*, lui, ses héritiers et tous ceux qui lui appartiennent.

12. Le citoyen investi d'un emploi public, qui se laissera corrompre par des présents, sera puni de mort, ou se rachètera par une compensation du décuple de la somme reçue.

### LOIS RELATIVES A L'USURE.

1. Le banquier ne pourra exiger que l'intérêt dont il était convenu.

2 L'intérêt de l'argent sera modéré.

3. Celui qui aura déposé de l'argent en gage, ne pourra le réclamer, ni lui-même, ni ses héritiers.

4. Personne ne pourra se vendre comme esclave, afin d'acquitter une dette.

5. On pourra saisir les biens de celui qui ne paie pas à jour fixé.

6. Le mua vaudra de valeur intrinsèque cent drachmes.

7. Celui qui altérera les monnaies, subira la peine de mort.

8. Il est défendu à tout Athénien et à tout étranger établi à Athènes et soumis à ses lois, de prêter de l'argent sur un vaisseau qui ne doit pas transporter à Athènes le blé et les autres marchandises dont la loi fait le détail. Si quelqu'un en prête, on pourra le dénoncer aux inspecteurs du commerce, comme on leur dénonce le vaisseau et le blé. Celui qui aura prêté son argent pour un autre port que celui d'Athènes, ne peut le répéter en justice; il n'obtiendra d'action près d'aucun magistrat.

### ÉTAT DE L'AGRICULTURE, DE L'INDUSTRIE ET DU COMMERCE DE LA LACONIE.

Les annales des Lacédémoniens présentent la partie la plus sombre de l'histoire grecque. C'était un proverbe reçu à Sparte : *Que le citoyen y était le plus libre des hommes, et l'esclave le plus asservi des esclaves.*

Rien n'est moins surprenant que le silence des écrivains de l'antiquité, sur l'état de l'agriculture et du commerce de la Laconie, si l'on réfléchit que les institutions de Lycurgue ne furent jamais écrites, et que les hommes capables d'observer ne voyagèrent guère dans une contrée où les étrangers étaient horriblement vexés et dépouillés, comme on l'est encore dans les villages du Magne.

A l'exemple des Crétois, dont les Lacédémoniens avaient emprunté les principales institutions, les habitants de l'Hécatompole (cette contrée prenait ce nom à cause des cent bourgades qu'elle renfermait) se dérobaient mutuellement leurs troupeaux et vivaient aux dépens des Messéniens leurs voisins. Leurs pirates les enrichissaient.

La surface de la Laconie comprenait environ cent cinquante lieues carrées. La plus grande partie de sa circonférence était encadrée par une bordure de montagnes, au-delà desquelles s'ouvrait une large vallée, baignée par l'Eurotas, fleuve impétueux dans la saison de la fonte des neiges, tandis qu'au cœur de l'été, il finissait par n'être pas navigable pour les moindres barques.

Sparte occupait la partie septentrionale de la vallée de l'Eurotas, où l'on ne découvrait, dans une grande étendue de terrain, que des vignobles, des platanes, des plants d'oliviers, des jardins et des métairies. Vers le sud, on trouvait Amyclée; ce canton était le plus fertile et le plus pittoresque du Péloponèse : au printemps, ses champs paraissaient tapissés d'hyacinthes sauvages, de narcisses, d'anémones, et Polybe dit que la beauté des arbres et l'éclat de leur verdure le disputaient à la bonté de leurs fruits.

En s'éloignant de la vallée de l'Eurotas, on entrait sur une terre ingrate, où les procédés du labour étaient pénibles. Les nobles spartiates, qui s'étaient approprié les meilleures terres, avaient abandonné au petit peuple cette contrée pierreuse, d'où il résultait, suivant Isocrate, des plaintes contre des lois agraires tellement injustes, qu'on ne pouvait les nommer qu'un brigandage ou une tyrannie.

La Maléatide (aujourd'hui canton de Malvoisie) était riche en vignobles, mais déboisée et peu giboyeuse; tandis que vers le pied du mont Taygète, la vaste forêt d'Énoras nourrissait des daims, des cerfs, des sangliers, et cette espèce d'ours à fourrure rousse, particulière aux principales montagnes de la Hellade. Au sortir du bois d'Énoras, on découvrait les *Thyrides*, rochers qui s'élevaient pareils à deux pyramides, à l'extrémité du cap Ténare. A leur base excavée par les feux souterrains, les mythologistes avaient placé les soupiraux de l'enfer, le trône des vents, le siège des orages, l'étable des coursiers de Neptune, dont le temple, creusé dans le rocher, en forme de grotte, et environné d'un bois de pins, retentissait sans cesse du bruit des vagues de la mer de Myrtos.

PRODUCTIONS. — Les principaux produits de la Laconie consistaient, indépendamment des vins de la Maléatide, en bois de construction, fer, plomb, cuivre, émeraudes du mont Taygète et marbre vert. Les arts qu'on exerçait chez les Lacons avaient pour la plupart rapport à la métallurgie, et *la trempe laconique* était si accréditée, que les instruments tranchants, fabriqués dans ce pays, obtenaient la préférence dans tous les marchés ou foires du Péloponèse. Il en était de même des ouvrages de menuiserie, tels que chaises, tables, et surtout les lits garnis de sommiers en duvet de cygnes, devenus si fameux dans le luxe des anciens.

COMMERCE. — Ce serait une erreur de croire que les Lacédémoniens, retranchés derrière leur bravoure, se contentaient des produits de leur sol et des brigandages qu'ils exerçaient sur celui de leurs voisins ; ils faisaient un commerce étendu avec la Crète, l'Afrique et l'Égypte. Comme ils avaient un penchant irrésistible pour la piraterie, leurs plagiaires, représentés de nos jours par les Maniates, étaient le fléau des armateurs du Pirée.

LOI AGRAIRE. — La prétendue égalité, fondée sur le partage des terres, ne fut peut-être qu'une chimère propagée par la crédulité des historiens, qui l'ont répétée et qui la rediront d'âge en âge. En appliquant cette théorie à un pays montueux, on verra d'abord qu'il est impossible de former deux portions de terre exactement égales. On sait, en second lieu, que nulle part les terrains ne produisent en raison de leur surface réelle, mais relativement à leur plan horizontal. Frontin, qui écrivait sous Trajan, disait : « Comme la pluie « et la rosée tombent presque habi- « tuellement en ligne perpendiculaire, « et comme les végétaux observent « dans leur croissance la même direc- « tion, il s'ensuit qu'un terrain n'équi- « vaut jamais à sa superficie, mais « toujours à son plan. »

Indépendamment de cette considération et de plusieurs autres, il est facile de comprendre qu'un partage de terres, fait avec toute la régularité imaginable, ne saurait établir une égalité de richesse, chez quelque peuple que ce soit ; car les citoyens auxquels il naît un grand nombre d'enfants sont dès lors plus pauvres que ceux qui en ont peu ou point du tout, puisque le poids de la famille a augmenté, pendant que le revenu du fonds est resté le même. Et quand ensuite il s'agit de partager cette propriété, les portions se trouvent toujours respectivement plus petites, à mesure que les héritiers se multiplient. Si on tient ensuite compte des incendies, de la grêle, de la perte des bestiaux, des différents degrés d'intelligence dans les opérations de la culture et de l'économie rurale, qui seules suffisent pour enrichir les uns et pour ruiner les autres, on verra que le système de Lycurgue doit être rangé au nombre des utopies, telles que la république de Platon. Aussi, dès la vingt-quatrième olympiade (vers l'an 684 avant Jésus-Christ), il n'existait plus à Sparte aucun rapport, ni aucune comparaison entre les facultés de fortune des citoyens.

On objectera que les fonds de terre dévolus primitivement aux Spartiates étaient assimilés à des fiefs, c'est-à-dire qu'étant indivisibles et inaliénables, ils passaient du père au fils exclusivement, ce qui réduisait les branches cadettes à l'indigence; ce que voyant l'éphore Épitade, il crut devoir venir à leur secours en permettant aux parents de disposer par testament ou par donation de leurs biens envers tous leurs enfants.

Par là il diminua la vigueur du droit de primogéniture, qui, n'étant fondé que sur une cause aveugle, telle que le hasard de la naissance, paraissait opposé à toutes les notions de l'équité naturelle. Le magistrat ne fit en cela rien de contraire à l'intérêt de chaque citoyen, et ce ne fut pas sa faute si depuis on abusa de sa loi pour accumuler sur la tête des femmes au-delà de la moitié des immeubles de la Laconie. Il y avait dans les institutions de cet état tant de vices, que quand on parvenait à en extirper un, cent autres renaissaient de la correction même de celui qu'on avait faite.

EMPIRE DE LA MER. — Tous les peuples de la Grèce qui prétendirent à la suprématie maritime, y trouvèrent leur ruine; mais aucune nation ne fit dans cette périlleuse carrière une chute plus terrible que les Lacédémoniens. Ce fut, comme on l'a dit dans le cours de cette histoire, Alcibiade qui, par une politique insidieuse, les poussa à leur ruine, sous prétexte de les conduire à la fortune. Pendant son séjour à Sparte, il avait conseillé aux rois, aux éphores et au peuple, d'augmenter constamment leur marine, afin d'arriver à faire baisser tous les pavillons à l'aspect de celui de Sparte, et de devenir dominateurs de la mer.

Depuis long-temps les Spartiates étaient haïs des autres états de la Hellade, parce qu'ils voulaient toujours dominer sur le continent, et on les détesta davantage quand ils prétendirent devenir les tyrans de la mer. Toute leur attention se porta vers cet élément, et ils négligèrent l'armée de terre.

Quoiqu'il n'y ait aucun rapport entre la marine militaire, telle qu'elle est de nos jours, et telle qu'elle était chez les Grecs, cependant elle exigeait des dépenses très-considérables, et Démosthène assure qu'avec la plus stricte économie on ne pouvait entretenir dix vaisseaux légers à moins de quarante talents (216,000 fr.); de là on peut inférer que l'équipement des grandes galères propres à combattre en ligne de bataille coûtait une fois davantage.

Isocrate prétend que par une conséquence du changement survenu dans l'administration générale de la guerre, la perte de la bataille de Leuctres, sur terre, éprouvée par les Lacédémoniens, fut une suite nécessaire de la défaite de leur flotte sur la côte de Gnide, où l'Athénien Conon détruisit totalement leurs forces navales. En effet, on ne saurait douter que ces deux événements n'aient entre eux une connexion naturelle, car la défaite de Gnide augmenta de beaucoup les espérances des Thébains. Il est d'ailleurs ordinaire, comme on l'a vu de nos jours, lorsqu'un état a reçu un grand échec, qu'il en éprouve encore d'autres, parce qu'il est dans la nature de la consternation d'aller en augmentant et de démoraliser un peuple.

MOEURS DES LACÉDÉMONIENS.

Chez un peuple essentiellement militaire, les mœurs des femmes doivent être très-corrompues; et c'est une des principales causes qui accélérèrent la ruine de toutes ces sociétés fondées sur la force et la violence. Il suffit de considérer l'avilissement où, à peu d'exceptions près, sont encore réduites les femmes des soldats, pour concevoir que la nature a attaché de terribles châtiments à cet état qui choque ses vues et qui est contraire aux notions mêmes de la raison. C'est une grande inconséquence, disait-on aux Spartiates, de vous marier aujourd'hui et d'aller demain assister à une bataille ou à un blocus de dix ans, dont les suites seront pour le moins aussi funestes que le furent celles du siége de Troie, pendant lequel les femmes, sous prétexte d'avoir perdu leurs maris dans la Troade, se remarièrent presque toutes, ou firent même encore pis. Pendant la première guerre de Messénie, la conduite des vierges de Lacédémone, qui parvinrent au terme de la maternité, sans hymen et sans époux, causa un grand embarras à l'état. Aristote dit que les expéditions militaires entretenaient à Lacédémone, durant l'absence de l'armée, des désordres incroyables dans l'intérieur des familles restées à la discrétion des femmes. Les reines de Sparte, à l'insu des éphores qui les gardaient à vue, avaient élevé d'innombrables autels à Vénus, et les femmes, en général, qualifiées par l'épithète d'*Andromanes*, se dégradaient jusqu'à l'avilissement; d'autres éprouvaient des perturbations capables d'effrayer l'esprit humain; car, dit Galien en parlant de sa propre mère, « elle mordait, dans ses accès de fu- « reur, ses propres esclaves comme « une bête féroce, et alors le sang « coulait à grands flots de sa bouche. » Plutarque prétend que les Lacédémoniennes étaient quelquefois consumées par ce feu illégitime dont brûla Sapho, dernier terme des faiblesses érotiques dont l'ame du sexe fut susceptible dans la Grèce.

Arrêtons notre histoire à cette fin déplorable de la décadence des mœurs, qui précéda l'asservissement de la Grèce. Le lecteur semble nous avertir que l'éclat immortel du tombeau de Léonidas efface ces taches, et notre plume se refuse à tracer des tableaux qui ne sont que trop humiliants pour notre triste condition humaine.

CONCLUSION.

La croix que J.-C. a laissée sur la terre est plantée aux bords de l'Eurotas; la tyrannie ne pourra prévaloir contre l'esprit de la liberté qui anima toujours la Grèce, et lui fit de nos jours secouer la poussière du tombeau. Ce que les lois de Lycurgue et de Solon n'ont pu faire, le christianisme l'accomplira, et le symbole de la foi, cette charte qui ne fut pas primitivement écrite de main d'homme, transmis d'âge en âge, par la prière même de l'enfance, deviendra la loi impérissable de la Hellade et du monde.

FIN.

# AVIS

## POUR LE PLACEMENT DES GRAVURES.

| N° | | pages. | N° | | pages. |
|---|---|---|---|---|---|
| 1 | Mont Olympe | 2 | 57 | Orateurs grecs | 227 |
| 2 | Mont Parnasse | 3 | 58 | Temple de Minerve Chalinites | 228 |
| 3 | Plaines de Troie | 16 | 59 | Lion de Chéronée | 235 |
| 4 | Tombeaux d'Ajax et de Patrocle | id | 60 | Édesse | 239 |
| 5 | Ruines de Tyrinthe | 21 | 61 | Auteurs grecs | 282 |
| 6 | Mycène, porte des Lions | id. | 62 | Diogène et Alexandre | 243 |
| 7 | Trésorerie d'Atrée | id. | 63 | Porte à Éphèse | 248 |
| 8 | Trésorerie d'Atrée | id. | 64 | Milet et cours du Méandre | id. |
| 9 | Héros grecs | 12 | 65 | Sages de la Grèce | 104 |
| 10 | Costumes antiques | 34 | 66 | Halicarnasse | 249 |
| 11 | Sparte | 31 | 67 | Tyr | 254 |
| 12 | Delphes | 29 | 68 | Sidon | id. |
| 13 | Olympie | 30 | 69 | Écrivains grecs | 103 |
| 14 | Messène | 38 | 70 | Phare d'Alexandrie | 256 |
| 15 | Corinthe | 44 | 71 | Bûcher d'Éphestion | 282 |
| 16 | Phocée | 61 | 72 | Égine | 280 |
| 17 | Marathon | 69 | 73 | Philosophes grecs | 286 |
| 18 | Thermopyles | 73 | 74 | Calaurie et Trézène | 292 |
| 19 | Golfe de Salamine | 82 | 75 | Char funèbre d'Alexandre | id. |
| 20 | Platée | 89 | 76 | Soli | 304 |
| 21 | Athènes, vue de la colline du Musée | 93 | 77 | Diogène, Antisthène, etc | 285 |
| 22 | Athènes, du Pnyx | id. | 78 | Nauplie | 313 |
| 23 | Temple de Jupiter Olympien | 98 | 79 | Patras, vue de mer | 314 |
| 24 | Coupe du temple et statue de Jupiter | 99 | 80 | Patras, vue de terre | id. |
| 25 | Temple de Thésée | 102 | 81 | Lycurgue, Solon, etc | 67 |
| 26 | Parthénon | id. | 82 | Égion, Vostizza | 315 |
| 27 | Propylées | id. | 83 | Corfou | 324 |
| 28 | Temple d'Érechtée et de Pandrose | id. | 84 | Leucade | 330 |
| 29 | Aqueduc dans l'île de Mytilène | 116 | 85 | Alcibiade, Périclès, etc | 136 |
| 30 | Pylos | 120 | 86 | Horoscope d'un enfant, école | 411 |
| 31 | Sphactérie | id. | 87 | Écriture | 438 |
| 32 | Chute du Styx | 125 | 88 | Jeux | 420 et 426 |
| 33 | Syracuse | 129 | 89 | Musique, instruments divers | 417 |
| 34 | Latomies | 134 | 90 | Concert musical | 419 |
| 35 | Éleusis | 142 | 91 | Théâtre, etc | 424 |
| 36 | Samos | 137 | 92 | Scène comique et tragique | 439 |
| 37 | Parthénon restauré | 102 | 93 | Habillements divers | 436 |
| 38 | Temple d'Apollon près Phigalie | 157 | 94 | Procession et sacrifice | 403 |
| 39 | Thèbes | 162 | 95 | Courses | 425 |
| 40 | Orchomène | 180 | 96 | Exercices divers | 426 |
| 41 | Vue prise de Colonne | 168 | 97 | Armes et char de guerre | 391 |
| 42 | Larisse | 171 | 98 | Marine | 400 |
| 43 | Porte de Messène | 175 | 99 | Dessin, sculpture, etc | 428 |
| 44 | Épidaure | 173 | 100 | Constructions | 423 |
| 45 | Temple de Jupiter Néméen | 181 | 101 | Scène de bain, etc | 432 |
| 46 | Temple de Jupiter Olympien | 183 | 102 | Divers objets de toilette | id. |
| 47 | Tour des vents | id. | 103 | Coiffures diverses | 430 |
| 48 | Monument de Lysicrate | id. | 104 | Danse et mariage | 409 |
| 49 | Jardin des philosophes | 194 | 105 | Fileuses, etc | 435 |
| 50 | Temple de Minerve Suniade | 196 | 106 | Lits | 413 et 416 |
| 51 | Carrières du Pentélique | id. | 107 | Cuiller, etc., sièges divers | 413 |
| 52 | Ruines d'Amphipolis | 203 | 108 | Table, bassin, cratère | 416 |
| 53 | Onocaris, sources de l'Angitas | 204 | 109 | Flambeaux, lampe, candélabres | 403 |
| 54 | Euripe Négrepont | 218 | 110 | Rhytons, cylix, vases, etc | 415 |
| 55 | Antre de Trophonios | 222 | 111 | Instruments divers | 438 |
| 56 | Mégare | 226 | 112 | Tombeaux et monuments funèbres | 408 |

GRIECHENLAND. GRECE. ГРЕЦІЯ.

Der Olymp. Mont Olympe. Олимпская гора.

GRIECHENLAND. GRECE. ГРЕЦІЯ.

Der Parnass. Mont-Parnasse. Парнасская гора.

GRIECHENLAND. GRECE. ГРЕЦІЯ.

Ruinen von Troja. Ruines de Troie. Развалины Троянскія.

GRIECHENLAND. GRECE. ГРЕЦIЯ.

Gräber des Ajax und Patroclus. Tombes d'Ajax & de Patrocle. Могилы Аякса и Патрокла.

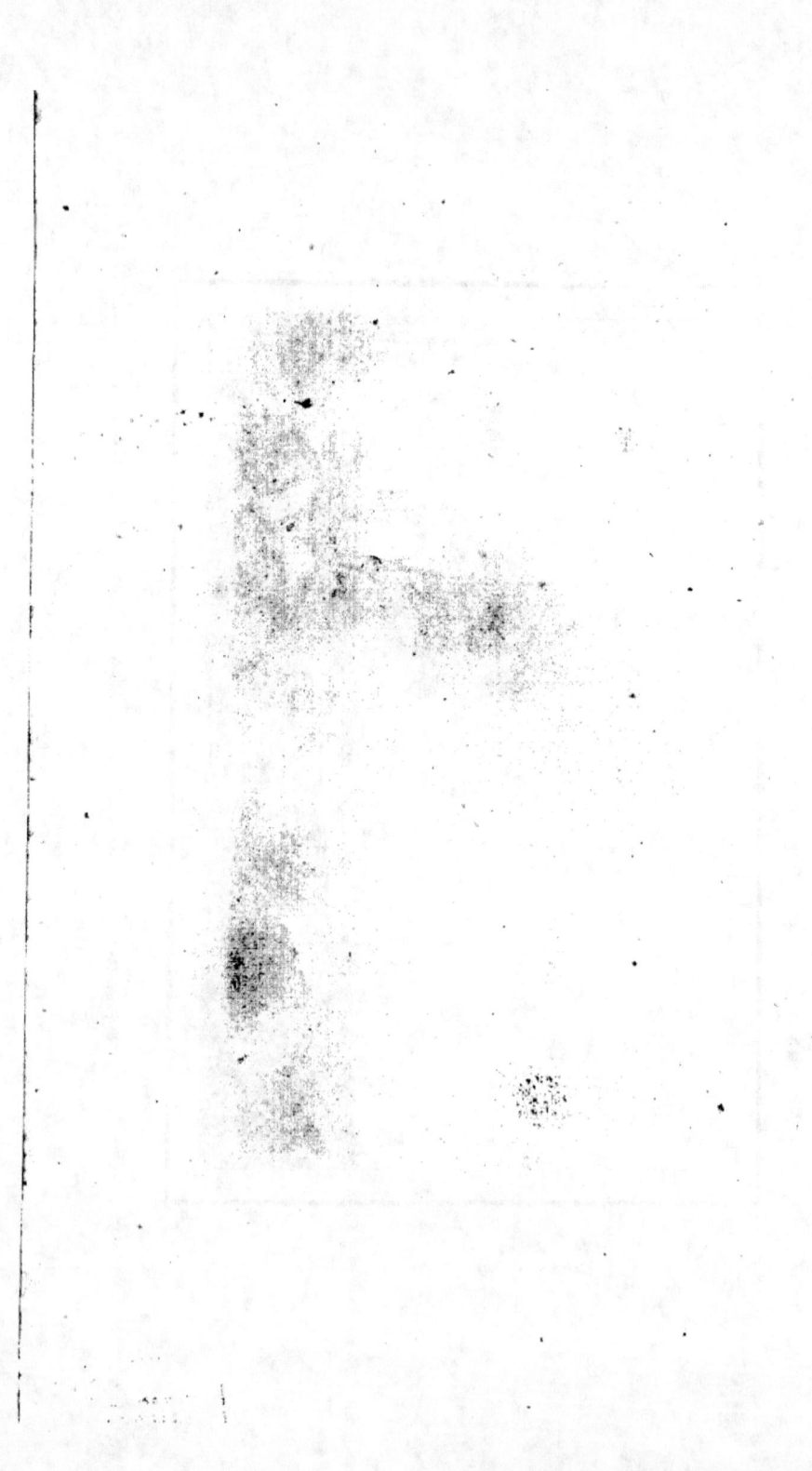

GRIECHENLAND    GRÈCE    ГРЕЦІЯ

Ruinen von Tiryuth.    Ruines de Tirynthe.    Тиринескія развалины.

MYCENAE.     MYCÈNE.     МИСИНЪ.

Dus Löwenthor.     Porte des Lions     Ворота львовъ

MYCENAE    MYCÈNE.    МИСИНЪ.

Schatzkammer des Atreus.   Trésorerie d'Atrée.   Атреевское казначейство.

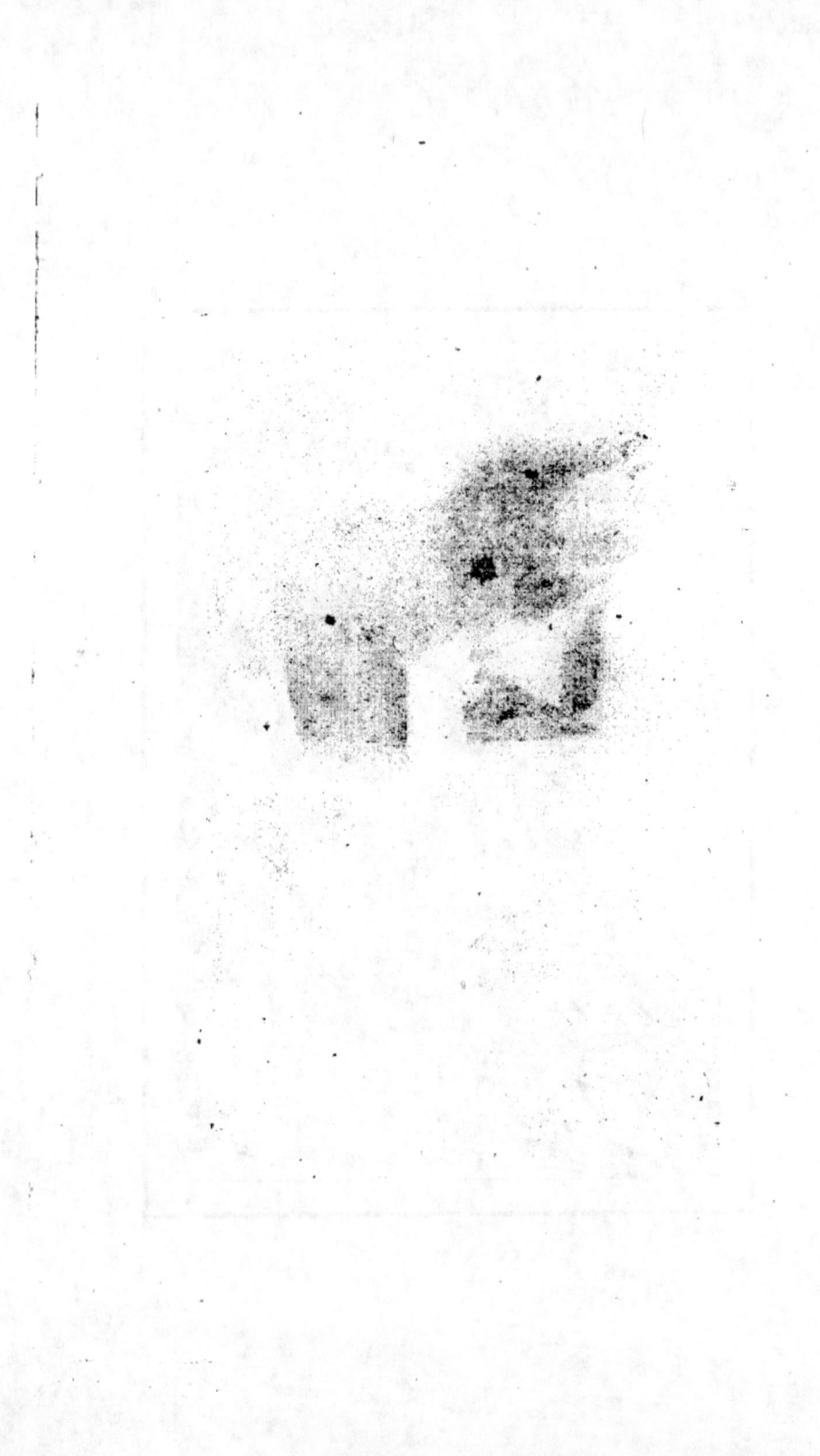

MYCENAE. MYCÈNE. МИСИНЬ.

Schatzkammer des Atreus. Trésorerie d'Atrée. Атрейское казначейство.

GRIECHENLAND.   GRÈCE.   ГРЕЦІЯ.

Griechische Helden.   Héros Grecs.   Греческіе богатыри.

GRIECHENLAND. GRÈCE. ГРЕЦІЯ.

Trachten des Alterthums. Costumes anciens. Славяне древніе.

GRIECHENLAND. GRÈCE. ГРЕЦІЯ.

Sparta. *Sparte.* Спарта.

GRIECHENLAND. GRÈCE. ГРЕЦІЯ.

Delphi. Delphes. Дельѳ.

GRIECHENLAND. GRÈCE. ГРЕЦІЯ.

Olympia. Олимпія.

GRIECHENLAND.   GRÈCE.   ГРЕЦІЯ.

Messina

GRIECHENLAND. GRECE. GRECIA.

Corinth. Coriathe. Коринѳъ.

Phokaa. Morea. Fokies.

GRIECHENLAND. GRÈCE. ГРЕЦІЯ.

Marathon. Marathon. Мараѳонъ.

GRIECHENLAND. GRÈCE. ГРЕЦІЯ.

Die Thermopylen. Thermopylæ. Термопилы.

GRIECHENLAND. GRÈCE. ГРЕЦІЯ.

Golf von Salamis. Golfe de Salamine. Заливъ Саламинскій.

GRIECHENLAND. GRÈCE. ГРЕЦІЯ.

Platæa. Platées. Платея

GRIECHENLAND. GRÈCE. ГРЕЦІЯ.

Athen vom Hügel des Museums aus. Athènes, vue de la colline du Musée. Видъ Аѳинъ съ холма Музея.

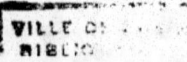

GRIECHENLAND.   GRÈCE.   ГРЕЦІЯ.

Athen vom Pnyx aus.   Athènes, vue du Pnyx.   Видъ Аѳинъ съ Пникса.

GRIECHENLAND. GRÈCE. ГРЕЦІЯ.

Tempel des Zeus zu Olympia. Temple de Jupiter à Olympie. Храмъ Зевеса въ Олимпіи.

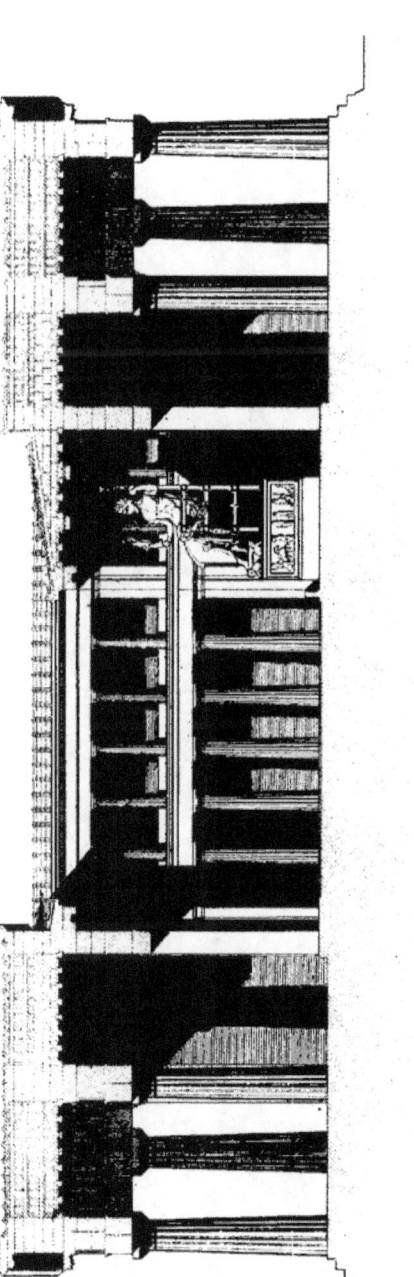

GRIECHENLAND. GRÈCE. ГРЕЦІЯ.

Durchschnitt des Tempels nebst der Statue des Zeus.

Coupe du Temple et de Statue de Jupiter.

Перерѣзъ храма и Статуя Зевеса.

GRIECHENLAND. GRÈCE. ГРЕЦІЯ.

Tempel des Theseus. Temple de Thésée. Храмъ Ѳесея.

GRIECHENLAND. GRECE. GRECIA. ГРЕЦІЯ.

Das Parthenon. Parthenon. Парѳенонъ.

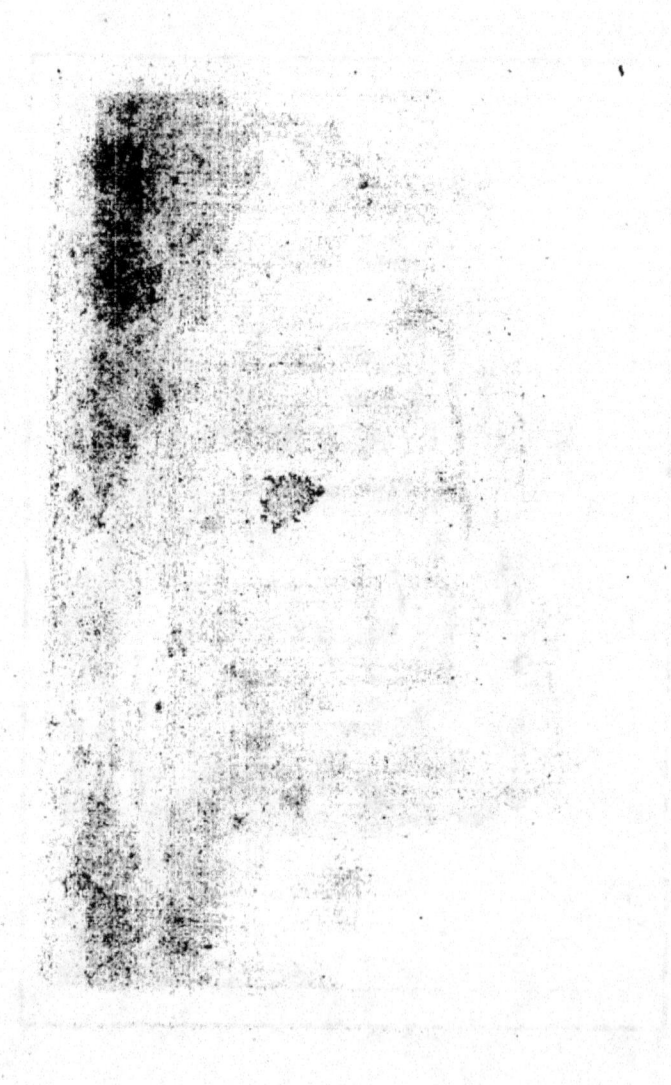

GRIECHENLAND.   GRÈCE.   ГРЕЦІЯ.

27

Die Propyläen.   Propylées.   Пропилеи.

GRIECHENLAND. GRÈCE. ГРЕЦІЯ.

Tempel des Erechtheus und der Pandrosos. Temple d'Erechtée et de Pandrose. Храмъ Эрехтея и Пандроса.

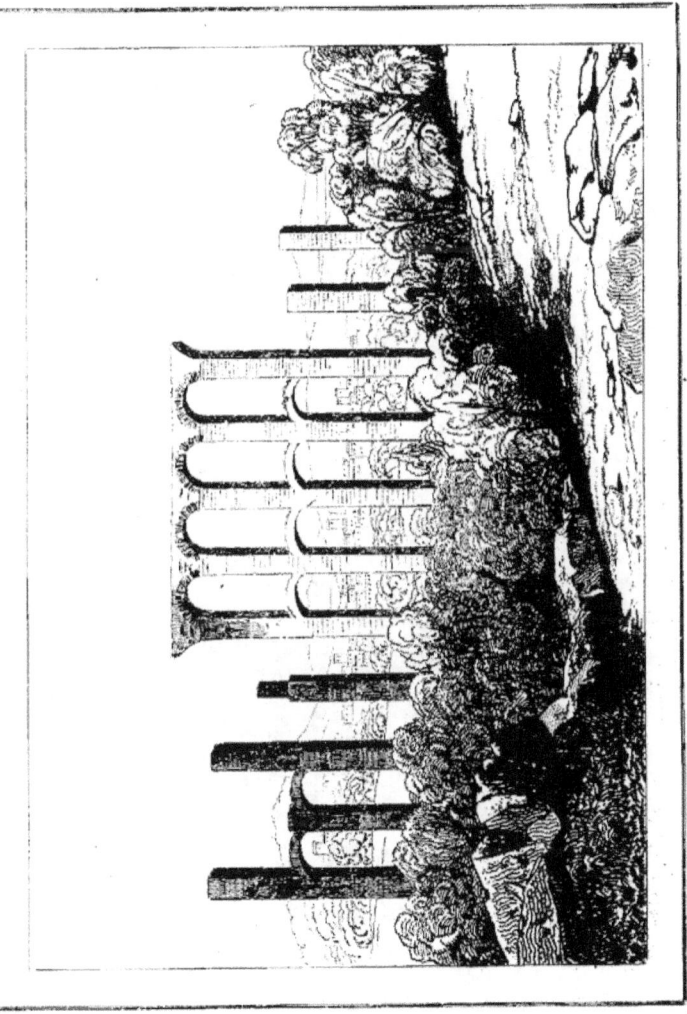

Wasserleitung auf der Insel Mytilene.

Aqueduc dans l'île de Mytilène.

Водопровод острова Митилен.

GRIECHENLAND. GRECE. ГРЕЦІЯ.

Pylos. Pylos. Пилосъ.

GRIECHENLAND. GRECE. ГРЕЦІЯ.

Sphacteria. Sphactérie. Сфактерія.

GRIECHENLAND. GRECE. ГРЕЦІЯ.

Der Fall des Styx. Chute du Styx. Порогъ Стикса.

SICILIEN. SICILE. CHIMAID.

Syakus. Syracuse.

SICHEN. SICHE. СѢДАЛН. СѢДАЛН.

Steinhöhlen. Cavernes. Каменоломни.

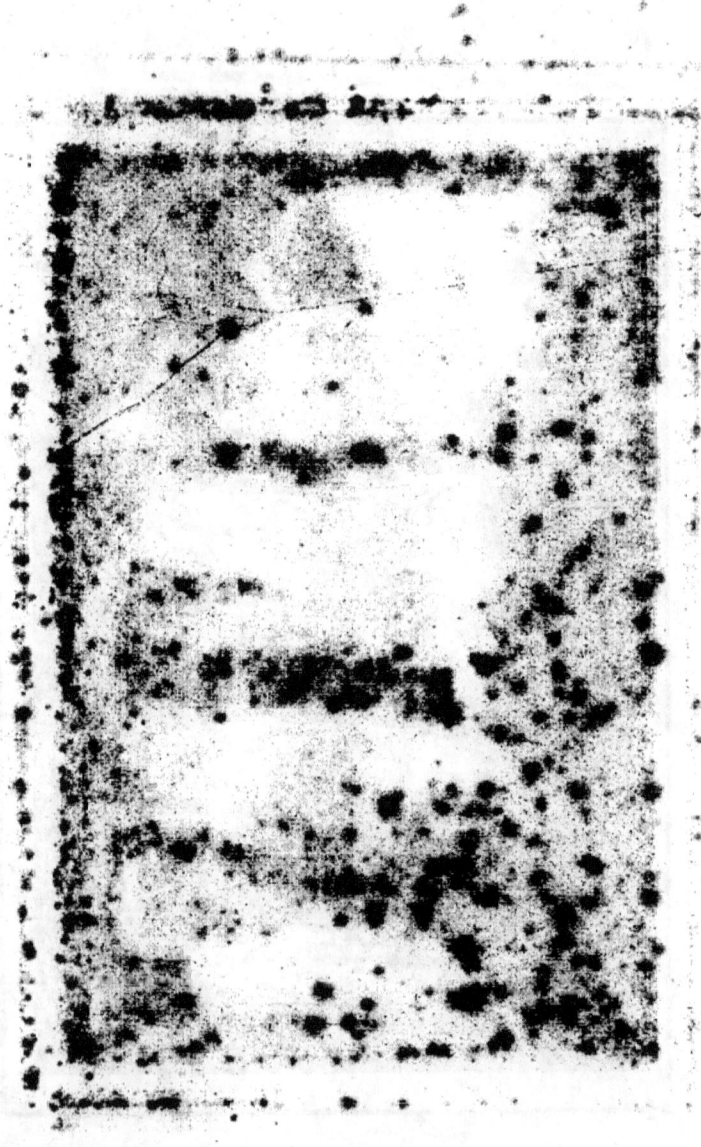

GRIECHENLAND. GRÈCE. ТУРЕЦІЯ.

Eleusis. Éleusis. Елевзисъ.

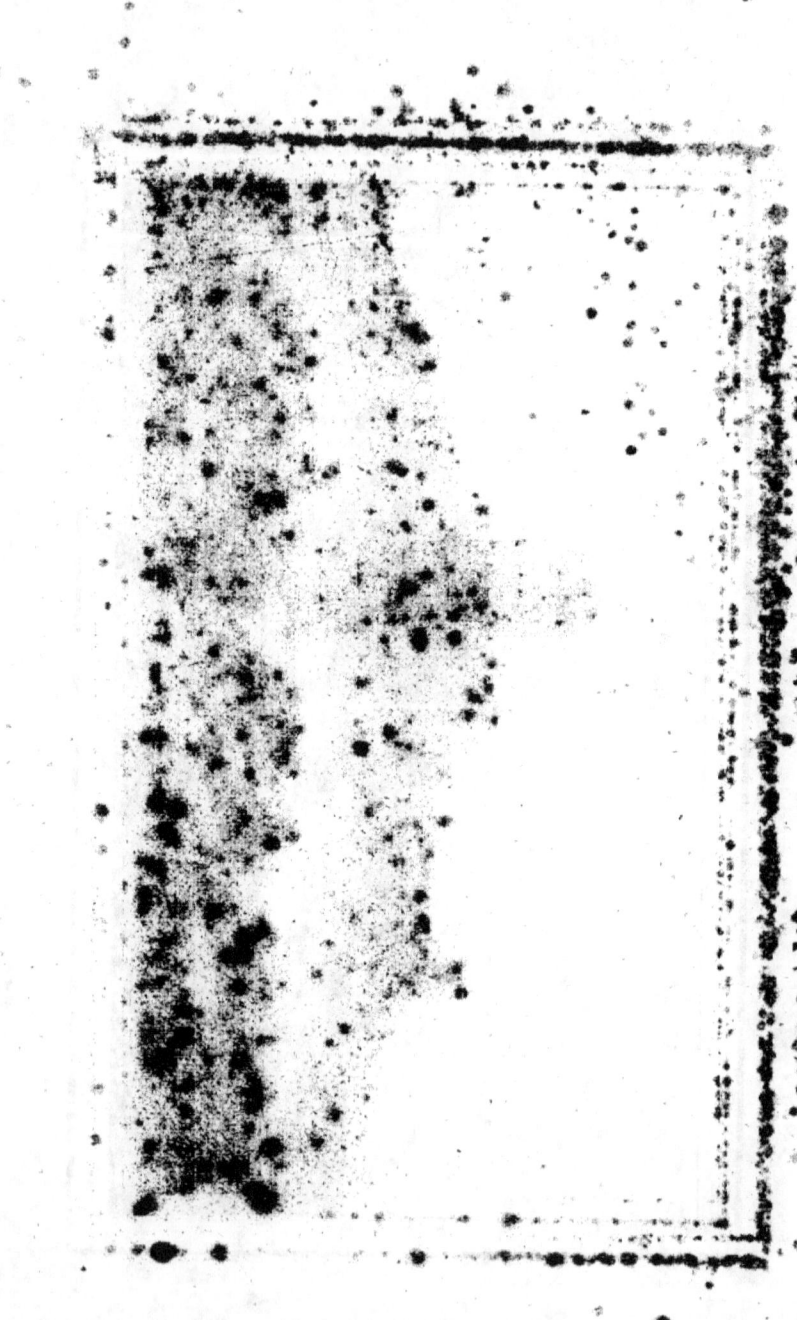

GRIECHENLAND. GRÈCE. ГРЕЦІЯ.

36

Samos. Samos. Самосъ.

GRIECHENLAND. GRÈCE. GREECE.

Das jonjesische Parthenon. Parthenon extérieur.

GRIECHENLAND — GRÈCE — ГРЕЦIЯ

Apollotempel bei Phigalea.
Temple d'Apollon près Phigalie.
Храмъ Аполлона при Фигалеѣ.

GRIECHENLAND. GRÈCE. THEBE. 38°

Theben. Thèbes.

GRIECHENLAND. GRÈCE. ГРЕЦІЯ.

Orchomene. Orchoméne. Орхоменъ.

ATHÈNES. ATHEN.

Vue prise de Colone. Ansicht von Colone aus.

GRIECHENLAND
GRÈCE

Larissa

Porte de Messène.   Thor von Messene.

GRIECHENLAND.

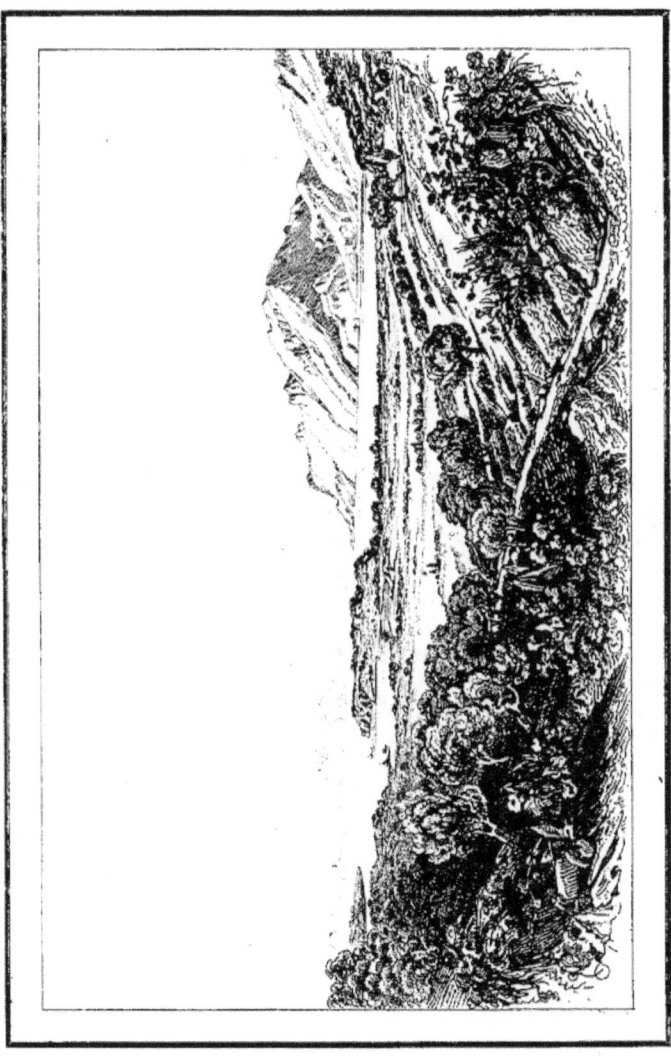

Epidaurus.

GRÈCE. GRIECHENLAND.

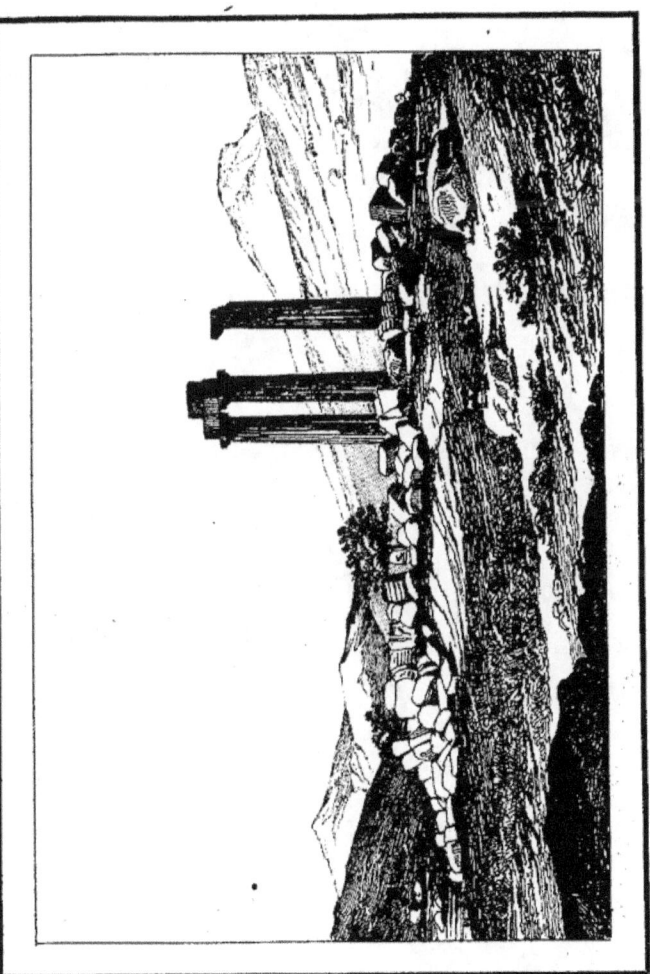

Temple de Jupiter Neméen. Tempel des Zeus zu Nemea.

ATHÈNES. ATHEN.

Temple de Jupiter Olympien. Tempel des Olympischen Zeus.

ATHÈNES. ATHEN.

Tour des Vents. Der Windthurm.

ATHÈNES. ATHEN.

Monument de Lysicrate. Denkmal des Lysikrates.

ATHÈNES. ATHEN.

Temple de Minerve Sunium.

GRÈCE. GRIECHENLAND.

Environs du Pentélique. Steinbrüche am Pentelikon.

GRÈCE. GRIECHENLAND.

Ruines d'Amphipolis.   Ruinen von Amphipolis.

GRÈCE.                                                   GRIECHENLAND.

Onouaris. Sources de l'Angitas.            Onouaris. Quellen des Angitas.

GRIECHENLAND.

GRÈCE.

Euripe (Négrepont.)

Euripo (Negroponte.)

GRÈCE. GRIECHENLAND.

Antre de Trophonius. Höhle des Trophonius.

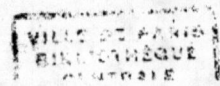

GRIECHENLAND

GRÈCE

Megara.

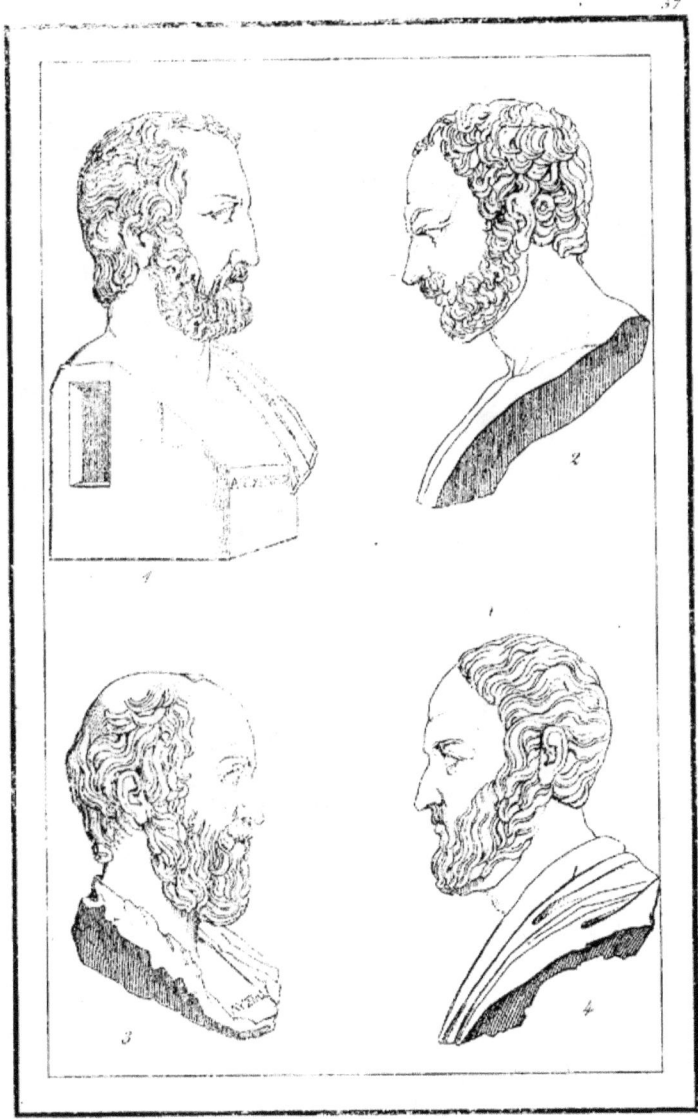

1. Eschine.  2. Demosthène.  3. Lysias.  4. Isocrate.
   Aeschines.    Demosthenes.    Lysias.    Isocrates.

Temple de Minerve Chalinitis. Tempel der Pallas = Chalinitis.

GRÈCE. GRIECHENLAND.

Scène de Palicare. Ein Palicarenscene.

GRIECHENLAND.

GRÈCE.

Edessa.

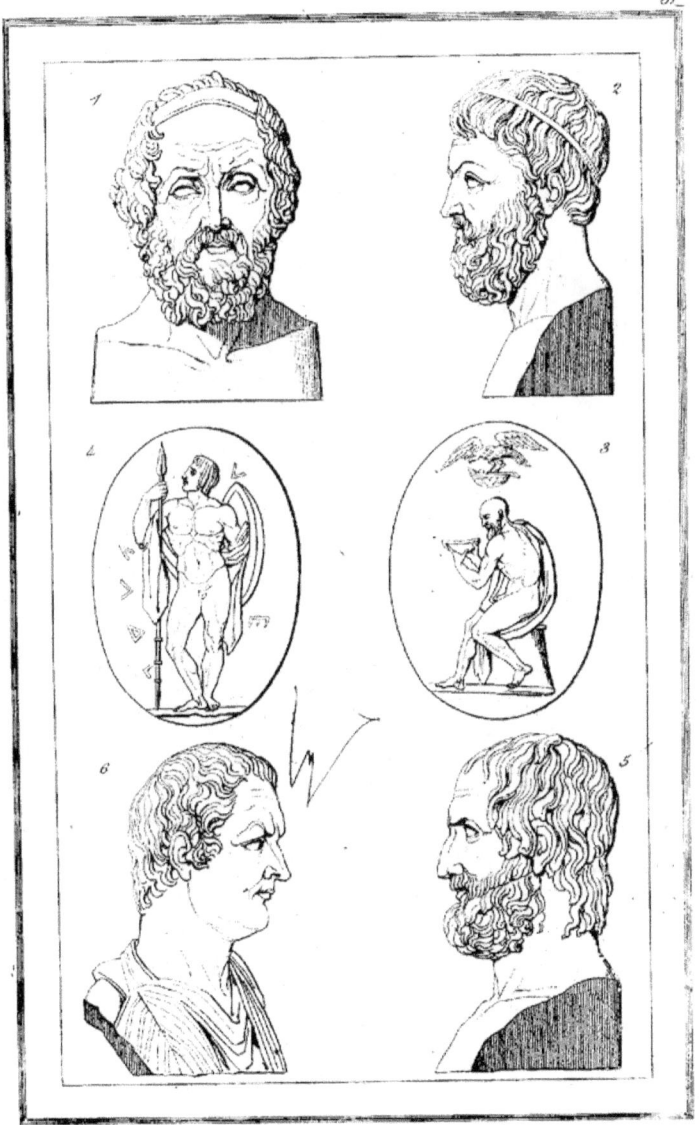

1. Homère.     Homer.
2. Sophocle.     Sophocles.
3. Eschyle.     Æschylus.
4. Tyrtée.     Tyrtæus.
5. Euripide.     Euripides.
6. Ménandre.     Menander.

GRÈCE. GRIECHENLAND.

Diogène et Alexandre.
Diogenes und Alexander.

GRÈCE.

GRIECHENLAND.

Porte d'Éphèse.

Thor zu Ephesus.

GRÈCE. GRIECHENLAND.

Milet et cours du Méandre.  Milet und der Lauf des Maeander.

SAGES DE LA GRÈCE.     GRIECHISCHE WEISEN.

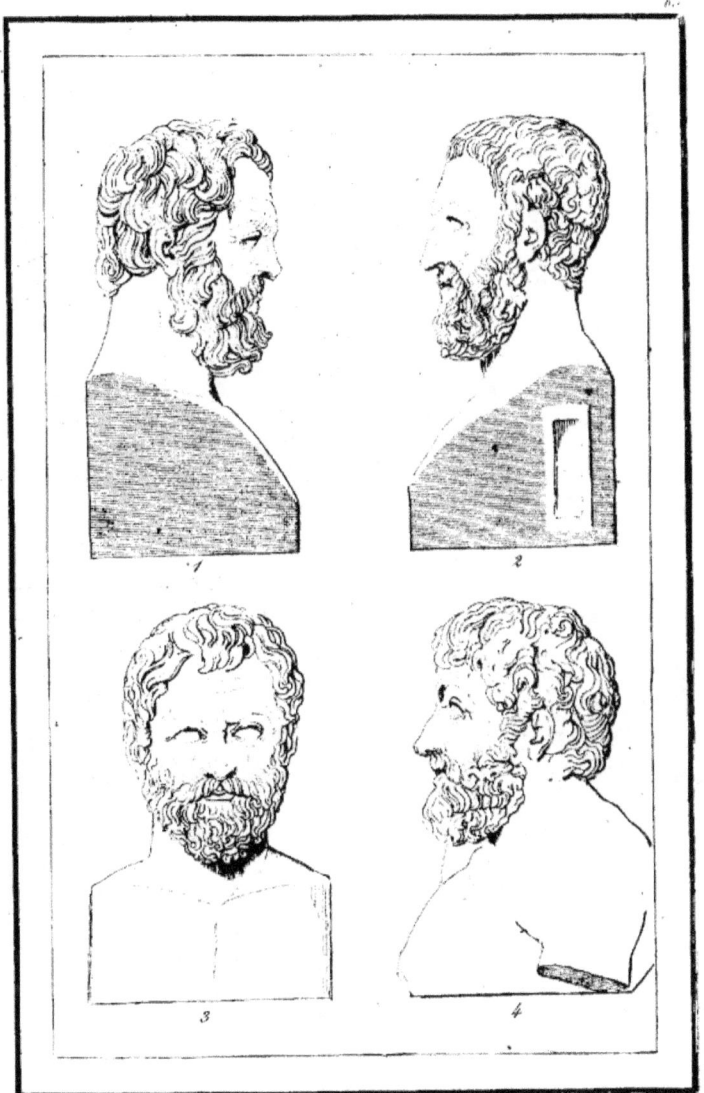

1 Périandre.     Periander.
2 Bias.     Bias.
3 Thales.     Thales.
4 Esope.     Äsop.

GRÈCE. GRIECHENLAND.

Halicarnasse. Halicarnass.

GRIECHENLAND.

Tyrus.

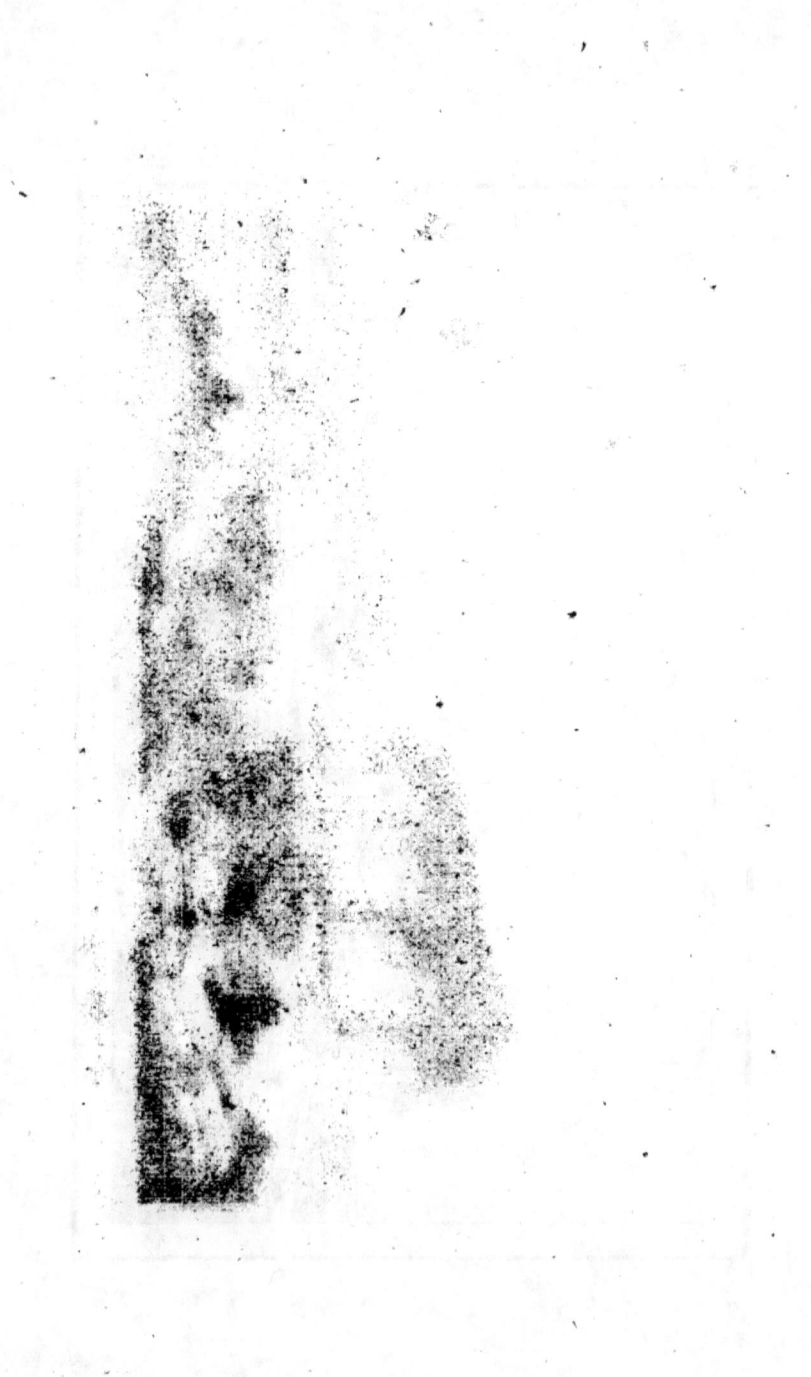

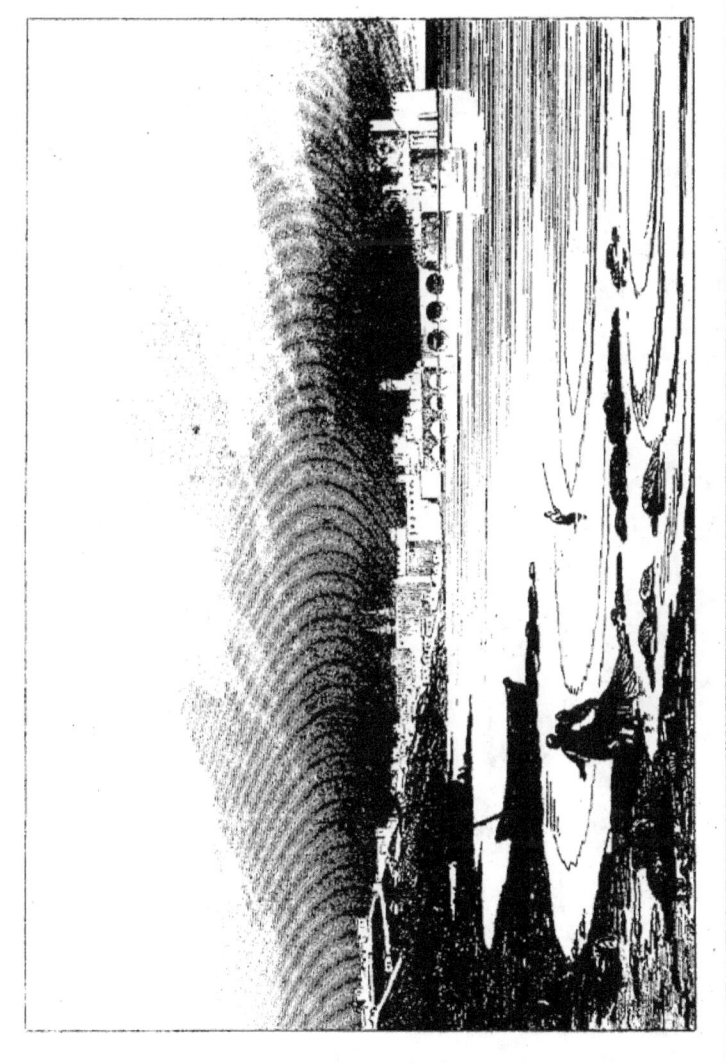

Sidon.

GRÈCE.   GRIECHENLAND

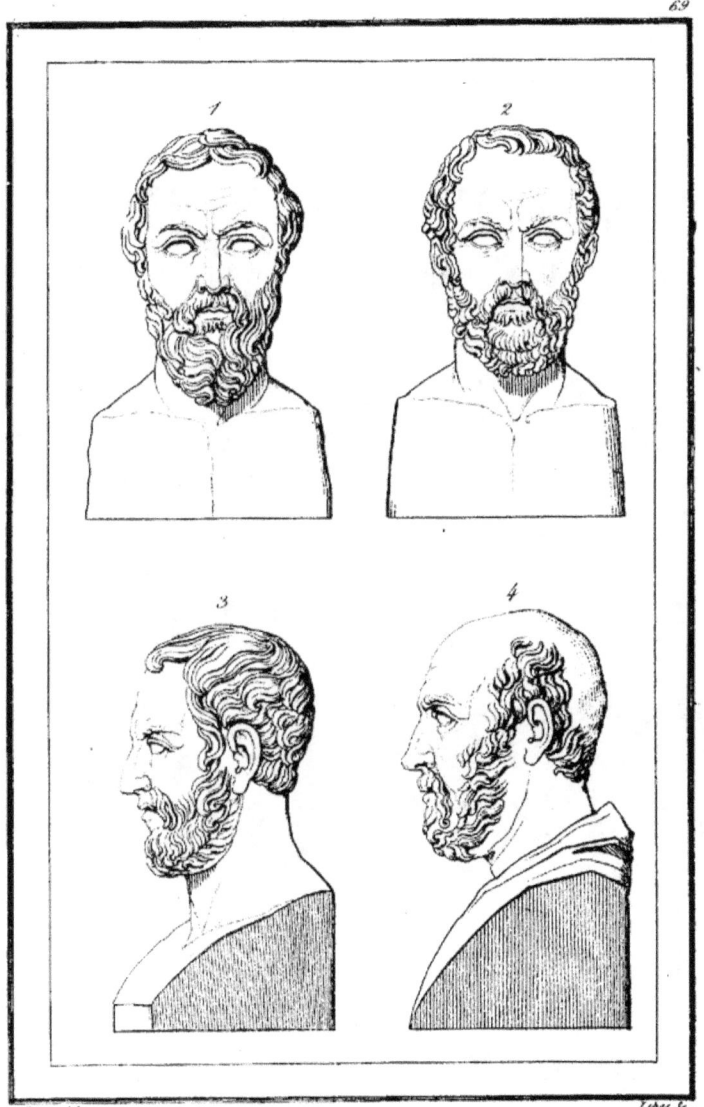

1. Herodote.     Herodot.
2. Thucydide.    Thucydides.
3. Theophraste.  Theophrast.
4. Hippocrate.   Hippokrates.

GRÈCE. GRIECHENLAND.

Phare d'Alexandrie.    Der Leuchtthurm zu Alexandrien.

GRIECHENLAND.

GRÈCE.

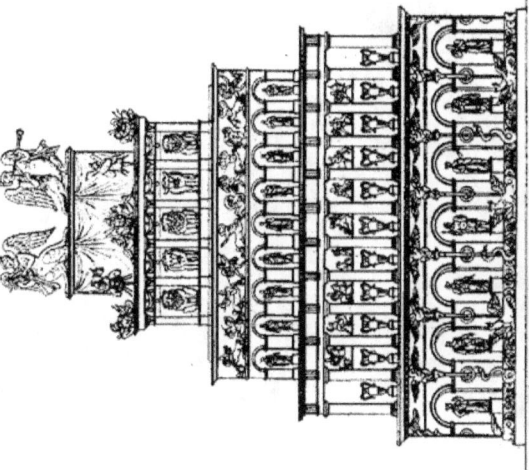

Bûcher d'Éphestion.   Grabmal des Ephestion.

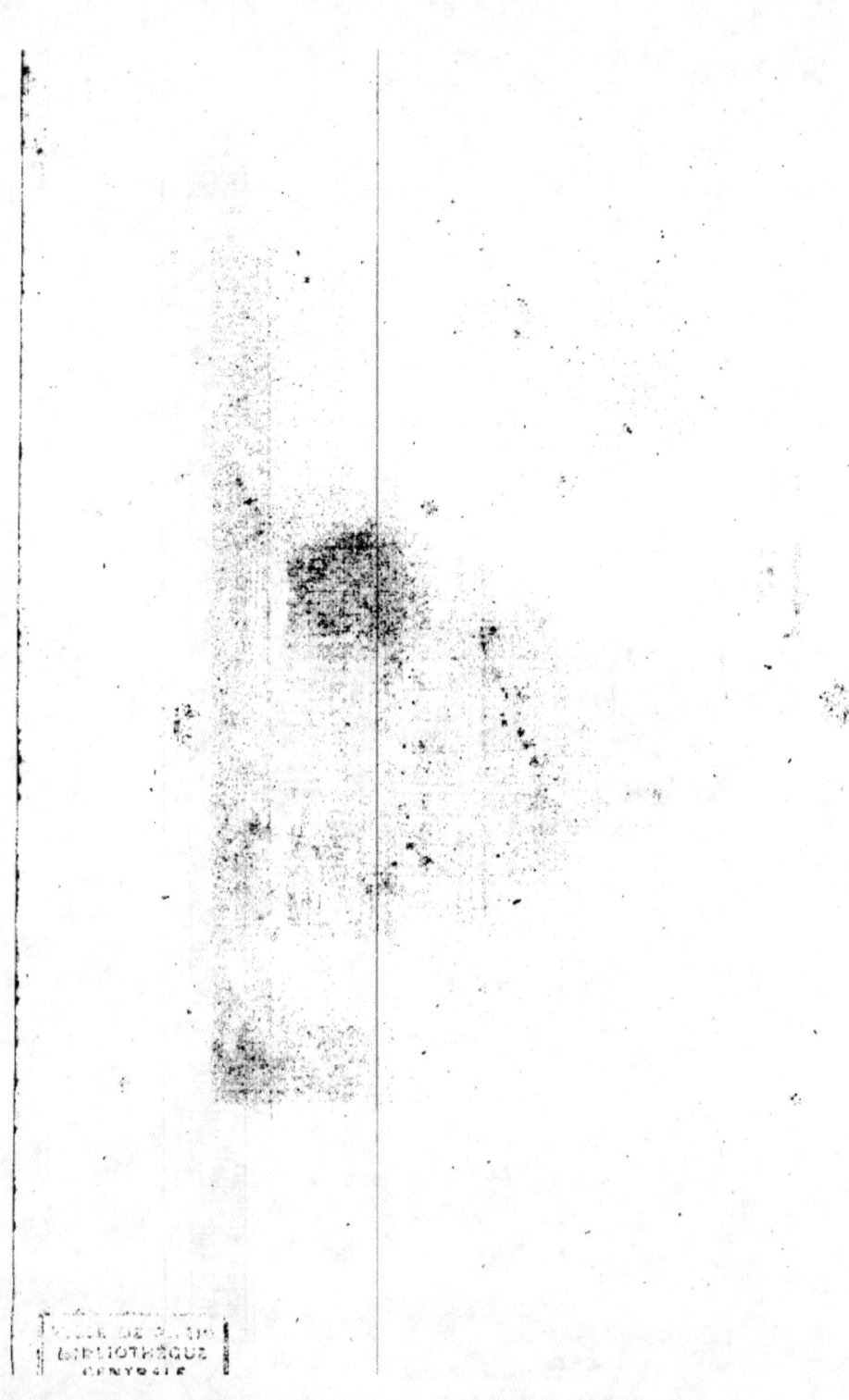

GRÈCE. GRIECHENLAND. 72

Egine. Aegina.

GRÈCE. GRIECHENLAND.

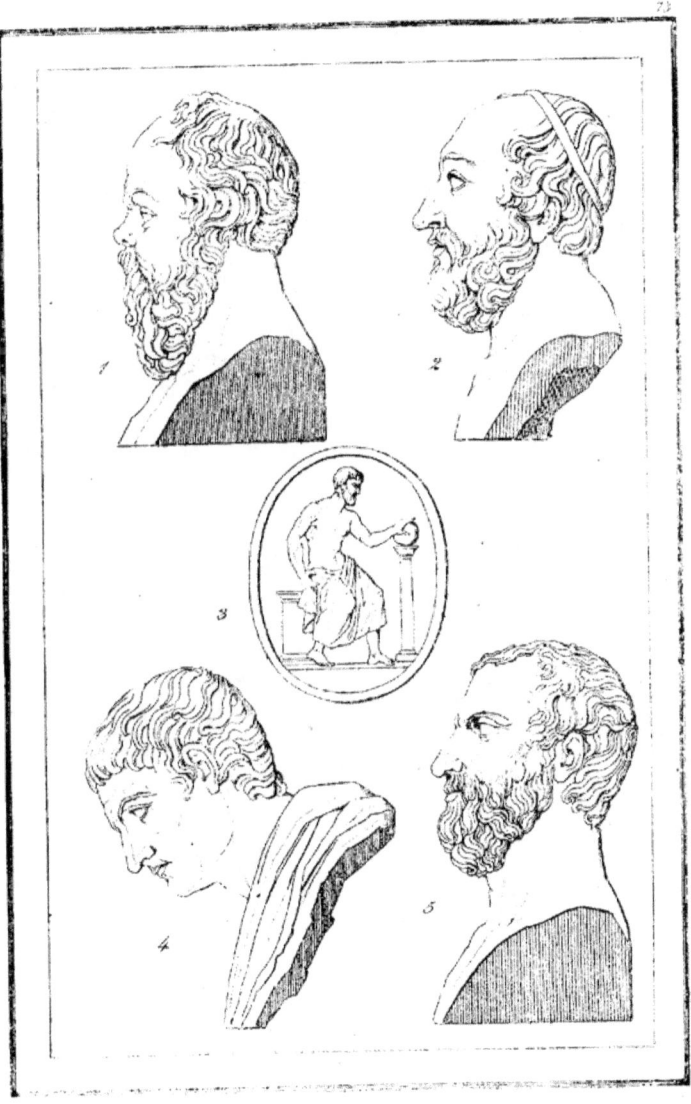

1. Socrate.        Sokrates.
2. Platon.         Plato.
3. Pythagore.      Pythagoras.
4. Aristote.       Aristoteles.
5. Zénon.          Zeno.

GRÈCE. GRIECHENLAND.
Kalaurien und Poros.

GRÈCE. GRIECHENLAND.

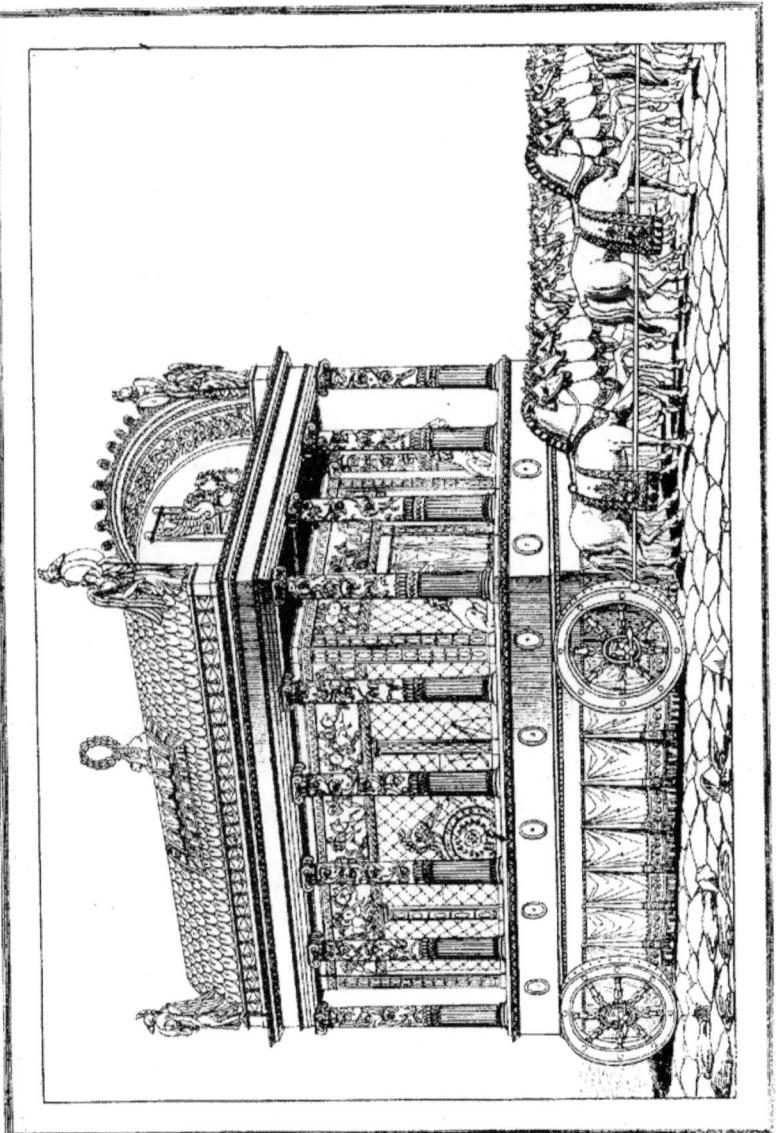

Char d'Alexandre. Wagen Alexanders.

GRÈCE. GRIECHENLAND.

1. Diogène.      Diogenes.
2. Antisthène.   Antisthenes.
3. Chrysippe.    Chrysippes.

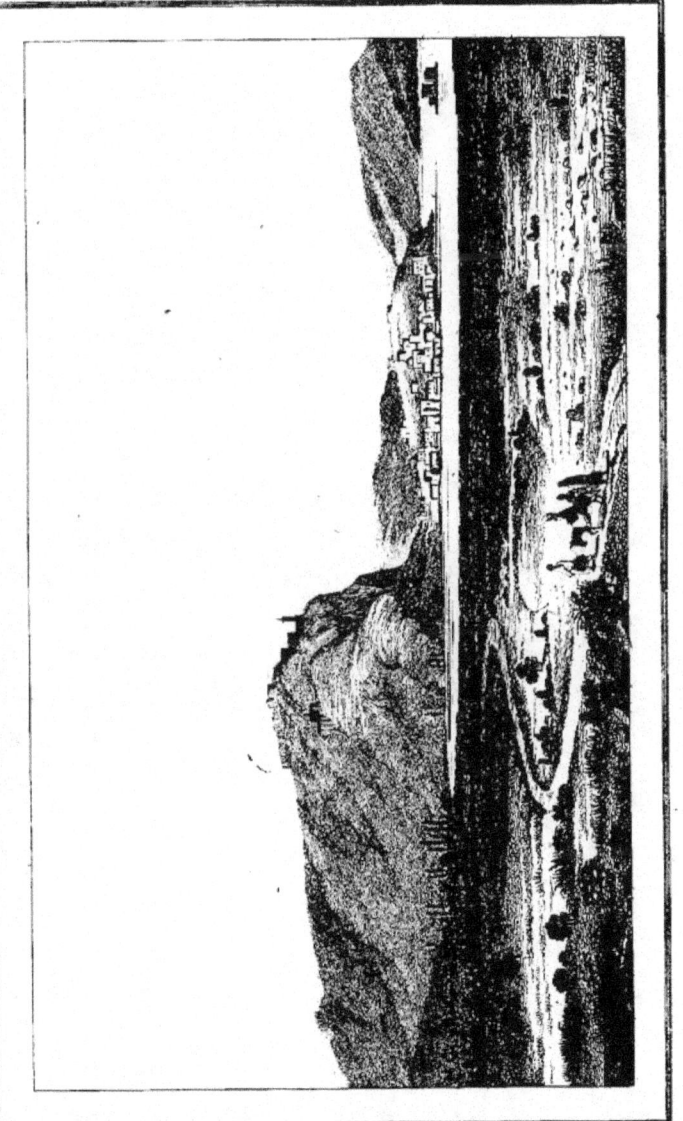

GRÈCE. GRIECHENLAND.

Nauplia.

GRÈCE. GRIECHENLAND.

Patras, vue de la Mer. Patras vom Meer aus.

GRÈCE. GRIECHENLAND.

Patras, vue de Terre. Patras vom Land aus.

GRÈCE. GRIECHENLAND.

1. Lycurgue.        Lykurg.
2. Solon.           Solon.
3. Miltiade.        Miltiades.
4. Themistocle.     Themistokles.

Ἔγινε νῦν Βοστίτζα. Aegion. (jetzt Vostitza.)

Corfu.

GRÈCE. GRIECHENLAND.

Leucade. Leukade.

GRÈCE.     GRIECHENLAND.

1. Alcibiade.     Alcibiades.
2. Périclès.     Pericles.
3. Alexandre.     Alexander.
4. Aspasie.     Aspasia.

1. Horoscope d'un enfant. 2. École.
Horoscop-stellung für ein Kind. Schule.

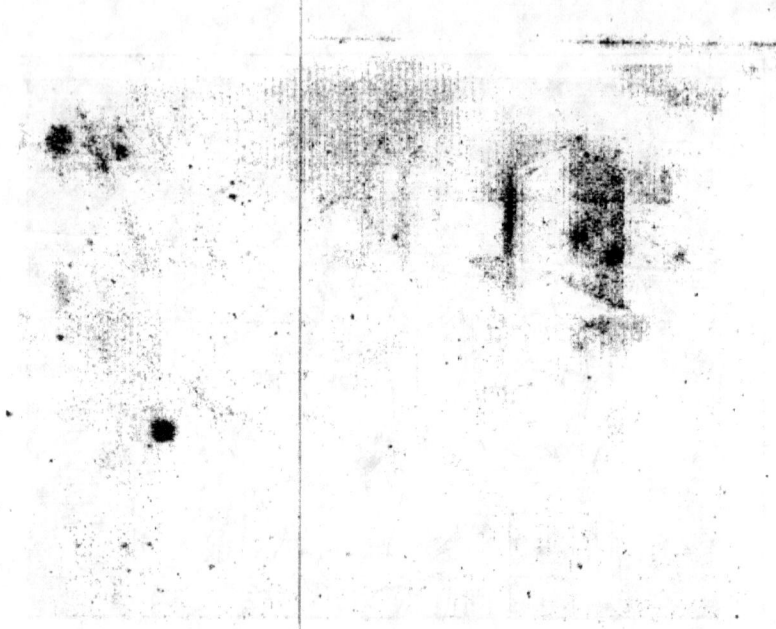

GRÈCE GRIECHENLAND

Jeux. Spiele.

GRÈCE.  GRIECHENLAND.

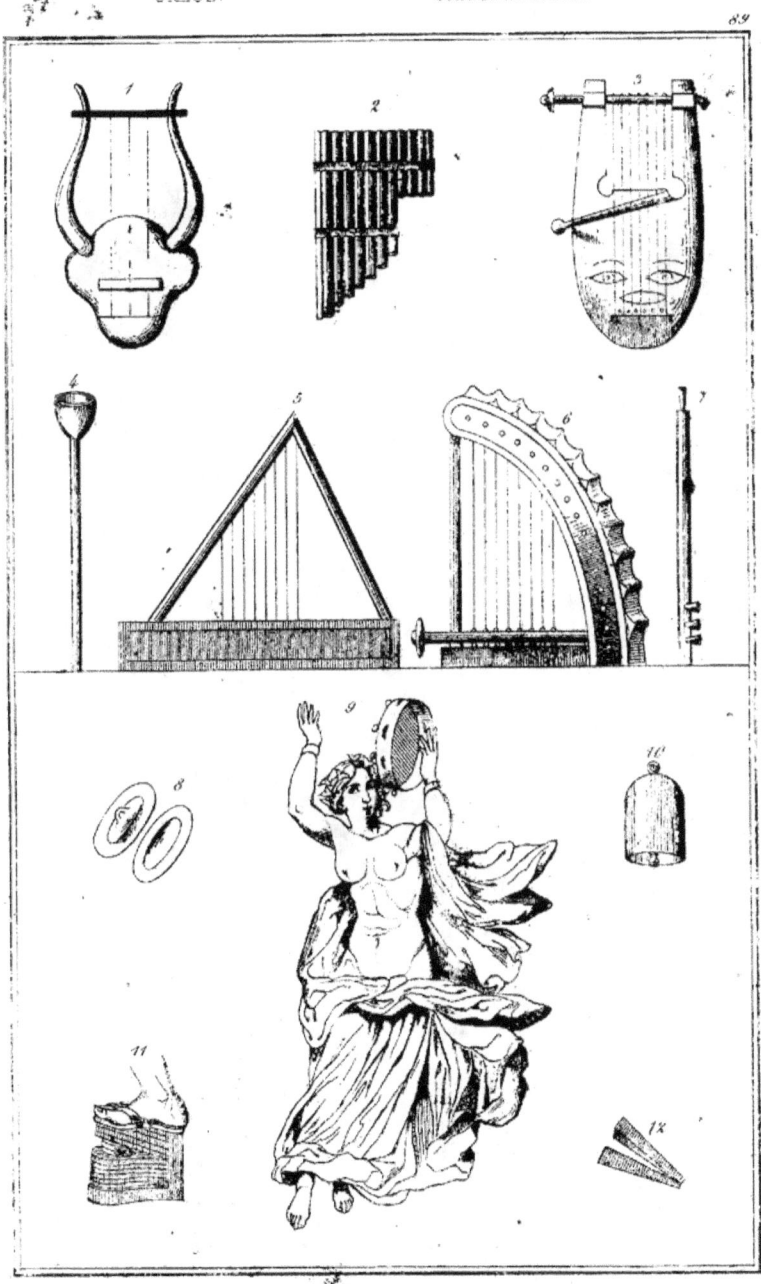

Instruments de Musique.  Musikinstrumente.

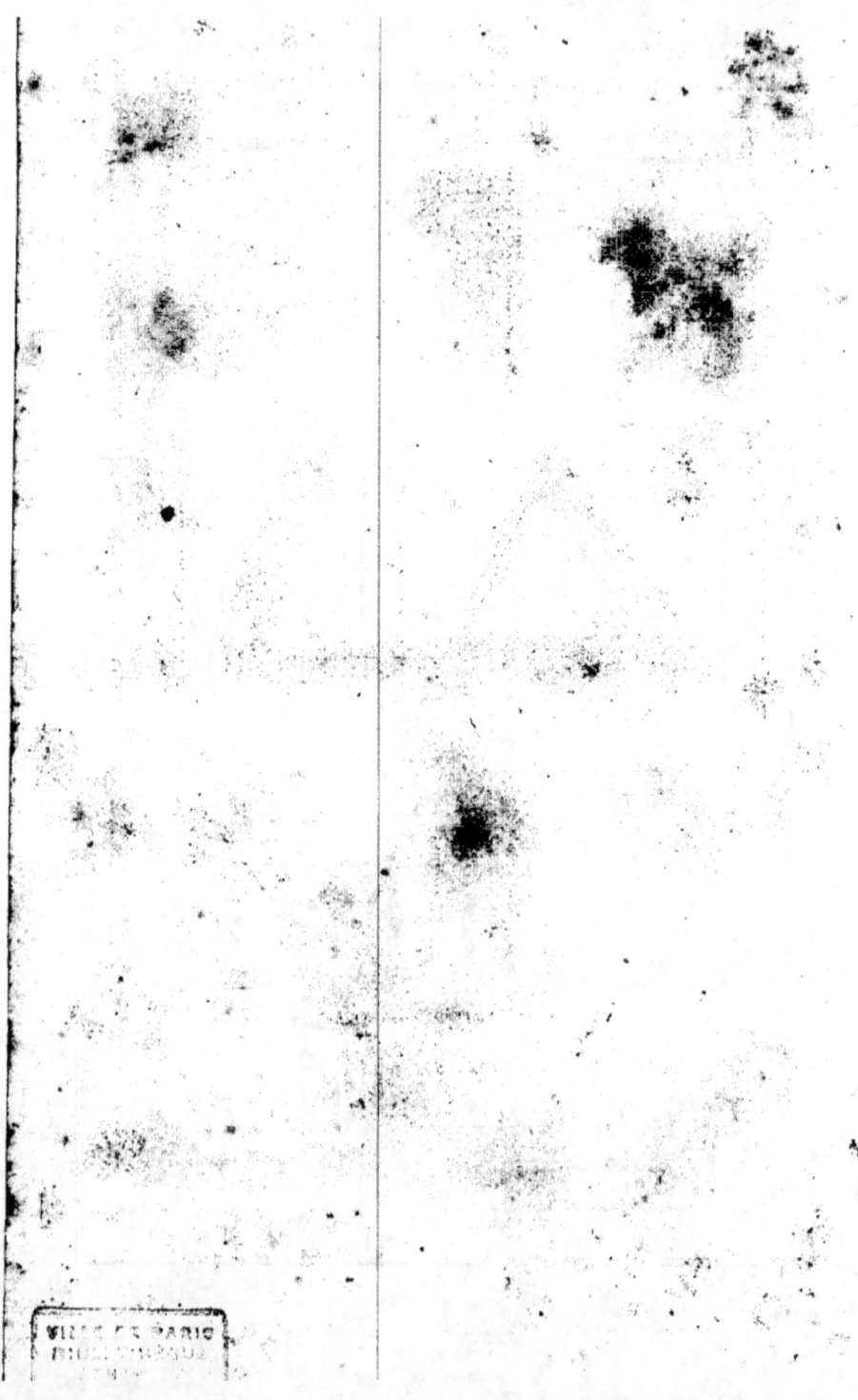

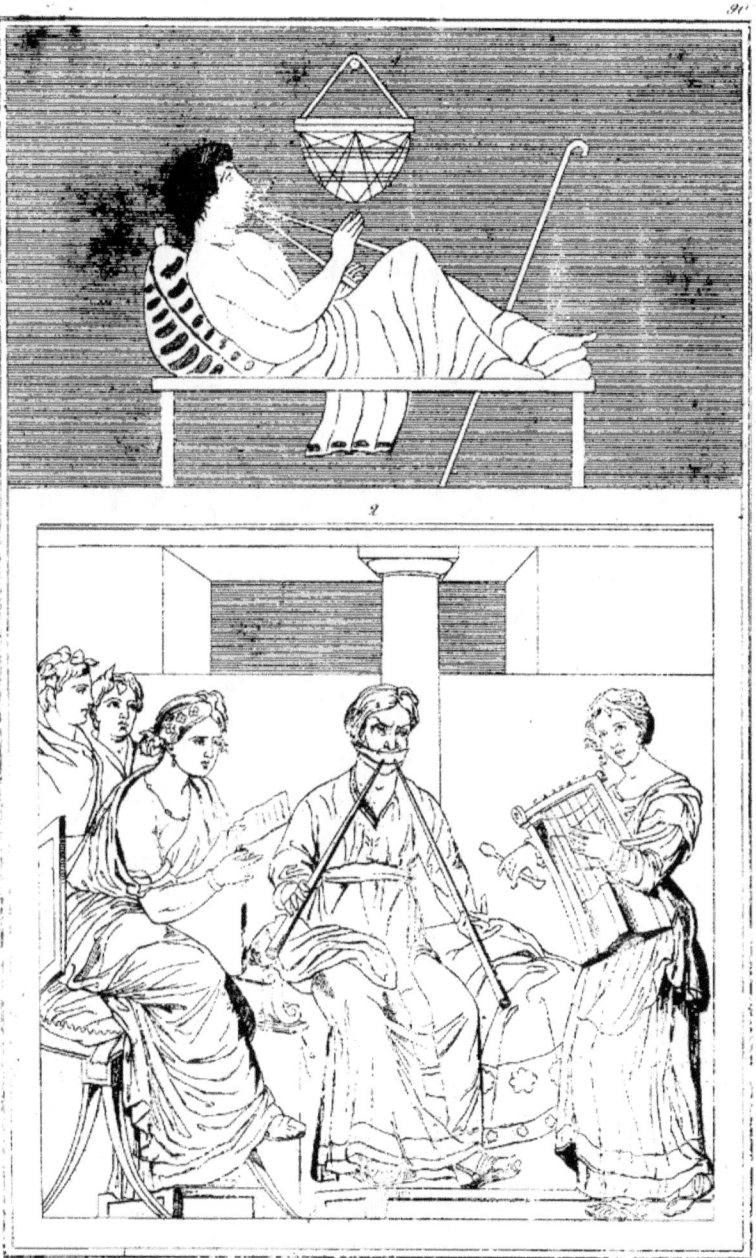

Concert Musical.     Concert.

GRÈCE. GRIECHENLAND.

Théâtre, Masques et répétitions Théâtrales.
Masken für das Theater Einlernung eines Stücks.

GRÈCE. GRIECHENLAND.

1. Scène Comique. Komische Scene.
2. Scène Tragique. Tragische Scene.

GRÈCE. GRIECHENLAND.

Costumes et objets divers.
Kleidungstücke und andere Gegenstände.

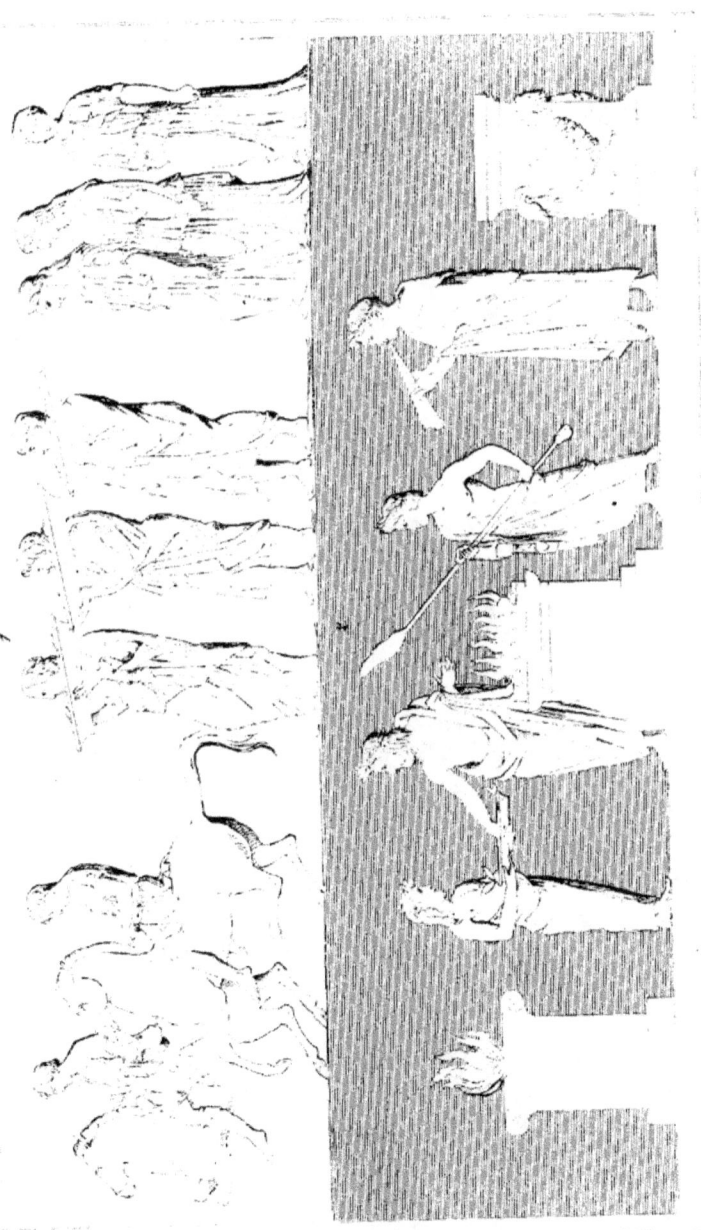

# GRECE. GRIECHENLAND

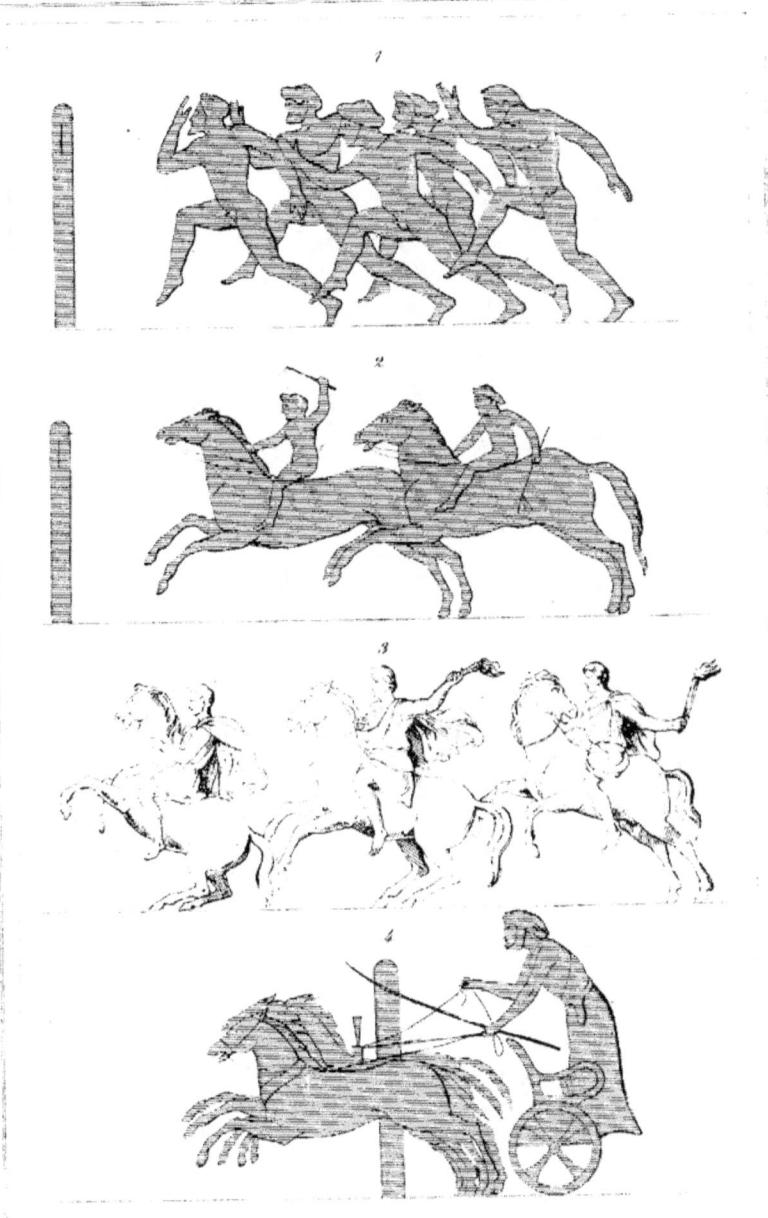

1 Course à Pied. 2 à Cheval. 3 aux Flambeaux. 4 en Char.
Wettrennen zu Fuss.   zu Pferde.   mit Fackeln.   zu Wagen.

GRÈCE.    GRIECHENLAND.

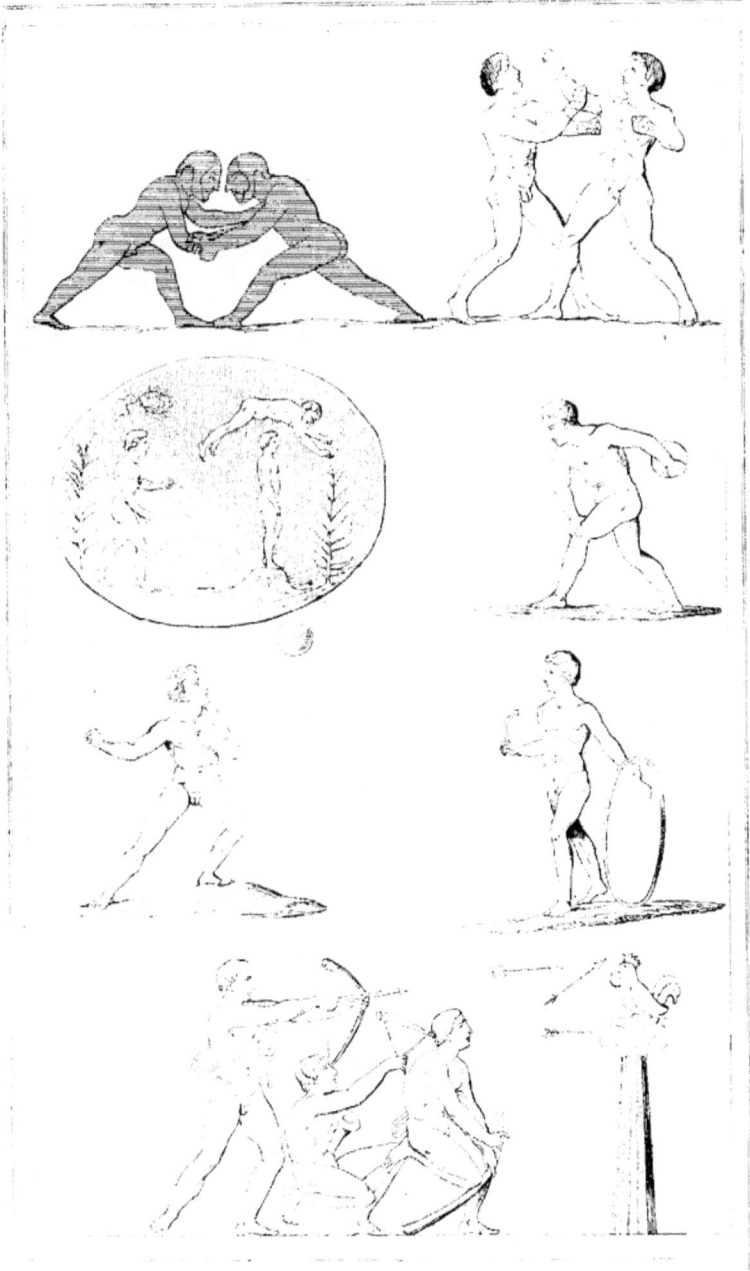

Exercices.    Leibesübungen.

GRÈCE  GRIECHENLAND

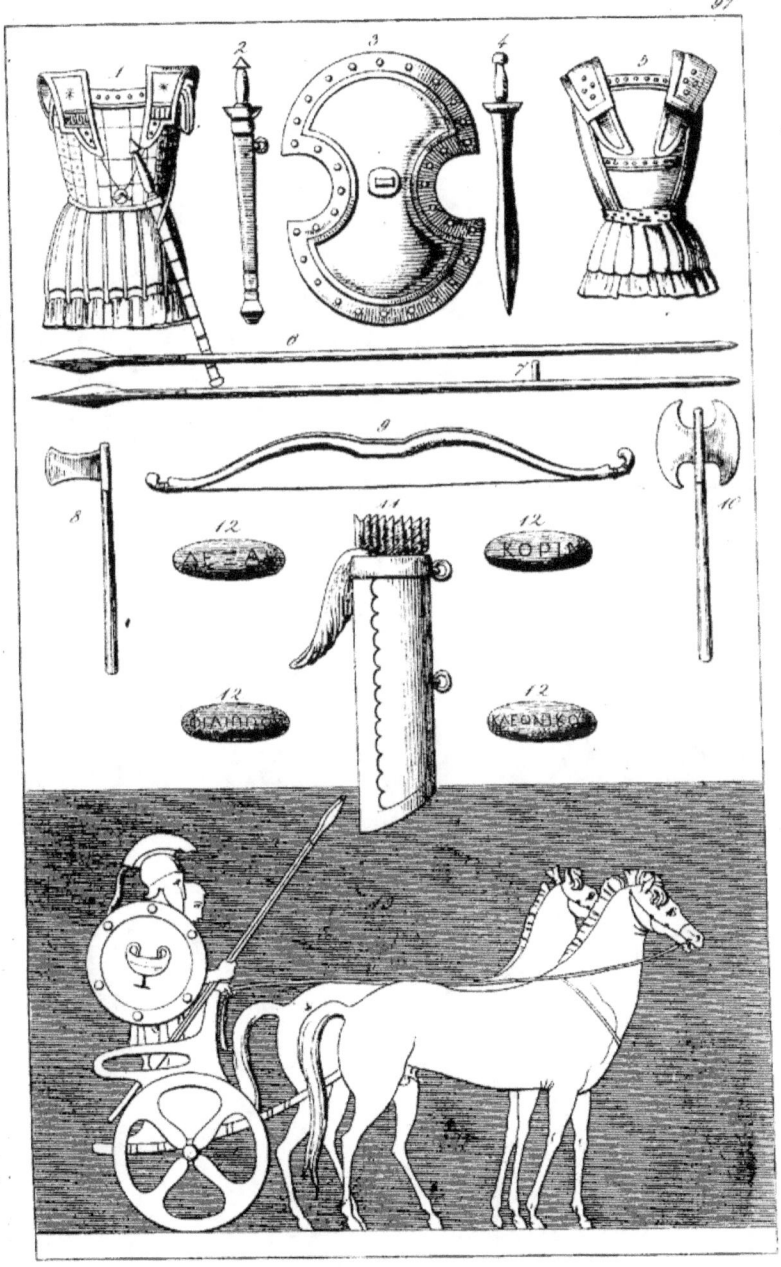

Armes et Char de Guerre  Waffen und Streitwagen

GRÈCE    GRIECHENLAND

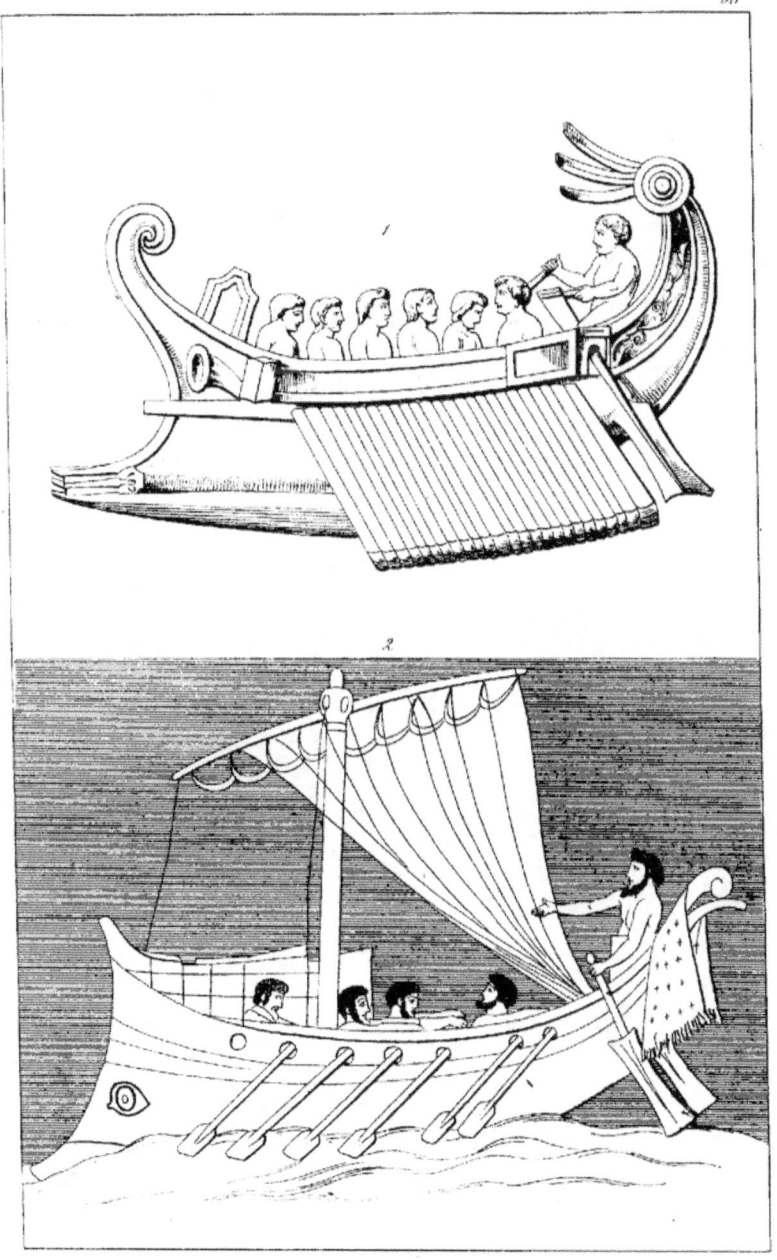

1. Galère à Rames.  2. Galère à Rames et à Voiles.

GRÈCE GRIECHENLAND

Beaux-Arts — Schöne Künste

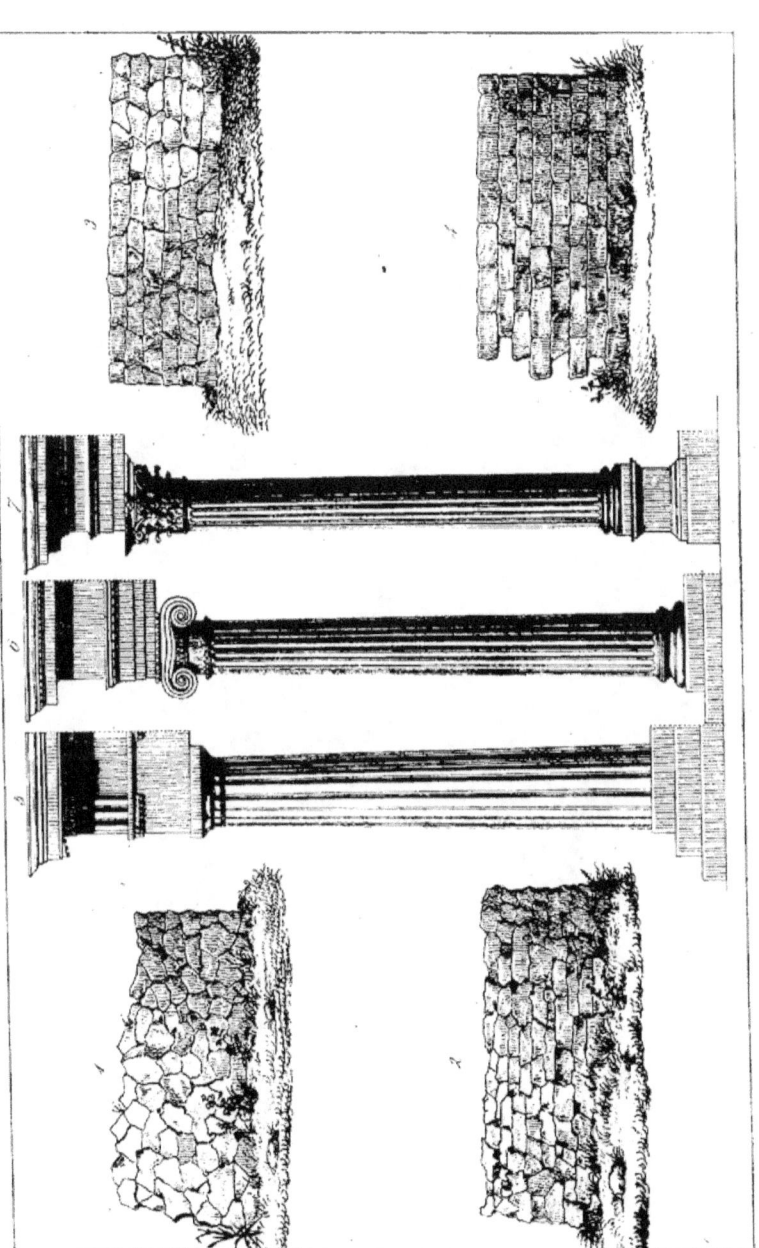

VILLE DE PARIS
BIBLIOTHÈQUE
CENTRALE

1. Scène de bain. 2.3.4. Vêtements divers.
Badescene. Verschiedene Kleidungen.

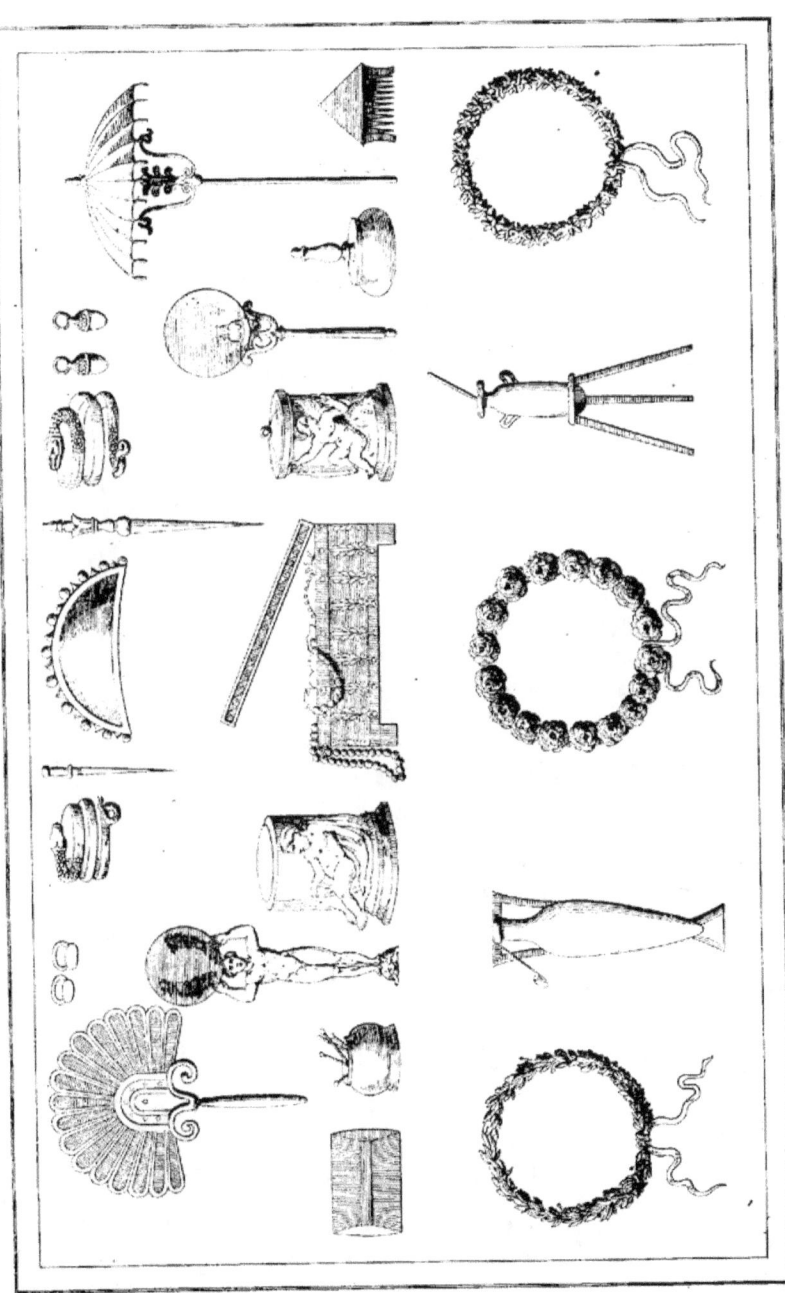

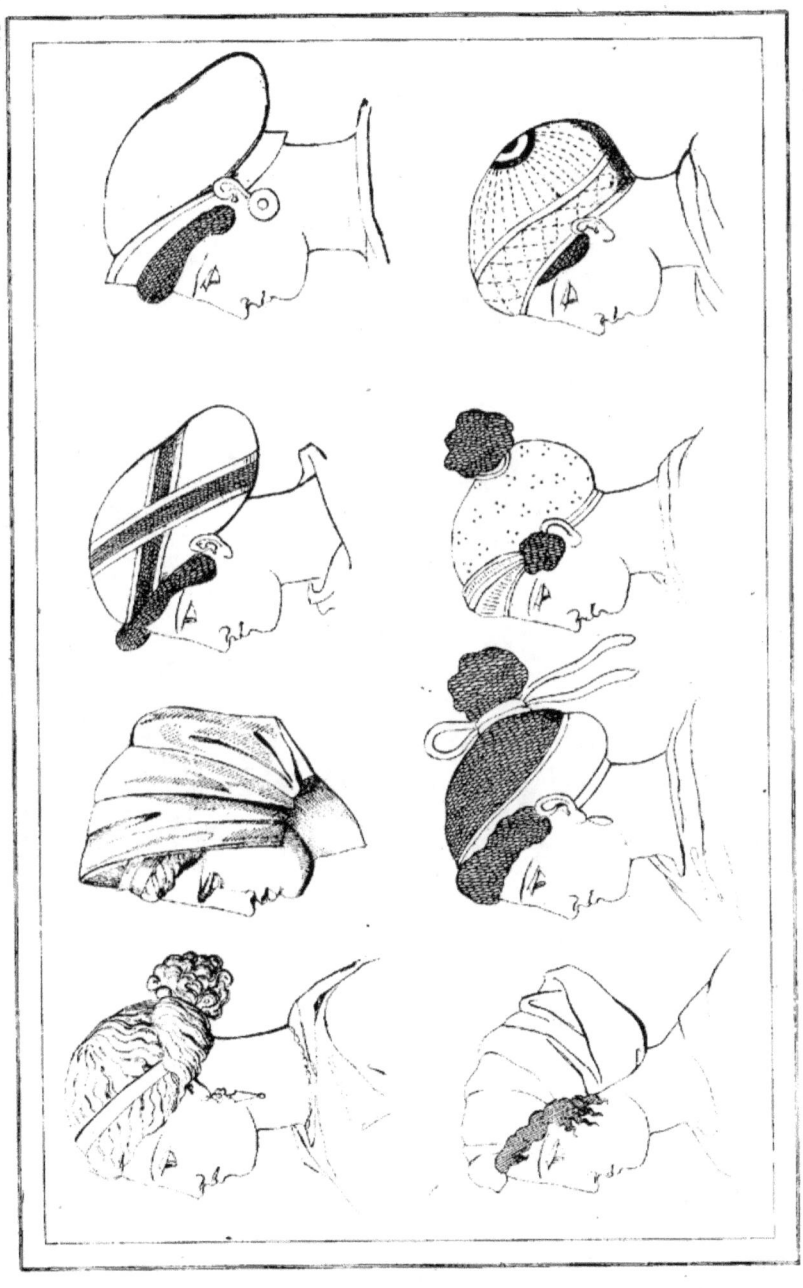

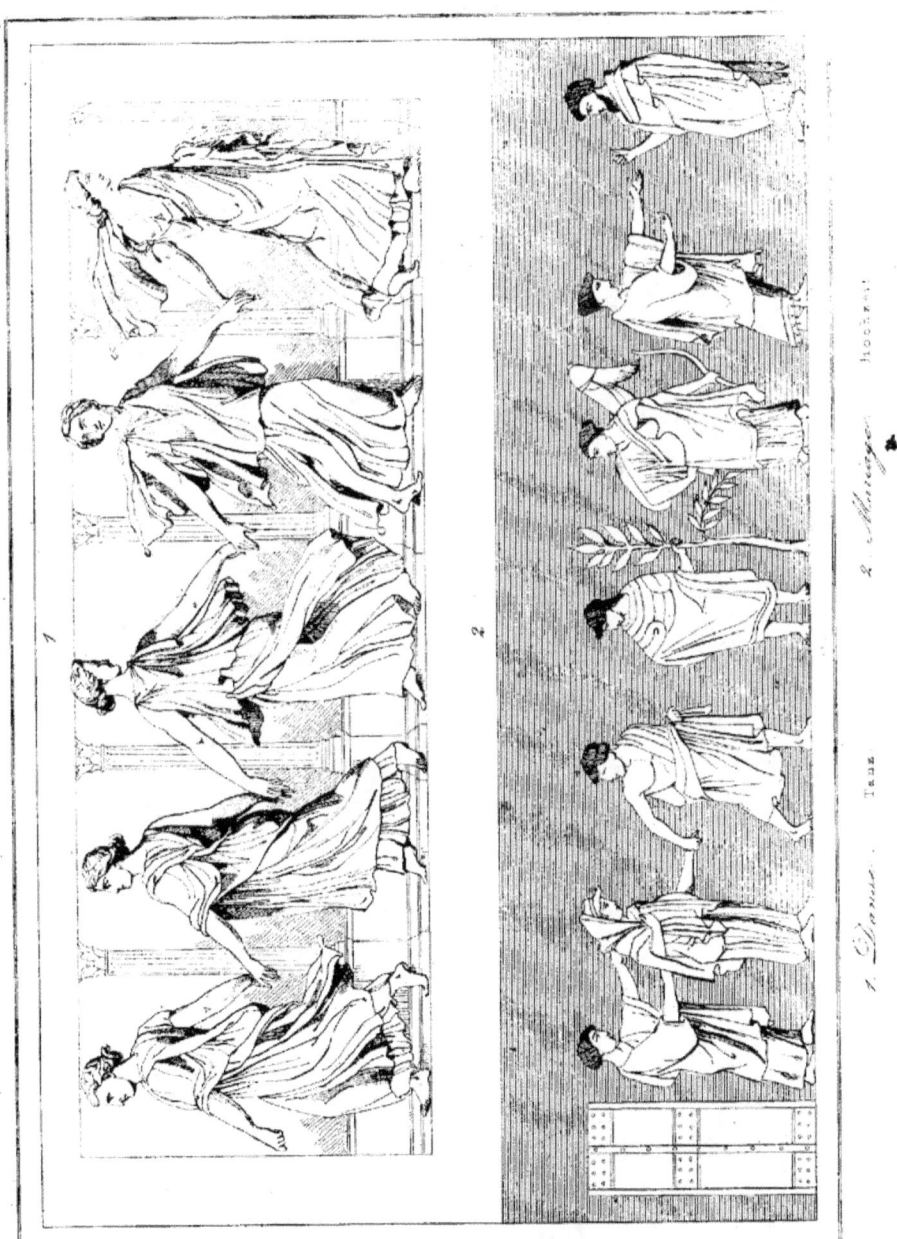

1. Danse.  2. Mariage.  Tanz.  Hochzeit.

GRÈCE. GRIÉCHENLAND.

GRÈCE. GRIECHENLAND.

Lits. Betten.

GRÈCE. GRIECHENLAND.

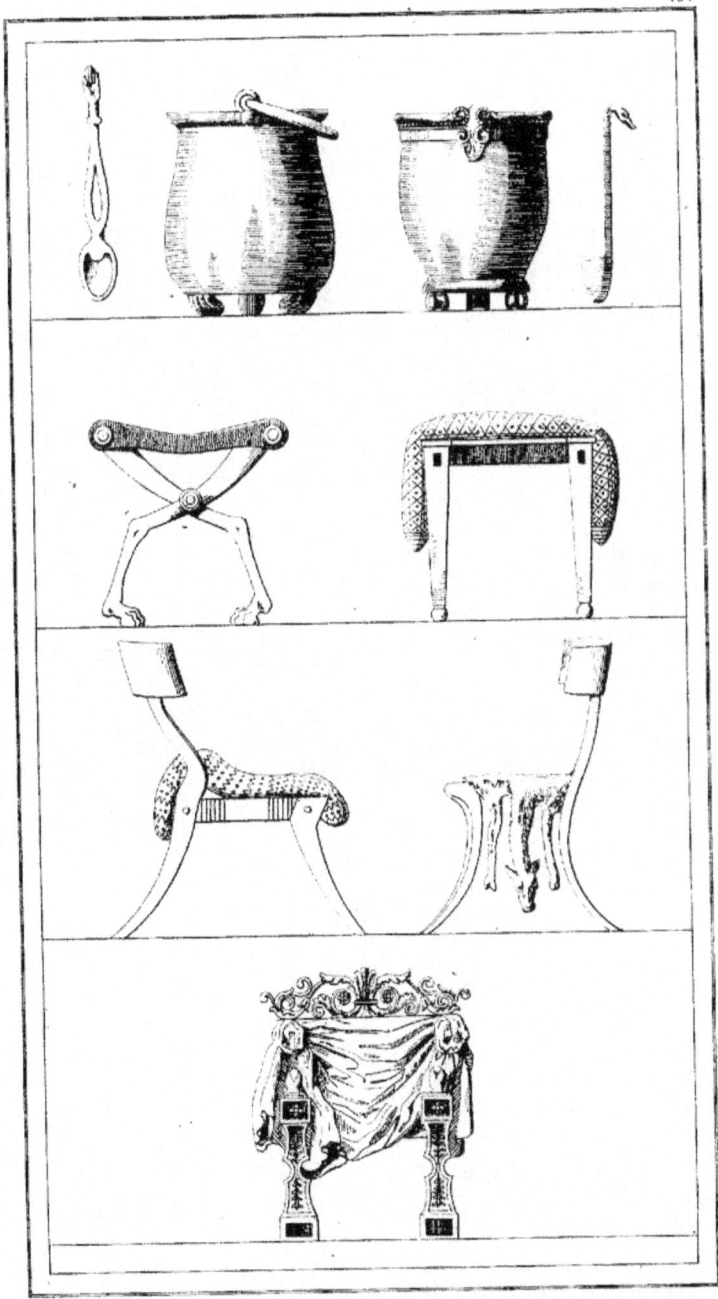

Objets divers. Verschiedene Gegenstände.

GRÈCE. GRIECHENLAND.

1. Table. Tisch. 2. Bassin. Bassin. 3. Cratère. Crater.

GRÈCE. GRIECHENLAND.

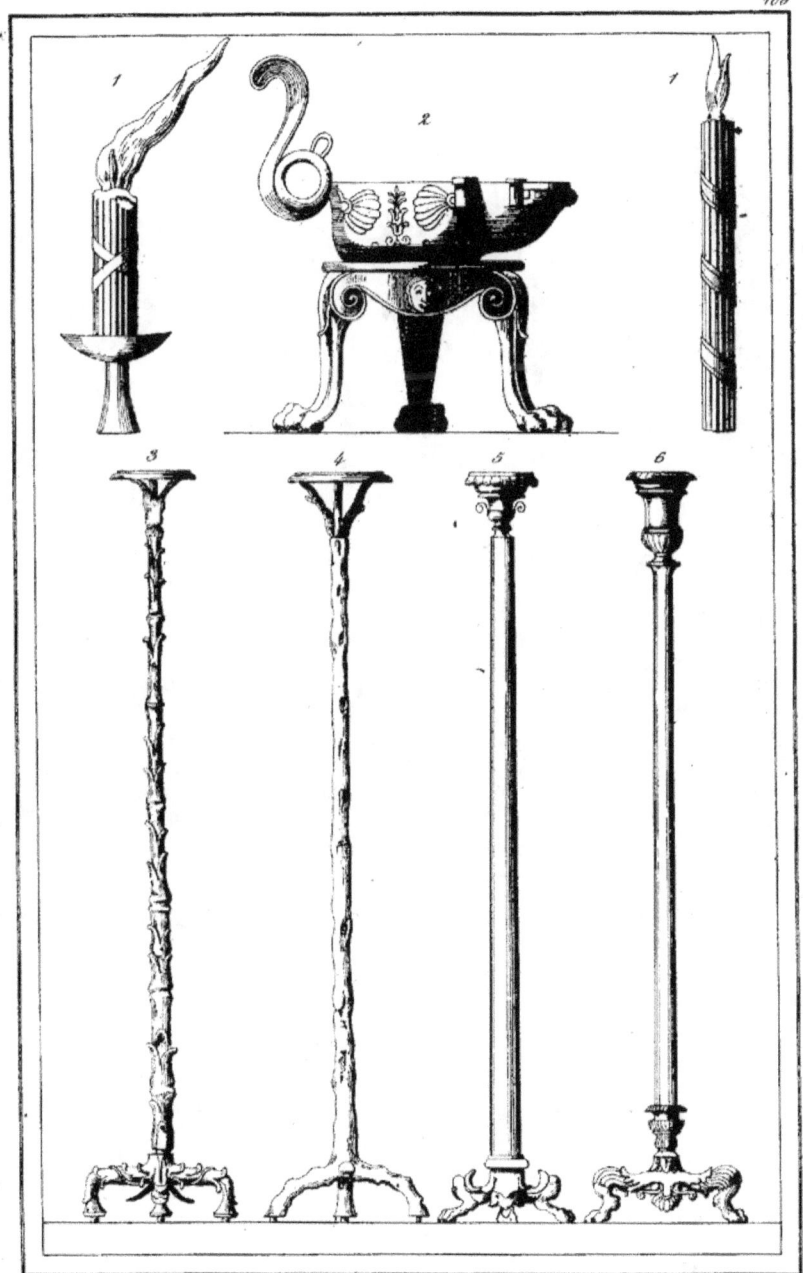

1. *Flambeaux* Leuchter. 2. *Lampe*. Lampe. 3.4.5.6. *Candélabres*. Candelabres.

GRÈCE. GRIECHENLAND.

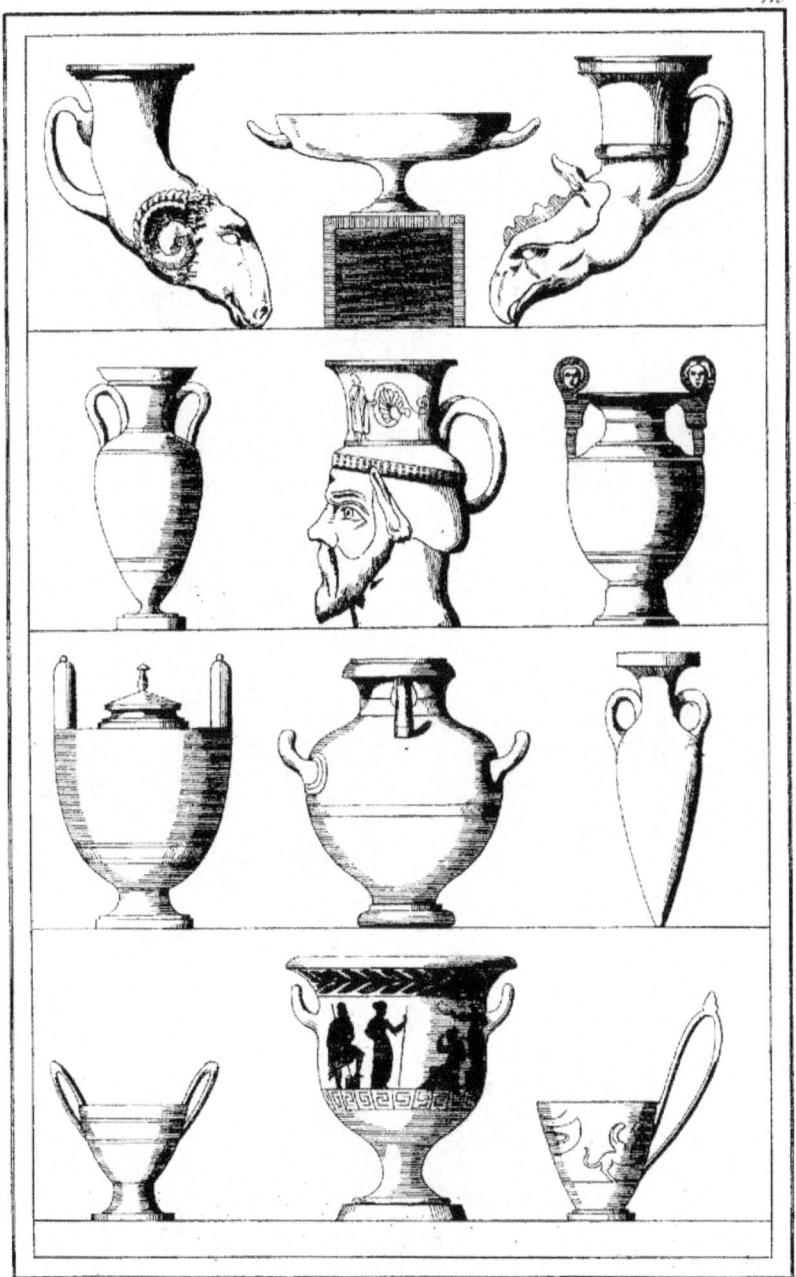

Vases divers. Verschiedene Vasen.

GRÈCE. GRIECHENLAND.

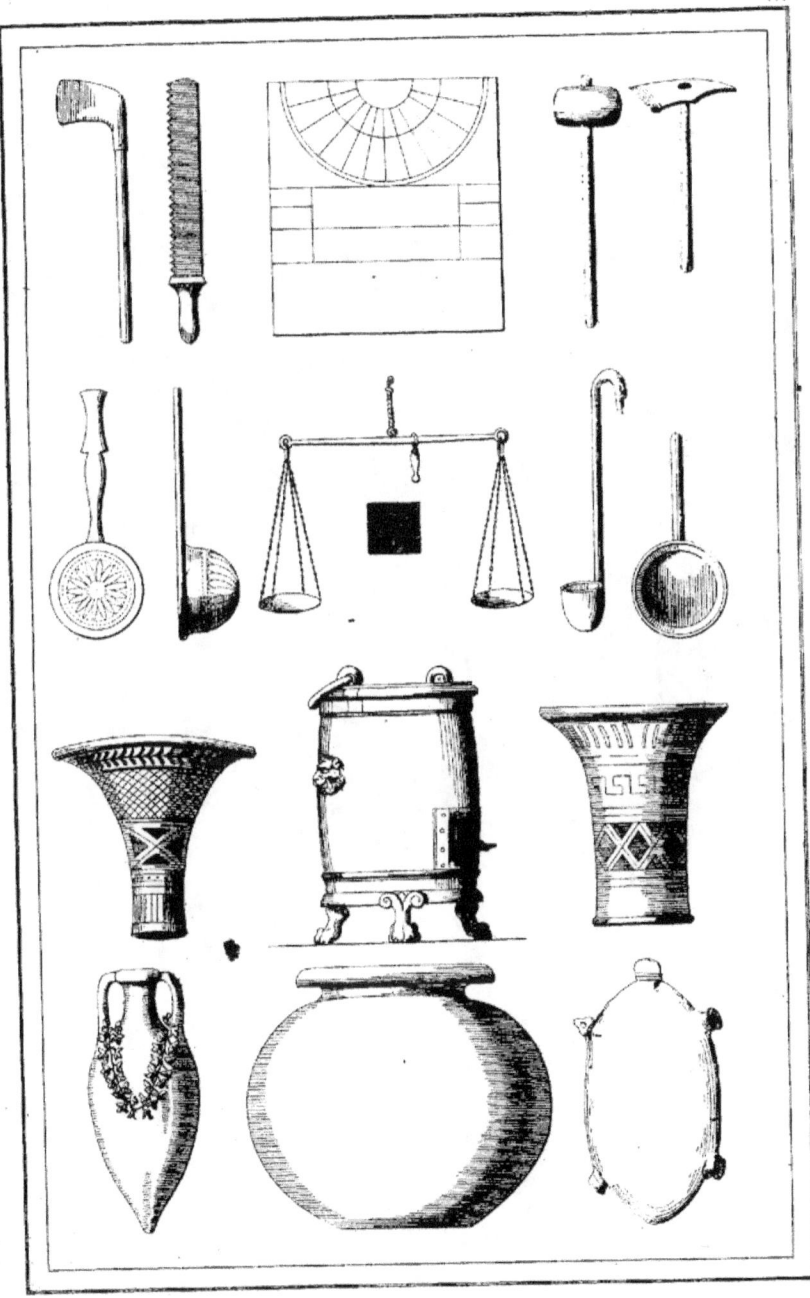

Instruments divers. Geräthschaften.

GRÈCE. GRIECHENLAND.

Monuments funèbres. Grabdenkmale.